Skauradszun/Elzer/Hinz/Riecke
Die WEG-Reform 2020

Skauradszun/Elzer/Hinz/Riecke

Die WEG-Reform 2020

Herausgegeben von:

Prof. PD Dr. Dominik Skauradszun, LL.M.
Dr. Oliver Elzer, Richter am KG
Dr. Werner Hinz, Vors. Richter am LG
Dr. Olaf Riecke, Richter am AG, a.D.

Luchterhand Verlag 2021

Zitiervorschlag: SEHR/Bearbeiter §. Rn

Bibliografische Information der Deutschen Nationalbibliothek
Die Deutsche Nationalbibliothek verzeichnet diese Publikation in der Deutschen Nationalbibliografie; detaillierte bibliografische Daten sind im Internet über http://dnb.d-nb.de abrufbar.

ISBN 978-3-472-09675-7

www.wolterskluwer.de

Umschlagkonzeption: Martina Busch, Grafikdesign, Homburg Kirrberg
Satz: Newgen KnowledgeWorks (P) Ltd., Chennai, India
Druck und Weiterverarbeitung: Wydawnictwo Diecezjalne i Drukarnia w Sandomierzu, Sandomierz, Polen

Gedruckt auf säurefreiem, alterungsbeständigem und chlorfreiem Papier.

Vorwort

In Deutschland gibt es rund zehn Millionen Wohnungs- und Teileigentumsrechte. Das Wohnungseigentumsrecht gehört damit zu den in der Rechtspraxis besonders wichtigen Rechtsgebieten. Wichtigstes Gesetz für alle Fragen rund um das Thema Wohnungseigentum ist das Wohnungseigentumsgesetz (WEG) aus dem Jahr 1951. Das Gesetz verfolgte damals das Ziel, den dringend notwendigen Wohnungsbau zu stärken und es der breiten Bevölkerung zu ermöglichen, Eigentum an einer Wohnung zu erwerben. Diese Ziele sind aufgrund der zunehmenden Wohnungsnot, vor allem in den deutschen Großstädten und Ballungsräumen, 2020 wichtiger denn je.

Im Laufe der Zeit sind Herausforderungen hinzugekommen. Dies betrifft etwa den Aus- und Umbau älterer Wohnungseigentumsanlagen zu energetisch sparsameren Objekten, die teils eigene Solaranlagen und Ladestationen für die E-Mobilität betreiben. Immer häufiger werden zudem Wohnungseigentumsrechte von institutionellen oder privaten Investoren zur Vermögensbildung oder zur Altersvorsorge erworben. Diese Gruppe von Eigentümern stellt andere Anforderungen an die Verwaltung des gemeinschaftlichen Eigentums. Wohnungs- und/oder Teileigentum wird von diesen wie eine Investition in eine Gesellschaft verstanden. Diesen Entwicklungen konnte das WEG nicht mehr in allen Fällen ausreichend gerecht werden.

Anfang 2020 veröffentlichte das Bundesministerium der Justiz und für Verbraucherschutz daher einen Referentenentwurf für eine umfassende Reform des WEG. Nur wenige Wochen später brachte die Bundesregierung den Entwurf in den Deutschen Bundestag ein. Der handwerklich hochwertige Gesetzentwurf wurde im Gesetzgebungsverfahren zwar noch punktuell angepasst, blieb aber in seiner Kernaussage unberührt. In dem reformierten und nun verabschiedeten Gesetz steckt nun ein enormes Potenzial. Das WEMoG trat am 1.12.2020 in Kraft (Verkündung am 22.10.2020; Bundesgesetzblatt I 2020, S. 2187; Bekanntmachung der Neufassung Bundesgesetzblatt I 2021, S. 34).

Das wohnungseigentumsrechtliche Schrifttum hatte zwischen der Veröffentlichung des Referentenentwurfs (Januar 2020) und der Einbringung des Regierungsentwurfs in den Bundestag (März 2020) wenig Gelegenheit, den Systemwechsel zu analysieren und die neue Dogmatik mit all ihren Facetten zu durchdringen. Mit diesem Handbuch wird dem Leser der Systemwechsel veranschaulicht. Viele neuralgische Punkte des neuen Rechts werden neu vermessen. Wo immer zu diesem frühen Zeitpunkt möglich, haben alle Autoren versucht, nicht nur auf Fallstricke aufmerksam zu machen, sondern der Rechtspraxis Lösungen anzubieten.

Im Januar 2021 *Die Herausgeber*

Autorenverzeichnis

Dr. Dr. Andrik Abramenko
Richter am Landgericht, Frankfurt a.M.

Kai Uwe Agatsy
Rechtsanwalt, Berlin

Prof. Dr. Matthias Becker
Fachhochschule für Rechtspflege, Bad Münstereifel

Dr. Oliver Elzer,
Richter am KG, Berlin

Rüdiger Fritsch
Rechtsanwalt, Solingen

Dr. Werner Hinz
Vorsitzender Richter am Landgericht, Itzehoe

Dr. Olaf Riecke
Richter am Amtsgericht a.D., Hamburg-Blankenese

Barry Sankol
Richter am Amtsgericht, Hamburg

Prof. Wolfgang Schneider
Hochschule für Wirtschaft und Recht, Berlin

Prof. Dr. Dominik Skauradszun, LL.M.
Hochschule Fulda

Inhaltsübersicht

Inhaltsverzeichnis

Inhaltsverzeichnis

Inhaltsverzeichnis

Inhaltsverzeichnis

Inhaltsverzeichnis

Inhaltsverzeichnis

Literaturverzeichnis

Aufsätze zum WEMoG

Abramenko	Die Eintragung von Beschlüssen in das Grundbuch nach dem WEMoG; ZMR 2020, 453
Abramenko	Die Auswirkung des WEMoG auf Altverfahren. Eine Warnung für die Praxis; ZMR 2020, Heft 12
Agatsy	Der Urkundenprozess im WEG-Recht: Aktuelle Fragestellungen und Ausblick auf die Änderungen des WEMoG; AnwZert MietR 15/2020 Anm. 1
Becker/Schneider	WEG-Reform 2020: Anmerkungen zum Regierungsentwurf des WEMoG; ZfIR 2020, 281
Bruns	Die Zukunft der Vergemeinschaftung: Zur Auslegung des neuen § 9a Abs. 2 WEG; AnwZert MietR 13/2020 Anm. 2
Dötsch	WEG-Reform: Endlich der Durchbruch für die Förderung der Elektromobilität im Immobilienrecht?; ZWE 2020, 215
Dötsch	WEG-Reform 2020 – Übersicht zum Recht der baulichen Veränderungen nach dem Regierungsentwurf; ZfIR 2020, 221
Drasdo	Zwei neue »Ämter« im Wohnungseigentumsrecht; ZfIR 2020, 739–742
Drasdo	WEG-Reform: Die Beendigung der Wohnungseigentümergemeinschaft; NZM 2020, 13
Drasdo	WEG-Reform: Die »Abrechnungsspitze« als alleiniger Gegenstand der Beschlussfassung über die Jahresrechnung?; NZM 2019, 801
Dötsch/Schultzky/Zschieschack	Ein Schritt in Richtung »WEG-Reform 2020«!; ZfIR 2019, 649
Dötsch	E-Mobilität im Miet- und Wohnungseigentumsrecht – Noch ein Anlauf; ZMR 2019, 741
Elzer	Änderungsvorschläge zum Wohnungseigentumsmodernisierungsgesetz (WEMoG); AnwZert MietR 13/2020 Anm. 3
Elzer	WEG-Reform 2020 – auf dem Weg zum Wohnungseigentumsmodernisierungsgesetz (WEModG); ZMR 2020, 81
Elzer	Wohnungseigentumsmodernisierungsgesetz; MDR 2020, R5
Elzer	Was bringt die WEG-Reform?; NJW-aktuell 7/2020
Elzer	WEG-Reform: Die Vorschläge, Leitlinien und Empfehlungen der Bund-Länder-Arbeitsgruppe; MietRB 2019, 316
Elzer	Roadmap zur Reform des Wohnungseigentumsgesetzes; ZRP 2018, 148
Elzer	Die neuen Vorschriften zur Eigentümerversammlung, MietRB 2020, 371 ff.

Literaturverzeichnis

Füllbeck	WEG-Reform 2020: Die »Wiedergeburt« der Beschluss-sammlung und Pflicht zur Eintragung von Beschlüssen; ZMR 2020, 383
Gahn	Entziehung von Wohnungseigentum nach der WEG-Reform 2020; AnwZert MietR 19/2020 Anm. 1
Greiner	Überlegungen zur WEG-Reform – Entstehung, Ende und Rechtsfähigkeit der Gemeinschaft; ZMR 2019, 257
Greiner	Überlegungen zur WEG-Reform; ZMR 2019, 182
Greiner	Überlegungen zur WEG-Reform; ZMR 2018, 912
Greiner	Überlegungen zur WEG-Reform; ZMR 2018, 821
Herresthal	Abschlussbericht der Bund-Länder-Arbeitsgruppe zur WEG-Reform – Grundlage der Modernisierung des Wohnungseigentumsrechts; ZWE 2020, 169
Hinz	(Total-)Reform des Wohnungseigentumsrechts? Erste Überlegungen zum Referentenentwurf eines Wohnungseigentumsmodernisierungsgesetzes (WEModG) – Teil 1; ZMR 2020, 264
Hinz	(Total-)Reform des Wohnungseigentumsrechts? Erste Überlegungen zum Referentenentwurf eines Wohnungseigentumsmodernisierungsgesetzes (WEModG) – Teil 2; ZMR 2020, 374
Horst	Mietrechtliche Schnittstellen der WEG-Reform 2020; DWW 2020, 244
Horst	Mietrechtliche Schnittstellen der WEG-Reform 2020; DWW 2020, 204
Horst	Mietrechtliche Schnittstellen der WEG-Reform 2020; DWW 2020, 84
Hübner	E-Mobilität in vermieteten Tiefgaragen – ein Startversuch mit Hindernissen und vielen offenen Fragen; ZfIR 2020, 37
Kaßler	Anhörung zur WEG-Reform im Deutschen Bundestag: Regierungskoalition sieht noch Änderungsbedarf; ZWE 2020, 354
Kappus	WEG-Reform: Ein modernes Konzept für den Verwaltungsbeirat; NZM 2019, 804
Kirst	WEG-Reform 2020 – was gilt ab wann?; ZMR 2020, Heft 12
Lehmann-Richter/Wobst	Direktansprüche gegen zweckwidrig nutzende Mieter; ZWE 2020, 123
Lehmann-Richter/Wobst	Änderungen bei der Kostenverteilung durch das WEMoG, MietRB 2020, 378 ff.
Lübke	Erforderlichkeit und Möglichkeiten prozessualer Reaktion auf den Verlust der Prozessführungsbefugnis infolge der Reform des WEG-Rechts, ZMR 2021, Heft 2

Mediger	WEG-Reform 2020: Nutzungen und Kosten bei baulichen Veränderungen nach § 21 WEG-E; AnwZert MietR 15/2020 Anm. 2
Mediger	Neue Regeln für bauliche Veränderungen im RefE WEMoG oder:»weniger ist mehr«; NZM 2020, 269
Pauli	WEG-Reform 2020: Die Neuerungen zu der Versammlung der Wohnungseigentümer; AnwZert MietR 21/2020 Anm. 1
Pauli	Corona-Krise und WEG: Online-Versammlung im aktuellen und künftigen Recht; AnwZert MietR 9/2020 Anm. 2
Schneider	Notwendige Synchronisation von Wohnungseigentums - und Grundstücksrecht, FS H. Müller 2019, S. 299
Schneider	Grundbucheintragungen und -kosten nach dem WEMoG, ZfIR 2020, 822.
Schultzky	WEG-Reform 2020: Die Änderungen für die Verwaltung des Wohnungseigentums und das Verfahrensrecht durch das WEMoG, MDR 2020, 1473 ff.
Skauradszun	Das neue Verfahrensrecht der Beschlussklagen; ZMR 2020, 905
Skauradszun	Neuausrichtung der Verwaltung in der vollrechtsfähigen WEG; ZRP 2020, 34
Skauradszun/Harnack	Das Zusammenspiel der Organe nach dem WEMoG am Beispiel der Veräußerungsbeschränkung; AnwZert MietR 13/2020 Anm. 1
Sommer	Die (neue) Rolle des Verwaltungsbeirats nach dem WEMoG; ZWE 2020, 409
Stirner	WEG-Reform – Disziplinierung faktisch unkontrollierter Verwalter; ZRP 2019, 16
Volpp	Wird bald alles wirklich leichter? Abrechnung, Wirtschaftsplan und Vermögensbericht nach der WEG-Novelle 2020; ZWE 2020, 412
Wilsch	Wilsch: Der Referentenentwurf zur Modernisierung des Wohnungseigentumsgesetzes (WEModG) aus grundbuchamtlicher Sicht; FGPrax 2020, 1
Wilsch	Nachtrag zur nächsten WEG-Reform; RpflStud 2019, 83

§ 1 Verbandsrecht

I. Überblick

1 Das Wohnungseigentumsrecht hat durch das Wohnungseigentumsmodernisierungsgesetz einen dogmatischen Systemwechsel erfahren. Die Verwaltung des gemeinschaftlichen Eigentums ist nun dem rechtsfähigen Verband zugeordnet (§ 18 Abs. 1 WEG), der diese Aufgabe durch seine Organe erfüllt (§§ 19 Abs. 1, 27 Abs. 1, 29 Abs. 2 WEG). Konsequenz der Reform ist es daher, Prinzipien und Rechtsfiguren aus dem Recht der Gemeinschaft nach Bruchteilen (§§ 741 ff. BGB) durch solche aus dem allgemeinen Verbandsrecht zu ersetzen, die Gemeinschaft der Wohnungseigentümer in den Kreis der Verbände einzureihen und die Verbandsorgane neu auszubalancieren. Soweit das neue WEG noch letzte Verweise auf das Recht der Gemeinschaft nach Bruchteilen enthält, wie in §§ 10 Abs. 1 S. 1, 11 Abs. 2 S. 1 WEG, sind diese als Relikte des historischen Systems zu verstehen. Das Recht der Bruchteilsgemeinschaft wird künftig kaum noch eine Bedeutung haben.

2 Hinter diesem Systemwechsel steht die gereifte Erkenntnis, dass die Willensbildung in vielen Gemeinschaften schwerfällig und teils kaum möglich ist, wenn hierfür vorrangig nur Vereinbarungen zur Verfügung stehen, die – wie jeder andere Vertrag auch – der Zustimmung aller Wohnungseigentümer bedürfen (§§ 145 ff. BGB). Die Bildung eines Willens durch (Mehrheits-)Beschluss war bislang die Ausnahme, da Wohnungseigentum als mehrheitsfest gilt und sich Wohnungseigentümer nur dann dem Primat der Mehrheit beugen müssen, wenn für einen solchen Mehrheitsbeschluss eine Beschlusskompetenz besteht (§ 23 Abs. 1 S. 1 WEG). Insoweit sprach man bislang von der zu bändigenden Gefahr einer Majorisierung (BGH, Urt. v. 14.07.2017 – V ZR 290/16, ZMR 2017, 906).

3 In vielen Verbänden wie dem Verein, der GmbH, der Aktiengesellschaft und der Genossenschaft haben sich hingegen einfache Mehrheitsbeschlüsse als das Mittel der Wahl bewährt. Sie werden in vielen Kollektivorganen heute als Selbstverständlichkeit empfunden, was auf eine jahrhundertelange Rechtsentwicklung zurückzuführen ist (v. Gierke, Deutsches Privatrecht I, 1895, S. 501; Baltzer, Der Beschluss als rechtstechnisches Mittel organschaftlicher Funktion im Privatrecht, 1965, S. 188; Skauradszun, Der Beschluss als Rechtsgeschäft, 2020, S. 175 ff.). Im Wohnungseigentumsrecht ist die Willensbildung im Verband durch Mehrheitsbeschluss, der die überstimmten oder nicht mitwirkenden Wohnungseigentümer bindet, so verinnerlicht worden, dass im neuen WEG auf Regelungen wie § 10 Abs. 5 WEG (Bindung der überstimmten und ferngebliebenen Wohnungseigentümer an den Mehrheitsbeschluss) verzichtet werden konnte, genauso wenig wie der Grundsatz von pacta sunt servanda ausdrücklich in Erinnerung gerufen werden muss (Skauradszun, Der Beschluss als Rechtsgeschäft, S. 176 ff.).

Das Majoritätsprinzip in der heutigen Ausprägung der §§ 19 Abs. 1, 25 Abs. 1 **4** WEG ist eine Entscheidung zugunsten der Aktionsfähigkeit der Wohnungseigentümerversammlung und der Erkenntnis geschuldet, dass je größer das Organ, desto unwahrscheinlicher eine einstimmige Entscheidung wird. Ferner hat das GmbH-Recht, welches dem neuen Wohnungseigentumsrecht in besonderem Maße Pate stand, den Beweis erbracht, dass ein Verband durch ein allgemeines Geschäftsführungsorgan auf der einen und ein starkes Willensbildungsorgan auf der anderen Seite effektiver organisiert werden kann als ein Verband, bei dem das Geschäftsführungsorgan nur über einzeln aufgezählte, punktuelle Kompetenzen verfügt und das Willensbildungsorgan ein grundsätzlich zu durchschreitendes Nadelöhr darstellt (zur Nadelöhrdoktrin Skauradszun, NJW 2016, 1314; ders., ZWE 2020, 105). Das Zusammenspiel zwischen GmbH-Geschäftsführer und Gesellschafterversammlung (§§ 37, 45, 46 GmbHG) wurde daher im neuen Wohnungseigentumsrecht als Ideengeber herangezogen (§§ 18, 19, 27 WEG) und an die rechtspolitischen Bedürfnisse angepasst, den Verwalter flexibel etwas weiter von der Leine lassen oder aber etwas enger halten zu können (§ 27 Abs. 1 Nr. 1, Abs. 2 WEG), was aus Sicht des Wohnungseigentumsrechts insgesamt einen Evolutionssprung bedeutet.

Was bedeutet es nun, wenn die Gemeinschaft der Wohnungseigentümer in das **5** allgemeine Verbandsrecht integriert wird? Ganz praktisch können damit die Entscheidungen des Bundesgerichtshofs, die dieser seit 1951 zur Verwaltung des gemeinschaftlichen Eigentums gefällt hat, auf das neue System nicht mehr ohne Weiteres angewandt werden (Hinz, ZMR 2020, 264, 265). Denn bis zu dem Systemwechsel waren die Wohnungseigentümer und der Verwalter (teils auch der Verwaltungsbeirat) für die Verwaltung des gemeinschaftlichen Eigentums zuständig (§ 20 Abs. 1 WEG a.F.), nun ist es der Verband (§ 18 Abs. 1 WEG). Daher muss – was Rechtsprechung und Schrifttum über Jahre beschäftigen wird – jede einzelne Entscheidung des Bundesgerichtshofs der letzten Jahrzehnte auf das neue System projiziert und deren Anwendbarkeit untersucht werden.

Zum anderen bedeutet »Verbandsrecht«, dass Praxis, Schrifttum und Recht- **6** sprechung die Rechte und Pflichten der Organe der Gemeinschaft der Wohnungseigentümer neu ausbalancieren müssen. Verbandsrecht erfordert also das Denken in den Kategorien »rechtsfähiger Verband«, »Verbandsorgane« und »Organwalter«. Die Organe des WEG sind in den Rechtsträger »Gemeinschaft der Wohnungseigentümer« eingegliedert und innerhalb des Rechtsträgers organisatorisch selbstständig.

7   Während das Verbandsorgan »Verwalter« weiterhin aus nur einer natürlichen oder juristischen Person besteht, sind in den Verbandsorganen »Gesamtheit der Wohnungseigentümer« und »Verwaltungsbeirat« meist mehrere Personen tätig (vgl. § 29 Abs. 1 S. 2 WEG), weshalb sie Kollektivorgane genannt werden. Dieser Begriff hat eine gewisse Verwandtschaft zur kollektiven Willensbildung, die in den Kollektivorganen stattfindet (Baltzer, Der Beschluss als rechtstechnisches Mittel organschaftlicher Funktion im Privatrecht, S. 34).

8   Die Mitglieder eines Kollektivorgans, also die Wohnungseigentümer der Gesamtheit der Wohnungseigentümer und die Mitglieder des Verwaltungsbeirats, werden Organwalter genannt. Sie nehmen die Rechte und Pflichten des Organs wahr, sind dabei aber nicht selbst das Organ (Wolff, Organschaft und juristische Person, 1934, S. 228; Baltzer, Der Beschluss als rechtstechnisches Mittel organschaftlicher Funktion im Privatrecht, 1965, S. 31; Jacoby, Das private Amt, 2007, S. 196; Schürnbrand, Organschaft im Recht der privaten Verbände, 2007, S. 42 und 44; Ernst, Der Beschluss als Organakt, in: Liber Amicorum Leenen, 2012, S. 1, 8; Skauradszun, Der Beschluss als Rechtsgeschäft, S. 42 f.).

9   Verbandsrecht ist also dadurch gekennzeichnet, dass Zuständigkeiten abgegrenzt und Rechte und Pflichten des Verbands, seiner Organe und deren Organwalter definiert werden müssen.

10   Im neuen Wohnungseigentumsrecht muss nunmehr eine Auslegung der Vorschriften gelingen, mit der
  – auf der einen Seite Großobjekte in Ballungsräumen, die nur von Investoren zu stemmen sind, von Verwaltern geführt werden können, die möglichst viel Tagesgeschäft abnehmen und – sofern von den Wohnungseigentümern gewünscht – wie Geschäftsführer einer GmbH agieren können (§§ 9b Abs. 1, 27 Abs. 1 Nr. 1, Abs. 2 WEG; BT-Drucks. 19/22634, S. 47),
  – auf der anderen Seite in Anlagen, in denen die Wohnungseigentümer die Oberhand gegenüber dem Verwalter behalten wollen, dies auch tatsächlich können, also über Beschlussfassungen im Willensbildungsorgan die Kompetenzen des Verwalters begrenzen, Entscheidungen an sich ziehen und Ansprüche gegenüber dem Verwalter durchsetzen (§§ 19 Abs. 1, 27 Abs. 2 WEG).

II. Einordnung der Gemeinschaft der Wohnungseigentümer im allgemeinen Verbandsrecht

1. Rechtsfähigkeit des Verbands

11   Die Gemeinschaft der Wohnungseigentümer ist ein vollrechtsfähiger Verband. Sie kann nach § 9a Abs. 1 S. 1 WEG Rechte erwerben und Verbindlichkeiten

eingehen, vor Gericht klagen und verklagt werden. Dieser Wortlaut gleicht den Parallelvorschriften aus dem allgemeinen Verbandsrecht (§ 124 Abs. 1 HGB, § 13 Abs. 1 GmbHG, § 17 Abs. 1 GenG).

Die Vollrechtsfähigkeit der Gemeinschaft der Wohnungseigentümer geht nicht   12 nur auf die historische Entwicklung der Gemeinschaft zurück, sie hängt auch mit der Frage zusammen, wie der Rechtsverkehr bei Rechtsgeschäften mit dem Verband geschützt werden kann. Historisch wurde die Gemeinschaft der Wohnungseigentümer zunächst als nicht rechtsfähig konzipiert und erst im Laufe der Jahre als teilrechtsfähig fortentwickelt (§ 10 Abs. 6 S. 1 WEG; Hügel, in BeckOK BGB, 53. Ed. 01.02.2020, § 10 WEG Rn. 2). Mit dieser Teilrechtsfähigkeit war immer ein Risiko verbunden, wenn die Gemeinschaft nicht im Rahmen der Verwaltung des gemeinschaftlichen Eigentums agierte. Bei anderen Verbänden hat es sich hingegen bewährt, dem jeweiligen Verband im Außenverhältnis volle Rechtsfähigkeit zu gewähren. Personen, die mit einem vollrechtsfähigen Verband kontrahieren, müssen sich nicht fragen, ob der Verband im Rahmen eines bestimmten Korridors handelt. Die Vollrechtsfähigkeit der Gemeinschaft der Wohnungseigentümer fügt sich nicht nur in das allgemeine Verbandsrecht ein, sie liegt auch auf der Linie weiterer Gesetzesvorhaben des Bundesministeriums der Justiz und für Verbraucherschutz (BMJV). Bei der Gesellschaft bürgerlichen Rechts (GbR), die eine ähnliche Entwicklung von der Nichtrechtsfähigkeit zur Rechtsfähigkeit der Außengesellschaft durchlaufen hat, sehen die Pläne der Expertenkommission des BMJV im Mauracher Entwurf eines Gesetzes zur Modernisierung des Personengesellschaftsrechts (MoPeG) eine Vollrechtsfähigkeit der GbR als Regelfall vor (§ 705 Abs. 2 BGB-E).

Die Rechtsfähigkeit der Gemeinschaft der Wohnungseigentümer wird nach   13 § 9a Abs. 1 S. 2 WEG mit Anlegen der Wohnungsgrundbücher begründet. Das Anlegen der Wohnungsgrundbücher wirkt damit konstitutiv. Ab diesem Zeitpunkt kann rechtssicher mit der Gemeinschaft kontrahiert werden (Skauradszun, ZRP 2020, 34). Das Anlegen der Wohnungsgrundbücher entspricht bei anderen Verbänden der konstitutiven Eintragung in das Vereins-, Handelsoder Genossenschaftsregister, durch die bei diesen Verbänden die Rechtsfähigkeit begründet wird (§ 21 BGB, § 123 Abs. 1 HGB, § 11 Abs. 1 GmbHG, § 41 Abs. 1 S. 1 AktG, § 13 GenG).

2. Ähnlichkeiten der Gemeinschaft der Wohnungseigentümer mit einer juristischen Person

Das Wohnungseigentumsmodernisierungsgesetz definiert die Gemeinschaft   14 der Wohnungseigentümer nicht als juristische Person. Die Ähnlichkeiten sind jedoch unverkennbar. Beispielsweise definiert § 17 Abs. 1 GenG die

Genossenschaft als juristische Person so: »Die eingetragene Genossenschaft als solche hat selbstständig ihre Rechte und Pflichten; sie kann Eigentum und andere dingliche Rechte an Grundstücken erwerben, vor Gericht klagen und verklagt werden«. Dies trifft auf die Gemeinschaft der Wohnungseigentümer genauso zu. Beide Verbände haben »selbstständig ihre Rechte und Pflichten«, sie können »Eigentum und andere dingliche Rechte an Grundstücken erwerben« und sie können »vor Gericht klagen und verklagt werden«. Die Gemeinschaft der Wohnungseigentümer wird zudem erst durch ihr Vertretungsorgan handlungsfähig (§ 9b Abs. 1 S. 1 WEG). Wendet man ein, dass die juristische Person unabhängig vom Bestand ihrer Mitglieder ist, wird man sagen müssen, dass auch bei der Gemeinschaft der Wohnungseigentümer unerheblich ist, wer den jeweiligen Miteigentumsanteil hält (Skauradszun, ZRP 2020, 34), auch sie ist also unabhängig von konkreten Personen. Die Inhaberschaft eines Miteigentumsanteils kann sogar häufig wechseln, was dem Mitgliederwechsel bei juristischen Personen wie dem Verein und der Aktiengesellschaft ähnelt. Das Wohnungseigentumsrecht nimmt gleichwohl weiter eine Sonderstellung ein, da die genannten Merkmale, die typisch für juristische Personen sind, mit Merkmalen kombiniert werden, die charakteristisch für Personengesellschaften sind, wie etwa die teilschuldnerische Haftung der einzelnen Wohnungseigentümer nach § 9a Abs. 4 WEG.

15 Die Ähnlichkeit der Gemeinschaft der Wohnungseigentümer zu juristischen Personen könnte künftig bei zahlreichen Auslegungsfragen von Bedeutung sein. Durch die dogmatische Nähe liegt es beispielsweise nahe, bei ungeklärten Fragen die zur GmbH ergangene Rechtsprechung und das dortige Schrifttum zu betrachten.

3. Gemeinschaftsvermögen

16 Der Verband verfügt über ein eigenes Verbandsvermögen, das Gemeinschaftsvermögen genannt wird (§ 9a Abs. 3 WEG). Während bei den meisten Verbänden das Verbandsvermögen alle wesentlichen Vermögensgegenstände umfasst, ist dies beim Gemeinschaftsvermögen i.S.v. § 9a Abs. 3 WEG nicht so. Jeder Wohnungseigentümer hält mindestens ein Sondereigentum an einer Wohnung in Verbindung mit dem Miteigentumsanteil an dem gemeinschaftlichen Eigentum (§ 1 Abs. 2 WEG). Das gemeinschaftliche Eigentum ist im Regelfall also kein Bestandteil des Gemeinschaftsvermögens.

17 Gleichwohl kann der Verband über ein nennenswertes Gemeinschaftsvermögen verfügen, dann nämlich, wenn die Wohnungseigentümer Rücklagen aufgebaut haben (vgl. § 28 Abs. 1 S. 1 WEG) und/oder der Verband rechtsgeschäftlich Eigentum an Gegenständen erworben hat. Die Gemeinschaft der

Wohnungseigentümer kann sogar Grundstücke oder Beteiligungen an Gesellschaften erwerben (BGH, Urt. v. 18.03.2016 – V ZR 75/15, ZMR 2016, 476; Soergel/Skauradszun, 2018, § 10 WEG Rn. 91). Diese Vermögensgegenstände werden im Vermögensbericht dargestellt (§ 28 Abs. 3 WEG).

Die Verwaltung und Benutzung des Gemeinschaftsvermögens obliegt dem Verband, was aus § 18 Abs. 1 WEG folgt. Im Innenverhältnis ist der Verwalter zuständig, wenn es sich um Maßnahmen von untergeordneter Bedeutung handelt, die nicht zu erheblichen Verpflichtungen führen (§ 27 Abs. 1 Nr. 1 WEG) oder eine Notgeschäftsführung erforderlich ist (Nr. 2). Andernfalls ist die Gesamtheit der Wohnungseigentümer zuständig und verfügt dann nach § 19 Abs. 1 WEG für alle Fragen der Verwaltung und Benutzung des Gemeinschaftsvermögens über eine allgemeine Beschlusskompetenz (BT-Drucks. 19/18791, S. 47). Durch die sehr »weise« Regelung des § 27 Abs. 2 WEG (Schmidt-Räntsch in der Anhörung, ZWE 2020, 354, 355) kann die Gesamtheit der Wohnungseigentümer von ihrer Zuständigkeit abgeben und dem Verwalter so mehr Zuständigkeiten anvertrauen. **18**

Jeder Wohnungseigentümer hat gegen die Gemeinschaft der Wohnungseigentümer einen Anspruch auf ordnungsmäßige Verwaltung und Benutzung des Gemeinschaftsvermögens. Auch dies folgt zwar nicht expressis verbis aus § 18 Abs. 2 WEG, ergibt sich jedoch daraus, dass die Gemeinschaft der Wohnungseigentümer ihr Gemeinschaftsvermögen selbst verwaltet und sich daher Ansprüche auf ordnungsmäßige Verwaltung und Benutzung – wie auch sonst – gegen den Verband richten. **19**

Das Gemeinschaftsvermögen ist, wie bisher (§ 11 Abs. 3 WEG a.F.), insolvenzunfähig (§ 9a Abs. 5 WEG). Für eine Beseitigung dieser Friktion zum Insolvenzrecht ließ sich im Gesetzgebungsverfahren keine Mehrheit mobilisieren. Während Vereins-, Gesellschafts- und Genossenschaftsvermögen insolvenzfähig sind (§ 11 InsO), bleibt es für das Gemeinschaftsvermögen im Wohnungseigentumsrecht bei einem Sonderfall. Das Gemeinschaftsvermögen kann daher nicht zugunsten einer gemeinschaftlichen Befriedigung der Gläubiger (§ 1 S. 1 InsO) verwertet werden. Die Gläubiger der Gemeinschaft der Wohnungseigentümer können jedoch Ansprüche gegen die Gemeinschaft durchsetzen und auch Zwangsvollstreckungen betreiben (Skauradszun, ZRP 2020, 34, 35). Die persönliche teilschuldnerische Haftung der Wohnungseigentümer aus § 9a Abs. 4 WEG hingegen kann ohne ein Insolvenzverfahren nicht nach § 93 InsO einheitlich von einem Insolvenzverwalter geltend gemacht werden. Es gilt stattdessen weiter das Prioritätsprinzip (vgl. § 804 Abs. 3 ZPO). **20**

4. Aufhebung der Gemeinschaft der Wohnungseigentümer

21 Die Gemeinschaft der Wohnungseigentümer stellt einen Verband auf Dauer dar. Ein einzelner Wohnungseigentümer kann die Aufhebung der Gemeinschaft nicht verlangen (§ 11 Abs. 1 WEG). Auch die Mehrheit der Wohnungseigentümer kann dies nicht (BeckOGK/Skauradszun, § 11 WEG Rn. 4). Dies unterscheidet die Gemeinschaft der Wohnungseigentümer von anderen Verbänden, die häufig schon durch (qualifizierten) Mehrheitsbeschluss aufgelöst werden können (§ 41 BGB, § 60 Abs. 1 Nr. 2 GmbHG, § 262 Abs. 1 Nr. 2 AktG, § 78 Abs. 1 GenG, §§ 119 Abs. 2, 131 Abs. 1 Nr. 2 HGB).

22 Die Gemeinschaft der Wohnungseigentümer erlischt im Übrigen mit der Schließung der Wohnungsgrundbücher (§ 9a Abs. 1 WEG).

III. Das Verhältnis des Verbands und der Organe zueinander

23 Verbandsrechtliches Denken im Wohnungseigentumsrecht bedeutet, wie in jedem anderen Verband auch, das Denken in den Kategorien Verband, Verbandsorgan und Organwalter (ausführlicher unter I.). Dem Verband kommt hierbei ein Verwaltungsmonopol für die Verwaltung des gemeinschaftlichen Eigentums zu (dazu unter 1.). Gleich einem Rechtsreflex ist sodann im nächsten Schritt zu klären, ob das Willensbildungsorgan (2.) oder das Geschäftsführungs- und Vertretungsorgan zuständig ist (3.) bzw. welche Rechte und Pflichten dem Verwaltungsbeirat als unterstützendem und überwachendem Organ zukommen (4.).

1. Das Verwaltungsmonopol des Verbands

a) Verwaltung des gemeinschaftlichen Eigentums durch den Verband

24 Nach § 18 Abs. 1 WEG obliegt die Verwaltung des gemeinschaftlichen Eigentums der Gemeinschaft der Wohnungseigentümer. Der Gemeinschaft kommt damit eine Generalzuständigkeit für alle die Verwaltung des gemeinschaftlichen Eigentums betreffenden Maßnahmen zu (vgl. BT-Drucks. 19/18791, S. 58). Man kann von einem Verwaltungsmonopol sprechen.

25 Das bisherige System, wonach den Wohnungseigentümern und dem Verwalter (und ggf. dem Verwaltungsbeirat) die Verwaltung des gemeinschaftlichen Eigentums oblag (§ 20 Abs. 1 WEG a.F.), wurde also abgelöst. Die Wohnungseigentümer sind nun aber als Organwalter verpflichtet, im Willensbildungsorgan mitzuwirken, im Regelfall also in der Wohnungseigentümerversammlung (§ 19 Abs. 1 WEG, BT-Drucks. 19/18791, S. 60).

26 Ähnlich der Rechtslage im GmbH-Recht treffen im Wohnungseigentumsrecht damit ein Geschäftsführungs- und Vertretungsorgan auf der einen und ein

Willensbildungsorgan auf der anderen Seite aufeinander. Anders als im GmbH-Recht ist der Verwalter der Gemeinschaft der Wohnungseigentümer im gesetzlichen Grundfall für Maßnahmen untergeordneter Bedeutung zuständig, die nicht zu erheblichen Verpflichtungen führen, kann aber – sofern gewünscht – zu einem umfassenden Geschäftsführungsorgan qualifiziert werden (§ 27 Abs. 1 Nr. 1, Abs. 2 WEG). Die Herausforderung besteht nun darin, die Rechte und Pflichten der beiden Organe so auszubalancieren, dass die Gesamtheit der Wohnungseigentümer nicht nur theoretisch durch ihre Rückholkompetenz nach § 27 Abs. 2 WEG und ihr freies Abberufungsrecht nach § 26 Abs. 1 S. 1 WEG ein starkes Verbandsorgan ist, sondern auch tatsächlich in der Lage ist, einen Gegenspieler zum Verwalter zu bilden. Dann nämlich können die Organe in der Balance gehalten und der Verwalter als Geschäftsführungs- und Vertretungsorgan von der Gesamtheit der Wohnungseigentümer bzw. dem Verwaltungsbeirat überwacht werden (Checks and Balances, Skauradszun/Harnack, AnwZert MietR 13/2020, Anm. 1).

b) Im Regelfall und im Zweifel für den Verband (Reine Verbandsrechtslehre)

Bei manchen Aufgaben ergibt sich nicht unmittelbar aus dem WEG, wem diese   **27** obliegen. Die Zuständigkeit scheint damit auf den ersten Blick ungeregelt. Es wäre dann nicht richtig, die primäre Zuständigkeit bei den Wohnungseigentümern zu sehen, denn das verbandsrechtliche System ist so zu verstehen, dass im Regelfall und im Zweifel der Verband zuständig ist (Skauradszun/Harnack, AnwZert MietR 13/2020, Anm. 1). Erst im zweiten Schritt ist sodann die Zuständigkeit im Innenverhältnis zu klären. Insoweit wäre es dem Verbandsrecht fremd, dass Rechtssubjekte außerhalb des Verbands und damit außerhalb ihrer Funktion als Organ oder Organwalter handeln.

c) Rechteausübung durch den Verband betreffend das gemeinschaftliche Eigentum (§ 9a Abs. 2 Var. 1 WEG)

Der Kreislauf, der im Innenverhältnis beim Verband beginnt (§ 18 Abs. 1   **28** WEG) und sich sodann bei den Verbandsorganen fortsetzt (§§ 19 Abs. 1, 27 WEG), wird dadurch geschlossen, dass der Verband im Außenverhältnis die sich aus dem gemeinschaftlichen Eigentum ergebenden Rechte (Variante 1) sowie solche Rechte der Wohnungseigentümer ausübt, die eine einheitliche Rechtsverfolgung erfordern (Variante 2). Hier nimmt der Verband die entsprechenden Pflichten der Wohnungseigentümer wahr. Diese Ausübungsbefugnis regelt § 9a Abs. 2 WEG (Elzer, FD-ZVR 2020, 429759).

29 Die frühere Unterscheidung in eine geborene und gekorene Ausübungs- und Wahrnehmungsbefugnis des Verbands (§ 10 Abs. 6 S. 3 WEG a.F.) wird damit aufgegeben (BT-Drucks. 19/18791, S. 46). Damit stellt sich nicht mehr die Frage, ob Rechte oder Pflichten eines oder mehrerer Wohnungseigentümer durch Beschluss vom Verband wahrgenommen werden können, denn solche Beschlussfassungen sind nicht mehr möglich (vgl. BT-Drucks. 19/18791, S. 47). Hintergrund dieser Erweiterung der Ausübungsbefugnis des Verbands durch Gesetz ist, dass der Entzug der individuellen Ausübungsbefugnis beim einzelnen Wohnungseigentümer durch (Mehrheits-)Beschluss einen erheblichen Eingriff darstellte und die Legitimationsbasis für einen solchen Entzug größer ist, wenn er im Gesetz vorgesehen wird.

30 Die Achse zwischen § 9a Abs. 2 und § 18 Abs. 1 WEG hat für die einzelnen Miteigentümer eine hohe Bedeutung, da Wohnungseigentum als Eigentumskategorie nur dann vollwertig ist, wenn es die für absolute Rechte typische Ausschlussfunktion erfüllt. Wird also das gemeinschaftliche Eigentum beeinträchtigt, muss es möglich sein, das Eigentum gegen diese Beeinträchtigung zu verteidigen, vom Störer also die Beseitigung der Beeinträchtigung verlangen zu können. Gleiches gilt für den Anspruch auf Unterlassung, wenn weitere Beeinträchtigungen zu besorgen sind. Dem Verband obliegt nun die Geltendmachung der Ansprüche aus § 1004 BGB. Er übt diese Ansprüche konzertiert aus (§ 9a Abs. 2 WEG). Dies erweckt in der Theorie den Eindruck eines geordneten, effektiven Vorgehens. Es bedingt jedoch praktisch, wie bei jedem Verband, dass die Verbandsorgane genauso effektiv agieren, also bei Bagatell- oder Eilmaßnahmen der Verwalter selbstständig tätig wird (§ 27 Abs. 1 WEG) und sonst die Gesamtheit der Wohnungseigentümer entscheidet (§ 19 Abs. 1 WEG). Anders gewendet kann die Achse zwischen § 9a Abs. 2 und § 18 Abs. 1 WEG für die einzelnen Miteigentümer zu einer Rechtsschwächung führen, wenn die Verbandsorgane die bestehenden Rechte nicht oder nicht effektiv ausüben.

31 Weder vom WEG klar geregelt noch in der Gesetzesbegründung erörtert ist das Problem, dass sich Rechte wie der Anspruch aus § 1004 BGB sowohl aus dem gemeinschaftlichen Eigentum als auch dem Sondereigentum ergeben. Klar ist, dass bei einer ausschließlichen Betroffenheit des gemeinschaftlichen Eigentums (Beispiel: ein Wohnungseigentümer parkt seinen LKW ständig auf dem Hof der Gemeinschaft der Wohnungseigentümer, der frei von Fahrzeugen zu halten ist) nur der Verband zuständig ist und hierfür keines Vergemeinschaftungsbeschlusses bedarf (§ 9a Abs. 2 WEG; Lehmann-Richter/Wobst, ZWE 2020, 123, 127; Bruns, AnwZert MietR 13/2020, Anm. 2; Elzer, FD-ZVR 2020, 429759). Klar ist auch, dass bei einer ausschließlichen Betroffenheit des Sondereigentums (Beispiel: Wohnungseigentümer A im Souterrain übt häufig abends um 22 Uhr Schlagzeug, sodass [nur!] Wohnungseigentümer B in der Erdgeschosswohnung nicht einschlafen kann) nur der beeinträchtigte Sondereigentümer seine Rechte ausübt (Lehmann-Richter/Wobst, ZWE 2020, 123, 127; Elzer, FD-ZVR 2020, 429759) und diese Rechte nicht mehr vergemeinschaftet werden können.

Zu diskutieren ist aber, wer Rechte ausübt, wenn beide Eigentumsarten be- **32** troffen sind (Beispiel: Wohnungseigentümer A hat auf seiner Fensterbank eine Pflanze, die mittlerweile so groß gewachsen ist, dass ein Fenster der darüber liegenden Wohnung des Wohnungseigentümers B verdeckt wird und die Pflanze zudem den Putz der Außenwand angreift). Es scheinen mindestens drei Auslegungen denkbar:

§ 9a Abs. 2 WEG könnte weit ausgelegt werden und auch Fälle erfassen, in **33** denen beide Eigentumsarten betroffen sind. Umgekehrt könnte § 9a Abs. 2 WEG auch eng ausgelegt werden und nur angewandt werden, wenn ausschließlich das gemeinschaftliche Eigentum betroffen ist (so Bruns, AnwZert MietR 13/2020, Anm. 2). Im dritten Beispielsfall (»Pflanze«) würde demnach nur Wohnungseigentümer B Rechte ausüben können. Nach einer vermittelnden Auslegung könnte in Fällen, in denen beide Eigentumsarten betroffen sind, sowohl § 9a Abs. 2 WEG angewandt werden, wonach der Verband die Rechte aus dem gemeinschaftlichen Eigentum ausübt, als auch dem betroffenen Sondereigentümer die Ausübung seiner aus dem Sondereigentum resultierenden Rechte belassen werden.

Hier wird die vermittelnde Auslegung befürwortet: Sobald das gemeinschaft- **34** liche Eigentum zumindest auch betroffen ist, ist der Verband diesbezüglich zuständig (§§ 9a Abs. 2, 18 Abs. 1 WEG; Elzer, FD-ZVR 2020, 429759), weshalb die Gesamtheit der Wohnungseigentümer entscheiden muss (§ 19 Abs. 1 WEG), wenn nicht die Maßnahme in die Zuständigkeit des Verwalters fällt (§ 27 Abs. 1 WEG).

Den von Bruns, AnwZert MietR 13/2020, Anm. 2 geäußerten Bedenken, wonach das Sondereigentum des betroffenen Wohnungseigentümers nicht geschwächt werden darf, wird hinreichend Beachtung geschenkt, denn der betroffene Wohnungseigentümer kann die aus seinem Sondereigentum resultierenden Rechte ausüben (Elzer, FD-ZVR 2020, 429759).

Die vermittelnde Ansicht führt allerdings nicht zu singulären Zuständigkeiten. **35** Im Verbandsrecht ist eigentlich nicht gewollt, dass Verband und Organ oder zwei Organe bzw. Organ und Organwalter gleichzeitig für dieselbe Maßnahme zuständig sind. Verbandsrecht zeichnet sich dadurch aus, dass die Zuständigkeiten zwischen Verband, den Organen und den Organwaltern abgegrenzt werden. Allerdings besteht im Wohnungseigentumsrecht die Besonderheit, dass zwei Eigentumsarten aufeinandertreffen. Dies ist in gesellschaftsrechtlichen

Verbänden so nicht der Fall. Dort können zwar auch Gesellschaftsvermögen mit privaten Einlagen zusammenkommen, im Wohnungseigentumsrecht ist das gleichzeitige Vorliegen von gemeinschaftlichem Eigentum und Sondereigentum aber immer und definitionsgemäß der Fall.

36 Die vermittelnde Ansicht hat zudem den Nachteil, dass der Anspruchsgegner von mehreren Anspruchsstellern in Anspruch genommen werden kann, die womöglich sogar unterschiedliche Handlungen oder Unterlassungen verlangen (vgl. Bruns, AnwZert MietR 13/2020, Anm. 2). Dies ist allerdings keine Besonderheit des Wohnungseigentumsrechts. Vielmehr sind auch sonst viele Konstellationen denkbar, in denen ein Schuldner mehreren Gläubigern ausgesetzt ist.

37 Die geäußerten Einwände veranlassen also nicht dazu, von der vermittelnden Ansicht abzurücken.

d) Rechteausübung durch den Verband betreffend das gemeinschaftliche Eigentum (§ 9a Abs. 2 Var. 2 WEG)

38 Ferner übt der Verband solche Rechte der Wohnungseigentümer aus, die materiell-rechtlich zwar diesen obliegen, bei denen aber eine einheitliche Rechtsverfolgung erforderlich ist. Die bisherige Definition des Bundesgerichtshofs soll nach dem Willen des Gesetzgebers hierzu herangezogen werden (BT-Drucks. 19/18791, S. 46). Erforderlich ist nach dieser Definition eine Rechtsausübung durch die Gemeinschaft der Wohnungseigentümer, wenn schutzwürdige Belange der Wohnungseigentümer oder des Schuldners an einer einheitlichen Rechtsverfolgung das grundsätzlich vorrangige Interesse des Wohnungseigentümers, seine Rechte selbst und eigenverantwortlich auszuüben und prozessual durchzusetzen, deutlich überwiegen (BGH, Urt. v. 24.07.2015 – V ZR 167/14, ZMR 2015, 952).

39 In diese Kategorie fallen etwa Fälle, in denen Wohnungseigentümer schuldrechtliche Mängelgewährleistungsrechte aus dem Bauträgervertrag gegen den Bauträger geltend machen wollen und über die konzertierte Anspruchsverfolgung durch den Verband die Gesamtheit der Wohnungseigentümer beschließt. BT-Drucks. 19/18791, S. 47 sieht hierfür eine Beschlusskompetenz der Gesamtheit der Wohnungseigentümer vor. Diese folgt allerdings nicht aus dem Wortlaut des § 19 Abs. 1 WEG, sondern offenbar aus § 9a Abs. 2 Var. 2 WEG (Bruns, AnwZert MietR 13/2020, Anm. 2).

Mit dem Inkrafttreten des § 9a Abs. 2 WEG entsteht ein Problem bei Altfällen, das in BT-Drucks. 19/18791, S. 47 adressiert, jedoch nicht gelöst wird. Beschlüsse der Wohnungseigentümer, mit denen diese bislang Rechte und Pflichten der Wohnungseigentümer vergemeinschaftet haben (§ 10 Abs. 6 S. 3

Halbs. 2 WEG a.F.), verlieren ihre Wirkung (kritisch Bruns, AnwZert MietR 13/2020, Anm. 2). Diese Rechte und Pflichten sind also fortan nicht mehr vergemeinschaftet und müssen wieder von den Wohnungseigentümern ausgeübt werden. Erkennen dies die Wohnungseigentümer nicht, werden sie ggf. nicht tätig und verlassen sich weiter irrtümlich auf den Verband und im Innenverhältnis den Verwalter. Der Praxis kann daher nur empfohlen werden, zu prüfen, welche Vergemeinschaftungsbeschlüsse noch zu vollziehen sind (so auch Bruns, AnwZert MietR 13/2020, Anm. 2) und die Wohnungseigentümer darauf hinzuweisen, dass diese nun wieder für die Ausübung der Rechte und Pflichten zuständig sind.

e) Anspruchsverfolgung gegen den Verband

Dadurch, dass nach § 18 Abs. 1 WEG die Verwaltung des gemeinschaftlichen   40
Eigentums der Gemeinschaft der Wohnungseigentümer obliegt, muss dem einzelnen Wohnungseigentümer ein Individualanspruch auf Erfüllung der Verwaltung zustehen. Diesen Anspruch regelt § 18 Abs. 2 Nr. 1 WEG. Anspruchsgegner ist der Verband, nicht aber ein anderer Wohnungseigentümer. Gleiches gilt für den Individualanspruch jedes Wohnungseigentümers auf ordnungsmäßige Benutzung des gemeinschaftlichen Eigentums und des Sondereigentums. Was der einzelne Wohnungseigentümer verlangen kann, ergibt sich aus dem Gesetz, den Vereinbarungen und den Beschlüssen.

Praktisch weist die Anspruchsdurchsetzung die Komplikation auf, dass der   41
einzelne Wohnungseigentümer zwar formal den Verband in Anspruch nehmen muss, eine Inanspruchnahme eines anderen Wohnungseigentümers also wirkungslos ist, da dieser nicht der richtige Anspruchsgegner ist, der Verband aber erst durch seine Organe handlungsfähig wird. Faktisch wird sich der Wohnungseigentümer also an den Verwalter wenden müssen. Ist dann für die Durchführung der Maßnahme (etwa ein Telefonat oder ein Schreiben zwischen dem Verwalter und dem anderen Wohnungseigentümer) keine Beschlussfassung geboten, da es sich um eine Maßnahme von untergeordneter Bedeutung handelt oder die Maßnahme durch den Verwalter zur Abwendung eines Nachteils erforderlich ist (§ 27 Abs. 1 WEG), wird der Anspruch vom Verwalter erfüllt. Ist eine Beschlussfassung durch die Wohnungseigentümer geboten (etwa weil die Streitfrage nicht dem Verwalter zugewiesen wurde oder der Streitwert über der Wertgrenze für die vom Verwalter zu besorgenden Maßnahmen fällt, BT-Drucks. 19/22634, S. 47), wird der Verwalter eine (außerordentliche) Wohnungseigentümerversammlung einberufen müssen. Dies ist mit Kosten und Zeit verbunden. Um hier eine angemessene Befassung der Wohnungseigentümer zu gewährleisten, gilt das in BT-Drucks. 19/18791, S. 85 bzw.

BT-Drucks. 19/22634, S. 47 zu § 27 Abs. 1 WEG Ausgeführte: Mit der Größe der Anlage wächst der Kreis der Maßnahmen, die der Verwalter – um den gegen den Verband gerichteten Anspruch zu erfüllen – eigenverantwortlich treffen kann und muss. Es bedarf keiner vertieften Ausführung, dass zu § 27 Abs. 1 WEG im Laufe der Jahre umfangreiche Rechtsprechung ergehen wird und auch notwendig ist.

f) Regressmöglichkeiten des Verbands

42 Der Verband ist wegen § 18 Abs. 2 WEG alleiniger Anspruchsgegner. Er wird aber ggfs. Regress nehmen können. Bei fehlerhaftem Stimmverhalten oder fehlerhaften Beschlussprozeduren wird sogar regelmäßig ein Regresskreislauf entstehen: Nimmt zuerst ein Wohnungseigentümer den Verband in Anspruch, wird dieser in der Folge einen oder mehrere andere Wohnungseigentümer oder den Verwalter in Anspruch nehmen. Entstehen dem Verband Schäden, etwa durch die Rechtsverfolgung, wird er die sich im Innenverhältnis pflichtwidrig verhaltenden Organe oder Organwalter in Regress nehmen. Ansprüche einzelner Wohnungseigentümer gegen den Verwalter aus dem Verwaltervertrag zwischen der Gemeinschaft der Wohnungseigentümer und dem Verwalter sowie dem Rechtsinstitut des Vertrags mit Schutzwirkung zugunsten Dritter gibt es – auch wenn dieses Rechtsinstitut vom Rechtsausschuss in BT-Drucks. 19/22634, S. 47 angesprochen wurde – nicht. Denn dieses Rechtsinstitut setzt voraus, dass der Dritte schutzbedürftig ist. Der einzelne Wohnungseigentümer hat aber nach § 18 Abs. 2 WEG einen direkten Anspruch gegen den Verband auf Erfüllung der Verwaltungspflicht und im Falle von Schäden einen gesetzlichen Schadensersatzanspruch gegen diesen aus § 280 Abs. 1 BGB und ist daher schon ausreichend geschützt.

43 Da solche Regresskreisläufe abzusehen sind, wird die prozessuale Folge sein, dass zum einen der Verband in streitigen Fällen im Zuge seiner gerichtlichen Inanspruchnahme demjenigen den Streit verkünden wird, bei dem er einen Anspruch auf Gewährleistung oder Schadloshaltung annimmt, sollte er verurteilt werden (§ 72 Abs. 1 ZPO). Unabhängig davon, ob der Streitverkündungsempfänger, also insbesondere ein oder mehrere andere Wohnungseigentümer oder der Verwalter, dem klagenden Wohnungseigentümer oder dem Verband beitritt, kommt die Nebeninterventionswirkung zum Tragen (§§ 74 Abs. 3, 68 ZPO). Dies bedeutet, dass der Streitverkündungsempfänger im Regressprozess im Verhältnis zum Verband nicht mit der Behauptung gehört wird, dass der erste Rechtsstreit unrichtig entschieden sei.

44 Darüber hinaus sind Fälle abzusehen, in denen die übrigen Wohnungseigentümer entweder aufseiten des klagenden Wohnungseigentümers oder des beklagten Verbands als Streithelfer unterstützen, also im Wege der streitgenössischen

Nebenintervention einer Seite beitreten (§§ 66 ff., 69, 61 ZPO; Skauradszun, ZMR 2020, 905).

2. Willensbildung durch die Gesamtheit der Wohnungseigentümer

a) § 19 Abs. 1 WEG als allgemeine Beschlusskompetenz

Nach § 19 Abs. 1 WEG beschließen die Wohnungseigentümer eine ordnungs- **45** mäßige Verwaltung des gemeinschaftlichen Eigentums und Benutzung des gemeinschaftlichen Eigentums und des Sondereigentums, sofern nichts anderes durch Vereinbarung geregelt ist. Daraus folgt die verbandsrechtliche Funktion der Gesamtheit der Wohnungseigentümer als Willensbildungsorgan.

Der formale Rahmen für diese Willensbildung ist im Regelfall die Wohnungs- **46** eigentümerversammlung (§ 23 Abs. 1 WEG, ausführlich SEHR/Riecke, Wohnungseigentümerversammlung). § 25 WEG geht davon aus, dass die Wohnungseigentümerversammlung stets beschlussfähig ist (BT-Drucks. 19/18791 S. 37). Obgleich die Gesamtheit der Wohnungseigentümer das mit den umfangreichsten Rechten ausgestattete Verbandsorgan darstellt, kann ohne Beschlussfähigkeitsquorum das den jeweiligen Beschluss stützende Fundament sehr schwach sein. Dies ist der Fall, wenn nur wenige Wohnungseigentümer eine Stimme abgeben und der Beschluss damit nur mit wenigen Willenserklärungen gestützt wird. Idealerweise tragen den jeweiligen Beschluss möglichst viele JA-Stimmen der Wohnungseigentümer, sodass hinter dem rechtlich gebildeten Willen tatsächlich auch die Mehrheit aller Wohnungseigentümer steht und nicht nur die Mehrheit der abgegebenen Stimmen. Dogmatisch ist das Streichen eines Beschlussfähigkeitsquorums allerdings vertretbar, da das legitimierende Element eines Beschlusses nicht nur die Willenserklärung ist, sondern allen voran die durchlaufene Beschlussprozedur (K. Schmidt, Gesellschaftsrecht, § 15 I 1 und 3; Skauradszun, Der Beschluss als Rechtsgeschäft, S. 64).

Im Willensbildungsorgan wird der Wille mit der Mehrheit der abgegebenen **47** Stimmen gebildet. Es gilt das allgemeine Mehrheitsprinzip. Besondere Quoren gibt es im WEG nicht (mehr). Damit soll einem Ziel der Reform – nämlich die Gesamtheit der Wohnungseigentümer als Willensbildungsorgan aufzuwerten (BT-Drucks. 19/18791, S. 2) – Rechnung getragen werden.

§ 19 Abs. 1 WEG ist als allgemeine Beschlusskompetenz zu verstehen. Die- **48** se besteht im Rahmen der Verwaltung des gemeinschaftlichen Eigentums und betreffend die Benutzung des gemeinschaftlichen Eigentums und des Sondereigentums (Deutscher Richterbund, Stellungnahme zum RegE, Mai 2020, S. 8). Solange sich die Gesamtheit der Wohnungseigentümer in den Grenzen des § 18 WEG bewegt – die freilich sehr weit sind –, verfügt sie über eine

Beschlusskompetenz. Der Wortlaut des § 19 Abs. 1 WEG ist weiter als der des § 18 Abs. 1 WEG, da Letzterer nur die Verwaltung des gemeinschaftlichen Eigentums, nicht aber die Benutzung des gemeinschaftlichen Eigentums und des Sondereigentums erwähnt. Da einzelne Wohnungseigentümer jedoch Individualansprüche gegen den Verband geltend machen können, die auch Fragen der Benutzung betreffen (§ 18 Abs. 2 WEG), besteht auch diesbezüglich eine Beschlusskompetenz (§ 19 Abs. 1 WEG).

49   Die Zuständigkeit des Willensbildungsorgans ist im Grundfall des § 27 Abs. 1 Nr. 1 WEG deutlich weiter als die des Geschäftsführungs- und Vertretungsorgans. Denn der Verwalter ist nur im Rahmen des § 27 Abs. 1 WEG zuständig, während die Gesamtheit der Wohnungseigentümer grundsätzlich über jedes in § 19 Abs. 1 WEG genannte Thema beschließen kann.

50   Kehrseite der allgemeinen Beschlusskompetenz in § 19 Abs. 1 WEG ist allerdings, dass die entsprechenden Beschlussgegenstände auch ins Kollektivorgan eingebracht werden müssen, das Willensbildungsorgan also mit der Sache befasst werden muss. Insoweit stellt die Wohnungseigentümerversammlung ein Nadelöhr dar, durch das ein jeder Beschlussgegenstand im Regelfall muss (Skauradszun, ZWE 2020, 105). Dies gilt nur dann nicht, wenn einer der beiden Fälle des § 27 Abs. 1 WEG vorliegt (Bagatell- oder Eilmaßnahme) oder die Wohnungseigentümer beschlossen hatten, die Zuständigkeit des Verwalters diesbezüglich zu erweitern (§ 27 Abs. 2 WEG). Dann hat das Willensbildungsorgan antizipiert schon in abstrakter Form entschieden.

b) Besondere Beschlusskompetenzen, insbesondere Rückholkompetenz

51   Neben der allgemeinen Beschlusskompetenz aus § 19 Abs. 1 WEG finden sich im WEG besondere Beschlusskompetenzen, beispielsweise die essenziellen besonderen Beschlusskompetenzen zu den Zahlungspflichten nach § 28 Abs. 1 S. 1, Abs. 2 S. 1 WEG. Aus verbandsrechtlicher Sicht ist von besonderer Bedeutung die in § 27 Abs. 2 WEG vorgesehene Rückhol- bzw. Erweiterungskompetenz. Sofern die Wohnungseigentümer über einen Gegenstand selbst entscheiden möchten, der eigentlich in die Zuständigkeit des Verwalters nach § 27 Abs. 1 WEG fällt, haben sie aufgrund der umfassenden Zuständigkeit der Gesamtheit der Wohnungseigentümer jederzeit die Möglichkeit, die Entscheidung an sich zu ziehen (Abschlussbericht der Bund-Länder-Arbeitsgruppe, S. 30). § 27 Abs. 2 WEG ist daher spezieller als die allgemeine Beschlusskompetenz nach § 19 Abs. 1 WEG. Umgekehrt bietet § 27 Abs. 2 WEG eine Beschlusskompetenz, die Rechte des Verwalters moderat oder sogar massiv zu erweitern.

Dieser Zuständigkeitswechsel vom Geschäftsführungs- und Vertretungsorgan 52 hin zum Willensbildungsorgan ist dem GmbH-Gesellschaftsrecht angelehnt. Dort liegt die Zuständigkeit für Fragen der Geschäftsführung zwar auch zunächst beim Geschäftsführungs- und Vertretungsorgan, kann aber jederzeit durch Beschluss (vgl. § 37 Abs. 1 GmbHG, der zwar formal nur die Vertretung erwähnt, aber reflexartig auch die Geschäftsführungsbefugnis betrifft) zum Willensbildungsorgan der Gesellschafterversammlung wechseln. Dies gilt nicht nur für wichtigere Entscheidungen, sondern für ein jedes Thema der Geschäftsführung (§ 45 Abs. 1 GmbHG).

Theoretisch müssen sich die Wohnungseigentümer daher über das neu konzi- 53 pierte Verwalterorgan keine Sorgen machen, da dessen Rechte und Pflichten im Grundfall des § 27 Abs. 1 Nr. 1 WEG überschaubar sind und nach Abs. 2 im Bedarfsfalle sogar noch eingeschränkt werden könnten. Praktisch aber funktioniert dieses Checks and Balances System nur, wenn die Wohnungseigentümer von den anstehenden Maßnahmen wissen und über das Willensbildungsorgan handlungsfähig sind. Je größer die Anlage ist, umso weniger realistisch wird es, dass die Gesamtheit der Wohnungseigentümer kurzfristig Entscheidungen an sich zieht. Der Praxis ist daher zu empfehlen, von der besonderen Beschlusskompetenz des § 23 Abs. 1 S. 2 WEG (BT-Drucks. 19/18791, S. 71) Gebrauch zu machen und durch Beschluss zu regeln, dass Wohnungseigentümer an der Versammlung auch ohne physische Anwesenheit vor Ort teilnehmen und sämtliche oder einzelne ihrer Rechte ganz oder teilweise im Wege elektronischer Kommunikation ausüben können. Während nämlich im Umlaufverfahren im Regelfall weiterhin nur einstimmige Beschlüsse möglich sind (§ 23 Abs. 3 WEG; S. 2 sieht eine besondere Beschlusskompetenz vor »für einen einzelnen Gegenstand die Mehrheit der abgegebenen Stimmen« genügen zu lassen), sind in Wohnungseigentümerversammlungen mit Online-Teilnahme grundsätzlich Mehrheitsbeschlüsse möglich (§§ 23 Abs. 1 S. 2, 25 Abs. 1 WEG). Unter Wahrung der Einladungsfrist von vier Wochen kann dann ein Beschluss erzielt werden; in Fällen besonderer Dringlichkeit auch früher (§ 25 Abs. 4 WEG). Rein virtuelle Wohnungseigentümerversammlungen ermöglicht § 23 Abs. 1 S. 2 WEG allerdings nicht (BT-Drucks. 19/18791, S. 71).

c) Verbandsrechtliche Aspekte der Beschlussprozedur

Siehe zur Wohnungseigentümerversammlung und zur dortigen Beschlussfas- 54 sung zunächst SEHR/Riecke, Wohnungseigentümerversammlung. Im Folgenden werden allein verbandsrechtliche Aspekte der Beschlussprozedur beleuchtet, also solche, die ausdrücklich das Zusammenspiel zwischen Kollektivorgan und Verband, zwischen den Verbandsorganen und zwischen den Organwaltern und dem Versammlungsleiter betreffen.

55 Der Verwalter hat im Wohnungseigentumsrecht eine Doppelfunktion. Er ist
nicht nur Geschäftsführungs- und Vertretungsorgan (§§ 9b Abs. 1, 27 Abs. 1
WEG), sondern auch geborener Versammlungsleiter (§ 24 Abs. 5 WEG). Seine Einflussnahmemöglichkeit ist enorm. Die Beschlussprozedur ist nämlich
dadurch gekennzeichnet, dass die Wohnungseigentümer als Organwalter des
Willensbildungsorgans nur mit JA oder NEIN zu einem zur Abstimmung gestellten Beschlussantrag stimmen bzw. sich der Stimme enthalten können. Diesen Beschlussantrag und damit die essentialia et accidentalia negotii des Rechtsgeschäfts definiert der Versammlungsleiter (Skauradszun, Der Beschluss als
Rechtsgeschäft, S. 72 ff.). Da der Versammlungsleiter aus allen denkbaren Op-
tionen den Fokus auf einen konkreten Lösungsvorschlag legen kann, hat er eine
kanalisierende Funktion. Insbesondere in größeren Kollektivorganen kommt
ihm soziologisch eine erhebliche Einflussnahme zu, da die Vorformulierung des
Beschlussantrags zahlreiche Organwalter lenken kann. Vielerorts nehmen die
Wohnungseigentümer also hin, was ihnen zur Abstimmung gestellt wird. Die
Entscheidung ist damit faktisch häufig schon vor der eigentlichen Beschlussfassung getroffen worden.

56 Der Verwalter ist als geborener Versammlungsleiter innerhalb der Beschlussprozedur noch aus einem weiteren Grund die Schlüsselfigur: Erst seine Beschlussverkündung lässt den Beschluss als Rechtsgeschäft entstehen. Beschlussantrag
und Stimmabgabe gehören auf der Ebene des Tatbestands zum »Abschluss« des
Rechtsgeschäfts, die Feststellung des Abstimmungsergebnisses und die Verkündung des Beschlusses hingegen zum »Zustandekommen« des Rechtsgeschäfts.
Die Beschlussverkündung fixiert den Inhalt des Rechtsgeschäfts entsprechend
dem Beschlussantrag und verklammert die einzelnen Willenserklärungen zu
einem Rechtsgeschäft – dem Beschluss. Die Beschlussverkündung stellt also
ein finalisierendes Tatbestandsmerkmal dar, einen sogenannten Endakt, dem
eine konstitutive Wirkung zukommt (Skauradszun, Der Beschluss als Rechtsgeschäft, S. 64 ff., 79 ff., 84 ff.). Diese erhebliche Macht folgt aus der Funktion als Versammlungsleiter, die der Verwalter kraft Gesetzes innehat (§ 24
Abs. 5 WEG).

57 Die durch Beschluss getroffene Entscheidung der Wohnungseigentümer wird
dem Willensbildungsorgan zugerechnet. Sodann wird der Wille des Organs
dem Verband zugerechnet. Typisch für das Verbandsrecht sind also zwei hin-
tereinander geschaltete Zurechnungsschritte. Dies ist darauf zurückzuführen,
dass der Verband selbst keinen Willen bilden kann und das Kollektivorgan
keine eigene Rechtsfähigkeit besitzt. Daher bedarf es des Mechanismus der
doppelten Zurechnung (Skauradszun, Der Beschluss als Rechtsgeschäft,
S. 158 ff.). Erstmals im neuen WEG wird diese Zurechnungskette im WEG-
Prozessrecht zutreffend abgebildet, da sich die Beschlussklagen nicht mehr

gegen die übrigen Wohnungseigentümer richten, sondern grundsätzlich gegen den Verband, bei dem die Zurechnungskette endet (§ 44 Abs. 2 S. 1 WEG; Zschieschack, ZWE 2017, 22; Jacoby, ZMR 2018, 393; Skauradszun, in: FS Riecke, 2019, S. 431, 432 f.).

d) Die Rolle der Wohnungseigentümer als Organwalter

Innerhalb der Wohnungseigentümersammlung nehmen die einzelnen Woh-   58
nungseigentümer ihre Aufgaben als Organwalter wahr. Sie unterliegen einer Mitwirkungspflicht (dazu unter 1.) und können für pflichtwidriges Stimmverhalten persönlich haftbar sein (2.). Die einzelnen Wohnungseigentümer haben hingegen gegen andere Verbandsorgane keine Individualansprüche mehr (3.).

(a) Mitwirkungspflicht gegenüber dem Verband nach § 19 Abs. 1 WEG

Mit der allgemeinen Beschlusskompetenz aus § 19 Abs. 1 WEG hängt die Fra-   59
ge zusammen, wie stark die einzelnen Wohnungseigentümer in die Willensbildung eingebunden sind. Grundsätzlich kann im Beschlusswesen zwischen zwei Polen unterschieden werden, der bloßen »Möglichkeit« oder der »Pflicht« zu einer Mitwirkung bei der Beschlussfassung. Musterbeispiel für die bloße Möglichkeit zur Einflussnahme ist die Beschlussfassung in der aktienrechtlichen Hauptversammlung, da die Aktiengesellschaft vom Vorstand unter eigener Verantwortung geleitet wird und Fragen der Geschäftsführung ohnehin nicht von der Hauptversammlung entschieden werden (§§ 76 Abs. 1, 119 Abs. 2 AktG). Musterbeispiel für eine Pflicht zur Mitwirkung ist hingegen die Beschlussfassung im aktienrechtlichen Aufsichtsrat.

Ob den Wohnungseigentümern eine Möglichkeit oder eine Pflicht zur Mitwir-   60
kung obliegt, war bislang streitig, ist nun jedoch durch die Gesetzesbegründung geklärt und durch den Gesetzgeber entschieden: es handelt sich um eine Pflicht. So heißt es in BT-Drucks. 19/18791, S. 60 zu § 19 Abs. 1 WEG: »Die sprachliche Anpassung im Übrigen (»beschließen« anstelle »können beschließen«) verdeutlicht, dass mit der Beschlusskompetenz auch eine Pflicht gegenüber der Gemeinschaft der Wohnungseigentümer zur Mitwirkung an einer Beschlussfassung einhergeht«. Diese Mitwirkungspflicht ist der Gemeinschaft der Wohnungseigentümer gegenüber zu erfüllen (BT-Drucks. 19/18791, S. 60).

Dies überzeugt (vor der Reform so schon Becker, ZWE 2000, 56, 58; Arm-   61
brüster/Kräher, ZWE 2014, 1, 3; Häublein, ZfIR 2018, 671, 672; Müller in: BeckOK WEG, 40. Ed. 01.02.2020, § 14 Rn. 61; Skauradszun, NZM 2015, 273, 276; Skauradszun, in: Soergel, BGB, 13. Aufl. 2018, § 23 WEG Rn. 37; Skauradszun, ZWE 2020, 105, 106), denn die Balance zwischen den beiden Verbandsorganen gelingt nur dann, wenn die Organwalter des

Willensbildungsorgans tatsächlich auch ihrer Mitwirkungspflicht nachkommen, insbesondere also entscheiden, wie sie die Rechte und Pflichten des Verwalters erweitern oder beschränken (§ 27 Abs. 2 WEG) und wie sich die Gemeinschaft der Wohnungseigentümer zu den gegen sie gerichteten Ansprüchen verhalten soll (§ 18 Abs. 2 WEG).

(b) Haftung der Wohnungseigentümer

62   Mit Pflichten ist regelmäßig auch ein Haftungsrisiko verbunden. Dies ist bei der Mitwirkungspflicht der Wohnungseigentümer im Willensbildungsorgan nach § 19 Abs. 1 WEG nicht anders. Anknüpfungspunkt für die Haftung eines Wohnungseigentümers ist das persönliche Stimmverhalten im Kollektivorgan, da schon die Stimmabgabe auf eine Rechtsfolge gerichtet ist und damit eine Willenserklärung für den sodann verkündeten Positiv- oder Negativbeschluss darstellt. Ein fehlerhaftes Stimmverhalten stellt eine vergeistige Pflichtverletzung dar, die qualitativ nicht bagatellisiert werden darf und hinreichende Grundlage für Schadensersatzansprüche der Gemeinschaft der Wohnungseigentümer gegen den fehlerhaft abstimmenden bzw. nicht abstimmenden Wohnungseigentümer darstellt (ausführlicher Skauradszun, Der Beschluss als Rechtsgeschäft, S. 360 ff.).

63   Während bislang als Anspruchsgrundlage zwischen den Wohnungseigentümern für pflichtwidriges Stimmverhalten §§ 280 Abs. 1 (und 2, 286) BGB herangezogen wurde (BGH, Urt. v. 17.10.2014 – V ZR 9/14, ZMR 2015, 241, Tz. 18; BGH, Urt. v. 14.07.2017 – V ZR 290/16, ZMR 2017, 906, 909, Tz. 20 [dort ohne § 280 Abs. 2 BGB]; Skauradszun, NZM 2015, 273, 276; Skauradszun, in: Soergel, BGB, 13. Aufl. 2018, § 23 WEG Rn. 37; ausführlich dazu, warum es sich um einen Verzögerungsschaden handelt, Skauradszun, Der Beschluss als Rechtsgeschäft, S. 373 ff.), wird dieser Anspruch nun zwischen der Gemeinschaft der Wohnungseigentümer und dem pflichtwidrig abstimmenden bzw. nicht abstimmenden Wohnungseigentümer geltend gemacht. Denn die Mitwirkungspflicht aus § 19 Abs. 1 WEG ist der Gemeinschaft der Wohnungseigentümer gegenüber zu erfüllen (BT-Drucks. 19/18791, S. 60).

64   Klarzustellen ist allerdings, dass die Voraussetzungen dieser Anspruchsgrundlage nur dann erfüllt sind, wenn die Wohnungseigentümer am Tag der Wohnungseigentümerversammlung für die Gemeinschaft der Wohnungseigentümer entscheiden können, also der Sachverhalt geklärt ist, und sich das der Gemeinschaft der Wohnungseigentümer grundsätzlich zustehende Ermessen auf null reduziert hat. Da die Verwaltung aber der Gemeinschaft der Wohnungseigentümer obliegt (§ 18 Abs. 1 WEG), üben nicht (mehr) die Wohnungseigentümer ein originäres Ermessen aus, vielmehr üben sie das Ermessen des Verbands aus

(BeckOGK/Skauradszun § 44 WEG Rn. 50). Die vom BGH bislang entschiedenen Fälle betrafen z. B. Pflicht-Erhaltungsmaßnahmen.

Über diese Pflicht-Erhaltungsmaßnahme muss am Tag der Wohnungseigentü- 65
merversammlung entschieden werden. Den Tag der Abstimmung bestimmt der
Verwalter als Versammlungsleiter, da ihm die Einberufung und Leitung der Versammlung kraft Gesetzes obliegt (§ 24 Abs. 1, 2 und 5 WEG). Da ihm der Gesetzgeber diese Kompetenzen anvertraut hat, bestimmt er die Leistungszeit für
das Abstimmen. Wohnungseigentümer, die dann nicht erscheinen, ihre Stimme
nicht abgeben oder gegen den Beschlussantrag stimmen, verhalten sich pflichtwidrig (vgl. BGH, Urt. v. 17.10.2014 – V ZR 9/14, ZMR 2015, 241, 2. Leitsatz), ohne dass es einer weiteren Mahnung bedürfte (§ 286 Abs. 2 Nr. 1 BGB).
Wer in eine Gemeinschaft der Wohnungseigentümer eintritt, unterwirft sich
damit der Mitwirkungspflicht des § 19 Abs. 1 WEG und muss die gesetzlichen
Kompetenzen der Verbandsorgane und des Versammlungsleiters anerkennen,
hier also die gesetzliche Kompetenz des Verwalters, die Versammlung auf einen
bestimmten Zeitpunkt einzuberufen und zu leiten (Skauradszun, Der Beschluss
als Rechtsgeschäft, S. 384 ff.).

*(c) Individualansprüche der Wohnungseigentümer gegen den Verwalter oder
Verwaltungsbeirat*

Einzelne Wohnungseigentümer haben zwar Individualansprüche gegen den 66
Verband (§ 18 Abs. 2 WEG), nicht aber gegen den Verwalter. Die Rechtsprechung des BGH zu Individualansprüchen der Wohnungseigentümer, die dieser
aus § 27 Abs. 1 Nr. 1 WEG a.F. abgeleitet hatte (BGH, Urt. v. 23.03.2018 – V
ZR 65/17, ZMR 2018, 681) ist damit überholt (Skauradszun, ZRP 2020, 34,
35). Individualansprüche der Wohnungseigentümer gegen den Verwaltungsbeirat oder einzelne Mitglieder sieht das WEG nicht vor. Ausführlicher zum sog.
Interorganstreit sogleich unter 3. Zu den in der Regel nicht vorliegenden Ansprüchen aus einem Vertrag mit Schutzwirkung zugunsten Dritter siehe III. 1. f.

3. Der Verwalter als Geschäftsführungs- und Vertretungsorgan

Der Verwalter der Gemeinschaft der Wohnungseigentümer wurde durch die 67
Reform zu einem flexiblen Geschäftsführungs- und Vertretungsorgan umgebaut. Seine Rechtsstellung ist im gesetzlichen Regelfall moderat (§ 27 Abs. 1
Nr. 1 WEG), kann aber durch Beschluss der Wohnungseigentümer einen Umfang vergleichbar mit der des GmbH-Geschäftsführers erreichen (Abs. 2; Hinz,
ZMR 2020, 264, 268). Bei diesem Verbandsorgan ist zwischen der Geschäftsführung im Innenverhältnis (§ 27 Abs. 1 WEG) und der Vertretung im Außenverhältnis (§ 9b Abs. 1 WEG) zu trennen. Beide Ebenen wurden neu definiert

und entsprechen nun dem Wortlaut ähnlicher Vorschriften aus dem Verbandsrecht. Modell standen insbesondere § 116 Abs. 1 HGB hinsichtlich der Geschäftsführung sowie § 125 HGB, § 37 GmbHG und § 77 AktG hinsichtlich der Vertretungsmacht.

a) Geschäftsführungsbefugnis

68 Die Geschäftsführungsbefugnis des Verwalters regelt § 27 Abs. 1 WEG. Demnach ist der Verwalter eigenverantwortlich für solche Maßnahmen zuständig, die von untergeordneter Bedeutung sind und die nicht zu erheblichen Verpflichtungen führen (Nr. 1) oder die zur Wahrung einer Frist oder zur Abwendung eines Nachteils erforderlich sind (Nr. 2). Die Geschäftsführung im Innenverhältnis kann nach § 27 Abs. 2 WEG durch Beschluss eingeschränkt oder erweitert werden. Sie kann »in der Maximalstufe« Ausmaße wie bei GmbH-Geschäftsführern erreichen.

69 § 27 Abs. 1 Nr. 1 WEG ermöglicht eine Ausnahme von der allgemeinen Zuständigkeit der Gesamtheit der Wohnungseigentümer. Sofern eine Maßnahme von untergeordneter Bedeutung ist und nicht zu erheblichen Verpflichtungen führt (Bagatellfälle), kann sich der Verwalter selbst einen Willen bilden und muss demnach das beschriebene »Nadelöhr« nicht durchschreiten. Ob eine entsprechende Beschlussfassung der Gesamtheit der Wohnungseigentümer erforderlich ist, ist einzelfallabhängig zu entscheiden und hängt etwa von der Struktur und Größe der Gemeinschaft ab (BT-Drucks. 19/18791, S. 75; BT-Drucks. 19/22634, S. 47). Unter § 27 Abs. 1 Nr. 1 WEG fällt etwa der Austausch defekter Leuchtmittel oder die Instandsetzung eines Fensters im gemeinschaftlichen Eigentum. Ferner gehört hierzu, dass sich der Verwalter darum kümmert, gewöhnliche Beeinträchtigungen des gemeinschaftlichen Eigentums zu untersagen (siehe III. 1. c.).

§ 27 Abs. 1 Nr. 2 WEG betrifft Eilmaßnahmen, also solche, die zur Wahrung einer Frist oder zur Abwendung eines Nachteils erforderlich sind.

70 Im Innenverhältnis nimmt der Verwalter zudem die Funktion des Versammlungsleiters wahr (§ 24 Abs. 5 WEG, ausführlich unter III. 2. c.).

(a) Weitere Beispiele für § 27 Abs. 1 Nr. 1 und 2 WEG

71 Der Umfang der Geschäftsführungsbefugnis nach § 27 Abs. 1 Nr. 1 (Bagatellfälle) und Nr. 2 (Eilmaßnahmen) WEG wird durch Faustformeln und weitere Beispiele greifbar. Hierzu kann z. B. an die durchschnittliche Wirtschaftsplansumme angeknüpft werden und ein Prozentsatz genannt werden (2 %, Lehmann-Richter/Wobst Rn. 477), bis zu der die Maßnahme nicht zu erheblichen Verpflichtungen führt, oder es wird mit Euro-Beträgen gearbeitet (MüKoBGB/Skauradszun, § 27 WEG Rn. 20), bis zu der der Verwalter alleine geschäftsführungsbefugt ist und die in das Verhältnis zu den einzelnen Miteigentumsanteilen gesetzt werden, da es auf die einzelne Verpflichtung des Wohnungseigentümers ankommt (richtig Blankenstein, WEG-Reform 2020, S. 216).

Hat eine Gemeinschaft der Wohnungseigentümer durchschnittlich einen Wirt- **72** schaftsplan von in Summe 30.000 €, dann entsprechen 2 % 600 €. Löst beispielsweise die Erhaltung eines gerissenen Fensters im Treppenhaus Kosten in Höhe von 500 € aus, ist der Verwalter gegenüber der Gemeinschaft der Wohnungseigentümer nach der erstgenannten Auslegung berechtigt und verpflichtet, den Austausch vornehmen zu lassen. Würden bei einem etwas größeren Fenster hingegen Kosten in Höhe von 1.000 € ausgelöst, wäre dies von § 27 Abs. 1 Nr. 1 WEG nicht mehr gedeckt. Der Verwalter muss die Maßnahme also durch das Nadelöhr der Wohnungseigentümerversammlung bringen (Rn. 4; Blankenstein, WEG-Reform 2020, S. 216), wenn seine Rechte und Pflichten nicht nach § 27 Abs. 2 WEG erweitert wurden.

Alternativ kann eine Faustformel mit Euro-Beträgen gebildet werden. Besteht **73** eine Anlage aus zehn Wohneinheiten, deren Miteigentumsanteile in etwa gleich groß sind, wird eine Maßnahme, die 2.000 € oder mehr auslöst, nach der hier vertretenen Auffassung als erhebliche Verpflichtung i.S.v. § 27 Abs. 1 Nr. 1 WEG angesehen. Denn dann würde der einzelne Wohnungseigentümer durchschnittlich mit 200 € oder mehr belastet werden. Besteht eine Anlage aus 50 Miteigentumsanteilen, die in etwa gleich groß sind, wird eine Maßnahme, die 10.000 € oder mehr auslöst, als erhebliche Verpflichtung angesehen. Auch hier gilt, dass der einzelne Wohnungseigentümer durchschnittlich mit 200 € oder mehr belastet würde. Dann ist nicht mehr der Verwalter, sondern die Gesamtheit der Wohnungseigentümer zuständig.

Jenseits der finanzbezogenen Beispiele sind etwa folgende Maßnahmen von **74** § 27 Abs. 1 Nr. 1 WEG erfasst:
– der Verwalter ist für die Durchsetzung der Zahlungspflichten i.S.v. § 28 WEG zuständig (außergerichtlich, gerichtlich – etwa durch einen Mahnbescheid nach § 688 ZPO – und im Wege der Zwangsvollstreckung),
– Erinnerung und Ermahnung der Wohnungseigentümer an die nach § 19 Abs. 2 Nr. 1 WEG beschlossene Hausordnung; gleiches gilt für den Wohnungseigentümer in seiner Rolle als Vermieter (hingegen keine Maßnahmen gegenüber dem Mieter, Hügel/Elzer, § 27 Rn. 98),
– Feststellung von erforderlichen Erhaltungsmaßnahmen, Informationen hierzu an die Wohnungseigentümer, Vorbereitung der Beschlussfassung

nach § 19 Abs. 2 Nr. 2 WEG, Organisation der Erhaltungsmaßnahme gegenüber Handwerkern (zu alldem Hügel/Elzer, § 27 Rn. 105 ff.),
– Abwicklung des Zahlungsverkehrs der Gemeinschaft der Wohnungseigentümer (Entgegennahme von Zahlungen, Begleichung von Rechnungen),
– Durchführung der Beschlüsse der Gesamtheit der Wohnungseigentümer und der Vereinbarungen der Wohnungseigentümer.

(b) Weitere Beispiele für § 27 Abs. 2 WEG

75 Der Beschluss nach § 27 Abs. 2 WEG, mit dem Rechte und Pflichten des Verwalters eingeschränkt oder erweitert werden können, muss bestimmt sein (Dötsch/Schultzky/Zschieschack Kapitel 9 Rn. 156), also eine konkrete Maßnahme aufführen, für die der Verwalter nunmehr zuständig oder nicht mehr zuständig ist. Möglich sind sogar ganze Maßnahmenkataloge (Hügel/Elzer, § 27 Rn. 73); Einschränkungen oder Erweiterungen im Verwaltervertrag genügen hingegen nicht (Hügel/Elzer, § 27 Rn. 79; Lehmann-Richter/Wobst Rn. 493; Dötsch/Schultzky/Zschieschack Kapitel 9 Rn. 150). Der Bestimmtheitsgrundsatz kann erfüllt werden zum Beispiel
– durch Festsetzung einer Wertgrenze. Beispiel: »Der Verwalter ist berechtigt und verpflichtet, Maßnahmen der Erhaltung, die zu Verpflichtungen bis 2.000 € führen, ohne Beschluss der Wohnungseigentümer zu treffen, maximal aber 8.000 € pro Wirtschaftsjahr« (ähnlich Blankenstein, WEG-Reform 2020, S. 223).
– durch Benennung der Tätigkeit, etwa hinsichtlich der Veräußerungsbeschränkung nach § 12 WEG. Beispiel: »Der Verwalter ist berechtigt und verpflichtet, die Zustimmung zur Veräußerung nach der Gemeinschaftsordnung alleine zu prüfen und darüber zu entscheiden, sofern Wohnungseigentum an andere Wohnungseigentümer der Anlage oder deren Verwandte in gerade Linie veräußert werden soll. In allen anderen Fällen ist die Sache der Gesamtheit der Wohnungseigentümer zur Entscheidung vorzulegen«.

76 Beschlüsse nach § 27 Abs. 2 WEG greifen in die Kompetenzen der übrigen Organe der Gemeinschaft der Wohnungseigentümer ein. Die grundsätzlich von Abs. 2 zwar weit gefassten Gestaltungsspielräume werden überschritten, wenn verbandsrechtliche Grundsätze verletzt werden. Dann ist ein solcher Beschluss nichtig (MüKoBGB/Skauradszun, § 27 WEG Rn. 50). Zwei Beispiele sollen eine solche Überschreitung des Gestaltungsspielraums verdeutlichen:
– Eine Gemeinschaft besteht ganz überwiegend aus Investoren. Mit deren Mehrheit wird beschlossen: »Der Verwalter wird gegenüber der Gemeinschaft der Wohnungseigentümer berechtigt und verpflichtet, alle Maßnahmen zur Erhaltung des gemeinschaftlichen Eigentums zu treffen und hierzu entsprechende Vorschüsse festzusetzen«. Hier werden der Gesamtheit der

Wohnungseigentümer als Willensbildungsorgan die Kernrechte nach § 19 Abs. 2 Nr. 2 und 5 WEG entzogen. Ohne die nach § 19 Abs. 2 Nr. 2 und 5 WEG vorgesehenen Beschlussfassungen durch die Gesamtheit der Wohnungseigentümer kann der einzelne Wohnungseigentümer zudem Beschlüsse nicht mehr im Wege der Anfechtungsklage nach § 44 Abs. 1 Nr. 1 WEG kontrollieren lassen; denn die Entscheidungen des Verwalters können von der Minderheit gerade nicht mit der Anfechtungsklage angegriffen werden, da es hierzu schon an einer Beschlussfassung fehlt. Für eine solche Erweiterung der Verwalterrechte und -pflichten räumt § 27 Abs. 2 WEG also keine Beschlusskompetenz ein (wohl ebenso Lehmann-Richter/Wobst Rn. 495).

– Das Wohnungseigentum in einer Anlage ist überwiegend vermietet. Die Wohnungseigentümer beschließen nach § 27 Abs. 2 WEG: »Der Verwalter wird gegenüber der Gemeinschaft der Wohnungseigentümer berechtigt und verpflichtet, einmal monatlich im jeweiligen Sondereigentum zu prüfen, ob die Wohnung ordnungsmäßig genutzt wird«. Für einen solchen (zudem unbestimmten) Beschluss bietet § 27 Abs. 2 WEG keine Beschlusskompetenz, da eine Maßnahme, die ausschließlich das Sondereigentum betrifft, außerhalb der Verbandszuständigkeit liegt (§ 18 Abs. 1 WEG) und damit nicht in der Zuständigkeit des Verwalters als Verbandsorgan liegen kann. Der Verwalter kann diesbezüglich gegenüber dem Verband nicht berechtigt und verpflichtet werden.

Im Übrigen darf § 27 Abs. 2 WEG nicht so verstanden werden, dass damit **77** auch § 27 Abs. 1 Nr. 2 WEG (Eilmaßnahmen) grenzenlos eingeschränkt werden dürfte. Ein Beschluss, mit dem die Wohnungseigentümer beispielsweise regeln »Der Verwalter hat auch bei vermeintlich eilbedürftigen Maßnahmen zunächst eine Entscheidung der Gesamtheit der Wohnungseigentümer einzuholen«, wäre ordnungswidrig. Der Gemeinschaft der Wohnungseigentümer würden Nachteile drohen (z.B. Fristversäumnisse, Schadenserweiterungen etc.), auf die ihr Willensbildungsorgan nicht rechtzeitig reagieren kann (ebenso Lehmann-Richter/Wobst Rn. 492).

b) Vertretungsmacht

Die Vertretungsmacht des Verwalters wird abschließend in § 9b WEG geregelt **78** (BT-Drucks. 19/18791, S. 74). Gemäß § 9b Abs. 1 S. 1 WEG wird die Gemeinschaft der Wohnungseigentümer gerichtlich und außergerichtlich durch den Verwalter vertreten, beim Abschluss eines Grundstückskauf- oder Darlehensvertrags aber nur aufgrund eines Beschlusses der Wohnungseigentümer. Der Umfang dieser Vertretungsmacht kann gegenüber Dritten nicht beschränkt werden (S. 3). Bei allen Verbänden, deren Verbandsorgane im Außenverhältnis über eine nicht beschränkbare Vertretungsmacht verfügen (vgl. etwa § 37 Abs. 2 GmbHG; § 82

Abs. 1 AktG), kann das Vertretungsorgan aber gegen Vorgaben aus dem Innenverhältnis verstoßen. Die Vertretung des Verbands unter Verstoß gegen diese Vorgaben stellt eine Pflichtverletzung dar. Erleidet der Verband einen Schaden, kann er den Verwalter auf Schadensersatz in Anspruch nehmen. Anspruchsgrundlage ist § 280 Abs. 1 BGB. Die Norm ist für beide Schuldverhältnisse anwendbar, also für den vertraglichen Schadensersatzanspruch aus dem Verwaltervertrag und für den organschaftlichen Schadensersatzanspruch aus dem Organverhältnis. Zum Vertrag mit Schutzwirkung zugunsten Dritter siehe III. 1. f.

c) Bestellung und Abberufung des Verwalters (§ 26 WEG)

aa) Bestellungsbeschluss

79 Eine Person wird wohnungseigentumsrechtlich durch Beschluss der Wohnungseigentümer zum Verwalter (Bestellungsbeschluss, § 26 Abs. 1 WEG). Die Beschlussprozedur entspricht der des § 19 (oben Rn. 54 ff.), ist also unverändert. Der Beschluss entsteht rechtsgeschäftlich mit der Verkündung des Beschlusses durch den Versammlungsleiter oder durch alle Wohnungseigentümer gemeinsam. Da die Wohnungseigentümer durch den Bestellungsbeschluss aber einer Person Pflichten auferlegen, muss die zu bestellende Person dem Amt zustimmen (Hügel/Elzer, § 26 Rn. 12). Bislang ist die Dogmatik dieser Bestellungsbeschlüsse noch nicht geklärt. Hier wird vorgeschlagen, die Beschlusskompetenz nach § 26 Abs. 1 WEG eingeschränkt auszulegen, wonach die Wohnungseigentümer nur insoweit über eine Beschlusskompetenz verfügen, als sie die Bestellung unter einer aufschiebenden Bedingung i.S.v. § 158 Abs. 1 BGB vornehmen. Diese aufschiebende Bedingung (= Zustimmung der zu bestellenden Person) kann, wie auch sonst in der Beschlusslehre, konkludent in den Beschlussantrag aufgenommen werden, was bei Bestellungsbeschlüssen nach § 26 Abs. 1 WEG regelmäßig anzunehmen ist. Sobald die zu bestellende Person zugestimmt hat, ist die aufschiebende Bedingung erfüllt und die Rechtswirkung des Bestellungsbeschlusses tritt ein: die zu bestellende Person wird Organ der Gemeinschaft der Wohnungseigentümer. Sie hat nun ein privates Amt inne (Jacoby, Das private Amt, S. 484 ff.). Mit dieser Dogmatik bleibt die Beschlussprozedur unverändert, die zu bestellende Person wird aber hinreichend geschützt (ausführlich zu dieser Kombination aus eingeschränkter Beschlusskompetenz und bürgerlich-rechtlicher Bedingungslehre Skauradszun, Der Beschluss als Rechtsgeschäft, S. 267 ff.).

80 Der Bestellungsbeschluss erfordert nur die (einfache) Mehrheit der abgegebenen Stimmen (§ 25 Abs. 1 WEG; zum wichtigen Fall, dass zwei oder mehr Bewerber zur Wahl stehen, Hügel/Elzer, § 26 Rn. 82). Der Beschluss wird meist in einer Wohnungseigentümerversammlung gefasst, möglich ist aber auch ein Umlaufbeschluss nach § 23 Abs. 3 Satz 1 WEG, der dann die Zustimmung von allen Wohnungseigentümern in Textform erfordert (dazu SEHR/Riecke, § 6 Rn. 5 f.).

Ist die zu bestellende Person nicht anwesend und teilt sie nicht schon nach der Verkündung des Beschlusses mit, das Amt anzunehmen, muss die Gemeinschaft der Wohnungseigentümer vertreten werden. § 9b Abs. 2 WEG dürfte anwendbar sein, sodass der Vorsitzende des Verwaltungsbeirats oder ein durch Beschluss dazu ermächtigter Wohnungseigentümer den Verband dem Verwalter gegenüber vertritt (Lehmann-Richter/Wobst Rn. 458). Im Übrigen kann die zu bestellende Person schon vor der Beschlussfassung mitteilen, das Amt anzunehmen.

Der Beschluss kann auf seine Ordnungsmäßigkeit untersucht werden, was ins-   **81** besondere mit Blick auf die Frage relevant wird, ob der Verwalter zertifiziert ist (dazu Rn. 87 ff.). Auch das Missachten der Höchstbestelldauer von fünf Jahren bzw. im Fall der ersten Bestellung von drei Jahren (§ 26 Abs. 2 Satz 1 WEG) kann zu ordnungswidrigen Beschlüssen führen. Nimmt man mit der h. M. an, dass Beschlüsse teilbar sind (BGH NJW 2012, 2648, Tz. 10 ff.; zur Dogmatik Skauradszun, Der Beschluss als Rechtsgeschäft, S. 61), wird man einen Bestellungsbeschluss, der keine oder eine zu lange Bestellungsdauer nennt, so behandeln können, dass der Beschluss ordnungsmäßig ist, soweit der Verwalter für drei bzw. fünf Jahre bestellt wurde. Darüber hinaus ist der Beschluss aber unwirksam (Lehmann-Richter/Wobst Rn. 452). Wird ein Bestellungsbeschluss insgesamt erfolgreich angefochten, bleiben die rechtsgeschäftlichen Handlungen des Verwalters, die dieser bis zur Rechtskraft des Gestaltungsurteils getätigt hat, wirksam (Dötsch/Schultzky/Zschieschack Kapitel 9 Rn. 7).

Die Verwaltereigenschaft soll nachweisbar sein durch die Vorlage einer Nie-   **82** derschrift über den Bestellungsbeschluss, bei der die Unterschriften öffentlich beglaubigt wurden (§ 26 Abs. 4 WEG). Das ist inkonsequent, da die h. M. die Organstellung erst annimmt, wenn die zu bestellende Person das Amt angenommen hat (Rn. 79). § 26 Abs. 4 WEG sollte daher so ausgelegt werden, dass auch die Annahme des Amtes nachgewiesen werden muss. Im einfachsten Fall wird dazu in der Niederschrift dokumentiert, dass die zu bestellende Person anwesend war und das Amt angenommen hat.

Zum Abschluss des Verwaltervertrags siehe SEHR/Fritsch, § 2 Rn. 6 ff. und zur   **83** Vertragsgestaltung dort Rn. 19 f. Rechtsgeschäftlich ist die Willensbildung im Innenverhältnis durch den Bestellungsbeschluss strikt von der Willensumsetzung im Außenverhältnis zu trennen. Der Beschluss ist kein hybrides Rechtsgeschäft, welches zugleich und automatisch eine Willenserklärung auf Abschluss des Verwaltervertrags zwischen der Gemeinschaft der Wohnungseigentümer und dem Verwalter enthält. Die insbesondere von Greiner vertretene These vom Beschluss als hybrides Rechtsgeschäft ist abzulehnen; eine solche Konstruktion ist der Rechtsgeschäftslehre fremd (ausführlich Skauradszun, Der Beschluss als Rechtsgeschäft, S. 282 ff., 418; a. A. BeckOGK/Greiner, 01.04.2020, § 26 WEG Rn. 44; Greiner, ZWE 2020, 260, 262).

bb) Abberufungsbeschluss

84 Das Gegenstück zum Bestellungsbeschluss ist der Beschluss auf Abberufung (Abberufungsbeschluss, § 26 Abs. 1 WEG), der – wie sein GmbH-rechtliches Vorbild in § 38 Abs. 1 GmbHG – jederzeit gefasst werden kann und keines Abberufungsgrundes bedarf (Abs. 3). Wie in Rn. 74 gezeigt, ist die Gesamtheit der Wohnungseigentümer als Willensbildungsorgan durch dieses umfassende Abberufungsrecht in der Theorie sehr stark, praktisch wird diese Beschlusskompetenz aber meist nur genutzt werden können, wenn im Anschluss an die Abberufung ein neuer Verwalter bestellt werden kann. Auch die Dogmatik der Abberufungsbeschlüsse ist noch nicht abschließend geklärt. Anders als beim Bestellungsbeschluss (Rn. 79) werden hier einer Person keine Pflichten auferlegt, vielmehr entfallen diese für die Zukunft. Daher wird dieser Beschluss nicht unter der Bedingung gefasst, dass die Abberufung dem Verwalter zugehen muss. Vielmehr entfaltet der Abberufungsbeschluss mit seiner Verkündung seine Rechtswirkung (Skauradszun, Der Beschluss als Rechtsgeschäft, S. 270).

85 Der Abberufungsbeschluss setzt keinen Abberufungsgrund voraus. Dieser kann auch nicht in einer Vereinbarung vorgeschrieben werden, da § 26 Abs. 3 WEG ausweislich Abs. 5 nicht dispositiv ist (SEHR/Fritsch, § 2 Rn. 16). Auch der Abberufungsbeschluss kann aber mit der Anfechtungsklage nach § 44 Abs. 1 Satz 1 WEG auf seine Ordnungsmäßigkeit untersucht werden. Stimmt die Mehrheit für eine grundlose Abberufung, kann dies ordnungswidrig sein, da die Gemeinschaft der Wohnungseigentümer die Vergütung noch bis zu sechs Monate bezahlen muss, ohne dafür eine Tätigkeit zu erhalten (Lehmann-Richter/ Wobst Rn. 455). Siehe ferner zur Vertragsgestaltung für den Fall der Abberufung SEHR/Fritsch, § 2 Rn. 19 f. Ist ein Gleichklang zwischen Organstellung und Laufzeit des Verwaltervertrags gewünscht, lässt sich dies so lösen, dass der Abberufungsbeschluss mit einer Zeitbestimmung nach § 163 BGB kombiniert wird. Soll nach § 163 BGB die *Wirkung* eines Rechtsgeschäfts erst zu einem Anfangstermin eintreten, so findet auf diese Zeitbestimmung die Regelung zur aufschiebenden Bedingung nach § 158 Abs. 1 BGB Anwendung. Da der Beschluss ein Rechtsgeschäft i.S.v. § 163 BGB ist, kann ein Beschluss mit einer solchen Zeitbestimmung kombiniert werden (Skauradszun, Der Beschluss als Rechtsgeschäft, S. 322 f.). Seine Wirkung (= Abberufung) soll dann erst mit Erreichen eines Anfangstermins eintreten. Es könnte also beispielsweise am 28.02. beschlossen werden »Der Verwalter wird zum 31.08., 24 Uhr, abberufen«. Nach § 26 Abs. 1 WEG, §§ 163 1. Fall, 158 Abs. 1 BGB ist die Abberufung dann zwar im Februar beschlossen, der Beschluss als *Rechtsgeschäft* also *entstanden*. Seine Wirkung tritt aber erst am 31.08., 24 Uhr, ein. Abberufung und 6-Monatsfrist des § 26 Abs. 3 WEG betreffend den Verwaltervertrag können dann entsprechend aufeinander abgestimmt werden.

Der Verwalter kann sein Amt auch selbst niederlegen, was die Organstellung 86 mit Zugang der Erklärung entfallen lässt. Erklärungsempfänger ist die Gemeinschaft der Wohnungseigentümer. Der Verband wird vom Vorsitzenden des Verwaltungsbeirats, einem durch Beschluss ermächtigten (§ 9b Abs. 2 WEG), wohl auch durch sonst jeden Wohnungseigentümer passivvertreten (Lehmann-Richter/Wobst Rn. 458; Hügel/Elzer, § 26 Rn. 21). Die Amtsniederlegung zur Unzeit kann einen Schadensersatzanspruch nach § 280 Abs. 1 BGB begründen (vgl. LG Frankfurt/M., Beschluss vom 31.08.2020, 2–13 S 87/19; AG Hamburg-Blankenese ZMR 2016, 314 m.w.N.).

d) Zertifizierter Verwalter (§§ 19 Abs. 2 Nr. 6, 26a WEG)

Im Gesetzgebungsverfahren wurde auf die Bedenken reagiert, der Verwalter 87 könne als Geschäftsführungs- und Vertretungsorgan im Zusammenspiel der verbandsrechtlichen Organe zu einflussreich werden. Werde der Verwalter als verbandsrechtliches Organ sehr viel stärker ausgestaltet, müsse zumindest sichergestellt sein, dass die Person, die diese Organstellung bekleide, über eine hinreichende Sachkunde verfüge. Ein Sachkundenachweis für WEG-Verwalter (gewerberechtliche Lösung) wurde letztlich zwar nicht Gesetz, als Kompromiss wurde aber die Zertifizierung für Verwalter vorgesehen (zivilrechtliche Lösung). Dieser Kompromiss war von dem Gedanken getragen, dass die Tätigkeit des WEG-Verwalters in den letzten Jahren betriebswirtschaftlich und rechtlich immer anspruchsvoller wurde und daher mit einer Zertifizierung entsprechende Kenntnisse nachgewiesen werden sollen.

Insoweit sind zwei Themen zu trennen: Die neue Beschlusskompetenz für die 88 Bestellung eines zertifizierten Verwalters in § 19 Abs. 2 Nr. 6 WEG, die erstmals ab dem 01.12.2022 besteht (§ 48 Abs. 4 Satz 1 WEG) und das Verfahren der Zertifizierung nach § 26a WEG. Die Gesamtheit der Wohnungseigentümer als Willensbildungsorgan kann nicht nur einen Verwalter bestellen, sondern verfügt nach § 19 Abs. 2 Nr. 6 WEG ausdrücklich auch über eine Beschlusskompetenz, einen zertifizierten Verwalter zu bestellen. Ab 01.12.2022 bedeutet dies, dass nur die Bestellung eines zertifizierten Verwalters ordnungsmäßiger Verwaltung entspricht (Lehmann-Richter/Wobst Rn. 563; Dötsch/Schultzky/ Zschieschack Kapitel 9 Rn. 37). Eine ordnungswidrige Bestellung kann aber (weiterhin) bestandskräftig werden (Dötsch/Schultzky/Zschieschack Kapitel 9 Rn. 38).

Da dies zur ordnungsmäßigen Verwaltung gehört, kann jeder Wohnungs- 89 eigentümer nach §§ 18 Abs. 2 Satz 1, 19 Abs. 2 Nr. 6 WEG die Bestellung eines zertifizierten Verwalters von der Gemeinschaft der Wohnungseigentümer verlangen (Lehmann-Richter/Wobst Rn. 560). Entsprechend dem in Rn. 19

dargestellten Grundsatz, richtet sich auch dieser Anspruch nicht gegen die übrigen Wohnungseigentümer, sondern gegen den Verband. Der Anspruch kann notfalls mit einer Beschlussersetzungsklage durchgesetzt werden (Hügel/Elzer, § 19 Rn. 174). Dieser Anspruch muss freilich nicht geltend gemacht werden; die Wohnungseigentümer können auf ihn auch verzichten (Lehmann-Richter/ Wobst Rn. 562) und mit einem Verwalter zusammenarbeiten, der zwar nicht zertifiziert ist, aber das Vertrauen der Wohnungseigentümer genießt (BT-Drucks. 19/22634, 44).

90   Die Zertifizierung als solches richtet sich nach § 26a WEG und damit nach einer Prüfung, die vor einer Industrie- und Handelskammer (IHK) abzulegen ist. Gegenstand der Prüfung sind rechtliche, kaufmännische und technische Kenntnisse (§ 26a Abs. 1 Satz 2 WEG). Personen, die am 01.12.2020 amtierende Verwalter waren, gelten noch bis zum 01.06.2024 als zertifizierte Verwalter (§ 48 Abs. 4 Satz 2 WEG). Das Bundesministerium der Justiz und für Verbraucherschutz, welches durch Rechtsverordnung nähere Bestimmungen über die Prüfung erlassen darf (§ 26a Abs. 2 Satz 1 WEG), die jeweils örtlich zuständigen IHK und auch die bestellten Verwalter haben also ausreichend Zeit, entsprechende Prüfungen vorzubereiten bzw. abzulegen. Bei der Entwicklung dieser Rechtsverordnung können Interessenvertretungen noch einiges bewirken. Zwar können Verwalter nicht allein aufgrund langer Berufserfahrung von der Prüfung befreit werden (keine sog. »Alte-Hasen-Regelung«, Dötsch/ Schultzky/Zschieschack Kapitel 9 Rn. 33), dafür aber besteht noch Klärungsbedarf, welche »vergleichbaren Berufsabschlüsse« zu einer Befreiung von der Prüfung führen und ob § 26 Abs. 2 Satz 2 Nr. 4 WEG so zu verstehen ist, dass befreite Personen (beispielsweise eine Verwalterin mit abgeschlossener Berufsausbildung zur Immobilienkauffrau) sich »zertifizierte Verwalterin« nennen darf oder ob ihr die örtlich zuständige IHK ohne Prüfung ein Zertifikat ausstellen muss (vgl. Dötsch/Schultzky/Zschieschack Kapitel 9 Rn. 33).

91   Von § 19 Abs. 2 Nr. 6 WEG besteht eine Ausnahme, wenn drei Voraussetzungen kumulativ (Hügel/Elzer, § 19 Rn. 175) vorliegen: Erstens müssen in der Anlage weniger als neun Sondereigentumsrechte bestehen (gemeint sind Wohnungen, nicht Stellplätze, Lehmann-Richter/Wobst Rn. 566, a. A. Dötsch/Schultzky/Zschieschack Kapitel 9 Rn. 36), zweitens muss der Verwalter aus dem Kreis der Wohnungseigentümer kommen (sog. Eigenverwaltung, Lehmann-Richter/Wobst Rn. 559) und drittens dürfen nur weniger als ein Drittel der Wohnungseigentümer die Bestellung eines zertifizierten Verwalters verlangen. Entscheidend sind nicht die Miteigentumsanteile, sondern die Anzahl Wohnungseigentümer.

Beispiel: Anlage mit fünf Sondereigentumsrechten. Sondereigentümer Nr. 4 ist 92
bereit, sich zum Verwalter bestellen zu lassen. Rechnerisch ist ein Drittel von
fünf 1,6. Verlangt nur ein Wohnungseigentümer die Bestellung eines zertifizierten Verwalters, kann er dies nicht durchsetzen. Die Bestellung des Sondereigentümers Nr. 4 wäre ordnungsmäßig. Verlangen aber zwei Wohnungseigentümer
(= 40 %) die Bestellung eines zertifizierten Verwalters, ist die Ausnahme nicht
mehr erfüllt und es bleibt beim Regelfall des §§ 18 Abs. 2 Satz 1, 19 Abs. 2
Nr. 6 WEG, wonach die Bestellung eines zertifizierten Verwalters verlangt werden kann.

e) Regressmöglichkeit gegenüber dem Verwalter

§ 280 Abs. 1 BGB ist ferner eine Anspruchsgrundlage für die in III. 1. e. be- 93
schriebenen Regressfälle. Erneut ist die Anspruchsgrundlage für das vertragliche
und organschaftliche Schuldverhältnis anwendbar.

f) Interorganstreit

Die bisherigen Ausführungen haben gezeigt, dass sich einige Pflichten der Ge- 94
meinschaft der Wohnungseigentümer im Innenverhältnis beim Verwalter ku-
mulieren, ferner allein der Verwalter den Verband vertreten kann. Die Ausnahme des § 9b Abs. 2 WEG betrifft nur die Vertretung des Verbands gegenüber
dem Verwalter. Die Wohnungseigentümer sind daher darauf angewiesen, dass
der Verwalter seine Pflichten als Geschäftsführungs- und Vertretungsorgan erfüllt; dies gilt erst recht in größeren Anlagen, in denen § 27 Abs. 1 Nr. 1 WEG
weiter ausgelegt wird bzw. in Gemeinschaften, die die Rechte des Verwalters
nach Abs. 2 erweitert haben. Eine besondere Herausforderung des neuen Verbandsrechts besteht darin, eine Lösung für Fälle zu finden, in denen der Verwalter seine Pflichten als Verbandsorgan nicht erfüllt.

Die Gesamtheit der Wohnungseigentümer verfügt zwar durch das Abberu- 95
fungsrecht aus § 26 Abs. 1 S. 1 WEG über ein nennenswertes Druckpotenzial,
da der Verwalter jederzeit und ohne das Erfordernis eines Grundes abberufen
werden kann (BT-Drucks. 19/18791, S. 74). Praktisch jedoch kann die Abberufung unerwünscht sein, weil sie ein zu scharfes Schwert ist. Ferner kann es der
Gemeinschaft der Wohnungseigentümer ausdrücklich darauf ankommen, dass
der Verwalter eine bestimmte Pflicht erfüllt. Schließlich kann der Weg der Abberufung deshalb praktisch nicht gangbar sein, da die Gemeinschaft im Markt
aktuell keinen besseren Ersatz für das Verwalteramt findet.

Das wohnungseigentumsrechtliche Verbandsrecht kennt allerdings keinen Inter- 96
organstreit. Es ist nicht möglich, dass die Gesamtheit der Wohnungseigentümer

als Willensbildungsorgan oder der Verwaltungsbeirat als Kontrollorgan Rechte gegen den Verwalter als Geschäftsführungs- und Vertretungsorgan durchsetzen. Die Verbandsorgane haben allesamt keine eigene Rechtsfähigkeit. Wie gezeigt (III. 2. d. (c)) können im Regelfall auch die einzelnen Organwalter der Verbandsorgane, z. B. Wohnungseigentümer, keine Rechte gegen den Verwalter durchsetzen. Möglich ist auf Ebene der Verbandsorgane daher nur, dass das Willensbildungsorgan

– Weisungen erteilt (§§ 19 Abs. 1, 27 Abs. 2 WEG, BT-Drucks. 19/18791, S. 75),

– die Sachentscheidung an sich zieht (Rückholkompetenz aus § 27 Abs. 2 WEG, BT-Drucks. 19/18791, S. 75),

– im Bedarfsfalle das Geschäftsführungs- und Vertretungsorgan jederzeit und ohne das Erfordernis eines sachlichen oder gar wichtigen Grundes abberuft (§ 26 Abs. 1 S. 1 WEG, BT-Drucks. 19/18791, S. 74),

– für etwaige Schäden des Verbands Schadensersatz verlangt (BT-Drucks. 19/18791, S. 58) und zwar aus § 280 Abs. 1 BGB.

Eine Rechtsschutzlücke besteht aus verbandsrechtlicher Sicht gleichwohl nicht, da die rechtsfähige Gemeinschaft der Wohnungseigentümer den Verwalter in Anspruch nehmen kann. In einer etwaigen Leistungsklage würde der Vorsitzende des Verwaltungsbeirats oder ein durch Beschluss dazu ermächtigter Wohnungseigentümer den Verband vertreten (§ 9b Abs. 2 WEG). Die zweite Alternative führt durch das erörterte Nadelöhr der Wohnungseigentümerversammlung (III. 2.) und könnte sich praktisch als aufwendig erweisen.

97 Die Lösung entspricht aber den üblichen Mechanismen im Verbandsrecht. So kann die Gesellschafterversammlung der GmbH in Verfahren gegen ihren Geschäftsführer einen Prozessvertreter bestellen (§ 46 Nr. 8 Alt. 2 GmbHG), muss also ebenfalls zunächst im Willensbildungsorgan einen Beschluss fassen. Im Aktienrecht ermöglicht § 112 AktG die Vertretung der Aktiengesellschaft durch den Aufsichtsrat im Verfahren gegen ein Mitglied des Vorstands. In dem Rechtsverhältnis zwischen der Gemeinschaft der Wohnungseigentümer und dem Verwalter muss es Leistungsklagen geben, da es andernfalls Rechtsschutzlücken gäbe. Erfüllt der Verwalter z. B. eine Pflicht auf Herausgabe von Verwaltungsunterlagen nicht (§ 18 Abs. 4 WEG), würden die Rechte der anderen Verbandsorgane nicht helfen.

4. Der Verwaltungsbeirat als unterstützendes und überwachendes Organ

98 Dem Verwalter wird zumindest in größeren Wohnungseigentumsanlagen regelmäßig der Verwaltungsbeirat als unterstützendes und überwachendes Organ zur

Seite gestellt, der ihn gemäß § 29 Abs. 2 S. 1 WEG bei der Durchführung seiner Aufgaben behilflich ist. BT-Drucks. 19/18791, S. 28 und BT-Drucks. 19/22634, S. 48 bezeichnen den Verwaltungsbeirat ausdrücklich als wichtiges Kontrollorgan, was jedenfalls für die in § 29 Abs. 2 S. 2 WEG genannten Aufgaben zutrifft (Wirtschaftsplan und Jahresabrechnung).

IV. Abgrenzung der Zuständigkeiten der Verbandsorgane in Fällen mit Bezug zum Sondereigentum

1. Zuständigkeit betreffend das gemeinschaftliche Eigentum

Geht es um den Regelfall, also die Verwaltung des gemeinschaftlichen Eigentums oder die Benutzung des Gemeinschafts- und Sondereigentums, klären die Zuständigkeit im Innenverhältnis die §§ 19, 27 WEG. Formulierungen wie »die Wohnungseigentümer beschließen« beziehen sich also stets auf die Gesamtheit der Wohnungseigentümer als Willensbildungsorgan. Solange und soweit sich die Gesamtheit der Wohnungseigentümer im verbandsrechtlichen Rahmen des § 18 WEG bewegt, ist sie zuständig. Die Abgrenzung der Zuständigkeit der Verbandsorgane ist jedoch wesentlich komplizierter, wenn die Maßnahmen einen Bezug zum Sondereigentum haben. | 99

2. Sonderfälle mit Bezug zum Sondereigentum

Sonderfälle treten dann auf, wenn nicht nur die Gemeinschaft der Wohnungseigentümer von einer Maßnahme betroffen ist, sondern auch das Sondereigentum eines einzelnen Wohnungseigentümers. Wichtige Beispiele sind die Veräußerungsbeschränkung im Sinne des § 12 WEG und der Entziehungsanspruch der Gemeinschaft der Wohnungseigentümer aus § 17 WEG, der nun materiellrechtlich der Gemeinschaft der Wohnungseigentümer zusteht (BT-Drucks. 19/18791, S. 57). Nachfolgend soll am Beispiel der Veräußerungsbeschränkung gezeigt werden, wie die Zuständigkeiten in einem solchen Sonderfall zu bestimmen bzw. auszulegen sind. | 100

§ 12 WEG gibt den Wohnungseigentümern die Möglichkeit, eine Vereinbarung zu treffen, wonach die Veräußerung des Wohnungseigentums unter einen Zustimmungsvorbehalt (Vinkulierung) gestellt wird. Nach § 12 Abs. 1 WEG können andere Wohnungseigentümer oder Dritte zustimmungsberechtigt sein. | 101

a) Auslegung der Prüfungs- und Zustimmungsberechtigung

Wurde nicht ausdrücklich vereinbart, wer für die Prüfung und etwaige Zustimmung zur Veräußerung zuständig ist, bedarf es der Auslegung der Vereinbarung. Nach der in III. 1. b. erörterten Auslegungsregel gilt, dass der Verband im | 102

Regelfall und im Zweifel zuständig ist. Die Prüfung und eine etwaige Zustimmung oder Nichterteilung derselbigen stellt eine Maßnahme der Verwaltung des gemeinschaftlichen Eigentums im Sinne des § 18 Abs. 1 WEG dar.

103 Aus Sicht des bisherigen Rechts wirkt dies fremd, da die Maßnahme aus einem Vorgang bei einem bestimmten Sondereigentum resultiert. Aus Sicht der übrigen Wohnungseigentümer handelt es sich jedoch um eine Maßnahme betreffend die Verwaltung des gemeinschaftlichen Eigentums. Denn es soll mit einer Veräußerungsbeschränkung die Gemeinschaft der Wohnungseigentümer und der Gemeinschaftsfrieden geschützt, ferner das Gemeinschaftsvermögen der Gemeinschaft der Wohnungseigentümer vor finanziell unzuverlässigen Erwerbern bewahrt werden. Abschnitt 4 über das Rechtsverhältnis der Wohnungseigentümer untereinander und zur Gemeinschaft der Wohnungseigentümer betrifft im Übrigen nicht nur Maßnahmen, die unmittelbar das gemeinschaftliche Eigentum betreffen, sondern die rechtsfähige Gemeinschaft als solche, wie etwa § 28 WEG aus dem gleichen Abschnitt zeigt (Skauradszun/Harnack, AnwZert MietR 13/2020, Anm. 1; BeckOGK/Skauradszun, § 12 WEG Rn. 14). Auch bei anderen Verbänden wie der GmbH oder AG handelt es sich um eine Aufgabe des Verbands, was unweigerlich zu dessen Zuständigkeit führt (§ 15 Abs. 5 GmbHG, § 68 Abs. 2 S. 1 AktG).

104 Für die Erfüllung dieser Aufgabe ist im Innenverhältnis also entweder die Gesamtheit der Wohnungseigentümer als Willensbildungsorgan des Verbands zuständig (§ 19 Abs. 1 WEG), oder aber der Verwalter als Geschäftsführungsorgan (§ 27 Abs. 1 WEG).

b) »Andere Wohnungseigentümer« im Sinne des § 12 Abs. 1 WEG

105 Sind die »anderen Wohnungseigentümer« in der Vereinbarung als Zustimmungsberechtigte benannt, muss ausgelegt werden, ob die Gesamtheit der Wohnungseigentümer als Willensbildungsorgan zuständig sein soll, oder ob es der Zustimmung jedes einzelnen Wohnungseigentümers bedarf. Regelmäßig wird zum neuen Recht dann die Auslegung naheliegen, dass die Gesamtheit der Wohnungseigentümer als Willensbildungsorgan entscheiden soll.

106 Sollte tatsächlich die Zustimmung jedes einzelnen Wohnungseigentümers gewollt sein, werden diese ausnahmsweise nicht in ihrer Funktion als Organwalter des Willensbildungsorgans tätig, sondern als Miteigentümer. Wie gezeigt (III. 1. b.) ist es im Verbandsrecht allerdings nicht üblich, dass Personen außerhalb ihrer Funktion als Organ oder Organwalter tätig werden.

c) »Dritte« im Sinne des § 12 Abs. 1 WEG

Auch »Dritte« können nach § 12 Abs. 1 WEG zustimmungsberechtigt sein. **107** Dies betrifft zum einen den Verwalter, zum anderen außenstehende Dritte, die dabei kein eigenes Recht wahrnehmen, sondern eines der Gemeinschaft der Wohnungseigentümer. Dies resultiert daraus, dass es sich bei dieser Prüfung und Zustimmung bzw. Nichtzustimmung zur Veräußerung um eine Verwaltung des gemeinschaftlichen Eigentums im Sinne des § 18 Abs. 1 WEG handelt.

Der Zustimmungsberechtigte wird als Organ (Verwalter) oder Sonderorgan **108** (außenstehender Dritter) der Gemeinschaft der Wohnungseigentümer tätig (Skauradszun/Harnack, AnwZert MietR 13/2020, Anm. 1).

(a) Verwalter

Ist der Verwalter als Zustimmungsberechtigter vorgesehen, übernimmt er diese **109** Aufgabe als Geschäftsführungsorgan der Gemeinschaft der Wohnungseigentümer. Die Gesamtheit der Wohnungseigentümer kann nach § 27 Abs. 2 WEG die Entscheidung hierüber an sich ziehen. Es tritt dann der oben dargestellte Zuständigkeitswechsel ein (III. 2. b.). Die Beschlusskompetenz der Wohnungseigentümer folgt aus § 27 Abs. 2 WEG als der spezielleren Beschlusskompetenz im Vergleich zur lex generalis in § 19 Abs. 1 WEG. Daraus folgt, dass auch im Falle einer Zustimmungsberechtigung des Verwalters, die Gesamtheit der Wohnungseigentümer ihn hinsichtlich einer Zustimmung oder deren Nichterteilung anweisen kann, oder ihm zumindest Maßstäbe vorgeben kann, nach denen er seine Zustimmung zu prüfen hat.

(b) Externe Dritte

Möglich ist schließlich, externe Dritte als Zustimmungsberechtigte festzulegen. **110** Da es jedoch sowohl für die Prüfung als auch für die Zustimmung bedeutender Kenntnisse über die jeweilige Gemeinschaft der Wohnungseigentümer bedarf, wird die Vereinbarung zugunsten eines externen Dritten eher selten getroffen werden.

V. Prozessrechtliche Folgen des neuen Verbandsrechts

Im neuen Verbandsrecht werden bisherige Missstände beseitigt, die daraus re- **111** sultierten, dass die Beschlussklagen gegen die übrigen Wohnungseigentümer gerichtet werden mussten. Alle Beschlussklagen, also Anfechtungs-, Nichtigkeits- und Beschlussersetzungsklagen, richten sich nun gegen den Verband (§ 44 Abs. 2 S. 1 WEG). Dieses Modell harmoniert bei der Anfechtungs- und

Nichtigkeitsklage besser mit der für das Verbandsrecht typischen Zurechnungskette (III. 2. c.), wonach der Wille der Organwalter dem Willensbildungsorgan zugerechnet wird und sodann der Wille des Willensbildungsorgans dem Verband. Zum neuen Verfahrensrecht siehe SEHR/Elzer/Riecke, Verfahrensrecht; Skauradszun, ZMR 2020, 905.

§ 2 Verwaltervertrag

I. Strukturelle Änderungen durch die Modernisierung des Wohnungseigentumsrechts

Im Zuge der Modernisierung des Wohnungseigentumsrechts sind weitreichen- 1
de strukturelle Änderungen vorgenommen worden, die erhebliche Auswirkungen auch auf den Inhalt des Verwaltervertrags und dessen Gestaltung haben.

In diametraler Abkehr von der bisherigen Vorstellung, dass ausschließlich die 2
einzelnen Wohnungseigentümer zur Verwaltung des gemeinschaftlichen Eigentums berufen waren (vgl. §§ 20, 21 WEG a. F.), ist nunmehr die Wohnungseigentümergemeinschaft die alleinige Trägerin der Verwaltung (vgl. §§ 9a, 14
u. 18 WEG).

Das Handeln der Gemeinschaft im Rechtsverkehr nach außen erfolgt nun
durch den Verwalter, dessen Stellung sich folgerichtig von einem grundsätzlich

nicht vertretungsbefugten Ausführungsorgan hin zum gesetzlichen Vertreter der Gemeinschaft mit gegenüber Dritten unbeschränkbarer Vertretungsmacht verändert hat (vgl. § 9b Abs. 1 S. 3 WEG).

Da der Gesetzgeber die Entscheidungs- und Handlungskompetenzen des Verwalters im Innenverhältnis gem. § 27 Abs. 1 WEG kaum hinreichend konturiert ausgestaltet hat, ist für den Verwalter und seinen mit der Wohnungseigentümergemeinschaft zu schließenden Vertrag die aus § 27 Abs. 2 WEG folgende Beschlusskompetenz der Eigentümerversammlung zur näheren Ausgestaltung der Rechte und Pflichten des Verwalters bei der Wahrnehmung seiner Verwaltungsaufgaben von besonderer Bedeutung.

3 Dies insbesondere mit Blick auf den Umstand, dass die neuen gesetzlichen Regelungen dem Verwalter zusätzliche Belastungen beschert haben. Man denke in diesem Zusammenhang nur an die neue Rolle des Verwaltungsbeirats als »Aufsichtsorgan« gem. § 29 Abs. 2 S. 1 WEG (vgl. dazu Sankol unten § 8) und die hieraus resultierende Frage, welcher zusätzliche Zeit- und Arbeitsaufwand sich für den Verwalter hieraus ergibt.

4 Auch schlägt die neue und hier vertretene Auffassung nach der Trennungstheorie des BGH widersprechende Verknüpfung von Bestellung und Verwaltervertrag durch die Regelung des § 26 Abs. 3 WEG auf die Gestaltung des Verwaltervertrags durch.

Neben den o. g. Veränderungen wirken sich auch weitere Neuregelungen auf den Verwaltervertrag aus.

5 Dabei ist besonders zu berücksichtigen, dass die neuen gesetzlichen Regelungen auf Verwalterverträge, die vor Inkrafttreten des WEMoG geschlossen wurden, mangels Übergangs- oder sonstiger Sonderregelung ab dessen Inkrafttreten zum 1.12.2020 ohne Einschränkungen anwendbar sind.

Insofern sollten Verwalter und Wohnungseigentümergemeinschaft im eigenen Interesse für eine Anpassung der bisherigen Vertragswerke sorgen.

II. Abschluss des Verwaltervertrags

6 Das neue Wohnungseigentumsrecht bringt zwei Änderungen, die insbesondere beim Abschluss des Verwaltervertrags zu beachten sind.

1. Abschluss des Verwaltervertrags in der Gründungsphase der Gemeinschaft

7 Wesentliche Erleichterungen insbesondere für Bauträger und Verwalter bringt die Entscheidung des Gesetzgebers, dass die Gemeinschaft der

Wohnungseigentümer gem. § 9a Abs. 1 S. 2 WEG mit Anlegung der Wohnungsgrundbücher entsteht.

Gerade im Falle der Aufteilung gem. § 8 WEG durch den Bauträger wirkt sich dies günstig auf den Abschluss des Verwaltervertrags aus.

Nach der bisherigen Rechtslage ergaben sich insbesondere Probleme in Bezug   8
auf den Abschluss von Verträgen zur Verwaltung des Gemeinschaftseigentums durch den Bauträger für die Wohnungseigentümergemeinschaft. Der Bauträger hat in der Regel ein nicht unerhebliches Interesse daran bzw. ist z. T. in der Praxis auch genötigt, bereits vor Entstehen der – vormaligen – sog. werdenden Wohnungseigentümergemeinschaft Verträge abzuschließen, die diese später binden sollen.

Mangels Möglichkeit der Beschlussfassung und mangels Vertretungsmacht lief der Bauträger Gefahr, als Vertreter ohne Vertretungsmacht zu handeln, wobei bauträgervertragliche Regelungen sowie Vereinbarungen im Rahmen der Gemeinschaftsordnung über einen Vertragsübergang regelmäßig nicht wirksam waren (vgl.: BGH, Urt. v. 12.5.2016 – VII ZR 171/15, ZMR 2016, 711; BGH, Urt. v. 9.3.2012 – V ZR 161/11, ZMR 2012, 646).

Demgegenüber sieht das neue Wohnungseigentumsrecht im Interesse einer fle-   9
xiblen Verwaltung für den bisher durch die Anwendung der Rechtsfigur der »werdenden Eigentümergemeinschaft« (vgl.: BGH, Urt. v. 14.2.2020 – V ZR 159/19, ZMR 2020, 673) abgedeckten Zeitraum zwischen der Begründung des Wohnungseigentums und dem Entstehen der Wohnungseigentümergemeinschaft durch Hinzutreten des zweiten Wohnungseigentümers mittels Grundbucheintragung keine Sondervorschriften vor.

Dies führt dazu, dass mit Anlegung der Wohnungsgrundbücher der teilende Eigentümer zunächst einziges Mitglied einer voll »funktionsfähigen«, da nun zulässigen Ein-Personen-Wohnungseigentümergemeinschaft ist und alleine wirksam Beschlüsse fassen kann.

Somit bedarf es weder einer gesonderten Regelung zur Bestellung des ersten   10
Verwalters in der Gemeinschaftsordnung, ebenso wie der Verwaltervertrag mit Bindungswirkung für die Gemeinschaft abgeschlossen werden kann.

In diesem Fall sollte aber verwaltervertraglich vereinbart werden, ab welchem Zeitpunkt (z. B.: Besitzübergabe des bezugsfertigen Sondereigentums an den ersten Erwerber) die Tätigkeit des Verwalters/der Verwaltervertrag beginnt.

Bedenklich hieran kann sein, dass die späteren Wohnungseigentümer ord-   11
nungswidrige Beschlüsse, die der aufteilende Eigentümer als alleiniger Wohnungseigentümer gefasst hat, etwa über einen Vertrag mit dem Erstverwalter,

der u. U. AGB-rechtlich bedenkliche oder sonst nachteilige Regelungen enthält, nicht anfechten können; diese erwachsen in Bestandskraft.

Die späteren Wohnungseigentümer können jedoch gem. § 26 Abs. 3 WEG den Verwalter jederzeit abbestellen, wobei der Verwaltervertrag noch längstens 6 Monate läuft; insofern ist dieses Risiko für den Erwerber von Wohnungseigentum überschaubar.

12 Fraglich in diesem Zusammenhang ist hier vertretener Auffassung nach allerdings, ob sich, wie aus der Gesetzesbegründung hervorgeht, die Wohnungseigentümergemeinschaft später gegenüber dem Verwalter als Verbraucherin auf die Unwirksamkeit verwaltervertraglicher Regelungen berufen kann. Der BGH hat zwar entschieden, dass die Gemeinschaft entgegen § 13 BGB wie eine Verbraucherin zu behandeln sein soll, solange nur ein einziges ihrer Mitglieder selbst Verbraucher ist (vgl.: BGH, Urt. v. 25.3.2015 – VIII ZR 243/13, ZMR 2015, 563), im Zeitpunkt der Beschlussfassung war aber der Bauträger als Unternehmer alleinige Eigentümer.

2. Abschluss des Verwaltervertrags mit einer bestehenden Gemeinschaft

13 Im Falle des Abschlusses des Verwaltervertrags mit einer bestehenden Wohnungseigentümergemeinschaft unterliegt der (soeben bestellte) Verwalter dem Vertretungsverbot des § 181 BGB.

Da der Beschluss über den Abschluss des Verwaltervertrags lediglich die positive Willensentscheidung der Wohnungseigentümergemeinschaft über den Vertragsschluss darstellt, der Vertragsabschluss indes noch erst vollzogen werden muss, war nach der bisherigen Rechtslage gem. § 27 Abs. 3 S. 3 WEG a. F. ein Wohnungseigentümer (oder deren mehrere) durch Beschluss mit der Vertretung der Gemeinschaft beim Vertragsschluss mit dem Verwalter zu ermächtigen.

14 Ausweislich der Neuregelung des § 9b Abs. 2 WEG gilt der Vorsitzende des Verwaltungsbeirats als gesetzlicher Vertreter der Gemeinschaft gegenüber dem Verwalter, sodass die oben wiedergegebene Beschlussfassung entbehrlich ist, sofern ein Verwaltungsbeirat nebst Vorsitzendem bestellt ist.

Die Formulierung des § 9b Abs. 2 WEG sollte indes nicht dazu verleiten, den Vorsitzenden des Verwaltungsbeirats als gesetzlichen Vertreter der Gemeinschaft mit eigenen Entscheidungs- und Handlungsbefugnissen anzusehen, sodass eine Beschlussfassung in der Eigentümerversammlung über den Abschluss des Verwaltervertrags nach wie vor notwendig ist.

III. Laufzeit und Beendigung des Verwaltervertrags

Aufgrund der Regelung des § 26 Abs. 1 S. 3 WEG a. F., wonach die Abbe- **15** rufung des Verwalters auf das Vorliegen eines wichtigen Grundes beschränkbar war, wurde in der Praxis in nahezu sämtlichen Verwalterverträgen ein dementsprechender Ausschluss des Rechts der Wohnungseigentümergemeinschaft zur ordentlichen Kündigung des für eine feste Laufzeit eingegangenen Verwaltervertrags vereinbart.

1. Möglichkeit der jederzeitigen Abberufung des Verwalters

Ausweislich der Bestimmung des § 26 Abs. 1 S. 1 i.V.m. § 26 Abs. 3 u. Abs. 5 **16** WEG ist es indes nicht mehr wirksam möglich, die Abberufung des Verwalters an das Vorliegen eines wichtigen Grundes zu knüpfen, sodass der Verwalter jederzeit mit sofortiger Wirkung ohne besonderen Anlass durch einfachen Mehrheitsbeschluss von seinem Amt abberufen werden kann. Die Gesetzesbegründung führt hierzu ausdrücklich an, dass aufgrund der erweiterten Kompetenzen des Verwalters sich die Gemeinschaft ohne Weiteres von einem missliebigen Verwalter trennen können soll.

Folge ist, dass der Verwalter den Beschluss über seine Abberufung nun mangels nachteiliger Betroffenheit seiner Amtsstellung, die ihm ja nun jederzeit entzogen werden kann, nicht mehr mit der Beschlussanfechtungsklage angreifen kann.

2. Auswirkungen auf die Laufzeit des Verwaltervertrags

Nach der Trennungstheorie des BGH, wonach das Verwalteramt und der Ver- **17** waltervertrag strikt getrennt zu behandeln sind und auch unabhängig voneinander bestehen können (vgl.: BGH, Urt. v. 27.2.2015 – V ZR 114/14, ZMR 2015, 393), führt die Abberufung des Verwalters ohne das Vorliegen eines wichtigen Grundes im Falle der verwaltervertraglichen Beschränkung des Kündigungsrechts der Wohnungseigentümergemeinschaft auf das Vorliegen eines wichtigen Grundes indes dazu, dass der Verwalter, der nach Verlust seiner Amtsstellung den Verwaltervertrag nicht mehr erfüllen kann, Ansprüche auf entgangenes Verwalterentgelt (abzüglich ersparten Eigenaufwands) für die Restlaufzeit des Vertrags geltend machen kann.

Da hierdurch die Ausübung des in § 26 Abs. 3 S. 1 WEG normierten Rechts auf jederzeitige Abberufung des Verwalters in wirtschaftlicher Hinsicht faktisch entwertet würde, verknüpft die Bestimmung des § 26 Abs. 3 S. 2 WEG die Amtsstellung des Verwalters dergestalt mit dem schuldrechtlichen Verwaltervertrag, dass dieser im Falle der Abberufung des Verwalters spätestens 6 Monate nach der Abberufung endet, ohne dass es, so die Gesetzesbegründung, einer gesonderten Kündigungserklärung bedürfte.

18 Wichtig ist hierbei die Erkenntnis, dass die o. g. Neuregelungen ab dem 1.12.2020 uneingeschränkt auch auf bereits vor Inkrafttreten des WEMoG geschlossene Verwalterverträge anwendbar sind, da die Bestimmung des § 26 Abs. 5 WEG ohne Übergangs- oder sonstige besondere Fristen die Unwirksamkeit abweichender Regelungen kraft Gesetzes anordnet.

3. Folgen für die Vertragsgestaltung

19 Mit Blick auf § 26 Abs. 2 S. 1 WEG ist festzuhalten, dass eine Bestellung des Verwalters durchaus auf eine bestimmte Dauer vorgenommen werden kann. Demgemäß ist es ohne Weiteres auch möglich, eine bestimmte Laufzeit des Verwaltervertrags zu vereinbaren, was nach wie vor sinnvoll erscheint.

20 Abzusehen ist nur von vertraglichen Vereinbarungen, die das Kündigungsrecht der Wohnungseigentümergemeinschaft auf das Vorliegen eines wichtigen Grundes beschränken.

Abzusehen ist ferner nur von vertraglichen Vereinbarungen, wonach im Falle der Abberufung des Verwalters ohne Vorliegen eines wichtigen Grundes die Laufzeit des Verwaltervertrags auf einen Zeitraum von mehr als 6 Monaten ab diesem Zeitpunkt ausgedehnt wird.

Da gemäß § 26 Abs. 3 S. 2 WEG die Restlaufzeit des Verwaltervertrags längstens 6 Monate beträgt, demnach mangels abweichender Vereinbarung eine Kündigung zu einem früheren Zeitpunkt möglich ist, macht eine entsprechende vertragliche Regelung durchaus Sinn.

Dabei ist zu berücksichtigen, dass mangels besonderer Regelung der Verwaltervertrag, da üblicherweise die Vergütung monatlich fällig wird, seitens der Gemeinschaft gem. § 621 Nr. 3 BGB zum 15. eines jeden Monats zum Monatsende kündbar ist.

4. Fazit

21 Hier vertretener Auffassung nach werden sich die Befürchtungen der Verwalterbranche in Bezug auf die neuen Kündigungsregelungen nicht bewahrheiten.

22 Zum einen trennen sich hiesiger Erfahrung nach mit dem Verwalter stark unzufriedene Gemeinschaften ohnehin von diesem, ohne dass es einer gesetzlichen Neuregelung bedurft hätte. Zudem werden kaufmännisch orientierte Verwalter mit abwahl- bzw. kündigungsbereiten Gemeinschaften ohnehin eine Übereinkunft zur einvernehmlichen Trennung schließen.

Auch ist kaum davon auszugehen, dass Gemeinschaften, die mit dem amtierenden Verwalter zufrieden sind, sich von diesem nur aufgrund der Existenz des neuen Kündigungsrechts kurzfristig trennen werden.

Zum anderen wird, bei Licht besehen, nur »gleiches Recht für alle« geschaffen, denn dem Verwalter war es bislang durch die an keine besonderen Voraussetzungen geknüpfte Amtsniederlegung möglich, sich kurzfristig ohne Vorliegen eines besonderen Grundes von unliebsamen Gemeinschaften zu trennen sowie aus dem Vertragsverhältnis durch die mit der Amtsniederlegung begründete Unerfüllbarkeit des Vertrags zu lösen (vgl.: AG Hamburg-Blankenese, Urt. v. 5.1.2016 – 539 C 47/15, ZMR 2016, 314).

IV. Verwaltervergütung

Unmittelbar mit der Problematik der jederzeitigen Kündbarkeit des Verwaltervertrags durch die Wohnungseigentümergemeinschaft als Folge einer Abberufung des Verwalters von seinem Amt auch ohne Vorliegen eines wichtigen Grundes ist die Frage der Gestaltung der Verwaltervergütung verbunden.   23

1. Wegfall der Vertragslaufzeit als Kalkulations- und Bewertungsgrundlage

Gemäß der bisherigen Handhabung konnte die Wirtschaftlichkeit eines Verwaltungsobjekts und darauf aufbauend auch die Werthaltigkeit eines Verwaltungsunternehmens unter anderem nach dem Parameter der durchschnittlichen Restlaufzeit der mit fester Vertragsdauer ausgestatteten Verwalterverträge bemessen werden. Kritiker der Neuregelung des § 26 Abs. 3 WEG beklagen, dass dies nun nicht mehr möglich sein soll.   24

Hinzu kommt, dass die bisherige Mischkalkulation, d. h. die Vereinbarung einer monatlich gleichbleibenden »Pauschalvergütung«, insbesondere bei der Übernahme neuer Verwaltungsobjekte kaufmännisch nicht mehr tragfähig ist. Unstreitig ist die Übernahme der Verwaltung eines neuen WEG-Objekts, besonders die erstmalige Inbetriebnahme von Neubauten, mit einem erheblichen Zeit- und Arbeitsaufwand für den Verwalter verbunden, wobei sich diese zusätzliche Belastung auf den Beginn der Verwaltungs- und Vertragslaufzeit konzentriert. Bei der Vereinbarung einer festen, möglichst drei- oder fünfjährigen Vertragslaufzeit unter Ausschluss des Rechts der ordentlichen Kündigung konnte der Verwalter bisher seine Vergütung anhand einer Mischkalkulation ermitteln, bei der die anfängliche geringe Rentabilität durch eine Rentabilitätszunahme zum Ende der Vertragslaufzeit kompensiert wird. Dies ist angesichts der gesetzlichen Neuregelung nicht mehr möglich.   25

Hier wird die Gefahr gesehen, dass professionelle (und daher im Marktdurch-
schnitt höherpreisige) Verwalter von Wohnungseigentümergemeinschaften zunächst bestellt und nach relativ kurzer Vertragsdauer wieder gekündigt werden, da die Angelegenheiten der Gemeinschaft nun wohlgeregelt sind und die
Verwaltung nach Auffassung der Eigentümer dann von einem »Billigverwalter«
fortgeführt werden könne, der von der überobligationsmäßigen Arbeit seines
Vorgängers profitiert.

26 Dessen ungeachtet können sich Rentabilitätsverschiebungen auch durchaus
    kurzfristig bei länger im Bestand befindlichen Objekten ergeben. So kann sich
    besonderer, zuvor nicht kalkulierter Zeit- und Arbeitsaufwand durch Ände-
    rungen in der Zusammensetzung der Eigentümergemeinschaft oder des Ver-
    waltungsbeirats, aber auch durch zuvor nicht erkannten Instandsetzungsbedarf
    ergeben.

2. Vergütungsmodelle und Verbraucherschutz

27 Mit Blick auf das o. G. stellt sich die Frage, ob und wie Vergütungsmodelle
    entwickelt werden können, die rechtlich und tatsächlich wirksam zum einen
    die Wohnungseigentümergemeinschaft längerfristig an den Verwalter binden
    und zum anderen dem Verwalter die Möglichkeit eröffnen, seine Kalkulation
    jenseits einer »Pauschalvergütung« flexibel zu gestalten.

28 Da die Wohnungseigentümergemeinschaft als Verbraucherin anzusehen ist, ge-
    nießt sie indes in besonderem Maße den Schutz verbraucherrechtlicher Vor-
    schriften, insbesondere des AGB-Rechts (vgl.: BGH, Urt. v. 25.3.2015 – VIII
    ZR 243/13, ZMR 2015, 563).

    Dabei wird der Verwaltervertrag in den seltensten Fällen individuell ausgehan-
    delt, sondern durch den Verwalter der Wohnungseigentümergemeinschaft als
    Formularvertrag gestellt, weshalb gem. §§ 305, 307, 305c BGB unbillig be-
    nachteiligende, intransparente sowie überraschende Klauseln im Rahmen eines
    formularmäßigen Verwaltervertrags unwirksam sind (vgl.: LG Frankfurt a. M.,
    Urt. v. 27.9.2017 – 2–13 S 49/16, ZMR 2018, 62).

3. Folgen für die Gestaltung der Vergütung in Abhängigkeit vom Aufwand

29 Einer vom überkommenen Gedanken einer monatlichen »Pauschalvergütung«
    gelösten, aufwandsbezogenen Gestaltung der Vergütung des Verwalters stand
    jahrzehntelang die Rechtsprechung im Wege, welche an der Auffassung festhielt,
    der Verwalter habe grundsätzlich keinen Anspruch auf eine über eine monatli-
    che Pauschalvergütung hinausgehende aufwandsbezogene Bezahlung für solche

Tätigkeiten, die zum gesetzlichen Aufgabenumfang des Verwalters gehören bzw. angeblich als zum typischen Berufsbild des Verwalters gehörend von der üblichen Verwaltertätigkeit umfasst seien (vgl.: BGH, Beschl. v. 17.11.2011 – V ZB 134/11, ZMR 2012, 461).

Dabei wurde indes übersehen, dass Vereinbarungen über den Preis der Haupt- **30** leistung sowie zusätzlich angebotener Sonderleistungen als sog. Preishauptabreden der Inhaltskontrolle gem. §§ 305 ff. BGB nicht unterliegen, sondern allenfalls gem. § 307 Abs. 3 S. 1 BGB der Transparenzkontrolle (vgl.: BGH, Beschl. v. 30.5.2017 – VIII ZR 31/17, ZMR 2018, 16;

Jacoby/Lehmann-Richter/Weiler, ZMR 2018, 181).

Daher unterliegen Preisvereinbarungen über gesetzlich oder typischerweise geschuldete Tätigkeiten des Verwalters einer Inhaltskontrolle als Preishauptabreden gerade nicht.

Sofern es sich um Preisabreden handelt, die im eigenen Interesse sowie zum Ausgleich pflichtgemäß veranlassten betrieblichen Eigenaufwands, der mit keiner Dienstleistung bzw. Mehrwert für die Gemeinschaft verbunden ist, Kosten auf die Wohnungseigentümergemeinschaft abwälzen, handelt es sich um Preisnebenabreden, die der Inhaltskontrolle unterliegen.

Folgerichtig hat der BGH erkannt, dass der Grundsatz ordnungsmäßiger Ver- **31** waltung (hier: das Wirtschaftlichkeitsgebot) nicht schon dann verletzt wird, wenn die vorgesehene Verwaltervergütung über den üblichen Sätzen liegt. Selbst eine deutliche Überschreitung der üblichen Verwaltervergütung kann durchaus sachgerecht sein, wenn sie auf Gründen beruht, deren Gewicht den Umfang der Überschreitung rechtfertigt (vgl.: BGH, Urt. v. 5.7.2019 – V ZR 278/17, ZMR 2020, 206; LG München I, Urt. v. 7.8.2019 – 1 S 4408/19, ZMR 2019, 999).

Eine AGB-Kontrolle der Wirksamkeit von Klauseln des Verwaltervertrags ist **32** erst und nur im Falle ihrer konkreten Anwendung zu prüfen und auch nur im Verhältnis zwischen dem Verwalter und der WEG, sodass im Rahmen einer Anfechtungsklage (gegen den Beschluss zur Ermächtigung des Beiratsvorsitzenden zur Unterzeichnung des Vertrages) dies nicht zu prüfen ist.

Bietet der Verwalter der Gemeinschaft einen Vertrag mit einer Vergütungsregelung an, die klar und transparent zwischen den Grundleistungen und den gesondert zu vergütenden Sonderleistungen unterscheidet, ist dies nicht zu beanstanden, sofern klar erkennbar ist, wie hoch die Vergütung für solche Leistungen ist, die bei jeder Wohnanlage laufend anfallen (vgl.: BGH, Urt. v. 5.7.2019 – V ZR 278/17, ZMR 2020, 206).

33 Diese vom BGH nunmehr anerkannte Vergütungsgestaltung nach dem
»Baukastensystem« ist zwischenzeitlich allgemein anerkannt (vgl.: LG Köln,
Urt. v. 10.9.2020 – 29 S 263/19).

4. Folgen für die Gestaltung der Vergütung in Abhängigkeit von der Vertragslaufzeit

34 Soweit nach dem o. G. durch die Vergütungsgestaltung in das Recht der Gemeinschaft, sich jederzeit kurzfristig aus dem Bestellungsrechtsverhältnis sowie
aus dem Verwaltervertrag zu lösen, eingegriffen wird, indem im Wege der Preis-
nebenabrede sog. Objektübernahmepauschalen, Abstandszahlungen im Falle
der Vertragsbeendigung oder sonstige Entgelte gefordert werden, sind solche
Vertragsgestaltungen unwirksam.

35 Zwar kann daran gedacht werden, die Grundleistungen des Verwalters nach
Zeitaufwand zu erfassen und abzurechnen. Dies dürfte indes nach dem o. G. an
der dann mangelnden Transparenz und fehlenden Vergleichbarkeit mit anderen
Vertragsangeboten scheitern.

5. Gestaltungsvorschlag

36 In dem hier vorgelegten Gestaltungsvorschlag für einen Verwaltervertrag wird
mit Blick auf das o. g. zum einen klar zwischen der monatlichen Vergütung des
Verwalters für die im Vergütungsverzeichnis aufgeführten »Basisleistungen« (d.
h. für die gesetzlich als Grundleistungen vorgesehenen Leistungen eines WEG-
Verwalters, die routinemäßig anfallen) und zum anderen der Zusatzvergütung
des Verwalters für die Erbringung der im Vergütungsverzeichnis aufgeführten
variablen Zusatz-Leistungen und Sonderleistungen unterschieden, sodass die
Wohnungseigentümer anhand der Basisleistungen unschwer den Preis ermitteln und vergleichen können.

37 Bei den variablen Zusatz-Basisleistungen handelt es sich zwar ebenso um gesetzliche Verwalterleistungen, der Unterschied zu den Basisleistungen liegt allerdings darin begründet, dass diese Leistungen typischerweise aufgrund einer
eigenen Willensentscheidung der Gemeinschaft anfallen bzw. mit einem besonderen Zeit- und Arbeitsaufwand verbunden sind.

Bei den Sonderleistungen handelt es sich um »echte« Sonderleistungen, also um
Tätigkeiten, die der Verwalter nicht schuldet, aber gegen ein besonderes Ent-
gelt erbringen kann (z. B. Bescheinigung über die haushaltsnahen Dienst- und
Handwerkerleistungen i. S. d. § 35a EStG).

Zur Vergütungsgestaltung in Abhängigkeit von der Vertragsdauer wird im
Rahmen des angefügten Gestaltungsvorschlags für einen Verwaltervertrag die

Option geboten, für das erste (und zweite) Vertragsjahr eine höhere Vergütung als für die folgenden Vertragsjahre zu vereinbaren sowie (bei ausreichend auskömmlicher Preisgestaltung) eine alternative Preissenkung pro Ablauf eines jeden ungekündigten Vertragsjahres.

6. Fazit

Hier vertretener Auffassung nach liegen in der neuen Gesetzeslage für den Ver- 38
walter mehr Chancen als Risiken.

Dass die Vertragslaufzeit als Bewertungs- und Kalkulationsinstrument wegfällt, stellt keinen echten Nachteil dar, da dies für sämtliche Verwaltungsunternehmen gleichermaßen gilt und andere, aussagekräftigere Parameter zur Preisfindung zur Verfügung stehen.

Abgesehen davon werden pauschale monatliche Vergütungssätze regelmäßig eher aus Gewohnheit unter Berücksichtigung des Preisniveaus der Konkurrenz als auf der Grundlage einer kaufmännischen Preiskalkulation festgelegt.

Das »Baukastenprinzip« der Verwaltervergütung erlaubt hier sowohl dem Verwalter als auch der Wohnungseigentümergemeinschaft ein individuell zugeschnittenes Vergütungsmodell.

V. Ausgestaltung der Rechte und Pflichten des Verwalters

Problematisch ist weiter die Ausgestaltung der Entscheidungs- und Handlungs- 39
kompetenzen des Verwalters im Innenverhältnis.

Da der Gesetzgeber die dem Verwalter obliegenden Pflichten und ihm zustehenden Rechte zur Entscheidung über und zur Veranlassung von Verwaltungsmaßnahmen gem. § 27 Abs. 1 WEG eher nebulös geregelt hat, muss der Verwalter die Gelegenheit ergreifen und, solange die Rechtsprechung dies noch nicht geklärt hat, die aus § 27 Abs. 2 WEG folgende Beschlusskompetenz der Eigentümerversammlung zur näheren Ausgestaltung der Rechte und Pflichten des Verwalters bei der Wahrnehmung seiner Verwaltungsaufgaben nutzen.

1. Regelung im Verwaltervertrag oder »Beschlüsse zur Geschäftsführung«?

Die Delegation von Entscheidungskompetenzen auf den Verwalter im Rah- 40
men des Verwaltervertrags ist zu Recht bislang als abgelehnt worden. Dies mit der zutreffenden Begründung, dass Kompetenzübertragungen regelmäßig als AGB-rechtlich unbillig benachteiligende, intransparente sowie überraschende Klauseln im Rahmen eines formularmäßigen Verwaltervertrags und daher als

unwirksam anzusehen sind, weil sie die gesetzliche Kompetenzverteilung umgehen bzw. ein unkalkulierbares finanzielles Risiko für die Gemeinschaft enthalten (vgl.: OLG München, Beschl. v. 20.3.2008 – 34 Wx 46/07, ZMR 2009, 64).

41 Abgesehen davon konnten im Rahmen des Verwaltervertrags der Beschlusskompetenz der Eigentümer zugeordnete Belange nicht vorgreiflich geregelt werden, da dieser nur das Rechtsverhältnis zwischen dem Verwalter und dem rechtsfähigen Verband betrifft (vgl.: AG Bochum, Urt. v. 20.7.2016 – 94 C 31/16; Jennißen, WEG, 6. Aufl. 2019, § 26 Rn. 95).

Zudem sind verwaltervertragliche Regelungen, die für einzelne Eigentümer Pflichten begründen oder umgekehrt dem Verwalter Befugnisse diesbezüglich einräumen, als Vertrag zulasten Dritter unwirksam (vgl.: BGH, Urt. v. 9.3.2012 – V ZR 161/11, ZMR 2012, 646; OLG Hamburg v. 14.7.2008 – 2 Wx 31/02, ZMR 2008, 899).

42 Ob dies mit Blick auf die ausdrückliche Kompetenzregelung des § 27 Abs. 2 WEG in dieser Form aufrechterhalten werden kann, darf durchaus diskussionswürdig sein, insbesondere mit Blick darauf, dass nunmehr die Gemeinschaft Trägerin der Verwaltung des gemeinschaftlichen Eigentums ist.

Ungeachtet dessen ist hier vertretener Auffassung nach mit Blick auf die eindeutig den einzelnen Wohnungseigentümern zugewiesene Beschlusskompetenz von einer Regelung der Entscheidungs- und Handlungsbefugnisse des Verwalters im Innenverhältnis im Rahmen des Verwaltervertrags Abstand zu nehmen.

Dabei spielt zugegebenermaßen auch die Überlegung eine Rolle, dass im Streitfall die Regelungen des Verwaltervertrags Gegenstand einer späteren AGB-rechtlichen Prüfung sein können, während die Fassung eines »Beschlusses zur Geschäftsführung« den Charme der nach einem Monat eintretenden Bestandskraft gem. § 23 Abs. 4 S. 2 WEG besitzt.

2. Beschlüsse zur Geschäftsführung

43 Die dem Gestaltungsvorschlag für einen Verwaltervertrag angefügten Beschlüsse zur Geschäftsführung tragen dabei dem Umstand Rechnung, dass die übertragenen Kompetenzen möglichst inhaltlich bestimmt und transparent begrenzt sein sollten.

44 Dabei sind mit Blick auf die ausdrückliche Kompetenzzuweisung durch § 27 Abs. 2 WEG auch Regelungsgegenstände aufgenommen worden, die nach bisheriger Rechtslage einer beschlussweisen Regelung nicht zugänglich waren, z. B. Abschluss von Versicherungs- oder Hausmeisterverträgen (vgl.: OLG München v. 20.3.2008 – 34 Wx 046/07, ZMR 2009, 64).

Entsprechendes gilt für Beschlüsse zur Rechtsvertretung, Anwaltsbeauftragung 45 und -vergütung.

Die sich aufwerfende Frage, was geschieht, wenn die Wohnungseigentümer 46 zwar positiv über die Bestellung des Bewerbers zum Verwalter und den Abschluss des Verwaltervertrags mit ihm entscheiden, dann aber die Beschlussfassung über die vom Verwalter vorgeschlagenen weiteren »Beschlüsse zur Geschäftsführung« verweigern, stellt letztlich kein Problem dar, denn gemäß den neu geregelten Kündigungsmöglichkeiten ist der Verwalter schnell in der Lage, sich von einer missliebigen Gemeinschaft zu trennen.

3. Beschlüsse zur Rechtswahrnehmung gem. § 9b Abs. 2 WEG

Von besonderer Bedeutung ist der Umstand, dass der Gesetzgeber das Konzept 47 der Wahrnehmung individueller Rechte und Pflichten der Eigentümer gem. § 10 Abs. 6 S. 3 WEG a. F. aufgegeben hat.

So übt die Gemeinschaft der Wohnungseigentümer gem. § 9a Abs. 2 WEG nun kraft Gesetzes alle sich aus dem gemeinschaftlichen Eigentum ergebenden Rechte und Pflichten der Wohnungseigentümer aus sowie die Rechte der Wohnungseigentümer, die eine einheitliche Rechtsverfolgung erfordern, auch wenn sich diese Rechte nicht aus dem gemeinschaftlichen Eigentum ergeben. Von § 9a Abs. 2 Hs. 1 WEG erfasst wird somit u. a. die Wahrnehmung der Verkehrssicherungspflicht des Grundstückseigentümers, aber auch (anders als nach dem bisher geltenden Recht) die Ausübung sämtlicher aus dem Gemeinschaftseigentum folgender Störungsbeseitigungs-, Unterlassungs- und Schadensersatzansprüche, so u. a. Ansprüche auf Beseitigung einer baulichen Veränderung oder Unterlassung einer störenden Nutzung des Gemeinschaftseigentums (§§ 823 ff., 1004 BGB).

Letztlich wird die im bisherigen § 10 Abs. 6 S. 3 Hs. 1 WEG a. F. enthaltene »geborene Ausübungsbefugnis« der Gemeinschaft die eine gemeinschaftliche Rechtsverfolgung zwingend erfordert, um die Abwehrrechte aus dem Gemeinschaftseigentum erweitert.

Da der Verwalter der gesetzliche Vertreter der Gemeinschaft im Außenverhältnis ist, muss auch die Frage der Ausübung der hier angesprochenen Rechte und Pflichten geregelt werden.

Hier vertretener Auffassung nach (vgl. auch BGH, Urt. v. 24.1.2020 – V 48 ZR 295/16, ZMR 2020, 675) muss der einzelne Wohnungseigentümer aber Störungsbeseitigungs- oder Unterlassungsansprüche, die aus einer Beeinträchtigung seines Sondereigentums herrühren, auch bei Mitbetroffenheit des Gemeinschaftseigentums individuell durchsetzen.

Denn der aus dem Sondereigentum basierende Störungsbeseitigungsanspruch steht nicht der Gemeinschaft, sondern nur dem individuell betroffenen Wohnungseigentümer zu (vgl. § 14 Abs. 2 Nr. 2 WEG). Insoweit besteht nach der hiesigen Meinung keine Ausübungsbefugnis der Gemeinschaft, auch nicht gem. § 9a Abs. 2 Hs. 2 WEG.

VI. Änderungen im Rechnungswesen

49 Gem. § 28 Abs. 3 WEG (zu Einzelheiten vgl. unter Becker § 7) hat der Verwalter nach Ablauf eines Kalenderjahres einen Vermögensbericht zu erstellen, der den Stand der in § 28 Abs. 1 S. 1 WEG bezeichneten Rücklagen und eine Aufstellung des wesentlichen Gemeinschaftsvermögens enthält und den er den Wohnungseigentümern zur Verfügung zu stellen hat.

50 Obgleich der Vermögensbericht nicht Gegenstand einer Genehmigung der Wohnungseigentümer durch Beschluss ist, werden hier die zur Erstellung des Vermögensberichts erforderlichen Tätigkeiten als grundsätzlich nicht gesondert zu vergütende Basisleistung des Verwalters geführt.

51 Dies deshalb, weil hierdurch zeit- und arbeitsintensive Tätigkeiten des Verwalters mangels Möglichkeit der Beschlussanfechtung weggefallen sind, da die an sich die für eine Richtigkeits- bzw. Plausibilitätskontrolle unverzichtbare Darstellung der Bankkonten- sowie der Rücklagenentwicklung von der Jahresabrechnung abgekoppelt und nur noch im Rahmen des Vermögensberichts den Eigentümern zur Verfügung zu stellen ist. Da der Vermögensbericht jedem Wohnungseigentümer lediglich zur Verfügung zu stellen ist, muss ihm die Möglichkeit der Kenntnisnahme gegeben werden, weshalb dies durch Übersendung in Papierform, aber eben auch zeit- und kostensparend per E-Mail oder durch Einstellen auf einer Internet-Plattform oder via Verwalter-App geschehen kann.

VII. Berücksichtigung der neuen Rolle des Verwaltungsbeirats

52 Der Verwaltungsbeirat unterstützt nach der Neuregelung des § 29 Abs. 2 S. 1 WEG den Verwalter nicht nur bei der Durchführung seiner Aufgaben, sondern er überwacht ihn auch (vgl. unten Sankol § 8).

Dadurch soll der gestiegenen Bedeutung der Rolle des Verwaltungsbeirats Rechnung getragen werden. Denn er hat nicht mehr nur die Aufgabe, anstelle des Verwalters eine Versammlung einzuberufen (§ 24 Abs. 3 WEG), den Wirtschaftsplan und die Jahresabrechnung zu prüfen (§ 29 Abs. 2 S. 2 WEG) sowie die Niederschrift über die Versammlungen zu unterzeichnen (§ 24 Abs. 6. S. 2 WEG). Er ist nämlich auch der gesetzliche Vertreter der

Wohnungseigentümergemeinschaft gegenüber dem Verwalter (vgl. § 9b Abs. 2 WEG), wenn es um Ansprüche der Gemeinschaft gegen den Verwalter geht. § 29 Abs. 2 S. 1 WEG verleiht dem Beirat indes nicht das Recht, sich die Kompetenzen des Verwalters anzueignen; d. h. besondere Weisungsrechte obliegen ihm nicht.

Gleichwohl ist fraglich, ob der Verwaltungsbeirat nicht verpflichtet ist, über die jährliche Beleg- und Abrechnungsprüfung hinaus in regelmäßigen/unregelmäßigen Abständen Einsicht in die Verwaltungsunterlagen zu nehmen und gleichartige Kontrollrechte auszuüben. **53**

Die bloße Plausibilitätskontrolle der Abrechnung und eine bloß stichpunktartige Kontrolle der Belege ohne Überprüfung der Kontenbelege dürfte nicht mehr den Mindestanforderungen entsprechen und zudem ein erhebliches Haftungsrisiko ungeachtet der Begrenzung der Beiratshaftung auf Vorsatz und grobe Fahrlässigkeit gem. § 29 Abs. 3 WEG begründen (vgl.: OLG München, Beschl. v. 7.2.2007 – 34 Wx 147/06, ZMR 2007, 988; OLG Düsseldorf, Beschl. v. 24.9.1997 – 3 Wx 221/97, NZM 1998, 36).

In der Praxis wird dies dazu führen, dass, sofern nicht ohnehin schon so gehandhabt, die Mitglieder des Verwaltungsbeirats durch den Verwalter über jeden wesentlichen Verwaltungsvorgang prophylaktisch unterrichtet werden, was ohne Weiteres auf digitalem Wege geschehen kann. Denkbar sind auch zusätzliche Beiratssitzungen. **54**

Dieser zusätzliche Zeit- und Arbeitsaufwand darf hier vertretener Auffassung nach im Rahmen der Vereinbarung einer variablen Zusatzvergütung vergütet werden.

VIII Verwaltervollmacht

Die früher regelmäßig mitbeschlossene (und vom Verwalter einforderbare) Verwaltervollmacht gem. § 27 Abs. 6 WEG a. F. hat ihre Bedeutung und ihren Platz im Gesetz verloren, da die bis dato ohne Weiteres mögliche Zurückweisung vom Verwalter als Vertreter der Wohnungseigentümergemeinschaft vorgenommener einseitiger Rechtsgeschäfte gem. § 174 S. 1 BGB nun nicht mehr denkbar ist. **55**

Mit Inkrafttreten des § 9b WEG handelt es sich bei dem Verwalter um ein im Außenverhältnis unbeschränkt und unbeschränkbar vertretungsberechtigtes Organ der Wohnungseigentümergemeinschaft, sodass § 174 BGB nicht anwendbar ist. **56**

Nach Auffassung des Gesetzgebers ist auch die Rechtsprechung des BGH zur Anwendung von § 174 BGB auf die Vertretung von Gesellschaften bürgerlichen Rechts nicht auf die Wohnungseigentümergemeinschaft übertragbar.

Dass dabei die Tatsache der Bestellung des Verwalters in sein Amt bzw. dessen Andauern im Zeitpunkt der Vornahme des einseitigen Rechtsgeschäfts nicht, insbesondere nicht durch Einsichtnahme in ein Register verifizierbar ist, ändert hieran nichts.

Auch die Vorlage eines Original-Protokolls über den Bestellungsbeschluss besagt nichts darüber, dass die Verwalterstellung noch besteht.

Indes mutet § 174 BGB es dem Erklärungsempfänger zu, das Risiko der gegebenenfalls fehlenden Wirksamkeit der behaupteten Vertretungsmacht einzugehen.

IX. Gestaltungsvorschlag eines Verwaltervertrags

57 ▶ **Vertrag über die Verwaltung von Wohnungseigentum**

§ 1 Vertragspartner und Verwaltungsobjekt

Zwischen

1. der Wohnungseigentümergemeinschaft

_____

           (im Folgenden »Gemeinschaft« genannt),

vertreten durch: _____,

   _____,

und

2. Frau/Herrn/Firma

_____

           (im Folgenden »Verwalter« genannt),

wird folgender Vertrag über die Verwaltung des Gemeinschaftseigentums der vorbezeichneten Wohnungseigentümergemeinschaft geschlossen:

§ 2 Vertragsdauer und Beendigung

1.

Der Verwaltervertrag wird für die Laufzeit vom _____ bis zum Ablaufe des _____ abgeschlossen.

Wird der Verwaltervertrag von den Vertragsparteien nicht mit einer Frist von 3 Monaten zum Ende der jeweiligen Vertragslaufzeit gekündigt und erfolgt eine Weiterbestellung des Verwalters über die ursprüngliche Vertragslaufzeit hinaus, verlängert sich der Verwaltervertrag mangels abweichender Vereinbarung jeweils um ein weiteres Jahr.

[Alternativ: noch zu errichtendes Bauträgerobjekt]

Der Verwaltervertrag beginnt mit der Übergabe des Besitzes des ersten bezugsfertigen Sondereigentums an einen Erwerber und wird für die Dauer von 3 Jahren, gerechnet ab diesem Zeitpunkt, abgeschlossen.

Wird der Verwaltervertrag von den Vertragsparteien nicht mit einer Frist von 3 Monaten zum Ende der jeweiligen Vertragslaufzeit gekündigt und erfolgt eine Weiterbestellung des Verwalters über die ursprüngliche Vertragslaufzeit hinaus, verlängert sich der Verwaltervertrag mangels abweichender Vereinbarung jeweils um ein weiteres Jahr.

2.

Eine Kündigung des Verwaltervertrags vor Ablauf der o. g. Vertragslaufzeit ist für beide Vertragsparteien aus wichtigem Grund jederzeit möglich.

3.

Wird der Verwalter ohne Vorliegen eines wichtigen Grundes vom Verwalteramt abberufen, kann die Gemeinschaft den Verwaltervertrag mit einer Frist von 6 Monaten, gerechnet ab dem Zeitpunkt der Abberufung, kündigen. Auch ohne Kündigung durch die Gemeinschaft endet der Verwaltervertrag, jedoch frühestens sechs Monate nach der Abberufung des Verwalters.

4.

Der Verwalter ist berechtigt, den Verwaltervertrag ohne Vorliegen eines wichtigen Grundes mit einer Frist von _____ Monaten zu kündigen.

§ 3 Leistungen und Vergütung des Verwalters

1.

Die Vergütung des Verwalters setzt sich zusammen aus

a)

der **Basisvergütung** des Verwalters gem. § 3 Ziff. 4. für die vom Verwalter zu erbringenden **Basisleistungen** zur Verwaltung des Gemeinschaftseigentums, wie in dem als Anlage 1 zu diesem Vertrag genommenen Leistungsverzeichnis näher beschrieben,

b)

den **variablen Zusatz-Basisvergütungen** des Verwalters für die vom Verwalter je nach Anfall zu erbringenden **variablen Zusatz-Basisleistungen** für die Verwaltung des Gemeinschaftseigentums, wie in dem als Anlage 2 zu diesem Vertrag genommenen Leistungs- und Vergütungsverzeichnis näher beschrieben,

c)

den **Sondervergütungen** des Verwalters für die auf Wunsch der Gemeinschaft zusätzlich zu erbringenden, über die Verwaltung des Gemeinschaftseigentums hinausgehenden **Sonderleistungen**, wie in dem als Anlage 3 zu diesem Vertrag genommenen Leistungs- und Vergütungsverzeichnis näher beschrieben.

2.

Daneben stehen dem Verwalter die gesetzlichen sowie die vertraglich gemäß den Leistungs- und Vergütungsverzeichnissen als **Anlagen 2 und 3** vereinbarten Ansprüche auf Ersatz seiner Aufwendungen für die Gemeinschaft zu.

3.

Für die vom Verwalter nach Zeit- bzw. Arbeitsaufwand abzurechnenden variablen Zusatz-Basisvergütungen und Sondervergütungen gemäß **Anlagen 2 und 3**, für den Ersatz von Fahrt- und Reisekosten, für die Fertigung und den Versand von Kopien bzw. für die Digitalisierung von Dokumenten zwecks deren fernkommunikativem Versand sowie für die sonstigen nach Aufwand abzurechnenden sonstigen Vergütungen und Auslagen gilt das als **Anlage 4** zu diesem Vertrag genommene Verzeichnis der Vergütungssätze des Verwalters.

4.

Der Verwalter erhält

a)

als Basisvergütung gem. § 3 Ziff. 1. Buchst. a) pro Monat, zuzüglich der jeweils gültigen gesetzlichen Mehrwertsteuer [derzeit 16 %, ab 1.1.2021 wohl wieder 19 %], für das erste *[und zweite]* Vertragsjahr, d. h. vom _____ bis _____ sowie vom _____ bis zum _____

   a) je Wohnungseigentumseinheit i.H.v. _____ EURO netto = derzeit _____ EUR brutto,
   b) je Teileigentumseinheit Gewerbe i.H.v. _____ EURO netto = derzeit _____ EUR brutto,
   c) je Garagen-/Stellplatz-Teileigentumseinheit i.H.v. _____ EURO netto = derzeit _____ EUR brutto;

b)

Ab dem *[dritten]* Vertragsjahr beträgt die Basisvergütung gem. § 3 Ziff. 1. Buchst. a) pro Monat, zuzüglich der jeweils gültigen gesetzlichen Mehrwertsteuer [derzeit 16 %],

   a) je Wohnungseigentumseinheit i.H.v. _____ EURO netto = derzeit _____ EUR brutto,
   b) je Teileigentumseinheit Gewerbe i.H.v. _____ EURO netto = derzeit _____ EUR brutto,
   c) je Garagen-/Stellplatz-Teileigentumseinheit i.H.v. _____ EURO netto = derzeit _____ EUR brutto.

5. [optionale Ergänzung zu 4.]

Die vorstehend zu Ziff. 4. a) genannten Vergütungssätze für die Basisvergütung des Verwalters gem. § 3 Ziff. 1. Buchst. a) ermäßigen sich für das erste [sowie das zweite] Vertragsjahr um _____ %, sofern der Verwaltervertrag im [vierten] Vertragsjahr ungekündigt fortbesteht; d. h. die Basisvergütung des Verwalters beträgt in diesem Fall

   a) je Wohnungseigentumseinheit i.h.v. _____ EURO netto = derzeit _____ EUR brutto,
   b) je Teileigentumseinheit Gewerbe i.h.v. _____ EURO netto = derzeit _____ EUR brutto,
   c) je Garagen-/Stellplatz-Teileigentumseinheit i.h.v. _____ EURO netto = derzeit _____ EUR brutto.

6. *[optionale Varianten als Ergänzung zu 4.]*

6.1

Die unter § 3 Ziff. 1. Buchst. a), Ziff. 4. u. Ziff. 5. genannte Basisvergütung des Verwalters erhöht sich jeweils mit Beginn des dritten Vertragsjahres sowie der jeweiligen Folgejahre jeweils um _____ % der jeweils gültigen Vergütung zzgl. jeweiliger gesetzlicher Mehrwertsteuer, derzeit 16 %, d. h. _____ %.

6.2

Mit der unter § 3 Ziff. 1. Buchst. a), Ziff. 4. u. Ziff. 5. genannten Basisvergütung sind alle für die Erbringung der Basisleistungen geschäftsüblichen Sachaufwendungen des Verwalters und seines Bürobetriebs – vorbehaltlich der Regelung des § 3 Ziff. 8. – abgegolten. Nicht abgegolten und insofern gesondert zu bezahlen sind ausdrücklich:

   a) eine Pauschale i.h.v. 4,5 % brutto zur gesonderten Abgeltung der im Geschäftsbetrieb anfallenden Porto-, Kopier- und Telefonauslagen,[oder]
   b) die Erstattung der angefallenen Porto-, Kopier- und Telefonauslagen nach Nachweis.

6.3

Der Verwalter hat einen Anspruch auf eine Anpassung der unter § 3 Ziff. 1. Buchst. a), Ziff. 4. u. Ziff. 5. vereinbarten Basisvergütung hinsichtlich deren Lohnanteils in dem Verhältnis, wie sich die Tariflöhne der Wohnungswirtschaft gegenüber dem Zeitpunkt des Vertragsschlusses bzw. dem Zeitpunkt der letzten Vergütungsanpassung gemäß dieser Regelung erhöhen, sofern die Steigerung jeweils 3 % überschreitet. Die Erhöhung tritt ab dem Zeitpunkt der Tariflohnerhöhung in Kraft, wobei die Gemeinschaft durch Beschluss der Eigentümerversammlung hierüber entscheidet. Der Lohnanteil der Vergütung des Verwalters wird auf 75 % der Basisvergütung festgelegt. Der Verwalter hat der Gemeinschaft die Tariflohnerhöhung durch Vorlage einer entsprechenden Tarifänderungsmitteilung nachzuweisen.

7.

Die Basisvergütung des Verwalters ist am Ersten eines jeden Monats im Voraus fällig und zahlbar.

Die Entgelte für die o. g. variablen Zusatz-Basisvergütungen sowie Sondervergütungen und Aufwendungsersatzansprüche sind nach Rechnungsstellung durch den Verwalter fällig.

Der Verwalter ist berechtigt, die Basisvergütung, die variablen Zusatz-Basisvergütungen, Sondervergütungen sowie ihm aufgrund seiner Aufwendungsersatzansprüche zustehenden Beträge bei Fälligkeit dem Konto der Gemeinschaft zu entnehmen.

8.

Soweit während der Laufzeit dieses Vertrages aufgrund geänderter bzw. neu eingeführter Gesetze, Rechtsverordnungen, Satzungen, aufgrund behördlicher Anordnungen, neu eingeführter oder geänderter anerkannter Regeln der Technik oder aufgrund von Beschlüssen und/oder Vereinbarungen der Eigentümergemeinschaft, die bei Vertragsschluss nicht bekannt/kalkulierbar waren, ein nicht nur unerheblicher Arbeitsmehraufwand des Verwalters verursacht wird, so ist dieser berechtigt, eine angemessene gesonderte Erhöhung seiner Vergütung von der Gemeinschaft zu verlangen.

§ 4 Allgemeine Aufgaben und Befugnisse

1.

Die Aufgaben und Befugnisse des Verwalters ergeben sich aus den Bestimmungen dieses Vertrages sowie aus den Vorschriften des WEG, den Bestimmungen der Gemeinschaftsordnung, den sonstigen Vereinbarungen und den Beschlüssen der Eigentümergemeinschaft sowie ergänzend aus den allgemeinen Bestimmungen über den entgeltliche Dienstleistungs- und Geschäftsbesorgungsvertrag.

2.

Die Rechte aus diesem Vertrag gegenüber dem Verwalter können vorbehaltlich abweichender Beschlussfassung nur durch die Gemeinschaft, nicht aber durch den einzelnen Wohnungseigentümer ausgeübt werden.

3.

Der Verwalter handelt grundsätzlich namens und in Vollmacht sowie für Rechnung der Gemeinschaft.

4.

Der Verwalter ist berechtigt, die jeweiligen Wohnungs- bzw. Teileigentumsgrundbücher im Rahmen der Wahrnehmung der Verwaltungsaufgaben in erforderlichem Umfang auf Kosten der Gemeinschaft einzusehen und erforderlichenfalls Auszüge zu beschaffen.

5.

Der Verwalter ist berechtigt, die Beschluss-Sammlung mittels einer Computersoftware eigener Wahl in digitalisierter Form zu führen.

6.

Der Verwalter ist berechtigt, die Besorgung einzelner Verwaltungsangelegenheiten auf Gehilfen und sonstige Dritte nebst entsprechender (Unter-)Vollmacht zu übertragen.

Für ein etwaiges Verschulden bei der Auswahl und/oder der Überwachung der Gehilfen oder Dritten haftet der Verwalter nur im Falle von Vorsatz oder grober Fahrlässigkeit. Diese Haftungsbegrenzung gilt nicht für Schäden, die auf einer Verletzung des Lebens, des Körpers, der Freiheit oder der Gesundheit, die auf einer fahrlässigen oder vorsätzlichen Pflichtverletzung eines Erfüllungsgehilfen oder gesetzlichen Vertreters des Verwalters beruhen.

§ 5 Wirtschafts- und Vermögensverwaltung

1.

Das Kreditinstitut, bei dem das Konto der Gemeinschaft unterhalten wird, bestimmt der Verwalter. Die Konten lauten auf die Gemeinschaft (Fremdkonto).

2.

Die Gemeinschaft beauftragt den Verwalter, auf Kosten der Gemeinschaft für jeden Wohnungseigentümer die im Rahmen der Verwaltung des Gemeinschaftseigentums getätigten Aufwendungen i. S. d. § 35a EStG (Aufwendungen für haushaltsnahe Beschäftigungsverhältnisse, Dienst- sowie Handwerkerleistungen) sowie den jeweils auf das jeweilige Wohnungs-/Teileigentum entfallenden Anteil im Rahmen der Jahreseinzelabrechnung auszuweisen.

Die hierfür gewährte Sondervergütung des Verwalters ergibt sich aus dem als **Anlage 3** zu § 3 Ziff. 1. Buchst. c) diesem Vertrag beigefügten Leistungs- und Vergütungsverzeichnis (dort Nr. 3.).

3.

Die lediglich handels- bzw. steuerrechtlichen Aufbewahrungsfristen gem. §§ 147 AO; 257 HGB unterliegenden Verwaltungsunterlagen kann der Verwalter unter Beachtung der Vorschriften der GoBD, der DSG VO sowie des BDSG in digitaler Form archivieren und sodann datenschutzgerecht vernichten sowie entsorgen.

Dies betrifft insbesondere Jahresgesamt- und Einzelabrechnungen, Jahresgesamt- und Einzelwirtschaftspläne, weitere Abrechnungsbestandteile wie Heizkostenabrechnungen, Buchungsbelege und -listen, Journale, Rechnungen, Lieferscheine, Gutschriften, Quittungen, Kassenbücher und Bankkontenauszüge sowie Vertragsurkunden über erledigte Rechtsverhältnisse; des Weiteren Schriftverkehr mit Dritten und Eigentümern, Aktenvermerke, Angebote, Ausschreibungsunterlagen, Kalkulationsunterlagen, Gutachten und Protokolle von Beiratssitzungen.

Hiervon ausgenommen sind Verwaltungsunterlagen, welche die Gemeinschaft für eine ordnungsmäßige Verwaltung auf Dauer im Original benötigt, wie insbesondere Versammlungsniederschriften, Beschlussbücher, gültige Versicherungspolicen sowie Originalausfertigungen gerichtlicher Entscheidungen oder gerichtlicher Vergleiche.

§ 6 Rechtsvertretung

1.

Der Verwalter ist berechtigt und verpflichtet, den termingerechten Eingang der auf die einzelnen Sondereigentümer entfallenden Beitragsforderungen der

Gemeinschaft (aus Wirtschaftsplan, Jahresabrechnung oder Sonderumlage) auf dem Verwaltungskonto zu überwachen, Säumige zu mahnen und rückständige Beitragsforderungen zugunsten der Gemeinschaft in deren Namen außergerichtlich und gerichtlich auf deren Kosten durchzusetzen und hiermit einen Rechtsanwalt zu beauftragen.

Die Erklärung von Anerkenntnissen, Vergleichen, Anspruchsverzichten, die Rücknahme von Anträgen sowie von Rechtsmitteln bedarf der Beschlussfassung der Eigentümerversammlung.

2.

Zur Führung von Aktiv-Prozessen (mit Ausnahme der zu obiger Ziff. 1. geregelten Beitreibung von Beitragsforderungen) nebst der Beauftragung eines Rechtsanwalts hiermit sowie zur endgültigen (nicht nur vorsorglich fristwahrenden) Einlegung und Durchführung von Rechtsmitteln bedarf der Verwalter eines mehrheitlichen Beschlusses der Eigentümerversammlung. Dies gilt nicht, wenn dies zur Wahrung einer Frist oder Abwendung eines Nachteils notwendig ist.

Die Erklärung von Anerkenntnissen, Vergleichen, Anspruchsverzichten, die Rücknahme von Anträgen sowie von Rechtsmitteln bedarf der Beschlussfassung der Eigentümerversammlung.

3.

Bei anhängigen gerichtlichen oder behördlichen Verfahren gegen die Gemeinschaft (Passivverfahren/Passivprozessen), insbesondere gerichtlichen Verfahren nach § 43 Abs. 2 Nr. 2 und Nr. 4 WEG, insbesondere Beschlussklagen i. S. d. § 44 WEG, besitzt der Verwalter die Befugnis zur Vertretung der Wohnungseigentümergemeinschaft sowie zur Beauftragung eines Rechtsanwalts.

§ 7 Versicherung des Verwalters

Der Verwalter versichert, eine Vermögensschadenshaftpflichtversicherung über eine Deckungssumme von _____ EUR im Einzelfall/_____ EUR Jahressumme, eine betriebliche Haftpflichtversicherung über eine Deckungssumme von _____ EUR im Einzelfall/_____ EUR Jahressumme sowie eine Vertrauensschadenversicherung über eine Deckungssumme von _____ EUR im Einzelfall/_____ EUR Jahressumme abgeschlossen zu haben und verpflichtet sich, diese während der Vertragslaufzeit laufend zu unterhalten.

§ 8 Vertragsabwicklung

Die Gemeinschaft ist verpflichtet, für die Vornahme der nach Beendigung des Verwaltervertrags erforderlichen Abwicklungsgeschäfte (Herausgabe von Verwaltungsunterlagen, Rechnungslegung, Aushändigung sonstigen Verwaltungsvermögens, Verfügung über Bankguthaben, etc.) unverzüglich einen Bevollmächtigten zu benennen, sofern kein Verwaltungsbeirat/dessen Vorsitzender bestellt ist.

§ 9 Vertragsänderungen/Salvatorische Klausel

1.

Ist oder wird ein Teil dieses Vertrages unwirksam, so bleibt der übrige Vertragsinhalt voll wirksam. Eine unwirksame Vertragsbestimmung ist durch eine Regelung zu ersetzen, die in zulässiger Weise dem von den Vertragsschließenden beabsichtigten wirtschaftlichen Zweck am nächsten kommt.

2.

Änderungen und Ergänzungen zu diesem Vertrag bedürfen der Schriftform sowie des Mehrheitsbeschlusses der Gemeinschaft und der Zustimmung des Verwalters.

_____, _____   _____

(Ort, Datum)   (Verwalter)

                                                     _____

                                                     (Vertreter der Gemein-
                                                     schaft)

Anlage 1 zum Verwaltervertrag vom _____

**zwischen der Wohnungseigentümergemein-
schaft**

_____

und

_____

**Verzeichnis der Basisleistungen des Verwalters (vgl. § 3 Ziff. 1 Buchst. a),
Ziff. 4. _[optional Ziff. 5. u. 6.]_)**

Mit der im Verwaltervertrag unter § 3 Ziff. 1. Buchst. a), Ziff. 4. _[optional: Ziff. 5. u. 6.]_ vereinbarten Basisvergütung sind insbesondere abgegolten:

I. Basisleistungen zur allgemeinen Verwaltung des Objekts

1. Information der Eigentümer über Belange des Gemeinschaftseigentums.
2. Führung des Telefon- und Schriftverkehrs mit den Eigentümern, Handwerkern, Dienstleistern sowie sonstigen Vertragspartnern der Gemeinschaft sowie Behörden und Dritten.
3. Pflege, Weiterführung und Aufbewahrung der Verwaltungsunterlagen in kaufmännischen Grundsätzen entsprechend geordneter, insbesondere digitalisierter Form.
4. Einberufung einer ordentlichen Eigentümerversammlung pro Wirtschaftsjahr.
5. Durchführung einer ordentlichen Eigentümerversammlung pro Wirtschaftsjahr und Übernahme des Versammlungsvorsitzes.

6. Durchführung von Umlauf-Beschlussverfahren gem. § 23 Abs. 3 WEG.
7. Formulierung von Tagesordnungspunkten und Beschlussvorschlägen für die Eigentümerversammlung oder Umlauf-Beschlussverfahren gem. § 23 Abs. 3 WEG.
8. Erstellung der Niederschrift zur ordentlichen jährlichen Eigentümerversammlung.
9. Mitteilung des Beschlussergebnisses/Beschlussverkündung bei Umlauf-Beschlussverfahren gem. § 23 Abs. 3 WEG.
10. Führung der Beschluss-Sammlung gemäß den gesetzlichen Vorgaben des § 27 Abs. 7 u. 8 WEG.

II. Basisleistungen zur kaufmännischen Verwaltung des Objekts

1. Einrichtung und Führung einer kaufmännischen Grundsätzen entsprechenden ordnungsmäßigen Buchhaltung getrennt für jede Wohnungseigentümergemeinschaft.
2. Buchhalterisch getrennte Führung der Erhaltungsrücklage(n) der Gemeinschaft nach Ist- und Sollbestand.
3. Verbuchung der im SEPA-Lastschrifteinzugsverfahren bzw. eigentümerseits gezahlten Hausgelder aufgrund beschlossener Wirtschaftspläne getrennt nach Kosten- sowie Zuführungsanteil zur Erhaltungsrücklage.
4. Verbuchung der im SEPA-Lastschrifteinzugsverfahren bzw. eigentümerseits gezahlten Beitragsforderungen der Gemeinschaft aufgrund beschlossener Jahresabrechnungen.
5. Verbuchung der im SEPA-Lastschrifteinzugsverfahren bzw. eigentümerseits gezahlten Beitragsforderungen der Gemeinschaft aufgrund beschlossener Sonderumlagen.
6. Gewährung der Beleg- und Unterlageneinsicht in die Verwaltungsunterlagen nach vorheriger Terminvereinbarung in den Geschäftsräumen des Verwalters während dessen Bürozeiten.
7. Kaufmännische Kalkulation und Vorschlag zur Beschlussfassung über die Ansammlung einer angemessenen Erhaltungsrücklage.
8. Erstellung eines Gesamtwirtschaftsplanes für die Gemeinschaft pro Wirtschaftsjahr.
9. Erstellung von Einzelwirtschaftsplänen für die jeweiligen Sondereigentumseinheiten pro Wirtschaftsjahr.
10. Erstellung einer Gesamtjahresabrechnung für die Gemeinschaft pro Wirtschaftsjahr.
11. Erstellung von Einzeljahresabrechnungen für die jeweiligen Sondereigentumseinheiten pro Wirtschaftsjahr.
12. Erstellung des Vermögensberichts gem. § 28 Abs. 4 S. 1 WEG.
13. Zurverfügungstellung des Vermögensberichts durch Schaffung der Möglichkeit der Kenntnisnahme durch die einzelnen Wohnungseigentümer mittels digitaler Übermittlung in Textform via E-Mail und/oder Einstellung in Verwalter-App, Internet-Portal u.ä.
14. Vorschlag über die Beschlussfassung und Berechnung von etwa notwendigen Sonderumlagen.
15. Abschluss, Pflege und Kündigung von Verträgen zur Verwaltung des Gemeinschaftseigentums (ausgenommen sind Miet- oder sonstigen

Gebrauchsüberlassungsverträge, die die Gemeinschaft in Ansehung des Gemeinschaftseigentums mit Dritten oder Eigentümern schließt; vgl. Anlage 2, dort. Ziff. II. Nr. 4.).

16. Erstellung, Pflege und Weiterleitung der Nutzerdaten für den von der Gemeinschaft mit der Erstellung verbrauchsbasierter Abrechnungen (insbes. nach Heizkostenverordnung) beauftragten Abrechnungsdienstleister.

17. Kaufmännische Beratung bei Vertragsschlüssen der Gemeinschaft inkl. Anbieter- und Preisverhandlungen, sofern für besondere Maßnahmen keine Zusatz-Basisvergütungen gem. dem Leistungs- und Vergütungsverzeichnis gem. Anlage 2, dort. Ziff. III. Nr. 3., vereinbart sind.

18. Kaufmännische Prüfung von Lieferanten-, Dienstleistungs- und Werkunternehmerrechnungen.

19. Kaufmännische Prüfung von und Beratung über Einsparungsmöglichkeiten durch Inanspruchnahme von Rahmenverträgen.

III. Basisleistungen zur Finanzverwaltung des Objekts

1. Einrichtung und Führung eines von anderen Wohnungseigentümergemeinschaften gesonderten und vom Vermögen des Verwalters getrennten Kontos der Eigentümergemeinschaft (Fremdkonto) bei einem inländischen zum Geschäftsbetrieb zugelassenen Kreditinstitut.

2. Einrichtung und Führung eines von anderen Wohnungseigentümergemeinschaften gesonderten und vom Vermögen des Verwalters getrennten gesonderten Kontos der Eigentümergemeinschaft (Fremdkonto) für die Erhaltungsrücklage bei einem inländischen zum Geschäftsbetrieb zugelassenen Kreditinstitut, sofern die Gemeinschaft dies beschließt.

3. Durchführung des Zahlungsverkehrs für die Gemeinschaft.

4. Einzug der Hausgelder aufgrund beschlossener Wirtschaftspläne im SEPA-Lastschrifteinzugsverfahren.

5. Einzug von Beitragsforderungen der Gemeinschaft aufgrund beschlossener Jahresabrechnungen im SEPA-Lastschrifteinzugsverfahren.

6. Einzug von Beitragsforderungen der Gemeinschaft aufgrund beschlossener Sonderumlagen im SEPA-Lastschrifteinzugsverfahren.

7. Verwaltung von Hauswart- und Waschmünzkassen.

IV. Basisleistungen zur technischen Verwaltung des Objekts

1. Durchführung einer Objektbegehung pro Wirtschaftsjahr.

2. Entgegennahme von Schadensmeldungen das Gemeinschaftseigentum betreffend.

3. Kaufmännische Beratung und Vorschlag über die Beschlussfassung zur Anstellung von Hausmeistern sowie sonstiger Dienstkräfte der Gemeinschaft inkl. Anbieter- und Preisverhandlungen.

4. Kontrolle, Prüfung und Überwachung der allgemeinen Anlagen und Einrichtungen des Gemeinschaftseigentums nach den einschlägigen anerkannten Regeln der Technik durch Vorschlag des Abschlusses, der Überwachung sowie Kündigung von Voll- bzw. Teilwartungsverträgen mit geeigneten Dienstleistern.

5. Kontrolle, Prüfung und Überwachung von sicherheitstechnischen oder der Verkehrssicherung unterliegenden Bauteilen, Anlagen und Einrichtungen sowie Grundstücksflächen der Gemeinschaft nach den einschlägigen anerkannten Regeln der Technik sowie gesetzlichen und behördlichen Auflagen durch Vorschlag des Abschlusses, der Überwachung sowie Kündigung von Kontroll-, Prüfungs-, Sicherungs- und Überwachungsverträgen mit geeigneten Dienstleistern, sofern für besondere Maßnahmen keine Basis-Zusatzvergütungen gem. dem Leistungs- und Vergütungsverzeichnis gem. Anlage 2 vereinbart sind (vgl. dort Ziff. III Nr. 2.).

6. Kaufmännische Beratung bei der Vergabe von Aufträgen über bauliche Maßnahmen am Gemeinschaftseigentum inkl. Anbieter- und Preisverhandlungen, sofern für besondere Maßnahmen keine Basis-Zusatzvergütungen gem. dem Leistungs- und Vergütungsverzeichnis gem. Anlage 2 (vgl. dort Ziff. III. Nr. 3.) vereinbart sind.

7. Einholung von Angeboten zur Erhaltung (Instandhaltung und Instandsetzung) des Gemeinschaftseigentums mit einem Auftragsvolumen ab 3.000,00 EUR brutto im Einzelfall, sofern für besondere Maßnahmen keine Basis-Zusatzvergütungen gem. dem Leistungs- und Vergütungsverzeichnis gem. Anlage 2 (vgl. dort Ziff. III. Nr. 3.) vereinbart sind.

8. Kaufmännische Betreuung, Überwachung und Abnahme von der Gemeinschaft durchgeführter geringfügiger Erhaltungsarbeiten (Instandhaltungs- und Instandsetzungsarbeiten), nebst Maßnahmen der – früheren – modernisierenden Instandsetzung, Modernisierungsmaßnahmen sowie baulichen Veränderungen (§ 20 WEG) am Gemeinschaftseigentum (d.h. bis zu einem Auftragswert i.h.v. … EURO brutto im Einzelfall, vergleiche hierzu Anlage 2 Ziff. III. Nr. 3.), jedoch ohne baufachliche/bautechnische Betreuung, Überwachung und Abnahme solcher Maßnahmen.

V. Basisleistungen zur Zusammenarbeit mit dem Verwaltungsbeirat

1. Information der Beiratsmitglieder/des Vorsitzenden des Verwaltungsbeirats über wesentliche Belange des Gemeinschaftseigentums.

2. Führung des Telefon- und Schriftverkehrs mit den Mitgliedern des Verwaltungsbeirats.

3. Durchführung der Prüfung des Wirtschaftsplans sowie der Jahresabrechnung mit den Mitgliedern des Verwaltungsbeirats gem. § 29 Abs. 2 S. 2 WEG einmal im Jahr.

4. Teilnahme an einer Sitzung des Verwaltungsbeirats einmal im Jahr zu den üblichen Geschäftszeiten des Verwalters in dessen Geschäftsräumen.

VI. Basisleistungen zur rechtlichen Verwaltung des Objekts

1. Verfolgung von dem Verwalter in Textform bekanntgegebenen Verstößen gegen eine bestehende Hausordnung sowie gegen gesetzliche, vereinbarte oder beschlossene Gebrauchs- und Nutzungsregelungen sowie sonstige Beeinträchtigungen der Eigentümer in Ansehung des gemeinschaftlichen Eigentums dergestalt, dass der betreffende Störer in Textform zur Beseitigung von Störungen bzw. der Unterlassung störenden Verhaltens aufgefordert wird.

2. Außergerichtliche Durchsetzung von Störungsbeseitigungs- und Unterlassungsansprüchen der Eigentümer in Ansehung des gemeinschaftlichen Eigentums (Verstöße gegen die Hausordnung sowie gegen gesetzliche, vereinbarte bzw. beschlossene Gebrauchs- und Nutzungsregelungen sowie sonstige Beeinträchtigungen) unter Einschaltung eines Rechtsanwalts aufgrund eines Eigentümerbeschlusses.

3. Beauftragung von Rechtsanwälten mit der außergerichtlichen und gerichtlichen Durchsetzung von Ansprüchen der Wohnungseigentümergemeinschaft oder durch die Wohnungseigentümergemeinschaft auszuübenden Ansprüche i.S.d. § 9b Abs. 2 WEG aufgrund eines Eigentümerbeschlusses.

Anlage 2 zum Verwaltervertrag vom _____

zwischen der Wohnungseigentümergemeinschaft

_____

und

_____

Verzeichnis der variablen Zusatz-Basisleistungen des Verwalters (vgl. § 3 Ziff. 1 Buchst. b).

Zusätzlich zu der vereinbarten Basisvergütung erhält der Verwalter gem. § 3 Ziff. 1 Buchst. b) des Verwaltervertrags für die mit einem besonderen Zeit- und Arbeitsaufwand verbundenen variablen Zusatz-Basisleistungen die sich aus diesem Leistungs- und Vergütungsverzeichnis ergebenden, Zusatz-Basisvergütungen nebst Aufwendungsersatz.

I. Zusatz-Basisleistungen zur allgemeinen Verwaltung des Objekts

Der Verwalter erhält:

1. für die Saalmiete und die sonstige Kosten der ordnungsmäßigen Durchführung von Eigentümerversammlungen Ersatz seiner Aufwendungen.
2. für jede Eigentümerversammlung, die zusätzlich zur der einmal jährlich abzuhaltenden Eigentümerversammlung einberufen und abgehalten wird, eine Vergütung nach Zeitaufwand gem. den nachstehenden Vergütungssätzen *[alternativ: i.H.v. [...] EUR pauschal brutto]*, zzgl. Kopier- und Portoauslagen, wobei dies nur für eigentümerseits veranlasste und/oder objektiv erforderliche Eigentümerversammlungen gilt, die nicht infolge einer dem Verwalter schuldhaft zurechenbaren Pflichtverletzung erforderlich werden.
3. für den besonderen Aufwand zur Ergänzung der Tagesordnung einer durch den Verwalter bereits einberufenen Eigentümerversammlung eine Vergütung nach Zeitaufwand gem. den nachstehenden Vergütungssätzen *[alternativ: i.H.v. [...] EUR pauschal brutto]*, zzgl. Kopier- und Portoauslagen, wobei dies nur für eigentümerseits veranlasste und/oder objektiv erforderliche Ergänzungen der Tagesordnung gilt, die nicht infolge einer dem Verwalter schuldhaft zurechenbaren Pflichtverletzung notwendig werden.
4. für die Teilnahme an Beiratssitzungen außerhalb der üblichen Bürozeiten des Verwalters, diese sind [...], ansonsten bei mehr als einem Termin jährlich,

eine Vergütung nach Zeitaufwand gem. den nachstehenden Vergütungssätzen *[alternativ: pauschaliertes Entgelt pro Sitzung i.H.v. [...] EUR brutto]*, zzgl. Kopier- und Portoauslagen, wobei dies nur für eigentümer-/beiratsseitig veranlasste und/oder notwendige Beiratssitzungen gilt, die nicht infolge einer dem Verwalter schuldhaft zurechenbaren Pflichtverletzung erforderlich werden.

5. für die Teilnahme an mehr als einem Rechnungs-/Belegprüfungstermin im Jahr mit den Mitgliedern des Verwaltungsbeirats eine Vergütung nach Zeitaufwand gem. den nachstehenden Vergütungssätzen *[alternativ: pauschaliertes Entgelt pro Sitzung i.H.v. [...] EUR brutto]*, zzgl. Kopier- und Portoauslagen, wobei dies nur für beiratsseitig veranlasste und/oder notwendige Termine gilt, die nicht infolge einer dem Verwalter schuldhaft zurechenbaren Pflichtverletzung erforderlich werden.

6. für die Zustellung von Schriftstücken an Wohnungs-/Teileigentümer mit Wohnsitz oder ständigem Aufenthalt im Ausland Ersatz seiner Mehrkosten, wenn keine inländische Zustelladresse benannt wird.

7. Ersatz der Kopier- und Portomehrkosten, die dadurch entstehen, dass im Falle einer Mehrheit von Wohnungs-/Teileigentümern an einer Sondereigentumseinheit die Zustellung von Schriftverkehr an jeden einzelnen Sondereigentümer notwendig wird, weil ein gemeinsamer Empfangs- bzw. Vertretungsberechtigter nicht benannt wird.

8. Für die Ermittlung sowie Überprüfung des Bestands der im Grundbuch als Wohnungs- bzw. Teileigentümer eingetragenen Personen nebst Anschriftenermittlung eine Vergütung nach Zeitaufwand gem. den nachstehenden Vergütungssätzen *[alternativ: pauschaliertes Entgelt i.H.v. [...] EUR brutto, zzgl.* Kopier- und Portoauslagen.

II. Zusatz-Basisleistungen zur kaufmännischen und Finanzverwaltung

Der Verwalter erhält:

1. Für die Ermittlung der Grundlagen sowie fortlaufenden Überprüfung eines durch Vereinbarung oder Beschluss der Eigentümer oder gerichtliche Entscheidung festgelegten ganz oder teilweise personengebundenen Abrechnungsschlüssels zuzüglich des etwaigen Aufwands zur erneuten Fertigung den Eigentümern bereits vorgelegter Wirtschaftspläne/Jahresabrechnungen wegen einer nachträglichen Änderung des zur Verteilung anzusetzenden Personenschlüssels, sofern keine schuldhafte Pflichtverletzung der Verwaltung ursächlich ist, eine Vergütung nach Zeitaufwand gem. den nachstehenden Vergütungssätzen *[alternativ: i.H.v. [...] EUR pauschal brutto]*, zzgl. Kopier- und Portoauslagen.

2. Für die erste Mahnung mit Beitragsforderungen zahlungssäumiger Eigentümer eine Vergütung i.H.v. [...] EUR zzgl. jeweiliger gesetzlicher Mehrwertsteuer (derzeit [...] EUR brutto), für jede weitere Mahnung [...] EUR brutto, nicht jedoch für ein erst verzugsbegründendes Aufforderungsschreiben, sowie erst ab einem Rückstand von mehr als 50,00 EUR und für mehrere in einem Mahnlauf gemahnte Beträge pro Eigentümer nur einmal.

3. Bei Nicht-Teilnahme des/der jeweiligen Wohnungs-/Teileigentümers einer Sondereigentumseinheit am SEPA-Lastschrifteinzugsverfahren für die gemäß

Wirtschaftsplan zu leistenden Hausgelder eine zusätzliche Vergütung i.h.v. _____ EUR je Sondereigentumseinheit p.M. zuzüglich jeweiliger gesetzlicher Mehrwertsteuer [derzeit 16 %], d.h. derzeit _____ EUR brutto.

4. Für die Betreuung (Abschluss, Verwaltung, Kündigung sowie Abwicklung des Zahlungsverkehrs) von Miet- oder sonstigen Gebrauchsüberlassungsverträgen, die die Gemeinschaft in Ansehung des Gemeinschaftseigentums mit Dritten oder Eigentümern schließt (z.B. Kfz.-Stellplätze, Hausmeisterwohnungen, sonstige Anlagen, Räume oder Flächen) eine Vergütung i.h.v. [...] brutto.

5. Für die Bearbeitung und Abwicklung von Versicherungsschäden im Bereich des Gemeinschaftseigentums eine Vergütung i.h.v. [...] % brutto der regulierten Schadenssumme, sofern dem Verwalter keine Regieleistungen durch den Versicherer vergütet werden, nicht aber, wenn es sich gleichzeitig um eine größere bauliche Maßnahme i.S. der Regelung unter Ziff. III Nr. 3. handelt.

6. Für die Tätigkeit im Zusammenhang mit der Durchführung der Bestimmungen des Mindestlohngesetzes (MiLoG) für Hausmeister und sonstige Dienstkräfte der Gemeinschaft eine pauschale Vergütung von [...] brutto pro Wirtschaftsjahr.

7. Für den besonderen Arbeitsaufwand im Zusammenhang mit von der Gemeinschaft betriebenen Blockheizkraftwerken nebst Stromeinspeisung in das öffentliche Netz und/oder Stromabgabe an die Nutzer (insbes. gem. EEG) eine jährliche Pauschalvergütung i.h.v. [...] EUR brutto.

III. Zusatz-Basisleistungen zur technischen Verwaltung des Objekts

Der Verwalter erhält:

1. Für die Veranlassung einer aufgrund gesetzlicher Vorschriften und/oder behördlicher Anordnungen notwendigen besonderen Ein- und Unterweisung, Beaufsichtigung und Kontrolle des Hausmeisters und sonstiger Dienstkräfte der Gemeinschaft (z.B. Unfallverhütungsvorschriften, Betriebssicherheitsverordnung, TRBS 3121, allg. Verkehrssicherung) eine Vergütung von [...] brutto pro Wirtschaftsjahr.

2. Für die Sicherstellung und Veranlassung aufgrund gesetzlicher Vorschriften und/oder behördlicher Anordnungen notwendig werdender außergewöhnlicher technischer Prüf-, Kontroll- sowie Sicherungsmaßnahmen zur Herstellung oder Aufrechterhaltung der Verkehrssicherheit (insbes. TrinkwV, Brandschutz, etc.) eine Vergütung nach Zeitaufwand gem. den nachstehenden Vergütungssätzen *[alternativ: i.h.v. [...] EUR pauschal brutto]*, zzgl. Kopier- und Portoauslagen, nicht aber, wenn es sich wenn es sich gleichzeitig um eine größere bauliche Maßnahme i.S. der Regelung unter Ziff. III Nr. 3. handelt.

3. Für die kaufmännische Betreuung und Abwicklung größerer Instandhaltungs- und Instandsetzungsmaßnahmen (Erhaltungsmaßnahmen) sowie baulichen Änderungen gem. §§ 20, 21 WEG durch die Gemeinschaft (d.h. erst über einem Auftragswert i.h.v. [...] EURO brutto im Einzelfall), eine Vergütung i.h.v. [...] % brutto der auf die jeweilige Maßnahme entfallenden

Bruttokosten, zzgl. Kopier- und Portoauslagen; bei Einschaltung von Architekten, Ingenieuren oder sonstigen Sonderfachleuten zur technischen Abwicklung der o.g. baulichen Maßnahmen i.h.v. [...] % brutto der auf die Maßnahme entfallenden Bruttokosten zzgl. Kopier- und Portoauslagen. Dies gilt ebenso für die Mitwirkung des Verwalters bei der außergerichtlichen Aufnahme und Verfolgung von Herstellungs- bzw. Mängelansprüchen der Gemeinschaft.

4. Für seine Mitwirkung an der Aufnahme und außergerichtlichen Verfolgung von Erstherstellungs- sowie Mängelansprüchen in Ansehung des Gemeinschaftseigentums gegenüber dem Bauträger oder sonstigen Herstellungs- oder Gewährleistungsverpflichteten, sobald ein Beschluss der Gemeinschaft vorliegt, eine Vergütung i.h.v. [...] % brutto der auf die jeweilige Maßnahme entfallenden Bruttokosten, zzgl. Kopier- und Portoauslagen; bei Einschaltung von Architekten, Ingenieuren oder sonstigen Sonderfachleuten zur technischen Abwicklung der o.g. baulichen Maßnahmen i.h.v. [...] % brutto der auf die Maßnahme entfallenden Bruttokosten zzgl. Kopier- und Portoauslagen.

5. Für den besonderen Bearbeitungsaufwand im Zusammenhang mit einer eigentümer- und/oder nutzerseitig trotz vorheriger Ankündigung (u.a. durch den von der Gemeinschaft beauftragten Dienstleister) nicht ermöglichten Installation, Wartung sowie Ablesung oder Austausch gemeinschaftlicher Verbrauchserfassungsgeräte sowie Rauchwarnmelder im Bereich des Sondereigentums eine Vergütung nach Zeitaufwand gem. den nachstehenden Vergütungssätzen *[alternativ: i.H.v. [...] EUR pauschal brutto]*, zzgl. Kopier- und Portoauslagen.

6. Für den besonderen Bearbeitungsaufwand im Zusammenhang mit einer eigentümer- und/oder nutzerseitig trotz vorheriger Ankündigung (u.a. durch den von der Gemeinschaft beauftragten Dienstleister) nicht ermöglichten Probeentnahme zur Durchführung der Vorschriften der TrinkwV im Bereich des Sondereigentums eine Vergütung nach Zeitaufwand gem. den nachstehenden Vergütungssätzen *[alternativ: i.H.v. [...] EUR pauschal brutto]*, zzgl. Kopier- und Portoauslagen.

IV. Zusatz-Basisleistungen zur rechtlichen Verwaltung des Objekts

Der Verwalter erhält:

1. Für die Unterrichtung der Wohnungs- bzw. Teileigentümer über außergerichtliche oder gerichtliche Streitigkeiten eine Vergütung nach Zeitaufwand gem. den nachstehenden Vergütungssätzen *[alternativ: i.H.v. [...] EUR pauschal brutto]*, zzgl. Kopier- und Portoauslagen.

2. Für die Zuarbeit, Unterlagenzusammenstellung, Führung von Schriftverkehr, Anfertigung von Kopien, Wahrnehmung von Besprechungen und/oder gerichtlichen Terminen bei der über einen Rechtsanwalt abgewickelten gerichtlichen Beitreibung rückständiger Beitragsforderungen sowie sonstiger aktiver oder passiver gerichtlicher Verfahren im Zusammenhang mit der Verwaltung des gemeinschaftlichen Eigentums in Höhe von 50 % der sich aus den Bestimmungen des Rechtsanwaltsvergütungsgesetzes (RVG)

ergebenden gesetzlichen Vergütung des Rechtsanwalts (zzgl. MwSt., Post- und Telekommunikationsauslagen gem. RVG).

3. Für verwalterseits eigenständig (d.h. ohne Beauftragung eines Rechtsanwalts) geführte außergerichtliche Verfahren zur Beitreibung von Beitragsforderungen gegen einzelne Wohnungseigentümer bzw. sonstige gerichtliche Aktiv- und Passivverfahren im Zusammenhang mit der Verwaltung des gemeinschaftlichen Eigentums eine Vergütung in Höhe der sich aus den Bestimmungen des Rechtsanwaltsvergütungsgesetzes (RVG) ergebenden gesetzlichen Vergütung des Rechtsanwalts (zzgl. MwSt., Post- und Telekommunikationsauslagen gem. RVG).

4. Für den besonderen Aufwand zur Ankündigung von Erhaltungs- und Modernisierungsmaßnahmen, welche die Wohnungseigentümergemeinschaft durchführt, gegenüber Personen, die Wohnungseigentum gebrauchen, ohne Wohnungseigentümer zu sein i.s.d. § 15 WEG, §§ 555a, 555b, 555c BGB.

Anlage 3 zum Verwaltervertrag vom _____

zwischen der Wohnungseigentümergemeinschaft

_____

und

_____

Verzeichnis der Sonderleistungen des Verwalters (vgl. § 3 Ziff. 1. Buchst. c).

Zusätzlich zu der Basisvergütung sowie den variablen Zusatz-Basisvergütungen des Verwalters zu zahlen sind gem. § 3 Ziff. 1 Buchst. c) des Verwaltervertrags für die mit einem besonderen Zeit- und Arbeitsaufwand verbundenen Sonderleistungen die sich aus diesem Leistungs- und Vergütungsverzeichnis ergebenden, Sondervergütungen nebst Aufwendungsersatz.

Hiernach erhält der Verwalter:

1.

Für seine Mitwirkung an der Abnahme des Gemeinschaftseigentums vom Bauträger oder sonstigen Herstellungsverpflichteten sowie für seine Mitwirkung an der Aufnahme und außergerichtlichen Verfolgung von Ersthersteilungs- sowie Mängelansprüchen in Ansehung des Gemeinschaftseigentums gegenüber dem Bauträger oder sonstigen Herstellungsverpflichteten, eine Vergütung nach Zeitaufwand gem. den nachstehenden Vergütungssätzen *[alternativ: i.H.v. [...] EUR pauschal brutto]*, zzgl. Kopier- und Portoauslagen.

2.

Für die Abwicklung jeder Sondereigentumsübertragung im Falle einer vom Verwalter zu erteilenden Veräußerungszustimmung i. S. d. § 12 WEG eine Vergütung nach Zeitaufwand gem. den nachstehenden Vergütungssätzen *[alternativ: pauschaliertes Entgelt i.H.v. ... EUR brutto]* nebst Ersatz der notwendigen Auslagen.

3.

Für die Erstellung von Bescheinigungen für Aufwendungen i. S. d. § 35a EStG (Aufwendungen für haushaltsnahe Beschäftigungsverhältnisse, Dienst- sowie Handwerkerleistungen) unter Ausweis des jeweils auf die einzelne Wohnungs-/Teileigentumseinheit entfallenden Anteils als Anlage zur Jahreseinzelabrechnung ein pauschales jährliches Entgelt pro Wohnungs-/Teileigentumseinheit i.H.v. [...] EUR brutto.

4.

Für den Mehraufwand zur Erfüllung der im Rahmen des Zensus 2021/2022 vom Verwalter zu leistenden Tätigkeiten (u. a. Erstellung, Übermittlung und Aktualisierung geforderter Bestandslisten, Erstellung, Aktualisierung und Übermittlung geforderter Erhebungsdaten zur Gebäude- und Wohnungszählung gem. ZensG 2021) einmalig eine pauschale Vergütung in Höhe von [...] EUR brutto nebst den notwendigen Auslagen

Variante 1 (Vergütung nach Anzahl WE):

Für den Mehraufwand zur Erfüllung der im Rahmen des Zensus 2021/2022 vom Verwalter zu leistenden Tätigkeiten (u. a. Erstellung, Übermittlung und Aktualisierung geforderter Bestandslisten, Erstellung, Aktualisierung und Übermittlung geforderter Erhebungsdaten zur Gebäude- und Wohnungszählung gem. ZensG 2021) erhält der Verwalter einmalig eine pauschale Sondervergütung in Höhe von [...] EUR brutto pro Teil-/Wohnungseigentumseinheit, die gegen Rechnungsstellung nach Abschluss der vorbeschrieben Tätigkeiten/zum [...] fällig wird.

Variante 2 (Pauschalvergütung mit Staffel nach WE):

Für den Mehraufwand zur Erfüllung der im Rahmen des Zensus 2021/2022 vom Verwalter zu leistenden Tätigkeiten (u. a. Erstellung, Übermittlung und Aktualisierung geforderter Bestandslisten, Erstellung, Aktualisierung und Übermittlung geforderter Erhebungsdaten zur Gebäude- und Wohnungszählung gem. ZensG 2021) erhält der Verwalter einmalig eine Sondervergütung in Form einer Grundvergütung von [...] EUR brutto zuzüglich [...] EUR brutto pro Teil-/Wohnungseigentumseinheit, die gegen Rechnungsstellung nach Abschluss der vorbeschrieben Tätigkeiten/zum [...] fällig wird.

Variante 3 (Zeithonorar):

Für den Mehraufwand zur Erfüllung der im Rahmen des Zensus 2021/2022 vom Verwalter zu leistenden Tätigkeiten (u. a. Erstellung, Übermittlung und Aktualisierung geforderter Bestandslisten, Erstellung, Aktualisierung und Übermittlung geforderter Erhebungsdaten zur Gebäude- und Wohnungszählung gem. ZensG 2021) erhält der Verwalter einmalig eine Sondervergütung nach Zeitaufwand gegen Nachweis gemäß den in der Anlage 4 festgelegten Vergütungssätzen, die gegen Rechnungsstellung nach Abschluss der vorbeschrieben Tätigkeiten/zum [...] fällig wird.

5.

Für die Erstellung/Wiederherstellung/Ersatzbeschaffung fehlender Verwaltungsunterlagen inkl. Beschluss-Sammlung und/oder einer ordnungsgemäßen

Buchhaltung oder Abrechnungen/Wirtschaftsplänen, falls bei Amtsübernahme nicht vorhanden und erforderlich, eine Vergütung nach Zeitaufwand gem. den nachstehenden Vergütungssätzen *[alternativ: pauschaliertes Entgelt i.H.v. ... EUR brutto]* nebst Ersatz der notwendigen Auslagen.

Anlage 4 zum Verwaltervertrag vom _____

zwischen der Wohnungseigentümergemeinschaft

_____

und

_____

Verzeichnis der Vergütungssätze des Verwalters (vgl. § 3 Ziff. 3.).

Soweit keine besonderen Abreden getroffen werden, stehen dem Verwalter bei einer Vergütung nach Zeitaufwand folgende Vergütungssätze pro angefangene Zeitstunde inkl. jeweils gültiger gesetzlicher Mehrwertsteuer, derzeit 16 %, zu:

Tätigkeit Geschäftsführer/Prokurist:	... EUR,
Tätigkeit Sachbearbeiter:	... EUR,
Tätigkeit Auszubildender:	... EUR.

Bei einer Tätigkeit außerhalb des Büros des Verwalters beginnt die Zeitberechnung mit dem Verlassen des Büros und endet mit der Rückkehr in das Büro; Vorbereitungs- und Wartezeiten wie z. B. bei Behörden oder Gerichten sind eingeschlossen. KFZ-Fahrtkosten sind mit 0,30 EUR pro gefahrenem Kilometer zu vergüten; Reisekosten mit öffentlichen Verkehrsmitteln sind nach Aufwand zu erstatten.

Für die Anfertigung von Schwarzweißkopien werden 0,50 EUR für die ersten fünfzig Kopien sowie je weitere Kopie 0,15 EUR zzgl. der jeweils gültigen gesetzlichen Mehrwertsteuer, derzeit 16 %, demnach derzeit bis 50 Kopien 0,60 EUR brutto, ab der 51. Kopie derzeit 0,18 EUR brutto, berechnet.

Für die Anfertigung von Farbkopien werden 1,00 EUR zzgl. der jeweils gültigen gesetzlichen Mehrwertsteuer, derzeit 16 %, berechnet, demnach derzeit 1,19 EUR brutto.

Für die Digitalisierung von Dokumenten zwecks deren fernkommunikativem Versand werden 0,50 EUR für die ersten fünfzig Dokumentenseiten sowie je weitere Dokumentenseite 0,15 EUR zzgl. der jeweils gültigen gesetzlichen Mehrwertsteuer, derzeit 16 %, demnach derzeit bis 50 Dokumenten 0,60 EUR brutto, ab der 51. Kopie derzeit 0,18 EUR brutto, berechnet.

Alle sonstigen Vergütungen und Auslagen werden nach tatsächlichem Aufwand zzgl. der jeweils gültigen gesetzlichen Mehrwertsteuer, derzeit 16 %, berechnet.

10. Beschlüsse zur Geschäftsführung

a) Beschlussfassung über die Änderung des allgemeinen Kostenumlageschlüssels für die Verwaltervergütung

Die Eigentümerversammlung beschließt, dass mit Wirkung ab dem […] die dem jeweiligen Verwalter gegenüber der Wohnungseigentümergemeinschaft gemäß dem mit diesem jeweils abgeschlossenen Verwaltervertrag zustehenden Vergütungen im Verhältnis der Wohnungseigentümer untereinander nach der Anzahl der Teil- bzw. Wohnungseigentumseinheiten umgelegt werden; dies vorbehaltlich abweichender Regelungen zu Kostenumlage in Ansehung dem jeweiligen Verwalter geschuldeter variabler Basis-Zusatzvergütungen sowie Sondervergütungen.

b) Vorratsbeschluss zur Änderung des Kostenumlageschlüssels für die dem Verwalter gemäß Verwaltervertrag zustehenden variablen Zusatz-Basisvergütungen sowie Sondervergütungen

Die Eigentümerversammlung beschließt, dass, soweit dem Verwalter gegenüber der Wohnungseigentümergemeinschaft gemäß dem Verwaltervertrag vom […] nach den dortigen Bestimmungen unter […] die dort benannten Vergütungen für variable Zusatz-Basisleistungen sowie Sonderleistungen und Aufwendungsersatzansprüche zustehen (eine Kopie des Verwaltervertrags vom […] wird als Anlage zum Protokoll genommen), die Kosten für die o. g. Vergütungen unter Freistellung der übrigen Sondereigentumseinheiten nur derjenigen Sondereigentumseinheit im Rahmen der Jahresabrechnung belastet werden, in Ansehung derer bzw. deren Eigentümer(s) die vorgenannten Zusatz-Basisleistungen und/oder Sonderleistungen des Verwalters erbracht und/oder durch welche bzw. deren Eigentümer diese zurechenbar veranlasst und/oder verursacht wurden.

Dies gilt für die o. g. Vergütungen des Verwalters, die im Zusammenhang mit Rechtsstreitigkeiten stehen, nur, soweit der betreffende Sondereigentümer im Rechtsstreit rechtskräftig unter Auferlegung der Verfahrenskosten unterliegt.

c) Beschlussfassung über die Rechte des Verwalters anlässlich der Führung von Passiv-Prozessen, Anwaltsbeauftragung und Abschluss von Vergütungsvereinbarungen

Der Verwalter ist berechtigt, namens und in Vollmacht sowie auf Kosten der Gemeinschaft nach pflichtgemäßem Ermessen zur Klärung von Rechtsfragen, die mit der Verwaltung des gemeinschaftlichen Eigentums zusammenhängen, einen Rechtsanwalt mit der Beratung der Gemeinschaft, der Erstattung von Rechtsgutachten sowie deren außergerichtlicher Vertretung unter Abschluss einer Vergütungsvereinbarung zu beauftragen, wobei die entstehenden Kosten im Einzelfall den Betrag von […] EUR brutto, begrenzt auf eine Jahresgesamtsumme i.H.v. […] EUR brutto, nicht übersteigen dürfen.

Der Verwalter ist in Ausübung der ihm im Verwaltervertrag zu § 6 Ziff. 1. – 5. erteilten Ermächtigungen berechtigt, mit dem jeweils beauftragten Rechtsanwalt eine Vergütungsvereinbarung abzuschließen, durch welche diesem eine besondere Vergütung gewährt wird, sei es durch die Vereinbarung eines höheren als des gesetzlichen Gegenstandswertes, durch die Vereinbarung eines zusätzlichen oder eines Zeithonorars neben, anstelle oder über die Bestimmungen des Rechtsanwaltsvergütungsgesetzes (RVG) zur Höhe der gesetzlichen Vergütung des Rechtsanwalts hinaus.

Bei gerichtlichen gegen die Gemeinschaft gerichteten Verfahren gem. § 43 Abs. 2 Nr. 2 WEG, insbesondere Beschlussklagen i. S. d. § 43 Abs. 2 Nr. 4, § 44

WEG, kann in der Vergütungsvereinbarung nur festgelegt werden, dass sich die Vergütung des Rechtsanwalts nach den Vorschriften des RVG richtet, dabei aber

aa) im Falle von Beschlussklagen i. S. d. § 44 WEG sich der Streitwert nur nach § 49 Abs. 1 WEG berechnet (Wegfall der Kappung des Streitwerts auf das Siebeneinhalbfache des Wertes des Interesses des Klägers und der auf seiner Seite Beigetretenen gem. § 49 Abs. 2 WEG),

bb) die Erhöhungsgebühr zur außergerichtlichen Geschäfts- sowie zur gerichtlichen Verfahrensgebühr gem. Nr. 1008 VV RVG nach der Anzahl der Wohnungseigentümer berechnet werden darf.

Bei gerichtlichen Verfahren, die keine Verfahren im o. g. Sinne sind, sowie bei der außergerichtlichen Beratung und Vertretung darf der Verwalter ohne Beschluss der Eigentümerversammlung dem Rechtsanwalt eine besondere Vergütung gewähren, die jedoch einen Betrag i.h.v. […] EUR brutto im Einzelfall, bei mehreren Fällen in einem Wirtschaftsjahr einen Gesamtbetrag i.h.v. […] EUR brutto über die gesetzliche Vergütung des Rechtsanwalts nach den Bestimmungen des RVG hinaus nicht übersteigen darf.

d) Beschlussfassung zur Regelung der Rechte und Pflichten des Verwalters im Zusammenhang mit baulichen Maßnahmen im Bereich des gemeinschaftlichen Eigentums (Vergabe von Beratungs-, Gutachter-, Erhaltungs-, Instandhaltungs- und Instandsetzungsaufträgen durch den Verwalter ohne vorherige Beschlussfassung mit betragsmäßiger Begrenzung

1. Der Verwalter ist berechtigt, Erhaltungsmaßnahmen (Instandhaltung und Instandsetzung) im Bereich des gemeinschaftlichen Eigentums (eingeschlossen sind der Ursachen-, Bedarfs- und Aufwandsermittlung dienende Arbeiten, insbesondere Gutachten) auch ohne vorherige Beschlussfassung der Wohnungseigentümergemeinschaft namens und auf Kosten der Wohnungseigentümergemeinschaft zu beauftragen, sofern der jeweilige Auftragswert im Einzelfall […] EUR brutto und bei mehreren Aufträgen pro Wirtschaftsjahr die Auftragswerte insgesamt […] EUR brutto nicht übersteigen, sofern die Finanzierung der Maßnahme(n) durch ausreichende liquide Mittel der Eigentümergemeinschaft sichergestellt ist; dies unbeschadet der Befugnis des Verwalters, in dringenden Fällen Maßnahmen ordnungsmäßiger Verwaltung u.a. zur Abwendung eines Nachteils zu treffen.
2. Der Verwalter ist weiter berechtigt, zur Durchführung größerer Erhaltungsmaßnahmen (Instandhaltung und Instandsetzung), größerer baulicher Veränderungen des gemeinschaftlichen Eigentums, sofern durch die Gemeinschaft ausgeführt (als größere Maßnahme gilt eine solche ab einem Auftragswert i.H.v. […] EUR brutto im Einzelfall), sachkundige Dritte (Architekten, Ingenieure, Gutachter, Rechtsanwälte, Steuerberater, u.a.) mit der Erbringung hierauf bezogener Dienst- oder Werkleistungen namens und auf Kosten der Eigentümergemeinschaft zu beauftragen, wobei die entstehenden Kosten im Einzelfall den Betrag von […] EUR brutto, begrenzt auf eine Jahresgesamtsumme von […] EUR brutto, nicht übersteigen dürfen.
3. Der Verwalter ist darüber hinaus berechtigt, Erhaltungsmaßnahmen (Instandhaltung und Instandsetzung) im Bereich des gemeinschaftlichen Eigentums

(eingeschlossen sind der Ursachen-, Bedarfs- und Aufwandsermittlung dienende Arbeiten, insbesondere Gutachten) über die unter obigen Ziff. 1. und
2. genannten betraglichen Begrenzungen hinaus ohne Beschlussfassung der
Eigentümergemeinschaft namens und in Vollmacht sowie auf Kosten der
Wohnungseigentümergemeinschaft ausführen zu lassen, sofern es sich um
Maßnahmen handelt, die im Rahmen der von der Eigentümergemeinschaft
unterhaltenen verbundenen Gebäudeversicherung versichert sind und der
Versicherer seine Einstandspflicht für die entstehenden Kosten durch Erteilung einer Deckungszusage oder auf andere Weise anerkannt hat, sofern die
(Vor-)Finanzierung der Maßnahme(n) durch ausreichende liquide Mittel der
Eigentümergemeinschaft sichergestellt ist; dies unbeschadet der Befugnis
des Verwalters in dringenden Fällen in dringenden Fällen Maßnahmen ordnungsmäßiger Verwaltung u.a. zur Abwendung eines Nachteils zu treffen.

Der Verwalter ist weiter berechtigt, die Ansprüche der Wohnungseigentümergemeinschaft aus dem Versicherungsvertrag erfüllungshalber an den Beauftragten
abzutreten.

**e) Beschlussfassung über Kündigung, Änderung oder Abschluss von Versi-
cherungen durch den Verwalter ohne vorherige Beschlussfassung**

Der Verwalter ist berechtigt, die gesetzlich bzw. durch Vereinbarung oder Beschluss vorgesehenen Versicherungen der Eigentümergemeinschaft so aufrechtzuerhalten, zu kündigen, neu abzuschließen oder zu ändern, dass ein ausreichender Versicherungsschutz gewährleistet ist. Eine Änderung hinsichtlich des
Versicherers bzw. des Vertragsinhalts bedarf der Beschlussfassung der Eigentümergemeinschaft nicht, sofern die wirtschaftlichen und versicherungsvertrag-
lichen Konditionen gleich bleiben oder sich verbessern, wenn die entstehenden
Mehrkosten gegenüber den bisherigen Versicherungskosten einen Betrag i.H.v.
[...] EUR p. a. nicht übersteigen und die Vertragslaufzeit [...] Jahre nicht übersteigt.

**f) Beschlussfassung über die Berechtigung des Verwalters zur Vergabe von
Wartungs-, Kontroll-, Reinigungs-, Pflege-, Reparatur-, Hausmeister- und
Energielieferungsverträgen sowie Steuerberaterleistungen ohne vorherige
Beschlussfassung**

Beschlussvorschlag:

1. Der Verwalter ist berechtigt, namens und auf Kosten der Eigentümergemeinschaft, zur Erfüllung der Aufgaben der laufenden Verwaltung des gemeinschaftlichen Eigentums erforderliche Verträge abzuschließen, zu ändern
   oder zu kündigen, insbesondere Wartungs-, Kontroll-, Reinigungs-, Pflege-,
   Reparatur-, Hausmeister- sowie Energielieferungsverträge anbetrifft, wenn
   die Finanzierung der Maßnahme(n) durch ausreichende liquide Mittel der
   Eigentümergemeinschaft sichergestellt ist und der jeweilige Vertrag für keinen längeren Zeitraum als [...] Jahre abgeschlossen wird, im Einzelfall keine
   Kosten von mehr als [...] EUR brutto und insgesamt im Wirtschaftsjahr nicht
   mehr als [...] EUR brutto an Kosten verursacht werden.
2. Der Verwalter ist über die unter obiger Ziff. 1. genannten Beschränkungen hinaus berechtigt, namens und in Vollmacht sowie auf Kosten der

Eigentümergemeinschaft zur Erfüllung der von dieser wahrzunehmenden aus dem Eigentum herrührenden Pflichten i.s.d. § 9b Abs. 2 WEG, insbesondere zur Erfüllung der privat- sowie öffentlich-rechtlichen Verkehrssicherungspflichten notwendigen Verträge abzuschließen, zu ändern oder zu kündigen, was insbesondere Wartungs-, Kontroll- sowie Schnee- und Eisbeseitigungsarbeiten einschließt, wenn die Finanzierung der Maßnahme(n) durch ausreichende liquide Mittel der Eigentümergemeinschaft sichergestellt ist und der jeweilige Vertrag für keinen längeren Zeitraum als […] Jahre abgeschlossen wird, im Einzelfall keine Kosten von mehr als […] EUR brutto und insgesamt im Wirtschaftsjahr nicht mehr als […] EUR brutto an Kosten verursacht werden.

3. Der Verwalter ist über die unter obiger Ziff. 1. und 2. genannten Beschränkungen hinaus berechtigt, namens und in Vollmacht sowie auf Kosten der Eigentümergemeinschaft betreffend die Arbeitnehmer oder sonstigen Beschäftigen der Eigentümergemeinschaft mit einem Steuerberater einen Vertrag über die Vornahme von Lohnabrechnungen sowie Abwicklung sonstige steuer- und/oder sozialversicherungsrechtlichen Arbeiten abzuschließen.

g) Vorratsbeschluss zu den Rechten und Pflichten des Verwalters bei der Ausübung von sich aus dem gemeinschaftlichen Eigentum ergebenden Rechten bzw. Wahrnehmung von Pflichten der Wohnungseigentümer, die eine einheitliche Rechtsverfolgung erfordern (§ 9a Abs. 2 WEG)

1. Dem Verwalter bekanntgegebene Verstöße gegen eine bestehende Hausordnung sowie gegen gesetzliche, vereinbarte oder beschlossene Gebrauchs- und Nutzungsregelungen sowie sonstige Beeinträchtigungen der Eigentümer bei der Benutzung des gemeinschaftlichen Eigentums sind von diesem dergestalt zu verfolgen, dass der betreffende Störer einmalig in Textform zur Beseitigung solcher Störungen bzw. zur Unterlassung solch störenden Verhaltens aufgefordert wird.
   Entsprechendes gilt für die Geltendmachung von Ansprüchen auf Beseitigung einer störenden baulichen Veränderung des gemeinschaftlichen Eigentums nebst Wiederherstellung des vorherigen Zustands.

2. Entsprechendes gilt für die aktive Ausübung nachbarschaftsrechtlicher Ansprüche.

3. Eine darüberhinausgehende außergerichtliche und/oder gerichtliche Durchsetzung der vorstehenden zu 1. und 2. benannten Ansprüche nebst der Beauftragung eines Rechtsanwalts bedarf eines Beschlusses der Eigentümerversammlung.

§ 3 Sachen- und Grundbuchrecht

Spezielle Literatur:

Abramenko, Das neue Wohnungseigentumsrecht 2020; *Abramenko*, Die Eintragung von Beschlüssen in das Grundbuch nach dem WEMoG, ZMR 2020, 453; *Becker/Schneider*, WEG-Reform 2020: Anmerkungen zum Regierungsentwurf des WEMoG, ZfIR 2020, 281; *Dötsch/Schultzky/Zschieschack*, WEG-Recht 2021 – Das neue Wohnungseigentumsrecht, 2021 (zit. D/Sch/Z); *Heinemann*, Anm. zur Entscheidung des BGH v. 20.03.2020 – V ZR 317/18, ZWE 2020, 333; *Hügel/Elzer*, Wohnungseigentumsgesetz, 3. Aufl. 2021; *M. Müller*, Zu den sachenrechtlichen Änderungen durch das WEMoG, ZWE 2020, Heft 12; *Lehmann-Richter/Wobst*, WEG-Reform 2020, 2020; *Riecke/Schmid*, WEG, 5. Aufl. 2019; *Schneider*, Grundbucheintragungen und -kosten nach dem WEMoG, ZfIR 2020, 822; *Schneider*, Notwendige Synchronisation von Wohnungseigentums- und Grundstücksrecht, FS H. Müller 2019, S. 299; *Wilsch*, Der Referentenentwurf zur Modernisierung des Wohnungseigentumsgesetzes (WEModG) aus grundbuchamtlicher Sicht, FGPrax 2020, 1.

I. Neuregelungen

1. Gegenstand des Sondereigentums

a) Stellplatzeigentum

aa) § 3 Abs. 1 WEG nF. lautet:

1 »*Das Miteigentum (...) kann durch Vertrag (...) in der Weise beschränkt werden, dass jedem Miteigentümer (...) das Eigentum an einer (...) Wohnung oder an nicht zu Wohnzwecken dienenden (...) Räumen in einem (...) Gebäude (Sondereigentum) eingeräumt wird. Stellplätze gelten als [sondereigentumsfähige] Räume im Sinne des Satzes 1.*«

bb) Hintergrund der Neuregelung

2 Nach bisherigem Recht konnte Sondereigentum ausschließlich an Räumen begründet werden. Nach § 3 Abs. 1 WEG a. F. und § 8 Abs. 1 WEG a. F. war es nicht möglich, das Sondereigentum auf außerhalb des Gebäudes liegende Teile des Grundstücks zu erstrecken, etwa auf Stellplätze für Fahrzeuge im Freien. In der Praxis konnten einzelnen Wohnungseigentümern an solchen Flächen lediglich ausschließliche Nutzungsrechte zugewiesen werden. Solche Sondernutzungsrechte seien jedoch gesetzlich nicht näher geregelt, weshalb sie im Detail eine Reihe schwieriger, teilweise noch nicht abschließend geklärter Rechtsfragen aufwerfen sollen (vgl. RegE BT-Drs. 19/18791, S. 29). Die damit zusammenhängende Rechtsunsicherheit soll durch das WEMoG beseitigt werden. In den meisten Fällen werde dadurch die Bestellung von Sondernutzungsrechten entbehrlich.

Zur Kritik an dieser Darstellung s. unter Abschn. I.1.b) cc).

cc) Inhalt der Neuregelung

(1) Regelungssystematik

3 Das angestrebte Ziel einer Sondereigentumsfähigkeit von Stellplätzen außerhalb eines Gebäudes lässt sich dem Wortlaut des Gesetzes nicht entnehmen. § 3 Abs. 1 S. 2 WEG n. F. fingiert aufgrund der Satzstellung und seines Rückbezugs auf S. 1 zunächst die Raumeigenschaft nur für innerhäusige Stellplätze. Damit ist dann allerdings der jahrzehntealte Meinungsstreit, ob § 3 Abs. 2 S. 2 WEG a. F. lediglich die Abgeschlossenheit oder auch die Raumeigenschaft fingiere, beendet (vgl. OLG Jena NotBZ 2005, 219; a. A. Hügel ZWE 2001, 42, 48 je m. w. N.). Die vom Gesetz angestrebte Änderung erschließt sich erst aus der Gesetzesbegründung (RegE BT-Drs. 19/18791 S. 37). Danach sollen sämtliche Stellplätze sowohl in einem Gebäude, auf einem Gebäude, unter einem Gebäude aber auch im Freien und in einem Mehrfachparker sondereigentumsfähig sein.

(2) Begriff

Konsequenterweise wird die bisher im Gesetz enthaltene Beschränkung auf 4
»Garagenstellplätze« aufgegeben (vgl. § 3 Abs. 2 S. 2 WEG a. F.); sondereigentumsfähig sind allgemein »Stellplätze«.

Der Stellplatzbegriff unterliegt jedoch weder nach seiner Art noch nach seinem Umfang einer näheren Bestimmung. So ist ausdrücklich nicht von »Pkw-Stellplätzen« die Rede. Man wird allerdings wohl aufgrund des Gesamtzusammenhanges, in dem die geänderte Norm steht, nicht davon ausgehen dürfen, dass jede Art von Abstellplätzen erfasst werden sollte (also z. B. auch Mülltonnenstellplätze). Richtigerweise wird es sich um Stellplätze für – nicht zwingend motorgetriebene – Fortbewegungsmittel handeln müssen (zutr. M. Müller ZWE 2020, Heft 12 sub. IV.2; D/Sch/Z Kap. 1 Rn 5 u. Rn 35). Dazu gehören im weiteren Sinne neben den obligatorischen Pkws sicherlich auch Lkws, Motorräder, Fahrräder, Busse und Wohnmobile etc. (ebenso Abramenko § 1 Rn 4; Lehmann-Richter/Wobst Rn 1667).

Es fehlen aber weiterhin Angaben zur möglichen räumlichen Ausdehnung sol- 5
cher Stellplätze im Sondereigentum. Nach dem allgemeinen Sprachverständnis dürften neben den klassischen Einzelstellplätzen wohl auch Doppelstellplätze und mehrere nebeneinander liegende Stellplätze auf einem Grundstück einem einheitlichen Sondereigentum zugeordnet werden können (z. B. eine Reihe von 10 Pkw-Stellplätzen). Die sich anschließende Frage möglicher Zuwegungen oder Wendemöglichkeiten im Sondereigentum kann nach hier vertretener Auffassung dann über das nachstehend behandelte Annexeigentum gelöst werden.

Mangels näherer Vorgaben bleibt allerdings offen, ob nicht – je nach Lage und 6
Größe – auch die gesamte Grundstücksfläche mit Ausnahme der Grundfläche des Gebäudes als Stellplatz zum Sondereigentum eines Miteigentümers bestimmt werden könnte. Ebenso unklar ist, welche räumliche Ausdehnung einem Sondereigentum in einem Mehrfachparker genau zukommen soll (pragmatisch D/Sch/Z Kap. 1 Rn 10: In der Praxis wird man sich damit behelfen, dass es der Feststellung der genauen Raumhöhe in den meisten Fällen nicht bedarf).

(3) Verkehrsfähigkeit

Aufgrund ihrer besonderen wirtschaftlichen Bedeutung können Stellplätze – 7
anders als andere Freiflächen – alleiniger Gegenstand des Sondereigentums sein (RegE BT-Drs. 19/18791 S. 37). Sie können deshalb bei der Begründung des Raumeigentums zusammen mit einem eigenen Miteigentumsanteil auch als selbstständige Teileigentumseinheiten gebucht werden (vgl. § 7 Abs. 1 S. 1 WEG). Als solche sind sie – ggf. in den Grenzen des § 12 WEG – voll verkehrsfähig.

8   Sie können im Gegensatz zu den bisher gebräuchlichen Sondernutzungsrechten an gemeinschaftsfremde Erwerber übertragen werden. Die damit einhergehende Zunahme der Mitgliederzahl in einer solchermaßen verfassten Wohnungseigentümergemeinschaft könnte aber unter öffentlich-rechtlichen Gesichtspunkten zu Problemen führen, etwa wenn das jeweilige Landesrecht Vorgaben zur Anzahl vorzuhaltender »Einstellplätze« macht.

9   Die Verkehrsfähigkeit umfasst neben der Übertragbarkeit von selbstständig gebuchten Stellplätzen auch die Möglichkeit der Belastung mit dinglichen Rechten. Dazu gehören vor allem etwaige Finanzierungsrechte (Hypotheken, Grundschulden), aber auch Dienstbarkeiten (insbes. Grunddienstbarkeiten und beschränkte persönliche Dienstbarkeiten). Bei den letztgenannten muss sich lediglich der Ausübungsbereich auf das Sondereigentum und das sich aus dem Gemeinschaftseigentum ergebende Mitbenutzungsrecht beziehen (BGH ZNotP 2019, 462; BGHZ 107, 289 = DNotZ 1990, 493; OLG Hamm ZfIR 2001, 293).

(4) Grundbucheintragung

10   Wie schon bisher für sondereigentumsfähige Pkw-Stellplätze in einem Gebäude besteht neben der selbstständigen Einzelbuchung eines Miteigentumsanteils verbunden mit dem Sondereigentum an einem Stellplatz (vgl. § 7 Abs. 1 S. 1 WEG) auch hier die Möglichkeit eines gemeinsamen Miteigentumsanteils in Verbindung mit einer Wohnung (zu den Buchungsmöglichkeiten s. im Einzelnen Schneider ZfIR 2020, 822, 823). Voraussetzung ist in allen Fällen, dass Stellplätze jetzt durch Maßangaben im Aufteilungsplan bestimmt sind (§ 3 Abs. 3 WEG n. F.). Die bisherige Markierungspflicht nach Nr. 6 der AVA v. 19.03.1974 ist dadurch entfallen (vgl. Riecke/Schmid Anh 2).

11   Es handelt sich bei § 3 Abs. 3 WEG n. F. insgesamt um eine Sollvorschrift. Ein Verstoß gegen die Ordnungsvorschrift führt deshalb materiell-rechtlich nicht zur Unwirksamkeit eines gleichwohl begründeten Teileigentums, solange auf andere Weise eine hinreichende Bestimmbarkeit gewährleistet ist. Dies entspricht der bisherigen Rechtsprechung zur (fehlenden) Abgeschlossenheit (BGHZ 177, 338 = ZMR 2008, 897 [Luftschranke]).

(5) Nachträgliche Umwandlung

12   Ein weiteres Problem ergibt sich, wenn nach Vollzug der Grundbucheintragung die Nutzungsart eines selbstständig als Teileigentum gebuchten Stellplatzes geändert werden soll. Zu Recht differenziert M. Müller (ZWE 2020, Heft 12 sub IV.3) insoweit zwischen Stellplätzen mit »echter« Raumeigenschaft (§ 3 Abs. 1 S. 1 WEG n. F.) und solchen mit lediglich fingierter Raumeigenschaft (§ 3 Abs. 1 S. 2 WEG n. F.). Nur für die Letztgenannten ist die Stellplatzeigenschaft bei der Einräumung des Sondereigentums konstitutiv; eine Änderung der Nutzungsart muss daher insoweit zwingend mit der Aufhebung des Sondereigentums verbunden sein.

(6) Nachträgliche Bebauung

Das Sondereigentum an einem Stellplatz im Freien beschränkt sich auf die 13
Oberfläche des Grundstücks. Insoweit fingiert § 3 Abs. 1 S. 2 WEG n. F. die
Raumeigenschaft. Fraglich ist nun, wie ein zulässigerweise geschaffener Aufbau (etwa in Form einer Garage) sachenrechtlich einzuordnen ist. § 5 Abs. 1
S. 2 WEG n. F. ordnet zwar die entsprechende Geltung des § 94 BGB an, soweit sich das Sondereigentum auf außerhalb des Gebäudes liegende Teile des
Grundstücks erstreckt. Nach dem Wortlaut ist davon allerdings nur das Annexeigentum des § 3 Abs. 2 WEG n. F., nicht aber das Stellplatzeigentum gem.
§ 3 Abs. 1 S. 2 WEG n. F. erfasst (M. Müller ZWE 2020, Heft 12 sub. VI).
Gleichwohl geht der RegE von der Anwendbarkeit des § 5 Abs. 1 S. 2 WEG n.
F. auch für Stellplätze im Freien aus, deren Raumeigenschaft fingiert wird (BT-
Drs. 19/18791 S. 38). Nach dem Regelungskonzept des Gesetzgebers erscheint
daher zumindest eine analoge Anwendung des § 5 Abs. 1 S. 2 n. F. gerechtfertigt (M. Müller ZWE 2020, Heft 12 sub. VI; widersprüchlich D/Sch/Z Kap. 1
Rn 17 für Anwendung der Norm, dagegen allerdings in Rn 30 aE).

Damit sind auch die Sachen Gegenstand des Sondereigentums, die mit dem Teil 14
des Grundstücks fest verbunden sind, auf den sich das Sondereigentum am Stellplatz erstreckt. Das gilt insbesondere für Gebäude, die auf diesen Flächen errichtet
werden; § 5 Absatz 2 gilt für diese Gebäude nicht (RegE BT-Drs. 19/18791 S. 38);
sie unterfallen damit auch nicht der Verwaltung des gemeinschaftlichen Eigentums.

(7) Mehrfachparker

Einen Sonderfall stellen Mehrfachparker dar (sog. Doppel- oder Quatroparker). 15
Sie wurden in der Vergangenheit häufig in der Weise rechtlich gestaltet, dass mit
nur einem Miteigentumsanteil das Sondereigentum an einem abgeschlossenen
Mehrfachparker insgesamt verbunden wurde. Erwerbsinteressenten konnten
dann einen gewöhnlichen Miteigentumsanteil an dem Teileigentum erwerben.
Die mehreren Stellplatzflächen wurden über (Sonder-)Nutzungsrechte gem.
§ 15 Abs. 1 WEG a. F. oder Miteigentümerregelungen gem. § 1010 BGB den
Miteigentümern an dem Teileigentum zugeordnet. Auf diese Weise entstanden
Untereigentümergemeinschaften am Mehrfachparker in seiner Gesamtheit und
ggf. auch an den technischen Einrichtungen (wie etwa der Hydraulik- und
Hebeanlage), soweit diese gem. § 5 Abs. 1 WEG ebenfalls dem Sondereigentum der Teileigentümer zuzuordnen sind (vgl. BGH ZMR 2015, 232). Diese
Art der Buchung ist auch zukünftig nicht untersagt.

16 Soll jedoch an den einzelnen Stellplätzen selbstständiges Sondereigentum mit einem eigenen Miteigentumsanteil verbunden werden, kann die Hydraulik- und Hebeanlage nicht mehr im Sondereigentum der Teileigentümer des Mehrfachparkers stehen (BGH ZMR 2012, 377). Da sie nun mehreren Sondereigentümern zu dienen bestimmt ist, muss sie – mit der entsprechenden Kostentragungspflicht! – gem. § 5 Abs. 2 WEG zwingend im Gemeinschaftseigentum verbleiben. Ist ein solches Ergebnis nicht erwünscht, bedarf es rechtsgeschäftlicher Regelungen in der Gemeinschaftsordnung (Becker/Schneider ZfIR 2020, 281, 285; zur zweckmäßigen Regelung der Erhaltungspflichten s. auch D/Sch/Z Kap. 1 Rn 15 und Hügel/Elzer § 3 Rn 64 aE).

dd) Übergangsrecht

17 Das WEMoG sieht für die Begründung von Sondereigentum an Stellplätzen keine Übergangsregelung vor. Bisher begründete Sondernutzungsrechte bleiben unverändert bestehen. Etwaig beabsichtigte Umwandlungen bisheriger Sondernutzungsrechte in Sondereigentum stellen sich als Umwandlung von Gemeinschafts- in Sondereigentum dar (zu den Anforderungen s. Riecke/Schmid/Schneider § 7 Rn 215 ff.).

b) Annexeigentum

aa) § 3 Abs. 2 WEG n.F. lautet:

18 »*Das Sondereigentum kann auf einen außerhalb des Gebäudes liegenden Teil des Grundstücks erstreckt werden, es sei denn, die Wohnung oder die nicht zu Wohnzwecken dienenden Räume bleiben dadurch wirtschaftlich nicht die Hauptsache.*«

bb) Hintergrund der Neuregelung

19 Nach bisherigem Recht war es nicht möglich, das Sondereigentum auf außerhalb des Gebäudes liegende Teile des Grundstücks zu erstrecken, etwa auf Terrassen und Gartenflächen. In der Praxis wurden an solchen Flächen daher häufig sog. Sondernutzungsrechte begründet, die allerdings gesetzlich nicht geregelt waren und deshalb streitanfällig sein sollen (RegE BT-Drs. 19/18791 S. 37).

cc) Inhalt der Neuregelung

(1) Erstreckung des Sondereigentums

20 Nach § 3 Abs. 2 WEG n. F. kann das Sondereigentum auf einen außerhalb des Gebäudes liegenden Teil des Grundstücks erstreckt werden. Es bedarf daher zwingend immer des Sondereigentums an zumindest einem Raum, um von dort aus das Freiflächen-Sondereigentum als Annexeigentum begründen zu können.

Die Verbindung eines Miteigentumsanteils allein mit Sondereigentum an einer Freifläche ist dagegen nicht möglich. Eine gleichwohl erfolgte Eintragung wäre inhaltlich unzulässig und von Amts wegen zu löschen (§ 53 Abs. 1 S. 2 GBO).

Die Erstreckung des Sondereigentums setzt nach dem Wortlaut der Vorschrift 21 kein unmittelbares räumliches Näheverhältnis voraus. Es ist also durchaus denkbar, das Sondereigentum an der Wohnung im 4. Obergeschoß mit Annexeigentum im Gartenbereich zu verbinden (so auch M. Müller ZWE 2020, Heft 12 sub. V.3.; Hügel/Elzer § 3 Rn 66).

Mangels einer gesetzlichen Unterscheidung zwischen »echten« und fingierten 22 Räumen (§ 3 Abs. 1 S. 1 u. 2 WEG n. F.) ist es möglich, auch das Sondereigentum an einem Stellplatz auf Freiflächen zu erstrecken. Dabei dürfte es sich nicht lediglich um eine theoretische Möglichkeit handeln (so aber Lehmann-Richter/Wobst Rn 1683). Auf diese Weise lässt sich nämlich die für Stellplätze u. U. auftretende Schwierigkeit benötigter Zugangs- und Wendeflächen lösen (so auch Abramenko § 1 Rn 9).

Ob auch eine Erstreckung des Sondereigentums in der Weise möglich ist, dass 23 Annexeigentum gem. § 3 Abs. 2 WEG n. F. (auch) an Stellplätzen gebildet werden kann, wird unterschiedlich beurteilt. Während Abramenko dies allein schon vom Wortlaut her für zulässig hält (§ 1 Rn 8), gelangt M. Müller (ZWE 2020, Heft 12 sub. V.2.b); ihm folgend Hügel/Elzer § 3 Rn 59 aE; ebenso wohl auch D/Sch/Z Kap. 1 Rn 18f.) aufgrund der exklusiven Regelung des § 3 Abs. 1 S. 2 WEG n. F. zum gegenteiligen Ergebnis. In der Praxis dürfte sich zeigen, dass die Einräumung von Annexeigentum auch vor Stellplätzen ggf. im Zusammenhang mit sonstigen – umgenutzten – Nebenflächen nicht Halt machen wird. Dass Stellplätze jetzt über § 3 Abs. 1 S. 2 WEG n. F. als Räume gelten und rechtlich als Teileigentum verselbstständigt werden können, schließt ihre Verbindung mit einem gemeinsamen Miteigentumsanteil und anderem Sondereigentum nicht aus (s. die Eintragungsmöglichkeiten bei Schneider ZfIR 2020, 822, 823). Dies war auch bisher schon für (innerhäusige) Stellplätze anerkannt. Lediglich die Übertragbarkeit ist in solchen Fällen eingeschränkt und müsste ggf. durch spätere Abtrennung und Verbindung mit einem eigenen Miteigentumsanteil erst uneingeschränkt hergestellt werden. Für diese Abtrennung dürften dann die Grundsätze zur Unterteilung von Sondereigentum entsprechend heranzuziehen sein.

Bei einer nachträglichen Erstreckung auf Freiflächen handelt es sich in der Sache 24 um die Umwandlung von bisherigem Gemeinschaftseigentum in Sondereigentum. Diese ist materiell-rechtlich gem. § 4 WEG selbst dann nur durch Auflassung zu erreichen, wenn dem Erwerber zuvor bereits ein Sondernutzungsrecht an der betreffenden Freifläche eingeräumt war (zu den weiteren Voraussetzungen s. Riecke/Schmid/Schneider § 7 Rn 215 ff.).

(2) Umfang der Erstreckung

25   Gem. § 3 Abs. 2 WEG n. F. kann das Sondereigentum auf einen außerhalb des Gebäudes liegenden Teil des Grundstücks erstreckt werden. Nach dem Wortlaut erscheint es daher nicht ausgeschlossen, auf diesem Wege am gesamten Grundstück Annexeigentum zu begründen. Dies ist jedoch nicht zulässig, da andernfalls der für das Wohnungseigentumsrecht strukturbildende Akzessionsgrundsatz der §§ 93, 94 Abs. 1 BGB außer Kraft gesetzt würde (Becker/Schneider ZfIR 2020, 281, 285; Hügel/Elzer § 3 Rn 66; a.A. offenbar D/Sch/Z Kap. 1 Rn 25). Auch ohne eine ausdrückliche Beschränkung im Gesetz stößt die Einräumung umfassenden Annexeigentums insoweit an eine »natürliche« Zulässigkeitsschranke.

26   Die Sondereigentumsfähigkeit wird allgemein begrenzt durch das in § 5 Abs. 2 WEG genannte zwingende gemeinschaftliche Eigentum (vgl. § 1 Abs. 5 WEG n. F.). Dazu gehört neben den konstruktiven Teilen des Gebäudes auch die mit diesen verbundene Standfläche des Gebäudes im Erdreich. An der Grundfläche unterhalb des Gebäudes kann deshalb kein (Annex-)Sondereigentum gebildet werden (so auch i.E. Lehmann-Richter/Wobst Rn 1689). Im Übrigen kann unter Berücksichtigung des Zugangserfordernisses am gesamten Grundstück Annexeigentum begründet werden.

27   Durch die Erweiterung des § 5 Abs. 2 WEG n. F. auf im Sondereigentum stehende Teile des Grundstücks sind etwa Versorgungsleitungen im Boden, die dem gemeinschaftlichen Gebrauch der Wohnungseigentümer dienen, ebenfalls stets gemeinschaftliches Eigentum, auch wenn sie in Bereichen verlegt sind, die im Sondereigentum stehen (RegE BT-Drs. 19/18791 S. 38).

(3) Wirtschaftliche Hauptsache

28   Gem. § 3 Abs. 2 WEG n. F. kann das Sondereigentum auf einen aushäusigen Grundstücksteil erstreckt werden, es sei denn, die Wohnung oder die nicht zu Wohnzwecken dienenden Räume bleiben dadurch wirtschaftlich nicht die Hauptsache. Terrassen und Gartenflächen sollen in aller Regel nicht als wirtschaftliche Hauptsache anzusehen sein (RegE BT-Drs. 19/18791 S. 37).

29   Abzustellen ist als Abgrenzungsmaßstab auf den wirtschaftlichen Wert der Hauptsache. Die Bestimmung der wirtschaftlichen Hauptsache soll dabei in Anlehnung an die vergleichbaren Regelungen der § 1 Abs. 2 ErbbauRG und § 31 Abs. 1 S. 2 WEG erfolgen. Wie sich aus der negativen Formulierung des Gesetzes ergibt, wird vermutet, dass die Räume wirtschaftlich die Hauptsache bleiben. Es soll deshalb im Grundbuchverfahren einer Prüfung nur dann bedürfen, wenn konkrete Anhaltspunkte für das Gegenteil bestehen (RegE BT-Drs. 19/18791 S. 37).

30   Maßgeblicher Beurteilungszeitpunkt für die Wertverhältnisse kann nur der Zeitpunkt der Begründung des Annexeigentums sein; spätere Veränderungen können

die einmal wirksam erfolgte Begründung nicht mehr berühren (Abramenko § 1 Rn 15; Becker/Schneider ZfIR 2020, 281, 285; D/Sch/Z Kap. 1 Rn 21; Hügel/ Elzer § 3 Rn 70). Unklar ist allerdings, ob eine ggf. in der Zukunft mögliche Bebaubarkeit des Grundstücksteils in die Berechnung zum Begründungszeitpunkt einzufließen hat (bejahend: Lehmann-Richter/Wobst Rn 1697; M. Müller ZWE 2020, Heft 12 sub. V.4.; in diese Richtung wohl auch Wilsch FGPrax 2020, 1, 5). Abzustellen ist demgegenüber aber auf den objektiven Wert zum Zeitpunkt der Erstreckung; wird zu diesem Zeitpunkt die betreffende Grundstücksfläche z. B. als Gartenfläche genutzt, können subjektive Vorstellungen über deren zukünftige Nutzbarkeit keinen Eingang in den Wertvergleich finden. Das Grundbuchgericht braucht sich deshalb auch nicht an Spekulationen über evtl. Bauabsichten zu beteiligen (Abramenko § 1 Rn 15; Becker/Schneider ZfIR 2020, 281, 285). Wollte man dies anders sehen, kämen auf die Grundbuchgerichte wohl erstmals aufwendige Wertermittlungsarbeiten im Zusammenhang mit der Begründung von Annexeigentum zu, die eines derzeit nicht erkennbaren objektivierbaren Maßstabes bedürften. Ein solches Ergebnis wäre umso verwunderlicher, als gleichzeitig für die Abschaffung des § 5 Abs. 4 S. 3 WEG a.F. angeführt wird, dass eine Prüfung des Wertverhältnisses im Rahmen des Grundbuchverfahrens gerade nicht erfolgen könne (RegE BT- Drs. 19/ 18791, S. 39).

(4) Verkehrsfähigkeit

Unproblematisch ist zunächst die vollständige Übertragung eines Wohnungs- oder 31 Teileigentums zusammen mit dem zugeordneten Freiflächensondereigentum an einen beliebigen Erwerber. Annexeigentum benötigt jedoch stets ein »herrschendes« Sondereigentum an Räumen, von dem aus es sich erstrecken kann. Eine isolierte Übertragung an einen gemeinschaftsfremden Erwerber scheidet damit aus.

Innerhalb der Wohnungseigentümergemeinschaft kann es nur eingeschränkt 32 übertragen werden. Es handelt sich dann um eine gegenständliche Änderung des Sondereigentums, bei der das Annexeigentum entweder vollständig oder teilweise von dem bisher zugeordneten Raumeigentum abgetrennt wird, um sogleich eine neue Verbindung mit einem anderen Sondereigentum einzugehen (§ 6 Abs. 1 WEG; zur isolierten Übertragung von Sondereigentum zwischen Wohnungseigentümern vgl. OLG München ZMR 2017, 822). Eine solche isolierte Übertragung soll allerdings voraussetzen, dass auch nach der geänderten Zuordnung die neuen im Sondereigentum stehenden Räume wie bei einer erstmaligen Begründung wirtschaftlich die Hauptsache darstellen. Andernfalls sei der Vollzug der Veränderung vom Grundbuchgericht abzulehnen (M. Müller ZWE 2020, Heft 12 sub. V.5a); Hügel/Elzer § 3 Rn 70), weil sonst das Regelungskonzept des Gesetzgebers mit einem führenden Raumeigentum unterlaufen werden könnte. Zu den Folgen eines etwaigen Verstoßes s. sogleich unter Ziffer (5).

33   Die Verkehrsfähigkeit umfasst neben der – eingeschränkten – Übertragbarkeit von Annexeigentum auch die Möglichkeit zur (Mit-)Belastung mit dinglichen Rechten. Dazu gehören vor allem etwaige Finanzierungsrechte (Hypotheken, Grundschulden), aber auch Dienstbarkeiten (insbes. Grunddienstbarkeiten und beschränkte persönliche Dienstbarkeiten). Bei den letztgenannten muss sich lediglich der Ausübungsbereich auf das Sondereigentum und das sich aus dem Gemeinschaftseigentum ergebende Mitbenutzungsrecht beziehen (BGH ZNotP 2019, 462; BGHZ 107, 289 = DNotZ 1990, 493; OLG Hamm ZfIR 2001, 293). Denkbar erscheint daher z. B. auch die Bestellung einer Grunddienstbarkeit zugunsten des jeweiligen Grundstücksnachbarn mit der Berechtigung zum Überbau auf das Freiflächensondereigentum (Becker/Schneider ZfIR 2020,281, 286; a.A. D/Sch/Z Kap. 1 Rn 46, die hier einen Zustimmungsvorbehalt gem. § 13 Abs. 2 WEG n.F. sehen wollen, dabei aber nicht hinreichend zwischen tatsächlichen Maßnahmen und rechtlich möglichen Verfügungen gem. § 13 Abs. 1 WEG n.F. unterscheiden). Die Eintragung einer solchen Belastung würde nur am Wohnungseigentum des allein bewilligungsberechtigten betroffenen Wohnungseigentümers erfolgen (ebenso Heinemann ZWE 2020, 333, 335; Lehmann-Richter/Wobst Rn 1737; Wilsch FGPrax 2020, 1, 5); die übrigen Miteigentümer würden von der Eintragung noch nicht einmal benachrichtigt (vgl. § 55 Abs. 2 S. 1 GBO). Für die Wirksamkeit der dinglichen Belastung wäre es ohne Bedeutung, ob sie im Innenverhältnis gegen das Beeinträchtigungsverbot des § 14 Abs. 2 Nr. 1 WEG n. F. verstößt; die präjudizierende Wirkung eines solchen Rechts würde sich für die übrigen Wohnungseigentümer spätestens im Falle der Aufhebung des Wohnungseigentums wegen der dann notwendigen Drittzustimmung gem. § 9 Abs. 2 WEG, § 876 BGB zeigen (Becker/Schneider ZfIR 2020,281, 286).

(5) Grundbucheintragung

34   Voraussetzung für die Eintragung von Annexeigentum ist, dass die außerhalb des Gebäudes liegenden Teile des Grundstücks durch Maßangaben im Aufteilungsplan bestimmt sind (§ 3 Abs. 3 WEG n. F.). Eine Markierungspflicht besteht wie bei Stellplätzen insoweit nicht.

35   Es handelt sich bei § 3 Abs. 3 WEG n. F. insgesamt um eine Sollvorschrift. Ein Verstoß gegen diese Ordnungsvorschrift führt deshalb materiell-rechtlich nicht zur Unwirksamkeit eines gleichwohl begründeten Annexeigentums, solange auf andere Weise eine hinreichende Bestimmbarkeit des Sondereigentums gewährleistet ist. Dies entspricht der bisherigen Rechtsprechung zur (fehlenden) Abgeschlossenheit (BGHZ 177, 338 = ZMR 2008, 897 [Luftschranke]).

36   Ebenso wird man auch § 3 Abs. 2 WEG n. F. zu verstehen haben, weil andernfalls unlösbare rechtliche Folgeprobleme entstehen, die das neue Rechtsinstitut unattraktiv machen würden. Ein Verstoß gegen § 3 Abs. 2 WEG n. F. kann deshalb nach hier vertretener Auffassung materiell-rechtlich ebenfalls nicht zur Unwirksamkeit

eines gleichwohl begründeten Annexeigentums führen; ein einmal in das Grundbuch eingetragenes Annexeigentum muss unabhängig von wirtschaftlichen Erwägungen bestandsfest sein (so bereits Becker/Schneider ZfIR 2020, 281, 285).

Demgegenüber geht die sich bildende h. M. davon aus, dass es sich bei der Vor-   37
schrift des § 3 Abs. 2 WEG n. F. im Gegensatz zu § 3 Abs. 3 WEG n. F. nicht
lediglich um eine Soll-Vorschrift handelt (vgl. auch RegE BT-Drs. 19/18791
S. 37, wonach die Räume wirtschaftlich die Hauptsache des Sondereigentums
bleiben müssen). Ein Verstoß gegen das Hauptsacheerfordernis bei der Begründung hätte danach die Unwirksamkeit der Eintragung zur Folge (so Abramenko
§ 1 Rn 16; D/Sch/Z Kap. 1 Rn 22; Hügel/Elzer § 3 Rn 70; Lehmann-Richter/
Wobst Rn 1700; M. Müller ZWE 2020, Heft 12 sub. V.4a)). Diese Rechtslage
soll der beim Erbbaurecht und beim Dauerwohnrecht entsprechen (so D/Sch/Z
Kap. 1 Rn 22 mwN, die allerdings nicht darauf eingehen, dass es sich vorliegend
um unwirksam begründetes Eigentum handeln würde). Insoweit könnte also
kein Annexeigentum entstehen; die Aufteilung im Übrigen könnte nach den
Grundsätzen des § 139 BGB aufrechterhalten werden (D/Sch/Z Kap. 1 Rn 22;
Lehmann-Richter/Wobst Rn 1700). Das nach der h. M. unwirksam begründete
Annexeigentum soll die betreffende Freifläche im Gemeinschaftseigentum belassen. Die gescheiterte Erstreckung des Sondereigentums auf diese Fläche soll
in die Einräumung eines Sondernutzungsrechts umzudeuten sein (so zumindest
Abramenko § 1 Rn 16; Lehmann-Richter/Wobst Rn 1700). Eine solche Umdeutung wird jedoch erst in Betracht kommen, wenn das Annexeigentum nicht
bereits aus vorgehenden Erwägungen aufrechtzuerhalten ist. Im o. g. Beispielsfall einer Überbaudienstbarkeit müsste eine Umdeutung obendrein ausscheiden, weil der Sondernutzungsberechtigte nicht die alleinige Rechtsmacht zur
Bestellung eines solchen Rechtes zulasten von Gemeinschaftseigentum hätte.
Sollte dann etwa auch die Bestellung des dinglichen Rechts unwirksam sein?

In Betracht zu ziehen wäre daher zunächst die Möglichkeit eines gutgläubigen   38
(Zweit-)Erwerbs durch einen dinglich Berechtigten am Sondereigentum der zwar
eingetragenen, aber unwirksam begründeten Freifläche (erwähnt, wenngleich nicht
weiter vertieft von M. Müller ZWE 2020, Heft 12 sub. V.4a) a.E.). Wäre das im
Grundbuch eingetragene Freiflächeneigentum nämlich als solches mit einem dinglichen Recht (mit-)belastet worden, gilt der Inhalt des Grundbuchs für den rechtsgeschäftlichen Erwerber eines dinglichen Rechts als richtig, es sei denn, dass ein Widerspruch gegen die Richtigkeit eingetragen oder die Unrichtigkeit dem Erwerber
bekannt ist (§ 892 Abs. 1 S. 1 BGB). Die Eintragung des Annexeigentums unter
Verstoß gegen das Hauptsacheerfordernis dürfte nach der Prämisse der h. M. das
Grundbuch i. S. d. § 894 BGB unrichtig gemacht haben; materielle und formelle Rechtslage fallen auseinander. Die Eintragung von Freiflächeneigentum ist nach
dem Inkrafttreten des WEMoG auch nicht inhaltlich unzulässig; eine Amtslöschung

könnte deshalb wohl nicht erfolgen (vgl. § 53 Abs. 1 S. 2 GBO; a.A. D/Sch/Z Kap. 1 Rn 22 aE). Anders als in den bisher höchstrichterlich entschiedenen Fällen scheidet ein gutgläubiger Erwerb in der beschriebenen Konstellation auch nicht bereits deshalb aus, weil die Grundbucheintragung entweder widersprüchlich ist oder einen Rechtszustand verlautbart, den es gar nicht geben kann (vgl. BGH ZMR 2015, 390; BGH ZMR 2005, 59; BGHZ 130, 159 = ZMR 1995, 521).

39 In gleicher Weise werden von der h. M. wohl auch nachträglich eintretende Verschiebungen in den Wertverhältnissen oder gar ein gänzlicher Wegfall der Hauptsacheeigenschaft infolge rechtlicher Veränderungen (wie z. B. Aufhebungen, Unterteilungen, Abtrennungen o. ä. beim »herrschenden« Raumeigentum) zu beurteilen sein (vgl. M. Müller ZWE 2020, Heft 12 sub. V.5a)). Erfolgt die Grundbucheintragung solcher Veränderungen gleichwohl unter Außerachtlassung des § 3 Abs. 2 WEG n. F., wird die h. M. wohl wiederum primär an eine Aufrechterhaltung des Freiflächeneigentums zu denken haben. Dass die Schaffung weiterer Baulichkeiten auf dem Annexeigentum als tatsächliche bauliche Veränderung für das bestehende Annexeigentum sachenrechtlich nicht prägend sein kann (insoweit zustimmend M. Müller ZWE 2020, Heft 12 sub. V.5b)), entspricht der hier vertretenen Sichtweise (ebenso bereits Becker/Schneider ZfIR 2020, 281, 285).

40 Zugleich wird damit aber auch das Dilemma der h. M. sichtbar: ob bei nachträglicher Betrachtung das Annexeigentum nun aus tatsächlichen Gründen (Bebauung) oder infolge rechtlicher Vorgänge (z. B. fehlerhafte Abtrennung vom Raumeigentum) wirtschaftlich im Verhältnis zum (restlichen) Sondereigentum überwiegt, kann in der rechtlichen Bewertung eigentlich keinen Unterschied machen. In beiden Fällen handelt es sich nämlich nicht mehr um einen nebensächlichen Annex des Raumeigentums.

41 Hält man demgegenüber einen gutgläubigen Erwerb zugunsten dinglich Berechtigter nicht für möglich, dürfte sich die latente »Rückfallgefahr« des Annexeigentums in gemeinschaftliches Eigentum durchaus wertbildend auswirken. Die sich daraus für die Konzeption des Annexeigentums langfristig ergebenden Konsequenzen lassen sich derzeit nur umreißen. Das Kernproblem ist die bisher nicht gekannte Abhängigkeit der Rechtsqualität (fort-)bestehenden (Sonder-)Eigentums von seiner wirtschaftlichen Einordnung und Bedeutung; die in diesem Zusammenhang auftretenden Fragen dürften in der Praxis zu kaum lösbaren rechtlichen Folgeproblemen führen (vgl. aber § 4 Abs. 2 S. 2 WEG!).

(6) Nachträgliche Bebauung

42 Rechtliche Schwierigkeiten können aber auch entstehen, wenn das Annexeigentum an einer unbebauten und wirtschaftlich untergeordneten Grundstücksteilfläche zulässigerweise begründet wird. Errichtet der Eigentümer der betreffenden Wohnungs- bzw. Teileigentumseinheit auf dem in seinem Sondereigentum stehenden Grundstücksteil nämlich ein Gebäude, so steht das Eigentum an diesem Gebäude gem. § 5 Abs. 1 S. 2 WEG n. F. in entsprechender Anwendung von § 94 Abs. 1 BGB allein diesem Sondereigentümer zu (RegE BT-Drs. 19/18791 S. 38). Dies wird insbesondere dann als bauliche Maßnahme am Sondereigentum auch ohne Zustimmung der übrigen Wohnungseigentümer möglich sein, wenn bereits in der Gemeinschaftsordnung das Recht zur näher beschriebenen Bebauung als Inhalt des Sondereigentums eingeräumt wurde. Ein solchermaßen errichtetes Gebäude (z. B. eine Garage) befindet sich jedoch im Gegensatz zu den bisher bekannten Gebäudeformen vollständig im Sondereigentum des »herrschenden Wohnungseigentümers«. Insoweit besteht kein zwingendes Gemeinschaftseigentum an den für den Bestand notwendigen Gebäudeteilen (wie etwa dem Dach); § 5 Abs. 2 WEG gilt für diese Gebäude nicht (RegE BT-Drs. 19/18791 S. 38; a.A. D/Sch/Z Kap. 1 Rn 30).

Ein Gebäude im Sondereigentum ist nicht in die Verwaltung des gemeinschaftlichen Eigentums eingebunden; dementsprechend erfolgt die Verwaltung in dem einen Fall als Sondereigentumsverwaltung und im anderen Fall wie bisher als Verwaltung des gemeinschaftlichen Eigentums. Es sind also zukünftig zwei Rechtsformen von Gebäudeeigentum auf demselben Grundstück mit unterschiedlichen Verwaltungen und Kostentragungsregelungen denkbar (Becker/Schneider ZfIR 2020, 281, 285). **43**

(7) Kritik

Die bisher in der Praxis gebräuchlichen Sondernutzungsrechte zur alleinigen rechtlichen Zuordnung von Grundstücksflächen an bestimmte Wohnungseigentümer sind durch das WEMoG weder untersagt noch eingeschränkt worden; sie sind unverändert zulässig (vgl. § 19 Abs. 1, § 5 Abs. 4 S. 2 WEG n. F.). Die mit der Einführung von Sondereigentum an Grundstücksfreiflächen verbundene Durchbrechung der wohnungseigentumsrechtlichen Strukturprinzipien wird voraussichtlich zu einem dauerhaften Dualismus von Sondernutzungsrechten und Sondereigentum führen. Eine zwingende Notwendigkeit ist dafür jedoch nicht ersichtlich. Bereits der historische Gesetzgeber hatte bewusst eine »Möglichkeit, das Sondereigentum auf außerhalb des Gebäudes liegende Teile des Grundstücks zu erstrecken, (…) nicht vorgesehen. Eine solche Regelung wäre bedenklich, da sie zu einer besonderen Art der realen Teilung von Grundstücken führen würde. Ein Bedürfnis hierfür ist zu verneinen, weil insoweit eine Benutzungsregelung (…) ausreicht« (BR-Drs. 75/51 S. 13). **44**

Die Vorteile der Neuregelungen überwiegen bei näherer Betrachtung auch nicht (ebenso Heinemann ZWE 2020, 333). So sollen durch die Einräumung **45** von Annexeigentum Freiflächen einzelnen Wohnungseigentümern wirtschaftlich zugeordnet werden können, ohne dass damit die mit der Zuweisung von Sondernutzungsrechten verbundene Rechtsunsicherheit in Kauf genommen werden müsse; Sondernutzungsrechte seien nämlich gesetzlich nicht geregelt (RegE BT-Drs. 19/18791 S. 37). Diese Aussagen überraschen nach nahezu 70-jähriger Kautelarpraxis auch deshalb, weil der Gesetzgeber selbst noch 2006 festgestellt hat, das der seinerzeit neu ins Gesetz aufgenommene Begriff »Sondernutzungsrecht« sich in der Rechtspraxis bewährt habe und es deshalb weder erforderlich noch sinnvoll sei, ihn gesetzlich zu definieren (RegE BT-Drs. 16/887 S. 16 reHsp.). Auch die jetzt ebenfalls monierte Streitanfälligkeit von Sondernutzungsrechten dürfte in der Praxis wohl oftmals auf Gestaltungsdefizite zurückzuführen sein, die sich mit der Einführung von Freiflächeneigentum nicht von selbst erledigen werden (so auch Heinemann ZWE 2020, 333). In der ganz überwiegenden Mehrzahl der Fälle hat die zutreffende Verwendung von Sondernutzungsrechten dagegen wohl durchaus zu rechtssicheren Ergebnissen geführt (ebenso M. Müller ZWE 2020, Heft 12 sub. V.1.). Empirische Grundlagen für den Sinneswandel des Gesetzgebers werden nicht benannt.

46   Demgegenüber erweist sich vielmehr das Annexeigentum wegen seiner Abhängigkeit von Bewertungsfragen bei näherer Betrachtung als rechtsunsicher. Hier wird die weitere Entwicklung abzuwarten sein.

47   Sondernutzungsrechte sind aus der täglichen wohnungseigentumsrechtlichen Gestaltungspraxis inzwischen auch wegen der mit ihrer Einräumung verbundenen großen Flexibilität nicht mehr wegzudenken (s. etwa die Modelle zur zeitlich gestreckten Begründung von Sondernutzungsrechten, die z. B. eine Anbindung von Stellplätzen innerhalb der Wohnungseigentümergemeinschaft gewährleisten). Auch Sondereigentum an Freiflächen vermag hier ungeachtet der sonstigen damit verbundenen Probleme nicht immer adäquaten Ersatz zu verschaffen. So muss nach der Konzeption des § 3 Abs. 2 WEG n. F. das Annexeigentum zwingend im Eigentum eines Wohnungs- oder Teileigentümers stehen; die Eigentumsverhältnisse müssen also identisch sein (»das Sondereigentum kann (…) erstreckt werden«). Die in der Praxis jedoch oftmals nachgefragte Zuordnung bestimmter Außenflächen (Garten-, Wege und Zufahrtsflächen insbesondere in Mehrhausanlagen) zur gemeinschaftlichen Mitbenutzung mehrerer Wohnungseigentümer vermag das Annexeigentum nicht zu leisten (Becker/Schneider ZfIR 2020, 281, 285; D/Sch/Z Kap. 1 Rn 48; M. Müller ZWE 2020 Heft 12 sub. V.3.).

48   Darüber hinaus gibt es wohnungseigentumsrechtliche Bedürfnisse, die eine »Flucht in das Sondernutzungsrecht« (RegE BT-Drs. 19/18791 S. 29) als einzig sinnvolle Gestaltungsmöglichkeit erscheinen lassen, weil das Freiflächeneigentum hierfür von vornherein nicht in Betracht kommt. Dazu gehören etwa

Sondernutzungsrechte an Fassadenflächen zu Werbezwecken (Abramenko § 1 Rn 28) und Sondernutzungsrechte an Nebenflächen bei Wohnungserbbaurechten (Becker/Schneider ZfIR 2020, 281, 286).

dd) Übergangsrecht

Das WEMoG sieht für die Begründung von Annexeigentum keine Übergangs- **49** regelung vor. Bisher begründete Sondernutzungsrechte an Terrassen und Gartenflächen bleiben unverändert bestehen. Etwaig beabsichtigte Umwandlungen bisheriger Sondernutzungsrechte in Sondereigentum stellen sich als Umwandlung von Gemeinschafts- in Sondereigentum dar (zu den Anforderungen s. Riecke/Schmid/Schneider § 7 Rn 215 ff.).

2. Inhalt des Sondereigentums

a) Grundbucheintragung von Beschlüssen

aa) § 5 Abs. 4 S. 1 WEG n.F. lautet:

»Vereinbarungen über das Verhältnis der Wohnungseigentümer untereinander und **50** *Beschlüsse aufgrund einer solchen Vereinbarung können nach den Vorschriften des Abschnitts 4 zum Inhalt des Sondereigentums gemacht werden.«*

Im Abschnitt 4 des WEG lautet § 10 Abs. 3 WEG n. F.:

»Vereinbarungen, durch die die Wohnungseigentümer ihr Verhältnis untereinander **51** *in Ergänzung oder Abweichung von Vorschriften dieses Gesetzes regeln, die Abänderung oder Aufhebung solcher Vereinbarungen sowie Beschlüsse, die aufgrund einer Vereinbarung gefasst werden, wirken gegen den Sondernachfolger eines Wohnungseigentümers nur, wenn sie als Inhalt des Sondereigentums im Grundbuch eingetragen sind.«*

bb) Hintergrund der Neuregelung

Nach dem erst mit der Novelle 2007 eingeführten § 10 Abs. 4 S. 2 WEG a. **52** F. konnten vereinbarungsändernde Beschlüsse nicht in das Grundbuch eingetragen werden, um gegen Sondernachfolger zu wirken. Dem lag die Vorstellung zugrunde, dass der notwendige Schutz der Erwerber nicht über die Eintragung im Grundbuch, sondern über die im § 24 Abs. 7 WEG a. F. vorgesehene Beschluss-Sammlung gewährleistet werden könne. Diese Konzeption hat sich in der Praxis allerdings nicht bewährt. Während bei der Veräußerung von Wohnungseigentum in der Regel Einsicht in das Grundbuch genommen wird (vgl. § 21 Abs. 1 S. 1 BeurkG), sehen Erwerber vergleichsweise selten die Beschlusssammlung ein. Zudem wirkt ein Beschluss auch dann gegen Erwerber, wenn er nicht in die Beschluss-Sammlung aufgenommen wurde. Hinzu kommt, dass viele Beschlusssammlungen zwischenzeitlich bereits einen so großen Umfang angenommen haben, dass die Gefahr besteht, dass bedeutsame Beschlüsse auch bei einer Einsichtnahme übersehen werden. Diese Gefahr steigt kontinuierlich mit der wachsenden Zahl von Beschlüssen, die in die Beschlusssammlung aufzunehmen sind (RegE BT-Drs. 19/18791 S. 39).

cc) Inhalt der Neuregelung

(1) Anwendungsbereich

53   Nach neuem Recht müssen auf der Grundlage (allein) einer rechtsgeschäftlich vereinbarten Öffnungsklausel der Wohnungseigentümer getroffene Beschlüsse nun in das Grundbuch eingetragen werden, um gegenüber einem Sondernachfolger Wirkung entfalten zu können (§ 5 Abs. 4 S. 1, § 10 Abs. 3 S. 1 WEG n. F.). Der erst mit der Novelle 2007 eingefügte § 10 Abs. 4 S. 2 WEG a. F. ist ersatzlos weggefallen. Wohl um die Grundbuchämter nicht zu überlasten und das Grundbuch nicht zu überfrachten sind Beschlüsse aufgrund einer gesetzlich eingeräumten Beschlusskompetenz nicht eintragungsfähig (§ 10 Abs. 3 S. 2 WEG n. F.); sie wirken wie bisher ohne Grundbucheintragung gegenüber einem Sondernachfolger. Eine solche Unterscheidung ist sachlich allerdings nicht gerechtfertigt (a. A. Lehmann-Richter/Wobst Rn 1754). Die unterschiedliche Rechtsgrundlage (rechtsgeschäftliche bzw. gesetzliche Öffnungsklausel) spielt für die Einordnung der daraufhin gefassten Beschlüsse durch die Wohnungseigentümer nur eine untergeordnete Rolle. Maßgeblich sind insoweit nämlich vielmehr die identischen Rechtswirkungen, durch die in beiden Fällen die bisher geltende Gemeinschaftsordnung abgeändert wird. Eine Gleichbehandlung von rechtsgeschäftlichen und gesetzlichen Öffnungsklauseln wäre daher angezeigt gewesen (ebenso Abramenko ZMR 2020, 453, 454).

54   Nicht eintragungsfähig sind Regelungen der Wohnungseigentümer, die sich sowohl aus dem Gesetz als auch aus einer entsprechenden Vereinbarung ergeben (RegE BT-Drs. 19/18791 S. 39). Über die Eintragungsfähigkeit entscheidet allein die formale Abgrenzung. Könnte ein Beschluss bereits aufgrund der aktuellen gesetzlichen Regelungen gefasst werden, bedarf es nicht des Rückgriffs auf eine lediglich wiederholende vereinbarungsändernde Regelung (Lehmann-Richter/Wobst Rn 1757 ff.). Die Abgrenzung kann sich im Einzelfall als schwierig erweisen (vgl. Abramenko ZMR 2020, 453, 454; Lehmann-Richter/Wobst Rn 1760 ff.). Auch vor diesem Hintergrund erscheint die Differenzierung nach rechtsgeschäftlichen und gesetzlichen Öffnungsklauseln wenig zielführend (ebenso Abramenko ZMR 2020, 453, 454).

Zur Vermeidung von Auslegungsschwierigkeiten im Eintragungsverfahren wird 55
die sonst gebräuchliche Unterscheidung zwischen vereinbarungs- bzw. gesetzesändernden Beschlüssen einerseits und vereinbarungsersetzenden sowie vereinbarungswidrigen Beschlüssen der Wohnungseigentümer andererseits aufgegeben (RegE BT-Drs. 19/18791 S. 39). Dies erscheint hinnehmbar, auch weil vereinbarungswidrige Beschlüsse aufgrund ihrer Einzelfallbezogenheit ohnehin kaum für eine Eintragung in Betracht kommen und die Abgrenzung i.ü. diffizil sein kann (Becker/Schneider ZfIR 2020, 281, 286 a. E.).

(2) Grundbucheintragung

Grundsätzlich bedürfte es zur Eintragung von Beschlüssen in das Grundbuch 56
der Bewilligung sämtlicher Wohnungseigentümer gem. § 19 GBO in der Form
des § 29 Abs. 1 S. 1 GBO. § 7 Abs. 2 S. 1 WEG n. F. lässt stattdessen die Vorlage einer Niederschrift über den Beschluss der Wohnungseigentümer genügen,
bei dem die Unterschriften der in § 24 Abs. 6 WEG bezeichneten Personen
öffentlich beglaubigt sind. Dies entspricht der bisher schon für einen Verwalternachweis gem. § 26 Abs. 4 WEG n. F. bekannten Nachweismöglichkeit. Als
Nachweis einer entsprechenden Beschlussfassung ist weiterhin ein Urteil gem.
§ 44 Abs. 1 S. 2 WEG n. F. geeignet. Die Grundbucheintragung erfolgt damit
deklaratorisch; sie knüpft an die mit der Verkündung des Beschlusses bzw. des
Urteils eingetretene Grundbuchunrichtigkeit an. Der Sache nach handelt es sich
deshalb um eine Grundbuchberichtigung gem. § 22 Abs. 1 GBO, die schon
von der im Jahr 2007 eingeführten Beschlusskompetenz zur erleichterten Aufhebung einer Veräußerungsbeschränkung gem. § 12 Abs. 4 WEG a. F. bekannt
ist (vgl. OLG Hamm ZWE 2012, 489; OLG München ZNotP 2012, 60).

In beiden Fällen kann eine Grundbuchberichtigung auch im Hinblick auf die Vor- 57
schrift des § 23 Abs. 4 S. 2 WEG erfolgen. Danach ist ein Beschluss gültig, solange
er nicht durch rechtskräftiges Urteil für ungültig erklärt wird. Man könnte gewissermaßen von einer auflösend bedingten Unrichtigkeit sprechen. Der Eintritt der Bestandskraft des Beschlusses ist nach diesem Verständnis keine Wirksamkeitsvoraussetzung (a. A. Abramenko ZMR 2020, 453, 458). Bei der Beschlussersetzungsklage
gem. § 44 Abs. 1 S. 2 WEG n. F. wird die rechtsgestaltende Wirkung des Urteils
allerdings erst mit der Rechtskraft eintreten, die deshalb auch nachgewiesen werden
muss (i.E. wie hier D/Sch/Z Kap. 1 Rn 59; a. A. Lehmann-Richter/Wobst Rn 1773).

Die Eintragung von Beschlüssen aufgrund einer Niederschrift oder eines rechtskräf- 58
tigen Urteils stellt sich damit nicht als eine wohnungseigentumsrechtliche Besonderheit dar (so aber RegE BT-Drs. 19/18791, S. 40 sub Ziffer 7a); sie fügt sich vielmehr nahtlos in die bestehende Systematik grundbuchrechtlicher Eintragungsmöglichkeiten (Becker/Schneider ZfIR 2020, 281, 288). Davon geht letztlich auch der
Gesetzgeber selbst aus, wenn er das im Übrigen unveränderte Löschungsverfahren

für eine eingetragene Veräußerungsbeschränkung (RegE BT-Drs. 19/18791 S. 49) als jetzt dem § 7 Abs. 2 WEG n. F. zugeordnete Grundbuchberichtigung einordnet (RegE BT-Drs. 19/18791 S. 91). Die Eintragung selbst kann gem. § 7 Abs. 3 S. 1 WEG grds. durch Bezugnahme erfolgen (Schneider ZfIR 2020, 822, 824f.); ein aussagekräftiger Eintragungsvermerk empfiehlt sich allerdings.

59 Eine inhaltliche Überprüfung des Beschlusses durch das Grundbuchgericht sieht das Gesetz nicht vor. Es obliegt vielmehr auch bei einzutragenden Beschlüssen den Wohnungseigentümern, Beschlüsse anzufechten, wenn sie von deren Rechtswidrigkeit ausgehen. Die Erhebung einer Klage gegen einen Beschluss hindert dessen Eintragung in das Grundbuch deshalb nicht (RegE BT-Drs. 19/18791 S. 40). Das Grundbuchgericht braucht sich also insbesondere nicht darum zu kümmern, ob der zur Eintragung bestimmte Beschluss materiell-rechtlich u. U. in unentziehbare, aber verzichtbare Rechte eines Wohnungseigentümers eingreift (vgl. BGHZ 221, 373 = NJW 2019, 2083 = ZMR 2019, 619; BGHZ 202, 346 = NJW 2015, 549 = ZMR 2015, 239). Gleichwohl entfällt die Prüfungskompetenz des Grundbuchgerichts nicht vollständig; sie reduziert sich vielmehr auf eine formelle Prüfungskompetenz (Lehmann-Richter/Wobst Rn 1780). Dazu gehört insbesondere nach den vorgenannten Kriterien die Eintragungsfähigkeit, der ordnungsmäßige Nachweis des Beschlusses, keine Nichtigkeitsgründe gem. §§ 134, 138 BGB und die Vorlage etwaiger notwendiger Drittzustimmungen (dazu sogleich).

60 Zur Stellung des Eintragungsantrags berechtigt ist nach den allgemeinen grundbuchrechtlichen Bestimmungen zunächst jeder Wohnungseigentümer (§ 13 Abs. 1 S. 2 GBO). Dessen Antragsrecht beschränkt sich allerdings auf das jeweilige dem Eigentümer zugeordnete Grundbuchblatt (OLG München ZMR 2014, 810; a. A. Lehmann-Richter/Wobst Rn 1766). Zur Erleichterung einer gleichzeitigen Antragstellung für alle Grundbücher der Wohnungseigentumsanlage erweitert § 7 Abs. 2 S. 2 WEG n. F. das Antragsrecht auf die rechtsfähige Gemeinschaft der Wohnungseigentümer, die dabei in der Regel durch den Verwalter vertreten wird (§ 9b Abs. 1 S. 1 WEG n. F.).

(3) Drittzustimmungen

61 Vereinbarungen und nun auch Beschlüsse aufgrund einer solchen Vereinbarung bedürfen zur Wirksamkeit der Zustimmung Drittberechtigter gem. § 5 Abs. 4 S. 1 u. 2 WEG n. F., §§ 876, 877 BGB. Dabei bestehen Erleichterungen für Verwertungsgläubiger. Nach dem eindeutigen Wortlaut sollen damit Beschlüsse aufgrund einer gesetzlichen Öffnungsklausel aber vom Zustimmungserfordernis ausgenommen sein.

62 Dies entspricht nicht der vor Inkrafttreten des WEMoG überwiegend vertretenen Auffassung (vgl. Armbrüster ZWE 2013, 242, 243; Bärmann/Suilmann § 10 Rn 149 f.; BeckOK-WEG/M. Müller § 10 Rn 267; Palandt/Wicke § 10

Rn 27; Staudinger/Rapp § 5 Rn 99). Danach sollten im Hinblick auf die Eintragungsbeschränkung des § 10 Abs. 4 S. 2 WEG etwaige Drittberechtigte einer für sie nachteiligen Änderung der Gemeinschaftsordnung im Beschlusswege zur Vermeidung einer schwebenden Unwirksamkeit zumindest materiell-rechtlich analog §§ 876, 877 BGB zuzustimmen haben (a. A. Schneider FS H. Müller 2019, S. 299, 307). Die Gesetzesbegründung verhält sich nicht zu diesem Problem. Man wird wohl davon auszugehen haben, dass zukünftig dinglich Berechtigte beschlussweisen Änderungen der Gemeinschaftsordnung aufgrund einer gesetzlichen Öffnungsklausel nicht zuzustimmen brauchen (Becker/Schneider ZfIR 2020, 281, 287 f.; ebenso D/Sch/Z Kap. 1 Rn 71).

(4) Erwerb vor Eintragung des Beschlusses

Nach den zuvor genannten Grundsätzen kann von einer sämtliche Wohnungseigentümer erfassenden Unrichtigkeit des Grundbuchs nicht ausgegangen werden, wenn nach der Beschlussfassung, aber noch vor der Eintragung des Beschlusses in das Grundbuch ein Eigentumswechsel in der Wohnungseigentümergemeinschaft stattgefunden hat. Ein solcher Beschluss kann gegenüber dem Wohnungserwerber mangels Eintragung noch keine Wirkung entfalten, wenn er nicht ausnahmsweise an der Beschlussfassung bereits mitgewirkt hat. Zur Vervollständigung des Unrichtigkeitsnachweises ist daher in einem solchen Fall zusätzlich noch die Zustimmung des Erwerbers in der Form des § 29 Abs. 1 GBO zur Eintragung des Beschlusses in das Grundbuch nachzuweisen. Nichts anderes hat zu gelten, wenn zur Vorbereitung eines solchen Eigentumserwerbs bereits vor der Beschlussfassung eine Erwerbsvormerkung im Grundbuch eingetragen worden ist. Wegen der notwendigen Einheitlichkeit der Rechtsverhältnisse muss der Vormerkungsberechtigte als zukünftiger Wohnungseigentümer der Eintragung des Beschlusses zustimmen. Auf die Frage, ob der zeitlich nach der Vormerkung eingetragene Beschluss ein die Vormerkung beeinträchtigendes Recht iSd § 883 Abs. 2 S. 1 BGB darstellen kann, kommt es somit nicht an (so aber Wilsch FGPrax 2020, 1, 3 und D/Sch/Z Kap. 1 Rn 66). **63**

(5) Erwerb nach Anfechtung des Beschlusses

Die Erhebung einer Klage gegen einen Beschluss hindert dessen Eintragung in das Grundbuch nicht. Zum Schutz vor einem etwaigen gutgläubigen Erwerb vor der Entscheidung über die Klage bedarf es also eines zusätzlichen Sicherungsmittels. Die ganz überwiegende Auffassung bejaht die Möglichkeit eines gutgläubigen Erwerbs im Zusammenhang mit Eintragungen nach § 5 Abs. 4 S. 1; der Entwurf will sich zu dieser Frage nicht verhalten und ihre Beantwortung weiterhin der Rechtsprechung überlassen (RegE BT-Drs. 19/18791 S. 40). **64**

Nach allgemeinen Regeln soll zur Lösung des Problems die Eintragung eines Rechtshängigkeitsvermerks in Betracht kommen (RegE BT-Drs. 19/18791 S. 40). Zur **65**

Eintragung eines solchen Vermerkes bedarf es einer einstweiligen Verfügung (BGH NJW 2013, 2357). Fraglich ist nun, wer der zutreffende Antragsgegner in diesem Verfahren ist. Sieht man die Wohnungseigentümergemeinschaft analog § 44 Abs. 2 WEG n. F. als Antragsgegner an, führt dies zu einem Gleichlauf mit der parallelen Anfechtungs- bzw. Nichtigkeitsklage (so Lehmann-Richter/Wobst Rn 1789). Demgegenüber weist Abramenko (ZMR 2020, 453, 457) auf die persönliche Rechtszuständigkeit der einzelnen Wohnungseigentümer und den insoweit ersatzlos entfallenen § 45 Abs. 1 WEG a. F. hin. Von der weiteren Entwicklung in dieser Frage wird entscheidend abhängen, ob sich der vom Gesetzgeber herangezogene Rechtshängigkeitsvermerk als taugliches Mittel zur Verhinderung eines gutgläubigen Erwerbs überhaupt eignet. Unstreitig dürfte nämlich feststehen, dass insbesondere in größeren Wohnungseigentumsanlagen notwendig werdende Zustellungen an sämtliche Wohnungseigentümer in der Praxis zu großen Schwierigkeiten und Zeitverzögerungen führen können, die die Lösung des Problems letztlich leerlaufen lassen.

(6) Löschung des eingetragenen Beschlusses

66   Wird ein im Grundbuch bereits eingetragener Beschluss aufgrund eines rechtskräftigen Anfechtungs- oder Nichtigkeitsurteils aufgehoben, kann dessen verfahrensrechtliche Löschung im Grundbuch aufgrund eines neuerlichen Unrichtigkeitsnachweises gem. § 22 Abs. 1 GBO erfolgen (Lehmann-Richter/Wobst Rn 1786). Auf einen evtl. zwischenzeitlichen gutgläubigen Erwerb braucht das Grundbuchgericht keine Rücksicht zu nehmen, weil das Urteil gem. § 44 Abs. 3 WEG n. F. gegenüber allen Wohnungseigentümer wirkt und somit einen etwaigen gutgläubigen Erwerb wieder zunichtemacht (Lehmann-Richter/Wobst Rn 1786). Zur Antragstellung ist auch hier – spiegelbildlich zur Eintragung – die rechtsfähige Gemeinschaft der Wohnungseigentümer analog § 7 Abs. 2 S. 2 WEG n. F. berechtigt.

67   Erfolgt ein rechtsgeschäftlicher Erwerb erst nach Eintritt der Rechtskraft des Urteils, kann damit ggf. ein gutgläubiger Erwerb verbunden sein, der die Rechtskraft des Urteils überwindet. In einem solchen Fall bedarf es nach hier vertretener Auffassung der Zustimmung dieses Erwerbers zur Eintragung der Löschung in der Form des § 29 Abs. 1 GBO (a. A. Lehmann-Richter/Wobst Rn 1787: Bewilligungen aller Wohnungseigentümer).

dd) Übergangsrecht

68   Die Vorschriften der §§ 5 Abs. 4, § 7 Abs. 2 und § 10 Abs. 3 WEG n. F. gelten auch für solche Beschlüsse, die vor dem Inkrafttreten der Gesetzesänderung gefasst oder durch gerichtliche Entscheidung ersetzt wurden (§ 48 Abs. 1 S. 1 WEG n. F.). § 48 Abs. 1 S. 2 WEG n. F. sieht jedoch insoweit eine Übergangsfrist bis zum 31.12.2025 vor. Sie verhindert, dass Altbeschlüsse gegenüber Sondernachfolgern nicht wirken, weil die Sondernachfolge eintritt, bevor der Beschluss im

Grundbuch eingetragen ist. Altbeschlüsse wirken deshalb auch ohne Eintragung im Grundbuch noch gegen einen Sondernachfolger, wenn die Sondernachfolge bis zum 31. Dezember 2025 eintritt. Die Praxis soll damit ausreichend Zeit erhalten, um die Eintragung von Altbeschlüssen in das Grundbuch zu bewirken (RegE BT-Drs. 19/18791 S. 83). Für das Eintragungsverfahren gilt wiederum § 7 Abs. 2 WEG n. F.. Sollte die hierfür notwendige Form des § 29 GBO nicht mehr erlangt werden können, kann jeder Wohnungseigentümer bis zum 31.12.2025 verlangen, dass ein Beschluss erneut gefasst wird (§ 48 Abs. 1 S. 3 WEG n. F.). Dieser Anspruch setzt allerdings voraus, dass ein wirksamer Altbeschluss gefasst wurde (RegE BT-Drs. 19/18791 S. 83). Nach der oben dargestellten h. M. liegt ein solcher Beschluss aber gerade nicht vor, wenn man materiell-rechtlich eine Drittzustimmung für notwendig gehalten hat (a.A. D/Sch/Z Kap. 1 Rn 72, die allerdings nicht auf das fehlende Rechtsschutzinteresse für eine entsprechende Klage eingehen). Ein solcher Beschluss wäre allenfalls (noch) schwebend unwirksam. Erfüllen die Wohnungseigentümer also den gesetzlich eingeräumten Anspruch auf erneute Beschlussfassung nicht, hätte eine mit entsprechendem Kostenaufwand verfolgte Beschlussersetzungsklage von vornherein keine Aussicht auf Erfolg. § 48 Abs. 1 S. 3 WEG n. F. kann also nur zum Ziel führen, wenn man davon ausgeht, dass Beschlüsse aufgrund einer Vereinbarung bisher keine Zustimmung des Drittberechtigten erforderten (*Becker* in Köhler, Anwaltshandbuch Wohnungseigentumsrecht, 4. Aufl. 2020, Rz. 3.140; *Becker/Schneider* ZfIR 2020, 281, 288).

b) Grundbucheintragung von Veräußerungsbeschränkungen

aa) § 7 Abs. 3 S. 2 WEG n.f. lautet:

»Veräußerungsbeschränkungen (§ 12) (…) sind jedoch ausdrücklich einzutragen.« 69

bb) Hintergrund der Neuregelung

Die Neuregelung entspricht dem bisher schon geltenden § 3 Abs. 2 S. 2 70 WGV a. F. und soll nach der Gesetzesbegründung lediglich der Rechtsklarheit dienen (RegE BT-Drs. 19/18791, S. 40).

cc) Inhalt der Neuregelung

Regelungen zum Inhalt des Sondereigentums werden üblicherweise lediglich 71 unter Bezugnahme auf die Eintragungsbewilligung in das Grundbuch eingetragen (§ 7 Abs. 3 S. 1 WEG n. F.). Nur besonders bedeutsame Regelungen müssen aufgrund einer entsprechenden gesetzlichen Anordnung ausdrücklich in das Grundbuch eingetragen werden (vgl. z. B. allgemein für die Eintragung eines Rangvermerks § 879 Abs. 3 BGB in Abweichung von § 874 S. 1 BGB). In der Vergangenheit bestanden nun unterschiedliche Auffassungen darüber, ob eine entgegen § 3 Abs. 2 S. 2 WGV a. F. lediglich unter Bezugnahme eingetragene Veräußerungsbeschränkung auch materiell-rechtlich Wirkung gegenüber einem Erwerber entfalten konnte. Dies wurde im Hinblick auf den lediglich verfahrensrechtlichen Charakter der Norm von der Rechtsprechung und Teilen des Schrifttums bejaht (OLG München ZMR 2006, 961; Bärmann/Suilmann § 12 Rn 9; Hügel/Elzer § 12 Rn 9; Riecke/Schmid/Schneider § 12 Rn 17; Schöner/Stöber Rn 2902; Niedenführ/Schmidt-Räntsch/Vandenhouten § 12 Rn 2). Ein anderer Teil des Schrifttums ging demgegenüber davon aus, dass das Ermessen, das dem Grundbuchamt durch den seinerzeitigen § 7 Absatz 3 WEG grundsätzlich eingeräumt wurde, durch § 3 Absatz 2 WGV a. F. auf null reduziert werde und ein Verstoß gegen diese Vorschrift sich deshalb auch materiell-rechtlich auswirken müsse (Erman/Grziwotz § 12 Rn 6; MüKoBGB/Commichau § 12 Rn 10; Palandt/Wicke § 12 Rn 5; Staudinger/Kreuzer § 12 Rn 10 u. 38).

72 Durch die jetzt in das WEG selbst aufgenommene Pflicht zur ausdrücklichen Eintragung soll die andernfalls bestehende Bezugnahmemöglichkeit eingeschränkt werden. Ein Erwerber soll damit nach dem Inkrafttreten des WEMoG darauf vertrauen können, dass eine Veräußerungsbeschränkung gem. § 12 WEG nur besteht, wenn sie auch ausdrücklich in das Grundbuch eingetragen worden ist (BT-Drs. 19/19369 S. 6; mit Zweifeln am Wortlaut allerdings noch BR-Drs. 168/20B S. 3). Legt man die letztlich Gesetz gewordene Fassung zugrunde (der auch der Bundesrat zugestimmt hat), kann jedoch davon ausgegangen werden, dass § 7 Abs. 3 S. 2 WEG n. F. für die Zukunft dem früheren Meinungsstreit die Grundlage entzogen hat. Ohne eine ausdrückliche Grundbucheintragung fehlt es also zukünftig an einer materiell-rechtlich wirksamen Grundbucheintragung einer Veräußerungsbeschränkung. Wegen eines Eintragungsvorschlages s. Schneider ZfIR 2020, 822, 826.

73 Unklar ist, warum die inhaltsgleiche Vorschrift für Dauerwohn- und Dauernutzungsrechte in § 32 Abs. 2 S. 1 WEG von der klarstellenden Regelung ausgenommen worden ist (s. bereits Becker/Schneider ZfIR 2020, 281, 289). Insoweit ist die ausdrückliche Eintragung einer gem. § 35 WEG vereinbarten Veräußerungsbeschränkung nicht vorgesehen. § 32 WEG ist lediglich hinsichtlich des Ermächtigungsvorbehalts an § 7 Abs. 4 WEG n. F. angepasst worden; i.ü. verweist § 35 S. 2 WEG wie bisher lediglich auf § 12 WEG, nicht aber auf § 7 Abs. 3 S. 2 WEG n. F.

dd) Übergangsrecht

74 Ist eine ausdrückliche Eintragung vor dem 01.12.2020 unterblieben, so ist sie nachzuholen (§ 48 Abs. 3 S. 1 WEG n. F.). Dazu bedarf es nach der gesetzlichen Regelung allerdings eines Antrags, der jetzt auch von der rechtsfähigen Gemeinschaft der Wohnungseigentümer gestellt werden kann (§ 48 Abs. 3 S. 2 WEG n. F.). Auf diese Weise wird eine einheitliche Nachholung in sämtlichen Wohnungsgrundbüchern gewährleistet.

Bei der Eintragung handelt es sich jedoch nicht um eine Grundbuchberichtigung, 75
wenn die Eintragung bereits unter Bezugnahme auf die Bewilligung (nach hier vertretener Auffassung: wirksam) erfolgt ist. Es handelt sich damit verfahrensrechtlich
lediglich um eine Klarstellung (der RegE BT-Drs. 19/18791, S. 84 spricht in diesem Zusammenhang unter Zugrundelegung der a. A. von einer »Richtigstellung«).

Solche Klarstellungen können allerdings von den Grundbuchgerichten jederzeit 76
von Amts wegen vorgenommen werden, wenn sie dafür ein Bedürfnis erkennen;
einem Antrag kommt nach ganz h. M. insoweit lediglich die Bedeutung einer
Anregung zu (OLG Düsseldorf RNotZ 2018, 546; OLG Brandenburg Rpfleger 2018, 74; OLG München FamRZ 2017, 150). Auch bis zum Inkrafttreten
des WEMoG bestand für die Grundbuchgerichte jederzeit die Möglichkeit, auf
diese Weise das nachträglich bemerkte Versäumnis zu beseitigen. § 48 Abs. 3
S. 2 WEG n. F. ist daher nur als Ergänzung des geltenden Verfahrensrechts anzusehen; sie untersagt den Grundbuchgerichten keineswegs ein schon bisher
mögliches Tätigwerden von Amts wegen. Ein solches Ergebnis wäre auch widersinnig, soll doch gerade nach dem Schutzzweck die Veräußerungsbeschränkung
ausdrücklich verlautbart und deren ausdrückliche Eintragung nicht verhindert
werden. Dass die Grundbucheintragung »nur auf Antrag eines Wohnungseigentümers oder der Gemeinschaft der Wohnungseigentümer« erfolgt, bringt
deshalb nach dem hier zugrunde gelegten Verständnis lediglich zum Ausdruck,
dass für die Grundbuchgerichte keine Verpflichtung zur Nachprüfung bestehen
soll (a. A. wohl RegE BT-Drs. 19/18791 S. 84).

Eine Übergangsfrist zur Eintragung von Veräußerungsbeschränkungen ist nicht 77
vorgesehen; sie waren ja bereits nach altem Recht ausdrücklich in das Grundbuch einzutragen (§ 3 Abs. 2 S. 2 WGV a. F.).

c) Grundbucheintragung von Haftungsvereinbarungen

aa) § 7 Abs. 3 S. 2 WEG n.F. lautet:

»(…) und die Haftung von Sondernachfolgern für Geldschulden sind ausdrücklich 78
einzutragen.«

bb) Hintergrund der Neuregelung

§ 7 Abs. 3 S. 2 WEG n. F. sieht zum Schutz von Erwerbern ebenfalls vor, dass 79
Regelungen, die die Haftung von Sondernachfolgern für Geldschulden begründen, zur Wirkung gegenüber Sondernachfolgern zukünftig ausdrücklich
in das Grundbuch eingetragen werden müssen. Eine Eintragung lediglich unter
Bezugnahme (§ 7 Abs. 3 S. 1 WEG n. F. genügt zukünftig materiell-rechtlich
nicht mehr. Eine identische Regelung findet sich nun auch verfahrensrechtlich
in § 3 Abs. 2 Hs. 2 WGV n. F. (Art. 7 WEMoG).

cc) Inhalt der Neuregelung

80 Der Begriff der Geldschuld ist wie in § 288 Abs. 1 S. 1 BGB zu verstehen. Er erfasst insbesondere die Haftung für Hausgeldschulden (RegE BT-Drs. 19/18791, S. 40). Solche rechtsgeschäftlich vereinbarten Haftungsklauseln führen mit dem Wohnungserwerb automatisch zu einer Übernahme fälliger Hausgeldschulden zulasten des Wohnungserwerbers. Ihre Zulässigkeit ist höchstrichterlich bereits seit Längerem anerkannt; sie müssen sich lediglich in den vom Gesetz gezogenen Grenzen des § 56 S. 2 ZVG halten (BGH NJW 2012, 2797 = ZfIR 2012, 365; BGHZ 142, 90 = ZMR 1999, 834; BGH NJW 1994, 2950 = ZMR 1994, 271). Wegen eines Eintragungsvorschlages s. Schneider ZfIR 2020, 822, 827.

dd) Übergangsrecht

81 Die Pflicht zur ausdrücklichen Eintragung von Haftungsklauseln gilt gem. § 48 Abs. 3 S. 1 WEG n. F. auch für Vereinbarungen und Beschlüsse, die vor dem 01.12.2020 getroffen oder gefasst wurden. Ist eine solche Regelung entgegen § 7 Abs. 3 S. 2 WEG n. F. bisher nicht ausdrücklich, sondern lediglich unter Bezugnahme auf die Eintragungsbewilligung in das Grundbuch eingetragen worden, kann die ausdrückliche Eintragung in allen Wohnungsgrundbüchern wiederum nur auf Antrag eines Wohnungseigentümers oder der Gemeinschaft der Wohnungseigentümer nachgeholt werden (§ 48 Abs. 3 S. 2 WEG n. F.). Anders als noch bei der Nachholung einer (fehlerhaft) nicht ausdrücklich eingetragenen Veräußerungsbeschränkung werden die Grundbuchgerichte in diesem Fall wohl keine Veranlassung für eine Tätigkeit von Amts wegen sehen; die bisherige Eintragung war nämlich zutreffend in Übereinstimmung mit den zum Zeitpunkt der Eintragung geltenden gesetzlichen Bestimmungen erfolgt (vgl. § 7 Abs. 3 WEG a. F.).

82 Für die Nachholung räumt das Gesetz wiederum eine Übergangsfrist bis zum 31.12.2025 ein. Ist eine Haftungsklausel bisher nicht ausdrücklich in das Grundbuch eingetragen worden, soll die Wirkung gegenüber dem Sondernachfolger eines Wohnungseigentümers unberührt bleiben, wenn die Sondernachfolge bis zum 31.12.2025 eintritt (§ 48 Abs. 3 S. 3 WEG n. F.). Ohne Nachholung der ausdrücklichen Grundbucheintragung soll die Klausel nach diesem Zeitpunkt dann keine Wirkung mehr gegenüber dem Sondernachfolger eines Wohnungseigentümers entfalten.

83 Die Übergangsregelung differenziert nach dem hier zugrunde gelegten Verständnis nicht genügend zwischen der Eintragung einer Haftungsklausel aufgrund einer Vereinbarung der Wohnungseigentümer und einer solchen aufgrund eines zulässigerweise gefassten Beschlusses infolge einer Öffnungsklausel (ebenso bereits Becker/Schneider ZfIR 2020, 281, 289).

Soweit es sich grundbuchrechtlich bei der Eintragung um eine Richtigstellung handeln soll (so RegE BT-Drs. 19/18791 S. 84), kann sich diese Aussage nur auf eine vereinbarte Haftungsklausel beziehen. Einer Bewilligung bedarf es insoweit richtigerweise nicht; es handelt sich der Sache nach nämlich lediglich um die veränderte Fassung einer Grundbucheintragung in einer anderen Darstellungsform (Becker/Schneider ZfIR 2020, 281, 289). Die Haftungsklausel ist bereits zutreffend unter Bezugnahme in das Grundbuch eingetragen worden; die Eintragung ist auch wirksam, weil sie in Übereinstimmung mit den zum Zeitpunkt der Eintragung geltenden gesetzlichen Bestimmungen erfolgt ist (vgl. § 7 Abs. 3 WEG a. F.). Der Sachverhalt ist vergleichbar der später auf Anregung nachgeholten ausdrücklichen Grundbucheintragung eines Sondernutzungsrechts, das zuvor bereits zulässigerweise unter Bezugnahme im Grundbuch vermerkt war (vgl. OLG Hamm OLGZ 1985, 19 = Rpfleger 1985, 109; Riecke/Schmid/Schneider § 7 Rn 180 ff.).

Der Fall einer bloßen Klarstellung einer bereits abgeschlossenen Grundbucheintragung liegt jedoch nicht vor, wenn bisher lediglich außerhalb des Grundbuchs aufgrund einer Öffnungsklausel eine Haftungsregelung zulässigerweise begründet wurde. Diese soll nämlich nach dem Inkrafttreten des WEMoG erstmalig zur Grundbucheintragung gelangen. Damit handelt es sich der Sache nach aber um eine Grundbuchberichtigung, die eine bisher schon außerhalb des Grundbuchs eingetretene Änderung des Sondereigentumsinhalts erstmals im Buch verlautbaren soll (Becker/Schneider ZfIR 2020, 281, 289). Nur für solche bisher noch nicht eingetragenen Haftungsklauseln, die auf einer Öffnungsklausel beruhen, ist die fortdauernde Wirkung gegenüber Sondernachfolgern sinnvoll, wenn die Sondernachfolge bis zum Ablauf der Übergangsfrist eintritt. Dies entspricht auch der korrespondierenden Regelung in § 48 Abs. 1 S. 2 WEG n. F. für die Eintragung von allgemein aufgrund einer Öffnungsklausel beschlossenen Vereinbarungen. **84**

Demgegenüber ist die Neufassung einer wirksam erfolgten Grundbucheintragung auch über den 31.12.2025 hinaus möglich, ohne dass die Wirkung gegenüber dem Sondernachfolger eines Wohnungseigentümers nach diesem Zeitpunkt entfällt. Die einmal dinglich gesicherte Haftungsklausel wirkt unverändert weiter. Der Gesetzgeber würde andernfalls mit der missglückten Formulierung rückwirkend in den Bestand wirksam erworbener dinglicher Rechte eingreifen. Es handelt sich bei solchen noch unter Bezugnahme eingetragenen Haftungsklauseln immerhin um den Inhalt des Sondereigentums (vgl. § 5 Abs. 4 S. 1, § 10 Abs. 3 WEG a. F.). **85**

Das Eigentum wird durch Art. 14 Abs. 1 GG jedoch gegen solche Eingriffe besonders geschützt. Ein solcher einfachgesetzlicher Eingriff in das verfassungsrechtlich garantierte Eigentumsrecht der Wohnungseigentümer könnte mit echter Rückwirkung nur erfolgen, wenn das WEMoG mit § 48 Abs. 3 WEG n. F. sich ausdrücklich und zulässigerweise Rückwirkung beilegt, was hinsichtlich des nach dem 31.12.2025 eintretenden Rechtsverlustes aber nicht geschieht. **86**

87 Will man demgegenüber ohne Rücksicht auf die bestehende Verdinglichung
    (wegen der sachenrechtlichen Rechtseinheit vgl. aber auch § 6 WEG) die woh-
    nungseigentumsrechtliche Beziehung der Miteigentümer lediglich als eine Art
    dauerhafte schuldrechtliche Sonderverbindung begreifen, könnte die Verbots-
    wirkung grundsätzlich erst mit dem Inkrafttreten für zukünftig neu errichte-
    te Gemeinschaftsordnungen einsetzen. § 48 Abs. 3 WEG n. F. erschöpft sich
    deshalb in der Anordnung der Nachholung der ausdrücklichen Eintragung für
    bestehende Gemeinschaftsordnungen, beinhaltet jedoch nach Sinn und Zweck
    keinen Wegfall der fortdauernden Wirkungen bestehender Regelungen nach
    dem 31.12.2025. Ein solcher Wegfall ist schon deshalb nicht angebracht, weil
    der mit § 48 Abs. 3 WEG n. F. angestrebte Zweck den Schutz eines Sonder-
    nachfolgers höher einordnen würde als das Vertrauen der Wohnungseigentümer
    in den Inhalt ihres Eigentums. Sondernachfolger konnten aber auch bisher über
    rd. 70 Jahre nicht auf eine fehlende Haftungsvereinbarung vertrauen, ohne die
    zugrunde liegende Eintragungsbewilligung eingesehen zu haben. Selbst diese Er-
    kenntnismöglichkeit versagte ihnen die ganz h. M. in der Vergangenheit, wenn
    die Regelung aufgrund einer Öffnungsklausel zustande gekommen war. Vor die-
    sem Hintergrund lässt eine Abwägung der unterschiedlichen Interessen den für
    einen Erwerbsinteressenten auch im Hinblick auf andere verdinglichte Regelun-
    gen (wie etwa Sondernutzungsrechte) unverändert mit einer Grundbucheinsicht
    verbundenen Aufwand für Altfälle weiterhin als zumutbar erscheinen.

II. Änderungen

1. Löschung von Veräußerungsbeschränkungen

a) § 12 Abs. 4 WEG n.F. lautet:

88 *»Die Wohnungseigentümer können beschließen, dass eine Veräußerungsbeschrän-
    kung gemäß Absatz 1 aufgehoben wird. Ist ein Beschluss gemäß Satz 1 gefasst, kann
    die Veräußerungsbeschränkung im Grundbuch gelöscht werden. § 7 Abs. 2 gilt ent-
    sprechend.«*

b) Hintergrund der Änderung

89 § 12 Abs. 4 WEG ist erst durch die WEG-Novelle 2007 eingefügt worden
    (Art. 1 Nr. 6 WEGuaÄndG v. 26.03.2007, BGBl. I S. 370). Beabsichtigt war
    die Schaffung einer neuen gesetzlichen Beschlusskompetenz, die eine erleichter-
    te Aufhebung von Veräußerungsbeschränkungen ermöglichen sollte. Zu diesem
    Zweck wurde die Eintragung der Aufhebung in das Grundbuch ohne Vorlage
    der sonst gem. § 19 GBO erforderlichen Eintragungsbewilligung zugelassen,
    wenn der Aufhebungsbeschluss gem. § 26 Abs. 3 WEG a. F. nachgewiesen
    wird. Die Löschung im Grundbuch konnte dann in der Folge im Wege der

Berichtigung erfolgen (OLG Hamm ZWE 2012, 489; OLG München ZNotP 2012, 60), weil die Wirkung des Beschlusses bereits mit der Beschlussfassung eintritt und dieser bis zu seiner endgültigen Aufhebung durch Urteil wirksam bleibt. (§ 23 Abs. 4 S. 2 WEG). Eines Nachweises der Bestandskraft gegenüber dem Grundbuchgericht bedurfte es demgemäß nicht (OLG München ZMR 2014, 810). Die Vorschrift gehörte seinerzeit zu den nicht abänderbaren und auch durch Vereinbarung nicht aufhebbaren Bestimmungen.

c) Inhalt der Änderung

Neben einer nur redaktionellen Änderung im S. 1 werden die bisherigen Sätze 2, 4 und 5 aufgehoben. Stattdessen wird der neue S. 3 eingefügt. **90**

Die Aufhebung des § 12 Abs. 4 S. 2 WEG a. F. begründet der Gesetzgeber damit, dass die mit dieser Regelung verbundene Einschränkung der Vertragsfreiheit aus heutiger Sicht unangemessen sei (RegE BT-Drs. 19/18791, S. 48 f.). **91**

§ 12 Abs. 4 S. 3 WEG n. F. tritt an die Stelle der bisherigen Sätze 4 und 5; eine inhaltliche Änderung soll damit nicht verbunden sein (RegE BT-Drs. 19/18791, S. 49). § 7 Abs. 2 WEG n. F. wird durch den Verweis nunmehr als neugeschaffene zentrale Vorschrift für erleichterte Grundbucheintragungen im Wege der Berichtigung in Bezug genommen. **92**

Durch den Verweis wird jedoch auch § 7 Abs. 2 S. 2 WEG n. F. in Bezug genommen. Danach kommt nunmehr das Antragsrecht für die verfahrensrechtliche Löschung der Veräußerungsbeschränkung im Grundbuch auch der rechtsfähigen Gemeinschaft der Wohnungseigentümer zu, die dabei in der Regel durch den Verwalter vertreten sein wird (§ 9b Abs. 1 S. 1 WEG n. F.). Bisher ergab sich das Antragsrecht ausschließlich nach grundbuchrechtlichen Vorschriften (vgl. § 13 Abs. 1 S. 2 GBO) und damit lediglich individuell für die antragstellenden Wohnungseigentümer bzgl. ihrer jeweils betroffenen Einheiten (OLG München ZMR 2014, 810; OLG München ZNotP 2012, 60). Durch die Erweiterung des verfahrensmäßigen Antragsrechts wird also die gleichzeitige Löschung einer eingetragenen Veräußerungsbeschränkung in sämtlichen Grundbüchern einer Wohnungseigentumsanlage merklich erleichtert. **93**

d) Kein Übergangsrecht

Der Beschluss über die Aufhebung einer Veräußerungsbeschränkung wird schon bisher auf der gesetzlichen Grundlage von § 12 Abs. 4 S. 1 WEG gefasst. Die Möglichkeit einer Grundbucheintragung von Beschlüssen aufgrund rechtsgeschäftlich vereinbarter Öffnungsklauseln (§ 5 Abs. 4 S. 1 WEG n. F.) berührt die Wirkungen eines Beschlusses nach § 12 Abs. 4 S. 1 WEG deshalb nicht. **94**

2. Erleichterte Löschung von Veräußerungsbeschränkungen

a) KV-Nr. 14160 GNotKG n.F. lautet nun:

95 *»Sonstige Eintragung   50, – Euro*
Die Gebühr wird erhoben für die Eintragung

(...)

Nr. 5 einer oder mehrerer gleichzeitig beantragter Änderungen des Inhalts oder Ein-
tragung der Aufhebung des Sondereigentums; die Gebühr wird für jedes betroffene
Sondereigentum gesondert erhoben; im Fall der Löschung einer Veräußerungsbe-
schränkung nach § 12 des Wohnungseigentumsgesetzes beträgt die Summe der zu
erhebenden Gebühren höchstens 100,00 €.«

b) Hintergrund der Änderung

96 Die unter Ziffer 1. dargestellte Löschung einer Veräußerungsbeschränkung aufgrund der seit 2007 bestehenden gesetzlichen Beschlusskompetenz ist in der
Praxis häufig unterblieben. Zumindest ein Grund waren die zum Teil sehr erheblichen Eintragungskosten (RegE BT-Drs. 19/18791, S. 91). Die Gebühren
für die Eintragung einer Inhaltsänderung des Sondereigentums richten sich
nämlich nach der Anzahl der betroffenen Sondereigentumsrechte (KV 14160
Nr. 5 GNotKG a. F.). Insbesondere in mittelgroßen und größeren Wohnungseigentumsanlagen wurden dadurch sehr schnell hohe Gebührenbeträge erreicht
(vgl. OLG München Rpfleger 2015, 50), die abschreckend wirkten.

97 Art. 11 WEMoG führt nun eine Deckelung der Gebühren nur für diesen Tatbestand ein. Die Summe der zu erhebenden Gebühren im Fall der Löschung
einer Veräußerungsbeschränkung gem. § 12 WEG beträgt danach höchstens
100, – Euro. Es wird abzuwarten sein, ob es nun vermehrt zur Löschung von
Veräußerungsbeschränkungen in den Grundbüchern kommt.

c) Kein Übergangsrecht und Inkrafttreten

98 Eine Übergangsregelung ist nicht erfolgt; Art. 11 WEMoG ist bereits am Tag nach
der Verkündung im Bundesgesetzblatt in Kraft getreten (Art. 18 S. 2 WEMoG).

III. Aufgehobene Bestimmungen

1. Erleichterte Drittzustimmung

a) § 5 Abs. 4 S. 3 WEG a.F. lautete bisher

99 *»Bei der Begründung eines Sondernutzungsrechts ist die Zustimmung des Dritten*
nicht erforderlich, wenn durch die Vereinbarung gleichzeitig das zu seinen Gunsten
belastete Wohnungseigentum mit einem Sondernutzungsrecht verbunden wird.«

b) Hintergrund der Aufhebung

Der erst 2007 zusammen mit S. 2 eingefügte S. 3 (Art. 1 Nr. 2 WEGuaÄndG   **100**
v. 26.03.2007, BGBl. I S. 370) sah vor, dass eine nach allgemeinen Vorschriften
notwendige Zustimmung eines Dritten zur Begründung eines Sondernutzungsrechts dann nicht erforderlich ist, wenn zugleich ein Sondernutzungsrecht zugunsten des belasteten Wohnungseigentums begründet wird. Dem lag der Gedanke
zugrunde, dass der Dritte durch eine solche Maßnahme zumindest wirtschaftlich
nicht beeinträchtigt würde. Dies erscheint dem Gesetzgeber aber nun zweifelhaft,
weil es nach dem Wortlaut der Vorschrift weder auf die Gleichartigkeit noch auf die
Gleichwertigkeit der Sondernutzungsrechte ankommt (vgl. auch OLG München
NZM 2014, 479). Eine Beeinträchtigung des Dritten ist wirtschaftlich aber nur
ausgeschlossen, soweit der Wert des aufgehobenen Sondernutzungsrechts mit dem
Wert des neu begründeten Sondernutzungsrechts übereinstimmt. Das Wertverhältnis als weitere Voraussetzungen in die Vorschrift aufzunehmen schied aber aus, weil
eine Prüfung des Wertverhältnisses im Rahmen des Grundbuchverfahrens nicht
erfolgen kann (RegE BT-Drs. 19/18791, S. 39). Der Gesetzgeber macht sich damit
die seit Jahren bestehende Kritik an dieser Regelung zu eigen (vgl. Riecke/Schmid/
Schneider 5. Aufl. § 5 Rn 106 m. w. N.) und schafft die Ausnahmevorschrift ab.

c) Übergangsrecht

§ 5 Abs. 4 S. 3 a. F. gilt für Vereinbarungen und Beschlüsse weiter, die vor dem   **101**
01.12.2020 getroffen oder gefasst worden sind, wenn zu diesem Zeitpunkt alle
seinerzeit erforderlichen Zustimmungen erteilt waren (§ 48 Abs. 2 WEG n.
F.). Auf diese Weise wird verhindert, dass Vereinbarungen oder Beschlüsse, die
vor Inkrafttreten der Neuregelung bereits wirksam geworden sind, nachträglich wieder schwebend unwirksam werden (RegE BT-Drs. 19/18791, S. 83).
Nach dem Wortlaut des § 48 Abs. 2 WEG n.F. dürfte damit eine Eintragung
mit entspr. Zustimmungserleichterung immer noch möglich sein, wenn nur die
Voraussetzungen sämtlich vor dem 01.12.2020 erfüllt waren.

2. Ermächtigungsvorbehalt für Sachverständige

a) § 7 Abs. 4 S. 3 bis 6 WEG a.F. lauteten bisher

»Die Landesregierungen können durch Rechtsverordnung bestimmen, dass und in   **102**
welchen Fällen der Aufteilungsplan (Satz 1 Nr. 1) und die Abgeschlossenheit (Satz 1
Nr. 2) von einem öffentlich bestellten oder anerkannten Sachverständigen für das
Bauwesen statt von der Baubehörde ausgefertigt und bescheinigt werden. Werden
diese Aufgaben von dem Sachverständigen wahrgenommen, so gelten die Bestim-
mungen der Allgemeinen Verwaltungsvorschrift für die Ausstellung von Bescheini-
gungen gemäß § 7 Abs. 4 Nr. 2 und § 32 Abs. 2 Nr. 2 des Wohnungseigentums-
gesetzes vom 19. März 1974 (BAnz. Nr. 58 vom 23. März 1974) entsprechend. In

diesem Fall bedürfen die Anlagen nicht der Form des § 29 der Grundbuchordnung. Die Landesregierungen können die Ermächtigung durch Rechtsverordnung auf die Landesbauverwaltungen übertragen.«

b) Hintergrund der Aufhebung

103 Die erst 2007 eingefügten S. 4 – 6 (Art. 1 Nr. 3 WEGuaÄndG v. 26.03.2007, BGBl. I S. 370) sahen vor, dass die Landesregierungen durch Rechtsverordnung bestimmen konnten, dass und in welchen Fällen der Aufteilungsplan und die Abgeschlossenheit von einem öffentlich bestellten oder anerkannten Sachverständigen für das Bauwesen anstelle der Baubehörde ausgefertigt und bescheinigt werden. Von dieser Möglichkeit hatte jedoch kein Bundesland Gebrauch gemacht. Nach dem WEMoG steigen die Anforderungen an den Aufteilungsplan und die Abgeschlossenheitsbescheinigung (vergleiche § 3 Absatz 3, § 7 Abs. 4 S. 1 Nr. 1 WEG n. F.). Aufgrund ihrer hervorgehobenen Bedeutung für ein gedeihliches Zusammenleben der Wohnungseigentümer sieht das Gesetz daher vor, dass der Aufteilungsplan sowie die Abgeschlossenheits- u. Freiflächenbescheinigung stets der Mitwirkung der Baubehörden bedürfen. Die bisherige Delegationsmöglichkeit wurde deshalb ersatzlos gestrichen (vgl. RegE BT-Drs. 19/18791 S. 41).

104 Eine parallele Aufhebung findet sich für Dauerwohn- und Dauernutzungsrechte in der Streichung des vormaligen § 32 Abs. 2 S. 4 bis 7 WEG a. F.

3. Schließung des Grundbuchs bei gegenstandslosem Sondereigentum

a) § 9 Abs. 1 Nr. 2 WEG a.F. lautete bisher

105 *»Die Wohnungsgrundbücher werden geschlossen:*

(…)

»Nr. 2. auf Antrag sämtlicher Wohnungseigentümer, wenn alle Sondereigentumsrechte durch völlige Zerstörung des Gebäudes gegenstandslos geworden sind und der Nachweis hierfür durch eine Bescheinigung der Baubehörde erbracht ist;«

b) Hintergrund der Aufhebung

106 § 9 Abs. 1 Nr 2 WEG a. F. ist praktisch nicht relevant geworden und wurde im Interesse der Rechtsvereinfachung gestrichen. Es bedarf deshalb zukünftig auch im Falle der Zerstörung einer Aufhebung des Sondereigentums im Sinne von § 9 Abs. 1 Nr 1 WEG (RegE BT-Drs. 19/18791 S. 43).

§ 4 Nutzungs- und Gebrauchsrechte

I. Überblick

1   Das zum 01.12.2020 in Kraft tretende Wohnungseigentumsmodernisierungsgesetz (WEMoG) führt zu einer vollständigen Neuregelung der Vorschriften bei der Einräumung von Nutzungs- und Gebrauchsrechten. Die Änderungen sind erheblich und regeln die bisherige Systematik des rechtlichen Innenverhältnisses der Eigentümer untereinander sowie das Verhältnis zum Verband (zukünftig Gemeinschaft) gänzlich neu. Zunächst werden die Begrifflichkeiten an die Neufassung des Begriffs der Gemeinschaft der Eigentümer in § 9a WEG angepasst (RegE WEMoG, S. 56). Bislang war der Begriff des Gebrauchs als selbstnützige, tatsächliche Verwendung des Sondereigentums oder gemeinschaftlichen Eigentums definiert (Jennißen/Schultzky, § 15 Rn. 4). Der Begriff des Gebrauchs umfasste allerdings nach dem bisherigen Normverständnis der §§ 14, 15 WEG nicht die Verwaltung, Instandhaltung- und Instandsetzung sowie bauliche Veränderungen (Riecke/Schmid/Abramenko, § 15 Rn. 1). Bereits im Rahmen der ersten Überlegungen zur Überarbeitung des Wohnungseigentumsgesetzes wurde in der Bund-Länder-Arbeitsgruppe über den neuen Begriff »Gebrauch« diskutiert und eine gemeinschaftsbezogene Ausgestaltung des Begriffs präferiert (Abschlussbericht der Bund-Länder-Arbeitsgruppe zur Reform des Wohnungseigentumsgesetzes, Abschnitt XIV Ziff. 1b, S. 89 f.).

Der Gesetzgeber hat den notwendigen Reformbedarf erkannt und im Anschluss an die Diskussionen der Bund-Länder-Arbeitsgruppe zum neuen WEG zunächst den Referentenentwurf und später den Regierungsentwurf vorgelegt. Demgegenüber blieben die bisherigen Vorschriften der §§ 13 bis 15 WEG seit der letzten

WEG-Novelle 2007 im Wesentlichen unverändert. Dies hat der Gesetzgeber zum Anlass genommen, um die Begrifflichkeiten Gebrauch und Benutzung in Relation zu dem dogmatisch vollständig neuen Begriff der rechtsfähigen Gemeinschaft zu setzen (BT-Drucks. 19/18791, S. 20 ff.; BR Drucks. 168/20, S. 13 ff.; BT-Drucks. 19/22634, S. 35). Der bei den Nutzungs- und Gebrauchsrechten zentrale Begriff der *Benutzung* ist nach der Neufassung des Wohnungseigentumsgesetzes systematisch eng an die Begriffe Sonder- und Teileigentum und an das gemeinschaftliche Eigentum angelehnt. Die bisher gültige Vorschrift des § 15 WEG knüpfte an die korrespondierenden Vorschriften der §§ 10 Abs. 1 und 2 sowie 13 und 14 WEG an (Hügel/Elzer, WEG 2. Aufl. 2018 § 15 Rn. 4). Die bisherige Vorschrift des § 14 Nr. 1 und 2 WEG a. F. wird inhaltlich neu geregelt und an die Gemeinschaft angepasst. Die Vorschrift des § 14 Abs. 1 WEG regelt das Verhältnis der Wohnungseigentümer zur Gemeinschaft der Wohnungseigentümer; die Vorschrift des § 14 Abs. 2 WEG der Wohnungseigentümer untereinander (Hügel/Elzer, WEG § 14 Rn. 1).

Die Neufassung der Vorschriften der §§ 13 bis 15 WEG bedeutet jedoch nicht, **2** dass der Gesetzgeber den grundlegenden Begriff der Gebrauchsregelung (§ 15 WEG a. F.) unberücksichtigt ließ (BT-Drucks. 19/18791, S. 49; BR Drs. 168/20, S. 54; BT-Drucks. 19/22634, S. 11 ff.). Zentralen Fortbestand hat auch die neu strukturierte Vorschrift des § 14 WEG. Bisherige Ansatzpunkte musste der Gesetzgeber ebenso berücksichtigen, wie die umfangreiche BGH- und Instanzenrechtsprechung. Nach der Begründung des Gesetzgebers tragen die bisherigen Vorschriften nicht mehr dem Regelungsgedanken, dass die Verwaltung des gemeinschaftlichen Eigentums nach der Neufassung des § 18 Abs. 1 WEG der Wohnungseigentümergemeinschaft obliegen soll. Die Vorschrift des § 13 WEG bleibt weitgehend erhalten, während die bisherige Vorschrift des § 14 WEG vollständig neu gefasst wird. Gebrauchsregelungen finden fortan ihre Grundlage nicht mehr wie bisher in § 15 WEG a. F., sondern in § 10 Abs. 1 WEG sowie §§ 18 Abs. 1 und 19 Abs. 1 und 2 WEG. Fortan ist bei Benutzung sowie Benutzungsregelungen nicht nur das Rechtsverhältnis der Wohnungseigentümer untereinander (§ 14 Abs. 2 WEG), sondern vor allem das Verhältnis der Wohnungseigentümer im Verhältnis zur Gemeinschaft der Wohnungseigentümer maßgeblich.

Die ersten normativen Überlegungen und somit die Absicht zur vollständigen Neuregelung der Vorschriften über die Benutzung hat der Gesetzgeber bereits im Referentenentwurf zum Wohnungseigentumsmodernisierungsgesetz niedergelegt. Im Gegensatz zu den alten Regelungen ist zukünftig das Verhältnis zwischen den Wohnungseigentümern und der rechtsfähigen Gemeinschaft zu beachten. Mit den Neuregelungen des WEMoG wird neben dem Verhältnis der Eigentümer das Verhältnis zwischen Wohnungseigentümern und der Gemeinschaft aufgenommen, weil die Gemeinschaft stärker in die Verwaltung und das Pflichtengefüge des WEG mit einbezogen wird (BeckOGK/Falkner WEG § 10 Rn. 228). Der Gesetzgeber hat mit der Vorschrift des § 19 Abs. 1 WEG eine vollständig neue Beschlusskompetenz geschaffen (SEHR/Skauradszun § 1 Rdn. 40; Lehmann-Richter/Wobst WEG-Reform 2020 Rn. 412 f.). Die für die Bewertung der Nutzungs- und Gebrauchsrechte maßgeblichen Änderungen im Vergleich zur bisherigen Rechtslage lauten wie folgt:

–   Gesetzlicher Begriff der Benutzung statt Gebrauch
–   Neuregelung der Gemeinschaft der Eigentümer statt des bisherigen Verbandsbegriffs
–   Benutzungsregelung statt Gebrauchsregelung
–   Legaldefinition und Erweiterung des Sondereigentumsbegriffs
–   Sondereigentum und somit Benutzung an sonstigen Grundstücksflächen
–   Neuregelung des Begriffs der baulichen Veränderung
–   Harmonisierung des WEG-Rechts mit den mietrechtlichen Vorschriften
–   Zuständigkeit der Gemeinschaft statt Vergemeinschaftung
–   Neuregelung der Verwalterbefugnisse
–   Neuregelung der Beschlussklagen und der Streitwertvorschriften

Am 17.09.2020 hat der Bundestag die Änderungsempfehlungen des Rechtsausschusses in 2. und 3. Lesung beschlossen (BT-Drucks. 19/22634, S. 1 ff.). Damit existieren ab dem 01.12.2020 zahlreiche neue Fragestellungen. Der Gebrauch heißt nun Benutzung, die Mitbenutzung allerdings Mitgebrauch. Nach der grundlegenden Neufassung des § 3 WEG wird das Sondereigentum auf Stellplätze und auch solche Flächen erweitert, die bisher nicht sondereigentumsfähig waren. Ferner wird sich das dogmatisch neue Verständnis auf die Nutzung als Mietsache auswirken (SEHR/Hinz, § 12 Änderungen im Mietrecht Rdn. 24 ff.). Auch auf die »Sondernutzung« wie z. B. Nutzungs- und Gebrauchsrechten wirkt sich die Neuregelung vollumfänglich aus. Darüber hinaus ist zu klären, ob und in welchem Umfang die Grundsätze der bisherigen Rechtsprechung des BGH, u. a. zu Problemstellungen des Gebrauchs (*Unterlassung und Beseitigung*), zukünftig noch bleibt. Dies gilt insbesondere bei der Frage der Geltendmachung von Ansprüchen bei Störungen im Hinblick auf das gemeinschaftliche Eigentum, da den Wohnungseigentümern keine eigenständige Kompetenz hierfür mehr zusteht (§ 9a Abs. 2 WEG).

II. Grundlagen der Nutzungs- und Gebrauchsrechte

1. Zweckgebundene Benutzung von gemeinschaftlichem Eigentum und Wohnungseigentum

a) Benutzung und Nutzung am gemeinschaftlichen Eigentum (§§ 1 Abs. 5, 5 Abs. 2, 16 Abs. 1 S. 3 WEG)

3   Die Modifizierung der Vorschrift über das gemeinschaftliche Eigentum in § 1 Abs. 5 WEG wirkt sich zukünftig auch unmittelbar auf die zentralen Begriffe *Benutzung, Benutzungsregelung* sowie den *Benutzungsumfang* aus. Die Grundlage

für die Benutzung des gemeinschaftlichen Eigentums stellt nach wie vor die Teilungserklärung (§ 8 WEG) oder der Teilungsvertrag (§ 3 WEG) dar. Bereits nach der alten Rechtslage waren Begriff und Anspruch auf Nutzungs- und Gebrauchsrechte, der Mitgebrauch sowie der ausschließliche Gebrauch mit dem gemeinschaftlichen Eigentum verknüpft (Bärmann/Suilmann, § 15 Rn. 58). Der *modifizierte* Begriff des gemeinschaftlichen Eigentums ist in § 1 Abs. 5 WEG definiert. Ergo ist er nach dieser Vorschrift negativ vom Sondereigentum abzugrenzen. Nach der Neufassung der §§ 1 Abs. 5, 3 WEG ist das Grundstück nicht mehr zwingend gemeinschaftliches Eigentum (BT-Drucks. 19/18791, S. 36; BR Drucks. 168/20, S. 38; BT-Drucks. 10/22634, S. 5 SEHR/Schneider § 3 Sachenrecht Rdn. 18 ff.). Deshalb normiert § 16 Abs. 1 S. 3 WEG, dass die Wohnungseigentümer zum (maßvollen) Mitgebrauch berechtigt sind. Maßgeblich sind auch nach der neuen Rechtslage die vereinbarten Benutzungsregelungen und Beschlussfassungen über die Benutzung (→ Rdn. 16). **Beispiel:** In der Gemeinschaftsordnung einer Wohnungseigentumsanlage ist geregelt, dass die Treppenhäuser aus Brandschutzgründen nicht zum Abstellen von »sperrigen« Gegenständen, Fahrrädern und Kinderwägen sowie Lastenfahrrädern genutzt werden dürfen. Im Normalfall werden Zugänge zu dem Bauwerk wie Treppenhäuser, Gartenflächen, Stellplätze und technischen Anlagen gemeinschaftlich benutzt (Hügel/Elzer, § 1 Rn. 30). Für die Einzelheiten der neu geregelten Grundzüge des wohnungseigentumsrechtlichen Sachenrechts wird auf dieses Kapitel verwiesen (SEHR/Schneider § 3 Sachen- und Grundbuchrecht Rdn. 1 ff.).

Der modifizierte Begriff des gemeinschaftlichen Eigentums in § 1 Abs. 5 WEG **4** ist an den Gemeinschaftsbegriff in § 9a WEG angelehnt (BT-Drucks. 19/18791, S. 36; BR Drucks. 168/20, S. 55; BT-Drucks. 19/22634, S. 5). Wortlaut und Regelungszweck des § 1 Abs. 5 WEG sprechen dafür, dass der Gesetzgeber erkannt hat, dass diese einen gemeinschaftsbezogenen Bezug aufweisen (SEHR/Skauradszun, § 1 Verbandsrecht Rdn. 24; Skauradszun AnwaltZertMietR 13/2020 Anm. 2). Daraus folgt, dass es keine Benutzung (Gebrauch) ohne gemeinschaftsbezogene Betrachtung geben kann. Der Umfang des Mitgebrauchs (Mitbenutzung) des gemeinschaftlichen Eigentums wird durch das Verhältnis der Wohnungseigentümer zur Gemeinschaft der Wohnungseigentümer (§ 18 Abs. 1 WEG) geprägt. **Beispiel:** Die Wohnungseigentümer sind nach der Gemeinschaftsordnung zum Mitgebrauch (Mitbenutzung) der Gartenflächen und des Innenhofs sowie der dort aufgebauten Sitzgelegenheiten berechtigt. Auch nach dem Wohnungseigentumsmodernisierungsgesetz bleibt diese Betrachtungsweise bestehen (Schneider/Becker ZfIR 2020, 281, 287; Lehmann-Richter/Wobst, WEG-Reform 2020, Rn. 1349). Somit gilt weiterhin, dass hinreichend bestimmte Bezeichnungen, auch solche die in der Gemeinschaftsordnung genannt sind, verbindliche Regelungen mit »*Vereinbarungscharakter*«

darstellen (OLG Frankfurt am Main ZMR 2013, 298). Für die zukünftige Praxis bedeutet dies, dass eine exklusive Benutzung durch die Sondereigentümer
nach der neuen Rechtslage nur an den Bestandteilen am Grundstück möglich
ist, an denen ein Sondernutzungsrecht besteht oder die dem Sondereigentum
zugeordnet sind (→ Rdn. 46). Der Benutzungsbegriff ist gemeinschaftsbezogen auszulegen, wobei sich das Verständnis von der zweckbezogenen maßvollen
Mitbenutzung (Mitgebrauch) nicht ändert. Der Wortlaut des § 16 Abs. 1 S. 3
WEG verweist auf die Vorschrift »nach Maßgabe« des § 14 WEG (BT-Drucks.
19/18791, S. 53; BR Drucks. 168/20, S. 59; BT-Drucks. 19/22634, S. 13).
Daraus folgt, dass auch Dritte, z. B. Mieter, verpflichtet sind, die überlassenen
Teile des gemeinschaftlichen Eigentums maßvoll zu nutzen.

5   Aufgrund der Modifikation und Neuregelungen der §§ 1 Abs. 5 WEG, 3 Abs. 1
S. 2, Abs. 2 WEG und 5 Abs. 2 WEG stehen nicht mehr sämtliche Teile des
Grundstücks im gemeinschaftlichen Eigentum (→ Rn. 3). Unverändert bleibt,
dass Zugänge zum gemeinschaftlichen Eigentum oder den Sondereigentumseinheiten, wie bisher, auch zukünftig durch alle Wohnungseigentümer benutzt
werden (Riecke/Schmid/Schneider, § 5 Rn. 83). Demgegenüber ist das neue
Verständnis des Nutzungsbegriffs näher zu beleuchten. Dieser steht im systematischen Zusammenhang mit dem der Benutzung (Gebrauch). § 16 Abs. 1
S. 3 WEG regelt den Mitgebrauch des gemeinschaftlichen Eigentums inhaltlich
übereinstimmend mit dem früheren § 13 Abs. 2 S. 1 WEG a. F.. (BT-Drucks.
19/18791, S. 53; BR Drucks. 168/20, S. 59; BT-Drucks. 19/22634, S. 13).
Das bisherige Verständnis vom Mitgebrauch des gemeinschaftlichen Eigentums
in § 13 Abs. 2 WEG a. F. wird aufgegeben. Der Wortlaut müsste im Hinblick
auf den Wortlaut der Vorschrift des § 5 Abs. 2 WEG allerdings »Mitbenutzung« statt Mitgebrauch lauten (Elzer MDR 2020, R5 bis R7). Stattdessen
regelt § 16 Absatz 1 WEG umfassend die Nutzungen des gemeinschaftlichen
Eigentums im Sinne des § 100 BGB. Wird Sondereigentum vermietet, ist der
Wohnungseigentümer dazu berechtigt, die Mietzahlungen als Nutzungen zu
ziehen. Sofern keine exklusive Zuordnung vorliegt, geht der Gesetzgeber bei
Gemeinschaftsflächen in systematischer Verknüpfung mit der Neufassung des
§ 16 Abs. 1 S. 3 WEG vom »Mitgebrauch« aus.

b) Zweckgebundene Benutzung von Sonder-/und Teileigentum (§§ 3 Abs. 1, und 5 Abs. 1 WEG)

6   Die Benutzung des Sondereigentums wird durch die Legaldefinition des Sondereigentums in § 3 Abs. 1 WEG als »echtes Eigentum« und von dem in §§ 3
Abs. 1 S. 2 und 3 Abs. 2 WEG deutlich erweiterten Sondereigentumsbegriff
geprägt. Mit dem Inkrafttreten des WEMoG hat der Gesetzgeber die Vorschrift des § 3 WEG neu gefasst. Das Verständnis der Benutzung (Gebrauch)

des Sondereigentums lag darin, dass dieses räumlich gegenüber dem übrigen Wohnungseigentum und dem gemeinschaftlichen Eigentum abgegrenzt sein musste (Jennißen/Zimmer, § 3 Rn. 22). Flächen des gemeinschaftlichen Eigentums unterlagen im Einzelfall nur dann dem exklusiven Gebrauch durch einen Wohnungseigentümer, wenn zu dessen Gunsten ein Sondernutzungsrecht (→ Rdn. 10 f.) vereinbart war. Die Systematik der Benutzung von Sondereigentum bleibt im Wesentlichen gleich. Der Gesetzgeber hat das Sondereigentum in § 3 Abs. 1 WEG als Eigentum (§ 903 BGB) definiert (BT-Drucks. 19/18791, S. 36; BR Drs. 168/20, S. 38). Die zweckgebundene Zuteilung des Sondereigentums erfolgt weiterhin im Teilungsvertrag (§ 3 WEG) oder der Teilungserklärung (§ 8 WEG), die weiterhin die Zweckbestimmung im weiteren Sinne bildet (Lehmann-Richter/Wobst, WEG-Reform 2020, Rn. 1723 f.). Dies gilt für die Widmung von Wohnungseigentum zum reinen Wohnzweck (Wohnungseigentum) oder zur gewerblichen Nutzung (Teileigentum); somit für das »wie« und »ob« der Benutzung (→ Rdn. 46 ff.). **Beispiel:** In einem Mehrfamilienhaus sind in der Teilungserklärung die WE 01 und 02 zum reinen Wohnzweck als Wohnung gewidmet, während hingegen die WE 03 und 04 als Gewerbeeinheit genutzt werden dürfen. Ergänzend ist der Aufteilungsplan heranzuziehen (§ 3 Abs. 3 WEG), der allerdings nur ein rechtlich unverbindlicher Vorschlag sein kann. § 3 Abs. 3 WEG macht das Räumlichkeitserfordernis zukünftig obsolet. Die tatsächliche Nutzung darf der weiten Zweckbestimmung auch nach der Neufassung des § 3 WEG nicht zuwiderlaufen (BeckOK WEG/Hügel, § 15 Rn. 9 f.). Für die Auslegung des Umfangs der zulässigen (zweckgebundenen) Benutzung können nach zutreffender Auffassung auch die bisherigen und durch die Rechtsprechung des BGH aufgestellten Grundsätze (mit Einschränkungen) herangezogen werden (BGH ZMR 2010, 461; BGH ZMR 2013, 452; BGH ZMR 2017, 317, 318; Riecke/Schmid/Abramenko, § 15 Rn. 5; Hügel/Elzer, WEG § 10 Rn. 87 f.) Der Zweckbegriff im weiteren Sinne hat zur Klärung des Benutzungsumfangs Bestand (BT-Drucks. 19/18791, S. 37; BR Drucks 168/20, S. 39). **Beispiel:** Ein zum reinen Wohnzweck vorgesehenes Sondereigentum in einer Wohnungseigentumsanlage wird als gewerbliche Kindertagespflege für fünf bis zehn Kinder genutzt. Daraus resultiert ein erhöhter An- und Abfahrverkehr der elterlichen PKWs. Auf den Nutzungszweck (Wohnung) kommt es auch nach den neuen Vorschriften der §§ 3 Abs. 1, 13 Abs. 1 WEG an. Somit wird die Benutzung des Sondereigentums in der Vorschrift des § 13 Abs. 1 WEG modifiziert (BT-Drucks. 19/18791, 36 ff.; BR Drucks. 168/20, 38 ff.; BT-Drucks. 19/22634, S. 11).

Auch nach der Neuregelung des § 3 Abs. 1 WEG und der Erweiterung aufgrund der §§ 3 Abs. 1 S. 2 und Abs. 2 BGB hat eine Zweckwidmung zur Benutzung von Räumlichkeiten zu erfolgen (BGH ZMR 2018, 238, 240; OLG Düsseldorf

ZMR 1998, 247; OLG Frankfurt am Main ZMR 2013, 298; Riecke/Schmid/ Abramenko, § 15 Rn. 2). **Beispiel:** Die WE-Einheit EG links ist in der Teilungserklärung als Wohnung zum reinen Wohnzweck gewidmet, während die WE-Einheit EG rechts zum gewerblichen »Zweck« genutzt werden darf. Daraus folgt für die Berechtigung und den Umfang der Benutzung, dass neben dem »Begünstigten« auch die Nutzer u. a. der Mieter berechtigt ist, einen mitvermieteten Stellplatz und Nebenanlagen zu nutzen (Lehmann-Richter/Wobst, WEG-Reform 2020 Rn. 1307). Der Wohnungseigentümer darf die Nutzungen (Mieteinnahmen) am Sondereigentum und aufgrund des Mitgebrauchs (§ 16 Abs. 1 S. 3 WEG) ziehen. Auch die Nutzungen sind in § 13 Abs. 1 WEG neu geregelt. Nach dem Regelungszweck des § 13 Abs. 1 WEG darf der Sondereigentümer dieses nach Belieben vermieten. Daraus folgt die Berechtigung die zweckgebundenen Nutzungen (Früchte) zu ziehen. Davon unberührt bleibt die Frage, ob ein Wohnungseigentümer berechtigt ist im Rahmen der Benutzung bauliche Veränderungen auf einem außerhalb liegenden Teil des Grundstücks vorzunehmen. Diese Frage bemisst sich ausschließlich nach der Neufassung des § 13 Abs. 2 WEG (Agatsy MietRB 2020, 155, 159).

c) Benutzungsbegriff und Einräumung von Sondereigentum an Stellplätzen

7   Die Sondereigentumsfähigkeit von Stellplätzen wirkt sich auch auf die Bewertung der Benutzungs- und Gebrauchsrechte aus. Gemäß § 3 Abs. 1 S. 2 WEG können Stellplätze im Sondereigentum stehen. Dies vereinfacht auch die Zuordnung von Stellplätzen zur Benutzung durch Wohnungseigentümer und Dritte. Auf die Raumeigenschaft und somit eine räumliche Abtrennung durch dauerhafte Markierungen kommt es nicht mehr an (vgl. RegE-WEMoG S. 41). Alternativ konnten die ausschließliche Benutzung und die Ziehung von Nutzungen (Vermietung) nur aufgrund eines Sondernutzungsrechts erfolgen (Agatsy, MietRB 2020, 155, 159). Da die Stellplätze im letzteren Fall gemeinschaftliches Eigentum verbleiben, konnten die übrigen Wohnungseigentümer uneingeschränkt über einen Verbleib oder die Einschränkung/Erweiterung der Benutzung (Gebrauch) entscheiden. Die »Erweiterung« des § 3 Abs. 1 S. 2 WEG *korrespondiert* mit dem Regelungszweck des § 13 Abs. 1 WEG (Rechte aus dem Sondereigentum) und bildet somit die zweckspezifische Grundlage der Benutzung. Das Sondereigentum (Benutzung) hat rechtliche Grenzen. **Beispiel:** Nach der Teilungserklärung ist dem Wohnungseigentum an einer im 2. OG rechts gelegenen Wohneinheit das Sondereigentum an einem Stellplatz zugeordnet. Damit unterliegt der Stellplatz als Sondereigentum der Benutzung durch den Wohnungseigentümer, der den Stellplatz im Rahmen im Rahmen einer Nutzung als Mietsache auch an Dritte überlassen darf. Die Zuweisung

der Stellplätze als Sondereigentum erfolgt gemäß § 3 Abs. 3 WEG auch über den Teilungsvertrag oder die Teilungserklärung unter Ausweisung der konkreten Maßangaben. Somit bildet § Abs. 3 Abs. 1 S. 2 WEG eine echte »Annexregelung« zum Sondereigentum (SEHR /Schneider, § 3 Sachen- und Grundbuchrecht Rdn. 18 ff.). Dennoch gilt bei der Zuteilung der Benutzung von Stellplätzen das uneingeschränkte Bestimmtheitsgebot. Dieses muss – ungeachtet des ohnehin bestehenden sachenrechtlichen Bestimmtheitserfordernisses – so genau sein, dass es im Streitfall ermöglicht, den räumlichen Bereich der Benutzung (Gebrauch) zu bestimmen (BT-Drucks. 19/18791, S. 37; BR Drucks. 168/20, S. 39; BT-Drucks. 19/22634, S. 5). Dafür muss sich aus dem Plan in der Regel die Länge und Breite der Fläche sowie ihr Abstand zu den Grundstücksgrenzen ergeben. Wie sich aus der negativen Formulierung ergibt, wird vermutet, dass die Räume wirtschaftlich die Hauptsache bleiben (BT-Drucks. 19/18791, S. 37; BR Drs. 168/20, S. 39; BT-Drucks. 19/22634, S. 5). Zukünftig bedeutet dies, dass der Wohnungseigentümer bei einer entsprechenden Zuordnung zum Sondereigentum ein »exklusives« Benutzungsrecht beanspruchen kann. Daraus folgt, dass Nutzungen (Mietzahlungen) dem Sondereigentümer zustehen, in dessen Sondereigentum gemäß § 3 Abs. 1 S. 2 WEG der Stellplatz steht.

Durch die Neuregelung der Vorschrift der § 3 Abs. 1 S. 2 WEG sollen nach den 8 Materialien zur Gesetzesbegründung die bisherigen Rechtsunsicherheiten bei der Zuordnung von Stellplätzen (Nebenflächen) beseitigt werden (BT-Drucks. 19/18791, S. 37; BR Drucks. 168/20, S. 39; BT-Drucks. 19/22634, S. 5). Auf die »Raumeigenschaft« kommt es somit nicht mehr an. Daraus folgt eine klare Zuordnung der Benutzung als Sondereigentum und berechtigte Nutzungen im Fall der Vermietung. **Beispiel:** In einer Wohnungseigentumsanlage werden die Stellplätze 01 und 02 keinem Sondereigentum zugeordnet; sie sind in der Teilungserklärung separat als Sondereigentum ausgewiesen. Die Erweiterung der Vorschrift des § 3 Abs. 1 WEG um Satz 2 bedeutet eine exklusive Ausdehnung der Benutzung zugunsten eines Sondereigentümers und entspricht der Begründung des § 3 Abs. 2 WEG (Lehmann-Richter/Wobst, WEG-Reform 2020, Rn. 1724). Da die Vorschrift des § 3 Abs. 1 S. 2 WEG mit § 13 Abs. 1 WEG korrespondiert, steht es den Sondereigentümern frei, die Stellplätze 01 und 02 an Dritte zu vermieten und Nutzungen (Miete) zu ziehen. Zugleich stellt diese Vorschrift eine Zweckerweiterung dar und zeigt dogmatisch den Umfang der Benutzung (Gebrauch) auf. Die Erweiterung des Sondereigentums führt zu einer präzisen zweckgebundenen Erweiterung des Benutzungsbegriffs. **Beispiel:** Die Wohnungseigentumsanlage umfasst 4 Garagenstellplätze. Diese befinden sich auf der gemeinschaftlichen Grundstücksfläche und sind den Wohneinheiten WE 1 bis WE 4 zugeordnet. Zugunsten der Wohneinheiten WE 5 und WE 6 sowie dem Teileigentum EG links ist ein Sondereigentum an dem Doppelparker eingeräumt. Auch hier gilt, dass eine Benutzung im Sinne des § 13 Abs. 1 WEG erfolgen kann. Vom Regelungszweck der §§ 3 Abs. 1 S. 2, 13 Abs. 1 WEG sind auch Stellplätze auf oder unter einem Gebäude sowie einzelne Stellplätze in einer Mehrfachparkanlage (sogenannte Duplex- oder Quadruplexparker) erfasst (BT-Drucks. 19/18791, S. 37; BR Drucks. 168/20, S. 39; BT-Drucks. 19/22634, S. 5).

d) Benutzungsbegriff und Sondereigentum an Grundstücksflächen (§§ 13 Abs. 1, 3 Abs. 2 WEG)

9   Ausweislich der Erweiterung des Sondereigentums um die Vorschrift des § 3 Abs. 2 WEG wird die zweckgebundene Benutzung des Sondereigentums auch auf diejenigen Flächen/Grundstücksteile erweitert, die bislang ausschließlich im gemeinschaftlichen Eigentum stehen konnten. In casu konnten außerhalb des Gebäudes liegende Teile des Grundstücks **nicht** Gegenstand des Sondereigentums sein (Riecke/Schmid/Schneider, § 5 Rn. 18). Im Zweifel konnte die fehlgeschlagene Begründung von Sondereigentum ggf. in ein Sondernutzungsrecht für den Berechtigten gem. § 140 BGB umgedeutet werden, wenn sämtliche Tatbestandsmerkmale eines Sondernutzungsrechts vorliegen (LG Hamburg ZMR 2010, 62). Allerdings war auch bei der bisherigen rechtlichen Bewertung bei der Gleichsetzung von abgeschlossenem Raum und Abgeschlossenheit Vorsicht geboten. Eine Ausnahme im Sinne des § 3 Abs. 2 S. 2 WEG a. F. bildeten Garagenstellplätze, wenn sie durch **dauerhafte Markierungen** abgesetzt waren (Agatsy, MietRB 2020, 155, 157). **Beispiel:** In der Teilungserklärung ist einem im Erdgeschoss gelegenen und zur reinen Benutzung zum Wohnzweck eine Terrassenfläche sowie ein Gartenanteil zugeordnet. Nach der bisherigen Fassung der Vorschrift des § 3 Abs. 2 WEG waren vom Sondereigentum in der Regel nur abgeschlossene Räume umfasst und somit Gegenstand des zweckgebundenen Gebrauchs (Hügel/Elzer, § 3 Rn. 38). Nach der Vorschrift des § 3 Abs. 2 WEG a. F. waren dies ausschließlich Parkplatzflächen mit dauerhaften Markierungen, womit eine Benutzung ausschließlich dem begünstigten Sondereigentümer bzw. dessen Mieter zugeordnet war (→ Rn. 7 ff.).

Nach § 3 Abs. 2 WEG gehören nun auch »Freiflächen« und sonstige dem Sondereigentum wirtschaftlich zuzuordnende Flächen, demnach auch Außenbauteile wie Terrassen zum Sondereigentum (SEHR/Schneider § 3 Sachen- und Grundbuchrecht Rdn. 21 f.). Für die Gebrauchs- und Nutzungsrechte hat dies erhebliche Auswirkungen. Ein solches »Annexeigentum« gab es in der bisherigen Fassung des Wohnungseigentumsrecht nicht (Schneider/Becker ZfIR 2020, 5, 7). Diese bislang und mit wenigen Ausnahmen dem gemeinschaftlichen Eigentum zugehörigen Bestandteile des gemeinschaftlichen Eigentums konnten nach den bisherigen Vorschriften der §§ 1 Abs. 5, 3 Abs. 1 WEG nicht zum Sondereigentum gehören (Riecke/Schmid/Schneider, § 5 Rn. 59 m. w. N.). Daraus folgt, dass die nun zum Sondereigentum gehörenden Nebenflächen nicht ohne Weiteres einem »exklusiven« Gebrauch unterlagen. Allerdings waren nach der Vorschrift des § 3 Abs. 2 S. 2 WEG a. F. auch abgeschlossene Garagen umfasst.

Bislang war nach § 3 Abs. 2 WEG a. F. problematisch, ob diese Vorschrift neben der Raumeigenschaft die Abgeschlossenheit fingiert. Diese Frage stellte sich für die Bewertung der »Raumeigenschaft« von Stellplätzen, Gartenflächen, Terrassenflächen, Garagen oder dem »Duplexparker« (Agatsy MietRB 2020 155, 156). Nach den bisherigen Vorschriften der §§ 3 Abs. 2 und § 5 WEG a. F. war die Sondereigentumsfähigkeit nur bei der Ausnahme abgeschlossener und gekennzeichneter Garagenstellplätze möglich (OLG Hamm NJW-RR 1998, 516 = NZM 1998, 267; Agatsy MietRB 2020, 155, 158). Dementsprechend lag das Verständnis des Begriffs »Gebrauch« oder »Mitgebrauch« darin, dass zugunsten eines Wohnungseigentümers ein Sondernutzungsrecht aufgrund einer Vereinbarung einzuräumen war. **Beispiel:** Die Dachfläche einer Garagenfläche wird durch einzelne Wohnungseigentümer als Parkplätze mitbenutzt. Wie weit der Zusatz der Nebenflächen zum Sondereigentum reicht, ist nach der Begründung zu der Vorschrift des § 3 Abs. 3 WEG im Aufteilungsplan festzulegen. Dieser bildet eine Auslegungshilfe zur Eingrenzung des Umfangs der konkreten Benutzung.

e) Sondernutzungsrecht als Grundlage der Benutzung (Gebrauch) von Gemeinschaftsflächen

Nach der Neuregelung der §§ 3 bis 5 WEG und des § 13 Abs. 1 WEG n. F. ist 10 fraglich, ob das bisherige Rechtsinstitut der Sondernutzungsrechte als Grundlage für die Benutzung (§ 13 Abs. 1 WEG) zugunsten einzelner Wohnungseigentümer fortbesteht. Bislang konnten Gebrauchs- und Nutzungsrechte am gemeinschaftlichen Eigentum aufgrund von Sondernutzungsrechten neben den Stellplätzen auch an Gartenflächen, Terrassenflächen eingeräumt sein. Das Sondernutzungsrecht ist in den Vorschriften der §§ 3 bis § 5 WEG nicht gesetzlich geregelt (BT-Drucks. 19/18791, S. 37; BR Drucks. 168/20, S. 39; BT-Drucks. 19/22634, S. 5). Die Materialien zur Gesetzesbegründung lassen keinen Rückschluss zu, dass der Gesetzgeber die Sondernutzungsrechte als eine zwischen den Wohnungseigentümer zu vereinbarende Rechtsgrundlage zur exklusiven Benutzung (Gebrauch) gestrichen hat (BT-Drucks. 19/18791, S. 37; BR Drucks. 168/20, S. 39; Becker/Schneider, ZfIR 2020, 281 ff.). Die Gesetzesbegründung spricht davon, dass klassische Fallgruppen des Sondernutzungsrechts, wie z. B. Stellplätze, abschließend in § 3 Abs. 1 S. 2 WEG geregelt sind. Bei Grundstücksflächen (Frei-/Terrassen-/und Gartenflächen) ist dies § 3 Abs. 2 WEG. Der Gesetzgeber hat in der Begründung zu § 3 WEG n. F. das

Sondernutzungsrecht nicht ausgeschlossen. Daraus folgt: Die Sondereigentumsfähigkeit von außerhalb gelegenen Stellplätzen und bestimmten Grundstücksflächen verdrängt nicht die bestehende Möglichkeit zur Begründung von Sondernutzungsrechten. Diese sind gem. §§ 19 Abs. 1, 5 Abs. 4 S. 2 WEG rechtlich unverändert zulässig (Schneider, ZfIR 2020, 281, 286 f.). **Beispiel:** Zugunsten der im Erdgeschoss gelegenen Wohneinheit WE 07 wird ein Stellplatz kraft eines vereinbarten Sondernutzungsrechts zugeteilt. Um die Benutzung (Gebrauch) des mit dem Sondernutzungsrecht belegten gemeinschaftlichen Eigentums zu gewährleisten, muss der ausgewiesene Grundstücksteil bestimmbar sein. Somit gilt auch nach der neuen Rechtslage, dass bei Sondernutzungsrechten der Bestimmtheitsgrundsatz zwingend ist (AG Hamburg-Blankenese MietRB 2020, 307, 308). Die zulässige Benutzung (Gebrauch) einer Fläche oder eines Gegenstands, für die ein Sondernutzungsrecht bestellt wurde, ergibt sich aus der Begründungsvereinbarung (Hügel, FS für Olaf Riecke 2019, 233, 235 m.w.N). Bislang konnten an den zum gemeinschaftlichen Eigentum gehörenden Flächen und Grundstücksteilen Sondernutzungsrechte zugunsten von Wohnungseigentümern eingeräumt werden (SEHR/Schneider § 3 Sachen- und Grundbuchrecht Rdn. 44). Zukünftig ist auch für die Rechtsgestaltung zu beachten, ob die Erweiterung der Vorschriften §§ 3 Abs. 1 S. 2 und 3 Abs. 2 WEG die bisherige Praxis zur Einräumung von Benutzungsrechten kraft eines (vereinbarten) Sondernutzungsrechts nicht entfallen lassen. Somit soll die »Koexistenz« zwischen Sondereigentum und Sondernutzungsrecht an Freiflächen, Stellplätzen und Gartenflächen auch weiterhin fortgelten.

2. Gemeinschaft der Wohnungseigentümer und Benutzungsbegriff

a) Benutzungsbegriff und Neuregelung des Verbandsrechts (§§ 9a Abs. 1 und 18 Abs. 1 WEG)

11 Das neue »Verbandsrecht« mit der Gemeinschaft der Wohnungseigentümer wirkt sich auf die Begründung und Bewertung von Benutzungs- und Gebrauchsrechten aus. Es prägt die Verwaltung des gemeinschaftlichen Eigentums, Benutzungsregelungen und die Rücksichtnahmepflichten. Die Kompetenz zur Vereinbarung von Gebrauchsregelungen und Beschlussfassungen aufgrund von Öffnungsklauseln (§ 15 Abs. 2 WEG a. F.) lag vormals bei den Wohnungseigentümern (Bärmann/Seuß/Suilmann, § 8 Rn. 19). Dies hat sich durch die Vorschriften der §§ 9a Abs. 1 und 18 Abs. 1 WEG geändert, denn der Gesetzgeber hat die Gemeinschaft der Wohnungseigentümer gesetzlich geregelt und damit das Verständnis vom teilrechtsfähigen Verbandsbegriff aufgegeben (Hinz ZMR 2020, 264, 265). Bereits im Rahmen der ersten Diskussionen über die Eigentümergemeinschaft und Entwurfsfassungen hat sich der Gesetzgeber für die »körperschaftliche« Regelung der Gemeinschaft der Wohnungseigentümer

(§ 9a WEG) entschieden (BT-Drucks. 19/18791, S. 43.; BR Drucks. 168/20, S. 46.; SEHR/Skauradszun, § 1 Verbandsrecht Rdn. 11).

Die Gemeinschaftskompetenz zur Verwaltung des gemeinschaftlichen Eigentums folgt aus § 18 Abs. 1 WEG und ist weit auszulegen. Daraus folgt für die Benutzung und die Benutzungsregelungen: Gemäß § 18 Abs. 2 Nr. 1 WEG haben die einzelnen Wohnungseigentümer einen Anspruch die Erfüllung dieser Verwaltung (SEHR/Skauradszun, § 1 Verbandsrecht, Rdn. 24). Ansprüche im Zusammenhang mit der Verwaltung des gemeinschaftlichen Eigentums richten sich auch im Innenverhältnis stets gegen die Gemeinschaft der Wohnungseigentümer. (BT-Drucks. 19/18791 S. 56; BR Drucks. 168/20 S. 63; BR Drucks. 19/22634, S. 15). Davon umfasst sind Vereinbarungen von Benutzungsregelungen (§ 10 Abs. 1 WEG) und Beschlussfassungen (§ 19 Abs. 2 Nr. 2 WEG). **Beispiel:** Die Wohnungseigentümer vereinbaren eine Benutzungsregelung, dass zwei bislang leer stehende Kellerräume des gemeinschaftlichen Eigentums zukünftig als Fahrradabstellplätze genutzt werden. Diese Benutzungsregelung bezieht sich auf das gemeinschaftliche Eigentum und ist somit gemeinschaftsbezogen, da sie im Verhältnis zur Gemeinschaft der Wohnungseigentümer verpflichtet und berechtigt werden (SEHR/Skauradszun, § 1 Verbandsrecht Rdn. 31).

b) Benutzungsbegriff und Wohnungseigentümerversammlung (§§ 18 Abs. 1, 9a Abs. 1 WEG)

Die Begriffe Benutzung und Gemeinschaft der Wohnungseigentümer sind systematisch verknüpft. Wohnungseigentümer sind gegenüber der Gemeinschaft verpflichtet, Vereinbarungen und Beschlüsse über konkrete Benutzungsregelungen einzuhalten (§ 14 Abs. 1 WEG). Die Benutzungsregelungen (Vereinbarungen und Beschlüsse) fasst die Wohnungseigentümerversammlung als *Willensbildungsorgan* aller Wohnungseigentümer im Verhältnis zur Gemeinschaft der Wohnungseigentümer. Die Wohnungseigentümer sind in ihrer Gesamtheit berufen, Willensbildung zu betreiben (BT-Drucks. 19/18791, S. 56; BR Drucks. 168/20, S. 63). Das willensbildende Organ für vereinbarungsabändernde und vereinbarungsersetzende Beschlüsse ist gem. §§ 23 bis 25 WEG die Wohnungseigentümerversammlung (SEHR/Skauradszun, § 1 Verbandsrecht Rdn. 59). **Beispiel:** Die Gemeinschaftsordnung sieht vor, dass die Wohnungseigentümer per Beschluss über die Gemeinschaftsflächen Benutzungsregelungen (Gebrauchsregelungen) beschließen können (Lehmann-Richter/Wobst, WEG-Reform 2020, Rn. 414). Daraufhin fasst die Wohnungseigentümerversammlung einen Mehrheitsbeschluss, dass zukünftig Lärm im Innenhof zu gewissen Uhrzeiten unzulässig ist. Hier lag die Beschlusskompetenz für die Konkretisierung, Änderung oder Erweiterung von Gebrauchsregelungen (§ 15

12

Abs. 2 WEG a. F.) auch bei den Wohnungseigentümern. Die Willensbildung erfolgte durch die Eigentümerversammlung per Mehrheitsbeschluss (Riecke/Schmid/Abramenko, § 15 Rn. 13; AG Barmbek ZMR 2015, 415, 416 f.). Die Gebrauchsregelung durch Beschluss konnte auch den Gebrauch von Sondereigentum und Sondernutzungsrechten betreffen (AG Hamburg Barmbek ZMR 2015, 415, 416 f.). Die Vorschrift des § 15 Abs. 1 WEG a. F. ist in § 10 Abs. 1 WEG aufgegangen; demgegenüber findet sich § 15 Abs. 2 WEG a. F. für die Beschlusskompetenz in § 19 Abs. 2 Nr. 1 WEG (BT-Drucks. 19/18791, S. 58; BR Drucks. 168/20, S. 65; BT-Drucks. 19/22634, S. 15).

c) Benutzungsbegriff und gemeinschaftsbezogene Rechte und Pflichten

13 Die Verwaltung des gemeinschaftlichen Eigentums wird durch die Gemeinschaft der Wohnungseigentümer wahrgenommen (§§ 9a Abs. 2, 18 Abs. 1 WEG). Eine auf einem Beschluss basierende gekorene Ausübungs-/Wahrnehmungsbefugnis sieht das Gesetz nicht vor (SEHR/Skauradszun, § 1 Verbandsrecht Rdn. 38). Damit steht der Begriff der Benutzung in einer engen systematischen Konnexität zur Gemeinschaft der Wohnungseigentümer. Bei einer unzulässigen »zweckwidrigen« Benutzung (Gebrauch) des gemeinschaftlichen Eigentums konnten die Wohnungseigentümer Unterlassungs-/Beseitigungsansprüche im Wege der »gekorenen Ausübungskompetenz« vergemeinschaften (LG München I ZMR 2019, 144; BGH ZMR 2019, 358; BGH ZMR 2019, 696). Aufgrund der Neufassung des § 9a Abs. 2 WEG ist eine Differenzierung zwischen der geborenen und gekorenen Ausübungsbefugnis obsolet, da die Gemeinschaft berechtigt ist, gemeinschaftsbezogene Ansprüche bei einer unzulässigen Benutzung gegenüber Wohnungseigentümern und Dritten geltend zu machen. Dies gilt auch im Fall der Abwehr einer »übermäßigen« oder unzulässigen Nutzung des gemeinschaftlichen Eigentums. (→ Rdn. 35 ff). **Beispiel:** Ein Wohnungseigentümer nutzt eine Teilfläche der im gemeinschaftlichen Eigentum stehenden Hoffläche widerrechtlich ohne Genehmigung der Gemeinschaft als Stellfläche für PKWs und Lastenfahrräder. Grundsätzlich steht der Unterlassungsanspruch den Wohnungseigentümern zu. Aufgrund der Ausübungsbefugnis kann zukünftig gemäß § 9a Abs. 2 WEG die Gemeinschaft von dem »Störer« die Unterlassung der rechtswidrigen Benutzung verlangen (→ Rdn. 50 f). Das Gesetz erweitert die Ausübungsbefugnis kraft gesetzlicher Regelung (§ 9a Abs. 2 WEG) um diejenigen Rechte, die sich aus dem gemeinschaftlichen Eigentum ergeben und die nach geltendem Recht in den Anwendungsbereich der sogenannten gekorenen Ausübungsbefugnis fallen (BT-Drucks. 19/18791, S. 45; BR Drucks. 168/20, S. 48). Soweit auf Grundlage des geltenden § 10 Absatz 6 Satz 3 Halbsatz 2 Beschlüsse gefasst wurden, verlieren diese nach allgemeinen

Grundsätzen ihre Wirkung (BT-Drucks 19/18791, S. 45; BR Drucks. 168/20, S. 49; SEHR/Skauradszun, § 1 Verbandsrecht, Rdn. 28).

Die sachen- und schuldrechtlichen Ansprüche auf Abwehr/Beseitigung von **14** Störungen auf das gemeinschaftliche Eigentum stehen grundsätzlich den Wohnungseigentümern zu. Rein systematisch führt die neue Vorschrift des § 9a Abs. 2 WEG nicht dazu, dass die Gemeinschaft der Wohnungseigentümer Anspruchsinhaberin wird (Elzer, FD-ZVR 2020, 429759). Sie werden gemäß § 9a Absatz 2 WEG durch die Gemeinschaft der Wohnungseigentümer ausgeübt (→ Rdn. 50 ff.). Die Gemeinschaft ist berechtigt, die Ansprüche bei einer unzulässigen »Übermaßnutzung« im Hinblick auf das gemeinschaftliche Eigentum gegenüber Sondereigentümern geltend zu machen. Die Normsystematik des § 9a Abs. 2 WEG umfasst den Begriff der Wahrnehmung der auf das gemeinschaftliche Eigentum bezogenen Ansprüche (SEHR/Skauradszun, § 1 Verbandsrecht, Rdn. 28). In der Praxis ist zu differenzieren: Stört ein Sondereigentümer aufgrund seiner Benutzung ein anderes Sondereigentum z. B. bei einer vereinbarungswidrigen Benutzung, steht der Gemeinschaft die Kompetenz zur Geltendmachung der Abwehransprüche (Unterlassung/Beseitigung) gemäß § 9a Abs. 2, 14 Abs. 1 WEG nur hinsichtlich des gemeinschaftlichen Eigentums zu. Für die Ansprüche der Wohnungseigentümer wegen einer Beeinträchtigung aufgrund der zweckwidrigen Nutzung gemäß § 14 Abs. 2 WEG ist die Gemeinschaft der Wohnungseigentümer nicht zuständig (BT-Drucks. 19/18791, S. 51; BR Drucks. 168/20, S. 56).

III. Benutzungsbegriff und Benutzungsregelungen

1. Benutzungsbegriff und »vertragliche« Grundlagen (§§ 5 Abs. 1, 18 Abs. 1, 19 Abs. 1, Abs. 2 Nr. 1 WEG)

a) Der Benutzungsbegriff (Gebrauch) nach der Neufassung der §§ 13 bis 15 WEG

Die Neufassung des Begriffs Benutzung statt Gebrauch zeigt, dass der Gesetzge- **15** ber im Rahmen des WEMoG die Rechtsbeziehungen zwischen den Wohnungseigentümern und der Gemeinschaft der Wohnungseigentümer rechtlich neu ausgestaltet hat (Skauradszun, ZMR 2020, 905, 906). In systematischer Hinsicht werden sich diese Grundsätze auch nach der neuen Rechtslage vollständig verändern. Die neuen Vorschriften der §§ 13 bis 15 WEG sehen *ausschließlich* die Begrifflichkeiten *Benutzung* statt Gebrauch und *Benutzungsregelung* statt Gebrauchsregelung vor. Davon ist auch weiterhin der Begriff der Nutzungen (Fruchtziehung) zu differenzieren. Zur Benutzung können das gemeinschaftliche Eigentum und das Sondereigentum (Teileigentum) stehen. Neben dem normativen Begriff Benutzung (Gebrauch) bilden Benutzungsregelungen im

Sinne des §§ 10 Abs. 1 WEG und § 18 Abs. 1 WEG die Grundlage für die rechtliche Bewertung der »faktischen« Benutzung im Verhältnis zur Gemeinschaft der Wohnungseigentümer (§ 9a Abs. 1 WEG) und zwischen den Wohnungseigentümern. Nach dem bisherigen normativen Verständnis ist unter dem Gebrauch, wie in § 745 BGB auch, die Benutzung des Sondereigentums (§ 13 Abs. 1 WEG) und der Mitgebrauch (Mitbenutzung) des gemeinschaftlichen Eigentums (§ 16 Abs. 1 S. 3 WEG) zu verstehen. Während sich die Benutzung auf das »Wie« und somit die zulässige Art sowie den vereinbarten Umfang der Benutzung (Gebrauch) bezieht, erfasst die »Nutzung« die darüber hinausgehende wirtschaftliche *Fruchtziehung* (z. B. die Vermietung oder Verpachtung). Nach der Rechtsprechung des BGH waren »vereinbarte« Gebrauchsregelungen häufig »Zweckbestimmungen mit Vereinbarungscharakter« (BGH NZM 2015, 787 Rn. 18; BGH NJW-RR 2010, 667 Rn. 5). Der Begriff der Benutzung begründet zum einen Ansprüche auf die zweckgebundene Benutzung. Zum anderen haben die Wohnungseigentümer gemeinschaftsbezogene und nutzungsspezifische Pflichten (Benutzungsregelungen) einzuhalten. Mit dem Begriff Benutzung hat der Gesetzgeber die Vorschriften der §§ 13 bis 15 WEG an den Begriff der Gemeinschaft der Wohnungseigentümer angepasst. Diese Vorschriften sind seit der WEG-Novelle 2007 unverändert (BT-Drucks. 19/18791, S. 49 BR Drucks 168/20, S. 54; BT-Drucks. 19/22634, S. 12; Becker/Schneider, ZfIR 2020, 281, 295). Deshalb musste der Gesetzgeber aufgrund des Gemeinschaftsbegriffs in § 9a WEG und der Gemeinschaftsbezogenheit auf die Benutzung (§§ 18 Abs. 1 und 19 Abs. 1 WEG) reagieren (SEHR/Skauradszun, § 1 Verbandsrecht, Rdn. 27). Durch den Austausch des Begriffs des Gebrauchs gegen den Begriff der Benutzung will der Gesetzgeber eine »sprachliche Verknüpfung« mit dem ebenfalls »femininen« Begriff der Verwaltung ermöglichen (Elzer MDR 2020, R5 bis R7). Den Begriff Benutzung statt Gebrauch hat der Gesetzgeber somit aus dem Grund gewählt, um eine sprachliche Anpassung an die Neuregelung der ordnungsgemäßen Verwaltung in den Vorschriften §§ 18, 19 WEG zu gewährleisten (Skauradszun ZRP 2020, S. 34 ff.).

16   Von zentraler Bedeutung bleibt die Benutzung des Wohnungseigentums zum reinen Wohnzweck (Wohnungseigentum) oder zum gewerblichen Zweck als Teileigentum (§ 13 Abs. 1 WEG). Gemäß § 13 Abs. 1 WEG kann und darf das Sondereigentum nach Belieben benutzt werden, insbesondere zum Bewohnen, Vermieten, Verpachten oder in sonstiger Weise zu nutzen und andere von Einwirkungen ausschließen. Damit entspricht der Regelungsgehalt des § 13 Abs. 1 WEG inhaltlich unverändert dem § 13 Abs. 1 WEG a. F.. (BT-Drucks. 19/ 18791, S. 49; BR Drucks. 168/20, S. 54; BT-Drucks. 19/22634, S. 11). Die Gemeinschaftsbezogenheit des Begriffs der Benutzung (Gebrauch) kommt vor allem dann zum Tragen, wenn es um Pflichten gegenüber der Gemeinschaft

der Wohnungseigentümer und darum geht, Einwirkungen auf das gemeinschaftliche Eigentum zu unterbinden (§ 14 Abs. 1 WEG). **Beispiel:** In der Teilungserklärung und in der Gemeinschaftsordnung ist geregelt, dass das Sondereigentum im Erdgeschoss nur zu Wohnzwecken benutzt werden darf. Damit ist eine klare Benutzungsregelung vorgegeben. Am gemeinschaftlichen Eigentum besteht ein Recht zur Mitbenutzung. Demnach steht der Umfang der Benutzung in § 13 Abs. 2 WEG in systematischer Konnexität mit § 16 Abs. 1 S. 1 und 3 WEG (Mitgebrauch und Fruchtziehung). Die Begrifflichkeiten Gebrauch und Gebrauchsregelung im Sinne der bisherigen Vorschriften wurden auch bei §§ 18 Abs. 1, 19 Abs. 2 Nr. 2 WEG durch den Begriff Benutzung ersetzt (BT-Drucks. 19/18791, S. 57; BR Drucks. 168/20, 64 ff.). Für den systematischen Gleichlauf der Begriffe Gebrauch und Benutzung spricht, dass die Wohnungseigentümer gemäß § 16 Abs. 1 S. 3 WEG das Recht zum *maßvollen Mitgebrauch* des gemeinschaftlichen Eigentums haben. Wie nach den bisherigen Vorschriften der §§ 15 ff. WEG a. F. sieht der Gesetzgeber im Rahmen der Vorschriften des WEMoG vor, dass die Benutzung zum einen zweckgebunden erfolgt (Wohnungs-/Teileigentum) und nur eine spezifische Benutzung erfolgen darf. Von einer Nutzung in diesem Sinne spricht der Gesetzgeber auch in der Fassung des § 13 Abs. 1 WEG, die im Verhältnis zu § 13 WEG a. F. weitgehend gleichgeblieben ist. Sie wurde jedoch der geänderten Struktur der Gemeinschaft der Wohnungseigentümer angepasst (Becker/Schneider, ZfIR 2020, 281, 295). Nach § 13 Abs. 1 WEG können Sondereigentümer ihr Sondereigentum im Rahmen »rechtlicher Grenzen« nach Belieben zu nutzen. Deshalb regelt § 14 Abs. 2 Nr. 1 WEG die Pflicht, das Sondereigentum nur im Rahmen des Erlaubten d. h. Vereinbarungen und Beschlüssen zu nutzen.

b) Vereinbarungen und Beschlussfassungen als Grundlagen von Nutzungs- und Gebrauchsrechten

Auch nach dem WEMoG werden Benutzungsregelungen am gemeinschaftlichen Eigentum und Sondereigentum wesentlich auf Grundlage von Vereinbarungen oder zulässigen Beschlussfassungen wegen der Öffnungsklausel in der Wohnungseigentümerversammlung bestimmt. Nach der bisherigen Rechtslage (§§ 10, 15 WEG a. F.) bildeten die Gemeinschaftsordnung, Vereinbarungen und Beschlussfassungen die Rechtsgrundlage für die Gebrauchsregelungen (Riecke/Schmid/Abramenko, § 15 Rn. 7). Die Wohnungseigentümerversammlung gemäß §§ 23 bis 25 WEG ist das zentrale Willensbildungsorgan der Wohnungseigentümer (SEHR/Riecke, § 6 Die Wohnungseigentümerversammlung, Rdn. 30 ff.). Die Materialien der Gesetzesbegründung, insbesondere zu den Vorschriften der §§ 18 Abs. 1, 19 Abs. 1, 2 WEG i. V. m. § 10 Abs. 1 WEG, sehen vor, dass es auch nach der Neuordnung der Rechtsverhältnisse zwischen

Wohnungseigentümern und der Gemeinschaft der Wohnungseigentümer entsprechende Regelungen gibt (Becker/Schneider, ZfIR 2020, 281, 300). Eine Gemeinschaftsbezogenheit folgt daraus, dass Vereinbarungen und Beschlüsse über die Benutzung im Verhältnis zur Gemeinschaft der Wohnungseigentümer als auch unter den Wohnungseigentümern einzuhalten sind. Während die Vereinbarung einen schuldrechtlichen Vertrag aller Eigentümer über die konkrete Benutzung (Zweck, sowie Art und Weise) darstellt, kann eine Beschlussfassung nur dann erfolgen, wenn keine Vereinbarung entgegensteht. **Beispiel:** In der Gemeinschaftsordnung ist vereinbart, dass die freiberufliche Nutzung des Sondereigentums ausgeschlossen und nur im Bereich des Teileigentums eine teilgewerbliche Benutzung zulässig ist. Damit ist per Vereinbarung eine gemeinschaftsbezogene Pflicht begründet und klargestellt, dass diese Einschränkung der Benutzung im Verhältnis zu den anderen Wohnungseigentümern gilt. Nach der Neufassung des § 10 WEG liegt darin die normative Grundlage für die Vereinbarung von Benutzungsregelungen (BT Druck 19/18791 S. 48; BR Drucks. 168/20, S. 52). Ergänzende d. h. vereinbarungsersetzende oder vereinbarungsergänzende Beschlussfassungen über Benutzungen sind gemäß § 19 Abs. 1 und 2 WEG möglich. Bei der Betrachtung der Begriffe Benutzung, Benutzungsregelung, d. h. Vereinbarung und Beschluss, ist zukünftig zwischen den Rechtsverhältnissen elementar zu differenzieren. Zum einen ist das Rechtsverhältnis zwischen den Wohnungseigentümern und der Gemeinschaft der Wohnungseigentümer (§ 14 Abs. 1 WEG) und zum anderen das Verhältnis der Wohnungseigentümer untereinander zu bewerten (§ 14 Abs. 2 WEG). Grundsätzlich gilt, dass auch nach der Neufassung der Vorschriften der §§ 10 Abs. 1 und 18 Abs. 1 und Abs. 2 WEG der Kernbereich des Wohnungs-/oder Teileigentums nicht einseitig beschränkt werden darf. Äußerste Grenze bleiben die gesetzlichen Regelungen. Ursprünglich hatten die Wohnungseigentümer nach § 15 Abs. 3 WEG a. F. die Möglichkeit, eine Gebrauchsregelung anzupassen oder Ansprüche daraus abzulegen. Dieser Anspruch setzt sich auch nach der neuen Rechtslage fort: Gibt es keine Vereinbarung über eine konkrete Benutzungsregelung, können die Wohnungseigentümer im Rahmen der ordnungsgemäßen Verwaltung (§ 18 Abs. 1 WEG) einen Anspruch auf eine Vereinbarung geltend machen.

18   Beschlussfassungen über die Benutzung sind gemäß § 19 Abs. 1 WEG zulässig, wenn keine Vereinbarung entgegensteht oder eine Öffnungsklausel der Gemeinschaftsordnung Beschlussfassungen zulässt. Demnach prägen auch nach der Neufassung des WEG Vereinbarungen über den Umfang der Benutzung (Benutzungsregelungen), §§ 10 Abs. 1 WEG und § 18 Abs. 1 WEG Beschlussfassungen (vereinbarungsersetzend und vereinbarungsändernd) und gem. §§ 18 Abs. 1, 19 Abs. 1, 2 Nr. 1 WEG die Benutzung im Einzelnen sowie den

Zweckbegriff im engeren Sinne (BT-Drucks. 19/18791, S. 58; BR Drucks. 168/20. S. 65 f.). Auch nach der neuen Rechtslage gilt zukünftig für Benutzungsregelungen die bisherige Rechtsprechung des BGH zu Gebrauchsregelungen (§ 15 Abs. 1, 10 Abs. 2 WEG a. F.), sodass »vereinbarte« Gebrauchsregelungen als »Zweckbestimmungen mit Vereinbarungscharakter« (im engeren Sinne) zu bewerten sind (BGH NZM 2015, 787 Rn. 18; BGH NJW-RR 2010, 667 Rn. 5). Der Wortlaut und Regelungszweck der §§ 10 Abs. 1 und 18 Abs. 2 Nr. 2 WEG sieht auch zukünftig vor, dass der zulässigen Benutzung rechtliche und tatsächliche Grenzen zu setzen sind. **Beispiel:** In der Gemeinschaftsordnung ist vereinbart, dass die Nutzung eines zum Wohnzweck gewidmeten Sondereigentums per Beschlussfassung eingeschränkt werden darf. Hier ist eine Beschlussfassung grundsätzlich ausgeschlossen. Der Kernbereich des Wohnungs-/oder Teileigentums darf nach §§ 10 Abs. 1, 18 Abs. 1 und 19 Abs. 2 Nr. 1 WEG nicht einseitig beschränkt werden.

In der Rechtsprechung und Literatur werden vereinbarte Gebrauchsbestim- **19** mungen als Zweckbestimmungen im »engeren« Sinne mit Vereinbarungscharakter bezeichnet (BGH ZMR 2015, 947 Rn. 18; BGH ZMR 2010, 541 Rn. 5; OLG Frankfurt am Main NZM 2013, 153). Diese systematische Betrachtungsweise hat nach der hier vertretenen Auffassung auch nach der Neufassung des bisherigen Gebrauchsbegriffs als Benutzungsbegriff in bestehenden Vereinbarungen und ergänzenden Beschlussfassungen ihren Fortbestand. **Beispiel:** In der Teilungserklärung einer Wohnungseigentumsanlage ist geregelt, dass ein als Gastronomie dort gewidmetes Teileigentum nur als Café genutzt werden darf. Sofern der Sondereigentümer das Teileigentum jedoch als Ladengeschäft mit einem angeschlossenen gastronomischen Angebot vermietet, ist eine dem Nutzungszweck widersprechende Benutzung auch nach der neuen Rechtslage nicht gestattet. Die Wohnungseigentümer sind sowohl im Verhältnis zur Gemeinschaft der Wohnungseigentümer als auch im Verhältnis untereinander verpflichtet, eine Nutzung einzuhalten, die nicht Vereinbarungen oder Beschlüssen widerspricht.

Die Grundlage von Gebrauchs- und Benutzungsrechten kann durch eine Be- **20** schlussfassung der Wohnungseigentümerversammlung geschaffen werden. Bislang konnten die Wohnungseigentümer auf Grundlage einer Öffnungsklausel, eines vereinbarungsergänzenden oder vereinbarungsändernden Beschlusses über die Benutzung (den Gebrauch) des Sonder-/Teileigentums und gemeinschaftlichen Eigentums Beschlüsse über die Benutzung fassen. Die Regelung des § 15 Abs. 2 WEG a. F. ist in §§ 18 Abs. 1, 19 Abs. 2 Nr. 1 WEG aufgegangen. Daraus folgt für die Praxis: Auch nach der Neufassung der Vorschriften zur Vereinbarung und somit den systematischen Grundlagen sind die rechtlichen Grundlagen für die Benutzung in Vereinbarungen und zulässigen Beschlüssen

(Öffnungsklauseln) zu regeln. Der Wortlaut von § 10 Absatz 1 Satz 1 WEG wird dahingehend angepasst, dass die §§ 10 ff. WEG nicht nur das Rechtsverhältnis der Wohnungseigentümer untereinander, sondern auch das Rechtsverhältnis zur Gemeinschaft der Wohnungseigentümer regeln. Soweit die Vorschriften auf die Vorschriften des BGB über die Gemeinschaft verweisen, gilt dieser Verweis nur für das Verhältnis der Wohnungseigentümer untereinander (BT-Drucks. 19/18791 S. 48; BR Drucks. 168/20, S. 52; BT-Drucks. 19/22634, S. 10). Ist die Beschlussfassung über Benutzungsregelungen (Gebrauchsregelungen) nach der Gemeinschaftsordnung oder einer Vereinbarung zulässig, entspricht es den Grundsätzen der ordnungsmäßigen Verwaltung durch die Gemeinschaft der Wohnungseigentümer, Benutzungsregelungen aufzustellen. Diese sind im Verhältnis der Wohnungseigentümer zur Gemeinschaft (§ 14 Abs. 1 WEG) und im Verhältnis der Wohnungseigentümer untereinander (§ 14 Abs. 2 WEG) verbindlich.

2. Rechtliche Grenzen der Benutzung des gemeinschaftlichen Eigentums

a) Benutzungsregelungen und gemeinschaftliches Eigentum (§§ 18 Abs. 1, 19 Abs. 2 Nr. 2 WEG)

21   Der Umfang der Gebrauchs- und Nutzungsrechte am gemeinschaftlichen Eigentum wird durch die vereinbarten und beschlossenen Benutzungsregelungen (Gebrauchsregelungen) bestimmt. Die Regelungen bilden §§ 18 Abs. 1, 19 Abs. 1, Abs. 2 Nr. 1 und § 10 Abs. 1 WEG. Die Zuständigkeit für Benutzungsregelungen jedweder Art wird auf den Verband zentriert, der im Zweifel zuständig ist (BT-Drucks. 10/18791, 58; BR Drucks. 168/20, S. 63; Skauradszun/ Harnack, AnwZertMietR 13/2020, Anm. 1; Skauradszun, ZMR 2020, 905, 906). Diese entsprechen im Wesentlichen den alten Vorschriften der §§ 10 Abs. 1, 15 Abs. 1 und 2 sowie 21 Abs. 5 Nr. 1 WEG a. F. Nach der § 15 Abs. 3 WEG a. F. hatten die Wohnungseigentümer ebenfalls einen gemeinschaftlichen Anspruch auf Einhaltung der Gebrauchsregelungen. Die Grundlage zum Gebrauch des gemeinschaftlichen Eigentums bildeten die Gemeinschaftsordnung, Vereinbarungen zu Gebrauchsregelungen und Beschlüsse nach §§ 10 Abs. 1 und 2, 15 Abs. 1 und 2 WEG a. F. (Hügel/Elzer, § 10 Rn. 81). Wirksame Gebrauchsregelungen aufgrund von Vereinbarungen konnten auch nachträglich zustande kommen (dazu: Riecke/Schmid/Abramenko, § 15 Rn. 12). Demnach konnten die Wohnungseigentümer verbindliche Regelungen zum »Wie« und »Umfang« des Gebrauchs des gemeinschaftlichen Eigentums regeln und beschließen. Auch nach der Neufassung der Begrifflichkeiten Benutzung und Benutzungsregelung gelten diese Grundsätze aufgrund der §§ 18 Abs. 1, 19 Abs. 1, 19 Abs. 2 Nr. 1 WEG fort. Dies gilt auch hinsichtlich des gemeinschaftlichen

Eigentums. Der Kern der Benutzungsregelungen liegt darin, dass nur eine bestimmte Benutzung des gemeinschaftlichen Eigentums erlaubt ist und die Wohnungseigentümer gemäß § 14 Abs. 1 Nr. 1 WEG gegenüber der Gemeinschaft zur Einhaltung verpflichtet sind (BT-Drucks. 19/18791, S. 50; BR Drucks. 168/20, S. 55; BT-Drucks. 19/22634, 12). Die Grundlage bilden die Gemeinschaftsordnung sowie ergänzende Vereinbarungen, die wie bisher auch, nach § 10 Abs. 2 S. 2 WEG und auf ausdrücklichen Antrag eines oder mehrerer Wohnungseigentümer per Vereinbarung abgeändert werden können (Jennißen/Abramenko, § 10 Rn. 27 ff.). Eine besondere Form der Benutzung des gemeinschaftlichen Eigentums (*kraft Gesetzes*) ist der Mitgebrauch gemäß § 16 Abs. 1 S. 3 WEG, wonach die Wohnungseigentümer grundsätzlich zum Mitgebrauch (Mitbenutzung) berechtigt sind. **Beispiel:** Die Wohnungseigentümer vereinbaren, dass es im Rahmen der Benutzung (Vermietung) des im Erdgeschoss gelegenen und zum Nutzungszweck Café genutzten Teileigentums im Erdgeschoss gestattet ist, die vor dem Gebäude liegende gemeinschaftliche Fläche für das Aufstellen einer Außenbestuhlung mit Bistrotischen zu nutzen (mit zahlreichen Beispielen zur unterschiedlichen Benutzung: BeckOK WEG/ Müller, Maximilian A., 42. Ed. 1.8.2020, WEG § 15 Rn. 23). Auch nach der neuen Regelung des § 19 Abs. 1 WEG darf der Kernbereich der Zweckbestimmung im weiteren und engeren Sinne nicht zulasten anderer Wohnungs-/oder Teileigentümer »verletzt« werden. Bei einer Beschlussfassung dürfen auch zukünftig weder Regelungen der Gemeinschaftsordnung noch einer Vereinbarung entgegenstehen (KG NJW-RR 1990, 155).

Die zulässigen Benutzungsregelungen können auch auf der Grundlage der **22** Beschlusskompetenz der Wohnungseigentümerversammlung gefasst werden (§§ 18 Abs. 1, 19 Abs. 1 WEG). Der Regelungszweck und Regelungsinhalt entsprechen im Wesentlichen § 15 Abs. 2 WEG a. F.. Sofern dies nach den Regelungen der Gemeinschaftsordnung zulässig ist, können Wohnungseigentümer mittels einer Beschlussfassung Benutzungsregelungen (Gebrauchsregelungen) beschließen. Sofern die Gemeinschaftsordnung eine Abweichung durch Beschlussfassung vorsieht, können Benutzungsregelungen im Beschlusswege durch die Wohnungseigentümerversammlung gefasst werden. Die Vorschrift des § 19 Abs. 1 WEG tritt an die Stelle des § 15 Abs. 2 WEG a. F.. (BT-Drucks. 19/18791, S. 58; BR Drucks. 168/20, S. 65; BT-Drucks. 19/ 22634, S. 15). Zunächst sieht der Gesetzgeber nach der Neufassung der zentralen Vorschrift des § 10 Abs. 1 WEG vor, dass Wohnungseigentümer rechtlich zulässige Benutzungsregelungen vereinbaren können. Diese können von den gesetzlichen Vorschriften abweichen, soweit nicht etwas anderes ausdrücklich gesetzlich bestimmt ist. Somit kann nach der Neufassung des § 19 Abs. 1 WEG eine Benutzungsregelung Gegenstand einer Beschlussfassung sein, sofern keine

Vereinbarung entgegensteht. Ansprüche auf eine konkrete Benutzung des gemeinschaftlichen Eigentums oder die Verpflichtung zur Beschlussfassung richten sich zukünftig auch im Innenverhältnis gegen die Gemeinschaft (§§ 18, 19 WEG).

Die Vorschrift des § 18 Abs. 2 Nr. 1 WEG begründet einen Individualanspruch des einzelnen Wohnungseigentümers gegen den Verband. (BT-Drucks. 19/18791, S. 58.; Skauradszun, ZMR 2020, 905, 906). Der Anspruch ist auf eine ordnungsgemäße Verwaltung (Benutzung) gerichtet und richtet sich gegen die Gemeinschaft (Becker/Schneider, ZfIR 2020, 281, 298). Gegenstand des Anspruchs können eine Benutzungsregelung für das Sondereigentum oder das gemeinschaftliche Eigentum sein. Für die zukünftige praktische Anwendung der Vorschriften der §§ 18 Abs. 1, Abs. 2 Nr. 2 WEG und 19 Abs. 1 WEG bedeutet dies, dass Wohnungseigentümer einen Anspruch auf Benutzungsregelungen für einen maßvollen Mitgebrauch (Mitbenutzung) fordern können (s. a. Lehmann-Richter/Wobst, WEG-Reform 2020, Rn. 1416). Die Kompetenz liegt gemäß § 19 Abs. 1 WEG bei der Gemeinschaft (Skauradszun, ZMR 2020, 905, 906). Allerdings sind auch zukünftig »beschränkende« Beschlüsse nichtig, mit denen einzelnen Wohnungseigentümern die Mitbenutzung am gemeinschaftlichen Eigentum (§ 16 Abs. 1 S. 3 WEG) übermäßig beschränkt oder im Einzelfall sogar gänzlich entzogen wird (BGH NJW 2000, 3500, 3502; OLG München ZMR 2007, 561).

b) Gemeinschaftsordnung als Grundlage gemeinschaftsbezogener Benutzungsregelungen

23 Der Umfang der Nutzungs- und Gebrauchsrechte wird auch durch die Gemeinschaftsordnung geprägt. Ergänzend zur Teilungserklärung oder zum Teilungsvertrag und mit der Eintragung in das Grundbuch (Hügel/Elzer, § 10 Rn. 22 ff.) sind in der Gemeinschaftsordnung wechselseitige Rechte und Pflichten der *Eigentümer* einschließlich der Benutzung (Gebrauch) des gemeinschaftlichen Eigentums geregelt. **Beispiel:** Die Wohnungseigentümer regeln in der Gemeinschaftsordnung, dass eine »freiberufliche Benutzung« des Wohnungseigentums nicht möglich sein soll, sondern nur im Teileigentum erfolgt. Der Begriff der Gemeinschaftsordnung ist nicht gesetzlich geregelt (Riecke/Schmid/Abramenko, § 15 Rn. 4). Nach der bislang gültigen Definition handelt es sich bei der Gemeinschaftsordnung um die notwendige Gesamtheit, solcher das Verhältnis der Wohnungseigentümer untereinander regelnden Vereinbarungen (Hügel/Elzer, § 10 Rn. 81). Die Gemeinschaftsordnung bildet zwingend konkretisierende »Annexregelungen« zur Teilungserklärung. Regelungsgegenstand der Gemeinschaftsordnung sind das Sondereigentum (Wohnungs- und Teileigentum) und das gemeinschaftliche Eigentum (Hügel/Elzer, § 10 Rn. 19).

Hinsichtlich dessen kann die Gemeinschaftsordnung spezifische Formen der Benutzung allgemein zugänglicher Flächen und den Umfang der Benutzung des Sondereigentums beschränken. So konnte die Gemeinschaftsordnung beispielsweise das Abstellen von Kinderwagen in einem engen Treppenhaus gestatten oder aber ein generelles Tierhaltungsverbot anordnen (Bärmann/Seuß/Suilmann § 8 Rn. 19; BGH ZMR 1995, 416).

Die Gemeinschaftsordnung kann im Einzelfall benutzungsspezifische Beschlussfassungen ermöglichen. Stehen weder eine Vereinbarung (§ 19 Abs. 1 WEG) oder Regelung der Gemeinschaftsordnung entgegen, kann die Wohnungseigentümerversammlung einen Beschluss über die Benutzung des gemeinschaftlichen Eigentums fassen (→ Rn. 22). **Beispiel:** In der Gemeinschaftsordnung ist geregelt, dass die Nutzung des Innenhofs als Fahrradabstellfläche unzulässig ist. Dort findet sich aber der Passus, dass die Wohnungseigentümer von der Vereinbarung abweichende Beschlüsse fassen können. Aufgrund der Regelung hat die Wohnungseigentümerversammlung jedoch gemäß § 19 Abs. 1 WEG die Kompetenz, eine abweichende Regelung zu treffen. Im Beschlussweg können die Wohnungseigentümer über die Wohnungseigentümer über das Abstellen vor Fahrrädern beschließen.

Die Gemeinschaftsordnung ist auch nach der neuen Rechtslage des WEMoG **24** als »schuldrechtliche« Vereinbarung aller Wohnungseigentümer zu bewerten (Lehmann-Richter/Wobst, WEG-Reform 2020, Rn. 69). Neben dem Teilungsvertrag oder der Teilungserklärung bleibt diese nach §§ 10 Abs. 1, 18 Abs. 1 und 19 Abs. 1 die elementare Grundlage für die Spezifizierung der Benutzung (Gebrauch) des gemeinschaftlichen Eigentums und Sondereigentums. Gemäß §§ 18 Abs. 1, 2, 10 Abs. 1 WEG können die Wohnungseigentümer ihr Verhältnis untereinander durch Benutzungsregelungen vereinbaren. Die Grenzen der rechtlichen Zulässigkeit sind allerdings überschritten, wenn in den Kernbereich der Benutzung (Gebrauchs- und Nutzungsrechte) eingegriffen wird (zu § 10 WEG a. F.: Riecke/Schmid/Lehmann-Richter, § 10 Rn. 148). Nach der Vorschrift des § 10 Abs. 1 WEG können die Eigentümer auch Vereinbarungen über die Benutzung treffen (BT-Drucks. 19/18791, S. 47 f.; BR Drucks. 168/20, S. 52; BT-Drucks. 19/22634, S. 10). Die Kompetenz zur Verwaltung des gemeinschaftlichen Eigentums liegt gemäß § 18 Abs. 1 WEG bei der Gemeinschaft der Wohnungseigentümer. Im Hinblick auf die Benutzung (Nutzungs- und Gebrauchsrechte) bildet die Gemeinschaftsordnung als elementare Vereinbarung auch zukünftig die Grundlage zur Konkretisierung der Eigentümerrechte- und Pflichten im Verhältnis zur Gemeinschaft, ebenso wie gemeinschaftsbezogene Nutzungs- und Gebrauchspflichten »maßvoll« auszuüben. Nach § 18 Abs. 2 Nr. 1 WEG i. V. m. § 10 Abs. 2 WEG haben die

Wohnungseigentümer einen Anspruch auf die Abänderung einer Vereinbarung (Skauradszun, ZMR 2020, 905, 906).

25 Ein praktisches Problemfeld sind mögliche (Benutzungs-)Widersprüche zwischen der Teilungserklärung und der Gemeinschaftsordnung sowie vereinbarten Regelungen innerhalb der Gemeinschaftsordnung und (beschlossenen) Benutzungsregelungen. Nach der bisherigen Rechtslage war problematisch, wie mit »Widersprüchen« zwischen Gebrauchsregelungen (Benutzungsregelungen) in der Gemeinschaftsordnung umzugehen ist (Hügel/Elzer, § 10 Rn. 109). **Beispiel**: In der Teilungserklärung wird ein Teileigentum zur Benutzung als Geschäftsräume ausgewiesen. Im Aufteilungsplan ist der Zusatz »Chemische Reinigung« enthalten. Eine Nutzung als chemische Reinigung wäre ausgeschlossen. Der Teileigentümer macht den Widerspruch zugrunde liegender »Benutzungsregelung« (enge Zweckbestimmung) geltend (BayObLG ZMR 1994, 425). Auch nach der neuen Gesetzeslage ist zur Auslegung die umfassende Vereinbarung nach § 10 Abs. 1 WEG heranzuziehen. Verbleiben nach der Auslegung Unklarheiten, gilt weiterhin die gesetzliche oder die früher vereinbarte Regelung (OLG Hamburg ZMR 2004, 614; Hügel/Elzer, § 10 Rn. 44; BGH ZMR 2019, 518 Rn. 8; Fritsch FS Riecke 2019, 111 ff.).

c) Praxisbeispiele für Benutzungsregelungen am gemeinschaftlichen Eigentum

26 Nach den Neuregelungen ist fraglich, in welchem Umfang Gebrauchs-, Nutzungsrechte am gemeinschaftlichen Eigentum per Vereinbarung und Beschlussfassung geregelt werden können und in welchem Verhältnis die Pflichten im Verhältnis zur Gemeinschaft der Wohnungseigentümer stehen. Die Fassung von Benutzungsregelungen am gemeinschaftlichen Eigentum obliegt nach § 18 Abs. 1 WEG der Gemeinschaft der Wohnungseigentümer. Im Zweifel ist der Verband zuständig (SEHR/Skauradszun, § 1 Verbandsrecht Rdn 127); Skauradszun, ZMR 2020, 905, 906; BT-Drucks. Drucksache 19/18791, S. 56; BR Drucks. 168/20, S. 63). Die Grundlage der Benutzung bilden neben der Teilungserklärung und der Gemeinschaftsordnung vereinbarte und aufgrund einer Öffnungsklausel zu beschließende Benutzungsregelungen (→ Rn. 22). Allerdings lässt sich auch weiterhin kein »schematisches« ABC der Benutzungsregelungen (Gebrauchsregelungen) aufstellen. Die vereinbarten und beschlossenen Benutzungsregelungen können exemplarisch die Folgenden sein:

27 Das Abstellen von PKWs (Parken) auf einer Hof-/oder Gemeinschaftsfläche kann als Benutzungsregelung vereinbart und beschlossen werden (Hügel/Elzer § 18 Rn. 109). Die Wohnungseigentümer können die Frage, wie, wann und von wem die im gemeinschaftlichen Eigentum stehenden und keinem Sondernutzungsrecht unterliegenden Stellplätze benutzt werden, grundsätzlich regeln

(KG NJW-RR 1996, 586). Dies gilt jedoch nur für den Fall, wenn kein Sondernutzungsrecht besteht. Räumlich durch Abtrennungsmarkierungen gekennzeichnete Stellplätze konnten auch bislang einzelnen Eigentümern zur Benutzung als Parkfläche zugewiesen sein. Dasselbe gilt nach zutreffender Auffassung für Teile des Doppelparkers (Agatsy, MietRB 2020, 155, 158). Die Zuordnung von Stellplätzen und somit der exklusiven Benutzung zum Sondereigentum (§ 3 Abs. 1 S. 2 WEG) schließt jedoch nicht aus, dass es auch zukünftig Abstellplätze für PKWs gibt, die im gemeinschaftlichen Eigentum stehen. Dann gilt gemäß § 16 Abs. 1 S. 3 WEG der Grundsatz des maßvollen »Mitgebrauchs« fort.

Ist Sondereigentum an Stellplätzen gemäß § 3 Abs. 1 S. 2 WEG begründet, erfolgt die Zweckzuweisung über die Teilungserklärung oder den Teilungsvertrag (→ Rn. 7). Über das »Wie« der Benutzung (Gebrauch) können Benutzungsregelungen in der Gemeinschaftsordnung vereinbart oder ergänzende Beschlüsse gefasst werden. Für die Benutzung von gemeinschaftlichen Flächen u. a. Stellplätzen folgt daraus, dass Wohnungseigentümer die Frage der Benutzung von Stellplätzen auch zukünftig im Wege von vereinbarten Benutzungsregelungen oder im Beschlusswege regeln können (KG NJW-RR 1996, 568).

Zur Umgrenzung des exklusiven Benutzungsrechts sind keine »Markierungen« **28** oder Sondernutzungsrechte mehr erforderlich. Aufgrund der Neuregelungen des § 3 Abs. 1 S. 2 WEG und § 3 Abs. 2 WEG und der Sondereigentumsfähigkeit von Stellplätzen und Nebenflächen wird sich die Bewertung der Benutzung ändern. Die fortan zum Sondereigentum gehörenden Stellplatzflächen sind auch zukünftig durch konkrete Benutzungsregelungen geprägt. Demnach ist es auch weiterhin zulässig, Art und Umfang der Benutzung (Gebrauch) zu beschränken. Dies gilt insbesondere vor dem Hintergrund, dass § 13 Abs. 1 WEG eine Nutzung des Sondereigentums nicht ohne Berücksichtigung der allgemeingültigen Vereinbarungen, Beschlüsse und gesetzlichen Regelungen zulässt (§ 14 Abs. 1 und 2 WEG). Daraus folgt für die Praxis, dass Zufahrten oder gemeinschaftlich genutzte Flächen weiterhin durch gemeinschaftsbezogene Benutzungsregelungen gewidmet werden können, um auch nach der zukünftigen Rechtslage die Verpflichtung der Wohnungseigentümer zur »maßvollen« Benutzung im Verhältnis zu der Gemeinschaft der Wohnungseigentümer und im Verhältnis der Sondereigentümer untereinander zu gewährleisten. In diesem Fall waren Stellplätze in Garagen auch nach der alten Rechtslage (§ 3 Abs. 2 S. 2 WEG a. F.) sondereigentumsfähig. Eine Benutzungsregelung kann somit in Konkretisierung der Nutzung, etwa für Kfzs jeglicher Art als auch hinsichtlich der räumlich spezifizierten Einschränkung auf Einzelstellplätze, Mehrfachstellplätze, Stellplätzen mit Wendemöglichkeit oder einer Zuwegung, liegen (Schneider/Becker, ZfIR 2020, 281, 284).

Eine besondere Form der Benutzung von gemeinschaftlichem Eigentum stellt sich hinsichtlich der Frage des »Obs« und des Umfangs **baulicher Veränderungen.** Im Bereich des gemeinschaftlichen Eigentums konnten bauliche Veränderungen zulässig sein, wenn zugunsten eines Wohnungseigentümers ein entsprechendes Sondernutzungsrecht z. B. an einer Terrasse oder einem Teil, der im gemeinschaftlichen Eigentum stehenden Gartenfläche, eingeräumt war. Diese musste eindeutig in einer Sondernutzungsbefugnis geregelt sein (Agatsy, MietRB 2020, 155, 157). Generell setzt die Möglichkeit baulicher Veränderungen auch nach § 13 Abs. 2 WEG voraus, dass weder die übrigen Wohnungseigentümer noch das gemeinschaftliche Eigentum beeinträchtigt werden. Die Beschlusskompetenz für die Zulässigkeit baulicher Veränderungen ist zukünftig in § 20 Abs. 1 WEG geregelt. Es wird auf das Kapitel bauliche Veränderungen verwiesen (SEHR/Abramenko, § 5 Bauliche Maßnahmen Rdn.37f).

29   Nach der Neufassung des § 3 Abs. 2 WEG ist für die Praxis zukünftig zu klären, wie mit den Vorgaben zur **Bepflanzung und Gartengestaltung** umzugehen ist. Bislang waren Gebrauchsregelungen (Vorgaben) in der Gemeinschaftsordnung zulässig (BayObLG ZMR 2001, 819). In der Regel wurde der Gebrauch von gemeinschaftlichem Eigentum geregelt. Nach der neuen Regelung des § 3 Abs. 2 WEG können wirtschaftlich mit dem Sondereigentum zusammenhängende Garten- und Terrassenflächen von der Benutzung **ausschließlich** dem Sondereigentum zugeordnet sein. Wird der Teil einer Gartenfläche dem Sondereigentum zugeordnet, besteht für deren Benutzung Exklusivität (→ Rn. 9 f.).

30   Die Nutzung von Teilen des gemeinschaftlichen Eigentums mit der Zweckbestimmung als **Gemeinschaftsflächen oder -räumlichkeiten** konnte bislang in der Gemeinschaftsordnung oder einer Gebrauchsregelung vereinbart sein (§ 15 Abs. 1 WEG a. F.). Früher war dies eine Frage der Beschlussfassung nach § 21 WEG. **Beispiel:** Ein Gemeinschaftsraum wird durch den von der Gemeinschaft beauftragten Hausmeister genutzt. Gem. §§ 10 Abs. 1, 19 Abs. 2 und 18 Abs. 2 Nr. 2 WEG ist dies möglich. Eine Benutzungsregelung »zugunsten Dritter«, die allen zugutekommt, soll auch nach der neuen Rechtslage uneingeschränkt möglich sein (OLG Düsseldorf ZMR 2002, 959 f.). Enthält die Gemeinschaftsordnung eine Öffnungsklausel, ist der Beschluss über der Benutzung im gemeinschaftsbezogenen Zweck gemäß §§ 19 Abs. 1, 18 Abs. 1, 2 WEG zulässig (Skauradszun, ZMR 2020, 905, 906). **Beispiel:** Bislang ist nicht geregelt, ob ein Kellerraum auch als Fahrradkeller genutzt werden darf. Sieht die Gemeinschaftsordnung eine Öffnungsklausel vor und steht keine Vereinbarung entgegen, dann ist nach der neuen Vorschrift des § 19 WEG eine entsprechende Benutzungsregelung **zugunsten der Gemeinschaft** zu beschließen. Die Wohnungseigentümer können grundsätzlich Bestimmungen treffen, was

im Treppenhaus abgestellt oder aufgehängt werden darf z. B. Bilder, Fahrräder, Fußmatten, Kinderwagen (BGH NZM 2007, 37, Rn. 9).

Die Flächennutzung der im gemeinschaftlichen Eigentum stehenden Gemein- **31** schaftsflächen (*ohne Sondernutzungsrecht*) kann auch nach zukünftig »maßvoll« erfolgen. Möglich sind Gebrauchsregelungen im Sinne der §§ 18 Abs. 2 Nr. 2, 19 Abs. 1 WEG zur Nutzung von **Balkon und Terrassen**, vor allem Art und Weise der Benutzung wie z. B. Bepflanzung, Gartenzwerge, Grillen (LG München I ZMR 2013, 475; Hügel/Elzer, WEG § 10 Rn. 93.). Die neuen gesetzlichen Vorschriften räumen Beschlusskompetenzen ein (§ 19 Abs. 1 und Abs. 2 Nr. 1 WEG). Diese gelten für Regelungen im Verhältnis zur Gemeinschaft.

Ferner ist zu klären, ob die Eigentümer weiterhin Regelungen zur **Gestaltung der (Außen-)Fassade** im Verhältnis zur Gemeinschaft Wohnungseigentümer sowie im Verhältnis zu den übrigen Eigentümern treffen dürfen. **Beispiel:** Bewohner einer Wohnungseigentumsanlage mit einer denkmalgeschützten Fassade montieren anzubohrende Halterungen für »Blumenkästen« an die **Balkonbrüstung** und entlang der Fensterbretter. Dies war nach der bisherigen Rechtslage nicht uneingeschränkt möglich. Die Montage von Blumenkästen stellt im Einzelfall eine bauliche Veränderung dar (§ 20 Abs. 1 WEG), sodass die Gemeinschaft mit einem einfachen Mehrheitsbeschluss zustimmen muss. Um eine Übernutzung zu vermeiden, konnten die Eigentümer Gebrauchsregelungen treffen. Die Fassadengestaltung kann weiterhin in der Gemeinschaftsordnung geregelt werden. Sieht diese keine Regelung vor, kann gemäß § 10 Abs. 1 WEG eine Vereinbarung mit zwingenden Gestaltungsvorgaben getroffen werden. Lässt eine Öffnungsklausel gemäß § 19 Abs. 1 WEG die Beschlussfassung zu, kann auch nach der neuen Rechtslage gemäß §§ 18 Abs. 2 Nr. 2, 19 Abs. 1 WEG ein maßvolles Anbringen von Blumenkästen als Benutzungsregelung beschlossen werden. Nach der hier vertretenen Auffassung gelten die bisherigen Wertungen fort (u. a. BayObLG ZMR 2001, 819). Das Anbringen von Blumenkästen ist eine sozialadäquate Nutzung, wobei von einer Benutzung keine Beeinträchtigungen ausgehen dürfen (LG München I ZMR 2015, 962, 965). Die rechtlichen Grenzen des binnenrechtskonformen Verhaltens folgen aus §§ 14 Abs. 1 WEG und 14 Abs. 2 WEG (Lehmann-Richter/Wobst, WEG-Reform 2020, Rn. 1347).

Die Gestattung für einen in der Wohnungseigentumsanlage im Teileigentum **32** ansässigen Gewerbebetrieb, entsprechende <u>Werbeanlagen</u> an der Fassade, im Bereich der Fenster oder auf den Flächen des gemeinschaftlichen Eigentums anzubringen, kann gemäß § 19 Abs. 2 Nr. 1, 18 Abs. 1 WEG beschlossen werden (Riecke/Schmid/Abramenko, § 15 Rn. 22; OLG Frankfurt Rpfleger 1982, 64). Die Zulässigkeit der Anbringung einer Werbeanlage kann im

Rahmen der Gemeinschaftsordnung gemäß §§ 18 Abs. 1, 19 Abs. 1 WEG als zulässige Benutzung des Sondereigentums vereinbart sein. Dabei ist insbesondere zu differenzieren, ob die Werbeanlage als Sonderform der Benutzung im Wohnungs-/Teileigentum oder gemeinschaftlichen Eigentum erfolgt (zu Werbeanlagen: Agatsy, MietRB 2021 im Erscheinen).

Eine vergleichbare Fallgruppe liegt darin, ob der Nutzer einer Wohneinheit zur Anbringung einer **Parabolantenne an der Fassade** berechtigt ist. Auch nach der neuen Vorschrift des § 20 WEG über die Regelungen der baulichen Veränderungen ist die Anbringung einer fest installierten Parabolantenne je nach Einzelfall als unzulässige bauliche Veränderung zu bewerten (SEHR/Abramenko, § 5 Bauliche Maßnahmen Rdn. 37). Wird durch den Wohnungseigentümer oder dessen Mieter allerdings die Montage einer mobilen Parabolantenne begehrt, ist eine Benutzungsregelung gemäß §§ 19 Abs. 2 Nr. 2, 18 Abs. 1 WEG (§ 21 Abs. 5 Nr. 1 WEG a. F.) zu beschließen. Ein generelles Montageverbot bleibt unzulässig. Etwas Anderes gilt, wenn die ausreichende mediale Versorgung sichergestellt ist (AG Hamburg-Wandsbek ZMR 2015, 582f; Riecke/Schmid/Abramenko, § 15 Rn. 22). Nach der neuen Rechtslage sind die Grenzen einer Veränderung des äußeren Erscheinungsbilds der Wohnungseigentumsanlage in mehrfacher Hinsicht zu prüfen. Eine Parabolantenne kann gemäß § 20 Abs. 1 WEG als bauliche Veränderung zu bewerten sein. Dies gilt insbesondere dann, wenn diese über Bohrungen/Halterungen mit dem Mauerwerk oder mit der Balkonbrüstung verbunden ist. Unabhängig von der grundsätzlichen Zulässigkeit der Befestigung einer Parabolantenne erfordert diese als bauliche Veränderung einen Beschluss (§ 20 Abs. 1 WEG), auf den der betroffene Wohnungseigentümer einen Anspruch haben muss (§ 20 Abs.1 WEG). Die Grenzen der §§ 14 Abs. 1 WEG (gegenüber der Gemeinschaft der Wohnungseigentümer) und übrigen Wohnungseigentümern (§ 14 Abs. 2 WEG) sind einzuhalten.

33 Ein klassischer Streitpunkt bleibt die Zulässigkeit der **Hunde- und Haustierhaltung**. Die Wohnungseigentümer können auch zukünftig Vereinbarungen (§§ 10 Abs. 1, 18 Abs. 2 WEG) oder Beschlüsse über die Tierhaltung als Benutzungsregelung fassen, sofern diese nicht auf ein völliges Verbot hinauslaufen (OLG Hamburg ZMR 2008, 151; LG Lüneburg ZMR 2012, 728). Nach den §§ 18 Abs. 1 Nr. 2, 19 Abs. 1 WEG sind Beschlussfassungen über Benutzungsregelungen zulässig, die es weiterhin ermöglichen, die Anzahl der (Haus-) Tiere zu beschränken oder einen Beschluss zu fassen, wonach es unzulässig sein soll, z. B. den **Auslauf von Hunden,** auf gemeinschaftlichen Flächen, z. B. Innenhof oder Rasenflächen zu beschränken (BGH ZMR 2015, 729). Von der Hunde- und Haustierhaltung darf weder für das gemeinschaftliche Eigentum noch für die übrigen Sondereigentümer im Wohnungs-/oder Teileigentum eine über das Maß des § 14 Abs. 1 Nr. 1 WEG hinausgehende Störung ausgehen. Die

bisherige inhaltliche Wertung des Regelungszwecks des § 15 Abs. 1 WEG a.
F. i. V. m. § 14 WEG a. F. gilt fort. Für die weitere Beschlusspraxis gilt jedoch
weiterhin Folgendes: Ein Beschluss widerspricht nach zutreffender Auffassung
der ordnungsmäßigen Verwaltung des gemeinschaftlichen Eigentums (§§ 18
Abs. 1, 19 Abs. 1 WEG), **wenn darin jegliche und nicht nur störende Haustierhaltung** ausgeschlossen wird. Fehlt eine entsprechende Regelung, kann ein
Wohnungseigentümer die Gemeinschaft der Wohnungseigentümer gem. § 18
Abs. 2 Nr. 2 WEG verpflichten, eine Regelung zu schaffen, mit der eine maßvolle Hunde-/oder Haustierhaltung im Allgemeinen zulässig ist. Ebenso kann
ein Wohnungseigentümer die Gemeinschaft der Wohnungseigentümer gem.
§ 18 Abs. 2 WEG verpflichten, eine Benutzung des gemeinschaftlichen Eigentums oder des Sondereigentums zu verlangen, die den gesetzlichen Regelungen,
Vereinbarungen und Beschlüssen entspricht (mit Beispielen: Lehmann-Richter/
Wobst, WEG-Reform 2020, Rn. 1416 ff.). Daraus folgt für die Praxis, dass dei-
ne »störende« Haustier-/oder Hundehaltung durchaus maßvoll eingeschränkt
werden kann.

Regelungen über das Abspielen von **Musik und das Musizieren** sind regelmäßig   **34**
notwendig, wobei das Abspielen von Musik auch in der Hausordnung geregelt werden kann (→ Rdn. 47). Die gesetzlichen Regelungen folgen aus § 14
WEG. Die Beschlussfassung über die **Beschränkung des Musizierens auf bestimmte Zeiten** kann gemäß §§ 18 Abs. 1, 18 Abs. 2 Nr. 2, 19 Abs. 1 WEG
auch zukünftig durch einen Beschluss über die **ordnungsgemäße Benutzung**
geregelt werden (Becker/Schneider, ZfIR 2020, 281, 298). Auch zukünftig ist
ein Beschluss zu fassen, wonach entsprechende Ruhezeiten geregelt werden (AG
Reutlingen ZMR 2013, 152; AG Hannover ZMR 2018, 268 f.). Berufsmusiker
sind nach zutreffender Auffassung allerdings in dieser Hinsicht nicht zu privi-
legieren. Ein **generelles Verbot** zu »Musizieren« und Musik abzuspielen wäre
unzulässig und der Beschluss u. U. sogar nichtig.

Regelungen über das **Rauchen und Ruhezeiten** im Bereich des gemeinschaft-   **35**
lichen Eigentums und Sondereigentums sind grundsätzlich zulässig, da wieder-
kehrendes »Konfliktpotenzial« droht. Die zulässigen Benutzungs- (Gebrauchs-)
regelungen wurden im Fall einer entsprechenden Öffnungsklausel bislang gemäß § 15 Abs. 2 WEG a. F. beschlossen (→ zur Hausordnung: Rdn. 46). Auch
zukünftig sind Benutzungsregelungen über das Rauchen und Ruhezeiten gemäß §§ 18 Abs. 1, Abs. 2 Nr. 2, 19 Abs. 1 WEG zu beschließen. Hinsichtlich des Umfangs des **Rauchens** können Wohnungseigentümer grundsätzlich
Bestimmungen treffen (BayObLG NZM 1999, 504; Hügel/Elzer, WEG § 19
Rn. 50). Diesen Bestimmungen können Beschlüsse der Wohnungseigentümerversammlung über die ordnungsgemäße Verwaltung des gemeinschaftlichen
Eigentums gemäß §§ 18 Abs. 1, Abs. 2 Nr. 2, 19 Abs. 1 WEG zugrunde liegen.

Zur Festlegung allgemeiner **Ruhezeiten** sind auch nach der neuen Rechtslage gemäß §§ 18 Abs. 1, Abs. 2 Nr. 2 WEG, 19 Abs. 1 WEG entsprechende Beschlüsse zu fassen (BT-Drucks. 19/18791, S. 58; BR Drucks. 168/20, S. 65; BT-Drucks. 19/22634, S. 15). Die bisherigen durch die Rechtsprechung aufgestellten Grundsätze gelten somit auch nach der neuen Rechtslage fort (AG Hannover ZMR 2018, 268).

36   Die **Vermietung des gemeinschaftlichen Eigentums** ist eine Maßnahme ordnungsmäßiger Verwaltung der Gemeinschaft der Wohnungseigentümer. Die bisherige Vorschrift des § 13 Abs. 2 WEG begründet **keinen ausschließlichen Eigengebrauch** der Wohnungseigentümer (LG Hamburg ZMR 2016, 578). Nach der Neufassung der Vorschriften des WEMoG gibt es keine Regelung, die einer Vermietung des gemeinschaftlichen Eigentums entgegensteht. Bisher konnten Wohnungseigentümer über die Vermietung von im gemeinschaftlichen Eigentum stehenden Räumen gemäß § 23 Abs.1 WEG im Fall einer Öffnungsklausel grundsätzlich mit einfacher Stimmenmehrheit beschließen (BGH NJW 2000, 3211; LG Hamburg ZMR 2016, 57). Auch zukünftig ist gemäß §§ 18 Abs. 1, Abs. 2 Nr. 2, 19 Abs. 1 WEG über die Vermietung des gemeinschaftlichen Eigentums zu beschließen. Dies gilt insbesondere bei der **Überlassung einzelner Räume** des gemeinschaftlichen Eigentums. Wurde gemeinschaftliches Eigentum (nicht Sondernutzungsrecht) vermietet, trat als Vermieterin der Verband der Wohnungseigentümer auf. Nach der Neufassung des Gemeinschaftsbegriffs ist die Gemeinschaft der Wohnungseigentümer gemäß § 9a Abs. 1 WEG rechtsfähig und Vermieterin. Die Überlassung von Teilen des gemeinschaftlichen Eigentums liegt gemäß §§ 9a Abs. 1, 18 Abs. 1 im Ermessen der Gemeinschaft. Die Gemeinschaft der Wohnungseigentümer kann beispielsweise einen Teil des gemeinschaftlichen Eigentums als Werbefläche oder zur Befestigung von fremden Werbeanlagen vermieten (dazu: Agatsy, MietRB 2021, Heft 02/2021).

3. Benutzung von Wohnungseigentum und Zweckbestimmung im engeren Sinne

a) Umfang der zweckgebundenen Benutzung von Sonder-/und Teileigentum

37   Ferner sind nach dem Inkrafttreten des WEMoG (1.12.2020) die Zweckbestimmungen für den konkreten Nutzungszweck (→ Rn. 3) und die benutzungsspezifische Zweckbestimmung im engeren Sinne zu klären. Der Grundsatz der typisierenden Betrachtungsweise bleibt erhalten. Die Grenzen der Benutzung des Sondereigentums sind unverändert in der Vorschrift des § 13 Abs. 1 WEG geregelt (Bärmann/Pick, Anh I zu § 13 WEG-E Rn. 1 ff.). Wird ein Sondereigentum als »Wohnung« bezeichnet, darf es grundsätzlich nur zum

Wohnzweck genutzt werden (BGH ZMR 2012, 970; Bärmann/Suilmann § 13 Rn. 33). Dieser Grundsatz gilt nach der Neufassung des § 13 Abs. 1 WEG uneingeschränkt fort. Die Grundlage des Zweckbegriffs im weiteren Sinne, mithin die Wohnungs-/oder Gewerbenutzung, befindet sich auch nach der Neufassung der Vorschriften zunächst in der Teilungserklärung, sodass die Rechtsgrundlagen der §§ 1, 3 und 5 WEG heranzuziehen sind (→ Rn. 5). Das für die Benutzung und dessen Zweck einschlägige Verständnis des Sondereigentums liegt darin, dieses als Raum (*umbauter Kubus*) zu nutzen (Niedenführ/Schmidt-Räntsch/Vandenhouten/Schmidt-Räntsch, § 15 Rn. 6). Die Nutzung als Teileigentum im Sinne des § 13 Abs. 1 WEG hingegen soll ausschließlich <u>nicht</u> zum Wohnzweck erfolgen. Die Benutzung des Sondereigentums kann durch ein Sondernutzungsrecht erweitert werden. **Beispiel:** Zu dem Sondereigentum wird ein Sondernutzungsrecht an der Terrasse eingeräumt. Mit der Einräumung von Sondernutzungsrechten an gemeinschaftlichen Flächen, wie z. B. Außenflächen, Stellplätzen und Terrassen, wurden ein »dingliches« Gebrauchsrecht sowie dessen Umfang eingeräumt (Agatsy, MietRB 2020, 155, 158).

Bereits in der Zuordnung eines Sondereigentums zur Benutzung als Wohn- und Teileigentum nach § 3 Abs. 1, 3 und § 5 Abs. 2 WEG liegt eine (weite) zweckgebundene Bestimmung für die spätere Benutzungsregelung. Gemäß §§ 10 Abs. 1, Abs. 2 S. 2, 15 Abs. 1 WEG a. F. konnten die Eigentümer die rechtlichen Grenzen der Gebrauchsregelungen vereinbaren (Hügel/Elzer, § 15 Rn. 26). Nach dem Wortlaut der Vorschrift des § 13 Abs. 1 WEG bleibt es zulässig, das Sondereigentum in sonstiger Weise zu nutzen (Bärmann/Pick Anhang I § 13 WEG-E Rn. 1). Gebrauchsregelungen von Sonder-/und Teileigentum sind nicht unbegrenzt. **Beispiel:** Ein ausschließlich zum Wohnzweck zu nutzendes Sondereigentum wird zur Unterbringung von Feriengästen genutzt. Die korrespondierende Vorschrift ist § 18 Abs. 2 Nr. 1 WEG. Nach dieser Vorschrift besteht ein Anspruch, der auf die Fassung eines Beschlusses über bestimmte Benutzungsregelungen gerichtet ist und gegenüber der Gemeinschaft der Wohnungseigentümer besteht (Bärmann/Pick Anhang I § 18 WEG-E Rn. 6; siehe auch: Lehmann-Richter/Wobst, WEG-Reform 2020, Rn. 1471). Die neue Vorschrift des § 13 Abs. 2 WEG sieht eine gemeinschaftsbezogene Verknüpfung mit baulichen Veränderungen vor. Im Bereich des Sondereigentums sind nach § 13 Abs. 2 WEG bauliche Veränderungen in dem Umfang zulässig, soweit sie sich nicht störend auswirken. Ein Sonderfall der baulichen Veränderung im Bereich des Sondereigentums sind Maßnahmen zur Herstellung der Barrierefreiheit, Ladestationen für Elektroautos oder der Einbruchschutz. Die korrespondierende Vorschrift ist § 554 Abs. 1 BGB (MietPrax-AH/Agatsy/Feldhahn, 99. EL Fach 4 Rn. 199a; Schmid/Harz/Riecke, § 554 BGB Rn. 3 ff.; SEHR/Hinz, § 12 Änderungen im Mietrecht Rdn. 12ff).

38

b) Praktische Fallgruppen der Benutzung des Sonder- und Teileigentums

39 Die Benutzung von Sonder- und Teileigentum im weiteren Sinne muss zweck-gebunden erfolgen. Die grundlegende Vorschrift ist § 14 WEG. Nach zutref-fender Auffassung hängen von der Zweckbestimmung im weiteren Sinne die Gebrauchs- und Nutzungsrechte ab (Bärmann/Pick/Emmerich § 15 Rn. 16). Die originäre Zweckbestimmung des Wohnungseigentums darf auch weiter-hin nicht durch einen Beschluss der Wohnungseigentümer abgeändert werden (OLG Düsseldorf ZMR 2005, 303; Jennißen/Schultzky, § 15 Rn. 76). Die bis-herigen Regelungen aus der Teilungserklärung besagen, dass nur im Rahmen der Zweckbestimmungen im »weiteren Sinne« die Benutzung von Wohnungs-/ Teileigentum und gemeinschaftlichem Eigentum zulässig ist. Die Teilungs-erklärung und der Aufteilungsplan geben das »Wie« der Benutzung vor (Agatsy MietRB 2020, 155, 157). Zulässig ist die Benutzung nur dann, wenn diese im Rahmen der Zweckbestimmung erfolgt. In diesem Zusammenhang gelten die bisherigen Grundsätze aus der Rechtsprechung zur typisierenden Betrachtungs-weise fort (BGH ZMR 2010, 978; BayObLG ZWE 2001, 28).

Der Regelungsinhalt des § 13 WEG ist im Wesentlichen gleichgeblieben. Die **Benutzung des Sondereigentums** wird durch die Gemeinschaftsordnung so-wie durch die ergänzenden Vereinbarungen und Beschlüsse über Gebrauchs-regelungen (Benutzung) konkretisiert. Auch nach der Neufassung lautet der Hauptzweck des eingeräumten Wohnungseigentums Wohnen, während der Zweck des Teileigentums darin liegt, dass eine Benutzung zum gewerblichen Zweck erfolgt (Riecke/Schmid/Abramenko, § 13 WEG Rn. 20). Auch nach dem Inkrafttreten der neuen Vorschriften der §§ 13 f. WEG ist die Benutzung »typisiert«. Bauliche Veränderungen im Sondereigentum sind nur in den sehr engen Grenzen des § 13 Abs. 2 WEG zulässig (SEHR/Abramenko, § 5 Bau-liche Maßnahmen Rdn. 109). Ein Sonderfall sind bauliche Maßnahmen zur Barrierefreiheit, Elektromobilität und Einbruchsschutz (→ Rdn. 38).

Der typisierte Nutzungszweck Wohnung ist auch nach der Neufassung des § 13 Abs. 1 WEG »weit« auszulegen. Der Gesetzgeber hat die Vorschrift des § 13 WEG im Wesentlichen kaum verändert. Allerdings ist die Vorschrift des § 13 WEG **gemeinschaftsbezogen** auszulegen (Becker/Schneider ZfIR 2020, 281, 294). Ein weiter Benutzungsbegriff ergibt sich aus der fortbestehenden Neu-formulierung »in sonstiger Weise«. Gemäß § 14 Abs. 1 WEG sind die Son-dereigentümer d. h. auch die Vermieter von Ferienwohnungen gegenüber der Gemeinschaft verpflichtet, Vereinbarungen und Beschlüsse über Benutzungs-regelungen einzuhalten. Im Verhältnis der Wohnungseigentümer untereinander gilt korrespondierend zu § 13 Abs. 1 WEG die Vorschrift des § 14 Abs. 2 Nr. 1

WEG. Die klassische Problematik ist die Nutzung eines Sondereigentums als **Ferienwohnung** (dazu ausführlich: Fraatz-Rosenfeld, AnwZert MietR 21/2020 Anm. 2). Schließlich kommt es auch nach der neuen Rechtslage nicht darauf an, ob es sich um eine Zweitwohnung oder eine Ferienwohnung handelt (BGH ZMR 2010, 378 Rn. 13). Die Benutzung eines Sondereigentums als Ferienwohnung ist auch bei »täglich« wechselnden Nutzern als Wohnnutzung im Sinne des § 13 WEG zu bewerten (Schmidt-Räntsch, ZWE 2020, 1, 7). Problematisch ist, ob es sich bei wechselnden Nutzern und Feriengästen um einen »hotelähnlichen« Betrieb handelt.

Eine Nutzung eines Teils der Wohnung zum Zweck der **freien Berufsausübung** 40 ist zulässig. Nach dem weiten Zweckbegriff »Wohnen« unterfällt diese Form der Benutzung auch zukünftig dem Begriff der »Wohnnutzung« und kann nicht gemäß §§ 18 Abs. 1, 2 Nr. 2, 19 Abs. 1 WEG durch Beschluss untersagt werden. Ein entsprechender Beschluss ist auch zukünftig nach der Neuregelung der §§ 13 ff. WEG unwirksam, weil der Kernregelungsgehalt des § 13 Abs. 1 WEG ausgehöhlt würde. **Beispiel:** Eine Wohnung wird als Ferienwohnung, als Planungsbüro, als Asylunterkunft genutzt (BGH ZMR 2010, 378 Rn. 13; Bärmann/Pick/Emmerich, § 15 Rn. 18) Dasselbe gilt für die Überlassung einer Wohnung an sogenannte **Medizintouristen**. Im Rahmen der Prüfung des Begriffs der Wohnnutzung und der damit typisierenden Betrachtungsweise geht die Rechtsprechung davon aus, dass es sich um eine zulässige Wohnnutzung handelt (LG München I ZMR 2016, 490). Dies gilt auch nach der Neufassung des § 13 Abs. 1 WEG, denn der Gesetzgeber hat den Regelungszweck beibehalten. Allerdings sind die Grenzen der Wohnnutzung im Sinne des § 13 Abs. 1 WEG spätestens dann überschritten, wenn mit der Überlassung der Räume als Unterkunft zusätzliche Leistungen verbunden sind. Demnach ist die Benutzung von ausschließlich zum Wohnzweck gewidmeten Sondereigentumseinheiten (Wohnungseigentum) als Boarding-House oder »hotelähnlichem« Betrieb nicht mehr vom Begriff des Wohngebrauchs umfasst, wenn gleichzeitig zusätzliche Leistungen erbracht werden. Gemäß § 13 Abs. 1 WEG und dem Grundsatz der typisierenden Betrachtung ist ein Beschluss über die Erlaubnis zur Benutzung einzelner Wohnungen als Boarding-House nicht als ordnungsgemäß im Sinne der §§ 18 Abs. 1, 18 Abs. 2 Nr. 2, 19 Abs. 1 WEG zu bewerten.

Auch nach der Neufassung des § 13 Abs. 1 WEG gilt der Grundsatz, dass eine 41 Wohnungseigentumseinheit ausschließlich zur Wohnung **nicht** wie Teileigentum ausschließlich gewerblich genutzt werden darf. Die Benutzung als **Heim oder heimähnliche Einrichtung** fällt auch weiterhin nicht unter den Begriff der **Wohnnutzung** (BGH ZMR 2019, 425 Rn. 14). Etwas anderes gilt hinsichtlich der Nutzung einer Wohnung als **Kindertagespflege**. Diese fällt unter den Begriff der Wohnnutzung, wenn diese Einrichtung der Kindertagespflege nicht mit mehr als mit zwei bis drei Kindern belegt ist (AG Bonn ZWE 2018, 212). Ferner kommt es darauf an, ob die übrigen Eigentümer »gestört« werden. Eine Nutzung als Kindertagespflege führt nicht per se zu der Bewertung als unzulässige gewerbliche Benutzung. Ein ausschließlich zur Wohnnutzung bestimmtes Sondereigentum kann nicht ohne Weiteres als **Heilpraktiker- bzw. Naturheilpraxis** genutzt werden. Dies scheidet bei typisierender Betrachtung aus (LG München I ZMR 2015, 791).

42   Eine andere Bewertung ist lediglich bei einer zumindest überwiegend gewerblichen Nutzung möglich. **Beispiel:** Ein dem reinen Wohnzweck gewidmetes Sondereigentum wird durch den Sondereigentümer **als Ladenlokal** vermietet. Diese Benutzung ist auch zukünftig unzulässig. Bei der freiberuflichen Nutzung z. B. als Anwaltskanzlei, Architekturbüro oder Praxisraum ist zu differenzieren. Führt die konkrete Benutzung zu einem überobligatorischen **Publikumsverkehr**, handelt es sich nicht um eine Wohnnutzung (BayObLG ZMR 2001, 41). Auch nach der neuen Rechtslage und der interessengerechten Auslegung des § 13 Abs. 1 WEG ist die Nutzung des Wohnungseigentums an Grenzen gebunden. Die **Überbelegung** des Sondereigentums ist nach der zukünftigen Rechtslage generell unzulässig.

43   Auch zukünftig ist bei der Bewertung der zulässigen Benutzung von Teileigentum auf die durch die Rechtsprechung aufgestellten Grundsätze abzustellen. Die **Gebrauchs- und Nutzungsrechte** unterliegen ebenfalls beim Teileigentum der streng **typisierenden Betrachtungsweise**. Die Rechtsprechung ist jedoch nicht einheitlich und somit kommt es zukünftig ebenfalls auf den **Einzelfall** an. Der Benutzungsbegriff eines Teileigentums **als Geschäftsraum** ist grundsätzlich **weit** gefasst (Hügel/Elzer, § 10 Rn. 95). Allerdings kann auch zukünftig nicht über Zweckvereinbarungen im engeren Sinne eine Beschlussfassung erfolgen. Die Nutzung eines dem gewerblichen Zweck dienenden Teileigentums zu Wohnzwecken bleibt unzulässig.

Auch zukünftig ist zu prüfen, ob die Nutzung im Rahmen der Zweckbestimmungen (Teilungserklärung und Benutzungsregelung) erfolgt. Die Zweckbestimmung **als Geschäftsraum** ist auch zukünftig »weit« zu fassen. In einem als Geschäftsraum gewidmeten Teileigentum ist auch zukünftig eine weitreichende Nutzung möglich. Der typisierende Zweckbegriff hat nach der WEG-Novelle weiterhin Bestand. Die Benutzung eines Teileigentums als Ladenlokal ist im Rahmen der Zweckbestimmung zulässig, da der Schwerpunkt im Verkauf von Waren liegt. Ein als Ladenlokal gewidmetes Teileigentum darf im Rahmen während der geltenden Ladenöffnungszeiten genutzt werden (OLG München ZMR 2007, 484).

Problematisch bleibt die Benutzung des Teileigentums **als Gaststätte**. Die Nutzung eines Teileigentums als Gaststätte muss in der Teilungserklärung

grundsätzlich ausgewiesen sein (Riecke/Schmid/Abramenko, § 14 Rn. 22).
Steht der Begriff »Betrieb als Restaurant« in der Teilungserklärung ist der zweckgebundene Betrieb zum Betrieb eines Gastgewerbes und somit als **Schnellres-
taurant** zulässig (LG Stuttgart MietRB 2019, 334, 335). **Beispiel:** Ein nach der
Zweckbestimmung als Ladenlokal gewidmetes Teileigentum wird als **Gaststätte**
benutzt. Die Nutzungsart bleibt unzulässig.

c) Bindung von Sondernachfolgern an Beschlussfassungen

Der Gesetzgeber sieht in der Neufassung des § 5 Abs. 4 WEG vor, dass auch Be-   44
schlussfassungen der Wohnungseigentümerversammlung aufgrund von Öffnungsklauseln im Grundbuch eingetragen werden können, um infolgedessen den Sonderrechtsnachfolger zu binden. Benutzungsregelungen aufgrund von Beschlussfassungen können nach dem Willen des Gesetzgebers zukünftig »verdinglicht«
werden. Daraus folgt eine vollständig neue systematische Regelung. Bislang konnten die Wohnungseigentümer ihr Verhältnis untereinander durch Vereinbarung regeln, die dann gemäß § 10 Abs. 3 WEG bisheriger Fassung in das Grundbuch einzutragen ist (Riecke/Schmid/Lehmann-Richter § 10 Rn. 247). Nach dieser Vorschrift konnten Vereinbarungen der Wohnungseigentümer zum **Gegenstand des
Sondereigentums** gemacht werden (BeckOK WEG/Gerono/Leidner § 5 Rn. 64).
Gebrauchsregelungen aufgrund von Beschlüssen nach Öffnungsklauseln konnten nicht Gegenstand von Grundbucheintragungen sein. Die Vorschrift des § 10
Abs. 3 WEG korrespondierte systematisch mit der Vorschrift des § 5 Abs. 4 WEG
in der bisherigen Fassung (Bärmann/Pick, Anh. I zu § 10 WEG-E Rn. 3). Die Regelungen der Wohnungseigentümer »untereinander« wurden damit festgehalten.

Nach der Neufassung des WEMoG sieht auch die Vorschrift des § 10 Abs. 3   45
WEG vor, dass nicht nur Vereinbarungen, sondern auch Beschlüsse aufgrund
einer Öffnungsklausel in das Grundbuch eingetragen werden müssen (Bärmann/
Pick Anhang I zu § 5 WEG-E Rn. 3). Der Vertrauensschutz wird dadurch gestärkt. Eine reine Aufnahme in der Beschluss-Sammlung reichte bislang nicht
aus, sodass der Gesetzgeber eine systematische Regelungslücke geschlossen hat.
Um Rechtsnachfolger zu binden sollen Benutzungsregelungen, insbesondere
Beschlüsse, im Grundbuch einzutragen sein. Nur dann entfalten diese rechtliche
Wirkung für und gegen Sondernachfolger (Becker/Schneider, ZfIR 2020, 281,
286). **Beispiel:** Aufgrund einer Öffnungsklausel in der Gemeinschaftsordnung
hat die Wohnungseigentümerversammlung einen Benutzungsbeschluss über
die allgemeine Benutzung eines Kellerraums als Fahrradstandfläche gefasst. Der
Beschluss wird im Grundbuch eingetragen. Somit kann sich der Sondernachfolger im Verkaufsfall darauf berufen. Der Gesetzgeber hat auf die bestehende
Regelungslücke reagiert und mit §§ 5 Abs. 4, 10 Abs. 3 WEG die Möglichkeit
geschaffen, solche Beschlüsse im Grundbuch einzutragen. (Lehmann-Richter/

Wobst, WEG-Reform 2020, Rn. 1749). Dies bezieht sich auch auf den konkreten Umfang der zweckspezifischen Benutzung von Sonder-/gemeinschaftlichen Eigentum. **Beispiel:** Die Gemeinschaft hat aufgrund einer Öffnungsklausel beschlossen, dass einem Sondereigentümer das Recht eingeräumt wird, einen Teil des gemeinschaftlichen Eigentums als Außenterrasse für ein als Café zu nutzen. Wenn ein Sondernutzungsrecht zugunsten eines Eigentümers bestellt war, musste dieses ebenfalls im Grundbuch eingetragen werden, um zugunsten des Sonderrechtsnachfolgers zu »wirken« (Bärmann/Pick Anhang I § 5 WEG-E Rn. 3; dazu SEHR/Schneider, § 3 Sachen- und Grundbuchrecht Rdn. 50 ff.).

4. Benutzungskonflikte sowie Benutzungsregelungen in Hausordnung und Hausverbot

a) Behandlung von Benutzungskonflikten nach dem WEMoG (§ 14 Abs. 1 und 2 WEG)

46   Ferner ist zu klären, wie mit Benutzungskonflikten bei einer unzulässigen oder störenden Benutzung von Wohnungs-/Teileigentum nach §§ 13 bis 15 WEG umzugehen ist. Diese treten auf, wenn der Wohnungseigentümer oder Nutzer eines Wohnungseigentums das Wohnungs-/Teileigentum oder Teile des gemeinschaftlichen Eigentums zweckwidrig und unter Verstoß gegen Vereinbarungen oder Beschlussfassungen nutzen oder eine Störung des gemeinschaftlichen Eigentums verursachen. Die rechtlichen Grenzen der Benutzung sind in der Teilungserklärung/Teilungsvertrag und ergänzenden Vereinbarungen (Gemeinschaftsordnung) sowie Beschlüssen der Wohnungseigentümerversammlung geregelt (→ Rn. 15 ff.). Die zentrale Vorschrift des »Wie« und der »Begrenzung« der zulässigen Benutzung ist §§ 14 Abs. 1 und 2 WEG. § 14 WEG betrifft wie bisher § 14 WEG a. F. die Pflichten der Wohnungseigentümer (Bärmann/Pick, Anh I zu § 14 WEG-E Rn. 1). Die zweckwidrige Benutzung ist dabei von den Störungen zu unterscheiden (→ 37 ff.). **Beispiel:** Ein Sondereigentum wird »zweckwidrig« zur Vermietung an Feriengäste genutzt. Die nebenan gelegene Sondereigentumseinheit wird übermäßig »gestört«. Ferner führt die Nutzung als Ferienwohnung zu einer übermäßigen Benutzung des Treppenhauses mit Schäden oder regelmäßigen Lärmstörungen. Benutzungskonflikte aufgrund der zweckwidrigen Benutzung des Sondereigentums konnte jeder Wohnungseigentümer geltend machen. Nach dem BGH hatten Wohnungseigentümer bislang die Kompetenz, Störungen des gemeinschaftlichen Eigentums geltend zu machen, solange diese nicht gemäß § 10 Abs. 6 S. 3 WEG a. F. per Beschluss der Eigentümerversammlung vergemeinschaftet waren (BGH, ZMR 2020, 675 ff; BGH, FD-ZVR 2020, 429759). Bereits nach der Regelung des § 14 WEG a. F. waren Wohnungseigentümer verpflichtet, im Hinblick auf die jeweilige zweckgebundene Nutzung wechselseitig Rücksicht zu nehmen

und die gültigen Vereinbarungen und Gebrauchsregelungen einzuhalten (Hügel/Elzer, § 14 Rn. 8 f.). Ein weiterer Fall ist die Nutzung einer Wohnung als »teilgewerbliche« Einheit. Hier kann regelmäßig ein Benutzungskonflikt vorliegen. Zukünftig sind Nutzungskonflikte bei der Benutzung von Teileigentum zu vermeiden. **Beispiel:** Aufgrund einer übermäßigen Nutzung des Teileigentums wird eine bislang nicht zur Benutzung gewidmete Terrasse (gemeinschaftliches Eigentum) für die Bestuhlung genutzt. Gemäß § 9a Abs. 2 WEG und § 14 Abs. 1 Nr. 1 WEG liegt die Ausübungskompetenz bei der Gemeinschaft (siehe auch: Lehmann-Richter/Wobst, WEG-Reform 2020, Rn. 1473).

b) Hausordnung und Hausverbot nach den Regelungen des WEMoG (§ 19 Abs. 2 Nr. 1 WEG)

Die Neuregelungen des WEMoG sehen ebenfalls eine Beschlusskompetenz für   47
die Aufstellung von Hausordnungen vor. Die Hausordnung hat eine duale Bedeutung. Zum einen verpflichtet sie die Sondereigentümer im Verhältnis zur Gemeinschaft der Wohnungseigentümer (gemeinschaftliches Eigentum) und zum anderen verpflichtet sie die Sondereigentümer untereinander (maßvolle Nutzung). Die Beschlusskompetenz zur Aufstellung einer Hausordnung wurde den Wohnungseigentümern bislang über die Vorschrift des § 21 Abs. 5 Nr. 1 WEG a. F. eingeräumt. Die Verwaltung des gemeinschaftlichen Eigentums als gemeinschaftsbezogene Pflicht hat der Gesetzgeber nun in den Vorschriften der §§ 18 Abs. 1 Abs. 2 Nr. 2 und 19 Abs. 2 Nr. 1 WEG (Beschlusskompetenz) geregelt (BT-Drucks. 19/18791, S. 58; BR Drucks. 168/20, S. 65; BT-Drucks. 19/22634, S. 15). Die Aufstellung einer Hausordnung ist auch nach der neuen Rechtslage gemäß §§ 18 Abs. 1, 19 Abs. 2 Nr. 1 WEG eine Maßnahme der ordnungsmäßigen Verwaltung und Benutzung. **Beispiel:** Die Wohnungseigentümerversammlung beschließt die Ergänzung der alten Hausordnung dahingehend, dass im Treppenhaus keine »sperrigen Gegenstände« abgestellt werden dürfen. Ferner sollen an den Balkonen keine Blumenkästen befestigt werden, die das bauliche Gesamtbild der Außenfassade beeinträchtigen. Die Aufstellung einer Hausordnung stellt auch nach der Neufassung der §§ 18, 19 WEG eine Maßnahme der ordnungsmäßigen Verwaltung dar. Nach §§ 18 Abs. 1, 19 Abs. 2 Nr. 1 WEG sind die Wohnungseigentümer der Gemeinschaft befugt, spezielle Benutzungsregelungen hinsichtlich des gemeinschaftlichen Eigentums aufzustellen (SEHR/Skauradszun, § 1 Verbandsrecht Rdn. 51). Der Gesetzgeber hat in der Neufassung des § 19 Abs. 2 Nr. 1 WEG vorgesehen, dass Benutzungsregelungen (Hausordnungen) als Maßnahme der ordnungsmäßigen Verwaltung des gemeinschaftlichen Eigentums zu beschließen sind. Die bisherigen Grundsätze (§§ 21 Abs. 5 Nr. 1 WEG a. F.) sind keinesfalls obsolet. Im Einzelfall kann sogar ein Anspruch auf ein konkretes Verwaltungshandeln

bestehen. Ist eine Hausordnung »lückenhaft« oder nicht existent, kann ein Wohnungseigentümer gemäß § 18 Abs. 2 Nr. 1 WEG von der Gemeinschaft der Wohnungseigentümer die Beschlussfassung über die Erweiterung oder Aufstellung der Hausordnung verlangen. Die Vorschrift des § 18 Abs. 2 WEG gibt Wohnungseigentümern gegenüber der Gemeinschaft der Wohnungseigentümer einen Anspruch auf eine konkrete Verwaltungsmaßnahme (BT-Drucks. 19/18791, S. 58; BR Drucks. 168/20, S. 64; Skauradszun, ZMR 2020, 905, 906). Im Streitfall muss der Wohnungseigentümer gegenüber der Gemeinschaft gemäß § 44 Abs. 1 S. 2 WEG eine Beschlussersetzungsklage erheben (SEHR/Elzer/Riecke, § 9 Verfahrensrecht Rdn. 66).

48   Auch Beschlussfassungen der Wohnungseigentümerversammlung über ein Hausverbot sind zulässig. Es handelt sich um eine spezielle Benutzungsregelung. Die Kompetenz hierzu folgt aus §§ 18 Abs. 1, 19 Abs. 1 WEG. Der Beschluss und die Anordnung von Hausverboten erfolgt, wenn sich ein Dritter unberechtigt Zugang zu der Wohnungseigentumsanlage verschafft. Die neuen Vorschriften §§ 18, 19 WEG nehmen keine Einschränkungen vor. Nach der bisherigen Rechtslage war das Verbot, dass Dritte, die nicht § 14 Nr. 2 WEG a. F. unterfallen, grundsätzlich möglich (BGH NJW 2006, 1054 Rn. 7; OLG München ZMR 2005, 811). Über ein Hausverbot konnten die Wohnungseigentümer im Rahmen der Maßnahmen ordnungsgemäßer Verwaltung gemäß § 21 Abs. 5 Nr. 1 WEG a. F. beschließen. Der Gesetzgeber hat die Möglichkeit von Hausverboten nach der Begründung in den Gesetzesmaterialien nicht versagt (BT-Drucks. 19/18791, S. 58; BR Drucks. 168/20, S. 63). Der Regelungszweck der Vorschriften der §§ 18 und 19 WEG lässt die Beschlusskompetenz zu. Zukünftig handelt es sich bei dem Beschluss über Maßnahmen des Hausverbots um eine Angelegenheit der Verwaltung des gemeinschaftlichen Eigentums gemäß § 18 Abs. 1 WEG. Ein Hausverbot muss jedoch den Grundsätzen der Verwaltung entsprechen und ist somit als gebotene Maßnahme der ordnungsmäßigen Verwaltung des gemeinschaftlichen Eigentums gemäß §§ 18 Abs. 1, 19 Abs. 2 Nr. 1 WEG beschlossen werden. Gemäß § 18 Abs. 2 Nr. 2 WEG können Wohnungseigentümer den Anspruch auf ein Hausverbot gegen einen »Störer« im gemeinschaftlichen Eigentum gegenüber der Gemeinschaft der Wohnungseigentümer geltend machen. Davon unberührt bleiben Hausverbote, die Sondereigentümer im Innenverhältnis oder im Bereich des Sondereigentums gegenüber »Dritten« aussprechen.

c) Begehung des Wohnungseigentums und des gemeinschaftlichen Eigentums

49   Der Gesetzgeber hat in der Vorschrift des § 14 WEG eine Anspruchsgrundlage für die Begehung des Sondereigentums und des gemeinschaftlichen Eigentums

geschaffen. Die Begehung und die Betretung des Sondereigentums und des gemeinschaftlichen Eigentums waren bisher auf der Grundlage des § 14 Nr. 4 WEG a. F. möglich. Der Anspruch auf die Duldung der Begehung und das Betreten folgt aus § 14 Abs. 1 Nr. 2 WEG. Der korrespondierende Anspruch folgt aus § 14 Abs. 2 Nr. 2 WEG. Die Begehung des gemeinschaftlichen Eigentums setzt nach der hier vertretenen Auffassung eine Ankündigung gegenüber den Wohnungseigentümern voraus. Die Wohnungseigentümer müssen sich rechtzeitig darauf einrichten, hinsichtlich welcher Teile des gemeinschaftlichen Eigentums eine Begehung der Wohnungseigentumsanlage erfolgen soll. Hat der Verwalter aufgrund seiner eigenen Kontrolle oder Hinweisen Dritter Handlungsbedarf ermittelt, muss er die Wohnungseigentümer rechtzeitig in geeigneter Weise hierüber informieren (Riecke/Schmid/Abramenko WEG § 27 Rn. 32 m. w. N.). Aus dem Gesetz resultiert nur die Pflicht des Verwalters zur Vorbereitung der geltend zu machenden Ansprüche, der Unterstützung der einzelnen Wohnungseigentümer, deren Information und eine Pflicht zur Feststellung von Mängeln (OLG Frankfurt am Main, ZWE 2009, 359, 363). Mit der Vorschrift des § 14 Abs. 1 Nr. 2 WEG existiert nun eine Anspruchsgrundlage für die Begehung und somit »duldungspflichtige« Einwirkungen auf das Sondereigentum. Diese Anspruchsgrundlage der Gemeinschaft der Wohnungseigentümer gegenüber dem einzelnen Wohnungseigentümer korrespondiert mit § 14 Abs. 2 Nr. 2 WEG. Die neue Vorschrift ist jedoch einschränkend auszulegen. Bereits nach der alten Rechtslage war es nicht möglich, das Wohnungseigentum beliebig und ohne konkreten Anlass zu begehen. Besteht ein Anlass zur Begehung des Sondereigentums aufgrund eines im Interesse der Gemeinschaft der Wohnungseigentümer liegenden Rechtsgrundes, hat der Sondereigentümer auf seinen Mieter (Nutzer) einzuwirken, um eine Begehung zu ermöglichen. Nach der hier vertretenen Auffassung wird die Begehung im Interesse der Gemeinschaft der Wohnungseigentümer anlassbezogen berechtigt sein. Demnach hat der Mieter im »Innenverhältnis« daraufhin eine vertragliche Duldungspflicht (MietPrax-AH, Agatsy/Feldhahn, 98. EL Januar 2021, Fach 4 Rn. 128a; Agatsy, IMR 2018, 443, 445 m. w. N.).

V. Ahndung von Verstößen gegen Benutzungsregelungen und Sanktionsmöglichkeiten des WEMoG

1. Ahndung von Störungen und Verstößen gegen Benutzungsregelungen

a) Ansprüche auf Störungsunterlassung

Aufgrund der neu geregelten Rechtsverhältnisse ist bei der Geltendmachung 50 von Ansprüchen wegen Störungsunterlassung und Beseitigung zukünftig zu differenzieren. Ansprüche wegen der Beeinträchtigung des gemeinschaftlichen

Eigentums 1) und Ansprüche der Wohnungseigentümer untereinander 2). Die Wohnungseigentümer sind gegenüber der Gemeinschaft der Wohnungseigentümer verpflichtet, bei der Benutzung des Wohnungseigentums geltende Vereinbarungen (Gemeinschaftsordnung), die Beschlüsse und gesetzlichen Regelungen einzuhalten, um nicht das gemeinschaftliche Eigentum zu beeinträchtigen (BT-Drucks. 19/18791, S. 50; BR Drucks. 168/20, S. 55; BT-Drucks. 19/22634, S. 12). **Beispiel:** Eine Wohnung wird als hotelähnliche Unterkunft für Touristen genutzt. Die Bewohner wechseln häufig. Andere Sondereigentümer werden durch »Lärm« und »Geruchsbelästigungen« gestört. Im Rahmen der Eigentümerversammlung machen die Wohnungseigentümer geltend, dass eine *atypische* Nutzung unzulässig sei und die Störungen des gemeinschaftlichen Eigentums und des Sondereigentums einzustellen seien (BGH NJW-RR 2020, 894). Nach § 9a Abs. 2 WEG und § 19 Abs. 1 WEG hat sich die Ausübungsbefugnis zur Geltendmachung der Unterlassungs-/und Beseitigungsansprüche bei Störungen des gemeinschaftlichen Eigentums auf die Gemeinschaft der Wohnungseigentümer verlagert (Hinz, ZMR 2020, 263, 267). Zukünftig nimmt der Verband die aus dem gemeinschaftlichen Eigentum resultierenden und diejenigen Rechte der Wohnungseigentümer wahr, die eine einheitliche Rechtsverfolgung erfordern (SEHR/Skauradszun, § 1 Verbandsrecht Rdn. 40).

51 Bereits im Referentenentwurf wurde der Ansatz einer einheitlichen Anspruchskompetenz und zur Gewährleistung einer einheitlichen Anspruchsverfolgung für Ansprüche wie § 1004 Abs. 1 S. 1 BGB befürwortet (RefE zum WEMoG, S. 48). Nach der Rechtsprechung des BGH zu §§ 14 und 15 WEG a. F. (BGH ZMR 2014, 554; BGH ZMR 2014, 996 m. Anm. Schmid) konnten Unterlassungsansprüche bei Störungen des gemeinschaftlichen Eigentums im Wege der gekorenen Ausübungsbefugnis per Beschluss vergemeinschaftet werden. Eine geborene Ausübungsbefugnis zur Geltendmachung dieser Ansprüche bestand nicht (Riecke/Schmid/Lehmann-Richter, § 10 Rn. 340 f.). Auch wenn die Ansprüche auf Störungsunterlassung jedem Wohnungseigentümer zustehen, wird er von der Gemeinschaft als *»Kollektivorgan«* geltend gemacht. Der BGH hat in einem Urteil vom 24.01.2020 (zur alten Rechtslage: BGH ZMR 2020, 675) entschieden, dass Unterlassungsansprüche von denjenigen Ansprüchen zu differenzieren sind, die sich auf das Sondereigentum beziehen. Dieser Unterlassungsanspruch auf die Störungsunterlassung resultiert zum einen aus § 14 Abs. 1 Nr. 1 WEG und zum anderen aus § 1004 Abs. 1 S. 2 WEG. Daraus folgt, dass bei der Verletzung von gemeinschaftsbezogenen Pflichten d. h. auch bezüglich des gemeinschaftlichen Eigentums als Anspruchsgrundlage § 14 Abs. 1 Nr. 1 WEG und ergänzend § 1004 Abs. 1 S. 2 BGB heranzuziehen sind. Nach der Neufassung der §§ 9a Abs. 2, 19 Abs. 1 WEG gilt: Die Abwehransprüche bei einer zweckwidrigen Nutzung des Sondereigentums kann die

Gemeinschaft dann nicht geltend machen, wenn ein anderes Sondereigentum aufgrund der Benutzung beeinträchtigt wird (vgl. Lehmann-Richter/Wobst, WEG-Reform 2020, Rn. 1395).

Darüber hinaus ist zu klären, welche Anspruchsgrundlagen bei der Fallgruppe des binnenrechtswidrigen Gebrauchs bestehen. **Beispiel:** Ein Teileigentum ist zur Nutzung als Ladengeschäft ausgewiesen und wird durch den Nutzer (Mieter) zweckwidrig als Eisdiele genutzt. Bei Ansprüchen wegen der zweckwidrigen Nutzung des Sondereigentums (§ 14 Abs. 1 Nr. 1 WEG) z. B. bei Verstößen gegen eine Vereinbarung (Gebrauchsregelung) oder den in der Teilungserklärung vereinbarten Benutzungszweck, liegt die Ausübungsbefugnis nicht bei den Wohnungseigentümern, sondern bei der Gemeinschaft der Wohnungseigentümer. Dieser binnenrechtswidrige Gebrauch (§ 14 Abs. 1 Nr. 1 WEG) durch einen Verstoß gegen Benutzungsregelungen und Beschlüsse begründet Unterlassungspflichten des betreffenden Wohnungseigentümers gegenüber der Gemeinschaft der Wohnungseigentümer. Die Gemeinschaft der Wohnungseigentümer kann die binnenrechtswidrige Benutzung (Gebrauch) nach § 14 Abs. 1 Nr. 1 WEG untersagen (siehe auch: Lehmann-Richter/Wobst, WEG-Reform 2020, Rn. 1524). Nach der Auslegung des Wortlauts und des Regelungszwecks des § 14 Abs. 1 Nr. 1 WEG kann allerdings keine Beseitigung der Störungsquelle verlangt werden. Die vorrangige Anspruchsgrundlage ist auch in diesem Fall § 1004 Abs. 1 S. 2 BGB (BT-Drucks. 19/18791, S. 50; BR Drucks. 168/20, S. 55). **Beispiel:** Die Laufkundschaft eines Ladengeschäfts stört die Nutzer der Sondereigentumseinheiten durch übermäßigen »Lärm«. Kommt eine beseitigungspflichtige Störungsquelle hinzu, verbleibt die Befugnis zur Geltendmachung der Unterlassungsansprüche wegen einer **zweckwidrigen störenden Nutzung** auch nach der Neufassung des WEG bei den Wohnungseigentümern. Die den räumlichen Bereich des Sondereigentums betreffenden Ansprüche können nicht vergemeinschaftet werden (BGH ZMR 2020, 675; BGH FD-ZVR 2020, 429759 m. Anm. Elzer). Daher sind nur solche Ansprüche auf Störungsunterlassung von der Ausübungsbefugnis des § 9a Abs. 2, 19 Abs. 1 WEG umfasst, die sich auf das gemeinschaftliche Eigentum und nicht das Sondereigentum beziehen. Dies entsprach auch der zutreffenden Auffassung in der Literatur (Skauradszun, ZMR 2015, 515, 516; Schmid, ZMR 2015, 250, 251; Becker, ZWE 2007, 432, 438; a. A. Ott, 2015, 125).

b) Beseitigungsansprüche am gemeinschaftlichen Eigentum

Nach der neuen Rechtslage steht das systematische und dogmatische Verständnis von einer Gemeinschaft im Sinne des § 9a Abs. 2 WEG im Mittelpunkt. Diese Vorschrift stellt eine gesetzliche Ausübungskompetenz dar. In Verbindung mit § 19 Abs. 1 WEG sind auch Beseitigungsansprüche umfasst. Nach der bisherigen

Rechtsprechung des BGH konnten die Wohnungseigentümer Beseitigungsansprüche vergemeinschaften. **Beispiel:** Der Wohnungseigentümer montierte im Bereich der Balkontür eine Klimaanlage. Zum einen »lärmt« dieses Gerät und zum anderen verlegte er die Stromzuleitung durch den gemeinschaftlichen Keller (AG München MietRB 2020, 16 ff.) Die Neuregelung der Gemeinschaft macht auch bei der Vornahme der Beseitigungsansprüche durch die Gemeinschaft eine Differenzierung der gekorenen und geboren Ausübungsbefugnis obsolet, denn der Gesetzgeber sieht die Verfolgung gemeinschaftsbezogener Ansprüche nach der Gesetzesbegründung als gemeinschaftsbezogene Angelegenheit an. Für die Praxis folgt daraus, dass Ansprüche auf Beseitigung bezüglich des gemeinschaftlichen Eigentums durch die Gemeinschaft der Wohnungseigentümer geltend zu machen sind (§§ 9a Abs. 2, 19 Abs. 1, 18 Abs. 1 WEG). Auch bei Beseitigungsansprüchen gelten dieselben Grundsätze. Für die Praxis gilt: Die Ausübungsbefugnis für Beseitigungsansprüche im gemeinschaftlichen Eigentum ist der Gemeinschaft zugewiesen. Für lärmbedingte Ansprüche der Sondereigentümer untereinander hingegen bleiben diese selbst zuständig. Problematisch ist, wie mit Überschneidungsfällen umzugehen ist. Hier ist zu differenzieren: Die Einwirkung z. B. durch Lärm, Geruchsbelästigung auf das gemeinschaftliche Eigentum und deren Einwirkung auf das Sondereigentum. Hinsichtlich der unzumutbaren Beeinträchtigung des Sondereigentums bleibt der Sondereigentümer gemäß § 14 Abs. 2 Nr. 1 WEG und § 1004 Abs. 1 S. 1 BGB selbst befugt, die Einwirkungen abzuwehren (Elzer, FD-ZVR 2020, 429759). Hinsichtlich aller darüber hinaus gehender Beeinträchtigungen auf das gemeinschaftliche Eigentum obliegt die Ausübungsbefugnis der Gemeinschaft der Wohnungseigentümer.

2. Ansprüche der Wohnungseigentümer im »Innenverhältnis«

54 Die Ansprüche der Wohnungseigentümer untereinander können auch Unterlassungs-/und Beseitigungsansprüche sein. Dies gilt vor allem dann, wenn ein Sondereigentum zweckwidrig gebraucht wird. Die Anspruchsgrundlagen waren bislang § 15 Abs. 3 WEG a. F. und § 1004 Abs. 1 S. 1 WEG. **Beispiel:** Der Mieter eines Teileigentums nutzt dieses zweckwidrig als Eisdiele mit Außenbestuhlung. Danach ist jeder Wohnungseigentümer gegenüber den übrigen Wohnungseigentümern verpflichtet, deren Sondereigentum nicht über das in § 14 Abs. 1 Nr. 2 WEG bestimmte Maß hinaus zu beeinträchtigen (BT-Drucks. 19/18791, S. 50; BR Drucks. 168/20, S. 56; BT-Drucks. 19/22634, S. 12). Werden Sondereigentümer durch die zweckwidrige Nutzung eines Ladengeschäfts durch den Mieter als Eisdiele gestört, resultieren daraus Unterlassungs/Beseitigungsansprüche des gestörten Wohnungseigentümers aus § 1004 Abs. 1 S. 1 BGB und § 14 Abs. 2 Nr. 1 WEG (BGH ZMR 2020, 202). Sofern ein Wohnungseigentümer sein Sonder-/oder Teileigentum wider der Teilungserklärung oder Gemeinschaftsordnung benutzt hat, bestanden Ansprüche

gemäß § 15 Abs. 3 WEG a. F. oder § 1004 Abs. 1 S. 1 BGB. Nach einem Urteil des BGH zur alten Rechtslage (BGH ZMR 2020, 675) haben die Wohnungseigentümer keine Kompetenz, bei der Störung durch die zweckwidrige Nutzung des Sondereigentums vorzugehen. Bei Beseitigungsansprüchen im Innenverhältnis von Sondereigentümern resultiert der Anspruch aus § 1004 Abs. 1 S. 1 BGB. Denkbar ist ein auf Einschreiten der Gemeinschaft der Wohnungseigentümer gerichteter Anspruch des Wohnungseigentümers aus § 18 Abs. 2 Nr. 2 WEG, was durchaus dem Regelungszweck entspricht.

VI. Ausgleichs- und Entschädigungsansprüche

1. Begriff der Einordnung und systematische Neuordnung der Rechtslage

Der Gesetzgeber hat § 14 Abs. 3 WEG als Ausgleichsanspruch gesetzlich geregelt.   55
Bislang waren Ausgleichsansprüche der Wohnungseigentümer untereinander nur sehr beschränkt in § 14 Abs. 4 Hs. 2 WEG a.F. normiert (Agatsy, ZMR 2020, 569 ff). Die neue Vorschrift des § 14 Abs. 3 WEG tritt gedanklich anstelle dieser Regelung (BT Drucks. 19/18791, S. 51; BR Drucks. 168/20, S. 57). Mit der Neuregelung des § 14 Abs. 3 WEG hat der Gesetzgeber einen gesonderten Ausgleichsanspruch geregelt. Dieser Ausgleichsanspruch regelt Ansprüche der Sondereigentümer bei »übermäßigen Beeinträchtigungen« und Schäden (§ 14 Abs. 3 WEG), die ein Sondereigentümer infolge einer zu duldenden Einwirkung (§§ 14 Abs. 1 Nr. 2, 14 Abs. 2 Nr. 2 WEG) hinzunehmen hat. **Beispiel:** In einem Sondereigentum werden umfangreiche Erhaltungsmaßnahmen infolge eines Schadens am gemeinschaftlichen Eigentum durchgeführt. Infolgedessen mindert der Mieter die Miete und nimmt den vermietenden Wohnungseigentümer auf Schadensersatz in Anspruch. Daraus folgt, dass dem Wohnungseigentümer gegenüber der Gemeinschaft der Wohnungseigentümer ein Ausgleichsanspruch zusteht, um seinen »Nachteil« zu kompensieren. Diese sind darauf zurückzuführen, dass ein Wohnungseigentümer eine Einwirkung auf sein Sondereigentum (Wohnungs-/oder Teileigentum) zu dulden hat und dies zum ausgleichpflichtigen Zustand führt.

Die Vorschrift des § 14 Abs. 3 WEG ist § 906 Abs. 2 S. 2 BGB nachempfunden   56
und mit dessen Regelungsgehalt vergleichbar (Lehmann-Richter/Wobst WEG-Reform 2020, Rn. 1365 ff; BT Drucks.19/18791, S. 30 ff.; BR Drucks.19/ 22634, S. 40f). Die Anspruchsgrundlage des § 14 Abs. 3 WEG gleicht »Sonderopfer« und »Schäden« aus. Die gesetzliche Wertung ist mit der Regelung des § 906 Abs. 2 BGB vergleichbar. Bei Beeinträchtigungen im Sinne des § 14 WEG ist die Anspruchsgrundlage des § 14 Abs. 3 WEG lex specialis zu § 906 Abs. 2 S. 2 BGB (BR Drucks. 168/20, S. 57). Verpflichtet ist derjenige, zu dessen Gunsten die Duldungspflicht besteht, also entweder die Gemeinschaft der Wohnungseigentümer (§ 14 Abs. 1 Nr. 2 WEG) oder ein anderer Sondereigentümer (§ 14 Abs. 2

Nr. 2 WEG). Der Anspruch aus § 14 Abs. 3 WEG hat einen »aufopferungsent-
schädigenden« Charakter (BGH ZMR 2017, 412 Rn. 29; SWK/Ausgleichsan-
spruch/Elzer, Kap. I Rn. 1 f.) Führt eine Einwirkung auf das Sondereigentum
zu einer übermäßigen Beeinträchtigung, kann der betroffene Sondereigentümer
zum einen von der Gemeinschaft der Wohnungseigentümer (§ 14 Abs. 1 Nr. 2
WEG) oder zum anderen von einem anderen Sondereigentümer (§ 14 Abs. 2
Nr. 2 WEG) diesen »Billigkeitsausgleich« verlangen. Nach zutreffender Auffassung ist der Regelungszweck des § 14 Abs. 3 WEG abschließend gefasst (Dötsch/
Schultzky/Zschieschack WEG-Reform 2021 Kap.4, Rn. 53). Da der Gesetzgeber
keine planwidrige Regelungslücke zurückgelassen und § 14 Abs. 3 WEG als »lex
specialis« zu § 906 Abs. 2 S. 2 BGB ausgestaltet hat, bedarf es keines Rückgriffs
im Rahmen einer analogen Anwendung mehr.

2. Anspruchsvoraussetzungen des Ausgleichsanspruchs

a) Einwirkungen auf das Sondereigentum

57   Der Anspruch setzt voraus, dass ein Sondereigentum (Wohnungs-/oder Teilungs-
eigentum) aufgrund einer im Rahmen der aus § 14 Abs. 1 Nr. 2 WEG und 14
Abs. 2 Nr. 2 WEG hinzunehmenden Beeinträchtigung adäquat kausal beschädigt
oder beeinträchtigt wird (Hügel/Elzer, § 14 Rn. 75; Lehmann-Richter/Wobst,
Rn. 1369; BT Drucks. 19/18791, S. 51; BR Drucks. 168/20, S. 57). **Beispiel:**
Im Rahmen einer beschlossenen Instandsetzungsmaßnahme müssen im vermieteten Sondereigentum Wände geöffnet werden. Ferner wird ein Gerüst vor dem
Balkon aufgestellt, folgt eine unmittelbare Einwirkung im Sinne des § 14 Abs. 1
Nr. 2 WEG. Der Begriff der Einwirkung ist mit der Begrifflichkeit aus §§ 14
Abs. 1 Nr. 2 und § 14 Abs. 2 WEG Nr. 2 WEG identisch (Hügel/Elzer, WEG
§ 14 Rn. 76; Lehmann-Richter/Wobst WEG-Reform 2020, Rn. 1369). Ein klassischer Fall ist die Beeinträchtigung des Sondereigentums im Falle von Bauarbeiten, die aufgrund einer Verzögerung nicht durchgeführt werden können. Führt
die Nichtdurchführung von Baumaßnahmen im gemeinschaftlichen Eigentum
zu einer kausalen Beeinträchtigung der einzelnen Sondereigentümer bzw. Drittnutzer, sind Minderungs-/und Schadensersatzansprüche erstattungsfähig.

58   Ferner können von dem Ersatzanspruch Beeinträchtigungen und Schäden am
Sondereigentum umfasst sein, die infolge einer zu duldenden Einwirkung ad-
äquat kausal eingetreten sind (Hügel/Elzer, WEG § 14 Rn. 75 f.). Bereits nach
der alten Rechtslage zu § 14 Nr. 2 WEG a.F. war zu klären, in welchem Umfang
Beeinträchtigungen wie z.B. Immissionen durch den Sondereigentümer bzw.
Nutzer als duldungspflichtige Beeinträchtigung hinzunehmen waren (Riecke/
Schmid/Abramenko, § 14 WEG Rn. 27 f.). Auch nach der Neufassung des § 14
Abs. 3 WEG dürfen dem beeinträchtigten Sondereigentümer keine unmittelba-
ren finanziellen Nachteile aus der Durchführung der Arbeiten zur Last fallen (KG
Berlin ZMR 2000, 335; Hügel/Elzer, WEG § 14 Rn. 75). Eine Beeinträchtigung
des Sondereigentums infolge einer Einwirkung im Sinne des § 14 Abs. 3 WEG

liegt auch vor, wenn die Einwirkung entsprechend § 906 Abs. 1 S. 1 BGB in der *Zuführung von Gasen, Dämpfen, Gerüchen, Rauch, Ruß, Wärme, Geräusch, Erschüt-terungen und Ähnlichem auf das Sondereigentum* besteht. Nach ihrem Wortlaut die der Anwendungsbereich des § 14 Abs. 3 WEG nicht ausschließlich auf das Sondereigentum beschränkt. Ausgleichungspflichtig kann auch eine auf ein am gemeinschaftlichen Eigentum bestehendes Sondernutzungsrecht sein (Dötsch/Schultzky/Zschiesschack WEG-Reform 2021 Kap. 4 Rn. 53 f.). § 14 Abs. 3 WEG ist auf Schäden, die an Flächen entstehen, die einem Sondernutzungsrecht unter-liegen, analog anwendbar (OLG Düsseldorf, ZMR 2006, 459; Hügel/Elzer, WEG § 14 Rn. 82). Ein Verschulden ist nach der Gesetzesbegründung nicht erforder-lich. Bei duldungspflichtigen Eingriffen entfällt die Rechtswidrigkeit (Schultzky/Dötsch/Zschiesschack WEG-Reform 2021 Kap. 4 Rn. 56).

b) Unzumutbarkeit der Beeinträchtigung und Sonderopfer

Eine Einwirkung ist unzumutbar, wenn ein Wohnungseigentümer ein Son- 59 deropfer erbringt (BT Drucks. 19/18791, S. 52; BR Drucks. 168/20, S. 57). Wann die Grenze der entschädigungsfrei hinzunehmenden Beeinträchtigung überschritten ist, bestimmt sich – wie bei § 906 Abs. 2 S. 2 BGB – nach dem Empfinden eines durchschnittlichen verständigen Benutzers (BGH NJW 2009, 762 Rn. 33; Dötsch/Schultzky/Zschiesschack WEG-Reform 2021 Kap. 4 Rn. 55). Ein Sonderopfer liegt entsprechend § 906 Abs. 1 S. 2 BGB noch nicht vor, wenn die in Gesetzen oder Rechtsverordnungen festgelegten Grenz- oder Richtwerte von den nach diesen Vorschriften ermittelten und bewerteten Ein-wirkungen nicht überschritten werden. Ein Sonderopfer liegt allerdings spätes-tens dann vor, wenn ein Sondereigentümer (oder eine kleine Gruppe von Son-dereigentümern) durch eine erlaubte Benutzung, zB durch ein Restaurant in einem Sondereigentum durch Geräusche und Gerüche, einen unvermeidbaren Nachteil erfährt. Ein Sonderopfer im Sinne des § 14 Abs. 3 WEG kann vorlie-gen, wenn der betroffene Sondereigentümer (Wohnungs-/oder Teileigentümer) ein anerkennenswertes Kompensationsinteresse hat. Dafür spricht die Begrün-dung des Gesetzgebers, der in den Materialien zur Gesetzesbegründung vom erforderlichen »Überschreiten einer Sonderopfergrenze« ausgeht (BT Drucks. 19/18791, S. 54). Letztendlich ist die Frage der Unzumutbarkeit im Sinne des § 14 Abs. 3 WEG anhand einer »Abwägung« zu prüfen (Lehmann-Richter/Wobst WEG-Reform 2020, Rn. 1380). **Beispiel:** Die Bauarbeiten in einem anderen Sondereigentum und im angrenzenden gemeinschaftlichen Eigentum sind »geringfügig« und diese dauern nur wenige Tage an. Nach zutreffender Auffassung handelt es sich in diesem Fall um reine »Bagatelleinwirkungen«, die keine Kompensationspflicht begründen. Wird hingegen eine Sache zerstört oder beschädigt, die im Eigentum des Wohnungseigentümers steht oder für deren Erhaltung der Wohnungseigentümer nach § 16 Abs. 2 S. 2 WEG oder nach einer Vereinbarung einstehen muss, liegt stets ein Sonderopfer und somit eine unzumutbare Einwirkung vor. (SWK/Ausgleichsanspruch/Elzer, Kap. II Ziff. 2 Rn. 5; BT Drucks. 19/18791, S. 52).

c) Pflicht zur Duldung

60 Der Sondereigentümer muss gem. § 14 Abs. 1 Nr. 2 WEG und § 14 Abs. 2 Nr. 2 WEG als Wohnungs-/oder Teileigentümer zur Duldung verpflichtet gewesen sein. Sind alle Sondereigentümer gleichermaßen betroffen, kommt ein Anspruch für Einwirkungen gem. § 14 Abs. 3 WEG nicht in Betracht. Ansprüche aus § 18 Abs. 1 Nr. 2, 14 Abs. 2 Nr. 1 WEG, § 1004 Abs. 1 BGB müssen ausgeschlossen sein (Hügel/Elzer, WEG § 14 Rn. 75). Der Wortlaut von § 14 Abs. 3 WEG und der Regelungszweck setzen voraus, dass die Einwirkung zu dulden ist (Lehmann-Richter/Wobst WEG-Reform 2020, Rn. 1371). Andernfalls bestimmen sich die Rechte der jeweiligen Sondereigentümer aus den allgemeinen Vorschriften der §§ 280 Abs. 1, 823 Abs. 1, 1004 Abs. 1 BGB. Im Einzelfall kommt ein Ausgleichsanspruch bei nicht duldungspflichtigen Einwirkungen auf das Sondereigentum in Betracht (Lehmann-Richter/Wobst WEG-Reform 2020, Rn. 1371 f.).

3. Anspruchsumfang und Verpflichteter des Ausgleichsanspruchs

a) Ausgleichs- und Schadensumfang

61 Die Rechtsfolge des Ausgleichsanspruchs aus § 14 Abs. 3 WEG ist auf einen angemessenen Ausgleich in Geld gerichtet (SWK/Ausgleichsanspruch/Elzer Kap. III Ziff. 1 Rn. 8). Nach der Begründung der Gesetzesmaterialien ist der Wortlaut des § 14 Abs. 3 WEG an die Regelung des § 906 Abs. 2 S. 2 BGB angelehnt (BT Drucks. 19/18791, S. 52). Daher ist nicht jeder adäquat kausale Schaden zu ersetzen, sondern eine angemessene Entschädigung zu leisten (Dötsch/Schultzky/Zschieschack WEG-Reform 2021 Kap.4 Rn. 57). Führt die Einwirkung zu einer Gebrauchsbeeinträchtigung, so kann sich im Falle der Selbstnutzung die Höhe des Ausgleichs an der hypothetischen Minderung der monatlichen Miete orientieren (BGH NJW 2009, 762 Rn. 32; Lehmann-Richter/Wobst WEG-Reform 2020 Rn. 1386). Somit besteht nach der Vorschrift des § 14 Abs. 3 WEG kein Anspruch auf Ersatz von Schäden, die infolge des die Maßnahme der Erhaltung auslösenden Mangels des gemeinschaftlichen Eigentums eingetreten sind (BGH ZMR 2018, 777 Rn. 11; BGH NZM 2017, 604 Rn. 22). Als Schaden im Sinne des Schadensbegriffs gilt hier auch eine bloße Verschlechterung der Substanz (BGH ZMR 2016, 210 Rn. 26; SWK/Ausgleichsanspruch/Elzer Kap. III Ziff. 2b) Rn. 10). Zu erstatten sind zB entgangener Gewinn, Umzugs-, Transport- und Lagerkosten, Kosten für Ersatzwohnraum, Säuberungskosten, Verdienstausfall, und ggf. ein Schaden durch fehlenden Eigengebrauch. Kein Schaden im vorgenannten Sinne ist nach hM eine bloße Wertminderung der Substanz.

b) Verpflichteter der Erfüllung des Ausgleichsanspruchs

Bei der Verpflichtung zur Erfüllung des Ausgleichs-/oder Entschädigungsan- 62
spruchs ist der jeweilige Anspruchsgegner zu ermitteln. Geht die Beeinträchtigung vom gemeinschaftlichen Eigentum aus, ist gem. § 9a Abs. 3 Var. 3 WEG
die Gemeinschaft der Wohnungseigentümer als Anspruchsgegnerin verpflichtet
(BGH ZMR 2019, 517 Rn. 11; BGH ZMR 2018, 777 Rn. 35; Hügel/Elzer,
WEG § 14 Rn. 81). Der Verwalter darf den Anspruch allerdings erst erfüllen,
wenn darüber beschlossen wurde. Nach zutreffender Auffassung handelt es sich
bei dem Ausgleich von Ausgleichs-/oder Entschädigungsansprüchen nicht um
eine Maßnahme der üblichen Geschäftsführung. Etwas anderes hingegen gilt
dann, wenn die Wohnungseigentümer einen Beschluss gefasst haben (§ 27
Abs. 2 WEG), und der Verwalter im »Innen- und Außenverhältnis« befugt ist,
Ansprüche der Geschädigten oder Dritten auszugleichen. Geht die Einwirkung
vom Sondereigentum aus, sind der Sondereigentümer oder Drittnutzer, für den
der Eigentümer nach § 278 BGB einstehen muss, verpflichtet, den Schaden
zu erstatten oder einen Ausgleich zu leisten (Hügel/Elzer, WEG § 14 Rn. 81).

c) Übergangsrecht

Bei der Prüfung der Ausgleichs-/und Erstattungsansprüche stellt sich die Frage, 63
wie »Übergangssachverhalte« zu bewerten sind, wenn der Anspruch z.B. aus § 14
Nr. 4 Hs.2 WEG a.F. vor dem 01.12.2020 dem Grunde nach entstanden ist. Die
neuen Vorschriften des WEMoG erhalten keine ausdrücklichen Übergangsvorschriften. Die zeitliche Abgrenzung zwischen § 14 Nr. 4 Hs.2 WEG a.F. und der
neuen Vorschrift des § 14 Abs. 3 WEG richtet sich danach, ob die abzugeltende
Beeinträchtigung vor oder nach dem 01.12.2020 eingetreten ist. Nach zutreffender Auffassung richtet sich die Kompensation von Beeinträchtigungen **vor dem
01.12.2020** nach altem Recht, so dass der »alte« Entschädigungsanspruch erhalten bleibt (Lehmann-Richter/Wobst WEG-Reform 2020, Rn. 2029).

VII. Verfahrensrecht

1. Beschlussklagen im neuen Recht (§ 44 Abs. 1 und § 44 Abs. 2 WEG)

Die prozessuale Situation ändert sich durch die Neufassung der §§ 44 Abs. 1 und 64
2 WEG. Bislang waren Beschlüsse über konkrete Gebrauchsregelungen (§ 15
Abs. 2 WEG a. F.) aufgrund von Öffnungsklauseln »anfechtbar« oder im Einzelfall nichtig, sofern diese gegen elementare sachenrechtliche Grundsätze ver-
stießen. Nach § 44 Abs. 1 WEG geht der Gesetzgeber von einer fortwährenden
Existenz der einzelnen Klageverfahren aus. Der durch den Gesetzgeber gewähl-
te Oberbegriff lautet Beschlussklagen. In dieser Vorschrift hat er die bisherigen

unterschiedlichen Regelungen »entwirrt«. Auch unzulässige Benutzungsregelungen unterliegen zukünftig der Anfechtung durch betroffene Wohnungseigentümer. Das Rechtsinstrument der Anfechtungsklage ist zukünftig in § 44 Abs. 1 S. 1 Alt. 1 WEG geregelt. Der Gesetzgeber hat bei Beschlüssen die Beschlussklage neu geschaffen (SEHR/Riecke/Elzer, § 9 Verfahrensrecht Rdn. 64 ff.).

65 Bei Fragen um Beschlussfassungen zu Benutzungsregelungen handelt es sich zukünftig um Streitigkeiten über Rechte und Pflichten zwischen der Gemeinschaft der Wohnungseigentümer und Wohnungseigentümer. Die Beschlussklage im Sinne des § 44 Abs. 1 WEG stellt eine Verbandsklage dar. Ist eine Benutzungsregelung oder die entsprechende Beschlussfassung nichtig, kann der jeweilige Wohnungseigentümer eine Anfechtungs-/Nichtigkeitsklage gemäß § 44 Abs. 1 S. 1 Alt. 1 oder S. 2 WEG anstreben (SEHR/Riecke/Elzer, § 9 Verfahrensrecht, Rdn. 64 ff.). Neu ist das Rechtsinstrument der Beschlussersetzung. Dieses hat der Gesetzgeber zukünftig in der Vorschrift des § 44 Abs. 1 S. 2 WEG geregelt. Adressat einer Beschlussersetzungsklage ist gemäß § 44 Abs. 2 WEG nun die Gemeinschaft der Wohnungseigentümer gemäß § 9a WEG (Skauradszun ZRP 2/2020, 36). In allen drei Varianten des § 44 Abs. 1 Alt. 1 bis 3 WEG ist die Gemeinschaft Wohnungseigentümer die korrekte Beklagte (Skauradszun, ZMR 2020, 905, 908 f.).

2. Streitwertfragen bei der Benutzung und Benutzungsregelungen

66 Auch nach der Neufassung der Streitwertvorschrift des § 49 S. 1 und 2 GKG stellt sich die Frage, wie Streitwerte im Einzelnen ermittelt werden und demnach in der Sache zu beziffern sind (SEHR/Agatsy, § 10 Streitwerte Rdn. 5). Für die Einzelheiten zur Ermittlung des korrekten Streitwerts nach der Vorschrift des § 49 GKG wird auf das Kapitel »Streitwerte« (§ 10) und das ABC der praktischen Fallgruppen verwiesen.

VIII. Übergangsvorschriften

67 Das neue Regelungswerk sieht in § 48 WEG Übergangsvorschriften vor. Vor diesem Hintergrund stellt sich die Frage, wie mit bislang gefassten Beschlussfassungen aufgrund von Öffnungsklauseln, insbesondere Gebrauchsregelungen umzugehen ist. Würde es keine Übergangsvorschriften geben, wären die bislang gefassten Beschlüsse und deren Vertrauensschutz auf den Fortbestand obsolet. Der Gesetzgeber regelt in § 48 Abs. 1 WEG, dass auch »Altbeschlüsse« Fortgeltung haben (dazu: Lehmann-Richter/Wobst, WEG-Reform 2020, Rn. 1997). Wurden Beschlüsse aufgrund einer Vereinbarung bereits vor dem Inkrafttreten des WEMoG am 01.12.2020 gefasst oder vor diesem Zeitpunkt durch Urteil ersetzt, können/müssen diese im Grundbuch nachgetragen werden. Andernfalls gelten diese nicht gegen den Sondernachfolger (BT-Drucks. 19/18791, S. 83; BR Drucks. 168/20, S. 96).

§ 5 Bauliche Maßnahmen

Abramenko 157

I. Die bauliche Veränderung (§§ 13;15 Nr. 2; 16 Abs. 3; 20; 21 WEG); Legaldefinition der baulichen Veränderung

1. Veränderung des rechtmäßigen Zustands jenseits der Erhaltung (§ 20 Abs. 1 WEG)

a) Geänderte Definition

1   Der Gesetzgeber hat die bauliche Veränderung nunmehr in § 20 Abs. 1 WEG erstmals legaldefiniert. Nach der gängigen Definition des früheren Rechtes war eine bauliche Veränderung jede nach Begründung einer (werdenden) Wohnungseigentümergemeinschaft vorgenommene, auf Dauer angelegte, gegenständliche Umgestaltung des gemeinschaftlichen Eigentums außerhalb der Grenzen einer ordnungsmäßigen Instandhaltung und Instandsetzung. Diese Definition ist in § 20 Abs. 1 WEG zumindest um die gegenständliche Umgestaltung vermindert, die der Gesetzgeber nicht mehr verlangt (zu den Folgen s. u. Rdn. 38). Vielmehr ist jede Maßnahme eine bauliche Veränderung, die über die ordnungsmäßige Erhaltung des gemeinschaftlichen Eigentums hinausgeht.

b) Mittelbare Änderung durch Änderungen im Verbandsrecht

2   Mit den Änderungen im Verbandsrecht wurde die Definition der baulichen Veränderung zudem mittelbar geändert. Nach früherem Recht konnte eine bauliche Veränderung erst nach Entstehen der (werdenden) Wohnungseigentümergemeinschaft vorgenommen werden. Veränderungen durch den teilenden Wohnungseigentümer waren demnach auch nach Anlage der Wohnungsgrundbücher noch keine bauliche Veränderung, da zu diesem Zeitpunkt noch keine Wohnungseigentümergemeinschaft existierte. Dies ändert sich durch die Vorverlagerung ihres Entstehens in § 9a Abs. 1 S. 2 WEG. Da die Wohnungseigentümergemeinschaft nunmehr bereits mit Anlegung der Wohnungsgrundbücher entsteht, kann ab diesem Zeitpunkt auch eine bauliche Veränderung durch den teilenden Eigentümer erfolgen.

c) Bauliche Maßnahmen unterhalb der Schwelle zur baulichen Veränderung

3   Auch die neue Definition in § 20 Abs. 1 WEG erfasst nicht sämtliche baulichen Maßnahmen im Gemeinschaftseigentum. Sie müssen vielmehr auf eine dauerhafte Änderung des rechtmäßigen Zustands abzielen. Bloß vorübergehende Änderungen, etwa im Zuge von Erhaltungsmaßnahmen, gehören deshalb mangels beabsichtigter Dauerhaftigkeit nicht hierzu (KG, ZMR 1998, 370 f.; BayObLG, WE 1991, 254; OLG München, ZMR 2007, 999 f.; AG Hannover,

Rpfleger 1969, 132). Nach wie vor keine baulichen Veränderungen stellen auch die erstmalige Herstellung eines ordnungsmäßigen Zustands und die Instandhaltung und Instandsetzung dar. Die erstmalige Herstellung des ordnungsmäßigen Zustands unterfällt trotz einer Veränderung des Bestandes schon deshalb nicht dem Begriff der baulichen Veränderung, weil sie rechtlich nur den von vornherein gebotenen Zustand herstellt. Es handelt sich also gar nicht um eine nachträgliche Änderung des von Anfang an geschuldeten Zustands. Das gilt erst recht für Erhaltungsmaßnahmen. Auch hier wird der rechtmäßige Zustand nicht geändert, sondern nur wiederhergestellt.

d) Modernisierende Instandsetzung

Nur aus den Gesetzesmaterialien wird ersichtlich, dass der Gesetzgeber bei der **4** modernisierenden Instandsetzung offenbar einen Systemwechsel vollziehen wollte. Nach der Legaldefinition des § 20 Abs. 1 WEG ist sie nicht der baulichen Veränderung zuzuordnen, da auch sie nur den ursprünglichen Zustand wiederherstellt. Sie sieht lediglich von seiner Reproduktion ab, indem anstelle des abgängigen Bauteils ein zeitgemäßes eingebaut wird. Damit geht sie nicht im Sinne von §§ 13 Abs. 2, 20 Abs.1 WEG über Maßnahmen der Erhaltung hinaus. Gleichwohl meint der Gesetzgeber im Zusammenhang mit § 21 Abs. 2 S. 1 Nr. 2 WEG, sie gliedere sich im Hinblick auf die Amortisierung ihrer Kosten »nahtlos in das System des Entwurfs« (BT-Drucks. 19/18791, S. 67) ein und folgert daraus, dass eine »modernisierende Instandsetzung (…) demnach – wie jede bauliche Veränderung – mit einfacher Mehrheit beschlossen werden (kann)« (BT-Drucks. 19/18791, S. 67). Eine nahtlose Einfügung in das System des Gesetzes gelingt dem Gesetzgeber damit zwar, wie oben aufgezeigt, im Hinblick auf die Legaldefinition keineswegs. Gleichwohl ist damit zu rechnen, dass die modernisierende Instandsetzung künftig nach den Regeln der baulichen Veränderung zu handhaben sein wird. Damit ist zwar, wie die Materialien zu Recht feststellen, keine Änderung im Hinblick auf die erforderlichen Mehrheiten verbunden. Will man in dieser Stellungnahme der Gesetzesmaterialien nicht nur eine ihrer zahlreichen Unstimmigkeiten sehen, kann eine modernisierende Instandsetzung künftig nur unter den Voraussetzungen von § 20 Abs. 2, 3 WEG verlangt werden.

2. Keine Differenzierung der baulichen Veränderung nach § 22 Abs. 2 WEG a. F.

Nicht in das neue Recht übernommen wurden die Differenzierungen des § 22 **5** Abs. 2 WEG a. F., die einen Teilbereich der baulichen Veränderungen in Anlehnung an die mietrechtliche Modernisierung privilegierte. In der Folge sind nun auch Modernisierungen nach §§ 555b ff. BGB alleine nach den Vorschriften zur baulichen Veränderung zu beurteilen. Dies wird freilich im neuen Recht eher zu einer erleichterten Durchsetzung dieser Maßnahmen führen, da sie künftig keiner doppelt qualifizierten Mehrheit nach § 22 Abs. 2 S. 1 WEG a. F. mehr bedürfen und umgekehrt nur bei besonders weitreichenden Beeinträchtigungen gemäß § 20 Abs. 4 WEG anfechtbar sind (s. hierzu u. Rdn. 63 ff.).

3. »Bauliche Veränderungen« im Sondereigentum

6 Definitorisch bleibt der Begriff der baulichen Veränderung im eigentlichen Sinne auf das gemeinschaftliche Eigentum beschränkt. In der Sache können natürlich auch Veränderungen des Sondereigentums über die bloße Erhaltung hinausgehen. Diese sind künftig ebenfalls gesetzlich dahingehend geregelt, dass sie gemäß §§ 13 Abs. 2, 20 WEG grundsätzlich denselben Regeln unterworfen sind wie die baulichen Veränderungen im Gemeinschaftseigentum (in diesem Sinne schon BGH v. 18.11.2016 – V ZR 49/16, ZMR 2017, 409 = ZWE 2017, 266). Der Gesetzgeber hat sie gegenüber den echten baulichen Veränderungen im gemeinschaftlichen Eigentum nur insoweit privilegiert, als sie gemäß § 13 Abs. 2 WEG ohne Beschlussfassung durchgeführt werden können, wenn sie keinen Miteigentümer über das bei einem geordneten Zusammenleben unvermeidliche Maß hinaus beeinträchtigen.

II. Anspruch auf bauliche Veränderungen (§ 20 Abs. 2, 3 WEG)

1. Systematik

7 Einen Anspruch auf bauliche Veränderungen kannte schon das alte Recht. § 22 Abs. 1 S. 1 WEG a. F. beschränkte diesen aber auf den Fall, dass alle durch die bauliche Veränderung beeinträchtigten Wohnungseigentümer dieser zustimmten. Diesen Anspruch übernimmt § 20 Abs. 3 WEG in das künftige Recht. Darüber hinaus listet § 20 Abs. 2 S. 1 WEG vier neue Privilegierungstatbestände auf, bei deren Vorliegen eine bauliche Veränderung auch ohne Zustimmung der beeinträchtigten Wohnungseigentümer verlangt werden kann. Schließlich wird im neuen Recht das vom Wohnungseigentümer bei der Durchsetzung des Anspruchs einzuhaltende Vorgehen näher geregelt.

2. Einverständnis aller beeinträchtigten Wohnungseigentümer (§ 20 Abs. 3 WEG)

a) Bedeutung

8 Vor der WEG-Novelle 2007 bestand kaum Streit darüber, dass ein Mehrheitsbeschluss zur Genehmigung einer baulichen Veränderung weder erforderlich noch hinreichend war. Es bedurfte grundsätzlich (nur) der Zustimmung der

beeinträchtigten Miteigentümer zu der Maßnahme, die sie beeinträchtigte (BGHZ 73, 199 f.; OLG Hamm ZMR 1996, 391; BayObLG ZMR 2001, 640; 2002, 63; OLG Hamm ZMR 2005, 566). Obwohl der Gesetzgeber hieran nichts ändern wollte (BT-Drucks. 16/887 S. 29) griff er (seiner Auffassung nach) zur Klarstellung trotzdem in den Wortlaut des § 22 Abs. 1 WEG a. F. ein. Gerade aus dieser Änderung schloss die h. M., dass sich die Bedeutung des Mehrheitsbeschlusses über die Genehmigung einer baulichen Veränderung deutlich geändert habe. Eröffnete er nach früherem Recht lediglich eine zusätzliche Möglichkeit neben der Zustimmung der beeinträchtigten Miteigentümer zur baulichen Veränderung, wurde er danach als zwingende Voraussetzung für ihre Legalisierung angesehen (LG München I, ZMR 2015, 799; ZMR 2016, 61; LG Hamburg, ZMR 2018, 433, 434; AG Hamburg-Barmbek, ZMR 2015, 578, 579; AG Oldenburg, ZMR 2015, 974, 976; a. A. zu Recht Staudinger/ Lehmann-Richter § 22 WEG Rn. 27). Dies schloss die h. M. aus dem Wortlaut des § 22 Abs. 1 S. 1 WEG a. F., wonach eine bauliche Veränderung »beschlossen oder verlangt werden (kann), wenn jeder Wohnungseigentümer zustimmt, dessen Rechte durch die Maßnahmen über das in § 14 Nr. 1 bestimmte Maß hinaus beeinträchtigt werden.« Demnach führt die Zustimmung aller beeinträchtigten Wohnungseigentümer nur dazu, dass der umbauwillige Miteigentümer die zustimmende Beschlussfassung zu der geplanten Veränderung verlangen kann. Ohne Beschlussfassung ist die Zustimmung der beeinträchtigten Wohnungseigentümer zur baulichen Veränderung nach dieser Auffassung bedeutungslos (LG München I ZMR 2015, 799; ZMR 2016, 61). Diese h. M. zum früheren Recht hat der Gesetzgeber nunmehr in § 20 Abs. 1 WEG kodifiziert. Demnach bedarf, wie auch die Gesetzesmaterialien betonen, jede bauliche Veränderung der Gestattung durch Beschluss (BT-Drucks. 19/18791, S. 59 f.). Dies betrifft auch Vorhaben, auf deren Durchführung oder Gestattung entweder aufgrund des Einverständnisses der beeinträchtigten Wohnungseigentümer gemäß § 20 Abs. 3 WEG oder aufgrund ihrer Privilegierung gemäß § 20 Abs. 2 WEG ein Anspruch besteht.

b) Vorliegen einer Beeinträchtigung

Die Frage, ob eine Beeinträchtigung gemäß § 20 Abs. 3 WEG vorliegt, richtet 9 sich mangels neuer Vorgaben nach denselben Kriterien wie nach altem Recht (BT-Drucks. 19/18791, S. 64). Denn § 20 Abs. 3 WEG knüpft in Wortlaut und Inhalt an den Begriff der Beeinträchtigung in § 14 Nr. 1 WEG a. F. an. Die Beeinträchtigung nach § 20 Abs. 3 WEG ist nicht zu verwechseln mit der unbilligen Benachteiligung gemäß § 20 Abs. 4 WEG. Letztere verlangt eine weit intensivere Störung als § 20 Abs. 3 WEG. Die unbillige Beeinträchtigung nach § 20 Abs. 4 WEG markiert die Grenze dessen, was die Wohnungseigentümer beschließen können. Hingegen ist die einfache Beeinträchtigung nach neuem Recht nur im Zusammenhang des § 20 Abs. 3 WEG von Bedeutung, da bei Einverständnis der von ihr beeinträchtigten Wohnungseigentümer ein Anspruch auf Genehmigung der baulichen Veränderung besteht. Ihr Vorliegen begründet aber keinen Rückbauanspruch, wenn die bauliche Veränderung durch Beschluss gestattet wurde. Selbst eine Beschlussfassung ist nicht alleine aufgrund einer Beeinträchtigung anfechtbar, sondern nur bei einer unbilligen Benachteiligung gemäß § 20 Abs. 4 WEG.

c) Bauliche Veränderung ohne Beeinträchtigung

10   Keine grundsätzlich andere Rechtslage ergibt sich dann, wenn die bauliche Veränderung überhaupt keinen Miteigentümer beeinträchtigt. Dieser Tatbestand hat im neuen Recht erheblich an Bedeutung verloren und ist dort auch für Maßnahmen im Gemeinschaftseigentum nicht mehr ausdrücklich geregelt. Anders als nach der Rechtslage bis zur Novelle 2007 kann der Umbauwillige auch in diesem Fall nicht ohne Weiteres mit der Maßnahme im Gemeinschaftseigentum beginnen. Das Fehlen einer Beeinträchtigung führt nicht unmittelbar zur Rechtmäßigkeit der baulichen Veränderung. Sie begründet ebenso wie das Einverständnis der beeinträchtigten Wohnungseigentümer nur einen Anspruch auf einen entsprechenden Beschluss. Das Fehlen von Beeinträchtigungen ist nur noch bei Veränderungen im Sondereigentum unmittelbar relevant, da dort Maßnahmen, die keinen Miteigentümer mehr als unerheblich beeinträchtigen, gemäß § 13 Abs. 2 WEG ohne Einverständnis der Miteigentümer durchgeführt werden können.

d) Einverständnis (§ 20 Abs. 3 WEG)

aa) Rechtsnatur

11   Die gesetzliche Terminologie ist dahingehend geändert, dass § 20 Abs. 3 WEG nicht mehr wie § 22 Abs. 1 WEG a. F. von einer Zustimmung zu der baulichen Veränderung, sondern von einem Einverständnis hiermit redet. Dies soll klarstellen, dass es sich hierbei nicht um eine Zustimmung zu einem Rechtsgeschäft und somit nicht, wie nach früherer Auffassung, um eine Willenserklärung handelt. Vielmehr begreift der Gesetzgeber das Einverständnis nunmehr als Einverstandensein mit einem Rechtseingriff und somit als eine rechtsgeschäftsähnliche Handlung (BT-Drucks. 19/18791, S. 63). Im Hinblick auf Form und Inhalt des Einverständnisses stellt dies keine Änderung dar, sodass insoweit auf Rechtsprechung und Kommentierung zu § 22 Abs. 1 WEG a. F. zurückgegriffen werden kann.

bb) Willensmängel

Der Gesetzgeber lässt allerdings offen, ob er mit der Qualifikation des Einver- 12
ständnisses als rechtsgeschäftsähnliche Handlung im Falle von Willensmängeln
eine andere Behandlung anstrebt. Bislang ging man in diesen Fällen von der
Möglichkeit einer Anfechtung gemäß §§ 119 ff. BGB aus (BayObLG ZMR
2001, 995). Diese Frage wird freilich an Bedeutung verlieren, da das Einverständnis der beeinträchtigten Wohnungseigentümer mit einer baulichen Veränderung nicht mehr unmittelbar zu ihrer Rechtmäßigkeit führt. Rechtmäßig
wird sie erst durch den auf dieser Grundlage gefassten Beschluss. Folglich kann
eine Anfechtung wegen Willensmängeln alleine die Rechtmäßigkeit der baulichen Veränderung nicht beseitigen. Dies erfordert zusätzlich die fristgerechte
Anfechtung des Beschlusses über ihre Durchführung bzw. Gestattung.

e) Vorgehen und Alternativen

aa) Vorteile des Einverständnisses nach § 20 Abs. 3 WEG

Für das Vorliegen des Einverständnisses aller beeinträchtigten Wohnungseigen- 13
tümer ist naturgemäß der umbauwillige Wohnungseigentümer darlegungs- und
beweisbelastet (BT-Drucks. 19/18791, S. 63). Dessen Einholung kann im Hinblick auf das weitere Vorgehen des Umbauwilligen entscheidende Vorteile bieten. Denn es bezieht sich auf eine konkrete bauliche Veränderung. Folglich
kann der umbauwillige Wohnungseigentümer unmittelbar deren Gestattung
durch Beschluss verlangen. Für die übrigen Wohnungseigentümer (und folglich
für das Gericht im Verfahren nach § 44 Abs. 1 S. 2 WEG) besteht kein Ermessensspielraum, die begehrte bauliche Veränderung entgegen dem Einverständnis der beeinträchtigten Miteigentümer nicht zu gestatten (BT-Drucks. 19/
18791, S. 63).

bb) Konkurrenzen

Das Vorgehen nach § 20 Abs. 3 WEG ist allerdings insoweit nachteilig, als die 14
Kostenlast gemäß § 21 Abs. 1 S. 1 WEG bei dem umbauwilligen Wohnungseigentümer bleibt. Soweit es sich um eine mehrheitsfähige Maßnahme handelt,
kann es daher vorteilhaft sein, auf eine Beschlussfassung nach § 20 Abs. 1 WEG
hinzuwirken. Denn dies führt zur Verteilung der Kostenlast auf alle Miteigentümer nach 21 Abs. 2 S. 1 Nr. 1 WEG oder (bei einer geringeren als der doppelt
qualifizierten Mehrheit) immerhin auf alle dem Beschluss Zustimmenden nach
§ 21 Abs. 3 S. 1 WEG.

3. Privilegierte Maßnahmen

a) Regelungstechnik

15 Ein Anspruch auf bauliche Veränderungen besteht nach neuem Recht auch in vier weiteren Fällen bestimmter baulicher Veränderungen, die § 20 Abs. 2 S. 1 WEG aufzählt. Die Enumeration in § 20 Abs. 2 S. 1 Nr. 1–4 WEG ist abschließend. Selbst solche baulichen Veränderungen, denen der Gesetzgeber noch im Mietrechtsänderungsgesetz 2013 besondere Priorität eingeräumt hat (z. B. die Einsparung von Energie) unterfallen nicht dem Katalog des § 20 Abs. 2 S. 1 Nr. 1–4 WEG und können daher nicht verlangt werden.

b) Gebrauch durch Menschen mit Behinderung (§ 20 Abs. 2 S. 1 Nr. 1 WEG)

16 Zuerst gewährt § 20 Abs. 2 S. 1 Nr. 1 WEG einen solchen Anspruch, wenn die Maßnahme dem Gebrauch durch Menschen mit Behinderung dient. Dies ist weit zu verstehen und geht über die früher im Zentrum des Interesses stehende Barrierefreiheit weit hinaus, auch wenn diese weiterhin die bedeutendste Fallgruppe darstellen dürfte, was nicht zuletzt die im letzten Absatz der Gesetzesmaterialien zu § 20 Abs. 2 S. 1 Nr. 1 WEG wieder auf die Barrierefreiheit konzentrierte Begründung des Gesetzgebers zeigt (BT-Drucks. 19/18791, S. 61). Unter § 20 Abs. 2 S. 1 Nr. 1 WEG fallen jegliche Maßnahmen, die Menschen mit körperlicher oder geistiger Behinderung den Gebrauch des Wohnungseigentums erleichtern. Dies können neben Zugangshilfen wie Aufzügen, Rollstuhlrampen, Treppenliften etc. Orientierungshilfen oder zusätzlichen Beleuchtungsmitteln für Sehbehinderte, Haltegriffe für Menschen mit Gleichgewichtsstörungen und schlechterdings alle anderen Maßnahme sein, die Menschen mit Behinderung die Nutzung von Gemeinschafts- und Sondereigentum erleichtern.

c) E-Mobilität (§ 20 Abs. 2 S. 1 Nr. 2 WEG)

aa) Erfasste Einrichtungen

17 Der zweite Privilegierungstatbestand (§ 20 Abs. 2 S. 1 Nr. 2 WEG) betrifft bauliche Veränderungen, die dem Laden elektrisch betriebener Fahrzeuge dienen. Dies umfasst nicht nur die Lademöglichkeit im engeren Sinne, sondern die gesamte Infrastruktur von der Verlegung der Versorgungsleitungen zur Ladebox über die Verstärkung der vorhandenen Stromversorgung bis hin zu sonstigen Einrichtungen zur sinnvollen Nutzung der Ladestellen. Ebenso ist die Anpassung der vorhandenen Elektrizitätsversorgung, etwa der Zählerschränke etc. an die erweiterte Nutzung von § 20 Abs. 2 S. 1 Nr. 2 WEG erfasst

(BT-Drucks. 19/18791, S. 62). Selbst nach erstmaliger Herstellung einer Ladeeinrichtung ist auch deren Verbesserung von einem Verlangen nach § 20 Abs. 2 S. 1 Nr. 2 WEG erfasst (BT-Drucks. 19/18791, S. 61). Die Vorschrift geht sogar über bestehende Regelwerke wie das EMoG und die Ladesäulenverordnung hinaus, als sie für die Zukunft sowohl technische Weiterentwicklungen der Ladetechnik als auch weitere, etwa im EMoG nicht genannte Elektrofahrzeuge von § 20 Abs. 2 S. 1 Nr. 2 WEG erfassen will (BT-Drucks. 19/18791, S. 62).

bb) Kapazitätsprobleme

Der Gesetzgeber übersieht nicht das Problem, dass die vorhandene Infrastruktur **18** oftmals nicht zur Versorgung aller oder zumindest der ladewilligen Wohnungseigentümer ausreichen wird. Dem versucht er einerseits gesetzesimmanent zu begegnen, indem er die Erhöhung der vorhandenen Kapazitäten als bauliche Veränderung nach § 20 Abs. 2 S. 1 Nr. 2 WEG ansieht, die jeder Wohnungseigentümer verlangen kann. Dies wird freilich häufig nicht zu einer Verbesserung führen. Denn ein entsprechender Beschluss zieht die Kostenfolge des § 21 Abs. 1 S. 1 WEG für denjenigen nach sich, der die Maßnahme verlangt. Wenn nicht eine Mehrzahl von Eigentümern unter anteiliger Kostentragung die Kapazitätserhöhung verlangt (hierzu BT-Drucks. 19/18791, S. 62) wird es häufig bei der für die E-Mobilität unzureichenden Ladeinfrastruktur bleiben. Andererseits soll die gemeinschaftliche Einrichtung entgegen bisheriger Auffassung bei ungenügenden Kapazitäten nicht insgesamt unbenutzt bleiben (so zum Anschluss an einen Kamin, der entsprechende Einrichtungen in anderen Wohnungen unmöglich macht, OLG Hamburg ZMR 2001, 728; AG München ZMR 2013, 141 f.; zur selben Problematik bei Heizkörpern OLG Schleswig NJW-RR 1993, 24) oder gar ein Antrag nach § 20 Abs. 2 S. 1 Nr. 2 WEG ausgeschlossen sein (BT-Drucks. 19/18791, S. 62). Vielmehr sollen die vorhandenen Kapazitäten gleichmäßig verteilt werden. Welchen Effekt dies bei ungenügenden Kapazitäten haben soll, bleibt freilich unklar. Denn dann können entweder nur kurze Ladezeiten oder aber längere in großen Zeitabständen eingeräumt werden. Für den uneingeschränkten Betrieb von E-Fahrzeugen reicht beides nicht aus.

cc) Kapazitätsengpässe im Versorgungsnetz außerhalb der Liegenschaft

Mit den Möglichkeiten des § 20 Abs. 2 S. 1 Nr. 2 WEG überhaupt nicht **19** zu beheben sind Kapazitätsengpässe im öffentlichen Versorgungsnetz. Denn diese Vorschrift gestattet mit baulichen Veränderungen nur Maßnahmen im Gemeinschaftseigentum. Selbst die mittelbare Beteiligung an Verbesserungen des öffentlichen Versorgungsnetzes durch finanzielle Beiträge kann auf der Grundlage des § 20 Abs. 2 S. 1 Nr. 2 WEG nicht beschlossen werden. Erst recht überschreiten bauliche Maßnahmen durch die

Wohnungseigentümergemeinschaft außerhalb des Gemeinschaftseigentums die Beschlusskompetenz aus § 20 Abs. 1 WEG.

dd) (Zusätzliche) Abstellmöglichkeit bei der Ladeeinrichtung

20 Erstaunlicherweise stellen die Gesetzesmaterialien das Recht eines Wohnungseigentümers, sein Fahrzeug während des Ladevorgangs im Gemeinschaftseigentum abzustellen, ausdrücklich in Abrede (BT-Drucks. 19/18791, S. 62). Dem ist insoweit beizupflichten, als über § 20 Abs. 2 S. 1 Nr. 2 WEG auch zum Zwecke der E-Mobilität kein Sondernutzungsrecht begründet werden kann. Denn aus dieser Vorschrift kann nur ein Anspruch auf Fassung eines Beschlusses, nicht aber auf eine Vereinbarung abgeleitet werden, die zur Begründung eines Sondernutzungsrechtes erforderlich wäre. Dies schließt aber nicht aus, dass die Wohnungseigentümer unter Wahrung des Gleichbehandlungsgrundsatzes die zeitweise Nutzung des Gemeinschaftseigentums beschließen. Denn hierbei handelt es sich um eine Gebrauchsregelung, die ohne Weiteres von der Beschlusskompetenz des § 19 Abs. 1 WEG erfasst ist. Wenn eine geordnete Nutzung der Ladestelle ansonsten nicht gewährleistet ist, dürfte wohl sogar jeder Wohnungseigentümer aus § 18 Abs. 2 Nr. 2 WEG Anspruch auf eine solche Beschlussfassung haben. Erfolgt sie nicht, kann er sie im Verfahren nach § 44 Abs. 1 S. 2 WEG ersetzen lassen. Selbst die Herstellung einer noch nicht vorhandenen Abstellmöglichkeit dürfte die Eigentümerversammlung auf Verlangen nach § 20 Abs. 2 S. 1 Nr. 2 WEG beschließen können. Denn es ist nicht einsichtig, wieso die Schaffung von Stellplätzen, auf denen die Fahrzeuge während des Ladevorgangs abgestellt werden können, nicht zu den nach dieser Vorschrift privilegierten baulichen Veränderungen gehören soll.

d). Einbruchsschutz (§ 20 Abs. 2 S. 1 Nr. 3 WEG)

21 Die privilegierten baulichen Veränderungen, deren Gestattung der einzelne Wohnungseigentümer verlangen kann, umfassen ferner nach § 20 Abs. 2 S. 1 Nr. 3 WEG Maßnahmen des Einbruchsschutzes. Hierzu zählen ausweislich der Gesetzesmaterialien sämtliche Vorkehrungen, die geeignet sind, den Zutritt zu den einzelnen Wohnungen oder der Wohnanlage insgesamt »zu verhindern, zu erschweren oder auch nur unwahrscheinlich zu machen« (BT-Drucks. 19/18791, S. 62). Dies erfasst sowohl bauliche Veränderungen der Außenanlage (Einzäunung, Torschließautomatik) als auch des Gebäudes (einbruchsichere Fenster, Sicherheitsschlösser). Die Vorkehrungen können auf die unmittelbare Verstärkung der Außenhaut gerichtet sein, aber auch auf einen mittelbaren Schutz abzielen wie etwa Kamera(attrappen), die Einbrecher abschrecken. In jedem Fall muss es sich aber um Maßnahmen handeln, die die Bausubstanz betreffen. Andere Schutzvorkehrungen wie die Beauftragung eines

Security-Services oder die Anschaffung eines Wachhundes sind nicht von der Beschlusskompetenz des § 20 Abs. 2 S. 1 Nr. 3 WEG erfasst, selbst wenn sie den Einbruchsschutz erhöhen.

e) Anschluss an ein Telekommunikationsnetz mit sehr hoher Kapazität (§ 20 Abs. 2 S. 1 Nr. 4 WEG)

aa) Sehr hohe Kapazität

Die letzte Privilegierung in § 20 Abs. 2 S. 1 Nr. 4 WEG, die den Anschluss an **22** ein Telekommunikationsnetz mit sehr hoher Kapazität ermöglichen will, wurde noch von der Bundesregierung in den Gesetzeswurf eingefügt. Für die Ausfüllung des unbestimmten Rechtsbegriffs der »sehr hohen« Kapazität verweist der Gesetzgeber auf Art. 2 Nr. 2 der EU-Richtlinie 2018/1972 des Europäischen Parlamentes und des Rates vom 11.12.2018 (BT-Drucks. 19/18791, S. 62). Zu seiner Auslegung sind die hierzu ergangenen und ergehenden Entscheidungen also unmittelbar heranzuziehen.

bb) Einzelne Maßnahmen

Nach der Gesetzesbegründung sind neben den Glasfaserkomponenten nicht **23** nur die Anschlusskomponenten, sondern auch u. a. Maßnahmen in Bezug auf Downlink- und Uplink-Bandbreite, Ausfallsicherheit sowie Latenz und Latenzschwankung von der Beschlusskompetenz des § 20 Abs. 2 S. 1 Nr. 4 WEG erfasst (BT-Drucks. 19/18791, S. 62 f.). Obwohl die Gesetzesmaterialien zu § 20 Abs. 2 S. 1 Nr. 4 WEG dies im Gegensatz zur E-Mobilität nicht thematisieren, dürfte der Anschluss an ein Telekommunikationsnetz mit sehr hoher Kapazität ähnlich wie die Herstellung der Lademöglichkeit nicht als statische Maßnahme zu verstehen sein. Wie dort dürften, selbst wenn der Anschluss bei Errichtung dem Stand der Technik entsprach, Maßnahmen seiner Verbesserung von § 20 Abs. 2 S. 1 Nr. 4 WEG erfasst sein.

4. Vorgehen bei privilegierten Maßnahmen

a) Anspruchsinhaber

aa) Jeder Wohnungseigentümer

Der Kreis der Anspruchsberechtigten ist in § 20 Abs. 2 S. 1 WEG weit gefasst, **24** da jeder Wohnungseigentümer bauliche Veränderungen nach § 20 Abs. 2 S. 1 Nr. 1–4 WEG verlangen kann. Gesetzeswortlaut und -materialien machen dies nicht davon abhängig, dass er selbst etwa behindert ist, Einbrüche fürchten muss oder ein elektrisches Fahrzeug laden will. Im Zusammenhang mit dem Gebrauch durch Behinderte stellen die Materialien ausdrücklich klar, dass der

Anspruch nicht von der Eigentümerstellung abhängt (BT-Drucks. 19/18791, S. 61). Der Wohnungseigentümer kann die entsprechenden baulichen Veränderungen demnach auch dann fordern, wenn sie einem Familienmitglied in seiner Einheit zugutekommen. Nicht anspruchsberechtigt sind somit nur Nutzer außerhalb der Eigentümergemeinschaft wie Nießbrauchsberechtigte, Mieter und sonstige Drittnutzer. Sie können sich aber an den Eigentümer der Einheit wenden, dem der Anspruch zusteht.

bb) Teleologische Reduktion

25 Auch vor der bewusst umfassend gestalteten Anspruchsberechtigung erscheint die unbeschränkte Möglichkeit jedes Miteigentümers, jegliche Maßnahme nach § 20 Abs. 2 S. 1 Nr. 1–4 WEG zu verlangen, erheblich zu weit gefasst. Dem Wortlaut der Vorschrift nach könnte jeder Wohnungseigentümer unabhängig nicht nur von einem eigenen, sondern von jeglichem Bedarf etwa die Gestattung jeder Maßnahme verlangen, die dem Gebrauch durch Menschen mit Behinderung dient. Im Ergebnis könnten Rollstuhlrampen, Treppenlifte, Orientierungshilfen und jede denkbare Hilfe für jegliche Art von Behinderung verlangt werden, ohne dass ein Bewohner überhaupt an einer entsprechenden Behinderung leidet. Einziges Korrektiv wären die Kosten nach § 21 Abs. 1 S. 1 WEG, die nur dem Anspruchsteller zur Last fallen. Dies würde eine Veränderung des Gemeinschaftseigentums ermöglichen, die jedenfalls zur Zeit des Einbaus keinem Bewohner einen Nutzen bringt, aber alle, insbesondere durch Entzug von Bewegungsmöglichkeiten in den meist ohnehin nicht üppig bemessenen Zugangsflächen benachteiligen. Um solche Auswüchse zu verhindern, wird man im Wege einer teleologischen Reduktion der Vorschrift zumindest verlangen müssen, dass der Anspruchsteller einen Nutzen von der geforderten baulichen Veränderung für sich oder einen sonstigen Nutzer seiner Einheit geltend macht. Dies erfordert Darlegungen dazu, dass die bauliche Veränderung dem Gebrauch eines Wohnungseigentümers dient, dass Einbruchsgefahr besteht etc. Ansonsten fehlt es an der Anspruchsberechtigung, weshalb ein Beschlussantrag zurückgewiesen werden kann und eine Beschlussersetzungsklage nach § 44 Abs. 1 S. 2 WEG unzulässig wäre.

b) Eignung zum privilegierten Zweck

26 Nach § 20 Abs. 2 S. 1 WEG muss die begehrte bauliche Veränderung dem privilegierten Zweck lediglich »dienen«. Dies erfordert, wie die Gesetzesmaterialien in Zusammenhang mit baulichen Veränderungen zugunsten behinderter Bewohner betonen (BT-Drucks. 19/18791, S. 61), indessen nicht, dass der Bewohner auf die Maßnahme angewiesen ist. Es genügt bereits, wenn sie zu dem privilegierten Zweck sinnvoll ist. Diese Schranke ist niedrig angesetzt und wird

lediglich von solchen baulichen Veränderungen nicht überwunden, die zur Erreichung dieses Zieles objektiv ungeeignet sind. Das wird regelmäßig nur in solchen Fällen Bedeutung erlangen, in denen ein Wohnungseigentümer Fehlvorstellungen zum Nutzen der von ihm vorgeschlagenen Maßnahme unterliegt oder sogar mit der baulichen Veränderung andere als die in § 20 Abs. 2 S. 1 Nr. 1–4 WEG genannten Ziele verfolgt. Denn angesichts der Kostenlast nach § 21 Abs. 1 S. 1 WEG wird ihm üblicherweise selbst daran gelegen sein, der Erreichung des privilegierten Zwecks förderliche Maßnahmen zu ergreifen.

c) Angemessenheit

aa) Stellungnahme der Gesetzesmaterialien

Die einzige echte Beschränkung der Ansprüche aus § 20 Abs. 2 S. 1 WEG besteht darin, dass der einzelne Wohnungseigentümer aufgrund dieser Vorschrift nur »angemessene« bauliche Veränderungen verlangen kann. Was darunter zu verstehen sein soll, klären die Gesetzesmaterialien nicht. Sie nehmen hierzu lediglich ein einziges Mal Stellung und auch das nur in zumindest irreführender Weise im Zusammenhang mit dem – zu weit gehenden – Ausschluss der Nutzung von Gemeinschaftseigentum als Stellfläche bei der Ladung von E-Fahrzeugen. Hier äußern die Gesetzesmaterialien die Einschätzung, die Herstellung von Lademöglichkeiten sei unangemessen, wenn dem Anspruchsteller nicht das Recht zum Abstellen seines Fahrzeugs in deren Nähe zustünde (BT-Drucks. 19/18791, S. 62). Selbst wenn man die diesbezügliche Sichtweise der Gesetzesmaterialien teilt (vgl. hierzu o. Rdn. 20), ginge es nicht um eine Frage der Angemessenheit. Die Lademöglichkeit würde dann schon nicht dem in § 20 Abs. 2 S. 1 Nr. 2 WEG vorausgesetzten Zweck dienen. Denn eine Lademöglichkeit, deren Nutzung zumindest rechtlich ausgeschlossen ist, kann von vorneherein nicht dem Laden elektrisch betriebener Fahrzeuge dienen. 27

bb) Sinn der Beschränkung auf »angemessene« Maßnahmen

Mangels Aussagekraft des einzigen Beispiels zur (fehlenden) Angemessenheit in den Gesetzesmaterialien bieten sie keinen Aufschluss darüber, was der Gesetzgeber mit diesem unbestimmten Rechtsbegriff gemeint haben könnte. Unglücklich ausgefallen ist allerdings nur die Begründung des Gesetzes, nicht sein Wortlaut. Letztlich will der Gesetzgeber mit dem Gebot der Angemessenheit sicherstellen, dass nicht nur die in § 20 Abs. 2 S. 1 Nr. 1–4 WEG privilegierten Interessen, sondern auch diejenigen der Miteigentümer gewahrt werden. Dies erfordert einerseits eine Anpassung der baulichen Veränderung an die vorgefundenen Verhältnisse, andererseits die Wahl des zur Zweckerreichung mildesten Mittels. Hinsichtlich der liegenschaftsbezogenen Angemessenheit wird man 28 einerseits den Rechtsgedanken der grundlegenden Umgestaltung nach § 20 Abs. 4 WEG heranziehen können. Auch wenn etwa die Umwehrung der Liegenschaft mit einem drei Meter hohen Stacheldrahtzaun der Einbruchsicherheit dienen würde, kann ein solch massiver Eingriff mangels Angemessenheit nicht verlangt werden. Ferner darf die geforderte bauliche Veränderung nicht außer Verhältnis zur Liegenschaft stehen. So kann eine bauliche Veränderung u. U. in einem Zweifamilienhaus unangemessen sein, die in einer großen Wohnanlage noch vertretbar wäre. Zudem muss sich der Anspruchsinhaber mit der Einrichtung begnügen, die die übrigen Eigentümer am wenigsten beeinträchtigt. Kann die Barrierefreiheit beispielsweise durch eine Rollstuhlfahrerrampe in Form einer Ergänzung der vorhandenen Treppe hergestellt werden, besteht kein Anspruch auf eine eigene Zufahrt. Schließlich ist eine bauliche Veränderung nur dann angemessen, wenn sie mit öffentlich-rechtlichen Vorschriften namentlich des Bauordnungsrechtes vereinbar ist (vgl. AG München ZMR 2018, 88 f.).

cc) Systematische Stellung in § 20 Abs. 2 WEG

29   Das Tatbestandsmerkmal der Angemessenheit ist in § 20 Abs. 2 S. 1 WEG eingeordnet, also in den Zusammenhang, was der Wohnungseigentümer verlangen kann, nicht bei der in § 20 Abs. 2 S. 2 WEG geregelten Durchführung der baulichen Veränderung. Dies erscheint zumindest nicht ausreichend. Natürlich kann die Angemessenheit schon bei der Frage bedeutsam werden, ob eine bauliche Veränderung dem Grunde nach verlangt werden kann. Wird etwa ein Aufzug in einem Zweifamilienhaus verlangt, obwohl ein Treppenlift nach § 20 Abs. 2 S. 1 Nr. 1 WEG ausreichend wäre, kann die verlangte bauliche Veränderung schon dem Grunde nach unangemessen sein. Oftmals wird die Angemessenheit aber erst bei der Frage bedeutsam, wie die bauliche Veränderung durchzuführen ist. Der Sache nach gehört dieses Tatbestandsmerkmal zumindest auch in die Prüfung nach § 20 Abs. 2 S. 2 WEG und ist im Rahmen der Ermessensausübung durch die Wohnungseigentümer ebenfalls zu prüfen, obwohl die Angemessenheit dort nicht mehr ausdrücklich genannt wird.

dd) Fehler bei der Einschätzung der Angemessenheit

30   Fehler in der Einschätzung der Angemessenheit können sowohl zulasten des Anspruchstellers als auch zu Lasten einzelner Miteigentümer unterlaufen und zwar gleichermaßen beim »Ob« und beim »Wie« der baulichen Veränderung: Die beschlossene bauliche Veränderung kann ungenügend oder zu umfassend sein. Da der Eigentümerversammlung eine Beschlusskompetenz zukommt, führt ein solcher Fehler, nicht zur Nichtigkeit, sondern nur zur Anfechtbarkeit des Beschlusses. Zu beachten ist allerdings, dass auch dem unzureichenden Beschluss im Gegensatz zum Negativbeschluss nach Rechtsprechung

des BGH Regelungscharakter zukommt (zum Negativbeschluss s. zuletzt BGH v. 17.5.2019 – V ZR 34/18, NJW-RR 2019, 976 = ZWE 2020, 50). Der Inhaber des Anspruchs aus § 20 Abs. 2 S. 1 WEG sollte bei ungenügenden Beschlüssen die Anfechtungs- mit einer Beschlussersetzungsklage nach § 44 Abs. 1 S. 2 WEG verbinden, die nach der Vorbefassung der Eigentümerversammlung bereits zulässig ist. Anderenfalls wäre er nach rechtskräftiger Ungültigerklärung wieder auf die Eigentümerversammlung angewiesen. Will sich umgekehrt ein Miteigentümer nicht mit einer unangemessen umfangreichen baulichen Veränderung abfinden, muss er den fehlerhaften Beschluss ebenfalls anfechten. Anderenfalls werden Beschlüsse hierüber ebenfalls bestandskräftig.

d) Zweistufiges Vorgehen

aa) Beschlussantrag über die Durchführung der Maßnahme dem Grunde nach

§ 20 Abs. 2 WEG ist zu entnehmen, dass der Gesetzgeber eine getrennte Beschlussfassung über das »Ob« und das »Wie« der baulichen Veränderung vorsieht. Damit folgt der Gesetzgeber der jüngeren Rechtsprechung des BGH (s. u. Rdn. 45 ff.). Der Inhaber des Anspruchs kann somit unmittelbar die Beschlussfassung über diese bauliche Veränderung dem Grunde nach verlangen. Wird der Beschluss nicht gefasst, kann er ihn im Verfahren nach § 44 Abs. 1 S. 2 WEG ersetzen lassen. Den ablehnenden Beschluss kann er anfechten, muss es aber nicht, da Negativbeschlüsse nach Rechtsprechung des BGH keine Bindungswirkung entfalten (s. zuletzt BGH v. 17.5.2019 – V ZR 34/18, NJW-RR 2019, 976 = ZWE 2020, 50). Anderes gilt für eine Beschlussfassung, die eine andere oder ungenügende bauliche Veränderung gestattet. Dabei handelt es sich um einen positiven Beschluss, der Bindungswirkung entfaltet und daher angefochten werden muss. Vor diesem Hintergrund kann es sich für die Gegner einer baulichen Veränderung empfehlen, statt eines Negativbeschlusses eine ungenügende bauliche Veränderung zu gestatten. Denn nach Rechtsprechung des BGH erwächst dieser Beschluss, wenn er nicht angefochten wird, im Gegensatz zum Negativbeschluss in Bestandskraft. **31**

bb) Beschlussfassung über die konkrete Ausführung der baulichen Veränderung

§ 20 Abs. 2 WEG sieht ein zweistufiges Vorgehen des Anspruchsinhabers vor. Dies erscheint konsequent, wenn man einen Anspruch auf die Beschlussfassung über die bauliche Veränderung dem Grunde nach bejaht. Dann besteht über das »Ob« ihrer Durchführung kein Ermessen der Eigentümerversammlung. Im Übrigen ist § 20 Abs. 2 S. 2 WEG inhaltslos. Dass die Beschlussfassung **32** über die Durchführung der baulichen Veränderung ordnungsmäßiger Verwaltung entsprechen muss, ist schlechterdings selbstverständlich. Dafür fehlt hier der Verweis auf die Angemessenheit der baulichen Veränderung, der aus § 20 Abs. 2 S. 1 WEG auch in den Zusammenhang der konkreten Durchführung übertragen werden muss (vgl. oben Rdn. 29). Entspricht der Beschluss der Eigentümerversammlung nicht ordnungsmäßiger Verwaltung oder ist die gestattete bauliche Veränderung nicht angemessen, muss ihn der Inhaber des Anspruchs aus § 20 Abs. 2 S. 1 WEG im Verfahren nach § 44 Abs. 1 S. 2 WEG ersetzen lassen, ggf. in Verbindung mit einer Anfechtung des ungenügenden Beschlusses. Insoweit gelten die oben genannten Grundsätze.

cc) Keine gleichzeitige Entscheidung über das »Ob« und das »Wie«

33 § 20 Abs. 2 WEG sieht kombinierte Anträge über Grund und konkrete Ausführung der baulichen Veränderung nicht vor. Sie kommen aber in Betracht, wenn auch auf der zweiten Stufe der Beschlussfassung das Ermessen der Eigentümerversammlung auf Null reduziert ist. Erstaunlicherweise erwecken die Gesetzesmaterialien den Eindruck, das Gericht übe schon nach der Ersetzung des Grundbeschlusses nach § 20 Abs. 2 S. 1 WEG sein Ermessen über die konkrete Durchführung der baulichen Veränderung aus (BT-Drucks. 19/18791, S. 61). Dies dürfte indessen nur eine missverständliche Formulierung darstellen. Das Gericht tritt im Verfahren nach § 44 Abs. 1 S. 2 WEG nur an die Stelle der Eigentümerversammlung. Ersetzt es deren Beschluss über das »Ob« der baulichen Veränderung, kann es nicht sogleich sein Ermessen über deren konkrete Durchführung ausüben. Dieses steht der Eigentümerversammlung nicht anders als nach einer eigenen Entscheidung über das »Ob« der baulichen Veränderung zu. Für den Antragsteller bedeutet dies, dass eine kombinierte Antragstellung und eine entsprechende Beschlussfassung nur in Betracht kommen, wenn das Ermessen der Eigentümerversammlung auch auf der zweiten Stufe auf Null reduziert ist. Anderenfalls darf das Gericht nicht sogleich über die zweite Stufe durchentscheiden, sondern muss der Eigentümerversammlung die Entscheidung über ihre konkrete Durchführung überlassen. Erst nach Ablehnung oder ungenügender Beschlussfassung der Eigentümerversammlung über die Durchführung der baulichen Veränderung darf das Gericht in einem zweiten Prozess sein Ermessen an die Stelle desjenigen der Eigentümerversammlung setzen und auch den zweiten Beschluss ersetzen. Eine sogleich hierauf gerichtete Klage wäre daher als unzulässig abzuweisen.

e) Beschlussfassung ohne Verlangen nach § 20 Abs. 2 WEG

34 Der Gesetzgeber zwingt den Wohnungseigentümer auch bei privilegierten Maßnahmen nach § 20 Abs. 2 S. 1 WEG nicht zu dem dort geregelten Vorgehen.

§ 20 Abs. 2 S. 1 WEG eröffnet dem Wohnungseigentümer nur eine zusätzliche Möglichkeit, insbesondere für den Fall, dass Widerstände in der Wohnungseigentümerversammlung eine mehrheitliche Beschlussfassung über die bauliche Veränderung infrage stellen. Der Umbauwillige muss sich stets vor Augen halten, dass sein Verlangen nach § 20 Abs. 2 S. 1 WEG die Kostentragung aus § 21 Abs. 1 S. 1 WEG nach sich zieht (ausführlich hierzu unten Rdn. 78 ff.). Bei baulichen Veränderungen, die allen oder zumindest einer Mehrzahl von Wohnungseigentümern zugekommen, sollte deshalb stets die Möglichkeit einer Mehrheitsentscheidung nach § 20 Abs. 1 WEG ins Auge gefasst werden. Denn dann werden die Kosten der baulichen Veränderung gemäß § 21 Abs. 2 S. 1 WEG auf alle oder zumindest gemäß § 21 Abs. 3 S. 1 WEG auf alle zustimmenden Wohnungseigentümer verteilt.

f) Das Problem des Rückbaus

aa) Systemwechsel

Nach früherem Verständnis waren Beschlüsse über bauliche Veränderungen, **35** deren Gestattung verlangt werden konnte, personenbezogen. So war etwa ein Treppenlift oder eine sonstige behindertengerechte Einrichtung nach Ende der Nutzung durch den Anspruchsberechtigten zurückzubauen. Zur Sicherung dieses Anspruchs konnte die Gemeinschaft sogar eine Kaution verlangen (AG München ZMR 2018, 88 f.). Dies ist nicht in das neu Recht übernommen worden. Dies erscheint auch konsequent, da der Gesetzgeber in § 20 Abs. 2 S. 1 Nr. 1 WEG gerade nicht mehr nur auf den konkreten Bedarf durch einen Bewohner, sondern auch auf das »gesamtgesellschaftliche Bedürfnis nach barrierefreiem oder barrierereduziertem Wohnraum« abstellt (BT-Drucks. 19/18791, S. 61). Einmal vorgenommene bauliche Veränderungen müssen demnach nicht mehr zurückgebaut werden, sodass hierfür auch keine Kaution verlangt werden kann. Das folgt auch aus Zusammenhang und Systematik der Vorschrift. Es wäre nicht nur wirtschaftlich sinnlos, Lademöglichkeiten, Einbruchsschutz und Telekommunikationsanschluss mit hoher Kapazität, die unabhängig vom konkreten Nutzerverhalten den Wert der Liegenschaft erhöhen, nach Ausscheiden des Eigentümers, der diese Veränderung verlangte, wieder auszubauen. Insbesondere besteht ja ein Anspruch auf ihren Einbau. Zudem führt der Beschluss, mit dem die bauliche Veränderung gestattet wurde, zu ihrer Rechtmäßigkeit, sodass sich der ordnungsmäßige Zustand der Liegenschaft nunmehr nach diesem Beschluss richtet. Somit wäre die Beseitigung dieser Einrichtung nun ihrerseits eine bauliche Veränderung. Dies gilt freilich auch umgekehrt. Der Urheber der baulichen Veränderung und sein (Sonder-)Rechtsnachfolger können diese nicht mehr rückgängig machen, selbst wenn sie sie nicht mehr nutzen. Daraus folgt, dass sie auch deren Folgekosten weiter tragen müssen.

bb) Beschluss über den Rückbau

36 Der Beschluss, eine solche privilegierte Maßnahme zurückzubauen, wäre allerdings nicht nichtig. Denn die in § 20 Abs. 1 WEG enthaltene Beschlusskompetenz umfasst auch diese Entscheidung wie jede andere zu einer baulichen Veränderung. Wird ein solcher Beschluss gegen den Willen des aus § 20 Abs. 2 S. 1 WEG Anspruchsberechtigten gefasst, dürfte es sich freilich bereits nach allgemeinen Grundsätzen um einen rechtswidrigen Zweitbeschluss handeln, da er in bereits begründete subjektive Rechte eingreift. Zudem liegt die Annahme einer unbilligen Benachteiligung gemäß § 20 Abs. 4 WEG nahe, da der Rückbau in gesetzlich gewährte Privilegierungen des einzelnen Wohnungseigentümers eingreift. Die Anfechtung wegen grundlegender Umgestaltung der Wohnanlage dürfte dagegen nur selten anzunehmen sein, da schon die Durchführung der nach § 20 Abs. 2 S. 1 WEG privilegierten Maßnahmen nicht einschneidend genug in den vorhandenen Bestand eingreift (BT-Drucks. 19/18791, S. 64). Denkbar ist aber eine unbillige Benachteiligung der Wohnungseigentümer, die auf den Fortbestand der baulichen Veränderungen vertrauen, was insbesondere für Lademöglichkeiten und Internetverbindung häufig der Fall sein wird. Wird der Rückbau trotzdem beschlossen, ist dieser Beschluss aber nach den oben aufgezeigten Grundsätzen nur anfechtbar und erwächst ohne Durchführung des Verfahrens nach § 44 Abs. 1 S. 1 WEG in Bestandskraft.

III. Das Vorgehen zur Legalisierung einer baulichen Veränderung (§ 20 Abs. 1 WEG)

1. Keine rechtmäßige bauliche Veränderung ohne Beschluss

a) Ausgangssituation

37 Wie bereits dargestellt, sah bereits die h. M. zu § 22 Abs. 1 S. 1 WEG a. F. die Beschlussfassung als notwendige Voraussetzung für die Legalisierung einer baulichen Veränderung an, selbst wenn kein Wohnungseigentümer durch sie beeinträchtigt wurde oder alle Beeinträchtigten ihre Zustimmung hierzu erteilt hatten. Diese zum früheren Recht bereits h. M. hat der Gesetzgeber nunmehr in § 20 Abs. 1 WEG in Gesetzesrang erhoben. Demnach bedarf, wie auch die Gesetzesmaterialien betonen, jede bauliche Veränderung der Gestattung durch Beschluss (BT-Drucks. 19/18791, S. 59 f.), selbst dann, wenn ein Anspruch hierauf besteht. Dies soll auch dem Umbauwilligen zugutekommen, der hierdurch Rechtssicherheit über die Zulässigkeit seines Vorhabens erlangt (BT-Drucks. 19/18791, S. 60).

b) Probleme der vereinfachten Definition

aa) Zu weite Ausdehnung des Beschlusserfordernisses

Die Kombination des Beschlusserfordernisses auch für bauliche Veränderun- 38
gen, die keinen Miteigentümer beeinträchtigen, mit ihrer vereinfachten Definition in § 20 Abs. 1 WEG wird zu Problemen führen, die ein durchschnittlicher
Wohnungseigentümer kaum voraussehen wird. Nach dieser Definition stellt
etwa das Bohren eines Loches in eine tragende und somit dem Gemeinschaftseigentum zugehörige Wand samt Anbringen eines Dübels eine bauliche Veränderung dar. Denn Loch und Dübel gehen über eine bloße Maßnahme der
Erhaltung hinaus, da sie weder der Instandhaltung noch der Instandsetzung
der tragenden Wand dienen. Dieses auf den ersten Blick überraschende (um
nicht zu sagen widersinnige) Ergebnis kann auch nicht mehr durch die frühere
Definition der baulichen Veränderung, die eine gegenständliche Umgestaltung
des Gemeinschaftseigentums voraussetzte, bereinigt werden. Denn hierauf hat
der Gesetzgeber bei der Vereinfachung der Definition baulicher Veränderungen bewusst verzichtet. Im Ergebnis muss der bohrende Wohnungseigentümer
jedenfalls nach dem Wortlaut des Gesetzes einen genehmigenden Beschluss einholen. Denn der Umstand, dass Loch und Dübel keinen Miteigentümer beeinträchtigen, hat keinen Einfluss auf die Notwendigkeit eines Beschlusses.

bb) Lösungsmöglichkeit

Die Vermeidung derartiger paradoxer Ergebnisse ist nur dadurch möglich, 39
dass man diese Auswüchse des WEMoG durch Vereinbarung oder Beschluss
beschneidet. Da die Neuerungen in § 20 Abs. 1 WEG immerhin im Gegensatz etwa zu § 22 Abs. 2 S. 2 WEG a. F. nicht auch noch unabdingbar ausgestaltet wurden, können abweichende Regelungen in der Gemeinschaftsordnung getroffen werden. Aber auch bereits bestehende Wohnungseigentümergemeinschaften können die skizzierten Übertreibungen des WEMoG dadurch
korrigieren, dass sie bestimmte bauliche Veränderungen durch Beschluss vorab
gestatten. Die Beschlusskompetenz hierfür ergibt sich aus § 20 Abs. 1 WEG.
Diese lässt auch Vorratsbeschlüsse zu, die bestimmte bauliche Veränderungen
generell vorab gestatten. So können etwa bauliche Veränderungen, die keinen
Wohnungseigentümer beeinträchtigen, vorab gestattet werden.

c) Mehrheitserfordernisse

aa) »Einfache« Mehrheit

Die für den Beschluss einer baulichen Veränderung erforderliche Mehrheit ist 40
nicht in § 20 WEG geregelt. Vielmehr verweist die Gesetzesbegründung zutreffend auf die allgemeine Regelung in § 25 Abs. 1 WEG, wonach es der Mehrheit

der abgegebenen Stimmen bedarf. Die ebenfalls in der Gesetzesbegründung zu findende Formulierung, wonach es der »einfachen« Mehrheit bedarf (BT-Drucks. 19/18791, S. 60), ist also zumindest irreführend. Stehen etwa drei Ausführungen einer baulichen Veränderung zur Abstimmung, ist bei 14 von 30 Stimmen zwar eine einfache Mehrheit für einen Vorschlag erreicht, wenn die beiden anderen Vorschläge nur jeweils 8 Stimmen erreichen. Die erforderliche Mehrheit der abgegebenen Stimmen liegt indessen für keinen Vorschlag vor, sodass ein positiver Beschluss nicht verkündet werden darf. Umgekehrt entscheidet bei geringer Beteiligung oder zahlreichen Enthaltungen u. U. eine (kleine) Minderheit, im Extremfall ein einzelner Wohnungseigentümer über die Durchführung einer baulichen Veränderung, was dann bei der Kostenverteilung erhebliche Belastungen nach sich ziehen kann.

bb) Qualifizierte Mehrheiten und beeinträchtigte Wohnungseigentümer

41   Hingegen bedarf es auch für bauliche Veränderungen, die zugleich Modernisierungen darstellen, keiner qualifizierten Mehrheit mehr, da § 22 Abs. 2 S. 1 WEG a. F. aufgehoben wurde. Erst recht hat die schon nach altem Recht unzutreffende, aber verbreitete Praxis, die einen »allstimmigen« Beschluss forderte, nunmehr jede Grundlage verloren. Weder bedarf es der Ja-Stimme der beeinträchtigten Wohnungseigentümer bei der Beschlussfassung noch vorab des Einverständnisses nach § 20 Abs. 3 WEG. Den Beschluss fasst die Mehrheit der anwesenden Wohnungseigentümer, ohne dass den beeinträchtigten Wohnungseigentümern eine Sperrminorität o. ä. zukommt. Der Beschluss ist, anders als nach bisherigem Recht noch nicht einmal anfechtbar, nur weil es an ihrem Einverständnis fehlt. Auch das Einverständnis nach § 20 Abs. 3 WEG ist keine Voraussetzung für eine positive Beschlussfassung über eine bauliche Veränderung. Sie hat nur noch dann Bedeutung, wenn alle beeinträchtigten Wohnungseigentümer ihr Einverständnis erklären, da der umbauwillige Miteigentümer dann eine positive Beschlussfassung verlangen kann.

d) Veränderungen durch die Gemeinschaft und durch einzelne Wohnungseigentümer

42   Jedenfalls der Sache nach differenziert der Gesetzgeber zwischen baulichen Veränderungen der Gemeinschaft und Veränderungen, die einem Wohnungseigentümer gestattet werden. Für das Beschlussrecht ist diese Differenzierung allerdings ohne Bedeutung. Insbesondere bestehen keine Unterschiede in den Mehrheitserfordernissen. Bedeutung erlangt dieser Unterschied erst im Zusammenhang mit den Kosten und Folgekosten einer baulichen Veränderung.

e) Nachträgliche Gestattungen

Gesetzestext und -materialien sind keine Vorgaben zu dem Zeitpunkt einer Be- 43
schlussfassung über bauliche Veränderungen zu entnehmen. Nach früherem Recht
konnte die Beschlussfassung sowohl vor als auch nach Durchführung der baulichen
Veränderung erfolgen; eine bereits vorgenommene bauliche Veränderung konnte
mithin nachträglich genehmigt werden (s. zuletzt BGH, Urteil v. 15.5.2020 – V
ZR 64/19, WuM 2020, 518 = ZfIR 2020, 575 = GE 2020, 997). Dass der Gesetzgeber hieran etwas ändern wollte, lässt der Gesetzestext nicht erkennen.

2. Folgen eines positiven Beschlusses

a) Ausgangslage

Anders als bei der bloßen Verjährung oder Verwirkung von Ansprüchen aus 44
§ 1004 BGB führt ein bestandskräftiger Beschluss nicht nur dazu, dass der
Urheber der baulichen Veränderung diese nicht mehr rückbauen muss. Der
ordnungsmäßige Zustand der Liegenschaft definiert sich jetzt über diesen Beschluss: Die bauliche Veränderung wird vollständig rechtmäßig; etwa im Falle
von Erhaltungsmaßnahmen ist die Veränderung wiederherzustellen. Geht das
Gebäude oder zumindest der Teil mit der baulichen Veränderung etwa unter,
kann sie der betroffene Wohnungseigentümer ohne Weiteres wieder errichten.
Auch löst ihre Beeinträchtigung Abwehransprüche aus §§ 1004, 823 BGB aus.
Grundsätzlich gilt dies auch für das neue Recht, allerdings mit der Modifikation, dass es sich bei dem Beschluss anders als nach früherem Recht nicht um
einen Ersatz des Einverständnisses nach § 20 Abs. 3 WEG handelt. Vielmehr
stellt der Beschluss die eigentliche Legalisierung der baulichen Veränderung dar.

b) Differenzierung zwischen Gestattung dem Grunde nach und Aus-
führung

aa) Bestimmtheitsanforderungen nach früher h. M.

An die Bestimmtheit des Beschlusses über eine bauliche Veränderung stellte die 45
ganz h. M. zum früheren Recht strenge Anforderungen. Ort, Größe, Konstruktion, Material und Farbe der baulichen Veränderung mussten ihm zweifelsfrei
zu entnehmen sein (s. aus der neueren Rspr. etwa LG Bremen, ZMR 2017,
83 f.; AG Bremen, ZMR 2015, 968; AG Charlottenburg, ZMR 2017, 508,
509; AG Berlin-Schöneberg, ZMR 2017, 593; AG Essen, ZMR 2017, 836,
837; AG Nürnberg, ZMR 2018, 278 f.). Andernfalls drohte dem Umbauwilligen mangels Bestimmtheit zumindest die Anfechtbarkeit der Genehmigung
(OLG Düsseldorf, ZMR 2005, 144; BayObLG, ZMR 2005, 300; AG Hamburg, ZMR 2005, 822). War überhaupt nicht mehr ersichtlich, an welchem Ort
welche Veränderung in welchem Umfang erfolgen durfte, wurde der Beschluss

sogar als nichtig angesehen (OLG Hamm, ZMR 2005, 908; vgl. BayObLG, WuM 1996, 440; OLG Hamburg, ZMR 2001, 727; OLG Oldenburg, ZMR 2005, 814 f.). Noch schwerer wog, dass der Urheber der baulichen Veränderung jedenfalls bis zur Verjährungsgrenze noch Rückbauansprüchen ausgesetzt war, wenn der Beschluss nicht hinreichend bestimmt war (LG Köln, ZMR 2013 473, 475). Denn ein nicht hinreichend bestimmter Beschluss gab ihm gerade keine Rechtsgrundlage für eine bestimmte bauliche Veränderung. Aus diesem Grunde trat auch die oben beschriebene Legalisierungswirkung nicht ein. Die bauliche Veränderung blieb rechtswidrig.

bb) Rechtsprechungsänderung des BGH

46 Von dieser Rechtsprechung ist der BGH in jüngster Zeit abgegangen, wobei er bei dem Beschluss über eine bauliche Veränderung zwischen ihrem »Ob« und ihrem »Wie« differenzierte. Danach sollte ein Beschluss über eine bauliche Veränderung bereits dann ordnungsmäßiger Verwaltung entsprechen, wenn er ohne nähere Vorgaben zum »Wie« nur das »Ob« der baulichen Veränderung regelte (BGH v. 20.7.2018 – V ZR 56/17, ZMR 2019, 47 = ZfIR 2018, 695). Vielmehr sollte der konkretisierende Beschluss über die Durchführung der Maßnahme nur dann erfolgreich anfechtbar sein, wenn die konkrete Ausführung, nicht die Maßnahme als solche angegriffen wurde. In früheren Entscheidungen hatte der BGH darüber hinaus sogar verlangt, dass dem Urheber einer baulichen Veränderung Gelegenheit gegeben wird, eine Genehmigung durch Beschluss herbeizuführen (BGH v. 18.11.2016 – V ZR 49/16, ZMR 2017, 409 = ZWE 2017, 266; ähnlich BGH v. 20.7.2018 – V ZR 56/17, ZMR 2019, 47 = ZfIR 2018, 695).

cc) Gestattung dem Grunde nach

47 Diese Rechtsprechung legt der Gesetzgeber seiner Neufassung des Beschlussrechtes zur baulichen Veränderung implizit zugrunde. Wie der BGH unterscheidet § 20 Abs. 2 WEG in Satz 1 und 2 zwischen dem »Ob« und dem »Wie« einer Maßnahme. Der Inhaber eines Anspruchs auf eine der dort genannten Maßnahmen muss nur einen Beschluss beantragen, der die bauliche Veränderung dem Grunde nach gestattet. Über das »Wie« der Maßnahme entscheiden die Wohnungseigentümer nach dem Beschluss dem Grunde nach gemäß § 20 Abs. 2 S. 2 WEG unter Ausübung ihres Ermessens (BT-Drucks. 19/18791, S. 61).

dd) Übertragbarkeit auf jede Beschlussfassung über bauliche Veränderungen

48 Diese Differenzierung nach dem »Ob« und dem »Wie« der Maßnahme ist im Gesetzestext zwar nur auf privilegierte bauliche Veränderungen nach § 20 Abs. 2 WEG Geltung bezogen, kann aber nicht auf sie beschränkt bleiben. Denn zum

Einen billigte bzw. forderte der BGH diese Vorgehensweise schon bisher allgemein, nicht nur bei bestimmten baulichen Veränderungen. Zum anderen betonen die Gesetzesmaterialien etwa im letzten Absatz »Zu § 20 allgemein« den Gleichlauf der baulichen Veränderungen (BT-Drucks. 19/1879 S. 60). Es erscheint daher ausgeschlossen, für diejenigen nach § 20 Abs. 2 S. 1 WEG ein anderes, zweistufiges Verfahren vorzusehen als für andere bauliche Veränderungen. Dies umso mehr, als es geeignet ist, vorab über Grundfragen einer baulichen Veränderung Klarheit zu erreichen und somit Streitigkeiten zu vermeiden.

ee) Folgen für die Praxis

Beschlussfassungen über bauliche Veränderungen werden auf diesem Wege erheblich erleichtert. Der Beschlussantrag muss nur noch das Ziel, die Durchführung einer bestimmten baulichen Veränderung aufzeigen. An der Bestimmtheit wird es auf der ersten Stufe, der Entscheidung dem Grunde nach, künftig nur noch fehlen, wenn überhaupt nicht mehr erkennbar ist, welche Maßnahme der Antragsteller begehrt. Es genügt, wenn die Maßnahme (z. B. Anbau eines oder mehrerer Balkone) und der Ort der Veränderung erkennbar sind. Über die Einzelheiten, wie Ort, Größe, Konstruktion, Material und Farbe kann in der zweiten Stufe, im Beschluss über die Ausführung der baulichen Veränderung entschieden werden.   **49**

ff) Beschluss über die konkrete Ausführung der baulichen Veränderung

Unabhängig davon, ob ein Anspruch auf die bauliche Veränderung bestand, müssen die Wohnungseigentümer spätestens nach der Bestandskraft der Entscheidung zur baulichen Veränderung dem Grunde nach über die konkrete Ausführung der Maßnahme befinden. Denn jedenfalls mit der Gestattung, dass eine bauliche Veränderung überhaupt vorgenommen werden darf, besteht ein Anspruch auch auf eine Entscheidung über das »Wie« der Maßnahme. Diese muss im Rahmen ordnungsmäßiger Verwaltung erfolgen, also insbesondere berücksichtigen, dass die Maßnahme mit der ersten Gestattung rechtmäßig ist. Insbesondere kann nicht die bereits erfolgte Gestattung dem Grunde nach gewissermaßen durch die Hintertür etwa durch eine den objektiven Bedürfnissen nicht entsprechende Bauausführung konterkariert werden. Ebenso wenig kann dieser Ausführungsbeschluss nun mit dem Ziel angegriffen werden, die bauliche Veränderung insgesamt zu verhindern (BGH v. 20.7.2018 – V ZR 56/17, ZMR 2019, 47 = ZfIR 2018, 695).   **50**

gg) Fehler des Ausführungsbeschlusses

Auch nach der Trennung der Beschlüsse in »Ob« und »Wie« einer baulichen Veränderung muss jedenfalls der Ausführungsbeschluss den Anforderungen   **51** an die Bestimmtheit genügen, die nach früherem Recht galten. Insbesondere müssen Ort, Größe, Konstruktion, Material und Farbe eindeutig geregelt sein. Allerdings ist nicht ganz klar, was der Urheber der baulichen Veränderung nach neuem Recht zu erwarten hat, wenn der Ausführungsbeschluss nicht hinreichend bestimmt ist. Dann ist die konkrete bauliche Veränderung durch den unbestimmten Beschluss nicht gedeckt, mithin rechtswidrig. Hieran änderst sich nichts dadurch, dass der Anspruch auf eine Gestattung dem Grunde nach besteht. Selbst wenn man hieraus einen Anspruch auf eine erneute Beschlussfassung ableitet, muss diese nicht die konkrete Bauausführung billigen, weil der Eigentümerversammlung ein Ermessen zukommt. Eine hinreichend bestimmte Fassung des Ausführungsbeschlusses ist also nach wie vor von erheblicher Bedeutung, weil sich die bekannten Bestimmtheitsprobleme durch das neue Recht teilweise nur verlagert haben.

c) Prozessuales Vorgehen

aa) Gestattung dem Grunde nach

52 Dem umbauwilligen Wohnungseigentümer bietet das neue Recht den Vorteil, eine bauliche Veränderung gewissermaßen abschnittsweise durchzusetzen. Bleibt sein Begehren streitig, kann er sich nach erfolgloser Vorbefassung der Eigentümerversammlung zunächst damit begnügen, im Verfahren nach § 44 Abs. 1 S. 2 WEG einen Beschluss darüber ersetzen zu lassen, ob die bauliche Veränderung dem Grunde nach zulässig ist. Auf diesem Wege erlangen die Wohnungseigentümer eine rechtskräftige Klärung ihrer Streitfrage, ob die bauliche Veränderung überhaupt zulässig ist. Zudem vermeidet der Kläger das nach altem Recht erhebliche Risiko, dass die Ersetzung eines Beschlusses über eine bauliche Veränderung ohne Klärung ihrer Zulässigkeit dem Grunde nach deswegen erfolglos bleibt, weil das Gericht die konkrete Ausführung nicht gutheißt.

bb) Konkrete Maßnahme

53 Liegt ein Beschluss über die bauliche Veränderung dem Grunde nach vor, kann der umbauwillige Wohnungseigentümer nach Vorbefassung der Eigentümerversammlung auch den Ausführungsbeschluss im Verfahren nach § 44 Abs. 1 S. 2 WEG ersetzen lassen. Hierbei bieten ihm die Gesetzesmaterialien die komfortable Möglichkeit, die begehrte bauliche Veränderung nicht näher zu beschreiben als in der Gestattung bereits geschehen. Denn das Gericht übt in seiner Entscheidung über die konkrete Ausführung nur das Ermessen der Wohnungseigentümer aus (BT-Drucks. 19/18791, S. 61).

cc) Kombinierter Antrag

Nur im Extremfall, wenn sowohl ein Anspruch dem Grunde nach als auch 54
auf eine bestimmte Ausführung besteht, kann der Kläger beides in einer einheitlichen Beschlussvorlage bzw. in einer einheitlichen Klage zusammenfassen. Besteht lediglich dem Grunde nach ein Anspruch auf die bauliche Veränderung, darf das Gericht die Klage nur hinsichtlich des »Wie« abweisen. Liegt eine Ermessensreduktion auf Null auf der zweiten Stufe nicht vor, ist der diesbezügliche Antrag in diesem Stadium des Verfahrens insoweit unzulässig. Denn auch nach Ersetzung des Beschlusses über das »Ob« der baulichen Veränderung kommt der Eigentümerversammlung zum »Wie« noch ein Ermessen zu. Denn das Gericht tritt nur an die Stelle der Eigentümerversammlung. Auch nach einem erfolgreichen Beschlussantrag über das »Ob« der baulichen Veränderung muss der Inhaber des Anspruchs hierauf zunächst die Eigentümerversammlung mit ihrer konkreten Durchführung befassen, bevor eine Beschlussersetzungsklage nach § 44 Abs. 1 S. 2 WEG zulässig wird.

3. Folgen einer baulichen Veränderung ohne Beschluss

a) Veränderung mit erheblichem Nachteil ohne Einverständnis der betroffenen Wohnungseigentümer

aa) Rückbauansprüche

Wird eine bauliche Veränderung ohne die nunmehr vorgeschriebene Beschluss- 55
fassung vorgenommen, ändert sich in materiell-rechtlicher Hinsicht für die hierdurch beeinträchtigten Wohnungseigentümer, die ihr nicht zugestimmt haben, gegenüber dem früheren Recht nichts: Sie stellt eine rechtswidrige Umgestaltung des auch ihnen gehörenden Gemeinschaftseigentums dar. Folglich können sie einen gleichwohl gefassten Beschluss anfechten. Eine erhebliche Änderung ergibt sich aber durch die Verlagerung der Ausübungsbefugnisse auf die Wohnungseigentümergemeinschaft in §§ 9a Abs. 2, 18 Abs. 1 WEG für die Geltendmachung der Beseitigungsansprüche. Diese stehen nach neuem Recht alleine der Wohnungseigentümergemeinschaft zu. Die einzelnen Wohnungseigentümer können künftig nicht mehr selbst aus § 1004 Abs. 1 BGB die Beseitigung einer baulichen Veränderung verlangen. Sie haben nur einen Anspruch gegen die Wohnungseigentümergemeinschaft auf Tätigwerden.

bb) Ansprüche der Wohnungseigentümer, die der baulichen Veränderung zugestimmt haben oder von ihr nicht benachteiligt sind

Änderungen ergeben sich in materiell-rechtlicher Hinsicht für die Wohnungs- 56
eigentümer, die der baulichen Veränderung zugestimmt haben oder von ihr nicht benachteiligt sind. In diesen Fällen konnte man nach früherem Recht

Ansprüche auf Beseitigung durchaus infrage stellen. Denn gerade das Fehlen der erforderlichen Zustimmung führte ja zur Rechtswidrigkeit der baulichen Veränderung; der Beschluss ersetzte nur die fehlenden Zustimmungen. Diese Bedeutung kommt dem nunmehr zu Recht auch terminologisch umbenannten »Einverständnis« der beeinträchtigten Wohnungseigentümer nicht mehr zu. Selbst das Einverständnis aller beeinträchtigten Wohnungseigentümer führt alleine nicht zur Rechtmäßigkeit der baulichen Veränderung, sondern erst der Beschluss, auf den der umbauwillige Wohnungseigentümer allerdings einen Anspruch hat. Wenn aber selbst das Einverständnis aller beeinträchtigten Wohnungseigentümer die bauliche Veränderung noch nicht legalisiert, sondern erst der gestattende Beschluss, kann das Einverständnis eines einzelnen beeinträchtigten Wohnungseigentümers seine Rechte nicht schmälern. Daher kann sich jeder Wohnungseigentümer unabhängig von seiner Beeinträchtigung auf das Fehlen des erforderlichen Beschlusses berufen. Allerdings kann er den Rückbau nicht selbst durchsetzen, sondern nur ein Vorgehen hiergegen von der Wohnungseigentümergemeinschaft verlangen.

b) Veränderung ohne erheblichen Nachteil bzw. bei Einverständnis der betroffenen Wohnungseigentümer

aa) Das Problem

57 Die wohl drängendste Frage, die sich schon nach der h. M. zur früheren Rechtslage stellte, hat der Gesetzgeber leider nicht beantwortet: Kann die Beseitigung einer baulichen Veränderung verlangt werden, wenn zwar niemand von einer baulichen Veränderung beeinträchtigt wird bzw. alle Beeinträchtigten ihr Einverständnis erteilt haben, ein Beschluss hierüber aber nicht gefasst wurde? Wie verhalten sich in diesen Fällen der materiell-rechtliche Anspruch auf eine Gestattung und die Nichteinhaltung des vorgesehenen Verfahrens zueinander?

bb) Formelle Lösung

58 Die Rechtsprechung zum früheren Recht stellt zu einem erheblichen Teil auf das Fehlen des Beschlusses ab, der die bauliche Veränderung erst legalisiert. So lassen einige Berufungsgerichte dahinstehen, ob eine bauliche Veränderung zu Beeinträchtigungen anderer Wohnungseigentümer führt, und stützen die Verurteilung zum Rückbau alleine auf das Fehlen der Zustimmung hierzu durch Beschluss (LG Hamburg, ZMR 2013, 373). Dies dürfte allerdings den Umstand vernachlässigen, dass der Urheber der baulichen Veränderung sogar einen rechtlich durchsetzbaren Anspruch auf eine entsprechende Beschlussfassung hat. Es dürfte jedenfalls nach dem Grundsatz des dolo-agit zu berücksichtigen sein, dass der (noch) gegebene Rückbauanspruch also alsbald entfallen kann.

cc) Materiell-rechtliche Lösung

Zum alten Recht traf der BGH in dieser Streitfrage keine grundsätzliche Ent- **59** scheidung. In einem Spezialfall erklärte er ein nur auf das Fehlen des Beschlusses gestütztes Beseitigungsverlangen aber für treuwidrig, wenn alle beeinträchtigten Wohnungseigentümer der baulichen Veränderung zugestimmt haben (BGH v. 7.2.2014 – V ZR 25/13, ZMR 2014, 554). Verallgemeinert liefe diese Position auf einen Vorrang der materiellen Rechtslage vor dem Beschlusserfordernis hinaus. Jedenfalls nach neuem Recht würde damit dem nunmehr ausdrücklichen Postulat des Gesetzgebers zuwidergehandelt, der die Rechtmäßigkeit der baulichen Veränderung von einer gestattenden Beschlussfassung abhängig macht. Im Ergebnis könnte man nämlich bei Vorliegen eines Anspruchs auf die Gestattung einer baulichen Veränderung unter Verweis auf die Treuwidrigkeit eines Beseitigungsverlangens oder mit einer ähnlichen Begründung stets darauf verzichten, einen Beschluss einzuholen. Damit wäre die gesetzliche Regelung in diesen Fällen ausgehebelt.

dd) Kombinierte Lösung

Einen gangbaren Ausweg könnte eine Entscheidung des BGH aus einem an- **60** deren Zusammenhang weisen, in dem ebenfalls der Widerspruch zwischen noch bestehender Beschlusslage und materieller Rechtslage aufzulösen war. Dabei handelt es sich um die Vergemeinschaftung von Beseitigungsansprüchen, die angefochten und mit hoher Wahrscheinlichkeit rechtswidrig, aber noch nicht rechtskräftig für ungültig erklärt war. Im Ergebnis hätte die Beseitigungsklage einzelner Wohnungseigentümer im Hinblick auf die noch wirksame Vergemeinschaftung abgewiesen werden müssen, obwohl der entsprechende Beschluss über die Vergemeinschaftung im späteren Anfechtungsverfahren voraussehbar der Ungültigerklärung verfallen wäre. In diesem Zusammenhang fand der BGH den Ausweg, den Prozess wegen der Beseitigung der baulichen Veränderung bis zur Entscheidung über die Anfechtung der Vergemeinschaftung auszusetzen (BGH v. 26.10.2018 – V ZR 328/17, ZMR 2019, 358 = WuM 2019, 102; ZfIR 2019, 203; BGH v. 15.5.2020 – V ZR 64/19, WuM 2020, 518 = ZfIR 2020, 575 = GE 2020, 997). Dieser Ansatz lässt sich auf die vorliegende Konstellation übertragen, indem dem Urheber der baulichen Veränderung Gelegenheit gegeben wird, über die bauliche Veränderung Beschluss fassen zu lassen. Tut er dies nicht binnen angemessener Frist oder bleiben Antrag und Beschlussersetzungsklage erfolglos, so kann der Prozess über den Rückbau fortgesetzt werden. Erst in diesem Fall ist der Klage auf Beseitigung schon mangels Beschlussfassung über die bauliche Veränderung stattzugeben.

IV. Fehler des Beschlusses

1. Systemwechsel

a) Ausgangslage

61 Schon nach früherem Recht konnte – entgegen einer insbesondere in der Verwalterschaft oftmals vertretenen Auffassung – eine bauliche Veränderung mit der Mehrheit der abgegebenen Stimmen beschlossen werden. Es bedurfte hierfür nicht der Zustimmung aller beeinträchtigten Wohnungseigentümer oder gar eines »allstimmigen« Beschlusses (s. zuletzt BGH v. 15.5.2020 – V ZR 64/19, ZMR 2020, 854 = WuM 2020, 518 = ZfIR 2020, 575 = GE 2020, 997; BGH v. 29.5.2020 – V ZR 141/19, ZMR 2020, 770 = WuM 2020, 522 = ZfIR 2020, 569 = GE 2020, 993). Ein mit der Mehrheit der abgegebenen Stimmen gefasster Beschluss war wirksam, unterlag allerdings der Anfechtung, da er sich über die fehlende Zustimmung der beeinträchtigen Wohnungseigentümer hinwegsetzte. Im Ergebnis hatten Anfechtungsklagen der durch die bauliche Veränderung beeinträchtigten Wohnungseigentümer, die dieser nicht zugestimmt hatten, immer Erfolg. Unterblieb eine Anfechtung, erwuchs der Beschluss allerdings in Bestandskraft.

b) Beschränkung der Anfechtbarkeit auf besondere Beeinträchtigungen

62 Dieses frühere System hat der Gesetzgeber insoweit beibehalten, als Beschlüsse über bauliche Veränderungen nach wie vor mit der Mehrheit der abgegebenen Stimmen gefasst werden können. Ihre Anfechtbarkeit hat der Gesetzgeber aber radikal eingeschränkt. In Zukunft ist die Beschlussfassung über eine bauliche Veränderung nicht mehr alleine deswegen anfechtbar, weil nicht jeder hierdurch beeinträchtigte Wohnungseigentümer sein Einverständnis hierzu erklärt hat. Anfechtbar ist der Beschluss über eine Gestattung baulicher Veränderungen, abgesehen vom sonstigen Beschlussmängelrecht, nur noch dann, wenn eine der in § 20 Abs. 4 WEG aufgeführten qualifizierten Beeinträchtigungen vorliegt. Im Übrigen wird ein überstimmter Wohnungseigentümer nur durch die in § 21 WEG vorgesehenen Befreiungen von ihren Kosten geschützt. In diesem Rahmen kann sich die Mehrheit in der Eigentümerversammlung nunmehr nach dem ausdrücklich bekundeten Willen des Gesetzgebers über die Belange der beeinträchtigten Wohnungseigentümer hinwegsetzen (BT-Drucks. 19/18791, S. 64). Die Zustimmung aller beeinträchtigten Wohnungseigentümer ist nunmehr nur noch nach § 20 Abs. 3 WEG von Bedeutung, da der umbauwillige Wohnungseigentümer dann die Genehmigung seiner Maßnahme durch Beschluss verlangen kann.

2. Grenzen der baulichen Veränderung (§ 20 Abs. 4 WEG)

a) Bedeutung der gesetzlichen Verbotstatbestände

Dem Mehrheitswillen setzt § 20 Abs. 4 WEG nur noch in zwei Fällen Gren-   **63**
zen: Danach dürfen bauliche Veränderungen die Wohnanlage nicht grundlegend umgestalten und keinen Wohnungseigentümer gegenüber anderen unbillig benachteiligen. Die Tatbestände schließen sich nicht aus. Eine grundlegende
Umgestaltung der Wohnanlage kann Wohnungseigentümer zugleich unbillig
benachteiligen. Die Formulierung, dass diese Veränderungen nicht beschlossen werden »dürfen«, verdeutlicht, dass es sich nicht um eine Schranke der
Beschlusskompetenz handelt. Hierfür hätte der Gesetzgeber »nicht können«
verwendet (BT-Drucks. 19/18791, S. 64). Vielmehr handelt es sich um eine
Schranke der ordnungsmäßigen Verwaltung. Folglich ist auch ein Beschluss
über bauliche Veränderungen, die die Wohnanlage grundlegend umgestalten
oder einen Wohnungseigentümer gegenüber anderen unbillig benachteiligen,
nur anfechtbar. Ansonsten erwächst er in Bestandskraft. Dies kann insbesondere dann von Bedeutung sein, wenn die Mehrheit die Unbilligkeit der Beeinträchtigung zu Unrecht verneint.

b) Grundlegende Umgestaltung der Wohnanlage

*aa) Kein Rückgriff auf die »Eigenart der Wohnanlage« in § 22 Abs. 2 S. 1
WEG a. F.*

Der unbestimmte Rechtsbegriff der grundlegenden Umgestaltung der Wohn-   **64**
anlage ist neu. Er knüpft nicht, wie die Ähnlichkeit der Formulierung und die
im zweiten Tatbestandsmerkmal des § 20 Abs. 4 WEG erfolgte Übernahme
der »unbilligen Beeinträchtigung« aus § 22 Abs. 2 S. 1 WEG a. F. nahelegen
könnten, an das dortige Tatbestandsmerkmal einer Änderung der Eigenart der
Wohnanlage an (BT-Drucks. 19/18791, S. 64). Der Gesetzgeber will vielmehr
deutlich über die Eingriffsintensität des § 22 Abs. 2 S. 1 WEG a. F. hinausgehen, die nach einigen Gerichtsentscheidungen sehr schnell erreicht war. Deshalb soll nach ausdrücklichem Bekunden der Materialien nicht jede Änderung
der Eigenart der Wohnanlage auch eine grundlegende Umgestaltung darstellen
(BT-Drucks. 19/18791, S. 64).

bb) Maßstäbe des Gesetzgebers

Abgesehen vom Vergleich mit § 22 Abs. 2 S. 1 WEG a. F. definieren die Geset-   **65**
zesmaterialien die grundlegende Umgestaltung der Wohnanlage nicht sonder-
lich präzise. Sie nennen als negatives Abgrenzungsmerkmal die privilegierten
Maßnahmen nach § 20 Abs. 2 S. 1 WEG, die grundsätzlich keine grundlegende

Umgestaltung der Wohnanlage darstellen (BT-Drucks. 19/18791, S. 64). Positiv definiert wird die Umgestaltung der Wohnanlage allenfalls dadurch, dass der »Bezugspunkt (...) die Anlage als Ganze« (BT-Drucks. 19/18791, S. 64) sein soll. Veränderungen nur in einer Einheit, die sich nicht auf die Gesamtanlage auswirken, genügen demnach nicht. Gleiches dürfte für Veränderungen in nur einem Haus einer Mehrhausanlage gelten, die außerhalb dieses Hauses nicht sichtbar sind. Die Gesamtanlage muss betroffen sein. Eine Einwirkung auf die bestehenden Baulichkeiten setzt § 20 Abs. 4 WEG allerdings nicht voraus. So kann auch die Umwandlung der Außenanlagen, etwa die massive Umgestaltung der parkähnlichen Grünflächen auf eine grundlegende Umgestaltung hinauslaufen. Ebenso wenig setzen Wortlaut und Materialien bestimmte, etwa sichtbare Auswirkungen voraus. Auch weniger augenfällige Veränderungen etwa in der Umgestaltung der Haustechnik können zu einer grundlegenden Umgestaltung der Wohnanlage führen, man denke nur an den kompletten Umbau der Versorgung mit Wärme und Warmwasser.

c) Unbillige Benachteiligung

aa) Anknüpfung an § 22 Abs. 2 S. 1 WEG a. F.

66   Im Gegensatz zur grundlegenden Umgestaltung der Wohnanlage knüpft der Gesetzgeber bei der unbilligen Benachteiligung einzelner Wohnungseigentümer bewusst an § 22 Abs. 2 S. 1 WEG a. F. an. Der Wechsel der Begrifflichkeit (von Beeinträchtigung zu Benachteiligung) habe lediglich sprachliche Gründe. Die weiteren Ansätze einer Definition in den Gesetzesmaterialien sind allerdings, wie im Folgenden zu sehen ist, wenig konkret und für die Praxis teilweise untauglich.

bb) Durch die bauliche Veränderung nicht ausgeglichene Nachteile

67   Nach den Gesetzesmaterialien zeichnet sich eine unbillige Benachteiligung zunächst dadurch aus, dass ein Miteigentümer durch die bauliche Veränderung Nachteile erleidet, die durch die mit ihr verfolgten Vorteile nicht ausgeglichen werden (BT-Drucks. 19/18791, S. 64). Dieser Abgrenzungsversuch kann von vornherein nur bei baulichen Veränderungen durch die Wohnungseigentümergemeinschaft einen gewissen Aussagewert beanspruchen. Denn bauliche Veränderungen zugunsten einzelner Wohnungseigentümer bezwecken regelmäßig keinen Vorteil der übrigen Wohnungseigentümer. Nachteile zulasten einzelner Wohnungseigentümer können bestimmungsgemäß nicht durch ihnen zukommende Vorteile aufgewogen werden. Folglich wäre die Nachteilszufügung hier immer zu bejahen, was dem Sinn des Gesetzes evident zuwiderläuft. Nur

bei gemeinschaftsnützigen baulichen Veränderungen kann es sinnvoll sein, Vor- und Nachteile für den einzelnen Wohnungseigentümer abzuwägen.

cc) *Subjektiver oder objektiver Maßstab?*

Es ist somit bei gemeinschaftsnützigen Veränderungen eine Abwägung vorzu-   **68**
nehmen, ob die Vorteile der baulichen Veränderung die damit für den einzelnen Wohnungseigentümer verbundenen Nachteile wenigstens soweit auf-
wiegen, dass er nicht unbillig benachteiligt wird. Im konkreten Fall ist also zu
fragen, ob etwa die Erhöhung des Wohnwertes durch einen Aufzug die damit
verbundenen Immissionen aufwiegt. Allerdings lassen die Materialien offen,
ob ein objektiver oder ein subjektiver Maßstab anzulegen ist. Beide können
zu unbefriedigenden Ergebnissen führen. Stellt man auf die individuellen Besonderheiten einzelner Wohnungseigentümer ab, könnte ein ansonsten nicht
zu beanstandender Beschluss aufgrund besonderer persönlicher Gegebenheiten
anfechtbar sein. So bringt etwa ein Kinderspielplatz oder ein Schwimmbecken
einem kinderlosen Miteigentümer oder einem Nichtschwimmer naturgemäß
keinen Nutzen, sodass eventuell hiermit verbundenen Nachteilen keine Vorteile
entgegenstehen. Gegen eine solche subjektive Betrachtung spricht auch die Pa-
rallelwertung bei der Zulässigkeit von Nutzungen, die von der Gemeinschaftsordnung abweichen. Hier wird ebenfalls auf eine typisierende Betrachtung abgestellt. Umgekehrt können jedenfalls solche Besonderheiten nicht außer Acht
gelassen werden, die auf der Beschaffenheit des Sondereigentums beruhen. Es
kann bei der Abwägung nicht unberücksichtigt bleiben, dass sich eine Einheit
näher an einer Immissionsquelle befindet oder dass die Erdgeschossbewohner
keinen den Miteigentümern vergleichbaren Nutzen aus einem Aufzug ziehen
können. Maßgeblich dürfte daher eine typisierende Betrachtung sein, die die
Besonderheiten des jeweiligen Sondereigentums berücksichtigt.

dd) *Gleichbehandlung*

Die Gesetzesmaterialien halten es darüber hinaus für »notwendig, dass die bau-   **69**
liche Veränderung zu einer treuwidrigen Ungleichbehandlung führt, indem die
Nachteile einem oder mehreren Wohnungseigentümern in größerem Umfang
zugemutet werden als den übrigen Wohnungseigentümern« (BT-Drucks. 19/
18791, S. 64). Dies erscheint bereits im Ansatz zweifelhaft, hier im Hinblick auf
Maßnahmen der Wohnungseigentümergemeinschaft. Denn damit wären gerade
besonders gravierende Nachteile wie etwa die Beseitigung einer Gemeinschafts-
einrichtung durch Umbau (etwa des gemeinschaftlichen Waschmaschinenraums
zu einem Fitnessraum) von vornherein aus dem Bereich der unbilligen Benachteiligung herausgenommen, weil alle Wohnungseigentümer gleichermaßen davon betroffen sind. Die Ungleichbehandlung ausdrücklich zum notwendigen

eigenständigen Tatbestandsmerkmal zu erheben (so BT-Drucks. 19/18791, S. 64), klammert wesentliche Fälle einer unbilligen Benachteiligung aus dem Anwendungsbereich der Norm aus. Vielmehr dürfte eine Ungleichbehandlung bei der Abwägung der Vor- und Nachteile gemeinschaftsnütziger Veränderungen zu berücksichtigen sein. Denn die gleichheitswidrige Verteilung von Vor- und Nachteilen deutet auf eine unbillige Benachteiligung hin.

ee) Besondere Schwere des Nachteils

70 Die in den Gesetzesmaterialien genannten Kriterien erscheinen mithin wenig überzeugend, da sie einerseits bei der Abwägung der Vor- und Nachteile zu viele bauliche Veränderungen, andererseits bei der Ungleichbehandlung wesentliche Konstellationen nicht erfassen. Es erscheint auch gar nicht erforderlich, mit diesen neuen Kriterien ohne Not bereits bereitetes Terrain zu verlassen. Denn der Wortlaut stellt auf die altbekannten (unbilligen) Beeinträchtigungen nach §§ 14 Nr. 1, 22 Abs. 1 und 2 WEG a. F. ab. Statt neue, unerprobte und zumindest teilweise untaugliche Kriterien zu entwickeln, hätte der Gesetzgeber auf die Definition der Beeinträchtigung bzw. Benachteiligung zurückgreifen können, die die Rechtsprechung seit Jahren gebraucht. Demnach können die bisherigen Fallgruppen der jahrzehntelangen, entwickelten Kasuistik zur Beeinträchtigung weitergenutzt werden. Sie müssen lediglich unbillig, also von besonderer Schwere sein. So spricht nichts dagegen, die Veränderung des optischen Eindrucks auch weiterhin als Beeinträchtigung bzw. Benachteiligung anzusehen. Sie muss nur, um das Maß der Unbilligkeit zu erreichen, qualifiziert sein. Demnach genügt eine einfache Veränderung im optischen Gesamteindruck nach § 20 Abs. 4 WEG nicht mehr, es muss sich um eine Verschandelung handeln. Entsprechendes gilt bei der Möglichkeit intensiverer Nutzung oder, um ein letztes Beispiel zu nennen, für den Entzug von Gebrauchsmöglichkeiten. Der Entzug von Gebrauchsmöglichkeiten ist unvermeidlich mit vielen der nach Willen des Gesetzgebers zulässigen baulichen Veränderungen verbunden. Etwa der Einbau eines Aufzugs nimmt immer die Möglichkeit zur Nutzung des betroffenen Raumes zu anderen Zwecken. Dies stellt für sich eine Beeinträchtigung, aber keine unbillige Beeinträchtigung dar. Diese Schwelle wird erst unter qualifizierenden Umständen überschritten, wenn etwa zuvor ohne Weiteres zugängliche Gemeinschaftsräume oder gar das Sondereigentum eines Miteigentümers nicht mehr oder unter nennenswerten Schwierigkeiten zu erreichen sind.

d) Einverständnis mit einer nach § 20 Abs. 4 WEG unzulässigen baulichen Veränderung

aa) Unbillige Benachteiligung

Nach § 20 Abs. 4 WEG können bauliche Veränderungen, die mit einer unbilligen Benachteiligung verbunden sind, nur dann nicht beschlossen werden, wenn kein Einverständnis des betroffenen Miteigentümers vorliegt. Im Umkehrschluss folgt hieraus, dass eine entsprechende Beschlussfassung mit seinem Einverständnis ordnungsmäßiger Verwaltung entspricht. Das Einverständnis entspricht der Zustimmung in § 22 Abs. 1 WEG a. F. bzw. dem Einverständnis in § 20 Abs. 3 WEG, an dessen Terminologie § 20 Abs. 4 WEG angelehnt ist. Es handelt sich somit um eine rechtsgeschäftsähnliche Handlung. Wird das Einverständnis irrtümlich angenommen, ist der Beschluss anfechtbar, erwächst aber in Bestandskraft. Da der Beschluss Rechtmäßigkeitsvoraussetzung der baulichen Veränderung ist, kann ihn auch ein Wohnungseigentümer anfechten, der durch die bauliche Veränderung nicht selbst unbillig benachteiligt ist.

71

bb) Grundlegende Umgestaltung der Wohnanlage

Das Einverständnis des betroffenen Wohnungseigentümers vermag dem Beschluss über bauliche Veränderungen nur bei unbilligen Beeinträchtigungen die Rechtswidrigkeit zu nehmen. Der Beschluss einer grundlegenden Umgestaltung bleibt trotz Einverständnisses der beeinträchtigten Wohnungseigentümer rechtswidrig. Dies erscheint auch konsequent. Denn die unbillige Beeinträchtigung betrifft individuelle Rechte der einzelnen Wohnungseigentümer, auf die sie verzichten können. Hingegen erfasst die grundlegende Umgestaltung der Wohnanlage die Rechte aller Wohnungseigentümer. Durch individuellen Rechtsverzicht kann ein solcher Verstoß nicht geheilt werden.

72

3. Andere formelle und inhaltliche Mängel

§ 20 Abs. 4 WEG regelt die möglichen Fehler von Beschlüssen über bauliche Veränderungen, wie die Gesetzesmaterialien zutreffend bemerken, nicht abschließend (BT-Drucks. 19/18791, S. 64). Sie können insbesondere auch aus formellen Gründen, etwa wegen des Verstoßes gegen den Grundsatz der Nichtöffentlichkeit oder wegen Ladungsmängeln anfechtbar sein. Aber auch inhaltliche Mängel sind nicht ausgeschlossen. Der Beschluss einer baulichen Veränderung auf Kosten der Wohnungseigentümergemeinschaft setzt, wie jede andere mit Kosten verbundene Beschlussfassung, die Bereitstellung der erforderlichen finanziellen Mittel voraus. Ansonsten entspricht er nicht Grundsätzen ordnungsmäßiger Verwaltung.

73

V. Nutzungen und Kosten der baulichen Veränderung (§ 21 WEG)

1. Systematik

a) Nutzungen

aa) Gleichlauf von Kosten und Nutzungen bei exklusiv nutzbaren Bauteilen

74 Die Möglichkeit der Nutzung einer baulichen Veränderung korrespondiert nach § 21 WEG mit der Kostenverteilung. Bei baulichen Veränderungen, die auf Verlangen eines Wohnungseigentümers durchgeführt oder gestattet werden, trägt dieser nach § 21 Abs. 1 S. 1 WEG die Kosten selbst, ist aber nach § 21 Abs. 1 S. 2 WEG auch alleine zur Nutzung der baulichen Veränderung befugt. Sofern alle Wohnungseigentümer kraft Gesetzes (nämlich in den Fällen des § 21 Abs. 2 WEG) an den Kosten beteiligt werden, sind sie auch alle aus § 16 Abs. 1 WEG zur Nutzung berechtigt, worauf § 21 Abs. 2 S. 2 WEG deklaratorisch verweist. Wenn die Kosten baulicher Veränderungen gemäß § 21 Abs. 3 S. 1 WEG nur von den Wohnungseigentümern nach ihrem Miteigentumsanteil zu tragen sind, die sie beschlossen haben, sind sie auch alleine nach § 21 Abs. 3 S. 2 WEG nutzungsbefugt. Als Gegenstück zur Erleichterung baulicher Veränderungen fungiert nun also die Kostenverteilung zulasten ihrer Befürworter.

bb) Durchsetzung des Nutzungsausschlusses

75 Tatsächliche Schwierigkeiten kann der Ausschluss nicht nutzungsberechtigter Wohnungseigentümer bei baulichen Veränderungen bereiten, die zwar allen Wohnungseigentümern zugänglich sind, aber nicht benutzt werden müssen wie etwa ein Treppenlift oder ein Aufzug für behinderte Wohnungseigentümer. In diesen Fällen können die Nutzungsberechtigten nicht kostenpflichtige Miteigentümer durch technische Vorrichtungen an der Mitbenutzung hindern. Denkbar sind etwa Schlüssel oder sonstige Benutzungshindernisse wie Zugangscodes. Darüber hinaus stehen den exklusiv Nutzungsberechtigten aus § 1004 Abs. 1 BGB i.V.m. § 21 Abs. 1 S. 2 WEG Unterlassungsansprüche zu.

b) Kein Nutzungsausschluss bei notwendigem Gemeingebrauch

76 Der Gleichlauf von Nutzungen und Kosten gilt allerdings nur für bauliche Anlagen, die einer exklusiven Nutzung zugänglich sind. Kein Wohnungseigentümer kann über § 21 Abs. 1 S. 2 WEG von der Nutzung gemeinschaftlichen Eigentums ausgeschlossen werden, auf dessen Gebrauch er angewiesen ist. Die Materialien nennen zu Recht als Gegenbeispiel den Einbau einer einbruchsicheren Tür, die zwar unter die Privilegierung des § 21 Abs. 2 S. 1 Nr. 3 WEG fällt, aber nicht exklusiv der Nutzung durch den Urheber der baulichen Veränderung zugewiesen werden kann (BT-Drucks. 19/1879; S. 65). Hier läuft die Regelung des § 21 Abs. 1 S. 2 WEG leer.

2. Begriff der Kosten

Der Begriff der Kosten wird im Gesetzestext nicht definiert. Die Gesetzesmate- 77 rialien halten aber zu jedem der drei Kostenverteilungsschlüssel in § 21 Abs. 1– 3 WEG fest, dass mit Kosten auch Folgekosten gemeint sind (BT-Drucks. 19/ 1879; S. 66/67). Unter Kosten sind somit stets nicht nur die Aufwendungen für die Durchführung der baulichen Veränderung selbst, sondern auch ihre Folgekosten zu verstehen.

3. Von einem Eigentümer verlangte bauliche Veränderungen (§ 21 Abs. 1 WEG)

a) Verlangen der baulichen Veränderung

aa) Bedeutung

§ 21 Abs. 1 S. 1 WEG regelt mit Bedacht an erster Stelle die Kosten solcher 78 baulicher Veränderungen, die auf ein Verlangen eines Wohnungseigentümers zurückgehen. Wie auch die Einleitungen der Absätze 2 und 3 zeigen, ist § 21 Abs. 1 S. 1 WEG immer vorrangig. Wer eine bauliche Veränderung verlangt, muss somit stets für ihre Kosten aufkommen, unabhängig davon, ob er (etwa aus § 20 Abs. 3, 4 WEG) einen Anspruch auf Gestattung oder Durchführung der baulichen Veränderung hatte.

bb) Abgrenzung

Anders als § 20 WEG, der die Rechtmäßigkeit einer baulichen Veränderung 79 zum Gegenstand hat, regelt § 21 Abs. 1 WEG alleine deren Kostentragung. Die Rechtmäßigkeit einer Maßnahme ist für die Kostenverteilung ohne Bedeutung. Diese richtet sich alleine danach, ob sie von einem Wohnungseigentümer verlangt wurde. Davon ist nur auszugehen, wenn er die bauliche Veränderung verlangt hat und dieses Verlangen für die Beschlussfassung ursächlich ist. Etwa die bloße Anregung einer baulichen Veränderung, die daraufhin beschlossen wird, genügt für die Kostenfolge des § 21 Abs. 1 S. 1 WEG nicht. Aber auch ein Verlangen muss für die durchgeführte Maßnahme ursächlich sein. Wird etwa auf das Verlangen eines Wohnungseigentümers statt der Installation eines Treppenliftes der Einbau eines Aufzugs beschlossen, ist dies nicht der Fall. Die Kostentragung richtet sich dann nach § 21 Abs. 2 S. 1 Nr. 1 WEG oder nach § 21 Abs. 3 S. 1 WEG. Um Schwierigkeiten im Nachhinein bei der streitträchtigen Kostentragung zu vermeiden, sollte der Versammlungsleiter (regelmäßig also der Verwalter) peinlich genau auf die Unterschiede zwischen den Beschlussfassungen nach § 20 Abs. 1 WEG und § 20 Abs. 2 WEG achten. Insbesondere muss der Unterschied zwischen einem gewöhnlichen Beschlussantrag nach § 20 Abs. 1 WEG und dem Verlangen nach § 20 Abs. 2 WEG klar herausgearbeitet werden. Bei Letzterem empfiehlt sich eine Einleitung des Beschlusses etwa mit folgender Formulierung: »Auf Verlangen des Wohnungseigentümers W. gemäß § 20 Abs. 2 S. 1 WEG wird ihm … gestattet.«

b) Durchführung

aa) Durchführung durch den Wohnungseigentümer

80 § 21 Abs. 1 S. 1 Fall 1 WEG differenziert nicht danach, wer die bauliche Veränderung durchführt, die einem Wohnungseigentümer gestattet wird. Die Gesetzesmaterialien gehen wohl von der Ausführung durch den Wohnungseigentümer als Regelfall aus, wenn sie davon reden, dass »einem Wohnungseigentümer die Vornahme einer baulichen Veränderung gestattet wird« (BT-Drucks. 19/18791, S. 60). Für diesen Fall ist die Regelung der Kosten in § 21 Abs. 1 S. 1 WEG fast überflüssig, da sie ohnehin nicht vom Gemeinschaftskonto abgehen und somit nicht verteilt werden müssen. Sie dient dann nur der Klarstellung, dass der Wohnungseigentümer für die Durchführung der ihm gestatteten baulichen Veränderung keine Kostenerstattung verlangen kann. Dies kann insbesondere bei nachträglicher Gestattung einer bereits durchgeführten baulichen Veränderung Bedeutung erlangen, da die Aufwendungen für die bauliche Veränderung dann vor dem Beschluss getätigt wurden.

bb) Durchführung durch die Wohnungseigentümergemeinschaft

81 § 21 Abs. 1 S. 1 Fall 2 WEG setzt die Durchführung der baulichen Veränderung durch die Wohnungseigentümergemeinschaft voraus. Dies ist konsequent, da der Gemeinschaft in diesem Falle Kosten entstehen, die verteilt werden müssen. Allerdings ist der Wortlaut insoweit missverständlich, als es nicht auf die Vornahme der (gesamten) baulichen Maßnahmen selbst ankommt. Stellt die Gemeinschaft dem umbauwilligen Wohnungseigentümer nur sachliche Mittel zur Verfügung, überlässt ihm aber etwa die Installation der Ladeeinrichtung, so erfolgt die tatsächliche Durchführung der Maßnahme durch ihn. § 21 Abs. 1 S. 1 Fall 2 WEG ist mithin so zu verstehen, dass der Wohnungseigentümer die Kosten der baulichen Veränderung insoweit zu tragen hat, als die Maßnahme durch die Wohnungseigentümergemeinschaft finanziert wurde.

c) Verlangen einer Mehrheit von Wohnungseigentümern

82 In § 21 Abs. 1 WEG findet sich keine Regelung für den Fall, dass eine bauliche Veränderung von einer Mehrzahl von Wohnungseigentümern gemäß § 20

Abs. 1, 2 WEG verlangt wurde. Die Gesetzesmaterialien halten es ohne Begründung für selbstverständlich, dass die Kosten in diesem Fall nach dem Verhältnis der Miteigentumsanteile zu verteilen sind (BT-Drucks. 19/18791, S. 66). In der Sache dürfte es sich um eine Analogie zu § 21 Abs. 3 S. 1 WEG handeln. Denn im Hinblick auf ein Verlangen durch eine Mehrheit von Eigentümern liegt in § 21 Abs. 1 S. 1 WEG erkennbar eine Lücke vor. Sie kann durch entsprechende Anwendung von § 21 Abs. 3 S. 1 WEG geschlossen werden, da diese Vorschrift einen vergleichbaren Fall betrifft.

4. Bauliche Veränderungen mit Kostenbeteiligung aller Wohnungseigentümer (§ 21 Abs. 2 WEG)

a) Bedeutung

aa) Neue Systematik

Die Beteiligung aller Wohnungseigentümer an den Kosten baulicher Veränderungen war auch nach früherem Recht nicht die Regel. § 16 Abs. 6 S. 1 WEG a. F. nahm ähnlich wie nun § 21 Abs. 3 S. 1 WEG die Wohnungseigentümer von der Kostenlast aus, die der baulichen Veränderung nicht zugestimmt hatten, wobei § 16 Abs. 6 S. 2 WEG a. F. wiederum eine Rückausnahme für Maßnahmen gemäß § 16 Abs. 4 WEG a. F. vorsah. Dieses komplizierte System vereinfacht § 21 Abs. 2 S. 1 WEG erheblich. Danach haben grundsätzlich alle Wohnungseigentümer nach dem Verhältnis ihrer Miteigentumsanteile die Kosten baulicher Veränderungen zu tragen, die mit qualifizierter Mehrheit gefasst werden oder ihre Kosten innerhalb eines angemessenen Zeitraums wieder einspielen. **83**

bb) Vorrang der Kostenlast bei Verlangen

§ 21 Abs. 2 S. 1 WEG gilt nur »vorbehaltlich des Absatzes 1«. Die Kostenverteilung des § 21 Abs. 2 S. 1 WEG scheidet also aus, wenn die bauliche Veränderung auf Verlangen einzelner Wohnungseigentümer vorgenommen wurde. Dabei kommt es nicht darauf an, ob ein Anspruch nach § 20 Abs. 2 S. 1 Nr. 1–4 WEG bestand oder ob sie ohne Anspruch nur auf Verlangen eines Wohnungseigentümers beschlossen wurden. Die Kosten baulicher Veränderungen sind also nur dann nach § 21 Abs. 2 S. 1 WEG von allen Wohnungseigentümern zu tragen, wenn sie auf dem Willen der Mehrheit beruhen. Einzelne Wohnungseigentümer können mithin gegen den Willen der anderen nur die Beschlüsse über ihre Gestattung und Durchführung erzwingen. Dann bleibt es aber bei der Kostenlast nach § 21 Abs. 1 S. 1 WEG. Die Durchführung baulicher Veränderungen auf Kosten der Gesamtgemeinschaft ist gegen den Willen der **84**

Miteigentümer nicht durchsetzbar, selbst wenn es sich um privilegierte Maßnahmen gemäß § 20 Abs. 2 S. 1 WEG handelt.

b) Beschluss mit doppelt qualifizierter Mehrheit (§ 21 Abs. 2 S. 1 Nr. 1 WEG)

aa) Sinn und Mehrheitserfordernisse

85   Nach § 21 Abs. 2 S. 1 Nr. 1 WEG fallen die Kosten einer baulichen Maßnahme allen Wohnungseigentümern nach dem Verhältnis ihrer Miteigentumsanteile zur Last, wenn sie mit mehr als zwei Dritteln der abgegebenen Stimmen und der Hälfte der Miteigentumsanteile beschlossen wurde. Die qualifizierte Mehrheit von mehr als zwei Dritteln der Stimmen bemisst sich mangels Verweises auf § 25 Abs. 2 WEG nach der in der Gemeinschaftsordnung vorgesehenen Stimmkraft, also nur dann nach Köpfen, wenn dies dort bestimmt oder keine von § 25 Abs. 2 WEG abweichende Regelung getroffen wurde. Maßgeblich ist ferner nur die Mehrheit der abgegebenen, nicht aller Stimmen, sodass Enthaltungen oder nicht abstimmende Miteigentümer unberücksichtigt bleiben.

bb) Risiken

86   Da die Kostenverteilung des § 21 Abs. 2 S. 1 Nr. 1 WEG vom Erreichen der doppelt qualifizierten Mehrheit abhängt, ist ein Vorgehen nach dieser Vorschrift nicht ungefährlich (zur fehlenden Prognostizierbarkeit zutreffend BT-Drucks. 19/22634, S. 44). Denn beim knappen Verfehlen dieser Mehrheiten ist zwar die bauliche Veränderung beschlossen, ihre Kosten sind aber nach § 21 Abs. 3 WEG nur auf die dem Beschluss zustimmenden Wohnungseigentümer umzulegen. Die Gesetzesmaterialien schlagen daher zu Recht vor, »den Beschluss über die bauliche Veränderung unter die Bedingung einer entsprechenden Kostentragung zu stellen« (BT-Drucks. 19/22634, S. 45). Dann wird die bauliche Veränderung nur beschlossen, wenn auch mit der doppelt qualifizierten Mehrheit die Kostenbeteiligung aller Wohnungseigentümer feststeht. Darüber hinaus wird diese Gestaltung des § 21 Abs. 2 S. 1 Nr. 1 WEG völlig neue verfahrensrechtliche Probleme aufwerfen, wenn sich der Versammlungsleiter bei den Mehrheitsverhältnissen täuscht. Denn der Beschluss über die bauliche Veränderung kann mit der Mehrheit der abgegebenen Stimmen gefasst werden und ist wirksam, auch wenn der Versammlungsleiter zu Unrecht das Zustandekommen der doppelt qualifizierten Mehrheit verneint. Mithin kann eine diesbezüglich falsche Beschlussverkündung weder mit der Anfechtungsklage noch mit der Beschlussersetzungsklage nach § 44 Abs. 1 WEG angegriffen werden, wenn das Zustandekommen des Beschlusses als solches korrekt verkündet wurde. Möglich erscheint nur eine Klage auf Feststellung der richtigen Mehrheitsverhältnisse

gegen die widerstrebenden Miteigentümer bzw. den Verwalter. Für diese Klage, die nicht § 44 WEG unterfällt, gelten die neuen Erleichterungen der Beschlussklage mit dem Verband als einzigem Passivlegitimierten allerdings nicht.

cc) Ausnahme bei unverhältnismäßigen Kosten

Auch bei einem Beschluss mit doppelt qualifizierter Mehrheit sieht § 21 Abs. 2 **87** S. 1 Nr. 1 letzter Hs. WEG eine Ausnahme von der Kostentragungspflicht aller Wohnungseigentümer vor, wenn die bauliche Veränderung »mit unverhältnismäßigen Kosten verbunden« ist. Dies kann, da anstelle der Kostentragung nach § 21 Abs. 2 S. 1 Nr. 1 WEG diejenige nach § 21 Abs. 3 WEG tritt, naturgemäß nur denjenigen zugutekommen, die der baulichen Veränderung nicht zustimmen. Es ist absehbar, dass diese Ausnahme zum häufigen Streitgegenstand werden dürfte, zumal die Definition der Angemessenheit in den Gesetzesmaterialien nicht wesentlich über den wenig bestimmten Gesetzeswortlaut hinausgeht. Diese stellen nur die Beweislast desjenigen, der sich auf die Ausnahme beruft (BT-Drucks. 19/22634, S. 44), und den Bezugspunkt der Unverhältnismäßigkeit klar. Demnach kommt es nicht auf die finanziellen Mittel der überstimmten Wohnungseigentümer, sondern auf den Charakter der Anlage und die Alters- und Sozialstruktur der Gesamtheit der Eigentümer an (BT-Drucks. 19/22634, S. 44). Bei besonders hohen Kosten soll eine Unverhältnismäßigkeit selbst dann nicht ausgeschlossen sein, wenn alle Wohnungseigentümer in der Lage sind, ihre Kosten zu tragen (BT-Drucks. 19/22634, S. 44). Damit ist immerhin klargestellt, dass anders als bei der Modernisierung nach altem Recht eine Unverhältnismäßigkeit nicht erst bei einer wirtschaftlichen Überforderung eines Wohnungseigentümers vorliegt und er wegen der Kosten zum Verkauf seines Wohnungseigentums gezwungen wäre (so BT-Drucks. 16/887, 31). Dies erfordert eine wertende Betrachtung, wonach Kosten und Folgekosten nicht außer Verhältnis zu den Vorteilen stehen dürfen, die die bauliche Veränderung mit sich bringt (BT-Drucks. 19/22634, S. 44). Deren Ergebnis ist anhand dieser Vorgaben allerdings weder in abstrakte Kriterien zu fassen noch für den Einzelfall vorhersehbar.

c) Amortisation innerhalb eines angemessenen Zeitraums (§ 21 Abs. 2 S. 1 Nr. 2 WEG)

aa) Art der Maßnahme

Nach § 21 Abs. 2 S. 1 Nr. 2 WEG tragen alle Wohnungseigentümer die Kos- **88** ten der baulichen Veränderungen, deren »Kosten sich innerhalb eines angemessenen Zeitraums amortisieren.« Dies begründet der Gesetzgeber damit, dass »alle Wohnungseigentümer zumindest mittelbar finanziell von der baulichen

Veränderung profitieren« (BT-Drucks. 19/18791, S. 65). Werden mehrere Maßnahmen durchgeführt, von denen nur einige zu einer Kostensenkung führen, sind folglich nur jene nach § 21 Abs. 2 S. 1 Nr. 2 WEG auf alle Wohnungseigentümer umzulegen. Abgesehen von der Amortisation schränkt § 21 Abs. 2 S. 1 Nr. 2 WEG die Art der möglichen baulichen Veränderung in keiner Weise ein. Das erscheint deutlich zu großzügig. Nach diesen Maßstäben kann auch der Neubau eines Gebäudes auf dem gemeinschaftlichen Grundstück eine nach § 21 Abs. 2 S. 1 Nr. 2 WEG von allen Wohnungseigentümern zu finanzierende Maßnahme sein. Mit dieser weiten Fassung von § 21 Abs. 2 S. 1 Nr. 2 WEG konterkariert der Gesetzgeber sein Bestreben, die Durchführung baulicher Veränderungen durch Befreiung der nicht Zustimmenden von der Kostenlast zu erleichtern. Denn die Kostentragung nach § 21 Abs. 2 S. 1 Nr. 2 WEG lässt sich überhaupt nur durch Anfechtung des Beschlusses über das »Ob« der Maßnahme verhindern, im gewählten Beispiel eines Neubaus wegen grundlegender Umgestaltung der Wohnanlage.

bb) Kosten als unbillige Benachteiligung

89   Unter der Geltung des alten Rechtes war die Frage, ob eine bauliche Veränderung infolge ihrer Kosten eine Beeinträchtigung darstellen konnte, wegen § 16 Abs. 6 S. 1 WEG a. F. stets zu verneinen. Im neuen Recht stellt sich diese Frage im Hinblick auf die weite Fassung des § 21 Abs. 2 S. 1 Nr. 2 WEG und der zwingenden Beteiligung an den Kosten trotz fehlender Zustimmung erneut. Eine bauliche Veränderung ihrer Kosten wegen als unbillige Benachteiligung gemäß § 20 Abs. 4 WEG einzustufen, scheitert auch nicht schon an der nach § 21 Abs. 2 S. 1 Nr. 2 WEG vorausgesetzten Amortisation. Denn die bauliche Veränderung kann den einzelnen Wohnungseigentümer schlicht überfordern. Letztlich kommt hier eine ähnliche Grenze wie bei der Angemessenheit unter § 21 Abs. 2 S. 1 Nr. 1 WEG in Betracht.

cc) Amortisation

90   Die Gesetzesmaterialien erläutern den Begriff der Amortisation nur knapp. Danach genügt eine mittelbare Entlastung der einzelnen Wohnungseigentümer (BT-Drucks. 19/18791, S. 65). Eine Amortisation liegt also jedenfalls dann vor, wenn die in der Jahresabrechnung auf den Wohnungseigentümer umzulegenden Kosten sinken. Es genügt auch, wenn die Wohnungseigentümer außerhalb der Kostenverteilung in der Jahresabrechnung von der baulichen Veränderung profitieren, etwa als Betreiber von Gasetagenheizungen, deren Kosten aufgrund einer Wärmedämmung sinken. Nicht ausreichen dürften dagegen Kostensenkungen, die nur einen Teil der Wohnungseigentümer begünstigen, etwa bei separat abzurechnenden Kosten in Mehrhausanlagen.

dd) Angemessener Zeitraum

Innerhalb welches Zeitraums sich die Kosten nach § 21 Abs. 2 S. 1 Nr. 2 WEG 91 amortisieren müssen, ist den Gesetzesmaterialien nicht mit hinreichender Klarheit zu entnehmen. Sie nehmen zwar auf die 10-Jahresgrenze des BGH bei modernisierenden Instandsetzungen Bezug, lehnen aber eine statische Übertragung ab. Der angemessene Zeitraum könne »in Abhängigkeit von der konkreten Maßnahme auch überschritten werden, etwa um sinnvolle Maßnahmen der energetischen Sanierung auf Kosten aller Wohnungseigentümer zu ermöglichen« (BT-Drucks. 19/18791, S. 67). Die im Einzelfall zulässige Dauer der Amortisation ist anhand dieser Vorgaben nicht zu bestimmen.

5. Andere bauliche Veränderungen (§ 21 Abs. 3 S. 1 WEG)

a) Begriff der »anderen baulichen Veränderungen«

Bauliche Veränderungen, deren Kosten nicht nach § 21 Abs. 1 S. 1 und Abs. 2 92 S. 1 WEG verteilt werden, tragen alle Wohnungseigentümer, die sie beschlossen haben, nach dem Verhältnis ihrer Anteile. Bauliche Veränderungen, deren Durchführung auf Verlangen beschlossen wurde, scheiden ebenso aus, wie solche, die auf Verlangen einzelner Wohnungseigentümer durch Beschluss genehmigt wurden. Denn sie unterfallen bereits der Kostentragungsregelung in § 21 Abs. 1 S. 1 WEG. Im Ergebnis ist der Anwendungsbereich von § 21 Abs. 3 S. 1 WEG auf bauliche Veränderungen beschränkt, die auf dem Mehrheitswillen beruhen, aber nicht die doppelt qualifizierte Mehrheit des § 21 Abs. 2 S. 1 Nr. 1 WEG erreichen. Die Anteile der Wohnungseigentümer, die an dem Beschluss nicht mitgewirkt haben, wachsen den anderen nach dem Verhältnis ihrer Miteigentumsanteile zu. Im Falle der Sonderrechtsnachfolge geht diese besondere Kostenlast ähnlich wie die allgemeine für die sonstigen Kosten auf den Sonderrechtsnachfolger über.

b) Mitwirkung am Beschluss

§ 21 Abs. 3 S. 1 WEG bürdet die Kostentragung den Miteigentümern auf, die 93 die bauliche Veränderung beschlossen haben. Im Gegensatz zum früheren Recht ist also das bloße Einverständnis mit der baulichen Veränderung für die Kostenlast unerheblich. Einem Wohnungseigentümer, der sich nach § 20 Abs. 3 WEG mit einer baulichen Veränderung einverstanden erklärt, erwächst alleine hierdurch kein Kostennachteil. Selbst wenn die Maßnahme auf Verlangen des Umbauwilligen durch Beschluss gestattet wird, ist die Kostenregelung nach § 21 Abs. 1 S. 1 WEG vorrangig. Die Kostenlast trifft nur diejenigen, die außerhalb eines Verlangens einzelner Wohnungseigentümer an dem Beschluss über eine bauliche Veränderung mitwirken. Mitwirkung an dem Beschluss bedeutet eine Ja-Stimme bei der Beschlussabgabe, da Enthaltungen wie nicht abgegebene Stimmen zählen. Gegen den Beschluss stimmende Wohnungseigentümer und Abwesende sind selbstverständlich ebenfalls von der Kostenlast befreit.

c) Risiken

94   Die Gestaltung der Kostenlast in § 21 Abs. 3 S. 1 WEG kann zu überraschenden Be- und Entlastungen führen. Hebt etwa nur ein uninformierter Miteigentümer bei der Frage, wer für den Beschluss stimmt, die Hand, während sich die anderen zu seinem Erstaunen enthalten, trägt er die Kosten der baulichen Veränderung alleine. Denn der Beschluss der baulichen Veränderung kommt dann, da nur die Mehrheit der abgegebenen Stimmen erforderlich ist, mit seiner Stimme zustande. Umgekehrt ist einem Wohnungseigentümer, der nur die bauliche Veränderung, nicht aber deren Kosten akzeptiert, zu raten, sich einfach zu enthalten. Dann ist er nach § 21 Abs. 3 S. 1 WEG von ihren Kosten freigestellt. Dass er die bauliche Veränderung nach § 21 Abs. 3 S. 2 WEG nicht nutzen darf, kann ihm jedenfalls dann gleichgültig sein, wenn er von der Nutzung gemeinschaftlichen Eigentums nicht ausgeschlossen werden kann (vgl. o. Rdn. 76).

d) Folgen für die Verwalterpraxis

aa) Keine Beschlussfassung ohne Dokumentation des Abstimmungsverhaltens

95   Da die Kostenverteilung nach § 21 Abs. 3 S. 1 WEG die Feststellung derjenigen erfordert, die für den Beschluss gestimmt haben, muss der Versammlungsleiter, in der Regel also der Verwalter, das Abstimmungsverhalten zumindest soweit dokumentieren, als die Stimmen für die bauliche Veränderung betroffen sind. Gerade die Gegner der baulichen Veränderung müssen mit allem Nachdruck hierauf drängen. Dies setzt implizit eine offene Abstimmung voraus. Eine geheime Abstimmung über bauliche Veränderungen, deren Kosten sich nach § 21 Abs. 3 S. 1 WEG richten, dürfte künftig nicht mehr zulässig sein. Wird der Beschluss bereits ohne Feststellung der Stimmen für die bauliche Veränderung gefasst, dürfte er ordnungsmäßiger Verwaltung widersprechen und daher anfechtbar sein. Hier dürfte Ähnliches gelten wie bei sonstigen Beschlüssen, die kostspielige Maßnahmen vorsehen, ohne dass deren Finanzierung gesichert ist.

bb) Fehlende Dokumentation des Abstimmungsverhaltens

96   Keinen Anhaltspunkt bieten Text und Begründung des Gesetzes, wie jenseits des Anfechtungsverfahrens mit Beschlüssen zu verfahren ist, wenn die Stimmen für eine bauliche Veränderung nicht dokumentiert wurden oder aus sonstigen

Gründen (etwa aufgrund eines Verlusts von Unterlagen) nicht mehr feststellbar sind. Ist er Beschluss bestandskräftig, dürfte nichts anderes übrig bleiben, als die Kosten nach dem allgemeinen Schlüssel des § 16 Abs. 2 S. 1 WEG auf alle Wohnungseigentümer nach dem Verhältnis ihrer Miteigentumsanteile umzulegen.

6. Nachträgliche Beteiligung an Kosten und Nutzungen (§ 21 Abs. 4 WEG)

a) Sinn der Vorschrift

Die Entscheidung eines Wohnungseigentümers gegen eine bauliche Veränderung und ihre Kosten kann auf Erwägungen beruhen, die sich überholen. Er kann etwa infolge eines Unfalls die Nutzung eines mehrheitlich beschlossenen Aufzugs wünschen, dem er ursprünglich nicht zugestimmt hat. Auch äußere Umstände, etwa die Verbesserung der Technik im Rahmen der E-Mobilität, können dazu führen, dass er die Beteiligung an der Lademöglichkeit, die er ursprünglich für überflüssig gehalten und daher nicht verlangt hat, in Nachhinein für sinnvoll befindet. In diesen Fällen ist er jedoch nach § 21 Abs. 1 S. 2 WEG bzw. § 21 Abs. 3 S. 2 WEG von der Nutzung ausgeschlossen. Dem will § 21 Abs. 4 WEG abhelfen und zugleich denjenigen einen Ausgleich gewähren, die die bauliche Veränderung ursprünglich finanziert haben. Dieselbe Möglichkeit will § 21 Abs. 4 WEG ausweislich der Gesetzesbegründung auch dann eröffnen, wenn der Ausschluss von der Nutzungsmöglichkeit auf einem Beschluss nach § 21 Abs. 5 WEG beruht (BT-Drucks. 19/18791, S. 67).

97

b) Verlangen

aa) Gemeinschaftsbezogener Vorgang

Die Möglichkeit zur nachträglichen Beteiligung an den Nutzungen einer baulichen Veränderung gestaltet § 21 Abs. 4 S. 1 WEG nicht als Anspruch gegenüber den aktuellen Nutzungsberechtigten, sondern als Verlangen gegenüber der Gemeinschaft aus. Eine Absprache zwischen ursprünglichem Nutzer und neuem Nutzungswilligen entfaltet somit gegenüber der Gemeinschaft keine Wirkung. Weder kann der ursprüngliche Nutzungsberechtigte auf der Grundlage einer solchen bilateralen Absprache eine Verringerung seiner Kosten noch die Gemeinschaft vom neuen Nutzer eine Kostenbeteiligung verlangen. Diese im Hinblick auf exklusive Finanzierung und Nutzung auf den ersten Blick überraschende Lösung rechtfertigt sich dadurch, dass eben gemeinschaftliches Eigentum betroffen ist, über dessen Veränderung ursprünglich ebenfalls Beschluss zu fassen war. Daraus folgt im Umkehrschluss, dass der bisher exklusiv zur Nutzung Berechtigte die Erweiterung der Nutzungsbefugnis nicht unter Aufrechterhaltung seiner alleinigen Kostentragung verhindern kann.

98

bb) Anspruch auf eine Beschlussfassung

99 Nach § 21 Abs. 4 S. 1 WEG kann der bislang von der Nutzung einer baulichen Veränderung Ausgeschlossene »verlangen«, dass ihm die Nutzung »gestattet« wird. Damit knüpft der Gesetzgeber an den Wortlaut des § 20 Abs. 2 WEG an. Rechtstechnisch erfolgt die Ausdehnung von Nutzungsberechtigung und Kostenbeteiligung somit durch einen Anspruch auf eine entsprechende Beschlussfassung. Über einen diesbezüglichen Beschlussantrag sind alle Wohnungseigentümer stimmberechtigt, nicht nur die bisherigen Nutzer der baulichen Veränderung. Kommt ein positiver Beschluss nicht zustande, kann ihn der Nutzungswillige im Verfahren nach § 44 Abs. 1 S. 2 WEG ersetzen lassen. Hierfür gelten die Fristen des § 45 S. 1 WEG nicht, da ein Negativbeschluss nach Rechtsprechung des BGH keine Sperrwirkung entfaltet (s. zuletzt BGH v. 17.5.2019 – V ZR 34/18, NJW-RR 2019, 976). Einen bloß ungenügenden Beschluss muss der betroffene Wohnungseigentümer dagegen anfechten, da er eine positive und damit Sperrwirkung entfaltende Regelung enthält (s. o. Rdn. 30). Ändern sich die Verhältnisse etwa durch Hinzutreten weiterer Nutzungswilliger, können nachträglich auftretende Unzulänglichkeiten auch durch einen Abänderungsbeschluss behoben werden.

c) Inhalt des Beschlusses

aa) Nutzung nach billigem Ermessen

100 Nach § 21 Abs. 4 S. 1 WEG gestattet der Beschluss dem Wohnungseigentümer, der dies verlangt, das Recht, die bauliche Veränderung mitzubenutzen. Er regelt, sofern problematisch, auch den Umfang der begehrten Nutzung, die nach § 21 Abs. 4 S. 1 WEG billigem Ermessen entsprechen muss. Dies spielt vorrangig bei Kapazitätsproblemen eine Rolle (BT-Drucks. 19/18791, S. 68). Bestehen keine Kapazitätsprobleme, kann auf eine Regelung des Nutzungsumfangs verzichtet werden. Entstehen sie nachträglich, entspricht es ordnungsmäßiger Verwaltung, den ursprünglichen Beschluss um eine solche Regelung des Nutzungsumfangs zu erweitern. In der Regelung der Nutzungsberechtigung räumen die Gesetzesmaterialien den ursprünglich Nutzungsberechtigten keinen Vorrang ein. Ursprüngliche und neu hinzukommende Nutzer sind gleich zu behandeln. Erst recht darf die Mitbenutzung durch den Antragsteller nicht aus Kapazitätsgründen abgelehnt werden. Vielmehr sollen, ähnlich wie bei ursprünglichen Kapazitätsproblemen, Regelungen getroffen werden, die bestimmen, wer die bauliche Veränderung wann benutzen darf (BT-Drucks. 19/18791, S. 68).

bb) Angemessener Ausgleich

Im Gegenzug für die nachträgliche Mitbenutzung muss der neue Nutzer einen **101** »angemessenen Ausgleich« leisten, der ebenfalls in dem Beschluss über die Gestattung der Mitbenutzung festzusetzen ist (BT-Drucks. 19/18791, S. 68). Hiermit befassen sich die Gesetzesmaterialien ausgiebig. So verlangen sie, dass die Kosten von Errichtung und Erhalt der baulichen Veränderung mit Ausnahme von Betriebskosten ebenso zu berücksichtigen sind wie ein bis zur Zeit der Beschlussfassung eingetretener Wertverlust (BT-Drucks. 19/18791, S. 68). Der Ausgleich ist an die Wohnungseigentümergemeinschaft, nicht an die bis dahin Nutzungsberechtigten als ursprünglich zur Kostentragung Verpflichtete zu zahlen. Allerdings soll die Ausgleichszahlung im Rahmen der Jahresabrechnung nur denjenigen Wohnungseigentümern zugutekommen, die an den bisherigen Kosten beteiligt waren (BT-Drucks. 19/18791, S. 68). Das sind auch solche Wohnungseigentümer, die bereits zuvor einen Anspruch nach § 21 Abs. 4 S. 1 WEG geltend gemacht haben.

cc) Fehler des Beschlusses

Abgesehen von formellen Fehlern kommen als inhaltliche Mängel eines Be- **102** schlusses nach § 21 Abs. 4 S. 1 WEG insbesondere Mängel der Nutzungs- und der Ausgleichsregelung in Betracht. Die Nutzungsberechtigung und der Ausgleich können zu knapp oder zu umfassend ausgestaltet sein oder von falschen Grundsätzen (etwa der besseren Berechtigung der ursprünglichen Nutzer) ausgehen. Derartige Fehler führen regelmäßig nicht zur Nichtigkeit des Beschlusses, da die Ermessensausübung bzw. die Ermittlung eines angemessenen Ausgleichs letztlich Fragen der ordnungsmäßigen Verwaltung darstellen. In der Folge müssen sie im Verfahren nach § 44 Abs. 1 S. 1 WEG angefochten werden.

d) Weitere Folgen des Beschlusses nach § 21 Abs. 4 S. 1 WEG

Die Pflicht des neu hinzutretenden Nutzers, sich an den Folgekosten der bau- **103** lichen Änderung zu beteiligen, muss im Beschluss nach § 21 Abs. 4 S. 1 WEG nicht geregelt werden. Denn diese Folge tritt kraft Gesetzes ein. Für ihn gilt über die Verweisung in § 21 Abs. 4 S. 2 WEG die Kostenregelung in § 21 Abs. 3 WEG entsprechend (BT-Drucks. 19/18791, S. 68). Demnach trägt er gemäß § 21 Abs. 3 S. 1 WEG die Folgekosten der baulichen Veränderung zusammen mit den anderen Nutzungsberechtigten nach dem Verhältnis ihres Anteils. Gleiches gilt über die Verweisung des § 21 Abs. 4 S. 2 WEG auf § 21 Abs. 3 WEG grundsätzlich für den Umfang seines Nutzungsrechtes, der auf einen gleichberechtigten Mitgebrauch hinausläuft. Gleichwohl können nähere Regelungen im Hinblick auf Kapazitätsprobleme sinnvoll sein (vgl. o. Rdn. 100).

e) Kein Verzicht auf die Nutzung baulicher Veränderungen

104 § 21 Abs. 4 WEG sieht nur die nachträgliche Erweiterung der Nutzungsberechtigung und Kostentragung, nicht aber den umgekehrten Weg eines Verzichts auf die Nutzung baulicher Veränderungen vor. Eine entsprechende Änderung kann jedenfalls nicht durch einseitiges Verlangen erfolgen. Das ist auch konsequent, da dann die zur Tragung der Folgekosten einer baulichen Veränderung Verpflichteten fortfielen. Derjenige, der eine bauliche Veränderung veranlasst oder mitbeschlossen hat, muss also damit rechnen, dass er und seine (Sonder-) Rechtsnachfolger auf unbegrenzte Zeit mit den Folgekosten belastet bleiben, unabhängig davon, ob eine Nutzung der baulichen Veränderung für sie noch sinnvoll ist. Denkbar ist jedoch eine Änderung von Nutzungen und Kosten durch Beschluss nach § 21 Abs. 5 S. 1 WEG.

7. Abweichende Beschlussfassungen über Kosten und Nutzungen (§ 21 Abs. 5 WEG)

a) Kosten

105 § 21 Abs. 5 S. 1 WEG verleiht der Eigentümerversammlung die Kompetenz, eine von den gesetzlichen Vorgaben abweichende Kostentragung zu beschließen. Hiervon sind alle Regelungen des § 21 WEG erfasst. Diese Beschlusskompetenz wird insbesondere dann von Bedeutung sein, wenn die Kostenverteilung nach dem Verhältnis der Miteigentumsanteile nicht einleuchtet. So erscheint es nicht unbedingt sachgerecht, die Kosten für die Schaffung von Lademöglichkeiten nach diesem Schlüssel zu verteilen. Wenn die Wohnungseigentümer hier zu einer mehrheitlichen Lösung kommen, liegt eine Aufteilung nach Nutzern oder nach Fahrzeugen, die aufgeladen werden sollen, näher. Die Möglichkeit einer entsprechenden Beschlussfassung räumt ihnen § 21 Abs. 5 S. 1 WEG ein.

b) Nutzungen

106 Eine entsprechende Kompetenz verleiht § 21 Abs. 5 S. 1 WEG auch für Beschlussfassungen über die Nutzung baulicher Veränderungen. Damit kann insbesondere der in § 16 Abs. 1 S. 3 WEG verankerte Grundsatz der gleichen Nutzung baulicher Veränderungen durch alle Nutzungsberechtigten modifiziert werden, was durchaus im Interesse aller Wohnungseigentümer liegen kann. So müssen etwa nicht alle Nutzungsberechtigten Anspruch auf Mitbenutzung jedes Ladeplatzes haben. Werden Lademöglichkeiten für alle Nutzungsberechtigten geschaffen, so ist es durchaus im wohlverstandenen Interesse aller, jedem Nutzungsberechtigten eine Lademöglichkeit zuzuweisen. Dies verstößt nicht gegen den Grundsatz, dass Sondernutzungsrechte nicht durch Beschluss begründet werden können. Denn zum einen verleiht § 21 Abs. 5 S. 1 WEG gerade eine

Kompetenz für derartige Beschlussfassungen. Zum anderen kann bereits der Beschluss einer baulichen Veränderung über § 21 Abs. 1 S. 2 WEG zu einem Sondernutzungsrecht an der baulichen Veränderung führen. Die Zuweisung einer exklusiven Nutzungsmöglichkeit über § 21 Abs. 5 S. 1 WEG entspricht also der Systematik des Gesetzes.

c) Fehler des Beschlusses

aa) Erstmalige Belastung

In § 21 Abs. 5 S. 2 WEG regelt das Gesetz einen möglichen Fehler der Be-   **107** schlussfassung ausdrücklich, indem es die Belastung der Wohnungseigentümer untersagt, die nach § 21 Abs. 1–4 WEG von den Kosten einer baulichen Veränderung freigestellt sind. Dies stellt eine gesetzliche Ausprägung des vom BGH entwickelten Belastungsverbotes dar, wonach selbst bei Vorliegen einer Öffnungsklausel keinem Wohnungseigentümer erstmals Lasten auferlegt werden dürfen, von denen er kraft Gesetzes oder Gemeinschaftsordnung freigestellt ist (BGH v. 12.4.2019 – V ZR 112/18, GE 2019, 737 = NJW 2019, 2083). Ein Verstoß gegen dieses Verbot führt allerdings nicht zur Nichtigkeit des Beschlusses, sondern nur zu seiner Anfechtbarkeit. Das folgt aus der Formulierung »dürfen (…) keine Kosten auferlegt werden«, da der Gesetzgeber für eine Beschränkung der Beschlusskompetenz die Formulierung »können (…) keine Kosten auferlegt werden« verwendet hätte (BT-Drucks. 19/18791, S. 69).

bb) Unangemessene Zuweisung von Kosten und Nutzungsrechten

Häufigere Fehler in Beschlüssen nach § 21 Abs. 5 S. 1 WEG werden unan-   **108** gemessene Zuweisungen von Kosten und Nutzungen sein. Wenn aber selbst ein Verstoß gegen das ausdrückliche Verbot des § 21 Abs. 5 S. 2 WEG nur zur Anfechtbarkeit des Beschlusses führt, gilt dies erst recht für derartige Fehler. Denn letztlich handelt es sich bei unangemessenen Zuweisungen von Kosten und Nutzungen um Verstöße gegen den Grundsatz ordnungsmäßiger Verwaltung. Diese ziehen aber stets nur die Anfechtbarkeit eines Beschlusses nach sich.

VI. Über Erhaltungsmaßnahmen hinausgehende Veränderungen im Sondereigentum (§ 13 Abs. 2 WEG)

1. Gesteigerte Bedeutung aufgrund der Sondereigentumsfähigkeit des Grundstücks

Die rechtliche Behandlung baulicher Maßnahmen ausschließlich im Sonder-   **109** eigentum war nach früherem Recht eher von rein dogmatischem Interesse. Denn derartige Veränderungen von der Intensität einer baulichen Veränderung betrafen fast immer auch das Gemeinschaftseigentum und waren somit ohnehin nach den Regelungen des § 22 WEG a. F. zu beurteilen. Selbst die maßgebliche Entscheidung des BGH zu derartigen Veränderungen im Sondereigentum ist insoweit bereits im Ansatz zweifelhaft, da der Ausgangspunkt dort ein Vordach war, dessen Zuordnung zum Sondereigentum wenig überzeugend erscheint (BGH v. 18.11.2016 – V ZR 49/16, ZMR 2017, 409 = ZWE 2017, 266). Dies wird sich mit der neuen Sondereigentumsfähigkeit des Grundstücks nach § 3 Abs. 2 WEG ändern. Während über Instandhaltung und Instandsetzung hinausgehende Veränderungen dort nach altem Recht stets bauliche Veränderungen gewesen wären, da das Grundstück zwingend im Gemeinschaftseigentum stand, können sie nun nach der Grundregel des § 94 BGB Veränderungen des Sondereigentums darstellen. Hier dürfte künftig das Hauptanwendungsgebiet der Sonderregelung des § 13 Abs. 2 WEG liegen.

2. Erleichterungen

a) Unerhebliche Beeinträchtigung

110 Hinsichtlich des Sondereigentums enthält § 13 Abs. 2 WEG für den umbauwilligen Wohnungseigentümer nur eine einzige Erleichterung: Er darf die Veränderung des Sondereigentums ohne gestattenden Beschluss durchführen, wenn seine Maßnahme nicht zu einer mehr als unerheblichen Beeinträchtigung der übrigen Wohnungseigentümer führt. Für die Frage, wann eine Beeinträchtigung vorliegt, gelten mangels neuer Vorgaben die zu § 14 Nr. 1 WEG a. F. für das Gemeinschaftseigentum entwickelten Kriterien fort, dessen Wortlaut und Inhalt § 13 Abs. 2 WEG wiederholt. Damit ist es wenigstens bei unwesentlichen Beeinträchtigungen wie dem Einsetzen eines Dübels im Sondereigentum nicht erforderlich, einen Beschluss der Eigentümerversammlung einzuholen oder gar gerichtlich ersetzen zu lassen. Es empfiehlt sich, das Erfordernis des Beschlusses für alle anderen Veränderungen zumindest teilweise durch eine weite Handhabung der Erheblichkeitsschwelle korrigieren. So stellten schon nach altem Recht die mit den Bauarbeiten einhergehenden Immissionen in der Regel keine erhebliche Beeinträchtigung dar. Hieraus resultierende Belästigungen stehen somit der Genehmigungsfreiheit aus § 13 Abs. 2 WEG nicht entgegen.

b) Einverständnis aller beeinträchtigten Miteigentümer

111 § 13 Abs. 2 WEG bietet keine Erleichterung für den Fall, dass alle beeinträchtigten Miteigentümer ihr Einverständnis mit der Veränderung des Sondereigentums erklärt haben. Dies ist nach dem ausdrücklichen Bekunden des Gesetzgebers kein Versehen (s. BT-Drucks. 19/18791, S. 50). Vielmehr muss der Umbauwillige auch in diesen Fällen die Gestattung der Maßnahme durch Beschluss der Eigentümerversammlung einholen.

3. Anwendbarkeit der Regeln zur baulichen Veränderung

a) Beschlusskompetenz

aa) Vom Wohnungseigentümer gewünschte bauliche Veränderungen

Das WEMoG unterwirft jetzt auch Veränderungen im Sondereigentum, die **112** über die Erhaltung hinausgehen, den Regeln zur baulichen Veränderung. Es verwendet diesen Begriff nur deswegen nicht, weil er terminologisch auf das Gemeinschaftseigentum beschränkt sein soll (BT-Drucks. 19/18791, S. 49). Damit bedürfen jetzt grundsätzlich alle über bloße Erhaltungsmaßnahmen hinausgehenden Veränderungen auch im Sondereigentum der Gestattung durch Beschluss, sofern sie nicht ohne Nachteil für die Miteigentümer bleiben. Der Wohnungseigentümer wird somit in seiner Möglichkeit, sein Sondereigentum nach seinen Vorstellungen zu gestalten, erheblich eingeschränkt. Denn viele selbstverständliche Eingriffe in das Sondereigentum wie das Anbringen von Vorhängen etc. dienen zwar nicht der Erhaltung des Sondereigentums und gehören zum normalen Wohnverhalten, können aber den Gesamteindruck der Wohnanlage optisch verändern. Folglich sind sie nur unter den Voraussetzungen des § 13 Abs. 2 WEG ohne Gestattung zulässig.

bb) Vom Wohnungseigentümer nicht erwünschte bauliche Veränderungen

Noch schwerer wiegt die im Gesetz nunmehr angelegte Möglichkeit, in das **113** Sondereigentum hineinzuregieren. Über die Verweisung des § 13 Abs. 2 WEG auf § 20 WEG kann die Mehrheit in der Eigentümerversammlung jedenfalls nach dem Wortlaut der Vorschrift auch im Sondereigentum über die Erhaltung hinausgehende Veränderungen beschließen. Diese Ausdehnung der Mehrheitsmacht erscheint um so gravierender, als auch bei Beschlüssen über Veränderungen des Sondereigentums nur die in § 20 Abs. 4 WEG aufgeführten, besonders gravierenden Fehler zur Anfechtbarkeit führen. Eine Korrektur erscheint nach dem Wortlaut des Gesetzes nur über eine weite Handhabung der unbilligen Benachteiligung gemäß § 20 Abs. 4 WEG möglich.

b) Anspruch auf Gestattung baulicher Veränderungen im Sondereigentum

aa) Privilegierungen aus § 20 Abs. 2 S. 1 WEG

Wie beim Gemeinschaftseigentum sind über den Verweis in § 13 Abs. 2 **114** WEG auch Veränderungen des Sondereigentums nach § 20 Abs. 2 S. 1 WEG privilegiert. Sie können also unabhängig von einer Beeinträchtigung einzelner oder aller Miteigentümer verlangt werden. Dies dürfte in der Praxis eine erhebliche Rolle spielen, da die nach § 20 Abs. 2 S. 1 WEG privilegierten Veränderungen häufig nicht an der Grenze zum Sondereigentum enden. Die Herstellung zeitgemäßer Internetverbindungen zielt ja gerade auf die Fortführung der Anschlüsse in das Sondereigentum der einzelnen Wohnungseigentümer. Ebenso wird die Herstellung der Ladetechnik für E-Fahrzeuge häufig auch Veränderungen in der Garage oder an dem im Sondereigentum stehenden Stellplatz verlangen. Die Gestattung der Maßnahmen im Sondereigentum sollte daher beim Verlangen nach § 20 Abs. 2 S. 1 WEG und bei der Beschlussfassung über die privilegierte bauliche Veränderung nach § 20 Abs. 2 S. 1 WEG stets mitbedacht werden. Anderenfalls wäre sie teilweise mangels Gestattung durch Beschluss rechtswidrig. Zudem besteht im Falle der Einwirkung auf fremdes Sondereigentum mangels Beschlusses aus § 14 Abs. 1 Nr. 2, Abs. 2 Nr. 2 WEG keine Duldungspflicht.

bb) Einverständnis der beeinträchtigten Wohnungseigentümer

115 Wie bei baulichen Veränderungen im Gemeinschaftseigentum kann der Wohnungseigentümer schließlich nach §§ 13 Abs. 2, 20 Abs. 3 WEG die Gestattung einer Veränderung seines Sondereigentums verlangen, mit der alle beeinträchtigten Wohnungseigentümer ihr Einverständnis erklärt haben. Dies stellt in der Sache nur den Anspruch auf eine entsprechende Beschlussfassung dar; ohne eine solche bleibt auch die Veränderung des Sondereigentums rechtswidrig. Insoweit kann auf obige Ausführungen zum Gemeinschaftseigentum (s. Rdn. 8 u. 37) verwiesen werden.

c) Fehlerhafte Beschlüsse

aa) Allgemeines Beschlussmängelrecht

116 Die Genehmigung von Veränderungen im Sondereigentum kann aus denselben Gründen fehlerhaft sein wie diejenige baulicher Veränderungen im Gemeinschaftseigentum. Zunächst gilt das allgemeine Beschlussmängelrecht. Formelle Fehler wie Ladungsmängel oder die Verletzung des Grundsatzes der Nichtöffentlichkeit führen also auch in diesem Zusammenhang zur Anfechtbarkeit.

bb) Grundlegende Umgestaltung der Wohnanlage

117 Die grundlegende Umgestaltung der Wohnanlage ist selbstverständlich auch im Zusammenhang mit Veränderungen im Sondereigentum unzulässig, dürfte dort aber noch seltener vorkommen als im Gemeinschaftseigentum. Denn hier betrifft die bauliche Maßnahme ja von vornherein nur einen kleinen Ausschnitt der Anlage, der bei einer Gesamtbetrachtung meist nicht ins Gewicht fällt. Anderes kann namentlich bei der Zuweisung von Grundstücksflächen zum Sondereigentum der Fall sein. Wird etwa den Eigentümern der Einzelflächen, die bislang den Gesamteindruck eines zusammenhängenden Parks ergeben, die Einzäunung und Umgestaltung zu Einzelgärten gestattet, sind zwar im Einzelfall nur kleine Flächen betroffen. Bei vollständiger Umsetzung wird jedoch der Gesamteindruck in einem Maße verändert, der nach § 20 Abs. 4 WEG erheblich ist. Eine grundlegende Umgestaltung gemäß § 20 Abs. 4 WEG kann ferner bei Veränderungen von Teileigentumseinheiten in Betracht kommen, die von vornherein den Gesamteindruck der Liegenschaft prägen. Nach §§ 13 Abs. 2, 20 Abs. 4 WEG kann etwa die vollständige Umgestaltung der Ladeneinheit im Erdgeschoss anfechtbar sein, wenn sie den Gesamteindruck der Liegenschaft massiv verändert. Anfechtbar kann ferner eine Gestattung von Veränderungen für eine Vielzahl von Einheiten sein, die in der Summierung zu einer Beeinträchtigung des Gesamteindrucks führt.

cc) Unbillige Benachteiligung anderer Wohnungseigentümer

Größere Bedeutung dürfte in der Praxis der Anfechtbarkeit wegen unbilliger **118** Benachteiligung anderer Wohnungseigentümer zukommen. Entgegen den Gesetzesmaterialien wird es dabei nicht auf einen Ausgleich der Nachteile durch Vorteile der baulichen Veränderung ankommen, da eine Veränderung im Sondereigentum den Miteigentümern bestimmungsgemäß keinen Vorteil bringen soll. Wenig ergiebig erscheint auch das Kriterium der Gleichbehandlung, da Veränderungen im Sondereigentum gerade keinen Bezug zur Gemeinschaft haben und daher eine gleiche Behandlung der Wohnungseigentümer gar nicht anstreben. Sachgerecht erscheint es wie bei baulichen Veränderungen des Gemeinschaftseigentums, auf die herkömmlichen Fallgruppen der Beeinträchtigung abzustellen, die aber eine besondere Schwere erreichen müssen.

VI. Duldungspflichten Dritter (§ 15 Nr. 2 WEG)

1. Grundsätzliche Mängel der Regelungstechnik

a) Misslungene Verweisungstechnik

In den Vorschriften zur Duldung baulicher Veränderungen durch Dritte er- **119** reicht die den Verfassern des WEMoG offenkundig besonders ans Herz gewachsene Verweisungstechnik einen traurigen Höhepunkt. Indem § 15 Nr. 2 WEG auf §§ 555c Abs. 1 S. 2 Nr. 1 und 2, Abs. 2–4 und 555d Abs. 2–5 BGB Bezug nimmt, wird die Duldung anderer Maßnahmen (nämlich solcher der Modernisierung) in anderen schuldrechtlichen Beziehungen (nämlich zwischen Vermieter und Mieter) unter nicht geltenden Einschränkungen (u. a. gemäß

§ 555c Abs. 3 BGB bei energetischen Maßnahmen und § 555c Abs. 4 BGB bei unerheblichen Mieterhöhungen, die in § 20 WEG keine Rolle spielen) zum Maßstab für die Duldungspflicht von Drittnutzern gemacht. Diese Verweisungstechnik führt im Ergebnis dazu, dass der Wille des Gesetzgebers teilweise nicht mehr verständlich ist.

b) Übersehene Wertungswidersprüche

120 Darüber hinaus produziert insbesondere die Möglichkeit von Drittnutzern, sich auf Härtegründe gemäß § 15 Nr. 2 WEG i.V.m. § 555d Abs. 2 BGB zu berufen, unüberbrückbare Wertungswidersprüche. Die Möglichkeiten der Wohnungseigentümer, bauliche Veränderungen zu verhindern, hat der Gesetzgeber in § 20 Abs. 4 WEG deutlich eingeschränkt. Bei Drittnutzern geht der Gesetzgeber den umgekehrten Weg, indem er ihnen die Möglichkeit gibt, bei Härten nach § 15 Nr. 2 WEG i.V.m. 555d Abs. 2 BGB die Duldung der Maßnahme zu verweigern. Hierunter können bereits die für Wohnungseigentümer schon nach altem Recht unerheblichen Belästigungen aufgrund der Baumaßnahmen selbst fallen, ebenso Veränderungen der Liegenschaft, die noch keine grobe Benachteiligung darstellen. Dem Drittnutzer kommen also u. U. wesentlich weitgehendere Verteidigungsmöglichkeiten gegen eine bauliche Veränderung zu als dem Sondereigentümer selbst.

2. Die Ankündigung von baulichen Veränderungen (§ 15 Nr. 2 WEG i.V.m. § 555c BGB)

a) Gegenstand der Ankündigung (§ 15 Nr. 2 WEG i.V.m. § 555c Abs. 1 S. 2 Nr. 1, 2 BGB

121 § 15 Nr. 2 WEG bestimmt, dass »Maßnahmen, die über die Erhaltung hinausgehen,« angekündigt werden sollen. Bereits hieraus wird ersichtlich, dass die Verweisung auf § 555c BGB misslungen ist. Denn den mietrechtlichen Zielsetzungen entsprechend ist in den Normen, auf die verwiesen wird, durchweg nur von »Modernisierungsmaßnahmen« die Rede, die aber nur einen Teil der möglichen baulichen Veränderungen umfassen. Dies dürfte dahingehend zu korrigieren sein, dass der Begriff der »Modernisierungs(maßnahmen)« in den mietrechtlichen Normen für den vorliegenden Zusammenhang durch »bauliche Veränderungen« ersetzt werden muss.

b) Textform

122 Die Ankündigung bedarf gemäß § 15 Nr. 2 WEG der Textform, was auf § 126b BGB Bezug nimmt. Der Drittnutzer kann also in Papierform oder auf jede andere zur dauerhaften Wiedergabe von Schriftzeichen geeigneten Weise,

z. B. mit E-Mail über die anstehende bauliche Veränderung informiert werden (Prütting/Wegen/Weinreich/Ahrens, § 126b Rn. 9; Münch.Komm./Einsele, § 126b Rn. 4 u. 9). § 15 Nr. 2 WEG fordert aber nicht, dass alle nach § 555c BGB erforderlichen Informationen in einem Dokument enthalten sein müssen (Münch.Komm./Artz § 555c Rn. 5, der allerdings Nachträge bei unvorhersehbaren Änderungen zulassen will; a. A. Schmidt-Futterer/Eisenschmid § 555c Rn. 15 – anders aber Rn. 9; ähnlich schon zum alten Recht Münch.Komm/ Bieber, 6. Aufl. 2012 § 554 Rn. 36). Denkbar ist daher auch die schrittweise Information, etwa zunächst über das Datum und die anstehenden Arbeiten und später über deren Umfang. Aus diesem Grund ist auch die Ergänzung einer unvollständigen Ankündigung möglich, ohne dass die bereits mitgeteilten Tatsachen sämtlich wiederholt werden müssen. Im Übrigen wäre eine Bezugnahme auf frühere Urkunden selbst nach den strengeren Anforderungen des § 126 BGB zulässig und jedenfalls im Wege der Auslegung als gewünscht anzusehen. Ebenso ist eine Kombination verschiedener Mitteilungsformen, etwa die briefliche Ankündigung der jeweiligen Arbeiten und die spätere Mitteilung des konkreten Termins der Durchführung durch E-Mail denkbar. Die Dreimonatsfrist in § 15 Nr. 2 WEG wird aber nur durch eine vollständige Ankündigung gewahrt, sodass es bei Teilankündigungen auf die letzte Mitteilung ankommt.

c) Ankündigender

aa) Verweisung auf den »Vermieter«

Die Verweisungstechnik des Gesetzgebers stellt nicht eindeutig klar, wer die **123** bauliche Veränderung anzukündigen hat. Der Verweisung in § 15 Nr. 2 WEG etwa auf § 555c Abs. 2 und 3 BGB könnte man entnehmen, dass der vermietende Wohnungseigentümer die Ankündigung vornehmen muss. Dies erfasst aber von vornherein nur einen Teil der Drittnutzungen. So haben Drittnutzer, die keine Mieter sind (Nießbraucher, Familienangehörige) keinen Vermieter. Andererseits erfasst § 15 Nr. 2 WEG sämtliche Maßnahmen, die über Erhaltungsmaßnahmen hinausgehen, auch im Sondereigentum. Somit muss aufgrund der Verweisung auf § 555c BGB auch über Veränderungen im Sondereigentum eines Miteigentümers informiert werden. Damit könnte der vermietende Sondereigentümer die Durchführung ihm unangenehmer baulicher Veränderungen in einer anderen Einheit einfach dadurch verhindern, dass er die Ankündigung unterlässt. Jedenfalls kann die in § 555c BGB geforderte Auskunft einem vermietenden Wohnungseigentümer aus tatsächlichen und rechtlichen Gründen schlicht unmöglich sein, wenn er keine Kenntnis über die von seinem Miteigentümer geplanten baulichen Maßnahmen hat. Weder altes noch neues Recht gewähren ihm hierüber einen Auskunftsanspruch.

bb) Urheber der baulichen Veränderung

124 Vor diesem Hintergrund erscheint es unvermeidbar, die misslungene Verweisungstechnik des Gesetzes zu korrigieren. Dabei dürfte der Gedanke hilfreich sein, dass im Mietrecht mit dem Vermieter derjenige ankündigungspflichtig ist, der die Maßnahme durchführt. Sieht man dies als Sinn der Verweisung an, kommt auch im Wohnungseigentumsrecht nur der Urheber einer baulichen Veränderung als Auskunftsverpflichteter in Betracht. Dies ist je nach Maßnahme die Wohnungseigentümergemeinschaft, nach § 9b Abs. 1 S. 1 WEG vertreten durch den Verwalter, oder der umbauwillige Sondereigentümer. Das korrespondiert auch damit, dass nur der Urheber der baulichen Veränderung über die erforderlichen Informationen verfügt und im Gegensatz etwa zu einem vermietenden Sondereigentümer, der gegen die Maßnahme gestimmt hat, auch ein Interesse an einer ordnungsgemäßen Ankündigung hat. Schließlich ist bei einer solchen Handhabung der Verweisung auch die Information von Drittnutzern gewährleistet, die bei einer Ankündigung durch die vermietenden Eigentümer nicht über die bauliche Veränderung informiert würden.

d) Adressat der Ankündigung

aa) Verweisung auf den »Mieter«

125 Ähnlich ungenügend wie beim Ankündigenden ist die Verweisungstechnik auch beim Adressaten der Ankündigung. Die Normen, auf die § 15 Nr. 2 WEG verweist (z. B. §§ 555c Abs. 2, 555d Abs. 2 S. 1 BGB), benennen hier den Mieter. Dies entspricht aber nicht dem Zweck des § 15 WEG, der schon ausweislich seines ersten Halbsatzes eine Duldungspflicht all derjenigen Personen begründen will, die Wohnungseigentum gebrauchen. Man wird die Verweisung auf das Mietrecht wiederum korrigierend dahingehend auslegen müssen, dass die bauliche Veränderung allen Drittnutzern angekündigt werden muss, auch wenn ihre Einheiten nicht vermietet sind, sondern kraft eines anderen Verhältnisses Dritten überlassen wurden.

bb) Sonstige Bewohner

126 Eine solche korrigierende Handhabung der Vorschriften, auf die § 15 Nr. 2 WEG Bezug nimmt, genügt indessen noch nicht. Denn Dritte, die Wohnungseigentum gebrauchen, sind nicht nur Mieter, Nießbrauchsberechtigte etc., sondern auch ihre Familienangehörigen und alle weiteren Personen, die die Wohnung mit Zustimmung des Berechtigten benutzen. Damit drängt sich die Frage auf, ob auch ihnen die bauliche Veränderung anzukündigen ist. Hierfür spricht auf den ersten Blick, dass sie die bauliche Veränderung ja ebenfalls dulden sollen. Dies würde indessen zu einer kaum mehr zumutbaren Ausdehnung der

Ankündigungspflicht führen. Der Umbauwillige müsste sich genau über die Bewohnerschaft aller Wohnungen informieren. Diese Unzuträglichkeiten ergeben sich indessen nur aufgrund der Verweisung auf eine unpassende Norm. In ihrem ursprünglichen, mietrechtlichen Zusammenhang muss die Ankündigung gemäß § 555c Abs. 2 BGB nur dem Mieter zugehen, also demjenigen, der den Mietvertrag abgeschlossen hat. Mit der von § 15 Nr. 2 WEG gewünschten entsprechenden Geltung dieser Vorschrift muss also eine ähnliche Beschränkung verbunden sein. Demzufolge muss die Ankündigung wie im Mietverhältnis nur demjenigen zugehen, mit dem das Rechtsverhältnis besteht, aufgrund dessen der Dritte zur Nutzung berechtigt ist. Anzukündigen ist die bauliche Veränderung also dem Nießbrauchs- oder Wohnberechtigten, Entleiher etc. Bei einer Mehrheit von Berechtigten ist die bauliche Veränderung natürlich allen anzukündigen.

3. Frist

a) Mindestfrist von drei Monaten

Gemäß § 15 Nr. 2 WEG muss die bauliche Veränderung innerhalb einer vergleichsweise langen Frist von mindestens drei Monaten »vor ihrem Beginn« angekündigt werden. Nach allgemeinen Grundsätzen (§ 130 BGB) kommt es dabei auf den Zugang der Ankündigung beim Drittnutzer an (BT-Drucks. 17/10485, S. 20). Da gerade umfangreiche bauliche Veränderungen zahlreiche Vorbereitungsmaßnahmen erfordern, dürfte eine derart weiträumige Ankündigung in der Praxis gewisse Probleme aufwerfen. Zudem ist fraglich, ob bereits vorbereitende Maßnahmen wie Vermessungen, Markierungsarbeiten oder Voruntersuchungen den Beginn der Arbeiten markieren. Nach Sinn und Zweck der Vorschrift dürfte das bei rein planerischen, ohne oder nur mit minimalen Eingriffen in die Bausubstanz verbundenen Vorarbeiten noch nicht der Fall sein. Denn diese führen noch nicht zu Beeinträchtigungen des Drittnutzers, sodass sie vor der Wertung des § 555c Abs. 4 BGB noch nicht als Beginn der Modernisierungsmaßnahme selbst angesehen werden können (ebenso zum Mietrecht die Stellungnahme des DAV, abgedruckt in IMR 3/2012 unter II). Andernfalls wäre zudem die Ankündigung selbst schon der Beginn der Modernisierungsmaßnahme, da auch sie eine zwingende organisatorische Vorarbeit darstellt.

127

b) Fehlen einer Maximalfrist

Zwar sieht § 15 Nr. 2 WEG keine Maximalfrist für die Ankündigung von baulichen Veränderungen vor, sodass der Umbauwillige eine Modernisierungsmaßnahme theoretisch Jahre im Voraus ankündigen könnte. Da die Ankündigung gemäß § 15 Nr. 2 WEG i.V.m. § 555c Abs. 1 S. 2 Nr. 2 BGB u. a. den

128

voraussichtlichen Beginn und die voraussichtliche Dauer der Modernisierungsmaßnahme enthalten muss, wird eine zumindest wochengenaue Planung aber in der Regel nicht über Jahre hinaus möglich sein. Eine diese Angaben nicht enthaltende Modernisierungsankündigung entspricht aber nicht den Vorgaben des § 555c Abs. 1 BGB und löst die Rechtsfolgen einer Ankündigung durchweg nicht aus. Eine insoweit unbestimmte Vorratsankündigung verschafft dem Umbauwilligen somit keinen Vorteil, sodass sich die Missbrauchsgefahr in Grenzen hält.

4. Inhalt

a) Art und Umfang der vorgesehenen Arbeiten

aa) Bedeutung der Ankündigung

129   Nach § 15 Nr. 2 WEG i.V.m. § 555c Abs. 1 S. 2 Nr. 1, 2 BGB muss die Ankündigung zunächst Art und Umfang der Arbeiten erkennen lassen. Allerdings muss dies nur »in wesentlichen Zügen« erfolgen, was wie im Mietrecht bedeutet, dass »an den Inhalt der Modernisierungsankündigung insbesondere hinsichtlich Art und Umfang der Maßnahme keine überhöhten Anforderungen gestellt werden dürfen« (BT-Drucks. 17/10485, S. 20). Details wie im Rahmen eines Baugenehmigungsverfahrens dürfen also nicht verlangt werden. Dies gilt im Wohnungseigentumsrecht umso mehr, als die Ankündigung hier einen anderen Zweck verfolgt als im Mietrecht. Sie dient anders als dort nicht dazu, dem Mieter eine rechtliche Beurteilung zu ermöglichen, ob überhaupt eine Modernisierungsmaßnahme vorliegt und welchen Einfluss sie auf die Miethöhe hat. Vielmehr hat der Drittnutzer im Wohnungseigentumsrecht jede über eine Erhaltungsmaßnahme hinausgehende Veränderung, sofern keine Härte vorliegt, ohnehin zu dulden. Umgekehrt muss er keine Verschlechterung seiner Rechtsposition in Form einer Mieterhöhung befürchten, die von der rechtlichen Qualifikation der Maßnahme abhängt.

bb) Art und Umfang der baulichen Veränderung

130   Nach Verweisung in § 15 Nr. 2 WEG auf § 555c Abs. 1 S. 1 Nr. 1 BGB hat der Umbauwillige Auskunft über Art und Umfang der baulichen Veränderung zu geben. Ersteres verlangt Angaben dazu, welche bauliche Veränderung überhaupt geplant ist. Der Umbauwillige muss hier also die Bauteile und Einrichtungen (Zimmer, Heizung, Fenster) bezeichnen, die von der Modernisierung betroffen sind. Da auch dies anders als im Mietrecht nicht die rechtliche Qualifikation der Maßnahme, insbesondere nicht die Abgrenzung zur Instandsetzungsmaßnahme ermöglichen soll, sind die Anforderungen eher geringer als bei der Modernisierung. Ferner muss der Umbauwillige angeben, welches vorhandene

Bauteil in welchem Umfang betroffen ist. Denn etwa der Einbau einer neuen Heizungsanlage mit neuer Leitungsführung kann durchaus unterschiedlich erfolgen. Dabei ist allerdings nicht ausgeschlossen, dass bestimmte Maßnahmen keine näheren Ausführungen hierzu erfordern. Etwa die Ankündigung, dass alle einfach verglasten Fenster durch Kunststofffenster mit Doppelverglasung ausgetauscht werden, ist weitgehend selbsterklärend. Aus der Ankündigung muss der Drittnutzer jedenfalls in groben Zügen ersehen können, welche Beeinträchtigungen (Lärm, Schmutz) für welchen Zeitraum bevorstehen.

cc) Bezugnahme auf allgemein anerkannte Pauschalwerte (§ 555c Abs. 3 BGB)

§ 15 Nr. 2 WEG verweist erstaunlicherweise auch auf § 555c Abs. 3 BGB. **131** Im Mietrecht will die Vorschrift die Ankündigung energetischer Sanierungen erleichtern, indem der Vermieter hinsichtlich der energetischen Qualität von Bauteilen auf allgemein anerkannte Pauschalwerte Bezug nehmen kann. So kann mit verringertem Aufwand nachgewiesen werden, dass eine Modernisierung geplant ist. Im Wohnungseigentumsrecht kommt dem keine Bedeutung zu, da der Drittnutzer eben nicht nur eine Modernisierung zu dulden hat. Wenn der Umbauwillige den Einbau wärmeisolierter Fenster oder eines Wärmeverbundsystems ankündigt, sind Art und Umfang der Veränderung hinreichend beschrieben. Der Angabe genauer oder pauschalierter Werte bedarf es nicht.

b) Beginn und Dauer der Maßnahme (§ 15 Nr. 2 WEG i.V.m. § 555c Abs. 1 S. 2 Nr. 2 BGB)

Mit der Verpflichtung aus § 15 Nr. 2 WEG i.V.m. § 555c Abs. 1 S. 2 Nr. 2 **132** BGB, den voraussichtlichen Beginn und die voraussichtliche Dauer der Baumaßnahme anzukündigen, ist der Umbauwillige zwar nicht zu konkreten Terminangaben verpflichtet. Er darf sich jedoch nicht auf pauschale Angaben wie »im Frühjahr« beschränken. Gleiches gilt für die Dauer der Arbeiten, die nicht mit »einige Wochen« o. ä. umschrieben werden dürfen. Im Ergebnis wird man wohl beim Beginn der Arbeiten eine Festlegung auf eine Kalenderwoche genau verlangen, ebenso bei ihrer Dauer. Sowohl für den Beginn als auch bei der Dauer der Arbeiten sind einige Tage Abweichung unschädlich, nicht aber solche von Wochen. Da die Unterschreitung der angegebenen Bauzeiten nicht sanktioniert wird, empfiehlt sich daher regelmäßig ein großzügiger Maßstab sowohl bei der Ankündigung des Baubeginns als auch bei der Angabe der Dauer der Arbeiten, sofern die angekündigte Dauer nicht auf eine Härte nach § 555d Abs. 2 WEG hinausläuft. Ferner soll der Umbauwillige nach § 15 Nr. 2 WEG i.V.m. § 555c Abs. 2 BGB auf die Form und die Frist des Härteeinwandes nach § 555d Abs. 3

S. 1 BGB hinweisen. Dies soll gemäß § 555c Abs. 2 BGB in der Ankündigung der baulichen Veränderung geschehen.

5. Duldungspflicht (§ 15 Halbs. 1 WEG)

a) Regelungstechnik und Umfang der Duldungspflicht

133 § 15 Nr. 2 WEG normiert ähnlich wie § 555d Abs. 1 BGB im Mietrecht die Duldungspflicht des Drittnutzers. Aus der wort- und inhaltsgleichen Gesetzesfassung (»hat … zu dulden«) geht hervor, dass sich der Umfang der Duldungspflichten bei Mieter und Drittnutzer nicht unterscheiden soll. Wie im Mietrecht ist der Drittnutzer aus § 15 Halbs. 1 WEG also nur zur Duldung, nicht aber zur Mitwirkung verpflichtet (vgl. LG Berlin v. 24.6.2014 – 63 S 373/13, IMR 2014, 461; LG Berlin v. 17.2.2016 – 65 S 301/15, WuM 2016, 282, 284; Lützenkirchen/Dickersbach § 555d Rn. 22; Schmidt-Futterer/Eisenschmid § 555d Rn. 17; Oppermann/Steege, WuM 2017, 361, 366 f.). Erfordert die Durchführung der Arbeiten etwa das Umstellen von Möbeln, den Abbau von mieterseits eingebrachten Einrichtungen o. ä., muss er dabei nicht mithelfen (vgl. Oppermann/Steege, WuM 2017, 361, 367). Wie im Mietrecht hat der Drittnutzer neben den eigentlichen Arbeiten auch Vorbereitungen wie die Aufstellung von Gerüsten, die Lagerung von Werkstoffen und die Abdeckung von Bauteilen durch Schutzplanen etc., zu dulden, auch wenn sie den zulässigen Gebrauch beeinträchtigen (Schmidt-Futterer/Eisenschmid, § 555d Rn. 24). Dabei sind Maßnahmen jedes Urhebers einer baulichen Veränderung, unabhängig vom Mietverhältnis, ferner solche seiner Erfüllungsgehilfen hinzunehmen. Wie oben ausgeführt, umfasst dies die Duldung von baulichen Veränderungen sowohl in exklusiv genutzten wie auch in gemeinschaftlichen Bereichen.

b) Unterschiede zum Mietrecht

134 Unterschiede zum Mietrecht ergeben sich aus der weiteren Fassung der duldungspflichtigen Arbeiten. Da der Mieter nur Modernisierungen dulden muss, sind von § 555d Abs. 1 BGB etwa Umgestaltungen der Mietsache wie die Schaffung zusätzlicher (nicht Wohnzwecken dienender) Räume und Verbesserungen, die über eine Modernisierung hinausgehen, nicht erfasst. Derartige Einschränkungen gelten nach § 15 Halbs. 1 WEG nicht, da der Begriff der baulichen Veränderung über denjenigen der Modernisierung hinausgeht. Der Drittnutzer muss somit jegliche Maßnahmen dulden, die über Instandhaltung und Instandsetzung hinausgehen.

VII. Abdingbarkeit

1. Bauliche Veränderung und Kosten

Die Gemeinschaftsordnung kann von §§ 20, 21 WEG abweichende Rege- **135** lungen vorsehen, da diese Vorschriften weder ausdrücklich noch nach ihrem Sinn und Zweck unabdingbar sein sollen. Grundsätzlich gilt dies auch für eine Abänderung durch Beschluss kraft Öffnungsklausel bzw. auf Grundlage der gesetzlichen Öffnungsklausel in § 21 Abs. 5 S. 1 WEG. Allerdings dürften Bestimmungen wie § 21 Abs. 1 S. 1, Abs. 3 S. 1 WEG, die bestimmte Wohnungseigentümer von Kosten freistellen, sowohl wegen § 21 Abs. 5 S. 2 WEG als auch nach der Rechtsprechung des BGH mehrheitsfest sein. Denn eine erstmalige Auferlegung von Kosten auf Miteigentümer, die kraft Gesetzes hiervon freigestellt sind, dürfte gegen das Belastungsverbot verstoßen (BGH v. 13.5.2016 – V ZR 152/15, WuM 2016, 577). Dies wird entsprechend auch umgekehrt für Bestimmungen wie § 21 Abs. 1 S. 2, Abs. 3 S. 2 WEG gelten, die eine exklusive Nutzungsbefugnis einzelner Wohnungseigentümer festlegen. Denn auch hier würde durch eine Erweiterung der Nutzungsbefugnis die bis dahin alleine Nutzungsberechtigten erstmals mit Rechten Dritter belastet, die kraft Gesetzes nicht bestehen.

2. Duldungspflichten

§ 15 WEG ist weder selbst unabdingbar ausgestaltet noch verweist er auf **136** §§ 555c Abs. 5, 555d Abs. 7 BGB. Gleichwohl werden die gesetzlichen Vorgaben zu Duldungspflichten von Drittnutzern weder durch Vereinbarung noch durch Beschluss abänderbar sein. Denn es handelt sich hierbei nicht um das Verhältnis der Wohnungseigentümer zueinander und zur Gemeinschaft, das alleine gemäß § 10 Abs. 1 S. 2 WEG durch Vereinbarungen abweichend vom Gesetz ausgestaltet werden kann. Vielmehr würde es sich um Vereinbarungen oder Beschlüsse zulasten Dritter handeln, da sie die gesetzlichen Bestimmungen durch Vereinbarung oder Beschluss zulasten der Drittnutzer abändern wollen.

§ 6 Die Eigentümerversammlung

I. Überblick zu den Änderungen nebst gesetzgeberischen Absichten

1 Die bisherigen §§ 23 – 25 WEG wurden wie folgt geändert (unterstrichene Passagen sind inhaltlich neu):

§ 23 Abs. 1 WEG n. F.

2 Die Wohnungseigentümer können beschließen, dass Wohnungseigentümer an der Versammlung auch ohne Anwesenheit an deren Ort teilnehmen und sämtliche oder einzelne ihrer Rechte ganz oder teilweise im Wege elektronischer Kommunikation ausüben können.

Zu Online-Teilnahme an Eigentümerversammlungen (§ 23 Absatz 1 Satz 2 WEG n. F.):

3 Der Entwurf sieht vor, dass die Wohnungseigentümer über die Online-Teilnahme an ihren Versammlungen beschließen können (§ 23 Absatz 1 Satz 2 WEG n. F.). In welchem Umfang von dieser Möglichkeit Gebrauch gemacht wird, kann aber nicht abgeschätzt werden. Aufgrund der Freiheiten bei der Ausgestaltung kann auch nicht abgeschätzt werden, welcher Aufwand im Zusammenhang mit einer Online-Teilnahme anfällt (BR-Drs. 168/20, S. 35).

4 Die Beschlusskompetenz ermöglicht es aber nicht, die Präsenzversammlung insgesamt zugunsten einer reinen Online-Versammlung (vgl. Dötsch/Schultzky/Zschieschack Kap. 8 Rn. 44 ff.) abzuschaffen. Das Recht jedes Wohnungseigentümers, physisch an der Versammlung teilzunehmen (vgl. dazu LG Frankfurt/M, Urteil vom 17.12.2020, 2–13 S 108/20; AG Kassel ZMR 2021, 72, AG Lemgo, Urteil vom 24.08.2020 - 16 C 10/20), steht damit nicht zur Disposition der Mehrheit.

Die Formulierung lehnt sich an § 118 Absatz 1 Satz 2 des Aktiengesetzes (AktG) an. Die konkrete, insbesondere technische Ausgestaltung der Online-Teilnahme regelt der Entwurf im Hinblick auf künftige technische Entwicklungen nicht. Über die Ausgestaltung ist deshalb zu beschließen, wobei sich die Rechtmäßigkeit des Beschlusses – wie stets – nach dem allgemeinen Grundsatz ordnungsmäßiger Verwaltung richtet (ReferentenE S. 76).

§ 23 Abs. 3 WEG n. F. 5

Auch ohne Versammlung ist ein Beschluss gültig, wenn alle Wohnungseigentümer ihre Zustimmung zu diesem Beschluss in <u>Textform</u> erklären. Die Wohnungseigentümer können beschließen, dass für einen einzelnen Gegenstand die Mehrheit der abgegebenen Stimmen genügt.

Nach § 23 Absatz 3 WEG n. F. können Umlaufbeschlüsse jetzt in Textform (vgl. 6 Pauli AnwZert MietR 21/2020, 1 ff., unter B.I.2.a; Blankenstein S. 332.) gefasst werden. Das eröffnet die Möglichkeit, Umlaufbeschlüsse auch im Wege elektronischer Kommunikation zu fassen, zum Beispiel per E-Mail, über Internetplattformen oder Apps. Es wird davon ausgegangen, dass in einer Wohnungseigentümergemeinschaft durchschnittlich alle 10 Jahre ein Umlaufbeschluss gefasst wird. Betreffend die 4,87 Millionen selbstgenutzten Eigentumswohnungen werden demnach jährlich im Durchschnitt rund 487 000 Umlaufbeschlüsse, betreffend die 4,42 Millionen vermieteten Eigentumswohnungen rund 442 000 Umlaufbeschlüsse gefasst. Aufgrund der Formerleichterung ist von einer Zeitersparnis von durchschnittlich 5 Minuten auszugehen, da der Beschlussvorschlag nicht mehr eigenhändig unterschrieben und weitergereicht werden muss, sondern etwa per E-Mail mitgezeichnet werden kann. Daraus ergibt sich eine jährliche Zeitersparnis von rund 40 600 Stunden für die selbstnutzenden Wohnungseigentümer und -eigentümerinnen. Setzt man für vermietende Wohnungseigentümer und -eigentümerinnen den Durchschnittslohnsatz des Wirtschaftszweigs L68 (Grundstücks- und Wohnungswesen) von 33,50 Euro pro Stunde an, ergibt sich für sie eine jährliche Entlastung um 1,23 Millionen Euro (BR-Drs. 168/20, S. 35, 36).

§ 23 Absatz 3 WEG n. F. beruht auf einem Vorschlag des Rechtsausschusses des 7 Bundestages (BT-Drs. 19/22634). Die Wohnungseigentümer können danach beschließen, dass für einen <u>einzelnen</u> Gegenstand auch im Umlaufverfahren die <u>Mehrheit</u> der abgegebenen Stimmen genügt (in diesem Fall bedarf es abweichend von § 23 Absatz 3 Satz 1 WEG also nicht der Zustimmung aller Wohnungseigentümer, vgl. Dötsch/Schultzky/Zschieschack Kap.8 Rn. 26: restriktiv auszulegende Regelung, Rn. 27: Ausnahmecharakter; Blankenstein, S. 334 nebst Muster S. 335). Dieser Beschluss – es können auch mehrere zu verschiedenen Gegenständen sein – wird grundsätzlich in der Versammlung der Wohnungseigentümer gefasst werden. Möglich, praktisch aber irrelevant ist es allerdings auch, den Beschluss nach § 23 Absatz 3 Satz 1 WEG zu fassen (zum Umlaufbeschluss vgl.

auch *Abramenko* Das neue WE-Recht § 7 Rn. 30). streitig ist, ob die Beschlusskompetenz fehlt, festzulegen, dass künftig über die Jahresabrechnung im erleichterten Umlaufverfahren beschlossen werden soll.aber dem Wortlaut nach muss der Gegenstand nicht für eine Präsenzversammlung angekündigt und dort behandelt worden sein. Lediglich die Anwendung des Verfahrens nach § 23 Abs. 3 Satz 2 WEG n.F. muss durch einen (vorausgegangenen) Beschluss legitimiert sein.

Wenn man primär auf den Gesetzeswortlaut und weniger auf die dürftige Gesetzesbegründung abstellt, wäre Beschlusskompetenz gegeben und Nichtigkeit allenfalls wegen Eingriffs in den Kernbereich des Wohnungseigentums denkbar, aber zu verneinen.

Lediglich die Grundsätze ordnungsmäßiger Verwaltung würden verletzt werden, wenn das Gesetz im Sinne einer nachgelagerten Beschlussfassung über einen in der Präsenzversammlung behandelten Gegenstand zu verstehen sein sollte. Jedenfalls wäre nach Bestandskraft des Basisbeschlusses die mehrheitliche Textform-Umlaufbeschlussfassung über die nächstjährige Jahresabrechnung, nicht nichtig, sondern allenfalls anfechtbar.

8   Sinn und Zweck der Erleichterung besteht im Kern darin, im Einzelfall eine <u>Wiederholungsversammlung</u> zu einem Gegenstand zu vermeiden. Können sich die Wohnungseigentümer in einer Versammlung beispielsweise in Ermangelung ausreichender Angebote, wegen des Wunsches, weitere Informationen einzuholen, oder aus anderen Gründen nicht in der Lage sehen, abschließend einen Beschluss über einen bestimmten Gegenstand zu fassen, können sie nach § 23 Absatz 3 Satz 2 WEG beschließen, diesen Beschluss im Umlaufverfahren nachzuholen (BT-Drs. 19/22634, 45; *Elzer* MietRB 2020, 375; *Pauli* AnwZert MietR 21/ 2020, 1 ff., Ziffer B. 2.b). Gäbe es diese Möglichkeit nicht, wäre eine mehrheitliche Beschlussfassung erst in der nächsten ordentlichen Versammlung möglich.

9   Fraglich ist, ob diese Möglichkeit auch dann besteht, wenn ein Gegenstand <u>nicht</u> auf der Tagesordnung steht, die Wohnungseigentümer in der Versammlung den Eindruck gewinnen, zu ihm einen Beschluss fassen zu müssen, sie sich daran aber wegen des Ladungsmangels (= der Gegenstand war nicht angekündigt worden) gehindert sehen. Nahe liegt, dass § 23 Absatz 3 Satz 2 WEG diese Fälle nicht erfassen soll, da der Beschluss nach § 23 Absatz 3 Satz 2 WEG dann selbst mittelbar an einem Ladungsmangel leidet (= kein Wohnungseigentümer musste vorab damit rechnen, dass der ihm völlig unbekannte Gegenstand ins Umlaufverfahren verwiesen wird). Allerdings kann der Beschluss nach § 23 Absatz 3 Satz 2 WEG in Bestandskraft erwachsen, es handelt sich insoweit nicht um einen bloßen Geschäftsordnungsbeschluss (anders *Dötsch/Schultzky/Zschieschack* Kap. 8 Rn. 32 ff.). Geht also kein Wohnungseigentümer gegen ihn vor, steht im Umlaufverfahren nichts im Wege. Bei Berechnung der Mehrheit der »abgegebenen Stimmen« (§ 23 Abs.3 Satz 2 WEG n.F.) sind Stimmenthaltungen nicht mitzuzählen.

Entsprechend § 24 Absatz 4 Satz 2 WEG ist im Übrigen davon auszugehen, dass den Wohnungseigentümern auch bei einem auf § 23 Absatz 3 Satz 2 WEG beruhenden Beschluss, <u>grundsätzlich drei Wochen</u> zur Verfügung stehen müssen, um Informationen einzuholen. Dies ist bei der Fristsetzung durch den Initiator zu berücksichtigen und kann, wird dagegen verstoßen, den Beschluss ordnungswidrig erscheinen lassen. **10**

§ 24 Abs. 2 WEG n. F.

Die Versammlung der Wohnungseigentümer muss von dem Verwalter in den durch Vereinbarung der Wohnungseigentümer bestimmten Fällen, im Übrigen dann einberufen werden, wenn dies <u>in Textform</u> unter Angabe des Zweckes und der Gründe von mehr als einem Viertel der Wohnungseigentümer verlangt wird. **11**

Das Verlangen nach einer außerordentlichen Versammlung kann jetzt in Textform erfolgen (§ 24 Absatz 2 WEG n. F.). Es wird geschätzt, dass jedes Jahr in 1 Prozent der insgesamt 427000 Wohnungseigentümergemeinschaften die Einberufung einer außerordentlichen Versammlung verlangt wird. Weiter wird angenommen, dass das Verlangen durchschnittlich von sieben Wohnungseigentümern gestellt wird, insgesamt also von rund 30 000 Wohnungseigentümern. Diese Wohnungseigentümer und -eigentümerinnen sparen durch die Formerleichterung durchschnittlich 5 Minuten, da das Verlangen nicht mehr eigenhändig unterschrieben und weitergereicht werden muss, sondern etwa per E-Mail mitgezeichnet werden kann. Ausgehend von der Vermietungsquote von 50 Prozent sparen sich demnach vermietende Wohnungseigentümer rund 42 000 Euro jährlich, wenn man den Durchschnittslohnsatz des Wirtschaftszweigs L68 (Grundstücks- und Wohnungswesen) von 33,50 Euro pro Stunde ansetzt. Selbstnutzende Wohnungseigentümer werden um rund 1 200 Stunden pro Jahr entlastet (BR-Drs. 168/20, S. 36). **12**

Für das Einberufungsverlangen tritt nach § 24 Absatz 2 WEG n. F. die Textform im Sinne des § 126b BGB an die Stelle der Schriftform. Das eröffnet die Möglichkeit, ein solches Verlangen auch im Wege elektronischer Kommunikation zu stellen, zum Beispiel per E-Mail (ReferentenE S. 76). **13**

§ 24 Abs. 3 WEG n. F.

Fehlt ein Verwalter oder weigert er sich pflichtwidrig, die Versammlung der Wohnungseigentümer einzuberufen, so kann die Versammlung auch durch den Vorsitzenden des Verwaltungsbeirats, dessen Vertreter <u>oder einen durch Beschluss ermächtigten Wohnungseigentümer</u> einberufen werden (vgl. Elzer MietRB 2020, 376). **14**

Der § 24 Absatz 3 WEG a. F. sah vor, dass der Vorsitzende des Verwaltungsbeirats und dessen Vertreter zur Einberufung einer Versammlung befugt ist, wenn ein Verwalter fehlt oder sich der Verwalter pflichtwidrig weigert, eine Versammlung einzuberufen. Bislang nicht gesetzlich geregelt ist, wie eine Versammlung **15** einberufen werden kann, wenn auch ein Verwaltungsbeirat fehlt oder dessen Vorsitzender bzw. Vertreter untätig bleiben.

16 Die Änderung in § 24 Absatz 3 WEG n. F. schließt diese Lücke (vgl. Pauli AnwZert MietR 21/2020, 1 ff. unter B.II.2.b). Sie eröffnet die Möglichkeit, dass ein Wohnungseigentümer durch Beschluss ermächtigt wird, die Versammlung einzuberufen. Eine solche Einberufungsermächtigung können die Wohnungseigentümer jederzeit ohne konkreten Anlass beschließen. Das erscheint etwa in kleineren Gemeinschaften ohne Verwalter und Verwaltungsbeirat sinnvoll. Hier können die Wohnungseigentümer in Zukunft zum Beispiel auf der jährlichen Eigentümerversammlung entscheiden, wer von ihnen zur nächsten Eigentümerversammlung einladen soll.

17 Darüber ermöglicht die Vorschrift dem einzelnen Wohnungseigentümer aber auch, eine Versammlung zu erreichen, wenn die Einberufung im Einzelfall pflichtwidrig unterbleibt. Denn in diesen Fällen folgt aus dem Anspruch jedes Wohnungseigentümers auf ordnungsmäßige Verwaltung (§ 18 Absatz 1 Nr. 1 WEG n. F.), dass ein Ermächtigungsbeschluss nach § 24 Absatz 3 WEG n. F. gefasst wird, um die Einberufung einer Versammlung zu ermöglichen. Dieser Anspruch kann im Wege der Beschlussersetzungsklage (§ 44 Absatz 1 Satz 2 WEG n. F.) durchgesetzt werden (ReferentenE S. 76).

§ 24 Abs. 4 WEG n. F.

18 Die Frist der Einberufung soll, sofern nicht ein Fall besonderer Dringlichkeit vorliegt, mindestens <u>drei</u> Wochen betragen.

19 Die Ladungsfrist wird von zwei auf drei Wochen verlängert. Dadurch wird die Möglichkeit der Wohnungseigentümer verbessert, sich auf die Versammlung vorzubereiten (zum Beispiel durch Einholung von Rechtsrat); so ReferentenE S. 77 zur ursprünglich geplanten 4 Wochen-Frist.

§ 24 Abs. 6 WEG n. F.

20 Über die in der Versammlung gefassten Beschlüsse ist <u>unverzüglich</u> eine Niederschrift aufzunehmen.

§ 18 Absatz 4 WEG n. F. gewährt ein allgemeines Einsichtsrecht, das auch Niederschriften umfasst. § 24 Absatz 6 Satz 3 WEG a. F. wird dadurch überflüssig und wird aufgehoben (ReferentenE S. 77).

§ 25 Abs. 1 WEG n. F.

21 Bei der Beschlussfassung entscheidet die Mehrheit der abgegebenen Stimmen.

22 Der in sprachlicher Anlehnung an § 32 Absatz 1 Satz 3 BGB und § 47 Absatz 1 GmbHG neugefasste § 25 Absatz 1 WEG n. F. stellt zweierlei klar: Zum einen genügt für die Beschlussfassung aufgrund der Vorschriften des WEG stets die einfache Mehrheit; erhöhte Quoren sind grundsätzlich gesetzlich nicht mehr vorgesehen. Zum anderen kommt es bei der Berechnung der Mehrheit allein auf die abgegebenen Stimmen an. Das entspricht der allgemeinen Sichtweise zum geltenden Recht, ist bislang aber nicht gesetzlich geregelt (vergleiche Häublein, in: Staudinger, WEG, 2018, § 25 Randnummer 16); so ReferentenE S. 77.

§ 25 Absätze 3 und 4 werden durch folgenden **§ 25 Absatz 3 WEG n. F.** ersetzt: 23

<u>Vollmachten bedürfen zu ihrer Gültigkeit der Textform.</u>

Aufhebung des Beschlussfähigkeitsquorums (§ 25 Absatz 3 und 4 WEG a. F.)

Nunmehr ist die Eigentümerversammlung unabhängig von der Anzahl der erschienenen Wohnungseigentümer und -eigentümerinnen beschlussfähig. Vereinfachend wird davon ausgegangen, dass dies nur die 334 000 gewerblich verwalteten, größeren Eigentümergemeinschaften betrifft. Unter Berücksichtigung von Stellungnahmen von Verbänden und in der Literatur wird davon ausgegangen, dass 8 Prozent der Versammlungen (rund 27 000 pro Jahr) nach bisherigem Recht nicht beschlussfähig waren und deshalb wiederholt werden mussten. Es wird geschätzt, dass bei diesen beschlussunfähigen Versammlungen durchschnittlich 10 Prozent der durchschnittlich 25 Wohnungseigentümer einer Gemeinschaft anwesend sind, diese zu gleichen Teilen selbstnutzende und vermietende Wohnungseigentümer sind und ihnen jeweils ein zusätzlicher Zeitaufwand von 60 Minuten entsteht.

Durch die Aufhebung des Beschlussfähigkeitsquorums entfällt demnach für selbst- 24 nutzende Eigentümer ein zeitlicher Aufwand von 33 400 Stunden jährlich. Setzt man für vermietende Wohnungseigentümer den Durchschnittslohnsatz des Wirtschaftszweigs L68 (Grundstücks- und Wohnungswesen) von 33,50 Euro pro Stunde an, entfallen für sie Kosten in Höhe von 1,13 Millionen Euro. Zudem entfallen die Kosten des Verwalters für die Folgeversammlung, die den Branchenangaben entsprechend mit durchschnittlich 233 Euro angesetzt werden. Dafür fielen bislang insgesamt rund 6,22 Millionen Euro an, die sich je zur Hälfte (3,11 Millionen Euro) auf selbstnutzende Eigentümer und auf vermietende Eigentümer verteilten.

In der Summe kommt es damit für den Normadressaten Bürgerinnen und 25 Bürger (selbstnutzende Wohnungseigentümer) zu einer Entlastung um 33 400 Stunden und 3,11 Millionen Euro jährlich sowie für die Wirtschaft zu einer Entlastung um 4,24 Millionen Euro jährlich (BR-Drs. 168/20, S. 36, 37).

Nach neuem WEG ist damit <u>jede Versammlung beschlussfähig</u>, unabhängig 26 davon, wie viele Wohnungseigentümer an ihr teilnehmen. Dadurch wird die Funktionsfähigkeit der Verwaltung gestärkt (vergleiche Abschlussbericht der Bund-Länder-Arbeitsgruppe zur Reform des Wohnungseigentumsgesetzes, ZWE 2019, 430, 450 f.).

27   § 25 Absatz 3 WEG n. F. schreibt in Anlehnung an § 47 Absatz 3 GmbHG für
     Vollmachten die Textform im Sinne des § 126b BGB vor. Dadurch werden un-
     nötige Unsicherheiten über die Vertretungsverhältnisse in der Versammlung be-
     seitigt. Es ist dem einzelnen Wohnungseigentümer zumutbar, im Vertretungsfall
     eine Vollmacht in Textform zu erteilen; notfalls ist dies sogar noch während der
     Versammlung möglich (zum Beispiel per E-Mail oder anderer elektronischer
     Nachricht). Die Vorschrift verhindert zudem, dass die Stimme eines wirksam
     bevollmächtigten Vertreters nur deshalb unbeachtlich ist, weil sie nach § 174
     Satz 1 BGB zurückgewiesen wurde. Denn § 25 Absatz 3 WEG n. F. geht § 174
     Satz 1 BGB als Sondervorschrift vor, sodass eine in Textform vorgelegte Voll-
     macht nicht mehr nach dieser Vorschrift zurückgewiesen werden kann.

28   Ob eine Vollmacht, die nicht in Textform erteilt wurde, unwirksam ist oder nur
     zur Zurückweisung berechtigt, ist im Rahmen des § 47 Absatz 3 GmbHG um-
     stritten (vergleiche zum Streitstand K. Schmidt, in: Scholz, GmbHG, 11. Auf-
     lage 2014, § 47 Randnummer 85 ff.). Im Interesse einer einheitlichen Rechts-
     entwicklung nimmt der Entwurf zu dieser Frage auch im Rahmen von § 25
     Absatz 3 WEG n. F. keine Stellung; ihre Klärung bleibt der Rechtsprechung
     überlassen (ReferentenE S. 77, 78).

§ 25 Absatz 4 WEG n. F.

Der bisherige Absatz 5 wird Absatz 4. Sein Wortlaut wird an die geänderten
Verfahrensvorschriften der §§ 43 ff. WEG-E angepasst. Diese sehen vor, dass an
Rechtsstreitigkeiten in der Regel nicht mehr die einzelnen Wohnungseigentümer als Parteien beteiligt sind, sondern die Gemeinschaft der Wohnungseigentümer (ReferentenE S. 78).

29   Die noch im Regierungsentwurf in § 25 Abs. 5 WEG-E vorgesehene Regelung, dass
     Niederschriften über Beschlüsse und Urteile in Verfahren nach § 44 Absatz 1 sind
     in Textform aufzubewahren und Beschlüsse nach § 16 Absatz 2 Satz 2 und § 21
     Absatz 5 Satz 1 sowie diesbezügliche Urteile hervorzuheben sind, wurde nicht Ge-
     setz. Die bisherige Beschluss-Sammlung soll vielmehr weiterbestehen (warum auch
     immer). Diese verworfene Neukonzeption der Beschluss-Sammlung (§ 25 Absatz 5
     RegE) sollte bewirken, dass es dadurch im Vergleich zur Führung einer separaten
     Beschluss-Sammlung zu geringfügigen Einsparungen kommen wird. Die Höhe der
     Einsparungen kann aber nicht abgeschätzt werden (BR-Drs. 168/20, S. 36).

II. Im Einzelnen

1. Vorbemerkung

30   Die Neuregelungen zur Vorbereitung, Einberufung und Durchführung der Eigentü-
     merversammlung sind – erst Recht nach Wegfall der angedachten reduzierten Form

einer Art »Beschlusssammlung« – auf den ersten Blick überschaubar bis marginal: Insbesondere die Dauer der (auf drei Wochen verlängerten) Ladungsfrist (vgl. Pauli AnwZert MietR 21/2020, 1 ff, unter B.II. 3.), die Formerleichterungen beim Minderheitenquorum und der Vollmacht. Aber es gibt aufgrund des Paradigmenwechsels im WEMoG (vgl. oben § 1 <Verband>; Skauradszun ZMR 2020, 905 ff.; Elzer MietRB 2020, 372) eine Vielzahl mittelbarer Folgen für die Eigentümerversammlung.

2. Einberufung

Weil alle Pflichten im Rahmen der Verwaltung des gemeinschaftlichen Eigentums (vgl. jetzt § 18 Abs. 1 WEG n. F.) Pflichten der Gemeinschaft der Wohnungseigentümer sind, muss rechtlich die Eigentümerversammlung (zur Funktion vgl. auch Elzer MietRB 2020, 373) von der Gemeinschaft der Wohnungseigentümer einberufen werden. 31

Faktisch wird dies natürlich der Verwalter (vgl. Blankenstein S. 357) als primär zuständiges Organ umsetzen. Dazu passt es, dass etwa § 24 WEG (insoweit unverändert) schon vom Wortlaut her an den Verwalter (jetzt als Organ der Gemeinschaft zu verstehen; Elzer MietRB 2020, 372) adressiert ist. § 24 Abs. 1 WEG bestimmt die Organzuständigkeit des Verwalters, indem er die Erfüllung der Einberufungspflicht – nunmehr rechtlich im Rahmen der internen Zuständigkeitsverteilung zwischen den Organen der Gemeinschaft der Wohnungseigentümer – allein dem Verwalter zuweist. Die Wohnungseigentümer selbst sind nicht gemäß § 9b Abs. 1 Satz 2 WEG n. F. in der Pflicht, und zwar auch nicht im Falle einer (noch) verwalterlosen Gemeinschaft der Wohnungseigentümer. Selbst ein (noch) vertragsloser Verwalter muss während seiner Amtszeit einberufen. 32

Dem einzelnen Eigentümer steht jetzt kein – früher auf § 21 Abs. 4 WEG a. F. gestützter – Anspruch mehr direkt gegen den Verwalter auf Tätigwerden zu (anders zum alten Recht BGH ZMR 2018, 777 und Elzer ZMR 2017, 459, dagegen LG Frankfurt/M. ZMR 2017, 500). 33

Nunmehr ist vielmehr die Gemeinschaft der Wohnungseigentümer passivlegitimiert, d. h. in der Pflicht üblicherweise mindestens einmal im Jahr eine (ordentliche) Versammlung der Wohnungseigentümer einzuberufen. 34

Die Gemeinschaft der Wohnungseigentümer darf von jedem Wohnungseigentümer unabhängig vom Minderheitenquorum (vgl. § 24 Abs. 2 WEG) ohne Verstoß gegen den Grundsatz der Vorbefassung der anderen Wohnungseigentümer auf eine Einberufung verklagt werden (vgl. Skauradszun ZWE 2016, 61). 35

Zum Minderheitenquorum und zum einstweiligen Rechtsschutz heißt es in LG Koblenz ZMR 2018, 858: 36

Das Minderheitenquorum des § 24 Abs. 2 WEG muss nicht nur im Zeitpunkt seines Zugangs beim Verwalter, sondern auch noch im Zeitpunkt der tatsächlichen Einberufung der außerordentlichen Eigentümerversammlung vorliegen; im Prozess bedeutet dies: bis zum Schluss der mündlichen Verhandlung, wenn der Verwalter sich weiterhin weigerte. Bei besonderer Dringlichkeit kann nach §§ 935, 940 ZPO der Verwalter <Anm: nunmehr die Gemeinschaft> im Wege einstweiliger Verfügung in Anspruch genommen werden. Der Verfügungsanspruch ergibt sich aus § 21 Abs. 4 WEG a.F. <Anm: nunmehr § 18 Abs. 2 Nr. 1 WEG n. F.>. Da die angestrebte einstweilige Verfügung in Form einer Leistungsverfügung die Hauptsache vorwegnehmen würde, sind an das Vorliegen des Verfügungsgrundes hohe Anforderungen zu stellen. Der Antragsteller muss glaubhaft machen, dass ihm durch die mit der Durchführung des Hauptsacheverfahrens verbundene Verzögerung der Eigentümerversammlung ein erheblicher und irreparabler Schaden droht. (vgl. LG München I, ZMR 2011, 839)... Der Klage fehlt nicht deshalb das Rechtsschutzbedürfnis, weil der Kläger sich selbst zur Einberufung einer Versammlung ermächtigen lassen könnte. Die Einberufung einer Versammlung ist originäre Aufgabe des Verwalters <Anm: nunmehr der Gemeinschaft>.

37 Der Verwalter muss als Organ der Gemeinschaft auf ein Einberufungsverlangen (vgl. Abramenko Das neue WE-Recht § 7 Rn. 29, Blankenstein S. 363) eines Minderheitenquorums (mehr als – Schultzky MDR 2020, 1474 Rn.5; anders Dötsch/Schultzky/Zschieschack Kap. 8 Rn.3 – ein Viertel der Sondereigentümer nach Köpfen) zeitnah reagieren. Feste Fristen hierzu gibt es nicht (Einzelfallfrage). Zu prüfen ist: Hat die notwendige Zahl von Sondereigentümern das Begehren gestellt? Ist zumindest die Textform gewahrt? Haben die Antragsteller potenzielle Beschlussgegenstände für die Versammlung zumindest schlagwortartig mitgeteilt? Wurde ein Grund für die behauptete Eilbedürftigkeit mitgeteilt/erwähnt? u.a.

38 Eine Weigerung des WEG-Verwalters zur Einberufung ergibt sich nicht allein aus bloßem Zeitablauf; es bedarf einer Aufforderung. Eine pflichtwidrige Weigerung zur Einberufung einer Wohnungseigentümerversammlung kann nicht daraus abgeleitet werden, dass nicht schon deutlich früher eine außerordentliche Eigentümerversammlung einberufen wurde (vgl. LG München I ZMR 2012, 819).

39 Üblicherweise wird eine aufgrund eines Einberufungsverlangens anzuberaumende außerordentliche Eigentümerversammlung unter Berücksichtigung der gemäß § 24 Abs. 4 WEG n. F. verlängerten Einberufungsfrist von drei Wochen innerhalb von 5–8 Wochen stattfinden müssen.

40 Dazu heißt es in BayObLG ZMR 2003, 521:

> Dem formell ordnungsgemäßen Verlangen von Wohnungseigentümern, eine Versammlung einzuberufen, muss der Verwalter in angemessener Zeit nachkommen. Sein Ermessensspielraum ist in der Regel überschritten, wenn trotz objektiver Dringlichkeit die Versammlung erst mehr als zweieinhalb Monate nach dem Einberufungsverlangen stattfindet.

41 Die Wohnungseigentümer können (es besteht aber keine Verpflichtung, Elzer MIetRB 2020, 376, 377) nunmehr gestützt auf § 24 Abs. 3 WEG n. F. durch Beschluss einen/mehrere Wohnungseigentümer ermächtigen, die Versammlung

(subsidiär gegenüber dem Verwalter; vgl. Lehmann-Richter/Wobst Rn. 627) einzuberufen. Hiermit soll es den Wohnungseigentümern erleichtert werden, die Versammlung selbst einzuberufen, wenn der Verwalter fehlt oder sich pflichtwidrig weigert, tätig zu werden (vgl. Schultzky MietRB 2018, 157; Skauradszun ZWE 2016, 62; Drasdo ZfIR 2020, 740).

Diese Ermächtigung (von Dötsch/Schultzky/Zschieschack Kap. 8 Rn. 7 als **42** praktikable Lösung bezeichnet) können die Wohnungseigentümer nunmehr jederzeit und ohne konkretes Bedürfnis – im Einzelfall oder auf Dauer – auch durch bloßen Beschluss (erst recht durch eine Vereinbarung) zugunsten eines übernahmebereiten Wohnungseigentümers (begrenzt auf die Zeit seiner Eigentümerstellung) aussprechen (Muster bei Blankenstein S. 359).

Ein Sondereigentümer, der zugleich Verwalter ist, kann ebenso wenig wie der **43** Beiratsvorsitzende die Funktion des Ermächtigten übernehmen. Denn diese Tätigkeiten schließen sich nach dem Sinn und Zweck des § 24 Abs. 3 WEG aus. Beide Ämter sind inkompatibel (Drasdo ZfIR 2020, 741).

Ohne gesonderte flankierende vertragliche Regelung steht dem Ermächtigten **44** analog § 670 BGB nur ein Anspruch auf Erstattung seiner Aufwendungen gegen die Gemeinschaft der Wohnungseigentümer zu, aber kein Honorar; daneben haften die Sondereigentümer aus § 9a Abs. 4 Satz 1 WEG n. F.

Da sich für ein derartiges haftungsträchtiges »Ehrenamt« selten Eigentümer fin- **45** den werden, kann aufgrund einer entsprechenden Beschlussfassung ein Vertrag mit Schutzwirkung für die Dritte/die Wohnungseigentümer zwischen Ermächtigtem und Verband abgeschlossen werden, der insbesondere alle finanziellen Fragen regelt.

Der Gesetzeswortlaut (Einzahl) lässt trotzdem auch eine Ermächtigung meh- **46** rerer Wohnungseigentümer zu, nicht aber die eines Dritten (ein Nießbraucher wäre auch als Ex-Wohnungseigentümer ausgeschlossen). Letzteres ginge allenfalls durch eine Vereinbarung/Gemeinschaftsordnung (Drasdo ZfIR 2020, 741). Die Bestellung eines Externen per bloßem Beschluss ist wohl als nichtig anzusehen (vgl. Abramenko, Das neue WE-Recht, § 7 Rn. 3).

Das fakultative Einberufungsrecht der/des Ermächtigten und das gesetzliche **47** Einberufungsrecht des Verwaltungsbeirates stehen nebeneinander. Aus der ratio legis, die Untätigkeit der vorgenannten Personen kompensieren zu können, zieht Drasdo (ZfIR 2020, 741) den Schluss, dass der ermächtigte Wohnungseigentümer nur tätig werden darf, wenn die Funktionsträger nicht handeln.

Es besteht kein Anspruch auf das Beschließen einer Einberufungsermächtigung **48** (a. A. Drasdo, ZfIR 2020, 740); es liegt im pflichtgemäßen Ermessen des Verbandes ausgeübt durch die Wohnungseigentümer, ob und in welcher Form/in welchem Umfang von dieser Möglichkeit Gebrauch gemacht werden soll. Es hat nämlich nicht nur Vorteile, einen Wohnungseigentümer zu ermächtigen, eine Versammlung einzuberufen.

49 Eine diesbezügliche Beschlussersetzungsklage (vgl. § 44 Abs. 1 Satz 2 WEG n. F.) wird in der Regel erfolglos bleiben (a. A. Drasdo, ZfIR 2020, 740, vgl. Musterschriftsatz bei Blankenstein S. 361). Die Einberufungsermächtigung ist nicht »notwendig«. Selbst bei einer Ermessensreduzierung auf Null, könnte alternativ immer noch die Gemeinschaft der Wohnungseigentümer auf Einberufung einer Versammlung verklagt werden. Oft wird sich in der Praxis auch kein Wohnungseigentümer finden, der sich ermächtigen lassen will, z. B. weil er gar nicht über alle Adressen/Kommunikationsdaten seiner Miteigentümer verfügt, die Anlage zu groß ist o. ä.

50 Fehlt der Verwalter oder weigert sich dieser pflichtwidrig, die Versammlung einzuberufen, kann auch der Vorsitzende des Verwaltungsbeirats eine Eigentümerversammlung einberufen. Da den Verwaltungsbeiratsvorsitzenden aber keine Einberufungspflicht trifft, sondern nur ein subsidiäres Einberufungsrecht, kann dieser nicht mit einer Klage zur Einberufung einer Eigentümerversammlung gezwungen werden (Hügel/Elzer, 3. Aufl. 2021 § 24 Rn. 76 unter Hinweis auf AG Dortmund ZMR 2019, 800, 2. Aufl. 2018, WEG § 24 Rn. 44; Schultzky in: Jennißen, WEG, 6. Aufl. 2019, § 24 Rdnr. 29a; aA AG Charlottenburg ZMR 2010, 76; Becker in: Bärmann, WEG, 14. Aufl. 2018, § 29 Rn. 72). Denn die übrigen Eigentümer haben die Möglichkeit, ohne Mitwirkung der Beiratsmitglieder für die Einberufung einer Versammlung zu sorgen, sodass es nach zutreffender Meinung nicht geboten ist, den Verwaltungsbeirat in die Pflicht zu nehmen und die Mitglieder den Kosten und Risiken auszusetzen (Staudinger/Häublein, § 24 WEG Rn. 69).

51 Es war bisher möglich, unmittelbar eine Klage gegen die übrigen Wohnungseigentümer zu erheben, um sich zur Einberufung einer Eigentümerversammlung ermächtigen zu lassen (AG Dortmund ZMR 2019, 800; vgl. auch AG Idstein ZMR 2013, 667). Nunmehr soll der Antrag auf Ermächtigung analog § 37 Abs. 2 BGB unzulässig sein (vgl. Dötsch/Schultzky/Zschieschack Kap.8 Rn. 9). Denn der Gesetzgeber habe die Ermächtigung des einzelnen Wohnungseigentümers zur Einberufung einer Eigentümerversammlung im WEMoG geregelt, sodass es an einer Regelungslücke fehlt (so Abramenko, Das neue WE-Recht, § 7 Rn. 7 aE).

3. Die verlängerte Einberufungsfrist gemäß § 24 Abs. 4 Satz 2 WEG n.F.

52 Vorrangig ist eine wirksam vereinbarte (noch längere) Einberufungsfrist (Elzer MietRB 2020, 377; Blankenstein S. 369) nur zu beachten, wenn die Vermutung in der Übergangsvorschrift des § 47 WEG n. F. (vgl. Lehmann-Richter/Wobst § 19 Rn. 2040 ff.) aus der Alt-Vereinbarung heraus widerlegt werden kann. Ausschließlich durch »verbandsinterne« Regelungen kann die Ladungsfrist wirksam verlängert werden (vgl. Abramenko, Das neue WE-Recht, § 7 Rn. 8); nicht auch über den Verwaltervertrag (vgl. Dötsch/Schultzky/Zschieschack Kap.8 Rn. 19; OLG Dresden ZMR 2009, 301). Es ist anerkannt, dass die Wohnungseigentümer in einer Gemeinschaftsordnung Abweichendes, also auch deutlich längere Ladungsfristen vereinbaren können (vgl. etwa BayObLG WuM 2005, 148).

Auf eine vor dem 1.12.2020 ausgebrachte Ladung ist noch altes Recht anzuwenden (Lehmann-Richter/Wobst § 8 Rn. 621). **53**

Die neue gesetzliche Einberufungsfrist soll (vgl. Dötsch/Schultzky/Zschieschack Kap.8 Rn. 14 zu den Folgen einer Fristunterschreitung sowie der künftig wachsenden Bedeutung der Relevanztheorie) nach § 24 Abs. 4 Satz 2 WEG n. F. im Regelfall mindestens <u>drei</u> Wochen betragen. **54**

Früher konnte das Rücksichtnahmegebot erfordern, die Einberufungsfrist zu verlängern. Dies dürfte bei der neuen 3-Wochen-Frist nicht mehr erforderlich sein. Das OLG Karlsruhe (ZMR 2006, 796) entschied zur früheren 1-wöchigen Ladungsfrist vor dem 1.7.2007:

> Den die effektive Ausübung ihres Stimmrechts betreffenden Belangen von nicht dauerhaft in der EU (hier: in den USA) lebenden Wohnungseigentümern ist nur dann Genüge getan, wenn eine der gesetzlichen Mindestfrist von einer Woche entsprechende Frist für die Einberufung einer Wohnungseigentümerversammlung auf zwei Wochen verlängert wird.

4. Die kleinste Eigentümerversammlung/Einpersonen-Versammlung

Nach § 9a Abs. 1 Satz 2 WEG n. F. entsteht die (rechtsfähige) Gemeinschaft der Wohnungseigentümer nunmehr bereits mit Anlegung der Wohnungsgrundbücher, und zwar auch im Fall der Begründung durch Teilungserklärung gemäß § 8 WEG n. F. In Konsequenz hieraus sind Einpersonen-Beschlüsse des Alleineigentümers, insbesondere wenn es nicht zur Verwalterbestellung gekommen ist, in Form einer Universalversammlung oder als schriftlicher Beschluss nach § 23 Abs. 3 WEG n. F. (jetzt in Textform) rechtlich möglich; auch diese Beschlüsse haben selbst ohne Grundbucheintragung und sonstigen Publizitätsakt Bindungswirkung für die späteren Sondereigentümer (vgl. Becker/Schneider ZfIR 2020, 292 unter III. 1.: der Aufteiler kann hier »schalten und walten« wie er will; Manipulationsversuche sind nicht ausgeschlossen; eine Begrenzung folgt aus § 10 Abs. 3 WEG n. F. hinsichtlich teilungserklärungsändernder Beschlüsse; vgl. § 48 Abs. 1 WEG n. F. zur Übergangsregelung). Die Beschlüsse des Alleineigentümers sind nach § 44 Abs. 1 WEG n. F. durch Beschlussklage anfechtbar, aber faktisch wird eine Anfechtung an dem Ablauf der Frist des § 45 WEG n. F. und fehlenden Wiedereinsetzungsgründen scheitern. **55**

Dieselbe Problematik ergibt sich, wenn ein Eigentümer sukzessive alle Sondereigentume erwirbt. Die Gemeinschaft der Wohnungseigentümer besteht auch dann noch weiter. **56**

57   Selbst ohne (förmlich einberufene; vgl. Roth/Altmeppen, § 49 GmbHG Rn. 6 unter Hinweis auf § 51 GmbHG) Eigentümerversammlung kann der Alleineigentümer nach Anlegung der Wohnungsgrundbücher einen wirksamen Beschluss fassen. Ausgeschlossen ist dies – nicht nur nach Bestellung eines Verwalters – jedenfalls nicht.

58   Der Alleineigentümer (vgl. F. Schmidt ZMR 2009, 725 ff.) kann spontan allein, jederzeit und an jedem Ort ohne vorherige Ladung eine Universalversammlung (Elzer MietRB 2020, 378) durchführen. Auf dieser kann er alle Beschlüsse fassen, für die Beschlusskompetenz besteht. Die Anfechtung sog. Zitterbeschlüsse muss er faktisch kaum fürchten.

59   Umstritten (vgl. BayObLG ZMR 1996, 151) ist allerdings, ob es im Rahmen einer »Universalversammlung« des Alleineigentümers zumindest der (zumindest konkludenten) Verkündung gefasster Beschlüsse bedarf. Dazu entschied das OLG München ZMR 2008, 409:

> Auch bei einer Wohnungseigentümerversammlung, an der nur eine Person teilnimmt, bedarf es zur Wirksamkeit der gefassten Beschlüsse der Kundgabe der Stimmabgabe und der Feststellung und Bekanntgabe des Beschlussergebnisses durch den Versammlungsleiter. Die spätere Abfassung einer Niederschrift reicht insoweit nicht aus. Weil an das Zustandekommen von Eigentümerbeschlüssen weitreichende Rechtsfolgen geknüpft sind und insbesondere dadurch die Frist zur Anfechtung ausgelöst wird, gebieten es Gründe der Rechtssicherheit, insoweit strenge Anforderungen zu stellen. Dies gilt augenscheinlich gerade auch zum Schutz nicht erschienener (Anm: erst recht noch nicht existenter späterer Erwerber) Wohnungseigentümer vor Manipulationen.

Selbst wenn man der Gegenansicht des BayObLG (ZMR 1996, 151) folgt, ist analog § 24 Abs. 6 Satz 1 WEG n. F. unverzüglich nach der Einpersonen-Beschlussfassung eine Niederschrift der Beschlüsse zu fertigen und analog § 48 Abs. 3 Satz 1 GmbHG zu unterschreiben, analog § 24 Abs. 6–8 WEG aufzubewahren oder – falls bereits existent/im Amt – dem Verwalter auszuhändigen.

60   Wird von einem Dritten/Angestellten des Alleineigentümers die Niederschrift aufgenommen, so ist das auch zulässig.

61   Bei der Einpersonen-Versammlung genügt die Unterschrift des Alleineigentümers oder seines Protokollanten. Dazu BGH ZMR 2016, 242:

> Macht die Teilungserklärung die Gültigkeit der Beschlüsse der Wohnungseigentümer von der Protokollierung und der Unterzeichnung durch den Verwalter und zwei von der Versammlung bestimmten Wohnungseigentümern abhängig (sog. qualifizierte Protokollierungsklausel), ist in der Versammlung aber nur der Verwalter anwesend, der zugleich Mehrheitseigentümer ist, genügt es, wenn er das Protokoll unterzeichnet.

62   Wie im Recht der Einmann-GmbH wird anzunehmen sein, dass es genügt, den Einpersonen-Beschluss schriftlich zu vollziehen (Roth/Altmeppen § 48 GmbHG Rn. 46). Dies kann im Ausspruch einer (beschlossenen) Kündigung

oder in Form einer Klageschrift geschehen. Besser ist es meist, wenn Beweissicherheit über den manipulationssicheren Inhalt eines solchen Beschlusses durch eine – ggf sogar fälschungssichere – Dokumentation forciert wird.

Kommt es nicht zur Niederschrift des Beschlusses durch den Alleineigentümer gilt 63 (vgl. OLG Brandenburg GmbHR 2002, 432; OLG Köln GmbHR 1975, 274):

Wenn nichts Abweichendes wirksam vereinbart wurde, ist die Niederschrift – wie auch sonst – beim Einmann-Beschluss keine Wirksamkeitsvoraussetzung für den Beschluss als solchen.

Der präzise Inhalt eines Beschlusses ist dann allerdings schwerer festzustellen. Auch insoweit ist zu beachten, dass eine Zeugenaussage – wenn man sie zum Inhalt des Beschlusses, niemals aber zu den damit verfolgten Absichten – einholt, das schwächste Beweismittel darstellt. Privaturkunden vom Angebot bis zum Vertrag liefern eine bessere Indizienkette für den wahren Inhalt des Beschlusses.

Für den Rechtsverkehr besteht latent die Gefahr nachträglicher Manipulationen 64 des Beschlussinhalts, wenn der (ehemalige) Alleineigentümer mangels zeitnaher Niederschrift durch (sein) Zeugnis oder das seines Verwalters Beschlüsse mit ihm (nunmehr) günstigen Inhalt behauptet.

5. Die modernere Eigentümerversammlung (sog. Hybrid-Versammlung)

§ 23 Abs. 1 Satz 2 WEG n. F. regelt (nur) die Beschlusskompetenz, eine elektro- 65 nische Kommunikation und deren Umfang im Rahmen einer Präsenzversammlung zu erlauben (vgl. Elzer MietRB 2020, 373, 374; Schultzky MDR 2020, 1474 Rn.6; Dötsch/Schultzky/Zschieschack Kap.8 Rn. 44 ff; Lehmann-Richter/Wobst § 8 Rn. 604 ff; Pauli AnwZert-MietR 21/2020, 1 ff., Ziffer B.1.b; Abramenko Das neue WE-Recht § 7 Rn. 18). Die Vorschrift ermächtigt die Eigentümermehrheit nicht, die zwangsweise Durchführung der Eigentümerversammlung als Online-Veranstaltung zu beschließen (Abramenko Das neue WE-Recht § 7 Rn. 24; Blankenstein S. 375 spricht von einer (Teil)Virtuellen Versammlung).

Im Extremfall ist es möglich, dass sämtliche Wohnungseigentümer an der Prä- 66 senzversammlung nur elektronisch teilnehmen (vgl. Pauli AnwZert MietR 9/2020). Dieser Vorstoß wurde in der Bund-Länder-Arbeitsgruppe unter den Schlagworten »Digitalisierung« und »Online-Teilnahme an Versammlungen« durchaus kontrovers diskutiert. Letztlich hatte sich die Arbeitsgruppe aber für eine solche Regelung ausgesprochen (Abschlussbericht, S. 61 f. = ZWE 2019, 429 [451]). Für den beruflich stark eingebundenen Wohnungseigentümer wird eine solche Option durchaus ihren Reiz haben. Er kann sich von seinem Büro aus der Versammlung zuschalten lassen, aus sicherer Entfernung daran mitwirken und sich anschließend wieder seinen beruflichen Aktivitäten widmen. Aber auch der weniger gestresste Wohnungseigentümer mag von einer solchen Regelung profitieren. Es befindet sich gerade in seinem Wohnzimmer, auf seiner Terrasse oder gar in seinem Fitnessstudio auf dem Laufband, kann sich kurz online zu den ihn interessierenden Tagesordnungspunkten zuschalten lassen und sodann wieder »von der Bildfläche verschwinden«. Moderne Technik macht all dies möglich (Hinz, ZMR 2020, 377 f.).

67   Die Präsenzversammlung darf durch einen bloßen Beschluss nicht zugunsten einer Online-Versammlung abgeschafft werden. Auf diese Weise soll das Recht des Eigentümers zur physischen Teilnahme an der Versammlung gewahrt werden. Der (Verband vertreten durch den) Verwalter bleibt somit immer zur Durchführung einer physischen Eigentümerversammlung – etwa in seinem Büro oder in anderen geeigneten Räumlichkeiten – verpflichtet. Ein Teil der Eigentümer, vornehmlich jene, die nicht mit modernen Kommunikationsmitteln vertraut sind, können dann ihre Rechte in der Versammlung am Versammlungsort wahrnehmen (so Pauli, AnwZert MietR 9/2020 unter III.2.b.).

Bei einer virtuellen Teilnahme ist zu regeln, wie eine Teilnahme der virtuellen Eigentümer oder deren Vertreter erfolgt, ob und wie Redebeiträge der virtuellen Eigentümer berücksichtigt werden, wie ein Verlassen der Eigentümerversammlung festgestellt wird und wie Abstimmungen durchgeführt werden.

68   Die Einführung der Online-Teilnahme an einer Eigentümersammlung wird auf Grundlage einer Anpassungsvereinbarung/Öffnungsklausel als zulässig anzusehen sein; sie kann auch Gegenstand einer Beschlussfassung sein. Aufgrund eines solchen Beschlusses darf weder gegen die zum Schutz der Minderheiten bestehenden fundamentalen Schranken, insbesondere gesetzliche Verbote, verstoßen werden, allenfalls ist ein Eingriff in den Bereich der sog. verzichtbaren Mitgliedschaftsrechte erlaubt.

69   Beschließen die Wohnungseigentümer – ohne Öffnungsklausel –, dass die Möglichkeit bestehen soll, an Versammlungen im Wege elektronischer Kommunikation teilzunehmen, dann muss auch der Datenschutz gewährleistet sein. Fehlende kompatible Hardware eines Wohnungseigentümers muss dagegen nicht berücksichtigt werden, solange ihm die Teilnahme an der Präsenzversammlung zumutbar möglich ist.

Insbesondere über die konkret notwendige technische Ausgestaltung für die Online-Teilnahme müssen die Wohnungseigentümer beschließen. Favorisiert wird eine wechselseitige Kommunikation in Echtzeit (Pauli AnwZert MietR 9/2020).

70   Vom neuen WEG vorgeschrieben ist nur ein beliebiger elektronischer Kommunikationsweg nach Ermessen der Wohnungseigentümer. Im Hinblick auf sich rasant entwickelnde technische Entwicklungen wurde die technische Ausgestaltung der Online-Teilnahme bewusst nicht festgeschrieben (BR-Drs. 168/20, S. 79).

In Betracht kommt eine Teilnahme per Video und/oder Ton, etwa über ein 71
soziales Netzwerk oder andere Dienste, per E-Mail oder mit einem Messanger-
dienst. Insoweit sollte hinreichend bestimmt beschlossen werden, welche elektronische Kommunikation zugelassen wird.

Der Beschluss sollte wegen des Grundsatzes der Nichtöffentlichkeit zwecks Prü- 72
fung der Identität des Teilnehmers und zur Klärung des Stimmrechts vorgeben,
dass und wie sich ein Wohnungseigentümer zu legitimieren hat. Diese Anforderung trifft jeden Wohnungseigentümer, der Versammlungsrechte außerhalb der
Präsenzversammlung beansprucht.

Vom Verwalter/Versammlungsleiter sind elektronische Zugangsvoraussetzun- 73
gen zu prüfen. Erst bei begründeten Zweifeln sollte er die korrekte Umsetzung
der technischen Voraussetzungen im Bereich des zugeschalteten Wohnungseigentümers kontrollieren.

Irritierend muss es für die präsenten Wohnungseigentümer anmuten, dass sie
ihre Redebeiträge »vor versammelter Mannschaft« abzugeben haben, was be-
kanntlich nicht jedem leicht fällt, während der »Online-Teilnehmer« geschützt
im stillen Kämmerlein seine schriftlich vorbereiteten Beiträge zum Besten
geben kann, womöglich unter Mitwirkung seines anwaltlichen Beraters, der
ihm – gleichsam »aus dem Off« – die nötigen Hinweise zuflüstert.

Wegen des geltenden Grundsatzes der Nichtöffentlichkeit muss wohl nicht der 74
Verwalter/Versammlungsleiter für dessen kontinuierliche Beachtung sorgen,
sondern die Wohnungseigentümer, die nicht Vorort an der Präsenzversammlung teilnehmen.

Letztlich kann es nie ganz ausgeschlossen werden, dass eine auf dem Bildschirm 75
im Versammlungsraum nicht sichtbare Person den Verlauf der Versammlung
mitverfolgt. Vielleicht ist das Risiko einer stillen Teilnahme nicht berechtigter
Personen in dem nach § 23 Abs. 1 Satz 2 WEG n. F. erforderlichen Zulassungsbeschluss mit einkalkuliert. Selbstverständlich ist dies aber keinesfalls (vgl. Hinz
ZMR 2020, 377 f.)

Die Zahl der Bildschirme bei Versammlungen größerer Wohnungseigentümer- 76
gemeinschaften muss ausreichend sein, um eine »Online-Teilnahme« von zahlreichen auswärtigen Wohnungseigentümern tatsächlich zu ermöglichen. Auch
hierbei ist der Grundsatz der Gleichbehandlung aller Wohnungseigentümer, die
nicht Vorort an der Präsenzversammlung teilnehmen, zu beachten.

Alle Online-Teilnehmer dürfen aber in Ihren Teilnahmerechten schlechter ge- 77
stellt werden als Vorort-Teilnehmer. Im Zulassungsbeschluss kann im Wege
elektronischer Kommunikation im Extremfall nur das Zuhören – ggf auch das
Zusehen – ermöglicht werden.

78   Dazu könnten – wohl ohne Ermessensfehler – erhebliche Beschränkungen vorgenommen/beschlossen werden: ein Online-Diskussionsbeitrag oder ein Online-Antragsrecht des »Externen« und seine Online-Stimmabgabe wären z. B. auszuschließen (kritisch dazu Abramenko Das neue WE-Recht § 7 Rn. 18 aE). Erstrebenswert ist dies aber nicht. Im Regelfall bedeutet ein Schweigen im Zulassungsbeschluss, dass alle Versammlungsrechte im Wege elektronischer Kommunikation bestehen und auch real genutzt/umgesetzt werden können.

79   Grundsätzlich darf ein Wohnungseigentümer sich auch bei seiner elektronischen Teilnahme an einer Präsenzversammlung vertreten lassen. Der Beschluss sollte schon vorab festlegen, wie der Verwalter/Versammlungsleiter und die Mitwohnungseigentümer die behauptete Vertretungsmacht der (evtl. unbekannten) Dritten kontrollieren können.

80   Sobald die Wohnungseigentümer eine Online-Teilnahme beschlossen haben, muss die Gemeinschaft der Wohnungseigentümer vertreten durch den Verwalter die Voraussetzungen schaffen. Hardware kann sowohl gekauft (so AG Nürnberg ZMR 2020, 345, wenn auch für den Kauf eines elektronischen Zählgeräts für Abstimmungen in einer 600er-Wohneinheit) als auch – z. B. vom Verwalter – gemietet werden.

81   Für die Wohnungseigentümer ist die im Beschluss beschriebene elektronische Kommunikation und die Wahrung der dort bestimmten Versammlungsrechte sicherzustellen. Den Verwalter/Versammlungsleiter trifft die Überwachungspflicht hinsichtlich der technischen Absicherung der elektronischen Teilnahme.

82   Im neuen WEG wird nicht gefordert, dass der digitale Zugang zur Präsenzversammlung und ein etwaiger Legitimationsnachweis für dem Versammlungsleiter nicht bekannte Online-Teilnehmer schon mit der Ladung (obwohl allein dies Sinn macht) zur Versammlung bekannt gegeben sein müssen. § 121 Abs. 3 Satz 3 Nr. 2 Buchstabe b) AktG ist nicht analogiefähig und enthält auch keinen allgemeinen Rechtsgedanken, wenn es dort heißt: *Bei börsennotierten Gesellschaften hat der Vorstand ... ferner anzugeben: .... 2. das Verfahren für die Stimmabgabe ... b) durch Briefwahl oder im Wege der elektronischen Kommunikation gemäß § 118 Abs. 1 Satz 2, soweit die Satzung eine entsprechende Form der Stimmrechtsausübung vorsieht.....*

83   Dieselben Themen wie bei einer reinen Präsenzversammlung sind zu bearbeiten: Art und Weise der Berücksichtigung von Redebeiträgen sowie Abstimmungs- bzw. Wahlverfahren (vgl. z. B. AG Nürnberg ZMR 2019, 378). Eine Video-Aufzeichnung ist datenschutzrechtlich nur gestattet, wenn alle – auch die nicht teilnehmenden Eigentümer – vorab ihr Einverständnis erklärten. Ein seltener Fall. Umstritten ist, ob ein (z. B. schüchterner) Wohnungseigentümer der Aufzeichnung seines Redebeitrags erfolgreich widersprechen kann.

Der einzelne Wohnungseigentümer hat kein eigenes Recht, die elektronische 84
Kommunikation aufzuzeichnen. Heimliche Tonband- oder Bildaufnahmen
sind strafbar (§ 201 StGB) und unzulässig.

Kommt es zu technischen Störungen aus der Sphäre der Gemeinschaft, die die 85
Kommunikation der Online-Teilnehmer mit den Präsenzteilnehmern unterbindet, ist die Versammlung vorerst für einen festen den Teilnehmern zumutbaren Zeitraum zu unterbrechen (vgl. dazu BGH ZMR 2016, 976) und bei einem
nicht zeitnah zu behebenden Defekt letztlich doch zu beenden.

Pauli (AnwZert MietR 9/2020) schlägt folgenden Beschluss vor: 86

*Die Eigentümer beschließen auf Grundlage des § 23 Abs. 1 Satz 2 WEG n. F. [auf
Grundlage der Öffnungsklausel nach § xx GO], die Einführung der Online-
Teilnahme der Wohnungseigentümer an zukünftigen Eigentümerversammlungen
unter folgenden Voraussetzungen:*
- *Die Online-Teilnahme ist für alle zukünftige Eigentümerversammlung ab dem
  xx.xx. zulässig und wird von dem derzeitigen Verwalter technisch sichergestellt.*
- *Die Online-Teilnahme erfolgt über die – im privaten Bereich – kostenfreie Software SKYPE.*
- *Technisch wird die Teilnahme durch eine Videokonferenz – Übertagung von
  Bild und Ton der Versammlung – über Konferenzmikrofone und Konferenzkameras am Versammlungsort
  durch den Verwalter sichergestellt.
  Die online teilnehmenden Miteigentümer und ihre Redebeiträge werden mit
  Bild und Ton während
  der Versammlung im Versammlungsraum dargestellt. Die Redebeträge der physisch anwesenden Eigentümer werden ebenfalls über das Videokonferenzsystem
  an die virtuellen Eigentümer übermittelt. Der Versammlungsleiter moderiert die
  Videokonferenz.*
- *Die (virtuelle) Versammlung der Eigentümer ist nicht öffentlich. Die online teilnehmenden Eigentümer dürfen keine Dritten hinzuziehen. Hierüber ist ein Organisationsbeschluss zu fassen. Die Aufzeichnung der Eigentümerversammlung
  ist nicht zulässig.*
- *Die virtuelle Teilnahme der Eigentümer an der Eigentümerversammlung erfolgt
  durch die Anmeldung mit der Software SKYPE zu der von dem Verwalter angegebenen Adresse zum Zeitpunkt der Versammlung. Mit der Anmeldung durch
  den Verwalter und einer gegenseitigen Bestätigung gilt der Eigentümer in der
  Versammlung als (virtuell) anwesend. Für zulässige Vertreter gilt sinngemäß das
  Gleiche. Der Vertreter muss in zulässiger Weise seine Vollmacht nachweisen.*
- *Der Versammlungsleiter stellt zu Beginn der Versammlung die Anwesenheit
  der physischen und virtuellen Eigentümer fest. Die Anwesenheit der virtuellen*

Eigentümer gilt solange als bestätigt, wie dies von der Software – durch den Status – angezeigt und ein Bildsignal übermittelt wird.

– *Die Beendigung der Teilnahme an der Videokonferenz durch den virtuellen Eigentümer steht einem Verlassen der Eigentümerversammlung gleich. Zur Vermeidung von Missverständnissen ist das virtuelle Verlassen der Eigentümerversammlung über den Chat oder unmittelbar dem Verwalter anzuzeigen.*

– *Bei einem Ausfall des Videokonferenzsystems wird der Verwalter die Eigentümerversammlung zunächst unterbrechen und versuchen, das Konferenzsystem neu zu installieren. Soweit ein Neustart des Videokonferenzsystems nicht in angemessener Zeit möglich ist und eine Teilnahme der virtuell teilnehmenden Eigentümer (technisch) nicht anderes gewährleistet ist, ist die Versammlung abzubrechen.*

– *Die online teilnehmenden Eigentümer müssen während der Versammlung die Mikrofone der Benutzersoftware zur Rauschunterdrückung ausschalten. Ein Redebeitrag ist im Chat anzumelden. Der Verwalter wird die Redebeiträge nach der zeitlichen Reihenfolge der Anmeldungen aller Eigentümer berücksichtigen. Für den Redebeitrag ist das Mikrofon anzuschalten.*

– *Der Verwalter wird zu Beginn von Abstimmungen die Anwesenheit der virtuellen Teilnehmer überprüfen. Die Abstimmung der virtuellen Eigentümer erfolgt – soweit keine geheime Abstimmung vereinbart wird – über die bildliche und/oder Audiodarstellung durch das Videokonferenzsystem. Der Verwalter kann die virtuellen Eigentümer auffordern, ihre Stimmabgabe über den Chat – zur besseren Verständlichkeit – anzuzeigen.*

87 Wenn aus der Sphäre des Online-Teilnehmers eine Störung gemeldet wird, ist dafür allein der Wohnungseigentümer verantwortlich.

88 Analog § 243 Abs. 3 Nr. 1 AktG kann grundsätzlich eine Beschlussanfechtungsklage nicht auf die durch eine technische Störung verursachte Verletzung von Rechten, die auf elektronischem Wege wahrgenommen werden sollten, gestützt werden. Anderes gilt, wenn die Gemeinschaft der Wohnungseigentümer zumindest grobe Fahrlässigkeit vorzuwerfen ist. Der Anfechtende muss zumindest eine objektive Pflichtverletzung der Gemeinschaft in Person des für sie handelnden Verwalters beweisen. Offen ist, ob dann ein Verschulden zu vermuten ist (arg. § 280 Abs. 1 Satz 2 BGB).

6. Neues zur Beschlussfähigkeit

89 § 25 WEG n. F. regelt jetzt – durch Weglassen/Aufheben des § 25 Abs. 3 WEG a. F. – den Wegfall des Beschlussfähigkeitsquorums (vgl. Schultzky MDR 2020, 1474 Rn. 7; Dötsch/Schultzky/Zschieschack Kap. 8 Rn. 78 ff; Blankenstein, S. 330, 331 Abramenko, Das neue WE-Recht § 7 Rn. 10), was auf einhellige Zustimmung der Praxis stößt. Auch die Bund-Länder-Arbeitsgruppe hatte sich in diesem Sinne geäußert. Das neue Recht kennt keine § 25 Abs. 3, Abs. 4

WEG a. F. vergleichbare Bestimmungen mehr. Folglich ist jede Versammlung der Wohnungseigentümer beschlussfähig (was schlaue Notare schon zuvor in modernen Gemeinschaftsordnungen festgeschrieben hatten). Erforderlich ist nur, dass mindestens ein Wohnungseigentümer zur Versammlung der Wohnungseigentümer erschienen ist oder dort vertreten wird.

Dafür sprechen schon gute Gründe wegen der Synchronisierung mit dem übrigen Verbandsrecht sowie dem Interesse der Gemeinschaft, durch die Passivität einzelner Wohnungseigentümer nicht an der Durchführung von Versammlungen gehindert zu werden. Dabei ist zu berücksichtigen, dass diese teilweise mit einem nicht ganz unerheblichen Kostenaufwand (Saalmiete, Einladungsschreiben) organisiert werden und auch für die teilnehmenden Wohnungseigentümer mitunter erhebliche Anreisekosten anfallen (vgl. Hinz ZMR 2020, 378). **90**

Die Wohnungseigentümer können zur Beschlussfähigkeit der Versammlung etwas anderes vereinbaren (vgl. BGH ZMR 2016, 245 Juris Rn. 22: Gemäß § 14 Abs. 4 TE soll eine Eigentümerversammlung beschlussfähig sein, wenn mehr als die Hälfte der Miteigentumsanteile in der Versammlung vertreten sind. Vereint ein Eigentümer allein die Mehrheit der Miteigentumsanteile auf sich, ist eine Eigentümerversammlung deshalb auch bei der Anwesenheit nur eines einzigen Eigentümers beschlussfähig; OLG Frankfurt a. M. ZWE 2007, 84: § 25 Abs. 3 WEG (a. F.) ist dahingehend abdingbar, dass die Beschlussfähigkeit der Wohnungseigentümerversammlung alleine davon abhängig ist, dass mehr als die Hälfte der Miteigentumsanteile vertreten ist; OLG München ZMR 2006, 231: § 25 Abs. 3 WEG (a. F.) kann dahin abgedungen werden, dass eine ordnungsgemäß einberufene Eigentümerversammlung ohne Rücksicht auf die Zahl der erschienenen und vertretenen Wohnungseigentümer beschlussfähig ist) und ein Quorum einführen. Altvereinbarungen, die das anordnen, sind nach § 47 Satz 2 WEG n. F. in der Regel insoweit allerdings nicht anzuwenden, wenn sich aus ihnen nicht ein anderer Wille ergibt (§ 47 Satz 1 WEG n. F.). Bei Alt-Vereinbarungen ist die Vermutung des § 47 WEMoG zu beachten. **91**

7. Erhöhte Beschlussanforderungen

Die Wohnungseigentümer können weiterhin besondere Beschlussanforderungen vereinbaren. Diese Anforderungen dienen dann nicht nur dem Zweck der Beweissicherung, sondern sind echte Wirksamkeits- bzw. Entstehungsvoraussetzungen. **92**

In BGH ZMR 2016, 245 heißt es etwa: **93**

Die Teilungserklärung macht die Gültigkeit von Beschlüssen der Wohnungseigentümer … von der Protokollierung und diese von der Unterzeichnung durch den Verwalter und zwei von der Eigentümerversammlung bestimmten Wohnungseigentümern abhängig. Eine solche qualifizierte Protokollierungsklausel ist wegen des berechtigten Interesses der

Wohnungseigentümer an einer effektiven Kontrolle und an der sicheren Feststellung der gefassten Beschlüsse wirksam. Sie beruht auf dem Vier-Augen-Prinzip und bezweckt, dass das Protokoll – zusätzlich zu der Unterschrift des Verwalters – von zwei Personen unabhängig voneinander gelesen und auf seine Vollständigkeit und inhaltliche Richtigkeit hin überprüft wird und so Fehler eher auffallen. Dieser Zweck würde verfehlt, wenn bei der Unterzeichnung des Protokolls eine Vertretung von mehreren Wohnungseigentümern durch eine einzige natürliche Person möglich wäre. Das Protokoll muss deshalb von zwei verschiedenen natürlichen Personen unterzeichnet werden, die entweder selbst Wohnungseigentümer sind oder für sich oder andere Wohnungseigentümer handeln.

94 Unabhängig von der weiterbestehenden (echten) Beschluss-Sammlung nach § 24 Abs. 7 und 8 WEG kann die Eintragung eines Beschlusses in ein Protokoll- oder Beschlussbuch vereinbart werden.

95 In OLG Köln ZMR 2006, 711 heißt es dazu:

> Sieht die Teilungserklärung vor, dass zur Gültigkeit eines Beschlusses die Eintragung in ein »Protokollbuch« erforderlich ist, so genügt es nicht, wenn die Protokolle in sich geheftet und genietet, durchnummeriert sowie mit Seitenzahlen versehen sind und mit einem vorgehefteten Inhaltsverzeichnis in einem Ordner aufbewahrt werden.

96 In LG Saarbrücken ZWE 2011, 47 heißt es:

> Da in der Gemeinschaftsordnung von der »Gültigkeit« der Wohnungseigentümerbeschlüsse die Rede ist und eine Ergänzung des § 23 WEG (a.F.) erfolgen soll, ist davon auszugehen, dass die fehlende Eintragung der Wohnungseigentümerbeschlüsse in das Beschlussbuch nicht zur Nichtigkeit der Beschlüsse, sondern lediglich zu deren Anfechtbarkeit führt

(vgl. BGH NJW 1997, 2956 f., juris Rn. 14).

97 Eine qualifizierte Mehrheit (vgl. etwa LG Hamburg ZMR 2009, 872; Skauradszun, AnwZert MietR 21/2016 Anm. 1) mit benannter Bezugsgröße (z. B. 2/3 der stimmberechtigten Sondereigentümer) kann für bestimmte Beschlussgegenstände (meist) größerer Bedeutung vereinbart, aber nicht beschlossen werden. Im neuen WEG sieht lediglich § 21 Abs. 2 Nr. 1 WEG n. F. (… mit mehr als zwei Dritteln der abgegebenen Stimmen und (mindestens) der Hälfte aller Miteigentumsanteile beschlossen wurde) eine qualifizierte Mehrheit – allerdings nicht als Voraussetzung für die Beschlussfähigkeit – kraft Gesetzes bei der Kostentragung vor.

8. Vollmacht gemäß § 25 Abs. 3 WEG n.F.

98 Vollmacht in »Textform« meint, dass eine Stimmrechtsvollmacht verkörpert in einer Urkunde oder auf eine andere zur dauerhaften Wiedergabe in Schriftzeichen geeignete Weise abgegeben, die Person des Erklärenden genannt und der Abschluss der Erklärung durch Nachbildung der Namensunterschrift oder anders erkennbar gemacht werden muss. Dieser Anforderung übererfüllen die Schriftform und eine notarielle Beurkundung. Ausreichend ist etwa ein Fax oder eine E-Mail, selbst eine SMS (str.).

Der die Vollmacht erteilende Wohnungseigentümer muss seinem Vertreter   99
(meist Verwalter oder Miteigentümer) vorbehaltlich einer wirksamen abweichenden Regelung (z. B. in der Gemeinschaftsordnung oder einer anderen
Vereinbarung) zum Nachweis seiner Vertretungsmacht keine schriftliche Vollmacht mehr erteilen (Formerleichterung). Andererseits genügt eine formlose
Vollmacht jetzt nicht mehr (Dötsch/Schultzky/Zschieschack Kap. 8 Rn. 82 ff.).
Das Überlassen einer schriftlichen Original-Vollmachtsurkunde ist als Nachweis trotzdem der »sicherste Weg«.

Durch § 25 Abs. 3 WEG n. F. wird es nunmehr ermöglicht, auf eine Vollmachts-   100
rüge sogar noch in der Versammlung zu reagieren. Die Vollmacht kann spontan
per E-Mail oder anderer elektronischer Nachricht erteilt bzw. bestätigt werden.

§ 25 Abs. 3 WEG n. F. ist jetzt lex spec. zu § 174 Satz 1 BGB (BR-Drs. 168/   101
20, S. 81; vgl. auch BGH ZMR 2014, 566 zur Vollmacht des Verwalters; Elzer
MietRB 2020, 377; Lehmann-Richter/Wobst § 8 Rn. 629 ff.). Eine in Textform vorgelegte Vollmacht kann nicht mehr wie früher nach § 174 Satz 1 BGB
zurückgewiesen werden.

Eine noch nicht einmal in Textform abgegebene – formlose – Vollmachtserklä-   102
rung ist erst einmal wirksam, kann jedoch zurückgewiesen werden (vgl. Abramenko Das neue WE-Recht § 7 Rn. 13).

9. Beschluss-Sammlung

a) Sonderfall Umlaufbeschluss

Die Vorlage eines Protokolls der Eigentümerversammlung durfte nach bisheri-   103
gem Recht bei sog. Umlaufbeschluss nicht gefordert werden (OLG Düsseldorf
WuM 2020, 102; Becker/Schneider ZfIR 2020, 300; Blankenstein S. 338).

Eine Niederschrift war (vgl. Schmidt ZWE 2015, 108) für den – in der Praxis sehr   104
seltenen – schriftlichen Beschluss dennoch angebracht. Wegen der Anordnung in
§ 24 Abs. 7 Satz 2 Nr. 2 WEG konnte sie aber als entbehrlich angesehen werden.

Die Unterschrift weiterer Personen entsprechend § 24 Abs. 6 Satz 2 WEG n.   105
F. ist nicht erforderlich. Die Niederschrift ist nunmehr »unverzüglich« (Blankenstein S. 340) anzufertigen, nachdem der Beschluss entstanden ist. Dies ist
der Zeitpunkt der Mitteilung des Beschlusses an den letzten Wohnungseigentümer.

Die Verweisung in § 24 Abs. 7 Satz 2 Nr. 2 WEG (»schriftliche Beschlüsse«)   106
wird im Übrigen bereits als Redaktionsversehen (Lehmann-Richter/Wobst § 8
Rn. 602 aE) eingestuft; gemeint sind die auch in Textform möglichen Umlaufbeschlüsse des § 23 Abs. 3 WEG n. F.

b) Andere Versammlungsbeschlüsse

107 Die 2007 eingeführte Beschluss-Sammlung gemäß § 24 Abs. 7 und 8 WEG wurden nicht ersetzt. § 25 Abs. 5 des RegE wollte eine neue, inhaltlich stark reduzierte Beschlusssammlung schaffen (BR-Drs. 168/20, S. 80).

Nach Sinn und Zweck der Beschluss-Sammlung muss über Beschlüsse eine Niederschrift/ein Protokoll erstellt werden. Wenn auch die Annahme des Verwalteramtes nachgewiesen werden muss, bietet es sich an, bereits in der Niederschrift zu dokumentieren, dass die zu bestellende Person bei der Beschlussverkündung anwesend war und das Amt angenommen hat (vgl. oben SEHR/Skauradszun § 1 Rn. 82). Diese Niederschrift/das Protokoll ist unverzüglich (§ 121 Abs. 1 BGB) zu erstellen (§ 24 Abs. 6 Satz 1 WEG n. F.).

108 Die WEG-Novelle vom 26.3.2007 (BGBl. I, 2007, S. 370) kreierte per 1.7.2007 die in § 24 Abs. 7 und Abs. 8 WEG kodifizierte (echte) Beschluss-Sammlung – nach Ablehnung des zu favorisierenden Zentralgrundbuchs –, womit auch angeordnet wurde, dass und von wem eine solche Beschluss-Sammlung – die sich eben nicht nur auf Beschlüsse bezog – zu führen ist. Die Beschluss-Sammlung sollte es den Wohnungseigentümern selbst, aber vor allem einem (möglichen) Erwerber eines Sondereigentums ermöglichen, sich (wegen § 10 Abs. 4 WEG a. F.) vor einem möglichen Erwerb umfassend nicht nur über die aktuelle Beschlusslage, sondern auch über alle gerichtlichen Entscheidungen zu informieren (vgl. Riecke/Schmid, WEG, § 24 Rn. 94 ff.). Insbesondere sollte die Beschluss-Sammlung von der Gemeinschaftsordnung abweichende Regelungen durch Beschlüsse aufgrund gesetzlicher Öffnungsklauseln (Anpassungsvereinbarungen) dokumentieren.

109 Diese umfassende Sammlung aller Entscheidungen in Bezug auf eine Wohnungseigentumsanlage (z. B. jedes Hausgeldverfahren; jede erfolglose Beschlussanfechtung etc.) wird aufrechterhalten, obwohl sie sich nach Ansicht der Verwalterpraxis und auch des Gesetzgebers nicht bewährt hat (BR-Drs. 168/20, S. 41; Füllbeck ZMR 2020, 383; aA Hinz ZMR 2020, 270). Die Erwerber quasi als Begünstigte dieser Regelung haben kaum den Informationswert der Beschluss-Sammlung genutzt. Außerdem wurden über die Jahre derart viele Eintragungen vorgenommen, dass die Gefahr bestand, gerade die wirklich für die Erwerbsentscheidung relevanten Beschlüsse auch bei einer Einsichtnahme zu übersehen.

110 Das neue WEG ordnet deshalb einerseits an, dass Beschlüsse die auf einer Vereinbarung beruhen, zur Bindung des Sondernachfolgers (vgl. § 10 Abs. 3 Satz 1 WEG n. F.), aber auch zu dessen Information in das Grundbuch einzutragen sind. Trotzdem wurde die echte Beschluss-Sammlung alter Prägung beibehalten (vgl. Abramenko Das neue WE-Recht § 7 Rn. 33). Kreativer und praxistauglicher wäre die Umsetzung des § 25 Abs. 5 RegE gewesen. Danach wäre der Verwalter dazu verpflichtet, (nur) die besonders wichtigen Beschlüsse nach

§ 16 Abs. 2 Satz 2 n. F. und § 21 Abs. 5 Satz 1 WEG n. F. sowie diesbezügliche Urteile in den Verwaltungsunterlagen »hervorzuheben«.

An der Pflicht zur Beschluss-Sammlung ändert sich nichts, wenn ein Beschluss **111** auf einer Öffnungsklausel beruht und daher zur Wirkung gegenüber einem Sondernachfolger nach §§ 10 Abs. 3 Satz 1, 5 Abs. 4 Satz 1 WEG n. F. als Inhalt des Sondereigentums ins Grundbuch eingetragen werden muss.

Denn auch in diesem Fall handelt es sich um eine Niederschrift über einen Be- **112** schluss. Dieser Beschluss wirkt zwar anders als andere Beschlüsse (siehe § 10 Abs. 3 Satz 2 WEG n. F.) nur bei seiner Eintragung gegen einen Sondernachfolger, könnte bei seiner Aufnahme in die Beschluss-Sammlung aber anderes suggerieren.

Da die Verwaltung des gemeinschaftlichen Eigentums nach § 18 Abs. 1 **113** WEG n. F. nunmehr der Gemeinschaft der Wohnungseigentümer obliegt, ist auch die Aufbewahrung und Sicherung im Rahmen der Beschluss-Sammlung ihre Aufgabe; erfüllt wird sie durch den Verwalter als deren zuständiges Organ. Gibt es keinen Verwalter, trifft diese Pflicht die Wohnungseigentümer.

Die Beschluss-Sammlung ist in Textform (§ 126b BGB) zu führen. Eine Auf- **114** bewahrung in Papierform ist zwar wenig zeitgemäß, aber zulässig. Im Zuge des (weitgehend) papierlosen Büros werden Niederschriften und Urteile in der Praxis eingescannt und elektronisch gesammelt.

Der Verband muss die Beschluss-Sammlung i. S. v. § 24 Abs. 7 WEG fortfüh- ren. Die nicht vom Gesetz verlangte Hervorhebung ist auch dann problemlos möglich und sinnvoll für »wichtige« Beschlüsse.

Entscheidend ist, dass dem Sondereigentümer eine ungehinderte Einsicht in die **115** aufbewahrten Dokumente ermöglicht werden kann. Insoweit liegt es im Ermes- sen der Sondereigentümer, ob sie dem Verwalter insoweit Vorgaben machen. Sie können die Entscheidung auch dem Ermessen des Verwalters überlassen.

Nach BGH (ZMR 2016, 638) kann ein Beschluss selbst auf hinreichend be- **116** stimmt bezeichnete Anlagen mit ebenfalls hinreichend bestimmten Inhalt (vgl. Riecke, ZMR 2018, 173 ff zum Bestimmtheitsgrundsatz) verweisen. Diese An- lagen müssen auch zum Bestandteil der Beschluss-Sammlung gemacht werden.

Wenn Urteile im Verfahren der Beschlussklage oder ein Beschluss nach § 16 **117** Abs. 2 Satz 2 WEG n. F. für einzelne Kosten oder bestimmte Arten von Kosten einen von § 16 Abs. 2 Satz 1 WEG n. F. oder von einer Vereinbarung abwei- chenden Umlageschlüssel bestimmt haben, oder ein Beschluss, eine von § 21 Abs. 1 bis Abs. 4 WEG n. F. abweichende Umlage der Kosten und Nutzungen enthält, so sollten noch nach dem Regierungsentwurf diese in der angedach- ten »kleinen« Beschlusssammlung hervorgehoben werden. Dies findet seinen

Grund darin, dass zumindest der Regierungsentwurf zu Recht Beschlüssen über gewillkürte Umlageschlüssel und über Gebrauchsveränderungen eine besondere Bedeutung und ein verstärktes Informationsinteresse zumisst.

118   Die vom Gesetz nicht mehr geforderte Hervorhebung sollte geeignet sein, den Wohnungseigentümern schnell und ohne langes Suchen einen Überblick über den Bestand der relevanten Beschlüsse und Urteile zu verschaffen. Nach der Gesetzesbegründung zum Regierungsentwurf kann die Hervorhebung etwa durch farbliche Markierung, eine separat geführte Liste oder, bei elektronischer Aufbewahrung, durch eine technische Lösung erfolgen, die ein schnelles Auffinden ermöglicht (BR-Drs. 168/20, S. 82; vgl. auch Füllbeck ZMR 2020, 383).

119   Die Beschluss-Sammlung ist kein Ersatz-Grundbuch. Auch wenn sie bereits früher als Sekundärgrundbuch bezeichnet wurde (vgl. Kreuzer FS für Seuß III, 2007, S. 155): An dem guten Glauben des bei dem Amtsgericht geführten Grundbuchs nimmt die Beschluss-Sammlung nicht teil (vgl. Armbrüster AnwBl 2005, 16). Ihre Beweiskraft ist zweifelhaft, da nicht einmal deren Vollständigkeit sicher angenommen werden kann.

120   Die Gemeinschaft der Wohnungseigentümer handelnd durch den Verwalter kann Fehler in der Beschluss-Sammlung korrigieren. Bei Fehlern in der Sammlung hat jeder Wohnungseigentümer einen aus § 18 Abs. 2 Nr. 1 WEG n. F. resultierenden Anspruch auf Berichtigung gegen die Gemeinschaft. Erfüllt die Gemeinschaft der Wohnungseigentümer den Berichtigungsanspruch nicht, kann jeder Berechtigte sie gerichtlich in einem Verfahren nach § 43 Abs. 2 Nr. 2 WEG n. F. auf Berichtigung, Löschung etc. in Anspruch nehmen.

10. Einsichtsrecht; Auskunft

121   § 18 Abs. 4 WEG n.F. gewährt jedem (aktuellen oder ausgeschiedenen) Wohnungseigentümer nunmehr einen - datenschutzrechtlich grundsätzlich unbedenklichen (vgl. LG Hamburg ZMR 2020, 329) – Anspruch gegen den Verband auf Einsichtnahme (vgl. Dötsch/Schultzky/Zschieschack Kap 8 Rn. 104) in sämtliche Verwaltungsunterlagen (vgl. Lehmann-Richter/Wobst, Rn. 366 ff; OLG Hamm ZMR 2008, 399 f.), und zwar ggf. in Begleitung eines Dritten (LG Frankfurt/M, ZMR 2016, 982; LG Hamburg ZMR 2012, 292).

122   Der Mieter kann vom vermietenden Sondereigentümer ermächtigt/bevollmächtigt werden, selbst meist am Sitz des Verwalters Einsicht zu nehmen.

123   Für die Gemeinschaft der Wohnungseigentümer erfüllt diese Pflicht grundsätzlich der aktuelle Verwalter. Zu den Verwaltungsunterlagen gehören sämtliche

Unterlagen, die im Rahmen der Verwaltung des gemeinschaftlichen Eigentums entstanden sind (vgl. im Einzelnen Hügel/Elzer, 3. Aufl. § 24 Rn. 155).

Dieses Einsichtsrecht erfordert kein »besonderes Interesse« (vgl. KG ZMR 2000, 401; LG Saarbrücken ZMR 2019, 798). Das Einsichtsrecht kann anlasslos (BGH ZMR 2011, 489 sah dies noch enger) wahrgenommen werden. Kooperiert der Verwalter nicht, kann der Wohnungseigentümer sein Erscheinen in dessen Büro zu einem bestimmten Termin angemessene Zeit vorher avisieren und Einsicht verlangen (vgl. Schmid ZWE 2014, 389 ff.).   124

Die Gemeinschaft der Wohnungseigentümer hat grundsätzlich nicht in der Versammlung der Eigentümer Einsichtnahme zu gewähren (LG Itzehoe ZMR 2009, 142 Juris Rn. 7: »Aus gutem Grund wird dies aber auch vom OLG Köln nicht verlangt, denn die Kontrolle dieser Unterlagen würde den Rahmen jeder Eigentümerversammlung jedenfalls größerer Wohnungseigentumsanlagen sprengen. Darüber hinaus ist die Einsichtnahme während der Versammlung praxisfern, denn die Versammlung gerade großer Wohnungseigentumsanlagen würde unzumutbar behindert, wenn während der Versammlung auch nur ein einziger Wohnungseigentümer alle Einzelabrechnungen einzusehen verlangt«). Nach dem Grundsatz der Datensparsamkeit dürfen nicht einfach alle, sondern nur die erforderlichen Daten zur Einsicht zur Verfügung gestellt werden (vgl. Beckers ZWE 2019, 297 ff.).   125

Ein Recht auf Herausgabe der Verwaltungsunterlagen kodifiziert § 18 Abs. 4 WEG nicht. Werden durch die Gemeinschaft der Wohnungseigentümer die Verwaltungsunterlagen ausnahmsweise einem Beirat oder anderem Wohnungseigentümer zur Prüfung übergeben, kommt nach BGH (ZMR 2011, 976) ein konkludenter Leihvertrag zustande, wenn der Verwalter im eigenen Namen handelte. Handelt er als Organ der Gemeinschaft, steht dieser der Herausgabeanspruch zu.   126

Das Einsichtsrecht darf auch - in den Grenzen von §§ 226, 242 BGB - wiederholt wahrgenommen werden (LG Frankfurt/M. ZMR 2016, 982; LG Hamburg ZMR 2012, 292).   127

Verweigert die Gemeinschaft der Wohnungseigentümer die zulässige Einsichtnahme in die Verwaltungsunterlagen, kann ein Wohnungseigentümer sein Einsichtsrecht gestützt auf § 18 Abs. 4 WEG einklagen.   128

Weder durch Beschluss noch durch Vereinbarung/Gemeinschaftsordnung kann das Einsichtsrecht abbedungen werden (Schmid ZWE 2014, 389 f.).   129

Die Gemeinschaft der Wohnungseigentümer ist entsprechend § 18 Abs. 4 WEG verpflichtet, einem Wohnungseigentümer zur Abrechnung, zum   130

Wirtschaftsplan, aber auch in Übrigen in Bezug auf die Verwaltung des gemein-schaftlichen Eigentums Auskunft zu erteilen. Anders als bei dem Einsichtsrecht, soll es sich nach bisherigem/überholtem Denken »in erster Linie« nicht um einen individuellen Anspruch des einzelnen Wohnungseigentümers handeln, sondern um einen allen Wohnungseigentümern als unteilbare Leistung zuste-henden Anspruch. Jeder Wohnungseigentümer kann daher individuell zu sämt-lichen Fragen Auskunft verlangen. (vgl. Hügel/Elzer § 18 Rn. 175, 177; zum alten Recht BGH ZMR 2011, 489 = NJW 2011, 1137 Rn. 14).

§ 7 Wirtschaftsplan, Jahresabrechnung, Vermögensbericht

I. Einführung

1 »Wohnungseigentümer beschließen nicht mehr über Wirtschaftsplan und Jahresabrechnung!« So könnte die Schlagzeile in der Tagespresse lauten, um den Systemwechsel im Rechnungswesen der Wohnungseigentümergemeinschaft auf den Punkt zu bringen. Seitdem es Wohnungseigentum gibt, also seit 1951, galt der Grundsatz: »*Über den Wirtschaftsplan, die Abrechnung und die Rechnungslegung beschließen die Wohnungseigentümer mit Stimmenmehrheit*« (§ 28 Abs. 5 WEG a. F.). Nunmehr beschließen »*die Wohnungseigentümer über die Vorschüsse zur Kostentragung und zu den … durch Beschluss vorgesehenen Rücklagen*« (§ 28 Abs. 1 Satz 1 WEG). »*Nach Ablauf des Kalenderjahres beschließen die Wohnungseigentümer über die Einforderung von Nachschüssen oder die Anpassung der beschlossenen Vorschüsse*« (§ 28 Abs. 2 Satz 1 WEG). Von einem Beschluss über den Wirtschaftsplan und die Abrechnung ist hier nicht mehr die Rede. Allerdings hat der Verwalter zum Zwecke der Beschlussfassung über die Vorschüsse bzw. die Einforderung von Nachschüssen jeweils für ein Kalenderjahr einen Wirtschaftsplan (§ 28 Abs. 1 Satz 2 WEG) bzw. eine Abrechnung über den Wirtschaftsplan (Jahresabrechnung) aufzustellen (§ 28 Abs. 2 Satz 2 WEG). Wirtschaftsplan und Jahresabrechnung sind also nicht mehr Gegenstand von Beschlüssen der Wohnungseigentümer; sie dienen lediglich der Vorbereitung von Beschlüssen über die Begründung von Zahlungspflichten (Lehmann-Richter/Wobst, Rn. 742), über deren Fälligkeit die Wohnungseigentümer nach § 28 Abs. 3 WEG beschließen können.

2 Neben der Jahresabrechnung hat der Verwalter nach Ablauf eines Kalenderjahres einen Vermögensbericht zu erstellen (§ 28 Abs. 4 WEG). Es stellt sich daher nicht nur die Frage, welche Bedeutung Wirtschaftsplan und Jahresabrechnung nach neuem Recht haben. Auch muss der Inhalt der Jahresabrechnung vom Inhalt des nunmehr zu erstellenden Vermögensberichts abgegrenzt werden. Zunächst soll jedoch der Frage nachgegangen werden, welche Gründe die Verfasser des WEMoG überhaupt bewogen haben, einen Systemwechsel im Rechnungswesen der Gemeinschaft der Wohnungseigentümer vorzunehmen.

II. Gründe für den Systemwechsel

3 Wer nach den Gründen für den Systemwechsel im Rechnungswesen der Gemeinschaft sucht, muss zunächst die bisherige gesetzliche Regelung und sodann die Rechtsprechung des BGH seit den 90er-Jahren in den Blick nehmen. Nach § 16 Abs. 2 WEG a. F. war »*jeder Wohnungseigentümer … den anderen Wohnungseigentümern gegenüber verpflichtet, die Lasten des gemeinschaftlichen Eigentums sowie die Kosten der Instandhaltung, Instandsetzung, sonstigen Verwaltung und eines gemeinschaftlichen Gebrauchs des gemeinschaftlichen Eigentums nach dem*

Verhältnis seines (Miteigentums-) Anteils … zu tragen.« Die Vorschrift markierte die allgemeine Beitragspflicht im Verhältnis der Wohnungseigentümer untereinander, wobei erst Beschlüsse der Wohnungseigentümer über Wirtschaftsplan und Jahresabrechnung konkrete Zahlungspflichten der Wohnungseigentümer begründeten (BGH v. 21.4.1988 – V ZB 10/87, BGHZ 104, 197, 202; BGH v. 15.6.1989 – V ZB 22/88, BGHZ 108, 44, 51; BGH v. 10.3.1994 – IX ZR 98/93, NJW 1994, 1866, 1867). Dass die Wohnungseigentümer verpflichtet sind, dem beschlossenen Wirtschaftsplan entsprechende Vorschüsse zu leisten, ergab sich bisher aus § 28 Abs. 2 WEG a. F. Nach der Rechtsprechung des BGH begründete der Beschluss der Jahresabrechnung erstmalig (originär) Nachforderungen in Höhe der sog. Abrechnungsspitze, d. h. des anteilig auf die einzelnen Wohnungseigentümer entfallenden Betrages, um den die mit dem Wirtschaftsplan beschlossenen (Soll-) Vorschüsse hinter den tatsächlich entstandenen Lasten und Kosten zurückbleiben (BGH v. 10.3.1994 – IX ZR 98/93, NJW 1994, 1866, 1867). In Höhe der Abrechnungsspitze hatte der Beschluss der Jahresabrechnung also anspruchsbegründende Wirkung.

▶ **Beispiel (nach Bärmann/Becker, § 28 Rn. 63):**

Nach dem beschlossenen Einzelwirtschaftsplan schuldet ein Wohnungs- 4 eigentümer für das Kalenderjahr monatliche Vorschüsse in Höhe von jeweils 200 €, also insgesamt 2.400 €. Nach der späteren Jahresabrechnung (Einzelabrechnung) beträgt sein Anteil an den tatsächlich entstandenen Lasten und Kosten insgesamt 3.000 €. Es ergibt sich also eine Abrechnungsspitze in Höhe von 600 €.

In der Folge vertraten zunächst Teile der Literatur die Ansicht, dass nicht das 5 Rechenwerk der Jahresabrechnung – d. h. die Summe der anteilig zu tragenden Einnahmen und Ausgaben (sog. Abrechnungssumme, im genannten Beispiel also 3.000 €) –, sondern allein die Abrechnungsspitze Gegenstand der Beschlussfassung sei (Armbrüster ZWE 2005, 267, 271; Häublein ZWE 2010, 237, 239); Jacoby ZWE 2011, 61, 64; ders. ZWE 2018, 149, 151). Ein Teil der Rechtsprechung folgte dieser Auffassung und verlangte, dass die Abrechnungsspitze in der Einzelabrechnung jeweils betragsmäßig auszuweisen sei (so OLG Düsseldorf ZWE 2001, 77, 76; LG Frankfurt a. M. ZWE 2017, 321, 322; LG Dortmund ZWE 2014, 365; ZWE 2017, 183; AG Recklinghausen ZWE 2017, 382, 383). Der Beschluss der Einzelabrechnungen sei nichtig, wenn die Abrechnungsspitze dort nicht betragsmäßig angegeben sei (LG Dortmund ZWE 2014, 365; AG Recklinghausen ZWE 2017, 382, 383).

Demgegenüber vertrat etwa das LG München I die Ansicht, dass die betrags- 6 mäßige Angabe der Abrechnungsspitze nicht erforderlich sei, um Nachzahlungsansprüche in Höhe der Abrechnungsspitze zu begründen. Es genüge, dass die Abrechnungsspitze aus der Gegenüberstellung von Einzelwirtschaftsplan (Soll-Vorschüsse) und Einzelabrechnung (Abrechnungssumme) bestimmbar sei (LG München I ZMR 2017, 582). Diese Auffassung stand durchaus mit der Rechtsprechung des BGH im Einklang, denn dass der Beschluss der Jahresabrechnung anspruchsbegründende Wirkung hat, bedeutet nicht, dass die Abrechnungsspitze auch Gegenstand des Beschlusses sein muss. Die anspruchsbegründende Wirkung in Höhe der Abrechnungsspitze konnte man als gesetzliche Folge des Abrechnungsbeschlusses ansehen; die Abrechnungsspitze musste deshalb nicht zwingend Gegenstand eines Rechtsgeschäfts der Wohnungseigentümer sein (Bärmann/Becker, § 28 Rn. 165a; Riecke/Schmid/ Abramenko, § 28 Rn. 87; Spielbauer/Then, § 28 Rn. 83a; Casser ZWE 2016, 242, 245; Becker ZWE 2016, 361; ders. ZWE 2018, 193, 195; noch weitergehend Drasdo ZMR 2016, 135 (136): Gegenstand des Beschlusses ist nur die Gesamtabrechnung).

6a   Die von der Konferenz der Justizministerinnen und Justizminister eingesetzte Bund-Länder-Arbeitsgruppe zur Reform des Wohnungseigentumsgesetzes sprach sich in ihrem Abschlussbericht dafür aus, die Abrechnungsspitze als Gegenstand des Beschlusses über die Jahresabrechnung gesetzlich zu regeln (Abschlussbericht der Bund-Länder-Arbeitsgruppe zur Reform des Wohnungseigentumsgesetzes (WEG) vom August 2019, ZWE 2019, 429, 455 f.; vgl. auch Herresthal ZWE 2020, 169 ff. Dadurch sollte zum einen Rechtsklarheit in dieser Frage geschaffen werden. Zum anderen sollte dadurch auch die Anfechtbarkeit in den Fällen eingeschränkt werden, in denen zwar die Jahresabrechnung fehlerhaft ist, dieser Fehler sich aber nicht auf die Abrechnungsspitze als gesetzlich bestimmten Beschlussgegenstand auswirkt. Diese beiden Ziele, Rechtsklarheit zu schaffen und die Beschlussanfechtung zu beschränken, verfolgen auch die Verfasser des WEMoG mit der Neuregelung des § 28 WEG (BT-Drucks. 19/18791, S. 76). An diesen Zielen wird man die Neuregelung zu messen haben.

III. Wirtschaftsplan

1. Funktion

7   Wie bereits eingangs erwähnt, beschließen die Wohnungseigentümer nur noch über Zahlungspflichten (Vorschusspflichten), nicht aber über den Wirtschaftsplan selbst (§ 28 Abs. 1 Satz 1 WEG; Bärmann/Pick, Anh. I § 28 Rn. 2; Lehmann-Richter/Wobst, Rn. 739). Den Wirtschaftsplan hat der Verwalter nur zum Zwecke der Beschlussfassung über Vorschusspflichten jeweils für ein Kalenderjahr aufzustellen (§ 28 Abs. 1 Satz 2 WEG). Der Wirtschaftsplan soll

also nur die Beschlüsse der Wohnungseigentümer zur Begründung von Zahlungspflichten vorbereiten. Er ist die Grundlage, nicht der Gegenstand der Beschlüsse.

2. Aufstellung des Wirtschaftsplans

Die Aufstellung des Wirtschaftsplans obliegt weiterhin dem **Verwalter**. Er hat   8
den Wirtschaftsplan jeweils für ein Kalenderjahr aufzustellen. Nach bisherigem Recht billigte man jedem einzelnen Wohnungseigentümer nach § 21 Abs. 4 WEG a. F. unmittelbar gegen den Verwalter einen Anspruch auf Aufstellung des Wirtschaftsplans zu (BGH v. 1.6.2012 – V ZR 171/11, ZWE 2012, 373 Rn. 14; Bärmann/Becker, § 28 Rn. 10; Hügel/Elzer, § 28 Rn. 3; Staudinger/ Häublein, § 28 Rn. 141 f). Dies dürfte nach neuem Recht anders sein. Der **Anspruch des einzelnen Wohnungseigentümers** auf eine ordnungsmäßige Verwaltung richtet sich nunmehr **gegen die Gemeinschaft der Wohnungseigentümer** (§ 18 Abs. 2 Nr. 1 WEG). Auch bei der Aufstellung des Wirtschaftsplans wird der Verwalter als Organ der Gemeinschaft tätig. Gegenüber der Gemeinschaft ist er zur Aufstellung des Wirtschaftsplans verpflichtet (Lehmann-Richter/ Wobst, Rn. 753). Kommt der Verwalter seiner Verpflichtung zur Aufstellung nicht nach, kann jeder Wohnungseigentümer Leistungsklage gegen die Gemeinschaft erheben. Wie bisher ist die Aufstellung des Wirtschaftsplans eine vertretbare Handlung, die gem. § 887 ZPO im Wege der Ersatzvornahme durch einen Dritten vollstreckbar ist (Bärmann/Becker, § 28 Rn. 10, 53; Staudinger/Häublein, § 28 Rn. 144).

Der Anspruch auf Aufstellung eines Wirtschaftsplans **entsteht** nach überwiegender   9
gender Ansicht mit Beginn des neuen Wirtschaftsjahres und wird regelmäßig nach Ablauf der ersten drei Monate, spätestens nach Ablauf von sechs Monaten fällig (Bärmann/Becker, § 28 Rn. 13 m. w. N.; a. A. Staudinger/Häublein, § 28 Rn. 138). Daran hat das neue Recht nichts geändert.

Der Wirtschaftsplan kann seinen Zweck, Beschlüsse der Wohnungseigentümer   10
über Vorschüsse vorzubereiten, nicht mehr erfüllen, wenn der jeweilige, ohne entsprechende Grundlage gefasste Beschluss bereits bestandskräftig geworden ist. Daher **erlischt** der Anspruch auf Aufstellung eines Wirtschaftsplans, sobald die Wohnungseigentümer bestandskräftig über die Vorschusspflicht beschlossen haben (Lehmann-Richter/Wobst, Rn. 756).

3. Inhalt des Wirtschaftsplans

Um seiner Funktion gerecht zu werden, die Beschlüsse der Wohnungseigen-   11
tümer über Vorschüsse zur Kostentragung und zu den vorgesehenen Rücklagen vorzubereiten, muss für jedes Wohnungseigentum ein **Einzelwirtschaftsplan**

aufgestellt werden. Jeder Einzelwirtschaftsplan muss den Betrag ausweisen, den der jeweilige Wohnungseigentümer für sein Wohnungseigentum als Vorschuss zu zahlen hat. Jeweils getrennt aufzuführen sind die Vorschüsse

– zur (anteiligen) Kostentragung (Kosten der Gemeinschaft),
– zur Erhaltungsrücklage (§ 19 Abs. 2 Nr. 4 WEG) und
– zu etwaigen Sonderrücklagen, etwa einer Liquiditätsrücklage.

Vorschüsse zu einer **Sonderrücklage** sind nach § 28 Abs. 1 Satz 1 WEG nur festzusetzen, wenn eine solche Rücklage durch Beschluss der Wohnungseigentümer vorgesehen ist (BT-Drucks. 19/18791, S. 76). Eine entsprechende Beschlusskompetenz ergibt sich bereits aus § 19 Abs. 1 WEG.

▶ Praxistipp:

12   Bei der Aufstellung des Wirtschaftsplans sollte der Verwalter also beachten, ob die Wohnungseigentümer eine entsprechende Sonderrücklage bereits durch Beschluss vorgesehen haben. Soll in derselben Versammlung, die über die Vorschüsse beschließt, erstmals über die Ansammlung einer Sonderrücklage zu einem bestimmten Zweck beschlossen werden, sollte der Verwalter bereits bei der Ankündigung der Tagesordnung dafür Sorge tragen, dass die Wohnungseigentümer vorab durch sog. Vorschaltbeschluss unter einem gesonderten Tagesordnungspunkt über die Ansammlung einer solchen Rücklage beschließen (Tagesordnungspunkt: »*Ansammlung einer Liquiditätsrücklage*«). Kommt ein solcher Vorschaltbeschluss nicht zustande, kann der Verwalter den vorgelegten Wirtschaftsplan korrigieren, sodass die Wohnungseigentümer gar nicht erst über entsprechende Vorschüsse beschließen. In der Praxis empfiehlt es sich, die Ansammlung einer Sonderrücklage vorab in einer gesonderten Versammlung zu beschließen und die Bestandskraft des Beschlusses abzuwarten, bevor die Wohnungseigentümer in einer nachfolgenden Versammlung auf der Grundlage des Wirtschaftsplans Vorschüsse zu dieser Rücklage beschließen.

13   Neben den Vorschussleistungen soll der Wirtschaftsplan die voraussichtlichen Einnahmen und Ausgaben enthalten (§ 28 Abs. 1 Satz 2 WEG). Daher ist anzunehmen, dass der Wirtschaftsplan – wie bisher – auch einen **Gesamtwirtschaftsplan** mit den voraussichtlichen Einnahmen und Ausgaben der Gemeinschaft enthalten muss, die in den Einzelwirtschaftsplänen nach Maßgabe des jeweils geltenden Verteilungsschlüssels objektbezogen zu verteilen sind. Zugrunde zu legen sind die voraussichtlichen Einnahmen und Ausgaben für ein Kalenderjahr.

4. Beschluss über Vorschüsse

Wie bereits erwähnt, beschließen die Wohnungseigentümer nicht mehr über 14
den Wirtschaftsplan als Rechenwerk, sondern über Vorschussleistungen, die
aufgrund des vorgelegten Wirtschaftsplans von den Wohnungseigentümern zu
leisten sind. Der Beschluss der Wohnungseigentümer legt zugleich den **Ver-**
wendungszweck der jeweiligen Vorschussleistung fest, der für den Verwalter
bei der Verwendung der Mittel verbindlich ist. Nach Maßgabe der vorgelegten
Einzelwirtschaftspläne beschließen die Wohnungseigentümer nach § 28 Abs. 1
Satz 1 WEG
– **Vorschüsse zur** (anteiligen) **Kostentragung** (Kosten der Gemeinschaft),
– **Vorschüsse zur Erhaltungsrücklage** (§ 19 Abs. 2 Nr. 4 WEG),
– **Vorschüsse zu sonstigen Rücklagen, die durch Beschluss vorgesehen sind.**

Die jeweilig betragsmäßig zweckgebunden zu beschließende Vorschussleistung
bildet jeweils für sich einen Beschlussgegenstand.

▶ Praxistipp:

Es empfiehlt sich, bereits bei der Einberufung der Versammlung unter An- 15
gabe des Verwendungszwecks **getrennte Tagesordnungspunkte** für jede zu
beschließende Vorschussleistung anzukündigen (Tagesordnungspunkte: *»Be-*
schluss über Vorschüsse zur Kostentragung«, »Beschluss über Vorschüsse zur Er-
haltungsrücklage« und gegebenenfalls »Beschluss über Vorschüsse zur Liquiditäts-
rücklage«). Die bisher übliche Bezeichnung des Tagesordnungspunkts »Beschluss über Wirtschaftsplan« ist sachlich nicht korrekt, dürfte aber dennoch
ausreichen, wenn die Vorschüsse im Wirtschaftsplan betragsmäßig bezeichnet sind.

In der Versammlung empfiehlt sich, getrennte Beschlüsse über die jeweilige 16
Vorschussleistung zu fassen. Auf diese Weise ist gewährleistet, dass kein einheitlicher (teilbarer) Beschluss über mehrere Beschlussgegenstände zustande
kommt. Würde ein einheitlich (teilbarer) Beschluss gefasst, bestünde die Gefahr, dass das Prozessgericht im Falle der Beschlussanfechtung nach § 139 BGB
den gesamten Beschluss für ungültig erklärt, obwohl der Beschlussmangel nur
eine einzelne Vorschussleistung betrifft. Werden getrennte Beschlüsse gefasst,
steht von vornherein fest, dass die Beschlüsse, die unter keinem Mangel leiden,
weiterhin wirksam bleiben.

5. Fälligkeit und Zahlungsmodalitäten

Mit den Vorschüssen können die Wohnungseigentümer auch beschließen, 17
wann die jeweilige Vorschussleistung **fällig** werden (§ 28 Abs. 3 Fall 1 WEG).

Die Vorschrift ersetzt § 28 Abs. 2 WEG a. F., wonach die Vorschüsse nach Abruf durch den Verwalter fällig wurden. Jedoch konnten die Wohnungseigentümer nach § 21 Abs. 7 WEG a. F. abweichend davon über die Fälligkeit der Zahlungspflichten beschließen. Nach geltendem Recht ist es weiterhin möglich, dass die Wohnungseigentümer jeweils monatlich fällige Teilleistungen beschließen. Möglich ist auch der Beschluss einer sog. **Vorfälligkeitsklausel**, wonach die gesamte Leistung auf den Vorschuss für das gesamte Kalenderjahr fällig wird, wenn ein Wohnungseigentümer mit seinen monatlich fälligen Vorschussleistungen in Verzug gerät (LG Köln ZWE 2014, 414; LG Lüneburg ZWE 2016, 53; AG Wilhelmshaven ZWE 2016, 469; Merle ZWE 2004, 312, 315; Bärmann/ Merle § 21 Rn. 174 zu § 21 WEG a. F.). Stattdessen können die Wohnungseigentümer auch eine sog. **Verfallklausel** beschließen, wonach der gesamte Vorschuss bereits zu Beginn des Kalenderjahres fällig wird, die Gesamtleistung aber gestundet wird, solange der einzelne Wohnungseigentümer monatliche Teilleistungen von einem Zwölftel der Gesamtleistung erbringt (BGHZ 156, 279 = ZWE 2004, 77, 84; LG Köln ZWE 2014, 414).

18 Die Wohnungseigentümer können nach § 28 Abs. 3 WEG – wie bisher nach § 21 Abs. 7 WEG a. F. auch beschließen, wie die Vorschusspflicht zu erfüllen ist. Sie können etwa beschließen, dass sämtliche Wohnungseigentümer am **Lastschriftverfahren** teilzunehmen haben, um die Einziehung der Forderungen zu erleichtern (Bärmann/Merle, § 21 Rn. 172 zu § 21 Abs. 7 WEG a. F.).

6. Geltungsdauer

19 Auch über die Geltungsdauer der Vorschusspflicht können die Wohnungseigentümer nach § 28 Abs. 1 Satz 1 WEG beschließen. Dass der Verwalter nach § 28 Abs. 1 Satz 2 WEG den Wirtschaftsplan für ein Kalenderjahr aufzustellen hat, steht einem Beschluss nicht entgegen, wonach die konkret beschlossene Vorschusspflicht über das Kalenderjahr hinaus bis zum nächsten abändernden Beschluss fortgelten soll (sog. **Fortgeltungsklausel**; vgl. BGH v. 14.12.2018 – V ZR 2/18, ZMR 2019, 416 = ZfIR 2019, 494 m. Anm. Becker). Der Wirtschaftsplan ist lediglich Berechnungsgrundlage für die Zahlungspflicht (BT-Drucks. 19/18791, S. 76; Lehmann-Richter/Wobst, Rn. 791).

7. Beschlussmängel

20 Der Wirtschaftsplan ist nicht Beschlussgegenstand. Daher ist der Beschluss über die Vorschusspflicht wegen eines **Fehlers des Wirtschaftsplans** nur anfechtbar, wenn der Fehler sich **auf die Zahlungspflicht auswirkt**.

a) Beschränkte Beschlussanfechtung

Die Beschlussanfechtungsklage kann nicht allein darauf gestützt werden, dass **21** der Wirtschaftsplan vom Verwalter nicht ordnungsgemäß aufgestellt wurde (BT-Drucks. 19/18791, S. 76). Vielmehr muss der klagende Wohnungseigentümer geltend machen, dass sich bei ordnungsmäßiger Aufstellung des Wirtschaftsplans ein **anderer Zahlungsbetrag** ergibt. So wird eine Anfechtungsklage in der Regel erfolgreich sein, wenn der Verwalter bei den Einzelwirtschaftsplänen einen falschen Verteilungsschlüssel zugrunde gelegt und sich dieser Fehler auf den Endbetrag ausgewirkt hat, den die Wohnungseigentümer nach dem Beschluss jeweils als Vorschuss zu zahlen haben (Lehmann-Richter/Wobst, Rn. 798).

Stellt sich erst im Beschlussanfechtungsprozess heraus, dass sich ein Fehler bei **22** der Aufstellung des Wirtschaftsplans – etwa eine intransparente Darstellung des Rechenwerkes – nicht auf die Höhe der Zahlungspflicht auswirkt, kann der klagende Wohnungseigentümer seine Klage gem. § 264 Nr. 3 ZPO ändern und von der Gemeinschaft Schadensersatz wegen schuldhafter Verletzung der Pflicht zur ordnungsgemäßen Aufstellung eines Wirtschaftsplans verlangen. Gegenüber den Wohnungseigentümern obliegt die Pflicht zur Aufstellung eines Wirtschaftsplans der Gemeinschaft (s. o. unter 2). Sie muss sich das schuldhafte Verhalten ihres Verwalters als Organ analog § 31 BGB zurechnen lassen (Lehmann-Richter/Wobst, Rn. 800). Allerdings ist fraglich, inwieweit der klagende Wohnungseigentümer dadurch einen Schaden erleidet. Bleibt die Höhe seiner Vorschusspflicht von dem Mangel unberührt, dürfte ihm durch den fehlerhaft aufgestellten Wirtschaftsplan insoweit kein Schaden entstanden sein; zu erstatten sind ihm daher nur die Prozesskosten (Lehmann-Richter/Wobst, Rn. 801).

b) Teilanfechtung

Wirkt sich der Fehler des Wirtschaftsplans nur auf die beschlossene **Zahlungs-** **23** **pflicht einer Vorschussart** aus, kommt eine Teilanfechtung in Betracht. Sind etwa die voraussichtlichen Kosten der Verwaltervergütung in den Einzelwirtschaftsplänen fehlerhaft nach Wohneinheiten und nicht nach Miteigentumsanteilen verteilt worden, wirkt sich der Fehler nur auf die beschlossenen Vorschüsse zu den Kosten der Gemeinschaft aus. Die darüber hinaus beschlossenen Vorschüsse zur Erhaltungsrücklage bzw. zu weiteren durch Beschluss vorgesehenen Rücklagen bleiben davon unberührt.

▶ Praxistipp:

Haben die Wohnungseigentümer durch Beschluss Zahlungspflichten hin- **24** sichtlich mehrerer Vorschussarten begründet, sollte der einzelne Wohnungseigentümer seine Anfechtungsklage auf den anfechtbaren Teil des Beschlusses beschränken. Anderenfalls riskiert er, dass seine Klage hinsichtlich der anderen Teile des Beschlusses abgewiesen wird. Es ist nicht davon auszugehen, dass das Prozessgericht den teilbaren Beschluss insgesamt für ungültig erklärt (vgl. Bärmann/Becker, § 28 Rn. 50; Staudinger/Häublein, § 28 Rn. 242 jeweils zum alten Recht).

25   Wird der **einheitliche**, aber **teilbare Beschluss** nur hinsichtlich einer Vorschussart für ungültig erklärt, ist zweifelhaft, ob der Beschluss nach § 139 BGB im Zweifel auch hinsichtlich der anderen Vorschussarten **insgesamt unwirksam** ist (so wohl Lehmann-Richter/Wobst, Rn. 803). Die Vorschüsse haben verschiedene Verwendungszwecke. Auch hinsichtlich der Berechnung der jeweiligen Beträge sind sie nicht voneinander abhängig. Eine Gesamtunwirksamkeit des einheitlich gefassten Beschlusses dürfte daher nur anzunehmen sein, wenn auch das Prozessgericht den Beschluss insgesamt rechtskräftig für ungültig erklärt hat.

26   Das Problem der Teilanfechtung stellt sich nicht, wenn die Wohnungseigentümer – wie oben empfohlen (s. o. unter 4) – zu den Vorschussarten jeweils **getrennte Beschlüsse** fassen, die jeweils getrennt gerichtlich angefochten werden können. Hier stellt sich lediglich die Frage, ob die Anfechtung auf die einzelne Kostenposition der Vorschussart »Kosten der Gemeinschaft« zu beschränken ist, die in den Einzelwirtschaftsplänen fehlerhaft verteilt wurde. Nach bisheriger Rechtsprechung konnte die Anfechtung auf einen rechnerisch selbstständigen und abgrenzbaren Teil des Beschlusses beschränkt werden (vgl. Staudinger/Häublein, § 28 Rn. 242 m. w. N.). Da nunmehr hinsichtlich der jeweiligen Vorschussart der Zahlbetrag insgesamt Gegenstand des Beschlusses ist, dürfte eine Beschränkung auf einzelne Kostenpositionen innerhalb einer Vorschussart nicht mehr möglich sein (So auch Lehmann-Richter/Wobst, Rn. 804). Wenn sich also eine fehlerhafte Verteilung der voraussichtlich anfallenden Verwaltervergütung auf den beschlossenen »Vorschuss zu den Kosten der Gemeinschaft« auswirkt, so kann der Beschluss hinsichtlich der gesamten Zahlungspflicht zu dieser Vorschussart nur einheitlich angefochten werden.

c) Folgen der Ungültigerklärung

27   Wird der gerichtlich angefochtene Beschluss über die Zahlung von Vorschüssen rechtskräftig für ungültig erklärt, fehlt die Grundlage für die Zahlung weiterer Vorschüsse. Nach Ansicht des BGH kann der einzelne Wohnungseigentümer hingegen von der Gemeinschaft nicht wegen ungerechtfertigter Bereicherung (§ 812 Abs. 1 Satz 2 Fall 1 BGB) die **Rückzahlung** seiner auf den ungültigen Beschluss geleisteten Vorschüsse beanspruchen (BGH v. 10.7.2020 – V ZR 178/19, NZM 2020, 755 Rn 13 ff.; a. A. noch Bärmann/Becker, § 28 Rn. 92b;

Staudinger/Häublein, § 28 Rn. 92 b; Merle ZWE 2014, 90; Elzer ZMR 2014, 259). Rückzahlungsansprüche sollen einer späteren Beschlussfassung über die Jahresabrechnung vorbehalten bleiben (»Vorrang der Jahresabrechnung«). Diese Rechtsprechung dürfte auch für das neue Recht maßgeblich sein. Rückzahlungsansprüche ergeben sich demnach erst, wenn die Wohnungseigentümer nach § 28 Abs. 2 Satz 1 WEG nach Ablauf des Kalenderjahres auf der Grundlage der Jahresabrechnung eine entsprechende »Anpassung der Vorschüsse« beschließen (siehe dazu unter IV 4 b). Zu den Auswirkungen der rechtskräftigen Ungültigerklärung auf eine zwischenzeitlich auf der Grundlage der Jahresabrechnung beschlossenen Anpassung der Vorschüsse siehe unter IV 4 e.

Der Schuldgrund entfällt erst mit Rechtskraft des Urteils, das den angefochtenen Beschluss für ungültig erklärt (BGH ZWE 2014, 265 Rn. 6 f.; BGH v. 10.7.2020 – V ZR 178/19, NZM 2020, 755 Rn. 27). Bis dahin entstandene **Verzugsschäden** wegen Nichtzahlung von Vorschüssen sind weiterhin zu ersetzen (BGH v. 10.7.2020 – V ZR 178/19, NZM 2020, 755 Rn. 28 ff.). **28**

8. Sonderumlage

Auch nach neuem Recht können die Wohnungseigentümer zu bestimmten Zwecken Sonderumlagen beschließen. Bei der Sonderumlage handelt es sich um zusätzliche Vorschüsse, die nach § 28 Abs. 1 Satz 1 WEG beschlossen werden können (BT-Drucks. 19/18791, S. 76). **29**

IV. Jahresabrechnung

1. Funktion

Auch die »Abrechnung über den Wirtschaftsplan« (Jahresabrechnung) hat die Funktion, Beschlüsse der Wohnungseigentümer über Zahlungspflichten vorzubereiten. Nach Ablauf des Kalenderjahres beschließen die Wohnungseigentümer über die Einforderung von Nachschüssen oder die Anpassung der beschlossenen Vorschüsse (§ 28 Abs. 2 Satz 1 WEG). Zu diesem Zweck hat der Verwalter eine Jahresabrechnung zu erstellen (§ 28 Abs. 2 Satz 2 WEG). Die Jahresabrechnung soll damit die **Beitragspflicht** der Wohnungseigentümer für das abgelaufene Kalenderjahr **endgültig feststellen**; sie ist Grundlage für den Beschluss der Wohnungseigentümer über etwaige Nachzahlungen, die nach Maßgabe der im Kalenderjahr tatsächlich angefallenen Kosten über die geschuldeten Vorschüsse hinausgehen (sog. Abrechnungsspitze). **30**

Nach neuem Recht dient die Jahresabrechnung nur noch bedingt der Kontrolle des Verwalters (Bärmann/Becker, § 28 Rn. 100 zum alten Recht), soweit nach § 28 Abs. 2 Satz 2 WEG auch die Einnahmen und Ausgaben der Gemeinschaft darzustellen sind. Die Jahresabrechnung ist dagegen nach neuem Recht nicht **31** mehr dazu bestimmt, die Vermögenssituation der Gemeinschaft auszuweisen. Den Vermögensstatus und die Entwicklung der Erhaltungsrücklage sind nunmehr in einem Vermögensbericht darzustellen, den der Verwalter nach Ablauf des Kalenderjahres neben der Jahresabrechnung zu erstellen hat (§ 28 Abs. 4 Satz 1 WEG; siehe dazu unter V).

2. Aufstellung der Jahresabrechnung

32   Die Aufstellung der Jahresabrechnung obliegt nach § 28 Abs. 2 Satz 2 WEG dem Verwalter als Organ der Gemeinschaft der Wohnungseigentümer. Anders als nach bisherigem Recht steht dem einzelnen Wohnungseigentümer unmittelbar kein Anspruch gegen den Verwalter auf Aufstellung der Jahresabrechnung zu (zum alten Recht siehe BGH NJW 2016, 3536; BGH NJW 2012, 2797 Rn. 14; BGH NJW 1985, 912 f.; Bärmann/Becker, § 28 Rn. 107; Hügel/Elzer, § 28 Rn. 76; Staudinger/Häublein, § 28 Rn. 142). Der **Anspruch** des einzelnen Wohnungseigentümers auf eine ordnungsmäßige Verwaltung richtet sich nunmehr **gegen die Gemeinschaft** der Wohnungseigentümer (§ 18 Abs. 2 Nr. 1 WEG). Der Anspruch auf Aufstellung der Jahresabrechnung gehört auch dazu. Bei der Aufstellung der Jahresabrechnung wird der Verwalter als Organ der Gemeinschaft tätig. Gegenüber der Gemeinschaft ist er zur Aufstellung der Abrechnung verpflichtet (Lehmann-Richter/Wobst, Rn. 753). Kommt der Verwalter seiner Verpflichtung zur Aufstellung nicht nach, kann jeder Wohnungseigentümer Leistungsklage gegen die Gemeinschaft erheben. Die Aufstellung der Jahresabrechnung ist für Kalenderjahre, in denen der Verwalter selbst die Verwaltung geführt hat, auch nach neuem Recht keine vertretbare Handlung, die gem. § 887 ZPO im Wege der Ersatzvornahme durch einen Dritten vollstreckbar ist; sie ist als nicht vertretbare Handlung nach § 888 Abs. 1 Satz 1 ZPO durch Androhung von Zwangsmitteln zu vollstrecken (BGH ZWE 2016, 442, 425; Bärmann/Becker, § 28 Rn. 112a; Staudinger/Häublein, § 28 Rn. 143).

33   Wie bisher wird der Anspruch auf Aufstellung der Jahresabrechnung erst nach Ablauf von drei, spätestens von sechs Monaten nach Ablauf des abzurechnenden Kalenderjahres **fällig** (vgl. Bärmann/Becker, § 28 Rn. 105a; Staudinger/Häublein, § 28 Rn. 136 jeweils m. w. N.). Die Formulierung »nach Ablauf des Kalenderjahres« bezieht sich nach § 28 Abs. 2 Satz 1 WEG auf den Beschluss, nicht auf die Aufstellung der Abrechnung durch den Verwalter (Lehmann-Richter/Wobst, Rn. 831).

34   Aufgrund der eingeschränkten Funktion der Abrechnung **erlischt** der Anspruch auf Aufstellung der Abrechnung, sobald der Beschluss über Zahlungspflichten nach § 28 Abs. 2 Satz 1 WEG bestandskräftig wird (Lehmann-Richter/Wobst, Rn. 832). Nach Eintritt der Bestandskraft des Beschlusses steht die Zahlungspflicht fest; eine danach erstellte Abrechnung würde nicht mehr der Vorbereitung

des Beschlusses über die Zahlungspflicht dienen. Etwas anderes dürfte gelten, wenn die Wohnungseigentümer den Beschluss über die Zahlungspflicht durch Beschluss wieder aufheben. Dann müsste der Anspruch auf Aufstellung einer Abrechnung **wiederaufleben**, auf deren Grundlage die Wohnungseigentümer erneut eine Nachzahlungspflicht beschließen können.

3. Inhalt der Jahresabrechnung

Die begrenzte Funktion der Jahresabrechnung, Beschlüsse über Nachschüsse 35 bzw. Anpassung der Vorschüsse vorzubereiten, wirkt sich zwangsläufig auf den Inhalt der Abrechnung aus.

a) Einzel- und Gesamtabrechnung

Die Jahresabrechnung muss die nach § 28 Abs. 2 Satz 1 WEG einzufordernden 36 Nachschüsse bzw. die Anpassung der beschlossenen Vorschüsse betragsmäßig bezeichnen (BT-Drucks. 19/18791, S. 76). Die Nachschuss- bzw. Anpassungsbeträge ergeben sich für jedes Wohnungseigentum aus einer **Einzelabrechnung**, durch die die im Kalenderjahr tatsächlich angefallenen Einnahmen und Ausgaben nach Maßgabe des jeweils geltenden Verteilungsschlüssels auf die einzelnen Einheiten verteilt werden. Die Einzelabrechnungen werden wie bisher grundsätzlich aus einer **Gesamtabrechnung** abgeleitet, die die tatsächlichen Einnahmen und Ausgaben der Gemeinschaft im Abrechnungsjahr enthält (§ 28 Abs. 2 Satz 2 WEG). Eine Ausnahme gilt nach wie vor für die Heiz- und Warmwasserkosten, die nach dem jeweiligen Verbrauch im Abrechnungsjahr zu verteilen sind, auch wenn die Ausgaben für den Brennstoff nicht in demselben Jahr getätigt wurden (BGH ZWE 2012, 216 218). Nach wie vor ist die Abrechnung »über den Wirtschaftsplan« zu erstellen (§ 28 Abs. 2 Satz 2 WEG; vgl. bisher § 29 Abs. 3 WEG a. F.). Den im Wirtschaftsplan ausgewiesenen voraussichtlichen Einnahmen und Ausgaben sind nunmehr die tatsächlichen Einnahmen und Ausgaben der Gemeinschaft gegenüberzustellen. In den Einzelabrechnungen ist jeweils die **Abrechnungsspitze**, also die Differenz zwischen den geschuldeten Vorschüssen (Soll-Vorschüsse) und dem Anteil an den tatsächlichen Kosten der Gemeinschaft, betragsmäßig auszuweisen. Ist die Abrechnungsspitze aus Sicht des jeweiligen Wohnungseigentümers negativ, ergibt sich eine entsprechende Nachzahlungspflicht des Wohnungseigentümers. Ist sie hingegen positiv, erfolgt eine entsprechende Anpassung der Vorschüsse.

Die **Kontenstände** der Gemeinschaftskonten sind in der Jahresabrechnung 37 nach neuem Recht **nicht** mehr darzustellen, da sie für die Begründung weiterer Zahlungspflichten nicht relevant sind (Lehmann-Richter/Wobst, Rn. 840). Sie gehören in den Vermögensbericht.

b) Rücklagen

38 Besonderheiten gelten für die Abrechnung der Vorschüsse zur Erhaltungsrücklage (§ 19 Abs. 2 Nr. 4 WEG) und zu Sonderrücklagen, die durch Beschluss vorgesehen sind. Da die Abrechnung auch nach neuem Recht die Einnahmen und Ausgaben enthalten soll, sind die **tatsächlich im Abrechnungsjahr geleisteten Vorschüsse** zu den Rücklagen in der Gesamtabrechnung als **Einnahmen** auszuweisen (Bärmann/Becker, § 28 Rn. 151 zum alten Recht). Aufgrund der besonderen Zweckbindung dieser Vorschussleistungen, sind die Einnahmen jedoch nicht in den Einzelabrechnungen zu verteilen. Die Einnahmen müssen der Rücklage zugeführt werden und sollen der Gemeinschaft weiterhin zweckbestimmungsgemäß zur Verfügung stehen.

39 Bemerkenswert ist, dass die Beiträge zur Erhaltungsrücklage nach neuem Recht ausdrücklich als »**Vorschüsse**« zu leisten sind (§ 28 Abs. 1 Satz 1 WEG). Das könnte dafür sprechen, dass die geleisteten Beiträge nicht bereits bei Eingang der Zahlung der Zweckbindung unterliegen, sondern erst am Ende des Kalenderjahres zweckbestimmungsgemäß der Rücklage zugeführt werden müssen (so bereits Emmerich, Festschrift für Horst Müller, 2019, S. 93, 105; Bärmann/Becker, § 28 Rn. 152 zum alten Recht). Demnach könnte es dem Verwalter gestattet sein, die geleisteten Beiträge **unterjährig zur Deckung der laufenden Kosten** zu verwenden. Nach der bisherigen Rechtsprechung ist dem Verwalter eine unterjährige Verwendung von Beiträgen zur Erhaltungsrücklage nur gestattet, wenn die Wohnungseigentümer eine solche Verwendung beschließen (LG Düsseldorf ZWE 2017, 271, 272).

▶ Praxistipp:

40 Da die Rechtslage zum neuen Recht noch nicht geklärt ist, sollte der Verwalter Beiträge zur Erhaltungsrücklage weiterhin nur dann unterjährig zur Deckung laufender Kosten verwenden, wenn ihm dies durch Beschluss gestattet ist.

41 Wenn am Ende des Kalenderjahres die vorgesehenen Mittel der Rücklage tatsächlich nicht in vollem Umfang zur Verfügung stehen, könnte der Fehlbetrag als »**Nachschuss**« von den Wohnungseigentümern eingefordert werden. Der tatsächlich der Rücklage zugeführte Betrag bleibt in diesem Fall hinter dem Soll-Betrag der Zuführung zurück, sodass sich hinsichtlich der Rücklage eine gesonderte Abrechnungsspitze ergibt. Diese sollte in den Einzelabrechnungen gesondert ausgewiesen werden, damit die besondere Zweckbindung der jeweiligen Nachforderung deutlich wird. Möglich ist es auch, die Vorschüsse zu den Kosten der Gemeinschaft und die Vorschüsse zu den Rücklagen getrennt abzurechnen, d. h. jeweils getrennte Gesamt- und Einzelabrechnungen zu erstellen. Die Wohnungseigentümer können dann jeweils getrennt über die jeweilige Nachforderung beschließen (siehe dazu unter 4 d).

Die **Entwicklung der Erhaltungsrücklage** ist nach neuem Recht **nicht** mehr in 42 der Jahresabrechnung darzustellen, da sie für die Begründung von Zahlungspflichten nicht relevant ist. Sie gehört zur Vermögensübersicht, die der Verwalter neben der Jahresabrechnung zu erstellen hat (§ 28 Abs. 4 WEG).

4. Beschluss über Zahlungspflichten

Auf der Grundlage der Jahresabrechnung beschließen die Wohnungseigentümer 43 nach Ablauf des Kalenderjahres über die Einforderung von Nachschüssen oder die Anpassung der zuvor beschlossenen Vorschüsse (§ 28 Abs. 2 Satz 1 WEG). Gegenstand des Beschlusses ist jeweils nur die Zahlungspflicht der Wohnungseigentümer, nicht mehr die Jahresabrechnung als Rechenwerk.

a) Nachschüsse

Die Wohnungseigentümer beschließen über die Einforderung von Nachschüs- 44 sen, wenn die Einzelabrechnungen eine **Unterdeckung** im Sinne einer **negativen Abrechnungsspitze** aufweisen. Dies ist der Fall, soweit die auf der Grundlage des Wirtschaftsplans beschlossenen Soll-Vorschüsse hinter dem tatsächlich angefallenen Kosten zurückbleiben. Schuldet etwa ein Wohnungseigentümer – wie in dem eingangs genannten Beispiel (s. o. unter II) – für das Kalenderjahr Vorschüsse in Höhe von insgesamt 2.400 €, beträgt sein Anteil an den tatsächlich entstandenen Kosten jedoch 3.000 €, so ergibt sich eine negative Abrechnungsspitze in Höhe von 600 €. Dieser nachzufordernde Betrag ist Gegenstand der Beschlussfassung.

b) Anpassung der Vorschüsse

Weist die Einzelabrechnung hingegen eine **Überdeckung** im Sinne einer **positiven Abrechnungsspitze** aus, beschließen die Wohnungseigentümer über eine 45 entsprechende Anpassung der zuvor auf Grundlage des Wirtschaftsplans beschlossenen Soll-Vorschüsse.

▶ Beispiel:

  Schuldet der Wohnungseigentümer für das Kalenderjahr Vorschüsse in 46 Höhe von insgesamt 3.000 €, beträgt sein Anteil an den tatsächlichen Kosten jedoch nur 2.400 €, so ergibt sich zu seinen Gunsten eine (positive) Abrechnungsspitze in Höhe von 600 €.

»Anpassung der Vorschüsse« bedeutet eine Korrektur der zunächst beschlosse- 46a nen Vorschüsse. Hat der Wohnungseigentümer in dem genannten Beispiel etwa im Abrechnungsjahr nur 2.000 € an Vorschüssen gezahlt, schuldet er der Gemeinschaft nach dem Beschluss über eine entsprechende Anpassung nur noch

400 €. Der Beschluss über die Anpassung der Vorschüsse begrenzt also den Anspruch der Gemeinschaft. Dem Schuldner steht insoweit eine **rechtsvernichtende Einwendung** zu (Bärmann/Becker, § 28 Rn. 65).

47 Hat der Wohnungseigentümer im Abrechnungsjahr **sämtliche Vorschüsse gezahlt**, besteht keine Zahlungspflicht mehr. Vielmehr steht ihm ein Guthaben in Höhe der positiven Abrechnungsspitze zu. Insoweit hat er gegen die Gemeinschaft einen **Anspruch auf Erstattung** der zu viel geleisteten Vorschüsse. Der Erstattungsanspruch ist selbst nicht Gegenstand des Beschlusses über die »Anpassung der Vorschüsse«. Es handelt sich um einen gesetzlichen Anspruch, der teilweise aus dem Gemeinschaftsverhältnis hergeleitet (Bärmann/Becker, § 28 Rn. 184; Staudinger/Häublein, § 28 Rn. 223; Merle ZWE 2004, 195, 202 jeweils zum alten Recht), teilweise aber auch auf § 812 Abs. 1 Satz 2 Fall 1 BGB gestützt wird (Lehmann-Richter/Wobst, Rn. 860; so zum alten Recht bereits KG NJW-RR 1993, 338). Er besteht nur, soweit die bereits geleisteten Vorschüsse die Abrechnungssumme übersteigen, die der Wohnungseigentümer anteilig an den Kosten der Gemeinschaft zu tragen hat. Hat der Wohnungseigentümer **nicht alle Vorschüsse gezahlt**, kann er also von der Gemeinschaft nur Erstattung beanspruchen, soweit sich für den Wohnungseigentümer ein positiver Saldo ergibt. Zu den besonderen Problemen bei einem Eigentümerwechsel siehe unten unter 7.

48 Wenn die Wohnungseigentümer nach § 28 Abs. 3 WEG nichts anderes beschließen, wird die Rückzahlung sofort fällig (§ 271 Abs. 1 BGB). Die Rückzahlung steht nicht unter dem Vorbehalt, dass im laufenden Kalenderjahr im Gemeinschaftsvermögen ausreichend Mittel zur Verfügung stehen. In diesem Fall können die Wohnungseigentümer eine spätere Fälligkeit der Rückzahlung oder eine Sonderumlage zur Deckung der Liquiditätslücke beschließen (LG Berlin ZMR 2018, 536, 537; Riecke/Schmid/Abramenko, § 28 Rn. 93; Bärmann/Becker, § 28 Rn. 184).

c) Fälligkeit der Zahlung

49 Dass die Wohnungseigentümer über die Fälligkeit von Nachschüssen und Rückzahlungen beschließen können, ergibt sich aus § 28 Abs. 3 WEG.

d) Einheitliche oder getrennte Beschlussfassung?

50 Werden Vorschüsse zu den **Kosten der Gemeinschaft** und zu den **Rücklagen** – wie oben unter 3 b beschrieben – **getrennt abgerechnet**, können die Wohnungseigentümer **getrennte Beschlüsse** über die jeweilige Abrechnungsspitze fassen. Sie können aber auch einen **einheitlichen Beschluss** über eine Gesamtabrechnungsspitze fassen, die in der Abrechnung als Summe beider

Abrechnungsspitzen ausgewiesen ist. Dies dürfte unproblematisch sein, wenn sich die unterschiedliche Zweckbindung der einzelnen Nachforderungen durch Bezugnahme auf die Abrechnung bestimmen lässt. Ein einheitlicher Beschluss ist aber auch dann möglich, wenn sich hinsichtlich der zu bildenden Rücklage eine Nachforderung ergibt, die Abrechnung jedoch hinsichtlich der tatsächlich angefallenen Kosten der Gemeinschaft eine positive Abrechnungsspitze zugunsten des jeweiligen Wohnungseigentümers ausweist.

▶ Beispiel:

Hinsichtlich der Kosten der Gemeinschaft weist die Einzelabrechnung zu- 51 gunsten eines Wohnungseigentümers eine positive Abrechnungsspitze von 400 € aus. Hinsichtlich der zur Erhaltungsrücklage gezahlten Vorschüsse hat der Verwalter von der ihm durch Beschluss eingeräumten Ermächtigung Gebrauch gemacht und die Beiträge teilweise zur Deckung der laufenden Kosten verwendet. Für den einzelnen Wohnungseigentümer ergibt sich insoweit ein Fehlbetrag zur Rücklage von 100 €.

In diesem Fall ist die Unterdeckung der Rücklage auszugleichen. Um dies zu 52 gewährleistet, dürfte ein einheitlicher Beschluss möglich sein, wonach dem betroffenen Wohnungseigentümer lediglich der Differenzbetrag (300 €) zu erstatten ist.

e) Ungültiger Beschluss über Vorschüsse

Probleme ergeben sich nach neuem Recht, wenn der Beschluss über die nach 53 dem Wirtschaftsplan geschuldeten Vorschüsse angefochten und über die Beschlussanfechtungsklage nach Ablauf des Kalenderjahres noch nicht rechtskräftig entschieden ist.

▶ Beispiel:

Auf der Grundlage des Wirtschaftsplans 2021 beschließen die Wohnungs- 54 eigentümer in 2020 Vorschüsse zu den voraussichtlichen Kosten der Gemeinschaft. Ein Wohnungseigentümer, der danach für das Jahr 2021 Vorschüsse von insgesamt 2.400 € (monatlich 200 €) zu leisten hat, ficht den Beschluss gerichtlich an. Im November 2021 wird der Beschluss erstinstanzlich für ungültig erklärt; der Kläger zahlt daraufhin den für Dezember 2021 fälligen Vorschuss nicht. Die Gemeinschaft legt Berufung ein, über die das Berufungsgericht erst im Sommer 2022 entscheidet. Nach Ablauf des Jahres 2021 erstellt der Verwalter die Abrechnung 2021. Danach hat der Kläger einen Anteil von 2.500 € an den tatsächlich angefallenen Kosten der Gemeinschaft zu tragen, sodass sich auf der Grundlage des angefochtenen Beschlusses für ihn eine negative Abrechnungsspitze von 100 € ergibt.

55 Solange der angefochtene Beschluss nicht rechtskräftig für ungültig erklärt ist, schuldet der Kläger auf dieser Grundlage noch Vorschüsse in Höhe von 200 €. Beschließen die Wohnungseigentümer die Abrechnungsspitze 2021 vor Eintritt der Rechtskraft, schuldet der Kläger darüber hinaus weitere 100 € als Nachschuss. Die Abrechnungsspitze wird jedoch unrichtig, wenn das Berufungsgericht die erstinstanzliche Entscheidung bestätigt und die Ungültigerklärung rechtskräftig wird. Weitere Vorschüsse sind jetzt nicht mehr geschuldet. Die »Abrechnungsspitze« entspricht nunmehr der Abrechnungssumme, die der Kläger anteilig an den tatsächlichen Kosten zu tragen hat (2.500 €). Der Beschluss der Abrechnungsspitze muss korrigiert werden. Dies kann auf unterschiedliche Weise geschehen.

56 Nach Ansicht des BGH können die Wohnungseigentümer durch Zweitbeschluss auch noch nach Ablauf des Kalenderjahres mit der Abrechnung oder danach neue Vorschusspflichten für das abgelaufene Kalenderjahr begründen (BGH ZWE 2014, 261, 263; ebenso LG Frankfurt a. M. ZWE 2017, 321, 323; LG Hamburg ZWE 2017, 323, 325; Staudinger/Häublein, § 28 Rn 236). Demnach könnten die Wohnungseigentümer in dem genannten Beispiel erneut über die Vorschüsse für das abgelaufene Kalenderjahr 2021 beschließen. Die zu zahlenden (Soll-) Vorschüsse dürften dann aber andere sein als nach dem für ungültig erklärten Beschluss. Das wiederum hätte zur Folge, dass die zwischenzeitlich für das Jahr 2021 beschlossene Abrechnungsspitze fehlerhaft berechnet ist. Sie müsste durch einen ersetzenden Zweitbeschluss korrigiert werden, wobei der Beschluss zeitgleich mit dem erneuten Beschluss über die Vorschüsse gefasst werden kann.

57 Einfacher ist es, von einem erneuten Beschluss über die Vorschüsse abzusehen. Ohnehin ist zweifelhaft, ob die Wohnungseigentümer nach Ablauf des Kalenderjahres durch Beschluss rückwirkend noch Vorschusspflichten begründen können (so OLG Schleswig ZWE 2002, 141, 142; OLG Hamm NZM 2009, 820; OLG Köln ZWE 2008, 242 ff.; Bärmann/Becker, § 28 Rn. 149). Es macht keinen Sinn, »Vorschüsse« zu den voraussichtlichen Kosten eines Jahres zu beschließen, wenn die tatsächlichen Kosten bereits feststehen. Da die »Abrechnungsspitze« im Falle der rechtskräftigen Ungültigerklärung des Beschlusses über die Vorschüsse die gesamte Abrechnungssumme ausmacht, genügt es, die zuvor beschlossene Abrechnungsspitze durch einen ersetzenden Zweitbeschluss zu korrigieren (so bereits LG Frankfurt a. M. ZWE 2017, 321, 323; Jacoby DWE 2010, 120, 123; Drasdo ZMR 2017, 866, 869 f.).

58 Der Mehraufwand eines erneuten Beschlusses über die Abrechnungsspitze war nach altem Recht nicht erforderlich, wenn man – wie unter II dargestellt – von vornherein die Abrechnungssumme, nicht aber die Abrechnungsspitze als Beschlussgegenstand ansah. Da über die Abrechnungsspitze gar nicht beschlossen wurde, brauchte eine fehlerhafte Abrechnungsspitze auch nicht durch Beschluss korrigiert zu werden (Bärmann/Becker, § 28 Rn. 64e). Das neue Recht verlangt insoweit eine Korrektur mit entsprechendem Verwaltungsaufwand.

▶ Praxistipp:

Ist zum Zeitpunkt der Beschlussfassung über die Abrechnungsspitze noch **59** ein Beschlussanfechtungsprozess über die für das abgelaufene Kalenderjahr geschuldeten Vorschüsse anhängig, empfiehlt es sich, den streitgegenständlichen Beschluss durch Zweitbeschluss aufzuheben und zugleich die Abrechnungssumme als Abrechnungsspitze zu beschließen. Der Beschluss ist dann Rechtsgrund für die bereits geleisteten Vorschüsse und zugleich Schuldgrund für entsprechende Nachforderungen. Der Kläger kann den Rechtsstreit in der Hauptsache für erledigt erklären. Die Gemeinschaft kann sich dem anschließen, sodass das Gericht nur noch über Kosten des Rechtsstreits zu entscheiden hat (§ 91a ZPO; Jennißen/Suilmann, WEG, 5. Aufl. 2017, § 46 Rn. 136a m. w. N.). Die beschlossene Aufhebung dürfte bereits entstandene Ansprüche auf Ersatz von Verzugsschäden ebenso unberührt lassen wie eine rechtskräftige gerichtliche Ungültigerklärung (BGH v. 10.7.2020 – V ZR 178/19, NZM 2020, 755, 758).

f) Anspruch auf Beschlussfassung

Jeder Wohnungseigentümer hat einen Anspruch darauf, dass die Wohnungs- **60** eigentümer auf der Grundlage der Jahresabrechnung über die Einforderung von Nachschüssen bzw. die Anpassung der Vorschüsse beschließen. Anders als bisher richtet sich der Anspruch nicht gegen die übrigen Wohnungseigentümer (so BGH v. 10.2.2017 – V ZR 166/16, NZM 2017, 445 Rn. 10), sondern gegen die **Gemeinschaft der Wohnungseigentümer** (§ 18 Abs. 2 Nr. 1 WEG; Lehmann-Richter/Wobst, Rn. 847). Wie der Anspruch auf Aufstellung der Jahresabrechnung wird der Anspruch auf Beschlussfassung nicht schon mit Ablauf des Kalenderjahres, sondern erst nach Ablauf von drei, spätestens sechs Monaten nach Ablauf des Kalenderjahres fällig (s. o. unter 2; Lehmann-Richter/Wobst, Rn. 849). Wird der Beschluss nicht gefasst, kann jeder Wohnungseigentümer nach § 44 WEG **Beschlussersetzungsklage** gegen die Gemeinschaft erheben, nachdem er zuvor vergeblich versucht hat, einen Beschluss der Wohnungseigentümer herbeizuführen (Lehmann-Richter/Wobst, Rn. 850 ff.).

5. Beschlussmängel

Die Jahresabrechnung ist als Rechenwerk nicht Beschlussgegenstand. Die **61** Wohnungseigentümer beschließen nach § 28 Abs. 2 Satz 1 WEG nur über Nachschüsse bzw. die Anpassung der Vorschüsse. Daher führen **Fehler der**

Abrechnung nur zur Anfechtbarkeit des Beschlusses, soweit der Fehler sich **auf die Abrechnungsspitze auswirkt.**

a) Beschränkte Beschlussanfechtung

62 Die Beschlussanfechtungsklage kann nicht allein darauf gestützt werden, dass der Verwalter die Abrechnung nicht ordnungsgemäß aufgestellt hat (BT-Drucks. 19/18791, S. 76). Der Anfechtungskläger muss vielmehr geltend machen, dass sich bei ordnungsgemäßer Aufstellung der Abrechnung ein anderer Betrag als Abrechnungsspitze ergeben hätte. So ist etwa ein Beschluss über Nachschüsse nicht anfechtbar, wenn lediglich die Gesamtabrechnung der Einnahmen und Ausgaben fehlt, die Beträge sich aber aus ordnungsgemäß erstellen Einzelabrechnungen ergeben; der Fehler der Abrechnung wirkt sich hier nicht auf den Betrag der Abrechnungsspitze aus. Anders ist es jedoch, wenn die Gesamtabrechnung nicht sämtliche zu verteilenden Kosten berücksichtigt oder bei der Verteilung der Kosten in den Einzelabrechnungen hinsichtlich einzelner Kostenarten ein falscher Kostenverteilungsschlüssel zugrunde gelegt ist. In diesen Fällen wirkt sich der Fehler auf die Beträge der Einzelabrechnung aus, sodass der Beschluss darüber anfechtbar ist.

63 Wie beim Beschluss über Vorschüsse nach dem Wirtschaftsplan (s. o. unter III 7 a), kann sich auch hier erst im Beschlussanfechtungsprozess herausstellen, dass sich der Fehler einer intransparenten Darstellung des Rechenwerkes nicht auf den Betrag auswirkt. Auch hier kann der klagende Wohnungseigentümer seine Klage gem. § 264 Nr. 3 ZPO ändern und von der Gemeinschaft wegen fehlerhafter Abrechnung den Ersatz der Prozesskosten verlangen.

b) Teilanfechtung

64 Wirkt sich der Abrechnungsfehler auf den beschlossenen Zahlungsbetrag aus, stellt sich für den einzelnen Wohnungseigentümer auch nach neuem Recht die Frage, ob er den Beschluss insgesamt anfechten kann oder ob er die Anfechtungsklage auf den mangelhaften Teil beschränken muss, um eine teilweise Abweisung seiner Klage zu vermeiden. Nach bisherigem Recht hat der BGH die Möglichkeit einer teilweisen Anfechtung und einer teilweisen gerichtlichen Ungültigerklärung angenommen, wenn sich der Fehler auf rechnerisch selbstständige und abgrenzbare Teile der Jahresabrechnung beschränkt (BGH v. 4.12.2009 – V ZR 44/09, NJW 2010, 2127 Rn. 6 = ZWE 2010, 170).

65 Nach neuem Recht ist zunächst zu berücksichtigen, dass einzelne Teile gar nicht mehr zur Jahresabrechnung gehören, etwa die Angabe der Kontenstände oder die Entwicklung der Erhaltungsrücklage. Daher kann eine Anfechtung nicht mehr auf das Fehlen dieser Teile gestützt werden.

Auch wenn lediglich einzelne **Kostenpositionen fehlerhaft verteilt** sind, dürfte 66
eine Teilanfechtung hinsichtlich der betroffenen Kostenposition in der Regel nicht
mehr in Betracht kommen (anders nach bisherigem Recht: BGH ZWE 2012,
371, 372; LG Karlsruhe ZWE 2016, 274, 275; LG Frankfurt a. M. ZWE 2016,
34, 35). Die Wohnungseigentümer beschließen nach § 28 Abs. 2 Satz 1 WEG
nach Maßgabe der Einzelabrechnung einheitliche Beträge als Abrechnungsspitze. Die fehlerhafte Verteilung der einzelnen Kostenpositionen betrifft die Berechnungsgrundlage. Der Fehler geht im beschlossenen Gesamtbetrag auf, sodass der
Beschluss nur insgesamt angefochten und für ungültig erklärt werden kann.

Eine Teilanfechtung ist jedoch möglich, wenn die Vorschüsse zu den Kosten 67
der Gemeinschaft und zu den Rücklagen **getrennt abgerechnet** wurden und
sich daher für jede Vorschussart betragsmäßig getrennte Abrechnungsspitzen
unterscheiden lassen (s. o. unter III 4 d). Der Beschluss über die getrennt ausgewiesenen Beträge kann teilweise angefochten werden, wenn sich der Fehler
nicht auf den Betrag der Abrechnung der jeweils anderen Vorschussart auswirkt
(Lehmann-Richter/Wobst, Rn. 884).

c) Folgen der Ungültigerklärung

Wird der angefochtene Beschluss über die Einforderungen von Nachschüssen 68
rechtskräftig für ungültig erklärt, entfällt die Grundlage für eine entsprechende Nachschussforderung. Hatte der einzelne Wohnungseigentümer vor Eintritt
der Rechtskraft **Nachschüsse** geleistet, kann er diese nach Ansicht des BGH
nicht ohne Weiteres wegen ungerechtfertigter Bereicherung (§ 812 Abs. 1 Satz 2
BGB) von der Gemeinschaft **zurückverlangen** (BGH v. 10.7.2020 – V ZR 178/
19, NZM 2020, 755 (756). Auch hier gilt der »**Vorrang der Jahresabrechnung**«
und zwar der Abrechnung des Kalenderjahres, in dem die Rechtskraft eingetreten
ist. Etwaige Rückzahlungsansprüche bleiben also einem späteren Beschluss nach
Ablauf des Kalenderjahres vorbehalten. Man kann auch von einem »Stehenlas-
sen« der zu viel geleisteten Vorschüsse bis zur nächsten Abrechnung sprechen.

Mit Rechtskraft des Urteils, das den angefochtenen Beschluss über die Nach- 69
schüsse für ungültig erklärt, entfällt zwar der Schuldgrund. Davon unberührt
bleiben aber bis dahin bereits entstandene Ansprüche der Gemeinschaft auf Ersatz von Verzugsschäden wegen nicht rechtzeitiger Zahlung des zunächst wirksam beschlossenen Nachschusses (BGH v. 10.7.2020 – V ZR 178/19, NZM
2020, 755 (758).

6. Haftung des Verwalters

Noch ungeklärt ist, welche Haftungsrisiken sich nach neuem Recht bei einer 70
fehlerhaften Abrechnung für den Verwalter ergeben.

a) Haftung gegenüber der Gemeinschaft

71 Wie gesehen besteht die Abrechnungspflicht des Verwalters gegenüber der Gemeinschaft (s. o. unter 2). Verletzt der Verwalter schuldhaft seine Abrechnungspflicht und entsteht dadurch der Gemeinschaft ein Schaden, ist der Verwalter verpflichtet, der Gemeinschaft den Schaden zu ersetzen (§ 280 Abs. 1 BGB). Es muss sich allerdings um einen **Gesamtschaden**, d. h. ein Schaden im Vermögen der Gemeinschaft handeln. Das ist etwa der Fall, wenn in der Gesamtabrechnung mehr Einnahmen verbucht sind, als tatsächlich eingenommen. In den Einzelabrechnungen wird dadurch eine zu geringe Abrechnungsspitze ausgewiesen, die die Wohnungseigentümer sodann zur Anpassung der Vorschüsse beschließen (§ 28 Abs. 2 Satz 1 WEG). Dadurch ginge der Gemeinschaft Vermögen verloren. Der Beschluss der Wohnungseigentümer über die Anpassung der Vorschüsse dürfte für sich genommen nicht zum Ausschluss der Schadensersatzpflicht führen. Hierzu bedarf es – wie nach bisherigem Recht – eines Beschlusses über die **Entlastung des Verwalters**. Die beschlossene Entlastung hat die Wirkung eines Verzichts auf Ersatzansprüche der Gemeinschaft, die bei sorgfältiger Prüfung der Abrechnungsunterlagen erkennbar waren (BGH ZWE 2003, 365, 368 ff.; OLG München ZMR 2007, 1095).

b) Haftung gegenüber den Wohnungseigentümern?

72 Fraglich ist, ob eine fehlerhafte Abrechnung auch zu einer Haftung des Verwalters gegenüber den einzelnen Wohnungseigentümern führen kann. Die Abrechnung (Einzelabrechnung) ist die Grundlage für den Beschluss über die Nachzahlungspflicht des einzelnen Wohnungseigentümers. Eine fehlerhafte Abrechnung kann sich also auf die Zahlungspflicht des Wohnungseigentümers auswirken, etwa wenn die Abrechnung mehr Kosten ausweist als tatsächlich angefallen sind oder wenn die angefallenen Kosten nach einem falschen Kostenverteilungsschlüssel verteilt wurden. Ficht der betroffene Wohnungseigentümer den Beschluss nicht gerichtlich an, erwächst eine beschlossene (überhöhte) Zahlungspflicht in Bestandskraft, nicht aber die fehlerhafte Abrechnung. Demzufolge erleidet der betroffene Wohnungseigentümer endgültig einen Schaden.

73 Ein entsprechender Schadensersatzanspruch des betroffenen Wohnungseigentümers könnte sich gegen die Gemeinschaft richten. Aber auch eine Schadensersatzpflicht des Verwalters gegenüber dem betroffenen Wohnungseigentümer kommt in Betracht, wenn man der Abrechnungspflicht des Verwalters zumindest auch **Schutzwirkung gegenüber den Wohnungseigentümern** beimisst (Becker/Schneider ZfIR 2020, 281, 304). Hierfür spricht, dass die Einzelabrechnung die Grundlage für die Beschlüsse der Wohnungseigentümer zur Anpassung der Zahlungspflichten ist. Ihrem Zweck nach soll die Einzelabrechnung dafür sorgen, dass die Zahlungspflicht des einzelnen Wohnungseigentümers

richtig berechnet und beschlossen wird. Demnach könnten diese dem Verwalter weiterhin Fehler der Abrechnung entgegenhalten, die zu einer überhöhten Zahlungspflicht geführt haben. Eine Schadensersatzpflicht des Verwalters gegenüber den dem geschädigten Wohnungseigentümern dürfte gleichwohl nicht bestehen, wenn man davon ausgeht, dass dieser im Rahmen seiner Schadensminderungspflicht gehalten ist, den rechtswidrigen Beschluss über eine überhöhte Zahlungspflicht rechtzeitig gerichtlich anzufechten.

Erhebt der betroffene Wohnungseigentümer hingegen rechtzeitig Beschlussanfechtungsklage gegen die Gemeinschaft und wird der Beschluss über die Zahlungspflicht wegen eines Abrechnungsfehlers rechtskräftig für ungültig erklärt, muss die unterlegene Gemeinschaft dem klagenden Wohnungseigentümer die Prozesskosten erstatten. Wegen Verletzung seiner Abrechnungspflicht haftet der Verwalter seinerseits der Gemeinschaft auf Ersatz der ihrerseits aufgewendeten Prozesskosten. Die Haftung müsste die Gemeinschaft gegenüber dem Verwalter in einem gesonderten Prozess geltend machen, da das Prozessgericht ihm nach Aufhebung der §§ 48 und 49 WEG a. F. im Beschlussmängelprozess keine Prozesskosten mehr auferlegen kann. **74**

7. Eigentümerwechsel

Kommt es während des Kalenderjahres zu einem Eigentümerwechsel, gilt weiterhin die sog. **Fälligkeitstheorie** (BGH v. 21.4.1988 – V ZB 10/87, BGHZ 104, 197 (201); BGH v. 15.12.2017 – V ZR 257/16, ZfIR 2018, 408 Rn. 8 m. Anm. Spielbauer). Der Rechtsvorgänger schuldet nur Zahlungen, die aufgrund eines Beschlusses der Wohnungseigentümer fällig geworden sind. Zahlungen, die nach dem Eigentümerwechsel fällig werden, schuldet der Erwerber. Ergibt die Jahresabrechnung eine **Unterdeckung**, so schuldet der Erwerber die nach dem Eigentümerwechsel beschlossene negative Abrechnungsspitze als Nachschuss. **75**

Ergibt sich aus der Abrechnung hingegen eine **Überdeckung**, stellt sich die Frage, wem das Abrechnungsguthaben in Höhe der positiven Abrechnungsspitze zusteht. Richtig ist, dass die Wohnungseigentümer nach § 28 Abs. 2 Satz 1 WEG auch in diesem Fall nur über die »Anpassung der Vorschüsse« beschließen; sie beschließen nicht darüber, in welcher Höhe wem ein Erstattungsanspruch zusteht. Fraglich ist aber, ob die beschlossene Anpassung »nach unten« kraft Gesetzes auch dem Rechtsvorgänger zu Gute kommt. **76**

▶ Beispiel:

Im Kalenderjahr sind für das Wohnungseigentum des V Vorschüsse von monatlich 300 € (insgesamt 3.600 €) geschuldet. V veräußert sein Wohnungseigentum an E. Am 30.9. wird das Eigentum im Grundbuch umgeschrieben. Bis zum Ende des Kalenderjahres haben V und E ihre Vorschusspflichten **77** vollständig erfüllt (V: 2.700 €; E: 900 €). Nach Ablauf des Kalenderjahres beträgt der Anteil des Wohnungseigentums an den tatsächlichen Kosten der Gemeinschaft nur 3.000 €, sodass sich eine Überdeckung in Höhe von 600 € ergibt. Die Wohnungseigentümer beschließen eine entsprechende Anpassung der Vorschüsse.

78 Nach einer zum neuen Recht vertretenen **bereicherungsrechtlichen Lösung** kommt die Ermäßigung pro rata temporis auch dem Rechtsvorgänger zu Gute, der zum Zeitpunkt der Beschlussfassung nicht mehr Mitglied der Gemeinschaft ist (Lehmann-Richter/Wobst, Rn. 912). Ein Erstattungsanspruch ergibt sich demnach aus § 812 Abs. 1 Satz 2 Fall 1 BGB für jeden von beiden, soweit er im Kalenderjahr Vorschüsse geleistet hat. In dem genannten Beispiel hätten demnach V und E monatlich jeweils 50 € zu viel gezahlt, sodass V ein Erstattungsanspruch in Höhe von 450 € und E einen Erstattungsanspruch in Höhe von 150 € gegen die Gemeinschaft hätte.

79 Geht man hingegen davon aus, dass das gesetzliche Rechtsverhältnis zur Gemeinschaft das allgemeine Bereicherungsrecht überlagert, ergeben sich Erstattungsansprüche unmittelbar aus dem **Gemeinschaftsverhältnis** (Bärmann/Becker, § 28 Rn. 184; Staudinger/Häublein, § 28 Rn. 223). Dieses Rechtsverhältnis besteht nach einem Eigentümerwechsel nur noch gegenüber dem Erwerber, sodass nur noch diesem ein Erstattungsanspruch zusteht. Demnach stünde in dem Beispiel nur E die Abrechnungsspitze in Höhe von 600 € zu. Der Ausgleich zwischen E und V bliebe dem Innenverhältnis vorbehalten (Bärmann/Becker, § 28 Rn. 70; Demharter ZWE 2002, 294; Drasdo ZMR 2003, 297, 300; Merle ZWE 2004, 195, 197). Diese Ansicht wird der Fälligkeitstheorie bei der Anpassung der Vorschüsse gerecht. Für sie spricht, dass nach einem Eigentümerwechsel nur noch dem Erwerber Rechte und Pflichten gegenüber der Gemeinschaft der Wohnungseigentümer zustehen. Die Gemeinschaft muss sich nach dem Eigentümerwechsel nur noch mit ihrem Mitglied auseinandersetzen, nicht mehr mit dem ausgeschiedenen Wohnungseigentümer.

80 Fraglich ist, ob dem Erwerber die Abrechnungsspitze auch zusteht, wenn sein Rechtsvorgänger seine **Vorschüsse nicht vollständig gezahlt** hat.

▶ Beispiel:

81 Wie im vorgenannten Beispiel sind für das Wohnungseigentum Vorschüsse von monatlich 300 € geschuldet (insgesamt: 3.600 €). Bis zum Eigentümerwechsel am 30.9. hat der Veräußerer V für neun Monate anstatt der geschuldeten 2.700 € nur 2000 € gezahlt. Der Erwerber E erfüllt hingegen seine Vorschusspflicht für drei Monate (900 €) vollständig. Nach Ablauf des Kalenderjahres ergibt sich für das Wohnungseigentum ein Anteil an den tatsächlichen Kosten von nur 3.000 €. Es ergibt sich also eine Überdeckung von 600 €.

Käme die positive Abrechnungsspitze auch dem V zu Gute, müsste er nur noch den 82 Fehlbetrag von 100 € an den Erwerber zahlen. Gegen diese Lösung spricht aber, dass dadurch für den Veräußerer so ein Anreiz geschaffen würde, seine Vorschusspflicht nicht vollständig zu erfüllen und das spätere Abrechnungsergebnis abzuwarten. Ein pflichtwidriges Verhalten würde nachträglich belohnt. Deshalb sollte man auch hier davon ausgehen, dass eine positive Abrechnungsspitze nur dem Erwerber zu Gute kommt (Bärmann/Becker, § 28 Rn. 70b; Merle ZWE 2004, 195, 203).

Das bedeutet aber nicht, dass dem Erwerber auch ein Erstattungsanspruch in 83 Höhe der Abrechnungsspitze zusteht. Auch hier besteht ein Erstattungsanspruch nur, soweit die bereits geleisteten Vorschüsse die Abrechnungssumme übersteigen, die sich für das Wohnungseigentum als Anteil an den tatsächlichen Kosten im Abrechnungsjahr ergibt (s. o. unter 4 b). Hat der Rechtsvorgänger nicht alle Vorschüsse gezahlt, kann der Erwerber von der Gemeinschaft nur Erstattung beanspruchen, soweit sich für das Wohnungseigentum ein positiver Saldo ergibt. Im genannten Beispiel muss sich E den Fehlbetrag seines Rechtsvorgängers anrechnen lassen, sodass sich für ihn nur eine Erstattung in Höhe von 500 € ergibt (Bärmann/Becker, § 28 Rn. 70c; a. A. Staudinger/Häublein, § 28 Rn. 225: Ermessen der Gemeinschaft, wen sie auf den Fehlbetrag in Anspruch nimmt). Es bleibt also bei dem Grundsatz, dass sich die Gemeinschaft nach einem Eigentümerwechsel nur noch mit dem Erwerber auseinandersetzen muss.

V. Vermögensbericht

1. Funktion

In § 28 Abs. 4 WEG neu geregelt ist die Pflicht des Verwalters, nach Ablauf eines 84 Kalenderjahres einen Vermögensbericht zu erstellen. Dadurch sollen die Wohnungseigentümer ein möglichst genaues Bild über die wirtschaftliche Lage der Gemeinschaft erhalten. Der Vermögensbericht übernimmt damit die Funktion eines Vermögensstatus. Damit dürfte sich der Streit erledigt haben, ob der Vermögensstatus Bestandteil der Jahresabrechnung ist (vgl. Bärmann/Becker, § 28 Rn. 131; Hügel/Elzer, § 28 Rn. 111; Staudinger/Häublein, § 28 Rn. 44 ff.). Nach neuem Recht ist er es nicht. Der jährliche Vermögensbericht ist neben der Jahresabrechnung zu erstellen. Über ihn wird kein Beschluss gefasst.

2. Erstellung des Berichts

Nach § 28 Abs. 4 Satz 1 WEG hat der Verwalter den Vermögensbericht nach 85 Ablauf eines Kalenderjahres zu erstellen. Die Pflicht obliegt ihm gegenüber der Gemeinschaft der Wohnungseigentümer. Der Verwalter wird auch insoweit als Organ der Gemeinschaft tätig. Jeder Wohnungseigentümer hat gegen die Gemeinschaft der Wohnungseigentümer einen Anspruch auf Erstellung des

Vermögensberichts, den diese durch den Verwalter als Organ zu erfüllen hat (Lehmann-Richter/Wobst, Rn. 916).

86 Der Vermögensbericht ist nach Ablauf des Kalenderjahres zu erstellen. Da die Erstellung zusammen mit der Jahresabrechnung erfolgen soll, darf man annehmen, dass sie erst nach Ablauf von drei, spätestens von sechs Monaten nach dem Ende des Kalenderjahres fällig wird (BT-Drucks. 19/18791, S. 78).

3. Inhalt des Berichts

87 Der Vermögensbericht hat nach § 28 Abs. 4 Satz 1 WEG den Stand der Rücklagen anzugeben und eine Aufstellung des wesentlichen Gemeinschaftsvermögens zu enthalten.

a) Stand der Rücklagen

88 Anzugeben ist der Stand der **Erhaltungsrücklage** (§ 19 Abs. 2 Nr. 4 WEG) und **anderer Rücklagen**, die durch Beschluss vorgesehen sind. Nach der Gesetzesbegründung ist nur der **Ist-Stand** des tatsächlich vorhandenen Vermögens anzugeben, das für den jeweiligen Zweck reserviert ist; offene Forderungen oder zur Liquiditätssicherung umgewidmete Mittel sollen insoweit nicht anzugeben sein (BT-Drucks. 19/18791, S. 78). Die Gesetzesbegründung weicht damit ersichtlich von der bisherigen Rechtsprechung des BGH zur Darstellung der Entwicklung der Instandhaltungsrücklage in der Jahresabrechnung ab. Danach waren nach bisherigem Recht sowohl die tatsächlichen Zahlungen der Wohnungseigentümer auf die Rücklage als Einnahmen (Ist-Rücklage) als auch die noch geschuldeten Zahlungen (Soll-Rücklage) in der Jahresabrechnung auszuweisen (BGH v. 4.12.2009 – V ZR 44/09, ZWE 2010, 170 (172) = NJW 2010, 2127). Geschuldete, aber noch nicht geleistete Zahlungen zur Rücklage sind beim Stand der Rücklage nicht darzustellen. Sie sind als offene Forderungen bei der Aufstellung des wesentlichen Gemeinschaftsvermögens zu berücksichtigen (so wohl auch Lehmann-Richter/Wobst, Rn. 924).

89 Unerheblich ist, ob die zweckgebundenen Mittel der Rücklage auf einem gesonderten **Rücklagenkonto** oder auf dem **allgemeinen Girokonto** der Gemeinschaft verbucht sind. Anzugeben sind sämtliche zweckgebundenen Mittel, die nach Ablauf des Kalenderjahres vorhanden sind. Eine zwischenzeitliche, unterjährige Verwendung der Mittel zu anderen Zwecken (s. o. IV 3 b) ist hier nicht darzustellen. Sie mindern den Stand der Rücklage nicht, wenn entsprechende Mittel der Rücklage am Ende des Kalenderjahres wieder zugeführt sind. Entnahmen aus der Rücklage, die während des Kalenderjahres nicht ausgeglichen werden, mindern dagegen den Stand der Rücklage. Sie sind also anzugeben.

b) Wesentliches Gemeinschaftsvermögen

Damit die Wohnungseigentümer die Vermögenslage ihrer Gemeinschaft erkennen können, hat der Vermögensbericht eine Aufstellung des wesentlichen Gemeinschaftsvermögens zu enthalten. Nach der Gesetzesbegründung erfasst das wesentliche Vermögen insbesondere **90**
- alle **Forderungen** der Gemeinschaft der Wohnungseigentümer gegen einzelne Wohnungseigentümer (Forderungen auf Vorschüsse und Nachschüsse einschließlich offener Forderungen zu Rücklagen);
- alle **Verbindlichkeiten** der Gemeinschaft, etwa aus Bankdarlehen;
- **sonstige Vermögensgegenstände**, etwa unverbrauchte Brennstoffe (Heizöl; BT-Drucks. 19/18791, S. 78).

Die Aufstellung des Vermögens erfordert nicht, dass die einzelnen Vermögensgegenstände zu bewerten sind. Lediglich Geldforderungen und -verbindlichkeiten sind betragsmäßig anzugeben (BT-Drucks. 19/18791, S. 78). Bei Forderungen auf Vorschüsse und Nachschüsse sind darüber hinaus die betroffene Einheit und das Jahr anzugeben, für das die Zahlungen geschuldet sind. Bei **Konten der Gemeinschaft** sollten wie bisher Anfangs- und Endbestand der Konten angegeben werden (OLG Hamm ZWE 2001, 446, 448; LG Berlin ZWE 2013, 374; LG Düsseldorf ZWE 2015, 95, 96; LG Köln ZWE 2015, 418; LG Frankfurt a. M. ZWE 2016, 332, 333). **91**

Anzugeben sind nur die **wesentlichen** Vermögensgegenstände. Vermögensgegenstände, die für die wirtschaftliche Lage der Gemeinschaft unerheblich sind, müssen nicht angegeben werden. Das Gesetz enthält keine Angaben darüber, bis zu welcher Grenze Vermögensgegenstände betragsmäßig als unwesentlich anzusehen sind. Nach der Gesetzesbegründung soll dies insbesondere von der Größe der Gemeinschaft abhängen (BT-Drucks. 19/18791, S. 78). In der Literatur wird vorgeschlagen, sich insoweit an der steuerrechtlichen Grenze für sog. geringwertige Wirtschaftsgüter (§ 6 Abs. 2 Satz 1 EstG) zu orientieren (Lehmann-Richter/Wobst, Rn. 931). **92**

4. Zurverfügungstellen

Nach § 28 Abs. 4 Satz 2 WEG ist der Vermögensbericht jedem Wohnungseigentümer zur Verfügung zu stellen. Auf welche Art und Weise das »Zurverfügungstellen« erfolgt, ist im Gesetz nicht vorgeschrieben. Erforderlich ist lediglich, dass jedem Wohnungseigentümer die Möglichkeit zur Kenntnisnahme des Berichts gegeben wird. Denkbar ist eine Übersendung per Post oder E-Mail; möglich ist auch die Einstellung auf eine Internetseite (BT-Drucks. 19/18791, S. 78). Die Wohnungseigentümer können nach § 19 Abs. 1 WEG über die Art und Weise des Zurverfügungstellens beschließen. **93**

5. Fehlerhafter Vermögensbericht

94 Ist der Vermögensbericht fehlerhaft oder unvollständig, hat jeder Wohnungseigentümer gegen die Gemeinschaft ein Anspruch auf **Berichtigung** bzw. **Ergänzung** des Berichts (BT-Drucks. 19/18791, S. 78). Als Organ der Gemeinschaft hat der Verwalter die Berichtigung bzw. Ergänzung vorzunehmen. Der berichtigte bzw. ergänzte Vermögensbericht ist wiederum den Wohnungseigentümern zur Verfügung zu stellen. Fehler des Vermögensberichts haben keine Auswirkungen auf Wirtschaftsplan und Jahresabrechnung, auch nicht auf die Beschlüsse der Wohnungseigentümer über Vorschüsse, Nachschüsse oder Anpassung der Vorschüsse.

6. Rechnungslegung

95 Bisher war in § 28 Abs. 4 WEG a. F. bestimmt, dass die Wohnungseigentümer durch Mehrheitsbeschluss jederzeit vom Verwalter Rechnungslegung verlangen können. Mit Inkrafttreten des WEMoG ist diese Vorschrift aufgehoben. Damit ist die Verpflichtung des Verwalters, Rechenschaft abzulegen, jedoch nicht entfallen. Als Handlungsorgan der Gemeinschaft ist der Verwalter nunmehr dieser gegenüber rechenschaftspflichtig. Der Anspruch ergibt sich aus dem Verwaltervertrag (§§ 675 Abs. 1, 666 BGB; Staudinger/Häublein, § 28 Rn. 29). Der Verwalter ist danach verpflichtet, nach Beendigung seines »Auftrags« durch eine geordnete Zusammenstellung der Einnahmen und Ausgaben Rechnung zu legen (§ 259 Abs. 1 BGB). Darüber können die Wohnungseigentümer im Rahmen ordnungsmäßiger Verwaltung nach wie vor beschließen (§ 19 Abs. 1 WEG), dass der Verwalter bereits vor Beendigung seines Amtes Rechnung legen soll (Becker/Schneider ZfIR 2020, 281, 305).

VI. Übergangsrecht

96 Die Vorschriften des § 28 WEG sind ab dem Inkrafttreten des WEMoG am 1.12.2020 zu beachten. Eine Übergangsregelung ist nicht vorgesehen. Daher sind die neuen Vorschriften über Wirtschaftsplan und Jahresabrechnung sowie über den Vermögensbericht ab dem 1.12.2020 zu beachten. Dies gilt insbesondere für Beschlüsse über Vorschüsse zu den Kosten der Gemeinschaft und zu den Rücklagen bzw. für Beschlüsse über etwaige Nachschüsse oder Anpassung der Vorschüsse. Bereits die Jahresabrechnung 2020 ist nach den neuen Vorschriften zu aufzustellen. Für das Kalenderjahr 2020 ist erstmals ein Vermögensbericht zu erstellen.

§ 8 Der Verwaltungsbeirat

I. Einleitung

Der Verwaltungsbeirat, ein »wichtiges Kontrollorgan« in der und für die Gemein- **1** schaft der Wohnungseigentümer (vgl. BReg-E, S. 28), soll durch die Neuregelungen in § 29 WEG (n.F.) gestärkt werden und seine Tätigkeit in ihm aufgrund neuer Haftungsregelungen »attraktiver werden« (ebd.). Der Rolle des Verwaltungsbeirats wird nach dem neuen Regelungsregime eine gestiegene Bedeutung beigemessen (Beschl.- E. ARuV v. 16.09.2020, BT-Drucks. 19/22634, S. 48). Die wohl gewichtigste Änderung erfährt das Gesetz im Hinblick auf die nicht mehr festgelegte Größe des Beirats von drei Wohnungseigentümern, was durch deren individuelle Festlegung durch die Wohnungseigentümer zu einer »Flexibilisierung (…) nach den Bedürfnissen ihrer konkreten Gemeinschaft« führen soll (ebd.). Damit wird ein Teil der Vorschläge der Bund-Länder-Arbeitsgruppe (BLAG) zur Reform des Wohnungseigentumsgesetzes (vgl. den Abschlussbericht von August 2019, ZWE 2019, 429, 452 ff.) umgesetzt, weiterreichende Ideen (s. etwa Kappus, NZM 2019, 804) werden aber nicht aufgegriffen. Insgesamt sind also nur marginale Änderungen im Gesetz beabsichtigt (so Elzer, MDR 2020, R5, R7), weswegen auch die Einrichtung eines Beirats als solches nicht verpflichtend gesetzlich festgelegt wird. Allerdings bleibt es nach wie vor dabei, dass der Beirat nicht das Recht hat, sich die Kompetenzen des Verwalters anzueignen (Beschl.-E. ARuV v. 16.09.2020, BT-Drucks. 19/22634, S. 48).

Keine Veränderungen sieht die Neuregelung ferner – entgegen dem Vorschlag der **2** BLAG – zu einer festgelegten Amtszeit des Beirats vor. Diese wurde bis zu einer Dauer von vier Jahren für sinnvoll gehalten, weil die unbefristete Bestellung in der Praxis den Wechsel der Beiratsmitglieder erschwere und Laien, denen nicht ohne Weiteres klar sei, dass sie das Amt jederzeit niederlegen können, dadurch von der Übernahme des Amtes abgeschreckt werden könnten (s. BLAG, ZWE 2019, 429, 453). Keine Berücksichtigung gefunden hat ferner die Idee, ein »jederzeitiges Auskunftsrecht« des Verwaltungsbeirats gegenüber der Verwaltung und Dritten festzuschreiben (vgl. dazu etwa Brandt/Heinrich, ZMR 2019, 10, 11). Auch eine Erweiterung des Aufgabenkreises des Beirats, ggfs. flankiert durch eine Fortbildungspflicht, ist in der Novellierung nicht vorgesehen. Dadurch wurde eine stärkere Verantwortlichkeit der Beiratsmitglieder bei gleichzeitiger Entlastung der Eigentümer, die auf die Kontrollergebnisse des »engagierten« Beirats setzen könnten, für möglich gehalten (Brandt/Heinrich, a. a. O., S. 11 f.). Die Schaffung von Handlungspflichten liefe aber nach Ansicht der BLAG der Zielsetzung zuwider, die Tätigkeit im Beirat attraktiver auszugestalten (ZWE 2019, 429, 453). Denn die erhoffte »Attraktivität des Amtes« soll zu einer vermehrten Übernahme dieser Tätigkeit in den Reihen der Wohnungseigentümer sorgen (BReg-E, S. 89). Die Zielsetzung, »engagierte« Mitglieder für den Verwaltungsbeirat zu gewinnen, wird aber kaum nur durch die in § 29 Abs. 3 WEG n.F. vorgesehene Veränderung des Haftungsregimes bei gleichbleibender Zuständigkeitsverteilung zwischen WEG-Verwaltung und Beirat zu erreichen sein. Vielmehr kommt es in der praktischen Umsetzung insbesondere darauf an, ob und in welchem Umfang die Verwaltung die Ausübung der »Unterstützungskompetenz« und »Kontrollfunktion« des Beirats im Sinne von § 29 Abs. 2 WEG-E zulässt bzw. auf dieses zurückgreift und wie die Mitglieder des Beirats ihre Rolle interpretieren und mit Leben füllen. Hinzu kommt die vielfältig genutzte – wenn auch rechtlich unzulässige – Delegation von originären Befugnissen der Wohnungseigentümer auf den Beirat durch Beschluss, etwa die Einholung und Bewertung von Vergleichsangeboten, die Auswahl von Fachunternehmen und/oder die konkrete Vergabe von Aufträgen im Rahmen von Sanierungsmaßnahmen, ohne dass die Eigentümerversammlung dazu konkrete Vorgaben gemacht hat (s. etwa LG Hamburg, ZMR 2015, 143). Über einen bloßen Aufwendungsersatzanspruch hinaus, den das geltende Recht schon kennt (vgl. Riecke/Schmid, WEG, 5. Auflage 2019, § 29, Rn. 17; Hügel/Elzer, WEG, 2. Aufl. 2018, § 29, Rn. 55) und der nach Ansicht der BLAG daher nicht ausdrücklich im Gesetz zu regeln sei (ZWE 2019, 429, 454), wäre darüber hinaus als »Anreiz« an eine Vergütung der an sich unentgeltlich tätigen Beiratsmitglieder zu denken, selbst wenn dann die Haftungsmilderung nach § 29 Abs. 3 WEG n.F. entfällt. Dafür steht schon nach geltendem Recht die Möglichkeit zur Verfügung, eine solche frei zu vereinbaren oder zu beschließen (vgl. Hügel/Elzer, WEG, 3. Aufl. 2021, § 29, Rn. 90). In jedem Fall kommt aber ergänzend eine Vermögensschadenhaftpflichtversicherung zugunsten der Beiratsmitglieder in Betracht, selbst wenn sich jedes Mitglied über die Kostenverteilung in der Jahresabrechnung – ohne weitere Regelung dazu – selbst an seiner »Absicherung« beteiligt.

3   Zusammenfassend lässt sich festhalten, dass die Stärkung des Verwaltungsbeirats durch Einräumung einer Überwachungskompetenz bei gleichzeitiger Absenkung des Haftungsumfanges dem wichtigen Ziel des WEMoG, die Wohnungseigentümergemeinschaft handlungsfähiger zu machen, dienen soll (Beschl.-E. ARuV v. 16.09.2020, BT-Drucks. 19/22634, S. 41). Wie sich die Aufwertung der Rolle des Beirats und die Ausdehnung seiner Aufgaben mit dem Umstand verträgt, dass ein Beirat nicht zwingend bestellt werden muss, bleibt vor dem Hintergrund, dass der Beirat stärker als »Gegenpart« zum Verwalter verstanden wird, aber unklar.

II. Bestellung des Beirats

Die Neuregelung in § 29 Abs. 1 S. 1 und 2 WEG (n.F.) ersetzt die bisherige Regelung in § 29 Abs. 1 S. 1 und 2 WEG (a. F.) nicht nur sprachlich, sondern auch in der Sache. Im Wesentlichen wird die Anzahl der Beiratsmitglieder, die bislang von Gesetzes wegen auf drei Wohnungseigentümer festgelegt war, nicht mehr begrenzt oder vorgegeben. Das führt dazu, dass der Verwaltungsbeirat – der weiterhin nur fakultativ vorgesehen ist – aus einer beliebigen Anzahl von Personen bestehen kann. Es kann auch nur ein Wohnungseigentümer zum alleinigen Mitglied des Verwaltungsbeirats bestellt werden (BReg-E, S. 89). In jedem Fall muss es sich aber nach wie vor um »Wohnungseigentümer« handeln, sodass der Verwaltungsbeirat nicht für Dritte geöffnet wird (auch wenn dadurch die Möglichkeit bestanden hätte, externen Sachverstand zu gewinnen); ein anderslautender Beschluss wäre anfechtbar, aber nicht nichtig (a. A. Sommer, ZWE 2020, 409, 410, der nur eine beschränkte Beschlusskompetenz annimmt). Das Hinzuziehen von »professionellen Kontrolleuren« hätte einer verbandsrechtlichen Ausrichtung im Gesamtgefüge jedenfalls entsprochen (so auch Hogenschurz, ZWE 2020, 49). Ein Sachkundenachweis – oder ein ähnlicher Beleg für die fachliche Qualifikation der Beiratsmitglieder – ist nach wie vor nicht erforderlich (so zu Recht Elzer, Stellungnahme für die öffentliche Anhörung des Ausschusses für Recht und Verbraucherschutz des Deutschen Bundestages v. 19.05.2020, S. 38), aber durchaus wünschenswert für den »Mehrwert« ihrer Arbeit. Beibehalten bleibt ferner, dass die Bestellung der Beiratsmitglieder »beschlossen« werden kann, auch wenn die Formulierung »durch Stimmenmehrheit« entfällt. Ferner wird geregelt, dass ein aus mehreren Wohnungseigentümern bestehender Beirat einen Vorsitzenden/eine Vorsitzende und einen Stellvertreter/eine Stellvertreterin haben muss. Den Wohnungseigentümern verbleibt insoweit kein Ermessen, wie durch die Formulierung »ist (…) zu bestimmen« in § 29 Abs. 1 S. 2 HS 2 WEG n.F. deutlich wird. Die Neuregelung enthält allerdings keinen Hinweis darauf, durch wen diese »Ämter im Amt« bestimmt werden sollen.

Elzer hält die Verwendung des Begriffs der »Mitgliedschaft« eines Wohnungseigentümers im Verwaltungsbeirat in § 29 Abs. 1 S. 1 WEG n.F. für vermeidbar und leitet daraus ab, dass dieser aber dem Verbandsmodell entspreche und ggfs. auch den Beirat zu einem Verbandsorgan mache (MDR 2020, R5, R7). Der Beirat ist in der Tat schon bislang als – wenn auch nur fakultatives – »Organ der Wohnungseigentümergemeinschaft« angesehen worden (vgl. etwa BGH, NJW 2005, 2061, 2063 = ZMR 2005, 547; so auch Riecke/Schmid, WEG, 5. Auflage 2019, § 29, Rn. 1: »ständiges Organ der Selbstverwaltung«), auch wenn er nicht als Rechtspersönlichkeit oder sonstiges Organ im Sinne des Vereins- und Verbandsrechts anerkannt ist (Hügel/Elzer, WEG, 3. Aufl. 2021, § 29, Rn. 5). Daran ändert sich durch die Neuregelung nichts.

6   Ebenfalls keine inhaltliche Änderung erfährt das Gesetz im Hinblick auf die Einberufung des Beirats nach Bedarf durch den Vorsitzenden. Diese, bislang in § 29 Abs. 4 WEG (a. F.) enthaltene und wortgleiche Regelung ist nunmehr in § 29 Abs. 1 S. 3 WEG (n.F.) enthalten (BReg-E, S. 90).

1. Beschlussfassung über die Bestellung

7   Die Bestellung der Beiratsmitglieder erfolgt nach § 29 Abs. 1 S. 1 WEG n. F. »durch Beschluss«, wodurch sich zur bisherigen Rechtslage aber keine Änderung ergibt. Nach wie vor ist ein Mehrheitsbeschluss im Sinne v. § 25 Abs. 1 WEG n.F. erforderlich, aber auch ausreichend. Der Erwägung der BLAG, kein Kopfstimmrecht zu normieren (ZWE 2019, 429, 452), wurde gefolgt. Auch bleibt es dabei, dass Wohnungseigentümer zu Beiratsmitgliedern bestellt werden »können«, was dem Grundsatz entspricht, dass der Verwaltungsbeirat kein notwendiges Organ der Wohnungseigentümergemeinschaft ist und seine Einsetzung zumindest grundsätzlich im Belieben der Wohnungseigentümer steht (BGH, NJW 2010, 3168, Tz. 8 = ZMR 2010, 545). Daher konnte und kann die Einsetzung eines Verwaltungsbeirats durch einen Eigentümer ebenso wie die Auswahl seiner Mitglieder nur ausnahmsweise, gestützt auf § 21 Abs. 4 WEG a. F. (anders jetzt § 18 Abs. 2 WEG n.F.), durch einen Antrag nach § 21 Abs. 8 WEG a. F. (vgl. jetzt § 44 Abs. 1 Satz 2 WEG n.F.) gerichtlich durchgesetzt werden (str.; vgl. Hügel/Elzer, WEG, 3. Aufl. 2021, § 29, Rn. 28; Riecke/Schmid, WEG, 5. Auflage 2019, § 29, Rn. 15).

8   Sprachlich nicht eindeutig ist das Gesetz allerdings, soweit es um die Trennung zwischen der Einsetzung eines Verwaltungsbeirats als Organ einerseits (sog. »Institutionalisierung«) und der Bestellung seiner Mitglieder andererseits geht. Während nach früherer Rechtslage die »Bestellung eines Verwaltungsbeirats« beschlossen werden konnte (§ 29 Abs. 1 S. 1 WEG a. F.), regelt § 29 Abs. 1 S. 1 WEG n.F. nach dem Wortlaut der Norm lediglich die Bestellung der Beirats*mitglieder*. Es dürfte sich aber an der bisherigen Sichtweise nichts geändert haben, dass mit der Wahl einzelner Mitglieder zum Verwaltungsbeirat gleichzeitig auch die Einsetzung des Beirats als Organ verbunden ist, ohne dass es dazu eines gesonderten Beschlusses bedarf (vgl. BayObLG, NZM 1999, 857). Alternativ kann das Vorhandensein eines Verwaltungsbeirats nach wie vor auch schon Gegenstand einer Vereinbarung i.S.v. § 10 Abs. 2 WEG sein.

2. Anzahl der Beiratsmitglieder

9   Als Kernstück der Neuregelungen zum Verwaltungsbeirat ist anzusehen, dass die zahlenmäßige Vorgabe für die Anzahl seiner durch Beschluss bestellten Mitglieder – bisher drei – zugunsten einer flexiblen Lösung aufgegeben wird. Unabhängig von einer Beschlussfassung steht den Eigentümern daneben weiterhin die Möglichkeit offen, mit einer Vereinbarung im Sinne von § 10 Abs. 2 WEG über

die Anzahl der Beiräte zu befinden. Schon nach altem Recht war auch eine von der gesetzlichen Bestimmung abweichende Festlegung der Mitgliederzahl möglich (vgl. dazu nur BGH, NJW 2010, 3168, Tz. 8 = ZMR 2010, 545; Riecke/ Schmid, WEG, 5. Auflage 2019, § 29, Rn. 38). Die Anzahl der Beiratsmitglieder kann daher nunmehr im Beschlusswege beliebig ausgestaltet werden, wobei sogar ein Ein-Mann-Beirat bzw. ein Eine-Frau-Beirat möglich ist, also kein »Kollektivorgan« mehr bestellt wird. Ob Letzteres dem Anliegen, den Beirat als Kontrollorgan zu begreifen, nützt, ist indes zweifelhaft, weil die Pluralität seiner Besetzung und das Mehr-Augen-Prinzip im Verhältnis zur »Einzelbeiratslösung« durchaus Qualitätssteigerungen versprechen kann (kritisch dazu auch Kappus, NZM 2019, 804, 807). Die BLAG hatte jedenfalls unter Verweis auf die besonderen Funktionen, die das Gesetz dem Vorsitzenden und seinem Stellvertreter zuweist (vgl. § 24 Abs. 3 und Abs. 6 S. 2 WEG), eine Besetzung des Beirats mit mindestens zwei Personen empfohlen (s. ZWE 2019, 429, 453). Und Kappus (NZM 2019, 804, 807) sieht bei einer geraden Anzahl von Beiratsmitgliedern – zu Recht – die Gefahr einer Pattsituation (so auch Bärmann/Pick, WEG, 20. Aufl. 2020, Anh. I (WEG-Reform), § 29, Rn. 2, wonach die Bestellung einer ungeraden Anzahl von Beiräten wegen der Abstimmung von Vorteil wäre).

Wenngleich die Bestellung einer Vielzahl von Beiräten wenig praxisnah erscheint, dürften damit Probleme bei der Koordinierung ihrer Tätigkeit, vor allem bei der Meinungs- und Willensbildung, verbunden sein. Andererseits würde das die Einsetzung von Sonderausschüssen erleichtern (vgl. dazu schon BGH, NZM 2010, 325, 326, Tz. 8 = ZMR 2010, 545). Rechtlich möglich wäre jedenfalls auch ein aus allen Eigentümern gebildeter Beirat (»Kongruenz«), wobei auch die Grundsätze der Ordnungsmäßigkeit zu beachten sind (Hügel/ Elzer, WEG, 3. Aufl. 2021, § 29, Rn. 11). **10**

Sinn und Zweck der nunmehrigen Flexibilisierung ist vorrangig, die Bestellung eines Beirats auch dann zu ermöglichen, wenn sich mehr oder – was wahrscheinlicher ist – weniger als drei Wohnungseigentümer für die Übernahme des Beiratsamtes finden lassen. Im Übrigen soll damit aber auch den Anfechtungsklagen (etwa BGH, a. a. O.) der Boden entzogen werden (BReg-E, S. 89), mit denen – lediglich – ein Verstoß gegen die Grundsätze ordnungsmäßiger Verwaltung unter Berufung auf die Abweichung der gesetzlich festgelegten Mitgliederzahl im Bestellungsbeschluss geltend gemacht worden ist (so auch Sommer, ZWE 2020, 409, 410). Das schließt naturgemäß andere Anfechtungsgründe, die etwa in der Person der jeweiligen Beiräte oder in der Art und Weise ihrer Wahl liegen, weiterhin nicht aus. Das Ausscheiden eines Beiratsmitglieds, etwa durch Niederlegung des Amtes, Tod oder Veräußerung des Miteigentumanteils, führte bislang zu einem rechtswidrigen Zustand, wenn die Eigentümer im Voraus kein Ersatzmitglied bestellt hatten, weil der Beirat dann nicht mehr mit der gesetzlich vorgeschriebenen **11**

Anzahl von Mitgliedern besetzt war. Dann stand die Frage im Raum, ob dies zur Funktionsunfähigkeit des Beirats führt und dessen Wiederauffüllung bis zum Erreichen der gesetzlichen Mitgliederzahl beansprucht werden kann (vgl. dazu OLG Düsseldorf, NJW-RR 1991, 594, 595 = ZMR 1991, 32). Diese Überlegung dürfte mit der Neuregelung in § 29 Abs. 1 S. 1 WEG n.F. hinfällig sein, weil es – mit Ausnahme einer Regelung in einer Vereinbarung – keine festgelegte Mitgliederzahl mehr gibt. Haben die Eigentümer etwa erstmals vier Beiratsmitglieder durch Beschluss bestellt, ist damit keine generelle Festlegung der Mitgliederzahl für die Zukunft verbunden. Scheidet also im Anschluss ein Beiratsmitglied etwa durch Amtsniederlegung aus dem Organ aus, dürfte die verbleibende Besetzung mit drei Mitgliedern gleichwohl weiterhin rechtmäßig sein. Lediglich dann, wenn der nur mit einer Person besetzte Beirat ohne Amtsträger ist, dürfte ein Anspruch auf Neubestellung eines Mitglieds gegeben sein, weil die Gemeinschaft der Eigentümer bereits positiv entschieden hatte, einen Beirat zu institutionalisieren (s. o.).

III. Innere Ordnung des Beirats

12 Nach § 29 Abs. 1 S. 2 WEG n.F. ist ein Vorsitzender und ein Stellvertreter zu bestimmen, wenn der Verwaltungsbeirat mehrere Mitglieder hat. Ausgangspunkt dieser Regelung ist also, dass der Beirat mindestens aus zwei Mitgliedern besteht, sodass die Besetzung dieser beiden »Ämter im Amt« möglich ist. Wird dagegen nur ein Wohnungseigentümer zum alleinigen Mitglied des Beirats bestellt werden, ist er automatisch dessen Vorsitzender (BReg-E, S. 89). Mit dieser Funktion ist gemäß § 29 Abs. 1 S. 3 WEG n.F. die Einberufungsbefugnis verbunden.

13 Wer den Vorsitzenden und ggfs. den Stellvertreter bestimmt, lässt das Gesetz – bewusst – offen (vgl. BReg-E, S. 90), sodass die Eigentümer mit dem Bestellungsbeschluss auch gleich eine Entscheidung darüber treffen können – aber nicht müssen (vgl. Hügel/Elzer, WEG, 3. Aufl. 2021, § 29, Rn. 9). Alternativ entscheiden die bestellten Beiratsmitglieder – mit Ausnahme des Einzelbeirats – selbst über die Verteilung dieser beiden Ämter. Kommt dazu keine Entscheidung zustande, konnte ein Eigentümer nach § 21 Abs. 8 WEG a. F. (vgl. jetzt § 44 Abs. 1 Satz 2 WEG n.F.) eine Bestimmung durch das Gericht beantragen (s. Hügel/Elzer, WEG, 3. Aufl. 2021, § 29, Rn. 67).

14 Hinsichtlich der weiteren inneren Ordnung des Beirats, etwa zur Einberufung oder Willensbildung, enthält § 29 WEG n.F. keine Veränderungen im Vergleich zur früheren Gesetzeslage.

Erwogen wurde zwar, eine Regelung für die Online-Teilnahme an Zusammenkünften des Beirats – entsprechend § 23 Abs. 1 S. 2 WEG n. F. – zu schaffen (Beschl.-E. ARuV v. 16.09.2020, BT-Drucks. 19/22634, S. 48). Eine solche wurde jedoch als entbehrlich angesehen, weil sich die Verwaltungsbeiräte bereits nach geltenden Recht online zu einer Versammlung treffen können (vgl. Staudinger/Rapp, WEG, 2018, § 29: eine »virtuelle« Zusammenkunft, die eine persönliche und nicht zeitversetzte Kommunikation ermöglicht) und § 29 WEG n.F. nicht – wie bei den Wohnungseigentümern (s. § 23 WEG n.F.) – von einer »Versammlung« der Verwaltungsbeiräte, die zwingend als Präsenzversammlung durchgeführt werden muss, spricht (Beschl.-E. ARuV v. 16.09.2020, a. a. O). Es obliegt deshalb den Verwaltungsbeiräten, über die Form ihrer Zusammenkunft zu entscheiden; sie können sich insbesondere zu einer reinen Online-Konferenz treffen (ebd.). Das folgt dem zutreffenden Grundgedanken, dass die Zusammenarbeit und Beschlussfassung im Beirat nicht durch überstrenge Form- und Verfahrensregeln erschwert werden sollte (vgl. Bärmann/Pick/Dötsch, WEG, 20. Aufl. 2020, § 29, Rn. 72) und unterstützt durch die Einbeziehung moderner Kommunikationsmittel und der damit verbundenen Flexibilisierung das gesetzgeberische Ziel, die Beiratstätigkeit attraktiver zu machen.

IV. Aufgaben der Beiratsmitglieder

Welche Aufgaben der Verwaltungsbeirat zu erfüllen hat, ist nunmehr einheitlich und zusammengefasst in § 29 Abs. 2 WEG n.F. geregelt. Keine inhaltliche Änderung erfährt das Gesetz, soweit der Beirat den Verwalter nach § 29 Abs. 2 S. 1 WEG n. F. »bei der Durchführung seiner Aufgaben (…) unterstützt«; das entspricht der bisherigen Regelung in § 29 Abs. 2 WEG a. F.. **15**

Auf Betreiben des Ausschusses für Recht und Verbraucherschutz (s. Beschl.-E. v. 16.09.2020, BT-Drucks. 19/22634) ist als weitere Aufgabe des Beirats aber die »Überwachung« der Verwaltung hinzugekommen. Damit ist nicht nur eine Erweiterung der Befugnisse des Beirats verbunden, sondern auch eine von dessen Pflichtenkreis (so auch Sommer, ZWE 2020, 409, 411). Bislang herrschte Einigkeit, dass es keine Pflicht des Verwaltungsbeirats zur Überwachung der laufenden Verwaltungstätigkeit des Verwalters gebe (so etwa LG Frankfurt, ZWE 2020, 49; Bärmann/Becker, WEG, 14. Aufl. 2018, Rn. 58 m. w. N.; Riecke/Schmid, WEG, 5. Auflage 2019, § 29, Rn. 4). Schon der V. Zivilsenat des BGH hatte allerdings in seiner Stellungnahme vom 11.02.2020 zum Entwurf des WEModG (dort S. 4) bemängelt, dass der Beirat den Verwalter zwar unterstütze, diesen aber nicht beaufsichtige, und darin – insbesondere wegen der Haftungsfragen und der Schwierigkeiten bei der Durchsetzung von Regressansprüchen – eine »Schwachstelle der stärkeren gesellschaftsrechtlichen Ausrichtung der Gemeinschaft der Wohnungseigentümer« gesehen. Welchen Umfang die Pflicht des Beirats zur »Überwachung« nach § 29 Abs. 2. S. 1 WEG n.F. hat und wodurch sie ausgefüllt wird, beantworten die Neuregelung und die Begründung des Gesetzes indes nicht (vgl. Hügel/Elzer, WEG, 3. Aufl. 2021, § 29, Rn. 42: »symbolische und unnötige Gesetzgebung«). Offen bleibt demnach, ob der Beirat **16** proaktiv laufend die tägliche Arbeit der Verwaltung durch die Wahrnehmung von Auskunfts- und Informationsrechten anhand des Pflichtenkatalogs, die der Verwaltung durch Vereinbarung, Beschluss und/oder Vertrag auferlegt worden ist, zu prüfen hat oder ob er lediglich »auf Zuruf« oder stichprobenartig – über die in § 29 Abs. 2 S. 2 WEG n.F. normierten oder ihm per Beschluss der Eigentümer nach § 27 Abs. 2 WEG n.F. zugewiesenen Aufgaben hinaus – die pflichtgemäße Erfüllung der Verwalterpflichten prüft. Weit(er)reichende Kompetenzen erhält der Beirat für die Wahrnehmung seiner Überwachungspflicht erkennbar nicht. Daher meint auch Sommer (ZWE 2020, 409, 411) zutreffend, dass sich die Überwachungspflicht des Beirats in Anlehnung an die Regelungen im Aktienrecht betreffend den Aufgabenkreis des Aufsichtsrats (vgl. § 111 AktG) auf »wesentliche Einzelmaßnahmen« beschränken wird, aber nicht auf das operative Geschäft des Verwalters bezogen ist. Ein regelmäßiger Kontakt zur Verwaltung dürfte daher ausreichend sein (s. Hügel/Elzer, WEG, 3. Aufl. 2021, § 29, Rn. 43). Eine Ausweitung des konkreten Pflichtenkreises des Beirats in Form von aktiver Kontroll- und Überwachungstätigkeit könnte sich naturgemäß allerdings dann ergeben, wenn der Beirat Kenntnis von früheren Pflichtverletzungen und »Verfehlungen« des Verwalters hat und deswegen Schaden für die Gemeinschaft droht oder wenn die Verwaltertätigkeit – wie etwa bei umfangreichen Sanierungsmaßnahmen – mit einer erheblichen Tragweite und/oder wirtschaftlichen Bedeutung verbunden ist (vgl. dazu auch Sommer, a. a. O.).

17 Im Hinblick auf eine denkbare Haftung des Beirats bei der Schlechterfüllung seiner Pflichten ist ferner fraglich, ob – nicht doch – besondere Qualifikationen der Beiratsmitglieder ratsam sind (einschließlich einer Fortbildungspflicht), weil sich die aus der Mitte der Wohnungseigentümer bestellten Beiratsmitglieder andernfalls mangels »Augenhöhe« zum (gewerblichen) Verwalter kaum in der Lage sehen werden, ihren Pflichten nachzukommen. Im Übrigen würde auch eine Ausdehnung des Umfangs der Überwachungspflicht wiederum dem gesetzgeberischen Ziel, die Übernahme eines Beiratsamtes attraktiver zu machen, zuwider laufen. Als Minus zu einer »Überwachung« der Verwaltung dürften eine bloße Kontrolltätigkeit oder auch eine beratende Tätigkeit des Beirats anzusehen sein. Möglich ist bei der Erfüllung dieser Überwachungspflicht allerdings, dass es zu Kompetenzkonflikten zwischen dem Verwalter und dem Beirat kommt, etwa weil die Beiratsmitglieder das Gewicht ihres Amtes und die Reichweite ihrer Aufgaben überinterpretieren oder weil der Verwalter in der aktiven Beiratstätigkeit einen Eingriff in seinen Kompetenz- und Aufgabenbereich sieht, den es abzuwehren gilt. Bei der Lösung solcher Konflikte sollte daher bedacht werden, dass der Beirat kein geschäftsführendes Organ ist, sondern nur eine Sekundärfunktion ausübt (nach Bärmann/Pick, WEG, 20. Aufl. 2020, Anh. I (WEG-Reform), § 29, Rn. 4, wäre zwar ein starker aufsichtsratsähnlicher »Gegenpart« zum Verwalter wegen der möglichen Regressansprüche an sich wünschenswert; den sieht das Gesetz aber auch zukünftig nicht vor).

Im Gegensatz zur früheren Rechtslage sind die Aufgaben des Beirats betreffend 18
die »Rechnungsprüfung« aber in § 29 Abs. 2 S. 2 WEG n.F. verschlankt worden.
Der Verwaltungsbeirat soll danach vor einer entsprechenden Beschlussfassung den
Wirtschaftsplan und die Jahresabrechnung (bisher: »Abrechnung über den Wirtschaftsplan«) prüfen. Ersatzlos entfallen ist dagegen die ausdrücklich normierte
Prüfung der »Rechnungslegungen und Kostenanschläge«. Sind diese Grundlage für
die Erstellung von Wirtschaftsplan und/oder Jahresabrechnung, werden sie vom
Beirat nach wie vor geprüft (BReg-E, S. 90). Die praktische Relevanz einer darüber
hinausgehenden Prüfung dieser Zahlenwerke durch den Verwaltungsbeirat wird
verneint und es wird die Gefahr gesehen, dass eine umfassende Prüfungspflicht zu
einer »Überlastung des Verwaltungsbeirats mit der Konsequenz führen [könnte],
interessierte Wohnungseigentümer von einer Mitgliedschaft im Beirat abzuschrecken.« (BReg-E, a. a. O.). Indes ist aber nicht ausgeschlossen, dass im Einverneh-
men mit dem Beirat dessen bisheriger Prüfungsumfang beibehalten bleibt. Dadurch
soll sich die »Akzeptanz in der Eigentümerversammlung deutlich erhöhen« können
(vgl. Bärmann/Pick, WEG, 20. Aufl. 2020, Anh. I (WEG-Reform), § 29, Rn. 3),
wobei sich jene weniger an dem Prüfungsumfang des Beirats orientieren wird als
an der fachlichen Qualifikation der Beiratsmitglieder und der Tiefe ihrer Prüfung.

Die in § 29 Abs. 2 WEG n.F. beschriebenen Aufgaben sollen nicht als »Hand- 19
lungspflichten« der Beiräte zu verstehen sein, sondern als gesetzliche »Kompetenzen«, um der Zielsetzung, die Tätigkeit im Beirat attraktiver auszugestalten, gerecht
zu werden (so BLAG, ZWE 2019, 429, 453). Eine Übernahme von gesetzlich
normierten Pflichten, deren Erfüllung von den übrigen Eigentümern eingeklagt
werden kann, ist der Amtsträgerschaft im Verwaltungsbeirat aber bislang durchaus
zugeschrieben worden (vgl. etwa Hügel/Elzer, WEG, 2. Aufl. 2018, § 29, Rn. 31;
a. A. KG, ZMR 1997, 544), weswegen diese »Erleichterung« der Rechtsstellung
der Beiratsmitglieder jedenfalls die Interessenlage der übrigen Eigentümer außen
vor lässt, die davon ausgehen können sollen, dass der Beirat seiner Funktion als
»Kontrollorgan« nachkommt. Die bloße Wahrnehmung einer »Kompetenz« wird
hingegen nicht gerichtlich durchsetzbar sein, weil das darin enthaltene Element der
Freiwilligkeit gegen die mit der Beiratsbestellung verbundene Übernahme einer
Rechtspflicht und damit gegen die Begründung eines klagbaren Anspruchs spricht
(a.A. Hügel/Elzer, WEG, 3. Aufl. 2021, § 29, Rn. 37: klagbarer Anspruch der Gemeinschaft der Wohnungseigentümer auf Pflichterfüllung). Das birgt das Risiko,
dass sich zwar – anders als früher – durchaus mehr Eigentümer zum Beirat bestellen lassen wollen, sie aber bei einem derartig »weichen« Verständnis ihrer Aufgabe
als »Kontrollorgan« nicht mehr gerecht werden. Insgesamt bleiben die dem Beirat
eingeräumten Kompetenzen überschaubar (vgl. BLAG, ZWE 2019, 429, 452).

Zu denken ist gleichwohl daran, dass der Vorsitzende des Verwaltungsbeirats 20
oder dessen Vertreter die Versammlung einberufen kann, wenn ein Verwalter

fehlt oder dieser sich pflichtwidrig weigert, die Versammlung einzuberufen (§ 24 Abs. 3 WEG n.F.). Ferner ist die Niederschrift der Versammlung – wie bisher – auch von dem Vorsitzenden des Beirats (falls ein solcher bestellt ist) oder seinem Vertreter zu unterschreiben (vgl. § 24 Abs. 6 S. 2 WEG). Und neu hinzugekommen ist die Regelung in § 9b Abs. 2 WEG n.F., wonach der Vorsitzende des Beirats (oder ein durch Beschluss dazu ermächtigter Wohnungseigentümer) die Gemeinschaft der Wohnungseigentümer dem Verwalter gegenüber vertritt. Diese Vertretungsbefugnis kraft Gesetzes ist insbesondere für Fälle gedacht, in denen es darum geht, Ansprüche gegen den Verwalter durchzusetzen (Beschl.-E. ARuV v. 16.09.2020, BT-Drucks. 19/22634, S. 48).

21 Nicht zuletzt sollen durch die Reduzierung des »Kompetenzkatalogs« in dem neu gefassten § 29 Abs. 2 WEG n.F. die Informationsrechte des Verwaltungsbeirats nicht eingeschränkt werden, weil jedes Mitglied – wie jeder Wohnungseigentümer auch – einen Anspruch auf Einsichtnahme in die Verwaltungsunterlagen nach § 18 Abs. 4 WEG n.F. erhält (BReg-E, S. 90).

22 Unbenommen bleibt es den Eigentümern zudem nach wie vor, den Beiräten »Kompetenzen« und »Aufgaben« rechtsgeschäftlich, also etwa durch Vereinbarung, Beschluss oder Beiratsvertrag zu übertragen, sofern dadurch nicht gegen die »Kompetenzordnung« verstoßen wird. In Betracht kommt etwa eine »Knebelung« des Verwalters und seiner Tätigkeit an die Voten des Beirats durch einen entsprechenden Beschluss der Eigentümer nach § 27 Abs. 2 WEG n. F. Denkbar ist insbesondere, die Handlungen des Verwalters von der Zustimmung des Verwaltungsbeirats abhängig zu machen (s. Beschl.-E. ARuV v. 16.09.2020, BT-Drucks. 19/22634, S. 47) oder den Beirat in den Vollzug eines Beschlusses einzubinden (Sommer, ZWE 2020, 409, 411). Jedenfalls ist dadurch ein Weg für die Wohnungseigentümer eröffnet, wie sie »flexibel, angemessen und punktgenau für ihre konkrete Wohnungseigentumsanlage die Bereiche bestimmen [können], in denen die Verwaltungsbeiräte weitere Rechte und/oder Pflichten haben sollen« (so zutreffend auch Elzer, Stellungnahme für die öffentliche Anhörung des Ausschusses für Recht und Verbraucherschutz des Deutschen Bundestages v. 19.05.2020, S. 38).

V. Haftung der Beiratsmitglieder

23 Nach früherer Rechtslage hafteten die Mitglieder des Beirats unabhängig von einer etwaigen Vergütung ihrer Tätigkeit bei einer schuldhaften Pflichtverletzung entsprechend der Regelung in § 276 BGB für Vorsatz und jeden Grad der Fahrlässigkeit (vgl. Nachweise bei Hügel/Elzer, WEG, 2. Aufl. 2018, § 29, Rn. 62). Nach § 29 Abs. 3 WEG n.F. ist die Haftung nunmehr auf Vorsatz und grobe Fahrlässigkeit gesetzlich beschränkt, sofern die Mitglieder des Beirats

unentgeltlich tätig sind. Damit soll die Bereitschaft gefördert werden, sich unentgeltlich – gleichsam ehrenamtlich – als Mitglied des Verwaltungsbeirats zu
engagieren (BReg-E, S. 90 unter Verweis auf BLAG, ZWE 2019, 429, 454; nach
Sommer, ZWE 2020, 409, 411 »ein längst überfälliger Schritt, der gut und richtig ist«). Als Sorgfaltsmaßstab ist bei ehrenamtlicher Tätigkeit also nach wie vor
das Wissen ordentlicher, interessierter und gewissenhafter, ehrenamtlich tätiger
Prüfer heranzuziehen (Hügel/Elzer, WEG, 3. Aufl. 2021, § 29, Rn. 94). Entsprechend der gewolltermaßen fehlenden Anforderungen an die »Qualifikation«
zur Übernahme des Beiratsamtes und zur Ausübung der Beiratstätigkeit (s. o.)
kommt es dabei nicht auf die berufliche Qualifikation des konkreten Mitglieds –
etwa im Bereich Buchführung oder Recht – an, sondern auf einen objektiv zu
bestimmenden Maßstab (so auch v. Rechenberg/Riecke, MDR 1998, 38, 39
[Anm. zu OLG Düsseldorf, MDR 1998, 35 = ZMR 1998, 104]). Daher bleiben
auch personenspezifische Defizite außer Betracht (Drasdo, NZM 1998, 15, 16).

Leichte Fahrlässigkeit scheidet als Anknüpfung für schuldhaftes Handeln bzw.   24
Vertretenmüssen also aus. Abzugrenzen ist diese von der groben Fahrlässigkeit,
die einen objektiv schweren und subjektiv nicht entschuldbaren Verstoß gegen
die Anforderungen der im Verkehr erforderlichen Sorgfalt voraussetzt; diese
Sorgfalt muss in ungewöhnlich hohem Maß verletzt und es muss dasjenige un-
beachtet geblieben sein, was im gegebenen Fall jedem hätte einleuchten müssen
(vgl. etwa BGH, NJW 2009, 681, 684, Tz. 35). Erhalten die Beiratsmitglieder
eine Vergütung im Sinne eines »Entgelts« für ihre Tätigkeit, bleibt es bei dem
bisherigen Sorgfaltsmaßstab. Ob davon ein pauschalierter Aufwendungsersatz
ausgenommen ist (so Sommer, ZWE 2020, 409, 411), ist jedenfalls für den
Fall, dass ihm wegen der Regelmäßigkeit der Auszahlung und der gleichbleibenden Höhe eine entgeltersetzende Funktion zukommt, zweifelhaft. Der Vorschlag der BLAG, die Haftung des Beirats gegenüber den Eigentümern und
dem Verband analog § 31a BGB zu regeln (ZWE 2019, 429, 453), ist nach der
Neuregelung jedenfalls nicht übernommen worden (kritisch Sommer, ZWE
2020, 409, 411).

Problematisch dürfte die Einordnung dieses Haftungskonzepts im Hinblick   25
auf die mögliche Zurechnung des Verschuldens des Beirats zulasten der Gemeinschaft der Wohnungseigentümer sein (so auch Bärmann/Pick, WEG,
20. Aufl. 2020, Anh. I (WEG-Reform), § 29, Rn. 4). Grundsätzlich ist – auch
und gerade im Lichte der Neuregelungen durch das WEMoG – eine Verantwortlichkeit der Gemeinschaft für das Fehlverhalten des Verwaltungsbeirats
jedenfalls im Außenverhältnis zu Dritten denkbar (zur früheren Rechtslage etwa
Lehmann-Richter, ZWE 2011, 439, 440; anders im Verhältnis der Wohnungseigentümer untereinander etwa OLG Düsseldorf, NZM 1999, 573, 574). Im
Innenverhältnis dürfte den Beiratsmitgliedern bei nur leichter Fahrlässigkeit

zwar nach wie vor ein Freistellungsanspruch gegen die Gemeinschaft zuste-hen, wenn sie von Dritten auf Schadensersatz in Anspruch genommen wer-den (so schon Elzer, ZMR 2012, 171). Durch die Neuregelung in § 29 Abs. 3 WEG n.F. wird allerdings die Frage, ob sich die Gemeinschaft im Außenver-hältnis auch darauf berufen kann, dass die Beiratsmitglieder im Innenverhältnis bei leichter Fahrlässigkeit von der Haftung befreit sind, nicht beantwortet; eine entsprechende Klarstellung wäre insoweit wünschenswert gewesen.

26 Ferner bleibt fraglich, in welchem Verhältnis die Haftung des Verwalters und die Haftung des Beirats gegenüber der Gemeinschaft (die ggfs. Regress beim Schädiger nehmen muss, wenn sie zuvor von einem Geschädigten auf Schadens-ersatz in Anspruch genommen wird) oder Dritten zueinanderstehen. Während der Verwalter den Beirat weder kontrolliert noch überwacht, besteht umgekehrt eine entsprechende Pflicht des Beirats (§ 29 Abs. 2 S. 1 WEG n.F.). Das könnte für ein unterschiedliches Maß an Verantwortlichkeit der Beteiligten sprechen.

27 Kommt es innerhalb des Verwaltungsbeirats zur Delegation von Sonderaufga-ben auf einzelne Mitglieder, dürfte es nach der Neuregelung in § 29 Abs. 3 WEG n.F. zu keinen weitergehenden Zurechnungsproblemen kommen, als sie ohnehin schon denkbar sind (vgl. dazu Staudinger/Spiegelberger (2018) WEG, § 29, Rn. 93 m. w. N.); es wird kaum praktische Fälle geben, in den nur einzel-ne Mitglieder des Beirats entgeltlich tätig werden, die übrigen hingegen nicht.

28 Möglich bleibt es weiterhin, eine Vermögensschadenhaftpflichtversicherung für die Beiratsmitglieder abzuschließen (s. dazu etwa KG, NZM 2004, 743 = ZMR 2004, 780; Scheuer, ZWE 2012, 115; Riecke/Schmid, WEG, 5. Auflage 2019, § 29, Rn. 33), die zukünftig – bei unentgeltlicher Tätigkeit der Beiräte – aber nur noch für die Fälle grober Fahrlässigkeit Bedeutung hat; bei Vorsatz wird der Versicherer ohnehin von seiner Leistungspflicht frei (vgl. § 103 VVG). Ange-sichts der gestiegenen Bedeutung des Beirats und des größeren Umfangs seiner Aufgaben dürfte sich mittlerweile für jedes Beiratsmitglied sogar ein Anspruch auf eine entsprechende Beschlussfassung der Miteigentümer nach § 18 Abs. 2 WEG n.F. ergeben. Die Gefahr, dass die Gemeinschaft in einem solchen Fall »ihren Gegner finanziert« (so etwa AG Hamburg-Wandsbek, ZMR 2008, 335), ist vor dem Hintergrund der anteiligen Finanzierungsverpflichtung des jewei-ligen Beiratsmitglieds einerseits und des Mehrwertes, den die Beiräte für die Gemeinschaft und die Eigentümer erbringen, andererseits hinzunehmen. Zur Steigerung der Attraktivität des Amtes wäre sogar auch an eine Freihaltung von diesen Kosten zu denken.

§ 9 Verfahrensrecht

I. Überblick

Bereits in der BR-Drucks. 168/20, Seiten 89/90 hieß es zu Nummer 30 **1** (Teil 3 – §§ 43 bis 45):

Zu Teil 3 allgemein:

Seit der WEG-Novelle 2007 gelten die allgemeinen Vorschriften des Zivilprozessrechts grundsätzlich auch für Verfahren in Wohnungseigentumssachen. Davon abweichende Vorschriften enthalten jedoch die geltenden §§ 43 ff. WEG (a.F.), die zum großen Teil ihre Wurzeln im Verfahren der freiwilligen Gerichtsbarkeit haben, dem Wohnungseigentumssachen bis dahin unterlagen. Diese von den Grundsätzen des Zivilprozessrechts abweichenden Regelungen haben sich in weiten Teilen in der Praxis nicht bewährt und zudem schwierige rechtliche Fragen aufgeworfen (siehe etwa Jacoby, ZMR 2018, 393).

Prozessrechtlicher Reformbedarf wird zudem durch § 18 Absatz 1 **2** WEG n.F. ausgelöst, der die Verwaltung des gemeinschaftlichen Eigentums der

Gemeinschaft der Wohnungseigentümer zuweist. Aus diesen Gründen werden die Verfahrensvorschriften vollständig neu gefasst.

§ 43 WEG n.F. enthält dabei wie bisher Vorschriften zur gerichtlichen Zuständigkeit. § 44 WEG n.F. befasst sich mit den Besonderheiten der Beschlussklagen im Allgemeinen, § 45 WEG n.F. mit den Fristen der Anfechtungsklage.

3 Folgende Vorschriften des bis 30.11.2020 geltenden Rechts wurden inhaltlich **nicht** übernommen:

– Die besonderen Vorschriften zur Bezeichnung der Wohnungseigentümer in der Klageschrift (§ 44 WEG a.F.) und zur Zustellung (§ 45 WEG a.F.) fallen ersatzlos weg. Diese Vorschriften dienen nach bisher geltendem Recht der Verfahrensvereinfachung, wenn an dem Prozess mehrere Wohnungseigentümer als Parteien oder als Beigeladene zu beteiligen sind. Ihr Hauptanwendungsfall sind die Beschlussklagen. Beschlussklagen sind nach dem WEMoG aber gegen die Gemeinschaft der Wohnungseigentümer zu richten (vergleiche § 44 Absatz 2 Satz 1 WEG n.F.). Auch die Möglichkeit der Beiladung (§ 48 WEG a.F.) wird abgeschafft (dazu sogleich). Damit entfällt die Rechtfertigung für die Sonderregelungen der §§ 44 und 45 WEG a.F.. Ebenso entbehrlich ist die Vorschrift des § 47 Satz 2 WEG a.F., da die Beschlussklagen nach dem Entwurf gegen die Gemeinschaft der Wohnungseigentümer zu richten sind.

– Abgeschafft wird die in § 48 Absatz 1 bis 3 WEG a.F. geregelte Beiladung. Die Beiladung hatte den Zweck, den Beigeladenen an das Ergebnis eines aus seiner Sicht fremden Prozesses zu binden. Für Beschlussklagen, die nach dem WEMoG gegen die Gemeinschaft der Wohnungseigentümer zu richten sind (vergleiche § 44 Absatz 2 Satz 1 WEG n.F.), bedarf es der Beiladung nicht mehr. Im Übrigen sieht bereits das allgemeine Zivilprozessrecht mit der Streitverkündung ein Instrument vor, Dritte an das Ergebnis eines Prozesses zu binden (§§ 74 Abs. 3, 68 ZPO; zur Wirkung gegenüber Dritten vgl. auch L-R/W Rn. 1938). Es besteht keine Rechtfertigung für eine davon abweichende Regelung nur für wohneigentumsrechtliche Streitigkeiten. Das gilt umso mehr, als nach § 9a Absatz 2 und § 14 Absatz 1 Nummer 1 WEG n.F. die gerichtliche Durchsetzung von Ansprüchen wegen Störungen des gemeinschaftlichen Eigentums und Pflichtverletzungen von Wohnungseigentümern weitgehend der Gemeinschaft der Wohnungseigentümer zugewiesen wird. Im Vergleich zum bisher geltenden Recht wird dadurch die Gefahr deutlich verringert, dass sich ein Wohnungseigentümer in aufeinanderfolgenden Prozessen gleichgerichteten Klagen anderer Wohnungseigentümer ausgesetzt sieht (vgl. zur Rechtshängigkeitssperre § 261 Abs. 3 Nr. 1 ZPO und im Übrigen die Grundsätze zur materiellen Rechtskraft).

– Nach § 48 Absatz 4 WEG a.F. konnte, wenn eine Anfechtungsklage als unbegründet abgewiesen wurde, nicht mehr geltend gemacht werden, der Beschluss sei nichtig. Diese Regelung diente dazu, eine zum Beschlussanfechtungsrecht nach dem früheren Verfahren der freiwilligen Gerichtsbarkeit anerkannte Rechtsfolge in das zivilprozessrechtliche Verfahren zu übertragen (Bundestagsdrucksache 16/887, Seite 40). Diese Sonderregelung passt sich nicht reibungslos in die prozessrechtlichen Grundsätze der Urteilswirkung ein und wird daher ins WEMoG nicht übernommen. Die Urteilswirkungen bestimmen sich in Zukunft nach dem an § 248 Absatz 1 AktG angelehnten § 44 Absatz 3 WEG n.F. sowie nach der allgemeinen Streitgegenstandslehre. Die Abschaffung von § 48 Absatz 4 WEG a.F. macht auch die Übernahme des diese Regelung flankierenden § 46 Absatz 2 WEG a.F. überflüssig.
– § 49 Absatz 1 WEG a.F., der eine kostenrechtliche Sondervorschrift für die Beschlussersetzungsklage enthielt, fällt weg. Diese Sondervorschrift ist entbehrlich, da die Kostengrundentscheidung bei einer vom richterlichen Ermessen abhängigen Entscheidung schon nach der allgemeinen Vorschrift des § 92 Absatz 2 Nummer 2 ZPO sachgerecht getroffen werden kann. Zwar betrifft § 92 Absatz 2 Nummer 2 ZPO seinem Wortlaut nach nur die Festsetzung des Betrags einer Forderung durch richterliches Ermessen. Die Vorschrift wird ihrem Zweck entsprechend aber von der Rechtsprechung auch in anderen Fällen angewendet, in denen die Hauptsacheentscheidung von richterlichem Ermessen abhängt (vergleiche Brandenburgisches Oberlandesgericht, Urteil vom 13. Oktober 2004 – 4 U 68/04).
– Das WEMoG sieht nicht mehr vor, dass dem Verwalter unabhängig von seiner Parteistellung Prozesskosten auferlegt werden können. Denn die Anwendung des § 49 Absatz 2 WEG a.F., der dies nach bisherigem Recht vorsah, zwang das Gericht dazu, materiell-rechtliche Fragen im Rahmen der Entscheidung über die Verfahrenskosten abschließend zu prüfen. Das widerspricht dem kostenrechtlichen Vereinfachungsprinzip. Die Vorschrift ist zur Durchsetzung von Regressansprüchen gegen den Verwalter auch nicht erforderlich. Materiell-rechtliche Schadensersatzansprüche gegen den Verwalter können eigenständig im Klagewege verfolgt werden. Für eine im Vergleich zu anderen Ansprüchen privilegierte Durchsetzung im Wege einer prozessualen Nebenentscheidung besteht kein anzuerkennendes Bedürfnis (vgl. Skauradszun ZRP 2020, 34, 37).
– Schließlich wird die in § 50 WEG a.F. enthaltene Sonderregelung zur Erstattungsfähigkeit von Rechtsanwaltskosten der obsiegenden Partei nicht übernommen. Diese Sonderregelung wurde 2007 eingeführt, um insbesondere in einem Beschlussanfechtungsverfahren, bei dem nach bisher geltendem Recht sämtliche Wohnungseigentümer zu verklagen sind, das Kostenrisiko des anfechtenden Wohnungseigentümers zu begrenzen (Bundestagsdrucksache

16/3843, Seite 28). Dieses Regelungsbedürfnis entfällt, da die Anfechtungsklage nach dem WEMoG gegen die Gemeinschaft der Wohnungseigentümer zu richten ist (vergleiche § 44 Absatz 2 Satz 1 WEG n.F.). Ein Kostenbegrenzungsinteresse besteht nach dem Entwurf vielmehr mit Blick auf etwaige Nebeninterventionen (vgl. dazu auch D/S/Z Kap. 14 Rn. 82 ff.); dies wird durch § 44 Absatz 4 WEG n.F. berücksichtigt.

4   Neu verortet wurden folgende Regelungen.

§ 43 WEG a.F. lautend:

Das Gericht, in dessen Bezirk das Grundstück liegt, ist ausschließlich zuständig für

1. Streitigkeiten über die < sich aus der Gemeinschaft der Wohnungseigentümer und aus der Verwaltung des gemeinschaftlichen Eigentums ergebenden > Rechte und Pflichten der Wohnungseigentümer untereinander ....

findet sich ohne den <…> – Text im § 43 Abs. 2 Ziffer 1 WEG n.F. (*Das Gericht, in dessen Bezirk das Grundstück liegt, ist ausschließlich zuständig für 1. Streitigkeiten über die Rechte und Pflichten der Wohnungseigentümer untereinander*).

§ 43 Ziffer 2 WEG a.F. findet sich unverändert in § 43 Abs. 2 Ziffer 2 WEG n.F..

§ 43 Ziffer 3 WEG a.F. < Streitigkeiten über die Rechte und Pflichten des Verwalters bei der Verwaltung des gemeinschaftlichen Eigentums > wurde ähnlich lautend in § 43 Abs. 2 Nr. 3 WEG n.F. < *Streitigkeiten über die Rechte und Pflichten des Verwalters einschließlich solcher über Ansprüche eines Wohnungseigentümers gegen den Verwalter* > übernommen.

§ 43 Ziffer 4 WEG a.F. < Streitigkeiten über die Gültigkeit von Beschlüssen der Wohnungseigentümer > findet seine Neuregelung in den §§ 43 Abs. 2 Ziffer 4 WEG n.F. < *Beschlussklagen gemäß § 44* > in Verbindung mit der neuen Beschlussklage des § 44 WEG n.F..

§ 46 Abs. 1 Satz 1 Fall 1 WEG a.F. < Die Klage eines oder mehrerer Wohnungseigentümer auf Erklärung der Ungültigkeit eines Beschlusses der Wohnungseigentümer ist gegen die übrigen Wohnungseigentümer … zu richten > findet sich mit neuem Beklagten in § 44 Abs. 2 Satz 1 WEG n.F. < *Die Klagen sind gegen die Gemeinschaft der Wohnungseigentümer zu richten* >.

§ 46 Abs. 1 Satz 2 WEG a.F. < Sie (= Die Anfechtungsklage) muss innerhalb eines Monats nach der Beschlussfassung erhoben und innerhalb zweier Monate nach der Beschlussfassung begründet werden. Die §§ 233 bis 238 der Zivilprozessordnung gelten entsprechend > findet sich inhaltsgleich in § 45 WEG n.F. wieder.

§ 47 Satz 1 WEG a.F. < Mehrere Prozesse, in denen Klagen auf Erklärung oder Feststellung der Ungültigkeit desselben Beschlusses der Wohnungseigentümer erhoben werden, sind zur gleichzeitigen Verhandlung und Entscheidung zu verbinden > taucht verkürzt in § 44 Abs. 2 Satz 3 WEG N.F. auf < *Mehrere Prozesse sind zur gleichzeitigen Verhandlung und Entscheidung zu verbinden* >.

§ 48 Abs. 3 WEG < Über die in § 325 der Zivilprozessordnung angeordneten Wirkungen hinaus wirkt das rechtskräftige Urteil auch für und gegen alle beigeladenen Wohnungseigentümer und ihre Rechtsnachfolger sowie den beigeladenen Verwalter > wird als § 44 Abs. 3 WEG n.F. < *Das Urteil wirkt für und gegen alle Wohnungseigentümer, auch wenn sie nicht Partei sind* > nach Abschaffung der Beiladung in verkürzter Form weitergelten.

Ergänzend wird verwiesen auf die Doppel-Synopse am Ende dieses Buches.

II. Gerichtsstand der Gemeinschaft der Wohnungseigentümer (§ 43 Abs. 1 Satz 1 WEG n.F.)

Die Gemeinschaft der Wohnungseigentümer hat ihren allgemeinen Gerichtsstand 5
bei dem Gericht, in dessen Bezirk das Grundstück liegt.

Nach § 17 ZPO richtet sich der allgemeine Gerichtsstand juristischer Personen und rechtsfähiger Personengesellschaften nach dem Ort der Verwaltung, was bei einer Anwendung auf die Gemeinschaft der Wohnungseigentümer die Frage aufwerfen würde, ob der Ort der Verwaltung durch das Grundstück oder die Geschäftsräume des Verwalters bestimmt wird. Diese Unsicherheit wird durch § 43 Absatz 1 Satz 1 WEG n.F. ausgeräumt, indem an die Belegenheit des Grundstücks < gemeint: im Sinne des § 1 Abs. 5 WEG > angeknüpft wird (BR-Drucks. 168/20, S. 90 vgl. D/S/Z Kap. 14 Rn. 4).

§ 43 Abs. 1 Satz 1 WEG n.F. ist lex specialis zu den §§ 12 ff. ZPO für die Be- 6
stimmung des allgemeinen Gerichtsstandes der Gemeinschaft der Wohnungseigentümer. Im Gegensatz zu § 43 Nr. 5 WEG a.F. ist der Gerichtsstand des § 43 Abs. 1 S. 1 WEG nicht ausschließlich (Abramenko Das neue Wohnungseigentumsrecht § 8 Rn. 2). Im Einzelfall kann daher ein anderer Gerichtsstand vorgehen, etwa dann, wenn die Gemeinschaft der Wohnungseigentümer eine Wohnung außerhalb der Wohnungseigentumsanlage vermietet (Lehmann-Richter/Wobst, WEG-Reform 2020, Rn. 1817).

III. Klagen nach § 9a Abs. 4 Satz 1 WEG n.F. und Klagen Dritter i.Ü. (§ 43 Abs. 1 Satz 2 WEG n.F.)

Bei diesem Gericht kann auch die Klage gegen Wohnungseigentümer im Fall des 7
§ 9a Absatz 4 Satz 1 erhoben werden.

§ 43 Absatz 1 Satz 2 WEG n.F. betrifft die örtliche Zuständigkeit für eine auf § 9a Absatz 4 Satz 1 WEG n.F. gestützte Haftungsklage gegen einzelne Wohnungseigentümer. Die Vorschrift ordnet an, dass diese Haftungsklage am Ort des Gerichtsstands der Gemeinschaft der Wohnungseigentümer erhoben werden kann, und begründet damit einen besonderen Gerichtsstand (vgl. D/S/Z Kap 14, Rn. 9) für diese Klagen. Dieser besondere Gerichtsstand ist aufgrund der Teilhaftung nach § 9a Absatz 4 Satz 1 WEG n.F. geboten. Denn ein **Gläubiger der Gemeinschaft der Wohnungseigentümer, der seinen Haftungsanspruch in voller Höhe durchsetzen will, ist gezwungen, sämtliche Wohnungseigentümer zu verklagen.** § 43 Absatz 1 Satz 2 WEG n.F. ermöglicht es, eine einheitliche Klage gegen die Gemeinschaft der Wohnungseigentümer und sämtliche Wohnungseigentümer am Ort des Grundstücks zu erheben. Für eine ausschließliche örtliche Zuständigkeit besteht allerdings kein Bedürfnis, weshalb das WEMoG als Regelungsort nicht den Katalog des neuen Absatz 2 vorsieht. Nur insoweit besteht ein Unterschied zum geltenden Recht, das § 43 Nummer 5 die gleiche Zuständigkeit wie der neue Satz 2 enthält (BR-Drucks. 168/20, S. 90/91).

8 Praxisrelevanz wird diese Norm bekommen, wenn von einem Dritten oder einem Sondereigentümer sowohl die Gemeinschaft als auch ein oder mehrere Sondereigentümer (z. B. Kapitalanleger mit auswärtigem Wohnsitz) verklagt werden sollen. Fallen die allgemeinen Gerichtsstände der jeweiligen potenziellen Beklagten auseinander, so kann – nicht: muss, da nur ein besonderer und kein ausschließlicher Gerichtsstand gegeben ist (§ 35 ZPO) – die Klage gemäß § 43 Absatz 1 Satz 2 WEG n.F. am besonderen Gerichtsstand gegen alle Beklagten erhoben werden.

9 Dies gilt auch für Klagen durch und gegen inzwischen ausgeschiedene Wohnungseigentümer. Die Zuständigkeitsnorm ist weit auszulegen (Abramenko in Riecke/Schmid, WEG, § 43 Rn. 8; BGH ZMR 2002, 941 ff.). Eine Bestimmung des zuständigen Gerichts nach § 36 Abs. 1 Nr. 3 ZPO ist nicht erforderlich (OLG Stuttgart, Beschluss vom 25.01.2000 – 8 AR 28/99, ZMR 2000, 336). Argumentieren lässt sich auch, dass sich schon aus dem WEG n.F./ Gesetz selbst für den ganzen Satz 1 ein besonderer Gerichtsstand ergibt, da die Nachhaftung entsprechend § 160 HGB – geregelt jetzt in § 9a Abs. 4 S. 1 WEG n.F. und § 43 Abs. 1 S. 2 WEG n.F. – dies erfordert. Es ist nicht nur – wenn auch primär – auf den schlüssigen Vortrag des Klägers, sondern auch auf das erhebliche Gegenvorbringen des/der Beklagten abzustellen. Die Zuständigkeit z. B. des Amtsgerichts der Belegenheit hängt nicht von der zufälligen Verteilung der Parteirollen ab. Es reicht aus, dass zwischen den Parteien – z. B. bei einer negativen Feststellungsklage – eine Verbindlichkeit/Forderung im Sinne von § 9a Absatz 4 Satz 1 WEG n.F. im Streit ist (vgl. etwa LG Berlin, Beschluss vom 13.02.2020 – 67 O 78/19, WuM 2020, 170). Im Regelfall wird

innerhalb der Leistungsklage vom Kläger eine Haftung nach § 9a Abs. 4 Satz 1 WEG n.F. schlüssig vorgetragen werden (BGH, Urteil vom 29.06.2010 – VI ZR 122/09, MDR 2010, 943 Rn. 8).

Von der Klagepartei behauptete doppelrelevante Tatsachen werden im Rahmen der Zuständigkeitsprüfung als gegeben unterstellt. Ob sie tatsächlich gegeben sind, ist eine Frage der Begründetheit (zu doppelrelevanten Tatsachen: vgl. BGH, VersR 2008, 1129, 1130; BGHZ 124, 237, 240 f.; 132, 105, 110).

Hiernach hat der Kläger sämtliche Tatbestandsmerkmale für eine Anwendung **10** des § 43 Abs. 1 Satz 2 WEG n.F. schlüssig vorzutragen. Ob der Beklagte im Ergebnis für die Verbindlichkeiten der Gemeinschaft der Wohnungseigentümer haftet, ist erst eine Frage der Begründetheit.

Für Klagen eines Dritten mit anderem Streitgegenstand gegen einen Sonder- **11** eigentümer ist das Gericht nach den §§ 12 ff oder 29 ZPO örtlich zuständig, an dem der Wohnungseigentümer seinen allgemeinen Gerichtsstand hat oder der Erfüllungsort der Klageforderung liegt.

Auch wenn § 43 WEG n.F. weit ausgelegt wird, gilt dies nicht generell und **12** insbesondere nicht für den besonderen Gerichtsstand des § 43 Abs. 1 Satz 2 WEG n.F. Es genügt nicht, dass die Klageforderung einen Bezug zum Sondereigentum eines verklagten Sondereigentümers hat. Anwaltliche Honoraransprüche, die aus einem WEG-Verfahren resultieren, werden nicht von § 43 WEG erfasst (vgl. AG Idstein, Beschluss vom 07.08.2019 – 3 C 165/19, ZMR 2019, 809). Dasselbe gilt für Ansprüche aus Bauverträgen, Geschäftsbesorgungsverträgen, Versorgungsverträgen etc.

§ 43 Abs. 1 S. 2 WEG n.F. regelt nicht die sachliche Zuständigkeit (Abramen- **13** ko Das neue Wohnungseigentumsrecht § 8 Rn. 5). Kommt es hier zu Problemen, ist § 36 Absatz 1 Nr. 3 ZPO entsprechend anwendbar.

IV. Die WEG-Streitigkeiten (§ 43 Abs. 2 WEG n.F.)

Das Gericht, in dessen Bezirk das Grundstück liegt, ist ausschließlich zuständig für **14**
1. Streitigkeiten über die Rechte und Pflichten der Wohnungseigentümer untereinander,
2. Streitigkeiten über die Rechte und Pflichten zwischen der Gemeinschaft der Wohnungseigentümer und Wohnungseigentümern,
3. Streitigkeiten über die Rechte und Pflichten des Verwalters einschließlich solcher über Ansprüche eines Wohnungseigentümers gegen den Verwalter sowie
4. Beschlussklagen gemäß § 44.

§ 43 **Absatz 2** WEG n.F. entspricht inhaltlich dem § 43 Nummer 1 bis 4 WEG a.F. und wird im Wesentlichen nur redaktionell angepasst. Nicht übernommen werden die Nummern 5 und 6 des § 43 WEG a.F.: Soweit sich Nummer 5 auf Klagen Dritter gegen die Gemeinschaft der Wohnungseigentümer bezieht, bedarf es dieser Vorschrift nicht mehr, da der allgemeine Gerichtsstand der Gemeinschaft der Wohnungseigentümer in § 43 Absatz 1 Satz 1 WEG n.F. geregelt wird. Das gleiche gilt, soweit Nummer 5 Haftungsklagen Dritter nach § 9a Absatz 4 Satz 1 WEG n.F. gegen Wohnungseigentümer betrifft, die von § 43 Absatz 1 Satz 2 WEG n.F. erfasst werden. Nur für solche Haftungsklagen besteht das Bedürfnis nach einem besonderen Gerichtsstand (vergleiche auch die Begründung zu § 43 Absatz 1). Für andere Klagen Dritter gegen Wohnungseigentümer kann es dagegen bei den allgemeinen Vorschriften der ZPO verbleiben. Eine der Nummer 6 entsprechende Vorschrift ist nicht mehr erforderlich, da der allgemeine Gerichtsstand der Gemeinschaft der Wohnungseigentümer, der nach § 689 Absatz 2 ZPO für das Mahnverfahren maßgeblich ist, nun durch § 43 Absatz 1 Satz 1 WEG n.F. bestimmt wird (BR-Drucks. 168/20, S. 91).

15 § 43 Absatz 2 **Nummer 1** WEG n.F. entspricht im Wesentlichen dem § 43 Nummer 1 WEG a.F. Nach dem WEMoG fallen aber auch Streitigkeiten zwischen den Wohnungseigentümern aus dem sogenannten sachenrechtlichen Grundverhältnis (vgl. D/S/Z Kap. 14 Rn. 11) unter die Vorschrift, was von der herrschenden Meinung zum bisher geltenden Recht abgelehnt wird (vergleiche BGH, Urteil vom 30. Juni 1995 – V ZR 118/94, ZMR 1995, 521). Das ergibt sich daraus, dass die einschränkenden Wörter »sich aus der Gemeinschaft der Wohnungseigentümer und aus der Verwaltung des gemeinschaftlichen Eigentums ergebenden« nicht übernommen werden. Diese Erweiterung der ausschließlichen örtlichen Zuständigkeit ist aus zwei Gründen geboten: Zum einen spricht auch bei diesen Streitigkeiten der Gesichtspunkt der Prozessökonomie für eine Entscheidung durch den Richter am Ort der Belegenheit des Grundstücks. Zum anderen geht es auch bei diesen Streitigkeiten typischerweise um wohnungseigentumsrechtliche Rechtsfragen. Die Anwendung von § 43 WEG n.F. auf Streitigkeiten aus dem sachenrechtlichen Grundverhältnis führt in der Berufungsinstanz dazu, dass diese durch die gemäß § 72 Absatz 2 des Gerichtsverfassungsgesetzes zuständigen Landgerichte entschieden werden (BR-Drucks. 168/20, S. 91). Nur in WEG-Berufungs- und Beschwerdesachen kommt es zur Konzentration auf ein Landgericht pro Oberlandesgerichtsbezirk (vgl. dazu die immer noch aktuelle Übersicht zu den Sonderzuständigkeiten in ZMR 2007, 1004).

§ 43 Absatz 2 **Nummer 2** WEG n.F. entspricht ohne Änderung dem § 43 Nummer 2 WEG a.F. (BR-Drucks. 168/20, S. 91).

§ 43 Absatz 2 **Nummer 3** WEG n.F. entspricht inhaltlich dem § 43 Nummer 3 WEG a.F. Die Worte »bei der Verwaltung des gemeinschaftlichen Eigentums« werden lediglich zur sprachlichen Straffung nicht übernommen. Denn schon aus dem Tatbestandsmerkmal »Verwalter« folgt, dass die Vorschrift nur Streitigkeiten betrifft, die sich auf die Tätigkeit als Verwalter im Sinne des Wohnungseigentumsgesetzes beziehen (BR-Drucks. 168/20, S. 91/92, vgl. D/S/Z Kap. 14 Rn. 16). Der Zusatz »einschließlich solcher über Ansprüche eines Wohnungseigentümers gegen den Verwalter sowie« stammt vom Rechtsausschuss des Bundestages (vgl. BT-Drucks. 19/22634). Die Ergänzung dient der Klarstellung. Denn die durch § 43 Abs. 2 **Nummer 3** begründete gerichtliche Zuständigkeit gilt auch für Streitigkeiten über Ansprüche der Wohnungseigentümer gegen den Verwalter, insbesondere für Schadensersatzansprüche eines Wohnungseigentümers, der in den Schutzbereich des Verwaltervertrags einbezogen ist (vgl. BT-Drucks. 19/22634, 48).

§ 43 Absatz 2 **Nummer 4** WEG n.F. entspricht inhaltlich dem bisherigen § 43 Nummer 4 WEG a.F. Der Wortlaut knüpft an § 44 WEG n.F. an, der sämtliche Beschlussklagen in einer Vorschrift beschreibt und bündelt. Damit erfasst die Vorschrift insbesondere auch Beschlussersetzungsklagen (BR-Drucks. 168/20, S. 92).

Ein Rechtsstreit im Sinne des § 43 Abs. 2 WEG n.F. meint die sog. Binnen-   **16** streitigkeiten. Hier wird eine ausschließliche (örtliche) Zuständigkeit bei dem Gericht begründet, in dessen Bezirk das Grundstück der Gemeinschaft belegen ist. Es besteht eine ausschließliche sachliche Zuständigkeit der Amtsgerichte in allen Fällen des § 43 Abs. 2 WEG n.F., und zwar ohne Rücksicht auf den Wert des Streitgegenstandes (siehe § 23 Nr. 2 Buchst. c GVG).

Diese Sonderregelung gilt auch für Verfahren etwa des einstweiligen Rechtsschutzes (vgl. Abramenko ZMR 2010, 329; Niedenführ in Niedenführ/ Schmidt-Räntsch/Vandenhouten Vor § 43 Rn. 92 ff.), wenn das Hauptsacheverfahren unter § 43 WEG n.F. fällt (vgl. § 943 ZPO, der auf das Gericht der Hauptsache verweist).

Dasselbe gilt für das vorgeschaltete »Selbständige Beweisverfahren« (vgl. Pauli,   **17** ZMR 2018, 558). Hier verweist § 486 Abs. 2 Satz 1 ZPO auf das zur Entscheidung in der Hauptsache berufene Gericht.

Werden Binnenstreitigkeiten im Wege objektiver und/oder subjektiver Klage-   **18** häufung vom Kläger miteinander verbunden, ist schon wegen der ausschließlichen Zuständigkeit in der Regel eine Abtrennung gemäß § 145 ZPO geboten. Dies gilt zumindest bei objektiver Klagehäufung, wenn es am Amtsgericht eine Spezialabteilung für WEG-Verfahren gibt (sonst wäre für beide Ansprüche die allgemeine Zivilabteilung zuständig) oder wenn der verklagte Wohnungseigentümer seinen allgemeinen Gerichtsstand, der für den nicht unter § 43 WEG fallenden Anspruch maßgeblich ist, nicht auch beim Gericht der belegenen Sache hat (vgl. zu einzelnen Fallkonstellationen Lehmann-Richter MietRB 2019, 284–287).

19 Werden etwa der Sondereigentümer und sein Mieter (vgl. D/S/Z Kap. 14 Rn. 19 ff.) gemeinsam verklagt, dann sollte ebenfalls die Nicht-WEG-Sache abgetrennt werden.

§ 43 Abs. 2 WEG n.F. will erreichen, dass möglichst alle Streitfälle innerhalb einer Gemeinschaft der Wohnungseigentümer Gegenstand desselben Verfahrens sind. Deshalb ist die Zuständigkeitszuweisung in § 43 WEG n.F. – wie früher – weit auszulegen (so schon Wenzel in Bärmann, WEG, 10. Aufl., § 43 Rn. 30), um die Gefahr sich widersprechender oder unzutreffender Entscheidungen zu verringern und darüber hinaus sicherzustellen, dass mit spezieller Sachkunde ausgestattete Wohnungseigentumsgerichte bei allen gemeinschaftsbezogenen Verfahrensgegenständen entscheiden (siehe zu diesen Gesichtspunkten BGH, Beschluss vom 26.09.2002, V ZB 24/02, BGHZ 152, 136, 147 = ZMR 2002, 941). Dass der Gesetzgeber diese Ziele mit der (vorigen) Reform des Wohnungseigentumsgesetzes (2007) nicht aufgegeben hat, wird besonders augenfällig in der Regelung des § 72 Abs. 2 Satz 1 GVG. Die Konzentration der Berufungen in den Wohnungseigentumssachen auf ein einziges Landgericht pro Oberlandesgerichtsbezirk soll nämlich die Qualität der Berufungsentscheidungen sichern; BT-Drucks. 16/3843 S. 29 (BGH, Beschluss vom 19.02.2009, V ZB 188/08, ZMR 2009, 544). Entscheidend ist, dass die Streitgenossen nicht in getrennten Prozessen, sondern gemeinsam vor dem Wohnungseigentumsgericht verklagt werden (können/sollen). Andernfalls käme es nämlich zu einer unerwünschten Aufspaltung der Berufungszuständigkeit und zu einer Trennung des Prozesses in der Berufungsinstanz; diese wäre auch mit dem Gebot der Rechtsmittelklarheit unvereinbar (BGH, Beschluss vom 03.07.2014, V ZB 26/14, ZMR 2014, 995). Die umfassende Entscheidungskompetenz der Wohnungseigentumsgerichte führt wegen § 43 Abs. 2 WEG n.F. zu einer sachgerechten örtlichen Konzentration der Streitigkeiten vor dem für die jeweilige Wohnungseigentumsanlage zuständigen (Amts-)Gericht.

20 Gemäß § 43 Abs. 2 **Nr. 1** WEG n.F. ist das Wohnungseigentumsgericht zuständig für Streitigkeiten über die Rechte und Pflichten der Wohnungseigentümer untereinander. Entscheidend ist, ob die geltend gemachte Forderung in einem inneren Zusammenhang mit den Rechten und Pflichten der Wohnungseigentümer als solcher steht.

Eine auf die Beschädigung des gemeinschaftlichen Eigentums gestützte Klage gegen einen ehemaligen (vgl. BGH, Beschluss vom 10.05.2012 – V ZR 228/11, WuM 2012, 405 = ZWE 2012, 334) Wohnungseigentümer, die in gewillkürter Prozessstandschaft für die Gemeinschaft der Wohnungseigentümer oder aus eigenem Recht eines Wohnungseigentümers wegen Beeinträchtigung seines Sondernutzungsrechts erhoben wird, unterfiel bislang § 43 Nr. 1 bzw. Nr. 2 WEG a.F. und unterfällt künftig § 43 Abs. 2 Nr. 2 WEG n.F. (vgl. BGH, Beschluss vom 17.03.2016 – V ZR 185/15, NZM 2016, 363 = ZWE 2016, 288).

Wenn die Gemeinschaft der Wohnungseigentümer z. B. Unterlassungs- oder/ **21** und Beseitigungsansprüche der Wohnungseigentümer gegen einen Sondereigentümer gestützt auf § 9a Abs. 2 WEG n.F. geltend macht, die bei eigener Geltendmachung durch die Wohnungseigentümer § 43 Abs. 2 Nr. 1 WEG n.F. unterfallen würden, ist diese Norm weiterhin einschlägig.

Auch ein Gläubiger des Sondereigentümers kann zumindest nach Erlass eines **22** Pfändungs- und Überweisungsbeschlusses (PfÜB) in diesem Verfahren klagen (vgl. zum Sonderfall der Veräußerungsbeschränkung BGH, Beschluss vom 21.11.2013 – V ZR 269/12, NZM 2014, 556 = ZWE 2014, 140).

Auch auf Passivseite führen etwa Verfügungsgeschäfte wie die Abtretung nicht **23** zum Wegfall des Gemeinschaftsbezugs; es bleibt bei der Zuständigkeit des WEG-Gerichts. Erforderlich ist stets, dass die Streitigkeit in einem inneren Zusammenhang mit dem Gemeinschaftsverhältnis steht (vgl. BGH, Beschluss vom 10.12.2009 – V ZB 67/09, NZM 2010, 166 = MDR 2010, 342; BGH, Urteil vom 30.06.1995 – V ZR 118/94, ZMR 1995, 521 m. w. N.). Nur bei Wahrung dieser Voraussetzung können andere Personen verfahrensrechtlich dem Wohnungseigentümer im Sinne von § 43 Nr. 1 u. 2 WEG a.F. gleichgestellt werden. So unterfallen etwa Streitigkeiten über die Rückforderung zu viel gezahlter Hausgeldforderungen auch dann § 43 WEG, wenn nicht der Wohnungseigentümer selbst, sondern statt seiner ein Zessionar, ein gewillkürter Prozessstandschafter (BGH, Beschluss vom 21.06.2012 – V ZB 56/12, NZM 2012, 732 Rn. 6) oder der Insolvenzverwalter (BGH, Beschluss vom 26.09.2002 – V ZB 24/02, ZMR 2002, 941 ff.) die Forderung einklagt – dies aber nur deshalb, weil die Verschiebung der Rechtszuständigkeit bei der Abtretung bzw. die Verlagerung nur der Prozessführungsbefugnis in den übrigen Fällen an dem einmal gegebenen Gemeinschaftsbezug nichts ändert.

Abzugrenzen davon sind die Fälle, in denen ein Streit zwischen Wohnungs- **24** eigentümern auf einer Sonderrechtsbeziehung zwischen ihnen aufgrund eines gesonderten Vertrags beruht. In solchen Fällen sind die allgemeinen Zivilgerichte zuständig (OLG München, Urteil vom 04.05.2011 – 7 U 189/11, ZWE 2011, 261 zur Streitigkeit über Stromkosten aufgrund gesonderter Verträge mit Teileigentümern und Berechtigten anderer Grundstücke).

Streitigkeiten mit Nießbrauchern oder sonstigen Fremdnutzern fallen auch **25** nicht unter § 43 Abs. 2 WEG n.F. (vgl. BGH, Urteil vom 10.07.2015 – V ZR 194/14, ZMR 2015, 950).

Neu ist, dass Streitigkeiten um die sachenrechtlichen Grundlagen des **26** Wohnungseigentums (anders zum § 43 WEG a.F. BGH, Beschluss vom 11.06.2015 – V ZB 34/13, ZMR 2015, 867) keine allgemeine Zivilsache mehr sind. Dies folgt schon aus dem neuen Wortlaut des § 43 Abs. 2 Nr. 1

WEG n.F., der die im alten Recht gegebene Einschränkung »sich aus der Gemeinschaft der Wohnungseigentümer und aus der Verwaltung des gemeinschaftlichen Eigentums ergebenden« Rechte, bewusst nicht mehr enthält. § 43 Abs. 2 Nr. 1 WEG n.F. unterfällt damit etwa eine Streitigkeit um die Zugehörigkeit bestimmter Räume und neuerdings auch Flächen (vgl. § 3 Abs. 1 Satz 2 WEG n.F.) zum Sondereigentum eines Miteigentümers sowie auch der Streit um die Herausgabe von Sondereigentum.

27 Zu den schon bisher hierunter zu subsumierenden Streitigkeiten vgl. Abramenko in Riecke/Schmid, WEG, § 43 Rn. 11 m. w. N.

§ 43 Abs. 2 **Nr. 2** WEG n.F. (vgl. Agatsy AnwZert MietR 15/2020, S. 4 auch zum Urkundsverfahren) bestimmt, dass Streitigkeiten über die Rechte und Pflichten zwischen der Gemeinschaft der Wohnungseigentümer und Wohnungseigentümern Wohnungseigentumssachen sind.

28 Die Gemeinschaft und der Sondereigentümer dürfen sich allerdings nur als solche gegenüberstehen und nicht etwa um vertragliche Ansprüche aus einer Sonderrechtsbeziehung wie Dritte streiten.

Wegen typischer Streitigkeiten, die jetzt unter § 43 Abs. 2 Nr. 2 WEG n.F. fallen, wird verwiesen auf Niedenführ in Niedenführ/Schmidt-Räntsch/Vandenhouten § 43 Rn. 28 ff. Klassiker ist die Hausgeldklage. Künftig müssen zunächst Wohnungseigentümer Ansprüche gegen die Gemeinschaft verfolgen (§ 18 Abs. 2 Nr. 1 WEG n.F.) und hierfür ist § 43 Abs. 2 Nr. 2 WEG n.F. anwendbar; bei Regressfällen, wenn die Gemeinschaft gegen einen oder mehrere Wohnungseigentümer vorgehen will, ist ebenfalls § 43 Abs. 2 Nr. 2 WEG n.F. anwendbar (vgl. Skauradszun ZRP 2020, 34, 35 nebst Beispiel zum Vorgehen gegen einen »Beschlussverhinderer«).

29 § 43 Abs. 2 **Nr. 3** WEG n.F. regelt die Zuständigkeit für Streitigkeiten über die Rechte und Pflichten des Verwalters, sofern ein innerer Zusammenhang mit der ihm obliegenden Verwaltung des gemeinschaftlichen Eigentums besteht. Es kann auch keine entscheidende Rolle spielen, worauf die Rechte und Pflichten eines Verwalters, um die gestritten wird, beruhen, ob auf dem Gesetz oder auf Vertrag. Wichtiger Anwendungsbereich für § 43 Abs. 2 Nr. 3 WEG n.F. wird künftig die Frage sein, ob der Verwalter nach § 27 Abs. 1 Nr. 1 WEG n.F. verpflichtet/berechtigt war.

30 Abzugrenzen sind von § 43 Abs. 2 Nr. 3 WEG n.F. Streitigkeiten, die reine Sondereigentumsverwaltung betreffen.

31 Als Parteien kommen in Betracht: der (ggf. ehemalige) Verwalter, die Gemeinschaft der Wohnungseigentümer (Verband), alle oder einzelne Wohnungseigentümer; ggf. der Geschäftsführer eines als GmbH organisierten Verwalters

(vgl. AG Hannover, Beschluss vom 21.04.2006 – 70 II 169/06, ZMR 2007, 75; a. A. LG Krefeld, Urteil vom 02.05.2006 – 5 O 233/05, ZMR 2007, 74) oder der persönlich haftende Gesellschafter eines als OHG handelnden Verwalters.

Beim Anspruch nach § 9a Abs. 2 WEG n.F. kann nur die Gemeinschaft der Wohnungseigentümer Kläger sein, da Sondereigentümern die Prozessführungsbefugnis insoweit fehlt.

Wegen der typischen Verfahren nach § 43 Abs. 2 Nr. 3 WEG n.F. vgl. Abramenko in Riecke/Schmid § 43 Rn. 19. Gerade der neue Fall/Streit, dass der Verwalter seine Vertretungsmacht aus § 9b Abs. 1 WEG n.F. überschreitet, da er im Innenverhältnis z. B. einen Beschluss nach § 27 Abs. 2 WEG n.F. hätte herbeiführen müssen oder einen Beschluss fehlerhaft umsetzt, fällt in den Anwendungsbereich des § 43 Abs. 2 Nr. 3 WEG n.F. **32**

Nicht unter § 43 Abs. 2 Nr. 3 WEG n.F. fallen etwa Streitigkeiten zwischen dem ausgeschiedenen und amtierenden Verwalter wegen Unterlassung etwa der Behauptung, der Ex-Verwalter schulde den Eigentümern noch Geld. Hier ist das allgemeine Zivilgericht und nicht das Wohnungseigentumsgericht zuständig. Die Gemeinschaft der Wohnungseigentümer und die einzelnen Wohnungseigentümer sind von der Streitigkeit zwischen den beiden Verwaltern nicht berührt (OLG München, Beschluss vom 18.10.2005 – 32 Wx 104/05, ZMR 2006, 156). **33**

V. Die Beschlussklagen (§ 44 WEG n.F.)

(1) Das Gericht kann auf Klage eines Wohnungseigentümers einen Beschluss für ungültig erklären (Anfechtungsklage) oder seine Nichtigkeit feststellen (Nichtigkeitsklage). Unterbleibt eine notwendige Beschlussfassung, kann das Gericht auf Klage eines Wohnungseigentümers den Beschluss fassen (Beschlussersetzungsklage). **34**
(2) Die Klagen sind gegen die Gemeinschaft der Wohnungseigentümer zu richten. Der Verwalter hat den Wohnungseigentümern die Erhebung einer Klage unverzüglich bekannt zu machen. Mehrere Prozesse sind zur gleichzeitigen Verhandlung und Entscheidung zu verbinden.
(3) Das Urteil wirkt für und gegen alle Wohnungseigentümer, auch wenn sie nicht Partei sind.
(4) Die durch eine Nebenintervention verursachten Kosten gelten nur dann als notwendig zur zweckentsprechenden Rechtsverteidigung im Sinne des § 91 der Zivilprozessordnung, wenn die Nebenintervention geboten war.

1. Anwendungsbereich

35 § 44 WEG n.F. enthält gemeinsame Regelungen für sämtliche Beschlussklagen. Beschlussklagen sind (ausdrücklich) Anfechtungs-, Nichtigkeits- und Beschlussersetzungsklagen. (BR-Drucks. 168/20, S. 92; dazu Skauradszun ZMR 2020, 905, 907).

2. Allgemeines zu allen Beschlussklagen

36 Sie werden in § 44 Absatz 1 WEG n.F. näher beschrieben. § 44 Absatz 2 WEG n.F. regelt die Passivlegitimation, die Unterrichtung der Wohnungseigentümer und die Prozessverbindung, § 44 Absatz 3 WEG n.F. die Wirkungen eines Urteils und § 44 Absatz 4 WEG n.F. die Kosten einer Nebenintervention aufseiten der Beklagten (BR-Drucks. 168/20, S. 92).

37 § 44 Absatz 1 **Satz 1** WEG n.F. ordnet an, dass auf Klage eines Wohnungseigentümers das Gericht einen Beschluss für ungültig erklären oder dessen Nichtigkeit feststellen kann. Die Vorschrift enthält zugleich die Legaldefinitionen der Anfechtungs- und Nichtigkeitsklage. Inhaltliche Veränderungen zum geltenden Recht sind damit nicht verbunden. Das gilt auch im Hinblick darauf, dass das WEMoG – anders als der bisher geltende § 46 Absatz 1 Satz 1 WEG a.F. – nicht ausdrücklich von einem Beschluss »der Wohnungseigentümer« spricht. Diese Beschränkung folgt schon daraus, dass das WEG nur Beschlüsse der Wohnungseigentümer regelt. Es ist daher naheliegend, dass die Vorschrift auf andere Beschlüsse, etwa solche des Verwaltungsbeirats, nicht anwendbar ist. Der Entwurf sieht anders als das bisherige Recht aber **keine Anfechtungsklage des Verwalters** mehr vor (vgl. zur Partizipation des Verwalters am Verbandsprozess Skauradszun ZMR 2020, 905, 911). Praktisch relevant war die Anfechtung durch den Verwalter bislang, wenn seine Abberufung nur aus wichtigem Grund zulässig war und die Abberufung aus seiner Sicht ohne einen solchen Grund beschlossen wurde. Nach dem WEMoG kann die Abberufung des Verwalters jedoch nicht mehr beschränkt werden (vergleiche § 26 Absatz 1 Satz 3 WEG n.F.). Insoweit entfällt auch das Bedürfnis, dem Verwalter ein Klagerecht einzuräumen. Eines Klagerechts bedarf der Verwalter auch nicht gegen Beschlüsse, durch deren Ausführung er eine strafbare Handlung oder eine Ordnungswidrigkeit begehen würde oder er sich ersatzpflichtig machen würde. Denn in diesen Fällen ist er schon aus materiell-rechtlichen Gründen nicht zur Beschlussausführung verpflichtet; vergleiche §§ 134, 242, 275 BGB (BR-Drucks. 168/20, S. 92).

38 § 44 Absatz 1 **Satz 2** WEG n.F. regelt die Beschlussersetzungsklage. Diese Gestaltungsklage ergibt sich nach bisherigem Recht aus § 21 Absatz 8 WEG a.F. Die Beschlussersetzungsklage ist statthaft, wenn der Kläger begehrt, dass das Gericht einen Beschluss anstelle der Wohnungseigentümer fasst. Sie ist begründet, wenn ein Anspruch auf den begehrten Beschluss besteht (vgl. Skauradszun ZMR

2020, 905, 908). Der Anspruch kann sich aus der allgemeinen Vorschrift des § 18 Absatz 2 WEG n.F. oder aus einer speziellen Vorschrift (zum Beispiel § 20 Absatz 2 oder 3 WEG n.F.) ergeben. § 44 Absatz 1 Satz 2 WEG n.F. schreibt – anders als der bisherige § 21 Absatz 8 WEG a.F. – nicht vor, dass das Gericht nach billigem Ermessen entscheidet. Denn ob dem Gericht ein Ermessensspielraum zusteht, bestimmt sich nach **materiellem** Recht, nämlich danach, ob den Wohnungseigentümern bei der Beschlussfassung ein solches Ermessen zustünde. Ein solches Ermessen kann sich insbesondere aus § 18 Absatz 2 WEG n.F. für Beschlüsse über die ordnungsmäßige Verwaltung und Benutzung des gemeinschaftlichen Eigentums ergeben. Besteht hingegen ein Anspruch auf eine konkrete Beschlussfassung (zum Beispiel nach § 20 Absatz 3 WEG n.F.), hat auch das Gericht bei der Beschlussersetzung kein Ermessen. Der Entwurf sieht nur die gerichtliche Ersetzung eines Beschlusses vor. Anders als nach bisherigem Recht (vergleiche BGH, Urteil vom 08.04.2016 – V ZR 191/15, ZMR 2016, 888) ist die **Ersetzung einer Vereinbarung nicht vorgesehen**. Denn die Beschlussersetzungsklage als besondere Form der Anspruchsdurchsetzung rechtfertigt sich gerade dadurch, dass die Verwaltung in aller Regel nicht durch vertragliche Vereinbarungen erfolgt, sondern durch mehrheitlich gefasste Beschlüsse (vergleiche § 19 Absatz 1 WEG n.F.). Die Beschlussersetzungsklage sichert dieses Konzept im Streitfall prozessual wirksam ab. Ein Anspruch auf Abschluss oder Änderung einer Vereinbarung (etwa nach § 10 Absatz 2 WEG n.F.) besteht dagegen nur in seltenen Fällen. Ein solcher Anspruch ist deshalb – genauso wie ein Anspruch auf Anpassung eines sonstigen Vertrags (etwa nach § 313 Absatz 1 BGB) – im Wege der Leistungsklage zu verfolgen (BR-Drucks. 168/20, S. 92/93).

Zu den Beschlussklagen zählen ausdrücklich:
- die (fristgebundene) Anfechtungsklage eines Wohnungseigentümers, deren **39** Ziel es war und ist, einen Beschluss der Wohnungseigentümer vom Gericht (bis zur rechtskräftigen Erklärung durch das Gericht ist dieser Beschluss gültig, § 23 Abs. 4 Satz 2 WEG n.F.) rechtskräftig für ungültig erklären zu lassen,
- die (nicht fristgebundene) Nichtigkeitsfeststellungsklage, deren Ziel es war und ist nach § 256 Abs. 1 ZPO die Nichtigkeit eines Beschlusses festzustellen und
- die Beschlussersetzungsklage eines Wohnungseigentümers, deren Ziel es ist, dass vom Gericht anstelle der dazu berufenen (untätigen) Wohnungseigentümer ein Beschluss gefasst wird.

Sonstige Gestaltungs- bzw. Feststellungsklagen, in denen es um die Gestaltung **40** bzw. Feststellung der Existenz/Wirksamkeit oder den konkreten Inhalt eines Beschlusses geht, fallen auch unter § 44 Abs. 1 WEG n.F. analog (vgl. dazu Skauradszun ZMR 2020, 905, 908; Bärmann/Roth, WEG, § 46 Rn. 15 ff). Auch sie sind deshalb nicht mehr gegen die übrigen Sondereigentümer (vgl. LG Itzehoe, Urteil vom 19.01.2016 – 11 S 61/14, ZMR 2016, 565) oder gar gegen den Verwalter zu richten, sondern gegen die Gemeinschaft.

a) Parteien aller/der Beschlussklagen (§ 44 Abs. 2 Satz 1 WEG n.F.)

41 Nach § 44 Absatz 2 Satz 1 WEG n.F. sind die Beschlussklagen nicht mehr gegen alle anderen Wohnungseigentümer, sondern gegen die Gemeinschaft der Wohnungseigentümer zu richten.

42 Das WEMoG reagiert damit zum einen auf die aus praktischer Sicht gegen das bisherige Recht vorgebrachten Bedenken (vergleiche den Abschlussbericht der Bund-Länder-Arbeitsgruppe zur Reform des Wohnungseigentumsgesetzes, ZWE 2019, 430, 460). Denn das bisherige Recht führte zu schwer handhabbaren Prozessen mit einer Vielzahl von Beteiligten. Auch führte es häufig zu Irritationen bei den Wohnungseigentümern, weil auch diejenigen Wohnungseigentümer verklagt werden müssen, die – wie in der Regel der Kläger < als ihr Prozessgegner > – gegen den Beschluss gestimmt haben. Gerade bei großen Gemeinschaften, die von häufigen Eigentümerwechseln geprägt sind, bestand außerdem die Gefahr, falsche Personen zu verklagen.

43 Das Konzept des WEMoG, Beschlussklagen gegen die rechtsfähige Gemeinschaft der Wohnungseigentümer zu richten, ist aber vor allem dogmatisch konsistent. Denn der Gemeinschaft der Wohnungseigentümer ist nach § 18 Absatz 1 WEG n.F. materiell-rechtlich die Verwaltung des gemeinschaftlichen Eigentums zugewiesen. Folgerichtig hat die Gemeinschaft der Wohnungseigentümer diese Aufgabe auch prozessual wahrzunehmen, indem sie die Streitigkeiten über Beschlüsse führt (BR-Drucks. 168/20, S. 93).

44 Gemäß § 44 Abs. 1 WEG n.F. können – trotz Abschaffung der werdenden Eigentümergemeinschaft – alle (materiell zu Recht) im Grundbuch eingetragenen Eigentümer und solche, auf die das WEG (gemäß § 8 Abs. 3 WEG n.F. zumindest analog) Anwendung findet, als Kläger eine Beschlussklage erheben. Nur für den sog. Ersterwerber – insbesondere (aber nicht nur) in der Entstehungsphase einer Wohnungseigentümerschaft – gilt eine vorverlagerte Anwendung des Wohnungseigentumsgesetzes (vgl. BGH, Urteil vom 11.05.2012 – V ZR 196/11, ZMR 2012, 711).

45 Dies gilt nicht für den Zweiterwerber (LG Rostock, Beschluss vom 16.10.2013 – 1 T 179/13, ZMR 2014, 315) oder denjenigen, der sich vom Ersterwerber dessen Rechte aus dem Erwerbsvertrag hat abtreten lassen.

46 Maßgeblicher Zeitpunkt ist nicht der Tag der Beschlussfassung, sondern der Ablauf der Klagefrist. Theoretisch könnte der Veräußerer am Tag nach der Beschlussfassung und der Erwerber nach späterer Grundbuchumschreibung (vgl. OLG Frankfurt, Beschluss vom 14.04.1992 – 20 W 202/91, ZMR 1992, 311) am letzten Tag der Anfechtungsfrist des § 45 WEG n.F. Klage einreichen.

Sinnvoller ist es, wenn vor Umschreibung des Wohnungseigentums der im 47
Grundbuch abgesicherte Erwerber als ermächtigt angesehen wird, in Prozessstandschaft für den Veräußerer das gerichtliche Beschlussanfechtungsverfahren
zu betreiben (KG, Beschluss vom 20.07.1994 – 24 W 3942/94, ZMR 1994,
524), und zwar unabhängig davon, ob er selbst vor Ablauf der Anfechtungsfrist
im Grundbuch eingetragen wird.

Unschädlich ist es, wenn ein Wohnungseigentümer 48
– für den Streitgegenstand der Anfechtungsklage vom Stimmrecht ausgeschlossen (LG Frankfurt, Urteil vom 21.09.2011 – 2–13 S 118/10, ZWE
  2012, 46; BayObLG, Beschluss vom 31.01.1992 – BReg 2 Z 143/91, WuM
  1992, 209) war oder
– durch den Beschluss persönlich nicht negativ betroffen ist, da grundsätzlich
  eine altruistische Beschlussanfechtung genügt (ablehnend AG Bonn, Urteil
  vom 11.06.2010, 27 C 249/09, ZMR 2011, 841 allerdings nur für Klagen
  des Verwalters, der nicht auch Eigentümer ist; im Einzelfall kann allerdings
  das Rechtsschutzinteresse fehlen; vgl. AG Hamburg-Blankenese, Urteil vom
  15.04.2020 – 539 C 21/18, juris.).

Ein Dritter ist – wie bislang – berechtigt, in Standschaft für einen Wohnungs- 49
eigentümer zu klagen, z. B. ein Mieter für den vermietenden Wohnungseigentümer, wenn es um die Gestaltung einer baulichen Veränderung zu Herstellung
der Barrierefreiheit geht. Es ist nicht erkennbar, dass sich an dieser Möglichkeit
durch die Neufassung des § 44 WEG etwas geändert haben könnte. Auch im
Aktienrecht, dem § 44 WEG nachgebildet ist, ist die Anfechtungsklage unter
eigenem Namen für den Aktionär möglich, wenn dieser den Kläger zur Klage
ermächtigt (OLG Stuttgart, Urteil vom 23.07.2003 – 20 U 5/03, NZG 2003,
1025) und auch im Übrigen die Voraussetzungen der Prozessstandschaft vorliegen. Der Dritte muss freilich – auch wie bislang – die Standschaft innerhalb
der Anfechtungsfrist offenbaren.

b) Bekanntgabe einer Beschlussklage (§ 44 Abs. 2 Satz 2 WEG n.F.)

§ 44 Absatz 2 Satz 2 WEG n.F. schreibt vor, dass der Verwalter den Wohnungs- 50
eigentümern die **Erhebung** einer Beschlussklage unverzüglich bekannt zu machen hat. Dies ist geboten, weil die gerichtliche Entscheidung gegenüber allen
Wohnungseigentümern wirkt (vergleiche § 44 Absatz 3 WEG n.F. dazu Skauradszun ZMR 2020, 905, 910). Die Wohnungseigentümer müssen deshalb die
Möglichkeit erhalten, sich als Nebenintervenienten an dem Prozess zu beteiligen (s. a. Abramenko Das neue Wohnungseigentumsrecht, § 8 Rn. 39).

Der Entwurf schreibt kein spezielles Verfahren der Bekanntmachung vor. 51
Der Verwalter erfüllt seine Pflicht, wenn er den Wohnungseigentümern die

Möglichkeit eröffnet, von der Klageerhebung mit hinreichender Sicherheit Kenntnis zu nehmen, sodass sie von ihren prozessualen Rechten Gebrauch machen können. Ein individueller Zugang bei dem einzelnen Wohnungseigentümer ist dafür nicht erforderlich. Fehlt ein Verwalter, kann die Informationspflicht, wie bei anderen verbandsrechtlichen Gestaltungsklagen auch, gegebenenfalls dem Gericht obliegen; vergleiche Bundesverfassungsgericht, Beschluss vom 09.02.1982 – 1 BvR 191/81 (BR-Drucks. 168/20, S. 93/94).

52 Nach § 27 Abs. 1 Nr. 7 WEG a.F. hatte der Verwalter die Wohnungseigentümer über »anhängige« Verfahren zu unterrichten. Genau genommen war dies nur bei Aktivprozessen möglich; während bei Passivprozessen erst mit Klagezustellung (Rechtshängigkeit) überhaupt sicher Kenntnis von der Klage erlangt werden konnte.

c) Prozessverbindung (§ 44 Abs. 2 Satz 3 WEG n.F.)

53 § 44 Absatz 2 Satz 3 WEG n.F. entspricht im Wesentlichen dem bisherigen § 47 Satz 1 WEG a.F. Die Vorschrift ordnet die Verbindung mehrerer Verfahren über Beschlussklagen zur gleichzeitigen Verhandlung und Entscheidung an. Sie gilt nur für Verfahren über denselben Streitgegenstand. Während der § 47 Satz 1 WEG a.F. die zwingende Prozessverbindung nur für Anfechtungs- und Nichtigkeitsklagen vorsah, gilt § 44 Absatz 2 Satz 3 WEG n.F. auch für Beschlussersetzungsklagen, weil auch insoweit das Bedürfnis besteht, divergierende Entscheidungen über denselben Streitgegenstand zu vermeiden (BR-Drucks. 168/20, S. 94).

54 Nur eine symmetrische, voll deckungsgleiche Verfahrensverbindung verschiedener Beschlussanfechtungsklagen ist sachgerecht; es muss zu einer sachgerechten Sortierung der Prozessrechtsverhältnisse kommen. In der Regel wird nach einzelnen mehrfach angefochtenen Beschlüssen zu verbinden sein. Dies führt zu einer subjektiven Klagehäufung bei notwendiger Streitgenossenschaft (BGH, Urteil vom 27.03.2009 – V ZR 196/08, ZMR 2009, 698) hinsichtlich des oder der identischen angegriffenen Streitgegenstände/Beschlüsse. Hinsichtlich anderer/weiterer Beschlüsse bleibt der Anfechtungskläger Beklagter im fremden Anfechtungsprozess (vgl. LG Nürnberg-Fürth, Beschluss vom 27.09.2019, 14 T 6001/19, ZMR 2020, 148).

d) Wirkungen einer Beschlussklage (§ 44 Abs. 3 WEG n.F.)

55 § 44 Absatz 3 WEG n.F. erstreckt die subjektive Rechtskraft sowohl eines der Klage stattgebenden als auch die Klage abweisenden Urteils in Beschlussklageverfahren auf alle Wohnungseigentümer und damit auch auf deren Sondernachfolger. Dies dient der Rechtssicherheit und dem Rechtsfrieden in der

Gemeinschaft. Diese Rechtskrafterstreckung gilt aber nur für Urteile in Beschlussklageverfahren. Urteile in anderen Verfahren wirken dagegen – anders als nach bisher geltendem Recht (vergleiche § 48 Absatz 3 und § 10 Absatz 4 Satz 1 WEG a.F.) – nur nach den allgemeinen zivilprozessualen Regeln (vgl. §§ 325 – 327 ZPO) für und gegen nicht an dem Prozess beteiligte Dritte.

In objektiver Hinsicht fehlt es an der Anordnung einer speziellen Bindungswirkung. Es fehlt jetzt eine § 48 Abs. 4 WEG a.F. entsprechende Regelung, wonach Nichtigkeitsgründe ausgeschlossen waren, wenn eine Anfechtungsklage als unbegründet abgewiesen wurde (arg. einheitlicher Streitgegenstand beider Klagen). Hierzu gibt es 2 Meinungen (vgl. Jacoby ZMR 2018, 396 f.), wobei sich in den Gesetzesmaterialien (BR-Drucks. 168/20, S. 94) hierzu nichts findet: **56**

– Nach den allgemeinen Regelungen liegen verschiedene Streitgegenstände vor, wenn Beschlussmängel (eines bestimmten Beschlusses) auf unterschiedliche Lebenssachverhalte gestützt werden (BGH v. 6.4.2009 – II ZR 255/08 Rn. 32 zur Anfechtungsklage im Aktienrecht). Gegebenenfalls handelt es sich um verschiedene Streitgegenstände, wenn die Ungültigerklärung eines Beschlusses auf verschiedene Beschlussmängel gestützt wird (vgl. D/S/Z Kap. 14 Rn. 35 f.; Lehmann-Richter/Wobst, WEG-Reform 2020, Rn. 1837). Angesichts des unterschiedlichen Streitgegenstands lägen in einem solchen Falle auch nicht »mehrere Prozesse« im Sinne des § 44 Abs. 2 S. 3 WEG n.F. vor, die eine nach dieser Norm – als lex spec. zu § 147 ZPO – zwingende Verfahrensverbindung erfordern (trotzdem dürfte es ermessensfehlerfrei sein derartige ein und denselben Beschluss betreffenden Einzelklagen zu verbinden).

– Nach h. M. liegt hingegen nur ein Streitgegenstand vor; die Verfahrensverbindung ist zwingend. Denn der Streitgegenstand wird durch den Klageantrag, in dem sich die vom Kläger geltend gemachte Rechtsfolge konkretisiert, und durch den Lebenssachverhalt (Anspruchsgrund), aus dem der Kläger die begehrte Rechtsfolge herleitet, bestimmt. Der Lebenssachverhalt umfasst das Ganze, dem Klageantrag zugrunde liegende tatsächliche Geschehen, das bei natürlicher, vom Standpunkt der Parteien ausgehender Betrachtungsweise zu dem durch den Vortrag der Klägerin zur Entscheidung gestellten Tatsachenkomplex gehört oder gehört hätte, unabhängig davon, ob einzelne Tatsachen dieses Lebenssachverhalts von den Parteien vorgetragen worden sind oder nicht. Zum Streitgegenstand sind grundsätzlich alle Tatsachen zu rechnen, die bei einer natürlichen, vom Standpunkt der Parteien ausgehenden, den Sachverhalt seinem Wesen nach erfassenden Betrachtungsweise zu dem zur Entscheidung gestellten Tatsachenkomplex gehören, den der Kläger zur Stützung seines Rechtsschutzbegehrens dem Gericht zu unterbreiten hat.

57 § 10 Absatz 3 WEG n.F. zur Wirkung von Beschlüssen gegen Sondernachfolgern bleibt von § 44 Absatz 3 WEG n.F. unberührt (Abramenko Das neue Wohnungseigentumsrecht, § 8 Rn. 56). Beschlüsse aufgrund einer Vereinbarung bedürfen deshalb zu ihrer Wirkung gegen Sondernachfolger auch dann der Eintragung in das Grundbuch, wenn sie durch das Gericht gefasst werden. Die Gestaltungswirkung des Urteils beschränkt sich nämlich auf den Eintritt der Gestaltung im Moment der Rechtskraft. Eine spätere Veränderung dieser Wirkung durch das materielle Recht wird dadurch nicht ausgeschlossen (BR-Drucks. 168/20, S. 94).

e) Kosten der Streithilfe (§ 44 Abs. 4 WEG n.F.)

58 § 44 Absatz 4 WEG n.F. beschränkt bei Beschlussklagen den Kostenerstattungsanspruch im Falle der Nebenintervention.

59 Beschlussklagen sind nach § 44 Absatz 2 Satz 1 WEG n.F. gegen die Gemeinschaft der Wohnungseigentümer zu richten. Die Wohnungseigentümer haben aber die Möglichkeit, als Nebenintervenienten (vgl. D/S/Z Kap. 14 Rn. 82 ff.) dem Prozess aufseiten der Gemeinschaft der Wohnungseigentümer beizutreten. Wird die Beschlussklage abgewiesen, wären die Kosten der Nebenintervention aufseiten der beklagten Gemeinschaft der Wohnungseigentümer nach den allgemeinen Vorschriften der ZPO vom Kläger zu erstatten. Daraus ergäbe sich ein erhebliches Kostenrisiko für den Kläger, insbesondere in größeren Gemeinschaften. Dem begegnet § 44 Absatz 4 WEG n.F. Er soll verhindern, dass das Kostenrisiko abschreckende Wirkungen entfaltet und einen Wohnungseigentümer von der Erhebung einer Beschlussklage abhält. Der Vorschrift verfolgt damit denselben Zweck wie der bisher geltende § 50 WEG a.F.

60 § 44 Absatz 4 WEG n.F. sieht vor, dass die Kosten einer Nebenintervention auf Beklagtenseite nur dann zu erstatten sind, wenn die Nebenintervention geboten war. Die Gebotenheit ist dabei wie nach dem § 50 WEG a.F. zu verstehen. Geboten ist eine Nebenintervention auf Beklagtenseite, wenn die Rechtsverteidigung aus Sicht eines verständigen Wohnungseigentümers nicht der Gemeinschaft der Wohnungseigentümer allein überlassen werden kann. Beispiele für die Gebotenheit sind die neuen Fälle des § 20 Abs. 2 WEG n.F.: Derjenige Wohnungseigentümer, der die Ladestation verlangt, den Beschluss nach § 20 Abs. 1 WEG n.F. auch bekommt, dieser Beschluss aber nun angefochten wird, könnte auf der Beklagtenseite ein notwendiger Streithelfer sein.

Die Vorschrift betrifft nur die Nebenintervention auf Beklagtenseite, wie aus der Bezugnahme auf die Rechtsverteidigung folgt (BR-Drucks. 168/20, S. 94/95).

3. Die Anfechtungsklage (§ 44 Abs. 1 Satz 1 Fall 1 WEG n.F.)

a) Allgemeines

Der Verwalter ist jetzt – anders war es noch unter Geltung des § 46 Abs. 1 **61** Satz 1 WEG a.F. – nur noch als Wohnungseigentümer, nicht aber als Organ/ Amtsträger gemäß § 44 Abs. 1 WEG n.F. befugt, eine Beschlussanfechtungsklage zu erheben.

Auch ein Abberufungsbeschluss der Wohnungseigentümer kann vom Verwalter nicht angegriffen werden, für eine Anfechtungsklage sieht der Reformgesetzgeber keinen Bedarf mehr (arg. § 26 Absatz 1 Satz 3 WEG n.F.). Wenn es zwingend keines wichtigen Grundes mehr für die Abberufung bedarf, dann entfalle auch das Bedürfnis, dem Verwalter ein Klagerecht einzuräumen.

b) Fristen (§ 45 WEG n.F.)

§ 45 WEG n.F. regelt die Fristen der Anfechtungsklage. Die Regelung ent- **62** spricht dem § 46 Absatz 1 Satz 2 und 3 WEG a.F. (BR-Drucks. 168/20, S. 95).

Die Anfechtungs- und Begründungsfrist gemäß § 45 Satz 1 WEG n.F. sind **63** materiell-rechtliche Ausschlussfristen (Beschlüsse werden nach Ablauf der Anfechtungsfrist bestandskräftig; Gründe können nicht nachgeschoben werden), die nicht verlängerbar (vgl. Riecke/Schmid/Abramenko, WEG, § 46 Rn. 15) sind. Jeder Anfechtungskläger muss seine Anfechtungsklage rechtzeitig erheben und begründen.

4. Die Nichtigkeitsklage (§ 44 Abs. 1 Satz 1 Fall 2 WEG n.F.)

Mit einer erfolgreichen Nichtigkeitsklage wird für alle Wohnungseigentümer **64** festgestellt, dass der angegriffene Beschluss nichtig ist, d. h. ex tunc keinerlei Rechtswirkungen entfaltet. Die gerichtliche Entscheidung ist nur deklaratorisch. Klassiker ist hier die fehlende Beschlusskompetenz (BGH, Urteil vom 01.06.2012 – V ZR 225/11, ZMR 2012, 709). Trotz der neuen allgemeinen Beschlusskompetenz in § 19 Abs. 1 WEG n.F. ist auch künftig eine fehlende Beschlusskompetenz möglich, dann nämlich, wenn Beschlüsse außerhalb des durch § 18 Abs. 1 WEG n.F. vorgegebenen verbandsrechtlichen Rahmens gefasst werden, also zu Beschlussgegenständen, die nicht die Verwaltung des gemeinschaftlichen Eigentums betreffen.

Der Klage fehlt – wie bei der Anfechtungsklage auch – nicht das Rechtsschutz- **65** interesse, wenn der Kläger den angegriffenen Beschluss sogar selbst initiiert und ihm zugestimmt hat (AG Würzburg, Urteil vom 22.01.2015, 30 C 1212/14, ZMR 2015, 420, Juris Rn. 14 = LG Bamberg, Beschluss vom 16.04.2015 – 11 T 8/15, ZMR 2015, 395).

5. Die Beschlussersetzungsklage (§ 44 Abs. 1 Satz 2 WEG n.F.)

66 Früher unter § 43 Nr. 1 WEG a.F. fallende Streitigkeiten sind jetzt als Beschlussersetzungsklage gem. §§ 43 Abs. 2 Nr. 4, 44 Abs. 1 Satz 2 WEG n.F. anzusehen. Auch sie sind nun gegen die Gemeinschaft der Wohnungseigentümer zu richten (§ 44 Abs. 2 Satz 1 WEG n.F.). Entscheidend ist, ob das Ziel der Klage ein vom Gericht zu ersetzender Beschluss der Wohnungseigentümer ist.

67 Die neue Verfahrensnorm zu den Beschlussersetzungsklagen stellt ausdrücklich klar, dass entgegen dem Verständnis (auch des BGH, Urteil vom 08.04.2016 – V ZR 191/15, ZMR 2016, 888) zum alten Recht nur Beschlüsse und nicht auch Vereinbarungen vom Gericht ersetzt werden dürfen (Abramenko Das neue Wohnungseigentumsrecht, § 8 Rn. 68).

68 Wenn das Gericht auf eine solche Beschlussersetzungsklage hin – für die insoweit untätigen Wohnungseigentümer – einen Beschluss tenoriert, bindet dieser sowohl den Kläger als auch alle aktuellen Wohnungseigentümer sowie (gemäß § 325 Abs. 1 ZPO) ihre Rechtsnachfolger sowie die Gemeinschaft der Wohnungseigentümer als Verband und damit den Verwalter als dessen Organ.

69 Wird ein Nicht- oder Scheinbeschluss angefochten, ist die Klage zumindest nach entsprechendem Hinweis eventuell als Beschlussersetzungsklage auszulegen (BayObLG, Beschluss vom 07.02.2002 – 2Z BR 161/01, ZMR 2002, 532, Juris Rn. 19: In solchen Fällen eines Nichtbeschlusses legte der Senat den Anfechtungsantrag regelmäßig dahin aus, die übrigen Wohnungseigentümer zu verpflichten, der begehrten Maßnahme zuzustimmen).

70 In einem als Verpflichtungsantrag – oft neben einer Anfechtung eines Negativbeschlusses – formulierten Klagebegehren wird vermehrt – im Wege der Auslegung – eine Beschlussersetzungsklage zu sehen sein (BGH, Urteil vom 26.02.2016 – V ZR 250/14, ZMR 2016, 553 Rn. 19). Dass der Klageantrag keinen konkreten Beschlussinhalt wiedergibt, ist unerheblich. Ausreichend für die Bestimmtheit des Klageantrages ist insoweit – anders als nach der allgemeinen Vorschrift des § 253 Abs. 2 Nr. 2 ZPO – die Angabe des Rechtsschutzziels, weil bei der Beschlussersetzung (früher nach § 21 Abs. 8 WEG a.F.) das grundsätzlich den Wohnungseigentümern zustehende Ermessen von dem Gericht ausgeübt wird (vgl. BGH, Urteil vom 24.05.2013 – V ZR 182/12, ZMR 2014, 219 Rn. 23).

71 Auch ein auf Zustimmung der übrigen Wohnungseigentümer zu einem Beschlussantrag (oder auf Zustimmung der übrigen Wohnungseigentümer zu der Durchführung einer bestimmten Maßnahme) gerichteter Klageantrag ist regelmäßig als Antrag auf gerichtliche Beschlussersetzung auszulegen (BGH, Urteil vom 04.05.2018 – V ZR 203/17, ZMR 2018, 835 Rn. 6)

Wenn eine Anfechtungsklage – im Wege objektiver Klagehäufung nach § 260 **72** ZPO – mit einer auf Beschlussersetzung gerichteten Klage verbunden ist, kommt es neben der Ungültigerklärung zu einer ersetzenden Bestimmung in Form eines gerichtlichen Grund- oder Ausführungsbeschlusses.

Die Klagefrist des § 45 Satz 1 WEG n.F. gilt nicht für eine Beschlussersetzungs- **73** klage. Die Vorbefassung der Wohnungseigentümer kann mehr als einen Monat zurückliegen. Die Vorbefassung als solche ist eine besondere Sachurteilsvoraussetzung der Beschlussersetzungsklage.

Bei der Entscheidung über eine Beschlussersetzungsklage kommt es nach all- **74** gemeinen prozessualen Regeln darauf an, ob der geltend gemachte Anspruch im Zeitpunkt der letzten mündlichen Tatsachenverhandlung besteht; ob bereits bei der Ablehnung des Beschlussantrags eine Handlungspflicht der Wohnungseigentümer bestand, ist für dieses Klageziel unerheblich (BGH, Urteil vom 04.05.2018 – V ZR 203/17, ZMR 2018, 835 Rn. 26).

Bei der Formulierung des Beschlussersetzungsantrags genügt trotz § 253 **75** Abs. 2 Nr. 2 ZPO (»bestimmter Antrag«) die möglichst präzise Angabe eines Rechtsschutzziels (BGH, Urteil vom 13.01.2017, V ZR 96/16, ZMR 2017, 319 Rn. 11), also die Darlegung des groben Rahmens für den gewünschten Beschlussinhalt, auf den die Klage zielt. Wer dem nicht folgt, wird mit einer Vielzahl von Hilfsanträgen arbeiten müssen. Für die Einhaltung der Vorgaben von § 308 Abs. 1 ZPO reicht es bei einer Beschlussersetzungsklage jedenfalls aus, dass das mit dem Antrag verfolgte Rechtsschutzziel gewahrt wird.

Ein gänzlich neuer Anwendungsbereich für die Beschlussersetzung ergibt sich **76** daraus, dass der einzelne Wohnungseigentümer nicht mehr gegen den Verwalter direkt bei dessen Untätigkeit vorgehen kann (überholt ist deshalb BGH, Urteil vom 08.06.2018, V ZR 125/17, ZMR 2018, 777: *Ein Wohnungseigentümer kann von dem Verwalter verlangen, dass er seine gesetzliche Pflicht zur Durchführung von Beschlüssen erfüllt; dieser Anspruch kann ggf. im Klageweg durchgesetzt werden*). Wenn eine Beschlussfassung (§ 27 Abs. 1 Nr. 1 WEG n.F.) durch die Wohnungseigentümer selbst nicht geboten ist, kann die Beschlussersetzungsklage darauf gerichtet werden, dass die Gemeinschaft der Wohnungseigentümer (Verband und Vertragspartner des Verwalters) auf den (untätigen) Verwalter einwirkt, bestimmte Amts/Organ- oder Vertragspflichten zu erfüllen. Ein Argument hierfür dürfte künftig neben § 19 Abs. 1 WEG n.F. auch § 27 Abs. 2 WEG n.F. sein, denn die Wohnungseigentümer könnten sogar beschließen, die Maßnahme dem Verwalter zu entziehen, um selbst zu entscheiden.

Erfolgreich ist eine zulässige Beschlussersetzungsklage, wenn der vom Kläger **77** begehrte Beschluss »notwendig« ist, d. h. wenn der Kläger einen Anspruch auf den Beschluss als Maßnahme einer ordnungsmäßigen Verwaltung hat.

Beschlusskompetenz der Wohnungseigentümer ist zwingend erforderlich, aber nicht ausreichend. Aber: Übersieht das Gericht, dass den Wohnungseigentümern Beschlusskompetenz fehlt, führt das nicht zur Nichtigkeit des Urteils und steht auch dem Eintritt der Rechtskraft (§ 322 Abs. 1 ZPO) nicht entgegen (BGH, Urteil vom 16.02.2018 – V ZR 148/17, ZMR 2018, 608 = MDR 2018, 786 Rn. 13). Der ersetzte – ohne Urteil als nichtig anzusehende – Beschluss ist wegen der vorgehenden Rechtskraft des nicht nichtigen Urteils als wirksam zu betrachten.

6. Beschlussfeststellungsklage

78 Wird das Ergebnis eines Abstimmungsverfahrens durch den Verwalter/Versammlungsleiter einer Wohnungseigentümerversammlung – beim Verwalter vertragswidrig – nicht positiv oder negativ verkündet, fehlt grundsätzlich eine konstitutive Voraussetzung für einen wirksamen Beschluss (vgl. BGH, Beschluss vom 23.08.2001 – V ZB 10/01, ZMR 2001, 809).

79 Dem Rechtsschutzinteresse für eine Beschlussfeststellungsklage steht nicht entgegen, wenn vom Kläger die Feststellung eines Negativbeschlusses begehrt wird. Darunter sind Beschlüsse zu verstehen, die einen Antrag ablehnen, weil die erforderliche Mehrheit fehlt. Ein Negativbeschluss liegt auch vor, wenn die Gemeinschaftsordnung für einen bestimmten Gegenstand eine qualifizierte Mehrheit verlangt, bei der Abstimmung aber nur eine einfache Mehrheit zustande kommt. Auch Negativbeschlüssen kommt Beschlussqualität zu, sodass für ihre gerichtliche Feststellung regelmäßig ein Feststellungsinteresse gegeben ist (vgl. KG, Beschluss vom 17.04.2002 – 24 W 9387/00, ZMR 2002, 697; LG Itzehoe, Urteil vom 19.01.2016 – 11 S 61/14, ZMR 2016, 565).

80 Auch bloße Zählfehler des Verwalters als Versammlungsleiter oder seine Unsicherheit bei der Bewertung von Vollmachten (geht die neuere der älteren vor?), von Vertretungsrechten bei juristischen Personen als Sondereigentümer (BGH, Urteil vom 28.06.2019 – V ZR 250/18, ZMR 2020, 46) oder der Stimmkraft (vgl. für Geisterwohnungen etwa BGH, Urteil vom 18.01.2019 – V ZR 72/18, ZMR 2019, 616) bzw. eines Stimmrechtsausschlusses (vgl. für den nichtigen Entzug des Stimmrechts von Tiefgarageneigentümern LG München I, Urteil vom 07.02.2019, 36 S 5357/18, ZMR 2019, 787) können nach einer Abstimmung bewirken, dass kein positives/negatives Beschlussergebnis Vorort in der Versammlung verkündet wird. Ein Beschlussergebnis kann aber auch nicht unter der Bedingung festgestellt werden, dass z. B. kein Wohnungseigentümer innerhalb einer bestimmten Frist widerspricht; geschieht dies dennoch, ist ein Beschluss (noch) nicht zustande gekommen (vgl. BGH, Urteil vom 06.07.2018, V ZR 221/17, ZMR 2019, 55).

Es bedarf auch zwingend der Verkündung eines im Umlaufverfahren gefassten 81 Beschlusses, und zwar nicht zwingend durch den Verwalter. Der Initiator des schriftlichen Beschlusses ist zur Verkündung der Beschlüsse befugt (AG Idstein, Urteil vom 14.10.2019, 3 C 182/19, ZMR 2020, 162), da er in der schriftlichen Beschlussprozedur die Funktion als Versammlungsleiter wahrnimmt.

In solchen Fallkonstellationen ergibt sich für jeden Sondereigentümer die Mög- 82 lichkeit vor Gericht Klage einzureichen mit dem Antrag, dass das Gericht anstelle des Versammlungsleiters den dem Abstimmungsvorgang entsprechenden Beschluss feststellt/verkündet.

Anders ist die Rechtslage, wenn der Versammlungsleiter bei Abstimmung über 83 einen Antrag z. B. über die Genehmigung einer baulichen Veränderung, der zu einem »Zitterbeschluss« – den es bei § 20 WEG n.F. noch geben dürfte – führen würde, zwar ein Recht hat, positiv zu verkünden, sich aber trotzdem – mangels Verpflichtung positiv zu verkünden – für eine Verkündung eines Negativbeschlusses entscheidet, weil Eigentümer durch die Baumaßnahme nachteilig im Sinne des § 14 Nr. 1 WEG a.F. betroffen waren (vgl. bereits LG Karlsruhe, Urteil vom 02.05.2019, 11 S 36/16, ZMR 2019, 990, nachfolgend BGH, Urteil vom 29.05.2020, V ZR 141/19, ZMR 2020, 770).

Streitgegenstand der reinen Beschlussfeststellungsklage ist das Ergebnis der rich- 84 tigen Bewertung des Abstimmungsvorgangs der Eigentümer. Im Gegensatz zur Beschlussersetzungsklage soll das Gericht hier nicht konstitutiv den Inhalt des Beschlusses gestalten, sondern nur den letzten noch fehlenden Teil des bisherigen Beschlusstorsos quasi hinzufügen, nämlich die komplett fehlende – auch nicht konkludent erfolgte – Verkündung. Zwischen Beschlussfeststellungsklage und Beschlussersetzungsklage ist zu differenzieren; Erstere ist auch kein Unterfall der Letzteren (vgl. aber Staudinger/Lehmann-Richter, WEG, § 46 Rn. 245, 246 zur »Zuordnung«), weil die Beschlussersetzungsklage eine Gestaltungsklage ist und Feststellungs- und Gestaltungsklagen unterschiedliche Klagearten sind.

Deshalb ist vom Gericht auch nicht in einem »Two-in-one-Verfahren« (Rie- 85 cke, ZMR 2015, 157) zugleich die Ordnungsmäßigkeit des Beschlussinhalts – sondern nur evtl. Nichtigkeitsgründe (Riecke ZMR 2015, 156; Niedenführ/ Schmidt-Räntsch/Vandenhouten, WEG, § 43 Rn. 47) – zu prüfen (AG Hamburg-Blankenese, Teilurteil vom 17.09.2008 – 539 C 27/08, ZMR 2008, 1001; Riecke WE 2004, 34, 39; Deckert ZMR 2003, 153, 158). Selbst wenn eine umfassende Prüfung des vom Gericht festzustellenden Beschlusses vom Kläger gewollt ist, so muss er dies durch seinen Klageantrag (vgl. Bärmann/ Klein, WEG, Voraufl. § 43 Rn. 106; LG München I, Urteil vom 11.12.2014 – 36 S 152/14, ZMR 2015, 152 mit Anm. Riecke) auch zum Ausdruck bringen. Beantragt werden müsste ergo, dass das Gericht die Wirksamkeit des erst noch zustande zu bringenden Beschlusses feststellen möge. Da der Kläger – um sein Prozessziel zu erreichen – sicher keine Anfechtungsgründe anführen wird, müsste das Gericht systemwidrig von sich aus alle Anfechtungsgründe (vgl. dagegen auch Elzer ZMR 2008, 1004) prüfen, auf die nicht von allen Eigentümern wirksam verzichtet wurde. Mit einer Verfristung der Anfechtungsgründe kann vor Existenz des Beschlusses nicht argumentiert werden (so auch Bärmann/Roth, WEG, § 46 Rn. 17, der allerdings zu Unrecht »mit Blick auf Abgrenzungsschwierigkeiten« auch Nichtigkeitsgründe nicht berücksichtigen will).

86 Die abweichende Ansicht (vgl. LG Hamburg, Urteil vom 14.12.2011 – 318 S 248/10, ZMR 2012, 217 ff allerdings zur fristgebundenen Beschlussberichtigungsklage; LG Itzehoe, Urteil vom 19.01.2016 – 11 S 61/14, ZMR 2016, 565, OLG München, Beschluss vom 15.11.2006 – 34 Wx 97/06, ZMR 2007, 221 Juris Rn. 22 ff, Niedenführ/Schmidt-Räntsch/Vandenhouten, WEG, § 43 Rn. 47 m. w. N.) argumentiert mit der Prozessökonomie. Die beklagte Partei (jetzt der Verband) könne der beantragten positiven Beschlussfeststellung unter Anführung von Anfechtungsgründen entgegentreten. Das erspare eine (spätere) Anfechtungsklage hinsichtlich des gerichtlich festgestellten Beschlusses.

87 Für eine solche Beschlussfeststellungsklage besteht selbst dann ein Rechtsschutzinteresse, wenn ihr Klageziel ein ordnungswidriger Beschluss ist. Denn das WEG erkennt bei Bestehen von Beschlusskompetenz und Abwesenheit von anderen Nichtigkeitsgründen (bloß) ordnungswidrige – der Bestandskraft fähige – Beschlüsse an.

88 Selbst ein Anfechtungsantrag kann im Einzelfall als auf die Feststellung gerichtet ausgelegt werden, dass ein Eigentümerbeschluss mit einem bestimmten, in der Versammlungsniederschrift protokollierten Inhalt nicht zustande gekommen ist (vgl. BayObLG, Beschluss vom 25.05.1999, 2Z BR 25/99, ZMR 1999, 652).

7. Beschlussberichtigungsklage

89 Mit einer sogenannten Beschlussergebnisberichtigungsklage kann der Kläger grundsätzlich die Korrektur eines etwaig fehlerhaft vom Versammlungsleiter verkündeten Beschlussergebnisses herbeiführen. Eine solche Feststellungsklage ist nach Maßgabe der analog anzuwendenden Vorschrift des § 45 WEG n.F. (§ 46 Abs. 1 Satz 2 WEG a.F.) fristgebunden (LG Hamburg, Urteil vom 14.12.2011 – 318 S 248/10, ZMR 2012, 217 ff.), weil ja ein vollwertiger Beschluss existiert.

90 Die (fristgebundene) Feststellung kommt in Betracht, wenn

– entgegen dem verkündeten Ergebnis z. B. infolge falscher Stimmenzählung ein (Positiv-)Beschluss nicht zustande gekommen ist (KG, Beschluss vom 06.06.1990 – 24 W 1227/90, WuM 1990, 363). Voraussetzung ist, dass sonst alle Erfordernisse eines wirksamen Beschlusses gegeben sind, aber das Ergebnis der Abstimmung unrichtig festgestellt wurde (OLG Hamm, Beschluss vom 07.06.1979 – 15 W 56/79, Rpfleger 1979, 342);
– Streit über den Inhalt eines gefassten Beschlusses (OLG Köln, Beschluss vom 15.01.1979 – 16 Wx 106/78, OLGZ 1979, 282) besteht;
– richtigerweise ein inhaltlich anderer Beschluss gefasst wurde (AG Wiesbaden, Urteil vom 03.12.2007 – 92 C 4116/07, ZMR 2008, 165);
– ein in der Niederschrift erwähnter Beschluss sei gar nicht oder mit diametral entgegengesetztem Inhalt gefasst worden.

8. Beschluss(inhalts)feststellungsklage

Wenn Streit zwischen den Wohnungseigentümern besteht, mit welchem Inhalt ein Beschluss gefasst wurde, kommt gemäß § 256 Abs. 1 ZPO selten auch eine nicht fristgebundene Feststellungsklage in Betracht. **91**

9. Klage auf eine Vereinbarung

Hierbei handelt es sich um eine Leistungsklage, die mit Rechtskraft der erstrebten Entscheidung gemäß § 894 ZPO vom Kläger zu beanspruchende Willenserklärungen seiner Mitwohnungseigentümer ersetzt. Die Klage richtet sich nicht gegen die Gemeinschaft der Wohnungseigentümer (aA Lehmann-Richter/Wobst, WEG-Reform 2020, Rn. 1971). Sie ist auch kein Unterfall der Beschlussersetzungsklage, die der BGH (Urteil vom 08.04.2016 – V ZR 191/15, ZMR 2016, 888) zum alten Recht zu Unrecht auch auf Vereinbarungen erstreckt hatte. **92**

VI. Übergangsrecht (§ 48 Abs. 4 WEG n.F.)

Für die am 1.12.2020 bei Gericht anhängigen Verfahren sind die Vorschriften des dritten Teils dieses Gesetzes in ihrer bis dahin geltenden Fassung weiter anzuwenden. **93**

Die in dem Entwurf vorgesehenen Änderungen des Verfahrensrechts sollen bereits anhängige Verfahren unberührt lassen. Verfahren, die bei Inkrafttreten der Neuregelung bereits bei Gericht anhängig sind, sind deshalb nach den bis zu diesem Zeitpunkt geltenden Vorschriften zu führen (BR-Drucks. 168/20, S. 97). **94**

Es gelten ab »Anhängigkeit des Verfahrens« weiterhin die §§ 43 bis 50 WEG a.F. Anhängigkeit wird mit Einreichung der Klageschrift angenommen (Reichold in Thomas-Putzo, ZPO, § 253 Rn. 1, § 261 Rn. 1). **95**

96 Die bloße Einreichung eines PKH-Gesuchs mit Klageentwurf ist noch kein Einreichen einer Klage (Reichold in Thomas-Putzo, ZPO, § 117 Rn. 2 ff.). Wenn eine durch PKH-Bewilligung bedingte Klage eingereicht wird, tritt Anhängigkeit ein, sobald ein PKH bewilligender Beschluss ergeht (vgl. OLG München MDR 1988, 972).

97 Ein Alt-Antrag auf einstweilige Verfügung stellt ein selbstständiges summarisches Erkenntnisverfahren dar. Mit Einreichung des Antrags tritt Anhängigkeit ein. Für das spätere Hauptsacheverfahren hat dies jedenfalls nicht zur Folge, dass dieses nach demselben (alten) Verfahrensrecht zu behandeln wäre.

98 Die Übergangsnorm regelt nicht ausdrücklich, wie bei Änderungen des Prozessantrags im Altverfahren vorzugehen ist.

99 § 264 ZPO regelt für drei Fallgruppen, dass trotz Änderung des Streitgegenstands keine Klageänderung anzunehmen sei (Fiktion). Insoweit ist auf Altverfahren weiter das bisherige Verfahrensrecht anzuwenden.

100 Wenn ohne Änderung des Klagegrundes die tatsächlichen oder rechtlichen Ausführungen ergänzt oder berichtigt werden (Fall 1) meint dies u. a. eine genauere Substantiierung des Sachvortrags, Berichtigung von Personendaten (bei Wahrung der Personenidentität) bis hin zu einer Veränderung der rechtlichen Bewertung.

101 Abzugrenzen ist hier vom Ändern des Kerns des Lebenssachverhalts in der ursprünglichen Klage durch Vorbringen neuen Tatsachenvortrags.

102 Wird der der Klageantrag in der Hauptsache oder in Bezug auf Nebenforderungen erweitert oder beschränkt (Fall 2) umfasst dies u. a. ein Mehr oder Weniger bei einer Forderung, den Übergang von der Feststellungs- zur Leistungsklage, den Übergang von der Auskunfts- zur Zahlungsklage etc.

103 Abzugrenzen ist hiervon die nachträgliche Anspruchshäufung, d. h. das Geltendmachen eines weiteren prozessualen Anspruchs.

104 Wird statt des ursprünglich geforderten Gegenstandes wegen einer später eingetretenen Veränderung ein anderer Gegenstand oder das Interesse gefordert (Fall 3) meint »Gegenstand« hier nicht den Streitgegenstand, sondern das Objekt des prozessualen Anspruchs. »Später eingetreten« bedeutet »nach Klageeinreichung oder zumindest dem Kläger danach bekannt geworden« (vgl. OLG Hamm, 19.8.1999 – 22 U 143/98, MDR 2000, 48).

105 Bei einer – weitergehenden – Klageänderung im Sinne des § 263 ZPO, ändert sich hierdurch die Rechtsnatur des bereits durch den früheren Alt-Antrag eingeleiteten Verfahrens nicht. Auch dieses Verfahren ist mithin trotz der

Klageänderung einheitlich unter altem Verfahrensrecht zu behandeln (BGH NJW 2011, 386 Rn. 11; OLG München NZM 2009, 246; LG Nürnberg-Fürth ZMR 2009, 77).

Wird der neue Antrag (die Klageerweiterung) nach § 145 ZPO vom Gericht **106** abgetrennt, wird er zu einem eigenen Verfahren, auf das neue Verfahrensrecht anzuwenden ist (vgl. OLG Hamm, NJW-RR 2013, 459).

Kommt es im Altverfahren zur Erhebung einer Widerklage oder Drittwider- **107** klage, ist einheitlich altes Verfahrensrecht anwendbar. Da es hier beim ZPO-Verfahren mit Besonderheiten bleibt, ist die Situation nicht mit dem Wechsel vom FGG- zum ZPO-Verfahren vergleichbar (dazu OLG Hamm, Beschluss vom 31.07.2012, 15 Wx 488/11, ZMR 2013, 52).

Wird die Widerklage/Drittwiderklage nach § 145 ZPO vom Gericht abge- **108** trennt, wird sie zu einem eigenen Verfahren, auf das neue Verfahrensrecht anzuwenden ist (vgl. OLG Hamm, NJW-RR 2013, 459).

Wenn einer Forderungsangelegenheit im WEG-Verfahren ein Mahnverfahren **109** vorgeschaltet war, wird als die maßgebliche Zäsur für die Frage, ob altes oder neues Recht anzuwenden ist, der Eingang der Akte beim Streitgericht angesehen (OLG Hamm, Beschluss vom 05.05.2009, 15 Wx 22/09, ZMR 2009, 867; LG München I, Urteil vom 19.10.2009 – 1 S 4851/09, ZMR 2010, 398). Die in § 700 Abs. 3 Satz 2 ZPO angeordnete fingierte rückwirkende Rechtshängigkeit ist hier nicht relevant.

Mit einer prozessualen Gestaltungsklage gemäß § 767 ZPO wird nicht das **110** Alt-Verfahren, dessen Titel den Klageanlass bildet und dessen Vollstreckbarkeit beseitigt werden soll, fortgesetzt. Es beginnt vielmehr neuer selbstständiger Rechtsstreit (vgl. BGH, Beschluss vom 19.02.2009, V ZB 188/08, ZMR 2009, 544 Juris Rn. 11). Es geht nicht um die Aufhebung des Alt-Titels oder die Feststellung, dass der titulierte Anspruch nicht oder nicht mehr bestehe. Wendet sich jemand nach dem Inkrafttreten des neuen Rechts nach Beginn und vor Vollendung der Zwangsvollstreckung gegen einen Alt-Titel, so unterliegt dieses Verfahren neuem Recht, sodass auch § 72 Abs. 2 GVG anzuwenden ist (BGH, Beschluss vom 19.02.2009, V ZB 188/08, ZMR 2009, 544, Juris Rn. 11).

Dasselbe gilt auch für eine Drittwiderspruchsklage gemäß § 771 ZPO, un- **111** abhängig davon, ob man in ihr eine prozessuale Gestaltungsklage oder einen eigenständigen Klagetypus sieht.

Wenn ein Eigentümer am Tag vor Inkrafttreten des neuen Rechts Anfechtungs- **112** klage einreicht und ein anderer Eigentümer erst nach Inkrafttreten des neuen Rechts gegen **denselben** Beschluss klagt, sind die Verfahren zu verbinden und

wohl nach altem Verfahrensrecht zu behandeln. Getrennte Anfechtungsverfahren mit verschiedenem Verfahrensrecht sind jedenfalls nicht möglich. Wird
dagegen ein **anderer** Beschluss im neueren Verfahren angefochten, bleibt es bei
der selbstständigen Klage mit Anwendung neuen Rechts. Werden **zum Teil
identische Beschlüsse** (vgl. LG Nürnberg-Fürth, Beschluss vom 27.09.2019,
14 T 6001/19, ZMR 2020, 148) angefochten, hat nur hinsichtlich der Identität
eine Verfahrensverbindung zu erfolgen, wodurch dann ein selbständiger Teil der
neuen Klage altem Verfahrensrecht unterliegt, der restliche Teil neuem Recht.

§ 10 Streitwerte

I. Überblick

Ein klassisches Problemfeld im WEG-Prozess ist die Ermittlung des Streitwerts.   1
Nach der bisherigen Rechtslage war die zentrale Vorschrift zur Ermittlung des
Gebührenstreitwerts § 49a GKG a.F. Davon zu differenzieren ist die Rechtsmittelbeschwer, deren Höhe nach den allgemeinen Wertvorschriften der §§ 3
bis 9 ZPO zu ermitteln ist. Der Gebührenstreitwert und das jeweilige Interesse
ließen sich jedoch nicht »schematisieren«, sondern es musste das Einzel-/und
Gesamtinteresse unter Berücksichtigung von Höchstgrenzen ermittelt werden
(zu § 49a GKG a.F. Agatsy, ZMR 2019, 394 ff.). Ebenso war der Streitwert
jeweils danach zu ermitteln, ob es sich um eine bezifferte oder unbezifferte
Klage handelte (Hügel/Elzer, 2. Auflage 2018 Nach § 50 WEG Rn. 1 f.). Der
Gesetzgeber hält mit dem WEMoG nicht länger an dieser Regelung fest und
hat in § 49 GKG die Streitwertermittlung um die neuen Fallgruppen der Beschlussklagen (§ 44 Abs. 1 WEG) erweitert (SEHR/Elzer/Riecke, Verfahrensrecht Rdn 32). Hierbei handelt es sich um die Anfechtungsklage (§ 44 Abs. 1
S. 1 Alt. 1 WEG), die Nichtigkeitsklage (§ 44 Abs. 1 S. 1 Alt. 2 WEG) sowie
die Beschlussersetzungsklage (§ 44 Abs. 1 S. 2 WEG). Während bei Beschlussklagen (§ 44 Abs. 1 WEG) ausschließlich § 49 GKG gilt, bemisst sich der Gebührenstreitwert in allen anderen Fällen nach § 48 Abs. 1 S. 1 GKG, sodass
die allgemeinen Streitwertvorschriften gelten. Trotz der Gesetzesnovelle werden
bisherige dogmatische Streitpunkte nicht vollständig entfallen. Dies gilt u. a.
bei der Ermittlung des Streitwertes bei mehreren Klägern.

II. Gebührenstreitwert des § 49 GKG

1. Zuständigkeits- und Gebührenstreitwert im Regelungsbereich des § 49 GKG

2   Die gesetzlichen Regelungen für die Streitwertbemessung hinsichtlich der Zuständigkeit und des Gebührenstreitwertes ändern sich nach dem WEMoG vollständig (BT Drucks. 19/18791, S. 77; BR Drucks. 168/20, S. 91; BT Drucks. 19/22634, S. 28). Im Rahmen der Gesetzesnovelle wurde § 43 Abs. 2 WEG hinsichtlich der Vorschriften des GVG über die sachliche Zuständigkeit in WEG-Sachen angepasst. Nach der neuen Rechtslage der in der Vorschrift des § 43 Abs. 2 Nr. 1 bis 4 WEG enumerierten Klageverfahren bleibt zumeist das Amtsgericht für Entscheidungen sachlich zuständig. Gemäß § 23 Nr. 2 c) und § 71 Abs. 2 S. 1 GVG in der Fassung der Bekanntmachung vom 9. Mai 1975 (BGBl. I S. 1077), zuletzt geändert durch Artikel 2 des Gesetzes vom 10. Juli 2020 (BGBl. I S. 1648), werden jeweils die Wörter »§ 43 Nr. 1 bis 4 und 6« durch die Angabe »§ 43 Absatz 2« ersetzt (BT Drucks. 19/22634, S. 28). Nach der Neufassung enthält die Vorschrift des § 43 Abs. 2 WEG einen Katalog ausschließlicher gerichtlicher Zuständigkeiten (Bärmann/Pick, Anh. I zu § 43 WEG-E Rn. 2). Anders als nach der bisherigen Rechtslage sind von der neuen Vorschrift des § 43 Abs. 2 Nr. 1 WEG auch Streitigkeiten aus dem sachenrechtlichen Grundverhältnis umfasst (BT Drucks. 19/18791, S. 79; BR Drucks 168/20, S. 91). Dies wurde von der bislang herrschenden Meinung abgelehnt (BGH ZMR 1995, 521). Dagegen sprechen der neu gefasste und deutlich erweiterte Wortlaut sowie der Regelungszweck des § 43 WEG. Für alle weiteren Streitigkeiten u. a. Drittklagen gelten auch nach dem WEMoG beim (sachlichen) Zuständigkeitsstreitwert die allgemeinen Streitwertvorschriften, insbesondere §§ 23 Nr. 1, 71 Abs. 1 GVG. Das Amtsgericht ist bis zum Gegenstandswert von 5.000 € zuständig.

3   § 49 GKG wurde hinsichtlich der Wertvorschriften für die Bemessung des Gebührenstreitwerts bei Beschlussklagen nach dem WEG neugefasst. Nach dem bisherigen weiten Rechtsverständnis des § 49a GKG war nach Kläger- und Beklagteninteresse sowie bei der Gesamtbemessung, § 49a Abs. 1, 2 GKG, zu differenzieren. An dieser Regelung hält der Gesetzgeber nicht mehr fest. Die notwendige prozessuale Beiladung gibt es nach der Neufassung der §§ 43 ff. WEG nicht mehr. Bereits in dem Referentenentwurf eines Gesetzes zur Förderung der Elektromobilität und zur Modernisierung des Wohnungseigentumsgesetzes (Wohnungseigentumsmodernisierungsgesetz – WEMoG) wurde vorgeschlagen, § 49a GKG aufzuheben und durch § 49 GKG (Beschlussklagen) zu ersetzen (Hartmann/Toussaint/Elzer, Vorbemerkung zu § 49 GKG Rn. 1 f.). Dies gilt insbesondere vor dem Hintergrund, dass der Gesetzgeber

den Begriff Gemeinschaft der Wohnungseigentümer gemäß § 9a Abs. 1 WEG neu geregelt hat. Der Verband ist nunmehr rechtsfähig (SEHR/Skauradszun, § 1 Verbandsrecht Rdn. 11). Nach der Beseitigung vieler prozessualer Besonderheiten besteht nunmehr kein Bedürfnis, den Streitwert abweichend von den allgemeinen Vorschriften zu bestimmen (BT Drucks. 19/18791, S. 90; BR Drucks. 168/20, S. 105; BT Drucks. 19/22634, S. 49). Auch nach der Neufassung und der hier vertretenen Auffassung soll das Kostenrisiko für die einzelnen Parteien überschaubar bleiben (zu § 49a GKG a.F. Schneider/Herget/Monschau 14. Aufl. 2016, Rn. 6239). Mit der Neufassung rückt der Gesetzgeber von der bisherigen »Teilung« nach Normalstreitwert, Mindeststreitwert ab (zu § 49a GKG a.F. Agatsy, ZMR 2019, 394 ff.). Der Wortlaut des § 49 S. 1 GKG spricht dafür, dass es sich bei dem Interesse aller Wohnungseigentümer um das Gesamtinteresse handelt. Somit ist bei der Bemessung des Gebührenstreitwerts auch das (Gesamt-)Interesse an der Entscheidung zu beachten (→ Rn. 3). Die Vorschrift des § 49 GKG lautet in der aktuellen Fassung (BT Drucks. 19/22634, S. 30) wie folgt:

§ 49 GKG

»*Der Streitwert in Verfahren nach § 44 Absatz 1 des Wohnungseigentumsgesetzes ist auf das Interesse aller Wohnungseigentümer an der Entscheidung festzusetzen. Er darf den siebeneinhalbfachen Wert des Interesses des Klägers und der auf seiner Seite Beigetretenen sowie den Verkehrswert ihres Wohnungseigentums nicht übersteigen.*«

Identisch bleibt, dass sonstige Klageverfahren, wie z. B. Leistungsklagen auf **4** Zahlung und Schadensersatz, gemäß den §§ 43 ff. WEG (bezifferte Klageverfahren) nicht unter den Regelungsbereich des § 49 GKG fallen (BT Drucks. 19/18791 S. 90; BR Drucks. 168/20, S. 105; BT Drucks. 19/22634, S. 49). Mit § 44 WEG hat der Gesetzgeber den Verbandsprozess eingeführt (BT Drucks. 19/18791, S. 77; BR Drucks. 168/20 S. 93 ff.; Skauradszun, ZMR 2020, 905 ff.). Neben den prozessualen Vorschriften (Abschaffung der Beiladung aus § 48 WEG a.F.) wurde die Norm »verschlankt« und eine Harmonisierung mit den Beschlussklagen des § 44 Abs. 1 WEG vorgenommen. § 49 GKG gilt ausschließlich für die Ermittlung des Gebührenstreitwerts bei Beschlussklagen (§ 44 S. 1 Alt. 1 WEG), Nichtigkeitsklagen (§ 44 S. 1 Alt. 2 WEG) und Beschlussersetzungsklagen (§ 44 S. 2 WEG). Klagen des Verbandes, die aufgrund einer Vergemeinschaftung von gemeinschaftsbezogenen Ansprüchen geführt wurden (§ 10 Abs. 6 S. 3 Alt. 2 WEG a. F.) gibt es zukünftig nicht mehr. Nach der bisherigen Fassung war streitig, ob sich § 49a Abs. 1 S. 1 GKG a.F. auch auf Klagen Dritter bezieht. Problematisch ist, welche Streitwertvorschrift zukünftig für sogenannte Binnenstreitigkeiten gilt. Bislang war § 49a Abs. 1 S. 1 GKG auch bei der Ermittlung des Gebührenstreitwerts im Rahmen von Binnenstreitigkeiten anwendbar (Agatsy, ZMR 2019, 394, 395; Einsiedler, ZMR 2008,

765, 770). Nach der neuen Rechtslage ist dies in § 48 Abs. 1 GKG normiert. Ebenso wenig sprechen der Wortlaut und der Regelungszweck der Vorschrift des § 49 S. 1 GKG dagegen, dass der Verwalter weiterhin befugt ist, Honorar- bzw. Streitwertvereinbarungen mit der Gemeinschaft der Wohnungseigentümer zu treffen. Im Fall unbezifferter Klagen gegen die Gemeinschaft der Wohnungseigentümer ist der Rückgriff auf § 48 GKG (allgemeine Streitwertvorschriften) naheliegend. Darüber hinaus gilt für die sonstigen Streitsachen in Wohnungseigentumsverfahren die Vorschrift des § 48 GKG. Für die Bemessung des Streitwerts nach der neuen Vorschrift des § 49 GKG ist der Zeitpunkt der jeweiligen Antragstellung maßgebend (Hartmann/Toussaint/Elzer, 50. Auflage 2020, § 49a GKG Rn. 3).

2. Streitwertinteresse beim Gebührenstreitwert und allgemeine Streitwertvorschriften

a) Bestimmtheit des Streitwertinteresses

5 Das Streitwertinteresse ist zukünftig differenziert zu bewerten. Während bei Beschlussklagen im Sinne des § 44 Abs. 1 WEG auch nach der Neufassung der Streitwertvorschrift des § 49 GKG eine Bestimmung des (Wert-)Interesses auf Klägerseite erforderlich ist, gelten in den übrigen Fällen über § 48 Abs. 1 GKG grundsätzlich die allgemeinen Wertvorschriften. Für die in §§ 44 Abs. 1 S. 1 Alt. 1 bis 3 und Abs. 1 S. 2 WEG geregelten Beschlussklagen geht der Regelungszweck der Vorschrift des § 49 S. 1 GKG davon aus, dass der Streitwert (Gebührenstreitwert) auf das Interesse aller Wohnungseigentümer an der Entscheidung festzusetzen ist. Nach der hier vertretenen Auffassung und dem Regelungszweck des § 49 S. 1 GKG entspricht dies grundsätzlich der Ermittlung eines Normalstreitwerts, wie dies auch nach der bisherigen Fassung des § 49a Abs. 1 S. 1 GKG der Fall war. Dabei erscheint es interessengerecht, auf das (Gesamt-)Interesse aller Wohnungseigentümer abzustellen, zumal die Entscheidung auch gegenüber allen Wohnungseigentümern wirkt (Hartmann/Toussaint/Elzer Kostenrecht 50. Aufl. 2020, Vorbemerkung zu § 49a GKG Rn. 1 f.). Die neu gefasste Vorschrift des § 49 GKG korrespondiert mit § 44 Abs. 3 WEG (Agatsy, AnwZert MietR 11/2020 Anm. 1). Etwas anderes gilt hinsichtlich sonstiger Verfahren, bei denen gemäß § 48 GKG an das allgemeine Interesse anzuknüpfen ist. Die Vorschrift des § 49 S. 1 GKG entspricht im Wesentlichen dem § 49a Abs. S. 1 Var. 2 GKG, sodass der Streitwert den in § 49 S. 2 GKG siebeneinhalbfachen Wert nicht überschreiten darf. Wie bereits zu § 49a Abs. 1 S. 2 Alt. 2 GKG a.F. entschieden wurde, ist es auch nach § 49 S. 2 GKG sachgerecht, die Interessen der Kläger zu addieren, wenn mehrere Wohnungseigentümer einen Beschluss anfechten (BGH MDR 2019, 767 Rn. 9).

Grundlage für die Ermittlung des Interesses im Sinne des § 49 S. 1 GKG ist das 6
Wertinteresse. Dieses orientiert sich an dem Interesse aller Wohnungseigentümer an einer Entscheidung (BT Drucks. 19/18791, S. 32; BR Drucks 168/20,
S. 45). Problematisch ist, wie § 49 S. 1 GKG im Einzelnen auszulegen ist, da
er im Wesentlichen der bisherigen Vorschrift des § 49a Abs. 1 S. 2 Alt. 2 GKG
entspricht. Auch nach der Neufassung des § 49 GKG bilden unbezifferte Klagen den Regelfall. Da nach § 49 S. 1 GKG auf das »Interesse aller Wohnungseigentümer« abzustellen ist, ist im ersten Prüfungsschritt das Gesamtinteresse
(summarisch) der Wohnungseigentümer anzusetzen, denn die Entscheidung
gemäß § 44 Abs. 3 WEG wirkt gegenüber allen Wohnungseigentümern (Bär-
mann/Pick, Anhang I zu § 49 GKG Rn. 1 f.). Eine der alten Vorschrift des
§ 49a Abs. 2 GKG entsprechende Vorschrift hat der Gesetzgeber nicht übernommen. Nach zutreffender Auffassung ist der Streitwert bei Klagen »gegen
Einzelne« nach § 48 GKG zu ermitteln.

b) Gebührenstreitwert bei Beschlussklagen nach § 49 GKG

Der Streitwert ist weiterhin in einzelnen Schritten zu ermitteln. Entgegen der 7
bisherigen Praxis ist bei der Streitwertprüfung das Interesse der Beigeladenen
obsolet. Die Streitwertberechnung für den Gebührenstreitwert bei Beschlussklagen folgt einer zweigeteilten Systematik. Zunächst ist das Gesamtinteresse
(vormals Normalstreitwert) zu ermitteln, um in einem zweiten bzw. dritten
Schritt die Begrenzung des Gebührenstreitwerts (§ 49 S. 2 GKG) zu ermitteln.
Beispiel: Die Eigentümerversammlung einer aus 10 Wohnungseigentümern
bestehenden Wohnungseigentümergemeinschaft beschließt notwendige Sanierungsmaßnahmen an den Regenfallrohren und dem mangelhaften Flach-
dach. Die Gesamtkosten dieser Maßnahme sollen nach der Einholung von drei
Angeboten 40.000 EUR betragen. Damit entfällt auf jeden der Eigentümer
entfällt eine anteilige Kostenlast in Höhe von 4.000 EUR, mit diese jeweils
belastet sind. Ist der Beschluss über die Sanierungsmaßnahme mit dem finanziellen Gesamtvolumen von 40.000 EUR streitgegenständlich, liegt das Interesse des Klägers und der Beigetretenen darin, den Beschluss vollständig oder
teilweise für unwirksam erklären zu lassen. Das Interesse der Gemeinschaft der
Wohnungseigentümer (§ 44 Abs. 2 WEG) hingegen liegt in der Aufrechterhaltung, sodass sich das vormals als Normalstreitwert zu bewertende (Gesamt-)
Interesse wie folgt ermitteln lässt: Die Vorschrift des § 49 S. 1 GKG sieht vor,
dass der Streitwert der Beschlussklage gemäß § 44 Abs. 1 WEG auf das (Ge-
samt) Interesse aller Wohnungseigentümer festzusetzen ist. Nach dem Wortlaut
und dem Regelungszweck hat eine Wertaddition zu erfolgen. Anders als nach
der bisherigen Vorschrift des § 49a Abs. 1 S. 1 Alt. 2 GKG wird die Höhe des
Interesses aller Wohnungseigentümer an der Entscheidung (Gesamtinteresse)

angesetzt. Diese Betrachtungsweise ist sachgerecht, da die Entscheidung des Prozessgerichts über die Beschlussklage gemäß § 44 Abs. 3 WEG gegenüber allen Wohnungseigentümern wirkt (BT Drucks. 19/18791, S. 81; BR Drucks. 168/20, S. 94). Die Vorschrift des § 49 S. 1 GKG erfordert eine Saldierung des Klägerinteresses und des Interesses der Beigetretenen. Treten dem Rechtsstreit keine anderen Wohnungseigentümer bei, liegt das Mindestinteresse somit bei dem Klägerinteresse. Nach der Vorschrift des § 49 GKG ist somit insgesamt nur das Angreiferinteresse relevant.

8 In einem Zweiten Schritt ist der Höchststreitwert gemäß § 49 S. 2 GKG zu ermitteln. Vor dem Hintergrund, dass nach der Begründung der Gesetzesmaterialien (BT Drucks. 19/18791, S. 90) die Vorschrift des § 49 S. 1 GKG im Wesentlichen dem § 49a Abs. 1 S. 2 Alt. 2 GKG entspricht, ist in einem weiteren Schritt und nach der Bewertung des Gesamtstreitwerts (§ 49 S. 1 GKG) eine Limitierung der Streitwerthöhe vorzunehmen. Der Streitwert darf das Siebeneinhalbfache des Werts des Klägerinteresses und der auf seiner Seite Beigetretenen nicht übersteigen. Beispiel: Auf den Kläger entfällt bei dem Sanierungsbeschluss ein Kostenanteil in Höhe von 4.000 EUR an den Gesamtkosten. Treten andere Wohnungseigentümer dem Rechtsstreit bei, ist für die Höchstgrenze eine Addition vorzunehmen. Im Fall der Beschlussklage verfolgt der Kläger mithin das Klageziel, nicht mit den Kosten aufgrund der Beschlussfolgen belastet zu werden. Nach der Vorschrift des § 49 S. 2 GKG darf die Grenze für den Höchststreitwert den Siebeneinhalbfachen Wert des Interesses des Klägers nicht übersteigen. Treten dem Kläger keine weiteren Wohnungseigentümer bei, liegt das Interesse bei 30.000 EUR. Der Höchststreitwert (§ 49 S. 2 GKG) übersteigt den Mindeststreitwert nicht und liegt somit bei 30.000 EUR.

3. Begrenzung des Gebührenstreitwerts

9 Das Streitwertinteresse ist nach der Vorschrift des § 49 S. 2 GKG begrenzt. Zum anderen ist im Fall der Beschlussklage die Gemeinschaft der Wohnungseigentümer Klägerin oder Beklagte (§ 9a Abs. 1 WEG). Die Begrenzung nach dieser Vorschrift soll den Kläger vor einer zu hohen Kostenbelastung schützen (BT Drucks. 19/18791, S. 90). Nach der nunmehr gültigen Neufassung des § 49 S. 2 GKG (BT Drucks. 19/22634, S. 34) darf der Höchstwert im Sinne des § 49 S. 2 GKG das Siebeneinhalbfache des Wertes des Interesses des Klägers und der auf Seite des Beigetretenen nicht überschreiten. Nach der aktuellen Begründung sollte der Wegfall der Mehrvertretungsgebühr kompensiert werden (BT Drucks. 19/22634, S. 30). § 44 Abs. 3 WEG erstreckt die subjektive Rechtskraft sowohl eines der Klage stattgebenden als auch abweisenden Urteils in Beschlussklageverfahren auf alle Wohnungseigentümer und damit auch auf deren Sondernachfolger (BT Drucks. 19/18791, S. 81; BR Drucks. 168/20,

S. 94; BT Drucks. 19/222634, S. 24). Auch das Beklageninteresse wird anhand der Vorschrift des § 49 S. 2 GKG berechnet. Die absolute Obergrenze bildet auch nach der Vorschrift des § 49 GKG der Verkehrswert des Wohnungseigentums des Klägers und der auf seiner Seite Beigetretenen. Auch bei den übrigen Verfahren ist auf das »Angreiferinteresse« abzustellen und über § 48 Abs. 1 S. 1 GKG gelten die allgemeinen Wertvorschriften der ZPO. Somit ist auf §§ 3 bis 9 ZPO zurückzugreifen. Dies ist bei sämtlichen bezifferten (bestimmbaren) sonstigen Klageanträgen der Fall.

III. Streitwertermittlung bei Klägermehrheit und Rechtsmittelstreitwert

1. Streitwertermittlung bei mehreren Klägern

Die Streitwertermittlung bei mehreren Klägern bleibt nach der Neufassung des 10
§ 49 GKG problematisch und war bereits nach der alten Rechtslage zu § 49a
GKG streitig (vgl. Agatsy, AnwZert 11/2020, Anm. 3). Nach § 49 S. 2 GKG ist
der Verkehrswert im Einzelfall die oberste Grenze für die Begrenzung des Streitwerts. Die Vorschrift des § 49 S. 2 GKG regelt allerdings nicht den Fall, wenn
mehrere Kläger gleichzeitig dasselbe Klageziel verfolgen. Die Begründungsma-
terialien zu § 49 S. 2 GKG (BT Drucks. 19/18791, S. 90; BR Drucks 168/
20, S. 105) sehen diese Fallgruppe jedoch nicht vor, sondern stellen auf den
absoluten Höchstwert im Einzelfall ab. Auch nach der alten Rechtslage zu § 49a
Abs. 1 S. 2 GKG war unklar, wie bei Klägermehrheiten die Wertgrenzen des
Einzelinteresses und des Verkehrswerts zu ermitteln waren. Es erscheint sachgerecht, eine Zusammenrechnung der Einzelverkehrswerte vorzunehmen. Nach
einem Beschluss des BGH (BGH, ZWE 2019, 330 Rn. 6) entspricht der Verkehrswert des Wohnungseigentums nach § 49a Abs. 1 S. 3 GKG die Summe
der Einzelverkehrswerte aller klagenden Wohnungseigentümer, der die absolute
Obergrenze des Geschäftswerts bildet. Da sich der Gesetzgeber ausweislich der
Materialien zur Begründung des § 49 GKG zu dieser besonderen Fallgruppe
nicht geäußert hat, kann auf die bisherigen durch den BGH ermittelten Grundsätze zurückgegriffen werden.

2. Rechtsmittelstreitwert

Von dem Streitwert ist die Rechtsmittelbeschwer bei Berufung und Revision zu 13
differenzieren. Während der Gebührenstreitwert bei Beschlussklagen nach § 49
GKG und bei bezifferten Klagen nach § 48 Abs. 1 S. 2 GKG bemessen wird,
erfolgt dies bei der Rechtsmittelbeschwer nach § 511 Abs. 2 Nr. 1 ZPO (Berufung) und § 26 Nr. 8 EGZPO (Revision). Die Berufungsbeschwer muss 600 €
übersteigen und diejenige der Revision 20.000 €. Ist eine Erhaltungsmaßnahme streitgegenständlich, ist bei der Anfechtung einer Sanierungsmaßnahme auf

den Kostenanteil des Klägers abzustellen. Wird eine erhebliche optische Veränderung des Gebäudes geltend gemacht, ist für die ideelle Beeinträchtigung in casu ein Wert von 1.000 € hinzuzurechnen. Geht es dem Anfechtungskläger zugleich um die Grundsätze ordnungsmäßiger Verwaltung, kommt diesem »weitergehenden« Interesse kein eigener Wert zu.

3. Streitwertermittlung durch das Gericht

14   Der Streitwert wird in der Regel nicht durch das Gericht von Amts wegen ermittelt. Deshalb hat der klagende Wohnungseigentümer Tatsachen vorzutragen, mit denen die Streitwertermittlung erfolgen kann. Sofern tatsächliche Anhaltspunkte fehlen sollten, wird seitens des Gerichtes sodann auf die allgemeinen Streitwertvorschriften des § 48 GKG i. V. m. §§ 3 ff. ZPO zurückgegriffen. Fehlen plausible Angaben, kann das Gericht das wirtschaftliche Interesse gemäß § 287 Abs. 1 ZPO schätzen oder im Streitfall ein Gutachten zur Ermittlung des (Gebühren-)Streitwerts einholen.

4. Übergangsvorschriften zur Streitwertermittlung

15   Vor dem Hintergrund der Neufassung des § 49 GKG und damit verbundenen Systematik der Streitwerte bei Beschlussklagen stellt sich die Frage, wie mit Übergangs- und Altsachverhalten umzugehen ist. Für die Bestimmung des Streitwerts gilt die allgemeine Übergangsvorschrift des § 71 GKG. Diese Vorschrift ist maßgeblich für alle Sachverhalte, deren Streitwert für das Streitverfahren bereits vor dem 01.12.2020 zu ermitteln war (Lehmann-Richter/Wobst, WEG-Reform 2020, Rn. 1993). Der Wortlaut des § 71 Abs. 1 S. 1 GKG spricht dafür, dass vor dem 01.12.2020 das alte Recht gilt. Wird ein Berufungsverfahren nach dem 01.12.2020 eingelegt, gilt nach § 71 Abs. 1 S. 2 GKG die neue Vorschrift des § 49 GKG. Für die übrigen Verfahren gilt für die Streitwertermittlung die Vorschrift des § 48 GKG. Selbst wenn die Vorschrift des § 49a GKG a.F. vor dem 01.12.2020 noch anwendbar war, gilt u. a. für Rechtsmittelverfahren nach dem 01.12.2020 die Vorschrift des § 48 GKG.

5. Streitwerte im ABC

16   *Abgaben/Steuern*

Bei Abgaben/Steuern ist zu prüfen, ob es sich um eine Schuld der Gemeinschaft der Wohnungseigentümer (Verbandsschuld) oder des einzelnen Wohnungseigentümers handelt. Darüber hinaus ist zwischen öffentlichen Abgaben, Sonderabgaben und (Grund-)Steuern zu unterscheiden. Die Abgabenschuld richtet sich zumeist gegen die Gemeinschaft der Wohnungseigentümer. Ist der rechtsfähige Verband (§ 9a Abs. 1 WEG) Schuldner, ist der Wert der

Gesamtforderung bei der Streitwertbemessung anzusetzen. Daraus folgt, dass im Fall der Anfechtungsklage gegen einen Bescheid der Finanzbehörde oder gegen einen Gebührenbescheid insgesamt der Streitwert der Beschlussklage (Anfechtungsklage) nach § 44 Abs. 1 S. 1 Alt. 1 WEG i.V.m. § 49 GKG zu ermitteln ist. Das Interesse *aller Wohnungseigentümer* liegt in dem Gesamtbetrag des Abgaben-/Steuerbescheids. Die Höchstgrenze ist dann wiederum der 7,5-fache Betrag des Interesses des Klägers und der auf seiner Seite Beigetretenen (Bärmann/Pick Anh. I § 49 GKG Rn. 1 f.). Bisher war zu berücksichtigen, dass ein Eigentümer nach § 16 Abs. 1, 2 WEG a.F. anteilig in Höhe seines Miteigentumsanteils haftet. Nach § 16 Abs. 1 S. 2 und Abs. 2 S. 1 WEG ist der Gebührenstreitwert anhand des von Miteigentumsanteilen bemessenen Anteils des Wohnungseigentümers zu ermitteln. Im Zweifel ist die durchschnittliche Forderungshöhe heranzuziehen und im Einzelfall sind der Höhe nach Wertabschläge vorzunehmen.

Abnahme (Restwerklohn und Zurückbehaltungsrecht)

Bei der Abnahme von Teilen des Gemeinschaftseigentums hängt die Streitwertbemessung von dem Interesse im Einzelnen ab. Es handelt sich um eine Angelegenheit der Gemeinschaft der Wohnungseigentümer (§ 18 Abs. 1 WEG), sodass das Interesse anhand des Erfüllungsinteresses zu bewerten ist. Ein typischer Fall sind Streitigkeiten über die Abnahme bei der Herstellung des gemeinschaftlichen Eigentums oder Teilen des gemeinschaftlichen Eigentums. Ist der Werklohn zwischen der Gemeinschaft Wohnungseigentümer und dem Werkunternehmer streitig, richtet sich der Streitwert nach dem Wertinteresse, d. h. nach § 48 Abs. 1 GKG. § 48 Abs. 1 S. 1 GKG verweist auf die Vorschriften der §§ 3 ff. ZPO zur Ermittlung der Gebührenhöhe (Hartmann/Toussaint/Elzer, § 48 GKG Rn. 6 f.). Im Regelfall greifen bei einer bezifferten Restwerklohnforderung die allgemeinen Vorschriften (§ 48 Abs. 1 S. 1 GKG i. V. m. §§ 3 ff. ZPO). Nach der hier vertretenen Auffassung ist der Streitwert in Höhe der (Rest-)Werklohnforderung oder der tatsächlichen Baukosten zu bemessen. Dabei ist ein Rückgriff auf die in der Klage bezifferte Geldforderung oder die Mängelbeseitigungskosten denkbar (BeckOK KostR/Toussaint GKG § 49a Rn. 57). Diese können sich auch auf einzelne Teilleistungen beziehen, sodass sie entsprechend anteilig zu beziffern sind.

Bauliche Veränderung und Baumaßnahmen

Baumaßnahmen

Bei Streitigkeiten zwischen Wohnungseigentümern über die Kosten oder die Belastung aufgrund baulicher Veränderungen (Baumaßnahmen) ist die Abwehr der Belastung mit den Kosten gemäß §§ 20 Abs. 1, 21 Abs. 2 Nr. 1 und 2 WEG

(§§ 22 und 16 WEG a.F.) streitgegenständlich. In diesem Zusammenhang sind zum einen der Kostenrahmen einzugrenzen und zum anderen das Einzelinteresse des Klägers zu ermitteln (LG Hamburg, ZMR 2012, 968). Wendet sich der Eigentümer bei einer umfangreichen Sanierung der baulichen Anlagen, insbesondere von Decken und Wänden, gegen die Gesamtmaßnahme, ist das Gesamtinteresse anzusetzen. Richtet der klagende Wohnungseigentümer seine Anfechtungsklage gegen einen Beschluss über die Durchführung von Baumaßnahmen am Gemeinschaftseigentum, ist bei Altfällen das Interesse der Parteien und aller Beigeladenen i. S. d. § 49a Abs. 1 S. 1 GKG in Höhe der Gesamtkosten für die Maßnahme insgesamt maßgeblich. Die notwendige Beiladung (§ 48 WEG a.F.) gibt es nicht mehr. Sofern es sich nur um einen erforderlichen Aufwand einer Gesamtmaßnahme handelt (LG Berlin, ZMR 2015, 395; Jennißen/Suilmann GKG § 49a Rn. 21 f.), ist eine Kostendifferenz vorzunehmen.

Nach § 49a Abs. 1 S. 1 Hs. 2 GKG war eine Begrenzung auf das fünffache Interesse des Klägers (und der auf seiner Seite Beigetretenen) vorzunehmen. Diese richtete sich nach dem Anteil an den (streitigen) Kosten (BeckOK KostR/Toussaint GKG § 49a Rn. 33). Stellt ein Kläger nicht den Instandhaltungsbedarf in Abrede, sondern behauptet einen geringeren Kostenaufwand, ist für den Streitwert auf den Betrag abzustellen, der insgesamt eingespart werden kann (zur alten Fassung § 49a GKG: Agatsy, ZMR 2019, 394, 396). Im Rahmen der Beschlussanfechtung gegen einen Balkon-Sanierungsbeschluss wurde der Streitwert ohne Einholung von Vergleichsangeboten mit 4.000,00 € bemessen (AG Stade, ZWE 2014, 377). Beim Tausch von Bestandsfenstern in bodentiefe Fenster kann der Streitwert auf bis zu 8.000 € festgesetzt werden (AG München, ZMR 2014, 491). Bei der Anfechtungsklage gegen eine nach §§ 20 Abs. 1 und 2 WEG beschlossene Baumaßnahme sind fortan die zu § 49 GKG geltenden Grundsätze zu beachten.

Begehung der Wohnungseigentumsanlage/Besichtigungsrecht

Zwischen der Gemeinschaft der Wohnungseigentümer und einzelnen Eigentümern sowie unter Wohnungseigentümern können der Rechtsgrund für die Begehung der Wohnungseigentumsanlage oder einzelner Wohneinheiten (§§ 14 Abs. 1 Nr. 1 und Abs. 2 Nr. 2 WEG) streitig sein. Von dem Begehungsanspruch kann die Besichtigung des Teil- oder Sondereigentums umfasst sein (Agatsy, IMR 2018, 443 ff.). Im Rahmen der ordnungsmäßigen Verwaltung des gemeinschaftlichen Eigentums und zur Abwehr von Havarieschäden bzw. zur Ausführung von Notmaßnahmen, §§ 27 Abs. 1 Nr. 1 und 2 WEG, ist der Verwalter zwecks Veranlassung der notwendigen Erhaltungsmaßnahmen zur Begehung der Wohnungseigentumsanlage berechtigt (Elzer/Maier/Frisch/Scheffler § 1 Rn. 130). Auch die Betretung des Sondereigentums ist davon umfasst. Daher kann die konkrete Wertangabe beim Anspruch auf Begehung aus dem Gesamtinteresse folgen. Denkbar ist die Annahme eines Auffangstreitwerts in Höhe von 500,00 Euro. Ist zwischen einem betroffenen und den übrigen Wohnungseigentümern eine Besichtigung der Räumlichkeiten seines Sondereigentums begründet, beträgt der (Auffang-)Streitwert 500,00 Euro (BayObLG, NZM 1998, 39). Einen Sonderfall der notwendigen Begehung stellt der Verkaufsfall dar. Im beabsichtigten Verkaufsfall ist der Gebührenstreitwert für eine Klage des Vermieters gegen den Mieter auf Duldung einer Wohnungsbesichtigung aus Anlass eines geplanten Verkaufs auf 18 % des in Aussicht genommenen Verkaufserlöses anzusetzen (LG Berlin, IMR 2018, 218). Die Rechtsgedanken dieser Entscheidung lassen sich auch auf den Gebührenstreitwert im Wohnungseigentumsrecht übertragen, der sich nach der Vorschrift des § 48 Abs. 1 GKG i. V. m. §§ 3 ff. ZPO ermitteln lässt.

Belegprüfung/Belegeinsicht

Jeder Wohnungseigentümer ist vor der Beschlussfassung über den Wirtschaftsplan (Vorschüsse und Rücklagen), die Jahresabrechnung und den Vermögensbericht (§§ 28 Abs. 1 bis 3 WEG) berechtigt, die Ansätze der Gesamt- und Einzelabrechnungen durch Einsicht in die Verwaltungsunterlagen zu prüfen. Dieses Prüfungsrecht führt oft zu Streitigkeiten zwischen Wohnungseigentümern, dem Verwalter und der Gemeinschaft der Wohnungseigentümer (Hügel/Elzer, WEG § 28 Rn. 65). Nach der Rechtsprechung des BGH hat jeder Wohnungseigentümer – auch der ausgeschiedene – Ansprüche gegen den Verwalter auf Gewährung von Einsicht in sämtliche Verwaltungsunterlagen (BGH, ZMR 2011 568, Rn. 8). Kann der Eigentümer den Beleg nicht hinreichend bezeichnen, ist diese Information im Wege der Stufenklage auf Auskunft und anschließende Belegeinsicht zu erlangen (Elzer/Fritsch/Meier § 3 Rn. 110). Korrekterweise ist für die Bemessung des Streitwerts bei dem Anspruch auf Belegprüfung ein Bruchteil der Jahresabrechnung oder des Wirtschaftsplans anzusetzen. Dieser könnte mit einem Bruchteil der Einzelposten in Höhe von 20 % bis 30 % zu bemessen sein (Agatsy, ZMR 2019, 394 m. w. N.). Beanstandet der Eigentümer im Rahmen der Belegprüfung die Notwendigkeit einzelner Kosten, erscheint es sachgerecht, diesen Betrag zur Grundlage der Wertfestsetzung zu machen (Jennißen/Suilmann GKG § 49a Rn. 16). Nach der hier vertretenen Auffassung ist dann nicht der gesamte Wertansatz der Jahresabrechnung oder des Wirtschaftsplans anzusetzen, sondern gemäß § 48 Abs. 1 S. 1 GKG i. V. m. § 3 ZPO der einzelne streitige Posten zu beziffern.

Benutzung des Wohnungseigentums

Ist der Umfang der Benutzung des Sonder- oder Teileigentums streitig, sind entweder einzelne Wohnungseigentümer oder die Gemeinschaft der Wohnungseigentümer Parteien des Streitverfahrens (→ SEHR/Agatsy, Gebrauchs- und

Nutzungsrechte, § 4 V. Ziff. 2 m. w. N.; SEHR/Agatsy, § 4 Rdn. 11 ff.). Somit
ist auch das »wie« der Streitwertermittlung nicht in jedem Fall eindeutig feststellbar. Besteht über die Zulässigkeit der Nutzung des Teil- oder Gemeinschaftseigentums Streit, kommt es auf das Interesse im Einzelfall an (BeckOK
KostR/Toussaint GKG § 49a Rn. 41). Das Interesse des Wohnungseigentümers
an der zweckbestimmten individuellen Benutzung ist dabei ebenso zu berücksichtigen, wie das Interesse der übrigen Wohnungseigentümer einen zweckwidrigen Gebrauch zu unterbinden (LG Frankfurt am Main, ZMR 2019, 713).
Die Unterlassungsansprüche können jedoch nicht durch die Gemeinschaft der
Wohnungseigentümer ausgeübt werden. **Beispiel:** Besteht Streit um ein als Ferienwohnung zweckwidrig vermietetes Sondereigentum, kann als Streitwert ein
Betrag in Höhe von 50 % des Jahresmietwertes angesetzt werden (AG Düsseldorf, ZMR 2013, 314). Diese Ansprüche (§ 14 Abs. 2 Nr. 1 WEG und § 1004
Abs. 1 S. 1 BGB) können auch nach der Neufassung des WEG nicht vergemeinschaftet werden, sondern müssen durch den »gestörten« Wohnungseigentümer gegenüber dem »Störer« und zweckwidrig nutzenden Wohnungseigentümer geltend gemacht werden. Für die Bemessung des Streitwerts im Fall der Benutzung und Benutzungsregelungen ist § 48 Abs. 1 S. 1 GKG heranzuziehen.

Beschlussklagen (Anfechtungsklage)

Die am häufigsten vorkommende Tatbestandsvariante der Beschlussklage ist die
Anfechtungsklage gem. § 44 Abs. 1 S. 1 Alt. 1 WEG (SEHR/Elzer/Riecke, § 9
V Ziff. 2a). Diese ist gemäß § 44 Abs. 2 WEG gegen die Gemeinschaft der
Wohnungseigentümer zu richten (Verbandsprozess). Eine kostenrechtliche Besonderheit besteht für letztgenannte Fallkonstellation nach der Neufassung des
§ 49 GKG (BT Drucks. 19/18791, S. 90; BR Drucks. 168/20, S. 105), da in
der letzten Beschlussempfehlung vom 17.09.2020 die Norm dahingehend angepasst wurde, dass der Höchststreitwert nun dem siebeneinhalbfachen Interesse des Klägers und den auf seiner Seite Beigetretenen betragen soll (BT Drucks.
19/22634, S. 30). Nach der bisherigen Rechtslage verfolgt der Kläger in der
Hauptsache das Ziel, die Wirksamkeit der Beschlussfassung der Wohnungseigentümerversammlung (§§ 23 bis 25 WEG) zu verhindern. Das Interesse des
einzelnen Eigentümers ist an dem Anfechtungsziel zu ermitteln. Bislang war der
Streitwert nach § 49a Abs. 1 S. 1 und 2 GKG wie folgt zu ermitteln: Wurde der
gefasste Beschluss »in toto« angefochten, war der gesamte Beschluss und somit
das Gesamtinteresse streitgegenständlich. Richtet sich die Anfechtungsklage
gegen den gesamten Beschluss »in toto«, ist der Wert insgesamt anzusetzen.
Dann ist das Gesamtinteresse die Beseitigung des Gesamtbeschlusses. Bei der
Anfechtungsklage als Variante der Beschlussklage richtet sich die Ermittlung
des Gebührenstreitwerts nach § 49 GKG.

Beschlussklage (Beschlussersetzungsklage)

Hat ein Eigentümer vergeblich versucht, einen Beschluss oder eine Verwaltungsmaßnahme im Rahmen einer Eigentümerversammlung durchzusetzen, kann er gemäß §§ 44 Abs. 1 S. 2 WEG (Beschlussersetzungsklage) das WEG-Gericht anrufen, um die Regelung seines Anliegens im Rahmen der Beschlussersetzungsklage (§ 15 Abs. 3, 21 Abs. 4 WEG a.F.) herbeizuführen (Elzer/Maier/Fritsch/Fritsch § 3 Rn. 58–59). Dabei kommt es auf das Interesse des Wohnungseigentümers am Ausgang des Rechtsstreits an (AG München, ZMR 2018, 458). Die Streitwertermittlung richtet sich nach dem individuellen Interesse des klagenden Eigentümers und somit dessen Miteigentumsanteilen (Riecke, MDR 2019, 266 ff.). Das für die Rechtsmittelbeschwer maßgebliche wirtschaftliche Interesse des klagenden Wohnungseigentümers, der im Wege der Anfechtungs- und Beschlussersetzungsklage Schadensersatzansprüchen gegen den Verwalter geltend macht, bemisst sich nach seinem – im Zweifel nach Miteigentumsanteilen zu bestimmenden – Anteil an der Schadensersatzforderung (BGH, ZMR 2017, 494).

Beschlussklage (Negativbeschluss)

Bei der isolierten Anfechtungsklage eines Wohnungseigentümers gegen einen die Beschlussfassung ablehnenden Negativbeschluss ist bei dem Streitwert ein Abschlag vorzunehmen. Ein Negativbeschluss kann auch nach der Neufassung des § 44 Abs. 1 S. 1 Alt. 1 WEG mit der Anfechtungsklage (Beschlussklage) angefochten werden. Bei der Streitwertbemessung ist nach der hier vertretenen Auffassung im Vergleich zur Anfechtung einer »normalen Beschlussfassung« jedoch ein Streitwertabschlag von bis zu 50 % gerechtfertigt (Hügel/Elzer, WEG nach § 44 Rn. 138 f.; OLG Köln, ZMR 2010, 786; Jennißen/Suilmann, § 49a GKG, Rn. 23a). Dafür spricht, dass das Streitwertinteresse bei der isolierten Anfechtung des ablehnenden Beschlussantrages ohne entsprechende positive Feststellung oder Anordnung der entsprechenden Maßnahmen einen Streitwertabschlag erfordert (BGH, ZMR 2010, 542). Verfolgt ein Eigentümer mit der Klage die Erklärung der Ungültigkeit eines Beschlusses auf Ablehnung einer Zahlung und zugleich die Verpflichtung der WEG auf Zahlung, ist von einem einheitlichen Streitgegenstand auszugehen. Er bemisst sich daher einheitlich nach der Höhe des zu zahlenden Betrages (OLG Celle, ZMR 2010, 627). Der Gebührenstreitwert bei der Anfechtungsklage gegen einen Negativbeschluss ist nach § 49 GKG auf das Interesse aller Wohnungseigentümer an der Entscheidung festzusetzen. Zwar sieht der Wortlaut der Vorschrift des § 49 GKG nicht einen Streitwertabschlag vor. Es scheint jedoch interessengerecht, auch bei der Anwendung des § 49 GKG auf Beschlussklagen gegen Negativbeschlüsse, auf die bisherigen Grundsätze zurückzugreifen. Das Höchstinteresse nach § 49 S. 2

GKG ist auf den siebeneinhalbfachen Wert des Interesses des Klägers und der auf seiner Seite Beigetretenen beschränkt. Auch die Anfechtung eines Negativbeschlusses darf nicht zu einer überhöhten Kostenbelastung führen.

Beseitigungsansprüche (Störungsunterlassung)

Eine unzulässige bauliche Veränderung kann für einzelne Wohnungseigentümer oder die übrigen Wohnungseigentümer ein ungewünschter Substanzeingriff sein. Begehrt ein Wohnungseigentümer die Beseitigung einer baulichen Veränderung im Sinne des § 20 WEG, ist diese Gegenstand der Klage. Zu differenzieren ist zwischen einer Beseitigungsklage wegen Störungen des gemeinschaftlichen Eigentums und des Sondereigentums. Bei Beseitigungsansprüchen hinsichtlich des gemeinschaftlichen Eigentums ist nur die Gemeinschaft der Wohnungseigentümer ausübungsbefugt (§ 9a Abs. 2 WEG). Es ist grundsätzlich das Interesse aller Wohnungseigentümer an der angefochtenen Entscheidung maßgeblich (LG Bremen, WuM 1997, 70; Hügel/Elzer, WEG § 44 Rn. 138; Lehmann-Richter, IMR 2010, 258). Zu berücksichtigen sind ferner die Kosten der Beseitigungsmaßnahme, u. a. das individuelle Erhaltungsinteresse des Anfechtenden sowie Auswirkungen auf den Nutzwert.

Das Interesse an der Anfechtung von Beschlüssen, durch die ein Wohnungseigentümer zu einem Tun oder Unterlassen unter Androhung gerichtlicher Maßnahmen aufgefordert wird, ist nicht mit dem Interesse des betroffenen Wohnungseigentümers gleichzusetzen, dieser Aufforderung nicht Folge zu leisten, sodass nur ein Bruchteil – hier 1/3 – anzusetzen ist (OLG Stuttgart, ZMR 2016, 218). Nach der Rechtsprechung des BGH bemisst sich der Streitwert nach dem (hälftigen) Klägerinteresse an der Beseitigung und – mangels Identität der Parteiinteressen wegen unterschiedlicher Zielrichtung – dem (hälftigen) Interesse der Beklagten, keinen Rückbau vornehmen zu müssen (BGH, ZMR 2017, 256).

Bei der Aufforderung zum Rückbau und Beseitigung einer Parabolantenne ist auf das Interesse des beklagten Wohnungseigentümers abzustellen. Teilweise vertritt die Rechtsprechung, dass der Streitwert auf 2.500,00 € festzusetzen ist (LG Erfurt, GE 2001, 1467). Nach anderer Ansicht ist durch Addition ein Streitwert von wenigstens 1.400,00 € anzunehmen (Lehmann-Richter, IMR 2010, 258; Lehmann-Richter, AnwZert MietR 16/2010). Nach einer weiteren Auffassung kommt es für die Bemessung des Streitwerts nicht auf das subjektive Interesse, sondern auf den Wertverlust an, den das Gebäude durch eine optische oder Substanzbeeinträchtigung erleidet (AG Wedding, IMR 2010, 258). Das Gericht hat hier den Streitwert auf 300,00 EUR festgesetzt, weil das Wertinteresse an der optischen Beeinträchtigung nicht höher anzusetzen ist (BGH, MietPrax-AK/Eisenschmid, § 3 ZPO Nr. 3). Bei der Klage auf Beseitigung/

Störungsunterlassung im Fall einer nachteiligen baulichen Veränderung ist gemäß § 48 Abs. 1 S. 1 GKG i. V. m. § 3 ZPO auf die allgemeinen Wertvorschriften zurückzugreifen. Nach der neuen Rechtslage ist nach der hier vertretenen Auffassung ein Rückgriff auf die bisherigen durch die Rechtsprechung entwickelten Wertansätze denkbar.

Betriebskosten/Kostentragung

In einer Wohnungseigentumsanlage werden Betriebskosten umgelegt, die dem Grunde und der Höhe nach streitig sein können. Nach § 16 Abs. 2 S. 1 WEG haben die Kosten der Gemeinschaft der Wohnungseigentümer, insbesondere der Verwaltung und des gemeinschaftlichen Gebrauchs, die Wohnungseigentümer jeweils nach dem Verhältnis ihres Miteigentumsanteils (§ 16 Abs. 1 S. 2 WEG) zu tragen. Streitgegenständlich können ebenfalls die Kosten des gemeinschaftlichen Gebrauchs und die Kosten sein, die durch den Gebrauch des Sondereigentums entstehen (BGH ZMR 2003, 937). Die Umlage der Betriebskosten ist Teil des Wirtschaftsplans und der Jahresabrechnung, in denen der vom Wohnungseigentümer zu tragende Anteil der Kosten ausgewiesen ist. Wendet sich der Kläger gegen die Kostentragung bestimmter Betriebskosten, sind diese in vollständiger Höhe maßgeblich (KG Berlin, ZMR 2016, 892).

Nach einer anderen Auffassung ist ein Abschlag in Höhe von 20 % bei den einzelnen Posten vorzunehmen (LG Dresden, IMR 2011, 171). Dem ist nicht zu folgen, denn in der Regel können Wohnungseigentümer anhand des Verteilungsschlüssels in den Einzelwirtschaftsplänen unschwer ermitteln, mit welcher Belastung sie nach Änderung der Gesamtansätze rechnen müssen (BGH, ZMR 2005, 547 m. Anm. Häublein). Wendet sich ein Wohnungseigentümer mit der Anfechtungsklage erfolglos gegen den Ansatz einer Kostenposition in der Abrechnung, bestimmt sich die Beschwer nach dem Nennwert, mit dem diese Position in seiner Einzelabrechnung angesetzt ist (BGH, ZMR 2016, 247).

Einstweilige Verfügung

Im Verfahren des einstweiligen Rechtsschutzes sind Leistungs- oder Sicherungsverfügungen zu erlassen. Ausgangspunkt für die Ermittlung des Streitwerts ist der Nominalstreitwert der Hauptsache. Für den Streitwert bei der einstweiligen Verfügung ist regelmäßig ein Bruchteil der Forderung anzusetzen (Schneider/Herget/Monschau, Streitwertkommentar, Rn. 6318). Teilweise wird vertreten, den Streitwert auf den hälftigen Wertansatz der Hauptsache festzulegen (AG Hamburg, ZMR 2009, 232). Nach zutreffender Auffassung ist er in Höhe von einem Drittel des Hauptsacheverfahrens anzusetzen. Beträgt z. B. der Streitwert für eine Beseitigung oder Unterlassung 10.000,00 Euro ist ein Streitwert in Höhe von 3.000 Euro anzusetzen (Hügel/Elzer, WEG § 44 Rn. 138). Nach der hier vertretenen Auffassung ist beim Gebührenstreitwert eine Bemessung nach

§ 48 Abs. 1 GKG und § 3 ff. ZPO vorzunehmen. Demnach ist auch zukünftig geboten, einen Abschlag vorzunehmen und 1/3 des Gebührenstreitwerts der Hauptsache anzusetzen.

Entziehungsklage/Entziehungsbeschluss

Zwischen Wohnungseigentümern kann es zu Streitigkeiten über die Entziehung des Wohnungseigentums kommen. Wird das Wohnungseigentum infolge von erheblichen Pflichtverletzungen zulasten der Wohnungseigentümer per Beschluss entzogen, folgt die Entziehungsklage. Bei dieser soll für den Streitwert der Wert des Sonder- oder Teileigentums maßgeblich sein (BGH, ZMR 2007, 791; OLG Köln, ZMR 2010, 977). Bei der Anfechtungsklage ist das Interesse des betroffenen Wohnungseigentümers am Behalten der Wohnungseigentumseinheit oder seinem Ausscheiden im Streit maßgeblich. Mit dem Entziehungsbeschluss wird noch keine finale Regelung getroffen. Es handelt sich nur um ein Entziehungsverfahren. Für die Ermittlung des Streitwerts sind 20 % des Verkehrswerts des betroffenen Sonder- oder Teileigentums angemessen (BGH, ZMR 2011, 978; BeckOK WEG/Elzer WEG § 43 Rn. 223–224). Bei der Beschlussklage (Anfechtungsklage) gegen den Entziehungsbeschluss greift § 49 GKG.

Erhaltungsmaßnahmen (Instandsetzungs-/Instandhaltungsmaßnahmen)

Hinsichtlich der Ermittlung des Streitwerts bei Instandhaltungs-/oder Instandsetzungsmaßnahmen, die jetzt auch im WEG als Erhaltungsmaßnahmen bezeichnet werden, ist eine Differenzierung erforderlich. Das Klagebegehren des Wohnungseigentümers kann sich gegen die Instandsetzungs-/Instandhaltungsmaßnahme insgesamt oder nur gegen den Anteil der individuellen Kostenbelastung richten. Für die Bemessung des Streitwerts ist der Kostenbetrag der Erhaltungsmaßnahmen (Instandsetzungs-/Instandhaltungsmaßnahmen) maßgeblich (Agatsy, AnwZert MietR 11/2020 Anm. 1). Bestreitet der Kläger die Notwendigkcit der Maßnahme und wendet sich »in toto« dagegen, bemisst sich der Streitwert auf Grundlage der Gesamtkosten (BeckOK WEG/Elzer, WEG § 43 Rn. 223). Dies setzt allerdings voraus, dass die Maßnahme insgesamt zur Disposition gestellt wird (BayObLG, ZWE 2001, 107, 108 Rn. 9; BayObLG, NJW-RR 1989, 80). Die Notwendigkeit und die Kosten der Maßnahmen müssen insgesamt bestritten sein (Agatsy, ZMR 2019, 394, 397 m. w. N.).

Etwas anderes gilt, wenn der klagende Wohnungseigentümer behauptet, dass im Rahmen der Instandhaltungs-/Instandsetzungsmaßnahmen Baukosten hätten eingespart werden können. Behauptet der Wohnungseigentümer einen geringeren Kostenaufwand, ist auf diesen Betrag abzustellen, der aus Sicht des klagenden Eigentümers hätte eingespart werden können (BayObLG, WuM 1998, 314). Wendet sich der Kläger gegen den ihn betreffenden Kostenanteil an den Instandhaltungs-/Instandsetzungskosten, ist auf den Betrag gemäß § 16 Abs. 2

WEG abzustellen, mit dem der Wohnungseigentümer bei der Umlage hätte belastet werden können. Der Streitwert orientiert sich an den durch den Kläger aufgrund der Kostenverteilung zu tragenden Kosten. Dieser Bruchteil ist bei der Streitwertbemessung anzusetzen.

Streitgegenständlich kann die Verpflichtung der Gemeinschaft der Wohnungseigentümer im Wege der Beschlussersetzungsklage gemäß § 44 Abs. 1 S. 2 WEG (§§ 21 Abs. 4, 8 WEG a.F.) zur Vornahme von Erhaltungsmaßnahmen (Instandhaltungs-/Instandsetzungsmaßnahmen) und damit notwendiger baulicher Änderungen sein. Nach § 49a Abs. 1 S. 1 GKG bestimmte sich der Streitwert auf der Grundlage der Gesamtkosten (Jennißen/Suilmann, GKG § 49a, Rn. 14 m. w. N.). Dabei ist zunächst auf die Gesamtkosten abzustellen. Diese bilden die Grundlage, um die auf den Kläger anteilig anfallenden Kosten zu errechnen. Die Streitwerthöhe bemisst sich bei einer Verpflichtung zur Vornahme einer Instandhaltungsmaßnahme nach den anteilig entfallenden Kosten (BayObLG, WuM 1998, 314; Hügel/Elzer, WEG § 44 Rn. 138). Nach der Neufassung der Streitwertvorschrift des § 49 S. 1 und 2 GKG (Beschlussersetzungsklage) ist auf das Gesamtinteresse aller Wohnungseigentümer abzustellen. Der Höchststreitwert wiederum ist auf den siebeneinhalbfachen Betrag des Wertinteresses des Klägers und der auf seiner Seite Beigetretenen beschränkt. Der absolute Höchstwert für den Gebührenstreitwert ist gemäß § 49 S. 2 GKG der Verkehrswert (→ Rn. 9).

Erstattungs- und Ausgleichsansprüche

Zwischen Wohnungseigentümern und Dritten können Erstattungs- und Ausgleichsansprüche bestehen (Agatsy, ZMR 2019, 535, 537). Zentrale Vorschriften für den Ausgleich im Innen- und Außenverhältnis sind die §§ 10 Abs. 8 und 16 Abs. 1 S. 2 WEG. Dem Grunde nach handelt es sich um Zahlungsansprüche der Wohnungseigentümer oder Dritter gegenüber dem Verband der Wohnungseigentümer. Für die Bemessung des Streitwerts kommt es darauf an, wie hoch der jeweilige Anspruch insgesamt oder auf den einzelnen Wohnungseigentümer bezogen zu beziffern ist. Bei einem Erstattungsanspruch machen Wohnungseigentümer regelmäßig einen Zahlungsausgleich geltend. Bei einer auf Erstattungs- und Ausgleichsansprüche gerichteten Zahlungsklage ist beim Streitwert gemäß § 48 Abs. 1 GKG, § 3 ZPO der jeweilige Nennwert der Forderung anzusetzen (BeckOK KostR/Toussaint GKG § 49a Rn. 57). Der Gebührenstreitwert ist fortan nach der Vorschrift des § 48 Abs. 1 GKG zu ermitteln.

Gemeinschaftsordnung

Unter den Eigentümern kann die Einhaltung der Regelungen aus der Gemeinschaftsordnung streitgegenständlich sein (§§ 10 Abs. 2, 18 Abs. 1 und 2 WEG). Bei einer Beschlussklage (Anfechtungsklage) gegen einen Beschluss aufgrund einer Öffnungsklausel gelten die allgemeinen Grundsätze und somit § 49 GKG. Hier wird vertreten, den Gebührenstreitwert aufgrund der Vorteile des betreffenden Eigentümers zu ermitteln, der in dem Verfahren die Änderung der Regelung verfolgt. Einerseits sind die Vorteile des klagenden Wohnungseigentümers und andererseits die Nachteile für die anderen Wohnungseigentümer zu berücksichtigten (Hügel/Elzer WEG § 44 Rn. 138). Klagt ein Wohnungseigentümer auf Änderung des »vereinbarten« Kostenverteilungsschlüssels wird gemäß § 9 Satz 1 ZPO der dreieinhalbfache Wert des streitigen einjährigen Betrages zugrunde gelegt. Dies ist der Betrag, den der klagende Wohnungseigentümer bezogen auf sein Wohnungseigentum anstrebt (KG Berlin, ZMR 2014, 230). Denkbare Varianten sind eine Klage eines Wohnungseigentümers gegen die Gemeinschaft der Wohnungseigentümer (Verbandsprozess) oder gegen einen anderen Wohnungseigentümer. Bei diesem Klageverfahren auf die Einhaltung der Regelungen aus der Gemeinschaftsordnung (Benutzung) ist die Vorschrift des § 48 GKG zur Ermittlung des Gebührenstreitwerts einschlägig. Das Interesse ist im jeweiligen Einzelfall konkret zu beziffern.

Hausordnung und Hausverbot

Bei einem Streit über die Durchsetzung der Hausordnung bestimmt sich der Streitwert nach dem Streitwertschema des § 49a Abs. 2 GKG (Riecke/Schmid/Abramenko, Anhang zu § 50 WEG Rn. 8 f.). In diesem Verfahren ist das wirtschaftliche Interesse des Beklagten einschließlich der auf seiner Seite Beigetretenen maßgeblich. Nach § 49a Abs. 2 GKG gilt, dass der zu ermittelnde Streitwert das Interesse des Beklagten und der auf seiner Seite Beigetretenen das Fünffache des Wertes seines Interesses an der Entscheidung nicht überschreiten darf. Bei der Streitwertbemessung nach § 49a Abs. 2 GKG ist deshalb in einem zweiten Schritt das subjektive Interesse des Beklagten und der auf seiner Seite Beigetretenen an einer Entscheidung bzw. der wirtschaftliche Wert einer Entscheidung mit dem Faktor 5 zu multiplizieren (Hartmann/Toussaint/Elzer, § 49a GKG Rn. 18 m. w. N.). Der Antrag auf Verpflichtung des Verwalters auf Einhaltung der Hausordnung (ausreichende Lüftung und geschlossene Türen) wurde mit 200,00 Euro bewertet.

Kostenverteilung

Die begehrte Abweichung von der Kostenverteilung kann gemäß § 16 WEG Gegenstand einer Beschlussklage (Anfechtungs-/oder Beschlussersetzungsklage) sein. Klagt ein Wohnungseigentümer auf Abweichung von dem für die Kostenverteilung bestehenden Kostenverteilungsschlüssel, ist für die Bemessung des Gebührenstreitwerts von der durch die Änderung bestehenden zusätzlichen Be- oder Entlastung auszugehen. Dabei ist nach allgemeiner Auffassung auf den 12-fachen Wert der Kostenbelastung abzustellen, um den der betreffende

Wohnungseigentümer entlastet und die anderen Wohnungseigentümer belastet werden (BayObLG, JurBüro 1987, 579; Timme/Elzer, WEG § 43 Rn. 217). Klagt ein Wohnungseigentümer auf Änderung eines Umlageschlüssels, ist entsprechend § 9 S. 1 ZPO der dreieinhalbfache Wert des Jahresbetrages zugrunde zu legen (KG, ZMR 2014, 230; Hügel/Elzer, WEG Nach § 50 Rn. 13). Wird im Klageweg eine Änderung des Kostenverteilungsschlüssels verfolgt, richtet sich das Interesse aller Beteiligten nach den durch die Änderungen entstehenden zusätzlichen Be- oder Entlastungen (Schneider/Volpert/Fölsch GKG § 49a Rn. 149–197; OLG Celle, NZM 2010, 409). Der Gebührenstreitwert bemisst sich im Fall eines Beschlusses über die Abweichung von dem vereinbarten Kostenverteilungsschlüssel (§ 16 Abs. 2 S. 2 WEG) nach § 49 GKG. Es ist auf das Interesse aller Wohnungseigentümer an einer Entscheidung abzustellen. Das Interesse des Klägers auf den siebeneinhalbfachen Betrag seines und des Interesses der Beigetretenen hinsichtlich des Gebührenstreitwertes »gedeckelt«.

Kreditaufnahme (Darlehensaufnahme)

Bei außergerichtlichen Streitigkeiten über eine Darlehensaufnahme war die Vorschrift des § 49a GKG unanwendbar. Der Gebührenstreitwert ist anhand der Vorschriften der § 48 GKG i.V.m. § 3 ZPO zu bemessen. Etwas anderes gilt im Fall der gerichtlichen Auseinandersetzung. Wendet sich der Wohnungseigentümer mit einer Anfechtungsklage (§ 44 Abs. 1 S. 1 Alt. 1 WEG) gegen den Beschluss der Wohnungseigentümerversammlung über die Aufnahme eines Kredits wie beispielsweise für ein Sanierungsvorhaben (§§ 19 Abs. 1, Abs. 2 Nr. 1 WEG), errechnete sich der Gebührenstreitwert bislang anhand § 49a Abs. 1 S. 1 und 2 GKG. Für die Anfechtung des Beschlusses der Wohnungseigentümerversammlung über die Darlehensaufnahme für die Gemeinschaft der Wohnungseigentümer, mit der die Sanierungsmaßnahme finanziert werden soll, ist kein höherer Wert anzusetzen als das Fünffache des auf den Anteil des Klägers und der auf seiner Seite Beigetretenen entfallende Teilwert des Darlehens (OLG Frankfurt a. M., ZMR 2019, 626).

Das Risiko einer etwaig bestehenden Nachschusspflicht erhöht das für die Bemessung des Streitwerts maßgebliche Interesse jedoch nicht. Der Streitwert bemisst sich nach dem fünffachen Einzelinteresse der Kläger, welches sich insoweit nach dem auf sie entfallenden Kostenanteil richtet (LG Frankfurt a. M. ZWE 2019, 77; Jennißen/Suilmann, GKG § 49a Rn. 21; Spielbauer/Then § 49a GKG Rn. 12 m. w. N.). Maßgeblich ist der auf den Anfechtungskläger entfallende Anteil (LG Düsseldorf ZMR 2013, 823 = ZWE 2014, 19 m. Anm. Elzer). Dabei findet hinsichtlich der Anfechtung der Beschlüsse über die Finanzierung und Durchführung der Maßnahme keine Streitwertaddition statt. Übersteigt das Finanzierungsvolumen den Höchststreitwert gemäß § 49a Abs. 1 S. 2 GKG, ist der Verkehrswert bei der Streitwertbemessung anzusetzen

(AG Friedberg, ZMR 2018, 802 m. Anm. Elzer). Wird der Beschluss der Wohnungseigentümerversammlung über eine Darlehensaufnahme angefochten, ist der Gebührenstreitwert gemäß § 49 GKG zu ermitteln. Das Interesse aller Wohnungseigentümer im Sinne des § 49 GKG liegt darin, die Kreditaufnahme zu ermöglichen. Das Interesse des Klägers hingegen liegt darin, von dem auf ihn entfallenden Anteil (§ 16 Abs. 2 WEG) freigestellt zu werden. Die Höchstgrenze entspricht dem siebeneinhalbfachen Betrag des Interesses des Klägers und der Beteiligten an der Abwehr der Umlage der anteiligen Belastung aus dem Darlehen.

Modernisierung (Erhaltungsmaßnahmen)

Wendet sich der Wohnungseigentümer mit seiner Anfechtungsklage insgesamt gegen den Beschluss über eine notwendige Modernisierungsmaßnahme, wird der Streitwert grundsätzlich anhand der mit der Maßnahme verbundenen Kosten bestimmt. Die Notwendigkeit der Kosten muss bestritten worden sein (BayObLG 11.3.1998 – 3Z BR 461/97 – WuM 1998, 314; Agatsy, ZMR 2019, 394, (396); Hügel/Elzer, WEG § 44 Rn. 138). Behauptet der klagende Wohnungseigentümer, dass die beschlossene Modernisierung (§§ 20 Abs. 1 WEG) mit einem geringeren Kostenaufwand durchgeführt werden kann, ist dieser Betrag entsprechend heranzuziehen.

Notgeschäftsführung

Unterlassen die Wohnungseigentümer oder der Verwalter die Durchführung erforderlicher Instandhaltungs-/oder Instandsetzungsmaßnahmen und nehmen Wohnungseigentümer, die aus ihrer Sicht erforderlichen Maßnahmen, im Wege der Selbstvornahme vor, so gilt: Der Streitwert bei der Klage eines Wohnungseigentümers auf Ersatz in Höhe des Aufwendungsersatzanspruchs richtet sich nach § 49a GKG. Bei der Streitwertbemessung sind die Gesamtkosten und je nach Einzelfall hinzuzusetzende Kosten für ein selbstständiges Beweisverfahren zu berücksichtigen (LG Karlsruhe, ZWE 2016, 282). Besteht im Rahmen der Notgeschäftsführung Streit über die Beseitigung einer störenden baulichen Veränderung, so ist für die Streitwertbemessung in erster Linie auf die Einbau-/ und Beseitigungskosten abzustellen (Niedenführ/Vandenhouten GKG § 49a Rn. 13). Nach der Neufassung des § 49 GKG wird sich die Bezifferung des Gebührenstreitwerts ändern. Da es sich bei den Aufwendungs-/und Ersatzansprüchen um bezifferbare Zahlungsansprüche gegen die Gemeinschaft der Wohnungseigentümer handelt, greift hier § 48 Abs. 1 GKG.

Rechnungslegung

Der Streitwert für die Erzwingung einer Rechnungslegung im Klageweg (§ 28 Abs. 1 WEG) orientiert sich am finanziellen Aufwand, der hierfür erforderlich ist (BeckOK WEG/Elzer WEG § 43 Rn. 224; OLG Köln, JurBüro 2007, 488). Somit ist der Gebührenstreitwert gemäß § 48 Abs. 1 GKG und im jeweiligen Einzelfall anhand der Kosten der Rechnungslegung zu ermitteln.

Schadensersatz

Zwischen Wohnungseigentümern können untereinander, gegen den Verwalter oder Dritten Schadensersatzansprüche bestehen. Der Streitwert bei der Geltendmachung von Schadensersatzansprüchen bei einer Anfechtungs-/oder Beschlussersetzungsklage bemisst sich nach seinem – im Zweifel nach Miteigentumsanteilen zu bestimmenden – Anteil an der Schadensersatzforderung (BGH, ZMR 2017, 905 = FD-ZVR 2017, 387940 m. Anm. Elzer). Bei bezifferten Schadensersatzklagen entspricht der Streitwert gemäß § 49a GKG dem eingeklagten Betrag.

Bei bezifferten Schadensersatzklagen ist die Streitwertbegrenzung durch den Verkehrswert als Höchststreitwert (§ 49a Abs. 1 S. 3 GKG) nicht anwendbar (LG Frankfurt a. M., ZMR 2019, 62). Dies folgt aus der Gesamtbetrachtung der §§ 48 Abs. 1 und 49a GKG und entspricht auch der Intention des Gesetzgebers (BT-Drucks. 16/887 S. 76; Jennißen/Suilmann WEG § 49a GKG Rn. 10; a. A. Einsiedler, ZMR 2008, 765), da zuweilen der Umfang des Schadensersatzanspruchs über den Verkehrswert hinausgeht. Soll die Gemeinschaft der Wohnungseigentümer mit einem Betrag belastet werden, während einer der Eigentümer mit der Klage die alleinige Haftung des Verwalters durchsetzen will, bestimmt sich der Streitwert nicht nach dem Miteigentumsanteil des Klägers, sondern nach § 49a Abs. 1 Satz 1 GKG. (OLG Koblenz, ZMR 2010, 305). Nach der Neufassung des § 49 GKG ist der Streitwert bei Schadensersatzansprüchen nach der Vorschrift des § 48 GKG zu ermitteln. Entweder ist der »Gesamtschaden« das Interesse des Klägers, oder lediglich der auf ihn entfallende Bruchteil.

Selbstständiges Beweisverfahren

Die Ermittlung des Streitwerts beim Selbstständigen Beweisverfahren orientiert sich am Streitwert des Hauptsacheverfahrens. Nach einer Ansicht soll bei einem selbstständigen Beweisverfahren ein Streitwert in Höhe von 50 % der Kosten der Mangelbeseitigung am Gemeinschaftseigentum anzusetzen sein. Der Streitwert ist begrenzt in Höhe von 50 % der Gesamtkosten und des fünffachen Wertes des Klägerinteresses (OLG Düsseldorf, NZM 2001, 55). Demgegenüber ist nach der zutreffenden Auffassung des BGH der Streitwert des selbstständigen Beweisverfahrens mit dem Hauptsachewert oder mit einem Teil des Hauptsachewerts anzusetzen, auf den sich die Beweiserhebung bezieht (BGH, NJW 2004, 3488; Hügel/Elzer WEG § 44 Rn. 138). Daraus folgt zugleich, dass dann, wenn nicht alle Mängel im Selbstständigen Beweisverfahren bestätigt werden, diejenigen Kosten zu schätzen sind, die sich ergeben hätten, wenn die Mängel festgestellt worden wären (OLG Jena, OLGR 2001, 132; Schneider/ Herget/Monschau, Streitwertkommentar, Kap. Wohnungseigentum, Abschnitt C III, Rn. 6373). Bei einem Streit über die Beauftragung eines Gutachtens ist hinsichtlich des Streitwertes unter Berücksichtigung von § 49a Abs. 1 GKG auf das Interesse des Klägers an der Erstattung abzustellen. In diesem Zusammenhang ist die Höhe des Bruttohonorars bei der Wertbemessung maßgeblich (BeckOK Streitwert/Schultz-Bleis Rn. 1–3). Das Interesse an der Erstattung der Gutachterkosten ist gemäß § 48 Abs. 1 S. 1 GKG anhand des Wertansatzes zu ermitteln. Das Selbstständige Beweisverfahren unterfällt nicht § 49 GKG, da dieses Verfahren keine Vorstufe einer Beschlussklage darstellt. Der Kostenansatz kann gemäß § 48 Abs. 1 GKG im Einzelfall beziffert werden.

Unterlassung (Störungsunterlassung)

Sofern Wohnungseigentümer mit ihrer Klage Ansprüche auf Unterlassung oder Störungsunterlassung geltend machen, gibt es keine schematische Streitwertbestimmung. Bei einem Streit zwecks Durchsetzung der Unterlassungsansprüche ist für den Streitwert nicht nur das klägerische Interesse der Antragstellerseite an der Beseitigung des »beanstandeten« Verhaltens des Störers, sondern auch das Interesse des Antragsgegners an einer Klageabweisung zu berücksichtigen (OLG Karlsruhe, NZM 2000, 194; a. A. KG, ZMR 1993, 346). Letztgenannte Auffassung ist jedoch abzulehnen, da der Wortlaut der Vorschrift des § 49a Abs. 1 S. 1 GKG gebietet, die Höhe des Streitwerts anhand des Interesses des Klägers an der Störungsunterlassung sowie dem Abwehrinteresse des Beklagten zu ermitteln (Schneider/Herget/Monschau Rn. 6381). Nach der neuen Rechtslage kann eine konkrete Bezifferung des klägerischen Interesses nach Maßgabe des § 48 Abs. 1 GKG erfolgen. Nach zutreffender Auffassung ist in diesem Rahmen bei der Streitwertbemessung der infolge der Beeinträchtigung eintretende Wertverlust an dem betroffenen Wohnungseigentum zu beziffern. Besteht Streit über die Höhe der Beeinträchtigung, kann das Gericht die Höhe des behaupteten Schadens schätzen (§ 287 ZPO) oder alternativ ein Sachverständigengutachten einholen.

Ausgangspunkt für die Ermittlung des Streitwerts einer Klage auf Durchsetzung der Unterlassungsansprüche sowie der Anspruchsabwehr ist das jeweilige Anspruchsziel. Bestehen Zweifel über den Wertansatz, werden niedrige Pauschalen von 1000,00 Euro bis 1500,00 Euro angesetzt, etwa beim Verbot der Haustierhaltung oder bei Lärm (Hügel/Elzer WEG § 44 Rn. 138). Wird das Sondereigentum z. B. zweckwidrig als Stätte der Prostitution missbraucht, hält eine Auffassung in der Rechtsprechung einen pauschal ermittelten Streitwert in Höhe von 15.000,00 Euro für angemessen (OLG Frankfurt am Main, WuM 1990, 452, 453). Nach einer anderen Auffassung wird der Wert jener

Beeinträchtigung mit einem Wertansatz in Höhe von jeweils 250,00 Euro pro Wohnung bewertet (OLG Karlsruhe, NZM 2000,194).

Geht es um Unterlassung des Gebrauchs oder der Nutzung sind jene geltend gemachten Vorteile bei der Wertbemessung zu berücksichtigen (BayObLG, ZMR 2000, 777). Macht ein Wohnungseigentümer wegen einer Störung der Benutzung des gemeinschaftlichen Eigentums einen Anspruch auf »Vergemeinschaftung« des Unterlassungsanspruches geltend, besteht bei der Streitwertbestimmung nach § 49a GKG sein Interesse darin, dass die voraussichtlichen Kosten eines Rechtsstreits auf Nutzungsuntersagung zu Verwaltungskosten i. S. d. § 16 Abs. 2 WEG werden; das Abwehrinteresse der beklagten Wohnungseigentümer besteht hingegen in der Abwehr dieser Kostenlasten (OLG Frankfurt am Main, ZMR 2018, 611). Nach der neuen Rechtslage ist das konkrete Interesse der Gemeinschaft der Wohnungseigentümer zu beziffern, um die Störung des gemeinschaftlichen Eigentums abzuwehren. Das Interesse und der Gebührenstreitwert sind bei Ansprüchen auf Störungsunterlassung zu beziffern und gemäß § 48 Abs. 1 S. 1 GKG anhand des jeweiligen Interesses zu ermitteln.

Veräußerungsbeschränkung

Die Vorschrift des § 12 WEG a.F. (Veräußerungsbeschränkung) wurde durch § 12 Abs. 1 und 2 WEG überholt. Dennoch bleibt die Streitwertermittlung problematisch. Diese war bei einer Klage auf Zustimmung zur Veräußerung des Wohn- bzw. Teileigentums gemäß § 12 WEG umstritten. Teilweise wurde vertreten, bei der Klage auf Zustimmung zur Veräußerung einen Wert zwischen 10 % und 20 % des Verkaufspreises als Streitwert anzusetzen. Dies wurde zutreffend damit begründet, dass die Versagung der Zustimmung in der Tat nicht zu einem absoluten Veräußerungshindernis führt, sondern der Wohnungseigentümer üblicherweise eine andere Veräußerung vornehmen kann, bei der ein wichtiger Grund zur Versagung der Zustimmung nicht gegeben ist. (KG, BeckRS 2016, 127348; Hügel/Elzer WEG § 44 Rn. 138). Der BGH hat diese Streitfrage abschließend geklärt und entschieden, dass das Interesse des klagenden Wohnungseigentümers in der Regel mit 20 % des Verkaufspreises seines Wohnungseigentums zu bemessen ist (BGH ZMR 2018, 684 = IMR 2018, 215 m. Anm. Riecke; BeckOKWEG/Elzer, § 43 Rn. 223; BGH ZMR 2018, 1027 = IMR 2018, 441 m. Anm. Riecke). Dafür spricht, dass eine Zustimmungsverweigerung einer Veräußerung nicht entgegensteht. Der Nachteil desjenigen Wohnungseigentümers, der veräußern will, liegt nur in der Verzögerung der Veräußerung bzw. in einem möglicherweise geringeren Verkaufspreis. Hiergegen wird teilweise angeführt, dass die beabsichtigte Veräußerung insgesamt zu betrachten sei und nicht ausschließlich danach, ob ein Teilabschlag berechtigt ist oder nicht (krit. Drasdo, NJW-Spezial 2018, 354). Die Problematik hat auch nach der Neufassung des § 49 GKG Fortbestand.

Vertrag

Wendet sich ein Wohnungseigentümer mit seiner Klage gegen einen Beschluss, mit dem ein Vertragsschluss durch die Wohnungseigentümerversammlung als Organ für die Gemeinschaft der Wohnungseigentümer beschlossen wurde, besteht das Interesse des Wohnungseigentümers meist darin, nicht nachteilig mit Kosten belastet zu werden (Hügel/Elzer WEG § 44 Rn. 138). Zur Bemessung des Streitwerts ist der Rechtsgedanke des § 9 ZPO heranzuziehen, wonach der dreieinhalbfache Jahreswert die Obergrenze des Streitwertinteresses bildet (LG Frankfurt a. M., ZMR 2017, 500). Daraus folgt, dass der Streitwert bei Streitigkeiten um die Erfüllungs-/oder Sekundäransprüche aus einem Vertrag nach § 48 Abs. 1 GKG zu ermitteln ist.

Verwalter (Bestellung)

Komplex ist die Streitwertbestimmung bei Wohnungseigentumsverwaltern. Bei einem Streit über die Abberufung des Verwalters ist das Gesamtinteresse anhand der in der restlichen Vertragslaufzeit anfallenden Verwaltervergütung zu schätzen (BGH ZMR 2018, 918; Agatsy, ZMR 2019, 394, 397). Das Interesse des klagenden Wohnungseigentümers ist hingegen nach seinem Anteil an der jeweils zugrunde zu legenden Verwaltervergütung zu bestimmen. Wird das jeweilige Interesse anhand der Vergütungsansprüche des Verwalters geschätzt, gilt es die Laufzeiten des Alt- und Neuvertrages dahingehend zu berücksichtigen, dass für den Fall überschneidender Zeiträume nur der jeweils höhere Honoraranspruch angesetzt wird (BGH ZMR 2016, 918; BGH ZMR 2012, 565 Rn. 20). Streben die Wohnungseigentümer neben der Abberufung des alten die Bestellung eines neuen Verwalters an, sind Abberufung und Neubestellung maßgeblich. Bei der gebotenen wirtschaftlichen Betrachtungsweise ist nur das die Abberufung überschießende Interesse an der Bestellung des neuen Verwalters zu ermitteln (BGH FD-ZVR 2016, 380753 m. Anm. Elzer).

Etwas anderes gilt dann, wenn ein Wohnungseigentümer sich nur gegen die Höhe des sich gemäß dem Verwaltervertrag fälligen Honorars wendet. Die Anfechtung der Anstellung wegen der vom Kläger für nicht ordnungsmäßig erachteten Vertragsregelungen stellt das künftige Honorar und dessen Höhe die Bemessungsgrundlage dar. Wendet sich der Kläger gegen die Anstellung des Verwalters, ist die Vergütung maßgebend, die dem Verwalter für die vorgesehene Laufzeit des Vertrages noch zustünde (OLG Zweibrücken, ZMR 2010, 141). Wendet sich der Wohnungseigentümer gegen die Bestellung, ist die gesamte Jahresvergütung als Streitwert anzusetzen (BGH ZMR 2016, 918).

Verwalter (Entlastung)

Bei einem Streit um die Entlastung des Verwalters richtet sich der Streitwert danach, in welcher Höhe die möglichen Ansprüche gegen den Verwalter zu beziffern sind. Der BGH hat diese Streitfrage entschieden und damit begründet, dass der Streitwert für ein Klageverfahren nach den möglichen Ansprüchen gegen den Verwalter zu bemessen ist. Bei der Bemessung ist der Wert der Forderungen zugrunde zu legen, die gegen den Verwalter bestehen und aufgrund derer eine Entlastung des Verwalters verweigert wird (BGH, NZM 2011, 489). Der Wert der Forderungen gegen den Verwalter ist maßgeblich, da in der Entlastung ein negatives Schuldanerkenntnis gemäß § 397 BGB zu sehen ist. Fehlen Anhaltspunkte für eine Streitwertbemessung, ist ein Streitwert in Höhe von 1.000,00 € anzusetzen. Die (Sekundär-)Ansprüche der Gemeinschaft der Wohnungseigentümer und somit der Wohnungseigentümer gegen den Verwalter können im Regelfall beziffert werden. Es handelt sich um eine bezifferte Klage auf Schadensersatz (§ 43 Abs. 2 Nr. 3 WEG), sodass der Gebührenstreitwert gemäß § 48 GKG auf der Grundlage der bezifferten Schadensersatzansprüche zu ermitteln ist.

Verwaltungsunterlagen

Der Streitwert bei einem Rechtsstreit des aktuellen Verwalters gegen den früheren Verwalter auf Herausgabe wichtiger Verwaltungsunterlagen ist im Regelfall mit einem Streitwert in Höhe von 1.000,00 € zu bemessen (Mayer/Kroiß/Rohn Anhang I Rn. 81). Dabei ist im Einzelfall ein Abschlag in Höhe von 50 % angemessen (AG Hamburg, ZMR 2009, 232). Der Streitwert kann demnach im Einzelnen beziffert werden. Der Gebührenstreitwert ist nach § 48 GKG zu ermitteln.

Verwaltungsbeirat (Bestellung)

Die Wohnungseigentümer können den Beschluss über die Bestellung eines Verwaltungsbeirats mit einer Anfechtungsklage (§ 44 Abs. 1 S. 1 Alt. 1 WEG) anfechten. Der Streitwert ist anhand der Größe der Eigentümergemeinschaft und der Bedeutung der jeweiligen Verwaltungsbeiratsaufgaben zu bemessen und lässt sich nach der hier vertretenen Auffassung nicht schematisch ermitteln. Nach einer Ansicht ist der Streitwert bei einer mittelgroßen WEG wegen der Bedeutung des Umfangs der Aufgaben auf bis zu 3.000,00 Euro zu bemessen (OLG Koblenz, ZMR 2011, 56). Dagegen spricht, dass sich ein konkretes Interesse in Einzelfällen nicht in beziffern lässt. Daher ist ein Interesse in Höhe von 1.000,00 Euro jedenfalls als angemessen zu bewerten. Der Gebührenstreitwert ist gemäß § 49 GKG zu ermitteln. Der Wortlaut und der Regelungszweck des § 49 S. 1 GKG steht einer pauschalen Bewertung des für den Gebührenstreitwert maßgeblichen Interesses nicht entgegen.

Verwaltungsbeirat (Entlastung)

Nach der neuen Rechtsprechung des BGH ist für die Entlastung des Verwal-
tungsbeirats jedenfalls ein Streitwert in Höhe von 500,00 Euro anzusetzen.
Demnach ist als Streitwert ein Betrag in Höhe von 1.000,00 Euro angemessen
(LG Frankfurt a. M., ZMR 2018, 623; BeckOK KostR/Toussaint GKG § 49a
Rn. 53). Geht es um den Beschluss über die Entlastung des Verwaltungsbeirates, ist bei der Bemessung des Streitwerts auf den Wert der Forderungen abzustellen, wegen derer die Entlastung verweigert wird oder werden soll (BGH
ZMR 2017, 915 Rn. 10). Der Streitwert ist bei der Anfechtung des Entlas-
tungsbeschlusses gemäß § 49 GKG zu ermitteln. Das Interesse bemisst sich bei
der Beschlussklage gemäß § 44 Abs. 1 S. 1 Alt. 1 GKG (Anfechtungsklage) zunächst anhand des Gesamtinteresses aller Eigentümer an einer Entscheidung.
Das Interesse des Klägers und der auf seiner Seite Beigetretenen (z. B. weitere Eigentümer) vermag den siebeneinhalbfachen Wert des Interesses nicht zu
übersteigen.

Wirtschaftsplan, Jahresabrechnung, Vermögensbericht

In einem Anfechtungsverfahren ist zwischen Angriffen gegen den Wirtschaftsplan, die Jahresabrechnung und den Vermögensbericht (§ 28 WEG) zu differenzieren. Bei der Ermittlung des Gebührenstreitwerts ist bei Streit um die
Genehmigung oder die Gesamtabrechnung auf das jeweilige Interesse der klagenden Wohnungseigentümer abzustellen (BGH, ZMR 2005, 547). Ferner
kommt es für die Wertbemessung darauf an, ob der Kläger mit der Beschlussklage (Anfechtungsklage) gemäß § 44 Abs. 1 S. 1 Alt. 1 WEG den Beschluss
über die Jahresabrechnung insgesamt oder beschränkt auf Teilaspekte angreift
(KG, ZMR 2016, 892). Teilweise wurde vertreten, dass bei der Anfechtung
nur ein Bruchteil in Höhe von 20 % und 50 % des »Nennbetrages« anzusetzen ist. Seit der Entscheidung des BGH ist diese Sichtweise allerdings überholt. Hiernach ist der volle Nennbetrag heranzuziehen (BGH ZMR 2017, 905,
Rn. 7 = FD-ZVR 2017, 387940 (Elzer); Hügel/Elzer, WEG § 44 Rn. 138).
Dem folgt unter Aufgabe der bisherigen Rspr. auch die Instanzenrechtsprechung (LG Hamburg, ZWE 2018, 46; LG Frankfurt a. M. 2.10.2017 –
2–09 S 112/16, BeckRS 2017, 133790 Rn. 25). Auch nach der Neufassung des
§ 49 S. 1 GKG ist zunächst das Gesamtinteresse im Sinne der Vorschrift zu ermitteln. Das Interesse aller Wohnungseigentümer entspricht im Regelfall dem
Gesamtbetrag der Jahresabrechnung. Demnach ist bei einem Klageangriff »in
toto« gegen die Jahresabrechnung der volle Nennbetrag der Jahresabrechnung/
des Wirtschaftsplans heranzuziehen. Dieser bildet die »erste Stufe« bei der Ermittlung des Gebührenstreitwerts. Die Begrenzung des Höchststreitwerts gemäß § 49 S. 2 GKG ist nicht der »Nennwert«, sondern der siebeneinhalbfache
Betrag des Interesses des Klägers und der ihm Beigetretenen. Liegt das Interesse

aller Wohnungseigentümer über dem siebeneinhalbfachen Betrag (§ 49 S. 2 GKG) des klägerischen Interesses (zzgl. der Beigetretenen), soll auf der »zweiten Stufe« der Berechnung der Höchstwert (§ 49 S. 2 GKG) zum Tragen kommen. Diese Bewertung ist nach der Neufassung der §§ 43 ff. WEG obsolet, weil es keine Beigeladenen im Sinne des § 48 WEG a.F. mehr gibt.

Besteht Streit um die Genehmigung der Abrechnung, ist auf das Einzelinteresse des klagenden Wohnungseigentümers abzustellen (BGH ZMR 2005, 547; LG Hamburg, ZMR 2019, 69; KG, ZWE 2016, 380; Agatsy, ZMR 2019, 394 ff.). Zu differenzieren ist weiterhin, ob sich die Anfechtungsklage gegen Anfall, Berechtigung bestimmter Kostenpositionen oder die Abrechnung als Ganzes richtet. Wird um die Erstellung der Abrechnung gestritten, ist der Streitwert anhand der Erstellungskosten zu bemessen (LG Koblenz, ZWE 2014, 192; LG Köln ZMR 2020, 230; Ott, IMR 2009, 367, 369). Zu berücksichtigen ist auch das Rechenschaftsinteresse (LG München, ZMR 2019, 72). Der Streitwert kann auf 20 % bis 25 % des erforderlichen Verwalterhonorars geschätzt werden. Nach einer aktuellen Entscheidung ist der Streitwert für die Klage des Wohnungseigentümers gegen den Verwalter auf Erstellung einer Jahresabrechnung analog dem Aufwand auf die Rechnungslegung auf bis zu 600,00 Euro zu veranschlagen (LG Frankfurt/Main, ZMR 2019, 435).

Das gemäß § 49a Abs. 1 S. 1 GKG zur Hälfte anzusetzende Gesamtinteresse entspricht dabei dem Einzelinteresse des Anfechtenden und dem summarisch zu berücksichtigendem Interesse der Antragsgegner (Brünnecke/Wessel, ZMR 2017, 958). Wird die Anfechtung auf einzelne Positionen der Gesamt-/und/ oder einer Einzelabrechnung beschränkt, sind diese in vollständiger Höhe bei der Streitwertbemessung zu berücksichtigen (KG, ZMR 2016, 892; a. A. LG Dresden, IMR 2011, 171). Bei Streit über Einzelposten der Jahresabrechnung ist ein Bruchteil in Höhe von 20 % bis 30 % anzunehmen. Wendet sich der Kläger gegen formelle Mängel des Beschlusses über die Jahresabrechnung, ist der Gesamtwert für die Streitwertbemessung maßgeblich (BGH ZMR 2016, 918; Agatsy, ZMR 2019, 394, 396). Bei der Geltendmachung von formellen (Beschluss-)Mängeln gelten bei der Ermittlung des Gebührenstreitwerts dieselben Grundsätze wie bei Beschlussklagen (§ 49 GKG).

Besteht zwischen den Wohnungseigentümern Streit über die Erstellung der Jahresabrechnung, sind die Kosten der Erstellung maßgeblich. Diese richten sich nach den Umständen des Einzelfalls, insbesondere nach der Größe der Wohnungseigentumsanlage und den Kosten des Erstellers (Hügel/Elzer, WEG § 44 Rn. 138; LG Koblenz, ZWE 2014, 192). Das Gericht kann die Kosten der Erstellung im Streitfall gemäß § 287 ZPO nach eigenem Ermessen schätzen. Dabei gilt, dass die jeweiligen Interessen erneut anhand des Einzelfalls und im Wege einer konkreten Berechnung zu bestimmen sind, ohne dass pauschaliert ganz oder anteilig auf die dem Plan zugrunde liegenden Gesamtkosten abgestellt werden kann (KG, ZWE 2016, 380). Bei der Bemessung des Streitwerts von Klagen von Wohnungseigentümern gegen den Beschluss über den Wirtschaftsplan gelten dieselben Grundsätze wie bei einer Klage gegen die Jahresabrechnung (Hügel/Elzer, § 44 Rn. 138, BGH ZMR 2005, 547). Die Einnahmen aufgrund geleisteter Zahlungen aus dem Wirtschaftsplan sind dabei nicht zu berücksichtigen (LG Frankfurt a. M., ZMR 2019, 894; Kroiß, NJW 2019, 407, 408). Der Gebührenstreitwert ist nach §§ 49 S. 1 und 2 GKG zu ermitteln. Einer Berücksichtigung des Wertinteresses der Beigeladenen bedarf es nicht mehr.

Nach der Neufassung des § 28 Abs. 3 WEG hat der Verwalter am Abschluss eines jeden Kalenderjahres einen Vermögensbericht zu erstellen (BT Drucks. 10/18791, S. 75; BR Drucks. 168/20, S. 86; BT Drucks. 19/22634, S. 22). Die Erstellung des Vermögensberichts im Sinne des § 28 Abs. 3 WEG ist eine »Bringschuld«, die der Verwalter im Rahmen der ordnungsgemäßen Verwaltung zu erbringen hat. Der Verwalter hat den Anspruch auf den Vermögensbericht als Organ der Gemeinschaft der Wohnungseigentümer zu erfüllen. Damit ist gegenüber den Wohnungseigentümern über den Stand der in § 28 Abs. 1 S. 1 WEG bezeichneten Rücklagen und über die Aufstellung des wesentlichen Gemeinschaftsvermögens Rechenschaft abzulegen. Den Anspruch auf den Vermögensbericht kann jeder Wohnungseigentümer gegenüber dem Verwalter geltend machen (BT Drucks. 19/18791, S. 75; BR Drucks. 168/20, S. 86; BT Drucks. 19/22634, S. 22). Somit ist zu klären, nach welcher Vorschrift sich der Streitwert ermittelt. Da es sich um eine Rechenschaftspflicht (Auskunftserteilung) des Verwalters handelt, die sich nicht auf Beschlüsse über den Wirtschaftsplan oder die Jahresabrechnung bezieht, ist der Gebührenstreitwert nach § 48 Abs. 1 S. 1 GKG zu ermitteln. Dieser hängt wiederum vom jeweiligen Umfang der »streitigen« Positionen ab. Ist zwischen Verwalter und Wohnungseigentümern der gesamte Vermögensbericht (alle Positionen) streitig, ist das Gesamtinteresse bestehend aus einer Addition der rechenschaftspflichtigen Einzelpositionen anzusetzen. Zur Ermittlung des Gebührenstreitwerts kann auf die für die Auskunft ermittelten Grundsätze zurückgegriffen werden. Die streitgegenständlichen Positionen sind bezifferbar. Maßgeblich ist das Interesse des/der Kläger, wobei ausschließlich der höchste Anspruch maßgeblich ist (KG, MDR 2008, 46; Hartmann/Toussaint/Toussaint, § 44 GKG Rn. 5 f.). Eine Schätzung wird im Zweifel nur bei »unsicheren Forderungen« in Betracht kommen, da die einzelnen Positionen im Vermögensbericht durch den Verwalter detailliert zu beziffern sind.

Wohnungseigentümerversammlung

Die Bemessung des Streitwerts bei einer Klage auf Einberufung einer Eigentümerversammlung wird kontrovers diskutiert. Nach einer Auffassung ist bei dem Streitwert einer Klage auf die Einberufung einer Eigentümerversammlung einen Wertansatz in Höhe von 50 % des Tagesordnungspunkts anzusetzen (LG Frankfurt a. M., ZWE 2016, 292, 293). Dem ist jedoch nicht zu folgen, denn Gegenstand des Klagebegehrens ist nicht ein bestimmter Tagesordnungspunkt, sondern die Klärung der Rechtsfrage, ob eine Eigentümerversammlung einberufen wird oder nicht (Hügel/Elzer WEG § 44 Rn. 138). In diesem Zusammenhang sind die Kosten der Einberufung der Wohnungseigentümerversammlung anzusetzen. Der Wert lässt sich anhand der üblichen Kosten (Verwaltungskosten) beziffern, sodass der Streitwert gemäß § 48 Abs. 1 S. 1 GKG zu ermitteln ist.

Zahlungsansprüche

Bei bezifferbaren Zahlungsansprüchen in Wohnungseigentumssachen richtet sich der Gebührenstreitwert nach § 48 Abs. 1 GKG i. V. m. § 3 ZPO. Hiernach ist allein die Höhe der beanspruchten Forderung maßgeblich (Schneider/Herget/Monschau Rn. 6250). Bezifferte Klagen sind beispielsweise Klagen auf Zahlung rückständigen Wohngeldes oder eines Saldos aus einer Jahresabrechnung. Dasselbe gilt bei Ansprüchen auf Schadensersatz gegen Dritte oder den Verwalter. Nach der Neufassung des § 49 GKG, der nur auf Beschlussklagen Anwendung findet, ist der Gebührenstreitwert bei einem bezifferten Zahlungsanspruch gemäß § 48 Abs. 1 GKG i. V. m. § 3 ff. ZPO zu beziffern.

§ 11 Entziehung des Wohnungseigentums

I. § 17 WEG n.F. lautet:

1 *(1) Hat ein Wohnungseigentümer sich einer so schweren Verletzung der ihm gegenüber anderen Wohnungseigentümern oder der Gemeinschaft der Wohnungseigentümer obliegenden Verpflichtungen schuldig gemacht, daß diesen die Fortsetzung der Gemeinschaft mit ihm nicht mehr zugemutet werden kann, so kann die Gemeinschaft der Wohnungseigentümer von ihm die Veräußerung seines Wohnungseigentums verlangen.*

(2) Die Voraussetzungen des Absatzes 1 liegen insbesondere vor, wenn der Wohnungseigentümer trotz Abmahnung wiederholt gröblich gegen die ihm nach § 14 Absatz 1 und 2 obliegenden Pflichten verstößt.

(3) Der in Absatz 1 bestimmte Anspruch kann durch Vereinbarung der Wohnungseigentümer nicht eingeschränkt oder ausgeschlossen werden.

(4) Das Urteil, durch das ein Wohnungseigentümer zur Veräußerung seines Wohnungseigentums verurteilt wird, berechtigt zur Zwangsvollstreckung entsprechend den Vorschriften des Ersten Abschnitts des Gesetzes über die Zwangsversteigerung und die Zwangsverwaltung. Das Gleiche gilt für Schuldtitel im Sinne des § 794 der Zivilprozessordnung, durch die sich der Wohnungseigentümer zur Veräußerung seines Wohnungseigentums verpflichtet.

II. Hintergrund der Neuregelung

2 Die bislang in den §§ 18 und 19 WEG a.F. enthaltenen Vorschriften werden in § 17 WEG n.F. zusammengefasst und aktualisiert.

III. Materiell-rechtliche Änderungen

1. Systematik

3 Das WEMoG ordnet den Entziehungsanspruch nunmehr originär der rechtsfähigen Gemeinschaft der Wohnungseigentümer zu; i.ü. übernimmt das Gesetz die bisherige Systematik des früheren Rechts. Der neue § 17 WEG n.F. enthält nun in Abs. 1 eine Generalklausel und in Abs. 2 ein Regelbeispiel. Im Hinblick auf den inhaltsgleichen Wortlaut kann wegen der Generalklausel auf die bisherige Rechtsprechung zurückgegriffen werden.

2. Entziehungsgründe

§ 17 Abs. 1 WEG n.F. nennt nun auch ausdrücklich als Entziehungsgrund eine Verletzung der Pflichten gegenüber der Gemeinschaft der Wohnungseigentümer. Faktisch galt dies schon nach bisherigem Recht. **4**

§ 17 Abs. 2 WEG n.F. knüpft an das Regelbeispiel aus § 18 Abs. 2 Nr. 1 WEG a.F. an. Der Verweis auf § 14 WEG erhält jedoch jetzt durch die Änderung dieser Vorschrift einen anderen Inhalt. So ist insbesondere § 14 Nr. 2 WEG a.F. entfallen.

Die Streichung von § 18 Abs. 2 Nr. 2 WEG a.F. konnte mangels eines Rechtsschutzinteresses im Hinblick auf das effizientere Verfahren zur Zwangsvollstreckung wegen rückständiger Hausgeldansprüche in der privilegierten Rangklasse 2 des § 10 Abs. 1 ZVG erfolgen. Gleichwohl wird man auch zukünftig noch wiederholte Pflichtverletzungen bei der Zahlung der Hausgeldbeiträge mit der Entziehung sanktionieren können (Abramenko § 8 Rn 78; Lehmann-Richter/ Wobst Rn 1550 ff.). **5**

IV. Verfahrensrechtliche Änderungen

1. Anspruch der Gemeinschaft

Nach bisherigem Recht stand der Anspruch auf Entziehung der Gemeinschaft der Wohnungseigentümer in gesetzlicher Prozessstandschaft zu (§ 18 Abs. 1 S. 2 WEG a.F.). Nunmehr steht der Entziehungsanspruch originär der Gemeinschaft der Wohnungseigentümer zu (§ 17 Abs. 1 WEG n.F.; krit. Elzer, Stellungnahme im Rechtsausschuss des BT v. 27.05.2020, S. 14.). Praktische Auswirkungen sind damit wohl nur in sog. Zweiergemeinschaften verbunden, weil dort das Verfahren nun durch den rechtsfähigen Verband zu führen ist (zu den Schwierigkeiten bei der Durchsetzung des Entziehungsanspruchs in solchen Fällen s. D/Sch/Z Kap. 12 Rn 11). **6**

2. Entziehungsklage ohne Beschluss

Mit dem Wegfall von § 18 Abs. 3 WEG a.F. entfällt die bisher notwendige Beschlussfassung vor der Entziehungsklage, wenngleich diese unverändert möglich bleibt. Eine Klage, mit der die Gemeinschaft der Wohnungseigentümer die Veräußerung des Sondereigentums von einem Miteigentümer verlangt, **7** ist somit auch ohne entsprechende Beschlussfassung zulässig (Abramenko § 8 Rdn 80; a.A. D/Sch/Z Kap. 12 Rn 20; Hügel/Elzer § 17 Rn 18; Lehmann-Richter/Wobst § 14 Rn 1556; RegE BT-Drs. 19/18791 S. 55). Dies wird das Entziehungsverfahren erheblich beschleunigen, da nun im Falle der Anfechtung nicht mehr der Ausgang der Beschlussklage abgewartet werden muss (Abramenko § 8 Rn 80).

Zugleich entfällt für einen Beschluss über die Geltendmachung des Entziehungsanspruchs die bisher erforderliche absolute Mehrheit der stimmberechtigten Wohnungseigentümer.

3. Titulierung

8   § 17 Abs. 4 S. 1 WEG n.F. setzt zur Zwangsvollstreckung unverändert ein Urteil voraus, durch das der Wohnungseigentümer zur Veräußerung seines Wohnungseigentums verurteilt wird. Der Wohnungseigentümer kann sich nun aber auch freiwillig in einem Schuldtitel gem. § 794 ZPO zur Veräußerung verpflichten und auf diese Weise einen Prozess vermeiden.

4. Zwangsvollstreckung

9   Die Zwangsvollstreckung erfolgt wie bisher nach den Vorschriften des ZVG, wobei der Gesetzgeber die schon bisher zu weitgreifende Verweisung auf den gesamten ersten Abschnitt einschließlich der Zwangsverwaltungsvorschriften unverändert übernommen hat (Becker/Schneider ZfIR 2020, 281, 297). Gem. § 17 Abs. 4 S. 2 WEG n.F. kann nun auch ein freiwillig geschaffener Vollstreckungstitel mit einer entsprechenden Unterwerfung unter die sofortige Zwangsvollstreckung gem. § 794 ZPO Grundlage der Zwangsvollstreckung sein.

10 Die Aufhebung von § 18 Abs. 2 Nr. 2 WEG a.F. führt dazu, dass der bisherige § 10 Abs. 3 S. 1 ZVG a.F. mit dem erschwerenden Einheitswertnachweis ersatzlos entfällt (Art. 5 Nr. 2a WEMoG).

11 Weitere mit der Umstellung des Verfahrens 2007 verbundene Korrekturen hat der Gesetzgeber bedauerlicherweise unterlassen. So ist etwa zur Vermeidung von Friktionen mit zwangsversteigerungsrechtlichen Grundsätzen empfohlen worden, das wohnungseigentumsrechtliche Entziehungsverfahren systematisch in einem besonderen Verfahren des 3. Abschnitts im ZVG zu verorten. Damit könnten zugleich die Folgen der offensichtlichen Fehlinterpretation des § 10 Abs. 1 Nr. 5 ZVG im seinerzeitigen Gesetzgebungsverfahren beseitigt werden. Eine solche Regelung böte weiterhin Gelegenheit, wünschenswerte Klarstellungen zur (Nicht-)Anwendbarkeit des § 30a ZVG sowie zur (Un-)Zulässigkeit

schuldnerischer Eigengebote in einem Versteigerungsverfahren zur Entziehung von Wohnungseigentum vorzunehmen (*Becker/Schneider* ZfIR 2020, 281, 297 m. w. N.).

V. Übergangsregelung

Das WEMoG enthält für das Entziehungsverfahren keine ausdrückliche Über- 12 gangsregelung. Eine solche ist auch entbehrlich, soweit schon bisher das Entziehungsrecht in gesetzlicher Prozessstandschaft der Gemeinschaft der Wohnungseigentümer zustand (§ 18 Abs. 1 S. 2 WEG a.F.). Soweit es sich um eine Gemeinschaft handelt, die lediglich aus zwei Wohnungseigentümern besteht, sind für die bereits vor dem 01.12.2020 anhängigen Verfahren die Vorschriften des dritten Teils des WEG in ihrer vormaligen Fassung weiter anzuwenden (§ 48 Abs. 5 WEG n.F.). Solche Altverfahren unterfallen also weiterhin den §§ 43 ff. WEG a.F.

§ 12 Änderungen im Mietrecht

Literatur:

Beck-online Großkommentar (BeckOGK), Buch 2 – Recht der Schuldverhältnisse (Hrsg.: *Gsell* u. a.); Beck'scher Online-Kommentar (BeckOK) – ZPO, 39. Edition (Hrsg.: *Vorwerk/Wolf*); *Blank/Börstinghaus*, Miete – Das gesamte BGB-Mietrecht, 2020; *Börstinghaus*, Mehr Leistung – Mehr Sicherheit?, in: Festschrift für Blank, 2006, S. 77; *ders.*, Zusätzliche Mietsicherheit infolge Änderung des Mietvertrags im Mieterwunsch?, NZM 2008, 558; *Burgmair*, Ladestationen für Elektrofahrzeuge in der Wohnungseigentumsanlage, ZWE 2018, 237; *Dötsch*, E-Mobilität, ZMR 2018, 477; *ders.*, E-Mobilität im Miet- und Wohnungseigentumsrecht – Noch ein Anlauf, ZMR 2019, 741; *ders.*, WEG-Reform 2020 – Übersicht zum Recht der baulichen Veränderungen nach dem Regierungsentwurf, ZfIR 2020, 221; *ders.*, WEG Reform: Endlich der Durchbruch für die Förderung der Elektromobilität im Immobilienrecht?, ZWE 2020, 215; *Drasdo*, Die Barrierefreiheit im Sinne des § 554a BGB, *ders.*, Umsetzung von WEG Beschlüssen im Mietverhältnis nach der WEG Reform, ZMR 2008, 447; *Haepp*, Barrierefreies Bauen – Möglichkeiten einer praxisorientierten Umsetzung für ein selbstbestimmtes Leben in der gemieteten Wohnung, WuM 2018, 1; *Hinz*, Mietrecht in der Praxis (MietPrax), Fach 1: Wohnraummietvertrag, 85. Erg.Lfg 2018; *ders.*, Vereinbarungen über den Mietgebrauch, NZM 2019, 649; *ders.* (Total-)Reform des Wohnungseigentumsrechts? – Erste Überlegungen zum Referentenentwurf eines Wohnungseigentumsmodernisierungsgesetzes (WEModG) – Teil 1, ZMR 2020, 264; *ders.*, (Total-)Reform des Wohnungseigentumsrechts? – Erste Überlegungen zum Regierungsentwurf eines Wohnungseigentumsmodernisierungsgesetzes (WE-MoG) – Teil 2, ZMR 2020, 374; *Hübner*, E-Mobilität in vermieteten Tiefgaragen – es ein Startversuch mit Hindernissen und vielen offenen Fragen, ZfIR 2020, 37; *Lammel*, Wohnraummietrecht, 3. Aufl. 2007; *Lehmann-Richter/Wobst*, WEG-Reform 2020 – Das Wohnungseigentumsrecht nach dem neuen WEG, 2020; *Merson*, Behindertengerechtes Wohnen – die »Barrierefreiheit« im BGB, ZMR 2001, 956; Münchener Kommentar-BGB (Hrsg.: *Säcker* u. a.), 8. Aufl. 2018 ff.; Nomoskommentar, BGB – Schuldrecht (Hrsg.: Dauner-Lieb/Langen), 4. Aufl. 2021; *Rips*, Nichtbeachtung, Ausstrahlungswirkung, Integration: Die Entwicklungen der Verfassungsrechtsprechung im Spannungsfeld zum Privatrecht, speziell zum Mietrecht, WuM 2015, 123; *Schmidt-Futterer* (Hrsg. Blank), Mietrecht, 14. Aufl. 2019; *Streyl*, Eingriffe des Mieters in die Bausubstanz des Mietobjekts, NZM 2017, 785; *Zehelein*, Die Betriebskostenverteilung bei vermietetem Sondereigentum nach dem Gesetzentwurf zum Wohnungseigentum Modernisierungsgesetz – WoModG, ZMR 2020, 272; Zöller, Zivilprozessordnung, 33. Aufl. 2020 (Hrsg.: Geimer).

I. Barrierereduzierung, E-Mobilität, Einbruchschutz

1. Grundsätzliches

An der bisherigen Leerstelle des § 554 BGB n.F. ist nunmehr ein gleichsam miet- **1**
rechtliches Pendant zu den privilegierten baulichen Veränderungen gem. § 20
Abs. 2 WEG n.F. eingefügt worden. Nach § 554 Abs. 1 Satz 1 BGB n.F. kann

der Mieter vom Vermieter die Erlaubnis zu baulichen Veränderungen der Mietsache verlangen, die
- dem Gebrauch durch Menschen mit Behinderungen,
- dem Laden elektrisch betriebener Fahrzeuge oder
- dem Einbruchsschutz

dienen.

2 Die Vorschrift formuliert somit drei Ausnahmen von dem Grundsatz, dass der Mieter keine Erweiterung des vertraglich vereinbarten Mietgebrauchs, namentlich keine baulichen Veränderungen am Mietobjekt verlangen kann (vgl. Streyl, NZM 2017, 785, 787 f.; Hinz, in MietPrax, 85. Erg.Lfg., Fach 1 Rn. 620 ff.). Damit regelt sie – worauf Börstinghaus (Blank/Börstinghaus, § 554 Rn. 3) zutreffend hinweist – »einen besonderen Fall der Mietermodernisierung«. Einbezogen wird der bereits nach altem Recht in § 554a BGB statuierte Anspruch des Mieters auf Zustimmung zu Umbauten, die für eine behindertengerechte Nutzung der Mietsache erforderlich sind (dazu Haepp, WuM 2018, 1 ff.; Rips, WuM 2015, 123, 130). Keinen Eingang hat indes der »Anschluss an ein Telekommunikationsnetz mit sehr hoher Kapazität« gefunden. Die Bundesregierung hat den vom Bundesrat (BT-Drucks. 19/19369, S. 3) vorgeschlagenen Gleichlauf mit § 20 Abs. 2 WEG n.F. abgelehnt. Sie hat dies damit begründet, dass bereits § 77k TKG dem Mieter die Möglichkeit eröffnet, einen Netzbetreiber mit dem Anschluss von Netzinfrastruktur im Gebäude zu beauftragen, was der Eigentümer dulden müsse. Deshalb hat der Gesetzgeber die Installation eines entsprechenden Anspruchs in § 554 BGB n.F. nicht als erforderlich erachtet (BT-Drucks. 19/19369, S. 7).

2. Anwendungsbereich

a) Art des Mietverhältnisses

3 § 554 BGB n.F. gilt seiner systematischen Stellung gemäß bei Mietverhältnissen über Wohnraum, auch bei solchen nach § 549 Abs. 2 und 3 BGB (Blank/Börstinghaus, § 554 Rn. 2). Nach § 578 Abs. 1 BGB n.F. erlangt er darüber hinaus bei Mietverhältnissen über Grundstücke oder sonstige Räume Geltung. Mithilfe dieser Verweisung wollte der Gesetzgeber wohl insbesondere separate Stellplatz- und Garagenmietverhältnisse bei Wohnraummietern erfassen (Dötsch, ZMR 2019, 741, 743). Allerdings hat er damit den Anspruch auf Erlaubniserteilung zu den privilegierten baulichen Veränderungen gem. § 554 Abs. 1 Satz 1 BGB n.F. auch auf die Geschäftsraummiete ausgedehnt. Insoweit geht die Vorschrift in ihrem Anwendungsbereich deutlich über den vormaligen § 554a BGB hinaus, der lediglich Wohnraummietverhältnisse betrifft (vgl. BeckOGK/Schepers, § 554a Rn. 49). Es wird sich daher künftig die Frage

stellen, ob der Mieter von Geschäftsräumen deren Zugang auch im Hinblick auf potenzielle Kunden mit (Geh-)Behinderungen barrierefrei ausgestalten darf, etwa durch eine Rollstuhlrampe an einer Außentreppe. Im Rahmen des § 554a BGB besteht ein Erlaubnisanspruch nur im Hinblick auf berechtigte Interessen des Vermieters und seiner Haushaltsangehörigen (BeckOGK/Schepers, § 554a Rn. 16; großzügiger Schmidt-Futterer/Eisenschmid, § 554a Rn. 30 ff.). Mit der Ausweitung des Erlaubnisanspruchs auf Geschäftsraummietverhältnisse im Rahmen des §§ 554 BGB wird die aufgeworfene Frage künftig virulent werden. Vieles spricht dafür, dass ein Anspruch des Grundstücks- oder (Geschäfts-) Raummieters auf Erlaubnis von privilegierten baulichen Veränderungen gem. §§ 554 Abs. 1 Satz 1, 578 Abs. 1 BGB n.F. im Grundsatz besteht und im Einzelfall von der vorgesehenen Interessenabwägung abhängt.

b) Rechtsübergang

Eine Übergangsvorschrift existiert nicht, sodass § 554 BGB n.F. mit dem Tag 4 des Inkrafttretens des WEMoG, dem 1.12.2020, Gültigkeit erlangt. Das folgt aus dem in Art. 171 EGBGB enthaltenen allgemeinen Rechtsgedanken, nach dem neue Vorschriften mit deren Inkrafttreten auf bestehende Dauerschuldverhältnisse anzuwenden sind (NK-BGB/Hinz, § 556c Rn. 6). Demgemäß richten sich Erlaubnisverlangen des Mieters ab dem 1.12.2020 nach neuem Recht.

3. Erlaubnisanspruch des Mieters

§ 554 Abs. 1 Satz 1 BGB n.F. beinhaltet einen Anspruch des Mieters auf Er- 5 teilung einer Erlaubnis, die den aufgeführten Zwecken dient. Bei der Erlaubnis handelt es sich um eine Zustimmung zur Vertragsänderung, welche für die Durchführung der baulichen Veränderung erforderlich ist. Demgegenüber beinhaltet die Vorschrift kein gesetzliches Umbaurecht (BT-Drucks. 19/18791 S. 87); der Mieter darf also nicht sogleich »Hand anlegen« und das Mietobjekt eigenmächtig umgestalten. Versagt der Vermieter die Erlaubnis, obwohl die Voraussetzungen dafür nach § 554 Abs. 1 Satz 1 BGB n.F. vorliegen, muss der Mieter sie klageweise geltend machen (s. dazu bei Rdn. 48). Nimmt er indes die für erforderlich gehaltenen baulichen Veränderungen ohne Erlaubnis vor, kann dies Schadensersatzansprüche des Vermieters wegen Vertragspflichtverletzung gem. §§ 280 Abs. 1, 241 Abs. 2 BGB auslösen (BT-Drucks. 19/18791 S. 87).

Die vom Mieter erstrebte Erlaubnis muss auf eine bauliche Veränderung ge- 6 richtet sein. Der Begriff der baulichen Veränderung existiert bereits in § 555b BGB; er ist weit zu verstehen und umfasst nicht nur Eingriffe in die bauliche Substanz (so offenbar BT-Drucks. 19/18791, S. 87), sondern auch Veränderungen der Anlagentechnik des Gebäudes (BT-Drucks. 17/10485, S. 18;

Schmidt-Futterer/Eisenschmid, § 555a Rn. 13). Die bauliche Veränderung kann sich auf die gemietete Wohnung, aber auch auf den weiteren, dem Mitgebrauch unterliegenden Bereich (s. dazu Hinz, NZM 2019, 649, 654 f.) beziehen. Demgemäß ist § 554 BGB n.F. auch anwendbar, wenn der Mieter einen Treppenlift in dem gemeinschaftlich genutzten Treppenhaus installieren möchte (BT-Drucks. 19/18791, S. 87).

4. Fallgestaltungen

7 Die vom Mieter erstrebte bauliche Veränderung muss der Nutzung des Mietobjekts durch Menschen mit Behinderungen, dem Laden elektrisch betriebener Fahrzeuge oder dem Einbruchsschutz dienen.

a) Barrierereduzierung

8 Die erste Variante des § 554 Abs. 1 Satz 1 BGB n.F. betrifft bauliche Veränderungen, die Menschen mit Behinderungen den Gebrauch der Mietsache erleichtern. Gegenüber dem vormaligen § 554a BGB ist hier eine leichte sprachliche Straffung erfolgt, ohne dass damit eine inhaltliche Änderung verbunden wäre. Erfasst werden alle Maßnahmen, die für eine Nutzung durch körperlich oder geistig eingeschränkte Menschen erforderlich oder auch nur förderlich sind (BT-Drucks. 19/18791, S. 63; Lehmann-Richter/Wobst, § 11 Rn. 1166). Hinsichtlich der Einzelheiten kann vorerst auf die Rechtsprechung und Kommentarliteratur zu § 554a BGB verwiesen werden.

9 Gem. § 578 Abs. 1 BGB n.F. besteht ein Anspruch des Mieters gem. § 554 Abs. 1 Satz 1 BGB n.F. auf Erteilung einer Veränderungserlaubnis auch bei Mietverhältnissen über Grundstücke und Gewerberäume, somit auch bei der Geschäftsraummiete. Insoweit geht die Vorschrift in ihrem Anwendungsbereich deutlich über den bisherigen § 554a BGB hinaus. Es wird sich daher die Frage stellen, ob der Mieter von Geschäftsräumen diese auch im Hinblick auf potenzielle Kunden mit (Geh-)Behinderungen barrierefrei ausgestalten, etwa eine Rollstuhlrampe an der Außentreppe installieren darf. Im Rahmen des § 554a BGB bestand ein Erlaubnisanspruch nur im Hinblick auf berechtigte Interessen des Vermieters und seiner Haushaltsangehörigen (BeckOGK/Schepers. § 554a Rn. 16; großzügiger Schmidt-Futterer/Eisenschmid, § 554a Rn. 30 ff.). Mit der Ausweitung des Erlaubnisanspruchs auf Geschäftsraummietverhältnisse wird die aufgeworfene Frage künftig virulent werden. Vieles spricht dafür, dass ein Anspruch des Grundstücks- oder (Geschäfts-)Raummieters auf Erlaubnis von privilegierten baulichen Veränderungen Mieters gem. § 554 Abs. 1 Satz 1 i.V.m. § 578 Abs. 1 BGB n.F. im Grundsatz besteht und im Einzelfall von der in § 554 Abs. 1 Satz 2 BGB n.F. vorgesehenen Interessenabwägung abhängt.

b) E-Mobilität

Die Variante korreliert mit § 20 Abs. 2 Satz 1 Nr. 2 WEG n.F. Sie privilegiert **10** bauliche Veränderungen, die dem Laden elektrisch betriebener Fahrzeuge dienen. Elektrisch betriebene Fahrzeuge sind insbesondere solche gem. § 2 Nr. 1 EmoG, also reine Batterieelektrofahrzeuge, von außen aufladbare Hybridelektrofahrzeuge sowie Brennstoffzellenfahrzeuge. Darüber hinaus werden elektrisch betriebene Zweiräder und spezielle Elektromobile für Gehbehinderte erfasst, die nicht dem Anwendungsbereich des EmoG unterfallen (BT-Drucks. 19/18791, S. 87). Der Gesetzgeber hat den Begriff des elektronisch betriebenen Fahrzeugs hier bewusst weiter gefasst als im EmoG (Lehmann-Richter/Wobst, § 11 Rn. 1169). Dem Laden solcher Fahrzeuge dienen baulichen Veränderungen, sofern sie es ermöglichen, Strom in Fahrzeuge einzuspeisen oder aus diesen auszuspeisen. Dazu gehören insbesondere die Errichtung eines Ladepunktes, etwa in Gestalt einer Wallbox oder einer am Boden angebrachten Ladesäule, sowie die Verlegung der erforderlichen (Stark-)Stromleitungen (Streyl, NZM 2017, 785, 791; Dötsch, ZfIR 2017, 261, 265).

Im Übrigen dienen dem Laden elektrisch betriebener Fahrzeuge auch solche **11** baulichen Veränderungen, die zur Umsetzung von Vorgaben des Messstellenbetriebsgesetzes (MsbG) oder zur Teilnahme an einem Flexibilitätsmechanismus nach § 14a EnWG erforderlich sind (BT-Drucks. 19/18791 S. 64, 87; Blank/Börstinghaus, § 554 Rn. 17). Erfasst werden z. B. Veränderungen von Zählerschränken sowie kommunikative Anbindung der Ladeeinrichtung an ein intelligentes Messsystem. Denn Halter von Elektrofahrzeugen können auch Flexibilität für das Stromnetz oder den Strommarkt bereitstellen oder von variablen Tarifen profitieren. Solche Anwendungen eröffnen zusätzliche Nutzungen der Ladeeinrichtung und des Fahrzeugs. Je nach Dimensionierung des Hausanschlusses und der Auslastung des örtlichen Verteilernetzes kann eine sachgerechte Steuerbarkeit eine entscheidende Voraussetzung dafür sein, dass eine Ladeeinrichtung an das Stromnetz angeschlossen werden kann (BT-Drucks. 19/18791, S. 64, 87; Blank/Börstinghaus, § 554 Rn. 17).

Der Anspruch des Mieters aus § 554 Abs. 1 Satz 1 BGB n.F. ist nicht nur auf **12** die erstmalige Errichtung von Ladeinfrastruktur, sondern auch auf Maßnahmen gerichtet, die ihrer Erhaltung dienen. Auch Maßnahmen der Verbesserung und Modernisierung einer bereits vorhandenen Ladeinfrastruktur dürften mit einbezogen sein (BT-Drucks. 19/18791, S. 87; Blank/Börstinghaus, § 554 Rn. 17). Ob der Vermieter dem Mieter die auch dafür erforderliche Erlaubnis zu erteilen hat, ist eine Frage die Interessenabwägung nach § 554 Abs. 1 Satz 2 BGB n.F. (BT-Drucks. 19/18791, S. 89). Ein Erlaubnisanspruch kommt in Betracht, wenn die weitere Maßnahme des Mieters eine wesentliche

Beschleunigung des Ladevorgangs erwarten lässt und die bisherige Anlage veraltet ist (s. auch Rdn. 28).

13 Allerdings privilegiert § 554 BGB n.F. nur bauliche Veränderungen im Bereich der Mietsache oder der Gemeinschaftsflächen, die dem Mieter nach dem Mietvertrag zur gemeinschaftlichen Nutzung zugewiesen sind. Der Mieter kann daher nicht verlangen, dass ihm der Vermieter bauliche Veränderungen in Bereichen des Gebäudes oder Grundstücks konzediert, die er bislang überhaupt nicht nutzen durfte. Auch auf Flächen, deren Nutzung dem Mieter lediglich widerruflich gestattet, nicht aber vertraglich zugewiesen sind, erstreckt sich der Anspruch aus § 554 Abs. 1 Satz 1 BGB n.F. nicht. Hier kann der Mieter eine Gebrauchserweiterung schon deswegen nicht verlangen, weil der Vermieter die Gestattung ohne besonderen Grund nach billigem Ermessen widerrufen kann (dazu Hinz, NZM 2019, 649, 655).

c) Einbruchsschutz

14 Schließlich legitimiert § 554 Abs. 1 Satz 1 BGB n.F. in der dritten Variante bauliche Veränderungen, die dem Einbruchsschutz dienen. Es muss sich um eine bauliche Maßnahme handeln, die einen widerrechtlichen Zutritt zur Wohnung des Mieters verhindert, erschwert oder zumindest unwahrscheinlicher macht (BT-Drucks. 19/18791, S. 87). Der Anspruch ist nicht auf bauliche Veränderungen in Bereichen beschränkt, die dem Mieter zum exklusiven Gebrauch zugewiesen sind. In Betracht kommen z. B. Wohnungstürspione, einbruchshemmende Türen und Fenster und Alarmanlagen – s. etwa Lehmann-Richter/Wobst, § 11 Rn. 1176). Der Mieter kann auch die Erlaubnis zur Errichtung von einbruchsschützenden Anlagen in Bereichen des Grundstücks oder des Gebäudes verlangen, die ihm lediglich zum gemeinschaftlichen Gebrauch mit anderen Bewohnern des Gebäudes mitvermietet sind (z. B. Schließsystem an der Hauseingangstür, Überwachungskameras oder entsprechende Attrappen, u. U. auch zugangserschwerende Zäune und Mauern – BT-Drucks. 19/18791, S. 87 f.; Blank/Börstinghaus, § 554 Rn. 19; Lehmann-Richter/Wobst, § 11 Rn. 1177). Etwaige Kollisionen mit den Interessen anderer Hausbewohner sind im Rahmen der Interessenabwägung des § 554 Abs. 1 Satz 2 BGB n.F. zu berücksichtigen.

d) Mitwirkungshandlungen des Vermieters

15 Soweit die Ausführung der baulichen Veränderung über die bloße Erlaubniserteilung hinaus weiterer Handlung des Vermieters erfordert, kann der Mieter von diesem die notwendige Mitwirkung verlangen. Es dürfte sich insoweit um eine Nebenleistungspflicht des Vermieters handeln, die sich jedenfalls aus

§§ 241 Abs. 1, 242 BGB ergibt (s. aber auch BT-Drucks. 19/18791, S. 88). Sie umfasst etwa die Erteilung von Informationen zur Planung der Baumaßnahme, z. B. über die vorhandene Stromversorgung oder den Verlauf von Kabeln, aber auch die Abgabe von Baufreiheitserklärungen oder Gestattungserklärungen gegenüber Handwerkern (BT-Drucks. 19/18791 S. 88). Erforderlichenfalls kann der Mieter auch die Abfassung einer schriftlichen Erklärung verlangen.

5. Ausschlusstatbestand

Gem. § 554 Abs. 1 Satz 2 BGB n.F. besteht der Anspruch des Mieters auf Erlaubniserteilung nach Satz 1 nicht, wenn diese dem Vermieter auch unter Würdigung der Interessen des Mieters nicht zugemutet werden kann. Die Vorschrift beinhaltet somit einen Ausschluss der Erlaubnis zur Vornahme der privilegierten baulichen Veränderungen i. S. d. § 554 Abs. 1 Satz 1 BGB n.F. Funktional entspricht sie den anspruchsausschließenden mietrechtlichen Bestimmungen in § 553 Abs. 1 Satz 2 BGB oder § 555d Abs. 2 Satz 1 BGB (BT-Drucks. 19/18791, S. 88). Erforderlich ist eine Abwägung der nachteiligen Folgen der baulichen Veränderung für den Vermieter gegen die Interessen des Mieters an der Ausführung der Baumaßnahme. **16**

a) Vermieterinteressen

aa) Konservierungsinteresse

Da der Vermieter wohl regelmäßig ein Interesse daran hat, dass Eingriffe in die Substanz seines Mietobjekts unterbleiben, dieses nach Möglichkeit nicht verändert wird (sog. Konservierungsinteresse – BT-Drucks. 19/18791, S. 88), ist dieser Aspekt in jedem streitigen Fall zu berücksichtigen. Dabei geht es auch um die Frage, ob die bauliche Veränderung einen gefahrträchtigen Zustand oder eine baurechtswidrige Situation begründet (BT-Drucks. 19/18791, S. 88). So kann der Vermieter vom Mieter verlangen, dass dieser sämtliche die Gebäudesubstanz tangierenden Arbeiten, durch ein Fachunternehmen ausführen lässt. Das gilt namentlich für Elektroinstallationen sowie Maßnahmen, welche die Statik betreffen (Blank/Börstinghaus, § 554 Rn. 22). **17**

Als besonders problematisch wird die Versorgung von Tiefgaragen mit Ladeinfrastruktur betrachtet. Bei einer einfachen Haushaltssteckdose, wie sie zum Laden von E-Fahrzeugen bislang vielfach verwendet wird, dauert ein Ladevorgang für eine 40 kW-Batterie bei der Leistung von 2,3 bis 3,6 kW ca. acht bis zehn Stunden (Hübner, ZfIR 2020, 37, 39; Blank/Börstinghaus, § 554 Rn. 22). Es werden aber immer leistungsfähigere Batterien entwickelt, die auch eine längere Ladezeit, u. U. von ein bis zwei Tagen benötigen. Dies ist durch eine einfache Steckdose nicht zu gewährleisten. Hängen mehrere Steckdosen an derselben **18**

Sicherung, kann das bei gleichzeitigem Laden von mehreren Fahrzeugen und weiteren elektrischen Geräten in dem Gebäude die Hauptsicherung auslösen und einen totalen Stromausfall bewirken. Auch besteht die Gefahr eines Kabelbrandes (vgl. Hübner, ZfIR 2020, 37, 39 f.). Gerade wenn eine Vielzahl von Stellplätzen mit Ladestationen versorgt werden soll, empfiehlt es sich, vom Hausanschlussraum aus eine besonders leistungsfähige Leitung entlang der Stellplätze in der Tiefgarage wie eine Ringleitung zu verlegen, damit die einzelnen Nutzer dann von dieser Leitung ihre Ladestation mithilfe einer kurzen Stichleitung versorgen können (Hübner, ZfIR 2020, 37, 39; Blank/Börstinghaus, § 554 Rn. 22). U. U. wird auch eine Ertüchtigung des Hausanschlusses sowie die Installation eines Lastmanagementsystems zur Vermeidung von Lastspitzen erforderlich werden (BT-Drucks. 19/18791, S. 89).

19 Hier fragt es sich jedoch, wer die Kosten für solche Arbeiten trägt, wenn lediglich einzelne Mieter ihren Anspruch auf Genehmigung einer Ladestation geltend machen. Solange dies nicht geklärt ist, wird es dem Vermieter nicht zuzumuten sein, einzelnen Mieter die Erlaubnis zur Schaffung von Ladeinfrastruktur zu genehmigen (i.d.S. auch Blank/Börstinghaus, § 554 Rn. 23).

20 Man könnte zwar daran denken, dass der Vermieter in solchen Fällen gehalten ist, das Objekt in eigener Regie nach Maßgabe der §§ 555b ff. BGB zu modernisieren. Allerdings muss er dies zum einen mit Dreimonatsfrist gem. § 555c BGB ankündigen, zum anderen wird er im Hinblick auf die zu erwartende Mieterhöhung mit Widersprüchen (vgl. §§ 555d Abs. 3, 559 Abs. 4 f. BGB) derjenigen Mieter rechnen müssen, die an einer Ladeeinrichtung in keiner Weise interessiert sind. In diesem Fall muss er seinen Duldungsanspruch aus § 555d Abs. 1 BGB prozessual durchsetzen. Es könnte zweifelhaft sein, ob ihm all dies zumutbar ist.

Muss der Vermieter darüber hinaus befürchten, dass andere Bewohner des Anwesens in Anbetracht der baulichen Veränderung ihre Rechte geltend machen, etwa in Gestalt einer Mietminderung, weil in ihr Gebrauchsrecht eingegriffen worden ist, fließt auch dies mit in die Interessenabwägung ein (BT-Drucks. 19/18791, S. 88; Drasdo, WuM 2002, 123, 126 f.; Merson, ZMR 2001, 956, 957).

bb) Rückbauinteresse

21 Neben dem Konservierungsinteresse des Vermieters ist vor allem auch ein etwaiges Rückbaurisiko zu berücksichtigen. Nach Beendigung des Mietverhältnisses ist der Mieter zum Rückbau von baulichen Veränderungen verpflichtet, die er während der Mietzeit vorgenommen hat. Die Rückbaupflicht ist Teil der Rückgabepflicht gem. § 546 Abs. 1 BGB (Schmidt-Futterer/Streyl, § 546 Rn. 44). Sie besteht grundsätzlich auch, wenn der Vermieter der baulichen Veränderung

zugestimmt hat, da sich diese Zustimmung grundsätzlich nur auf die Mietzeit bezieht. Anders kann es sich im Einzelfall verhalten, wenn die Beseitigung der baulichen Veränderung nur mit erheblichem Kostenaufwand möglich ist und sie das Mietobjekt in einen schlechteren Zustand versetzen würde (Schmidt-Futterer/Streyl, § 546 Rn. 44).

Sofern der Mieter seiner Rückbaupflicht nicht nachkommt, kann der Vermie- **22** ter von ihm unter den Voraussetzungen der §§ 280 Abs. 1, 281 BGB Scha-densersatz statt der Leistung verlangen. Ist der Mieter jedoch zahlungsunfähig, bleibt der Vermieter auf den Rückbaukosten »sitzen« (BT-Drucks. 19/18791, S. 88). Gerade bei weitreichenden baulichen Veränderungen ist dem Vermieter ein solches Risiko vielfach nicht zumutbar mit der Folge, dass der Anspruch des Mieters aus § 554 Abs. 1 Satz 1 BGB n.F. nicht ohne Weiteres besteht. An-ders verhält es sich aber, wenn der Mieter dem Vermieter eine Zusatzkaution nach § 554 Abs. 1 Satz 3 BGB n.F. in angemessener Höhe anbietet (s. dazu Rdn. 36 ff.). Damit kann er das Ergebnis der nach Satz 2 der Vorschrift vor-zunehmenden Abwägung unmittelbar zu seinen Gunsten verbessern (Dötsch, ZWE 2020, 215, 225). Angemessen ist eine Kaution, die auf der Grundlage eines vom Mieter beizubringenden Kostenvoranschlags die erwartbaren Rück-baukosten abdeckt, zuzüglich eines Sicherheitszuschlags von max. 10 %.

cc) Absicherungsinteresse, Folgekosten

Beansprucht der Mieter eine Erlaubnis zur Installation von Ladevorrichtungen, **23** so liegt ein essenzielles Interesse des Vermieters in der Übertragung der Verkehrs-sicherungspflichten im Hinblick auf die von einer solchen Anlage ausgehenden Gefahren. Eine Erlaubniserteilung wird daher als unzumutbar anzusehen sein, wenn der Mieter nicht bereit ist, eine Haftpflichtversicherung abzuschließen, die sämtliche aus der Ladeinfrastruktur resultierenden Risiken abdeckt. Im Üb-rigen muss der Mieter die durch künftige Kontrollen und Prüfungen der Anlage entstehenden Folgekosten übernehmen (Dötsch, ZWE 2020, 215, 225). Auch insoweit kann der Vermieter auf eine Vertragsänderung dringen, bevor er die Erlaubnis zum baulichen Eingriff in das Gebäude erteilt.

b) Mieterinteressen

aa) Generelles Veränderungsinteresse

Aufseiten des Mieters ist namentlich sein Interesse an der Durchführung der von **24** ihm erstrebten baulichen Veränderung i. S. d. § 554 Abs. 1 Satz 1 BGB n.F. zu berücksichtigen. Dieses Interesse ist stets beachtenswert; anders als beim gel-tenden § 554a Abs 1 Satz 1 BGB bedarf es keines explizit *berechtigten* Interes-ses (BT-Drucks. 19/18791, S. 89). Demgemäß kann der vom Mieter geltend gemachte Anspruch nicht mit dem Argument zurückgewiesen werden, an der erstrebten baulichen Veränderung bestehe schon per se kein anerkennenswertes Interesse (BT-Drucks. 19/18791, S. 89). Indes ist es denkbar, bei der Bewertung des mieterseitigen Veränderungsinteresses nach den verschiedenen Varianten in § 554 Absatz 1 Satz 1 BGB n.F. zu differenzieren. So kann etwa – bei einem gleichermaßen hohen Konservierungsinteresse des Vermieters – der Bedarf eines gehbehinderten Mieters hinsichtlich eines Treppenlifts schwerer wiegen, als das Interesse am Einbau eines Balkonrolllladens (BT-Drucks. 19/18791, S. 89).

bb) Belange der Allgemeinheit

25   Verlangt der Mieter die Genehmigung zur Errichtung von Ladeinfrastruktur, sollen bei der Bewertung seines Veränderungsinteresses nach der Gesetzesbegründung auch die Belange des Klima- und Umweltschutzes angemessen zu berücksichtigen sein, namentlich die Reduzierung von Treibhausgasen sowie der Schutz vor Luftschadstoffen und verkehrsbedingtem Lärm (BT-Drucks. 19/18791, S. 89). Das erscheint in mehrerlei Hinsicht nicht unproblematisch. Anders als § 554 Abs. 2 Satz 1 Nr. 2 BGB des Diskussionsentwurfs des BMJV zur Förderung von Barrierefreiheit und Elektromobilität im Miet- und Wohnungseigentumsrecht aus dem Jahre 2018 (abrufbar bei https://www.bmjv.de/ SharedDocs/Gesetzgebungsverfahren/Dokumente/Diskussionsentwurf_BMJV_Reform_WEG.pdf;jsessinid=734D80723A36983DDB8A-70CA461BD287.2_cid334?__blob=publicationFile&v=2) finden die Belange des Klimaschutzes in der aktuellen Fassung der Vorschrift gerade keine Erwähnung. Nun könnte man argumentieren, dass bei der Auslegung von zivilrechtlichen Vorschriften schon seit langem verfassungsrechtliche Werte – dazu gehört auch der in Art. 20a GG verankerte Umweltschutzgedanke – über die Generalklauseln des BGB (u. a. § 242 BGB) zu berücksichtigten sind. Allerdings gilt dies nur dort, wo tatsächlich ein Auslegungsbedarf im Hinblick auf verfassungsrechtliche Prinzipien besteht. Und das dürfte bei § 554 Abs. 1 Satz 2 BGB n.F. nicht der Fall sein. Die Vorschrift beinhaltet eine Abwägung allein zwischen den Interessen des veränderungswilligen Mieters und des konservierungsbestrebten Vermieters. Für eine Berücksichtigung des allgemeinen Interesses am Klimaschutz gleichsam als Zünglein an der Waage – frei nach dem Motto: Weil es um Klimaschutz geht, sind die Belange des Vermieters im Zweifel nachrangig – besteht kein Raum.

cc) Modernisierungsaspekt

26   Etwas anderes mag für den Gesichtspunkt der Modernisierung gelten, die das Objekt durch die Ausstattung mit Ladeinfrastruktur erfährt. Eine

Modernisierungsmaßnahme in Gestalt einer Erhöhung des Gebrauchswerts gem. § 555b Nr. 4 BGB liegt nach der Rechtsprechung des BGH (NZM 2008, 283, 284 = ZMR 2008, 519, 520; NZM 2005, 697 f.) regelmäßig vor, wenn der Maßnahme allgemein in den für das Mietobjekt in Betracht kommenden Mieterkreisen eine Wohnwerterhöhung beigemessen wird, sodass der Vermieter damit rechnen kann, dass die Wohnung nach Durchführung der Maßnahme von künftigen Mietinteressenten bei im Übrigen gleichen Konditionen eher angemietet würde – anders gewendet: wenn eine *im Mietmarkt honorierte Wohnwertverbesserung* stattfindet (AG Charlottenburg, GE 2013, 625 = ZMR 2014, 368 Tz. 30). Das ist bei der Ausstattung des Gebäudes mit Ladeinfrastruktur zur Nutzung durch die Mieter regelmäßig der Fall; denn für den durchschnittlichen Mietinteressenten dürfte es hierdurch – nicht zuletzt angesichts drohender Verbote für Diesel- und Verbrennungsmotoren in städtischen Wohngegenden – spürbar an Attraktivität gewinnen. Dies ist im Rahmen der nach § 554 Abs. 1 Satz 2 BGB n.F. vorzunehmenden Interessenabwägung zugunsten des veränderungswilligen Mieters zu bewerten.

Ob diese Grundsätze auch bei der Barrierereduzierung i. S. d. § 554 Abs. 1 **27** Satz 1 BGB n.F. herangezogen werden können (so BT-Drucks. 19/18791, S. 89), erscheint nicht unproblematisch. Denn allein die behindertengerechte Ausgestaltung der Räumlichkeiten, unabhängig von der sonstigen Beschaffenheit des Objekts, dürfte dessen Chancen auf dem Wohnungsmarkt noch nicht verbessern. Die generelle Genehmigungsfähigkeit derartiger baulicher Veränderungen basiert – wie das BVerfG in dem Beschluss vom 28.3.2000 (BVerfG, NZM 2000, 539 = ZMR 2000, 435) klargestellt hat – auf dem verfassungsrechtlich geschützten Besitzrecht des Mieters (Art. 14 Abs. 1 Satz 1 GG) in Verbindung mit dem Benachteiligungsverbot des Art. 3 Abs. 3 Satz 2 GG (BVerfG, NZM 2000, 539 = ZMR 2000, 435). Um dem Geltung zu verschaffen, müssen das eigentumsrechtlich geschützten Konservierungsinteresse des Vermieters und das ebenfalls grundrechtlich geschützte Interesse des Mieters an einer behindertengerechten Nutzung einer Abwägung unterzogen werden (BVerfG, NZM 2000, 539, 540 = ZMR 2000, 435), die nunmehr in § 554 Abs. 1 Satz 2 BGB n.F. explizit geregelt ist.

ee) Ausstattungszustand des Mietobjekts

Das Veränderungsinteresse des Mieters hängt insbesondere auch von seiner in- **28** dividuellen Situation und dem Ausstattungszustand des Mietobjekts ab. Verfügt dieses bereits eine Lademöglichkeit, muss sich der Mieter zunächst einmal mit dieser zufriedengeben, jedenfalls solange sie funktionsfähig ist. Zwar soll er nach der Gesetzesbegründung grundsätzlich auch die Zustimmung zum Einbau einer neuen, technisch besseren Lademöglichkeit verlangen können

(BT-Drucks. 19/18791, S. 89). Doch dürfte dies nur in Betracht kommen, wenn die neue Einrichtung eine vor allem in zeitlicher Hinsicht deutlich intensivere Ladeleistung verspricht und die vorhandene Einrichtung im Wesentlichen als überholt anzusehen ist. Jedenfalls ist das Veränderungsinteresse des Mieters im Falle einer bereits vorhandenen Lademöglichkeit deutlich geringer als wenn eine solche überhaupt noch nicht besteht (BVerfG, NZM 2000, 539, 540 = ZMR 2000, 435).

ff) Modernisierung durch Vermieter

29   Im Übrigen entfällt das Veränderungsinteresse des Mieters, wenn der Vermieter oder – bei einer vermieteten Eigentumswohnung – die Gemeinschaft der Wohnungseigentümer (§ 9a WEG n.F.) die vom Mieter gewünschte bauliche Veränderung ausführt. Maßgebend ist dabei, ob der Vermieter eine Fertigstellung innerhalb einer dem Mieter zumutbaren Frist zusagt und keine begründeten Zweifel daran bestehen, dass er diese Zusage erfüllen wird (BT-Drucks. 19/18791 S. 89). Leider hat der Gesetzgeber davon abgesehen, für diese Fallgestaltung eine klare Regelung zu treffen, wie sie noch im Diskussionsentwurf des BMJV zur Förderung von Barrierefreiheit und Elektromobilität im Miet- und Wohnungseigentumsrecht aus dem Jahre 2018 (s. o. bei Rdn. 25) enthalten war. In der Praxis wird sich der Streit aller Voraussicht nach daran entzünden, dass der Mieter die Angaben seines Vermieters in Zweifel zieht und eine zeitnahe Fertigstellung der Ladeeinrichtung bestreitet. Es wird dann Sache des Vermieters sein, die für eine ansatzweise realistische Prognose erforderlichen Tatsachen vorzutragen. Das könnte durch Vorlage des schriftlichen Vertrags mit dem beauftragten Bauunternehmen geschehen, sofern darin zeitliche Vorgaben enthalten sind. Ist der Baubeginn bereits erfolgt und hält sich das Volumen der Arbeiten in Grenzen, dürfte einiges dafür sprechen, dass eine Fertigstellung in absehbarer Zeit gelingen wird.

30   Eine weitere Frage ist, welcher Zeitraum für die Ausführung der Arbeiten noch *angemessen* ist. Der Diskussionsentwurf des BMJV zur Förderung von Barrierefreiheit und Elektromobilität im Miet- und Wohnungseigentumsrecht (s. o. Rdn. 25) sah vor, dass der Vermieter im Falle einer Versagung der Erlaubnis *unverzüglich* eigene Aktivitäten zur Installation von Ladevorrichtungen entfalten muss. Unverzüglich bedeutet gem. § 121 Abs. 1 Satz 1 BGB »ohne schuldhaftes Zögern«. Das ist keineswegs sofort; von einem schuldhaften Zögern kann nur ausgegangen werden, wenn das Zuwarten nicht durch die Umstände des Falles geboten ist. Das Kriterium soll sicherstellen, dass in jedem Einzelfall unter Berücksichtigung der Interessen beider Parteien ermittelt werden kann, wann ein Handeln möglich und zumutbar ist (MüKo-BGB/*Armbrüster*, § 121 Rn. 7). Deshalb sollte es auch im Rahmen der nach § 554 Abs. 1 Satz 2

BGB n.F. jetzt vorgesehenen Interessenabwägung im Falle einer vom Vermieter avisierten Eigeninitiative herangezogen werden (i.d.S. auch *Dötsch*, ZWE 2020, 215, 225).

Sofern sich die Parteien darüber verständigen, dass der Vermieter die mieterseits 31 erstrebte bauliche Veränderung i.S.v. § 554 Abs. 1 Satz 1 BGB n.F. durchführt, können sie gem. § 555f Nr. 3 BGB auch eine Vereinbarung über die Kostentragung treffen. Anderenfalls kann der Vermieter die Kosten im Wege einer Modernisierungsmieterhöhung nach § 559 BGB geltend machen, sofern es sich bei der durchgeführten Maßnahme um eine Modernisierung i. S. d. § 555b Nr. 1, 3, 4, 5 und 6 BGB handelt. Nach der hier vertretenen Ansicht ist dies bei einer behindertengerechten Ausgestaltung der Räumlichkeiten nicht ohne Weiteres der Fall (s. o. bei Rdn. 27). Voraussetzung für eine Modernisierungsmieterhöhung gem. § 559 BGB ist allerdings, dass der Vermieter Bauherr ist. Das ist anzunehmen, wenn er die Baumaßnahme im eigenen Namen und auf eigene Rechnung durchführt (Blank/Börstinghaus, § 559 Rn. 9). Ist der Vermieter Miteigentümer in einer Wohnungseigentümergemeinschaft, die den Bauauftrag erteilt hat, wird er jedenfalls als Bauherr angesehen, wenn er die Maßnahme dem Mieter ordnungsgemäß nach § 555c BGB angekündigt hat (Schmidt-Futterer/Börstinghaus § 30; NK/Scheff, § 559 Rn. 7; zurückhaltender BeckOGK/Schindler, § 559 Rn. 34).

Teilweise wird die Auffassung vertreten, der Vermieter könne die Kosten der 32 Eigenvornahme entsprechend § 670 BGB vollständig und ohne den Umweg über eine Modernisierungsmieterhöhung an den Mieter »durchreichen« (i.d.S. aber Dötsch, ZMR 2019, 741, 746; ders., ZWE 2020, 215, 225 f.). Das erscheint jedoch zweifelhaft. Führt der Vermieter die Arbeiten in der Befürchtung mangelnder Kompetenz des Mieters oder der von diesem eingeschalteten Handwerker selbst aus, so handelt es sich im Zweifel um ein eigenes Modernisierungsvorhaben. Eine Kostenumlage auf den Mieter erfolgt ausschließlich nach § 559 ff. BGB. Ist dem Vermieter dies zu mühsam, muss er versuchen, mit seinem Mieter eine Modernisierungsvereinbarung gem. § 555f BGB zu treffen.

Führt der Vermieter Arbeiten am Gebäude durch, die mehreren Mietern die 33 Errichtung von Ladestationen ermöglichen, etwa eine Ertüchtigung des Hausanschlusses, die Verlegung von Starkstromkabeln oder den Einbau eines Lastmanagementsystems zur Vermeidung von Lastspitzen, kann er die Kosten nach § 559 Abs. 3 BGB auf alle Mieter verteilen (BT-Drucks. 19/18791, S. 89).

gg) Vermietetes Wohnungseigentum

Handelt es sich bei dem Mietobjekt um eine Eigentumswohnung, kann der 34 Mieter auch eine nach § 554 Abs. 1 Satz 1 BGB n.F. privilegierte bauliche

Veränderung erst durchführen, wenn die Wohnungseigentümer den nach § 20 Abs. 2 Satz 2 WEG n.F. erforderlichen Beschluss gefasst haben. Bis dahin kann der Vermieter unter Hinweis auf die Problematik die vom Mieter eingeforderte Erlaubnis zurückhalten. Solange es an einer bestandskräftigen Beschlusslage fehlt, ist dem Vermieter die Erteilung der Erlaubnis unzumutbar (BT-Drucks. 19/18791, S. 89). Sollte nämlich eine vom Vermieter bereits erlaubte bauliche Veränderung am Widerstand in der Gemeinschaft der Wohnungseigentümer (§ 9a WEG n.F.) scheitern, würden dies Mängelgewährleistungsrechte des Mieters nach §§ 536 ff. BGB auslösen. Keinesfalls ist der Mieter indes berechtigt, in das Gemeinschaftseigentum einzugreifen, bevor eine dies gestattende Beschlusslage vorliegt (BT-Drucks. 19/18791, S. 90).

35 Fraglich erscheint, welche Anstrengungen dem Vermieter abzuverlangen sind, um die Gestattung der Wohnungseigentümergemeinschaft für die vom Mieter erstrebte bauliche Veränderung zu erhalten. Da ihm § 20 Abs. 2 Satz 1 WEG n.F. einen Anspruch auf Vornahme der dort aufgeführten baulichen Veränderungen zuerkennt, spricht einiges dafür, dass er diesen auch im Interesse seines Mieters durchsetzt – notfalls auch prozessual. Insoweit steht ihm die Beschlussersetzungsklage nach § 44 Abs. 1 Satz 2 WEG n.F. zur Verfügung. Letztlich ist das nichts Neues, denn schon nach bisherigem Recht war der von seinem Mieter auf Mängelbeseitigung in Anspruch genommene Wohnungseigentümer verpflichtet, die erforderlichen Maßnahmen gegenüber den anderen Wohnungseigentümern durchzusetzen (BGH, NZM 2005, 820, 821 = ZMR 2005, 935).

Beschließen die Wohnungseigentümer eine Ausführung der privilegierten baulichen Veränderung durch die Gemeinschaft auf Kosten des vermietenden Wohnungseigentümers, kann dieser die Beschlussfassung dem Anspruch des Mieters auf Selbstvornahme entgegenhalten. Auch hier kann er unter den Voraussetzungen des § 559 BGB eine Modernisierungsmieterhöhung geltend machen. Im Übrigen kommt eine Vereinbarung nach § 555f Nr. 3 BGB in Betracht.

6. Zusätzliche Kautionsleistung

a) Leistungspflicht des Mieters?

36 Nach § 554 Abs. 1 Satz 3 Teilsatz 1 BGB n.F. kann sich der Mieter im Zusammenhang mit der baulichen Veränderung zur Leistung einer besonderen Sicherheit verpflichten. Die Parteien können also anlässlich eines vom Vermieter genehmigten privilegierten Bauvorhabens vereinbaren, dass der Mieter eine Sonderkaution erbringt. Damit beinhaltet die Vorschrift eine Durchbrechung der in § 551 Abs. 1 und 4 BGB festgeschriebenen Kautionshöchstgrenze von drei monatlichen Nettomietbeträgen bei der Wohnraummiete. Sinn und Zweck

der Regelung ist es, dem Vermieter die Absicherung des Rückbaurisikos durch eine entsprechende Verpflichtung des Mieters zu ermöglichen (BT-Drucks. 19/18791, S. 90). Haben die Parteien eine solche Zusatzkaution vereinbart, gilt § 551 Abs. 3 BGB entsprechend. Demgemäß muss der Vermieter die Kautionssumme treuhänderisch auf einem Sonderkonto verzinslich anlegen.

Anders als nach dem vormaligen § 554a Abs. 2 BGB ist der Vermieter nach **37** § 554 Abs. 1 Satz 3 BGB n.F. nicht generell berechtigt, seine Erlaubnis zur Durchführung von Umbaumaßnahmen »von der Leistung einer angemessenen zusätzlichen Sicherheit für die Wiederherstellung des ursprünglichen Zustandes abhängig [zu] machen«. Die neue Vorschrift statuiert – zumindest ihrem Wortlaut nach – lediglich die Möglichkeit des Mieters, »sich im Zusammenhang mit der baulichen Veränderung zur Leistung einer besonderen Sicherheit [zu] verpflichten«. Damit stellt sie zunächst einmal klar, dass die Höchstbetragsgrenze des § 551 Abs. 1 und 4 BGB der Vereinbarung einer Zusatzkaution nicht entgegensteht (BT-Drucks. 19/18791, S. 90; Hinz, ZMR 2020. 374, 381). Ob der Vermieter hingegen berechtigt ist, die vom Mieter geforderte Erlaubniserteilung von der Leistung einer Zusatzkaution abhängig zu machen, bestimmt sich nach den Umständen des Einzelfalls im Rahmen der nach § 554 Abs. 1 Satz 2 BGB n.F. vorgesehenen Interessenabwägung (weitergehend wohl Blank/ Börstinghaus, § 554 Rn. 27).

Verlangt der Mieter die Erlaubnis zu weitreichenden und in die Substanz des Gebäudes eingreifenden Maßnahmen zwecks behindertengerechter Ausgestaltung seiner Wohnung, erscheint es regelmäßig geboten, dass der Vermieter seine Zustimmung von einer angemessenen Sicherheitsleistung abhängig machen darf. Diese dient hier vor allem der Absicherung des Rückbaurisikos. Aber auch bei Maßnahmen, die dem Laden elektrisch betriebener Fahrzeuge dienen, dürfte der Mieter – bei entsprechendem Verlangen seines Vertragspartners – nicht umhinkommen, eine zusätzliche Sicherheit in angemessener Höhe zu stellen. Sofern Rückbauansprüche des Vermieters hier nicht bestehen (s. dazu unten bei Rdn. 53), kann die Zusatzkaution vor allem das Beschädigungsrisiko absichern, das einerseits infolge des Eingriffs in die Gebäudesubstanz, den z. B. die Verlegung von zusätzlichen Kabeln und gegebenenfalls die Ertüchtigung des Hausanschlusses erfordern, andererseits aber auch durch die erhöhte Gefahr von Kurzschlüssen und Kabelbränden, z. B. infolge einer Überlastung des Hausnetzes, entsteht (Burgmair, ZWE 2018, 237, 238; Hinz, ZMR 2020. 374, 381).

Verlangt der Mieter indes eine Erlaubnis für Maßnahmen zum Einbruchs- **38** schutz, könnte man sich durchaus die Frage stellen, ob der Vermieter hier eine Zusatzkaution verlangen kann. Das wird jedenfalls dann nicht der Fall sein, wenn Rückbauansprüche des Vermieters wegen des durch die bauliche

Veränderung verbesserten Ausstattungsstandards ohnehin ausscheiden (s. dazu unter Rdn. 53). Geht es nur noch um das Beschädigungsrisiko im Hinblick auf die Installation von Einbruchsschutzeinrichtungen, wird in den meisten Fällen wohl eine Haftpflichtversicherung des Mieters, die solche Schäden umfasst, ausreichen. Erfordern die einbruchsschützenden Maßnahmen indes weitreichende Eingriffe in die Gebäudesubstanz, wird der Vermieter auch hier eine Zusatzkaution fordern können.

b) Reichweite der Regelung

39　Es werden sich bei der Zusatzkaution gem. § 554 Abs. 1 Satz 3 BGB n.F. wohl dieselben Rechtsfragen stellen wie bei § 554a Abs. 2 BGB a.F. Fraglich ist zunächst auch bei der neuen Vorschrift, ob sie für Kautionsleistungen, die über die Höchstgrenze des § 551 Abs. 1 BGB hinausgehen, eine abschließende Regelung bildet (s. zu § 554a BGB a.F. MietPrax/Hinz, F. 1 Rn. 663). Möglicherweise könnte man dem § 554 Abs. 1 Satz 3 BGB n.F. im Umkehrschluss entnehmen, dass eine Zusatzkaution allein in den dortigen Fallgestaltungen in Betracht kommt (so etwa Lammel, § 551 Rn. 21). Indes wird es nicht die Intention des Gesetzgebers gewesen sein, die Zulässigkeit einer über die Grenze des § 551 Abs. 1 BGB hinausgehenden Kaution abschließend zu regeln. In § 554 Abs. 1 Satz 3 BGB n.F. wollte er offensichtlich nur klarstellen, dass die Höchstgrenze in den Fällen privilegierter baulicher Veränderungen i.S.v. Satz 1 der Vorschrift einer zusätzlichen Kautionsleistung nicht entgegensteht. Ob der Vermieter eine solche fordern kann, ist ohnehin eine Frage der Interessenabwägung.

40　Nach einer im Schrifttum vertretenen Auffassung (Börstinghaus, NZM 2008, 558, 661 ff., ders. in: FS Blank, S. 77, 87 ff.) beschränkt § 551 Abs. 1 BGB den Kautionsanspruch ohnehin nur für solche Risiken, die bei Abschluss des Mietvertrags üblicherweise bestehen. Hingegen soll die Vorschrift Sicherheitsleistungen für bauliche Veränderungen, welche die Vertragsparteien erst nach Überlassung der Mietsache vereinbart haben und deren Rückbau abgesichert werden soll, gar nicht umfassen. Den Parteien stehe es frei, die ursprüngliche Vereinbarung, welche die wechselseitigen Rechte und Pflichten und damit auch das Haftungsrisiko festlege, nachträglich zu verändern.

41　Andererseits soll die bei Vertragsschluss vereinbarte und in der Höhe beschränkte Mietsicherheit grundsätzlich jedes sich im Laufe der Mietzeit einstellende Haftungsrisiko abdecken (vgl. BGH, WuM 2003, 495, 496 = ZMR 2003, 729, 731). Eine zusätzliche, die Höchstgrenze des § 551 Abs. 1 BGB übersteigende Sicherheit kann somit nur in Betracht kommen, wenn es (1.) um die Absicherung baulicher Maßnahmen des Mieters geht, die in erheblicher Weise in die Gebäudesubstanz eingreifen und (2.) bei Vertragsschluss unter keinen

Umständen vorhersehbar waren. Hier kann der Vermieter die Zustimmung zu der baulichen Veränderung von einer angemessenen zusätzlichen Sicherheit für die Wiederherstellung des ursprünglichen Zustands abhängig machen (vgl. auch Börstinghaus, NZM 2008, 258, 262; ders. in: FS Blank, S. 77, 88 ff.).

c) Modalitäten

Fraglich ist, wer die Art der zusätzlichen Sicherheitsleistung bestimmen darf, **42** wenn die Parteien darüber keine Vereinbarung getroffen haben. Die Regelung in § 232 BGB könnte dafür sprechen, dass dem Mieter ein Wahlrecht (§ 262 BGB) hinsichtlich der dort genannten Sicherheiten zusteht (vgl. MüKo-BGB/Grothe, § 232 Rn. 2). Das würde bedeuten, dass er auch zur Stellung eines nach Maßgabe des § 239 BGB tauglichen Bürgen berechtigt ist, soweit er die Sicherheit in der nach § 239 Abs. 1 BGB genannten Weise nicht erbringen kann. Allerdings stellt (auch die selbstschuldnerische) Bürgschaft gegenüber der Barkaution die geringwertigere Sicherheit dar (MietPrax/Hinz, F. 1 Rn. 780). Insofern spricht vieles dafür, dem Vermieter hinsichtlich der Art der Sicherheit ein Bestimmungsrecht gem. §§ 315, 316 BGB nach billigem Ermessen einzuräumen. Dabei wird sich das Ermessen des Vermieters von Wohnraum regelmäßig auf die üblicherweise geleistete Barkaution reduzieren. Jedenfalls wäre es treuwidrig, vom Mieter die kostenaufwendige Erbringung einer Bankbürgschaft zu verlangen, wenn dieser zur Leistung einer Barkaution bereit wäre.

Sofern die Parteien anlässlich einer baulichen Veränderung eine zusätzliche Si- **43** cherheitsleistung nach § 554 Abs. 1 Satz 1 BGB n.F. vereinbart haben, hat diese vor Beginn der Arbeiten in einem Stück zu erfolgen; ein Recht auf Teilzahlung gem. § 551 Abs. 2 BGB besteht nicht (Blank/Börstinghaus, § 554 Rn. 30). § 554 Abs. 1 Satz 3 BGB n.F. verweist ausdrücklich nur auf § 551 Abs. 3 BGB.

Angemessen ist eine Zusatzsicherheit, wenn sie die Höhe der voraussichtlichen **44** Rückbaukosten einschließlich der Kosten der Entsorgung der ausgebauten Materialien abdeckt (Blank/Börstinghaus, § 554 Rn. 30). Diese können durch den Kostenvoranschlag eines Fachbetriebs oder die Schätzung eines Sachverständigen belegt werden (Geldmacher, DWW 2001, 178, 183). Ein Sicherheitszuschlag im Hinblick auf etwaige Kostensteigerungen mag bei langandauernden Mietverhältnissen erwogen werden. Er wird max. 10 % betragen (Blank/Börstinghaus, § 554 Rn. 30). Eine nachträgliche Erhöhung der Sicherheit kommt nicht in Betracht (Blank/Börstinghaus, § 554 Rn. 30; a. A. Drasdo, WuM 2002, 123, 127).

d) Verwertung

45 Die Zusatzsicherheit darf ihrem Sinn und Zweck nach ausschließlich zur Abdeckung des Rückbaurisikos, nicht hingegen für andere Forderungen, z. B. wegen unterlassener Schönheitsreparaturen verwendet werden. Dies folgt bereits aus ihrer aufgrund der Kautionsabrede bestehenden *Zweckbindung* im Hinblick auf die zu sichernden Forderungen (BGH, WuM 2012, 502, 503 = ZMR 2012, 855; Blank/Börstinghaus, § 554 Rn. 34). Diese endet nicht bereits dann, wenn der Vermieter die Kaution nicht mehr für die gesicherten Ansprüche benötigt, sondern erst mit der Rückgewähr der Kaution an den Mieter (BGH, a. a. O.). Die Gegenansicht (Sternel, ZMR 2002, 1 f.), nach der der Rückforderungsanspruch des Mieters keiner Zweckbindung unterliegen soll, dürfte mit Blick auf die vorzitierte BGH-Entscheidung überholt sein.

7. Abweichende Vereinbarungen

46 Bestimmungen, die zum Nachteil des Mieters von den Vorschriften in § 554 Abs. 1 BGB n.F. abweichen, sind nach Abs. 2 der Vorschrift unwirksam. Unzulässig sind insbesondere Vereinbarungen, die eine Erlaubnis des Vermieters zur Durchführung der in § 554 Abs. 1 Satz 1 BGB n.F. aufgeführten privilegierten baulichen Veränderungen von vornherein ausschließen oder die Anforderungen dafür, etwa durch eine Verkürzung der Interessenabwägung, erschweren (BT-Drucks. 19/18791 S. 90). Auch Vereinbarungen, die den Erlaubnisanspruch des Mieters an eine obligatorische Kautionsleistung durch den Mieter koppeln, sind unwirksam. Gleiches gilt für einen Ausschluss der vermieterseitigen Pflicht zur treuhänderischen und verzinslichen Anlage der Kaution nach § 554 Abs. 1 Satz 3 Teilsatz 2 BGB n.F. i.V.m. § 551 Abs. 3 Satz 1 BGB (BT-Drucks. 19/18791 S. 90; Blank/Börstinghaus, § 554 Rn. 36).

8. Beweislast

47 Der Mieter trägt die Darlegungs- und Beweislast für die Voraussetzungen einer Erlaubniserteilung nach § 554 Abs. 1 Satz 1 BGB n.F. Hingegen trägt jede Partei die Darlegungs- und Beweislast für diejenigen Umstände, die jeweils zu ihren Gunsten in die Interessenabwägung einfließen sollen (BT-Drucks. 19/18791 S. 88; Blank/Börstinghaus, § 554 Rn. 21). Die Beweislast für die Angemessenheit der (geforderten) Mietsicherheit trägt der Vermieter (Blank/Börstinghaus, § 554 Rn. 33; Schmidt-Futterer/Eisenschmid, § 554a Rn. 62; BeckOGK/Schepers, § 554a Rn. 52).

9. Prozessuales

a) Klage des Mieters

Erteilt der Vermieter dem Mieter nicht die geforderte Erlaubnis, so muss dieser 48 sie klageweise geltend machen. Keinesfalls darf der Mieter ohne entsprechende Erlaubnis mit den Arbeiten beginnen. Die vom Mieter anzustrengende Klage muss auf *Abgabe einer Willenserklärung* gerichtet sein, nicht hingegen auf Duldung der erstrebten baulichen Veränderung. Die vom Vermieter eingeforderte Willenserklärung muss der Mieter so konkret bezeichnen, dass der Vermieter nur zuzustimmen braucht. Das bedeutet, dass er die beabsichtigten baulichen Veränderungen nach Art und Umfang so exakt wie möglich beschreiben muss. Sofern er dazu infolge mangelnden Sachverstands nicht in der Lage ist, wird er wohl nicht umhinkommen, einen detaillierten Bauplan eines Fachunternehmens vorzulegen (Blank/Börstinghaus, § 554 Rn. 41). Das wird insbesondere dann geboten sein, wenn – etwa zur Verlegung von Starkstromkabeln – erheblich Arbeiten an der Gebäudesubstanz erforderlich sind. Die vom Vermieter geforderte Willenserklärung gilt gem. § 894 ZPO (erst) mit Rechtskraft des Urteils als abgegeben.

Fortan muss der Vermieter die Durchführung der Arbeiten durch den Mieter, 49 die diesem jetzt vertraglich zugebilligt sind, dulden. Allerdings darf der Mieter diese nach wie vor nicht einfach ausführen. Verweigert der Vermieter die *Duldung*, muss der Mieter zunächst noch einen Duldungstitel erwirken (Blank/Börstinghaus, § 554 Rn. 42; BeckOGK/Schepers, § 554a Rn. 56).

b) Besonderheiten bei vermietetem Wohnungseigentum

Lehnt die Gemeinschaft der Wohnungseigentümer die Durchführung der 50 Arbeiten am Gemeinschaftseigentum im Beschlusswege nach § 20 Abs. 2 Satz 2 WEG n.F. ab, muss der vermietenden Miteigentümer zunächst mithilfe der *Anfechtungsklage* gem. §§ 44 Abs. 1 Satz 1 Alt. 1, 45 WEG n.F. eine gerichtliche Ungültigkeit des ergangenen Negativbeschluss erwirken, da dieser anderenfalls in Bestandskraft erwächst (vgl. § 23 Abs. 4 Satz 2 WEG). Er kann die Anfechtungsklage aber sogleich mit einer *Beschlussersetzungsklage* gem. § 44 Abs. 1 Satz 2 WEG n.F. kombinieren, was empfehlenswert ist, zumal ihm gem. § 20 Abs. 1 Satz 1 WEG n.F. ein gesetzlicher Anspruch auf die darin enumerierten baulichen Veränderungen in angemessenem Umfang zusteht.

Wird der vermietende Wohnungseigentümer von seinem Mieter klageweise 51 auf Erlaubniserteilung in Anspruch genommen und muss er befürchten, dass die Gemeinschaft der Wohnungseigentümer die erforderliche Durchführung von baulichen Veränderungen am Gemeinschaftseigentum ablehnt, kann er dieser nach Maßgabe der §§ 72 ff. ZPO den Streit verkünden (Dötsch, ZMR 2019, 741, 746). Dann kommt ihm die Interventionswirkung der §§ 68, 74 ZPO zugute. Das nach § 72 Abs. 1 ZPO erforderliche Abhängigkeitsverhältnis (s. dazu BeckOK-ZPO/Dressler, § 72 Rn. 7; Zöller/Vollkommer, § 72 Rn. 4) zwischen den Ansprüchen des Mieters gegen den Vermieter einerseits und diesem gegen die Gemeinschaft der Wohnungseigentümer andererseits besteht darin, dass der Vermieter sich auf die Unzumutbarkeit der Erlaubniserteilung nach § 554 Abs. 1 Satz 2 BGB n.F. berufen darf, wenn ein Anspruch gegen die Gemeinschaft auf Vornahme der baulichen Veränderung, die zur Erfüllung des mieterseitigen Verlangens erforderlich wäre, nicht gegeben ist.

52   Nach verbreiteter Ansicht kann der Wohnungseigentümer seinen Mieter zur Klageerhebung gegen die Gemeinschaft der Wohnungseigentümer im Wege einer gewillkürten *Prozessstandschaft* ermächtigen (Schmidt-Futterer/Eisenschmid, § 554a Rn. 71; BeckOGK/Schepers, § 554a Rn. 57; Dötsch, ZMR 2019, 741, 746). Das erscheint nicht unproblematisch, denn klagebefugt ist bei der Anfechtungsklage gem. § 44 Abs. 1 WEG n.F. ausschließlich der Wohnungseigentümer. Ob dieses Postulat mittels einer gewillkürten Prozessstandschaft umgangen werden darf, wird zu diskutieren sein. Einer Abtretung der gegen die Wohnungseigentümergemeinschaft gerichteten Ansprüche aus § 20 Abs. 2 S. 1 WEG n.F. an den Mieter steht jedenfalls im Hinblick auf deren höchstpersönlichen Charakter § 399 BGB entgegen (so zutr. NK/Riecke, § 554a Rn. 42; tendenziell auch Dötsch, ZMR 2019, 741, 746).

10. Rückbau/Abwicklung

a) Umfang der Rückbaupflicht

53   Ein Anspruch des Vermieters gegen den Mieter auf Rückbau der während der Mietzeit durchgeführten baulichen Veränderungen resultiert aus § 546 Abs. 1 BGB. Die Rückbaupflicht ist Teil der Räumungspflicht (BeckOGK/Zehelein, § 546 Rn. 70 ff.; Schmidt-Futterer/Streyl, § 546 Rn. 44; Blank/Börstinghaus, § 546 Rn. 30). Es stellt sich aber die Frage, ob einem etwaigen Rückbauverlangen des Vermieters im Falle einer privilegierten baulichen Veränderung der Grundsatz von Treu und Glauben (§ 242 BGB) entgegensteht. Die Gesetzesbegründung nimmt dies für Maßnahmen zur Förderung der E-Mobilität an (BT-Drucks 19/18791, S. 87). Der Diskussionsentwurf des BMJV zur Förderung von Barrierefreiheit und Elektromobilität im Miet- und Wohnungseigentumsrecht aus dem Jahre 2018 (s. o. Rdn. 25) hatte in dem dortigen § 554 Abs. 3 BGB-E einen Anspruch des Vermieters auf Wiederherstellung des ursprünglichen Zustands explizit ausgeschlossen. Das wäre sicher sachgerecht gewesen. Nunmehr bedarf es in jedem Einzelfall einer Prüfung, ob sich das

Rückbauverlangen des Vermieters als treuwidrig erweist. Das ist nach der hier vertretenen Aufassung der Fall, wenn es sich bei der nach § 554 Abs. 1 Satz 1 BGB n.F. legitimierten baulichen Veränderung zugleich um eine Modernisierung gem. § 555b Nr. 4 BGB in Gestalt einer im Mietmarkt honorierten Wohnwertverbesserung handelt (s. o. bei Rdn. 26). Das dürfte bei Maßnahmen zur Förderung der E-Mobilität und des Einbruchschutzes regelmäßig der Fall sein. Bei baulichen Veränderungen zur behindertengerechten Ausgestaltung des Mietobjekts wird es auf die Umstände des Einzelfalls ankommen. Wenngleich solche Maßnahmen bei objektiver Betrachtung regelmäßig sinnvoll sein werden, sind sie auf dem Wohnungsmarkt vielfach nicht von Relevanz. Dann aber muss sich der Vermieter nach Beendigung des Mietverhältnisses derartige bauliche Veränderungen seines Mietobjekts nicht aufdrängen lassen.

b) Wegnahmerecht

Hinsichtlich der Wallbox bzw. der Ladesäule steht dem Mieter regelmäßig ein **54** Wegnahmerecht gem. § 539 Abs. 2 BGB zu. Das gilt unabhängig davon, ob diese Gegenstände fest mit dem Grundstück oder Gebäude verbunden sind, im Zweifel wird es sich bei ihnen um Scheinbestandteile i. S. d. § 95 BGB handeln (Dötsch, ZWE 2020, 215, 225; BeckOGK/J. Emmerich, § 539 Rn. 35). Allerdings kann der Vermieter die Ausübung des Wegnahmerechts nach § 552 Abs. 1 BGB »durch Zahlung einer angemessenen Entschädigung abwenden […], wenn nicht der Mieter ein berechtigtes Interesse an der Wegnahme hat.«

Hinsichtlich der in dem Gebäude sowie auf dem Grundstück verlegten Stark- **55** stromleitung sowie etwaiger Zusatzeinrichtungen zur Ertüchtigung des Hausanschlusses besteht indes kein Wegnahmerecht gem. § 539 Abs. 2 BGB. Dieses setzt, wie sich mittelbar aus § 258 BGB ergibt, den Besitz des Mieters an der wegzunehmenden Einrichtung voraus (MüKo-BGB/Bieber, § 539 Rn. 18), woran es bei den verlegten Kabeln und den Verstärkungen des Hausanschlusses regelmäßig fehlen wird.

c) Aufwendungsersatz

Dem Mieter könnte allerdings ein Aufwendungsersatzanspruch aus § 539 **56** Abs. 1 BGB zustehen. Hier werden sich in der Praxis aller Voraussicht nach Kontroversen einstellen (s. auch Dötsch, ZWE 2020, 215, 225). Im Fokus wird die Frage stehen, ob die Übernahme der Geschäftsführung dem Interesse und dem wirklichen oder dem mutmaßlichen Willen des Vermieters entspricht; nur dann hätte der Mieter einen Anspruch auf Aufwendungsersatz nach §§ 677, 683 S. 1, 670 BGB. Anderenfalls wird ihm lediglich ein Bereicherungsausgleich gem. §§ 684 S. 1, 812 BGB zuteil.

II. Betriebskostenverteilung bei vermietetem Wohnungseigentum

1. Grundsätzliches

a) Ausgangslage

57 Die Jahresabrechnung der Gemeinschaft der Wohnungseigentümer (§ 28 WEG n.F.) gehorcht gänzlich anderen Grundsätzen als die mietrechtliche Betriebskostenabrechnung (§ 556 Abs. 3 BGB). Auch nach neuem Recht handelt es sich bei der Jahresabrechnung um eine Einnahmen-/Ausgaben-Überschussabrechnung (s. oben Becker, § 7 Rdn. 31). Lediglich die Heizkosten sind gem. § 6 ff. HeizkV zwingend nach dem in der Abrechnungsperiode erfolgten tatsächlichen Verbrauch zu verteilen (BGH, WuM 2012, 222 = ZMR 2012, 372). Demgegenüber wird die mietrechtliche Betriebskostenabrechnung meistens als Leistungsabrechnung präsentiert, wenngleich der BGH dem Vermieter – außer wiederum bei den Heizkosten – auch eine Abrechnung nach dem Abflussprinzip gestattet (BGH, NZM 2008, 277 = ZMR 2008, 444; WuM 2012, 143 = ZMR 2012, 341).

Im Übrigen erfolgt die Umlage der Kosten – somit auch der Betriebskosten – in der Jahresabrechnung grundsätzlich nach Miteigentumsanteilen (vgl. § 16 Abs. 2 Satz 1 WEG n.F.), während im Mietrecht der Flächenmaßstab als gesetzlicher (aber disponibler) Verteilungsschlüssel gilt (vgl. § 556a Abs. 1 Satz 1 BGB).

b) Neue Vorschrift

58 § 556a Abs. 3 BGB n.F. soll nunmehr im Hinblick auf die Betriebskostenabrechnung eine Harmonisierung von Miet- und Wohnungseigentumsrecht bewirken (BT-Drucks. 19/18791 S. 29). Bei vermieteten Eigentumswohnungen ist künftig die wohnungseigentumsrechtliche Verteilung maßgebend. Dadurch sollen aufwendige und fehleranfällige Umrechnungen bei der Erstellung der mietrechtlichen Betriebskostenabrechnung vermieden werden (BT-Drucks. 19/18791 S. 29).

59 Sofern es sich bei dem Mietobjekt um eine Eigentumswohnung handelt und die Vertragsparteien nichts anderes vereinbart haben, sind die Betriebskosten gem. § 556a Abs. 3 Satz 1 BGB n.F. abweichend von den Maßstäben in Absatz 1 der Vorschrift nach dem für die Wohnungseigentümer geltenden Maßstab umzulegen. Nur wenn der wohnungseigentumsrechtliche Maßstab billigem Ermessen widerspricht, soll die Kostenverteilung nach § 556a Abs. 1 BGB erfolgen.

c) Anwendungsbereich; Rechtsübergang

§ 556a Abs. 3 BGB n.F. gilt lediglich bei Wohnraummietverhältnissen ein- 60
schließlich der »ungeschützten« Mietverhältnisse nach § 549 Abs. 2 und 3 BGB.
Bei Gewerberaummietverhältnissen über Teileigentum (§ 1 Abs. 3 WEG) findet sie keine Anwendung, wie der Umkehrschluss des § 578 BGB n.F. belegt.

Da eine spezielle Übergangsvorschrift nicht existiert, ist § 556a Abs. 3 61
BGB n.F. mit dem Tag des Inkrafttretens des WEMoG – also ab dem
1.12.2020 – auch bei Bestandsmietverträgen anzuwenden. Dies wird aus dem
Art. 171 EGBGB immanenten Rechtsgedanken hergeleitet (s. oben bei Rdn. 4).
Es bedarf allerdings stets der Prüfung, ob die Parteien im (Alt-)Mietvertrag eine
anderweitige Umlagevereinbarung getroffen haben (s. dazu bei Rdn. 67).

Unklar ist, ob § 556a Abs. 3 BGB n.F. auch für Abrechnungszeiträume gilt, die 62
vor dem 1.12.2020 ganz oder teilweise abgelaufen sind. Meist wird über die Betriebskosten kalenderjährlich abgerechnet, sodass der neue Verteilungsmaßstab
bei Abrechnungen für das Jahr 2020 relevant wird, u. U. aber auch noch für
das Jahr 2019, sofern der Vermieter darüber erst im Dezember 2020 abrechnet,
was zur Wahrung der Abrechnungsfrist des § 556 Abs. 3 Satz 3 BGB genügen
würde. Liegt die gesetzgeberische Intention des § 556a Abs. 3 BGB vor allem
darin, dem Vermieter einer Eigentumswohnung die Abrechnung der Betriebskosten zu erleichtern (s. oben bei Rdn. 58), mag einiges dafür sprechen, dass
er sofort mit Inkrafttreten der neuen Vorschrift nach dem darin legitimierten
Maßstab – also nach Miteigentumsanteilen – abrechnen darf.

Das kann aber wohl nur für Abrechnungsperioden gelten, die noch nicht voll- 63
ständig abgelaufen sind. Liegt der maßgebliche Zeitraum hingegen vollständig
in der Vergangenheit, so wäre es bereits unter Rückwirkungsgesichtspunkten
bedenklich, diesen dem Anwendungsbereich einer neuen Vorschrift zu unter-
stellen. Zwar liegt eine unzulässige echte Rückwirkung nur vor, wenn die Regelung nachträglich in einen komplett abgeschlossenen Sachverhalt ändernd
eingreift (BVerfG, NZG 2014, 431, 432). Doch könnte man argumentieren,
dass die Abrechnungsperiode insoweit abgeschlossen ist, als der Vermieter darüber bereits hätte abrechnen können. Es erscheint kaum angängig, dass sich
der Abrechnungsmaßstab allein danach bestimmt, wann der Vermieter die Abrechnung präsentiert – ob vor oder nach Inkrafttreten des WEMoG. Demgemäß ordnet auch die Übergangsvorschrift des Art. 229 § 3 Abs. 9 EGBGB zu
§ 556 Abs. 3 Satz 2 bis 6 BGB an, dass die dortigen Bestimmungen auf Abrechnungszeiträume, die vor dem Tag ihres Inkrafttretens (hier vor dem 1.9.2001)
bereits beendet waren, nicht anzuwenden sind. An diesem Gedanken könnte
man sich auch bei § 556a Abs. 3 BGB n.F. orientieren.

64 Eine andere denkbare Möglichkeit läge sicherlich darin, darauf abzustellen, ob der Beginn der Abrechnungsperiode nach dem 1.12.2020 liegt. Dafür lässt argumentieren, dass vor jeder Abrechnungsperiode die Regeln, nach denen abgerechnet wird, feststehen sollten. Dieser Gedanke hat auch in § 6 Abs. 4 Satz 3 HeizkV seinen Niederschlag gefunden. Zwar werden Änderungen des Abrechnungsmaßstabs während des laufenden Mietverhältnisses gem. § 315 BGB mitunter auch nach Beginn der Abrechnungsperiode zugelassen (LG Itzehoe, WuM 2011, 17, 20). Zwingend ist dies aber keineswegs (s. nur MüKo-BGB/ Gottwald, § 315 Rn. 36). Die Frage ist also letztlich offen und wird durch die Rechtsprechung geklärt werden müssen.

65 Fraglich ist, was man dem Vermieter bis dahin empfehlen sollte. Über Abrechnungszeiträume, die schon vor dem 1.12.2020 beendet waren, sollte er nach wie vor nach dem Flächenschlüssel gem. § 556a Abs. 1 Satz 1 BGB abrechnen, sofern er mit dem Mieter keinen anderen Verteilungsmaßstab vereinbart hat. Wenn er ganz sichergehen will, sollte er eine alternative Abrechnung nach Miteigentumsanteilen gem. § 556a Abs. 3 BGB n.F. bereithalten, damit er dem Mieter im Bestreitensfall sogleich die Differenz zwischen beiden Abrechnungsmodalitäten vorrechnen kann.

66 Im kommenden Jahr wird der Vermieter über den Abrechnungszeitraum 2020 nach der hier vertretenen Ansicht bereits nach § 556a Abs. 3 BGB n.F. abrechnen können. Gleichwohl könnte es Sinn machen, wenn er zumindest in der Lage wäre, bei entsprechenden Einwänden des Mieters unverzüglich eine Abrechnung auf Flächenbasis nachzulegen. Sofern die Abrechnungssalden dann nicht allzu sehr divergieren, wird aus der Betriebskostenstreitigkeit vielfach »die Luft ´raus« sein, zumal es meist ja ohnehin um relativ geringe Beträge geht.

2. Kostenverteilung nach wohnungseigentumsrechtlichem Maßstab

a) Voraussetzungen

67 Der Verteilungsschlüssel nach § 556a Abs. 3 BGB n.F. setzt zunächst vermietetes Wohnungseigentum voraus. Gegenstand des Mietvertrags muss also prinzipiell eine Eigentumswohnung sein. Erfasst wird aber auch ein vermietetes Wohnungserbbaurechts- sowie ein Dauerwohnrechtsobjekt (vgl. §§ 30 ff. WEG). Im Übrigen kommt die Vorschrift nur zum Tragen, wenn es keine spezielle Umlagevereinbarung zwischen den Mietvertragsparteien gibt. Hier könnte bereits eine formularmäßige Vereinbarung des Flächenschlüssels im Mietvertrag der Kostenumlage nach § 556a Abs. 3 BGB n.F. im Wege stehen. Gleiches gilt für die Verteilung von verbrauchsabhängigen Kosten nach der Anzahl der Nutzer (zur Wirksamkeit BGH, WuM 2010, 683 = ZMR 2011, 108).

b) Rechtsfolge

Liegen die tatbestandlichen Voraussetzungen des § 556a Abs. 3 Satz 1 **68** BGB n.F. vor, sind die Betriebskosten nach dem für die Wohnungseigentümer geltenden Maßstab umzulegen. Die Regelung verdrängt die generellen Verteilungsmaßstäbe des § 556a Abs. 1 BGB. Sie betrifft sämtliche Betriebskostenarten nach § 2 BetrKV. Lediglich die Heizkosten sind zwingend nach dem in der Abrechnungsperiode erfolgten tatsächlichen Verbrauch zu verteilen (BGH, WuM 2012, 143 = ZMR 2012, 341; WuM 2012, 222 = ZMR 2012, 372 – s. bereits oben bei Rdn. 57).

Nicht ganz klar erscheint, ob § 556a Abs. 3 Satz 1 BGB n.F. eine statische oder **69** eine dynamische Verweisung auf den wohnungseigentumsrechtlichen Verteilungsmaßstab beinhaltet (s. nur Zehelein, ZMR 2020, 272, 273). In ersterem Fall wäre der bei Abschluss des Mietvertrags geltende Kostenverteilungsschlüssel der Gemeinschaft der Wohnungseigentümer für sämtliche folgenden Betriebskostenabrechnungen maßgebend. Demgegenüber dürfte der Vermieter in letzterem Fall bei jeder Betriebskostenabrechnung den gerade geltenden wohnungseigentumsrechtlichen Kostenverteilungsschlüssel zugrunde legen (Zehelein, ZMR 2020, 272, 273). Die Zulässigkeit von dynamischen Verweisungsklauseln in Formularmietverträgen wurde bislang uneinheitlich beurteilt (instr. dazu Drasdo, ZMR 2008, 421, 428).

Durch den neuen § 556a Abs. 3 WEG scheint der Gesetzgeber die Rechtslage **70** nunmehr durch eine dynamische Verweisung kraft Gesetzes auf den jeweils zwischen den Wohnungseigentümern geltenden Verteilungsmaßstab geklärt zu haben. Für diese Sichtweise sprechen sowohl der Wortlaut der Vorschrift als auch die Intention des Gesetzgebers, wie sie sich aus den Gesetzesmaterialien ergibt.

Seinem Wortlaut nach sieht § 556a Abs. 3 WEG n.F. eine Verteilung der Be- **71** triebskosten auf den Mieter »nach dem für die Verteilung zwischen den Wohnungseigentümern *jeweils* geltenden Maßstab« vor (Hervorh. d. d. Verf.). Das Adverb »jeweils« weist darauf hin, dass nicht der bei Vertragsabschluss geltende wohnungseigentumsrechtlichen Verteilungsmaßstab ein für alle Mal festgeschrieben ist, sondern dass spätere Änderungen mit zu berücksichtigen sind. Hingegen dürfte die in § 556a Abs. 3 Satz 1 BGB n.F. verwendete Formulierung des »Umlegens« kein durchgreifendes Argument für einen statischen Verteilungsmaßstab liefern (i.d.S. aber Zehelein, ZMR 2020, 272, 273). Natürlich betrifft die Umlage von Betriebskosten zunächst einmal das »Ob« einer Weitergabe an den Mieter. Steht jedoch – wie meistens – auch eine gerechte (wenngleich nicht cent-genaue) Zuweisung der Gesamtkosten an mehrere Mieter in Frage, impliziert der Begriff der Umlage auch das »Wie« der Verteilung auf jene Nutzer.

72 Aber auch die Intention des Gesetzgebers spricht für die Annahme eines dynamischen Verteilungsmaßstabs. So heißt es in der Begründung des Regierungsentwurfs, dass »bei vermieteten Eigentumswohnungen künftig die wohnungseigentumsrechtliche Verteilung maßgeblich sein« soll, denn: »Das erspart aufwendige und fehleranfällige Umrechnungen bei der Erstellung einer Betriebskostenabrechnung für eine vermietete Eigentumswohnung.« (BT-Drucks. 19/18791, S. 90). Aufwendige Umrechnungen von der Jahreseinzelabrechnung hin zur mietrechtlichen Betriebskostenabrechnung werden aber nur dann nachhaltig vermieden, wenn der *jeweils* für den Wohnungseigentümer maßgebliche Verteilungsschlüssel auch für den Mieter gilt. Wenn es in der Entwurfsbegründung sodann heißt, dass sich der nach § 556a Abs. 3 Satz 1 BGB n.F. »maßgebliche wohnungseigentumsrechtliche Verteilerschlüssel […] aus dem in der Gemeinschaft geltenden Regelwerk, also entweder einer Vereinbarung der Wohnungseigentümer, einem wirksamen Beschluss der Wohnungseigentümer oder aus dem Gesetz (vgl. § 16 Absatz 2 und 3 WEG-E)« ergibt, deutet auch dies darauf hin, dass Änderungen des besagten Regelwerks, etwa durch einen Beschluss nach § 16 Abs. 2 Satz 2 WEG n.F., auch auf die mietrechtliche Umlage der Betriebskosten durchgreifen soll.

c) Direkt anfallende Kosten, insb. Grundsteuer

73 Sofern eine Betriebskostenart nicht gebäudebezogen, sondern direkt für die jeweilige Eigentumswohnung anfällt, kann der Vermieter sie nach wie vor direkt an den Mieter weitergeben; einer Verteilung der gesamten für das Gebäude entstandenen Kosten bedarf es dann nicht. Das gilt namentlich für die von der Kommune direkt für die einzelne Wohnung erhobene Grundsteuer (BGH, WuM 2013, 358 = ZMR 2014, 108).

3. Ausschluss bei Kostenverteilung entgegen billigem Ermessen

74 Um den Mieter vor einer unverhältnismäßigen Kostenbelastung zu schützen, enthält § 556a Abs. 3 Satz 2 BGB n.F. eine Ausnahme von der in Satz 1 der Vorschrift angeordneten grundsätzlichen Geltung des jeweiligen wohnungseigentumsrechtlichen Verteilungsschlüssels. Demgemäß kommen auch bei vermietetem Wohnungseigentum die in § 556a Abs. 1 BGB angeordneten Verteilungsschlüssel zum Tragen, wenn eine Verteilung nach dem geltenden wohnungseigentumsrechtlichen Maßstab billigem Ermessen widerspricht. Ob dies der Fall ist, soll nach der Begründung des Regierungsentwurfs im Rahmen einer Interessenabwägung ermittelt werden, wobei die wohnungseigentumsrechtliche Wirksamkeit des Maßstabs ohne Belang sein soll (BT-Drucks. 19/18791, S. 90 f.). Auch kommt es nicht darauf an, ob der wohnungseigentumsrechtliche Verteilungsmaßstab auf einer Vereinbarung oder einem Beschluss beruht.

§ 556a Abs. 3 Satz 2 BGB n.F. meint wohl die Fälle, in denen die Miteigen- 75
tumsanteile, sofern ihr Größenverhältnis die wohnungseigentumsrechtliche
Kostenverteilung bestimmt (vgl. § 16 Abs. 2 Satz 1 WEG n.F.), nicht nach der
Fläche des Sondereigentums, sondern nach dessen Nutzwert bemessen worden
ist. Führt aus diesem Grund die Kostenumlage nach Miteigentumsanteilen zu
einer erheblichen Mehrbelastung des Mieters, widerspricht sie billigem Ermessen. Denn der höhere Nutzwert der Wohnung darf bei der Umlage von Betriebskosten keinen Einfluss erlangen. Diesem mag bei Mieterhöhungen nach
§ 558 BGB, aber auch nach § 559 BGB relevant werden, nicht aber bei der
Höhe der Betriebskostenlast (Schmidt-Futterer/Langenberg, § 556a Rn. 31).

Als erheblich angesehen wird nach der hier vertretenen Ansicht eine Mehr- 76
belastung des Mieters durch den wohnungseigentumsrechtlichen Verteilungsmaßstab gegenüber dem Flächenschlüssel von mehr als 10 %. Dabei wird berücksichtigt, dass sich die Spanne im Verhältnis zu anderen Mietern vergrößert,
wenn deren angemietete Wohnung in der Teilungserklärung im Verhältnis zur
Wohnfläche ein geringerer Miteigentumsanteil zugewiesen wurde (s. auch die
Rechenbeispiele bei *Hinz*, ZMR 2018, 1, 4 f. zur Wohnflächendivergenz).

▶ Beispiel:

Die Wohnungseigentümergemeinschaft umfasst 100 Wohnungen. Der Anteil des Miteigentümers E beträgt 200/10.000stel. Die Gesamtwohnfläche
des Gebäudes beläuft sich auf 8.000 m², die Wohnfläche der an Mieter M
vermieteten Eigentumswohnung des E auf 100 m². Die zu verteilen Gesamtkosten betragen 10.000 €. Würde eine Verteilung nach MEA billigem Ermessen widersprechen?

Bei einer Verteilung nach MEA würde M von den Gesamtkosten **200 €** tragen (10.000 € x 200/10.000stel MEA). Würde die Kostenumlage hingegen
nach Wohnfläche erfolgen, wie § 556a Abs. 1 Satz 1 BGB n.F. dies vorsieht,
würde sich die Kostenlast auf **125 €** belaufen (10.000 € x 100/8.000 m²).

Das indiziert, dass sich die Größe des Miteigentumsanteils des E nicht
primär nach der Wohnfläche des Sondereigentums, sondern auch dessen – u. U. vom teilenden Eigentümer (§ 8 WEG) subjektiv eingeschätz-
ter – Wertigkeit bemisst. Diese ist jedoch für die Betriebskostentragung des
Mieters aufgrund der mietvertraglichen Umlagevereinbarung gänzlich ohne
Belang. Daher widerspricht der Umlagemaßstab der Wohnungseigentümer
im Beispielsfall billigem Ermessen gem. § 556a Abs. 3 Satz 2 BGB n.F., mit
der Folge, dass die Kostenverteilung im Zweifel nach dem Flächenschlüssel
i.S.v. Abs. 1 Satz 1 der Vorschrift zu erfolgen hat.

4. Abweichende Vereinbarungen

77 § 556a Abs. 3 BGB n.F. ist disponibel. Das jetzt in den Abs. 4 aufgerückte Verbot abweichender Vereinbarungen zum Nachteil des Mieters gilt nur für die Bestimmungen in Abs. 2 der Vorschrift.

§ 13 Kosten und Umlageschlüssel

I. Einleitung

1. Kosten und Lasten im bisherigen Recht (§ 16 Abs. 2, Abs. 6 bis Abs. 8 WEG a. F.)

1 Welcher Wohnungseigentümer welche Kosten zu tragen hat, war bislang im Kern in § 16 Abs. 2 WEG a. F. geregelt. Danach war jeder Wohnungseigentümer den anderen Wohnungseigentümern gegenüber verpflichtet, die Lasten des gemeinschaftlichen Eigentums sowie die Kosten der Instandhaltung, Instandsetzung, sonstigen Verwaltung und eines gemeinschaftlichen Gebrauchs des gemeinschaftlichen Eigentums nach dem Verhältnis seines Anteils zu tragen. § 16 Abs. 7 WEG a. F. ergänzte, dass zu den Kosten der Verwaltung insbesondere die Kosten eines Rechtsstreits gem. § 18 WEG a. F. (= § 17 WEG n. F.) und der Ersatz des Schadens im Falle des § 14 Nr. 4 WEG a. F. (= teilweise § 14 Abs. 3 WEG n. F.) gehören. Für die Kosten des Rechtsstreits gem. § 43 WEG a. F. bestimmte § 16 Abs. 8 WEG a. F., dass diese nur dann zu den Kosten der Verwaltung gehören, wenn es sich um Mehrkosten gegenüber der gesetzlichen Vergütung eines Rechtsanwalts aufgrund einer Vereinbarung über die Vergütung handelt. Wer die Kosten einer baulichen Veränderung zu tragen hatte (§ 22 Abs. 1 WEG a. F.) bestimmte hingegen § 16 Abs. 6 S. 1 Hs. 2 WEG a. F. Was für die Kosten einer modernisierenden Instandsetzung (§ 22 Abs. 3 WEG a. F.) und/oder einer Modernisierung (§ 22 Abs. 2 WEG a. F.) galt, bestimmte das Gesetz hingegen nicht ausdrücklich. Nach h. M. war insoweit § 16 Abs. 2 WEG a. F. jeweils entsprechend anwendbar.

2. Gesetzliche Umlageschlüssel (§ 16 Abs. 2, Abs. 6 S. 1 WEG a. F.).

2 Das WEG kannte bislang zwei gesetzliche Umlageschlüssel. Grundsätzlich waren nach § 16 Abs. 2 WEG a. F. alle Kosten und Lasten nach dem Verhältnis der gem. § 47 GBO im Grundbuch eingetragenen Verhältnis der Miteigentumsanteile zu verteilen. Etwas anderes galt für bauliche Veränderungen. Dort war maßgeblich, wer für eine bauliche Veränderung gestimmt hatte (§ 16 Abs. 6 S. 1 Hs. 1 WEG a. F.).

3. Erfasste Kosten

3 § 16 Abs. 2 WEG a. F. erfasste nach Maßgabe von § 16 Abs. 6, Abs. 7 WEG a. F. sämtliche Betriebs-, Verwaltungs- und Erhaltungskosten (das waren auch die Kosten einer Modernisierung oder einer modernisierenden Instandsetzung) sowie die Lasten des gemeinschaftlichen Eigentums. § 16 Abs. 6 S. 1 Hs. 1 WEG a. F. erfasste hingegen sämtliche Kosten (auch Folgekosten) baulicher Veränderungen.

4. Änderungsmöglichkeiten

Die Wohnungseigentümer hatten bislang die Möglichkeit, von §§ 16 Abs. 2,   **4**
Abs. 6 WEG a. F. etwas Abweichendes nach § 10 Abs. 2 S. 2 WEG a. F. zu
vereinbaren. Daneben bestand die Möglichkeit, etwas anderes zu beschließen.
§§ 16 Abs. 3, Abs. 4 WEG a. F. räumten den Wohnungseigentümern insoweit unterschiedliche Beschlusskompetenzen ein. Während § 16 Abs. 3 WEG
a. F. es für die Betriebs- und Verwaltungskosten erlaubte, dauerhaft etwas vom
Gesetz oder einer Umlagevereinbarung Abweichendes zu bestimmen, gab § 16
Abs. 4 WEG a. F. den Wohnungseigentümern nur eine Beschlusskompetenz
im Einzelfall und ohne die Möglichkeit, etwas für Folgekosten zu bestimmen.
Ferner war es möglich, einen Umlagebeschluss aufgrund einer Öffnungsklausel
(§ 23 Abs. 1 WEG a. F.) zu fassen. Schließlich konnten die Wohnungseigentümer mit der Gemeinschaft der Wohnungseigentümer einen Kostenvertrag
schließen.

II. Neue Strukturen

Das WEMoG nimmt in Bezug auf die Frage, wer welche Kosten zu tragen hat,   **5**
einen anderen völlig anderen Blickwinkel ein (s. auch Lehmann-Richter/Wobst
MietRB 2020, 380 (381)). Bezugspunkt ist nicht mehr das gemeinschaftliche
Eigentum. Bezugspunkt ist jetzt in § 16 Abs. 2 S. 1 WEG n. F. allein die Frage,
ob der Gemeinschaft der Wohnungseigentümer Kosten entstehen. Um welche
Kosten es sich handelt, ist egal. § 16 Abs. 2 S. 1 WEG n. F. knüpft allgemein
an jegliche Kosten der Gemeinschaft der Wohnungseigentümer an. Soweit das
WEG einzelne Kostenarten benennt, nämlich die Kosten der Verwaltung und
des gemeinschaftlichen Gebrauchs des gemeinschaftlichen Eigentums, ist dies
nur beispielhaft gemeint. Ferner geht es beim Anfall von Kosten nicht mehr um
das Verhältnis der Wohnungseigentümer untereinander, sondern – mit Blick
auf § 18 Abs. 1 WEG n. F. – um das Verhältnis eines Wohnungseigentümers
zur Gemeinschaft der Wohnungseigentümer.

Das WEG kennt weiterhin allerdings mehrere gesetzliche Umlageschlüssel.   **6**
Grundsätzlich sind die Kosten und Lasten nach dem Verhältnis der gem. § 47
GBO im Grundbuch eingetragenen Verhältnis der Miteigentumsanteile zu
verteilen. Etwas anderes gilt aber auch jetzt für bauliche Veränderungen. Welcher Umlageschlüssel insoweit gilt, bestimmt nicht mehr § 16 WEG n. F. (vgl.
die Klarstellung in § 16 Abs. 3 WEG n. F.), sondern bestimmen § 21 Abs. 1,
Abs. 2, Abs. 3 oder Abs. 5 WEG n. F. (dazu → § 5 Rdn. 74 ff.).

An den Änderungsmöglichkeiten der Wohnungseigentümer hat sich im Übri-   **7**
gen nichts verändert. (Rdn. 13 ff.).

III. Gesetzlicher Umlageschlüssel (§ 16 Abs. 2 S. 1 n. F.)

1. Größe der Miteigentumsanteile

8 Soweit Kosten von § 16 Abs. 2 S. 1 WEG n. F. erfasst werden (→ Rdn. 9), sind diese – wie bislang – entsprechend dem Verhältnis der gem. § 47 GBO im Grundbuch eingetragenen Verhältnis der Miteigentumsanteile zu verteilen.

2. Erfasste Kosten

9 § 16 Abs. 2 S. 1 WEG n. F. erfasst – wie ausgeführt (→ Rdn. 5) – sämtliche Kosten der Gemeinschaft der Wohnungseigentümer, die dieser entstehen (zu den Kosten im Einzelnen Hügel/Elzer § 16 Rn. 31 ff.). Dabei handelt es sich nicht nur um die Kosten der Verwaltung des gemeinschaftlichen Eigentums. § 16 Abs. 2 S. 1 WEG n. F. erfasst nämlich auch solche Kosten, die die Gemeinschaft der Wohnungseigentümer nur versehentlich, z. B. für die Erhaltung des Sondereigentums, entstanden sind oder Kosten nach §§ 677 ff., 812 ff., 823 ff. BGB.

10 § 16 Abs. 2 S. 1 WEG n. F. differenziert auch nicht mehr zwischen Kosten und Lasten. Hierbei wird vom Gesetzgeber übersehen, dass die Lasten des gemeinschaftlichen Eigentums keine Kosten der Gemeinschaft der Wohnungseigentümer sind, sondern solche der Wohnungseigentümer. Dennoch spricht nichts dagegen, auch »Lasten« als »Kosten« der Gemeinschaft der Wohnungseigentümer zu verstehen, da diese gem. § 9a Abs. 2 Fall 1 WEG n. F. als verpflichtet angesehen werden muss, die Pflicht der Wohnungseigentümer, Lasten des gemeinschaftlichen Eigentums zu erfüllen, auszuführen (Blankenstein WEG-Reform 2020 10.2.1; Hügel/Elzer § 16 Rn. 39).

3. Keine Anspruchsgrundlage

11 § 16 Abs. 2 S. 1 WEG n. F. widmet sich allein dem gesetzlichen Umlageschlüssel und ist daher keine Anspruchsgrundlage. Die Gemeinschaft der Wohnungseigentümer kann von einem Wohnungseigentümer nur nach einem Beschluss nach § 28 Abs. 1 S. 1, Abs. 2 S. 2 WEG n. F. eine Zahlung zu ihren Kosten fordern (Lehmann-Richter/Wobst MietRB 2020, 380 (380); Dötsch/Schultzky/Zschieschack WEG-Recht 2021 Kap. 7 Rn. 50; PWW/Elzer/Riecke § 16 Rn. 44).

4. Art der Leistungspflicht

12 Die Wohnungseigentümer schulden der Gemeinschaft der Wohnungseigentümer nach § 16 Abs. 2 S. 1 WEG n. F. Geld. Eine Beschlusskompetenz zur

Begründung von (Natural-)Leistungspflichten besteht weiterhin nicht (PWW/ Elzer/Riecke § 16 Rn. 46).

IV. Änderungsmöglichkeiten

1. Umlagevereinbarungen

a) Überblick

Die Wohnungseigentümer haben im reformierten Recht weiterhin die Mög- **13** lichkeit, nach § 10 Abs. 1 S. 2 WEG n. F. eine Umlagevereinbarung zu schlie- ßen (Dötsch/Schultzky/Zschieschack WEG-Recht 2021 Kap. 7 Rn. 26; PWW/ Elzer/Riecke § 16 Rn. 49). Insoweit ist es sachgerecht und sinnvoll, in der Ge- meinschaftsordnung u. a. ausdrücklich Kostenregelungen für Sondernutzungs- rechte, für Mehrhausanlagen, für die Erhaltung des gemeinschaftlichen Eigen- tums im Bereich des Sondereigentums sowie für die Kosten der Versorgung mit Wärme und Warmwasser zu treffen.

b) Erstmalige Kostenbelastung/Kostenbefreiung

Unklar ist, was für solche Vereinbarungen gilt, nach denen ein Wohnungs- **14** eigentümer vollständig von der Pflicht, bestimmte Kosten zu tragen, befreit ist. Solche Vereinbarungen gibt es nicht nur, aber vor allem im Bereich von Mehrhausanlagen.

Insoweit wird zum einen im Schrifttum die Ansicht vertreten, § 16 Abs. 2 S. 2 **15** WEG n. F. erlaube anders als § 16 Abs. 3 WEG a. F. Änderungen (Lehmann- Richter/Wobst MietRB 2020, 380 (381); Dötsch/Schultzky/Zschieschack WEG-Recht 2021 Kap. 7 Rn. 66). Zum anderen wird die Ansicht vertreten, es sei nicht erkennbar, dass § 16 Abs. 2 S. 2 WEG n. F. an der bisherigen Recht- sprechung (vgl. BGH ZMR 2018, 1024 = NZM 2016, 727 Rn. 15; BGH ZMR 2012, 709 = NJW 2012, 2578 Rn. 13; a. A. Elzer NJW 2010, 3473 (3474)) etwas ändern sollte (Hügel/Elzer § 16 Rn. 47). Für die letztere Ansicht spricht, dass auch § 16 Abs. 3 WEG a. F. die Änderung einer Umlageverein- barung erlaubte.

Sieht man den Anwendungsbereich des § 16 Abs. 2 S. 2 WEG n. F. als eröffnet, **16** wäre ein Beschluss, seinem Wohnungseigentümer, der nach einer Vereinbarung von Kosten vollständig befreit sein soll, grundsätzlich nicht ordnungsmäßig. Et- was anderes kann nur dort gelten, wo sich die tatsächlichen Verhältnisse verän- dert haben oder aufgrund einer Änderung des Rechts oder der Rechtsprechung.

c) Altvereinbarungen

17 Soweit Umlagevereinbarungen im Übrigen bereits bestehen, gelten diese weiterhin. Vereinbarungen, die vor dem 1.12.2020 getroffen wurden, weichen nicht i. S. v. § 47 S. 1 WEG n. F. von Vorschriften ab, die durch das Wohnungseigentumsmodernisierungsgesetz vom 16.10.2020 (BGBl. I S. 2187) geändert wurden.

2. Umlagebeschluss (§ 16 Abs. 2 S. 2 n. F.)

a) Überblick

18 § 16 Abs. 2 S. 2 WEG n. F. räumt den Wohnungseigentümern die Beschlusskompetenz ein, für einzelne Kosten oder bestimmte Arten von Kosten eine von § 16 Abs. 2 S. 1 WEG n. F. oder von einer Vereinbarung (Entsprechendes gilt, soweit die Wohnungseigentümer aufgrund einer Öffnungsklausel einen von § 16 Abs. 2 S. 1 WEG n. F. abweichenden Umlageschlüssel bestimmt haben) abweichende Verteilung beschließen. Die Unterscheidung »einzelne« und »bestimmte Arten« von Kosten ist rein theoretischer Natur und letztlich unbeachtlich (s. auch Lehmann-Richter/Wobst MietRB 2020, 380 (381)).

19 Eine generelle Veränderung des § 16 Abs. 2 S. 1 WEG n. F., z. B. die Bestimmung der Wohnflächen anstelle der Größe der Miteigentumsanteile, soll § 16 Abs. 2 S. 2 WEG nicht ermöglichen (Beispiele für solche Beschlüsse bei Lehmann-Richter/Wobst MietRB 2020, 380 (381)). Der Sache nach ist das dennoch erreichbar, wenn die Wohnungseigentümer nämlich für alle denkbaren Kostenarten und alle einzelnen Kosten denselben Umlageschlüssel bestimmen (Hügel/Elzer § 16 Rn. 52).

b) Mehrheit

20 Ob eine Mehrheit erreicht ist, ist anhand des gesetzlichen Kopfprinzips oder eines vereinbarten Stimmrechtsprinzips zu ermitteln. Der früheren Ansicht, aus dem Tatbestandsmerkmal des § 16 Abs. 3 WEG a. F. »durch Stimmenmehrheit« könne hergeleitet werden, dass der Berechnung der Mehrheit stets das Kopfprinzip zu Grunde zu legen sei, ist im geltenden Recht der Boden entzogen.

c) Ankündigung und Transparenz (Beschlusswillen)

21 Soll der geltende Umlageschlüssel nach § 16 Abs. 2 S. 2 WEG n. F. geändert werden, ist dies nach § 23 Abs. 2 WEG n. F. ausdrücklich und gesondert mit der Ladung anzukündigen (Blankenstein WEG-Reform 2020 10.2.2.3.4; s.a. BGH ZMR 2012, 213 = NJW 2012, 603 Rn. 12; vgl. ferner BGH ZMR 2018,

1024 = NJW-RR 2018, 1162 Rn. 18). Ein Wohnungseigentümer muss etwa mit der bloßen Ankündigung eines Beschlusses nach §§ 28 Abs. 1 S. 1, 28 Abs. 2 S. 1 WEG n. F. nicht damit rechnen, dass der gesetzliche oder gewillkürte Umlageschlüssel für einzelne Kosten oder bestimmte Arten von Kosten geändert werden soll.

Aus dem Beschluss muss ferner hinreichend konkret hervorgehen, dass die 22 Wohnungseigentümer das Bewusstsein hatten, eine Änderung der bisherigen Kostenverteilung zu beschließen.

d) Einzelne Kosten

Einzelne Kosten sind konkret bestimmbare, einmalig anfallende Kosten der Ge- 23 meinschaft der Wohnungseigentümer. Beispiele hierfür sind die Verteilung der Kosten einer konkreten Erhaltungsmaßnahme, etwa eines Fensteraustausches, die Kosten, die der Gemeinschaft der Wohnungseigentümer für die Organisation der Online-Teilnahme an einer Präsenzversammlung entstehen, Kopierkosten, die Kosten, die im Zusammenhang mit einer Anschriftenermittlung entstehen, Kosten für die Ausstellung von Bescheinigungen über haushaltsnahe Dienstleistungen, Kosten, die durch eine Sammelüberweisung entstehen, weil der Überweisung nicht ohne Weiteres entnommen werden kann, für welche Einheiten sie geleistet wurde (OLG Düsseldorf ZMR 2001, 723), Kosten, die im Zusammenhang mit Problemen beim SEPA-(Basis-)Lastschriftverfahren entstehen (LG Itzehoe ZMR 2018, 259 (260)), Kosten, die für eine weitere Versammlung entstehen; eine Sondervergütung für eine Zustimmung nach § 12 WEG n. F., Kosten eines Grundstückserwerbs (BGH NJW 2016, 2177 Rn. 42; AG Bremen-Blumenthal ZWE 2014, 227 (228), Kosten für die technische Betreuung einer Anlage (BGH NJW-RR 2018, 1162 Rn. 14; LG Itzehoe ZMR 2018, 259 (260)).

e) Kostenarten

Der Begriff »Kostenart« ist weit zu verstehen und ist letztlich synonym mit dem 24 mietrechtlichen Begriff der »Kostenposition«. Er bezieht sich allerdings sowohl auf regelmäßig wiederkehrende Kostenpositionen als auch auf unregelmäßig wiederkehrende, aber gleichartige Kostenpositionen (BR-Drs. 168/20, 60). Exemplarisch sind hier zu nennen die Kosten des Betriebs eines Personen- oder Lastenaufzugs, die Kosten der Gebäudereinigung, die Kosten der Gartenpflege, die Kosten der Beleuchtung. Für diese und für andere Kosten kann es im Einzelfall richtig sein, dass nicht alle Wohnungseigentümer sie tragen, sondern zum Beispiel nur solche Wohnungseigentümer in einem bestimmten Haus oder

solche, die an einer Fläche oder einem Raum ein Gebrauchsrecht oder eine Gebrauchsmöglichkeit haben.

f) Schadensersatzansprüche

25 Hat die Gemeinschaft der Wohnungseigentümer gegen einen Wohnungseigentümer einen Schadensersatzanspruch, hat ein Wohnungseigentümer beispielsweise eine Fensterscheibe oder eine Pflanze zerstört, besteht nach Sinn und
Zweck von § 16 Abs. 2 S. 2 WEG n. F. keine Beschlusskompetenz, diesen bereits nach § 823 Abs. 1 BGB entstandenen deliktischen Anspruch gleichsam zu
titulieren. Nach anderer Ansicht besteht eine Beschlusskompetenz. Ein entsprechender Beschluss wäre aber nicht ordnungsmäßig (Lehmann-Richter/Wobst
MietRB 2020, 380 (383); Dötsch/Schultzky/Zschieschack WEG-Recht 2021
Kap. 7 Rn. 54).

g) Ordnungsmäßigkeit

aa) Überblick

26 Der Beschluss nach § 16 Abs. 2 S. 2 WEG n. F. muss – wie jeder Beschluss –
ordnungsmäßiger Verwaltung entsprechen (BR-Drs. 168/20, 60).

bb) Begriff der Ordnungsmäßigkeit

27 Wann ein Beschluss nach § 16 Abs. 2 S. 2 WEG n. F. ordnungsmäßig ist,
bestimmt sich nach § 18 Abs. 2 Nr. 1 WEG n. F. Danach kann jeder Wohnungseigentümer von der Gemeinschaft der Wohnungseigentümer eine Verwaltung des gemeinschaftlichen Eigentums verlangen, die dem Interesse der
Gesamtheit der Wohnungseigentümer nach billigem Ermessen verlangen. Es
bleibt also dabei, dass den Wohnungseigentümern bei Änderungen aufgrund
ihres Selbstorganisationsrechts ein weiter Gestaltungsspielraum eingeräumt ist
(s. auch BGH 2.10.2020 – V ZR 282/19, Rn. 13; Hügel/Elzer § 16 Rn. 68).
Die Wohnungseigentümer dürfen daher jeden Maßstab wählen, der nicht zu
einer ungerechtfertigten Benachteiligung Einzelner führt. Dabei dürfen an die
Auswahl eines angemessenen Umlageschlüssels nicht zu strenge Anforderungen
gestellt werden, weil sich jede Änderung zwangsläufig auf die Kostenlast des
einen oder des anderen Wohnungseigentümers auswirkt (BGH 2.10.2020 – V
ZR 282/19, Rn. 13; Hügel/Elzer § 16 Rn. 68). Das »Ob« als auch das »Wie«
der Änderung dürfen nur nicht willkürlich sein (BGH 2.10.2020 – V ZR 282/
19, Rn. 13; BGH ZMR 2011, 652 = NJW 2011, 2202 Rn. 8; s. auch Blankenstein WEG-Reform 2020 10.2.2.3.1; Dötsch/Schultzky/Zschieschack WEG-
Recht 2021 Kap. 7 Rn. 64). Die Aufgabe eines Umlageschlüssels zugunsten
eines neuen Umlageschlüssels setzt insbesondere nicht voraus, dass der geltende

Umlageschlüssel einzelne Wohnungseigentümer benachteiligt oder dass aufgrund sonstiger Umstände eine Neuregelung erforderlich ist (BGH 2.10.2020 – V ZR 282/19, Rn. 13).

Das Gesetz macht für die Ordnungsmäßigkeit des zu bestimmenden Umlageschlüssels im Übrigen bewusst (BR-Drs. 168/20, 60) keine inhaltlichen Vorgaben. Selbst für die Erhaltungskosten ist die Regelung des § 16 Abs. 4 Satz 1 WEG a. F. nicht übernommen worden, dass der neue Umlageschlüssel dem Gebrauch oder der Möglichkeit des Gebrauchs Rechnung tragen muss. Diese Anordnung würde nach Ansicht des Gesetzgebers das Ermessen der Wohnungseigentümer unnötig einschränken (BR-Drs. 168/20, 60). Im Rahmen des Ermessens seien an dieser Stelle jedoch in der Regel der Gebrauch und die Möglichkeit des Gebrauchs zu berücksichtigen (BR-Drs. 168/20, 60). **28**

Ordnungsmäßigkeit fordert weiter, dass der Beschluss formell und materiell rechtmäßig sein muss – seinem Zustandekommen also keine Fehler anhaften. Ferner verlangt der Begriff der »Ordnungsmäßigkeit« eine Korrelation zwischen Erfassungs- und Verteilungsmaßstab (Hügel/Elzer § 16 Rn. 60). **29**

cc) Einzelheiten

Um »ordnungsmäßig« zu sein, muss der Beschluss einen angemessenen Ausgleich zwischen den Interessen aller Wohnungseigentümer an einem reibungslosen Zusammenleben einerseits und den Individualinteressen des einzelnen Wohnungseigentümers andererseits finden. Hier ist u. a. zu fragen, ob der Verursachung angemessen Rechnung getragen wird (zu Einzelfällen aus der bisherigen Rechtsprechung vgl. Hügel/Elzer § 16 Rn. 69). So liegt es z. B., wenn Kosten bereits gemessen werden können oder gemessen werden sollen und dann entsprechend ihrer Verursachung/ihrem Verbrauch auf die Wohnungseigentümer umgelegt werden (s. auch § 556a Abs. 1 S. 2 BGB). Entsprechendes gilt, wenn nur ein Wohnungseigentümer bestimmte Kosten ausgelöst hat, etwa Mahnkosten, Kopierkosten oder andere Sondervergütungen des Verwalters, beispielsweise eine Vergütung für dessen Zustimmung i. S. v. § 12 Abs. 1 WEG. Ferner liegt es so, wenn in einer Mehrhausanlage beschlossen wird, dass die Kosten der Erhaltung diejenigen Wohnungseigentümer zu tragen haben, deren Sondereigentum in einem der Häuser liegt. Anders wäre es, wenn in einer Wohnungseigentumsanlage, in der es nur ein Gebäude gibt, beschlossen werden würde, dass die Wohnungseigentümer, deren Wohnung im Obergeschoss liegt, die Kosten der Dachreparatur zu tragen haben (Beispiel nach Lehmann-Richter/Wobst MietRB 2020, 380 (382)). Ordnungsmäßig ist es auch, zu berücksichtigen, wenn ein Bauteil nur einem Wohnungseigentümer nützt. So kann es beispielsweise bei Wohnungseingangstüren und Fenstern liegen, aber **30**

auch bei Flächen und/oder Räumen, die einem Sondernutzungsrecht unter-
liegen. In Ausnahmekonstellationen ist es denkbar, dass sich die Vorteile einer
Erhaltungsmaßnahme einem konkreten Wohnungseigentümer zuordnen lassen
(Lehmann-Richter/Wobst MietRB 2020, 380 (382)).

dd) Maßstabskontinuität

31   Haben die Wohnungseigentümer nach § 16 Abs. 2 S. 2 WEG n. F. einen Umlageschlüssel für bestimmte Kosten, z. B. die Kosten zur Erhaltung von Fenstern oder Dächern, bestimmt, entspricht es regelmäßig wegen des Grundsatzes der Gleichbehandlung nur dann ordnungsmäßiger Verwaltung, wenn die
Wohnungseigentümer diesen einmal gewählten Umlageschlüssel fortsetzen –
Maßstabskontinuität (s. bereits Elzer ZWE 2008, 153 (165); Hügel/Elzer Das
neue WEG-Recht, § 5 Rn. 68). Der Grundsatz der Gleichbehandlung verlangt,
vergleichbare Sachverhalte im Verhältnis der der Wohnungseigentümer grundsätzlich gleich zu behandeln, und verbietet eine willkürliche, sachlich nicht gerechtfertigte unterschiedliche Behandlung (PWW/Elzer/Riecke Vor §§ 23 bis
25 WEG Rn. 7). Dies bedeutet, dass die Wohnungseigentümer einen einmal
gewählten Umlageschlüssel nicht grundlos verlassen dürfen (Lehmann-Richter/
Wobst MietRB 2020, 380 (383)). Anders ist es aber und ein Paradigmenwech-
sel ist möglich, wenn sich die Sach- und/oder die Rechtslage geändert haben
oder wenn eine neue Rechtsprechung zu berücksichtigen ist. Denn ein Wohnungseigentümer hat sogar einen Anspruch auf Eingriff in bereits bestehende Regelungen, wenn sich die tatsächlichen Umstände geändert haben (BGH
NJW 2016, 1310 Rn. 17). Entsprechendes gilt, wenn sich die rechtlichen Umstände oder wenn sich die höchstrichterliche Rechtsprechung geändert haben
(PWW/Elzer/Riecke § 18 Rn. 31).

h) Umdeutung von Beschlüssen nach § 21 Abs. 7 WEG a. F.

32   Das neue Recht kennt keine § 21 Abs. 7 WEG a. F. entsprechende Beschlusskompetenz, nach der es möglich war, Kosten für eine besondere Nutzung des
gemeinschaftlichen Eigentums oder für einen besonderen Verwaltungsaufwand
auf einen einzelnen Wohnungseigentümer abzuwälzen. Hierfür gibt es auch
grundsätzlich keinen Bedarf mehr, da § 16 Abs. 2 S. 2 WEG n. F. ausdrücklich
einzelne Kosten erwähnt. Es ist daher vorstellbar, einen auf Grundlage von § 21
Abs. 7 WEG a. F. gefassten Beschluss in einen Beschluss nach § 16 Abs. 2 S. 2
WEG n. F. umzudeuten (ablehnend Lehmann-Richter/Wobst WEG-Reform
2020, Rn. 731). Voraussetzung hierfür ist allerdings, dass der Gemeinschaft
der Wohnungseigentümer auch Kosten entstanden sind. Für bloß pauschalierte
Kosten, z. B. bei einer Umzugskostenpauschale, gilt dies nicht (s. auch Schultzky MDR 2020, 1473 (1475)).

i) Erzwingung eines Umlagebeschlusses

Ein Umlagebeschluss nach § 16 Abs. 2 S. 2 WEG n. F. kann im Wege einer **33**
Beschlussersetzungsklage nach § 44 Abs. 1 S. 2 WEG n. F. gem. § 18 Abs. 2
Nr. 1 WEG n. F. erzwungen werden (s. auch BGH ZMR 2019, 616 = NJW-
RR 2019, 909 Rn. 11). Einerseits reicht es für den Erfolg dieser Beschlusser-
setzungsklage noch nicht aus, dass (auch) die beanspruchte Umlage ordnungs-
mäßiger Verwaltung entspricht. Andererseits bedarf es aber ausnahmsweise
auch keiner Ermessensreduktion auf null. Vielmehr ist es analog § 10 Abs. 2
WEG n. F. notwendig, aber auch ausreichend, dass ein Festhalten am geltenden
Umlageschlüssel aus schwerwiegenden Gründen unter Berücksichtigung aller
Umstände des Einzelfalls, insbesondere der Rechte und Interessen der anderen
Wohnungseigentümer, als unbillig erscheint (BGH ZMR 2019, 616 = NJW-
RR 2019, 909 Rn. 12; Hügel/Elzer § 16 Rn. 90; Dötsch/Schultzky/Zschie-
schack WEG-Recht 2021 Kap. 7 Rn. 87). Denn dann könnte eine Umlageve-
reinbarung erzwungen werden. Für einen Umlagebeschluss kann nichts anderes
gelten.

j) Rückwirkung

Der Umlagebeschluss nach § 16 Abs. 2 S. 2 WEG n. F. ist nur für die künftige **34**
Wirtschaftspläne und darauf beruhende Abrechnungen ordnungsmäßig (BGH
ZMR 2016, 476 = NJW 2016, 2177 Rn. 44; Blankenstein WEG-Reform 2020
10.2.2.3.2; Hügel/Elzer § 16 Rn. 64). Etwas anderes gilt, wenn besondere Umstände vorliegen (LG Berlin ZWE 2017, 33 (34)). Dies ist der Fall, wenn der
bisherige Umlageschlüssel unbrauchbar oder in hohem Maße unpraktikabel
ist oder dessen Anwendung zu grob unbilligen Ergebnissen führt (BGH ZMR
2011, 652 = NJW 2011, 2202 Rn. 11; grundlegend BGH NJW 2010, 2654
Rn. 11). Ferner gilt etwas anderes bei einem noch nicht abgeschlossenen Vorgang, wenn sich bei typisierender Betrachtung noch kein schutzwürdiges Vertrauen herausgebildet hat (BGH ZMR 2011, 652 = NJW 2011, 2202 Rn. 11).

3. Öffnungsklauseln

Das WEMoG hat nichts daran geändert, dass die Wohnungseigentümer weiter- **35**
hin eine Beschlusskompetenz nach § 23 Abs. 1 S. 1 WEG n. F. bestimmen können. Ferner lässt § 47 WEG n. F. »Öffnungsklauseln« unberührt. Es ist daher
weiterhin vorstellbar, dass Umlageschlüssel ihre Grundlage nicht in § 16 Abs. 2
S. 2 WEG n. F., sondern in der entsprechenden Öffnungsklausel haben. Bedeutung hat dies im Einzelfall für ihre Wirkung gegenüber Sondernachfolgern
(siehe § 10 Abs. 3 S. 1 WEG n. F.) und für die Möglichkeit, den Beschluss nach

§ 5 Abs. 4 S. 1 WEG n. F. zum Inhalt des Sondereigentums zu machen (dazu → § 3 Rdn. 53 ff.).

4. Kostenvertrag

36 Die Wohnungseigentümer haben weiterhin die Möglichkeit, z. B. aus Gründen der Klarstellung oder Transparenz, mit der Gemeinschaft der Wohnungseigentümer einen Kostenvertrag zu schließen und dort zu regeln, welcher Wohnungseigentümer welche Kosten zu tragen hat. Dies bietet sich zwar nicht unbedingt im Bereich des § 16 Abs. 2 S. 1 WEG n. F. an, jedenfalls aber für solche Kosten, die § 21 WEG n. F. unterfallen.

5. Verwalter

37 Der Verwalter hat nach § 27 Abs. 1 Nr. 1 WEG n. F. keine Befugnis, den bestehenden Umlageschlüssel verändern. Nach §§ 19 Abs. 1, 27 Abs. 2 WEG n. F. kann von den Wohnungseigentümern durch Beschluss auch nichts anderes bestimmt werden. § 27 Abs. 2 WEG n. F. erlaubt nur Kompetenzverlagerungen im Bereich des § 27 WEG.

IV. Mietrecht (§ 556a Abs. 3 BGB)

38 Machen die Wohnungseigentümer von der Möglichkeit, einen Umlageschlüssel nach § 16 Abs. 2 S. 2 WEG n. F. oder aufgrund einer Umlagevereinbarung zu verändern, Gebrauch, hat dies unmittelbar für das Verhältnis eines vermiedenen Wohnungseigentümers an seinen Mieter eine Bedeutung, sofern die Voraussetzung des § 556a Abs. 3 BGB vorliegen (dazu im Einzelnen → § 12 Rdn. 57 ff.).

V. Übergangsregelungen

39 Soweit die Wohnungseigentümer einen Beschluss gefasst haben, für den das bisherige Recht keine Beschlusskompetenz vorsah, bleiben diese Beschlüsse unwirksam.

§ 14 Auslegung von Altvereinbarungen

I. Einleitung

In jeder Wohnungseigentumsanlage gibt es eine Gemeinschaftsordnung. Dort **1** werden sich in der Regel Bestimmungen nach § 10 Abs. 1 S. 2 WEG n. F. (= § 10 Abs. 2 S. 2 WEG a. F.) finden, die von solchen WEG-Vorschriften, die durch das WEMoG geändert wurden, abweichen. § 47 S. 1 WEG n. F. ordnet insoweit an, dass diese Vereinbarungen dem WEG in der Fassung seit dem 1.12.2020 nicht entgegenstehen, soweit sich aus ihnen nicht ein anderer Wille ergibt. Ein solcher Wille ist nach § 47 S. 2 WEG n. F. in der Regel nicht anzunehmen.

II. Sinn und Zweck

§ 47 WEG n. F. soll sicherstellen, dass die durch das WEMoG geänder- **2** ten WEG-Vorschriften in der Regel auch in den Gemeinschaften gelten, in denen Wohnungseigentum vor dem 1.12.2020 begründet worden ist (BR-Drs. 168/20, 95). Der Gesetzgeber sah diese Vorschrift als notwendig an, da viele Gemeinschaftsordnungen den Wortlaut des bei ihrer Errichtung geltenden Gesetzes wiederholen (BR-Drs. 168/20, 95). Er nahm an, dass eine solche Wiederholung nicht den Zweck hatte, dass die wiederholten Gesetzesbestimmungen gegenüber späteren Gesetzesänderungen Vorrang genießen sollen (BR-Drs. 168/20, 95). Die Wiederholung gesetzlicher Vorschriften in der Gemeinschaftsordnung habe in der Regel nur den Wohnungseigentümern und dem Verwalter die Lektüre des Gesetzes ersparen wollen (BR-Drs. 168/20, 95). Ein weiterer Sinn und Zweck soll nach den Materialien darin liegen, nunmehr die Gestaltungsfreiheit der Wohnungseigentümer, durch Vereinbarung etwas vom Gesetz Abweichendes zu bestimmen, sowohl für die Vergangenheit als auch für die Zukunft zu stärken (BR-Drs. 168/20, 95). Aus diesem Grunde seien §§ 12 Abs. 4 S. 2, § 16 Abs. 5, 22 Abs. 2 S. 2 WEG a. F. entfallen und hätten im geltenden Recht auch keine Entsprechung mehr.

III. Tatbestandsvoraussetzungen

3   Die Vereinbarung muss nach § 47 S. 1 WEG n. F. etwas bestimmen, dass von den WEG-Vorschriften abweicht, die erst durch das WEMoG geformt und/ oder umgeformt wurden. Dies ist für solche Bestimmungen nicht der Fall, die im Gesetz zwar einen anderen Platz erhalten haben, inhaltlich aber unverändert geblieben ist. Dies gilt z. B. für § 18 Abs. 3 WEG n. F., der § 21 Abs. 2 WEG a. F. entspricht.

4   Nach den Materialien widmet sich § 47 WEG n. F. ferner allein solchen Vereinbarungen, die den Wortlaut des bei ihrer Errichtung geltenden WEG wiederholen. Ungeschriebene Tatbestandsvoraussetzung des § 47 WEG n. F. ist auch aus diesem Grunde, dass die zu betrachtende Vereinbarung den Wortlaut des alten Gesetzes wiederholt (Becker/Schneider ZfIR 2020, 281 (307)). Es liegt im Übrigen auf der Hand, dass eine Vereinbarung, die stets etwas vom Gesetz Abweichendes bestimmte, aller Voraussicht kein Zufall war und mit dem Willen abgeschlossen wurde, das Leben in einer Wohnungseigentumsanlage eigenständig und originär zu regeln. Hier ergibt sich also bereits aus der Vereinbarung selbst grundsätzlich der Wille, auch einem neueren Gesetz nicht weichen zu wollen. Andernfalls hätten die Wohnungseigentümer jederzeit die entsprechende Vereinbarung mit einer Öffnungsklausel versehen können.

Eine – aber anders gelagerte – Grenze ist nur dort zu ziehen, wo die aktuellen WEG-Strukturen gleichsam zerstört werden würden und auch eine »aktuelle« Vereinbarung daher als unwirksam angesehen werden müsste. Die ist z. B. wegen § 18 Abs. 1 WEG n. F. für eine Vereinbarung anzunehmen, die anordnet, dass die Verwaltung des gemeinschaftlichen Eigentums den Wohnungseigentümern gemeinschaftlich zusteht.

IV. Typische Vereinbarungen, die weiterhin Bedeutung haben

5   Typische Vereinbarungen, die weiterhin Bedeutung haben sind u. a. die Folgenden:

- Abrechnung (Jahresabrechnung): Vereinbarungen, die etwas zu den Inhalten der Abrechnung sagen oder hausbezogene Abrechnungen anordnen.
- Bauliche Veränderung: Vereinbarungen zu baulichen Veränderungen, etwa die vorgezogene Zustimmung zu einem Dachausbau.
- Dispens vom Gesetzesrecht: Vereinbarungen, die das bei ihrer Entstehung geltende Recht für unanwendbar erklärt haben.
- Eigentümerversammlung: Sämtliche Vereinbarungen die etwas von §§ 23 bis 25 WEG n. F. Abweichendes bestimmen, etwa die Länge der Einladungsfrist (→ § 6 Rdn. 52), die Protokollierung von Beschlüssen, die Notwendigkeit bestimmter Stimmrechts-Quoren oder eigenständige Regelungen zur

Beschlussfähigkeit der Versammlung (→ § 6 Rdn. 91). Dies gilt auch für Vereinbarungen, die für den Nachweis der Vertretungsmacht die Schriftform fordern, da die Vertretungsmacht bis zum 30.11.2020 nur mündlich nachgewiesen werden musste. Nur für die Gemeinschaftsordnungen, die bis zum 31.7.2001 erstellt wurden, kann man anders argumentieren, da es die Textform erst ab dem 1.8.2001 gibt. Für Gemeinschaftsordnungen vor dem 1.8.2001 kann man argumentieren, es sei nur um die Sicherung des Beweises gegangen, die die Textform aber auch ermöglicht.

- Erhaltungsrücklage (Instandhaltungsrückstellung): Sämtliche Vereinbarungen die sich Inhalt, Gegenstand und Ausmaß der Instandhaltungsrückstellung (§ 21 Abs. 5 Nr. 4 WEG a. F.) widmen.
- Gebrauch und Benutzung: Sämtliche Vereinbarungen zum Gebrauch/zur Benutzung des gemeinschaftlichen Eigentums oder des Sondereigentums (Zweckbestimmungen im engeren und/oder weiteren Sinne).
- Hausordnung: Sämtliche Vereinbarungen, die man als Hausordnung verstehen kann, und die etwas Abweichendes von § 14 Nr. 1 WEG a. F. regeln.
- Kosten: Sämtliche Vereinbarungen zu den Kosten für die Erhaltung eines wesentlichen Gebäudebestandteiles.
- Mehrhausanlagen (Untergemeinschaften): Sämtliche Vereinbarungen in Bezug auf Mehrhausanlagen wichen grundsätzlich stets vom Gesetz ab, etwa in Bezug auf Umlageschlüssel, die Ansammlung der Erhaltungsrücklage, das Stimmrecht in der Versammlung oder Jahresabrechnungen.
- Öffnungsklauseln: Vereinbarungen nach § 23 Abs. 1 WEG a. F.
- Sondernutzungsrechtsvereinbarungen.
- Umlageschlüssel: Vereinbarungen, die etwas Abweichendes von § 16 Abs. 2 WEG 1951 bestimmen und für bestimmte Kostenpositionen einen anderen Umlageschlüssel anordnen (→ § 13 Rdn. 17).
- Verwalter: Vereinbarungen, die etwas zur Stellung des Verwalters als Organ der Gemeinschaft der Wohnungseigentümer bestimmen, weichen zwar in der Regel von § 9b Abs. 1 S. 1 WEG n. F. und/oder § 27 Abs. 1 WEG n. F. ab, haben nicht bloß die früheren WEG-Bestimmungen wiederholt und unterfallen daher nicht § 47. Etwas anderes kann dort gelten, wo die aktuellen WEG-Strukturen gleichsam zerstört werden würden und auch eine »aktuelle« Vereinbarung daher als unwirksam angesehen werden müsste. Was für Vereinbarungen gilt, die dem Verwalter als Person und nicht als Organ der Gemeinschaft der Wohnungseigentümer Aufgaben für die Wohnungseigentümer übertragen haben, ist unklar (s. auch → § 1 Rdn.).
- Verwaltung: Vereinbarungen, die die Verwaltung eines wesentlichen Gebäudebestandteils in die Hand eines Wohnungseigentümers geben, z. B. im Zusammenhang mit einer Sondernutzungsrechtsvereinbarung oder in Bezug auf Fenster.

V. Rechtsfolgen

1. Grundsatz

6 Liegen die Tatbestandsvoraussetzungen vor (→ Rdn. 3 ff.), sind solche Vereinbarungen, die von den Wohnungseigentümern vor dem 1.12.2020 getroffen wurden, grundsätzlich unbeachtlich. § 47 bewirkt allerdings nicht, dass diese Bestimmungen etwa wegen eines Gesetzesverstoßes vom Gesetz für nichtig erklärt werden würden, jetzt als ein Gesetzesverstoß angesehen werden müssen und zu einer Unrichtigkeit des Grundbuchs führen (s. auch Becker/Schneider ZfIR 2020, 281 (307)). Sollte es später zu weiteren Gesetzesänderungen kommen und Bestimmungen, die das WEMoG eingeführt hat, wieder geändert werden, sind die entsprechenden Vereinbarungen grundsätzlich wieder beachtlich. Ein gutgläubiger Erwerb in Bezug auf die die Vereinbarungen, die vor dem 1.12.2020 getroffen wurden, ist im Hinblick auf § 47 nicht vorstellbar.

2. Ausnahme (Versteinerungswille)

7 Vereinbarungen, die vor dem 1.12.2020 getroffen wurden und von solchen WEG-Vorschriften abweichen, die durch das WEMoG geändert wurden, sind für das Verhältnis der Wohnungseigentümer untereinander dennoch ausnahmsweise beachtlich, wenn sich ein entsprechender Wille aus der Vereinbarung mit hinreichender Deutlichkeit ergibt (BR-Drs. 168/20, 95).

8 Eine gesetzeswiederholende Vereinbarung, die der Anwendung der geänderten Vorschriften entgegensteht, ist nach § 47 S. 1 WEG n. F. anwendbar, wenn sich im Wege der Auslegung aus der Vereinbarung der Wille ergibt, dass die Vereinbarung (und damit der alte Gesetzesstand, z. B. die Ladungsfrist nach § 24 Abs. 4 S. 2 WEG a. F.) auch gegenüber künftigen Gesetzesänderungen Vorrang genießen sollte (BR-Drs. 168/20, 95). Dieser »Versteinerungswille« muss sich nach einer Auslegung aus der Vereinbarung selbst ergeben (BR-Drs. 168/20, 95). Für die Auslegung einer zum Inhalt des Sondereigentums gemachten Vereinbarung gelten die allgemeinen Grundsätze. Maßgebend ist also der Wortlaut und Sinn, wie er sich aus unbefangener Sicht als nächstliegende Bedeutung der Eintragung ergibt, weil sie auch die Sonderrechtsnachfolger der Wohnungseigentümer bindet. Umstände außerhalb der Eintragung dürfen nur herangezogen werden, wenn sie nach den besonderen Verhältnissen des Einzelfalls für jedermann ohne weiteres erkennbar sind. Dabei müssen Abweichungen von der gesetzlichen Verteilung der Aufgaben, Kompetenzen und Kosten klar und eindeutig aus der Gemeinschaftsordnung hervorgehen (exemplarisch BGH ZMR 2020, 862 = NJW-RR 2020, 959 Rn. 6; BGH ZMR 2019, 625 = ZWE 2019, 322 Rn. 7).

VI. Prozessuales

Behauptet ein Wohnungseigentümer, dass eine Vereinbarung, die die Tat- 9
bestandsvoraussetzungen des § 47 WEG n. F. erfüllt, für das Verhältnis der
Wohnungseigentümer untereinander anwendbar ist, ist es nach § 47 S. 2
WEG n. F. an ihm, diese Behauptung darzulegen und im Streit zu beweisen
(BR-Drs. 168/20, 95).

§ 15 Übergangsvorschriften

I. Einleitung

1 Was für den Übergang auf das durch das WEMoG geänderte Recht gilt, bestimmt § 48 WEG. Überblick:

- Nach seinem Absatz 1 gelten §§ 5 Abs. 4, 7 Abs. 2 und § 10 Abs. 3 WEG n. F. auch für solche Beschlüsse, die vor diesem Zeitpunkt gefasst oder durch gerichtliche Entscheidung ersetzt wurden (dazu im Einzelnen → § 3 Rdn. 68).
- Nach seinem Absatz 2 gelt § 5 Abs. 4 S. 3 WEG a. F. weiter für Vereinbarungen und Beschlüsse, die vor diesem Zeitpunkt getroffen oder gefasst wurden, und zu denen vor dem 1.12.2020 alle Zustimmungen erteilt wurden, die nach den vor diesem Zeitpunkt geltenden Vorschriften erforderlich waren (dazu im Einzelnen → § 3 Rdn. 101).
- Nach seinem Absatz 3 gilt § 7 Abs. 3 S. 2 WEG n. F. auch für Vereinbarungen und Beschlüsse, die vor dem 1. Dezember 2020 getroffen oder gefasst wurden (dazu im Einzelnen → § 3 Rdn. 81).
- Nach seinem Absatz 4 ist § 19 Abs. 2 Nr. 6 WEG n. F. (dazu → § 1 Rdn. 87 ff.) erst ab dem 1.12.2022 anwendbar. Eine Person, die am 1.12.2020 Verwalter einer Gemeinschaft der Wohnungseigentümer war, gilt gegenüber den Wohnungseigentümern dieser Gemeinschaft der Wohnungseigentümer bis zum 1.6.2024 als zertifizierter Verwalter.
- Nach seinem Absatz 5 sind für die bereits vor dem 1.12.2020 bei Gericht anhängigen Verfahren sind die Vorschriften des dritten Teils dieses Gesetzes in ihrer bis dahin geltenden Fassung weiter anzuwenden (dazu → § 9 Rdn. 93 ff.).

II. Materielles Recht

I. Grundsatz

Für die Anwendung der ab dem 1.12.2020 neuen materiell-rechtlichen Vor- **2**
schriften fehlt jenseits von § 48 WEG n. F. eine Übergangsvorschrift. Die ab
dem 1.12.2020 geltenden Bestimmungen sind daher im Grundsatz auch auf
noch nicht abgeschlossene Sachverhalte anzuwenden. Auch auf bereits laufende
Verfahren sind damit z. B. die §§ 13–17, 18 Abs. 1, Abs. 2, 19–22, 27, 28
WEG n. F. anwendbar (siehe z. B. → § 7 Rdn. 96). Diese Verfahren sind im
Einzelfall ggf. – ggf. teilweise – für erledigt zu erklären, ggf. bedarf es eines Par-
teiwechsels (siehe auch Hogenschurz, Das neue WEG-Verfahrensrecht: Übergangsrecht bei der Anfechtungsklage, AnwZert MietR 1/2021 Anm. 1 und
Lübke, Erforderlichkeit und Möglichkeiten prozessualer Reaktion auf den Ver-
lust der Prozessführungsbefugnis infolge der Reform des WEG-Rechts, ZMR
2021, Heft 2). Übersicht zu ausgesuchten Einzelfällen:
– So ist es z. B., wenn ein Wohnungseigentümer in Bezug auf das gemeinschaftliche Eigentum und das Sondereigentum Unterlassungs- und/oder Beseiti-
  gungsrechte aus § 1004 BGB und/oder § 15 Abs. 3 WEG a. F. geltend macht.
  Nichts anderes gilt bei Klagen gegen eine unzulässige bauliche Veränderung.
– Klagt ein Wohnungseigentümer nach § 21 Abs. 8 WEG a. F. gegen die anderen Wohnungseigentümer, ist die Klage wegen § 44 Abs. 2 S. 1 WEG
  n. F. nachträglich unbegründet geworden. In der Regel ist aber eine Umstellung der Klage auf die Gemeinschaft der Wohnungseigentümer möglich.
– Klagt ein Wohnungseigentümer gegen den Verwalter auf ein nach § 21
  Abs. 4 WEG a. F. gebotenes Tun, etwa eine Beschlussdurchführung, die
  Vorlage eines Wirtschaftsplanes oder einer Abrechnung, ist die Klage jeweils
  wegen § 18 Abs. 1 WEG n. F. nachträglich unbegründet geworden. In der
  Regel ist aber eine Umstellung der Klage auf die Gemeinschaft der Woh-
  nungseigentümer möglich.
– Im Übrigen ist § 9b Abs. 1 S. 1 WEG n. F. zu beachten. Durch die Geset-
  zesänderung kann der Verwalter jetzt ohne Weiteres die Gemeinschaft der
  Wohnungseigentümer vertreten.

II. Beschlusskompetenzen   **3**

Die neuen materiell-rechtlichen Regelungen dürfen nicht rückwirkend bei der
Beurteilung von Beschlüssen angewandt werden, die vor dem 1.12.2020 gefasst
wurden (s. auch BGH ZMR 2018, 1024 = NZM 2018, 905 Rn. 23). Denn
die Gültigkeit solcher Beschlüsse ist auf Grundlage der im Zeitpunkt der Beschlussfassung geltenden Rechtslage zu beurteilen. Soweit daher das WEG den
Wohnungseigentümern gegenüber dem bisher Geltenden weitere Beschlusskompetenzen einräumt, können die Wohnungseigentümer von diesen neuen

Kompetenzen erst seit dem 1.12.2020 Gebrauch machen. Ein in Ermangelung einer Beschlusskompetenz nichtiger Beschluss bleibt damit nichtig. Den Wohnungseigentümern steht es frei, das Gewollte nunmehr wirksam zu beschließen (OLG Hamm ZMR 2008, 156 (159)).

4 Wenn die Wohnungseigentümer Beschlüsse auf der Grundlage von Beschlusskompetenzen gefasst haben, die ihnen das bis zum 1.12.2020 geltende WEG eingeräumt hatte, die aber nicht mehr bestehen, können Maßnahmen darauf nicht mehr gestützt werden. Soweit die Beschlüsse die Rechtsgrundlage für bereits bestehende Rechtsgeschäfte oder Realhandlungen bilden, ändert sich allerdings nichts (s. auch Lehmann-Richter/Wobst, WEG-Reform 2020, Rn. 2015 ff.). Insoweit gilt der Grundsatz, dass für die Wirksamkeit eines Rechtsgeschäftes die bei seinem Abschluss bestehenden Regeln und Umstände maßgeblich sind, weil Wirksamkeitshindernisse von den Parteien nur in diesem Zeitpunkt beachtet werden können. Hat ein Wohnungseigentümer aufgrund einer Umzugskostenpauschale nach § 21 Abs. 7 WEG a. F. der Gemeinschaft der Wohnungseigentümer ein Entgelt bezahlt, ist für diese Zahlung der Rechtsgrund nicht entfallen (Becker/Schneider ZfIR 2020, 281 (298)). Soweit die Beschlüsse bereits gefasst worden waren, auf ihnen aber noch keine Maßnahme fußt, ist das WEG in seiner geltenden Fassung hingegen jeweils i. S. v. § 134 BGB als ein gesetzliches Verbot zu verstehen (BR-Drs. 168/20, 49; a. A. Becker/Schneider ZfIR 2020, 281 (298)). Haben die Wohnungseigentümer im Jahr 2017 eine Umzugskostenpauschale beschlossen, kann diese ab dem 1.12.2020 nicht mehr verlangt werden, sofern sich ihre Tatbestandsvoraussetzungen erst nach dem 1.12.2020 verwirklichen.

III. Pflichtverletzungen von Organen

5 Für Pflichtverletzungen des Verwalters und/oder der Wohnungseigentümer oder der Verwaltungsbeiräte haftet ab 1.12.2020 die Gemeinschaft der Wohnungseigentümer. Eine Rückwirkung ist nicht vorstellbar (diff. Lehmann-Richter/Wobst, WEG-Reform 2020, Rn. 2038). Denn die Gemeinschaft der Wohnungseigentümer hatte keine Möglichkeit, auf die Organe einzuwirken und kann daher insoweit nicht in die Haftung genommen werden. Es ist auch unbillig, jemanden nachträglich für Pflichtverletzungen in Anspruch zu nehmen.

IV. Pflichterfüllung von Organen

6 Die Erfüllung von Organpflichten kann ab dem 1.12.2020 nur von der Gemeinschaft der Wohnungseigentümer, davor aber weiterhin von den Organen unmittelbar verlangt werden (aA Lehmann-Richter/Wobst, WEG-Reform

2020, Rn. 2025 ff.), z. B. eine Beschlussdurchführung des Verwalters. Eine laufende Klage ist daher nicht für erledigt zu erklären. Jedenfalls müsste die Gemeinschaft der Wohnungseigentümer einem Beklagtenwechsel stets zustimmen.

V. Bauträgerrecht

Das WEMoG wollte die Rechtsprechung zum Bauträgervertragsrecht, wonach 7 die Gemeinschaft der Wohnungseigentümer nach Beschlussfassung bestimmte Mängelrechte ausüben kann, unberührt lassen (BR-Drs. 168/20, 49). Denn diese Rechtsprechung beruhe nicht auf § 10 Abs. 6 S. 3 WEG a. F., sondern sei schon zur Rechtslage vor der WEG-Novelle 2007 entwickelt worden. Dass die Wohnungseigentümer nach § 9a Abs. 2 WEG n. F. keine Rechte und/ oder Pflichten vergemeinschaften können, habe daher keine Auswirkungen. Gemeint ist, dass die Wohnungseigentümer nach § 19 Abs. 1 WEG n. F. ihre Mängelrechte vergemeinschaften können und dass sich für laufende Verfahren, die auf einer Vergemeinschaftung beruhen, nicht ändert (Hügel/Elzer § 9a Rn. 119 ff.).

VI. Grundbuchrecht

Für Teilungserklärungen und ggf. Änderungen von Teilungserklärungen, die vor 8 dem 1.12.2020 beim Grundbuchamt eingegangen sind, gilt in Bezug auf § 3 Abs. 3 WEG n. F. die Bestimmung des § 48 Abs. 5 WEG n. F. entsprechend.

Anhang 1
Gesetz über das Wohnungseigentum und das Dauerwohnrecht (Wohnungseigentumsgesetz – WEG) in der Fassung des WEMoG; BGBl. I, 2020, S. 2187 ff.

< die wichtigsten Änderungen sind durch Unterstreichungen verdeutlicht >

Teil 1. Wohnungseigentum

Abschnitt 1. Begriffsbestimmungen

§ 1 Begriffsbestimmungen

(1) Nach Maßgabe dieses Gesetzes kann an Wohnungen das Wohnungseigentum, an nicht zu Wohnzwecken dienenden Räumen eines Gebäudes das Teileigentum begründet werden.

(2) Wohnungseigentum ist das Sondereigentum an einer Wohnung in Verbindung mit dem Miteigentumsanteil an dem gemeinschaftlichen Eigentum, zu dem es gehört.

(3) Teileigentum ist das Sondereigentum an nicht zu Wohnzwecken dienenden Räumen eines Gebäudes in Verbindung mit dem Miteigentumsanteil an dem gemeinschaftlichen Eigentum, zu dem es gehört.

(4) Wohnungseigentum und Teileigentum können nicht in der Weise begründet werden, dass das Sondereigentum mit Miteigentum an mehreren Grundstücken verbunden wird.

(5) Gemeinschaftliches Eigentum im Sinne dieses Gesetzes sind das Grundstück und das Gebäude, soweit sie nicht im Sondereigentum oder im Eigentum eines Dritten stehen.

(6) Für das Teileigentum gelten die Vorschriften über das Wohnungseigentum entsprechend.

Abschnitt 2. Begründung des Wohnungseigentums

§ 2 Arten der Begründung

Wohnungseigentum wird durch die vertragliche Einräumung von Sondereigentum (§ 3) oder durch Teilung (§ 8) begründet.

§ 3 Vertragliche Einräumung von Sondereigentum

(1) Das Miteigentum (§ 1008 des Bürgerlichen Gesetzbuches) an einem Grundstück kann durch Vertrag der Miteigentümer in der Weise beschränkt

werden, dass jedem der Miteigentümer abweichend von § 93 des Bürgerlichen Gesetzbuches das Eigentum an einer bestimmten Wohnung oder an nicht zu Wohnzwecken dienenden bestimmten Räumen in einem auf dem Grundstück errichteten oder zu errichtenden Gebäude (Sondereigentum) eingeräumt wird. Stellplätze gelten als Räume im Sinne des Satzes 1.

(2) Das Sondereigentum kann auf einen außerhalb des Gebäudes liegenden Teil des Grundstücks erstreckt werden, es sei denn, die Wohnung oder die nicht zu Wohnzwecken dienenden Räume bleiben dadurch wirtschaftlich nicht die Hauptsache.

(3) Sondereigentum soll nur eingeräumt werden, wenn die Wohnungen oder sonstigen Räume in sich abgeschlossen sind und Stellplätze sowie außerhalb des Gebäudes liegende Teile des Grundstücks durch Maßangaben im Aufteilungsplan bestimmt sind.

§ 4 Formvorschriften

(1) Zur Einräumung und zur Aufhebung des Sondereigentums ist die Einigung der Beteiligten über den Eintritt der Rechtsänderung und die Eintragung in das Grundbuch erforderlich.

(2) Die Einigung bedarf der für die Auflassung vorgeschriebenen Form. Sondereigentum kann nicht unter einer Bedingung oder Zeitbestimmung eingeräumt oder aufgehoben werden.

(3) Für einen Vertrag, durch den sich ein Teil verpflichtet, Sondereigentum einzuräumen, zu erwerben oder aufzuheben, gilt § 311b Abs. 1 des Bürgerlichen Gesetzbuchs entsprechend.

§ 5 Gegenstand und Inhalt des Sondereigentums

(1) Gegenstand des Sondereigentums sind die gemäß § 3 Absatz 1 Satz 1 bestimmten Räume sowie die zu diesen Räumen gehörenden Bestandteile des Gebäudes, die verändert, beseitigt oder eingefügt werden können, ohne dass dadurch das gemeinschaftliche Eigentum oder ein auf Sondereigentum beruhendes Recht eines anderen Wohnungseigentümers über das bei einem geordneten Zusammenleben unvermeidliche Maß hinaus beeinträchtigt oder die äußere Gestaltung des Gebäudes verändert wird. Soweit sich das Sondereigentum auf außerhalb des Gebäudes liegende Teile des Grundstücks erstreckt, gilt § 94 des Bürgerlichen Gesetzbuchs entsprechend.

(2) Teile des Gebäudes, die für dessen Bestand oder Sicherheit erforderlich sind, sowie Anlagen und Einrichtungen, die dem gemeinschaftlichen Gebrauch der Wohnungseigentümer dienen, sind nicht Gegenstand des Sondereigentums,

selbst wenn sie sich im Bereich der im Sondereigentum stehenden Räume oder Teile des Grundstücks befinden.

(3) Die Wohnungseigentümer können vereinbaren, dass Bestandteile des Gebäudes, die Gegenstand des Sondereigentums sein können, zum gemeinschaftlichen Eigentum gehören.

(4) Vereinbarungen über das Verhältnis der Wohnungseigentümer untereinander und Beschlüsse aufgrund einer solchen Vereinbarung können nach den Vorschriften des Abschnitts 4 zum Inhalt des Sondereigentums gemacht werden. Ist das Wohnungseigentum mit der Hypothek, Grund- oder Rentenschuld oder der Reallast eines Dritten belastet, so ist dessen nach anderen Rechtsvorschriften notwendige Zustimmung nur erforderlich, wenn ein Sondernutzungsrecht begründet oder ein mit dem Wohnungseigentum verbundenes Sondernutzungsrecht aufgehoben, geändert oder übertragen wird.

§ 6 Unselbständigkeit des Sondereigentums

(1) Das Sondereigentum kann ohne den Miteigentumsanteil, zu dem es gehört, nicht veräußert oder belastet werden.

(2) Rechte an dem Miteigentumsanteil erstrecken sich auf das zu ihm gehörende Sondereigentum.

§ 7 Grundbuchvorschriften

(1) Im Falle des § 3 Abs. 1 wird für jeden Miteigentumsanteil von Amts wegen ein besonderes Grundbuchblatt (Wohnungsgrundbuch, Teileigentumsgrundbuch) angelegt. Auf diesem ist das zu dem Miteigentumsanteil gehörende Sondereigentum und als Beschränkung des Miteigentums die Einräumung der zu den anderen Miteigentumsanteilen gehörenden Sondereigentumsrechte einzutragen. Das Grundbuchblatt des Grundstücks wird von Amts wegen geschlossen.

(2) Zur Eintragung eines Beschlusses im Sinne des § 5 Absatz 4 Satz 1 bedarf es der Bewilligungen der Wohnungseigentümer nicht, wenn der Beschluss durch eine Niederschrift, bei der die Unterschriften der in § 24 Absatz 6 bezeichneten Personen öffentlich beglaubigt sind, oder durch ein Urteil in einem Verfahren nach § 44 Absatz 1 Satz 2 nachgewiesen ist. Antragsberechtigt ist auch die Gemeinschaft der Wohnungseigentümer.

(3) Zur näheren Bezeichnung des Gegenstandes und des Inhalts des Sondereigentums kann auf die Eintragungsbewilligung oder einen Nachweis gemäß Absatz 2 Satz 1 Bezug genommen werden. Veräußerungsbeschränkungen

(§ 12) und die Haftung von Sondernachfolgern für Geldschulden sind jedoch ausdrücklich einzutragen.

(4) Der Eintragungsbewilligung sind als Anlagen beizufügen:

1. eine von der Baubehörde mit Unterschrift und Siegel oder Stempel versehene Bauzeichnung, aus der die Aufteilung des Gebäudes und des Grundstücks sowie die Lage und Größe der im Sondereigentum und der im gemeinschaftlichen Eigentum stehenden Teile des Gebäudes und des Grundstücks ersichtlich ist (Aufteilungsplan); alle zu demselben Wohnungseigentum gehörenden Einzelräume und Teile des Grundstücks sind mit der jeweils gleichen Nummer zu kennzeichnen;

2. eine Bescheinigung der Baubehörde, dass die Voraussetzungen des § 3 Absatz 3 vorliegen.

   Wenn in der Eintragungsbewilligung für die einzelnen Sondereigentumsrechte Nummern angegeben werden, sollen sie mit denen des Aufteilungsplanes übereinstimmen.

(5) Für Teileigentumsgrundbücher gelten die Vorschriften über Wohnungsgrundbücher entsprechend.

§ 8 Teilung durch den Eigentümer

(1) Der Eigentümer eines Grundstücks kann durch Erklärung gegenüber dem Grundbuchamt das Eigentum an dem Grundstück in Miteigentumsanteile in der Weise teilen, dass mit jedem Anteil Sondereigentum verbunden ist.

(2) Im Falle des Absatzes 1 gelten § 3 Absatz 1 Satz 2, Absatz 2 und 3, § 4 Absatz 2 Satz 2 sowie der §§ 5 bis 7 entsprechend.

(3) Wer einen Anspruch auf Übertragung von Wohnungseigentum gegen den teilenden Eigentümer hat, der durch Vormerkung im Grundbuch gesichert ist, gilt gegenüber der Gemeinschaft der Wohnungseigentümer und den anderen Wohnungseigentümern anstelle des teilenden Eigentümers als Wohnungseigentümer, sobald ihm der Besitz an den zum Sondereigentum gehörenden Räumen übergeben wurde.

§ 9 Schließung der Wohnungsgrundbücher

(1) Die Wohnungsgrundbücher werden geschlossen:

1. von Amts wegen, wenn die Sondereigentumsrechte gemäß § 4 aufgehoben werden;

2. auf Antrag des Eigentümers, wenn sich sämtliche Wohnungseigentumsrechte in einer Person vereinigen.

(2) Ist ein Wohnungseigentum selbständig mit dem Rechte eines Dritten belastet, so werden die allgemeinen Vorschriften, nach denen zur Aufhebung des Sondereigentums die Zustimmung des Dritten erforderlich ist, durch Absatz 1 nicht berührt.

(3) Werden die Wohnungsgrundbücher geschlossen, so wird für das Grundstück ein Grundbuchblatt nach den allgemeinen Vorschriften angelegt; die Sondereigentumsrechte erlöschen, soweit sie nicht bereits aufgehoben sind, mit der Anlegung des Grundbuchblatts.

Abschnitt 3. Rechtsfähige Gemeinschaft der Wohnungseigentümer

§ 9a Gemeinschaft der Wohnungseigentümer

(1) Die Gemeinschaft der Wohnungseigentümer kann Rechte erwerben und Verbindlichkeiten eingehen, vor Gericht klagen und verklagt werden. Die Gemeinschaft der Wohnungseigentümer entsteht mit Anlegung der Wohnungsgrundbücher; dies gilt auch im Fall des § 8. Sie führt die Bezeichnung »Gemeinschaft der Wohnungseigentümer« oder »Wohnungseigentümergemeinschaft« gefolgt von der bestimmten Angabe des gemeinschaftlichen Grundstücks.

(2) Die Gemeinschaft der Wohnungseigentümer übt die sich aus dem gemeinschaftlichen Eigentum ergebenden Rechte sowie solche Rechte der Wohnungseigentümer aus, die eine einheitliche Rechtsverfolgung erfordern, und nimmt die entsprechenden Pflichten der Wohnungseigentümer wahr.

(3) Für das Vermögen der Gemeinschaft der Wohnungseigentümer (Gemeinschaftsvermögen) gelten § 18, § 19 Absatz 1 und § 27 entsprechend.

(4) Jeder Wohnungseigentümer haftet einem Gläubiger nach dem Verhältnis seines Miteigentumsanteils (§ 16 Absatz 1 Satz 2) für Verbindlichkeiten der Gemeinschaft der Wohnungseigentümer, die während seiner Zugehörigkeit entstanden oder während dieses Zeitraums fällig geworden sind; für die Haftung nach Veräußerung des Wohnungseigentums ist § 160 des Handelsgesetzbuchs entsprechend anzuwenden. Er kann gegenüber einem Gläubiger neben den in seiner Person begründeten auch die der Gemeinschaft der Wohnungseigentümer zustehenden Einwendungen und Einreden geltend machen, nicht aber seine Einwendungen und Einreden gegenüber der Gemeinschaft der Wohnungseigentümer. Für die Einrede der Anfechtbarkeit und Aufrechenbarkeit ist § 770 des Bürgerlichen Gesetzbuchs entsprechend anzuwenden.

(5) Ein Insolvenzverfahren über das Gemeinschaftsvermögen findet nicht statt.

§ 9b Vertretung

(1) Die Gemeinschaft der Wohnungseigentümer wird durch den Verwalter gerichtlich und außergerichtlich vertreten, beim Abschluss eines Grundstückskauf- oder Darlehensvertrags aber nur aufgrund eines Beschlusses der Wohnungseigentümer. Hat die Gemeinschaft der Wohnungseigentümer keinen Verwalter, wird sie durch die Wohnungseigentümer gemeinschaftlich vertreten. Eine Beschränkung des Umfangs der Vertretungsmacht ist Dritten gegenüber unwirksam.

(2) Dem Verwalter gegenüber vertritt der Vorsitzende des Verwaltungsbeirats oder ein durch Beschluss dazu ermächtigter Wohnungseigentümer die Gemeinschaft der Wohnungseigentümer.

Abschnitt 4. Rechtsverhältnis der Wohnungseigentümer untereinander und zur Gemeinschaft der Wohnungseigentümer

§ 10 Allgemeine Grundsätze

(1) Das Verhältnis der Wohnungseigentümer untereinander und zur Gemeinschaft der Wohnungseigentümer bestimmt sich nach den Vorschriften dieses Gesetzes und, soweit dieses Gesetz keine besonderen Bestimmungen enthält, nach den Vorschriften des Bürgerlichen Gesetzbuches über die Gemeinschaft. Die Wohnungseigentümer können von den Vorschriften dieses Gesetzes abweichende Vereinbarungen treffen, soweit nicht etwas anderes ausdrücklich bestimmt ist.

(2) Jeder Wohnungseigentümer kann eine vom Gesetz abweichende Vereinbarung oder die Anpassung einer Vereinbarung verlangen, soweit ein Festhalten an der geltenden Regelung aus schwerwiegenden Gründen unter Berücksichtigung aller Umstände des Einzelfalles, insbesondere der Rechte und Interessen der anderen Wohnungseigentümer, unbillig erscheint.

(3) Vereinbarungen, durch die die Wohnungseigentümer ihr Verhältnis untereinander in Ergänzung oder Abweichung von Vorschriften dieses Gesetzes regeln, die Abänderung oder Aufhebung solcher Vereinbarungen sowie Beschlüsse, die aufgrund einer Vereinbarung gefasst werden, wirken gegen den Sondernachfolger eines Wohnungseigentümers nur, wenn sie als Inhalt des Sondereigentums im Grundbuch eingetragen sind. Im Übrigen bedürfen Beschlüsse zu ihrer Wirksamkeit gegen den Sondernachfolger eines Wohnungseigentümers nicht der Eintragung in das Grundbuch.

§ 11 Aufhebung der Gemeinschaft

(1) Kein Wohnungseigentümer kann die Aufhebung der Gemeinschaft verlangen. Dies gilt auch für eine Aufhebung aus wichtigem Grund. Eine abweichende Vereinbarung ist nur für den Fall zulässig, dass das Gebäude ganz oder teilweise zerstört wird und eine Verpflichtung zum Wiederaufbau nicht besteht.

(2) Das Recht eines Pfändungsgläubigers (§ 751 des Bürgerlichen Gesetzbuchs) sowie das im Insolvenzverfahren bestehende Recht (§ 84 Abs. 2 der Insolvenzordnung), die Aufhebung der Gemeinschaft zu verlangen, ist ausgeschlossen.

(3) Im Falle der Aufhebung der Gemeinschaft bestimmt sich der Anteil der Miteigentümer nach dem Verhältnis des Wertes ihrer Wohnungseigentumsrechte zur Zeit der Aufhebung der Gemeinschaft. Hat sich der Wert eines Miteigentumsanteils durch Maßnahmen verändert, deren Kosten der Wohnungseigentümer nicht getragen hat, so bleibt eine solche Veränderung bei der Berechnung des Wertes dieses Anteils außer Betracht.

§ 12 Veräußerungsbeschränkung

(1) Als Inhalt des Sondereigentums kann vereinbart werden, dass ein Wohnungseigentümer zur Veräußerung seines Wohnungseigentums der Zustimmung anderer Wohnungseigentümer oder eines Dritten bedarf.

(2) Die Zustimmung darf nur aus einem wichtigen Grunde versagt werden. Durch Vereinbarung gemäß Absatz 1 kann dem Wohnungseigentümer darüber hinaus für bestimmte Fälle ein Anspruch auf Erteilung der Zustimmung eingeräumt werden.

(3) Ist eine Vereinbarung gemäß Absatz 1 getroffen, so ist eine Veräußerung des Wohnungseigentums und ein Vertrag, durch den sich der Wohnungseigentümer zu einer solchen Veräußerung verpflichtet, unwirksam, solange nicht die erforderliche Zustimmung erteilt ist. Einer rechtsgeschäftlichen Veräußerung steht eine Veräußerung im Wege der Zwangsvollstreckung oder durch den Insolvenzverwalter gleich.

(4) Die Wohnungseigentümer können beschließen, dass eine Veräußerungsbeschränkung gemäß Absatz 1 aufgehoben wird. Ist ein Beschluss gemäß Satz 1 gefasst, kann die Veräußerungsbeschränkung im Grundbuch gelöscht werden. § 7 Absatz 2 gilt entsprechend.

§ 13 Rechte des Wohnungseigentümers aus dem Sondereigentum

(1) Jeder Wohnungseigentümer kann, soweit nicht das Gesetz entgegensteht, mit seinem Sondereigentum nach Beheben verfahren, insbesondere dieses

bewohnen, vermieten, verpachten oder in sonstiger Weise nutzen, und andere von Einwirkungen ausschließen.

(2) Für Maßnahmen, die über die ordnungsmäßige Instandhaltung und Instandsetzung (Erhaltung) des Sondereigentums hinausgehen, gilt § 20 mit der Maßgabe entsprechend, dass es keiner Gestattung bedarf, soweit keinem der anderen Wohnungseigentümer über das bei einem geordneten Zusammenleben unvermeidliche Maß hinaus ein Nachteil erwächst.

§ 14 Pflichten des Wohnungseigentümers

(1) Jeder Wohnungseigentümer ist gegenüber der Gemeinschaft der Wohnungseigentümer verpflichtet,
1. die gesetzlichen Regelungen, Vereinbarungen und Beschlüsse einzuhalten und
2. das Betreten seines Sondereigentums und andere Einwirkungen auf dieses und das gemeinschaftliche Eigentum zu dulden, die den Vereinbarungen oder Beschlüssen entsprechen oder, wenn keine entsprechenden Vereinbarungen oder Beschlüsse bestehen, aus denen ihm über das bei einem geordneten Zusammenleben unvermeidliche Maß hinaus kein Nachteil erwächst.

(2) Jeder Wohnungseigentümer ist gegenüber den übrigen Wohnungseigentümern verpflichtet,
1. deren Sondereigentum nicht über das in Absatz 1 Nummer 2 bestimmte Maß hinaus zu beeinträchtigen und
2. Einwirkungen nach Maßgabe des Absatz Nummer 2 zu dulden.

(3) Hat der Wohnungseigentümer eine Einwirkung zu dulden, die über das zumutbare Maß hinausgeht, kann er einen angemessenen Ausgleich in Geld verlangen.

§ 15 Pflichten Dritter

Wer Wohnungseigentum gebraucht, ohne Wohnungseigentümer zu sein, hat gegenüber der Gemeinschaft der Wohnungseigentümer und anderen Wohnungseigentümern zu dulden:
1. die Erhaltung des gemeinschaftlichen Eigentums und des Sondereigentums, die ihm rechtzeitig angekündigt wurde; § 555a Absatz 2 des Bürgerlichen Gesetzbuchs gilt entsprechend;
2. Maßnahmen, die über die Erhaltung hinausgehen, die spätestens drei Monate vor ihrem Beginn in Textform angekündigt wurden; § 555c Absatz 1 Satz 2 Nummer 1 und 2, Absatz 2 bis 4 und § 555d Absatz 2 bis 5 des Bürgerlichen Gesetzbuchs gelten entsprechend.

§ 16 Nutzungen und Kosten

(1) Jedem Wohnungseigentümer gebührt ein seinem Anteil entsprechender Bruchteil der Früchte des gemeinschaftlichen Eigentums und des Gemeinschaftsvermögens. Der Anteil bestimmt sich nach dem gemäß § 47 der Grundbuchordnung im Grundbuch eingetragenen Verhältnis der Miteigentumsanteile. Jeder Wohnungseigentümer ist zum Mitgebrauch des gemeinschaftlichen Eigentums nach Maßgabe des § 14 berechtigt.

(2) Die Kosten der Gemeinschaft der Wohnungseigentümer, insbesondere der Verwaltung und des gemeinschaftlichen Gebrauchs des gemeinschaftlichen Eigentums, hat jeder Wohnungseigentümer nach dem Verhältnis seines Anteils (Absatz 1 Satz 2) zu tragen. Die Wohnungseigentümer können für einzelne Kosten oder bestimmte Arten von Kosten eine von Satz 1 oder von einer Vereinbarung abweichende Verteilung beschließen.

(3) Für die Kosten und Nutzungen bei baulichen Veränderungen gilt § 21.

§ 17 Entziehung des Wohnungseigentums

(1) Hat ein Wohnungseigentümer sich einer so schweren Verletzung der ihm gegenüber anderen Wohnungseigentümern oder der Gemeinschaft der Wohnungseigentümer obliegenden Verpflichtungen schuldig gemacht, dass diesen die Fortsetzung der Gemeinschaft mit ihm nicht mehr zugemutet werden kann, so kann die Gemeinschaft der Wohnungseigentümer von ihm die Veräußerung seines Wohnungseigentums verlangen.

(2) Die Voraussetzungen des Absatzes 1 liegen insbesondere vor, wenn der Wohnungseigentümer trotz Abmahnung wiederholt gröblich gegen die ihm nach § 14 Absatz 1 und 2 obliegenden Pflichten verstößt.

(3) Der in Absatz 1 bestimmte Anspruch kann durch Vereinbarung der Wohnungseigentümer nicht eingeschränkt oder ausgeschlossen werden.

(4) Das Urteil, durch das ein Wohnungseigentümer zur Veräußerung seines Wohnungseigentums verurteilt wird, berechtigt zur Zwangsvollstreckung entsprechend den Vorschriften des Ersten Abschnitts des Gesetzes über die Zwangsversteigerung und die Zwangsverwaltung. Das Gleiche gilt für Schuldtitel im Sinne des § 794 der Zivilprozessordnung, durch die sich der Wohnungseigentümer zur Veräußerung seines Wohnungseigentums verpflichtet.

§ 18 Verwaltung und Benutzung

(1) Die Verwaltung des gemeinschaftlichen Eigentums obliegt der Gemeinschaft der Wohnungseigentümer.

(2) Jeder Wohnungseigentümer kann von der Gemeinschaft der Wohnungseigentümer

1. eine Verwaltung des gemeinschaftlichen Eigentums sowie
2. eine Benutzung des gemeinschaftlichen Eigentums und des Sondereigentums verlangen, die dem Interesse der Gesamtheit der Wohnungseigentümer nach billigem Ermessen (ordnungsmäßige Verwaltung und Benutzung) und, soweit solche bestehen, den gesetzlichen Regelungen, Vereinbarungen und Beschlüssen entsprechen.

(3) Jeder Wohnungseigentümer ist berechtigt, ohne Zustimmung der anderen Wohnungseigentümer die Maßnahmen zu treffen, die zur Abwendung eines dem gemeinschaftlichen Eigentum unmittelbar drohenden Schadens notwendig sind.

(4) Jeder Wohnungseigentümer kann von der Gemeinschaft der Wohnungseigentümer Einsicht in die Verwaltungsunterlagen verlangen.

§ 19 Regelung der Verwaltung und Benutzung durch Beschluss

(1) Soweit die Verwaltung des gemeinschaftlichen Eigentums und die Benutzung des gemeinschaftlichen Eigentums und des Sondereigentums nicht durch Vereinbarung der Wohnungseigentümer geregelt sind, beschließen die Wohnungseigentümer eine ordnungsmäßige Verwaltung und Benutzung.

(2) Zur ordnungsmäßigen Verwaltung und Benutzung gehören insbesondere

1. die Aufstellung einer Hausordnung,
2. die ordnungsmäßige Erhaltung des gemeinschaftlichen Eigentums,
3. die angemessene Versicherung des gemeinschaftlichen Eigentums zum Neuwert sowie der Wohnungseigentümer gegen Haus- und Grundbesitzerhaftpflicht,
4. die Ansammlung einer angemessenen Erhaltungsrücklage,
5. die Festsetzung von Vorschüssen nach § 28 Absatz 1 Satz 1 sowie
6. die Bestellung eines zertifizierten Verwalters nach § 26a, es sei denn, es bestehen weniger als neun Sondereigentumsrechte, ein Wohnungseigentümer wurde zum Verwalter bestellt und weniger als ein Drittel der Wohnungseigentümer (§ 25 Absatz 2) verlangt die Bestellung eines zertifizierten Verwalters.

§ 20 Bauliche Veränderungen

(1) Maßnahmen, die über die ordnungsmäßige Erhaltung des gemeinschaftlichen Eigentums hinausgehen (bauliche Veränderungen), können beschlossen oder einem Wohnungseigentümer durch Beschluss gestattet werden.

(2) Jeder Wohnungseigentümer kann angemessene bauliche Veränderungen verlangen, die
1. dem Gebrauch durch Menschen mit Behinderungen,
2. dem Laden elektrisch betriebener Fahrzeuge,
3. dem Einbruchsschutz und
4. dem Anschluss an ein Telekommunikationsnetz mit sehr hoher Kapazität dienen.

Über die Durchführung ist im Rahmen ordnungsmäßiger Verwaltung zu beschließen.

(3) Unbeschadet des Absatzes 2 kann jeder Wohnungseigentümer verlangen, dass ihm eine bauliche Veränderung gestattet wird, wenn alle Wohnungseigentümer, deren Rechte durch die bauliche Veränderung über das bei einem geordneten Zusammenleben unvermeidliche Maß hinaus beeinträchtigt werden, einverstanden sind.

(4) Bauliche Veränderungen, die die Wohnanlage grundlegend umgestalten oder einen Wohnungseigentümer ohne sein Einverständnis gegenüber anderen unbillig benachteiligen, dürfen nicht beschlossen und gestattet werden; sie können auch nicht verlangt werden.

§ 21 Nutzungen und Kosten bei baulichen Veränderungen

(1) Die Kosten einer baulichen Veränderung, die einem Wohnungseigentümer gestattet oder die auf sein Verlangen nach § 20 Absatz 2 durch die Gemeinschaft der Wohnungseigentümer durchgeführt wurden, hat dieser Wohnungseigentümer zu tragen. Nur ihm gebühren die Nutzungen.

(2) Vorbehaltlich des Absatzes 1 haben alle Wohnungseigentümer die Kosten einer baulichen Veränderung nach dem Verhältnis ihrer Anteile (§ 16 Absatz 1 Satz 2) zu tragen,
1. die mit mehr als zwei Dritteln der abgegebenen Stimmen und der Hälfte aller Miteigentumsanteile beschlossen wurde, es sei denn, die bauliche Veränderung ist mit unverhältnismäßigen Kosten verbunden, oder
2. deren Kosten sich innerhalb eines angemessenen Zeitraums amortisieren.
Für die Nutzungen gilt § 16 Absatz 1.

(3) Die Kosten anderer als der in den Absätzen 1 und 2 bezeichneten baulichen Veränderungen haben die Wohnungseigentümer, die sie beschlossen haben, nach dem Verhältnis ihrer Anteile (§ 16 Absatz 1 Satz 2) zu tragen. Ihnen gebühren die Nutzungen entsprechend § 16 Absatz 1.

(4) Ein Wohnungseigentümer, der nicht berechtigt ist, Nutzungen zu ziehen, kann verlangen, dass ihm dies nach billigem Ermessen gegen angemessenen

Ausgleich gestattet wird. Für seine Beteiligung an den Nutzungen und Kosten gilt Absatz 3 entsprechend.

(5) Die Wohnungseigentümer können eine abweichende Verteilung der Kosten und Nutzungen beschließen. Durch einen solchen Beschluss dürfen einem Wohnungseigentümer, der nach den vorstehenden Absätzen Kosten nicht zu tragen hat, keine Kosten auferlegt werden.

§ 22 Wiederaufbau

Ist das Gebäude zu mehr als der Hälfte seines Wertes zerstört und ist der Schaden nicht durch eine Versicherung oder in anderer Weise gedeckt, so kann der Wiederaufbau nicht beschlossen oder verlangt werden.

§ 23 Wohnungseigentümerversammlung

(1) Angelegenheiten, über die nach diesem Gesetz oder nach einer Vereinbarung der Wohnungseigentümer die Wohnungseigentümer durch Beschluss entscheiden können, werden durch Beschlussfassung in einer Versammlung der Wohnungseigentümer geordnet. Die Wohnungseigentümer können beschließen, dass Wohnungseigentümer an der Versammlung auch ohne Anwesenheit an deren Ort teilnehmen und sämtliche oder einzelne ihrer Rechte ganz oder teilweise im Wege elektronischer Kommunikation ausüben können.

(2) Zur Gültigkeit eines Beschlusses ist erforderlich, dass der Gegenstand bei der Einberufung bezeichnet ist.

(3) Auch ohne Versammlung ist ein Beschluss gültig, wenn alle Wohnungseigentümer ihre Zustimmung zu diesem Beschluss in Textform erklären. Die Wohnungseigentümer können beschließen, dass für einen einzelnen Gegenstand die Mehrheit der abgegebenen Stimmen genügt.

(4) Ein Beschluss, der gegen eine Rechtsvorschrift verstößt, auf deren Einhaltung rechtswirksam nicht verzichtet werden kann, ist nichtig. Im Übrigen ist ein Beschluss gültig, solange er nicht durch rechtskräftiges Urteil für ungültig erklärt ist.

§ 24 Einberufung, Vorsitz, Niederschrift

(1) Die Versammlung der Wohnungseigentümer wird von dem Verwalter mindestens einmal im Jahre einberufen.

(2) Die Versammlung der Wohnungseigentümer muss von dem Verwalter in den durch Vereinbarung der Wohnungseigentümer bestimmten Fällen, im Übrigen dann einberufen werden, wenn dies in Textform unter Angabe des

Zweckes und der Gründe von mehr als einem Viertel der Wohnungseigentümer verlangt wird.

(3) Fehlt ein Verwalter oder weigert er sich pflichtwidrig, die Versammlung der Wohnungseigentümer einzuberufen, so kann die Versammlung auch <u>durch den Vorsitzenden des Verwaltungsbeirats, dessen Vertreter oder einen durch Beschluss ermächtigten Wohnungseigentümer</u> einberufen werden.

(4) Die Einberufung erfolgt in Textform. Die Frist der Einberufung soll, sofern nicht ein Fall besonderer Dringlichkeit vorliegt, mindestens <u>drei</u> Wochen betragen.

(5) Den Vorsitz in der Wohnungseigentümerversammlung führt, sofern diese nichts anderes beschließt, der Verwalter.

(6) Über die in der Versammlung gefassten Beschlüsse ist <u>unverzüglich</u> eine Niederschrift aufzunehmen. Die Niederschrift ist von dem Vorsitzenden und einem Wohnungseigentümer und, falls ein Verwaltungsbeirat bestellt ist, auch von dessen Vorsitzenden oder seinem Vertreter zu unterschreiben.

(7) Es ist eine Beschluss-Sammlung zu führen. Die Beschluss-Sammlung enthält nur den Wortlaut
1. der in der Versammlung der Wohnungseigentümer verkündeten Beschlüsse mit Angabe von Ort und Datum der Versammlung,
2. der schriftlichen Beschlüsse mit Angabe von Ort und Datum der Verkündung und
3. der Urteilsformeln der gerichtlichen Entscheidungen in einem Rechtsstreit gemäß § 43 mit Angabe ihres Datums, des Gerichts und der Parteien, soweit diese Beschlüsse und gerichtlichen Entscheidungen nach dem 1. Juli 2007 ergangen sind. Die Beschlüsse und gerichtlichen Entscheidungen sind fortlaufend einzutragen und zu nummerieren. Sind sie angefochten oder aufgehoben worden, so ist dies anzumerken. Im Falle einer Aufhebung kann von einer Anmerkung abgesehen und die Eintragung gelöscht werden. Eine Eintragung kann auch gelöscht werden, wenn sie aus einem anderen Grund für die Wohnungseigentümer keine Bedeutung mehr hat. 7 Die Eintragungen, Vermerke und Löschungen gemäß den Sätzen 3 bis 6 sind unverzüglich zu erledigen und mit Datum zu versehen. Einem Wohnungseigentümer oder einem Dritten, den ein Wohnungseigentümer ermächtigt hat, ist auf sein Verlangen Einsicht in die Beschluss-Sammlung zu geben.

(8) Die Beschluss-Sammlung ist von dem Verwalter zu führen. Fehlt ein Verwalter, so ist der Vorsitzende der Wohnungseigentümerversammlung verpflichtet, die Beschluss-Sammlung zu führen, sofern die Wohnungseigentümer durch Stimmenmehrheit keinen anderen für diese Aufgabe bestellt haben.

§ 25 Beschlussfassung

(1) Bei der Beschlussfassung entscheidet die Mehrheit der abgegebenen Stimmen.

(2) Jeder Wohnungseigentümer hat eine Stimme. Steht ein Wohnungseigentum mehreren gemeinschaftlich zu, so können sie das Stimmrecht nur einheitlich ausüben.

(3) Vollmachten bedürfen zu ihrer Gültigkeit der Textform.

(4) Ein Wohnungseigentümer ist nicht stimmberechtigt, wenn die Beschlussfassung die Vornahme eines auf die Verwaltung des gemeinschaftlichen Eigentums bezüglichen Rechtsgeschäfts mit ihm oder die Einleitung oder Erledigung eines Rechtsstreits gegen ihn betrifft oder wenn er nach § 17 rechtskräftig verurteilt ist.

§ 26 Bestellung und Abberufung des Verwalters

(1) Über die Bestellung und Abberufung des Verwalters beschließen die Wohnungseigentümer.

(2) Die Bestellung kann auf höchstens fünf Jahre vorgenommen werden, im Fall der ersten Bestellung nach der Begründung von Wohnungseigentum aber auf höchstens drei Jahre. Die wiederholte Bestellung ist zulässig; sie bedarf eines erneuten Beschlusses der Wohnungseigentümer, der frühestens ein Jahr vor Ablauf der Bestellungszeit gefasst werden kann.

(3) Der Verwalter kann jederzeit abberufen werden. Ein Vertrag mit dem Verwalter endet spätestens sechs Monate nach dessen Abberufung.

(4) Soweit die Verwaltereigenschaft durch eine öffentlich beglaubigte Urkunde nachgewiesen werden muss, genügt die Vorlage einer Niederschrift über den Bestellungsbeschluss, bei der die Unterschriften der in § 24 Absatz 6 bezeichneten Personen öffentlich beglaubigt sind.

(5) Abweichungen von den Absätzen 1 bis 3 sind nicht zulässig.

§ 26a Zertifizierter Verwalter

(1) Als zertifizierter Verwalter darf sich bezeichnen, wer vor einer Industrie- und Handelskammer durch eine Prüfung nachgewiesen hat, dass er über die für die Tätigkeit als Verwalter notwendigen rechtlichen, kaufmännischen und technischen Kenntnisse verfügt.

(2) Das Bundesministerium der Justiz und für Verbraucherschutz wird ermächtigt, durch Rechtsverordnung nähere Bestimmungen über die Prüfung zum zertifizierten Verwalter zu erlassen. In der Rechtsverordnung nach Satz 1 können insbesondere festgelegt werden:

1. nähere Bestimmungen zu Inhalt und Verfahren der Prüfung;

2. Bestimmungen über das zu erteilende Zertifikat;

3. Voraussetzungen, unter denen sich juristische Personen und Personengesellschaften als zertifizierte Verwalter bezeichnen dürfen;

4. Bestimmungen, wonach Personen aufgrund anderweitiger Qualifikationen von der Prüfung befreit sind, insbesondere weil sie die Befähigung zum Richteramt, einen Hochschulabschluss mit immobilienwirtschaftlichem Schwerpunkt, eine abgeschlossene Berufsausbildung zum Immobilienkaufmann oder zur Immobilienkauffrau oder einen vergleichbaren Berufsabschluss besitzen.

§ 27 Aufgaben und Befugnisse des Verwalters

(1) Der Verwalter ist gegenüber der Gemeinschaft der Wohnungseigentümer berechtigt und verpflichtet, die Maßnahmen ordnungsmäßiger Verwaltung zu treffen, die

1. untergeordnete Bedeutung haben und nicht zu erheblichen Verpflichtungen führen oder

2. zur Wahrung einer Frist oder zur Abwendung eines Nachteils erforderlich sind.

(2) Die Wohnungseigentümer können die Rechte und Pflichten nach Absatz 1 durch Beschluss einschränken oder erweitern.

§ 28 Wirtschaftsplan, Jahresabrechnung, Vermögensbericht

(1) Die Wohnungseigentümer beschließen über die Vorschüsse zur Kostentragung und zu den nach § 19 Absatz 2 Nummer 4 oder durch Beschluss vorgesehenen Rücklagen. Zu diesem Zweck hat der Verwalter jeweils für ein Kalenderjahr einen Wirtschaftsplan aufzustellen, der darüber hinaus die voraussichtlichen Einnahmen und Ausgaben enthält.

(2) Nach Ablauf des Kalenderjahres beschließen die Wohnungseigentümer über die Einforderung von Nachschüssen oder die Anpassung der beschlossenen Vorschüsse. Zu diesem Zweck hat der Verwalter eine Abrechnung über den Wirtschaftsplan (Jahresabrechnung) aufzustellen, die darüber hinaus die Einnahmen und Ausgaben enthält.

(3) Die Wohnungseigentümer können beschließen, wann Forderungen fällig werden und wie sie zu erfüllen sind.

(4) Der Verwalter hat nach Ablauf eines Kalenderjahres einen Vermögensbericht zu erstellen, der den Stand der in Absatz 1 Satz 1 bezeichneten Rücklagen und eine Aufstellung des wesentlichen Gemeinschaftsvermögens enthält. Der Vermögensbericht ist jedem Wohnungseigentümer zur Verfügung zu stellen.

§ 29 Verwaltungsbeirat

(1) Wohnungseigentümer können durch Beschluss zum Mitglied des Verwaltungsbeirats bestellt werden. Hat der Verwaltungsbeirat mehrere Mitglieder, ist ein Vorsitzender und ein Stellvertreter zu bestimmen. Der Verwaltungsbeirat wird von dem Vorsitzenden nach Bedarf einberufen.

(2) Der Verwaltungsbeirat unterstützt und überwacht den Verwalter bei der Durchführung seiner Aufgaben. Der Wirtschaftsplan und die Jahresabrechnung sollen, bevor die Beschlüsse nach § 28 Absatz 1 Satz 1 und Absatz 2 Satz 1 gefasst werden, vom Verwaltungsbeirat geprüft und mit dessen Stellungnahme versehen werden.

(3) Sind Mitglieder des Verwaltungsbeirats unentgeltlich tätig, haben sie nur Vorsatz und grobe Fahrlässigkeit zu vertreten.

Abschnitt 5. Wohnungserbbaurecht

§ 30 Wohnungserbbaurecht

(1) Steht ein Erbbaurecht mehreren gemeinschaftlich nach Bruchteilen zu, so können die Anteile in der Weise beschränkt werden, dass jedem der Mitberechtigten das Sondereigentum an einer bestimmten Wohnung oder an nicht zu Wohnzwecken dienenden bestimmten Räumen in einem auf Grund des Erbbaurechts errichteten oder zu errichtenden Gebäude eingeräumt wird (Wohnungserbbaurecht, Teilerbbaurecht).

(2) Ein Erbbauberechtigter kann das Erbbaurecht in entsprechender Anwendung des § 8 teilen.

(3) Für jeden Anteil wird von Amts wegen ein besonderes Erbbaugrundbuchblatt angelegt (Wohnungserbbaugrundbuch, Teilerbbaugrundbuch).

Im Übrigen gelten für das Wohnungserbbaurecht (Teilerbbaurecht) die Vorschriften über das Wohnungseigentum (Teileigentum) entsprechend.

Teil 2. Dauerwohnrecht

§ 31 Begriffsbestimmungen

(1) Ein Grundstück kann in der Weise belastet werden, dass derjenige, zu dessen Gunsten die Belastung erfolgt, berechtigt ist, unter Ausschluss des Eigentümers eine bestimmte Wohnung in einem auf dem Grundstück errichteten oder zu errichtenden Gebäude zu bewohnen oder in anderer Weise zu nutzen

(Dauerwohnrecht). Das Dauerwohnrecht kann auf einen außerhalb des Gebäudes liegenden Teil des Grundstücks erstreckt werden, sofern die Wohnung wirtschaftlich die Hauptsache bleibt.

(2) Ein Grundstück kann in der Weise belastet werden, dass derjenige, zu dessen Gunsten die Belastung erfolgt, berechtigt ist, unter Ausschluss des Eigentümers nicht zu Wohnzwecken dienende bestimmte Räume in einem auf dem Grundstück errichteten oder zu errichtenden Gebäude zu nutzen (Dauernutzungsrecht).

(3) Für das Dauernutzungsrecht gelten die Vorschriften über das Dauerwohnrecht entsprechend.

§ 32 Voraussetzungen der Eintragung

(1) Das Dauerwohnrecht soll nur bestellt werden, wenn die Wohnung in sich abgeschlossen ist.

(2) Zur näheren Bezeichnung des Gegenstandes und des Inhalts des Dauerwohnrechts kann auf die Eintragungsbewilligung Bezug genommen werden. Der Eintragungsbewilligung sind als Anlagen beizufügen:
1. eine von der Baubehörde mit Unterschrift und Siegel oder Stempel versehene Bauzeichnung, aus der die Aufteilung des Gebäudes sowie die Lage und Größe der dem Dauerwohnrecht unterliegenden Gebäude- und Grundstücksteile ersichtlich ist (Aufteilungsplan); alle zu demselben Dauerwohnrecht gehörenden Einzelräume sind mit der jeweils gleichen Nummer zu kennzeichnen;
2. eine Bescheinigung der Baubehörde, dass die Voraussetzungen des Absatzes 1 vorliegen. Wenn in der Eintragungsbewilligung für die einzelnen Dauerwohnrechte Nummern angegeben werden, sollen sie mit denen des Aufteilungsplans übereinstimmen.

(3) Das Grundbuchamt soll die Eintragung des Dauerwohnrechts ablehnen, wenn über die in § 33 Abs. 4 Nr. 1 bis 4 bezeichneten Angelegenheiten, über die Voraussetzungen des Heimfallanspruchs (§ 36 Abs. 1) und über die Entschädigung beim Heimfall (§ 36 Abs. 4) keine Vereinbarungen getroffen sind.

§ 33 Inhalt des Dauerwohnrechts

(1) Das Dauerwohnrecht ist veräußerlich und vererblich. Es kann nicht unter einer Bedingung bestellt werden.

(2) Auf das Dauerwohnrecht sind, soweit nicht etwas anderes vereinbart ist, die Vorschriften des § 14 entsprechend anzuwenden.

(3) Der Berechtigte kann die zum gemeinschaftlichen Gebrauch bestimmten Teile, Anlagen und Einrichtungen des Gebäudes und Grundstücks mitbenutzen, soweit nichts anderes vereinbart ist.

(4) Als Inhalt des Dauerwohnrechts können Vereinbarungen getroffen werden über:

1. Art und Umfang der Nutzungen;
2. Instandhaltung und Instandsetzung der dem Dauerwohnrecht unterliegenden Gebäudeteile;
3. die Pflicht des Berechtigten zur Tragung öffentlicher oder privatrechtlicher Lasten des Grundstücks;
4. die Versicherung des Gebäudes und seinen Wiederaufbau im Falle der Zerstörung;
5. das Recht des Eigentümers, bei Vorliegen bestimmter Voraussetzungen Sicherheitsleistung zu verlangen.

§ 34 Ansprüche des Eigentümers und der Dauerwohnberechtigten

(1) Auf die Ersatzansprüche des Eigentümers wegen Veränderungen oder Verschlechterungen sowie auf die Ansprüche der Dauerwohnberechtigten auf Ersatz von Verwendungen oder auf Gestattung der Wegnahme einer Einrichtung sind die §§ 1049, 1057 des Bürgerlichen Gesetzbuches entsprechend anzuwenden.

(2) Wird das Dauerwohnrecht beeinträchtigt, so sind auf die Ansprüche des Berechtigten die für die Ansprüche aus dem Eigentum geltenden Vorschriften entsprechend anzuwenden.

§ 35 Veräußerungsbeschränkung

Als Inhalt des Dauerwohnrechts kann vereinbart werden, dass der Berechtigte zur Veräußerung des Dauerwohnrechts der Zustimmung des Eigentümers oder eines Dritten bedarf. Die Vorschriften des § 12 gelten in diesem Falle entsprechend.

§ 36 Heimfallanspruch

(1) Als Inhalt des Dauerwohnrechts kann vereinbart werden, dass der Berechtigte verpflichtet ist, das Dauerwohnrecht beim Eintritt bestimmter Voraussetzungen auf den Grundstückseigentümer oder einen von diesem zu bezeichnenden Dritten zu übertragen (Heimfallanspruch). Der Heimfallanspruch kann nicht von dem Eigentum an dem Grundstück getrennt werden.

(2) Bezieht sich das Dauerwohnrecht auf Räume, die dem Mieterschutz unterliegen, so kann der Eigentümer von dem Heimfallanspruch nur Gebrauch machen, wenn ein Grund vorliegt, aus dem ein Vermieter die Aufhebung des Mietverhältnisses verlangen oder kündigen kann.

(3) Der Heimfallanspruch verjährt in sechs Monaten von dem Zeitpunkt an, in dem der Eigentümer von dem Eintritt der Voraussetzungen Kenntnis erlangt, ohne Rücksicht auf diese Kenntnis in zwei Jahren von dem Eintritt der Voraussetzungen an.

(4) Als Inhalt des Dauerwohnrechts kann vereinbart werden, dass der Eigentümer dem Berechtigten eine Entschädigung zu gewähren hat, wenn er von dem Heimfallanspruch Gebrauch macht. Als Inhalt des Dauerwohnrechts können Vereinbarungen über die Berechnung oder Höhe der Entschädigung oder die Art ihrer Zahlung getroffen werden.

§ 37 Vermietung

(1) Hat der Dauerwohnberechtigte die dem Dauerwohnrecht unterliegenden Gebäude- oder Grundstücksteile vermietet oder verpachtet, so erlischt das Miet- oder Pachtverhältnis, wenn das Dauerwohnrecht erlischt.

(2) Macht der Eigentümer von seinem Heimfallanspruch Gebrauch, so tritt er oder derjenige, auf den das Dauerwohnrecht zu übertragen ist, in das Miet- oder Pachtverhältnis ein; die Vorschriften der §§ 566 bis 566e des Bürgerlichen Gesetzbuches gelten entsprechend.

(3) Absatz 2 gilt entsprechend, wenn das Dauerwohnrecht veräußert wird. Wird das Dauerwohnrecht im Wege der Zwangsvollstreckung veräußert, so steht dem Erwerber ein Kündigungsrecht in entsprechender Anwendung des § 57a des Gesetzes über die Zwangsversteigerung und Zwangsverwaltung zu.

§ 38 Eintritt in das Rechtsverhältnis

(1) Wird das Dauerwohnrecht veräußert, so tritt der Erwerber an Stelle des Veräußerers in die sich während der Dauer seiner Berechtigung aus dem Rechtsverhältnis zu dem Eigentümer ergebenden Verpflichtungen ein.

(2) Wird das Grundstück veräußert, so tritt der Erwerber an Stelle des Veräußerers in die sich während der Dauer seines Eigentums aus dem Rechtsverhältnis zu dem Dauerwohnberechtigten ergebenden Rechte ein. Das Gleiche gilt für den Erwerb auf Grund Zuschlages in der Zwangsversteigerung, wenn das Dauerwohnrecht durch den Zuschlag nicht erlischt.

§ 39 Zwangsversteigerung

(1) Als Inhalt des Dauerwohnrechts kann vereinbart werden, dass das Dauerwohnrecht im Falle der Zwangsversteigerung des Grundstücks abweichend von § 44 des Gesetzes über die Zwangsversteigerung und Zwangsverwaltung auch dann bestehen bleiben soll, wenn der Gläubiger einer dem Dauerwohnrecht im Range vorgehenden oder gleichstehenden Hypothek, Grundschuld, Rentenschuld oder Reallast die Zwangsversteigerung in das Grundstück betreibt.

(2) Eine Vereinbarung gemäß Absatz 1 bedarf zu ihrer Wirksamkeit der Zustimmung derjenigen, denen eine dem Dauerwohnrecht im Range vorgehende oder gleichstehende Hypothek, Grundschuld, Rentenschuld oder Reallast zusteht.

(3) Eine Vereinbarung gemäß Absatz 1 ist nur wirksam für den Fall, dass der Dauerwohnberechtigte im Zeitpunkt der Feststellung der Versteigerungsbedingungen seine fälligen Zahlungsverpflichtungen gegenüber dem Eigentümer erfüllt hat; in Ergänzung einer Vereinbarung nach Absatz 1 kann vereinbart werden, dass das Fortbestehen des Dauerwohnrechts vom Vorliegen weiterer Voraussetzungen abhängig ist.

§ 40 Haftung des Entgelts

(1) Hypotheken, Grundschulden, Rentenschulden und Reallasten, die dem Dauerwohnrecht im Range Vorgehen oder gleichstehen, sowie öffentliche, Lasten, die in wiederkehrenden Leistungen bestehen, erstrecken sich auf den Anspruch auf das Entgelt für das Dauerwohnrecht in gleicher Weise wie auf eine Mietforderung, soweit nicht in Absatz 2 etwas Abweichendes bestimmt ist. Im Übrigen sind die für Mietforderungen geltenden Vorschriften nicht entsprechend anzuwenden.

(2) Als Inhalt des Dauerwohnrechts kann vereinbart werden, dass Verfügungen über den Anspruch auf das Entgelt, wenn es in wiederkehrenden Leistungen ausbedungen ist, gegenüber dem Gläubiger einer dem Dauerwohnrecht im Range vorgehenden oder gleichstehenden Hypothek, Grundschuld, Rentenschuld oder Reallast wirksam sind. 2 Für eine solche Vereinbarung gilt § 39 Abs. 2 entsprechend.

§ 41 Besondere Vorschriften für langfristige Dauerwohnrechte

(1) Für Dauerwohnrechte, die zeitlich unbegrenzt oder für einen Zeitraum von mehr als zehn Jahren eingeräumt sind, gelten die besonderen Vorschriften der Absätze 2 und 3.

(2) Der Eigentümer ist, sofern nicht etwas anderes vereinbart ist, dem Dauerwohnberechtigten gegenüber verpflichtet, eine dem Dauerwohnrecht im Range vorgehende oder gleichstehende Hypothek löschen zu lassen für den Fall, dass sie sich mit dem Eigentum in einer Person vereinigt, und die Eintragung einer entsprechenden Löschungsvormerkung in das Grundbuch zu bewilligen.

(3) Der Eigentümer ist verpflichtet, dem Dauerwohnberechtigten eine angemessene Entschädigung zu gewähren, wenn er von dem Heimfallanspruch Gebrauch macht.

§ 42 Belastung eines Erbbaurechts

(1) Die Vorschriften der §§ 31 bis 41 gelten für die Belastung eines Erbbaurechts mit einem Dauerwohnrecht entsprechend.

(2) Beim Heimfall des Erbbaurechts bleibt das Dauerwohnrecht bestehen.

Teil 3. Verfahrensvorschriften

§ 43 Zuständigkeit

(1) Die Gemeinschaft der Wohnungseigentümer hat ihren allgemeinen Gerichtsstand bei dem Gericht, in dessen Bezirk das Grundstück liegt. Bei diesem Gericht kann auch die Klage gegen Wohnungseigentümer im Fall des § 9a Absatz 4 Satz 1 erhoben werden.

(2) Das Gericht, in dessen Bezirk das Grundstück liegt, ist ausschließlich zuständig für
1. Streitigkeiten über die Rechte und Pflichten der Wohnungseigentümer untereinander,
2. Streitigkeiten über die Rechte und Pflichten zwischen der Gemeinschaft der Wohnungseigentümer und Wohnungseigentümern,
3. Streitigkeiten über die Rechte und Pflichten des Verwalters einschließlich solcher über Ansprüche eines Wohnungseigentümers gegen den Verwalter sowie
4. Beschlussklagen gemäß § 44.

§ 44 Beschlussklagen

(1) Das Gericht kann auf Klage eines Wohnungseigentümers einen Beschluss für ungültig erklären (Anfechtungsklage) oder seine Nichtigkeit feststellen (Nichtigkeitsklage). Unterbleibt eine notwendige Beschlussfassung, kann das Gericht auf Klage eines Wohnungseigentümers den Beschluss fassen (Beschlussersetzungsklage).

(2) Die Klagen sind gegen die Gemeinschaft der Wohnungseigentümer zu richten. Der Verwalter hat den Wohnungseigentümern die Erhebung einer Klage unverzüglich bekannt zu machen. Mehrere Prozesse sind zur gleichzeitigen Verhandlung und Entscheidung zu verbinden.

(3) Das Urteil wirkt für und gegen alle Wohnungseigentümer, auch wenn sie nicht Partei sind.

(4) Die durch eine Nebenintervention verursachten Kosten gelten nur dann als notwendig zur zweckentsprechenden Rechtsverteidigung im Sinne des § 91 der Zivilprozessordnung, wenn die Nebenintervention geboten war.

§ 45 Fristen der Anfechtungsklage

Die Anfechtungsklage muss innerhalb eines Monats nach der Beschlussfassung erhoben und innerhalb zweier Monate nach der Beschlussfassung begründet werden. Die §§ 233 bis 238 der Zivilprozessordnung gelten entsprechend.

Teil 4. Ergänzende Bestimmungen

§ 46 <fehlende Veräußerungszustimmung>

Fehlt eine nach § 12 erforderliche Zustimmung, so sind die Veräußerung und das zugrundeliegende Verpflichtungsgeschäft unbeschadet der sonstigen Voraussetzungen wirksam, wenn die Eintragung der Veräußerung oder einer Auflassungsvormerkung in das Grundbuch vor dem 15. Januar 1994 erfolgt ist und es sich um die erstmalige Veräußerung dieses Wohnungseigentums nach seiner Begründung handelt, es sei denn, dass eine rechtskräftige gerichtliche Entscheidung entgegensteht. Das Fehlen der Zustimmung steht in diesen Fällen dem Eintritt der Rechtsfolgen des § 878 des Bürgerlichen Gesetzbuchs nicht entgegen. Die Sätze 1 und 2 gelten entsprechend in den Fällen der §§ 30 und 35 des Wohnungseigentumsgesetzes.

§ 47 Auslegung von Altvereinbarungen

Vereinbarungen, die vor dem … [einsetzen: Datum des Inkrafttretens dieses Gesetzes = 01.12.2020] getroffen wurden und die von solchen Vorschriften dieses Gesetzes abweichen, die durch das Wohnungseigentumsmodernisierungsgesetz vom … [einsetzen: Datum und Fundstelle dieses Gesetzes = 16.10.2020] geändert wurden, stehen der Anwendung dieser Vorschriften in der vom … [einsetzen: Datum des Inkrafttretens dieses Gesetzes = 01.12.2020] an geltenden Fassung nicht entgegen, soweit sich aus der Vereinbarung nicht ein anderer Wille ergibt. Ein solcher Wille ist in der Regel nicht anzunehmen.

§ 48 Übergangsvorschriften

(1) § 5 Absatz 4, § 7 Absatz 2 und § 10 Absatz 3 in der vom … [einsetzen: Datum des Inkrafttretens dieses Gesetzes = 01.12.2020] an geltenden Fassung gelten auch für solche Beschlüsse, die vor diesem Zeitpunkt gefasst oder durch gerichtliche Entscheidung ersetzt wurden. Abweichend davon bestimmt sich die Wirksamkeit eines Beschlusses im Sinne des Satzes 1 gegen den Sondernachfolger eines Wohnungseigentümers nach § 10 Absatz 4 in der vor dem … [einsetzen: Datum des Inkrafttretens dieses Gesetzes = 01.12.2020] geltenden Fassung, wenn die Sondernachfolge bis zum 31. Dezember 2025 eintritt. Jeder Wohnungseigentümer kann bis zum 31. Dezember 2025 verlangen, dass ein Beschluss im Sinne des Satzes 1 erneut gefasst wird; § 204 Absatz 1 Nummer 1 des Bürgerlichen Gesetzbuchs gilt entsprechend.

(2) § 5 Absatz 4 Satz 3 gilt in der vor dem … [einsetzen: Datum des Inkrafttretens dieses Gesetzes = 01.12.2020] geltenden Fassung weiter für Vereinbarungen und Beschlüsse, die vor diesem Zeitpunkt getroffen oder gefasst wurden, und zu denen vor dem … [einsetzen: Datum des Inkrafttretens dieses Gesetzes = 01.12.2020] alle Zustimmungen erteilt wurden, die nach den vor diesem Zeitpunkt geltenden Vorschriften erforderlich waren.

(3) § 7 Absatz 3 Satz 2 gilt auch für Vereinbarungen und Beschlüsse, die vor dem [einsetzen: Datum des Inkrafttretens dieses Gesetzes = 01.12.2020] getroffen oder gefasst wurden. Ist eine Vereinbarung oder ein Beschluss im Sinne des Satzes 1 entgegen der Vorgabe des § 7 Absatz 3 Satz 2 nicht ausdrücklich im Grundbuch eingetragen, erfolgt die ausdrückliche Eintragung in allen Wohnungsgrundbüchern nur auf Antrag eines Wohnungseigentümers oder der Gemeinschaft der Wohnungseigentümer. Ist die Haftung von Sondernachfolgern für Geldschulden entgegen der Vorgabe des § 7 Absatz 3 Satz 2 nicht ausdrücklich im Grundbuch eingetragen, lässt dies die Wirkung gegen den Sondernachfolger eines Wohnungseigentümers unberührt, wenn die Sondernachfolge bis zum 31. Dezember 2025 eintritt.

(4) § 19 Absatz 2 Nummer 6 ist ab dem [einsetzen: Datum des ersten Tages des 26. auf die Verkündung folgenden Monats = 01.12.2022] anwendbar. Eine Person, die am [einsetzen: Datum des Inkrafttretens dieses Gesetzes = 01.12.2020] Verwalter einer Gemeinschaft der Wohnungseigentümer war, gilt gegenüber den Wohnungseigentümern dieser Gemeinschaft der Wohnungseigentümer bis zum [einsetzen: Datum des ersten Tages des 44. auf die Verkündung folgenden Monats = 01.06.2024] als zertifizierter Verwalter.

(5) Für die bereits vor dem [einsetzen: Datum des Inkrafttretens dieses Gesetzes = 01.12.2020] bei Gericht anhängigen Verfahren sind die Vorschriften des

dritten Teils dieses Gesetzes in ihrer bis dahin geltenden Fassung weiter anzuwenden.

§ 49 Überleitung bestehender Rechtsverhältnisse

(1) Werden Rechtsverhältnisse, mit denen ein Rechtserfolg bezweckt wird,
der den durch dieses Gesetz geschaffenen Rechtsformen entspricht, in solche
Rechtsformen umgewandelt, so ist als Geschäftswert für die Berechnung der
hierdurch veranlassten Gebühren der Gerichte und Notare im Falle des Wohnungseigentums ein Fünfundzwanzigstel des Einheitswertes des Grundstückes,
im Falle des Dauerwohnrechtes ein Fünfundzwanzigstel des Wertes des Rechtes
anzunehmen.

(2) Durch Landesgesetz können Vorschriften zur Überleitung bestehender, auf
Landesrecht beruhender Rechtsverhältnisse in die durch dieses Gesetz geschaffenen Rechtsformen getroffen werden.

Anhang 2 Synopsen

1. Synopse alt/neu

alt	neu
Gesetz über das Wohnungseigentum und das Dauerwohnrecht) Gesetz vom 15.03.1951 **WEG**	Gesetz zur Förderung der Elektromobilität und zur Modernisierung des Wohnungseigentumsgesetzes und zur Änderung von kosten- und grundbuchrechtlichen Vorschriften (Wohnungseigentumsmodernisierungsgesetz – **WEMoG**)
Erster Teil: Wohnungseigentum Begriffsbestimmungen	Teil 1 Wohnungseigentum Abschnitt 1 Begriffsbestimmungen
§ 1 Abs. 5 Gemeinschaftliches Eigentum im Sinne dieses Gesetzes sind das Grundstück sowie die Teile, Anlagen und Einrichtungen des Gebäudes, die nicht im Sondereigentum oder im Eigentum eines Dritten stehen.	§ 1 Abs. 5 Gemeinschaftliches Eigentum im Sinne dieses Gesetzes sind das Grundstück und das Gebäude, soweit sie nicht im Sondereigentum oder im Eigentum eines Dritten stehen.
§ 3 Abs. 1 Das Miteigentum (§ 1008 des Bürgerlichen Gesetzbuches) an einem Grundstück kann durch Vertrag der Miteigentümer in der Weise beschränkt werden, dass jedem der Miteigentümer abweichend von § 93 des Bürgerlichen Gesetzbuches das *Sonder*eigentum an einer bestimmten Wohnung oder an nicht zu Wohnzwecken dienenden bestimmten Räumen in einem auf dem Grundstück errichteten oder zu errichtenden Gebäude eingeräumt wird.	§ 3 Abs. 1 Das Miteigentum (§ 1008 des Bürgerlichen Gesetzbuches) an einem Grundstück kann durch Vertrag der Miteigentümer in der Weise beschränkt werden, dass jedem der Miteigentümer abweichend von § 93 des Bürgerlichen Gesetzbuches das **Eigentum** an einer bestimmten Wohnung oder an nicht zu Wohnzwecken dienenden bestimmten Räumen in einem auf dem Grundstück errichteten oder zu errichtenden Gebäude (»**Sondereigentum**«) eingeräumt wird.
§ 3 Abs. 2 Satz 2 Garagenstellplätze gelten als abgeschlossene Räume, wenn ihre Flächen durch dauerhafte Markierungen ersichtlich sind.	**§ 3 Abs. 1 Satz 2** **Stellplätze gelten als Räume im Sinne des Satzes 1.**

alt	neu
--	**§ 3 Abs. 2** Das Sondereigentum kann auf einen außerhalb des Gebäudes liegenden Teil des Grundstücks erstreckt werden, es sei denn, die Wohnung oder die nicht zu Wohnzwecken dienenden Räume bleiben dadurch wirtschaftlich nicht die Hauptsache.
§ 3 Abs. 2 Satz 1 Sondereigentum soll nur eingeräumt werden, wenn die Wohnungen oder sonstigen Räume in sich abgeschlossen sind.	**§ 3 Abs. 3** Sondereigentum soll nur eingeräumt werden, wenn die Wohnungen oder sonstigen Räume in sich abgeschlossen sind **und Stellplätze sowie außerhalb des Gebäudes liegende Teile des Grundstücks durch Maßangaben im Aufteilungsplan bestimmt sind.**
§ 5 Abs. 1 Gegenstand des Sondereigentums sind die gemäß § 3 Abs. 1 bestimmten Räume sowie die zu diesen Räumen gehörenden Bestandteile des Gebäudes, die verändert, beseitigt oder eingefügt werden können, ohne dass dadurch das gemeinschaftliche Eigentum oder ein auf Sondereigentum beruhendes Recht eines anderen Wohnungseigentümers über das *nach § 14 zulässige* Maß hinaus beeinträchtigt oder die äußere Gestaltung des Gebäudes verändert wird.	**§ 5 Abs. 1** Gegenstand des Sondereigentums sind die gemäß § 3 Abs. 1 **Satz 1** bestimmten Räume sowie die zu diesen Räumen gehörenden Bestandteile des Gebäudes, die verändert, beseitigt oder eingefügt werden können, ohne dass dadurch das gemeinschaftliche Eigentum oder ein auf Sondereigentum beruhendes Recht eines anderen Wohnungseigentümers über das **bei einem geordneten Zusammenleben unvermeidliche** Maß hinaus beeinträchtigt oder die äußere Gestaltung des Gebäudes verändert wird. **Soweit sich das Sondereigentum auf außerhalb des Gebäudes liegende Teile des Grundstücks erstreckt, gilt § 94 des Bürgerlichen Gesetzbuchs entsprechend.**

alt	neu
§ 5 Abs. 2 Teile des Gebäudes, die für dessen Bestand oder Sicherheit erforderlich sind, sowie Anlagen und Einrichtungen, die dem gemeinschaftlichen Gebrauch der Wohnungseigentümer dienen, sind nicht Gegenstand des Sondereigentums, selbst wenn sie sich im Bereich der im Sondereigentum stehenden Räume befinden.	**§ 5 Abs. 2** Teile des Gebäudes, die für dessen Bestand oder Sicherheit erforderlich sind, sowie Anlagen und Einrichtungen, die dem gemeinschaftlichen Gebrauch der Wohnungseigentümer dienen, sind nicht Gegenstand des Sondereigentums, selbst wenn sie sich im Bereich der im Sondereigentum stehenden Räume **oder Teile des Grundstücks** befinden.
§ 5 Abs. 4 Vereinbarungen über das Verhältnis der Wohnungseigentümer untereinander können nach den Vorschriften des *2. und 3. Abschnittes* zum Inhalt des Sondereigentums gemacht werden. Ist das Wohnungseigentum mit der Hypothek, Grund- oder Rentenschuld oder der Reallast eines Dritten belastet, so ist dessen nach anderen Rechtsvorschriften notwendige Zustimmung *zu der Vereinbarung* nur erforderlich, wenn ein Sondernutzungsrecht begründet oder ein mit dem Wohnungseigentum verbundenes Sondernutzungsrecht aufgehoben, geändert oder übertragen wird. *Bei der Begründung eines Sondernutzungsrechts ist die Zustimmung des Dritten nicht erforderlich, wenn durch die Vereinbarung gleichzeitig das zu seinen Gunsten belastete Wohnungseigentum mit einem Sondernutzungsrecht verbunden wird.*	**§ 5 Abs. 4** Vereinbarungen über das Verhältnis der Wohnungseigentümer untereinander **und Beschlüsse aufgrund einer solchen Vereinbarung** können nach den Vorschriften des **Abschnitts 4** zum Inhalt des Sondereigentums gemacht werden. Ist das Wohnungseigentum mit der Hypothek, Grund- oder Rentenschuld oder der Reallast eines Dritten belastet, so ist dessen nach anderen Rechtsvorschriften notwendige Zustimmung nur erforderlich, wenn ein Sondernutzungsrecht begründet oder ein mit dem Wohnungseigentum verbundenes Sondernutzungsrecht aufgehoben, geändert oder übertragen wird.

alt	neu
	§ 7 Abs. 2 **Zur Eintragung eines Beschlusses im Sinne des § 5 Absatz 4 Satz 1 bedarf es der Bewilligungen der Wohnungseigentümer nicht, wenn der Beschluss durch eine Niederschrift, bei der die Unterschriften der in § 24 Absatz 6 bezeichneten Personen öffentlich beglaubigt sind, oder durch ein Urteil in einem Verfahren nach § 44 Absatz 1 Satz 2 nachgewiesen ist. Antragsberechtigt ist auch die Gemeinschaft der Wohnungseigentümer.**
§ 7 Abs. 3 Zur näheren Bezeichnung des Gegenstandes und des Inhalts des Sondereigentums kann auf die Eintragungsbewilligung Bezug genommen werden. § 3 Abs. 2, 2. Halbsatz Wohnungsgrundbuchverfügung … vereinbarte Veräußerungsbeschränkungen (§ 12 des Wohnungseigentumsgesetzes) sind jedoch ausdrücklich einzutragen.	§ 7 Abs. 3 Zur näheren Bezeichnung des Gegenstandes und des Inhalts des Sondereigentums kann auf die Eintragungsbewilligung **oder einen Nachweis gemäß Absatz 2 Satz 1** Bezug genommen werden. **Veräußerungsbeschränkungen (§ 12) und die Haftung von Sondernachfolgern für Geldschulden sind jedoch ausdrücklich einzutragen.**
§ 7 Abs. 4 Der Eintragungsbewilligung sind als Anlagen beizufügen: 1. eine von der Baubehörde mit Unterschrift und Siegel oder Stempel versehene Bauzeichnung, aus der die Aufteilung des Gebäudes sowie die Lage und Größe der im Sondereigentum und der im gemeinschaftlichen Eigentum stehenden Gebäudeteile ersichtlich ist (Aufteilungsplan); alle zu demselben Wohnungseigentum gehörenden Einzelräume sind mit der jeweils gleichen Nummer zu kennzeichnen;	§ 7 Abs. 4 Der Eintragungsbewilligung sind als Anlagen beizufügen: 1. eine von der Baubehörde mit Unterschrift und Siegel oder Stempel versehene Bauzeichnung, aus der die Aufteilung des Gebäudes **und des Grundstücks** sowie die Lage und Größe der im Sondereigentum und der im gemeinschaftlichen Eigentum stehenden **Teile des Gebäudes und des Grundstücks** ersichtlich ist (Aufteilungsplan); alle zu demselben Wohnungseigentum gehörenden Einzelräume **und Teile des Grundstücks** sind mit der jeweils gleichen Nummer zu kennzeichnen;

alt	neu
2. eine Bescheinigung der Baubehörde, daß die Voraussetzungen des § 3 Abs. 2 vorliegen. Wenn in der Eintragungsbewilligung für die einzelnen Sondereigentumsrechte Nummern angegeben werden, sollen sie mit denen des Aufteilungsplanes übereinstimmen. Die Landesregierungen können durch Rechtsverordnung bestimmen, dass und in welchen Fällen der Aufteilungsplan (Satz 1 Nr. 1) und die Abgeschlossenheit (Satz 1 Nr. 2) von einem öffentlich bestellten oder anerkannten Sachverständigen für das Bauwesen statt von der Baubehörde ausgefertigt und bescheinigt werden. *Werden diese Aufgaben von dem Sachverständigen wahrgenommen, so gelten die Bestimmungen der Allgemeinen Verwaltungsvorschrift für die Ausstellung von Bescheinigungen gemäß § 7 Abs. 4 Nr. 2 und § 32 Abs. 2 Nr. 2 des Wohnungseigentumsgesetzes vom 19. März 1974 (BAnz. Nr. 58 vom 23. März 1974). entsprechend.* *In diesem Fall bedürfen die Anlagen nicht der Form des § 29 der Grundbuchordnung.* *Die Landesregierungen können die Ermächtigung durch Rechtsverordnung auf die Landesbauverwaltungen übertragen.*	2. eine Bescheinigung der Baubehörde, dass die Voraussetzungen des § 3 Abs. **3** vorliegen. Wenn in der Eintragungsbewilligung für die einzelnen Sondereigentumsrechte Nummern angegeben werden, sollen sie mit denen des Aufteilungsplanes übereinstimmen.
§ 8 Abs. 1 Der Eigentümer eines Grundstücks kann durch Erklärung gegenüber dem Grundbuchamt das Eigentum an dem Grundstück in Miteigentumsanteile in der Weise teilen, dass mit jedem Anteil *das Sondereigentum an einer bestimmten Wohnung oder an nicht zu Wohnzwecken dienenden bestimmten Räumen in einem auf dem Grundstück errichteten oder zu errichtenden Gebäude* verbunden ist.	§ 8 Abs. 1 Der Eigentümer eines Grundstücks kann durch Erklärung gegenüber dem Grundbuchamt das Eigentum an dem Grundstück in Miteigentumsanteile in der Weise teilen, dass mit jedem Anteil **Sondereigentum** verbunden ist.

alt	neu
§ 8 Abs. 2 Im Falle des Absatzes 1 gelten *die Vorschriften des § 3 Abs. 2 und der §§ 5, 6, § 7 Abs. 1, 3 bis 5* entsprechend. *Die Teilung wird mit der Anlegung der Wohnungsgrundbücher wirksam.*	**§ 8 Abs. 2** Im Falle des Absatzes 1 gelten **§ 3 Absatz 1 Satz 2, Absatz 2 und 3, § 4 Absatz 2 Satz 2** sowie die **§§ 5 bis 7** entsprechend.
(werdender Eigentümer; Rspr.)	**§ 8 Abs. 3** **Wer einen Anspruch auf Übertragung von Wohnungseigentum gegen den teilenden Eigentümer hat, der durch Vormerkung im Grundbuch gesichert ist, gilt gegenüber der Gemeinschaft der Wohnungseigentümer und den anderen Wohnungseigentümern anstelle des teilenden Eigentümers als Wohnungseigentümer, sobald ihm der Besitz an den zum Sondereigentum gehörenden Räumen übergeben wurde.**
§ 9 Abs. 1 Die Wohnungsgrundbücher werden geschlossen: 1. von Amts wegen, wenn die Sondereigentumsrechte gemäß § 4 aufgehoben werden; 2. *auf Antrag sämtlicher Wohnungseigentümer, wenn alle Sondereigentumsrechte durch völlige Zerstörung des Gebäudes gegenstandslos geworden sind und der Nachweis hierfür durch eine Bescheinigung der Baubehörde erbracht ist;* 3. auf Antrag des Eigentümers, wenn sich sämtliche Wohnungseigentumsrechte in einer Person vereinigen.	**§ 9 Abs. 1** Die Wohnungsgrundbücher werden geschlossen: 1. von Amts wegen, wenn die Sondereigentumsrechte gemäß § 4 aufgehoben werden; 2. auf Antrag des Eigentümers, wenn sich sämtliche Wohnungseigentumsrechte in einer Person vereinigen.
2. Abschnitt Gemeinschaft der Wohnungseigentümer	**Abschnitt 3 Rechtsfähige Gemeinschaft der Wohnungseigentümer; Abschnitt 4 Rechtsverhältnis der Wohnungseigentümer untereinander und zur Gemeinschaft der Wohnungseigentümer**

alt	neu
§ 10 Abs. 1 *Inhaber der Rechte und Pflichten nach den Vorschriften dieses Gesetzes, insbesondere des Sondereigentums und des gemeinschaftlichen Eigentums, sind die Wohnungseigentümer, soweit nicht etwas anderes ausdrücklich bestimmt ist.*	-
§ 10 Abs. 2 Das Verhältnis der Wohnungseigentümer untereinander bestimmt sich nach den Vorschriften dieses Gesetzes und, soweit dieses Gesetz keine besonderen Bestimmungen enthält, nach den Vorschriften des Bürgerlichen Gesetzbuches über die Gemeinschaft. Die Wohnungseigentümer können von den Vorschriften dieses Gesetzes abweichende Vereinbarungen treffen, soweit nicht etwas anderes ausdrücklich bestimmt ist.	§ 10 Abs. 1 Das Verhältnis der Wohnungseigentümer untereinander **und zur Gemeinschaft der Wohnungseigentümer** bestimmt sich nach den Vorschriften dieses Gesetzes und, soweit dieses Gesetz keine besonderen Bestimmungen enthält, nach den Vorschriften des Bürgerlichen Gesetzbuches über die Gemeinschaft. Die Wohnungseigentümer können von den Vorschriften dieses Gesetzes abweichende Vereinbarungen treffen, soweit nicht etwas anderes ausdrücklich bestimmt ist.
§ 10 Abs. 2 Satz 3 Jeder Wohnungseigentümer kann eine vom Gesetz abweichende Vereinbarung oder die Anpassung einer Vereinbarung verlangen, soweit ein Festhalten an der geltenden Regelung aus schwerwiegenden Gründen unter Berücksichtigung aller Umstände des Einzelfalles, insbesondere der Rechte und Interessen der anderen Wohnungseigentümer, unbillig erscheint.	§ 10 Abs. 2 Jeder Wohnungseigentümer kann eine vom Gesetz abweichende Vereinbarung oder die Anpassung einer Vereinbarung verlangen, soweit ein Festhalten an der geltenden Regelung aus schwerwiegenden Gründen unter Berücksichtigung aller Umstände des Einzelfalles, insbesondere der Rechte und Interessen der anderen Wohnungseigentümer, unbillig erscheint

alt	neu
§ 10 Abs. 3	§ 10 Abs. 3
Vereinbarungen, durch die die Wohnungseigentümer ihr Verhältnis untereinander in Ergänzung oder Abweichung von Vorschriften dieses Gesetzes regeln, *sowie die Abänderung oder Aufhebung solcher Vereinbarungen* wirken gegen den Sondernachfolger eines Wohnungseigentümers nur, wenn sie als Inhalt des Sondereigentums im Grundbuch eingetragen sind.	Vereinbarungen, durch die die Wohnungseigentümer ihr Verhältnis untereinander in Ergänzung oder Abweichung von Vorschriften dieses Gesetzes regeln, die Abänderung oder Aufhebung solcher Vereinbarungen **sowie Beschlüsse, die aufgrund einer Vereinbarung gefasst werden**, wirken gegen den Sondernachfolger eines Wohnungseigentümers nur, wenn sie als Inhalt des Sondereigentums im Grundbuch eingetragen sind.
§ 10 Abs. 4	(§ 10 Abs. 3 letzter Satz)
Beschlüsse der Wohnungseigentümer gemäß § 23 und gerichtliche Entscheidungen in einem Rechtsstreit gemäß § 43 bedürfen zu ihrer Wirksamkeit gegen den Sondernachfolger eines Wohnungseigentümers nicht der Eintragung in das Grundbuch. *Dies gilt auch für die gemäß § 23 Abs. 1 aufgrund einer Vereinbarung gefassten Beschlüsse, die vom Gesetz abweichen oder eine Vereinbarung ändern.*	**Im Übrigen bedürfen Beschlüsse zu ihrer Wirksamkeit gegen den Sondernachfolger eines Wohnungseigentümers nicht der Eintragung in das Grundbuch.**
§ 10 Abs. 5	
Rechtshandlungen in Angelegenheiten, über die nach diesem Gesetz oder nach einer Vereinbarung der Wohnungseigentümer durch Stimmenmehrheit beschlossen werden kann, wirken, wenn sie auf Grund eines mit solcher Mehrheit gefassten Beschlusses vorgenommen werden, auch für und gegen die Wohnungseigentümer, die gegen den Beschluss gestimmt oder an der Beschlussfassung nicht mitgewirkt haben.	

alt	neu
§ 10 Abs. 6 *Die Gemeinschaft der Wohnungseigentümer kann im Rahmen der gesamten Verwaltung des gemeinschaftlichen Eigentums gegenüber Dritten und Wohnungseigentümern selbst Rechte erwerben und Pflichten eingehen. Sie ist Inhaberin der als Gemeinschaft gesetzlich begründeten und rechtsgeschäftlich erworbenen Rechte und Pflichten.*	§ 9a Abs. 1 Die Gemeinschaft der Wohnungseigentümer kann Rechte erwerben und Verbindlichkeiten eingehen,
Sie übt die gemeinschaftsbezogenen Rechte der Wohnungseigentümer aus und nimmt die gemeinschaftsbezogenen Pflichten der Wohnungseigentümer wahr, ebenso sonstige Rechte und Pflichten der Wohnungseigentümer, soweit diese gemeinschaftlich geltend gemacht werden können oder zu erfüllen sind.	§ 9a Abs. 2 Die Gemeinschaft der Wohnungseigentümer übt die sich aus dem gemeinschaftlichen Eigentum ergebenden Rechte sowie solche Rechte der Wohnungseigentümer aus, die eine einheitliche Rechtsverfolgung erfordern, und nimmt die entsprechenden Pflichten der Wohnungseigentümer wahr.
Die Gemeinschaft muss die Bezeichnung »Wohnungseigentümergemeinschaft« gefolgt von der bestimmten Angabe des gemeinschaftlichen Grundstücks führen.	§ 9a Abs. 1 Satz 3 Sie führt die Bezeichnung »Gemeinschaft der Wohnungseigentümer« oder »Wohnungseigentümergemeinschaft« gefolgt von der bestimmten Angabe des gemeinschaftlichen Grundstücks.
Sie kann vor Gericht klagen und verklagt werden.	§ 9a Abs. 1 Satz 1, 2. Halbs. Die Gemeinschaft der Wohnungseigentümer kann vor Gericht klagen und verklagt werden.

alt	neu
§ 10 Abs. 7 *Das Verwaltungsvermögen gehört der Gemeinschaft der Wohnungseigentümer. Es besteht aus den im Rahmen der gesamten Verwaltung des gemeinschaftlichen Eigentums gesetzlich begründeten und rechtsgeschäftlich erworbenen Sachen und Rechten sowie den entstandenen Verbindlichkeiten. Zu dem Verwaltungsvermögen gehören insbesondere die Ansprüche und Befugnisse aus Rechtsverhältnissen mit Dritten und mit Wohnungseigentümern sowie die eingenommenen Gelder. Vereinigen sich sämtliche Wohnungseigentumsrechte in einer Person, geht das Verwaltungsvermögen auf den Eigentümer des Grundstücks über.*	**§ 9a Abs. 3** Für das Vermögen der Gemeinschaft der Wohnungseigentümer (**Gemeinschaftsvermögen**) gelten § 18, § 19 Absatz 1 und § 27 entsprechend.
§ 10 Abs. 8 *Jeder Wohnungseigentümer haftet einem Gläubiger nach dem Verhältnis seines Miteigentumsanteils (§ 16 Abs. 1 Satz 2) für Verbindlichkeiten der Gemeinschaft der Wohnungseigentümer, die während seiner Zugehörigkeit zur Gemeinschaft entstanden oder während dieses Zeitraums fällig geworden sind; für die Haftung nach Veräußerung des Wohnungseigentums ist § 160 des Handelsgesetzbuches entsprechend anzuwenden.*	**§ 9a Abs. 4** Jeder Wohnungseigentümer haftet einem Gläubiger nach dem Verhältnis seines Miteigentumsanteils (§ 16 Absatz 1 Satz 2) für Verbindlichkeiten der Gemeinschaft der Wohnungseigentümer, die während seiner Zugehörigkeit entstanden oder während dieses Zeitraums fällig geworden sind; für die Haftung nach Veräußerung des Wohnungseigentums ist § 160 des Handelsgesetzbuchs entsprechend anzuwenden.
Er kann gegenüber einem Gläubiger neben den in seiner Person begründeten auch die der Gemeinschaft zustehenden Einwendungen und Einreden geltend machen, nicht aber seine Einwendungen und Einreden gegenüber der Gemeinschaft. Für die Einrede der Anfechtbarkeit und Aufrechenbarkeit ist § 770 des Bürgerlichen Gesetzbuches entsprechend anzuwenden. Die Haftung eines Wohnungseigentümers gegenüber der Gemeinschaft wegen nicht ordnungsmäßiger Verwaltung bestimmt sich nach Satz 1.	Er kann gegenüber einem Gläubiger neben den in seiner Person begründeten auch die der Gemeinschaft der Wohnungseigentümer zustehenden Einwendungen und Einreden geltend machen, nicht aber seine Einwendungen und Einreden gegenüber der Gemeinschaft der Wohnungseigentümer. Für die Einrede der Anfechtbarkeit und Aufrechenbarkeit ist § 770 des Bürgerlichen Gesetzbuchs entsprechend anzuwenden.

alt	neu
§ 11 *Unauflöslichkeit* der Gemeinschaft	§ 11 **Aufhebung** der Gemeinschaft
§ 11 Abs. 3 Ein Insolvenzverfahren über das Verwaltungsvermögen der Gemeinschaft findet nicht statt.	§ 9a Abs. 5 Ein Insolvenzverfahren über das **Gemeinschaftsvermögen** findet nicht statt.
§ 12 Abs. 4 Die Wohnungseigentümer können *durch Stimmenmehrheit* beschließen, dass eine Veräußerungsbeschränkung gemäß Absatz 1 aufgehoben wird. Diese Befugnis kann durch Vereinbarung der Wohnungseigentümer nicht eingeschränkt oder ausgeschlossen werden. Ist ein Beschluss gemäß Satz 1 gefasst, kann die Veräußerungsbeschränkung im Grundbuch gelöscht werden.	§ 12 Abs. 4 Die Wohnungseigentümer können beschließen, dass eine Veräußerungsbeschränkung gemäß Absatz 1 aufgehoben wird.
Der Bewilligung gemäß § 19 der Grundbuchordnung bedarf es nicht, wenn der Beschluss gemäß Satz 1 nachgewiesen wird. Für diesen Nachweis ist § 26 Abs. 3 entsprechend anzuwenden.	Ist ein Beschluss gemäß Satz 1 gefasst, kann die Veräußerungsbeschränkung im Grundbuch gelöscht werden. **§ 7 Absatz 2 gilt entsprechend.**
§ 13 Rechte des Wohnungseigentümers	§ 13 Rechte des Wohnungseigentümers **aus dem Sondereigentum**
§ 13 Abs. 1 Jeder Wohnungseigentümer kann, soweit nicht das Gesetz *oder Rechte Dritter* entgegenstehen, *mit den im* Sondereigentum *stehenden Gebäudeteilen* nach Belieben verfahren, insbesondere diese bewohnen, vermieten, verpachten oder in sonstiger Weise nutzen, und andere von Einwirkungen ausschließen.	§ 13 Abs. 1 Jeder Wohnungseigentümer kann, soweit nicht das Gesetz entgegensteht, mit seinem Sondereigentum nach Belieben verfahren, insbesondere dieses bewohnen, vermieten, verpachten oder in sonstiger Weise nutzen, und andere von Einwirkungen ausschließen.
§ 13 Abs. 2 *Jeder Wohnungseigentümer ist zum Mitgebrauch des gemeinschaftlichen Eigentums nach Maßgabe der §§ 14, 15 berechtigt. An den sonstigen Nutzungen des gemeinschaftlichen Eigentums gebührt jedem Wohnungseigentümer ein Anteil nach Maßgabe des § 16.*	§ 16 Abs. 1 letzter Satz Jeder Wohnungseigentümer ist zum Mitgebrauch des gemeinschaftlichen Eigentums nach Maßgabe des § 14 berechtigt.

alt	neu
§ 14 Pflichten des Wohnungseigentümers	§ 14 Pflichten des Wohnungseigentümers
Jeder Wohnungseigentümer ist verpflichtet:	§ 14 Abs. 1 Jeder Wohnungseigentümer ist **gegenüber der Gemeinschaft der Wohnungseigentümer** verpflichtet,
§ 14 Nr. 1 die im Sondereigentum stehenden Gebäudeteile so instand zu halten und von diesen sowie von dem gemeinschaftlichen Eigentum nur in solcher Weise Gebrauch zu machen, dass dadurch keinem der anderen Wohnungseigentümer über das bei einem geordneten Zusammenleben unvermeidliche Maß hinaus ein Nachteil erwächst;	§ 14 Abs. 1 1. die gesetzlichen Regelungen, Vereinbarungen und Beschlüsse einzuhalten **und**
§ 14 Nr. 2 für die Einhaltung der in Nummer 1 bezeichneten Pflichten durch Personen zu sorgen, die seinem Hausstand oder Geschäftsbetrieb angehören oder denen er sonst die Benutzung der in Sonder- oder Miteigentum stehenden Grundstücks- oder Gebäudeteile überlässt;	-
§ 14 Nr. 3 Einwirkungen auf die im Sondereigentum stehenden Gebäudeteile und das gemeinschaftliche Eigentum zu dulden, soweit sie auf einem nach Nummer 1, 2 zulässigen Gebrauch beruhen;	§ 14 Abs. 1 2. das Betreten seines Sondereigentums und andere Einwirkungen auf dieses und das gemeinschaftliche Eigentum zu dulden, die den Vereinbarungen oder Beschlüssen entsprechen oder, wenn keine entsprechenden Vereinbarungen oder Beschlüsse bestehen, aus denen ihm über das bei einem geordneten Zusammenleben unvermeidliche Maß hinaus kein Nachteil erwächst.
§ 14 Nr. 4 *das Betreten und die Benutzung der im Sondereigentum stehenden Gebäudeteile zu gestatten, soweit dies zur Instandhaltung und Instandsetzung des gemeinschaftlichen Eigentums erforderlich ist;*	§ 14 Abs. 1

alt	neu
§ 14 Nr. 4 letzter Hs *der hierdurch entstehende Schaden ist zu ersetzen.*	§ 14 Abs. 3 Hat der Wohnungseigentümer eine Einwirkung zu dulden, die über das zumutbare Maß hinausgeht, kann er einen angemessenen Ausgleich in Geld verlangen.
	§ 14 Abs. 2 Jeder Wohnungseigentümer ist gegenüber den übrigen Wohnungseigentümern verpflichtet, 1. deren Sondereigentum nicht über das in Absatz 1 Nummer 2 bestimmte Maß hinaus zu beeinträchtigten und 2. Einwirkungen nach Maßgabe des Absatz 1 Nummer 2 zu dulden.
	§ 15 Pflichten Dritter Wer Wohnungseigentum gebraucht, ohne Wohnungseigentümer zu sein, hat gegenüber der Gemeinschaft der Wohnungseigentümer und anderen Wohnungseigentümern zu dulden: 1. die Erhaltung des gemeinschaftlichen Eigentums und des Sondereigentums, die ihm rechtzeitig angekündigt wurde; § 555a Absatz 2 des Bürgerlichen Gesetzbuchs gilt entsprechend;
	2. Maßnahmen, die über die Erhaltung hinausgehen, die spätestens drei Monate vor ihrem Beginn in Textform angekündigt wurden; § 555c Absatz 1 Satz 2 Nummer 1 und 2, Absatz 2 bis 4 und § 555d Absatz 2 bis 5 des Bürgerlichen Gesetzbuchs gelten entsprechend.

alt	neu
§ 15 Gebrauchsregelung *(1) Die Wohnungseigentümer können den Gebrauch des Sondereigentums und des gemeinschaftlichen Eigentums durch Vereinbarung regeln.* *(2) Soweit nicht eine Vereinbarung nach Absatz 1 entgegensteht, können die Wohnungseigentümer durch Stimmenmehrheit einen der Beschaffenheit der im Sondereigentum stehenden Gebäudeteile und des gemeinschaftlichen Eigentums entsprechenden ordnungsmäßigen Gebrauch beschließen.*	§ 10 Abs. 1 Satz 2 Die Wohnungseigentümer können von den Vorschriften dieses Gesetzes abweichende Vereinbarungen treffen, soweit nicht etwas anderes ausdrücklich bestimmt ist. § 19 Abs. 1 Soweit die .... Benutzung des gemeinschaftlichen Eigentums und des Sondereigentums nicht durch Vereinbarung der Wohnungseigentümer geregelt sind, beschließen die Wohnungseigentümer eine .... Benutzung.
§ 15 Abs. 3 *Jeder Wohnungseigentümer kann einen Gebrauch der im Sondereigentum stehenden Gebäudeteile und des gemeinschaftlichen Eigentums verlangen, der dem Gesetz, den Vereinbarungen und Beschlüssen und, soweit sich die Regelung hieraus nicht ergibt, dem Interesse der Gesamtheit der Wohnungseigentümer nach billigem Ermessen entspricht.*	§ 18 Abs. 2 Nr. 2 Jeder Wohnungseigentümer kann von der Gemeinschaft der Wohnungseigentümer ... 2. eine Benutzung des gemeinschaftlichen Eigentums und des Sondereigentums verlangen, die dem Interesse der Gesamtheit der Wohnungseigentümer nach billigem Ermessen (ordnungsmäßige ... Benutzung) und, soweit solche bestehen, den gesetzlichen Regelungen, Vereinbarungen und Beschlüssen entsprechen.
§ 16 Nutzungen, *Lasten und* Kosten	§ 16 Nutzungen und Kosten
§ 16 Abs. 1 Jedem Wohnungseigentümer gebührt ein seinem Anteil entsprechender Bruchteil der *Nutzungen des gemeinschaftlichen Eigentums.* Der Anteil bestimmt sich nach dem gemäß § 47 der Grundbuchordnung im Grundbuch eingetragenen Verhältnis der Miteigentumsanteile.	§ 16 Abs. 1 Jedem Wohnungseigentümer gebührt ein seinem Anteil entsprechender Bruchteil der **Früchte des gemeinschaftlichen Eigentums und des Gemeinschaftsvermögens.** Der Anteil bestimmt sich nach dem gemäß § 47 der Grundbuchordnung im Grundbuch eingetragenen Verhältnis der Miteigentumsanteile.

alt	neu
§ 16 Abs. 2 *Jeder Wohnungseigentümer ist den anderen Wohnungseigentümern gegenüber verpflichtet, die Lasten des gemeinschaftlichen Eigentums sowie die Kosten der Instandhaltung, Instandsetzung, sonstigen Verwaltung und eines gemeinschaftlichen Gebrauchs des gemeinschaftlichen Eigentums nach dem Verhältnis seines Anteils (Absatz 1 Satz 2) zu tragen.*	§ 16 Abs. 2 Satz 1 Die Kosten der **Gemeinschaft der Wohnungseigentümer, insbesondere** der Verwaltung und **des gemeinschaftlichen Gebrauchs des gemeinschaftlichen Eigentums, hat jeder Wohnungseigentümer nach dem Verhältnis seines Anteils (Absatz 1 Satz 2) zu tragen.**
§ 16 Abs. 3 *Die Wohnungseigentümer können abweichend von Absatz 2 durch Stimmenmehrheit beschließen, dass die Betriebskosten des gemeinschaftlichen Eigentums oder des Sondereigentums im Sinne des § 556 Abs. 1 des Bürgerlichen Gesetzbuches, die nicht unmittelbar gegenüber Dritten abgerechnet werden, und die Kosten der Verwaltung nach Verbrauch oder Verursachung erfasst und nach diesem oder nach einem anderen Maßstab verteilt werden, soweit dies ordnungsmäßiger Verwaltung entspricht.*	§ 16 Abs. 2 Satz 2 Die Wohnungseigentümer können **für einzelne Kosten oder bestimmte Arten von Kosten eine von Satz 1 oder von einer Vereinbarung abweichende Verteilung beschließen.**
§ 16 Abs. 4 – Abs. 8 *Die Wohnungseigentümer können im Einzelfall ... oder zu baulichen Veränderungen oder Aufwendungen im Sinne des § 22 Abs. 1 und 2 durch Beschluss die Kostenverteilung abweichend von Absatz 2 regeln, wenn der abweichende Maßstab dem Gebrauch oder der Möglichkeit des Gebrauchs durch die Wohnungseigentümer Rechnung trägt. ....*	§ 16 Abs. 3 Für die Kosten und Nutzungen bei baulichen Veränderungen gilt § 21. § 21 Nutzungen und Kosten bei baulichen Veränderungen § 21 Abs. 1 **Die Kosten einer baulichen Veränderung, die einem Wohnungseigentümer gestattet oder die auf sein Verlangen nach § 20 Absatz 2 durch die Gemeinschaft der Wohnungseigentümer durchgeführt wurden, hat dieser Wohnungseigentümer zu tragen. Nur ihm gebühren die Nutzungen.** § 21 Abs. 2 **Vorbehaltlich des Absatzes 1 haben alle Wohnungseigentümer die Kosten einer baulichen Veränderung nach dem Verhältnis ihrer Anteile (§ 16 Absatz 1 Satz 2) zu tragen,**

alt	neu
	1. die mit mehr als zwei Dritteln der abgegebenen Stimmen und der Hälfte aller Miteigentumsanteile beschlossen wurde, es sei denn, die bauliche Veränderung ist mit unverhältnismäßigen Kosten verbunden, oder 2. deren Kosten sich innerhalb eines angemessenen Zeitraums amortisieren. Für die Nutzungen gilt § 16 Absatz 1. § 21 Abs. 3 Die Kosten anderer als der in den Absätzen 1 und 2 bezeichneten baulichen Veränderungen haben die Wohnungseigentümer, die sie beschlossen haben, nach dem Verhältnis ihrer Anteile (§ 16 Absatz 1 Satz 2) zu tragen. Ihnen gebühren die Nutzungen entsprechend § 16 Absatz 1. § 21 Abs. 4 Ein Wohnungseigentümer, der nicht berechtigt ist, Nutzungen zu ziehen, kann verlangen, dass ihm dies nach billigem Ermessen gegen angemessenen Ausgleich gestattet wird. Für seine Beteiligung an den Nutzungen und Kosten gilt Absatz 3 entsprechend. § 21 Abs. 5 Die Wohnungseigentümer können eine abweichende Verteilung der Kosten und Nutzungen beschließen. Durch einen solchen Beschluss dürfen einem Wohnungseigentümer, der nach den vorstehenden Absätzen Kosten nicht zu tragen hat, keine Kosten auferlegt werden.

alt	neu
§ 17 Im Falle der Aufhebung der Gemeinschaft bestimmt sich der Anteil der Miteigentümer nach dem Verhältnis des Wertes ihrer Wohnungseigentumsrechte zur Zeit der Aufhebung der Gemeinschaft. Hat sich der Wert eines Miteigentumsanteils durch Maßnahmen verändert, deren Kosten der Wohnungseigentümer nicht getragen hat, so bleibt eine solche Veränderung bei der Berechnung des Wertes dieses Anteils außer Betracht.	§ 11 Abs. 3 Im Fall der Aufhebung der Gemeinschaft bestimmt sich der Anteil der Miteigentümer nach dem Verhältnis des Wertes ihrer Wohnungseigentumsrechte zur Zeit der Aufhebung der Gemeinschaft. Hat sich der Wert eines Miteigentumsanteils durch Maßnahmen verändert, deren Kosten der Wohnungseigentümer nicht getragen hat, so bleibt eine solche Veränderung bei der Berechnung des Wertes dieses Anteils außer Betracht.
§ 18 Entziehung des Wohnungseigentums	§ 17 Entziehung des Wohnungseigentums
§ 18 Abs. 1 Hat ein Wohnungseigentümer sich einer so schweren Verletzung der ihm gegenüber anderen Wohnungseigentümern obliegenden Verpflichtungen schuldig gemacht, dass diesen die Fortsetzung der Gemeinschaft mit ihm nicht mehr zugemutet werden kann, so *können die anderen Wohnungseigentümer* von ihm die Veräußerung seines Wohnungseigentums verlangen. *Die Ausübung des Entziehungsrechts steht der Gemeinschaft der Wohnungseigentümer zu, soweit es sich nicht um eine Gemeinschaft handelt, die nur aus zwei Wohnungseigentümern besteht.*	§ 17 Abs. 1 Hat ein Wohnungseigentümer sich einer so schweren Verletzung der ihm gegenüber anderen Wohnungseigentümern **oder der Gemeinschaft der Wohnungseigentümer** obliegenden Verpflichtungen schuldig gemacht, dass diesen die Fortsetzung der Gemeinschaft mit ihm nicht mehr zugemutet werden kann, so **kann die Gemeinschaft der Wohnungseigentümer** von ihm die Veräußerung seines Wohnungseigentums verlangen.

alt	neu
§ 18 Abs. 2 Die Voraussetzungen des Absatzes 1 liegen insbesondere vor, wenn 1. der Wohnungseigentümer trotz Abmahnung wiederholt gröblich gegen die ihm nach § 14 obliegenden Pflichten verstößt; 2. *der Wohnungseigentümer sich mit der Erfüllung seiner Verpflichtungen zur Lasten- und Kostentragung (§ 16 Abs. 2) in Höhe eines Betrages, der drei vom Hundert des Einheitswertes seines Wohnungseigentums übersteigt, länger als drei Monate in Verzug befindet; in diesem Fall steht § 30 der Abgabenordnung einer Mitteilung des Einheitswerts an die Gemeinschaft der Wohnungseigentümer oder, soweit die Gemeinschaft nur aus zwei Wohnungseigentümern besteht, an den anderen Wohnungseigentümer nicht entgegen.*	§ 17 Abs. 2 Die Voraussetzungen des Absatzes 1 liegen insbesondere vor, wenn der Wohnungseigentümer trotz Abmahnung wiederholt gröblich gegen die ihm nach § 14 **Absatz 1 und 2** obliegenden Pflichten verstößt.
§ 18 Abs. 3 *Über das Verlangen nach Absatz 1 beschließen die Wohnungseigentümer durch Stimmenmehrheit. Der Beschluss bedarf einer Mehrheit von mehr als der Hälfte der stimmberechtigten Wohnungseigentümer. Die Vorschriften des § 25 Abs. 3, 4 sind in diesem Falle nicht anzuwenden.*	
§ 18 Abs. 4 Der in Absatz 1 bestimmte Anspruch kann durch Vereinbarung der Wohnungseigentümer nicht eingeschränkt oder ausgeschlossen werden.	§ 17 Abs. 3 Der in Absatz 1 bestimmte Anspruch kann durch Vereinbarung der Wohnungseigentümer nicht eingeschränkt oder ausgeschlossen werden.
§ 19 Abs. 1 Das Urteil, durch das ein Wohnungseigentümer zur Veräußerung seines Wohnungseigentums verurteilt wird, berechtigt *jeden Miteigentümer* zur Zwangsvollstreckung entsprechend den Vorschriften des Ersten Abschnitts des Gesetzes über die Zwangsversteigerung und die Zwangsverwaltung.	§ 17 Abs. 4 Satz 1 Das Urteil, durch das ein Wohnungseigentümer zur Veräußerung seines Wohnungseigentums verurteilt wird, berechtigt zur Zwangsvollstreckung entsprechend den Vorschriften des Ersten Abschnitts des Gesetzes über die Zwangsversteigerung und die Zwangsverwaltung.

alt	neu
§ 19 Abs. 1 Satz 2 *Die Ausübung dieses Rechts steht der Gemeinschaft der Wohnungseigentümer zu, soweit es sich nicht um eine Gemeinschaft handelt, die nur aus zwei Wohnungseigentümern besteht.*	–
§ 19 Abs. 2 *Der Wohnungseigentümer kann im Falle des § 18 Abs. 2 Nr. 2 bis zur Erteilung des Zuschlags die in Absatz 1 bezeichnete Wirkung des Urteils dadurch abwenden, dass er die Verpflichtungen, wegen deren Nichterfüllung er verurteilt ist, einschließlich der Verpflichtung zum Ersatz der durch den Rechtsstreit und das Versteigerungsverfahren entstandenen Kosten sowie die fälligen weiteren Verpflichtungen zur Lasten- und Kostentragung erfüllt.*	
§ 19 Abs. 3 Ein gerichtlicher oder vor einer Gütestelle geschlossener Vergleich, durch den sich der Wohnungseigentümer zur Veräußerung seines Wohnungseigentums verpflichtet, steht dem in Absatz 1 bezeichneten Urteil gleich.	§ 17 Abs. 4 Satz 2 **Das Gleiche gilt für Schuldtitel im Sinne des § 794 der Zivilprozessordnung, durch die** sich der Wohnungseigentümer zur Veräußerung seines Wohnungseigentums verpflichtet.
§ 20 *Gliederung der* Verwaltung	§ 18 Verwaltung **und Benutzung**
§ 20 Abs. 1 Die Verwaltung des gemeinschaftlichen Eigentums obliegt *den Wohnungseigentümern nach Maßgabe der §§ 21 bis 25 und dem Verwalter nach Maßgabe der §§ 26 bis 28, im Falle der Bestellung eines Verwaltungsbeirats auch diesem nach Maßgabe des § 29.*	§ 18 Abs. 1 Die Verwaltung des gemeinschaftlichen Eigentums obliegt **der Gemeinschaft der Wohnungseigentümer.**
§ 20 Abs. 2 *Die Bestellung eines Verwalters kann nicht ausgeschlossen werden.*	§ 26 Abs. 5 Abweichungen von den Absätzen 1 bis 3 sind nicht zulässig.

alt	neu
§ 21 Abs. 1 Soweit nicht in diesem Gesetz oder durch Vereinbarung der Wohnungseigentümer etwas anderes bestimmt ist, steht die Verwaltung des gemeinschaftlichen Eigentums den Wohnungseigentümern gemeinschaftlich zu.	< s. § 18 Abs. 1>
§ 21 Abs. 2 Jeder Wohnungseigentümer ist berechtigt, ohne Zustimmung der anderen Wohnungseigentümer die Maßnahmen zu treffen, die zur Abwendung eines dem gemeinschaftlichen Eigentum unmittelbar drohenden Schadens notwendig sind.	§ 18 Abs. 3 Jeder Wohnungseigentümer ist berechtigt, ohne Zustimmung der anderen Wohnungseigentümer die Maßnahmen zu treffen, die zur Abwendung eines dem gemeinschaftlichen Eigentum unmittelbar drohenden Schadens notwendig sind.
<§§ 675, 666 BGB>	**§ 18 Abs. 4** **Jeder Wohnungseigentümer kann von der Gemeinschaft der Wohnungseigentümer Einsicht in die Verwaltungsunterlagen verlangen.**
§ 21 Abs. 3 Soweit die Verwaltung des gemeinschaftlichen Eigentums nicht durch Vereinbarung der Wohnungseigentümer geregelt ist, *können die Wohnungseigentümer eine der Beschaffenheit des gemeinschaftlichen Eigentums entsprechende ordnungsmäßige Verwaltung durch Stimmenmehrheit beschließen.*	§ 19 Abs. 1 Soweit die Verwaltung des gemeinschaftlichen Eigentums **und die Benutzung des gemeinschaftlichen Eigentums und des Sondereigentums** nicht durch Vereinbarung der Wohnungseigentümer geregelt **sind, beschließen die Wohnungseigentümer eine ordnungsmäßige Verwaltung und Benutzung.**

alt	neu
§ 21 Abs. 4 *Jeder Wohnungseigentümer kann eine Verwaltung verlangen, die den Vereinbarungen und Beschlüssen und, soweit solche nicht bestehen,* *dem Interesse der Gesamtheit der Wohnungseigentümer nach billigem Ermessen entspricht.*	§ 18 Abs. 2 Jeder Wohnungseigentümer kann von der Gemeinschaft der Wohnungseigentümer 1. eine Verwaltung des gemeinschaftlichen Eigentums sowie 2. eine Benutzung des gemeinschaftlichen Eigentums und des Sondereigentums verlangen, die dem Interesse der Gesamtheit der Wohnungseigentümer nach billigem Ermessen (ordnungsmäßige Verwaltung und Benutzung) und, soweit solche bestehen, den gesetzlichen Regelungen, Vereinbarungen und Beschlüssen entsprechen.
	§ 19 Regelung der Verwaltung und Benutzung durch Beschluss
§ 21 Abs. 5 *Zu einer ordnungsmäßigen, dem Interesse der Gesamtheit der Wohnungseigentümer entsprechenden Verwaltung gehört insbesondere:* 1. *die Aufstellung einer Hausordnung;* 2. *die ordnungsmäßige Instandhaltung und Instandsetzung des gemeinschaftlichen Eigentums;* 3. *die Feuerversicherung des gemeinschaftlichen Eigentums zum Neuwert sowie die angemessene Versicherung der Wohnungseigentümer gegen Haus- und Grundbesitzerhaftpflicht;* 4. *die Ansammlung einer angemessenen Instandhaltungsrückstellung;* 5. *die Aufstellung eines Wirtschaftsplans (§ 28);*	§ 19 Abs. 2 Zur ordnungsmäßigen Verwaltung und Benutzung gehören insbesondere 1. die Aufstellung einer Hausordnung, 2. die ordnungsmäßige **Erhaltung** des gemeinschaftlichen Eigentums, 3. **die angemessene Versicherung** des gemeinschaftlichen Eigentums zum Neuwert sowie der Wohnungseigentümer gegen Haus- und Grundbesitzerhaftpflicht, 4. die Ansammlung einer angemessenen **Erhaltungsrücklage sowie** 5. die Festsetzung von Vorschüssen nach § 28 Absatz 1 Satz 1. 6. die Bestellung eines zertifizierten Verwalters nach § 26a, es sei denn, es bestehen weniger als neun Sondereigentumsrechte, ein Wohnungseigentümer wurde zum Verwalter bestellt und weniger als ein Drittel der Wohnungseigentümer (§ 25 Absatz 2) verlangt die Bestellung eines zertifizierten Verwalters.

alt	neu
§ 21 Abs. 5 Nr. 6 *die Duldung aller Maßnahmen, die zur Herstellung einer Fernsprechteilnehmerein-richtung, einer Rundfunkempfangsanlage oder eines Energieversorgungsanschlusses zugunsten eines Wohnungseigentümers er-forderlich sind.*	**§ 20 Abs. 2** Jeder Wohnungseigentümer kann an-gemessene bauliche Veränderungen verlangen, die 1. dem Gebrauch durch Menschen mit Behinderungen 2. dem Laden elektrisch betriebener Fahrzeuge 3. dem Einbruchsschutz und 4. dem Anschluss an ein Telekommuni-kationsnetz mit sehr hoher Kapazität dienen. Über die Durchführung ist im Rahmen ordnungsmäßiger Verwaltung zu be-schließen.
§ 21 Abs. 6 *Der Wohnungseigentümer, zu dessen Guns-ten eine Maßnahme der in Absatz 5 Nr. 6 bezeichneten Art getroffen wird, ist zum Ersatz des hierdurch entstehenden Schadens verpflichtet.*	**§ 21 Abs. 1** Die Kosten einer baulichen Verände-rung, die einem Wohnungseigentümer gestattet oder die auf sein Verlangen nach § 20 Absatz 2 durch die Gemeinschaft der Wohnungseigentümer durchgeführt wurden, hat dieser Wohnungseigentümer zu tragen.
§ 21 Abs. 7 *Die Wohnungseigentümer können die Regelung der Art und Weise von Zahlungen, der Fälligkeit und der Folgen des Verzugs sowie der Kosten für eine besondere Nutzung des gemeinschaftlichen Eigentums oder für einen besonderen Verwaltungsaufwand mit Stimmenmehrheit beschließen.*	**§ 19 Abs. 3 RegE wurde wieder gestrichen**
§ 21 Abs. 8 Treffen die Wohnungseigentümer eine nach dem Gesetz erforderliche Maßnahme nicht, so kann an ihrer Stelle das Gericht in einem Rechtsstreit gemäß § 43 nach billigem Ermessen entscheiden, soweit sich die Maßnahme nicht aus dem Gesetz, einer Vereinbarung oder einem Beschluss der Wohnungseigentümer ergibt.	**<vgl. § 44 Abs. 1 Satz 2>** Unterbleibt eine notwendige Beschluss-fassung, kann das Gericht auf Klage eines Wohnungseigentümers den Beschluss fassen (Beschlussersetzungsklage)

alt	neu
§ 22 Besondere Aufwendungen, Wiederaufbau	§ 20 Bauliche Veränderungen
§ 22 Abs. 1 Satz 1 *Bauliche Veränderungen und Aufwendungen, die über die ordnungsmäßige Instandhaltung oder Instandsetzung des gemeinschaftlichen Eigentums hinausgehen,* können beschlossen *oder verlangt* werden, *wenn jeder Wohnungseigentümer zustimmt, dessen Rechte durch die Maßnahmen über das in § 14 Nr. 1 bestimmte Maß hinaus beeinträchtigt werden.*	§ 20 Abs. 1 **Maßnahmen,** die über die ordnungsmäßige **Erhaltung des gemeinschaftlichen Eigentums hinausgehen (bauliche Veränderungen),** können beschlossen **oder einem Wohnungseigentümer durch Beschluss gestattet** werden.
§ 22 Abs. 1 Satz 2 *Die Zustimmung ist nicht erforderlich, soweit die Rechte eines Wohnungseigentümers nicht in der in Satz 1 bezeichneten Weise beeinträchtigt werden.*	§ 20 Abs. 3 Unbeschadet des Absatzes 2 kann jeder Wohnungseigentümer verlangen, dass ihm eine bauliche Veränderung gestattet wird, wenn alle Wohnungseigentümer, deren Rechte durch die bauliche Veränderung über das bei einem geordneten Zusammenleben unvermeidliche Maß hinaus beeinträchtigt werden, einverstanden sind.
§ 22 Abs. 2 *Maßnahmen gemäß Absatz 1 Satz 1, die der Modernisierung entsprechend § 555b Nummer 1 bis 5 des Bürgerlichen Gesetzbuches oder der Anpassung des gemeinschaftlichen Eigentums an den Stand der Technik dienen, die Eigenart der Wohnanlage nicht ändern und keinen Wohnungseigentümer gegenüber anderen unbillig beeinträchtigen, können abweichend von Absatz 1 durch eine Mehrheit von drei Viertel aller stimmberechtigten Wohnungseigentümer im Sinne des § 25 Abs. 2 und mehr als der Hälfte aller Miteigentumsanteile beschlossen werden. Die Befugnis im Sinne des Satzes 1 kann durch Vereinbarung der Wohnungseigentümer nicht eingeschränkt oder ausgeschlossen werden.*	§ 20 Abs. 4 Bauliche Veränderungen, die die Wohnanlage grundlegend umgestalten oder einen Wohnungseigentümer ohne sein Einverständnis gegenüber anderen unbillig benachteiligen, dürfen nicht beschlossen und gestattet werden; sie können auch nicht verlangt werden.

alt	neu
§ 22 Abs. 3 *Für Maßnahmen der modernisierenden In-* *standsetzung im Sinne des § 21 Abs. 5 Nr. 2* *verbleibt es bei den Vorschriften des § 21* *Abs. 3 und 4.*	
§ 22 Abs. 4 Ist das Gebäude zu mehr als der Hälfte seines Wertes zerstört und ist der Schaden nicht durch eine Versicherung oder in anderer Weise gedeckt, so kann der Wiederaufbau nicht *gemäß § 21 Abs. 3* beschlossen oder *gemäß § 21 Abs. 4* verlangt werden.	§ 22 Wiederaufbau Ist das Gebäude zu mehr als der Hälfte seines Wertes zerstört und ist der Schaden nicht durch eine Versicherung oder in anderer Weise gedeckt, so kann der Wiederaufbau nicht beschlossen oder verlangt werden.
§ 23 Wohnungseigentümerversammlung	§ 23 Wohnungseigentümerversammlung
§ 23 Abs. 1 Angelegenheiten, über die nach diesem Gesetz oder nach einer Vereinbarung der Wohnungseigentümer die Wohnungs-eigentümer durch Beschluss entscheiden können, werden durch Beschlussfassung in einer Versammlung der Wohnungs-eigentümer geordnet.	§ 23 Abs. 1 Angelegenheiten, über die nach diesem Gesetz oder nach einer Vereinbarung der Wohnungseigentümer die Wohnungs-eigentümer durch Beschluss entscheiden können, werden durch Beschlussfassung in einer Versammlung der Wohnungs-eigentümer geordnet. **Die Wohnungseigentümer können be-schließen, dass Wohnungseigentümer an der Versammlung auch ohne Anwe-senheit an deren Ort teilnehmen und sämtliche oder einzelne ihrer Rechte ganz oder teilweise im Wege elektronischer Kommunikation ausüben können.**
§ 23 Abs. 2	§ 23 Abs. 2 – unverändert
§ 23 Abs. 3 Auch ohne Versammlung ist ein Beschluss gültig, wenn alle Wohnungseigentümer ihre Zustimmung zu diesem Beschluss schriftlich erklären.	§ 23 Abs. 3 Auch ohne Versammlung ist ein Beschluss gültig, wenn alle Wohnungseigentümer ihre Zustimmung zu diesem Beschluss **in Textform** erklären. **Die Wohnungs-eigentümer können beschließen, dass für einen einzelnen Gegenstand die Mehr-heit der abgegebenen Stimmen genügt.**
§ 23 Abs. 4	§ 23 Abs. 4 – unverändert
§ 24 Einberufung, Vorsitz, Niederschrift	§ 24 Einberufung, Vorsitz, Niederschrift

alt	neu
§ 24 Abs. 1	§ 24 Abs. 1 – unverändert
§ 24 Abs. 2 Die Versammlung der Wohnungseigentümer muss von dem Verwalter in den durch Vereinbarung der Wohnungseigentümer bestimmten Fällen, im übrigen dann einberufen werden, wenn dies *schriftlich* unter Angabe des Zweckes und der Gründe von mehr als einem Viertel der Wohnungseigentümer verlangt wird.	§ 24 Abs. 2 Die Versammlung der Wohnungseigentümer muss von dem Verwalter in den durch Vereinbarung der Wohnungseigentümer bestimmten Fällen, im Übrigen dann einberufen werden, wenn dies **in Textform** unter Angabe des Zweckes und der Gründe von mehr als einem Viertel der Wohnungseigentümer verlangt wird.
§ 24 Abs. 3 Fehlt ein Verwalter oder weigert er sich pflichtwidrig, die Versammlung der Wohnungseigentümer einzuberufen, so kann die Versammlung auch, *falls ein Verwaltungsbeirat bestellt ist, von dessen Vorsitzenden oder seinem Vertreter* einberufen werden.	§ 24 Abs. 3 Fehlt ein Verwalter oder weigert er sich pflichtwidrig, die Versammlung der Wohnungseigentümer einzuberufen, so kann die Versammlung auch **durch den Vorsitzenden des Verwaltungsbeirats, dessen Vertreter oder einen durch Beschluss ermächtigten Wohnungseigentümer** einberufen werden.
§ 24 Abs. 4 Die Einberufung erfolgt in Textform. Die Frist der Einberufung soll, sofern nicht ein Fall besonderer Dringlichkeit vorliegt, mindestens *zwei* Wochen betragen.	§ 24 Abs. 4 Die Einberufung erfolgt in Textform. Die Frist der Einberufung soll, sofern nicht ein Fall besonderer Dringlichkeit vorliegt, mindestens **drei** Wochen betragen.
§ 24 Abs. 5	§ 24 Abs. 5 – unverändert
§ 24 Abs. 6 Über die in der Versammlung gefassten Beschlüsse ist eine Niederschrift aufzunehmen. Die Niederschrift ist von dem Vorsitzenden und einem Wohnungseigentümer und, falls ein Verwaltungsbeirat bestellt ist, auch von dessen Vorsitzenden oder seinem Vertreter zu unterschreiben. *Jeder Wohnungseigentümer ist berechtigt, die Niederschriften einzusehen.*	§ 24 Abs. 6 Über die in der Versammlung gefassten Beschlüsse ist **unverzüglich** eine Niederschrift aufzunehmen. Die Niederschrift ist von dem Vorsitzenden und einem Wohnungseigentümer und, falls ein Verwaltungsbeirat bestellt ist, auch von dessen Vorsitzenden oder seinem Vertreter zu unterschreiben. § 18 Abs. 4 Jeder Wohnungseigentümer kann von der Gemeinschaft der Wohnungseigentümer Einsicht in die Verwaltungsunterlagen verlangen.

alt	neu
§ 24 Abs. 7 *Es ist eine Beschluss-Sammlung zu führen.* *Die Beschluss-Sammlung enthält nur den* *Wortlaut* 1. *der in der Versammlung der Wohnungs-* *eigentümer verkündeten Beschlüsse mit* *Angabe von Ort und Datum der Ver-* *sammlung,* 2. *der schriftlichen Beschlüsse mit An-* *gabe von Ort und Datum der Verkün-* *dung und* 3. *der Urteilsformeln der gerichtlichen* *Entscheidungen in einem Rechtsstreit ge-* *mäß § 43 mit Angabe ihres Datums, des* *Gerichts und der Parteien, soweit diese* *Beschlüsse und gerichtlichen Entschei-* *dungen nach dem 1. Juli 2007 ergangen* *sind. Die Beschlüsse und gerichtlichen* *Entscheidungen sind fortlaufend einzu-* *tragen und zu nummerieren. Sind sie* *angefochten oder aufgehoben worden,* *so ist dies anzumerken. Im Falle einer* *Aufhebung kann von einer Anmerkung* *abgesehen und die Eintragung gelöscht* *werden. Eine Eintragung kann auch* *gelöscht werden, wenn sie aus einem* *anderen Grund für die Wohnungs-* *eigentümer keine Bedeutung mehr* *hat. Die Eintragungen, Vermerke und* *Löschungen gemäß den Sätzen 3 bis 6* *sind unverzüglich zu erledigen und mit* *Datum zu versehen. Einem Wohnungs-* *eigentümer oder einem Dritten, den ein* *Wohnungseigentümer ermächtigt hat,* *ist auf sein Verlangen Einsicht in die* *Beschluss-Sammlung zu geben.*	§ 24 Abs. 7 bleibt unverändert <§ 25 Abs. 5 RegE wurde wieder ge- strichen>
§ 24 Abs. 8 *Die Beschluss-Sammlung ist von dem Ver-* *walter zu führen. Fehlt ein Verwalter, so ist* *der Vorsitzende der Wohnungseigentümer-* *versammlung verpflichtet, die Beschluss-* *Sammlung zu führen, sofern die Wohnungs-* *eigentümer durch Stimmenmehrheit keinen* *anderen für diese Aufgabe bestellt haben.*	§ 24 Abs. 8 bleibt unverändert <§ 25 Abs. 5 RegE wurde wieder ge- strichen>

alt	neu
§ 25 *Mehrheitsbeschluss*	§ 25 Beschlussfassung
§ 25 Abs. 1 *Für die Beschlussfassung in Angelegenheiten, über die die Wohnungseigentümer durch Stimmenmehrheit beschließen, gelten die Vorschriften der Absätze 2 bis 5.*	§ 25 Abs. 1 Bei der Beschlussfassung entscheidet die Mehrheit der abgegebenen Stimmen.
§ 25 Abs. 2	§ 25 Abs. 2 – unverändert
§ 25 Abs. 3 *Die Versammlung ist nur beschlussfähig, wenn die erschienenen stimmberechtigten Wohnungseigentümer mehr als die Hälfte der Miteigentumsanteile, berechnet nach der im Grundbuch eingetragenen Größe dieser Anteile, vertreten.*	§ 25 Abs. 3 Vollmachten bedürfen zu ihrer Gültigkeit der Textform
§ 25 Abs. 4 *Ist eine Versammlung nicht gemäß Absatz 3 beschlussfähig, so beruft der Verwalter eine neue Versammlung mit dem gleichen Gegenstand ein. Diese Versammlung ist ohne Rücksicht auf die Höhe der vertretenen Anteile beschlussfähig; hierauf ist bei der Einberufung hinzuweisen.*	
§ 25 Abs. 5 Ein Wohnungseigentümer ist nicht stimmberechtigt, wenn die Beschlussfassung die Vornahme eines auf die Verwaltung des gemeinschaftlichen Eigentums bezüglichen Rechtsgeschäfts mit ihm oder die Einleitung oder Erledigung eines Rechtsstreits *der anderen Wohnungseigentümer* gegen ihn betrifft oder wenn er nach § *18* rechtskräftig verurteilt ist.	§ 25 Abs. 4 Ein Wohnungseigentümer ist nicht stimmberechtigt, wenn die Beschlussfassung die Vornahme eines auf die Verwaltung des gemeinschaftlichen Eigentums bezüglichen Rechtsgeschäfts mit ihm oder die Einleitung oder Erledigung eines Rechtsstreits gegen ihn betrifft oder wenn er nach § 17 rechtskräftig verurteilt ist.
§ 26 Bestellung und Abberufung des Verwalters	§ 26 Bestellung und Abberufung des Verwalters

alt	neu
§ 26 Abs. 1 Über die Bestellung und Abberufung des Verwalters beschließen die Wohnungseigentümer *mit Stimmenmehrheit.* Die Bestellung *darf* auf höchstens fünf Jahre vorgenommen werden, im Falle der ersten Bestellung nach der Begründung von Wohnungseigentum aber auf höchstens drei Jahre. *Die Abberufung des Verwalters kann auf das Vorliegen eines wichtigen Grundes beschränkt werden. Ein wichtiger Grund liegt regelmäßig vor, wenn der Verwalter die Beschluss-Sammlung nicht ordnungsmäßig führt.* *§ 26 Abs. 1 letzter Satz* *Andere* Beschränkungen der Bestellung oder Abberufung des Verwalters sind nicht zulässig.	**§ 26 Abs. 1** Über die Bestellung und Abberufung des Verwalters beschließen die Wohnungseigentümer. Abs. 2 Die Bestellung **kann** auf höchstens fünf Jahre vorgenommen werden, im Falle der ersten Bestellung nach der Begründung von Wohnungseigentum aber auf höchstens drei Jahre. Abs. 3 **Der Verwalter kann jederzeit abberufen werden. Ein Vertrag mit dem Verwalter endet spätestens sechs Monate nach dessen Abberufung.** Abs. 5 Abweichungen von den Absätzen 1 bis 3 sind nicht zulässig.
§ 26 Abs. 2 Die wiederholte Bestellung ist zulässig; sie bedarf eines erneuten Beschlusses der Wohnungseigentümer, der frühestens ein Jahr vor Ablauf der Bestellungszeit gefasst werden kann.	**§ 26 Abs. 2 Satz 2** Die wiederholte Bestellung ist zulässig; sie bedarf eines erneuten Beschlusses der Wohnungseigentümer, der frühestens ein Jahr vor Ablauf der Bestellungszeit gefasst werden kann.
§ 26 Abs. 3 Soweit die Verwaltereigenschaft durch eine öffentlich beglaubigte Urkunde nachgewiesen werden muss, genügt die Vorlage einer Niederschrift über den Bestellungsbeschluss, bei der die Unterschriften der in § 24 Abs. 6 bezeichneten Personen öffentlich beglaubigt sind.	**§ 26 Abs. 4** Soweit die Verwaltereigenschaft durch eine öffentlich beglaubigte Urkunde nachgewiesen werden muss, genügt die Vorlage einer Niederschrift über den Bestellungsbeschluss, bei der die Unterschriften der in § 24 Absatz 6 bezeichneten Personen öffentlich beglaubigt sind.
§ 27 Aufgaben und Befugnisse des Verwalters	**§ 27 Aufgaben und Befugnisse des Verwalters**

alt	neu
<§ 27 wurde komplett neu gefasst>	§ 27 Abs. 1 Der Verwalter ist gegenüber der Gemeinschaft der Wohnungseigentümer berechtigt und verpflichtet, die Maßnahmen ordnungsmäßiger Verwaltung zu treffen, die 1. untergeordnete Bedeutung haben und nicht zu erheblichen Verpflichtungen führen oder 2. zur Wahrung einer Frist oder zur Abwendung eines Nachteils erforderlich sind.
§ 27 Abs. 1 Nr. 7 Der Verwalter ist … verpflichtet, die Wohnungseigentümer unverzüglich darüber zu unterrichten, dass ein Rechtsstreit gemäß § 43 anhängig ist.	§ 44 Abs. 2 Satz 2 Der Verwalter hat den Wohnungseigentümern die Erhebung einer Klage unverzüglich bekannt zu machen.
§ 27 Abs. 3 Der Verwalter ist berechtigt, im Namen der Gemeinschaft der Wohnungseigentümer und mit Wirkung für und gegen sie 1. Willenserklärungen und Zustellungen entgegenzunehmen; 2. Maßnahmen zu treffen, die zur Wahrung einer Frist oder zur Abwendung eines sonstigen Rechtsnachteils erforderlich sind, insbesondere einen gegen die Gemeinschaft gerichteten Rechtsstreit gemäß § 43 Nr. 2 oder Nr. 5 im Erkenntnis- und Vollstreckungsverfahren zu führen; 3. die laufenden Maßnahmen der erforderlichen ordnungsmäßigen Instandhaltung und Instandsetzung gemäß Absatz 1 Nr. 2 zu treffen;	§ 9b Vertretung Abs. 1 **Die Gemeinschaft der Wohnungseigentümer wird durch den Verwalter gerichtlich und außergerichtlich vertreten, beim Abschluss eines Grundstückskauf- oder Darlehensvertrags aber nur aufgrund eines Beschlusses der Wohnungseigentümer.** **Hat die Gemeinschaft der Wohnungseigentümer keinen Verwalter, wird sie durch die Wohnungseigentümer gemeinschaftlich vertreten.** **Eine Beschränkung des Umfangs der Vertretungsmacht ist Dritten gegenüber unwirksam.**

alt	neu
4. die Maßnahmen gemäß Absatz 1 Nr. 3 bis 5 und 8 zu treffen; 5. im Rahmen der Verwaltung der eingenommenen Gelder gemäß Absatz 1 Nr. 6 Konten zu führen; 6. mit einem Rechtsanwalt wegen eines Rechtsstreits gemäß § 43 Nr. 2 oder Nr. 5 eine Vergütung gemäß Absatz 2 Nr. 4 zu vereinbaren; 7. sonstige Rechtsgeschäfte und Rechtshandlungen vorzunehmen, soweit er hierzu durch Vereinbarung oder Beschluss der Wohnungseigentümer mit Stimmenmehrheit ermächtigt ist. Fehlt ein Verwalter oder ist er zur Vertretung nicht berechtigt, so vertreten alle Wohnungseigentümer die Gemeinschaft. Die Wohnungseigentümer können durch Beschluss mit Stimmenmehrheit einen oder mehrere Wohnungseigentümer zur Vertretung ermächtigen.	Abs. 2 **Dem Verwalter gegenüber vertritt der Vorsitzende des Verwaltungsbeirats oder ein durch Beschluss dazu ermächtigter Wohnungseigentümer die Gemeinschaft der Wohnungseigentümer.**
§ 27 Abs. 4 *Die dem Verwalter nach den Absätzen 1 bis 3 zustehenden Aufgaben und Befugnisse können durch Vereinbarung der Wohnungseigentümer nicht eingeschränkt oder ausgeschlossen werden.*	§ 27 Abs. 2 **Die Wohnungseigentümer können die Rechte und Pflichten nach Absatz 1 durch Beschluss einschränken oder erweitern.**
§ 28 Wirtschaftsplan, *Rechnungslegung*	§ 28 Wirtschaftsplan, **Jahresabrechnung, Vermögensbericht**
§ 28 Abs. 1 Der Verwalter hat jeweils für ein Kalenderjahr einen Wirtschaftsplan aufzustellen. Der Wirtschaftsplan enthält: 1. die voraussichtlichen Einnahmen und Ausgaben bei der Verwaltung des gemeinschaftlichen Eigentums; 2. die anteilmäßige Verpflichtung der Wohnungseigentümer zur Lasten- und Kostentragung; 3. die Beitragsleistung der Wohnungseigentümer zu der in § 21 Abs. 5 Nr. 4 vorgesehenen Instandhaltungsrückstellung.	§ 28 Abs. 1 **Die Wohnungseigentümer beschließen über die Vorschüsse zur Kostentragung und zu den nach § 19 Absatz 2 Nummer 4 oder durch Beschluss vorgesehenen Rücklagen. Zu diesem Zweck hat der Verwalter jeweils für ein Kalenderjahr einen Wirtschaftsplan aufzustellen, der darüber hinaus die voraussichtlichen Einnahmen und Ausgaben enthält.**

alt	neu
§ 28 Abs. 2 *Die Wohnungseigentümer sind verpflichtet, nach Abruf durch den Verwalter dem beschlossenen Wirtschaftsplan entsprechende Vorschüsse zu leisten.*	
§ 28 Abs. 3 *Der Verwalter hat nach Ablauf des Kalenderjahres eine Abrechnung aufzustellen.*	§ 28 Abs. 2 Satz 2 Zu diesem Zweck hat der Verwalter eine Abrechnung über den Wirtschaftsplan (Jahresabrechnung) aufzustellen, die darüber hinaus die Einnahmen und Ausgaben enthält.
§ 28 Abs. 4 *Die Wohnungseigentümer können durch Mehrheitsbeschluss jederzeit von dem Verwalter Rechnungslegung verlangen.*	§ 28 Abs. 3 Der Verwalter hat nach Ablauf eines Kalenderjahres einen Vermögensbericht zu erstellen, der den Stand der in Absatz 1 Satz 1 bezeichneten Rücklagen und eine Aufstellung des wesentlichen Gemeinschaftsvermögens enthält. Der Vermögensbericht ist jedem Wohnungseigentümer zur Verfügung zu stellen.
§ 28 Abs. 5 *Über den Wirtschaftsplan, die Abrechnung und die Rechnungslegung des Verwalters beschließen die Wohnungseigentümer durch Stimmenmehrheit.*	§ 28 Abs. 2 Satz 1 Nach Ablauf des Kalenderjahres beschließen die Wohnungseigentümer über die Einforderung von Nachschüssen oder die Anpassung der beschlossenen Vorschüsse.
§ 29 Verwaltungsbeirat	§ 29 Verwaltungsbeirat
§ 29 Abs. 1 *Die Wohnungseigentümer können durch Stimmenmehrheit die Bestellung eines Verwaltungsbeirats beschließen. Der Verwaltungsbeirat besteht aus einem Wohnungseigentümer als Vorsitzenden und zwei weiteren Wohnungseigentümern als Beisitzern.*	§ 29 Abs. 1 Wohnungseigentümer können durch Beschluss zum Mitglied des Verwaltungsbeirats bestellt werden. Hat der Verwaltungsbeirat mehrere Mitglieder, ist ein Vorsitzender und ein Stellvertreter zu bestimmen.
§ 29 Abs. 2 Der Verwaltungsbeirat unterstützt den Verwalter bei der Durchführung seiner Aufgaben.	§ 29 Abs. 2 Satz 1 Der Verwaltungsbeirat unterstützt **und überwacht** den Verwalter bei der Durchführung seiner Aufgaben.

alt	neu
§ 29 Abs. 3 Der Wirtschaftsplan, *die Abrechnung über den Wirtschaftsplan, Rechnungslegungen und Kostenanschläge* sollen, bevor *über sie die Wohnungseigentümerversammlung beschließt*, vom Verwaltungsbeirat geprüft und mit dessen Stellungnahme versehen werden.	§ 29 Abs. 2 Satz 2 Der Wirtschaftsplan **und die Jahresabrechnung** sollen, bevor **die Beschlüsse nach § 28 Absatz 1 Satz 1 und Absatz 2 Satz 1 gefasst werden,** vom Verwaltungsbeirat geprüft und mit dessen Stellungnahme versehen werden.
§ 29 Abs. 4 Der Verwaltungsbeirat wird von dem Vorsitzenden nach Bedarf einberufen.	§ 29 Abs. 1 letzter Satz Der Verwaltungsbeirat wird von dem Vorsitzenden nach Bedarf einberufen.
-	§ 29 Abs. 3 **Sind Mitglieder des Verwaltungsbeirats unentgeltlich tätig, haben sie nur Vorsatz und grobe Fahrlässigkeit zu vertreten.**
§ 30	§ 30 Wohnungserbbaurecht
§ 32 Absatz 2 Satz 4–7 werden aufgehoben	Der bisherige 4. Abschnitt wird Abschnitt 5. Der II. Teil wird Teil 2
III. Teil	**Teil 3** Verfahrensvorschriften
§ 43 Zuständigkeit	§ 43 Zuständigkeit
	§ 43 Abs. 1 Die Gemeinschaft der Wohnungseigentümer hat ihren allgemeinen Gerichtsstand bei dem Gericht, in dessen Bezirk das Grundstück liegt. Bei diesem Gericht kann auch die Klage gegen Wohnungseigentümer im Fall des § 9a Absatz 4 Satz 1 erhoben werden.

alt	neu
§ 43 Das Gericht, in dessen Bezirk das Grundstück liegt, ist ausschließlich zuständig für 1. Streitigkeiten über die *sich aus der Gemeinschaft der Wohnungseigentümer und aus der Verwaltung des gemeinschaftlichen Eigentums ergebenden* Rechte und Pflichten der Wohnungseigentümer untereinander; 2. Streitigkeiten über die Rechte und Pflichten zwischen der Gemeinschaft der Wohnungseigentümer und Wohnungseigentümern; 3. Streitigkeiten über die Rechte und Pflichten des Verwalters *bei der Verwaltung des gemeinschaftlichen Eigentums*; 4. Streitigkeiten über die Gültigkeit von Beschlüssen der Wohnungseigentümer; 5. Klagen Dritter, die sich gegen die Gemeinschaft der Wohnungseigentümer oder gegen Wohnungseigentümer richten und sich auf das gemeinschaftliche Eigentum, seine Verwaltung oder das Sondereigentum beziehen; 6. Mahnverfahren, wenn die Gemeinschaft der Wohnungseigentümer Antragstellerin ist. Insoweit ist § 689 Abs. 2 der Zivilprozessordnung nicht anzuwenden.	§ 43 Abs. 2 Das Gericht, in dessen Bezirk das Grundstück liegt, ist ausschließlich zuständig für 1. Streitigkeiten über die Rechte und Pflichten der Wohnungseigentümer untereinander, 2. Streitigkeiten über die Rechte und Pflichten zwischen der Gemeinschaft der Wohnungseigentümer und Wohnungseigentümern, 3. Streitigkeiten über die Rechte und Pflichten des Verwalters **einschließlich solcher über Ansprüche eines Wohnungseigentümers gegen den Verwalter sowie** 4. Beschlussklagen gemäß § 44.
§ 44 Bezeichnung der Wohnungseigentümer in der Klageschrift – entfällt –	
§ 45 Zustellung – entfällt –	
§ 46 Anfechtungsklage	§ 44 Beschlussklagen

alt	neu
§ 46 Abs. 1 Satz 1 *Die Klage eines oder mehrerer Wohnungs-* *eigentümer auf Erklärung der Ungültigkeit* *eines Beschlusses der Wohnungseigentümer* *ist gegen die übrigen Wohnungseigentümer* *und die Klage des Verwalters ist gegen die* *Wohnungseigentümer zu richten.*	§ 44 Abs. 2 Satz 1 Die Klagen sind gegen die Gemeinschaft der Wohnungseigentümer zu richten. .... --
§ 46 Abs. 1 Satz 2 *Sie* muss innerhalb eines Monats nach der Beschlussfassung erhoben und innerhalb zweier Monate nach der Beschlussfassung begründet werden. Die §§ 233 bis 238 der Zivilprozessord- nung gelten entsprechend.	§ 45 Fristen der Anfechtungsklage **Die Anfechtungsklage** muss innerhalb eines Monats nach der Beschlussfassung erhoben und innerhalb zweier Monate nach der Beschlussfassung begründet werden. Die §§ 233 bis 238 der Zivilprozessord- nung gelten entsprechend.
§ 46 Abs. 2 *Hat der Kläger erkennbar eine Tatsache* *übersehen, aus der sich ergibt, dass der Be-* *schluss nichtig ist, so hat das Gericht darauf* *hinzuweisen.*	<war noch als § 45 Abs. 2 im Referenten- Entw>
§ 47 *Prozessverbindung*	
§ 47 *Mehrere Prozesse, in denen Klagen auf Er-* *klärung oder Feststellung der Ungültigkeit* *desselben Beschlusses der Wohnungseigen-* *tümer erhoben werden, sind zur gleich-* *zeitigen Verhandlung und Entscheidung zu* *verbinden.* *Die Verbindung bewirkt, dass die Kläger der* *vorher selbständigen Prozesse als Streitgenos-* *sen anzusehen sind.*	§ 44 Abs. 2 Satz 3 **Mehrere Prozesse sind zur gleichzeitigen** **Verhandlung und Entscheidung zu ver-** **binden.**
§ 48 Beiladung, Wirkung des Urteils	

alt	neu
§ 48 Abs. 1 Richtet sich die Klage eines Wohnungseigentümers, der in einem Rechtsstreit gemäß § 43 Nr. 1 oder Nr. 3 einen ihm allein zustehenden Anspruch geltend macht, nur gegen einen oder einzelne Wohnungseigentümer oder nur gegen den Verwalter, so sind die übrigen Wohnungseigentümer beizuladen, es sei denn, dass ihre rechtlichen Interessen erkennbar nicht betroffen sind. Soweit in einem Rechtsstreit gemäß § 43 Nr. 3 oder Nr. 4 der Verwalter nicht Partei ist, ist er ebenfalls beizuladen.	
§ 48 Abs. 2 Die Beiladung erfolgt durch Zustellung der Klageschrift, der die Verfügungen des Vorsitzenden beizufügen sind. Die Beigeladenen können der einen oder anderen Partei zu deren Unterstützung beitreten. Veräußert ein beigeladener Wohnungseigentümer während des Prozesses sein Wohnungseigentum, ist § 265 Abs. 2 der Zivilprozessordnung entsprechend anzuwenden.	
§ 48 Abs. 3 *Über die in § 325 der Zivilprozessordnung angeordneten Wirkungen hinaus wirkt das rechtskräftige Urteil auch für und gegen alle beigeladenen Wohnungseigentümer und ihre Rechtsnachfolger sowie den beigeladenen Verwalter.*	§ 44 Abs. 3 **Das Urteil wirkt für und gegen alle Wohnungseigentümer, auch wenn sie nicht Partei sind.**
Abs. 4 Wird durch das Urteil eine Anfechtungsklage als unbegründet abgewiesen, so kann auch nicht mehr geltend gemacht werden, der Beschluss sei nichtig.	< war noch als § 45 Abs. 3 im Referen­tenE>

2. Synopse neu/alt

neu	alt
Gesetz zur Förderung der Elektromobilität und zur Modernisierung des Wohnungseigentumsgesetzes und zur Änderung von kosten- und grundbuchrechtlichen Vorschriften (Wohnungseigentumsmodernisierungsgesetz – **WEMoG**)	Gesetz über das Wohnungseigentum und das Dauerwohnrecht) Gesetz vom 15.03.1951 **WEG**
Teil 1 Wohnungseigentum Abschnitt 1 Begriffsbestimmungen	Erster Teil: Wohnungseigentum Begriffsbestimmungen
§ 1 Abs. 5 Gemeinschaftliches Eigentum im Sinne dieses Gesetzes sind das Grundstück **und das Gebäude, soweit sie** nicht im Sondereigentum oder im Eigentum eines Dritten stehen.	
§ 3 Abs. 1 Das Miteigentum (§ 1008 des Bürgerlichen Gesetzbuches) an einem Grundstück kann durch Vertrag der Miteigentümer in der Weise beschränkt werden, dass jedem der Miteigentümer abweichend von § 93 des Bürgerlichen Gesetzbuches das **Eigentum** an einer bestimmten Wohnung oder an nicht zu Wohnzwecken dienenden bestimmten Räumen in einem auf dem Grundstück errichteten oder zu errichtenden Gebäude (»**Sondereigentum**«) eingeräumt wird.	§ 3 Abs. 1 Das Miteigentum (§ 1008 des Bürgerlichen Gesetzbuches) an einem Grundstück kann durch Vertrag der Miteigentümer in der Weise beschränkt werden, dass jedem der Miteigentümer abweichend von § 93 des Bürgerlichen Gesetzbuches das *Sonder*eigentum an einer bestimmten Wohnung oder an nicht zu Wohnzwecken dienenden bestimmten Räumen in einem auf dem Grundstück errichteten oder zu errichtenden Gebäude eingeräumt wird.
Stellplätze gelten als Räume im Sinne des Satzes 1.	§ 3 Abs. 2 Satz 2 Garagenstellplätze gelten als abgeschlossene Räume, wenn ihre Flächen durch dauerhafte Markierungen ersichtlich sind.
§ 3 Abs. 2 Das Sondereigentum kann auf einen außerhalb des Gebäudes liegenden Teil des Grundstücks erstreckt werden, es sei denn, die Wohnung oder die nicht zu Wohnzwecken dienenden Räume bleiben dadurch wirtschaftlich nicht die Hauptsache.	--

neu	alt
§ 3 Abs. 3 Sondereigentum soll nur eingeräumt werden, wenn die Wohnungen oder sonstigen Räume in sich abgeschlossen sind **und Stellplätze sowie außerhalb des Gebäudes liegende Teile des Grundstücks durch Maßangaben im Aufteilungsplan bestimmt sind.**	**§ 3 Abs. 2 Satz 1** Sondereigentum soll nur eingeräumt werden, wenn die Wohnungen oder sonstigen Räume in sich abgeschlossen sind.
§ 5 Abs. 1 Gegenstand des Sondereigentums sind die gemäß § 3 Abs. 1 **Satz 1** bestimmten Räume sowie die zu diesen Räumen gehörenden Bestandteile des Gebäudes, die verändert, beseitigt oder eingefügt werden können, ohne dass dadurch das gemeinschaftliche Eigentum oder ein auf Sondereigentum beruhendes Recht eines anderen Wohnungseigentümers über das **bei einem geordneten Zusammenleben unvermeidliche** Maß hinaus beeinträchtigt oder die äußere Gestaltung des Gebäudes verändert wird. **Soweit sich das Sondereigentum auf außerhalb des Gebäudes liegende Teile des Grundstücks erstreckt, gilt § 94 des Bürgerlichen Gesetzbuchs entsprechend.**	**§ 5 Abs. 1** Gegenstand des Sondereigentums sind die gemäß § 3 Abs. 1 bestimmten Räume sowie die zu diesen Räumen gehörenden Bestandteile des Gebäudes, die verändert, beseitigt oder eingefügt werden können, ohne dass dadurch das gemeinschaftliche Eigentum oder ein auf Sondereigentum beruhendes Recht eines anderen Wohnungseigentümers über das *nach § 14 zulässige* Maß hinaus beeinträchtigt oder die äußere Gestaltung des Gebäudes verändert wird.
§ 5 Abs. 2 Teile des Gebäudes, die für dessen Bestand oder Sicherheit erforderlich sind, sowie Anlagen und Einrichtungen, die dem gemeinschaftlichen Gebrauch der Wohnungseigentümer dienen, sind nicht Gegenstand des Sondereigentums, selbst wenn sie sich im Bereich der im Sondereigentum stehenden Räume **oder Teile des Grundstücks** befinden.	**§ 5 Abs. 2** Teile des Gebäudes, die für dessen Bestand oder Sicherheit erforderlich sind, sowie Anlagen und Einrichtungen, die dem gemeinschaftlichen Gebrauch der Wohnungseigentümer dienen, sind nicht Gegenstand des Sondereigentums, selbst wenn sie sich im Bereich der im Sondereigentum stehenden Räume befinden.

neu	alt
§ 5 Abs. 4 Vereinbarungen über das Verhältnis der Wohnungseigentümer untereinander **und Beschlüsse aufgrund einer solchen Vereinbarung** können nach den Vorschriften des **Abschnitts 4** zum Inhalt des Sondereigentums gemacht werden. Ist das Wohnungseigentum mit der Hypothek, Grund- oder Rentenschuld oder der Reallast eines Dritten belastet, so ist dessen nach anderen Rechtsvorschriften notwendige Zustimmung nur erforderlich, wenn ein Sondernutzungsrecht begründet oder ein mit dem Wohnungseigentum verbundenes Sondernutzungsrecht aufgehoben, geändert oder übertragen wird.	§ 5 Abs. 4 Vereinbarungen über das Verhältnis der Wohnungseigentümer untereinander können nach den Vorschriften des *2. und 3. Abschnittes* zum Inhalt des Sondereigentums gemacht werden. Ist das Wohnungseigentum mit der Hypothek, Grund- oder Rentenschuld oder der Reallast eines Dritten belastet, so ist dessen nach anderen Rechtsvorschriften notwendige Zustimmung *zu der Vereinbarung* nur erforderlich, wenn ein Sondernutzungsrecht begründet oder ein mit dem Wohnungseigentum verbundenes Sondernutzungsrecht aufgehoben, geändert oder übertragen wird.
--	*Bei der Begründung eines Sondernutzungsrechts ist die Zustimmung des Dritten nicht erforderlich, wenn durch die Vereinbarung gleichzeitig das zu seinen Gunsten belastete Wohnungseigentum mit einem Sondernutzungsrecht verbunden wird.*
§ 7 Abs. 2 **Zur Eintragung eines Beschlusses im Sinne des § 5 Absatz 4 Satz 1 bedarf es der Bewilligungen der Wohnungseigentümer nicht, wenn der Beschluss durch eine Niederschrift, bei der die Unterschriften der in § 24 Absatz 6 bezeichneten Personen öffentlich beglaubigt sind, oder durch ein Urteil in einem Verfahren nach § 44 Absatz 1 Satz 2 nachgewiesen ist. Antragsberechtigt ist auch die Gemeinschaft der Wohnungseigentümer.**	--
§ 7 Abs. 3 Zur näheren Bezeichnung des Gegenstandes und des Inhalts des Sondereigentums kann auf die Eintragungsbewilligung **oder einen Nachweis gemäß Absatz 2 Satz 1** Bezug genommen werden. Veräußerungsbeschränkungen (§ 12) **und die Haftung von Sondernachfolgern für Geldschulden sind** jedoch ausdrücklich **einzutragen.**	§ 7 Abs. 3 Zur näheren Bezeichnung des Gegenstandes und des Inhalts des Sondereigentums kann auf die Eintragungsbewilligung Bezug genommen werden. § 3 Abs. 2, 2. Halbsatz Wohnungsgrundbuchverfügung … vereinbarte Veräußerungsbeschränkungen (§ 12 des Wohnungseigentumsgesetzes) sind jedoch ausdrücklich einzutragen.

neu	alt
§ 7 Abs. 4 Der Eintragungsbewilligung sind als Anlagen beizufügen: 1. eine von der Baubehörde mit Unterschrift und Siegel oder Stempel versehene Bauzeichnung, aus der die Aufteilung des Gebäudes **und des Grundstücks** sowie die Lage und Größe der im Sondereigentum und der im gemeinschaftlichen Eigentum stehenden **Teile des Gebäudes und des Grundstücks** ersichtlich ist (Aufteilungsplan); alle zu demselben Wohnungseigentum gehörenden Einzelräume **und Teile des Grundstücks** sind mit der jeweils gleichen Nummer zu kennzeichnen; 2. eine Bescheinigung der Baubehörde, dass die Voraussetzungen des § 3 Abs. 3 vorliegen. Wenn in der Eintragungsbewilligung für die einzelnen Sondereigentumsrechte Nummern angegeben werden, sollen sie mit denen des Aufteilungsplanes übereinstimmen. Die Landesregierungen können durch Rechtsverordnung bestimmen, dass und in welchen Fällen der Aufteilungsplan (Satz 1 Nr. 1) und die Abgeschlossenheit (Satz 1 Nr. 2) von einem öffentlich bestellten oder anerkannten Sachverständigen für das Bauwesen statt von der Baubehörde ausgefertigt und bescheinigt werden. <Die Sätze 3 bis 6 wurden aufgehoben.>	§ 7 Abs. 4 Der Eintragungsbewilligung sind als Anlagen beizufügen: 1. eine von der Baubehörde mit Unterschrift und Siegel oder Stempel versehene Bauzeichnung, aus der die Aufteilung des Gebäudes sowie die Lage und Größe der im Sondereigentum und der im gemeinschaftlichen Eigentum stehenden Gebäudeteile ersichtlich ist (Aufteilungsplan); alle zu demselben Wohnungseigentum gehörenden Einzelräume sind mit der jeweils gleichen Nummer zu kennzeichnen; 2. eine Bescheinigung der Baubehörde, daß die Voraussetzungen des § 3 Abs. 2 vorliegen. Wenn in der Eintragungsbewilligung für die einzelnen Sondereigentumsrechte Nummern angegeben werden, sollen sie mit denen des Aufteilungsplanes übereinstimmen. Die Landesregierungen können durch Rechtsverordnung bestimmen, dass und in welchen Fällen der Aufteilungsplan (Satz 1 Nr. 1) und die Abgeschlossenheit (Satz 1 Nr. 2) von einem öffentlich bestellten oder anerkannten Sachverständigen für das Bauwesen statt von der Baubehörde ausgefertigt und bescheinigt werden. *Werden diese Aufgaben von dem Sachverständigen wahrgenommen, so gelten die Bestimmungen der Allgemeinen Verwaltungsvorschrift für die Ausstellung von Bescheinigungen gemäß § 7 Abs. 4 Nr. 2 und § 32 Abs. 2 Nr. 2 des Wohnungseigentumsgesetzes vom 19. März 1974 (BAnz. Nr. 58 vom 23. März 1974). entsprechend. In diesem Fall bedürfen die Anlagen nicht der Form des § 29 der Grundbuchordnung. Die Landesregierungen können die Ermächtigung durch Rechtsverordnung auf die Landesbauverwaltungen übertragen.*

neu	alt
§ 8 Abs. 1 Der Eigentümer eines Grundstücks kann durch Erklärung gegenüber dem Grundbuchamt das Eigentum an dem Grundstück in Miteigentumsanteile in der Weise teilen, dass mit jedem Anteil **Sondereigentum** verbunden ist.	§ 8 Abs. 1 Der Eigentümer eines Grundstücks kann durch Erklärung gegenüber dem Grundbuchamt das Eigentum an dem Grundstück in Miteigentumsanteile in der Weise teilen, dass mit jedem Anteil *das Sondereigentum an einer bestimmten Wohnung oder an nicht zu Wohnzwecken dienenden bestimmten Räumen in einem auf dem Grundstück errichteten oder zu errichtenden Gebäude* verbunden ist.
§ 8 Abs. 2 Im Falle des Absatzes 1 gelten **§ 3 Absatz 1 Satz 2, Absatz 2 und 3, § 4 Absatz 2 Satz 2** sowie die **§§ 5 bis 7** entsprechend.	§ 8 Abs. 2 Im Falle des Absatzes 1 gelten *die Vorschriften des § 3 Abs. 2 und der §§ 5, 6, § 7 Abs. 1, 3 bis 5* entsprechend. *Die Teilung wird mit der Anlegung der Wohnungsgrundbücher wirksam.*
§ 8 Abs. 3 Wer einen Anspruch auf Übertragung von Wohnungseigentum gegen den teilenden Eigentümer hat, der durch Vormerkung im Grundbuch gesichert ist, gilt gegenüber der Gemeinschaft der Wohnungseigentümer und den anderen Wohnungseigentümern anstelle des teilenden Eigentümers als Wohnungseigentümer, sobald ihm der Besitz an den zum Sondereigentum gehörenden Räumen übergeben wurde	(früher: werdender Wohnungseigentümer; Rspr.)
§ 9 Abs. 1 a) Nummer 2 wird aufgehoben.	§ 9 Abs. 1 *2. auf Antrag sämtlicher Wohnungseigentümer, wenn alle Sondereigentumsrechte durch völlige Zerstörung des Gebäudes gegenstandslos geworden sind und der Nachweis hierfür durch eine Bescheinigung der Baubehörde erbracht ist;*
§ 9 Abs. 1 b) Nummer 3 wird Nummer 2. 2. auf Antrag des Eigentümers, wenn sich sämtliche Wohnungseigentumsrechte in einer Person vereinigen.	§ 9 Abs. 1 *3.* auf Antrag des Eigentümers, wenn sich sämtliche Wohnungseigentumsrechte in einer Person vereinigen.
Abschnitt 3 Rechtsfähige Gemeinschaft der Wohnungseigentümer	
§ 9a Gemeinschaft der Wohnungseigentümer	

neu	alt
§ 9a Abs. 1 Die Gemeinschaft der Wohnungseigentümer kann Rechte erwerben und Verbindlichkeiten eingehen,	**§ 10 Abs. 6 Satz 1** Die Gemeinschaft der Wohnungseigentümer kann im Rahmen der gesamten Verwaltung des gemeinschaftlichen Eigentums gegenüber Dritten und Wohnungseigentümern selbst Rechte erwerben und Pflichten eingehen.
vor Gericht klagen und verklagt werden. Die Gemeinschaft der Wohnungseigentümer entsteht mit Anlegung der Wohnungsgrundbücher; dies gilt auch im Fall des § 8. Sie führt die Bezeichnung »Gemeinschaft der Wohnungseigentümer« oder »Wohnungseigentümergemeinschaft« gefolgt von der bestimmten Angabe des gemeinschaftlichen Grundstücks.	**§ 10 Abs. 6 Satz 5** Sie kann vor Gericht klagen und verklagt werden. -- **§ 10 Abs. 6 Satz 4** Die Gemeinschaft muss die Bezeichnung »Wohnungseigentümergemeinschaft« gefolgt von der bestimmten Angabe des gemeinschaftlichen Grundstücks führen.
§ 9a Abs. 2 Die Gemeinschaft der Wohnungseigentümer übt die sich aus dem gemeinschaftlichen Eigentum ergebenden Rechte sowie solche Rechte der Wohnungseigentümer aus, die eine einheitliche Rechtsverfolgung erfordern, und nimmt die entsprechenden Pflichten der Wohnungseigentümer wahr.	**§ 10 Abs. 6 Satz 3** Sie übt die gemeinschaftsbezogenen Rechte der Wohnungseigentümer aus und nimmt die gemeinschaftsbezogenen Pflichten der Wohnungseigentümer wahr, ebenso sonstige Rechte und Pflichten der Wohnungseigentümer, soweit diese gemeinschaftlich geltend gemacht werden können oder zu erfüllen sind.
§ 9a Abs. 3 Für das Vermögen der Gemeinschaft der Wohnungseigentümer (Gemeinschaftsvermögen) gelten § 18, § 19 Absatz 1 und § 27 entsprechend.	**§ 10 Abs. 7** Das Verwaltungsvermögen gehört der Gemeinschaft der Wohnungseigentümer.

neu	alt
§ 9a Abs. 4 Jeder Wohnungseigentümer haftet einem Gläubiger nach dem Verhältnis seines Miteigentumsanteils (§ 16 Absatz 1 Satz 2) für Verbindlichkeiten der Gemeinschaft der Wohnungseigentümer, die während seiner Zugehörigkeit entstanden oder während dieses Zeitraums fällig geworden sind; für die Haftung nach Veräußerung des Wohnungseigentums ist § 160 des Handelsgesetzbuchs entsprechend anzuwenden. Er kann gegenüber einem Gläubiger neben den in seiner Person begründeten auch die der Gemeinschaft der Wohnungseigentümer zustehenden Einwendungen und Einreden geltend machen, nicht aber seine Einwendungen und Einreden gegenüber der Gemeinschaft der **Wohnungseigentümer.** Für die Einrede der Anfechtbarkeit und Aufrechenbarkeit ist § 770 des Bürgerlichen Gesetzbuchs entsprechend anzuwenden.	**§ 10 Abs. 8** Jeder Wohnungseigentümer haftet einem Gläubiger nach dem Verhältnis seines Miteigentumsanteils (§ 16 Abs. 1 Satz 2) für Verbindlichkeiten der Gemeinschaft der Wohnungseigentümer, die während seiner Zugehörigkeit zur Gemeinschaft entstanden oder während dieses Zeitraums fällig geworden sind; für die Haftung nach Veräußerung des Wohnungseigentums ist § 160 des Handelsgesetzbuches entsprechend anzuwenden. Er kann gegenüber einem Gläubiger neben den in seiner Person begründeten auch die der Gemeinschaft zustehenden Einwendungen und Einreden geltend machen, nicht aber seine Einwendungen und Einreden gegenüber der Gemeinschaft. Für die Einrede der Anfechtbarkeit und Aufrechenbarkeit ist § 770 des Bürgerlichen Gesetzbuches entsprechend anzuwenden. Die Haftung eines Wohnungseigentümers gegenüber der Gemeinschaft wegen nicht ordnungsmäßiger Verwaltung bestimmt sich nach Satz 1.
§ 9a Abs. 5 Ein Insolvenzverfahren über das **Gemeinschaftsvermögen** findet nicht statt.	**§ 11 Abs. 3** *Ein Insolvenzverfahren über das Verwaltungsvermögen der Gemeinschaft findet nicht statt.*
§ 9b Vertretung	

neu	alt
Abs. 1 Die Gemeinschaft der Wohnungseigentümer wird durch den Verwalter gerichtlich und außergerichtlich vertreten, beim Abschluss eines Grundstückskauf- oder Darlehensvertrags aber nur aufgrund eines Beschlusses der Wohnungseigentümer.	§ 27 Abs. 3 Der Verwalter ist berechtigt, im Namen der Gemeinschaft der Wohnungseigentümer und mit Wirkung für und gegen sie 1. Willenserklärungen und Zustellungen entgegenzunehmen; 2. Maßnahmen zu treffen, die zur Wahrung einer Frist oder zur Abwendung eines sonstigen Rechtsnachteils erforderlich sind, insbesondere einen gegen die Gemeinschaft gerichteten Rechtsstreit gemäß § 43 Nr. 2 oder Nr. 5 im Erkenntnis- und Vollstreckungsverfahren zu führen; 3. die laufenden Maßnahmen der erforderlichen ordnungsmäßigen Instandhaltung und Instandsetzung gemäß Absatz 1 Nr. 2 zu treffen; 4. die Maßnahmen gemäß Absatz 1 Nr. 3 bis 5 und 8 zu treffen; 5. im Rahmen der Verwaltung der eingenommenen Gelder gemäß Absatz 1 Nr. 6 Konten zu führen; 6. mit einem Rechtsanwalt wegen eines Rechtsstreits gemäß § 43 Nr. 2 oder Nr. 5 eine Vergütung gemäß Absatz 2 Nr. 4 zu vereinbaren; 7. sonstige Rechtsgeschäfte und Rechtshandlungen vorzunehmen, soweit er hierzu durch Vereinbarung oder Beschluss der Wohnungseigentümer mit Stimmenmehrheit ermächtigt ist.
Hat die Gemeinschaft der Wohnungseigentümer keinen Verwalter, wird sie durch die Wohnungseigentümer gemeinschaftlich vertreten. Eine Beschränkung des Umfangs der Vertretungsmacht ist Dritten gegenüber unwirksam.	Fehlt ein Verwalter oder ist er zur Vertretung nicht berechtigt, so vertreten alle Wohnungseigentümer die Gemeinschaft. Die Wohnungseigentümer können durch Beschluss mit Stimmenmehrheit einen oder mehrere Wohnungseigentümer zur Vertretung ermächtigen.
Abs. 2 Dem Verwalter gegenüber vertritt der Vorsitzende des Verwaltungsbeirats oder ein durch Beschluss dazu ermächtigter Wohnungseigentümer die Gemeinschaft der Wohnungseigentümer.	

neu	alt
Abschnitt 4 Rechtsverhältnis der Wohnungseigentümer untereinander und zur Gemeinschaft der Wohnungseigentümer	*2. Abschnitt* *Gemeinschaft der Wohnungseigentümer*
§ 10 Absatz 1 Das Verhältnis der Wohnungseigentümer untereinander **und zur Gemeinschaft der Wohnungseigentümer** bestimmt sich nach den Vorschriften dieses Gesetzes und, soweit dieses Gesetz keine besonderen Bestimmungen enthält, nach den Vorschriften des Bürgerlichen Gesetzbuches über die Gemeinschaft. Die Wohnungseigentümer können von den Vorschriften dieses Gesetzes abweichende Vereinbarungen treffen, soweit nicht etwas anderes ausdrücklich bestimmt ist.	§ 10 Abs. 2 Das Verhältnis der Wohnungseigentümer untereinander bestimmt sich nach den Vorschriften dieses Gesetzes und, soweit dieses Gesetz keine besonderen Bestimmungen enthält, nach den Vorschriften des Bürgerlichen Gesetzbuches über die Gemeinschaft. Die Wohnungseigentümer können von den Vorschriften dieses Gesetzes abweichende Vereinbarungen treffen, soweit nicht etwas anderes ausdrücklich bestimmt ist.
§ 10 Abs. 2 Jeder Wohnungseigentümer kann eine vom Gesetz abweichende Vereinbarung oder die Anpassung einer Vereinbarung verlangen, soweit ein Festhalten an der geltenden Regelung aus schwerwiegenden Gründen unter Berücksichtigung aller Umstände des Einzelfalles, insbesondere der Rechte und Interessen der anderen Wohnungseigentümer, unbillig erscheint.	§ 10 Abs. 2 Satz 3 Jeder Wohnungseigentümer kann eine vom Gesetz abweichende Vereinbarung oder die Anpassung einer Vereinbarung verlangen, soweit ein Festhalten an der geltenden Regelung aus schwerwiegenden Gründen unter Berücksichtigung aller Umstände des Einzelfalles, insbesondere der Rechte und Interessen der anderen Wohnungseigentümer, unbillig erscheint.
§ 10 Abs. 3 Vereinbarungen, durch die die Wohnungseigentümer ihr Verhältnis untereinander in Ergänzung oder Abweichung von Vorschriften dieses Gesetzes regeln, **die Abänderung oder Aufhebung solcher Vereinbarungen sowie Beschlüsse, die aufgrund einer Vereinbarung gefasst werden,** wirken gegen den Sondernachfolger eines Wohnungseigentümers nur, wenn sie als Inhalt des Sondereigentums im Grundbuch eingetragen sind. **Im Übrigen bedürfen Beschlüsse zu ihrer Wirksamkeit gegen den Sondernachfolger eines Wohnungseigentümers nicht der Eintragung in das Grundbuch.**	§ 10 Abs. 3 Vereinbarungen, durch die die Wohnungseigentümer ihr Verhältnis untereinander in Ergänzung oder Abweichung von Vorschriften dieses Gesetzes regeln, *sowie die Abänderung oder Aufhebung solcher Vereinbarungen* wirken gegen den Sondernachfolger eines Wohnungseigentümers nur, wenn sie als Inhalt des Sondereigentums im Grundbuch eingetragen sind.
Die Absätze 4 bis 8 werden aufgehoben.	
§ 11 **Aufhebung** der Gemeinschaft	§ 17 Anteil bei Aufhebung

neu	alt
§ 11 Abs. 3 Im Fall der Aufhebung der Gemeinschaft bestimmt sich der Anteil der Miteigentümer nach dem Verhältnis des Wertes ihrer Wohnungseigentumsrechte zur Zeit der Aufhebung der Gemeinschaft. Hat sich der Wert eines Miteigentumsanteils durch Maßnahmen verändert, deren Kosten der Wohnungseigentümer nicht getragen hat, so bleibt eine solche Veränderung bei der Berechnung des Wertes dieses Anteils außer Betracht	§ 11 Abs. 3 Im Falle der Aufhebung der Gemeinschaft bestimmt sich der Anteil der Miteigentümer nach dem Verhältnis des Wertes ihrer Wohnungseigentumsrechte zur Zeit der Aufhebung der Gemeinschaft. Hat sich der Wert eines Miteigentumsanteils durch Maßnahmen verändert, deren Kosten der Wohnungseigentümer nicht getragen hat, so bleibt eine solche Veränderung bei der Berechnung des Wertes dieses Anteils außer Betracht.
§ 12 Veräußerungsbeschränkung	§ 12 Veräußerungsbeschränkung
§ 12 Abs. 4 Die Wohnungseigentümer können beschließen, dass eine Veräußerungsbeschränkung gemäß Absatz 1 aufgehoben wird. Ist ein Beschluss gemäß Satz 1 gefasst, kann die Veräußerungsbeschränkung im Grundbuch gelöscht werden. <Die Sätze 2, 4 und 5 werden aufgehoben> **§ 7 Absatz 2 gilt entsprechend.**	§ 12 Abs. 4 Die Wohnungseigentümer können *durch Stimmenmehrheit* beschließen, dass eine Veräußerungsbeschränkung gemäß Absatz 1 aufgehoben wird. Diese Befugnis kann durch Vereinbarung der Wohnungseigentümer nicht eingeschränkt oder ausgeschlossen werden. Ist ein Beschluss gemäß Satz 1 gefasst, kann die Veräußerungsbeschränkung im Grundbuch gelöscht werden. Der Bewilligung gemäß § 19 der Grundbuchordnung bedarf es nicht, wenn der Beschluss gemäß Satz 1 nachgewiesen wird. Für diesen Nachweis ist § 26 Abs. 3 entsprechend anzuwenden.
§ 13 Rechte des Wohnungseigentümers aus dem Sondereigentum	§ 13 Rechte des Wohnungseigentümers
§ 13 Abs. 1 Jeder Wohnungseigentümer kann, soweit nicht das Gesetz entgegensteht, mit seinem Sondereigentum nach Belieben verfahren, insbesondere dieses bewohnen, vermieten, verpachten oder in sonstiger Weise nutzen, und andere von Einwirkungen ausschließen.	§ 13 Abs. 1 Jeder Wohnungseigentümer kann, soweit nicht das Gesetz *oder Rechte Dritter* entgegenstehen, *mit den im* Sondereigentum *stehenden Gebäudeteilen* nach Belieben verfahren, insbesondere diese bewohnen, vermieten, verpachten oder in sonstiger Weise nutzen, und andere von Einwirkungen ausschließen.

neu	alt
§ 13 Abs. 2 Für Maßnahmen, die über die ordnungsmäßige Instandhaltung und Instandsetzung (Erhaltung) des **Sonder**eigentums hinausgehen, gilt § 20 mit der Maßgabe entsprechend, dass es keiner Gestattung bedarf, soweit keinem der anderen Wohnungseigentümer über das bei einem geordneten Zusammenleben unvermeidliche Maß hinaus ein Nachteil erwächst.	
§ 14 Pflichten des Wohnungseigentümers	§ 14 Pflichten des Wohnungseigentümers
§ 14 Abs. 1 **Jeder Wohnungseigentümer ist gegenüber der Gemeinschaft der Wohnungseigentümer verpflichtet,** 1. **die gesetzlichen Regelungen, Vereinbarungen und Beschlüsse einzuhalten und** 2. **das Betreten seines Sondereigentums und andere Einwirkungen auf dieses und das gemeinschaftliche Eigentum zu dulden, die den Vereinbarungen oder Beschlüssen entsprechen oder, wenn keine entsprechenden Vereinbarungen oder Beschlüsse bestehen, aus denen ihm über das bei einem geordneten Zusammenleben unvermeidliche Maß hinaus kein Nachteil erwächst.**	**§ 14 Nr. 1** die im Sondereigentum stehenden Gebäudeteile so instand zu halten und von diesen sowie von dem gemeinschaftlichen Eigentum nur in solcher Weise Gebrauch zu machen, dass dadurch keinem der anderen Wohnungseigentümer über das bei einem geordneten Zusammenleben unvermeidliche Maß hinaus ein Nachteil erwächst; **§ 14 Nr. 4** *das Betreten und die Benutzung der im Sondereigentum stehenden Gebäudeteile zu gestatten, soweit dies zur Instandhaltung und Instandsetzung des gemeinschaftlichen Eigentums erforderlich ist;*
§ 14 Abs. 2 Jeder Wohnungseigentümer ist gegenüber den übrigen Wohnungseigentümern verpflichtet, 1. deren Sondereigentum nicht über das in Absatz 1 Nummer 2 bestimmte Maß hinaus zu beeinträchtigten und 2. Einwirkungen nach Maßgabe des Absatz 1 Nummer 2 zu dulden.	
§ 14 Abs. 3 Hat der Wohnungseigentümer eine Einwirkung zu dulden, die über das zumutbare Maß hinausgeht, kann er einen angemessenen Ausgleich in Geld verlangen.	**§ 14 Nr. 4 letzter Hs** *der hierdurch entstehende Schaden ist zu ersetzen.*

neu	alt
§ 15 Pflichten Dritter	§ 14 Nr. 2
Wer Wohnungseigentum gebraucht, ohne Wohnungseigentümer zu sein, hat gegenüber der Gemeinschaft der Wohnungseigentümer und anderen Wohnungseigentümern zu dulden: 1. die Erhaltung des gemeinschaftlichen Eigentums und des Sondereigentums, die ihm rechtzeitig angekündigt wurde; § 555a Absatz 2 des Bürgerlichen Gesetzbuchs gilt entsprechend; 2. Maßnahmen, die über die Erhaltung hinausgehen, die spätestens drei Monate vor ihrem Beginn in Textform angekündigt wurden; § 555c Absatz 1 Satz 2 Nummer 1 und 2, Absatz 2 bis 4 und § 555d Absatz 2 bis 5 des Bürgerlichen Gesetzbuchs gelten entsprechend.	Jeder Wohnungseigentümer ist verpflichtet: … 2. für die Einhaltung der in Nummer 1 bezeichneten Pflichten durch Personen zu sorgen, die seinem Hausstand oder Geschäftsbetrieb angehören oder denen er sonst die Benutzung der in Sonder- oder Miteigentum stehenden Grundstücks- oder Gebäudeteile überlässt;
§ 16 Nutzungen und Kosten	§ 16 Nutzungen, Lasten und Kosten
§ 16 Abs. 1 Jedem Wohnungseigentümer gebührt ein seinem Anteil entsprechender Bruchteil der **Früchte des gemeinschaftlichen Eigentums und des Gemeinschaftsvermögens.** Der Anteil bestimmt sich nach dem gemäß § 47 der Grundbuchordnung im Grundbuch eingetragenen Verhältnis der Miteigentumsanteile.	§ 16 Abs. 1 Jedem Wohnungseigentümer gebührt ein seinem Anteil entsprechender Bruchteil der *Nutzungen des gemeinschaftlichen Eigentums.* Der Anteil bestimmt sich nach dem gemäß § 47 der Grundbuchordnung im Grundbuch eingetragenen Verhältnis der Miteigentumsanteile.
§ 16 Abs. 1 letzter Satz Jeder Wohnungseigentümer ist zum Mitgebrauch des gemeinschaftlichen Eigentums nach Maßgabe des § 14 berechtigt.	§ 13 Abs. 2 Jeder Wohnungseigentümer ist zum Mitgebrauch des gemeinschaftlichen Eigentums nach Maßgabe der §§ 14, 15 berechtigt.
§ 16 Abs. 2 Satz 1 Die Kosten der Gemeinschaft der Wohnungseigentümer, insbesondere der Verwaltung und des gemeinschaftlichen Gebrauchs des gemeinschaftlichen Eigentums, hat jeder Wohnungseigentümer nach dem Verhältnis seines Anteils (Absatz 1 Satz 2) zu tragen.	§ 16 Abs. 2 *Jeder Wohnungseigentümer ist den anderen Wohnungseigentümern gegenüber verpflichtet, die Lasten des gemeinschaftlichen Eigentums sowie die Kosten der Instandhaltung, Instandsetzung, sonstigen Verwaltung und eines gemeinschaftlichen Gebrauchs des gemeinschaftlichen Eigentums nach dem Verhältnis seines Anteils (Absatz 1 Satz 2) zu tragen.*

neu	alt
§ 16 Abs. 2 Satz 2 Die Wohnungseigentümer können für einzelne Kosten oder bestimmte Arten von Kosten eine von Satz 1 oder von einer Vereinbarung abweichende Verteilung beschließen.	§ 16 Abs. 3 *Die Wohnungseigentümer können abweichend von Absatz 2 durch Stimmenmehrheit beschließen, dass die Betriebskosten des gemeinschaftlichen Eigentums oder des Sondereigentums im Sinne des § 556 Abs. 1 des Bürgerlichen Gesetzbuches, die nicht unmittelbar gegenüber Dritten abgerechnet werden, und die Kosten der Verwaltung nach Verbrauch oder Verursachung erfasst und nach diesem oder nach einem anderen Maßstab verteilt werden, soweit dies ordnungsmäßiger Verwaltung entspricht.*
§ 16 Abs. 3 Für die Kosten und Nutzungen bei baulichen Veränderungen gilt § 21.	§ 16 Abs. 4 – Abs. 8 entfallen *Die Wohnungseigentümer können im Einzelfall ... oder zu baulichen Veränderungen oder Aufwendungen im Sinne des § 22 Abs. 1 und 2 durch Beschluss die Kostenverteilung abweichend von Absatz 2 regeln, wenn der abweichende Maßstab dem Gebrauch oder der Möglichkeit des Gebrauchs durch die Wohnungseigentümer Rechnung trägt. ....*
§ 17 Entziehung des Wohnungseigentums	§ 18 Entziehung des Wohnungseigentums
§ 17 Abs. 1 Hat ein Wohnungseigentümer sich einer so schweren Verletzung der ihm gegenüber anderen Wohnungseigentümern **oder der Gemeinschaft der Wohnungseigentümer** obliegenden Verpflichtungen schuldig gemacht, dass diesen die Fortsetzung der Gemeinschaft mit ihm nicht mehr zugemutet werden kann, so **kann die Gemeinschaft der Wohnungseigentümer** von ihm die Veräußerung seines Wohnungseigentums verlangen.	§ 18 Abs. 1 Hat ein Wohnungseigentümer sich einer so schweren Verletzung der ihm gegenüber anderen Wohnungseigentümern obliegenden Verpflichtungen schuldig gemacht, dass diesen die Fortsetzung der Gemeinschaft mit ihm nicht mehr zugemutet werden kann, so *können die anderen Wohnungseigentümer* von ihm die Veräußerung seines Wohnungseigentums verlangen. *Die Ausübung des Entziehungsrechts steht der Gemeinschaft der Wohnungseigentümer zu, soweit es sich nicht um eine Gemeinschaft handelt, die nur aus zwei Wohnungseigentümern besteht.*

neu	alt
§ 17 Abs. 2 Die Voraussetzungen des Absatzes 1 liegen insbesondere vor, wenn der Wohnungseigentümer trotz Abmahnung wiederholt gröblich gegen die ihm nach § 14 **Absatz 1 und 2** obliegenden Pflichten verstößt.	§ 18 Abs. 2 Die Voraussetzungen des Absatzes 1 liegen insbesondere vor, wenn 1. der Wohnungseigentümer trotz Abmahnung wiederholt gröblich gegen die ihm nach § 14 obliegenden Pflichten verstößt; 2. *der Wohnungseigentümer sich mit der Erfüllung seiner Verpflichtungen zur Lasten- und Kostentragung (§ 16 Abs. 2) in Höhe eines Betrages, der drei vom Hundert des Einheitswertes seines Wohnungseigentums übersteigt, länger als drei Monate in Verzug befindet; in diesem Fall steht § 30 der Abgabenordnung einer Mitteilung des Einheitswerts an die Gemeinschaft der Wohnungseigentümer oder, soweit die Gemeinschaft nur aus zwei Wohnungseigentümern besteht, an den anderen Wohnungseigentümer nicht entgegen.*
(§ 18 Abs. 3 a.F. wird aufgehoben; § 18 Absatz 4 a.F. wird § 17 Absatz 3.)	§ 18 Abs. 3 *Über das Verlangen nach Absatz 1 beschließen die Wohnungseigentümer durch Stimmenmehrheit. Der Beschluss bedarf einer Mehrheit von mehr als der Hälfte der stimmberechtigten Wohnungseigentümer. Die Vorschriften des § 25 Abs. 3, 4 sind in diesem Falle nicht anzuwenden.*
§ 17 Abs. 3 Der in Absatz 1 bestimmte Anspruch kann durch Vereinbarung der Wohnungseigentümer nicht eingeschränkt oder ausgeschlossen werden.	§ 18 Abs. 4 Der in Absatz 1 bestimmte Anspruch kann durch Vereinbarung der Wohnungseigentümer nicht eingeschränkt oder ausgeschlossen werden.
§ 17 Abs. 4 Das Urteil, durch das ein Wohnungseigentümer zur Veräußerung seines Wohnungseigentums verurteilt wird, berechtigt zur Zwangsvollstreckung entsprechend den Vorschriften des Ersten Abschnitts des Gesetzes über die Zwangsversteigerung und die Zwangsverwaltung.	§ 19 Abs. 1 Satz 1 Das Urteil, durch das ein Wohnungseigentümer zur Veräußerung seines Wohnungseigentums verurteilt wird, berechtigt *jeden Miteigentümer* zur Zwangsvollstreckung entsprechend den Vorschriften des Ersten Abschnitts des Gesetzes über die Zwangsversteigerung und die Zwangsverwaltung.

neu	alt
§ 17 Abs. 4 Satz 2 Das Gleiche gilt für Schuldtitel im Sinne des § 794 der Zivilprozessordnung, durch die sich der Wohnungseigentümer zur Veräußerung seines Wohnungseigentums verpflichtet.	§ 19 Abs. 3 Ein gerichtlicher oder vor einer Gütestelle geschlossener Vergleich, durch den sich der Wohnungseigentümer zur Veräußerung seines Wohnungseigentums verpflichtet, steht dem in Absatz 1 bezeichneten Urteil gleich.
§ 18 Verwaltung **und Benutzung**	§ 20 Gliederung der Verwaltung
§ 18 Abs. 1 Die Verwaltung des gemeinschaftlichen Eigentums obliegt **der Gemeinschaft der Wohnungseigentümer.**	§ 20 Abs. 1 Die Verwaltung des gemeinschaftlichen Eigentums obliegt *den Wohnungseigentümern nach Maßgabe der §§ 21 bis 25 und dem Verwalter nach Maßgabe der §§ 26 bis 28, im Falle der Bestellung eines Verwaltungsbeirats auch diesem nach Maßgabe des § 29.* § 21 Abs. 1 Soweit nicht in diesem Gesetz oder durch Vereinbarung der Wohnungseigentümer etwas anderes bestimmt ist, steht die Verwaltung des gemeinschaftlichen Eigentums den Wohnungseigentümern gemeinschaftlich zu.
§ 18 Abs. 2 Jeder Wohnungseigentümer kann von der Gemeinschaft der Wohnungseigentümer 1. eine Verwaltung des gemeinschaftlichen Eigentums sowie 2. eine Benutzung des gemeinschaftlichen Eigentums und des Sondereigentums verlangen, die dem Interesse der Gesamtheit der Wohnungseigentümer nach billigem Ermessen (ordnungsmäßige Verwaltung und Benutzung) und, soweit solche bestehen, den gesetzlichen Regelungen, Vereinbarungen und Beschlüssen entsprechen.	§ 21 Abs. 4 *Jeder Wohnungseigentümer kann eine Verwaltung verlangen, die den Vereinbarungen und Beschlüssen und, soweit solche nicht bestehen, dem Interesse der Gesamtheit der Wohnungseigentümer nach billigem Ermessen entspricht.*
§ 18 Abs. 3 Jeder Wohnungseigentümer ist berechtigt, ohne Zustimmung der anderen Wohnungseigentümer die Maßnahmen zu treffen, die zur Abwendung eines dem gemeinschaftlichen Eigentum unmittelbar drohenden Schadens notwendig sind.	§ 21 Abs. 2 Jeder Wohnungseigentümer ist berechtigt, ohne Zustimmung der anderen Wohnungseigentümer die Maßnahmen zu treffen, die zur Abwendung eines dem gemeinschaftlichen Eigentum unmittelbar drohenden Schadens notwendig sind.

neu	alt
§ 18 Abs. 4 Jeder Wohnungseigentümer kann von der Gemeinschaft der Wohnungseigentümer Einsicht in die Verwaltungsunterlagen verlangen.	<§§ 675, 666 BGB>
§ 19 Regelung der Verwaltung und Benutzung durch Beschluss	
§ 19 Abs. 1 Soweit die Verwaltung des gemeinschaftlichen Eigentums **und die Benutzung des gemeinschaftlichen Eigentums und des Sondereigentums** nicht durch Vereinbarung der Wohnungseigentümer geregelt **sind,** beschließen die Wohnungseigentümer eine ordnungsmäßige Verwaltung und Benutzung.	**§ 21 Abs. 3** Soweit die Verwaltung des gemeinschaftlichen Eigentums nicht durch Vereinbarung der Wohnungseigentümer geregelt *ist,* *können die Wohnungseigentümer eine der Beschaffenheit des gemeinschaftlichen Eigentums entsprechende ordnungsmäßige Verwaltung durch Stimmenmehrheit beschließen.*
§ 19 Abs. 2 **Zur ordnungsmäßigen Verwaltung und Benutzung gehören insbesondere** 1. die Aufstellung einer Hausordnung, 2. die ordnungsmäßige **Erhaltung** des gemeinschaftlichen Eigentums, 3. **die angemessene Versicherung** des gemeinschaftlichen Eigentums zum Neuwert sowie der Wohnungseigentümer gegen Haus- und Grundbesitzerhaftpflicht, 4. die Ansammlung einer angemessenen **Erhaltungsrücklage,** 5. die Festsetzung von Vorschüssen nach § 28 Absatz 1 Satz 1 sowie 6. die Bestellung eines zertifizierten Verwalters nach § 26a, es sei denn, es bestehen weniger als neun Sondereigentumsrechte, ein Wohnungseigentümer wurde zum Verwalter bestellt und weniger als ein Drittel der Wohnungseigentümer (§ 25 Absatz 2) verlangt die Bestellung eines zertifizierten Verwalters.	**§ 21 Abs. 5** *Zu einer ordnungsmäßigen, dem Interesse der Gesamtheit der Wohnungseigentümer entsprechenden Verwaltung gehört insbesondere:* 1. die Aufstellung einer Hausordnung; 2. die ordnungsmäßige *Instandhaltung und Instandsetzung* des gemeinschaftlichen Eigentums; 3. *die Feuerversicherung* des gemeinschaftlichen Eigentums zum Neuwert *sowie die angemessene Versicherung* der Wohnungseigentümer gegen Haus- und Grundbesitzerhaftpflicht; 4. die Ansammlung einer angemessenen *Instandhaltungsrückstellung;* 5. *die Aufstellung eines Wirtschaftsplans (§ 28);*

neu	alt
<§ 19 Abs. 3 des RegE wurde wieder gestrichen>	§ 21 Abs. 7 *Die Wohnungseigentümer können die Regelung der Art und Weise von Zahlungen, der Fälligkeit und der Folgen des Verzugs sowie der Kosten für eine besondere Nutzung des gemeinschaftlichen Eigentums oder für einen besonderen Verwaltungsaufwand mit Stimmenmehrheit beschließen.*
§ 20 Bauliche Veränderungen	§ 22 Besondere Aufwendungen, Wiederaufbau
§ 20 Abs. 1 Maßnahmen, die über die ordnungsmäßige Erhaltung des gemeinschaftlichen Eigentums hinausgehen (bauliche Veränderungen), können beschlossen oder einem Wohnungseigentümer durch Beschluss gestattet werden.	§ 22 Abs. 1 Satz 1 *Bauliche Veränderungen und Aufwendungen, die über die ordnungsmäßige Instandhaltung oder Instandsetzung des gemeinschaftlichen Eigentums hinausgehen,* können beschlossen *oder verlangt* werden, *wenn jeder Wohnungseigentümer zustimmt, dessen Rechte durch die Maßnahmen über das in § 14 Nr. 1 bestimmte Maß hinaus beeinträchtigt werden.*
§ 20 Abs. 2 Jeder Wohnungseigentümer kann angemessene bauliche Veränderungen verlangen, die 1. dem Gebrauch durch Menschen mit Behinderungen 2. dem Laden elektrisch betriebener Fahrzeuge 3. dem Einbruchsschutz und 4. dem Anschluss an ein Telekommunikationsnetz mit sehr hoher Kapazität dienen. Über die Durchführung ist im Rahmen ordnungsmäßiger Verwaltung zu beschließen.	
§ 20 Abs. 3 Unbeschadet des Absatzes 2 kann jeder Wohnungseigentümer verlangen, dass ihm eine bauliche Veränderung gestattet wird, wenn alle Wohnungseigentümer, deren Rechte durch die bauliche Veränderung über das bei einem geordneten Zusammenleben unvermeidliche Maß hinaus beeinträchtigt werden, einverstanden sind.	§ 22 Abs. 1 Satz 2 *Die Zustimmung ist nicht erforderlich, soweit die Rechte eines Wohnungseigentümers nicht in der in Satz 1 bezeichneten Weise beeinträchtigt werden.*

neu	alt
§ 20 Abs. 4 Bauliche Veränderungen, die die Wohnanlage grundlegend umgestalten oder einen Wohnungseigentümer ohne sein Einverständnis gegenüber anderen unbillig benachteiligen, dürfen nicht beschlossen und gestattet werden; sie können auch nicht verlangt werden.	*§ 22 Abs. 2* *Maßnahmen gemäß Absatz 1 Satz 1, die der Modernisierung entsprechend § 555b Nummer 1 bis 5 des Bürgerlichen Gesetzbuches oder der Anpassung des gemeinschaftlichen Eigentums an den Stand der Technik dienen, die Eigenart der Wohnanlage nicht ändern und keinen Wohnungseigentümer gegenüber anderen unbillig beeinträchtigen, können abweichend von Absatz 1 durch eine Mehrheit von drei Viertel aller stimmberechtigten Wohnungseigentümer im Sinne des § 25 Abs. 2 und mehr als der Hälfte aller Miteigentumsanteile beschlossen werden. Die Befugnis im Sinne des Satzes 1 kann durch Vereinbarung der Wohnungseigentümer nicht eingeschränkt oder ausgeschlossen werden.*
§ 21 Nutzungen und Kosten bei baulichen Veränderungen	
§ 21 Abs. 1 Die Kosten einer baulichen Veränderung, die einem Wohnungseigentümer gestattet oder die auf sein Verlangen nach § 20 Absatz 2 durch die Gemeinschaft der Wohnungseigentümer durchgeführt wurden, hat dieser Wohnungseigentümer zu tragen. Nur ihm gebühren die Nutzungen.	*§ 16 Abs. 4* *Aufwendungen im Sinne des § 22 Abs. 1 und 2 durch Beschluss die Kostenverteilung abweichend von Absatz 2 regeln, wenn der abweichende Maßstab dem Gebrauch oder der Möglichkeit des Gebrauchs durch die Wohnungseigentümer Rechnung trägt. ....*
§ 21 Abs. 2 Vorbehaltlich des Absatzes 1 haben alle Wohnungseigentümer die Kosten einer baulichen Veränderung nach dem Verhältnis ihrer Anteile (§ 16 Absatz 1 Satz 2) zu tragen, 1. die mit mehr als zwei Dritteln der abgegebenen Stimmen und der Hälfte aller Miteigentumsanteile beschlossen wurde, es sei denn, die bauliche Veränderung ist mit unverhältnismäßigen Kosten verbunden, oder 2. deren Kosten sich innerhalb eines angemessenen Zeitraums amortisieren. Für die Nutzungen gilt § 16 Absatz 1.	

neu	alt
§ 21 Abs. 3 Die Kosten anderer als der in den Absätzen 1 und 2 bezeichneten baulichen Veränderungen haben die Wohnungseigentümer, die sie beschlossen haben, nach dem Verhältnis ihrer Anteile (§ 16 Absatz 1 Satz 2) zu tragen. Ihnen gebühren die Nutzungen entsprechend § 16 Absatz 1.	§ 16 Abs. 6 Ein Wohnungseigentümer, der einer Maßnahme nach § 22 Abs. 1 nicht zugestimmt hat, ist nicht berechtigt, einen Anteil an Nutzungen, die auf einer solchen Maßnahme beruhen, zu beanspruchen; er ist nicht verpflichtet, Kosten, die durch eine solche Maßnahme verursacht sind, zu tragen.
§ 21 Abs. 4 Ein Wohnungseigentümer, der nicht berechtigt ist, Nutzungen zu ziehen, kann verlangen, dass ihm dies nach billigem Ermessen gegen angemessenen Ausgleich gestattet wird. Für seine Beteiligung an den Nutzungen und Kosten gilt Absatz 3 entsprechend.	
§ 21 Abs. 5 Die Wohnungseigentümer können eine abweichende Verteilung der Kosten und Nutzungen beschließen. Durch einen solchen Beschluss dürfen einem Wohnungseigentümer, der nach den vorstehenden Absätzen Kosten nicht zu tragen hat, keine Kosten auferlegt werden.	
§ 22 Wiederaufbau Ist das Gebäude zu mehr als der Hälfte seines Wertes zerstört und ist der Schaden nicht durch eine Versicherung oder in anderer Weise gedeckt, so kann der Wiederaufbau nicht beschlossen oder verlangt werden.	§ 22 Abs. 4 Ist das Gebäude zu mehr als der Hälfte seines Wertes zerstört und ist der Schaden nicht durch eine Versicherung oder in anderer Weise gedeckt, so kann der Wiederaufbau nicht *gemäß § 21 Abs. 3* beschlossen oder *gemäß § 21 Abs. 4* verlangt werden.
§ 23 Wohnungseigentümerversammlung	§ 23 Wohnungseigentumerversammlung

neu	alt
§ 23 Abs. 1 Angelegenheiten, über die nach diesem Gesetz oder nach einer Vereinbarung der Wohnungseigentümer die Wohnungseigentümer durch Beschluss entscheiden können, werden durch Beschlussfassung in einer Versammlung der Wohnungseigentümer geordnet. **Die Wohnungseigentümer können beschließen, dass Wohnungseigentümer an der Versammlung auch ohne Anwesenheit an deren Ort teilnehmen und sämtliche oder einzelne ihrer Rechte ganz oder teilweise im Wege elektronischer Kommunikation ausüben können.**	§ 23 Abs. 1 Angelegenheiten, über die nach diesem Gesetz oder nach einer Vereinbarung der Wohnungseigentümer die Wohnungseigentümer durch Beschluss entscheiden können, werden durch Beschlussfassung in einer Versammlung der Wohnungseigentümer geordnet.
§ 23 Abs. 3 Auch ohne Versammlung ist ein Beschluss gültig, wenn alle Wohnungseigentümer ihre Zustimmung zu diesem Beschluss **in Textform** erklären. **Die Wohnungseigentümer können beschließen, dass für einen einzelnen Gegenstand die Mehrheit der abgegebenen Stimmen genügt.**	§ 23 Abs. 3 Auch ohne Versammlung ist ein Beschluss gültig, wenn alle Wohnungseigentümer ihre Zustimmung zu diesem Beschluss schriftlich erklären.
§ 24 Einberufung, Vorsitz, Niederschrift	§ 24 Einberufung, Vorsitz, Niederschrift
§ 24 Abs. 2 Die Versammlung der Wohnungseigentümer muss von dem Verwalter in den durch Vereinbarung der Wohnungseigentümer bestimmten Fällen, im Übrigen dann einberufen werden, wenn dies **in Textform** unter Angabe des Zweckes und der Gründe von mehr als einem Viertel der Wohnungseigentümer verlangt wird.	§ 24 Abs. 2 Die Versammlung der Wohnungseigentümer muss von dem Verwalter in den durch Vereinbarung der Wohnungseigentümer bestimmten Fällen, im Übrigen dann einberufen werden, wenn dies *schriftlich* unter Angabe des Zweckes und der Gründe von mehr als einem Viertel der Wohnungseigentümer verlangt wird.
§ 24 Abs. 3 Fehlt ein Verwalter oder weigert er sich pflichtwidrig, die Versammlung der Wohnungseigentümer einzuberufen, so kann die Versammlung auch durch den Vorsitzenden des Verwaltungsbeirats, dessen Vertreter **oder einen durch Beschluss ermächtigten Wohnungseigentümer** einberufen werden.	§ 24 Abs. 3 Fehlt ein Verwalter oder weigert er sich pflichtwidrig, die Versammlung der Wohnungseigentümer einzuberufen, so kann die Versammlung auch, *falls ein Verwaltungsbeirat bestellt ist, von dessen Vorsitzenden oder seinem Vertreter* einberufen werden.

neu	alt
§ 24 Abs. 4 Die Einberufung erfolgt in Textform. Die Frist der Einberufung soll, sofern nicht ein Fall besonderer Dringlichkeit vorliegt, mindestens **drei** Wochen betragen.	**§ 24 Abs. 4** Die Einberufung erfolgt in Textform. Die Frist der Einberufung soll, sofern nicht ein Fall besonderer Dringlichkeit vorliegt, mindestens *zwei* Wochen betragen.
§ 24 Abs. 6 Über die in der Versammlung gefassten Beschlüsse ist **unverzüglich** eine Niederschrift aufzunehmen. Die Niederschrift ist von dem Vorsitzenden und einem Wohnungseigentümer und, falls ein Verwaltungsbeirat bestellt ist, auch von dessen Vorsitzenden oder seinem Vertreter zu unterschreiben.	**§ 24 Abs. 6** Über die in der Versammlung gefassten Beschlüsse ist eine Niederschrift aufzunehmen. Die Niederschrift ist von dem Vorsitzenden und einem Wohnungseigentümer und, falls ein Verwaltungsbeirat bestellt ist, auch von dessen Vorsitzenden oder seinem Vertreter zu unterschreiben.
§ 24 Abs. 6 Satz 3 wird aufgehoben. Die Absätze 7 und 8 bleiben unverändert.	
§ 25 Beschlussfassung	*§ 25 Mehrheitsbeschluss*
§ 25 Abs. 1 **Bei der Beschlussfassung entscheidet die Mehrheit der abgegebenen Stimmen.**	**§ 25 Abs. 1** *Für die Beschlussfassung in Angelegenheiten, über die die Wohnungseigentümer durch Stimmenmehrheit beschließen, gelten die Vorschriften der Absätze 2 bis 5.*
§ 25 <Die Absätze 3 und 4 werden durch folgenden> Absatz 3 <ersetzt:> **Vollmachten bedürfen zu ihrer Gültigkeit der Textform.**	
§ 25 Abs. 4 Ein Wohnungseigentümer ist nicht stimmberechtigt, wenn die Beschlussfassung die Vornahme eines auf die Verwaltung des gemeinschaftlichen Eigentums bezüglichen Rechtsgeschäfts mit ihm oder die Einleitung oder Erledigung eines Rechtsstreits gegen ihn betrifft oder wenn er nach § 17 rechtskräftig verurteilt ist.	**§ 25 Abs. 5** Ein Wohnungseigentümer ist nicht stimmberechtigt, wenn die Beschlussfassung die Vornahme eines auf die Verwaltung des gemeinschaftlichen Eigentums bezüglichen Rechtsgeschäfts mit ihm oder die Einleitung oder Erledigung eines Rechtsstreits *der anderen Wohnungseigentümer* gegen ihn betrifft oder wenn er nach *§ 18* rechtskräftig verurteilt ist.
<Der geplante § 25 Abs. 5 aus dem RegE wurde wieder gestrichen>	
§ 26 Bestellung und Abberufung des Verwalters	§ 26 Bestellung und Abberufung des Verwalters

neu	alt
§ 26 Abs. 1 Über die Bestellung und Abberufung des Verwalters beschließen die Wohnungseigentümer.	§ 26 Abs. 1 Über die Bestellung und Abberufung des Verwalters beschließen die Wohnungseigentümer *mit Stimmenmehrheit.*
§ 26 Abs. 2 Die Bestellung **kann** auf höchstens fünf Jahre vorgenommen werden, im Falle der ersten Bestellung nach der Begründung von Wohnungseigentum aber auf höchstens drei Jahre. Die wiederholte Bestellung ist zulässig; sie bedarf eines erneuten Beschlusses der Wohnungseigentümer, der frühestens ein Jahr vor Ablauf der Bestellungszeit gefasst werden kann.	Die Bestellung *darf* auf höchstens fünf Jahre vorgenommen werden, im Falle der ersten Bestellung nach der Begründung von Wohnungseigentum aber auf höchstens drei Jahre. *Die Abberufung des Verwalters kann auf das Vorliegen eines wichtigen Grundes beschränkt werden. Ein wichtiger Grund liegt regelmäßig vor, wenn der Verwalter die Beschluss-Sammlung nicht ordnungsmäßig führt.*
§ 26 Abs. 3 Der Verwalter kann **jederzeit** abberufen werden. **Ein Vertrag mit dem Verwalter endet spätestens sechs Monate nach dessen Abberufung.** § 26 Abs. 4 **Soweit die Verwaltereigenschaft durch eine öffentlich beglaubigte Urkunde nachgewiesen werden muss, genügt die Vorlage einer Niederschrift über den Bestellungsbeschluss, bei der die Unterschriften der in § 24 Absatz 6 bezeichneten Personen öffentlich beglaubigt sind.**	
§ 26 Abs. 5 Abweichungen von den Absätzen 1 bis 3 sind nicht zulässig.	*Andere* Beschränkungen der Bestellung oder Abberufung des Verwalters sind nicht zulässig.

neu	alt
§ 26a Zertifizierter Verwalter Abs. 1 Als zertifizierter Verwalter darf sich bezeichnen, wer vor einer Industrie- und Handelskammer durch eine Prüfung nachgewiesen hat, dass er über die für die Tätigkeit als Verwalter notwendigen rechtlichen, kaufmännischen und technischen Kenntnisse verfügt. Abs. 2 Das Bundesministerium der Justiz und für Verbraucherschutz wird ermächtigt, durch Rechtsverordnung nähere Bestimmungen über die Prüfung zum zertifizierten Verwalter zu erlassen. In der Rechtsverordnung nach Satz 1 können insbesondere festgelegt werden 1. nähere Bestimmungen zu Inhalt und Verfahren der Prüfung; 2. Bestimmungen über das zu erteilende Zertifikat; 3. Voraussetzungen, unter denen sich juristische Personen und Personengesellschaften als zertifizierte Verwalter bezeichnen dürfen; 4. Bestimmungen, wonach Personen aufgrund anderweitiger Qualifikationen von der Prüfung befreit sind, insbesondere weil sie die Befähigung zum Richteramt, einen Hochschulabschluss mit immobilienwirtschaftlichem Schwerpunkt, eine abgeschlossene Berufsausbildung zum Immobilienkaufmann oder zur Immobilienkauffrau oder einen vergleichbaren Berufsabschluss besitzen.	
§ 27 Aufgaben und Befugnisse des Verwalters	§ 27 Aufgaben und Befugnisse des Verwalters

neu	alt
§ 27 Abs. 1 Der Verwalter ist gegenüber der Gemeinschaft der Wohnungseigentümer berechtigt und verpflichtet, die Maßnahmen ordnungsmäßiger Verwaltung zu treffen, die 1. untergeordnete Bedeutung haben und nicht zu erheblichen Verpflichtungen führen oder 2. zur Wahrung einer Frist oder zur Abwendung eines Nachteils erforderlich sind.	<§ 27 wurde komplett neu gefasst>
§ 27 Abs. 2 Die Wohnungseigentümer können die Rechte und Pflichten nach Absatz 1 durch Beschluss einschränken oder erweitern.	§ 27 Abs. 4 Die dem Verwalter nach den Absätzen 1 bis 3 zustehenden Aufgaben und Befugnisse können durch Vereinbarung der Wohnungseigentümer nicht eingeschränkt oder ausgeschlossen werden.
§ 28 Wirtschaftsplan, Jahresabrechnung, Vermögensbericht	§ 28 Wirtschaftsplan, *Rechnungslegung*
§ 28 Abs. 1 Die Wohnungseigentümer beschließen über die Vorschüsse zur Kostentragung und zu den nach § 19 Absatz 2 Nummer 4 oder durch Beschluss vorgesehenen Rücklagen. Zu diesem Zweck hat der Verwalter jeweils für ein Kalenderjahr einen Wirtschaftsplan aufzustellen, der darüber hinaus die voraussichtlichen Einnahmen und Ausgaben enthält.	§ 28 Abs. 1 Der Verwalter hat jeweils für ein Kalenderjahr einen Wirtschaftsplan aufzustellen. Der Wirtschaftsplan enthält: 1. die voraussichtlichen Einnahmen und Ausgaben bei der Verwaltung des gemeinschaftlichen Eigentums; 2. die anteilmäßige Verpflichtung der Wohnungseigentümer zur Lasten- und Kostentragung; 3. die Beitragsleistung der Wohnungseigentümer zu der in § 21 Abs. 5 Nr. 4 vorgesehenen Instandhaltungsrückstellung.
§ 28 Abs. 2 Satz 1 Nach Ablauf des Kalenderjahres beschließen die Wohnungseigentümer über die Einforderung von Nachschüssen oder die Anpassung der beschlossenen Vorschüsse.	§ 28 Abs. 5 *Über den Wirtschaftsplan, die Abrechnung und die Rechnungslegung des Verwalters beschließen die Wohnungseigentümer durch Stimmenmehrheit.*
§ 28 Abs. 2 Satz 2 Zu diesem Zweck hat der Verwalter eine Abrechnung über den Wirtschaftsplan (Jahresabrechnung) aufzustellen, die darüber hinaus die Einnahmen und Ausgaben enthält.	§ 28 Abs. 3 *Der Verwalter hat nach Ablauf des Kalenderjahres eine Abrechnung aufzustellen.*

neu	alt
§ 28 Abs. 3 Die Wohnungseigentümer können beschließen, wann Forderungen fällig werden und wie sie zu erfüllen sind.	
§ 28 Abs. 4 Der Verwalter hat nach Ablauf eines Kalenderjahres einen Vermögensbericht zu erstellen, der den Stand der in Absatz 1 Satz 1 bezeichneten Rücklagen und eine Aufstellung des wesentlichen Gemeinschaftsvermögens enthält. Der Vermögensbericht ist jedem Wohnungseigentümer zur Verfügung zu stellen.	§ 28 Abs. 4 *Die Wohnungseigentümer können durch Mehrheitsbeschluss jederzeit von dem Verwalter Rechnungslegung verlangen.*
§ 29 Verwaltungsbeirat	§ 29 Verwaltungsbeirat
§ 29 Abs. 1 Wohnungseigentümer können durch Beschluss zum Mitglied des Verwaltungsbeirats bestellt werden. Hat der Verwaltungsbeirat mehrere Mitglieder, ist ein Vorsitzender und ein Stellvertreter zu bestimmen.	§ 29 Abs. 1 *Die Wohnungseigentümer können durch Stimmenmehrheit die Bestellung eines Verwaltungsbeirats beschließen. Der Verwaltungsbeirat besteht aus einem Wohnungseigentümer als Vorsitzenden und zwei weiteren Wohnungseigentümern als Beisitzern.*
Der Verwaltungsbeirat wird von dem Vorsitzenden nach Bedarf einberufen.	§ 29 Abs. 4 Der Verwaltungsbeirat wird von dem Vorsitzenden nach Bedarf einberufen.
§ 29 Abs. 2 Der Verwaltungsbeirat unterstützt **und überwacht** den Verwalter bei der Durchführung seiner Aufgaben. Der Wirtschaftsplan **und die Jahresabrechnung** sollen, bevor **die Beschlüsse nach § 28 Absatz 1 Satz 1 und Absatz 2 Satz 1 gefasst werden,** vom Verwaltungsbeirat geprüft und mit dessen Stellungnahme versehen werden.	§ 29 Abs. 3 Der Wirtschaftsplan, *die Abrechnung über den Wirtschaftsplan, Rechnungslegungen und Kostenanschläge sollen, bevor über sie die Wohnungseigentümerversammlung beschließt,* vom Verwaltungsbeirat geprüft und mit dessen Stellungnahme versehen werden.
§ 29 Abs. 3 Sind Mitglieder des Verwaltungsbeirats unentgeltlich tätig, haben sie nur Vorsatz und grobe Fahrlässigkeit zu vertreten.	-
Der bisherige 4. Abschnitt wird Abschnitt 5.	
§ 30 Wohnungserbbaurecht	

neu	alt
Der II. Teil wird Teil 2 § 32 Absatz 2 Satz 4–7 werden aufgehoben	
Teil 3 Verfahrensvorschriften	III. Teil
§ 43 Zuständigkeit	§ 43 Zuständigkeit
§ 43 Abs. 1 Die Gemeinschaft der Wohnungseigentümer hat ihren allgemeinen Gerichtsstand bei dem Gericht, in dessen Bezirk das Grundstück liegt. Bei diesem Gericht kann auch die Klage gegen Wohnungseigentümer im Fall des § 9a Absatz 4 Satz 1 erhoben werden.	
§ 43 Abs. 2 Das Gericht, in dessen Bezirk das Grundstück liegt, ist ausschließlich zuständig für 1. Streitigkeiten über die Rechte und Pflichten der Wohnungseigentümer untereinander, 2. Streitigkeiten über die Rechte und Pflichten zwischen der Gemeinschaft der Wohnungseigentümer und Wohnungseigentümern, 3. Streitigkeiten über die Rechte und Pflichten des Verwalters einschließlich solcher über Ansprüche eines Wohnungseigentümers gegen den Verwalter sowie 4. Beschlussklagen gemäß § 44.	§ 43 Das Gericht, in dessen Bezirk das Grundstück liegt, ist ausschließlich zuständig für 1. Streitigkeiten über die *sich aus der Gemeinschaft der Wohnungseigentümer und aus der Verwaltung des gemeinschaftlichen Eigentums ergebenden* Rechte und Pflichten der Wohnungseigentümer untereinander; 2. Streitigkeiten über die Rechte und Pflichten zwischen der Gemeinschaft der Wohnungseigentümer und Wohnungseigentümern; 3. Streitigkeiten über die Rechte und Pflichten des Verwalters *bei der Verwaltung des gemeinschaftlichen Eigentums*; 4. Streitigkeiten über die Gültigkeit von Beschlüssen der Wohnungseigentümer;
§ 44 Beschlussklagen	
§ 44 Abs. 1 Das Gericht kann auf Klage eines Wohnungseigentümers einen Beschluss für ungültig erklären (Anfechtungsklage) oder seine Nichtigkeit feststellen (Nichtigkeitsklage). Unterbleibt eine notwendige Beschlussfassung, kann das Gericht auf Klage eines Wohnungseigentümers den Beschluss fassen (Beschlussersetzungsklage).	§ 21 Abs. 8 *Treffen die Wohnungseigentümer eine nach dem Gesetz erforderliche Maßnahme nicht, so kann an ihrer Stelle das Gericht in einem Rechtsstreit gemäß § 43 nach billigem Ermessen entscheiden, soweit sich die Maßnahme nicht aus dem Gesetz, einer Vereinbarung oder einem Beschluss der Wohnungseigentümer ergibt.*

neu	alt
§ 44 Abs. 2 Die Klagen sind gegen die Gemeinschaft der Wohnungseigentümer zu richten.	§ 46 Abs. 1 Satz 1 *Die Klage eines oder mehrerer Wohnungseigentümer auf Erklärung der Ungültigkeit eines Beschlusses der Wohnungseigentümer ist gegen die übrigen Wohnungseigentümer und die Klage des Verwalters ist gegen die Wohnungseigentümer zu richten.*
Der Verwalter hat den Wohnungseigentümern die Erhebung einer Klage unverzüglich bekannt zu machen.	§ 27 Abs. 1 Nr. 7 *Der Verwalter ist … verpflichtet, die Wohnungseigentümer unverzüglich darüber zu unterrichten, dass ein Rechtsstreit gemäß § 43 anhängig ist.*
Mehrere Prozesse sind zur gleichzeitigen Verhandlung und Entscheidung zu verbinden.	§ 47 *Mehrere Prozesse, in denen Klagen auf Erklärung oder Feststellung der Ungültigkeit desselben Beschlusses der Wohnungseigentümer erhoben werden, sind zur gleichzeitigen Verhandlung und Entscheidung zu verbinden. Die Verbindung bewirkt, dass die Kläger der vorher selbständigen Prozesse als Streitgenossen anzusehen sind.*
§ 44 Abs. 3 Das Urteil wirkt für und gegen alle Wohnungseigentümer, auch wenn sie nicht Partei sind.	§ 48 Abs. 3 *Über die in § 325 der Zivilprozessordnung angeordneten Wirkungen hinaus wirkt das rechtskräftige Urteil auch für und gegen alle beigeladenen Wohnungseigentümer und ihre Rechtsnachfolger sowie den beigeladenen Verwalter.*
§ 44 Abs. 4 Die durch eine Nebenintervention verursachten Kosten gelten nur dann als notwendig zur zweckentsprechenden Rechtsverteidigung im Sinne des § 91 der Zivilprozessordnung, wenn die Nebenintervention geboten war.	
§ 45 Fristen der Anfechtungsklage Die Anfechtungsklage muss innerhalb eines Monats nach der Beschlussfassung erhoben und innerhalb zweier Monate nach der Beschlussfassung begründet werden. Die §§ 233 bis 238 der Zivilprozessordnung gelten entsprechend.	§ 46 Abs. 1 Satz 2 *Sie* muss innerhalb eines Monats nach der Beschlussfassung erhoben und innerhalb zweier Monate nach der Beschlussfassung begründet werden. Die §§ 233 bis 238 der Zivilprozessordnung gelten entsprechend.

neu	alt
Der IV. Teil wird Teil 4	
§ 61 wird § 46 und die Überschrift wird wie folgt gefasst: § 46 Veräußerung ohne erforderliche Zustimmung.	
§ 47 Auslegung von Altvereinbarungen Vereinbarungen, die vor dem … [einsetzen: Datum des Inkrafttretens nach Artikel 18 Satz 1 dieses Gesetzes] getroffen wurden und die von solchen Vorschriften dieses Gesetzes abweichen, die durch das Wohnungseigentumsmodernisierungsgesetz vom … [einsetzen: Datum und Fundstelle dieses Gesetzes] geändert wurden, stehen der Anwendung dieser Vorschriften in der vom … [einsetzen: Datum des Inkrafttretens nach Artikel 18 Satz 1 dieses Gesetzes] an geltenden Fassung nicht entgegen, soweit sich aus der Vereinbarung nicht ein anderer Wille ergibt. Ein solcher Wille ist in der Regel nicht anzunehmen.	
§ 48 Übergangsvorschriften Abs. 4 § 19 Absatz 2 Nummer 6 ist ab dem … [einsetzen: Datum des ersten Tages des 26. auf die Verkündung folgenden Monats] anwendbar. Eine Person, die am … [einsetzen: Datum des Inkrafttretens dieses Gesetzes nach Artikel 18 Satz 1] Verwalter einer Gemeinschaft der Wohnungseigentümer war, gilt gegenüber den Wohnungseigentümern dieser Gemeinschaft der Wohnungseigentümer bis zum … [einsetzen: Datum des ersten Tages des 44. auf die Verkündung folgenden Monats] als zertifizierter Verwalter.	
§ 49 Beschlussklagen nach dem Wohnungseigentumsgesetz	

neu	alt
Der Streitwert in Verfahren nach § 44 Absatz 1 des Wohnungseigentumsgesetzes ist auf das Interesse aller Wohnungseigentümer an der Entscheidung festzusetzen. Er darf den **siebeneinhalbfachen Wert** des Interesses des Klägers und der auf seiner Seite Beigetretenen sowie den Verkehrswert ihres Wohnungseigentums nicht übersteigen.	

Gesetzentwurf
der Bundesregierung

Entwurf eines Gesetzes zur Förderung der Elektromobilität und zur Modernisierung des Wohnungseigentumsgesetzes und zur Änderung von kosten- und grundbuchrechtlichen Vorschriften (Wohnungseigentumsmodernisierungsgesetz – WEMoG)

A. Problem und Ziel

Das Wohnungseigentumsgesetz (WEG) wurde im Jahr 1951 erlassen, um den dringend notwendigen Wohnungsbau zu stärken und breiten Bevölkerungsschichten den Erwerb eines »Eigenheims« zu ermöglichen. Diese Ziele haben nichts an ihrer Aktualität verloren. Jedoch haben sich die gesellschaftlichen Rahmenbedingungen, die umweltpolitischen Herausforderungen und die technischen Möglichkeiten seit Schaffung des WEG verändert: Aufgrund des demografischen Wandels steigt das Bedürfnis, Wohnungen barrierereduzierend aus- und umzubauen. Für die Erreichung der Klimaziele ist die energetische Sanierung von Bestandsgebäuden unerlässlich. Neben den Maßnahmen zur Barrierereduzierung und zur energetischen Sanierung verlangt auch die Errichtung von Lademöglichkeiten zur Förderung der Elektromobilität Eingriffe in die Bausubstanz.

Diesen Herausforderungen wird das geltende WEG in vielen Fällen nicht gerecht, insbesondere, weil es für bauliche Maßnahmen häufig die Zustimmung aller oder eines hohen Anteils der Wohnungseigentümerinnen und Wohnungseigentümer verlangt. Auch die Chancen der Digitalisierung werden bislang bei der Verwaltung von Wohnungseigentum kaum genutzt.

Auf Beschluss der Konferenz der Justizministerinnen und Justizminister der Länder wurde deshalb eine Bund-Länder-Arbeitsgruppe eingesetzt, die Empfehlungen für eine umfassende Reform des WEG erarbeitet hat. Aufbauend auf diesen Vorschlägen hat die Bundesregierung die Vorschriften des WEG einer intensiven Prüfung unterzogen. Mit dem Entwurf sollen die dabei festgestellten Defizite beseitigt werden.

B. Lösung

Das WEG wird grundlegend reformiert. Die Schwerpunkte der Reform liegen in folgenden Aspekten:
– Jede Wohnungseigentümerin und jeder Wohnungseigentümer soll im Grundsatz einen Anspruch darauf haben, dass ihr beziehungsweise ihm auf ihre beziehungsweise seine Kosten der Einbau einer Lademöglichkeit für ein Elektrofahrzeug, der barrierefreie Aus- und Umbau sowie Maßnahmen des Einbruchsschutzes und zum Glasfaseranschluss gestattet werden.

- Auch jede Mieterin und jeder Mieter soll im Grundsatz einen Anspruch darauf haben, dass ihr beziehungsweise ihm auf ihre beziehungsweise seine Kosten der Einbau einer Lademöglichkeit für ein Elektrofahrzeug, der barrierefreie Aus- und Umbau sowie Maßnahmen des Einbruchsschutzes gestattet werden. Darüber hinaus sollen unnötige Friktionen zwischen Wohnungseigentums- und Mietrecht abgebaut werden, insbesondere indem die Vorgaben zur Betriebskostenabrechnung harmonisiert werden.
- Die Beschlussfassung über bauliche Veränderungen der Wohnanlage soll vereinfacht werden, insbesondere für Maßnahmen, die zu nachhaltigen Kosteneinsparungen führen oder die Wohnanlage in einen zeitgemäßen Zustand versetzen.
- Die Rechte von Wohnungseigentümerinnen und Wohnungseigentümern sollen erweitert werden, insbesondere indem das Recht auf Einsichtnahme in die Verwaltungsunterlagen im Gesetz festgeschrieben und ein jährlicher Vermögensbericht des Verwalters eingeführt wird, der über die wirtschaftliche Lage der Gemeinschaft Auskunft gibt. Auch die Möglichkeit, sich von einer Verwalterin oder einem Verwalter zu trennen, in die die Wohnungseigentümerinnen und Wohnungseigentümer das Vertrauen verloren haben, soll erleichtert werden.
- Die Wohnungseigentümerversammlung soll als zentraler Ort der Entscheidungsfindung aufgewertet werden, indem die Ladungsfrist verlängert und Hürden für die Beschlussfähigkeit beseitigt werden. Zugleich soll es Wohnungseigentümern ermöglicht werden, die Chancen der Digitalisierung zu nutzen, insbesondere indem die Online-Teilnahme an Versammlungen und die elektronische Beschlussfassung gestattet werden.
- Der Verwaltungsbeirat soll gestärkt werden, indem seine Zusammensetzung flexibilisiert und die Haftung seiner Mitglieder beschränkt werden.
- Die Verwaltung des gemeinschaftlichen Eigentums soll effizienter gestaltet werden, indem die Rolle der rechtsfähigen Gemeinschaft der Wohnungseigentümer klar konzipiert und ihre Teilnahme am Rechtsverkehr vereinfacht werden.
- Das Streitpotential in der Gemeinschaft soll reduziert werden, indem streitträchtige Vorschriften klarer gefasst werden. Das gilt insbesondere für die Vorschriften zu Wirtschaftsplan und Jahresabrechnung, zu baulichen Veränderungen und zur Entstehung und Stellung der rechtsfähigen Gemeinschaft der Wohnungseigentümer.
- Lässt sich ein Streit nicht vermeiden, soll eine Änderung der gerichtlichen Verfahrensvorschriften eine effiziente Streitbeilegung fördern.

C. Alternativen

Um die festgestellten Defizite zu beseitigen, muss das WEG reformiert werden; insoweit ist der Entwurf alternativlos.

D. Haushaltsausgaben ohne Erfüllungsaufwand

Keine.

E. Erfüllungsaufwand

E.1 Erfüllungsaufwand für Bürgerinnen und Bürger

Der laufende Aufwand für Bürgerinnen und Bürger reduziert sich um rund 36 000 Stunden und knapp 3 Millionen Euro jährlich.

Es entsteht ein einmaliger Umstellungsaufwand von rund 37 000 Stunden.

E.2 Erfüllungsaufwand für die Wirtschaft

Der laufende Aufwand für die Wirtschaft wird um rund 18,7 Millionen Euro jährlich reduziert. Diese Entlastung von laufendem Erfüllungsaufwand unterfällt der »One in, one out«-Regel. Darin enthalten sind sinkende Bürokratiekosten aus der Reduzierung von Informationspflichten in Höhe von rund 13,2 Millionen Euro. Die Entlastung beruht im Wesentlichen auf der Vereinfachung der Betriebskostenabrechnung (-14,4 Millionen Euro), dem Wegfall des Beschlussfähigkeitsquorums (-4,2 Millionen Euro) und der Formerleichterung für Umlaufbeschlüsse (-1,2 Millionen Euro). Dem steht zusätzlicher Aufwand gegenüber, im Wesentlichen für die Entscheidung über das Verlangen baulicher Veränderungen (+0,9 Millionen Euro).

Der Umstellungsaufwand beträgt in der Summe rund 1 Million Euro.

E.3 Erfüllungsaufwand der Verwaltung

Für die Grundbuchämter entsteht aufgrund der Eintragung vereinbarungsändernder Beschlüsse ein jährlicher Erfüllungsaufwand von rund 116 000 Euro.

F. Weitere Kosten

Keine.

Entwurf eines Gesetzes zur Förderung der Elektromobilität und zur Modernisierung des Wohnungseigentumsgesetzes und zur Änderung von kosten- und grundbuchrechtlichen Vorschriften

(Wohnungseigentumsmodernisierungsgesetz – WEMoG)

Vom …

Der Bundestag hat das folgende Gesetz beschlossen:

Artikel 1

Änderungen des Wohnungseigentumsgesetzes

Das Wohnungseigentumsgesetz in der im Bundesgesetzblatt Teil III, Gliederungsnummer 403–1, veröffentlichten bereinigten Fassung, das zuletzt durch Artikel 4 des Gesetzes vom 5. Dezember 2014 (BGBl. I S. 1962) geändert worden ist, wird wie folgt geändert:

1. Die Überschrift wird wie folgt gefasst:

   »Gesetz über das Wohnungseigentum und das Dauerwohnrecht

   (Wohnungseigentumsgesetz – WEG)«.

2. Die Überschrift des I. Teils wird durch die folgenden Überschriften ersetzt:

   »Teil 1
   Begriffsbestimmungen«.

   Abschnitt 1 Begriffsbestimmungen«.

3. § 1 Absatz 5 wird wie folgt gefasst:
   »(5) Gemeinschaftliches Eigentum im Sinne dieses Gesetzes sind das Grundstück und das Gebäude, soweit sie nicht im Sondereigentum oder im Eigentum eines Dritten stehen.«

4. Der bisherige 1. Abschnitt wird Abschnitt 2.

5. § 3 wird wie wird folgt geändert:
   a) Absatz 1 wird wie folgt geändert:
      aa) Das Wort »Sondereigentum« wird durch das Wort »Eigentum« ersetzt und nach dem Wort »Gebäude« wird die Angabe »(Sondereigentum)« eingefügt.
      bb) Folgender Satz wird angefügt:
      »Stellplätze gelten als Räume im Sinne des Satzes 1.«
   b) Nach Absatz 1 wird folgender Absatz 2 eingefügt:
      »(2) Das Sondereigentum kann auf einen außerhalb des Gebäudes liegenden Teil des Grundstücks erstreckt werden, es sei denn, die Wohnung oder die nicht zu Wohnzwecken dienenden Räume bleiben dadurch wirtschaftlich nicht die Hauptsache.«

c) Der bisherige Absatz 2 wird Absatz 3 und wird wie folgt gefasst:

»(3) Sondereigentum soll nur eingeräumt werden, wenn die Wohnungen oder sonstigen Räume in sich abgeschlossen sind und Stellplätze sowie außerhalb des Gebäudes liegende Teile des Grundstücks durch Maßangaben im Aufteilungsplan bestimmt sind.«

6. § 5 wird wie folgt geändert:

a) Absatz 1 wird wie folgt geändert:

aa) Die Angabe »§ 3 Abs. 1« wird durch die Wörter »§ 3 Absatz 1 Satz 1« und die Wörter »nach § 14 zulässige« werden durch die Wörter »bei einem geordneten Zusammenleben unvermeidliche« ersetzt.

bb) Folgender Satz wird angefügt:

»Soweit sich das Sondereigentum auf außerhalb des Gebäudes liegende Teile des Grundstücks erstreckt, gilt § 94 des Bürgerlichen Gesetzbuchs entsprechend.«

b) In Absatz 2 werden nach dem Wort »Räume« die Wörter »oder Teile des Grundstücks« eingefügt.

c) Absatz 4 wird wie folgt geändert:

aa) In Satz 1 werden nach dem Wort »untereinander« die Wörter »und Beschlüsse aufgrund einer solchen Vereinbarung« eingefügt und werden die Wörter »2. und 3. Abschnitts« durch die Angabe »Abschnitts 4« ersetzt.

bb) In Satz 2 werden die Wörter »zu der Vereinbarung« gestrichen.

cc) Satz 3 wird aufgehoben.

7. § 7 wird wie folgt geändert:

a) Absatz 2 wird wie folgt gefasst:

»(2) Zur Eintragung eines Beschlusses im Sinne des § 5 Absatz 4 Satz 1 bedarf es der Bewilligungen der Wohnungseigentümer nicht, wenn der Beschluss durch eine Niederschrift, bei der die Unterschriften der in § 24 Absatz 6 bezeichneten Personen öffentlich beglaubigt sind, oder durch ein Urteil in einem Verfahren nach § 44 Absatz 1 Satz 2 nachgewiesen ist. Antragsberechtigt ist auch die Gemeinschaft der Wohnungseigentümer.«

b) Absatz 3 wird wie folgt geändert:

aa) Nach dem Wort »Eintragungsbewilligung« werden die Wörter »oder einen Nachweis gemäß Absatz 2 Satz 1« eingefügt.

bb) Folgender Satz wird angefügt:

»Veräußerungsbeschränkungen (§ 12) und die Haftung von Sondernachfolgern für Geldschulden sind jedoch ausdrücklich einzutragen.«

c) Absatz 4 wird wie folgt geändert:

aa) Satz 1 wird wie folgt geändert:

aaa) Nummer 1 wird wie folgt gefasst:

»1. eine von der Baubehörde mit Unterschrift und Siegel oder Stempel versehene Bauzeichnung, aus der die Aufteilung des Gebäudes und des Grundstücks sowie die Lage und Größe der im Sondereigentum und der im gemeinschaftlichen Eigentum stehenden Teile des Gebäudes und des Grundstücks ersichtlich ist (Aufteilungsplan); alle zu demselben Wohnungseigentum gehörenden Einzelräume und Teile des Grundstücks sind mit der jeweils gleichen Nummer zu kennzeichnen;«.

bbb) In Nummer 2 wird die Angabe »§ 3 Abs. 2« durch die Angabe »§ 3 Absatz 3« ersetzt.

bb) Die Sätze 3 bis 6 werden aufgehoben.

8. § 8 wird wie folgt geändert:
   a) In Absatz 1 werden die Wörter »das Sondereigentum an einer bestimmten Wohnung oder an nicht zu Wohnzwecken dienenden bestimmten Räumen in einem auf dem Grundstück errichteten oder zu errichtenden Gebäude« durch das Wort »Sondereigentum« ersetzt.
   b) Absatz 2 wird wie folgt geändert:
      aa) In Satz 1 werden die Wörter »die Vorschriften des § 3 Abs. 2 und der §§ 5, 6, § 7 Abs. 1, 3 bis 5« durch die Wörter »§ 3 Absatz 1 Satz 2, Absatz 2 und 3, § 4 Absatz 2 Satz 2 sowie die §§ 5 bis 7«
      ersetzt.
      bb) Satz 2 wird aufgehoben.
   c) Folgender Absatz 3 wird angefügt:
      »(3) Wer einen Anspruch auf Übertragung von Wohnungseigentum gegen den teilenden Eigentümer hat, der durch Vormerkung im Grundbuch gesichert ist, gilt gegenüber der Gemeinschaft der Wohnungseigentümer und den anderen Wohnungseigentümern anstelle des teilenden Eigentümers als Wohnungseigentümer, sobald ihm der Besitz an den zum Sondereigentum gehörenden Räumen übergeben wurde.«
9. § 9 Absatz 1 wird wie folgt geändert:
   a) Nummer 2 wird aufgehoben.
   b) Nummer 3 wird Nummer 2.
10. Nach § 9 wird folgender Abschnitt 3 eingefügt:

»Abschnitt 3
Rechtsfähige Gemeinschaft der Wohnungseigentümer

§ 9a Gemeinschaft der Wohnungseigentümer

(1) Die Gemeinschaft der Wohnungseigentümer kann Rechte erwerben und Verbindlichkeiten eingehen, vor Gericht klagen und verklagt werden. Die Gemeinschaft der Wohnungseigentümer entsteht mit Anlegung der Wohnungsgrundbücher; dies gilt auch im Fall des § 8. Sie führt die Bezeichnung »Gemeinschaft der Wohnungseigentümer« oder »Wohnungseigentümergemeinschaft« gefolgt von der bestimmten Angabe des gemeinschaftlichen Grundstücks.

(2) Die Gemeinschaft der Wohnungseigentümer übt die sich aus dem gemeinschaftlichen Eigentum ergebenden Rechte sowie solche Rechte der Wohnungseigentümer aus, die eine einheitliche Rechtsverfolgung erfordern, und nimmt die entsprechenden Pflichten der Wohnungseigentümer wahr.

(3) Für das Vermögen der Gemeinschaft der Wohnungseigentümer (Gemeinschaftsvermögen) gelten § 18, § 19 Absatz 1 und § 27 entsprechend.

(4) Jeder Wohnungseigentümer haftet einem Gläubiger nach dem Verhältnis seines Miteigentumsanteils (§ 16 Absatz 1 Satz 2) für Verbindlichkeiten der Gemeinschaft der Wohnungseigentümer, die während seiner Zugehörigkeit entstanden oder während dieses Zeitraums fällig geworden sind; für die Haftung nach Veräußerung des Wohnungseigentums ist § 160 des Handelsgesetzbuchs entsprechend anzuwenden. Er kann gegenüber einem

Gläubiger neben den in seiner Person begründeten auch die der Gemeinschaft der Wohnungseigentümer zustehenden Einwendungen und Einreden geltend machen, nicht aber seine Einwendungen und Einreden gegenüber der Gemeinschaft der Wohnungseigentümer. Für die Einrede der Anfechtbarkeit und Aufrechenbarkeit ist § 770 des Bürgerlichen Gesetzbuchs entsprechend anzuwenden.

(5) Ein Insolvenzverfahren über das Gemeinschaftsvermögen findet nicht statt.

§ 9b Vertretung

(1) Die Gemeinschaft der Wohnungseigentümer wird durch den Verwalter gerichtlich und außergerichtlich vertreten. Hat die Gemeinschaft der Wohnungseigentümer keinen Verwalter, wird sie durch die Wohnungseigentümer gemeinschaftlich vertreten. Eine Beschränkung des Umfangs der Vertretungsmacht ist Dritten gegenüber unwirksam.

(2) Die Wohnungseigentümer beschließen über die Vertretung der Gemeinschaft der Wohnungseigentümer gegenüber dem Verwalter.«

11. Der bisherige 2. Abschnitt wird Abschnitt 4 und die Überschrift wird wie folgt gefasst:

»**Abschnitt 4**
Rechtsverhältnis der Wohnungseigentümer untereinander und zur Gemeinschaft der Wohnungseigentümer«.

12. § 10 wird wie folgt geändert:
   a) Absatz 1 wird aufgehoben.
   b) Absatz 2 wird Absatz 1 und wird wie folgt geändert:
      aa) In Satz 1 werden nach dem Wort »untereinander« die Wörter »und zur Gemeinschaft der Wohnungseigentümer« eingefügt.
      bb) Satz 3 wird aufgehoben.
   c) Nach Absatz 1 wird folgender Absatz 2 eingefügt:
      »(2) Jeder Wohnungseigentümer kann eine vom Gesetz abweichende Vereinbarung oder die Anpassung einer Vereinbarung verlangen, soweit ein Festhalten an der geltenden Regelung aus schwerwiegenden Gründen unter Berücksichtigung aller Umstände des Einzelfalles, insbesondere der Rechte und Interessen der anderen Wohnungseigentümer, unbillig erscheint.«
   d) Absatz 3 wird wie folgt geändert:
      aa) Die Wörter »sowie die Abänderung oder Aufhebung solcher Vereinbarungen« werden durch die Wörter »die Abänderung oder Aufhebung solcher Vereinbarungen sowie Beschlüsse, die aufgrund einer Vereinbarung gefasst werden,« ersetzt.
      bb) Folgender Satz wird angefügt:
      »Im Übrigen bedürfen Beschlüsse zu ihrer Wirksamkeit gegen den Sondernachfolger eines Wohnungseigentümers nicht der Eintragung in das Grundbuch.«
   e) Die Absätze 4 bis 8 werden aufgehoben.
13. § 11 wird wie folgt geändert:
   a) In der Überschrift wird das Wort »Unauflöslichkeit« durch das Wort »Aufhebung« ersetzt.
   b) Absatz 3 wird wie folgt gefasst:

»(3) Im Fall der Aufhebung der Gemeinschaft bestimmt sich der Anteil der Miteigentümer nach dem Verhältnis des Wertes ihrer Wohnungseigentumsrechte zur Zeit der Aufhebung der Gemeinschaft. Hat sich der Wert eines Miteigentumsanteils durch Maßnahmen verändert, deren Kosten der Wohnungseigentümer nicht getragen hat, so bleibt eine solche Veränderung bei der Berechnung des Wertes dieses Anteils außer Betracht.«

14. § 12 Absatz 4 wird wie folgt geändert:
    a) In Satz 1 werden die Wörter »durch Stimmenmehrheit« gestrichen.
    b) Die Sätze 2, 4 und 5 werden aufgehoben.
    c) Folgender Satz wird angefügt:
    »§ 7 Absatz 2 gilt entsprechend.«

15. Die §§ 13 bis 15 werden wie folgt gefasst:

»§ 13 Rechte des Wohnungseigentümers aus dem Sondereigentum

(1) Jeder Wohnungseigentümer kann, soweit nicht das Gesetz entgegensteht, mit seinem Sondereigentum nach Belieben verfahren, insbesondere dieses bewohnen, vermieten, verpachten oder in sonstiger Weise nutzen, und andere von Einwirkungen ausschließen.

(2) Für Maßnahmen, die über die ordnungsmäßige Instandhaltung und Instandsetzung (Erhaltung) des Sondereigentums hinausgehen, gilt § 20 mit der Maßgabe entsprechend, dass es keiner Gestattung bedarf, soweit keinem der anderen Wohnungseigentümer über das bei einem geordneten Zusammenleben unvermeidliche Maß hinaus ein Nachteil erwächst.

§ 14 Pflichten des Wohnungseigentümers

(1) Jeder Wohnungseigentümer ist gegenüber der Gemeinschaft der Wohnungseigentümer verpflichtet,
1. die gesetzlichen Regelungen, Vereinbarungen und Beschlüsse einzuhalten und
2. das Betreten seines Sondereigentums und andere Einwirkungen auf dieses und das gemeinschaftliche Eigentum zu dulden, die den Vereinbarungen oder Beschlüssen entsprechen oder, wenn keine entsprechenden Vereinbarungen oder Beschlüsse bestehen, aus denen ihm über das bei einem geordneten Zusammenleben unvermeidliche Maß hinaus kein Nachteil erwächst.

(2) Jeder Wohnungseigentümer ist gegenüber den übrigen Wohnungseigentümern verpflichtet,
1. deren Sondereigentum nicht über das in Absatz 1 Nummer 2 bestimmte Maß hinaus zu beeinträchtigen und
2. Einwirkungen nach Maßgabe des Absatz 1 Nummer 2 zu dulden.

(3) Hat der Wohnungseigentümer eine Einwirkung zu dulden, die über das zumutbare Maß hinausgeht, kann er einen angemessenen Ausgleich in Geld verlangen.

§ 15 Pflichten Dritter

Wer Wohnungseigentum gebraucht, ohne Wohnungseigentümer zu sein, hat gegenüber der Gemeinschaft der Wohnungseigentümer und anderen Wohnungseigentümern zu dulden:

1. die Erhaltung des gemeinschaftlichen Eigentums und des Sondereigentums, die ihm rechtzeitig angekündigt wurde; § 555a Absatz 2 des Bürgerlichen Gesetzbuchs gilt entsprechend;

2. Maßnahmen, die über die Erhaltung hinausgehen, die spätestens drei Monate vor ihrem Beginn in Textform angekündigt wurden; § 555c Absatz 1 Satz 2 Nummer 1 und 2, Absatz 2 bis 4 und § 555d Absatz 2 bis 5 des Bürgerlichen Gesetzbuchs gelten entsprechend.«

16. § 16 wird wie folgt geändert:
    a) Die Überschrift wird wie folgt gefasst:

»§ 16 Nutzungen und Kosten«.

b) Absatz 1 wird wie folgt geändert:
   aa) In Satz 1 werden die Wörter »Nutzungen des gemeinschaftlichen Eigentums« durch die Wörter » Früchte des gemeinschaftlichen Eigentums und des Gemeinschaftsvermögens« ersetzt.
   bb) Folgender Satz wird angefügt:
   »Jeder Wohnungseigentümer ist zum Mitgebrauch des gemeinschaftlichen Eigentums nach Maßgabe des § 14 berechtigt.«

c) Absatz 2 wird wie folgt gefasst:
   »(2) Die Kosten der Gemeinschaft der Wohnungseigentümer, insbesondere der Verwaltung und des gemeinschaftlichen Gebrauchs des gemeinschaftlichen Eigentums, hat jeder Wohnungseigentümer nach dem Verhältnis seines Anteils (Absatz 1 Satz 2) zu tragen. Die Wohnungseigentümer können für einzelne Kosten oder bestimmte Arten von Kosten eine von Satz 1 oder von einer Vereinbarung abweichende Verteilung beschließen.«

d) Die Absätze 3 bis 8 werden durch folgenden Absatz 3 ersetzt:
   »(3) Für die Kosten und Nutzungen bei baulichen Veränderungen gilt § 21.«

17. § 17 wird aufgehoben.

18. § 18 wird § 17 und wird wie folgt geändert:
    a) Absatz 1 wird wie folgt geändert:
       aa) In Satz 1 werden nach dem Wort »Wohnungseigentümern« die Wörter »oder der Gemeinschaft der Wohnungseigentümer« eingefügt und werden die Wörter »können die anderen Wohnungseigentümer« durch die Wörter »kann die Gemeinschaft der Wohnungseigentümer« ersetzt.
       bb) Satz 2 wird aufgehoben.

    b) Absatz 2 wird wie folgt gefasst:
       »(2) Die Voraussetzungen des Absatzes 1 liegen insbesondere vor, wenn der Wohnungseigentümer trotz Abmahnung wiederholt gröblich gegen die ihm nach § 14 Absatz 1 und 2 obliegenden Pflichten verstößt.«

    c) Absatz 3 wird aufgehoben.

    d) Absatz 4 wird Absatz 3.

    e) Folgender Absatz 4 wird angefügt:
       »(4) Das Urteil, durch das ein Wohnungseigentümer zur Veräußerung seines Wohnungseigentums verurteilt wird, berechtigt zur Zwangsvollstreckung entsprechend den Vorschriften des Ersten Abschnitts des Gesetzes über die Zwangsversteigerung und die Zwangsverwaltung. Das Gleiche gilt für Schuldtitel im Sinne des § 794 der Zivilprozessordnung, durch die sich der Wohnungseigentümer zur Veräußerung seines Wohnungseigentums verpflichtet.«

19. Nach § 17 wird folgender § 18 eingefügt:

»§ 18 Verwaltung und Benutzung

(1) Die Verwaltung des gemeinschaftlichen Eigentums obliegt der Gemeinschaft der Wohnungseigentümer.

(2) Jeder Wohnungseigentümer kann von der Gemeinschaft der Wohnungseigentümer
1. eine Verwaltung des gemeinschaftlichen Eigentums sowie
2. eine Benutzung des gemeinschaftlichen Eigentums und des Sondereigentums

verlangen, die dem Interesse der Gesamtheit der Wohnungseigentümer nach billigem Ermessen (ordnungsmäßige Verwaltung und Benutzung) und, soweit solche bestehen, den gesetzlichen Regelungen, Vereinbarungen und Beschlüssen entsprechen.

(3) Jeder Wohnungseigentümer ist berechtigt, ohne Zustimmung der anderen Wohnungseigentümer die Maßnahmen zu treffen, die zur Abwendung eines dem gemeinschaftlichen Eigentum unmittelbar drohenden Schadens notwendig sind.

(4) Jeder Wohnungseigentümer kann von der Gemeinschaft der Wohnungseigentümer Einsicht in die Verwaltungsunterlagen verlangen.«

20. Die Überschrift des 3. Abschnitts wird gestrichen.

21. Die §§ 19 bis 22 werden wie folgt gefasst:

»§ 19 Regelung der Verwaltung und Benutzung durch Beschluss

(1) Soweit die Verwaltung des gemeinschaftlichen Eigentums und die Benutzung des gemeinschaftlichen Eigentums und des Sondereigentums nicht durch Vereinbarung der Wohnungseigentümer geregelt sind, beschließen die Wohnungseigentümer eine ordnungsmäßige Verwaltung und Benutzung.

(2) Zur ordnungsmäßigen Verwaltung und Benutzung gehören insbesondere
1. die Aufstellung einer Hausordnung,
2. die ordnungsmäßige Erhaltung des gemeinschaftlichen Eigentums,
3. die angemessene Versicherung des gemeinschaftlichen Eigentums zum Neuwert sowie der Wohnungseigentümer gegen Haus- und Grundbesitzerhaftpflicht,
4. die Ansammlung einer angemessenen Erhaltungsrücklage sowie
5. die Festsetzung von Vorschüssen nach § 28 Absatz 1 Satz 1.

(3) Die Wohnungseigentümer können beschließen, wann Geldforderungen fällig werden und wie sie zu erfüllen sind. Sie können ferner Regelungen für den Fall beschließen, dass ein Wohnungseigentümer seine Pflichten verletzt.

§ 20 Bauliche Veränderungen

(1) Maßnahmen, die über die ordnungsmäßige Erhaltung des gemeinschaftlichen Eigentums hinausgehen (bauliche Veränderungen), können beschlossen oder einem Wohnungseigentümer durch Beschluss gestattet werden.

(2) Jeder Wohnungseigentümer kann angemessene bauliche Veränderungen verlangen, die
1. dem Gebrauch durch Menschen mit Behinderungen,
2. dem Laden elektrisch betriebener Fahrzeuge,

3. dem Einbruchsschutz und
4. dem Anschluss an ein Telekommunikationsnetz mit sehr hoher Kapazität dienen. Über die Durchführung ist im Rahmen ordnungsmäßiger Verwaltung zu beschließen.

(3) Unbeschadet des Absatzes 2 kann jeder Wohnungseigentümer verlangen, dass ihm eine bauliche Veränderung gestattet wird, wenn alle Wohnungseigentümer, deren Rechte durch die bauliche Veränderung über das bei einem geordneten Zusammenleben unvermeidliche Maß hinaus beeinträchtigt werden, einverstanden sind.

(4) Bauliche Veränderungen, die die Wohnanlage grundlegend umgestalten oder einen Wohnungseigentümer ohne sein Einverständnis gegenüber anderen unbillig benachteiligen, dürfen nicht beschlossen und gestattet werden; sie können auch nicht verlangt werden.

§ 21 Nutzungen und Kosten bei baulichen Veränderungen

(1) Die Kosten einer baulichen Veränderung, die einem Wohnungseigentümer gestattet oder die auf sein Verlangen nach § 20 Absatz 2 durch die Gemeinschaft der Wohnungseigentümer durchgeführt wurde, hat dieser Wohnungseigentümer zu tragen. Nur ihm gebühren die Nutzungen.

(2) Vorbehaltlich des Absatzes 1 haben alle Wohnungseigentümer die Kosten einer baulichen Veränderung nach dem Verhältnis ihrer Anteile (§ 16 Absatz 1 Satz 2) zu tragen,
1. die der Anpassung an den Zustand dient, der bei Anlagen vergleichbarer Art in der Umgebung üblich
    ist, oder
2. deren Kosten sich innerhalb eines angemessenen Zeitraums amortisieren.

Für die Nutzungen gilt § 16 Absatz 1.

(3) Die Kosten anderer als der in den Absätzen 1 und 2 bezeichneten baulichen Veränderungen haben die Wohnungseigentümer, die sie beschlossen haben, nach dem Verhältnis ihrer Anteile (§ 16 Absatz 1 Satz 2) zu tragen. Ihnen gebühren die Nutzungen entsprechend § 16 Absatz 1.

(4) Ein Wohnungseigentümer, der nicht berechtigt ist, Nutzungen zu ziehen, kann verlangen, dass ihm dies nach billigem Ermessen gegen angemessenen Ausgleich gestattet wird. Für seine Beteiligung an den Nutzungen und Kosten gilt Absatz 3 entsprechend.

(5) Die Wohnungseigentümer können eine abweichende Verteilung der Kosten und Nutzungen beschließen. Durch einen solchen Beschluss dürfen einem Wohnungseigentümer, der nach den vorstehenden Absätzen Kosten nicht zu tragen hat, keine Kosten auferlegt werden.

§ 22 Wiederaufbau

Ist das Gebäude zu mehr als der Hälfte seines Wertes zerstört und ist der Schaden nicht durch eine Versicherung oder in anderer Weise gedeckt, so kann der Wiederaufbau nicht beschlossen oder verlangt werden.«
22. § 23 wird wie folgt geändert:
    a) Dem Absatz 1 wird folgender Satz angefügt:
       »Die Wohnungseigentümer können beschließen, dass Wohnungseigentümer an der Versammlung auch ohne Anwesenheit an deren Ort teilnehmen und sämtliche

oder einzelne ihrer Rechte ganz oder teilweise im Wege elektronischer Kommunikation ausüben können.«

    b) In Absatz 3 wird das Wort »schriftlich« durch die Wörter »in Textform« ersetzt.

23. § 24 wird wie folgt geändert:

    a) In Absatz 2 wird das Wort »schriftlich« durch die Wörter »in Textform« ersetzt.

    b) In Absatz 3 werden die Wörter »auch, falls ein Verwaltungsbeirat bestellt ist, von dessen Vorsitzenden oder seinem Vertreter« durch die Wörter »auch durch den Vorsitzenden des Verwaltungsbeirats, dessen Vertreter oder einen durch Beschluss ermächtigten Wohnungseigentümer« ersetzt.

    c) In Absatz 4 Satz 2 wird das Wort »zwei« durch das Wort »vier« ersetzt.

    d) Absatz 6 wird wie folgt geändert:

        aa) In Satz 1 wird nach dem Wort »ist« das Wort »unverzüglich« eingefügt.

        bb) Satz 3 wird aufgehoben.

    e) Die Absätze 7 und 8 werden aufgehoben.

24. § 25 wird wie folgt geändert:

    a) Die Überschrift wird wie folgt gefasst:

        »Beschlussfassung, Beschlusssammlung«.

    b) Absatz 1 wird wie folgt gefasst:

        »(1) Bei der Beschlussfassung entscheidet die Mehrheit der abgegebenen Stimmen.«

    c) Die Absätze 3 und 4 werden durch folgenden Absatz 3 ersetzt.

        »(3) Vollmachten bedürfen zu ihrer Gültigkeit der Textform.«

    d) Absatz 5 wird Absatz 4 und wird wie folgt geändert:

        aa) Die Wörter »der anderen Wohnungseigentümer« werden gestrichen.

        bb) Die Angabe »§ 18« wird durch die Angabe »§ 17« ersetzt.

    e) Folgender Absatz 5 wird angefügt:

        »(5) Niederschriften über Beschlüsse und Urteile in Verfahren nach § 44 Absatz 1 sind in Textform aufzubewahren. Beschlüsse nach § 16 Absatz 2 Satz 2 und § 21 Absatz 5 Satz 1 sowie diesbezügliche Urteile sind hervorzuheben.«

25. § 26 Absatz 1 wird wie folgt geändert:

    a) In Satz 1 werden die Wörter »mit Stimmenmehrheit« gestrichen.

    b) In Satz 2 wird das Wort »darf« durch das Wort »kann« ersetzt.

    c) Die Sätze 3 und 4 werden aufgehoben.

    d) In dem neuen Satz 3 wird das Wort »Andere« gestrichen.

26. Die §§ 27 bis 29 werden wie folgt gefasst:

»§ 27 Aufgaben und Befugnisse des Verwalters

(1) Der Verwalter ist gegenüber der Gemeinschaft der Wohnungseigentümer berechtigt und verpflichtet, die Maßnahmen ordnungsmäßiger Verwaltung zu treffen,

1. über die eine Beschlussfassung durch die Wohnungseigentümer nicht geboten ist oder

2. die zur Wahrung einer Frist oder zur Abwendung eines Nachteils erforderlich sind.

(2) Die Wohnungseigentümer können die Rechte und Pflichten nach Absatz 1 durch Beschluss einschränken oder erweitern.

§ 28 Wirtschaftsplan, Jahresabrechnung, Vermögensbericht

(1) Die Wohnungseigentümer beschließen über die Vorschüsse zur Kostentragung und zu den nach § 19 Absatz 2 Nummer 4 oder durch Beschluss vorgesehenen Rücklagen. Zu diesem Zweck hat der Verwalter jeweils für ein Kalenderjahr einen Wirtschaftsplan aufzustellen, der darüber hinaus die voraussichtlichen Einnahmen und Ausgaben enthält.

(2) Nach Ablauf des Kalenderjahres beschließen die Wohnungseigentümer über die Einforderung von Nachschüssen oder die Anpassung der beschlossenen Vorschüsse. Zu diesem Zweck hat der Verwalter eine Abrechnung über den Wirtschaftsplan (Jahresabrechnung) aufzustellen, die darüber hinaus die Einnahmen und Ausgaben enthält.

(3) Der Verwalter hat nach Ablauf eines Kalenderjahres einen Vermögensbericht zu erstellen, der den Stand der in Absatz 1 Satz 1 bezeichneten Rücklagen und eine Aufstellung des wesentlichen Gemeinschaftsvermögens enthält. Der Vermögensbericht ist jedem Wohnungseigentümer zur Verfügung zu stellen.

§ 29 Verwaltungsbeirat

(1) Wohnungseigentümer können durch Beschluss zum Mitglied des Verwaltungsbeirats bestellt werden. Hat der Verwaltungsbeirat mehrere Mitglieder, ist ein Vorsitzender und ein Stellvertreter zu bestimmen. Der Verwaltungsbeirat wird von dem Vorsitzenden nach Bedarf einberufen.

(2) Der Verwaltungsbeirat unterstützt den Verwalter bei der Durchführung seiner Aufgaben. Der Wirtschaftsplan und die Jahresabrechnung sollen, bevor die Beschlüsse nach § 28 Absatz 1 Satz 1 und Absatz 2 Satz 1 gefasst werden, vom Verwaltungsbeirat geprüft und mit dessen Stellungnahme versehen werden.

(3) Sind Mitglieder des Verwaltungsbeirats unentgeltlich tätig, haben sie nur Vorsatz und grobe Fahrlässigkeit zu vertreten.«

27. Der bisherige 4. Abschnitt wird Abschnitt 5.

28. Die Überschrift des § 30 wird wie folgt gefasst:

»§ 30 Wohnungserbbaurecht«.

29. Der II. Teil wird Teil 2.

30. § 32 Absatz 2 Satz 4 bis 7 werden aufgehoben.

31. Der III. Teil wird wie folgt gefasst:

»Teil 3
Verfahrensvorschriften

§ 43 Zuständigkeit

(1) Die Gemeinschaft der Wohnungseigentümer hat ihren allgemeinen Gerichtsstand bei dem Gericht, in dessen Bezirk das Grundstück liegt. Bei diesem Gericht kann auch die Klage gegen Wohnungseigentümer im Fall des § 9a Absatz 4 Satz 1 erhoben werden.

(2) Das Gericht, in dessen Bezirk das Grundstück liegt, ist ausschließlich zuständig für
1. Streitigkeiten über die Rechte und Pflichten der Wohnungseigentümer untereinander,

2. Streitigkeiten über die Rechte und Pflichten zwischen der Gemeinschaft der Wohnungseigentümer und Wohnungseigentümern,
3. Streitigkeiten über die Rechte und Pflichten des Verwalters sowie
4. Beschlussklagen gemäß § 44.

§ 44 Beschlussklagen

(1) Das Gericht kann auf Klage eines Wohnungseigentümers einen Beschluss für ungültig erklären (Anfechtungsklage) oder seine Nichtigkeit feststellen (Nichtigkeitsklage). Unterbleibt eine notwendige Beschlussfassung, kann das Gericht auf Klage eines Wohnungseigentümers den Beschluss fassen (Beschlussersetzungsklage).

(2) Die Klagen sind gegen die Gemeinschaft der Wohnungseigentümer zu richten. Der Verwalter hat den Wohnungseigentümern die Erhebung einer Klage unverzüglich bekannt zu machen. Mehrere Prozesse sind zur gleichzeitigen Verhandlung und Entscheidung zu verbinden.

(3) Das Urteil wirkt für und gegen alle Wohnungseigentümer, auch wenn sie nicht Partei sind.

(4) Die durch eine Nebenintervention verursachten Kosten gelten nur dann als notwendig zur zweckentsprechenden Rechtsverteidigung im Sinne des § 91 der Zivilprozessordnung, wenn die Nebenintervention geboten war.

§ 45 Fristen der Anfechtungsklage

Die Anfechtungsklage muss innerhalb eines Monats nach der Beschlussfassung erhoben und innerhalb zweier Monate nach der Beschlussfassung begründet werden. Die §§ 233 bis 238 der Zivilprozessordnung gelten entsprechend.«

32. Der IV. Teil wird Teil 4.
33. § 61 wird § 46 und die Überschrift wird wie folgt gefasst:

»§ 46 Veräußerung ohne erforderliche Zustimmung«.

34. Die §§ 62 bis 64 werden durch die folgenden §§ 47 bis 49 ersetzt:

»§ 47 Auslegung von Altvereinbarungen

Vereinbarungen, die vor dem ... [einsetzen: Datum des Inkrafttretens nach Artikel 17 Satz 1 dieses Gesetzes] getroffen wurden und die von solchen Vorschriften dieses Gesetzes abweichen, die durch das Wohnungseigentumsmodernisierungsgesetz vom ... [einsetzen: Datum und Fundstelle dieses Gesetzes] geändert wurden, stehen der Anwendung dieser Vorschriften in der vom ... [einsetzen: Datum des Inkrafttretens nach Artikel 17 Satz 1 dieses Gesetzes] an geltenden Fassung nicht entgegen, soweit sich aus der Vereinbarung nicht ein anderer Wille ergibt. Ein solcher Wille ist in der Regel nicht anzunehmen.

§ 48 Übergangsvorschriften

(1) § 5 Absatz 4, § 7 Absatz 2 und § 10 Absatz 3 in der vom ... [einsetzen: Datum des Inkrafttretens nach Artikel 17 Satz 1 dieses Gesetzes] an geltenden Fassung gelten auch für

solche Beschlüsse, die vor diesem Zeitpunkt gefasst oder durch gerichtliche Entscheidung ersetzt wurden. Abweichend davon bestimmt sich die Wirksamkeit eines Beschlusses im Sinne des Satzes 1 gegen den Sondernachfolger eines Wohnungseigentümers nach § 10 Absatz 4 in der vor dem … [einsetzen: Datum des Inkrafttretens nach Artikel 17 Satz 1 dieses Gesetzes] geltenden Fassung, wenn die Sondernachfolge bis zum 31. Dezember 2025 eintritt. Jeder Wohnungseigentümer kann bis zum 31. Dezember 2025 verlangen, dass ein Beschluss im Sinne des Satzes 1 erneut gefasst wird; § 204 Absatz 1 Nummer 1 des Bürgerlichen Gesetzbuchs gilt entsprechend.

(2) § 5 Absatz 4 Satz 3 gilt in der vor dem … [einsetzen: Datum des Inkrafttretens nach Artikel 17 Satz 1 dieses Gesetzes] geltenden Fassung weiter für Vereinbarungen und Beschlüsse, die vor diesem Zeitpunkt getroffen oder gefasst wurden, und zu denen vor dem … [einsetzen: Datum des Inkrafttretens nach Artikel 17 Satz 1 dieses Gesetzes] alle Zustimmungen erteilt wurden, die nach den vor diesem Zeitpunkt geltenden Vorschriften erforderlich waren.

(3) § 7 Absatz 3 Satz 2 gilt auch für Vereinbarungen und Beschlüsse, die vor dem … [einsetzen: Datum des Inkrafttretens nach Artikel 17 Satz 1 dieses Gesetzes] getroffen oder gefasst wurden. Ist eine Vereinbarung oder ein Beschluss im Sinne des Satzes 1 entgegen der Vorgabe des § 7 Absatz 3 Satz 2 nicht ausdrücklich im Grundbuch eingetragen, erfolgt die ausdrückliche Eintragung in allen Wohnungsgrundbüchern nur auf Antrag eines Wohnungseigentümers oder der Gemeinschaft der Wohnungseigentümer. Ist die Haftung von Sondernachfolgern für Geldschulden entgegen der Vorgabe des § 7 Absatz 3 Satz 2 nicht ausdrücklich im Grundbuch eingetragen, lässt dies die Wirkung gegen den Sondernachfolger eines Wohnungseigentümers unberührt, wenn die Sondernachfolge bis zum 31. Dezember 2025 eintritt.

(4) Für die bereits vor dem … [einsetzen: Datum des Inkrafttretens nach Artikel 17 Satz 1 dieses Gesetzes] bei Gericht anhängigen Verfahren sind die Vorschriften des dritten Teils dieses Gesetzes in ihrer bis dahin geltenden Fassung weiter anzuwenden.

§ 49 Überleitung bestehender Rechtsverhältnisse

(1) Werden Rechtsverhältnisse, mit denen ein Rechtserfolg bezweckt wird, der den durch dieses Gesetz geschaffenen Rechtsformen entspricht, in solche Rechtsformen umgewandelt, so ist als Geschäftswert für die Berechnung der hierdurch veranlassten Gebühren der Gerichte und Notare im Falle des Wohnungseigentums ein Fünfundzwanzigstel des Einheitswertes des Grundstückes, im Falle des Dauerwohnrechtes ein Fünfundzwanzigstel des Wertes des Rechtes anzunehmen.

(2) Durch Landesgesetz können Vorschriften zur Überleitung bestehender, auf Landesrecht beruhender Rechtsverhältnisse in die durch dieses Gesetz geschaffenen Rechtsformen getroffen werden.«

Artikel 2
Änderung des Bürgerlichen Gesetzbuchs

Das Bürgerliche Gesetzbuch in der Fassung der Bekanntmachung vom 2. Januar 2002 (BGBl. I S. 42, 2909; 2003 I S. 738), das zuletzt durch Artikel 1 des Gesetzes vom 21. Dezember 2019 (BGBl. I S. 2911) geändert worden ist, wird wie folgt geändert:
1. § 554 wird wie folgt gefasst:

»§ 554 Barriereeduzierung, E-Mobilität und Einbruchsschutz

(1) Der Mieter kann verlangen, dass ihm der Vermieter bauliche Veränderungen der Mietsache erlaubt, die dem Gebrauch durch Menschen mit Behinderungen, dem Laden elektrisch betriebener Fahrzeuge oder dem Einbruchsschutz dienen. Der Anspruch besteht nicht, wenn die bauliche Veränderung dem Vermieter auch unter Würdigung der Interessen des Mieters nicht zugemutet werden kann. Der Mieter kann sich im Zusammenhang mit der baulichen Veränderung zur Leistung einer besonderen Sicherheit verpflichten; § 551 Absatz 3 gilt entsprechend.

(2) Eine zum Nachteil des Mieters abweichende Vereinbarung ist unwirksam.«
2. § 554a wird aufgehoben.
3. § 556a wird wie folgt geändert:
   a) Nach Absatz 2 wird folgender Absatz 3 eingefügt:
    »(3) Ist Wohnungseigentum vermietet und haben die Vertragsparteien nichts anderes vereinbart, sind die Betriebskosten abweichend von Absatz 1 nach dem für die Verteilung zwischen den Wohnungseigentümern jeweils geltenden Maßstab umzulegen. Widerspricht der Maßstab billigem Ermessen, ist nach Absatz 1 umzulegen.«
   b) Der bisherige Absatz 3 wird Absatz 4.
4. In § 578 Absatz 1 wird die Angabe »§§ 550« durch die Angabe »§§ 550, 554« ersetzt.

Artikel 16 Bekanntmachungserlaubnis

Das Bundesministerium der Justiz und für Verbraucherschutz kann den Wortlaut des Wohnungseigentumsgesetzes in der vom ... [einsetzen: Datum des Inkrafttretens nach Artikel 17 Satz 1 dieses Gesetzes] an geltenden Fassung im Bundesgesetzblatt bekannt machen.

Artikel 17 Inkrafttreten

Dieses Gesetz tritt vorbehaltlich des Satzes 2 am ... [einsetzen: Datum des ersten Tages des zweiten auf die Verkündung folgenden Kalendermonats] in Kraft. Die Artikel 3 und 8 Nummer 4 sowie die Artikel 9 bis 11 treten am Tag nach der Verkündung in Kraft.

Begründung

A. Allgemeiner Teil

I. Zielsetzung und Notwendigkeit der Regelungen

Das Wohnungseigentumsgesetz (WEG) ist eine Erfolgsgeschichte. Es erlaubt die Schaffung von »Eigentum auf der Etage« und ermöglicht so breiten Teilen der Bevölkerung, Immobilieneigentum zu erwerben. Seit seiner Einführung im Jahre 1951 sind in der Bundesrepublik Deutschland bereits rund 9 Millionen Eigentumswohnungen geschaffen worden (vergleiche Statistisches Bundesamt, Zensus 2011: Gebäude und Wohnungen, Seite 6). Dies unterstreicht die besondere Bedeutung des WEG für die Versorgung der Bevölkerung mit Wohnraum. Für viele Eigentümerinnen und Eigentümer ist das Wohnungseigentum auch ein bedeutsamer Baustein beim Aufbau ihrer privaten Altersversorgung.

Dennoch wachsen seit einiger Zeit die Herausforderungen, denen sich das Wohnungseigentumsrecht stellen muss: Der Neubau von Wohnungen ist zwar gerade in Ballungsräumen weiterhin wichtig. Daneben muss sich das WEG aber verstärkt auch bei der Verwaltung älterer Wohnanlagen bewähren, insbesondere bei ihrem Aus- und Umbau. Dabei verstärkt der demografische Wandel das Bedürfnis, Wohnungen altersgerecht umzubauen. Die energetische Sanierung von Bestandsgebäuden ist für die Erreichung der Klimaziele unerlässlich. Solche Sanierungsmaßnahmen, aber auch die Maßnahmen zur Barrierereduzierung und zur Förderung der Elektromobilität verlangen Eingriffe in die Bausubstanz, um zum Beispiel Aufzüge ein- oder anzubauen und die notwendigen Lademöglichkeiten zu schaffen. Diesen Herausforderungen wird das geltende WEG in vielen Fällen nicht gerecht, insbesondere, weil es für bauliche Maßnahmen häufig die Zustimmung aller oder eines hohen Anteils der Wohnungseigentümer verlangt. Darüber hinaus wird das Wohnungseigentumsrecht vielfach als eine nur schwer durchdringbare Materie angesehen, deren Verständnis oft Spezialwissen erfordert. Diese Komplexität trägt dazu bei, dass das Wohnungseigentumsrecht in besonderem Maße streitanfällig ist.

Die Defizite des geltenden Rechts beruhen im Wesentlichen darauf, dass das WEG seit seiner Schaffung nur punktuell geändert, aber nicht grundlegend modernisiert wurde. Es spiegelt daher in weiten Teilen den Stand der Rechtsentwicklung nicht mehr hinreichend präzise wider. Beschleunigt wurde diese Entwicklung im Jahr 2005 durch die Anerkennung der Rechtsfähigkeit der Gemeinschaft der Wohnungseigentümer durch die grundlegende Entscheidung des Bundesgerichtshofs (Beschluss vom 2. Juni 2005 – V ZB 32/05). Diese Entscheidung hat eine Vielzahl grundlegender Fragen aufgeworfen, die auf Basis des damals geltenden Rechts nur unzureichend gelöst werden konnten. Zwar wurde das WEG im Jahr 2007 novelliert (durch das Gesetz zur Änderung des WEG und anderer Gesetze vom 26. März 2007, BGBl. I Seite 370). Als der Bundesgerichtshof (BGH) die grundlegende Entscheidung zur Rechtsfähigkeit der Gemeinschaft der Wohnungseigentümer traf, war dieses Gesetzgebungsverfahren aber schon weit fortgeschritten (vergleiche Bundesratsdrucksache 397/05). Die Auswirkungen der Entscheidung konnten deshalb nicht vollumfänglich berücksichtigt werden, zumal ihre wissenschaftliche Aufarbeitung gerade erst begonnen hatte.

Im Frühjahr 2018 haben die Justizministerinnen und Justizminister der Länder eine Bund-Länder-Arbeitsgruppe zur Reform des WEG eingesetzt. Sie hat den Reformbedarf umfassend analysiert und Vorschläge für gesetzgeberische Änderungen unterbreitet (vergleiche den Abschlussbericht der Arbeitsgruppe, der in der Zeitschrift für Wohnungseigentums-recht – ZWE 2019, Seiten 430 ff. veröffentlicht ist). Aufbauend auf diesen Vorschlägen verfolgt der Entwurf das Ziel, die beschriebenen Defizite zu beseitigen und das WEG zu modernisieren.

II. Wesentlicher Inhalt des Entwurfs

Der Entwurf sieht eine Modernisierung des WEG vor, die insbesondere folgende Aspekte umfasst:

1. Förderung der Elektromobilität, der Barrierereduzierung, des Einbruchs-schutzes und des Glasfaseranschlusses

Nach geltendem Recht bedarf jede bauliche Veränderung des gemeinschaftlichen Eigentums der Zustimmung aller Wohnungseigentümer, die durch die Maßnahme über das bei einem geordneten Zusammenleben unvermeidliche Maß hinaus beeinträchtigt werden (§ 22 Absatz 1 in Verbindung mit § 14 Nummer 1 WEG). Nach Ansicht der Rechtsprechung liegt die Schwelle zu einer Beeinträchtigung recht niedrig. Deshalb dürfen bauliche Veränderungen des gemeinschaftlichen Eigentums häufig nur mit Zustimmung aller Wohnungseigentümer vorgenommen werden. Dabei kann jeder Wohnungseigentümer seine Zustimmung auch ohne ernsthaften Grund verweigern, solange seine Rechte jedenfalls im Rechtssinne beeinträchtigt sind. Die Zustimmung aller Wohnungseigentümer und Wohnungseigentümerinnen ist in der Praxis gerade in größeren Gemeinschaften kaum zu erreichen. Selbst wenn eine Maßnahme als Modernisierung im Sinne des § 22 Absatz 2 WEG einzuordnen ist, muss sie durch eine Mehrheit von drei Vierteln aller stimmberechtigten Wohnungseigentümer und mehr als der Hälfte aller Miteigentumsanteile beschlossen werden. Auch diese hohen Quoren werden in der Praxis selten erreicht. Zudem besteht die Vorgabe, dass durch die bauliche Maßnahme die »Eigenart der Wohnanlage« nicht geändert werden darf. Die geltende Rechtslage führt so dazu, dass der bauliche Zustand der Wohnungseigentums-anlage »versteinert«. Daneben werden aber auch bauliche Veränderungen verhindert, die für einzelne Wohnungseigentümer und Wohnungseigentümerinnen besonders bedeutsam und aus gesamtgesellschaftlicher Perspektive sinnvoll sind. Dies gilt insbesondere für die Errich-tung einer Lademöglichkeit für elektrisch betriebene Fahrzeuge sowie für Maßnahmen der Barrierereduzierung, des Einbruchsschutzes und des Glasfaseranschlusses.

Der Entwurf sieht deshalb vor, dass bauliche Maßnahmen zur Errichtung einer Lade-möglichkeit für elektrisch betriebene Fahrzeuge, zur Barrierereduzierung, zum Einbruchs-schutz sowie zum Glasfaseranschluss privilegiert werden. Diese Maßnahmen sollen künftig nicht mehr der Zustimmung aller Wohnungseigentümer bedürfen. Vielmehr soll jeder Wohnungseigentümer beziehungsweise jede Wohnungseigentümerin grundsätzlich einen Rechtsanspruch darauf haben (§ 20 Absatz 2 des Wohnungseigentumsgesetzes in der Ent-wurfsfassung – WEGE). Die Eigentümerversammlung darf die Baumaßnahmen in der Regel nicht verwehren. Sie darf aber auf die Art der Durchführung der Maßnahme Einfluss nehmen und zum Beispiel beschließen, dass die Gemeinschaft die Baumaßnahme organi-siert, damit diese den Überblick über den baulichen Zustand der Wohnanlage behält. Die Kosten der Maßnahme soll der begünstigte Wohnungseigentümer tragen.

Zusätzlich soll grundsätzlich auch jeder Mieter beziehungsweise jede Mieterin einen An-spruch gegen den jeweiligen Vermieter beziehungsweise die jeweilige Vermieterin erhalten, dass ihm beziehungsweise ihr bauliche Maßnahmen zur Errichtung einer Lademöglichkeit für elektrisch betriebene Fahrzeuge, zur Barrierereduzierung sowie zum Einbruchsschutz auf seine beziehungsweise ihre Kosten erlaubt werden (§ 554 des Bürgerlichen Gesetzbuches in der Entwurfsfassung – BGB-E).

Der Entwurf liefert damit auch einen wichtigen Beitrag für das Erreichen der Klimaziele. Denn die rechtliche Erleichterung des Einbaus von Lademöglichkeiten für Elektrofahrzeuge ist für die Förderung der Elektromobilität unerlässlich.

2. Erleichterung baulicher Maßnahmen

Wohnungseigentumsanlagen weisen im Vergleich zu anderen Wohnanlagen häufig einen erhöhten Sanierungsbedarf auf. Das liegt insbesondere an den rechtlichen Rahmenbedingungen. Denn das geltende WEG unterscheidet eine Vielzahl verschiedener Maßnahmen (Instandhaltung und Instandsetzung, modernisierende Instandsetzung, Modernisierung oder Anpassung an den Stand der Technik, sonstige bauliche Veränderungen) mit jeweils unterschiedlichen Anforderungen. Zugleich verlangt das geltende Recht in vielen Fällen die Einstimmigkeit oder die Zustimmung von mindestens drei Vierteln aller stimmberechtigten Wohnungseigentümer und mehr als der Hälfte aller Miteigentumsanteile. Diese Voraussetzungen werden in der Praxis selten erreicht. Das geltende Recht wird daher dem Bedürfnis, den baulichen Zustand von Wohnungseigentumsanlagen an die sich stetig ändernden Gebrauchsbedürfnisse anzupassen, nicht hinreichend gerecht.

Der Entwurf sieht eine Vereinfachung des Rechts der baulichen Maßnahmen vor. Insbesondere sollen bauliche Veränderungen grundsätzlich mit einfacher Stimmenmehrheit beschlossen werden können (§ 20 Absatz 1 WEGE). Die Wohnungseigentumsanlage darf durch die bauliche Veränderung aber nicht grundlegend umgestaltet und kein Wohnungseigentümer darf durch die Baumaßnahme unbillig benachteiligt werden. Dies dürfte nur in Ausnahmefällen auftreten und bei den privilegierten Maßnahmen (§ 20 Absatz 2 WEG-E) zumindest typischerweise nicht der Fall sein.

Im Hinblick auf die Kosten baulicher Veränderungen schafft der Entwurf einen angemessenen Ausgleich der womöglich widerstreitenden Interessen der Wohnungseigentümer: Die Kosten baulicher Veränderungen, insbesondere von energetischen Sanierungsmaßnahmen, die sich innerhalb eines angemessenen Zeitraums amortisieren, sollen von allen Wohnungseigentümern zu tragen sein; das Gleiche gilt für Maßnahmen, die der Anpassung der Wohnungseigentumsanlage an einen zeitgemäßen Zustand dienen (§ 21 Absatz 2 Satz 1 WEG-E). Denn dadurch wird verhindert, dass Wohnungseigentumsanlagen auf dem baulichen Zustand ihrer Errichtung »versteinern«. Andere bauliche Veränderungen sind dagegen nur von den Wohnungseigentümern zu bezahlen, die für die bauliche Veränderung gestimmt haben (§ 21 Absatz 3 Satz 1 WEG-E). Umgekehrt sollen aber auch nur diese Wohnungseigentümer zur Nutzung des umgestalteten gemeinschaftlichen Eigentums berechtigt sein (§ 21 Absatz 3 Satz 2 WEG-E).

3. Stärkung der Rechte der Wohnungseigentümerinnen und Wohnungseigentümer

Der Entwurf sieht eine Reihe von Regelungen vor, die die Rechte der Wohnungseigentümer stärken und transparenter hervorheben:

– Für die Wohnungseigentümer ist es von grundlegender Bedeutung, über den Stand der Verwaltung und die wirtschaftliche Lage der Gemeinschaft informiert zu sein. Dieses Informationsinteresse sichert der Entwurf in zwei Richtungen ab: Zum einen wird das Recht jedes Wohnungseigentümers auf Einsichtnahme in die Verwaltungsunterlagen ausdrücklich im Gesetz festgeschrieben (§ 18 Absatz 4 WEG-E). Daneben wird der Verwalter verpflichtet, für die Wohnungseigentümer jährlich einen Vermögensbericht zu erstellen, der über die wirtschaftliche Lage der Gemeinschaft der Wohnungseigentümer Auskunft gibt (§ 28 Absatz 3 WEG-E).

– Die Beschlusssammlung wird optimiert und für die Wohnungseigentümer transparenter gestaltet (§ 25 Absatz 5 WEG-E). Zudem wird im Gesetz ausdrücklich klargestellt, dass Niederschriften unverzüglich nach der jeweiligen Versammlung zu erstellen sind (§ 24 Absatz 6 Satz 1 WEG-E).

– Der Entwurf stärkt die Versammlung der Wohnungseigentümer als zentralen Ort der Entscheidungsfindung. Dafür wird die Ladungsfrist von zwei auf vier Wochen verlängert (§ 24 Absatz 4 Satz 2 WEG-E) und dadurch den Wohnungseigentümern mehr Zeit eingeräumt, sich auf die Versammlung vorzubereiten, indem sie sich etwa zu bestimmten Themen beraten lassen. Außerdem können sich die Wohnungseigentümer den Versammlungstermin früher freihalten, was die Chance erhöht, dass sie an der Versammlung persönlich teilnehmen können. Um in Zukunft überflüssige und ärgerliche Teilnahmen an Versammlungen zu vermeiden, die sich als nicht beschlussfähig herausstellen, soll zudem das Beschlussfähigkeitsquorum aufgehoben werden. In Zukunft soll also jede Versammlung unabhängig von der Zahl der vertretenen Miteigentumsanteile beschlussfähig sein (vergleiche § 25 WEG-E). Dies stärkt die Verwaltungskompetenz der Wohnungseigentümerinnen und Wohnungseigentümer, die sich in Zukunft darauf verlassen können, dass eine Versammlung, zu der sie erscheinen, auch Beschlüsse fassen kann.

– Nach geltendem Recht können die Wohnungseigentümer zwar grundsätzlich über die Verteilung der Kosten, insbesondere von Baumaßnahmen, abweichend von dem durch das Gesetz oder durch die Gemeinschaftsordnung vorgegebenen Maßstab beschließen (§ 16 Absatz 4 WEG). Dies gilt aber nur, wenn es sich um einen »Einzelfall« handelt. Ein solcher Beschluss bedarf zudem der Zustimmung von mindestens drei Vierteln aller stimmberechtigten Wohnungseigentümer und mehr als der Hälfte der Miteigentumsanteile. Diese Regelung führt dazu, dass in der Praxis eine sinnvolle und gerechte Kostenverteilung häufig unterbleibt, zumal das Kriterium des »Einzelfalls« in der Praxis schwer zu beantwortende Folgefragen auslöst. Der Entwurf sieht deshalb vor, dass die Wohnungseigentümer mit einfacher Stimmmehrheit über die Verteilung einzelner Kosten oder bestimmter Arten von Kosten entscheiden können (§ 16 Absatz 2 Satz 2 WEG-E).

– Der Entwurf macht es den Wohnungseigentümern zukünftig einfacher, sich von einem Verwalter zu trennen, mit dessen Arbeit sie nicht zufrieden sind. Es soll nämlich nicht mehr zulässig sein, das Abberufungsrecht der Wohnungseigentümer auf einen wichtigen Grund zu beschränken (§ 26 Absatz 1 Satz 3 WEG-E). Zugleich wird damit der oft als sehr belastend empfundene Streit darüber vermieden, ob die Voraussetzungen für eine Abberufung vorliegen.

– Der Entwurf sieht vor, dass ein Wohnungseigentümer durch Beschluss ermächtigt werden kann, die Versammlung einzuberufen (§ 24 Absatz 3 WEG-E). Das erleichtert insbesondere in kleineren Gemeinschaften, die keinen Verwalter und keinen Verwaltungsbeirat bestellt haben, die Organisation von Versammlungen.

– Schließlich gibt der Entwurf den Wohnungseigentümern auch die Möglichkeit, Verstöße gegen die Gemeinschaftsordnung effektiver als bisher zu unterbinden. Er sieht nämlich vor, dass die Wohnungseigentümer die Einführung von Vertragsstrafen beschließen können (§ 19 Absatz 3 Satz 2 WEG-E). Mit einer solchen Vertragsstrafe kann insbesondere denjenigen Wohnungseigentümern begegnet werden, die die Gemeinschaft durch wiederholte Verstöße gegen die Gemeinschaftsordnung belasten, deren Fehlverhalten aber keine Entziehung des Wohnungseigentums rechtfertigt.

4. Stärkung des Verwaltungsbeirats

Der Entwurf sieht eine Stärkung des Verwaltungsbeirats als wichtigem Kontrollorgan vor. Die Tätigkeit im Verwaltungsbeirat soll attraktiver werden, indem die Haftung der Mitglieder des Verwaltungsbeirats auf Vorsatz und grobe Fahrlässigkeit beschränkt wird (§ 29 Absatz 3 WEG-E). Zudem sieht der Entwurf eine Flexibilisierung dahingehend vor, dass die Wohnungseigentümer die Größe des Verwaltungsbeirats nach den Bedürfnissen ihrer konkreten Gemeinschaft festlegen können (§ 29 Absatz 1 WEG-E).

5. Nutzung der Möglichkeiten der Digitalisierung

Der Entwurf öffnet das Wohnungseigentumsrecht für die Möglichkeiten der Digitalisierung. Das gilt zum einen für die Wohnungseigentümerversammlung. Denn das geltende Recht sieht nur eine Teilnahme an der Versammlung durch persönliche Anwesenheit vor. Auch wenn die Mehrheit der Wohnungseigentümer einverstanden ist, darf ein interessierter Wohnungseigentümer nach geltendem Recht etwa nicht im Wege der Videoübertragung teilnehmen. Um die Möglichkeiten der Digitalisierung in diesem Bereich zu nutzen, ist vorgesehen, dass die Wohnungseigentümer ihre Versammlungen einer sogenannten Online-Teilnahme öffnen können (§ 23 Absatz 1 Satz 2 WEG-E).

Der Entwurf sieht zudem vor, dass Umlaufbeschlüsse nicht mehr zwingend schriftlich, also mit Unterschriften der Wohnungseigentümer versehen, gefasst werden müssen. Stattdessen genügt die Textform (§ 23 Absatz 3 WEG-E). Dadurch wird erstmals eine elektronisch unterstützte Beschlussfassung ermöglicht. Die gesetzlichen Vorgaben stehen damit insbesondere der Fassung von einstimmigen Beschlüssen über entsprechende Plattformen oder Apps nicht mehr im Wege.

Auch eine Führung der Beschlusssammlung in elektronischer Form soll ermöglicht werden (§ 25 Absatz 5 WEG-E).

6. Rechtssicherheit in der Begründungsphase

Der Entwurf schafft Rechtssicherheit in der Begründungsphase der Wohnungseigentümergemeinschaft. Denn insbesondere beim Erwerb des Wohnungseigentums vom Bauträger stellt sich die Frage, ab welchem Zeitpunkt die Vorschriften des WEG anwendbar sind, wann die Gemeinschaft der Wohnungseigentümer entsteht und wer zu welchem Zeitpunkt ihr Mitglied wird. Nach dem Konzept des historischen Gesetzgebers von 1951 ist dies erst der Fall, wenn ein Erwerber als Wohnungseigentümer im Grundbuch eingetragen ist. Nach der Rechtsprechung soll es dagegen – vereinfacht betrachtet – genügen, wenn einem Erwerber der Besitz eingeräumt wurde. Von diesem Zeitpunkt an sollen die Vorschriften des WEG anwendbar sein, weil der Erwerber als sogenannter werdender Wohnungseigentümer Mitglied der sogenannten werdenden Wohnungseigentümergemeinschaft wird. Im

Einzelnen sind diese Institute aber nach wie vor umstritten, insbesondere ihr zeitlicher Anwendungsbereich (vergleiche BGH, Beschluss vom 5. Juni 2008 – V ZB 85/07 Randnummer 21). Außerdem besteht in der Praxis schon vor der Entstehung der Gemeinschaft das Bedürfnis, Verträge für die Gemeinschaft abzuschließen, etwa zur Versorgung mit Wasser und Energie.

Um in diesem gerade für Verbraucher und Verbraucherinnen wichtigen Bereich Rechtssicherheit zu schaffen, sieht der Entwurf besondere Vorschriften für die Begründungsphase vor. Er ordnet zum einen an, dass das WEG bereits mit Anlegung der Wohnungsgrundbücher anwendbar ist; in diesem Zeitpunkt entsteht auch die Gemeinschaft der Wohnungseigentümer als sogenannte Ein-Personen-Gemeinschaft (§ 9a Absatz 1 Satz 2 WEG-E). Der Entwurf regelt zudem, unter welchen Voraussetzungen ein Erwerber schon vor seiner Eintragung als Eigentümer im Grundbuch berechtigt ist, sich wie ein Wohnungseigentümer an der Verwaltung des gemeinschaftlichen Eigentums zu beteiligen (§ 8 Absatz 3 WEG-E).

7. Harmonisierung von Mietrecht und Wohnungseigentumsrecht

Rechtlich ist die Vermietung von Eigentumswohnungen ohne Einschränkungen zulässig (§ 13 Absatz 1 WEG). Auch rechtspolitisch ist dies mit Blick auf die damit einhergehende Vermögensbildung, insbesondere zur Altersvorsorge, erwünscht. Es besteht daher ein besonderes Bedürfnis, dass sich bei der Vermietung von Eigentumswohnungen keine vermeidbaren rechtlichen Friktionen ergeben.

Aus diesem Grund sieht der Entwurf zum einen aufeinander abgestimmte Regelungen zur Förderung der Elektromobilität, des Gebrauchs durch Menschen mit Behinderungen und zum Einbruchschutz vor (siehe oben unter 1.).

Harmonisierungsbedarf besteht zum anderen bei Baumaßnahmen in der Wohnungseigentumsanlage. Die Wohnungseigentümer haben ein schutzwürdiges Interesse, dass Baumaßnahmen nicht behindert oder verhindert werden, weil Wohnungen in der Anlage vermietet sind. Umgekehrt hat jeder Mieter ein berechtigtes Interesse, über Baumaßnahmen rechtzeitig informiert zu werden, um sich auf diese einzustellen. Der Entwurf sieht daher eine auf Baumaßnahmen bezogene Duldungspflicht des Mieters vor (§ 15 WEG-E). Aus Gründen des Mieterschutzes setzt dies eine ordnungsgemäße Ankündigung der Baumaßnahme voraus. Der Mieter kann sich im Einzelfall zudem auf Härtegründe berufen.

Schließlich enthält der Entwurf auch Vorschriften zur Harmonisierung im Hinblick auf die Betriebskostenabrechnung. Denn bislang sieht das Mietrecht vor, dass die Betriebskosten grundsätzlich nach der Wohnfläche umzulegen sind (§ 556a Absatz 1 Satz 1 des Bürgerlichen Gesetzbuches – BGB). Nach den Vorschriften des WEG ist für die Verteilung dagegen in der Regel der Miteigentumsanteil des Vermieters entscheidend (§ 16 Absatz 2 WEG). Nach dem Entwurf soll bei vermieteten Eigentumswohnungen künftig die wohnungseigentumsrechtliche Verteilung maßgeblich sein. Das erspart aufwändige und fehleranfällige Umrechnungen bei der Erstellung einer Betriebskostenabrechnung für eine vermietete Eigentumswohnung.

8. Vereinfachung der Jahresabrechnung

Der Entwurf sieht eine deutliche Vereinfachung der rechtlichen Vorgaben für Wirtschaftsplan und Jahresabrechnung vor (§ 28 WEG-E). Denn gerichtliche Auseinandersetzungen in diesem Bereich sind vergleichsweise häufig. Dies liegt auch daran, dass die geltenden gesetzlichen Vorschriften unklar gefasst sind. So ist bislang etwa nicht gesetzlich geregelt, welche Bestandteile die Jahresabrechnung hat und was konkret Gegenstand des Beschlusses über die Jahresabrechnung ist. Weil auch die Gerichte zu diesen Fragen nicht immer einheitlich entscheiden, besteht in der Praxis Rechtsunsicherheit. Aus diesem Grund sieht der Entwurf eine Konkretisierung der maßgeblichen Vorschriften vor.

9. Ordnung der Rechtsbeziehungen in der Gemeinschaft

Das historische Konzept des WEG sah die Rechtsfähigkeit der Gemeinschaft der Wohnungseigentümer nicht vor. Die Anerkennung der Rechtsfähigkeit durch den Bundesgerichtshof (Beschluss vom 2. Juni 2005 – V ZB 32/05) hat daher zwangsläufig die Frage aufgeworfen, wie die rechtsfähige Gemeinschaft der Wohnungseigentümer in das geschriebene Recht integriert werden kann. Besondere Schwierigkeiten bereitet hierbei immer noch die Einbindung der Gemeinschaft der Wohnungseigentümer in die Verwaltung des gemeinschaftlichen Eigentums. Die Rechtsbeziehungen zwischen den Wohnungseigentümern untereinander einerseits und zwischen den Wohnungseigentümern und der Gemeinschaft der Wohnungseigentümer andererseits sind auch über zehn Jahre nach der WEG-Novelle 2007 nicht abschließend geklärt. Die konzeptionelle Unklarheit über die Rolle der rechtsfähigen Gemeinschaft der Wohnungseigentümer führt dazu, dass der Rechtsanwender oftmals nicht mit hinreichender Sicherheit feststellen kann, ob die rechtsfähige Gemeinschaft der Wohnungseigentümer oder die Wohnungseigentümer berechtigt beziehungsweise verpflichtet sind.

Der Entwurf beseitigt diese Rechtsunsicherheit, indem er der Gemeinschaft der Wohnungseigentümer die Aufgabe zuweist, das gemeinschaftliche Eigentum zu verwalten (§ 18 Absatz 1 WEG-E). Dieses Konzept führt zu einer klaren Ordnung der Rechtsbeziehungen und ermöglicht es, ungeklärte Rechtsfragen nach allgemeinen rechtlichen Prinzipien zu lösen.

Diese Änderungen im materiellen Recht werden durch Änderungen im Verfahrensrecht flankiert. Insbesondere die Beschlussanfechtungsklage ist nach dem Entwurf gegen die Gemeinschaft der Wohnungseigentümer zu richten (§ 44 Absatz 2 Satz 1 WEG-E).

10. Stärkung der Handlungsfähigkeit der Gemeinschaft

Nach geltendem Recht benötigt der Verwalter für die meisten Verwaltungsmaßnahmen einen Beschluss der Wohnungseigentümer, unabhängig davon, wie bedeutsam die Maßnahme für die Gemeinschaft ist. Dieses gesetzliche Konzept mag bei Entstehung des WEG angesichts der damals üblichen Verhältnisse im Bauwesen angemessen gewesen sein. Seit den 1950er-Jahren hat sich die durchschnittliche Größe von Wohnanlagen aber nahezu verdoppelt (vergleiche von Roncador, Der Wohnungsbau auf dem Gebiet der Bundesrepublik Deutschland 1945 bis 1989, Seite 61). Gerade in großen Anlagen lässt sich das gesetzliche Konzept praktisch kaum umsetzen. Denn mit der Größe der Anlage steigt auch die Zahl der zu treffenden Maßnahmen, insbesondere im Bereich der Instandhaltung und Instandsetzung des gemeinschaftlichen Eigentums. Theoretisch müssten nach geltendem Recht häufig unterjährige Eigentümerversammlungen stattfinden, um einzelne, für die Wohnungseigentümer letztlich unbedeutende Fragen zu entscheiden. In der Praxis wird das gesetzliche Konzept deshalb weitgehend durch Regelungen in den Verwalterverträgen verdrängt, in deren Rahmen dem Verwalter über das Gesetz hinausgehende Handlungskompetenzen zugewiesen werden. Diese Handhabung ist bereits aus Transparenzgründen nicht zu begrüßen, weil viele Wohnungseigentümer dem Inhalt des Verwaltervertrags nicht die notwendige Beachtung schenken. Daneben werden auch aus dogmatischen Gründen Bedenken angemeldet (siehe etwa Jacoby, in: Staudinger, WEG, 2018, § 27 Randnummer 120).

Der Entwurf sieht daher vor, das WEG an die zeitgemäßen Bedürfnisse anzupassen. Der Verwalter soll für diejenigen Maßnahmen, die eine Entscheidung durch die Wohnungseigentümer aus objektiver Sicht nicht erfordern, zuständig sein; Gleiches soll für eilbedürftige Maßnahmen gelten (§ 27 Absatz 1 WEG-E). Eine gravierende Änderung der Rechtslage ist damit im Hinblick auf die bislang nach § 27 Absatz 1 WEG bestehenden Kompetenzen des Verwalters und unter Berücksichtigung der diese oft erweiternden Regelungen in den Verwalterverträgen nicht verbunden. Daneben sollen aber vor allem die Wohnungseigentümer die Möglichkeit haben, die Zuständigkeiten des Verwalters durch Beschluss zu bestimmen, indem sie seinen Aufgabenkreis erweitern oder einschränken (§ 27 Absatz 2 WEG-E). Damit ist sichergestellt, dass die Wohnungseigentümer stets die Herren der Verwaltung ihres gemeinschaftlichen Eigentums bleiben.

11. Stärkung der Gemeinschaft der Wohnungseigentümer im Rechtsverkehr

Der Entwurf sieht im Interesse der Wohnungseigentümerinnen und Wohnungseigentümer eine Präzisierung der Regelungen über die rechtsfähige Gemeinschaft der Wohnungseigentümer im Rechtsverkehr vor. Denn nach dem Konzept des WEG nehmen die Wohnungseigentümer über die rechtsfähige Gemeinschaft der Wohnungseigentümer am Rechtsverkehr teil. In der Praxis wird dies jedoch dadurch behindert, dass potentielle Vertragspartner nach geltendem Recht nicht verlässlich ermitteln können, ob der Verwalter vertretungsberechtigt ist oder nicht. Das wirkt sich nicht nur zulasten des Rechtsverkehrs, sondern vor allem auch zulasten der Wohnungseigentümerinnen und Wohnungseigentümer aus. Besonders drängend sind die Probleme bei einseitigen Rechtsgeschäften der Gemeinschaft der Wohnungseigentümer. Denn dem Empfänger steht nach Ansicht des Bundesgerichtshofs ein Zurückweisungsrecht nach § 174 BGB zu (BGH, Urteil vom 20. Februar 2014 – III ZR 443/13). Der Entwurf löst diese Probleme, indem er klare Vorschriften zur Vertretung der Gemeinschaft der Wohnungseigentümer vorsieht (§ 9b WEG-E).

12. Sondereigentumsfähigkeit von Freiflächen

Nach geltendem Recht ist es nicht möglich, das Sondereigentum auf außerhalb des Gebäudes liegende Teile des Grundstücks zu erstrecken, etwa auf Terrassen, Gartenflächen oder Stellplätze für Fahrzeuge im Freien. Soll einzelnen Wohnungseigentümerinnen oder Wohnungseigentümern ein ausschließliches Nutzungsrecht an solchen Flächen zugewiesen werden, werden in der Praxis sogenannte Sondernutzungsrechte begründet. Diese sind gesetzlich indes nicht näher geregelt, weshalb sie im Detail eine Reihe schwieriger, teilweise noch nicht abschließend geklärter Rechtsfragen aufwerfen. Die damit zusammenhängende Rechtsunsicherheit ist für Wohnungseigentümer auch deshalb belastend, weil der wirtschaftliche Wert etwa von Terrassen, Gartenflächen und Stellplätzen im Freien parallel zu den allgemeinen Immobilienpreisen steigt.

Der Entwurf beseitigt diese Rechtsunsicherheit, indem Sondereigentum auch auf Freiflächen erstreckt werden können soll (§ 3 Absatz 1 Satz 2, Absatz 2 WEG-E). Eine »Flucht in das Sondernutzungsrecht« wird damit in den meisten Fällen entbehrlich.

13. Modernisierung des gerichtlichen Verfahrensrechts

Der Entwurf sieht eine grundlegende Modernisierung des gerichtlichen Verfahrensrechts vor. Denn nach geltendem Recht muss ein Wohnungseigentümer, wenn er einen Beschluss gerichtlich anfechten will, alle übrigen Wohnungseigentümer verklagen. Das führt nicht nur zu schwer handhabbaren Prozessen mit einer Vielzahl von Beteiligten. Es ergeben sich häufig auch Irritationen bei den Wohnungseigentümern, weil auch diejenigen Wohnungseigentümer verklagt werden müssen, die – wie der Kläger – gegen den Beschluss gestimmt haben. Gerade bei großen Gemeinschaften, die oftmals von einem häufigen Eigentümerwechsel geprägt sind, besteht außerdem die Gefahr, den Prozessgegner unrichtig zu benennen. Um diese Probleme zu lösen, sieht der Entwurf vor, dass Beschlussklagen künftig gegen die rechtsfähige Gemeinschaft der Wohnungseigentümer zu richten sind.

Diese Neuausrichtung ermöglicht es zugleich, die meisten prozessualen Sondervorschriften für Wohnungseigentumssachen aufzuheben. Denn diese Sondervorschriften dienen hauptsächlich dazu, die Probleme zu bewältigen, die sich daraus ergeben, dass bislang insbesondere Verfahren über die Anfechtung von Beschlüssen zwischen allen Wohnungseigentümern geführt werden müssen. Auf diese Weise wird die Überleitung des wohnungseigentumsrechtlichen Verfahrens in den allgemeinen Zivilprozess abgeschlossen, die mit der WEG-Novelle 2007 begonnen wurde.

14. Weitere Regelungen

Daneben soll im Grundbuchrecht die Geltungsdauer einer Vorschrift verlängert werden, die Erleichterungen bei der Löschung von Altrechten in den neuen Ländern vorsieht. Zusätzlich enthält der Entwurf vornehmlich klarstellende Anpassungen der Justizkostengesetze sowie des Justizaktenaufbewahrungsgesetzes.

III. Alternativen

Eine Alternative zu einer umfassenden Reform des WEG und damit zu dem Entwurf als solchem besteht nicht. Zur Lösung einzelner Sachfragen kommen freilich Alternativen in Betracht, insbesondere folgende:
– Der Entwurf sieht erstmals Vorschriften für die Begründungsphase der Gemeinschaft der Wohnungseigentümer vor (siehe oben II. 6.). Alternativ könnte die Klärung der mit der Begründungsphase zusammenhängenden Rechtsfragen weiterhin der Rechtsprechung überlassen werden. Denkbar wäre auch, lediglich die sogenannte Ein-Personen-Gemeinschaft gesetzlich einzuführen und die Rechtsstellung der Erwerber der vertraglichen Gestaltung zu überlassen. Gegen eine solche gesetzgeberische Zurückhaltung spricht aber das besondere Bedürfnis nach Rechtssicherheit im Zusammenhang mit dem Erwerb von Wohnungseigentum, der in aller Regel mit erheblichen finanziellen Belastungen verbunden ist (vergleiche den Abschlussbericht der Bund-Länder-Arbeitsgruppe zur Reform des Wohnungseigentumsgesetzes, ZWE 2019, 430, 436 f.).
– Zur stringenten Ordnung der Rechtsbeziehungen in der Gemeinschaft (siehe oben II. 9.) sieht der Entwurf vor, dass die Verwaltung des gemeinschaftlichen Eigentums der Gemeinschaft der Wohnungseigentümer zugewiesen wird. Alternativ käme freilich auch in Betracht, der Gemeinschaft der Wohnungseigentümer jede Funktion bei der Verwaltung abzusprechen. Ungeachtet der damit einhergehenden konzeptionellen Probleme würde eine konsequente Umsetzung dieses Konzepts erfordern, auch die

Hausgeldansprüche den Wohnungseigentümern zuzuordnen. Damit würde aber ein Vorteil aufgegeben werden, der zur Anerkennung der Gemeinschaft der Wohnungseigentümer geführt hat, nämlich die klare Zuordnung der noch nicht vollständig beglichenen Hausgeldansprüche auch im Falle eines Eigentümerwechsels (vergleiche BGH, Beschluss vom 2. Juni 2005 – V ZB 32/05).

– Der Entwurf sieht vor, dass Sondereigentum auch auf außerhalb des Gebäudes liegende Teile des Grundstücks erstreckt werden kann (siehe oben II. 12.). Damit sollen insbesondere die Unsicherheiten beseitigt werden, die mit den gesetzlich nicht geregelten Sondernutzungsrechten einhergehen. Ein Alternativansatz zur Lösung dieser Unsicherheiten wäre es, gesetzliche Regeln für Sondernutzungsrechte zu schaffen. Dafür müsste jedoch das Sondernutzungsrecht als solches zunächst definiert werden, was angesichts seiner unterschiedlichen Erscheinungsformen (zum Beispiel befristete Sondernutzungsrechte oder Gruppensondernutzungsrechte) mit besonderen Schwierigkeiten verbunden ist. Dieser Umstand würde eine für alle Sondernutzungsrechte angemessene inhaltliche Regelung zumindest erschweren, wenn nicht sogar unmöglich machen (vergleiche den Abschlussbericht der Bund-Länder-Arbeitsgruppe zur Reform des Wohnungseigentumsgesetzes, ZWE 2019, 430, 440). Darüber hinaus bliebe in diesem Fall die nach § 3 Absatz 2 Satz 2 WEG bereits mögliche Begründung von Sondereigentum an Garagenstellplätzen ein systematisch nur schwer einzuordnender Sonderfall.

IV. Gesetzgebungskompetenz

Die Gesetzgebungskompetenz des Bundes für die Änderung des WEG, des BGB, des Gerichtsverfassungsgesetzes, des Gesetzes über die Zwangsversteigerung und die Zwangsverwaltung, der Wohnungsgrundbuchverfügung, des Justizaktenaufbewahrungsgesetzes, des Gerichtskostengesetzes, des Gesetzes über Gerichtskosten in Familiensachen, des Gerichts- und Notarkostengesetzes sowie des Gerichtsvollzieherkostengesetzes beruht auf Artikel 74 Absatz 1 Nummer 1 des Grundgesetzes (Bürgerliches Recht, Gerichtsverfassung, gerichtliches Verfahren). Für die Änderung des Grunderwerbsteuergesetzes und des Gewerbesteuergesetzes ergibt sich die Gesetzgebungskompetenz des Bundes aus Artikel 105 Absatz 2 des Grundgesetzes. Die Gesetzgebungskompetenz des Bundes zur Änderung der Verordnung über Formblätter für die Gliederung des Jahresabschlusses von Wohnungsunternehmen und des Schornsteinfeger-Handwerksgesetzes folgt aus Artikel 74 Absatz 1 Nummer 11 (Recht der Wirtschaft) in Verbindung mit Artikel 72 Absatz 2 beziehungsweise aus Artikel 74 Absatz 1 Nummer 24 (Luftreinhaltung) des Grundgesetzes.

V. Vereinbarkeit mit dem Recht der Europäischen Union und völkerrechtlichen Verträgen

Der Entwurf ist mit dem Recht der Europäischen Union und völkerrechtlichen Verträgen, die die Bundesrepublik Deutschland abgeschlossen hat, vereinbar.

VI. Gesetzesfolgen

1. Rechts- und Verwaltungsvereinfachung

Das gerichtliche Verfahrensrecht wird vereinfacht, indem prozessuale Sondervorschriften für Wohnungseigentumssachen aufgehoben werden, die von den allgemeinen Vorschriften der Zivilprozessordnung (ZPO) abweichen (vergleiche §§ 43 ff. WEG-E). Auch das

Verfahren selbst wird vereinfacht, indem bei Beschlussklagen nicht mehr alle Wohnungseigentümer verklagt werden müssen, sondern nur noch die rechtsfähige Gemeinschaft der Wohnungseigentümer (§ 44 Absatz 2 WEG-E).

Das Wohnungseigentumsrecht wird insgesamt verständlicher. Die wichtige Begründungsphase der Gemeinschaft wird erstmals gesetzlich geregelt (§ 8 Absatz 3, § 9a Absatz 1 Satz 2 WEG-E). Auch die Vorschriften für den Wirtschaftsplan und die Jahresabrechnung werden klarer gefasst (§ 28 WEG-E). Zudem wird die Betriebskostenabrechnung für vermietende Wohnungseigentümer deutlich vereinfacht, indem ein einheitlicher Umlageschlüssel im Miet- und Wohnungseigentumsrecht gilt (§ 556a BGB-E). Dadurch entfällt die aufwändige Umrechnung anhand verschiedener Umlageschlüssel.

Schließlich werden unnötige Formvorschriften gelockert, indem etwa für die Fassung von Umlaufbeschlüssen (§ 23 Absatz 3 WEG-E) und das Verlangen nach einer außerordentlichen Eigentümerversammlung (§ 24 Absatz 2 WEG-E) die Textform an die Stelle der Schriftform tritt. Den Wohnungseigentümern wird zudem ermöglicht, die Online-Teilnahme an Versammlungen zuzulassen (§ 23 Absatz 1 Satz 2 WEG-E).

2. Nachhaltigkeitsaspekte

Der Entwurf steht im Einklang mit den Leitgedanken der Bundesregierung zur nachhaltigen Entwicklung im Sinne der Deutschen Nachhaltigkeitsstrategie. Die Regelungen sind insbesondere unter den Gesichtspunkten wirtschaftlicher Leistungsfähigkeit und sozialer Verantwortung dauerhaft tragfähig. Betroffen ist vor allem die Entkopplungsregel (Managementregel 4 b) der Deutschen Nachhaltigkeitsstrategie. Danach müssen unter anderem Energie- und Ressourcenverbrauch sowie die Verkehrsleistung vom Wirtschaftswachstum entkoppelt werden. Diesem Ziel dient die Förderung der Elektromobilität durch die gesetzliche Normierung eines Anspruchs jedes Wohnungseigentümers und jedes Mieters auf Errichtung einer Lademöglichkeit für elektrisch betriebene Fahrzeuge. Die vorgeschlagenen Erleichterungen verleihen auch den Belangen des Klimaschutzes mehr Gewicht. Die Managementregel zur Stärkung sozialen Zusammenhalts (Managementregel 5) ist durch den Anspruch auf Gestattung baulicher Maßnahmen zur Barrierereduzierung betroffen. Ein solcher Anspruch wird grundsätzlich jedem Wohnungseigentümer und jedem Mieter eingeräumt.

3. Demografische Auswirkungen des Gesetzes

Ein Ziel des Entwurfs besteht darin, bauliche Maßnahmen in Wohnungseigentumsanlagen rechtlich zu erleichtern. Dabei berücksichtigt der Entwurf die künftige Altersstruktur der Bevölkerung und damit auch der Wohnungseigentümerinnen und Wohnungseigentümer. Mit dem Entwurf sollen Hürden abgebaut werden, die bislang Beschlüsse von Wohnungseigentümern über altersgerechte und barrierereduzierende Umbaumaßnahmen am Gemeinschaftseigentum wegen hoher Mehrheitserfordernisse verhindert haben. Über Baumaßnahmen jeder Art soll künftig mit einfacher Stimmenmehrheit entschieden werden können. Außerdem soll jedem Wohnungseigentümer ein Anspruch auf barrierereduzierende bauliche Veränderungen am Gemeinschaftseigentum eingeräumt werden. So wird dazu beigetragen, dass älteren und behinderten Menschen ein selbstbestimmtes Leben im vertrauten Umfeld gewährleistet werden kann.

4. Haushaltsausgaben ohne Erfüllungsaufwand

Keine.

5. Erfüllungsaufwand

Die Wohnungseigentümer sind gemäß der Methodik des Erfüllungsaufwandes zwei Gruppen von Normadressaten zuzuweisen: den Bürgerinnen und Bürgern als selbstnutzende Wohnungseigentümer und -eigentümerinnen sowie der Wirtschaft als vermietendem Eigentümer.

Grundannahmen

Es liegen nur spärliche amtliche Daten zur Zahl der Eigentumswohnungen, der Wohnungseigentümer und der Wohnungseigentümergemeinschaften sowie zur Vermietung von Eigentumswohnungen vor. Auch sonstige Daten zu diesen Themen sind kaum verfügbar. Die Berechnung des Erfüllungsaufwands erfolgte deshalb auf Grundlage folgender Annahmen; soweit diesen Annahmen Daten zugrunde liegen, wird dies angegeben:

Es wird angenommen, dass es 9,29 Millionen Eigentumswohnungen gibt. Denn zum Ablauf des Jahres 2018 gab es insgesamt 42,24 Millionen Wohnungen (Statistisches Bundesamt, Gebäude und Wohnungen. Bestand an Wohnungen und Wohngebäuden, Bauabgang von Wohnungen und Wohngebäuden, Lange Reihen ab 1969–2018, 2019, Seite 7). Der Anteil der Wohnungen, die Teil einer Wohnungseigentümergemeinschaft sind, wird entsprechend der Wohngebäudezählung des Zensus 2011 auf 22 Prozent geschätzt (Statistisches Bundesamt, Gebäude- und Wohnungsbestand. Endgültige Ergebnisse, 2015, Seite 14).

Es wird angenommen, dass die Zahl der Wohnungseigentümer bei 5,66 Millionen liegt. Denn im Rahmen der Einkommens- und Verbrauchsstichprobe gab diese Anzahl an Haushalten an, über eine oder mehrere Eigentumswohnungen zu verfügen (Statistisches Bundesamt, Wirtschaftsrechnungen, Fachserie 15 Heft 2, 2018, Seite 22). Die Quote der insgesamt rund 40,60 Millionen Haushalte (vergleiche Statistisches Bundesamt, Wirtschaftsrechnungen, Fachserie 15 Heft 2, 2018, Seite 22), die über eine oder mehrere Eigentumswohnungen verfügen, liegt demnach bei rund 14 Prozent.

Nach statistischen Erhebungen ist die Zahl der selbstgenutzten Eigentumswohnungen (4,87 Millionen) und der vermieteten Eigentumswohnungen (4,42 Millionen) annähernd gleich groß (Statistisches Bundesamt, Wirtschaftsrechnungen, Fachserie 15 Heft 2, 2018, Seite 86). Es wird deshalb von einer Vermietungsquote von 50 Prozent ausgegangen.

Es liegen keine Informationen vor, wie viele Eigentumswohnungen durch einen gewerblichen Verwalter verwaltet werden. Auch Zahlen zur Größe der Wohnungseigentümergemeinschaften fehlen. Ausgehend von den Annahmen, dass 90 Prozent der Eigentumswohnungen durch einen gewerblichen Verwalter verwaltet werden und dass eine gewerblich verwaltete Wohnungseigentumsanlage aus durchschnittlich 25 Einheiten besteht, wird von 334 000 gewerblich verwalteten Wohnungseigentümergemeinschaften ausgegangen. Bei den übrigen 10 Prozent der Eigentumswohnungen, bei denen entweder ein Wohnungseigentümer zum Verwalter bestellt wurde oder zumindest faktisch die Aufgaben des Verwalters übernimmt, wird dagegen nur von durchschnittlich 10 Einheiten ausgegangen, mithin von 93 000 selbstverwalteten Wohnungseigentümergemeinschaften. Insgesamt wird demnach von 427 000 Wohnungseigentümergemeinschaften ausgegangen. Ausgehend von einer Vermietungsquote von 50 Prozent ist anzunehmen, dass in den 93 000 selbstverwalteten Wohnungseigentümergemeinschaften rund 46 000 vermietende Wohnungseigentümer und 46 000 selbstnutzende Wohnungseigentümer rechtlich oder faktisch die Aufgaben eines Verwalters übernehmen.

Gestattung baulicher Veränderungen (§ 20 Absatz 2 WEG-E; § 554 BGB-E)

Der Entwurf sieht vor, dass Wohnungseigentümer und Mieter einen Anspruch auf Gestattung bestimmter baulicher Veränderung haben, nämlich solcher, die dem Laden elektrisch betriebener Fahrzeuge, der Barrierereduzierung, dem Einbruchsschutz und dem Glasfaseranschluss dienen (§ 20 Absatz 2 WEG-E; § 554 BGB-E). Erfüllungsaufwand entsteht dadurch, dass die Wohnungseigentümer beziehungsweise Mieter ein entsprechendes Verlangen stellen und die Wohnungseigentümergemeinschaft beziehungsweise der Vermieter über dieses Verlangen entscheiden müssen. Der Erfüllungsaufwand setzt sich aus dem einmaligen Umstellungsaufwand für die Fälle zusammen, in denen in zeitlichem Zusammenhang mit dem Inkrafttreten der Neuregelung eine entsprechende bauliche Veränderung verlangt wird, und aus dem laufenden Aufwand für Fälle, in denen dies erst später passiert.

Wie viele Mieter und Wohnungseigentümer in zeitlichem Zusammenhang mit der Neuregelung eine Lademöglichkeit für elektrisch betriebene Fahrzeuge verlangen, kann nur annäherungsweise anhand der Zahl zugelassener elektrisch betriebener Fahrzeuge beziffert werden. Der Bestand der elektrisch betriebenen Fahrzeuge (vollelektrische und Plug-In-Hybrid-Fahrzeuge) liegt gegenwärtig bei rund 225 000 Fahrzeugen (Kraftfahrt-Bundesamt, Neuzulassungsbarometer im September 2019). Für die Folgejahre ist weiterhin mit steigenden Zulassungszahlen zu rechnen. In einem mittelfristigen Zeitraum (drei bis fünf Jahre) erscheint beim gegenwärtigen Wachstum eine Zulassungszahl von 250 000 pro Jahr realistisch. Ausgehend von der allgemeinen Verteilung entfallen davon 90 Prozent (225 000) auf private Halter und 10 Prozent (25 000) auf gewerbliche Halter (Kraftfahrt-Bundesamt, Bestand an Pkw am 1. Januar 2019 nach privaten und gewerblichen Haltern).

Eine Lademöglichkeit können nur Halter verlangen, die in einer gemieteten oder ihnen selbst gehörenden Eigentumswohnung leben und über einen Stellplatz verfügen, der noch nicht mit einer Lademöglichkeit versehen ist. Gemäß einer konstanten Verteilung der privaten Halter über die unterschiedlichen Wohnformen wohnen rund 58 Prozent der privaten Halter zur Miete (vergleiche Statistisches Bundesamt, Wirtschaftsrechnungen, Fachserie 15 Heft 2, 2018, Seite 38); rund 14 Prozent der privaten Halter besitzen eine Eigentumswohnung. Von den Mietern haben rund 45 Prozent einen eigenen Stellplatz, von den Wohnungseigentümern rund 59 Prozent (vergleiche Statistisches Bundesamt, Fachserie 15, Sonderheft 1, Seite 16). Es wird unterstellt, dass bereits 4 Prozent der Stellplätze mit einer Lademöglichkeit versehen sind und von den übrigen Mietern beziehungsweise Wohnungseigentümern 50 Prozent ein entsprechendes Verlangen stellen werden. Aus alledem folgt, dass von den privaten Haltern von elektrisch betriebenen Fahrzeugen zum einen rund 12,5 Prozent Mieter sind, von denen anzunehmen ist, dass sie eine Lademöglichkeit verlangen werden. Zum anderen sind sie zu 4,0 Prozent Wohnungseigentümer, von denen anzunehmen ist, dass sie eine Lademöglichkeit verlangen werden; dabei entfallen 2,0 Prozent auf selbstnutzende Wohnungseigentümer und 2,0 Prozent auf vermietende Wohnungseigentümer.

Im Hinblick auf gewerbliche Halter wird unterstellt, dass diese zu 30 Prozent gewerbliche Mieter sind, von diesen wiederum 50 Prozent über einen Stellplatz verfügen und wiederum zu 50 Prozent ein entsprechendes Verlangen äußern werden. Insgesamt ist also davon auszugehen, dass 7,5 Prozent der gewerblichen Halter eine Lademöglichkeit verlangen werden.

Demnach ist in zeitlichem Zusammenhang mit der Neuregelung im Hinblick auf private Halter von rund 25 300 privaten Mietern, rund 4 000 selbstnutzenden Wohnungseigentümern, rund 4 000 vermietenden Wohnungseigentümern sowie von rund 1 700 gewerblichen Mietern auszugehen, die den Einbau einer Lademöglichkeit verlangen werden. Für die Folgejahre ist unter den gleichen Annahmen von rund 28 100 privaten Mietern, rund 4 500 selbstnutzenden Wohnungseigentümern, rund 4 500 vermietenden Wohnungseigentümern sowie von rund 1 900 gewerbliche Mietern auszugehen.

Die Größenordnung, in der Maßnahmen der Barrierereduzierung, des Einbruchsschutzes und des Glasfaseranschlusses verlangt werden, kann nur grob geschätzt werden. Es wird davon ausgegangen, dass unmittelbar nach Inkrafttreten und in den Folgejahren jeweils in 2 Prozent der insgesamt 427 000 Wohnungseigentümergemeinschaften ein entsprechendes Verlangen geäußert wird (rund 8 500) und dies zu 50 Prozent auf selbstnutzende Wohnungseigentümer (rund 4 300) und zu 50 Prozent auf vermietende Wohnungseigentümer (rund 4 300) entfällt. Bei den übrigen Mietern wird von jeweils 10 000 Verlangen pro Jahr nach Barrierereduzierung und Einbruchsschutz ausgegangen. Bei gewerblichen Mietern werden pauschal jeweils 500 Fälle angesetzt.

Insgesamt ist demnach in zeitlichem Zusammenhang mit der Neuregelung von rund 45 300 Verlangen von privaten Mietern, rund 8 300 Verlangen von selbstnutzenden Wohnungseigentümern, rund 8 300 Verlangen von vermietenden Wohnungseigentümern sowie von rund 2 700 Verlangen von gewerblichen Mietern auszugehen. In den Folgejahren ist von rund 48 100 Verlangen von privaten Mietern, rund 8 800 Verlangen von selbstnutzenden Wohnungseigentümern, rund 8 800 Verlangen von vermietenden Wohnungseigentümern sowie von rund 2 900 Verlangen von gewerblichen Mietern auszugehen.

Der Zeitaufwand für Wohnungseigentümer beziehungsweise Mieter, das Verlangen nach einer privilegierten baulichen Maßnahme zu stellen, wird auf durchschnittlich 27 Minuten pro Vorhaben geschätzt. Dabei wird nicht zwischen Maßnahmen der E-Mobilität, der Barrierereduzierung, des Einbruchsschutzes und des Glasfaseranschlusses differenziert. Der Zeitaufwand setzt sich aus 15 Minuten für das Zusammenstellen der Informationen über die Maßnahme, 10 Minuten für deren Aufbereitung und das Aufsetzen eines entsprechenden Schreibens und 2 Minuten für dessen Übermittlung und Ablage zusammen.

Aus alledem entsteht aufgrund der Möglichkeit des § 20 Absatz 2 WEG-E, bestimmte bauliche Maßnahmen verlangen zu können, folgender Aufwand: Für selbstnutzende Wohnungseigentümer entsteht ein Umstellungsaufwand von rund 3 700 Stunden und laufender Aufwand von rund 4 000 Stunden jährlich. Setzt man für vermietende Wohnungseigentümer den Durchschnittslohnsatz des Wirtschaftszweigs L68 (Grundstücks- und Wohnungswesen) von 33,50 Euro pro Stunde an, entsteht ein Umstellungsaufwand von rund 125 000 Euro und laufender Aufwand von rund 133 000 Euro jährlich. Für private Mieter entsteht ein Umstellungsaufwand von rund 20 400 Stunden und laufender Aufwand von rund 21 600 Stunden jährlich. Setzt man für gewerbliche Mieter den Durchschnittslohnsatz der Gesamtwirtschaft von 34,50 Euro pro Stunde an, entsteht ein

Umstellungsaufwand von rund 42 000 Euro und laufender Aufwand von rund 45 000 Euro jährlich.

Über das Verlangen muss anschließend entschieden werden, was weiteren Aufwand erzeugt. Über das Verlangen eines Wohnungseigentümers entscheidet die Eigentümerversammlung durch Beschluss. Entsprechend den obigen Annahmen ist insgesamt von rund 16 500 Verlangen in zeitlichem Zusammenhang mit der Neureglung auszugehen und danach jährlich von rund 17 500 Verlangen. Für die Entscheidung über ein Verlangen wird ein Zeitaufwand von 15 Minuten geschätzt. Zugleich wird davon ausgegangen, dass von den durchschnittlich 25 Mitgliedern der Gemeinschaft nur 25 Prozent anwesend sind, wobei selbstnutzende und vermietende Wohnungseigentümer ihrem Verhältnis entsprechend gleichermaßen anwesend sind, und sich die übrigen Wohnungseigentümer vertreten lassen oder gar nicht teilnehmen. Daraus ergibt sich ein Umstellungsaufwand für selbstnutzende Wohnungseigentümer von rund 12 900 Stunden und ein laufender Aufwand von rund 13 700 Stunden jährlich. Setzt man für vermietende Wohnungseigentümer den Durchschnittslohnsatz des Wirtschaftszweigs L68 (Grundstücks- und Wohnungswesen) von 33,50 Euro pro Stunde an, ergibt sich für sie ein Umstellungsaufwand von rund 432 000 Euro und ein laufender Aufwand von rund 458 000 Euro jährlich.

Über das Verlangen eines Mieters entscheidet der Vermieter. Entsprechend den obigen Annahmen ist von 48 000 Verlangen in zeitlichem Zusammenhang mit der Neureglung auszugehen und danach jährlich von 51 000 Verlangen. Für die Entscheidung über ein Verlangen wird ein Zeitaufwand von 15 Minuten angesetzt. Daraus ergibt sich ein Umstellungsaufwand von rund 402 000 Euro und ein laufender Aufwand von rund 427 000 Euro jährlich. Handelt es sich um eine vermietete Eigentumswohnung, kann der Vermieter über das Verlangen des Mieters nicht abschließend entscheiden, sondern muss seinerseits ein Verlangen gegenüber der Gemeinschaft der Wohnungseigentümer stellen. Dies ist in der Zahl der Verlangen vermietender Wohnungseigentümer bereits berücksichtigt.

Eintragung von Beschlüssen in das Grundbuch (§ 5 Absatz 4 Satz 1 WEG-E)

Nach § 5 Absatz 4 Satz 1, § 10 Absatz 3 WEG-E ist vorgesehen, dass Beschlüsse aufgrund einer Vereinbarung zum Schutz von Erwerbern diesen gegenüber nur gelten, wenn sie im Grundbuch eingetragen sind. Es wird davon ausgegangen, dass 20 Prozent der Wohnungseigentümergemeinschaften eine Gemeinschaftsordnung mit Öffnungsklausel haben, auf deren Grundlage solche Beschlüsse gefasst werden können, und dass von einer solchen Öffnungsklausel durchschnittlich alle 15 Jahre Gebrauch gemacht wird. Demnach ist mit rund 5 700 Eintragungen pro Jahr zu rechnen. Es ist von Sachkosten (einschließlich der notariellen Beglaubigung) von rund 50 Euro pro Eintragung auszugehen. Für die Normadressaten Bürgerinnen und Bürger (selbstnutzende Wohnungseigentümer) und für die Wirtschaft (vermietende Wohnungseigentümer) ergibt sich daraus ein Aufwand von jeweils rund 143 000 Euro jährlich. Dem stehen Erleichterungen für Erwerber von Wohnungseigentum entgegen, die sich künftig einfacher über Beschlüsse informieren können. Diese können jedoch mangels Datengrundlage nicht quantifiziert werden.

Für die Länder (Grundbuchämter) entsteht allenfalls ein geringfügiger Erfüllungsaufwand. Für die Eintragung der anzunehmenden rund 5 700 Beschlüsse ist jeweils ein durchschnittlicher Zeitaufwand von 30 Minuten für einen Beschäftigten des gehobenen Dienstes (Lohnsatz gehobener Dienst Land: 40,80 Euro pro Stunde) anzusetzen. Daraus ergibt sich ein jährlicher Erfüllungsaufwand von rund 116 000 Euro. Mit Blick auf den Aufwand für das Grundbuchamt sind im Übrigen auch die Zeitgewinne bei Eintragungen, die Stellplätze im Freien betreffen und die nach dem Entwurf dem Sondereigentum zugeordnet werden können (§ 3 Absatz 1 Satz 2 WEG-E), zu berücksichtigen. Denn die Buchung von Sondereigentum ist weniger aufwändig als die Eintragung von Sondernutzungsrechten. Die konkrete Zeitersparnis kann jedoch nicht einmal annähernd geschätzt werden.

Online-Teilnahme an Eigentümerversammlungen (§ 23 Absatz 1 Satz 2 WEG-E)

Der Entwurf sieht vor, dass die Wohnungseigentümer über die Online-Teilnahme an ihren Versammlungen beschließen können (§ 23 Absatz 1 Satz 2 WEG-E). In welchem Umfang von dieser Möglichkeit Gebrauch gemacht wird, kann aber nicht abgeschätzt werden. Aufgrund der Freiheiten bei der Ausgestaltung kann auch nicht abgeschätzt werden, welcher Aufwand im Zusammenhang mit einer Online-Teilnahme anfällt.

Umlaufbeschlüsse in Textform (§ 23 Absatz 3 WEG-E)

Nach § 23 Absatz 3 WEG-E können Umlaufbeschlüsse in Textform gefasst werden. Es wird davon ausgegangen, dass in einer Wohnungseigentümergemeinschaft durchschnittlich alle 10 Jahre ein Umlaufbeschluss gefasst wird. Betreffend die 4,87 Millionen selbstgenutzten Eigentumswohnungen werden demnach jährlich im Durchschnitt rund 487 000 Umlaufbeschlüsse, betreffend die 4,42 Millionen vermieteten Eigentumswohnungen rund 442 000 Umlaufbeschlüsse gefasst. Aufgrund der Formerleichterung ist von einer Zeitersparnis von durchschnittlich 5 Minuten auszugehen, da der Beschlussvorschlag nicht mehr eigenhändig unterschrieben und weitergereicht werden muss, sondern etwa per E-Mail mitgezeichnet werden kann. Daraus ergibt sich eine jährliche Zeitersparnis von rund 40 600 Stunden für die selbstnutzenden Wohnungseigentümer und -eigentümerinnen. Setzt man für vermietende Wohnungseigentümer und -eigentümerinnen den Durchschnittslohnsatz des Wirtschaftszweigs L68 (Grundstücks- und Wohnungswesen) von 33,50 Euro pro Stunde an, ergibt sich für sie eine jährliche Entlastung um 1,23 Millionen Euro.

Einberufungsverlangen in Textform (§ 24 Absatz 2 WEG-E)

Das Verlangen nach einer außerordentlichen Versammlung kann nach dem Entwurf in Textform erfolgen (§ 24 Absatz 2 WEG-E). Es wird geschätzt, dass jedes Jahr in 1 Prozent der insgesamt 427 000 Wohnungseigentümergemeinschaften die Einberufung einer außerordentlichen Versammlung verlangt wird. Weiter wird angenommen, dass das Verlangen durchschnittlich von sieben Wohnungseigentümern gestellt wird, insgesamt also von rund 30 000 Wohnungseigentümern. Diese Wohnungseigentümer und -eigentümerinnen sparen durch die Formerleichterung durchschnittlich 5 Minuten, da das Verlangen nicht mehr eigenhändig unterschrieben und weitergereicht werden muss, sondern etwa per E-Mail mitgezeichnet werden kann. Ausgehend von der Vermietungsquote von 50 Prozent sparen sich demnach vermietende Wohnungseigentümer rund 42 000 Euro jährlich, wenn man den Durchschnittslohnsatz des Wirtschaftszweigs L68 (Grundstücks- und Wohnungswesen) von 33,50 Euro pro Stunde ansetzt. Selbstnutzende Wohnungseigentümer werden um rund 1 200 Stunden pro Jahr entlastet.

Neukonzeption der Beschlusssammlung (§ 25 Absatz 5 WEG-E)

Nach dem Entwurf wird die gesetzliche Pflicht zur Führung einer separaten Beschlusssammlung aufgehoben. An ihre Stelle tritt eine Sammlung der Niederschriften und bestimmter Urteile nach Maßgabe des § 25 Absatz 5 WEG-E. Es ist davon auszugehen, dass es dadurch im Vergleich zur Führung einer separaten Beschlusssammlung zu geringfügigen Einsparungen kommen wird. Die Höhe der Einsparungen kann aber nicht abgeschätzt werden.

Aufhebung des Beschlussfähigkeitsquorums (§ 25 Absatz 3 und 4 WEG)

Nach dem Entwurf ist die Eigentümerversammlung unabhängig von der Anzahl der erschienenen Wohnungseigentümer und -eigentümerinnen beschlussfähig. Vereinfachend wird davon ausgegangen, dass dies nur die 334 000 gewerblich verwalteten, größeren Eigentümergemeinschaften betrifft. Unter Berücksichtigung von Stellungnahmen von Verbänden und in der Literatur wird davon ausgegangen, dass 8 Prozent der Versammlungen (rund 27 000 pro Jahr) nach geltendem Recht nicht beschlussfähig sind und deshalb wiederholt werden müssen. Es wird geschätzt, dass bei diesen beschlussunfähigen Versammlungen durchschnittlich 10 Prozent der durchschnittlich 25 Wohnungseigentümer einer Gemeinschaft anwesend sind, diese zu gleichen Teilen selbstnutzende und vermietende Wohnungseigentümer sind und ihnen jeweils ein zusätzlicher Zeitaufwand von 60 Minuten entsteht.

Durch die Aufhebung des Beschlussfähigkeitsquorums entfällt demnach für selbstnutzende Eigentümer ein zeitlicher Aufwand von 33 400 Stunden jährlich. Setzt man für vermietende Wohnungseigentümer den Durchschnittslohnsatz des Wirtschaftszweigs L68 (Grundstücks- und Wohnungswesen) von 33,50 Euro pro Stunde an, entfallen für sie Kosten in Höhe von 1,13 Millionen Euro. Zudem entfallen die Kosten des Verwalters für die Folgeversammlung, die den Branchenangaben entsprechend mit durchschnittlich 233 Euro angesetzt werden. Dafür fielen bislang insgesamt rund 6,22 Millionen Euro an, die sich je zur Hälfte (3,11 Millionen Euro) auf selbstnutzende Eigentümer und auf vermietende Eigentümer verteilten.

In der Summe kommt es damit für den Normadressaten Bürgerinnen und Bürger (selbstnutzende Wohnungseigentümer) zu einer Entlastung um 33 400 Stunden und 3,11 Millionen Euro jährlich sowie für die Wirtschaft zu einer Entlastung um 4,24 Millionen Euro jährlich.

Erstellung eines Vermögensberichts (§ 28 Absatz 3 WEG-E)

Nach § 28 Absatz 3 WEG-E hat der Verwalter jährlich einen Vermögensbericht zu erstellen. Der zeitliche Mehraufwand für die Erstellung dieses Vermögensberichts wird auf 15 Minuten geschätzt. Dabei wird berücksichtigt, dass der Großteil der Inhalte des Vermögensberichts schon nach geltendem Recht, insbesondere aufgrund der Vorgaben der Rechtsprechung, in der Jahresabrechnung enthalten sein muss. Nach erfolgreicher Routinebildung dürfte deshalb kein erheblicher zeitlicher Mehraufwand entstehen. Inwieweit sich dieser überschaubare Mehraufwand auf die Verwaltervergütung auswirkt, kann nicht abgeschätzt, zumal der Aufwand für Verwalter an anderer Stelle reduziert wird (zum Beispiel durch die Aufhebung der Pflicht zur Führung einer separaten Beschlusssammlung).

Vereinfachung der Betriebskostenabrechnung für vermietete Eigentumswohnungen

Die Vereinfachung der Betriebskostenabrechnung für vermietete Eigentumswohnungen führt zu einer jährlichen Entlastung der Wirtschaft um rund 14,44 Millionen Euro. Denn der durchschnittliche Gesamtaufwand für die Erstellung einer Betriebskostenabrechnung dürfte dadurch nach Schätzung des Statistischen Bundesamts von 45 Minuten auf 38,5

Minuten sinken, wobei davon auszugehen ist, dass die Erleichterung rund 90 Prozent der rund 4,42 Millionen vermieteten Eigentumswohnungen betrifft. Dabei wurde der Durchschnittslohnsatz des Wirtschaftszweigs L68 (Grundstücks- und Wohnungswesen) von 33,50 Euro pro Stunde angesetzt.

6. Weitere Kosten

Auswirkungen auf das Einzelpreisniveau und das allgemeine Preisniveau, insbesondere auf das Verbraucherpreisniveau, sind nicht zu erwarten.

7. Weitere Gesetzesfolgen

Keine.

VII. Befristung; Evaluierung

Eine Befristung ist nicht vorgesehen. Es ist beabsichtigt, die geänderten Vorschriften nach sieben Jahren zu evaluieren. Der Zeitraum von sieben Jahren ist erforderlich, weil sich die Wirksamkeit der Rechtsänderungen erst nach einem längeren Zeitraum messen lassen wird. Mit ersten Entscheidungen in Eigentümerversammlungen nach dem neuen Recht kann frühestens im Jahr 2021 gerechnet werden. Die Willensbildung in den Gemeinschaften dürfte sich bei größeren Vorhaben oftmals über einen sehr langen Zeitraum erstrecken. Dabei soll überprüft werden, ob die mit der Neuregelung verfolgten Ziele, das WEG an die gesellschaftlichen Rahmenbedingungen, die umweltpolitischen Herausforderungen und die technischen Möglichkeiten anzupassen, erreicht worden sind. Insbesondere soll überprüft werden, in wie vielen Wohnungseigentumsanlagen sich der bauliche Zustand im Ergebnis an den Zustand übriger Anlagen angeglichen hat. Im weiteren Schwerpunkt ist zu untersuchen, inwieweit sich die Einführung eines Anspruchs von Wohnungseigentümern und Mietern, bauliche Maßnahmen zur Barrierereduzierung, zum Einbau von Ladestationen für Elektrofahrzeuge, für den Einbruchsschutz und den Glasfaseranschluss verlangen zu können, bewährt hat. Die Evaluierung soll auf der Grundlage von Daten erfolgen, die von Interessenverbänden der Wohnungseigentümer, der Verwalter und Mieter erhoben werden, sowie von Daten, die vom Statistischen Bundesamt zur Verfügung gestellt werden können.

B. Besonderer Teil

Zu Artikel 1 (Änderungen des Wohnungseigentumsgesetzes)

Zu Nummer 1 (Bezeichnung des Gesetzes)

Das Wohnungseigentumsgesetz erhält als Kurzbezeichnung die in der Praxis übliche Abkürzung WEG.

Zu Nummer 2 (Abschnitt 1)

§ 1 steht bislang außerhalb aller Abschnitte. Aus rechtsförmlichen Gründen wird deshalb ein neuer Abschnitt 1 geschaffen.

Zu Nummer 3 (§ 1 Absatz 5)

§ 1 Absatz 5 wird an die Änderungen in § 3 angepasst. § 3 Absatz 1 Satz 2 WEG-E fingiert zum einen die Raumeigenschaft von Stellplätzen, auch wenn sie sich außerhalb des

Gebäudes befinden. Zum anderen erlaubt es § 3 Absatz 2 WEG-E, das Sondereigentum auch auf außerhalb des Gebäudes liegende Teile des Grundstücks zu erstrecken. Das Grundstück ist damit nicht mehr zwingend vollständig gemeinschaftliches Eigentum. Daher wird die Definition des gemeinschaftlichen Eigentums in § 1 Absatz 5 angepasst. Zugleich werden zur sprachlichen Straffung die Teile, Anlagen und Einrichtungen des Gebäudes nicht mehr genannt, ohne dass damit eine inhaltliche Änderung bezweckt ist.

Zu Nummer 4 (Abschnitt 2)

Aufgrund des neuen Abschnitts 1 wird der geltende 1. Abschnitt zu Abschnitt 2.

Zu Nummer 5 (§ 3)

Zu Buchstabe a (Absatz 1)

Zu Doppelbuchstabe aa (Satz 1)

In § 3 Absatz 1 Satz 1 wird eine Legaldefinition des Sondereigentums aufgenommen. Sie verdeutlicht, dass Sondereigentum Eigentum im Sinne des BGB ist. Eine inhaltliche Änderung des Sondereigentumsbegriffs ist damit nicht bezweckt.

Zu Doppelbuchstabe bb (Satz 2)

Der neue § 3 Absatz 1 Satz 2 ordnet an, dass Stellplätze als Räume in einem Gebäude gelten. Diese Fiktion tritt inhaltlich an die Stelle des geltenden § 3 Absatz 2 Satz 2. Sie bezieht sich aber nur noch auf die Raumeigenschaft.

Denn auf die Abgeschlossenheit kommt es bei Stellplätzen aufgrund des neuen § 3 Absatz 3 nicht mehr an; diese Vorschrift stellt bei Stellplätzen anstelle der Abgeschlossenheit auf die Maßangaben im Aufteilungsplan ab.

§ 3 Absatz 1 Satz 2 gilt für alle Arten von Stellplätzen, unabhängig davon, ob es sich um Stellplätze in einem Gebäude oder im Freien handelt. Daher sind auch Stellplätze auf oder unter einem Gebäude sowie einzelne Stellplätze in einer Mehrfachparkanlage (sogenannte Duplex- oder Quadruplexparker) erfasst.

Aufgrund ihrer besonderen wirtschaftlichen Bedeutung können Stellplätze – anders als andere Freiflächen (vergleiche die Begründung zum neuen § 3 Absatz 2) – alleiniger Gegenstand des Sondereigentums sein.

Zu Buchstabe b (Absatz 2)

Nach geltendem Recht ist es nicht möglich, das Sondereigentum auf außerhalb des Gebäudes liegende Teile des Grundstücks zu erstrecken, etwa auf Terrassen und Gartenflächen. In der Praxis werden an solchen Flächen daher häufig sogenannte Sondernutzungsrechte begründet, die allerdings gesetzlich nicht geregelt und deshalb streitanfällig sind.

Der neue § 3 Absatz 2 sieht vor, dass Sondereigentum auch an Freiflächen begründet werden kann. Auf diese Weise können Freiflächen einzelnen Wohnungseigentümern wirtschaftlich zugeordnet werden, ohne dass damit die mit der Zuweisung von Sondernutzungsrechten verbundene Rechtsunsicherheit in Kauf genommen werden muss. Die Vorschrift beschränkt die Möglichkeit, Sondereigentum an einer Wohnung oder an nicht zu Wohnzwecken dienenden Räumen auf Freiflächen zu erstrecken, jedoch in Anlehnung an die Vorschriften für das Erbbaurecht (vergleiche § 1 Absatz 2 des Erbbaurechtsgesetzes) und das Dauerwohnrecht (vergleiche § 31 Absatz 1 Satz 2 WEG) in zweifacher Hinsicht:

Zunächst können außerhalb des Gebäudes liegende Teile des Grundstücks grundsätzlich nicht alleiniger Gegenstand des Sondereigentums sein. Es ist daher nicht möglich, einen Miteigentumsanteil ausschließlich mit dem Sondereigentum an einem außerhalb des Gebäudes liegenden Teil des Grundstücks zu verbinden. Eine Ausnahme ist lediglich für Stellplätze vorgesehen (vergleiche § 3 Absatz 1 Satz 2 WEG-E).

Darüber hinaus müssen die Räume wirtschaftlich die Hauptsache des Sondereigentums bleiben. Der Begriff der wirtschaftlichen Hauptsache ist wie in § 1 Absatz 2 des Erbbaurechtsgesetzes und § 31 Absatz 1 Satz 2 WEG zu verstehen. Insbesondere Terrassen und Gartenflächen sind in aller Regel nicht als wirtschaftliche Hauptsache anzusehen. Wie sich aus der negativen Formulierung ergibt, wird vermutet, dass die Räume wirtschaftlich die Hauptsache bleiben. Es bedarf deshalb im Grundbuchverfahren einer Prüfung nur dann, wenn konkrete Anhaltspunkte für das Gegenteil bestehen.

Hinsichtlich der Reichweite des Sondereigentums gilt § 5 Absatz 2 WEG-E (vergleiche auch die dortige Begründung).

Zu Buchstabe c (Absatz 3)

Nach § 3 Absatz 3 WEG-E sind Stellplätze, an denen Sondereigentum begründet werden soll, und außerhalb des Gebäudes liegende Teile des Grundstücks, auf die sich Sondereigentum erstrecken soll, durch Maßangaben im Aufteilungsplan zu bestimmen. Diese Maßangaben treten an die Stelle des Abgeschlossenheitserfordernisses, das für Räume gilt. Die Maßangaben müssen – ungeachtet des ohnehin bestehenden sachenrechtlichen Bestimmtheitserfordernisses – so genau sein, dass sie es im Streitfall ermöglichen, den räumlichen Bereich des Sondereigentums eindeutig zu bestimmen. Dafür muss sich aus dem Plan in der Regel die Länge und Breite der Fläche sowie ihr Abstand zu den Grundstücksgrenzen ergeben.

Eine Markierungspflicht auf dem Grundstück ist dagegen – anders als nach dem geltenden § 3 Absatz 2 Satz 2 – nicht mehr vorgesehen, auch nicht für Stellplätze. Denn eine Markierung auf dem Grundstück führt nicht dazu, dass der räumliche Umfang des Sondereigentums genauer bestimmt wird, als dies bereits durch die Maßangaben im Aufteilungsplan der Fall ist. Selbstverständlich bleibt es den Wohnungseigentümern unbenommen, die Sondereigentumsbereiche dennoch auf dem Grundstück zu markieren; auf den Umfang des Sondereigentums wirkt sich dies aber nicht aus.

Zu Nummer 6 (§ 5)

Zu Buchstabe a (Absatz 1)

§ 5 Absatz 1 regelt als Sondervorschrift zu § 94 BGB, welche Bestandteile zum Sondereigentum gehören. Diese Vorschrift bezieht sich bislang nur auf das Sondereigentum an Räumen, denn nach dem geltenden § 3 Absatz 1 sind nur Räume sondereigentumsfähig. Sie bedarf der Anpassung, weil § 3 Absatz 1 Satz 2 WEG-E die Raumeigenschaft von Stellplätzen fingiert, auch wenn sie sich außerhalb des Gebäudes befinden. Zudem erlaubt es § 3 Absatz 2 WEG-E, das Sondereigentum auf außerhalb des Gebäudes liegende Teile des Grundstücks zu erstrecken.

Die Bezugnahme in § 5 Absatz 1 Satz 1 WEG-E auf § 3 Absatz 1 Satz 1 macht deutlich, dass § 5 Absatz 1 Satz 1 WEG-E nur noch gilt, soweit das Sondereigentum an Räumen betroffen ist. Für die außerhalb des Gebäudes liegenden Teile des Grundstücks gilt dagegen nach § 5 Absatz 1 Satz 2 WEG-E die allgemeine Vorschrift des § 94 BGB entsprechend; auf § 95 BGB wird nicht ausdrücklich Bezug genommen, weil dessen Anwendbarkeit durch § 5 ohnehin nicht berührt wird (Wicke, in: Palandt, BGB, 79. Auflage 2020, § 5 WEG Randnummer 1). § 5 Absatz 1 Satz 2 WEG-E gilt sowohl für außerhalb des Gebäudes befindliche Teile des Grundstücks, auf die sich das Sondereigentum nach § 3 Absatz 2 WEG-E erstreckt, als auch für außerhalb des Gebäudes liegende Stellplätze, für die nach § 3 Absatz 1 Satz 2 WEG-E die Raumeigenschaft fingiert wird. Damit sind auch die Sachen Gegenstand des Sondereigentums, die mit dem Teil des Grundstücks fest verbunden sind, auf den sich das Sondereigentum erstreckt. Das gilt insbesondere für Gebäude, die auf diesen Flächen errichtet werden; § 5 Absatz 2 gilt für diese Gebäude nicht.

§ 5 Absatz 1 Satz 2 WEG-E betrifft jedoch nur die sachenrechtliche Zuordnung. Die davon losgelöste Frage, ob ein Wohnungseigentümer berechtigt ist, bauliche Veränderungen auf einem außerhalb des Gebäudes liegenden Teil des Grundstücks vorzunehmen, auf die sich sein Sondereigentum erstreckt, beantwortet sich nach § 13 Absatz 2 WEG-E.

Der Wortlaut von § 5 Absatz 1 Satz 1 wird zudem an den geänderten § 14 angepasst; inhaltliche Änderungen sind damit nicht bezweckt.

Zu Buchstabe b (Absatz 2)

Es handelt sich um eine Folgeänderung zu § 3 Absatz 1 Satz 2, Absatz 2 WEG-E. Denn der geltende § 5 Absatz 2 sieht unter anderem vor, dass Anlagen und Einrichtungen, die dem gemeinschaftlichen Gebrauch der Wohnungseigentümer dienen, nicht Gegenstand des Sondereigentums sind, selbst wenn sie sich im Bereich der im Sondereigentum stehenden Räume befinden. Diese Vorschrift wird auf die Teile des Grundstücks erstreckt, die nach § 3 Absatz 1 Satz 2 oder Absatz 2 WEG-E zum Sondereigentum gehören. Deshalb sind etwa Versorgungsleitungen im Boden, die dem gemeinschaftlichen Gebrauch der Wohnungseigentümer dienen, stets gemeinschaftliches Eigentum, auch wenn sie in Bereichen verlegt sind, die im Sondereigentum stehen. Insoweit besteht kein Unterschied zu entsprechenden Leitungen, die in Wänden verlegt sind, die sich im Bereich des Sondereigentums befinden. Für Erhaltungsmaßnahmen gilt § 14 Absatz 1 Nummer 2 WEG-E. Demnach besteht die Pflicht jedes Wohnungseigentümers, Einwirkungen auf das Sondereigentum, insbesondere das Betreten, zu dulden.

Zu Buchstabe c (Absatz 4)

Zu Doppelbuchstabe aa (Satz 1)

Die Änderung von § 5 Absatz 4 Satz 1 bewirkt im Zusammenspiel mit § 10 Absatz 3 Satz 1 WEG-E, dass Beschlüsse, die aufgrund einer vereinbarten Öffnungsklausel gefasst werden, in das Grundbuch eingetragen werden müssen, um gegen Sondernachfolger zu wirken. Dies dient dem Schutz der Erwerber vor unbekannten, aber womöglich besonders belastenden Beschlüssen.

Nach dem geltenden § 10 Absatz 4 Satz 2 müssen vereinbarungsändernde Beschlüsse nicht in das Grundbuch eingetragen werden, um gegen Sondernachfolger zu wirken. Dem liegt die Vorstellung zugrunde, dass der notwendige Schutz der Erwerber nicht über die

Eintragung im Grundbuch, sondern über die im geltenden § 24 Absatz 7 vorgesehene Beschlusssammlung gewährleistet wird. Diese Konzeption hat sich in der Praxis nicht bewährt. Während bei der Veräußerung von Wohnungseigentum in der Regel Einsicht in das Grundbuch genommen wird (vergleiche § 21 Absatz 1 Satz 1 des Beurkundungsgesetzes), sehen Erwerber vergleichsweise selten die Beschlusssammlung ein. Zudem wirkt ein Beschluss auch dann gegen Erwerber, wenn er nicht in die Beschlusssammlung aufgenommen wurde. Hinzu kommt, dass viele Beschlusssammlungen zwischenzeitlich bereits einen so großen Umfang angenommen haben, dass die Gefahr besteht, dass bedeutsame Beschlüsse auch bei einer Einsichtnahme übersehen werden. Diese Gefahr steigt kontinuierlich mit der wachsenden Zahl von Beschlüssen, die in die Beschlusssammlung aufzunehmen sind.

Es ist deshalb vorzugswürdig, vereinbarungsändernde Beschlüsse in das Grundbuch einzutragen. Um das Grundbuch gleichzeitig nicht zu überfrachten und seine Informationsfunktion nicht zu beeinträchtigen, soll dies aber nur für Beschlüsse gelten, die aufgrund einer vereinbarten Öffnungsklausel gefasst werden. Beschlüsse, die aufgrund einer gesetzlichen Öffnungsklausel gefasst werden, wirken dagegen auch ohne Grundbucheintragung gegen Sondernachfolger (vergleiche § 10 Absatz 3 Satz 2 WEG-E). Diese Differenzierung rechtfertigt sich dadurch, dass gesetzliche Öffnungsklauseln für jeden Erwerber unmittelbar aus dem Gesetz ersichtlich sind und vom Gesetzgeber gebilligte Zwecke verfolgen. Der Anwendungsbereich der gesetzlichen Öffnungsklauseln ist zudem auf konkrete Beschlussgegenstände beschränkt. Ein Erwerber kann daher dem Gesetz entnehmen, in welchen Bereichen er mit einer Änderung der Vereinbarung durch einen Beschluss rechnen muss. Für vereinbarte Öffnungsklauseln gilt dies nicht in gleichem Maße, weil der Bundesgerichtshof die formelle Kompetenz zur Änderung der Vereinbarung auch einer allgemein gehaltenen Öffnungsklausel entnimmt (BGH, Urteil vom 10. Oktober 2014 – V ZR 315/13).

§ 5 Absatz 4 Satz 1 WEG-E stellt allein darauf ab, ob ein Beschluss aufgrund einer Vereinbarung gefasst wurde. Um unnötige Auslegungsschwierigkeiten zu vermeiden, knüpft der Entwurf allein an dieses formale Merkmal an. Er verzichtet damit auf eine Beschränkung des Kreises der eintragungsfähigen Beschlüsse durch inhaltliche Kriterien (zum Beispiel auf vereinbarungsändernde Beschlüsse). Eine solche Beschränkung ist auch aus praktischer Sicht entbehrlich, weil anzunehmen ist, dass die Wohnungseigentümer nur solche Beschlüsse eintragen lassen werden, die aufgrund ihrer Bedeutung auch für Sondernachfolger gelten sollen.

Ob ein Beschluss nach § 5 Absatz 4 Satz 1 WEG-E eintragungsfähig ist, ist rein objektiv zu bestimmen. Entscheidend ist, dass sich die notwendige Beschlusskompetenz nicht bereits aus einer gesetzlichen Öffnungsklausel ergibt. Nicht eintragungsfähig sind deshalb Beschlüsse aufgrund einer vereinbarten Öffnungsklausel, die eine gesetzliche Öffnungsklausel wiederholt oder sich mit dieser inhaltlich deckt. Unerheblich ist auch, worauf die Wohnungseigentümer den Beschluss subjektiv stützen.

Die Eintragung des Beschlusses im Grundbuch kann im Wege der Bezugnahme erfolgen (vergleiche § 7 Absatz 3 Satz 1 WEG-E). Für den Nachweis des Beschlusses gegenüber dem Grundbuchamt sieht § 7 Absatz 2 Satz 1 WEG-E Erleichterungen vor.

Zu Doppelbuchstabe bb (Satz 2)

Es handelt sich um eine Folgeänderung zum geänderten Satz 1. § 5 Absatz 4 Satz 2 gilt demnach nicht nur für Vereinbarungen, sondern auch für Beschlüsse aufgrund einer Vereinbarung. Bei der Belastung mit einer Hypothek, Grund- oder Rentenschuld oder einer

Reallast eines Dritten, ist dessen nach anderen Rechtsvorschriften notwendige Zustimmung zu dem Beschluss also nur erforderlich, wenn ein Sondernutzungsrecht begründet oder ein mit dem Wohnungseigentum verbundenes Sondernutzungsrecht aufgehoben, geändert oder übertragen wird.

Zu Doppelbuchstabe cc (Satz 3 – alt –)

Der geltende Satz 3 wird aufgehoben. Er sieht vor, dass eine nach allgemeinen Vorschriften notwendige Zustimmung eines Dritten zur Begründung eines Sondernutzungsrechts nicht erforderlich ist, wenn zugleich ein Sondernutzungsrecht zu Gunsten des belasteten Wohnungseigentums begründet wird. Dem liegt der Gedanke zugrunde, dass der Dritte durch eine solche Maßnahme zumindest wirtschaftlich nicht beeinträchtigt wird. Das erscheint aber zweifelhaft, weil es nach dem Wortlaut der Vorschrift nicht auf die Art oder die wirtschaftliche Bedeutung der Sondernutzungsrechte ankommt. Eine Beeinträchtigung des Dritten ist wirtschaftlich aber nur ausgeschlossen, soweit der Wert des aufgehobenen Sondernutzungsrechts mit dem Wert des neu begründeten Sondernutzungsrechts übereinstimmt. Das Wertverhältnis als weitere Voraussetzungen in die Vorschrift aufzunehmen scheidet aber aus, weil eine Prüfung des Wertverhältnisses im Rahmen des Grundbuchverfahrens nicht erfolgen kann.

Zu Nummer 7 (§ 7)

Zu Buchstabe a (Absatz 2)

Der neue § 7 Absatz 2 erleichtert die Eintragung von Beschlüssen in das Grundbuch. Ohne die verfahrensrechtliche Erleichterung nach Satz 1, die den allgemeinen Vorschriften der Grundbuchordnung (GBO) vorgeht, müssten alle Wohnungseigentümer die Eintragung des Beschlusses in öffentlich beglaubigter Form bewilligen (§§ 19, 29 GBO). Gerade in großen Gemeinschaften würde die Beschaffung dieser Bewilligungen einen großen Aufwand bedeuten. Zusätzliche Probleme würden entstehen, wenn Wohnungseigentümer nicht geschäftsfähig sind oder sich im Ausland aufhalten. Es genügt deshalb die Vorlage einer Niederschrift über den Beschluss, bei der die Unterschriften der in § 24 Absatz 6 bezeichneten Personen öffentlich beglaubigt sind. Dies entspricht dem in § 26 Absatz 3 vorgesehenen Nachweis der Verwalterstellung gegenüber dem Grundbuchamt. Wurde der Beschluss im Wege der Beschlussersetzungsklage durch das Gericht gefasst, genügt die Vorlage des Urteils. Für die Form des Urteils sieht die Vorschrift keine Sonderregelung vor. Es gilt deshalb § 29 GBO; es ist also eine Ausfertigung oder beglaubigte Abschrift vorzulegen.

Eine inhaltliche Überprüfung des Beschlusses durch das Grundbuchamt sieht der Entwurf nicht vor. Es obliegt vielmehr auch bei einzutragenden Beschlüssen den Wohnungseigentümern, Beschlüsse anzufechten, wenn sie von deren Rechtswidrigkeit ausgehen. Die Erhebung einer Klage gegen einen Beschluss hindert dessen Eintragung in das Grundbuch deshalb nicht. Zum Schutz vor einem etwaigen gutgläubigen Erwerb kommt nach allgemeinen Regeln die Eintragung eines Rechtshängigkeitsvermerks in Betracht. Zu der Frage, ob die Möglichkeit eines gutgläubigen Erwerbs im Zusammenhang mit Eintragungen nach § 5 Absatz 4 Satz 1 überhaupt anzuerkennen ist, verhält sich der Entwurf nicht; ihre Beantwortung bleibt wie bisher der Rechtsprechung überlassen.

Berechtigt, einen Antrag auf Eintragung eines Beschlusses in das Grundbuch zu stellen, ist nach Satz 2 auch die Gemeinschaft der Wohnungseigentümer, die dabei in der Regel durch den Verwalter vertreten wird (§ 9b Absatz 1 Satz 1 WEG-E).

Zu Buchstabe b (Absatz 3)

Zu Doppelbuchstabe aa (Satz 1)

Die Ergänzung ermöglicht es, bei der Eintragung von Beschlüssen in das Grundbuch auf die Nachweise nach § 7 Absatz 2 Satz 1, also auf die Niederschrift oder das Urteil, Bezug zu nehmen.

Zu Doppelbuchstabe bb (Satz 2)

Der neue § 7 Absatz 3 Satz 2 sieht zum Schutz von Erwerbern vor, dass bestimmte, für Erwerber besonders bedeutsame Regelungen ausdrücklich in das Grundbuch eingetragen werden müssen, um gegen sie zu wirken; eine Bezugnahme nach Satz 1 genügt insoweit nicht.

Für Veräußerungsbeschränkungen nach § 12 ist dies bislang schon in § 3 Absatz 2 der Wohnungsgrundbuchverfügung (WGV) vorgesehen. Die zusätzliche Aufnahme dieser Vorschrift in das WEG dient der Rechtsklarheit; inhaltliche Änderungen sind damit nicht verbunden.

Daneben müssen auch Vereinbarungen, die die Haftung von Sondernachfolgern für Geldschulden begründen, ausdrücklich in das Grundbuch eingetragen werden. Der Begriff der Geldschuld ist dabei wie in § 288 Absatz 1 Satz 1 BGB zu verstehen. Er erfasst insbesondere die Haftung für Hausgeldschulden.

Zu Buchstabe c (Absatz 4)

Zu Doppelbuchstabe aa (Satz 1)

Zu Dreifachbuchstabe aaa (Nummer 1)

Nummer 1 wird an den geänderten § 3 angepasst. Auch die Aufteilung der außerhalb des Gebäudes liegenden Teile des Grundstücks muss aus dem Aufteilungsplan ersichtlich sein.

Zu Dreifachbuchstabe bbb (Nummer 2)

Es handelt sich um eine Folgeänderung zur Änderung von § 3.

Zu Doppelbuchstabe bb (Sätze 3 bis 6 – alt –)

Der geltende § 7 Absatz 4 Satz 3 sieht vor, dass die Landesregierungen durch Rechtsverordnung bestimmen können, dass und in welchen Fällen der Aufteilungsplan und die Abgeschlossenheit von einem öffentlich bestellten oder anerkannten Sachverständigen für das Bauwesen anstelle der Baubehörde ausgefertigt und bescheinigt werden. Die Sätze 4 bis 6 regeln Einzelheiten dazu.

Von dieser Möglichkeit hat bislang kein Bundesland Gebrauch gemacht. Nach dem Entwurf steigen die Anforderungen an den Aufteilungsplan und die Abgeschlossenheitsbescheinigung (vergleiche § 3 Absatz 3, § 7 Absatz 4 Satz 1 Nummer 1 WEG-E). Aufgrund ihrer hervorgehobenen Bedeutung für ein gedeihliches Zusammenleben der Wohnungseigentümer sieht der Entwurf vor, dass Aufteilungsplan und Abgeschlossenheitsbescheinigung stets der Mitwirkung der Baubehörden bedürfen. Die Delegationsmöglichkeit wird deshalb gestrichen.

Zu Nummer 8 (§ 8)

Zu Buchstabe a (Absatz 1)

§ 8 Absatz 1 wird sprachlich an die Legaldefinition des Sondereigentums in § 3 Absatz 1 Satz 1 angepasst.

Zu Buchstabe b (Absatz 2)

Zu Doppelbuchstabe aa (Satz 1)

Die Verweise in § 8 Absatz 2 Satz 1 werden an die geänderten Vorschriften angepasst. Der neu aufgenommene Verweis auf § 4 Absatz 2 Satz 2 stellt zudem klar, dass Wohnungseigentum auch bei einer Aufteilung nach § 8 nicht unter einer Bedingung oder Zeitbestimmung eingeräumt oder aufgehoben werden kann.

Zu Doppelbuchstabe bb (Satz 2)

§ 8 Absatz 2 Satz 2 wird aufgehoben. Denn der Zeitpunkt, zu dem die Aufteilung wirksam wird, ergibt sich bereits aus § 9a Absatz 1 Satz 2 WEG-E. Dessen Halbsatz 2 stellt ausdrücklich klar, dass der Zeitpunkt der Anlegung der Wohnungsgrundbücher auch bei einer Teilung nach § 8 maßgeblich ist.

Zu Buchstabe c (Absatz 3)

Der neue § 8 Absatz 3 regelt die Rechtsstellung von Personen, die Wohnungseigentum vom teilenden Eigentümer erwerben.

Nach allgemeinen Regeln wird ein Erwerber erst dann Wohnungseigentümer und damit Mitglied der Gemeinschaft der Wohnungseigentümer, wenn er als Eigentümer im Grundbuch eingetragen ist. Im schuldrechtlichen Verhältnis zwischen teilendem Eigentümer und Erwerber ist der Erwerber freilich schon ab dem Übergang von Lasten und Nutzungen (vergleiche § 446 Satz 2 BGB) berechtigt, dessen mitgliedschaftliche Rechte auszuüben, und verpflichtet, dessen mitgliedschaftliche Pflichten zu erfüllen; dazu hat der teilende Eigentümer dem Erwerber entsprechende Vollmachten zu erteilen und der Erwerber den teilenden Eigentümer im Gegenzug freizustellen.

Für den Erwerb von Wohnungseigentum vom teilenden Eigentümer werden diese allgemeinen Regeln durch die Rechtsprechung des Bundesgerichtshofs modifiziert (vergleiche etwa Beschluss vom 5. Juni 2008 – V ZB 85/07). Demnach wird ein Erwerber als sogenannter werdender Wohnungseigentümer wie ein Mitglied der Gemeinschaft der Wohnungseigentümer behandelt, sobald er gegenüber dem teilenden Eigentümer eine rechtlich verfestigte Erwerbsposition besitzt und infolge des vertraglich vereinbarten Übergangs von Lasten und Nutzungen ein berechtigtes Interesse daran hat, die mit dem Wohnungseigentum verbundenen Mitwirkungsrechte bei der Verwaltung auszuüben. Diese Voraussetzungen sind erfüllt, wenn ein wirksamer, auf die Übereignung von Wohnungseigentum gerichteter Erwerbsvertrag vorliegt, der Übereignungsanspruch durch eine Auflassungsvormerkung gesichert ist und der Besitz auf den Erwerber übergegangen ist.

Diese Rechtsprechung wirkt sich nach geltendem Recht in zweierlei Hinsicht aus:

Erstens markiert der Zeitpunkt, in dem ein Erwerber als erster die vorgenannten Voraussetzungen erfüllt, den zeitlichen Anwendungsbereich des WEG. Denn nach Ansicht des Bundesgerichtshofs steht der geltende § 10 Absatz 7 Satz 4 der Annahme einer

Ein-Personen-Gemeinschaft, die nur aus dem teilenden Eigentümer besteht, entgegen (vergleiche Beschluss vom 5. Juni 2008 – V ZB 85/07 Randnummer 12). Deshalb findet nach geltendem Recht das WEG erst ab dem Zeitpunkt Anwendung, in dem ein Erwerber die Eigenschaft als sogenannter werdender Wohnungseigentümer erwirbt und damit eine sogenannte werdende Gemeinschaft entsteht.

Zweitens wird der sogenannte werdende Wohnungseigentümer schon vor seiner Eintragung als Eigentümer im Grundbuch zum Mitglied der Gemeinschaft der Wohnungseigentümer und tritt jedenfalls im Innenverhältnis im Hinblick auf das erworbene Wohnungseigentum an die Stelle des teilenden Eigentümers.

Aufgrund des § 9a Absatz 1 Satz 2 WEG-E bedarf es der Konstruktion einer sogenannten werdenden Gemeinschaft nicht mehr, um die Anwendbarkeit des WEG vor der Eintragung des ersten Erwerbers als Wohnungseigentümer im Grundbuch zu begründen. Vielmehr ist das WEG bereits mit Anlegung der Wohnungsgrundbücher anwendbar. Das richterrechtlich geschaffene Institut der sogenannten werdenden Gemeinschaft wird damit obsolet.

§ 9a Absatz 1 Satz 2 WEG-E betrifft dagegen nicht die Frage, ob und gegebenenfalls ab welchem Zeitpunkt einem Erwerber, der noch nicht als Wohnungseigentümer im Grundbuch eingetragen ist, Rechte und Pflichten nach dem WEG zukommen. Diese Frage regelt § 8 Absatz 3. Er tritt damit an die Stelle des richterrechtlich geschaffenen Instituts des sogenannten werdenden Wohnungseigentümers. Nach dieser Vorschrift gelten Erwerber, deren Ansprüche durch Vormerkung im Grundbuch gesichert sind und denen der Besitz übergeben wurde, im Innenverhältnis anstelle des teilenden Eigentümers als Wohnungseigentümer.

Die Vorschrift gilt – genauso wie das richterrechtliche Institut des sogenannten werdenden Wohnungseigentümers – nur für den erstmaligen Erwerb von Wohnungseigentum vom teilenden Eigentümer. Denn nur insoweit besteht aufgrund der Besonderheiten des Bauträgervertragsrechts bei typisierter Betrachtung die Gefahr, dass ein erheblicher Zeitraum zwischen dem Übergang von Lasten und Nutzungen und dem Eigentumsübergang liegt. Aus Gründen der Rechtssicherheit ist der Erwerb im Rahmen eines Bauträgervertrages gleichwohl nicht tatbestandliche Voraussetzung. Erfasst sind vielmehr alle Verträge, aus denen sich ein Übertragungsanspruch ergibt, etwa auch Schenkungsverträge. Teilender Eigentümer ist die Person, in deren Eigentum das Grundstück in dem Zeitpunkt steht, in dem die Wohnungsgrundbücher angelegt werden.

Ebenfalls aus Gründen der Rechtssicherheit sieht § 8 Absatz 3 keine zeitliche Grenze vor. Der Bundesgerichtshof hat bislang offengelassen, ob die Eigenschaft als sogenannter werdender Wohnungseigentümer nur innerhalb eines bestimmten zeitlichen Zusammenhangs zur Entstehung der Gemeinschaft der Wohnungseigentümer erworben werden kann (Urteil vom 11. Mai 2012 – V ZR 196/11 Randnummer 12). Die damit verbundene Rechtsunsicherheit beseitigt § 8 Absatz 3, indem jeder Erwerb vom teilenden Eigentümer erfasst ist, unabhängig davon, wie viel Zeit seit der Anlegung der Wohnungsgrundbücher oder dem Eigentumserwerb anderer Erwerber vergangen ist.

§ 8 Absatz 3 setzt einen durch Vormerkung im Grundbuch gesicherten Anspruch auf Übertragung von Wohnungseigentum voraus. Wie sich aus § 9a Absatz 1 Satz 2 WEG-E ergibt, müssen zudem die Wohnungsgrundbücher angelegt worden sein. Denn solange das Wohnungseigentum als sachenrechtliches Zuordnungsobjekt nicht existiert, sind auch die Vorschriften des WEG nicht anwendbar. Insoweit weicht § 8 Absatz 3 aus Gründen der Rechtsklarheit von dem richterrechtlichen Institut des sogenannten werdenden Wohnungseigentümers ab, nach dem eine Vormerkung an dem noch ungeteilten Grundstück genügt (vergleiche BGH, Beschluss vom 5. Juni 2008 – V ZB 85/07 Randnummer 15).

Für den von § 8 Absatz 3 vorausgesetzten Besitz genügt es, wenn dem Erwerber die zum Sondereigentum gehörenden Räume übergeben wurden. Damit wird klargestellt, dass es weder auf die Übergabe, noch auf die Fertigstellung des gemeinschaftlichen Eigentums ankommt; auch die Übergabe von außerhalb des Gebäudes liegenden Teilen des Grundstücks, auf die sich das Sondereigentum womöglich erstreckt, spielt keine Rolle.

Die Rechtsfolge des § 8 Absatz 3 besteht darin, dass der Erwerber im Innenverhältnis als Wohnungseigentümer behandelt wird, obwohl er das vor Eigentumsumschreibung noch gar nicht ist. Der Erwerber tritt damit hinsichtlich der Rechte und Pflichten nach dem WEG an die Stelle des aufteilenden Eigentümers. Die Vorschrift betrifft nur das Innenverhältnis, also das Rechtsverhältnis des Erwerbers gegenüber der Gemeinschaft der Wohnungseigentümer und den anderen Wohnungseigentümern neben dem teilenden Eigentümer. Das Verhältnis gegenüber Dritten bleibt von § 8 Absatz 3 unberührt. Das Gleiche gilt für Rechte und Pflichten nach anderen Vorschriften als denen des WEG (etwa Ansprüche wegen Beeinträchtigung des Sondereigentums nach § 1004 BGB).

Zu Nummer 9 (§ 9 Absatz 1)

§ 9 Absatz 1 Nummer 2 ist praktisch nicht relevant geworden und wird im Interesse der Rechtsvereinfachung gestrichen. Auch im Falle der Zerstörung bedarf es deshalb einer Aufhebung im Sinne von Nummer 1.

Die bisherige Nummer 3 tritt an die Stelle der aufgehobenen Nummer 2.

Zu Nummer 10 (Abschnitt 3 – §§ 9a und 9b)

In dem neuem Abschnitt 3 werden die wesentlichen Vorschriften zusammengefasst, die die rechtsfähige Gemeinschaft der Wohnungseigentümer betreffen.

Zu § 9a allgemein

§ 9a regelt die Rechts- und Prozessfähigkeit sowie Entstehung und Bezeichnung (Absatz 1), die Kompetenz zur Ausübung von Rechten sowie zur Wahrnehmung von Pflichten der Wohnungseigentümer (Absatz 2), das Gemeinschaftsvermögen (Absatz 3), die Haftung der Wohnungseigentümer (Absatz 4) und die Insolvenzfähigkeit (Absatz 5).

Zu § 9a Absatz 1 Satz 1

§ 9a Absatz 1 Satz 1 ordnet die Rechts- und Prozessfähigkeit der Gemeinschaft der Wohnungseigentümer an. Er entspricht inhaltlich dem geltenden § 10 Absatz 6 Satz 1 und 5. Nicht übernommen wird die Formulierung aus § 10 Absatz 6 Satz 1, nach dem die Gemeinschaft der Wohnungseigentümer »im Rahmen der gesamten Verwaltung des gemeinschaftlichen Eigentums« Rechte erwerben und Pflichten eingehen kann. Denn die damit angedeutete Beschränkung der Rechtsfähigkeit auf den Verbandszweck ist dem deutschen Recht fremd (siehe etwa Häublein, ZWE 2017, 429 ff.).

Zu § 9a Absatz 1 Satz 2

§ 9a Absatz 1 Satz 2 sieht vor, dass die rechtsfähige Gemeinschaft der Wohnungseigentümer in dem Zeitpunkt entsteht, in dem die Wohnungsgrundbücher angelegt werden. Ab diesem Zeitpunkt finden daher die Vorschriften des WEG Anwendung.

Der zweite Halbsatz der Vorschrift stellt klar, dass dies auch bei einer Teilung nach § 8 gilt. In diesem Fall ist zunächst nur der teilende Eigentümer Mitglied der Gemeinschaft; die Gemeinschaft entsteht also als sogenannte Ein-Personen-Gemeinschaft. Bislang stand der geltende § 10 Absatz 7 Satz 4 der Annahme einer Ein-Personen-Gemeinschaft entgegen (vergleiche BGH, Beschluss vom 5. Juni 2008 – V ZB 85/07 Randnummer 12); diese Vorschrift wird aufgehoben. Ab Anlegung der Wohnungsgrundbücher kann die Anlage daher nach den Vorschriften des WEG verwaltet werden. Ab diesem Zeitpunkt kann auch die rechtsfähige Gemeinschaft der Wohnungseigentümer am Rechtsverkehr teilnehmen. Die Vorschriften des WEG sind dabei in vollem Umfang anwendbar. Der Entwurf sieht im Interesse einer flexiblen Verwaltung keine Sondervorschriften für den Zeitraum vor, in dem nur der aufteilende Eigentümer Mitglied der Gemeinschaft ist. Zwar können die späteren Erwerber ordnungswidrige Beschlüsse, die der aufteilende Eigentümer gefasst hat, aufgrund Fristablaufs in der Regel nicht mehr anfechten. Sie können die Beschlüsse aber durch einen erneuten Beschluss aufheben, weil der teilende Eigentümer keinen Anspruch darauf hat, dass seine Entscheidungen dauerhaften Bestand haben. Ob im Einzelfall sogar ein Anspruch auf einen solchen Aufhebungsbeschluss besteht, kann der Klärung durch Rechtsprechung und Wissenschaft überlassen bleiben. Die Erwerber werden zudem dadurch geschützt, dass die Ein-Personen-Gemeinschaft in der Regel Verbraucherin im Sinne des § 13 BGB ist und die von ihr geschlossenen Verträge deshalb den verbraucherschützenden Vorschriften der §§ 305 ff. BGB genügen müssen. Der Bundesgerichtshof hat zwar bislang nur entschieden, den Verbraucherschutz jedenfalls dann auf eine Gemeinschaft der Wohnungseigentümer zu erstrecken, wenn dieser mindestens eine natürliche Person als Verbraucher angehört (BGH, Urteil vom 25. März 2015 – VIII ZR 243/13, Randnummern 35 ff.). Die dahinterliegende Wertung, dass eine natürliche Person ihre Verbrauchereigenschaft nicht dadurch verliert, dass sie in die Gemeinschaft der Wohnungseigentümer eintritt, gilt aber für eine Ein-Personen-Gemeinschaft ebenso, wenn diese auf den Eintritt von Verbrauchern gerichtet ist. Auch einer gesonderten Regelung zur Bestellung des ersten Verwalters durch den teilenden Eigentümer bedarf es nicht. Denn dieser kann jedenfalls ab Anlegung der Wohnungsgrundbücher einen Bestellungsbeschluss fassen.

Die Vorschrift macht das richterrechtlich geschaffene Institut der sogenannten werdenden Gemeinschaft obsolet (vergleiche im Einzelnen die Begründung zu § 8 Absatz 3). Gegenüber diesem Institut hat die Regelung nicht nur den Vorteil der höheren Rechtssicherheit, indem an die für den Rechtsverkehr erkennbare Anlegung der Wohnungsgrundbücher angeknüpft wird. Die Anwendbarkeit des WEG und die Entstehung der Gemeinschaft der Wohnungseigentümer werden auch zeitlich vorverlegt, da es nicht mehr darauf ankommt, wann eine Person die Eigenschaft als sogenannter werdender Wohnungseigentümer erwirbt. Die Gemeinschaft der Wohnungseigentümer kann deshalb etwa Versorgungsverträge schon vor dem Einzug des ersten Erwerbers abschließen. Dadurch erübrigen sich die Probleme, die nach geltendem Recht dadurch entstehen, dass Verträge, die vor Entstehung der sogenannten werdenden Gemeinschaft vom teilenden Eigentümer geschlossen werden, auf die Gemeinschaft der Wohnungseigentümer übergeleitet werden müssen (vergleiche etwa Falkner, in: BeckOGK-WEG, 2019, § 10 Randnummern 53 ff.).

Besondere Vorschriften zur Beendigung der Gemeinschaft der Wohnungseigentümer sieht der Entwurf nicht vor. § 9a Absatz 1 Satz 2 bringt aber mit hinreichender Deutlichkeit zum Ausdruck, dass die Gemeinschaft der Wohnungseigentümer als solche untrennbar an die Existenz des sachenrechtlichen Wohnungseigentums gebunden ist, dessen Verwaltung sie dient. Die Gemeinschaft der Wohnungseigentümer erlischt deshalb, wenn das

Wohnungseigentum infolge der Schließung der Wohnungsgrundbücher untergeht (vergleiche § 9). Für eine eventuell notwendige Liquidation des Gemeinschaftsvermögens gelten die allgemeinen Grundsätze. Der Entwurf verzichtet auf eine Regelung dieses praktisch seltenen Falls.

Zu § 9a Absatz 1 Satz 3

§ 9a Absatz 1 Satz 3 entspricht – unter sprachlicher Anpassung – dem geltenden § 10 Absatz 6 Satz 4. Dabei tritt nach dem Entwurf neben die Bezeichnung »Wohnungseigentümergemeinschaft« wahlweise die dem Gesetz entsprechende Bezeichnung »Gemeinschaft der Wohnungseigentümer«.

Zu § 9a Absatz 2

§ 9a Absatz 2 regelt, welche Rechte der Wohnungseigentümer durch die Gemeinschaft der Wohnungseigentümer ausgeübt und welche Pflichten durch sie wahrgenommen werden. Die Vorschrift tritt damit an die Stelle des geltenden § 10 Absatz 6 Satz 3. Die Vorschrift betrifft aber nur Rechte und Pflichten der Wohnungseigentümer, die nicht auf den Vorschriften des WEG beruhen; sogenannte Sozialansprüche und -pflichten fallen nicht in den Anwendungsbereich von § 9a Absatz 2. Denn soweit das WEG den Wohnungseigentümern in einzelnen Vorschriften Rechte und Pflichten zuordnet, gehen diese Vorschriften der Anwendung von § 9a Absatz 2 vor.

Der geltende § 10 Absatz 6 Satz 3 unterscheidet zwischen der sogenannten geborenen Ausübungs- beziehungsweise Wahrnehmungsbefugnis, die aufgrund gesetzlicher Anordnung besteht, und der sogenannten gekorenen Ausübungs- beziehungsweise Wahrnehmungsbefugnis, die einen Beschluss der Wohnungseigentümer voraussetzt. Dieses Konzept wird aufgegeben. Nach § 9a Absatz 2 übt die Gemeinschaft der Wohnungseigentümer kraft Gesetzes die dort genannten Rechte aus und nimmt die entsprechenden Pflichten wahr. Eine auf einem Beschluss beruhende besondere Ausübungs- beziehungsweise Wahrnehmungsbefugnis (sogenannte gekorene Ausübungs- beziehungsweise Wahrnehmungsbefugnis) sieht der Entwurf nicht mehr vor.

Nach § 9a Absatz 2 übt die Gemeinschaft der Wohnungseigentümer zunächst die sich aus dem gemeinschaftlichen Eigentum ergebenden Rechte der Wohnungseigentümer aus. Diese gesetzliche Befugnis bezieht sich auf alle Rechte der Wohnungseigentümer, die aus dem Miteigentum am gemeinschaftlichen Eigentum fließen. Damit knüpft der Entwurf an die aus § 1011 BGB bekannte Formulierung an. Erfasst sind insbesondere Ansprüche aus § 1004 BGB wegen einer Beeinträchtigung des gemeinschaftlichen Eigentums. Nach dem Entwurf ist es Aufgabe der Gemeinschaft der Wohnungseigentümer, das gemeinschaftliche Eigentum zu verwalten (vergleiche § 18 Absatz 1 WEG-E). Folgerichtig verwaltet die Gemeinschaft der Wohnungseigentümer auch die sich aus dem gemeinschaftlichen Eigentum ergebenden Rechte.

Daneben übt die Gemeinschaft der Wohnungseigentümer auch die Rechte der Wohnungseigentümer aus, die eine einheitliche Rechtsverfolgung erfordern, auch wenn sich diese Rechte nicht aus dem gemeinschaftlichen Eigentum ergeben. Diese Regelung knüpft an das Kriterium der Gemeinschaftsbezogenheit des geltenden § 10 Absatz 6 Satz 3 an. Der Entwurf übernimmt indes nicht diesen als konturlos kritisierten Begriff (vergleiche etwa Falkner, in: BeckOGK-WEG, 2019, § 10 Randnummern 529 ff.), sondern lehnt sich an dessen Definition durch den Bundesgerichtshof an. Erforderlich ist eine Rechtsausübung durch die Gemeinschaft der Wohnungseigentümer demnach, wenn schutzwürdige Belange der Wohnungseigentümer oder des Schuldners an einer einheitlichen Rechtsverfolgung das grundsätzlich vorrangige Interesse des Wohnungseigentümers, seine Rechte selbst und eigenverantwortlich auszuüben und prozessual durchzusetzen, deutlich überwiegen (BGH, Urteil vom 24. Juli 2015 – V ZR 167/14 Randnummern 12 f.). § 9a Absatz 2 entspricht insoweit also dem geltenden Recht. Dem Rechtsanwender bleibt damit weiterhin die Möglichkeit, der Gemeinschaft der Wohnungseigentümer aufgrund einer Abwägungsentscheidung ein Recht zur Ausübung zuzuordnen, um in besonders gelagerten Ausnahmefällen sachgerechte Ergebnisse zu erzielen. Eine den Rechtsverkehr übermäßig belastende Rechtsunsicherheit ist damit nicht verbunden, weil der Bundesgerichtshof die sogenannte geborene Ausübungsbefugnis des geltenden Rechts bereits durch eine Reihe von Entscheidungen näher konkretisiert hat.

Im Ergebnis erweitert der Entwurf die sogenannte geborene Ausübungsbefugnis auf diejenigen Rechte, die sich aus dem gemeinschaftlichen Eigentum ergeben, die nach geltendem Recht aber nur in den Anwendungsbereich der sogenannten gekorenen Ausübungsbefugnis fallen. Dies gilt insbesondere für Ansprüche aus § 1004 BGB. Eine allgemeine, dem geltenden § 10 Absatz 6 Satz 3 Halbsatz 2 entsprechende durch Beschluss zu begründende sogenannte gekorene Ausübungsbefugnis sieht der Entwurf nicht mehr vor. Denn der Entzug der Ausübungsbefugnis ist ein gravierender Eingriff in die durch Artikel 2 Absatz 1 des Grundgesetzes geschützte Privatautonomie des Wohnungseigentümers (vergleiche BGH, Urteil vom 24. Juli 2015 – V ZR 167/14 Randnummer 12). Ein solcher Eingriff ist grundsätzlich nur in den in § 9a Absatz 2 genannten Fällen gerechtfertigt. Eine durch Beschluss begründete, im Außenverhältnis wirkende Ausübungsbefugnis widerspricht auch dem berechtigten Interesse des Rechtsverkehrs an einer klaren Zuordnung von Rechten und Pflichten.

Die Rechtsprechung zum Bauträgervertragsrecht, wonach die Gemeinschaft der Wohnungseigentümer nach Beschlussfassung bestimmte Mängelrechte ausüben kann (zusammenfassend BGH, Urteil vom 12. April 2007 – VII ZR 236/05 Randnummern 15 ff.), lässt der Entwurf unberührt. Denn diese Rechtsprechung beruht nicht auf dem geltenden § 10 Absatz 6 Satz 3, sondern ist schon zur Rechtslage vor der WEG-Novelle 2007 entwickelt worden. Die Streichung der gekorenen Ausübungsbefugnis nach dem geltenden § 10 Absatz 6 Satz 3 Halbsatz 2 hat daher keine Auswirkungen. Soweit in anderen Fällen Rechte eines Wohnungseigentümers durch die Gemeinschaft der Wohnungseigentümer verfolgt werden sollen, ist das ebenfalls nur noch nach allgemeinen Regeln möglich (zum Beispiel durch Übertragung des Rechts oder Einräumung einer Prozessstandschaft).

Soweit auf Grundlage des geltenden § 10 Absatz 6 Satz 3 Halbsatz 2 Beschlüsse gefasst wurden, verlieren diese nach allgemeinen Grundsätzen mit Inkrafttreten der Neuregelung für die Zukunft ihre Wirkung (vergleiche zu gesetzlichen Verboten Sack/Seibl, in: Staudinger, BGB, 2017, § 134 Randnummer 55).

Die Wahrnehmung von Pflichten der Wohnungseigentümer durch die Gemeinschaft der Wohnungseigentümer regelt § 9a Absatz 2 Halbsatz 2. Sie unterliegt denselben Voraussetzungen, die für die Rechte der Wohnungseigentümer gelten.

Zu § 9a Absatz 3

§ 9a Absatz 3 legaldefiniert zunächst den Begriff des Gemeinschaftsvermögens als das Vermögen der Gemeinschaft der Wohnungseigentümer.

Daneben verweist er auf Vorschriften, die für die Verwaltung dieses Gemeinschaftsvermögens entsprechend gelten. Dabei stellt der Verweis auf § 18 WEG-E zunächst klar, dass die Verwaltung des Gemeinschaftsvermögens durch die Gemeinschaft der Wohnungseigentümer erfolgt (§ 18 Absatz 1 WEG-E). Jedem Wohnungseigentümer steht auch insoweit ein Anspruch gegen die Gemeinschaft der Wohnungseigentümer auf ordnungsmäßige Verwaltung und Benutzung zu (§ 18 Absatz 2 WEG-E). Jeder Wohnungseigentümer kann zudem sogenannte Notmaßnahmen im Sinne des § 18 Absatz 3 WEG-E auch im Hinblick auf das Gemeinschaftsvermögen treffen. Soweit der Verweis auch § 18 Absatz 4 WEG-E erfasst, dient dies nur der Klarstellung, denn der Begriff der Verwaltungsunterlagen schließt bereits begrifflich die Unterlagen ein, die im Rahmen der Verwaltung des Gemeinschaftsvermögens relevant sind. Der Verweis auf § 19 Absatz 1 WEG-E macht deutlich, dass über die Verwaltung und Benutzung des Gemeinschaftsvermögens durch Beschluss entschieden werden kann, soweit keine Vereinbarung der Wohnungseigentümer besteht. Schließlich gelten die Aufgaben und Befugnisse des Verwalters nach § 27 WEG-E für die Verwaltung des Gemeinschaftsvermögens entsprechend.

Darüber hinaus gelten für das Gemeinschaftsvermögen einzelne Vorschriften des § 16 WEG-E unmittelbar: Die Früchte des Gemeinschaftsvermögens sind nach Miteigentumsanteilen zu verteilen (§ 16 Absatz 1 Satz 1 und 2 WEG-E). Auch die Kosten sind grundsätzlich nach Miteigentumsanteilen zu tragen (§ 16 Absatz 2 Satz 1 WEG-E); eine abweichende Verteilung kann aber beschlossen werden (§ 16 Absatz 2 Satz 2 WEG-E).

Der Entwurf sieht hingegen keine unmittelbare oder entsprechende Anwendung der Vorschriften der § 16 Absatz 1 Satz 3 WEG-E und § 20 WEG-E vor. Denn sonst könnten Individualrechte einzelner Wohnungseigentümer auf Mitgebrauch und bauliche Maßnahmen in Bezug auf Sachen entstehen, die sich im Gemeinschaftsvermögen befinden. Solche Rechte sind schon in Anbetracht der bloßen Hilfsfunktion des Gemeinschaftsvermögens für die Verwaltung des gemeinschaftlichen Eigentums nicht gerechtfertigt. Sie könnten zudem eine wirtschaftlich sinnvolle Verwertung des Gemeinschaftsvermögens behindern.

Zu § 9a Absatz 4

§ 9a Absatz 4 entspricht dem geltenden § 10 Absatz 8 Satz 1 bis 3.

Der geltende § 10 Absatz 8 Satz 4 wird nicht übernommen. Er beschränkt die Haftung eines Wohnungseigentümers wegen nicht ordnungsmäßiger Verwaltung gegenüber der Gemeinschaft der Wohnungseigentümer auf dessen Miteigentumsquote. Damit soll die Umgehung der beschränkten Außenhaftung verhindert werden, könnte doch ein Gläubiger der Gemeinschaft der Wohnungseigentümer einen im Innenverhältnis unbegrenzten Anspruch pfänden. Diese Privilegierung ist indes nicht gerechtfertigt: Verletzt ein Wohnungseigentümer schuldhaft seine Pflichten und muss er deshalb nach allgemeinen Vorschriften der Gemeinschaft der Wohnungseigentümer für den entstehenden Schaden in voller Höhe einstehen, ist eine quotale Begrenzung dieser Einstandspflicht nicht angemessen. Wirtschaftlich führt sie zudem zu einer unbilligen Belastung der übrigen Wohnungseigentümer. An dieser Bewertung ändert auch eine mögliche Pfändung durch einen Gläubiger der Gemeinschaft der Wohnungseigentümer nichts. Denn für den verpflichteten Wohnungseigentümer spielt es keine Rolle, ob er von der Gemeinschaft der Wohnungseigentümer oder einem ihrer Gläubiger im Wege der Pfändung in Anspruch genommen wird.

Zu § 9a Absatz 5

§ 9a Absatz 5 entspricht inhaltlich dem geltenden § 11 Absatz 3.

Zu § 9b allgemein

§ 9b regelt die Vertretung der Gemeinschaft der Wohnungseigentümer. Diese obliegt grundsätzlich dem Verwalter (Absatz 1 Satz 1). Hat die Gemeinschaft der Wohnungseigentümer keinen Verwalter, obliegt sie den Wohnungseigentümern gemeinschaftlich (Absatz 1 Satz 2). Über die Vertretung gegenüber dem Verwalter entscheiden die Wohnungseigentümer durch Beschluss (Absatz 2).

Eine Vertretung der einzelnen Wohnungseigentümer durch den Verwalter (vergleiche den geltenden § 27 Absatz 2) sieht der Entwurf nicht mehr vor. In materieller Hinsicht ist sie nicht notwendig, weil die rechtsfähige Gemeinschaft der Wohnungseigentümer in Gemeinschaftsanlegenheiten am Rechtsverkehr teilnimmt und nicht die Wohnungseigentümer als solche. Aufgrund der nach § 44 Absatz 2 WEG-E vorgesehenen Passivlegitimation der rechtsfähigen Gemeinschaft der Wohnungseigentümer in Beschlussklagen ist eine Vertretung der einzelnen Wohnungseigentümer auch prozessual nicht mehr notwendig. Soweit die rechtsfähige Gemeinschaft der Wohnungseigentümer nach § 9a Absatz 2 WEG-E bestimmte Rechte und Pflichten der einzelnen Wohnungseigentümer wahrnimmt, bedarf es ohnehin keiner Vertretung der einzelnen Wohnungseigentümer. Alle anderen Rechte und Pflichten können und müssen die Wohnungseigentümer selbst ausüben und wahrnehmen.

Zu § 9b Absatz 1

Nach § 9b Absatz 1 Satz 1 vertritt der Verwalter die Gemeinschaft der Wohnungseigentümer gerichtlich und außergerichtlich. Seine Vertretungsmacht ist nach § 9b Absatz 1 Satz 3 unbeschränkt und kann auch nicht durch Vereinbarung oder Beschluss beschränkt werden. Die Wohnungseigentümer sind nach § 9b Absatz 1 Satz 2 zur gemeinschaftlichen Vertretung nur berechtigt, wenn die Gemeinschaft der Wohnungseigentümer keinen Verwalter hat. Auch diese Ersatzvertretungsbefugnis kann nach § 9b Absatz 1 Satz 3 nicht durch Vereinbarung oder Beschluss eingeschränkt werden.

§ 9b Absatz 1 erleichtert zum einen den Rechtsverkehr mit der Gemeinschaft der Wohnungseigentümer. Wer mit einem Verwalter einen Vertrag schließt, muss nicht mehr befürchten, dass dessen Vertretungsmacht für den Abschluss des Vertrags nicht ausreicht. Dies dient zugleich dem Interesse der Wohnungseigentümer, über die rechtsfähige Gemeinschaft der Wohnungseigentümer effizient am Rechtsverkehr teilnehmen zu können. Der Entwurf entspricht insoweit Empfehlungen, die bereits im Rahmen der WEG-Novelle 2007 unterbreitet wurden (vergleiche etwa Schmidt-Räntsch in der sachverständigen Stellungnahme anlässlich der öffentlichen Anhörung vor dem Rechtsausschuss am 18. September 2006, Seite 13).

Zum anderen werden Probleme beseitigt, die nach geltendem Recht bei einseitigen Rechtsgeschäften bestehen. Denn nach herrschender Meinung kann ein vom Verwalter als Vertreter der Gemeinschaft der Wohnungseigentümer vorgenommenes einseitiges Rechtsgeschäft nach § 174 Satz 1 BGB zurückgewiesen werden (BGH, Urteil vom 20. Februar 2014 – III ZR 443/13). Dies kommt nach § 9b Absatz 1 nicht mehr in Betracht. Denn jedenfalls auf unbeschränkt und unbeschränkbar vertretungsberechtigte Organe ist § 174 BGB nicht anwendbar. Auch die Rechtsprechung des Bundesgerichtshofs zur Anwendung von § 174 BGB auf die Vertretung von Gesellschaften bürgerlichen Rechts ist nicht auf die Gemeinschaft der Wohnungseigentümer übertragbar. Denn diese Rechtsprechung bezieht sich auf den Fall, dass die Vertretung der Gesellschaft bürgerlichen Rechts von den gesetzlichen Vorschriften der §§ 709, 714 BGB abweicht (vergleiche BGH, Urteil vom 9. November 2001 – LwZR 4/01). Das ist bei der Gemeinschaft der Wohnungseigentümer nicht denkbar, da von der gesetzlich vorgesehenen Vertretungsmacht nach § 9b Absatz 1 Satz 3 nicht abgewichen werden kann. Dass die Person des Verwalters nicht aus einem Register ersichtlich ist, ändert daran nichts; § 174 BGB mutet nämlich die mit der Inanspruchnahme gesetzlicher Vertretung verbundene Unsicherheit über das Bestehen der behaupteten Vertretungsmacht – unabhängig von der Existenz eines Registers – dem Erklärungsempfänger zu (BGH, Urteil vom 9. November 2001 – LwZR 4/01).

In einer verwalterlosen Gemeinschaft sind die Wohnungseigentümer nach Satz 2 gemeinschaftlich zur Vertretung berechtigt. Sind sich alle Wohnungseigentümer einig, können sie nach den allgemeinen Grundsätzen der Gesamtvertretung freilich auch einen oder mehrere von ihnen ermächtigen. Eine Ermächtigung durch Mehrheitsbeschluss scheidet dagegen aus (vergleiche auch die Begründung zu § 9b Absatz 2). Ist eine Willenserklärung gegenüber der verwalterlosen Gemeinschaft der Wohnungseigentümer abzugeben, so genügt nach allgemeinen Grundsätzen die Abgabe gegenüber einem Wohnungseigentümer (vergleiche BGH, Beschluss vom 14. Dezember 1974 – II ZB 6/73).

Zu § 9b Absatz 2

§ 9b Absatz 2 sieht in Anlehnung an § 46 Nummer 8 Gesetz betreffend die Gesellschaften mit beschränkter Haftung (GmbHG) eine Beschlusskompetenz vor, die Vertretung der Gemeinschaft der Wohnungseigentümer gegenüber dem Verwalter zu regeln, wenn dieser außergerichtlich nach § 181 BGB beziehungsweise gerichtlich nach allgemeinen prozessrechtlichen Grundsätzen (vergleiche Ellenberger, in: Palandt, BGB, 79. Auflage 2020, § 181 Randnummer 5) von der Vertretung der Gemeinschaft der Wohnungseigentümer ausgeschlossen ist. In diesen Fällen kann zum Beispiel ein Wohnungseigentümer zur Vertretung ermächtigt werden.

Außerhalb des Anwendungsbereichs des § 9b Absatz 2 sieht der Entwurf keine Beschlusskompetenz der Wohnungseigentümer für die Vertretung vor. Insbesondere können einzelne Wohnungseigentümer nicht durch Beschluss anstelle oder neben dem Verwalter zu Vertretern der Gemeinschaft der Wohnungseigentümer gekürt werden. Diese Möglichkeit wird zum Schutz der Minderheit ausgeschlossen, der die Existenz eines Vertreters, der nicht gleichzeitig die aus der Stellung als Verwalter folgenden Pflichten hat, nicht zuzumuten ist. Möchte die Mehrheit durch Beschluss einen Vertreter küren, ist ihr dies möglich, indes nur durch Bestellung eines Verwalters. Soweit auf Grundlage des geltenden § 27 Absatz 3 Satz 3 Ermächtigungsbeschlüsse gefasst wurden, verlieren diese nach allgemeinen Grundsätzen mit Inkrafttreten der Neuregelung für die Zukunft ihre Wirkung (vergleiche zu gesetzlichen Verboten Sack/Seibl, in: Staudinger, BGB, 2017, § 134 Randnummer 55).

Zu Nummer 11 (Abschnitt 4)

Der bisherige 2. Abschnitt wird Abschnitt 4. Aufgrund der Rechtsfähigkeit der Gemeinschaft der Wohnungseigentümer regeln die §§ 10 ff. nicht mehr nur das Rechtsverhältnis der Wohnungseigentümer untereinander, sondern auch deren Rechtsverhältnis zur Gemeinschaft der Wohnungseigentümer. Der Abschnitt erhält deshalb die Überschrift »Rechtsverhältnis der Wohnungseigentümer untereinander und zur Gemeinschaft der Wohnungseigentümer«.

Zu Nummer 12 (§ 10)

Zu Buchstabe a (Absatz 1 – alt –)

Der geltende § 10 Absatz 1 sieht vor, dass die Rechte und Pflichten nach dem WEG grundsätzlich den Wohnungseigentümern zustehen. Weil das WEG in der Regel den Wohnungseigentümer als solchen adressiert, wenn es dessen Rechte und Pflichten regelt, bedarf es dieser allgemeinen Vorschrift nicht. Sie wird deshalb aufgehoben.

Zu Buchstabe b (Absatz 1 – neu –)

Die Vorschriften, die in dem geltenden § 10 Absatz 2 Satz 1 und 2 enthalten sind, bilden § 10 Absatz 1 WEG-E. In dieser Vorschrift geht auch der geltende § 15 Absatz 1 auf. Der Wortlaut von § 10 Absatz 1 Satz 1 WEG-E wird der Tatsache angepasst, dass die §§ 10 ff. nicht nur das Rechtsverhältnis der Wohnungseigentümer untereinander, sondern auch das Rechtsverhältnis zur Gemeinschaft der Wohnungseigentümer regeln. Soweit die Vorschrift auf die Vorschriften des BGB über die Gemeinschaft verweist, gilt dieser Verweis freilich nur für das Verhältnis der Wohnungseigentümer untereinander, da die Gemeinschaft nach den Vorschriften des BGB nicht rechtsfähig ist.

Zu Buchstabe c (Absatz 2)

§ 10 Absatz 2 WEG-E entspricht dem geltenden § 10 Absatz 2 Satz 3, der den Anspruch auf Anpassung einer Vereinbarung regelt.

Zu Buchstabe d (Absatz 3)

Nach § 10 Absatz 3 Satz 1 WEG-E wirken Beschlüsse, die aufgrund einer Vereinbarung gefasst werden, nur gegen Sondernachfolger, wenn sie im Grundbuch eingetragen sind (vergleiche auch die Begründung zu § 5 Absatz 4 Satz 1). § 10 Absatz 3 Satz 2 WEG-E stellt zugleich klar, dass Beschlüsse, die nicht aufgrund einer Vereinbarung, sondern aufgrund einer gesetzlichen Beschlusskompetenz gefasst werden, auch ohne Eintragung im Grundbuch gegen Sondernachfolger wirken. § 10 Absatz 3 Satz 2 WEG-E tritt damit inhaltlich an die Stelle des geltenden § 10 Absatz 4.

Zu Buchstabe e (Absätze 4 bis 8 – alt –)

§ 10 Absatz 4 bis 8 wird aufgehoben.

Absatz 4 geht in § 10 Absatz 3 Satz 2 WEG-E auf (zur Wirkung gerichtlicher Entscheidungen gegen Sondernachfolger siehe die Begründung zu § 44 Absatz 3).

Absatz 5 hat aufgrund der Rechtsfähigkeit der Gemeinschaft der Wohnungseigentümer keinen Anwendungsbereich mehr. Denn im Außenverhältnis wird allein die Gemeinschaft der Wohnungseigentümer verpflichtet, nicht die einzelnen Wohnungseigentümer.

Die Absätze 6 bis 8 werden inhaltlich durch den neuen § 9a ersetzt.

Zu Nummer 13 (§ 11)

Zu Buchstabe a (Überschrift)

Die Überschrift von § 11 wird daran angepasst, dass die Vorschrift nicht nur die grundsätzliche Unauflöslichkeit der Gemeinschaft anordnet, sondern auch die Voraussetzungen und Folgen einer Aufhebung regelt.

Zu Buchstabe b (Absatz 3)

Die fehlende Insolvenzfähigkeit der Gemeinschaft der Wohnungseigentümer, die bisher in § 11 Absatz 3 geregelt ist, findet sich nach dem Entwurf in § 9a Absatz 5. An die Stelle des geltenden § 11 Absatzes 3 tritt – inhaltlich unverändert – die Vorschrift des geltenden § 17, die sich mit der Verteilung nach einer Aufhebung befasst.

Zu Nummer 14 (§ 12 Absatz 4)

Zu Buchstabe a (Satz 1)

§ 25 Absatz 1 WEG-E regelt allgemein, dass Beschlüsse mit Stimmenmehrheit gefasst werden. Die Bezugnahme auf die Stimmenmehrheit in § 12 Absatz 4 Satz 1 wird deshalb gestrichen; inhaltliche Änderungen sind damit nicht verbunden.

Zu Buchstabe b (Sätze 2, 4 und 5 – alt –)

Das WEG ist vom Prinzip der Vertragsfreiheit geprägt: Die Wohnungseigentümer können ihr Verhältnis untereinander und zur Gemeinschaft der Wohnungseigentümer grundsätzlich frei gestalten (vergleiche § 10 Absatz 1 Satz 2 WEG-E). Eine Einschränkung dieser Vertragsfreiheit dahingehend, dass die Beschlusskompetenz nach § 12 Absatz 4 Satz 1 nicht durch Vereinbarung ausgeschlossen oder eingeschränkt werden kann, ist nicht angemessen (vergleiche auch die Begründung zu § 47). § 12 Absatz 4 Satz 2 wird deshalb aufgehoben.

Die Sätze 4 und 5 werden inhaltlich durch den neuen Satz 3 ersetzt.

Zu Buchstabe c (Satz 3)

Die Aufhebung einer Veräußerungsbeschränkung wird auf Grundlage von § 12 Absatz 4 Satz 1 und damit auf gesetzlicher Grundlage beschlossen. Die Änderung von § 5 Absatz 4 Satz 1 lässt die Wirkungen eines Beschlusses nach § 12 Absatz 4 Satz 1 deshalb unberührt. Der Beschluss über die Aufhebung einer Veräußerungsbeschränkung gilt nach § 10 Absatz 3 Satz 2 WEG-E auch dann gegenüber Sondernachfolgern, wenn er nicht im Grundbuch eingetragen ist; materiell-rechtlich fällt die Veräußerungsbeschränkung – mit Wirkung auch für Sondernachfolger – bereits durch den Beschluss weg.

Allerdings ist die Veräußerungsbeschränkung im Bestandsverzeichnis des Grundbuchs eingetragen (vergleiche § 3 Absatz 2 Halbsatz 2 der Wohnungsgrundbuchverfügung, § 7 Absatz 3 Satz 2 WEG-E). Eine im Grundbuch eingetragene Veräußerungsbeschränkung ist deshalb im Grundbuchverfahren zu berücksichtigen, auch wenn sie durch einen Beschluss nach § 12 Absatz 4 Satz 1 materiell-rechtlich aufgehoben wurde. Aus diesem Grund sieht der geltende § 12 Absatz 4 Satz 3 vor, dass die Veräußerungsbeschränkung im Grundbuch gelöscht wird, wenn ein Beschluss über ihre Aufhebung gefasst wurde. An die Stelle der bisherigen Sätze 4 und 5 tritt ein Verweis auf § 7 Absatz 2 WEG-E. Inhaltliche Änderungen sind damit nicht verbunden. Antragsberechtigt ist neben dem einzelnen Wohnungseigentümer auch die Gemeinschaft der Wohnungseigentümer, die dabei in der Regel durch den Verwalter vertreten wird (§ 9b Absatz 1 Satz 1 WEG-E).

Zu Nummer 15 (§§ 13 bis 15)

Die geltenden §§ 13 bis 15 sind seit Inkrafttreten des WEG unverändert und wurden im Zuge der WEG-Novelle 2007 nicht an die Rechtsfähigkeit der Gemeinschaft der

Wohnungseigentümer angepasst. Die Vorschriften passen zudem nicht mehr ohne weiteres zu dem Konzept des Entwurfes, nach dem die Verwaltung des gemeinschaftlichen Eigentums der Gemeinschaft der Wohnungseigentümer obliegt (vergleiche § 18 Absatz 1). Aus diesem Grund werden die in den geltenden §§ 13 bis 15 geregelten Rechtsbeziehungen innerhalb der Gemeinschaft der Wohnungseigentümer in den §§ 13 und 14 WEG-E neu strukturiert. § 15 WEG-E regelt die Pflichten Dritter gegenüber der Gemeinschaft der Wohnungseigentümer und den Wohnungseigentümern.

Zu § 13 allgemein

§ 13 regelt nach dem Entwurf nur noch die Rechte des Wohnungseigentümers aus seinem Sondereigentum. Soweit der geltende § 13 Absatz 2 Rechte im Hinblick auf das gemeinschaftliche Eigentum enthält, finden sich diese nach dem Entwurf in § 16 Absatz 1 Satz 1 (Früchte) sowie in § 16 Absatz 1 Satz 3 (Mitgebrauch).

Zu § 13 Absatz 1

§ 13 Absatz 1 ist inhaltlich unverändert. Der Wortlaut wird an den neuen § 3 Absatz 2 angepasst, der es erlaubt, Sondereigentum auf außerhalb des Gebäudes liegende Teile des Grundstücks zu erstrecken. Außerdem wird die Bezugnahme auf Rechte Dritter gestrichen. Damit wird klargestellt, dass diese Vorschrift lediglich die Rechte des Wohnungseigentümers gegenüber anderen Wohnungseigentümern regelt. Die Rechtsstellung des Wohnungseigentümers gegenüber Dritten ergibt sich dagegen bereits aus § 903 BGB, da Sondereigentum Eigentum im Sinne des BGB ist (vergleiche auch die Begründung zu § 3 Absatz 1 Satz 1).

Zu § 13 Absatz 2

§ 13 Absatz 2 regelt die Zulässigkeit von baulichen Maßnahmen am Sondereigentum, die über dessen Instandhaltung und Instandsetzung hinausgehen. Die Maßnahmen, die über Instandhaltung und Instandsetzung hinausgehen, werden zugleich unter dem Oberbegriff der Erhaltung zusammengefasst, da eine Differenzierung zwischen beiden Begriffen weder sinnvoll noch notwendig ist. Der Sache nach regelt § 13 Absatz 2 damit bauliche Veränderungen des Sondereigentums. Der Begriff der baulichen Veränderung wird nur deshalb nicht verwendet, weil dieser nach § 20 Absatz 1 WEG-E auf das gemeinschaftliche Eigentum begrenzt ist.

§ 13 Absatz 2 erklärt § 20 WEG-E für entsprechend anwendbar. Es gelten deshalb für bauliche Maßnahmen am Sondereigentum grundsätzlich die gleichen Regeln wie für bauliche Veränderungen des gemeinschaftlichen Eigentums: Maßnahmen, die über die Erhaltung hinausgehen, dürfen im Grundsatz nur vorgenommen werden, wenn sie durch Beschluss gestattet wurden (§ 20 Absatz 1 WEG-E). Abweichend von § 20 Absatz 3 WEG-E benötigt ein Wohnungseigentümer für eine Veränderung des Sondereigentums aber keine Gestattung, wenn keinem anderen Wohnungseigentümer über das bei einem geordneten Zusammenleben unvermeidliche Maß hinaus ein Nachteil erwächst. Denn in diesen Fällen wäre die Pflicht, eine Gestattung einzuholen, eine unangemessene Beschränkung des Sondereigentums. § 20 Absatz 3 WEG-E bleibt aber anwendbar, wenn eine solche Beeinträchtigung zwar vorliegt, die betroffenen Wohnungseigentümer aber mit der baulichen Veränderung einverstanden sind; in diesem Fall besteht nach § 20 Absatz 3 WEG-E ein Anspruch auf die Gestattung durch Beschluss. Einen Anspruch auf Gestattung hat der Wohnungseigentümer auch, wenn es sich um eine nach § 20 Absatz 2 WEG-E privilegierte

Maßnahme handelt. Die Grenzen des § 20 Absatz 4 WEG-E gelten für Veränderungen des Sondereigentums ebenso.

Zu § 14 allgemein

Die Rechtsfähigkeit der Gemeinschaft der Wohnungseigentümer und ihre Rolle als Trägerin der Verwaltung (vergleiche § 18 Absatz 1 WEG-E) machen eine Neufassung von § 14 notwendig. § 14 WEG-E trennt zwischen den Pflichten der Wohnungseigentümer gegenüber der Gemeinschaft der Wohnungseigentümer (Absatz 1) und den Pflichten der Wohnungseigentümer untereinander (Absatz 2).

Zu § 14 Absatz 1

§ 14 Absatz 1 betrifft die Pflichten der Wohnungseigentümer gegenüber der Gemeinschaft der Wohnungseigentümer.

Zu § 14 Absatz 1 Nummer 1

§ 14 Absatz 1 Nummer 1 begründet die Pflicht jedes Wohnungseigentümers, das in der Gemeinschaft geltende Regelwerk einzuhalten. Dieses Regelwerk setzt sich aus den Vorschriften des WEG sowie den Vereinbarungen und den Beschlüssen der Wohnungseigentümer zusammen. Inhaltlich tritt die Vorschrift damit an die Stelle der geltenden § 15 Absatz 3 und § 21 Absatz 4. Dabei wird die unnötige Differenzierung zwischen Verwaltung und Gebrauch aufgegeben. Der Anspruch wird zudem allein der Gemeinschaft der Wohnungseigentümer zugewiesen. Denn soweit ein Verstoß gegen das Regelwerk keinen Wohnungseigentümer konkret, insbesondere in seinem Sondereigentum, beeinträchtigt, ist es sachgerecht, dass die damit zusammenhängenden Auseinandersetzungen nicht zwischen einzelnen Wohnungseigentümern geführt werden, sondern mit der Gemeinschaft der Wohnungseigentümer (vergleiche auch die Begründung zu § 14 Absatz 2 Nummer 1).

Zu § 14 Absatz 1 Nummer 2

§ 14 Absatz 1 Nummer 2 begründet die Pflicht jedes Wohnungseigentümers, Einwirkungen durch die Gemeinschaft der Wohnungseigentümer auf das Sondereigentum und das gemeinschaftliche Eigentum zu dulden, die den Vereinbarungen oder Beschlüssen entsprechen oder, falls keine entsprechenden Vereinbarungen oder Beschlüsse bestehen, aus denen ihm kein über das bei einem geordneten Zusammenleben unvermeidliche Maß hinausgehender Nachteil erwächst. Aus der Vorschrift folgt vor allem die Pflicht, Erhaltungs- und andere Baumaßnahmen zu dulden, die durch die Gemeinschaft der Wohnungseigentümer durchgeführt werden.

Die Vorschrift betrifft zunächst alle Einwirkungen, die einer Vereinbarung oder einem Beschluss entsprechen, also durch deren Ausführung bedingt sind. Duldungspflichtig sind demnach etwa Immissionen wie Baulärm, der durch die Ausführung eines Beschlusses über die Erhaltung des gemeinschaftlichen Eigentums verursacht wird. Die Vorschrift gilt auch für andere Einwirkungen wie etwa das Betreten des Sondereigentums; dieser Unterfall der Einwirkung wird aufgrund seiner besonderen praktischen Bedeutung im Wortlaut hervorgehoben. Das Betreten ist genauso wie jede andere Einwirkung nur dann zulässig, wenn dies vereinbart oder beschlossen wurde oder bei einem geordneten Zusammenleben unvermeidlich ist, insbesondere im Zusammenhang mit einer Notmaßnahme. Soweit nämlich die Pflicht zur Duldung nicht durch Vereinbarung oder Beschluss geregelt ist, ist jeder Wohnungseigentümer verpflichtet, Einwirkungen zu dulden, aus denen ihm über das bei einem geordneten Zusammenleben unvermeidliche Maß hinaus kein Nachteil erwächst. Dies entspricht dem Maßstab des geltenden § 14 Nummer 1.

Zu § 14 Absatz 2

§ 14 Absatz 2 betrifft die Pflichten der Wohnungseigentümer untereinander.

Zu § 14 Absatz 2 Nummer 1

§ 14 Absatz 2 Nummer 1 begründet die Pflicht jedes Wohnungseigentümers, fremdes Sondereigentum nicht durch ein Verhalten zu beeinträchtigen, das den Vereinbarungen oder Beschlüssen widerspricht. Soweit entsprechende Vereinbarungen und Beschlüsse fehlen, ist jeder Wohnungseigentümer verpflichtet, Beeinträchtigungen zu unterlassen, aus denen einem anderen Wohnungseigentümer ein Nachteil erwächst, der über das bei einem geordneten Zusammenleben unvermeidliche Maß hinausgeht. Die Vorschrift entspricht inhaltlich dem geltenden § 14 Nummer 1.

Die Vorschrift ist auf die Abwehr von Beeinträchtigungen des Sondereigentums beschränkt. Die Pflicht, das gemeinschaftliche Eigentum nicht zu beeinträchtigen, besteht nach dem Entwurf nur gegenüber der Gemeinschaft der Wohnungseigentümer (vergleiche § 14 Absatz 1 Nummer 1). Dadurch werden die Zuständigkeiten zur Abwehr von Beeinträchtigungen sachgerecht geordnet:

Die Abwehr von Beeinträchtigungen des gemeinschaftlichen Eigentums ist Aufgabe der Gemeinschaft der Wohnungseigentümer, da ihr die Verwaltung des gemeinschaftlichen Eigentums zugewiesen ist (vergleiche § 18 Absatz 1 WEG-E). Materiell-rechtlich hat zwar jeder Wohnungseigentümer einen Anspruch aus § 1004 BGB, dass Beeinträchtigungen des gemeinschaftlichen Eigentums unterbleiben. § 9a Absatz 2 WEG-E weist die Ausübung dieser Ansprüche aber der Gemeinschaft der Wohnungseigentümer zu.

Beeinträchtigungen des Sondereigentums kann dagegen jeder Wohnungseigentümer selbst abwehren. Als Anspruchsgrundlage kommen sowohl § 14 Absatz 2 Nummer 1 als auch § 1004 BGB in Betracht.

Auch die von konkreten Beeinträchtigungen losgelöste Pflicht der Wohnungseigentümer, das in der Gemeinschaft geltende Regelwerk einzuhalten, besteht nur gegenüber der Gemeinschaft der Wohnungseigentümer (vergleiche § 14 Absatz 1 Nummer 1). Eine dem geltenden § 15 Absatz 3 entsprechende Regelung, nach der die Wohnungseigentümer untereinander einen den Vereinbarungen und Beschlüssen (zum Beispiel der Hausordnung) entsprechenden Gebrauch verlangen können, sieht der Entwurf nicht vor. Denn soweit ein Verstoß gegen das Regelwerk keinen Wohnungseigentümer konkret beeinträchtigt, ist es sachgerecht, dass die damit zusammenhängenden Auseinandersetzungen nicht zwischen einzelnen Wohnungseigentümern geführt werden, sondern mit der Gemeinschaft der Wohnungseigentümer.

Zu § 14 Absatz 2 Nummer 2

§ 14 Absatz 2 Nummer 2 verpflichtet die Wohnungseigentümer untereinander – parallel zur Pflicht gegenüber der Gemeinschaft der Wohnungseigentümer nach § 14 Absatz 1 Nummer 2 – Einwirkungen auf das Sondereigentum und das gemeinschaftliche Eigentum zu dulden, die den Vereinbarungen und Beschlüssen entsprechen oder, soweit solche fehlen, aus denen sich kein über das bei einem geordneten Zusammenleben unvermeidliche

Maß hinausgehender Nachteil ergibt. Dies betrifft vor allem Erhaltungs- und Baumaßnahmen einzelner Wohnungseigentümer, ist aber nicht darauf beschränkt. Die Ausführungen zu § 14 Absatz 1 Nummer 2 gelten entsprechend.

Die Vorschrift begründet lediglich eine Duldungspflicht. Einen korrespondierenden Anspruch der Wohnungseigentümer untereinander, nicht gerechtfertigte Einwirkungen, insbesondere auf das gemeinschaftliche Eigentum, zu unterlassen, enthält die Vorschrift nicht. Die Wohnungseigentümer können nach § 14 Absatz 2 Nummer 1 lediglich verlangen, dass nicht gerechtfertigte Beeinträchtigungen ihres Sondereigentums unterbleiben. Die Abwehr nicht gerechtfertigter Beeinträchtigungen des gemeinschaftlichen Eigentums ist dagegen Aufgabe der Gemeinschaft der Wohnungseigentümer (vergleiche auch die Begründung zu § 14 Absatz 2 Nummer 1).

Zu § 14 Absatz 3

Nach § 14 Absatz 3 kann ein Wohnungseigentümer, der eine Einwirkung zu dulden hat, die über das zumutbare Maß hinausgeht, angemessenen Ausgleich in Geld verlangen. Die Vorschrift tritt inhaltlich an die Stelle des geltenden § 14 Nummer 4 Halbsatz 2, der allgemein als Ausprägung des Aufopferungsgedankens eingeordnet wird (vergleiche etwa BGH, Urteil vom 11. Dezember 2002 – IV ZR 226/01). § 14 Absatz 3 gestaltet den Anspruch in diesem Sinne als Aufopferungsanspruch aus. Tatbestandlich genügt deshalb nicht jede Einwirkung, sondern es fallen nur solche Einwirkungen unter die Regelung, die über das zumutbare Maß im Sinne einer Sonderopfergrenze hinausgehen. Es handelt sich dabei, wie sich schon aus dem Wortlaut ergibt, um einen von § 14 Absatz 1 Nummer 2 abweichenden Maßstab. Ein Verschulden ist nicht notwendig. Auf Rechtsfolgenseite ist nicht jeder adäquat-kausal verursachte Schaden zu ersetzen, sondern eine angemessene Entschädigung zu leisten. Der Wortlaut lehnt sich an § 906 Absatz 2 Satz 2 BGB an, so dass auf die für dessen Auslegung entwickelten Grundsätze zurückgegriffen werden kann.

Verpflichtet ist derjenige, zu dessen Gunsten die Duldungspflicht besteht, also entweder die Gemeinschaft der Wohnungseigentümer (in den Fällen des § 14 Absatz 1 Nummer 2) oder ein anderer Wohnungseigentümer (in den Fällen des § 14 Absatz 2 Nummer 2).

Zu § 15 allgemein

§ 15 WEG-E begründet einen Anspruch der Gemeinschaft der Wohnungseigentümer und einzelner Wohnungseigentümer gegen Drittnutzer auf Duldung von Erhaltungsmaßnahmen und baulicher Maßnahmen. Damit wird sichergestellt, dass die Durchführung derartiger Maßnahmen nicht an Gebrauchsrechten Dritter scheitert. Insbesondere die Durchsetzung der nach dem WEG bestehenden Ansprüche eines Wohnungseigentümers auf bestimmte bauliche Veränderungen (vergleiche § 20 Absatz 2 und 3 WEG-E) soll nicht dadurch erschwert werden, dass ein anderer Wohnungseigentümer den Gebrauch seiner Wohnung einem Dritten überlassen hat.

§ 15 WEG-E verpflichtet den Drittnutzer unmittelbar und unabhängig von den vertraglichen Vereinbarungen gegenüber der Gemeinschaft der Wohnungseigentümer und einzelnen Wohnungseigentümern, bauliche Maßnahmen zu dulden. Der Dritte steht dabei nicht schutzlos, sondern wird ähnlich wie ein Mieter geschützt: Die Maßnahme muss dem Dritten angekündigt werden; zudem kann er sich unter bestimmten Umständen auf einen Härteeinwand berufen.

Die Vorschrift gilt für alle Personen, die Wohnungseigentum gebrauchen, ohne Wohnungseigentümer zu sein. Dies sind vor allem Mieter. Erfasst sind aber auch dinglich Wohnungsberechtigte, Nießbraucher und alle anderen Personen, denen der Gebrauch überlassen wurde.

Die Duldungspflicht besteht gegenüber der Gemeinschaft der Wohnungseigentümer und gegenüber einzelnen Wohnungseigentümern, je nachdem, wer die Maßnahme durchführt. Die Duldungspflicht besteht dagegen nicht gegenüber dem Wohnungseigentümer, von dem der Drittnutzer sein Gebrauchsrecht ableitet, typischerweise also seinem Vermieter. Denn § 15 WEG-E hat nicht die Funktion, die Rechte des überlassenden Wohnungseigentümers aus dem Rechtsverhältnis, das der Überlassung zugrunde liegt, zu modifizieren. Dafür besteht auch kein Bedürfnis, weil der überlassende Wohnungseigentümer auf die Gestaltung dieses Rechtsverhältnisses Einfluss nehmen kann.

Zu § 15 Nummer 1

§ 15 Nummer 1 betrifft die Pflicht, Erhaltungsmaßnahmen zu dulden. Dies setzt voraus, dass die Erhaltungsmaßnahme rechtzeitig angekündigt wurde; dabei gilt § 555a Absatz 2 BGB entsprechend. Die Rechtzeitigkeit ist deshalb wie in § 555a Absatz 2 BGB zu verstehen und richtet sich insbesondere nach der Dringlichkeit und dem Umfang der Maßnahme. Eine Ankündigung ist entbehrlich, wenn die Maßnahme nur mit einer unerheblichen Einwirkung verbunden oder ihre sofortige Durchführung zwingend erforderlich ist. Soweit eine Ankündigung erforderlich ist, ist sie Fälligkeitsvoraussetzung des Duldungsanspruchs.

Die Ankündigung obliegt demjenigen, der zu seinen Gunsten die Duldungspflicht auslösen will. Dies ist, abhängig davon, wer die Maßnahme durchführen will, die Gemeinschaft der Wohnungseigentümer oder ein einzelner Wohnungseigentümer.

Zu § 15 Nummer 2

§ 15 Nummer 2 betrifft die Pflicht, bauliche Maßnahmen zu dulden, die über Erhaltungsmaßnahmen hinausgehen. § 15 Nummer 2 bezieht sich dabei – genauso wie § 15 Nummer 1 – sowohl auf das Sondereigentum als auch auf das gemeinschaftliche Eigentum. Der Sache nach geht es um bauliche Veränderungen; weil der Begriff der baulichen Veränderung nach § 20 Absatz 1 WEG-E aber auf das gemeinschaftliche Eigentum begrenzt ist, spricht § 15 Nummer 1 allgemein von Maßnahmen, die über die Erhaltung hinausgehen.

Die Maßnahmen sind spätestens drei Monate vor ihrem Beginn in Textform anzukündigen; dabei gelten § 555c Absatz 1 Satz 2 Nummer 1 und 2, Absatz 2 bis 4 und § 555d Absatz 2 bis 5 BGB entsprechend. Über diese Verweisung kommen die mietrechtlichen Vorschriften über den Inhalt der Ankündigung und den Härteeinwand zur Anwendung. Die Ankündigung ist Fälligkeitsvoraussetzung des Duldungsanspruchs.

Die Ankündigung muss gegenüber einem Mieter keine Angabe zu einer etwaigen Mieterhöhung enthalten. Denn eine Mieterhöhung betrifft nur das Verhältnis zwischen dem vermietenden Wohnungseigentümer und dem Mieter. § 555c Absatz 1 Satz 2 Nummer 3 BGB ist deshalb aus der Verweisung ausgenommen. Ob der Vermieter nach Durchführung einer Baumaßnahme durch die Gemeinschaft der Wohnungseigentümer das Recht hat, nach § 559 BGB die Miete zu erhöhen, bestimmt sich allein nach den mietrechtlichen Vorschriften. Das Gleiche gilt für die Frage, ob der Vermieter gegenüber seinem Mieter die

Pflicht zur ordnungsgemäßen Ankündigung der Baumaßnahme erfüllt hat. Diesbezügliche Versäumnisse des Vermieters berühren die Duldungspflicht nach § 15 Nummer 2 nicht.

§ 15 Nummer 2 regelt ausschließlich die Duldungspflicht des Mieters. Etwaige Rechte des Mieters im Zusammenhang mit der Baumaßnahme (etwa Aufwendungsersatzansprüche und Sonderkündigungsrechte) bleiben unberührt.

Zu Nummer 16 (§ 16)

Zu Buchstabe a (Überschrift)

Da der Begriff der Lasten in dem neugefassten § 16 Absatz 2 nicht mehr enthalten ist, wird er auch aus der Überschrift gestrichen.

Zu Buchstabe b (Absatz 1)

Aus dem geltenden § 13 Absatz 2 ergibt sich, dass § 16 Absatz 1 Satz 1 schon nach geltendem Recht nur andere Nutzungen als Gebrauchsvorteile erfasst. Im Interesse einer einheitlichen Terminologie wird der Begriff der Nutzungen deshalb durch den Begriff der Früchte ersetzt (vergleiche § 100 BGB). Inhaltliche Änderungen ergeben sich dadurch nicht.

§ 16 Absatz 1 Satz 3 WEG-E regelt den Mitgebrauch des gemeinschaftlichen Eigentums inhaltlich übereinstimmend mit dem geltenden § 13 Absatz 2 Satz 1 WEG. Damit wird die unübersichtliche Aufteilung des geltenden Rechts, das in § 13 Absatz 2 Satz 1 WEG den Mitgebrauch und in § 16 Absatz 1 Satz 1 WEG die übrigen Nutzungen regelt, aufgegeben. Stattdessen regelt § 16 Absatz 1 WEG-E die Nutzungen des gemeinschaftlichen Eigentums im Sinne des § 100 BGB umfassend.

In § 16 Absatz 1 Satz 1 WEG-E wird zudem klargestellt, dass auch die Früchte des Gemeinschaftsvermögens nach dieser Vorschrift zu verteilen sind. Dies entspricht der allgemeinen Sichtweise zum geltenden Recht (Falkner, in: BeckOGK-WEG, 2019, § 16 Randnummer 29). § 16 Absatz 1 Satz 3 WEG-E gilt dagegen nicht für das Gemeinschaftsvermögen (vergleiche die Begründung zu § 9a Absatz 3).

Zu Buchstabe c (Absatz 2)

Der neugefasste § 16 Absatz 2 befasst sich – wie bislang – mit der Kostenverteilung: Satz 1 regelt – wie bislang – die gesetzliche Kostenverteilung, Satz 2 sieht die Möglichkeiten einer Beschlussfassung vor.

Die Neufassung von § 16 Absatz 2 Satz 1 dient zunächst der Klarstellung, dass Gläubigerin des dort geregelten Anspruchs die Gemeinschaft der Wohnungseigentümer ist. Die Wörter »den anderen Wohnungseigentümern gegenüber« werden deshalb gestrichen. Zudem verzichtet die Neufassung darauf, zwischen einzelnen Kosten und Lasten zu differenzieren. Stattdessen bezieht sich die Vorschrift nun generell auf alle Kosten der Gemeinschaft der Wohnungseigentümer. Denn schon zum geltenden Recht ist anerkannt, dass die Verteilung nach § 16 Absatz 2 alle Kosten betrifft, die bei der Gemeinschaft der Wohnungseigentümer anfallen (vergleiche etwa Falkner, in: BeckOGK-WEG, 2019, § 16 Randnummer 69). Die praktisch bedeutsamen Kosten der Verwaltung und des gemeinschaftlichen Gebrauchs des gemeinschaftlichen Eigentumes werden lediglich exemplarisch hervorgehoben.

Der neue § 16 Absatz 2 Satz 2 regelt die Kompetenz der Wohnungseigentümer, eine Kostenverteilung zu beschließen, die von § 16 Absatz 2 Satz 1 oder einer Vereinbarung abweicht. Die Vorschrift betrifft sämtliche Kosten mit Ausnahme solcher, die auf baulichen Veränderungen nach § 20 WEG-E beruhen (vergleiche § 16 Absatz 3 in Verbindung mit § 21 Absatz 5 WEG-E). § 16 Absatz 2 Satz 2 tritt damit – mit Ausnahme der Kosten baulicher Veränderungen – an die Stelle des geltenden § 16 Absatz 3 und 4 und gibt dessen System auf, das nach verschiedenen Kostenarten differenziert und je nach Kostenart unterschiedliche Anforderungen an den Beschluss stellt. An die Stelle dieses unübersichtlichen Systems tritt mit § 16 Absatz 2 Satz 2 eine einzige Vorschrift, die es den Wohnungseigentümern ermöglicht, über die Kostenverteilung zu beschließen. Diese Vorschrift verlangt keine besonderen Mehrheiten. Dadurch soll es den Wohnungseigentümern erleichtert werden, über eine nach den Umständen des Einzelfalls angemessene Kostenverteilung zu entscheiden (siehe Abschlussbericht der Bund-Länder-Arbeitsgruppe zur Reform des Wohnungseigentumsgesetzes, ZWE 2019, 430, 449).

§ 16 Absatz 2 Satz 2 unterscheidet zwei Konstellationen: den Beschluss über die Verteilung einzelner Kosten und den Beschluss über die Verteilung bestimmter Arten von Kosten.

Einzelne Kosten sind konkret bestimmbare, einmalig anfallende Positionen. Die Wohnungseigentümer können demnach zum Beispiel über die Verteilung der Kosten einer konkreten Erhaltungsmaßnahme, etwa eines Fensteraustauschs, beschließen.

Der Begriff der Art ist weit zu verstehen. Bestimmte Arten von Kosten können sich sowohl auf regelmäßig wiederkehrende Positionen (zum Beispiel Müllgebühren) als auch auf unregelmäßig wiederkehrende, aber gleichartige Positionen beziehen. Die Wohnungseigentümer können demnach etwa beschließen, dass jeder Wohnungseigentümer die Kosten für den Austausch derjenigen Fenster zu tragen hat, die sich im Bereich seines Sondereigentums befinden. Unzulässig ist lediglich eine generelle Veränderung des allgemeinen Verteilungsschlüssels.

Anders als nach geltendem Recht ist es damit möglich, eine Kostenverteilung auch über den Einzelfall hinaus zu beschließen. Insbesondere das Gebot der sogenannten Maßstabskontinuität steht damit einer Kostenverteilung durch Beschluss nicht mehr grundsätzlich entgegen. Denn nach geltendem Recht scheitert eine Kostenverteilung durch Beschluss oftmals daran, dass die für den Einzelfall gewünschte Kostenverteilung einen Anspruch anderer Wohnungseigentümer auf Gleichbehandlung in künftigen Fällen auslösen würde und damit der Sache nach eine Kostenverteilung über den Einzelfall hinaus beschlossen wird (vergleiche BGH, Urteil vom 18. Juni 2010 – V ZR 164/09). Indem der Entwurf die Beschränkung auf den Einzelfall aufgibt, kann auch in diesen Fällen eine sachgerechte Kostenverteilung beschlossen werden. Etwa kann von vornherein beschlossen werden, dass jeder Wohnungseigentümer die Kosten für den Austausch derjenigen Fenster zu tragen hat, die sich im Bereich seines Sondereigentums befinden. Wird dagegen eine entsprechende Kostenverteilung nur für einzelne Fälle beschlossen, kann sich daraus ein Anspruch der übrigen Wohnungseigentümer auf Gleichbehandlung ergeben, dem im Rahmen künftiger Beschlussfassungen Rechnung zu tragen ist. Insoweit bleibt das Gebot der sogenannten Maßstabskontinuität durchaus relevant, ohne aber einer differenzierten Kostenverteilung durch Beschluss von Anfang an entgegen zu stehen.

Aufgrund der Vielgestaltigkeit möglicher Beschlüsse über die Kostenverteilung verzichtet der Entwurf bewusst auf besondere inhaltliche Vorgaben. Insbesondere wird die Regelung des geltenden § 16 Absatz 4 Satz 1 nicht übernommen, dass der Verteilungsmaßstab dem Gebrauch oder der Möglichkeit des Gebrauchs Rechnung tragen muss. Denn diese Vorschrift schränkt das Entscheidungsermessen der Wohnungseigentümer unnötig ein (siehe Abschlussbericht der Bund-Länder-Arbeitsgruppe zur Reform des Wohnungseigentumsgesetzes, ZWE 2019, 430, 449). Ob ein Beschluss im Einzelfall anfechtbar ist, hängt nach dem Entwurf allein davon ab, ob er die allgemeinen Vorgaben der Ordnungsmäßigkeit wahrt, insbesondere ob er billigem Ermessen entspricht (vergleiche § 18 Absatz 2 WEG-E). Im Rahmen des billigen Ermessens werden jedoch in der Regel der Gebrauch und die Möglichkeit des Gebrauchs zu berücksichtigen sein.

Zu Buchstabe d (Absatz 3)

Der neue § 16 Absatz 3 stellt klar, dass für Nutzungen und Kosten bei baulichen Veränderungen nach § 20 WEGE allein die Vorschriften des § 21 WEG-E gelten. Darin und in § 16 Absatz 2 WEG-E gehen die aufgehobenen Absätze auf.

Zu Nummer 17 (§ 17 – alt –)

Die Regelungen des geltenden § 17 werden in § 11 Absatz 3 des Entwurfs übernommen.

Zu Nummer 18 (§ 17 – neu –)

Die bislang in den §§ 18 und 19 enthaltenen Vorschriften werden in § 17 WEG-E zusammengefasst.

Zu Buchstabe a (Absatz 1)

Die Änderung in § 17 Absatz 1 Satz 1 gegenüber dem geltenden § 18 Absatz 1 Satz 1 stellt klar, dass auch eine Verletzung der Pflichten, die gegenüber der Gemeinschaft der Wohnungseigentümer bestehen (zum Beispiel die Pflicht zur Kostentragung), eine Entziehung des Wohnungseigentums rechtfertigen kann. Zudem wird der Entziehungsanspruch materiell-rechtlich der Gemeinschaft der Wohnungseigentümer zugeordnet. Dadurch wird die umständliche Konstruktion des geltenden Rechts vereinfacht, nach dem der Anspruch materiell-rechtlich den Wohnungseigentümern zusteht, seine Ausübung aber grundsätzlich der Gemeinschaft der Wohnungseigentümer zugewiesen wird (vergleiche den geltenden § 18 Absatz 1 Satz 2, der aufgehoben wird). Praktische Auswirkungen hat diese Änderung nur für Zwei Personen-Gemeinschaften, bei denen im Interesse der Rechtsvereinheitlichung der Entziehungsanspruch nun auch der Gemeinschaft der Wohnungseigentümer zusteht.

Zu Buchstabe b (Absatz 2)

Die Neufassung von Absatz 2 dient zum einen der redaktionellen Anpassung des Wortlauts an den geänderten § 14, dessen neuer Absatz 3 eine Anspruchsgrundlage enthält und dieser Absatz deshalb von der Verweisung ausgenommen wird. Zum anderen fällt das im geltenden § 18 Absatz 2 Nummer 2 enthaltene Regelbeispiel weg, wonach ein Entziehungsgrund insbesondere darin liegen kann, dass ein Wohnungseigentümer mit der Erfüllung seiner Pflicht zur Lasten- und Kostentragung in Verzug ist. Denn § 10 Absatz 1 Nummer 2 des Zwangsversteigerungsgesetzes ermöglicht es der Gemeinschaft der Wohnungseigentümer, sich in diesen Fällen vorrangig aus dem Wohnungseigentum zu befriedigen. Angesichts dessen besteht für einen gesetzlich besonders geregelten Entziehungsgrund kein Bedürfnis.

Zu Buchstabe c (Absatz 3 – alt –)

Der geltende § 18 Absatz 3 wird aufgehoben. Diese Vorschrift sieht vor, dass über das Entziehungsverlangen mit der Mehrheit der stimmberechtigten Wohnungseigentümer beschlossen wird. Diese Vorschrift war bis zur WEG-Novelle 2007 notwendig, damit über die Geltendmachung des Entziehungsverlangens überhaupt ein Mehrheitsbeschluss gefasst werden konnte. Denn der Entziehungsanspruch steht nach dem geltenden § 18 Absatz 1 Satz 1 an sich den »anderen Wohnungseigentümer(n)« zu, woraus geschlossen werden könnte, dass er von allen Wohnungseigentümern gemeinsam geltend gemacht werden muss.

Seit der WEG-Novelle 2007 ist die Ausübung des Anspruchs aber der Gemeinschaft der Wohnungseigentümer zugewiesen (vergleiche den geltenden § 18 Absatz 1 Satz 2). Bereits daraus folgt, dass über die Ausübung des Anspruchs ein Mehrheitsbeschluss zu fassen ist. Seit der WEG-Novelle 2007 hat der geltende § 18 Absatz 3 demnach nur noch die Funktion, ein erhöhtes Quorum für diesen Beschluss anzuordnen. An dieser nur eingeschränkten Funktion ändert sich auch dadurch nichts, dass § 18 Absatz 1 WEG-E den Entziehungsanspruch sogar materiell-rechtlich der Gemeinschaft der Wohnungseigentümer zuweist. Dieses erhöhte Quorum ist aber nicht sachgerecht. Wenn ein Entziehungsgrund vorliegt, besteht ein berechtigtes Interesse, den störenden Wohnungseigentümer aus der Gemeinschaft zu entfernen. Es ist nicht gerechtfertigt, die Durchsetzung dieses Interesses durch ein erhöhtes Quorum zu erschweren. Auch der Schutz des betroffenen Wohnungseigentümers vor einem unberechtigten Entziehungsbeschluss verlangt kein erhöhtes Quorum. Denn der betroffene Wohnungseigentümer ist bereits ausreichend durch das gerichtliche Entziehungsverfahren geschützt.

Zu Buchstabe d (Absatz 3 – neu –)

§ 17 Absatz 3 WEG-E übernimmt die Regelung des geltenden § 18 Absatz 4.

Zu Buchstabe e (Absatz 4)

§ 17 Absatz 4 Satz 1 entspricht dem geltenden § 19 Absatz 1 Satz 1. Dessen Wortlaut wird jedoch daran angepasst, dass der Entziehungsanspruch nach § 17 Absatz 1 WEG-E materiell-rechtlich der Gemeinschaft der Wohnungseigentümer zusteht. Aus dem gleichen Grund wird der geltende § 19 Absatz 1 Satz 2, der der Gemeinschaft lediglich eine Ausübungsbefugnis zuweist, nicht übernommen.

§ 17 Absatz 4 Satz 2 knüpft an die Vorschrift des geltenden § 19 Absatz 3 an. Einem Urteil gleichgestellt werden jedoch alle Vollstreckungstitel nach § 794 der Zivilprozessordnung (ZPO), insbesondere auch vollstreckbare Urkunden (§ 794 Absatz 1 Nummer 5 ZPO) und für vollstreckbar erklärte Anwaltsvergleiche (§ 794 Absatz 1 Nummer 4b ZPO). Denn eine unterschiedliche Behandlung der verschiedenen Vollstreckungstitel ist nicht sachgerecht.

Nicht übernommen wird die Vorschrift des geltenden § 19 Absatz 2, die sich mit dem nach dem Entwurf entfallenden Regelbeispiel des geltenden § 18 Absatz 2 Nummer 2 befasst. Soweit die Rechtsprechung den geltenden § 19 Absatz 2 im Einzelfall analog anwendet und ihm die allgemeine Befugnis entnimmt, die Wirkungen eines Entziehungsurteils abzuwenden (vergleiche etwa BGH, Urteil vom 14. September 2018 – V ZR 138/17 Randnummern 23 ff.), zielt der Entwurf nicht darauf ab, diese Rechtsprechung in Frage zu stellen. Entsprechende Rechtsfolgen können im Einzelfall auf § 242 BGB gestützt werden.

Zu Nummer 19 (§ 18)

§ 18 regelt grundlegende Fragen der Verwaltung und Benutzung des gemeinschaftlichen Eigentums.

Zu § 18 Absatz 1

§ 18 Absatz 1 weist die Aufgabe, das gemeinschaftliche Eigentum zu verwalten, der Gemeinschaft der Wohnungseigentümer zu. Das gilt nicht nur im Außenverhältnis gegenüber Dritten, sondern auch im Innenverhältnis gegenüber den Wohnungseigentümern. Nach geltendem Recht ist hingegen unklar, inwieweit die Gemeinschaft der Wohnungseigentümer in die Verwaltung des gemeinschaftlichen Eigentums eingebunden ist. Auch die höchstrichterliche Rechtsprechung vertritt wechselnde Positionen: Während der Bundesgerichtshof im Jahr 2015 noch entschieden hatte, dass die Umsetzung gefasster Beschlüsse Aufgabe der Gemeinschaft der Wohnungseigentümer sei (Urteil vom 25. September 2015 – V ZR 246/14 Randnummer 15), erklärte er im Jahr 2018, dass die Gemeinschaft der Wohnungseigentümer im Innenverhältnis nicht in die ordnungsmäßige Verwaltung des Gemeinschaftseigentums eingebunden sei (Urteil vom 8. Juni 2018 – V ZR 125/17 Randnummer 16). Mit dieser allgemeinen Aussage verträgt es sich allerdings nicht, dass die Gemeinschaft der Wohnungseigentümer Inhaberin der Hausgeldansprüche gegen die Wohnungseigentümer (BGH, Urteil vom 10. Februar 2017 – V ZR 166/16 Randnummer 7) und Schuldnerin der Ersatzansprüche nach dem geltenden § 14 Nummer 4 Halbsatz 2 ist (BGH, Urteil vom 8. Juni 2018 – V ZR 125/17 Randnummer 35); auch soll ein Wohnungseigentümer einen Erstattungsanspruch gegen die Gemeinschaft der Wohnungseigentümer haben, wenn er eine Abgabenforderung aus eigenen Mitteln erfüllt (BGH, Urteil vom 14. Februar 2014 – V ZR 100/13). Insgesamt ist eine konzeptionelle Unklarheit über die Rolle der Gemeinschaft der Wohnungseigentümer zu konstatieren (siehe Abschlussbericht der Bund-Länder-Arbeitsgruppe zur Reform des Wohnungseigentumsgesetzes, ZWE 2019, 430, 444 f.).

Vor diesem Hintergrund wird mit § 18 Absatz 1 vor allem Rechtssicherheit geschaffen: Ansprüche im Zusammenhang mit der Verwaltung des gemeinschaftlichen Eigentums richten sich auch im Innenverhältnis stets gegen die Gemeinschaft der Wohnungseigentümer.

Die Gemeinschaft der Wohnungseigentümer erfüllt die ihr zugewiesene Aufgabe, das gemeinschaftliche Eigentum zu verwalten, durch ihre Organe: Die Wohnungseigentümer in ihrer Gesamtheit sind als Willensbildungsorgan dazu berufen, die Verwaltungsentscheidungen zu treffen (vergleiche § 19 Absatz 1 WEG-E), soweit nicht der Verwalter selbst entscheidungsbefugt ist (vergleiche § 27 WEG-E). Der Verwalter als Ausführungs- und Vertretungsorgan setzt diese Entscheidungen um (vergleiche § 9b für die Vertretung) und wird dabei durch den Verwaltungsbeirat unterstützt (vergleiche § 29 Absatz 2).

Auch soweit das Gesetz einzelne Pflichten im Rahmen der Verwaltung des gemeinschaftlichen Eigentums in anderen Vorschriften aufführt und ausgestaltet, handelt es sich stets um Pflichten der Gemeinschaft der Wohnungseigentümer. Das gilt auch dann, wenn sich die betreffende Vorschrift ihrem Wortlaut nach an ein konkretes Organ richtet; insoweit wird lediglich die Organzuständigkeit zur Erfüllung dieser Aufgabe mitgeregelt. Daher ist etwa die Pflicht, eine Versammlung einzuberufen, in erster Linie eine Pflicht der Gemeinschaft der Wohnungseigentümer; § 24 Absatz 1 weist die Erfüllung dieser Pflicht lediglich im Rahmen der internen Zuständigkeitsverteilung zwischen den Organen dem Verwalter zu. Wird pflichtwidrig keine Versammlung einberufen, richtet sich der Anspruch der Wohnungseigentümer auf Einberufung daher gegen die Gemeinschaft der

Wohnungseigentümer; auch sie ist es, die die aus einer Pflichtverletzung resultierenden Schäden einzelner Wohnungseigentümer zu ersetzen hat. Der Verwalter ist aufgrund seiner Stellung als Organ wiederum gegenüber der Gemeinschaft der Wohnungseigentümer verpflichtet, die ihn als Organ treffenden Pflichten zu erfüllen. Unterlässt er es etwa pflichtwidrig, eine Versammlung einzuberufen, haftet er der Gemeinschaft der Wohnungseigentümer. Ein Direktanspruch des einzelnen Wohnungseigentümers gegen den Verwalter ist in diesem System weder sinnvoll, noch notwendig.

Dieses System führt auch zu einer angemessenen Verteilung von Insolvenzrisiken. Nach geltendem Recht hat ein Wohnungseigentümer, dessen Sondereigentum durch einen Vertragspartner der Gemeinschaft der Wohnungseigentümer geschädigt wurde (zum Beispiel bei der Ausführung von Erhaltungsmaßnahmen), in der Regel keinen Anspruch gegen die Gemeinschaft der Wohnungseigentümer; Schadensersatz kann der Wohnungseigentümer nur von dem Vertragspartner der Gemeinschaft der Wohnungseigentümer verlangen (BGH, Urteil vom 8. Juni 2018 – V ZR 125/17 Randnummer 38 f.). Der einzelne Wohnungseigentümer trägt damit das Insolvenzrisiko einer Person, die er sich nicht selbst als Vertragspartner ausgesucht hat, sondern die aufgrund eines Mehrheitsbeschlusses einen Vertrag mit der Gemeinschaft der Wohnungseigentümer geschlossen hat. Das ist nicht sachgerecht, zumal es oftmals vom Zufall abhängt, welcher Wohnungseigentümer durch das schädigende Verhalten einen Schaden erleidet. Nach dem Entwurf wird dieses Risiko auf alle Wohnungseigentümer verteilt, indem der geschädigte Wohnungseigentümer in der Regel einen Anspruch gegen die Gemeinschaft der Wohnungseigentümer hat. Das schädigende Verhalten des Vertragspartners ist der Gemeinschaft der Wohnungseigentümer zuzurechnen (§ 278 BGB). Die Gemeinschaft der Wohnungseigentümer kann wiederum bei ihrem Vertragspartner Regress nehmen. Für Schäden, die einem Wohnungseigentümer durch das Verhalten des Verwalters entstehen, gelten diese Grundsätze entsprechend.

Zu § 18 Absatz 2 allgemein

§ 18 Absatz 2 begründet Individualansprüche jedes Wohnungseigentümers gegen die Gemeinschaft der Wohnungseigentümer. In diesem Zusammenhang wird auch der Begriff der ordnungsmäßigen Verwaltung und Benutzung im Einklang mit dem geltenden Recht (vergleiche § 15 Absatz 3, § 21 Absatz 3 und 4) legaldefiniert als eine Verwaltung und Benutzung, die dem Interesse der Gesamtheit der Wohnungseigentümer nach billigem Ermessen entspricht.

Zu § 18 Absatz 2 Nummer 1

Nach § 18 Absatz 2 Nummer 1 hat jeder Wohnungseigentümer einen Anspruch gegen die Gemeinschaft der Wohnungseigentümer darauf, dass das gemeinschaftliche Eigentum entsprechend den gesetzlichen Regelungen, Vereinbarungen und Beschlüssen und, falls solche nicht bestehen, entsprechend dem Interesse der Gesamtheit der Wohnungseigentümer nach billigem Ermessen verwaltet wird. Der Anspruch entspricht seinem Inhalt nach dem geltenden § 21 Absatz 4. Er besteht nach dem Entwurf aber nur gegenüber der Gemeinschaft der Wohnungseigentümer. Wie nach geltendem Recht bezieht sich der Anspruch nicht auf das Sondereigentum, das von jedem Wohnungseigentümer selbst verwaltet wird.

Zu § 18 Absatz 2 Nummer 2

Nach § 18 Absatz 2 Nummer 2 hat jeder Wohnungseigentümer einen Anspruch gegen die Gemeinschaft der Wohnungseigentümer darauf, dass das gemeinschaftliche Eigentum und das Sondereigentum entsprechend den gesetzlichen Regelungen, Vereinbarungen und Beschlüssen und, falls solche nicht bestehen, entsprechend dem Interesse der Gesamtheit der Wohnungseigentümer nach billigem Ermessen benutzt wird. Der Anspruch entspricht seinem Inhalt nach dem geltenden § 15 Absatz 3; der Begriff der Benutzung ist gleichbedeutend mit dem Begriff des Gebrauchs und wird lediglich gewählt, um eine sprachliche Verknüpfung mit dem ebenfalls femininen Begriff der Verwaltung zu ermöglichen.

Anders als der Anspruch nach dem geltenden § 15 Absatz 3 besteht der Anspruch nach § 18 Absatz 2 Nummer 2 nur gegenüber der Gemeinschaft der Wohnungseigentümer. § 18 Absatz 2 Nummer 2 Vorschrift gibt einem Wohnungseigentümer demnach nicht das Recht, von einem anderen Wohnungseigentümer die Unterlassung eines Gebrauchs zu verlangen, der gegen das in der Gemeinschaft geltende Regelwerk verstößt, etwa gegen die Hausordnung. Diese Vorschrift gewährt dem Wohnungseigentümer lediglich einen Anspruch darauf, dass die Gemeinschaft der Wohnungseigentümer tätig wird; gegenüber der Gemeinschaft der Wohnungseigentümer ist wiederum jeder Wohnungseigentümer verpflichtet, das in der Gemeinschaft geltende Regelwerk einzuhalten (vergleiche § 14 Absatz 1 Nummer 1 WEG-E).

Durch diese Zuordnung werden abstrakte Streitigkeiten zwischen einzelnen Wohnungseigentümern über die Grenzen des zulässigen Gebrauchs vermieden. Derartige Konflikte sollen einheitlich über die Gemeinschaft der Wohnungseigentümer gelöst werden, etwa durch eine entsprechende Beschlussfassung. Der Abwehr konkreter Beeinträchtigungen steht § 18 Absatz 2 Nummer 2 aber nicht entgegen. Wird ein Wohnungseigentümer durch einen unzulässigen Gebrauch eines anderen Wohnungseigentümers in seinem Sondereigentum oder einem anderen absoluten Recht beeinträchtigt, hat er einen gegen diesen gerichteten Unterlassungsanspruch nach den allgemeinen Vorschriften, insbesondere nach § 14 Absatz 2 Nummer 1 WEG-E und nach § 1004 BGB.

Zu § 18 Absatz 3

§ 18 Absatz 3 übernimmt die Vorschrift des geltenden § 21 Absatz 2. Er enthält die Befugnis jedes einzelnen Wohnungseigentümers, Notmaßnahmen vorzunehmen.

Zu § 18 Absatz 4

§ 18 Absatz 4 regelt den Individualanspruch jedes Wohnungseigentümers, Einsicht in die Verwaltungsunterlagen nehmen zu dürfen. Dieser Anspruch ist ein zentraler Teil der Informationsrechte der Wohnungseigentümer und wird aus diesem Grund im Gesetz besonders erwähnt.

Das Einsichtsrecht umfasst alle Dokumente, die für die Verwaltung des gemeinschaftlichen Eigentums relevant sind, etwa Verträge, Kontoauszüge und Pläne, wobei freilich zwingende datenschutzrechtliche Vorgaben einzuhalten sind. Auf ihre Verkörperung kommt es nicht an. Erfasst sind deshalb sowohl Papierdokumente als auch digitale Dokumente.

Der Anspruch richtet sich gegen die Gemeinschaft der Wohnungseigentümer. Zur Erfüllung des Anspruchs ist der Verwalter als Organ berufen. Das ist selbstverständlich und muss nicht ausdrücklich geregelt werden.

Zu Nummer 20 (Abschnitt 3 – alt –)

Der geltende dritte Abschnitt wird als solcher aufgelöst. Der neue Abschnitt 4 umfasst damit die §§ 10 bis 29, die sich allesamt mit dem Rechtsverhältnis der Wohnungseigentümer untereinander und zur Gemeinschaft der Wohnungseigentümer befassen. Eine weitere Untergliederung dieses Abschnitts ist nicht sinnvoll.

Zu Nummer 21 (§§ 19 bis 22)

Die §§ 19 bis 22 werden neu gefasst.

Zu § 19 allgemein

§ 19 betrifft die Regelung der Verwaltung und Benutzung durch Beschluss. Die Vorschrift tritt damit hinsichtlich der Verwaltung an die Stelle des geltenden § 21 und hinsichtlich der Benutzung an die Stelle des geltenden § 15 Absatz 2. Eine parallele Regelung von Verwaltung und Benutzung ist sinnvoll, da sich beide Bereiche in Grenzfällen nur schwer voneinander abgrenzen lassen und für ihre Regelung durch Beschluss dieselben rechtlichen Vorgaben gelten. Der Begriff der Benutzung entspricht dem Begriff des Gebrauchs und wurde ebenso wie bei § 18 Absatz 2 WEG-E lediglich aus sprachlichen Gründen gewählt.

Nicht übernommen in § 19 wird der geltende § 21 Absatz 1, 2, 4 und 8. Ihr Regelungsgegenstand findet sich in den § 18 Absatz 1 WEG-E (§ 21 Absatz 1 WEG), § 18 Absatz 3 WEG-E (§ 21 Absatz 2 WEG), § 18 Absatz 2 Nummer 1 WEG-E (§ 21 Absatz 4 WEG) und § 44 Absatz 1 Satz 2 WEG-E (§ 21 Absatz 8 WEG).

Zu § 19 Absatz 1

§ 19 Absatz 1 eröffnet die Beschlusskompetenz zur Regelung der Verwaltung und Benutzung durch Beschluss. Die Vorschrift entspricht inhaltlich hinsichtlich der Verwaltung dem geltenden § 21 Absatz 3, hinsichtlich der Benutzung dem geltenden § 15 Absatz 2. Die Legaldefinition der ordnungsmäßigen Verwaltung und Benutzung in § 18 Absatz 2 WEG-E erlaubt eine sprachliche Straffung. Die sprachliche Anpassung im Übrigen (»beschließen« anstelle »können beschließen«) verdeutlicht, dass mit der Beschlusskompetenz auch eine Pflicht gegenüber der Gemeinschaft der Wohnungseigentümer zur Mitwirkung an einer Beschlussfassung einhergeht.

Zu § 19 Absatz 2

§ 19 Absatz 2 entspricht dem geltenden § 21 Absatz 5 mit folgenden Änderungen:

Der Wortlaut von Nummer 2 wird aufgrund der Legaldefinitionen der Erhaltung in § 13 Absatz 2 WEG-E gestrafft.

Nummer 3 stellt nicht mehr auf die Feuerversicherung, sondern allgemein auf einen angemessenen Versicherungsschutz ab.

In Nummer 4 wird der Begriff der Instandhaltungsrückstellung durch den Begriff der Erhaltungsrücklage ersetzt. Das verdeutlicht, dass es sich dabei nicht um einen bilanziellen Posten, sondern um verfügbares Vermögen handelt.

Der Wortlaut von Nummer 5 wird an § 28 WEG-E angepasst.

Die Vorschriften des geltenden § 21 Absatz 5 Nummer 6 und Absatz 6 übernimmt der Entwurf nicht. Die Herstellung einer Fernsprechteilnehmereinrichtung, einer Rundfunkempfangsanlage oder eines Energieversorgungsanschlusses hat an praktischer Relevanz verloren, sodass von ihrer Aufnahme in den Katalog des § 19 Absatz 2 abgesehen wurde.

Sollte im Einzelfall die Notwendigkeit einer solchen Maßnahme bestehen, folgt der Anspruch des Wohnungseigentümers unmittelbar aus § 18 Absatz 2 WEG-E.

Zu § 19 Absatz 3

§ 19 Absatz 3 tritt an die Stelle des geltenden § 21 Absatz 7. Er enthält zwei Beschlusskompetenzen:

Zum einen können die Wohnungseigentümer nach § 19 Absatz 3 Satz 1 beschließen, wann Geldforderungen fällig werden und wie sie zu erfüllen sind. Auf dieser Grundlage kann, wie bereits nach geltendem Recht, insbesondere die Einführung des Lastschriftverfahrens beschlossen werden.

Zum anderen können die Wohnungseigentümer nach § 19 Absatz 3 Satz 2 Regelungen für den Fall beschließen, dass ein Wohnungseigentümer seine Pflichten verletzt. Auf dieser Grundlage können die Wohnungseigentümer der Sache nach Vertragsstrafen beschließen. Ob und in welchem Umfang dies nach geltendem Recht möglich ist, ist unklar (vergleiche BGH, Urteil vom 22. März 2019 – V ZR 105/18). Der Wortlaut erfasst dabei sowohl den Verzug mit einer Geldforderung als auch andere Pflichtverletzungen, insbesondere auch die Verletzung von Unterlassungspflichten. Auf diese Weise wird der Gemeinschaft der Wohnungseigentümer ein zusätzliches Mittel an die Hand gegeben, um die Beachtung des in der Gemeinschaft geltenden Regelwerks gegenüber pflichtwidrig handelnden Wohnungseigentümern durchzusetzen.

Nicht übernommen wird die Beschlusskompetenz für Kosten für einen besonderen Verwaltungsaufwand und für eine besondere Nutzung des gemeinschaftlichen Eigentums (vergleiche den geltenden § 21 Absatz 7). Soweit aufgrund des Gebrauchs oder anderer Maßnahmen konkrete Kosten anfallen, kann über deren Verteilung bereits aufgrund von § 16 Absatz 2 Satz 2 WEG-E beschlossen werden; einer besonderen Beschlusskompetenz für besonderen Verwaltungsaufwand bedarf es deshalb nicht. Wenn aber keine konkreten Kosten anfallen, ist es nicht angemessen, einen zulässigen Gebrauch finanziell zu sanktionieren. Soweit auf Grundlage des geltenden § 21 Absatz 7 Beschlüsse gefasst wurden, die nach dem Entwurf nicht mehr gefasst werden können, verlieren diese nach allgemeinen Grundsätzen mit Inkrafttreten der Neuregelung für die Zukunft ihre Wirkung (vergleiche zu gesetzlichen Verboten Sack/Seibl, in: Staudinger, BGB, 2017, § 134 Randnummer 55).

Zu § 20 allgemein

§ 20 regelt die Zulässigkeit baulicher Veränderungen des gemeinschaftlichen Eigentums und tritt damit an die Stelle des geltenden § 22 Absatz 1 und 2. Mit der Neufassung werden insbesondere drei Ziele verfolgt (vergleiche auch den Abschlussbericht der Bund-Länder-Arbeitsgruppe zur Reform des Wohnungseigentumsgesetzes, ZWE 2019, 430, 446 f.):

Erstens sollen Beschlüsse über bauliche Veränderungen einfacher gefasst werden können. Deshalb genügt für die Beschlussfassung stets die einfache Mehrheit, unabhängig davon, wie viele Wohnungseigentümer durch die bauliche Veränderung beeinträchtigt werden (vergleiche Absatz 1). Zudem ist der Beschluss über eine bauliche Veränderung grundsätzlich nur dann erfolgreich anfechtbar, wenn die bauliche Veränderung die Wohnanlage grundlegend umgestaltet oder einzelne Wohnungseigentümer ohne ihr Einverständnis gegenüber den anderen Wohnungseigentümern unbillig benachteiligt werden (vergleiche Absatz 4).

Zweitens soll es jedem Wohnungseigentümer ermöglicht werden, bauliche Veränderungen durchzusetzen, die dem Gebrauch durch Menschen mit Behinderungen, dem Laden elektrisch betriebener Fahrzeuge, dem Einbruchsschutz und dem Glasfaseranschluss dienen (vergleiche Absatz 2).

Drittens sollen die Vorschriften klarer als bislang gefasst werden, um Auslegungsschwierigkeiten zu vermeiden. Die vielfältigen Zweifelsfragen, die das geltende Recht im Zusammenhang mit baulichen Veränderungen aufgeworfen hat, sollen durch die Neufassung soweit wie möglich beseitigt werden. Insbesondere wird klargestellt, dass jede bauliche Veränderung des gemeinschaftlichen Eigentums eines legitimierenden Beschlusses bedarf, auch wenn kein Wohnungseigentümer in rechtlich relevanter Weise beeinträchtigt wird (vergleiche Absatz 3). Auf diese Weise wird sichergestellt, dass die Wohnungseigentümer in der Versammlung über alle baulichen Veränderungen des gemeinschaftlichen Eigentums informiert werden. Für den bauwilligen Wohnungseigentümer hat der legitimierende Beschluss den Vorteil, dass er durch dessen Bestandskraft Rechtssicherheit gewinnt.

Aufgrund der vereinfachten Möglichkeit, bauliche Veränderungen zu beschließen, bedürfen diejenigen Wohnungseigentümer, die eine bauliche Veränderung ablehnen, weil sie die damit verbundenen Kosten scheuen, besonderen Schutzes. Die nicht bauwillige Minderheit kann nach dem Entwurf zwar nicht mehr ohne weiteres die bauliche Veränderung an sich verhindern. Sie wird aber durch die Vorschriften über die Kostentragung geschützt: Gegen ihren Willen müssen Wohnungseigentümer nur die Kosten bestimmter, vom Gesetz als besonders sinnvoll erachteter Maßnahmen tragen (vergleiche § 21 Absatz 2 WEG-E). Andere bauliche Veränderungen können zwar mehrheitlich beschlossen werden, ihre Kosten sind aber allein von der beschließenden Mehrheit zu tragen (vergleiche § 21 Absatz 3 WEG-E). Auf diese Weise wird ein angemessener Ausgleich erreicht zwischen dem Interesse der Mehrheit, das gemeinschaftliche Eigentum baulich zu verbessern, und dem Interesse der Minderheit, durch solche Maßnahmen nicht über das notwendige Maß hinaus mit Kosten belastet zu werden.

Regelungstechnisch liegt § 20 folgendes Konzept zugrunde:

Absatz 1 sieht vor, dass die Gemeinschaft der Wohnungseigentümer sowohl selbst bauliche Veränderungen ausführen, als auch einzelnen Wohnungseigentümern die Ausführung baulicher Veränderungen gestatten kann.

Die Absätze 2 und 3 begründen jeweils einen Individualanspruch des einzelnen Wohnungseigentümers auf Fassung eines Beschlusses nach Absatz 1. Absatz 2 gilt dabei für bestimmte privilegierte Maßnahmen (Gebrauch durch Menschen mit Behinderungen, Laden elektrisch betriebener Fahrzeuge, Einbruchsschutz); Absatz 3 bezieht sich auf Maßnahmen ohne relevante Beeinträchtigung anderer Wohnungseigentümer.

Schließlich enthält Absatz 4 zwei allgemeine Veränderungssperren, die einer ordnungsmäßigen Beschlussfassung in jedem Fall entgegenstehen: das Verbot, die Anlage grundlegend umzugestalten, und das Verbot, einen Wohnungseigentümer ohne sein Einverständnis gegenüber anderen unbillig zu benachteiligen.

Nach diesem Regelungskonzept beschließen die Wohnungseigentümer bauliche Veränderungen stets nach Absatz 1. Die Absätze 2 und 3 verschaffen dem einzelnen Wohnungseigentümer lediglich einen Anspruch auf eine solche Beschlussfassung, wobei die Gemeinschaft der Wohnungseigentümer im Fall des Absatzes 2 über die Modalitäten der

Durchführung im Rahmen ordnungsmäßiger Verwaltung entscheidet. Um den Anspruch im Streitfall durchzusetzen, muss der Wohnungseigentümer die Voraussetzungen der Absätze 2 und 3 darlegen und beweisen; notfalls muss er Beschlussersetzungsklage nach § 44 Absatz 1 Satz 2 WEG-E erheben.

Dieses Regelungskonzept hat auch zur Folge, dass ein Beschluss über bauliche Veränderungen im Rahmen einer Anfechtungsklage stets nach dem gleichen Prüfungsmaßstab kontrolliert werden kann. Es spielt keine Rolle, ob er auf dem Willen der Mehrheit beruht oder ob er lediglich gefasst wurde, um einen Anspruch nach Absatz 2 oder 3 zu erfüllen (zum konkreten Prüfungsmaßstab vergleiche die Begründung zu Absatz 4).

Zu § 20 Absatz 1

Nach § 20 Absatz 1 können die Wohnungseigentümer Maßnahmen beschließen, die über die ordnungsmäßige Erhaltung des gemeinschaftlichen Eigentums hinausgehen; diese Maßnahmen werden als bauliche Veränderungen legaldefiniert. Die Vorschrift tritt inhaltlich an die Stelle des geltenden § 22 Absatz 1. Der Begriff der besonderen Aufwendungen, der weder klare Konturen, noch praktische Relevanz erlangt hat, wird gestrichen.

Die Wohnungseigentümer können sowohl beschließen, dass die Gemeinschaft der Wohnungseigentümer eine bauliche Veränderung vornimmt, als auch, dass einem Wohnungseigentümer die Vornahme einer baulichen Veränderung gestattet wird. In beiden Fällen handelt es sich um einen Beschluss; die zweigliedrige Formulierung dient lediglich der Verdeutlichung dieser beiden Möglichkeiten.

Ein besonderes Quorum sieht § 20 Absatz 1 nicht vor; es genügt deshalb die einfache Stimmenmehrheit (vergleiche § 25 Absatz 1 WEG-E). Der Beschluss bedarf für seine Rechtmäßigkeit – anders als nach dem geltenden § 22 Absatz 1 – also nicht der Zustimmung aller Wohnungseigentümer, die durch die bauliche Veränderung beeinträchtigt werden. Ob ein Beschluss über eine bauliche Veränderung erfolgreich angefochten werden kann, richtet sich insofern nur nach § 20 Absatz 4 (vergleiche die Begründung dazu).

Zu § 20 Absatz 2 allgemein

§ 20 Absatz 2 Satz 1 begründet einen Individualanspruch eines Wohnungseigentümers, der auf die dort genannten privilegierten baulichen Veränderungen gerichtet ist. Dieser Anspruch bezieht sich aber nur auf das »Ob« der Maßnahme; über das »Wie« entscheiden die Wohnungseigentümer im Rahmen ordnungsmäßiger Verwaltung (vergleiche § 20 Absatz 2 Satz 2).

Prozessual kann der Anspruch im Wege der Beschlussersetzungsklage nach § 44 Absatz 1 Satz 2 WEG-E durchgesetzt werden. In diesem Fall hat das Gericht, wenn die Voraussetzungen des § 20 Absatz 2 Satz 1 vorliegen, anstelle der Wohnungseigentümer das Entscheidungsermessen nach § 20 Absatz 2 Satz 2 auszuüben. Deshalb genügt es, wenn im Klageantrag die begehrte bauliche Veränderung bezeichnet wird; die konkrete Art und Weise ihrer Durchführung kann in das Ermessen des Gerichts gestellt werden.

Für die Kostentragung gilt § 21 Absatz 1 WEG-E.

Zu § 20 Absatz 2 Satz 1 allgemein

§ 20 Absatz 2 Satz 1 enthält den Katalog der privilegierten Maßnahmen.

Wenn die Voraussetzungen der jeweiligen Nummer vorliegen, hat der Wohnungseigentümer einen Anspruch auf Fassung eines entsprechenden Beschlusses nach § 20 Absatz 1; dabei haben die übrigen Wohnungseigentümer lediglich hinsichtlich der Durchführung der Maßnahme einen Entscheidungsspielraum (vergleiche § 20 Absatz 2 Satz 2). Bei dem alle Nummern betreffenden Merkmal der Angemessenheit handelt es sich um einen unbestimmten Rechtsbegriff. Er ermöglicht es im Einzelfall, objektiv unangemessene Forderungen zurückzuweisen. Wann eine Maßnahme unangemessen ist, kann nur im Einzelfall unter Berücksichtigung aller Umstände entschieden werden. Ein Entscheidungsermessen oder Einschätzungsspielraum wird den Wohnungseigentümern dadurch aber nicht eingeräumt.

Das Verlangen nach einer privilegierten Maßnahme ist gegenüber der Gemeinschaft der Wohnungseigentümer, in der Regel vertreten durch den Verwalter (vergleiche § 9b WEG-E), zu äußern. Der Verwalter hat dann einen entsprechenden Beschlussvorschlag in die Tagesordnung der nächsten Versammlung aufzunehmen. Daneben ist gerade in kleineren Gemeinschaften denkbar, dass ein Umlaufbeschluss gefasst wird (§ 23 Absatz 3).

Zu § 20 Absatz 2 Satz 1 Nummer 1

Dem Gebrauch durch Menschen mit Behinderungen dienen alle baulichen Veränderungen, die für die Nutzung durch körperlich oder geistig eingeschränkte Personen erforderlich oder auch nur förderlich sind.

Die Vorschrift bezieht sich sowohl auf das gemeinschaftliche Eigentum, das sich im Bereich der Wohnung des Wohnungseigentümers befindet, als auch auf das übrige gemeinschaftliche Eigentum; über § 13 Absatz 2 WEGE gilt die Vorschrift zudem für das Sondereigentum. In allen Fällen kommt es allein darauf an, dass die bauliche Veränderung der tatsächlichen Wahrnehmung einer rechtlich bestehenden Gebrauchsmöglichkeit durch Menschen mit Behinderungen förderlich ist.

Ob und in welchem Umfang der Wohnungseigentümer oder einer seiner Angehörigen auf die Maßnahme angewiesen ist, spielt keine Rolle. Durch diese abstrakte Betrachtungsweise werden nicht nur Streitigkeiten über die Notwendigkeit im Einzelfall vermieden, sondern auch dem gesamtgesellschaftlichen Bedürfnis nach barrierefreiem oder barrierereduziertem Wohnraum Rechnung getragen.

Zu § 20 Absatz 2 Satz 1 Nummer 2

Dem Laden elektrisch betriebener Fahrzeuge dienen alle baulichen Veränderungen, die es ermöglichen, die Batterie eines Fahrzeugs zu laden. Der Anspruch beschränkt sich deshalb nicht nur auf die Anbringung einer Ladestation an der Wand (sogenannte Wallbox), sondern betrifft zum Beispiel auch die Verlegung der Leitungen und die Eingriffe in die Stromversorgung oder die Telekommunikationsinfrastruktur, die dafür notwendig sind, dass die Lademöglichkeit sinnvoll genutzt werden kann. Der Anspruch beschränkt sich nicht nur auf die Ersteinrichtung einer Lademöglichkeit, sondern betrifft auch deren Verbesserung.

Der Begriff der Lademöglichkeit ist dabei im Hinblick auf die technische und rechtliche Weiterentwicklung ohne Rückgriff auf die Ladesäulenverordnung oder andere Regelwerke zu bestimmen. Aus den gleichen Gründen ist auch der Begriff des Fahrzeugs ohne Rückgriff auf das Elektromobilitätsgesetz (EmoG) zu verstehen; erfasst sind neben den im EmoG genannten Fahrzeugen etwa auch elektrisch betriebene Zweiräder oder spezielle Elektromobile für Gehbehinderte, die nicht in den Anwendungsbereich dieses Gesetzes fallen.

Soweit für das Laden elektrisch betriebener Fahrzeuge keine bauliche Veränderung des gemeinschaftlichen Eigentums erforderlich ist, sondern lediglich die Nutzung des bestehenden gemeinschaftlichen Eigentums, liegt kein Fall des § 20 Absatz 2 Satz 1 Nummer 2 vor. Vielmehr besteht insoweit ein Recht zum Mitgebrauch nach § 16 Absatz 1 Satz 3 WEG-E. Der Wohnungseigentümer wird seinen Anspruch aus § 20 Absatz 2 Satz 1 Nummer 2 auf bauliche Veränderung (zum Beispiel zur Verlegung von Leitungen und zur Anbringung einer sogenannten Wallbox) deshalb oftmals mit seinem Recht zum Mitgebrauch nach § 16 Absatz 1 Satz 3 WEG-E (zum Beispiel der bestehenden Elektroinstallationen) kombinieren. Das Recht zum Mitgebrauch besteht unproblematisch, soweit der Mitgebrauch durch alle interessierten Wohnungseigentümer technisch möglich ist. Entstehen durch den nachträglichen Mitgebrauch eines Wohnungseigentümers Kapazitätsprobleme, müssen diese nach allgemeinen Regeln gelöst werden, etwa durch einen Beschluss, der regelt, wann welcher Wohnungseigentümer das gemeinschaftliche Eigentum gebrauchen darf. Dabei sind alle interessierten Wohnungseigentümer gleich zu behandeln, ungeachtet der Tatsache, wie lange sie das gemeinschaftliche Eigentum schon gebrauchen. Es ist deshalb nicht zulässig, den Anspruch aus § 20 Absatz 2 Satz 1 Nummer 2 mit Blick auf beschränkte Kapazitäten etwa der gemeinschaftlichen Elektroinstallationen abzulehnen. Entweder teilen sich in einem solchen Fall alle an der Nutzung interessierten Wohnungseigentümer die beschränkten Kapazitäten der bestehenden Elektroinstallationen oder sie rüsten diese gemeinsam auf (zum Beispiel durch die Installation eines Lastmanagementsystems oder die Erweiterung der Hausanschlussleistung) und tragen die dafür notwendigen Kosten gemeinsam (vergleiche § 21 Absatz 1 Satz 1 WEG-E); der Anspruch auf Aufrüstung ergibt sich wiederum aus § 20 Absatz 2 Satz 1 Nummer 2. Die Nutzung und Kostenbeteiligung durch später hinzutretende Wohnungseigentümer in diesem Fall regelt § 21 Absatz 4 WEG-E (vergleiche auch die dortige Begründung).

§ 20 Absatz 2 Satz 1 Nummer 2 räumt dem Wohnungseigentümer nicht das Recht ein, ein zu ladendes Fahrzeug für die Zeit des Ladevorgangs im Bereich des gemeinschaftlichen Eigentums abzustellen. Fehlt es an einem solchen Recht, ist die Herstellung einer Lademöglichkeit nicht angemessen. Ein Anspruch besteht deshalb in der Regel nur, wenn der Wohnungseigentümer das Recht hat, das zu ladende Fahrzeug im Bereich der begehrten Lademöglichkeit abzustellen. Keine Rolle spielt es, ob sich dieses Recht aus dem Sondereigentum, einem Sondernutzungsrecht oder lediglich dem Recht zum Mitgebrauch einer gemeinschaftlichen Abstellfläche ergibt.

Die sinnvolle Nutzung der Lademöglichkeit beschränkt sich nicht auf die bloße Entnahme von Elektrizität. Halter von Elektrofahrzeugen können beispielsweise Flexibilität für das Stromnetz oder den Strommarkt bereitstellen oder von variablen Tarifen profitieren. Solche Anwendungen eröffnen zusätzliche Nutzungen der Ladeeinrichtung und des Fahrzeugs. Je nach Dimensionierung des Hausanschlusses und der Auslastung des örtlichen Verteilernetzes kann eine intelligente Steuerbarkeit eine entscheidende Voraussetzung dafür sein, dass eine Ladeeinrichtung an das Stromnetz angeschlossen werden kann. Dem Laden elektrisch betriebener Fahrzeuge dienen daher insbesondere bauliche Veränderungen, die zur Umsetzung von Vorgaben des Messstellenbetriebsgesetzes oder zur Teilnahme an einem Flexibilitätsmechanismus nach § 14a des Energiewirtschaftsgesetzes erforderlich sind.

Hierzu gehören Veränderungen, die zum Einbau und Betrieb der notwendigen Mess- und Steuereinrichtungen erforderlich sind (zum Beispiel Veränderungen von Zählerschränken, kommunikative Anbindung der Ladeeinrichtung an ein intelligentes Messsystem).

Zu § 20 Absatz 2 Satz 1 Nummer 3

Bauliche Veränderungen dienen dem Einbruchsschutz, wenn sie geeignet sind, den widerrechtlichen Zutritt zu einzelnen Wohnungen oder zu der Wohnanlage insgesamt zu verhindern, zu erschweren oder auch nur unwahrscheinlicher zu machen.

Zu § 20 Absatz 2 Satz 1 Nummer 4

Der Begriff des Telekommunikationsnetzes mit sehr hoher Kapazität ist angelehnt an das in Artikel 2 Nummer 2 der Richtlinie (EU) 2018/1972 des europäischen Parlaments und des Rates vom 11. Dezember 2018 über den europäischen Kodex für die elektronische Kommunikation (Amtsblatt L 321/36 vom 17. Dezember 2018, Seite 36) definierte »Netz mit sehr hoher Kapazität«. Bauliche Veränderungen dienen dem Anschluss an ein solches Netz, wenn sie dem Wohnungseigentümer in seinem Sondereigentum die Nutzung eines Telekommunikationsnetzes eröffnen, das entweder komplett aus Glasfaserkomponenten zumindest bis zum Verteilerpunkt am Ort der Nutzung besteht oder das zu üblichen Spitzenlastzeiten eine ähnliche Netzleistung in Bezug auf die verfügbare Downlink- und Uplink-Bandbreite, Ausfallsicherheit, fehlerbezogene Parameter, Latenz und Latenzschwankung bieten kann. Zu den baulichen Veränderungen gehören insbesondere das Verlegen von Glasfaserkomponenten bis in das Sondereigentum des Wohnungseigentümers, aber freilich auch alle Maßnahmen am gemeinschaftlichen Eigentum, die dafür notwendig sind.

Zu § 20 Absatz 2 Satz 2

§ 20 Absatz 2 Satz 2 eröffnet den Wohnungseigentümern die Möglichkeit, über die Durchführung der baulichen Maßnahme im Rahmen ordnungsmäßiger Verwaltung (§ 18 Absatz 2 WEG-E), also dem Interesse der Gesamtheit der Wohnungseigentümer nach billigem Ermessen entsprechend, zu beschließen. Die Möglichkeit, einen solchen Beschluss zu fassen, ergibt sich bereits aus § 20 Absatz 1. § 20 Absatz 2 Satz 2 schränkt lediglich den Anspruch aus § 20 Absatz 2 Satz 1 insoweit ein, als dass der Wohnungseigentümer keinen Anspruch auf eine bestimmte Durchführung der baulichen Veränderung hat.

Der Begriff der Durchführung bezieht sich sowohl auf die baulichen Details als auch auf die Frage, wer die Baumaßnahme durchführt; dies ergibt sich mittelbar auch aus der Kostentragungsregelung des § 21 Absatz 1 WEGE. Die Wohnungseigentümer können deshalb im Rahmen ihres Ermessensspielraums etwa detaillierte Vorgaben für die bauliche Durchführung machen, die der Wohnungseigentümer zu berücksichtigen hat (zum Beispiel die Verwendung bestimmter Materialien oder die Vorgabe, Kabel unter Putz zu verlegen). Dadurch kann auch sichergestellt werden, dass bauliche Veränderungen mehrerer Wohnungseigentümer technisch kompatibel sind. Die Wohnungseigentümer können aber auch beschließen, dass die Bauausführung durch die Gemeinschaft der Wohnungseigentümer auf Kosten des bauwilligen Wohnungseigentümers erfolgt.

Die Entscheidungsmacht der Wohnungseigentümer ist nicht schrankenlos, sondern wird durch die Vorgaben ordnungsmäßiger Verwaltung beschränkt. Aufgrund der Vielgestaltigkeit der denkbaren Fälle macht der Entwurf keine darüberhinausgehenden Vorgaben. Im

Rahmen der Prüfung der Ordnungsmäßigkeit sind alle Umstände des Einzelfalls, etwa Belange behinderter Wohnungseigentümer, zu berücksichtigen.

Zu § 20 Absatz 3

§ 20 Absatz 3 begründet einen Anspruch auf Gestattung einer baulichen Veränderung, durch die kein Wohnungseigentümer in rechtlich relevanter Weise beeinträchtigt wird. Eine Beeinträchtigung ist rechtlich nicht relevant, wenn sie nicht über das bei einem geordneten Zusammenleben unvermeidliche Maß hinausgeht oder die über dieses Maß hinaus beeinträchtigten Wohnungseigentümer einverstanden sind. Das Maß der von vornherein nicht relevanten Beeinträchtigung entspricht dabei dem geltenden Recht (vergleiche § 22 Absatz 1 WEG-E); die sprachliche Anpassung ist lediglich dem geänderten § 14 geschuldet. Allerdings kann sich die Beeinträchtigung nicht mehr aus den Kosten einer baulichen Veränderung oder ihren Folgekosten ergeben.

Denn nach § 21 Absatz 1 WEG-E sind diese Kosten einschließlich der Folgekosten allein von dem bauwilligen Wohnungseigentümer zu tragen.

Bei Beeinträchtigungen, die über dieses Maß hinausgehen, kommt es auf das Einverständnis der beeinträchtigten Wohnungseigentümer an. Der Entwurf spricht dabei bewusst von einem Einverständnis, da es nicht um die Zustimmung zu einem Rechtsgeschäft, sondern um das Einverstanden-Sein mit einem Rechtseingriff geht. Das Einverständnis ist deshalb auch keine Willenserklärung, sondern eine rechtsgeschäftsähnliche Handlung. Eine besondere Form für die Erklärung schreibt der Entwurf nicht vor; im Streitfall obliegt es dem Anspruchsteller, das erforderliche Einverständnis darzulegen und zu beweisen.

Inhalt des Anspruchs ist ein Gestattungsbeschluss nach § 20 Absatz 1. Eine bauliche Veränderung, durch die kein Wohnungseigentümer in rechtlich relevanter Weise beeinträchtigt wird, ist dem Bauwilligen daher durch Beschluss zu gestatten. Die Wohnungseigentümer haben dabei – anders als nach § 20 Absatz 2 Satz 2 – kein Ermessen, über die Durchführung der baulichen Veränderung zu entscheiden. Ein solches Ermessen ist mangels relevanter Beeinträchtigung nicht gerechtfertigt. Hinsichtlich des Verlangens gelten die Ausführungen zu § 20 Absatz 2 Satz 1 entsprechend.

Der Anspruch kann im Wege einer Beschlussersetzungsklage durchgesetzt werden (§ 44 Absatz 1 Satz 2 WEGE). Der Klageantrag muss sich dabei auf eine konkrete bauliche Veränderung samt der Art ihrer Durchführung beziehen; ein Ermessen des Gerichts hinsichtlich der Durchführung besteht genauso wenig wie ein Ermessen der Wohnungseigentümer.

Der einleitende Satzteil stellt klar, dass der Anspruch nach § 20 Absatz 3 in Konkurrenz zu einem Anspruch nach § 20 Absatz 2 stehen kann. Dazu kann es kommen, wenn eine nach Absatz 2 privilegierte Maßnahme keine relevante Beeinträchtigung auslöst. Im Falle der Anspruchskonkurrenz wird der Wohnungseigentümer freilich seinen Anspruch in der Regel auf § 20 Absatz 3 stützen, da er in dessen Rahmen mangels einer dem § 20 Absatz 2 Satz 2 entsprechenden Vorschrift frei über die Art der Durchführung der Maßnahme entscheiden kann.

Zu § 20 Absatz 4

Baulichen Veränderungen werden durch § 20 Absatz 4 zwei Grenzen gesetzt: Zum einen dürfen sie die Wohnanlage nicht grundlegend umgestalten; zum anderen dürfen sie keinen Wohnungseigentümer ohne sein Einverständnis gegenüber anderen unbillig benachteiligen.

Ob eine bauliche Veränderung die Wohnanlage grundlegend umgestaltet, kann nur im Einzelfall unter Berücksichtigung aller Umstände entschieden werden. Bezugspunkt ist dabei die Anlage als Ganze. Eine grundlegende Umgestaltung wird deshalb nur im Ausnahmefall und bei den nach § 20 Absatz 2 privilegierten Maßnahmen zumindest typischerweise gar nicht anzunehmen sein. Insbesondere führt nicht jede bauliche Veränderung, die nach dem geltenden § 22 Absatz 2 Satz 1 die Eigenart der Wohnanlage ändert, auch zu einer grundlegenden Umgestaltung. Der Begriff der grundlegenden Umgestaltung ist vielmehr enger zu verstehen als der Begriff der Änderung der Eigenart im geltenden Recht. Dadurch soll die bauliche Veränderung von Wohnungseigentumsanlagen erleichtert werden (vergleiche den Abschlussbericht der Bund-Länder-Arbeitsgruppe zur Reform des Wohnungseigentumsgesetzes, ZWE 2019, 430, 447).

Das Verbot, einen Wohnungseigentümer gegenüber anderen unbillig zu benachteiligen, entspricht dem geltenden § 22 Absatz 2 Satz 1. Der dort verwendete Begriff der Beeinträchtigung wird lediglich aus sprachlichen Gründen durch den Begriff der Benachteiligung ersetzt. Ein Verstoß gegen dieses Verbot setzt zunächst voraus, dass einem Wohnungseigentümer Nachteile zugemutet werden, die bei wertender Betrachtung nicht durch die mit der baulichen Veränderung verfolgten Vorteile ausgeglichen werden. Darüber hinaus ist notwendig, dass die bauliche Veränderung zu einer treuwidrigen Ungleichbehandlung der Wohnungseigentümer führt, indem die Nachteile einem oder mehreren Wohnungseigentümern in größerem Umfang zugemutet werden als den übrigen Wohnungseigentümern. Dabei sind insbesondere die Belange behinderter Wohnungseigentümer zu berücksichtigen.

Bauliche Veränderungen, die gegen § 20 Absatz 4 verstoßen, können nicht verlangt werden; Absatz 4 steht damit insbesondere auch Ansprüchen nach § 20 Absatz 2 und 3 entgegen. Ein Beschluss über eine bauliche Veränderung, die gegen § 20 Absatz 4 verstößt, ist nicht nichtig, sondern nur auf Anfechtungsklage hin aufzuheben. § 20 Absatz 4 beschränkt also nicht die durch § 20 Absatz 1 eingeräumte Beschlusskompetenz. Das verdeutlicht der Wortlaut durch die Verwendung des Wortes »dürfen«. Soll dagegen die Beschlusskompetenz definiert werden, verwendet der Entwurf wie etwa in § 16 Absatz 2 Satz 2 das Wort »können« (vergleiche auch die Begründungen zur § 21 Absatz 5 und § 26 Absatz 1 Satz 2 WEG-E).

Wie die negative Formulierung verdeutlicht, regelt die Vorschrift die Anfechtbarkeit eines Beschlusses über bauliche Veränderungen nicht abschließend. Ein Beschluss kann deshalb auch aus anderen Gründen ordnungswidrig sein. Bei der Bestimmung der Grenzen der ordnungsmäßigen Verwaltung, die für einen Beschluss über bauliche Veränderungen gelten, sind jedoch die Wertungen des § 20 Absatz 4 zu berücksichtigen. Demnach führt das Maß der baulichen Veränderung der Anlage erst dann zu einem Verstoß gegen den Grundsatz der ordnungsmäßigen Verwaltung, wenn die Grenze der grundlegenden Umgestaltung überschritten ist. Bauliche Veränderungen, die dieses Maß nicht erreichen und mehrheitlich beschlossen werden, sind von der überstimmten Minderheit hinzunehmen. Dies gilt insbesondere für Beeinträchtigungen des optischen Gesamteindrucks. Auch Beeinträchtigungen anderer Wohnungseigentümer widersprechen erst dann ordnungsmäßiger Verwaltung, wenn Wohnungseigentümer ohne ihr Einverständnis unbillig gegenüber anderen beeinträchtigt werden; unterhalb dieser Schwelle liegende Beeinträchtigungen, die sich aus einer mehrheitlich beschlossenen baulichen Veränderung ergeben, sind zu tolerieren. Insbesondere kann der Ausschluss einzelner Wohnungseigentümer von den Nutzungen der baulichen Veränderungen nicht zur Ordnungswidrigkeit führen; denn diese Folge trifft alle Wohnungseigentümer, die die Kosten der baulichen Veränderung nicht zu tragen haben (vergleiche § 21 Absatz 3 Satz 2 WEG-E). Ein Beschluss über eine bauliche Veränderung ist deshalb auf Anfechtungsklage hin nur aufzuheben, wenn er gegen § 20 Absatz 4 verstößt oder unabhängig von dem Maß der Veränderung oder dem Maß der Beeinträchtigung ordnungsmäßiger Verwaltung widerspricht.

Zu § 21 allgemein

§ 21 regelt Nutzungen und Kosten bei baulichen Veränderungen des gemeinschaftlichen Eigentums. Die Vorschrift dient insbesondere dem Schutz derjenigen Wohnungseigentümer, die eine bauliche Veränderung ablehnen. Nach § 20 WEG-E kann die bauunwillige Minderheit zwar grundsätzlich die bauliche Veränderung als solche nicht verhindern. Die Vorschriften über die Kostentragung und die Nutzungsziehung führen aber zu einem angemessenen Interessenausgleich.

§ 21 unterscheidet drei verschiedene Arten von baulichen Veränderungen:
- bauliche Veränderungen, die ein Wohnungseigentümer selbst durchführt oder die auf sein Verlangen durch die Gemeinschaft der Wohnungseigentümer durchgeführt werden (Absatz 1);
- bauliche Veränderungen, die die Anlage in einen zeitgemäßen Zustand versetzen oder deren Kosten sich innerhalb eines angemessenen Zeitraums amortisieren (Absatz 2);
- andere bauliche Veränderungen (Absatz 3).

Wohnungseigentümer, die einer baulichen Veränderung nicht zugestimmt haben, müssen die damit verbundenen Kosten nur tragen, wenn die bauliche Veränderung die Anlage in einen zeitgemäßen Zustand versetzt oder sich die Kosten der baulichen Veränderung innerhalb eines angemessenen Zeitraums amortisieren (Absatz 2 Satz 1). Im Falle der Amortisation ist dies schon deshalb gerechtfertigt, weil alle Wohnungseigentümer zumindest mittelfristig finanziell von der baulichen Veränderung profitieren. Aber auch die Beteiligung aller Wohnungseigentümer an den Kosten baulicher Veränderungen, die die Anlage in einen zeitgemäßen Zustand versetzen, ist angemessen. Denn nur so kann verhindert werden, dass der Zustand von Wohnungseigentumsanlagen auf Dauer hinter dem Zustand anderer Anlagen zurückbleibt (vergleiche den Abschlussbericht der Bund-Länder-Arbeitsgruppe zur Reform des Wohnungseigentumsgesetzes, ZWE 2019, 430, 448). Zugleich profitieren alle Wohnungseigentümer von der Wertsteigerung ihrer Wohnungseigentumsanlage. In allen anderen Fällen müssen Kosten nur diejenigen Wohnungseigentümer tragen, die der baulichen Veränderung zugestimmt haben (Absatz 3 Satz 1) oder denen die bauliche Veränderung gestattet wurde beziehungsweise auf deren Verlangen sie durchgeführt wurde (Absatz 1 Satz 1). Dadurch werden bauunwillige Wohnungseigentümer vor finanziellen Überlastungen geschützt, ohne dass die bauliche Weiterentwicklung der Wohnungseigentumsanlage unnötig erschwert wird.

Die Befugnis zur Nutzungsziehung verläuft nach dem Entwurf parallel zur Kostentragungspflicht. Die Nutzungen des baulich veränderten gemeinschaftlichen Eigentums gebühren deshalb nur denjenigen Wohnungseigentümern, die auch die Kosten der baulichen Veränderung zu tragen haben (vergleiche Absatz 1 Satz 2, Absatz 2 Satz 2, Absatz 3 Satz 2). Die übrigen Wohnungseigentümer sind demnach grundsätzlich auch vom Gebrauch ausgeschlossen. Dies setzt allerdings voraus, dass ein exklusiver Gebrauch des baulich veränderten gemeinschaftlichen Eigentums überhaupt möglich ist. Denn nicht jeder Vorteil, den ein Wohnungseigentümer aufgrund der baulichen Veränderung genießt, ist rechtlich als Gebrauch im Sinne des § 21 einzuordnen. Ein Wohnungseigentümer, der etwa in den Genuss eines neu errichteten Zauns, eines überdachten Eingangsbereichs oder einer besonders gesicherten Hauseingangstür kommt, ohne dass er sich dem entziehen könnte, handelt daher nicht rechtswidrig und ist auch nicht zur Kostentragung verpflichtet, wenn er der baulichen Veränderung nicht zugestimmt hat.

Die Absätze 4 und 5 enthalten schließlich ergänzende Regelungen: § 21 Absatz 4 räumt jedem Wohnungseigentümer, der nicht berechtigt ist, Nutzungen zu ziehen, einen Anspruch ein, dies nachträglich gegen angemessenen Ausgleich und Kostenbeteiligung zu verlangen. Nach § 21 Absatz 5 können die Wohnungseigentümer eine abweichende Verteilung der Kosten und Nutzungen beschließen.

Zu § 21 Absatz 1

Nach § 21 Absatz 1 Satz 1 hat ein Wohnungseigentümer die Kosten einer baulichen Veränderung zu tragen, die ihm nach § 20 Absatz 1 Alternative 2 WEG-E gestattet wurde oder die er nach § 20 Absatz 2 WEG-E verlangt hat und die für ihn von der Gemeinschaft der Wohnungseigentümer durchgeführt wurde. Dies gilt für alle Kosten, die auf der baulichen Veränderung beruhen, also nicht nur für die Baukosten, sondern insbesondere auch für die Folgekosten des Gebrauchs und der Erhaltung.

Nach § 21 Absatz 1 Satz 2 WEG-E gebühren auch die Nutzungen nur dem kostentragungspflichtigen Wohnungseigentümer.

Der Entwurf sieht keine ausdrückliche Regelung für den Fall vor, dass eine bauliche Veränderung mehreren Wohnungseigentümern nach § 20 Absatz 1 Alternative 2 WEG-E gestattet worden ist oder mehrere Wohnungseigentümer eine bauliche Veränderung gemeinschaftlich nach § 20 Absatz 2 WEG-E verlangt haben.

Denn es ist selbstverständlich, dass auch in diesem Fall das Verhältnis der Miteigentumsanteile für die Verteilung der Kosten und Nutzungen maßgeblich ist. Für den Fall der nachträglichen Gestattung ergibt sich dies sogar ausdrücklich aus § 21 Absatz 4 Satz 2 in Verbindung mit Absatz 3 WEG-E.

Zu § 21 Absatz 2 allgemein

Nach § 21 Absatz 2 Satz 1 haben alle Wohnungseigentümer nach dem Verhältnis ihrer Miteigentumsanteile (§ 16 Absatz 1 Satz 2) die Kosten einer baulichen Veränderung zu tragen, die der Anpassung der Wohnungseigentumsanlage an den zeitgemäßen Zustand dient (Nummer 1), oder deren Kosten sich innerhalb eines angemessenen Zeitraums amortisieren (Nummer 2). Dies gilt für alle Kosten, die auf der baulichen Veränderung beruhen, also nicht nur für die Baukosten, sondern insbesondere auch für die Folgekosten des Gebrauchs und der Erhaltung.

§ 21 Absatz 2 gilt nur vorbehaltlich des § 21 Absatz 1. Eine bauliche Veränderung, die einem Wohnungseigentümer gestattet wurde oder die er nach § 20 Absatz 2 verlangt hat und die für ihn von der Gemeinschaft der Wohnungseigentümer durchgeführt wurde, ist deshalb nicht von § 21 Absatz 2 erfasst, auch wenn sie die dort genannten Voraussetzungen erfüllt. Denn die Kostentragung durch alle Wohnungseigentümer ist nur dann gerechtfertigt, wenn die Entscheidung für die bauliche Veränderung auf dem freien Entschluss der Mehrheit der Wohnungseigentümer beruht. Andernfalls bestünde die Gefahr, dass ein einzelner Wohnungseigentümer bauliche Veränderungen, die in den Anwendungsbereich von § 20 Absatz 2 fallen, auf Kosten aller Wohnungseigentümer erzwingen kann, zum Beispiel den Einbau eines Aufzugs, wenn ein solcher bei vergleichbaren Anlagen üblich geworden ist.

Zu § 21 Absatz 2 Satz 1 Nummer 1

§ 21 Absatz 2 Satz 1 Nummer 1 ermöglicht es, bauliche Veränderungen auf Kosten aller Wohnungseigentümer vorzunehmen, die der Anpassung an einen zeitgemäßen Zustand dienen. Denn Wohnungseigentumsanlagen sollen baulich nicht hinter vergleichbare Anlagen zurückfallen. Der mit einer baulichen Veränderung angestrebte Zustand ist dafür mit dem Zustand zu vergleichen, der bei Anlagen vergleichbarer Art in der Umgebung üblich ist. Soll mithilfe der baulichen Veränderung lediglich dieser übliche Zustand erreicht werden, sind die Kosten von allen Wohnungseigentümern zu tragen; soweit der übliche Zustand übertroffen werden soll, sind die zusätzlichen Kosten gemäß § 21 Absatz 3 Satz 1 nur von denjenigen Wohnungseigentümern zu tragen, die es beschlossen haben. Wenn etwa Balkone, Aufzüge, ein bestimmter energetischer Standard oder die Ausstattung mit Lademöglichkeiten für elektrisch betriebene Fahrzeuge bei vergleichbaren Anlagen in der Umgebung üblich geworden ist, können demnach entsprechende bauliche Veränderungen auf Kosten aller Wohnungseigentümer durchgeführt werden.

Der für die Ermittlung der Üblichkeit anzustellende Vergleich hat sich auf die der Art nach vergleichbaren Anlagen in der Umgebung zu beziehen. Der Begriff der Anlage ist dabei baulich zu verstehen. Er erfasst deshalb nicht nur Wohnungseigentumsanlagen, sondern alle Objekte, ungeachtet ihrer Eigentümerstruktur.

Denn § 21 Absatz 2 Satz 1 Nummer 1 bezweckt gerade auch, dass der Zustand von Wohnungseigentumsanlagen baulich nicht hinter den Zustand solcher Anlagen zurückfällt, die nicht nach dem Wohnungseigentumsgesetz aufgeteilt sind (zum Beispiel vermietete Gebäude im Eigentum eines einzelnen Eigentümers).

Der Art nach vergleichbar sind Anlagen, die sich insbesondere im Hinblick auf Größe und Nutzung ähneln. Maßstab ist dabei die jeweilige baulich-funktionale Einheit ungeachtet ihrer rechtlichen Zugehörigkeit zu einem oder mehreren Grundstücken. Ein überwiegend gewerblich genutztes Gebäude ist demnach etwa nicht mit einem reinen Wohngebäude vergleichbar, ein Mehrfamilien- nicht mit einem Reihenhaus. Daran ändert sich auch dann nichts, wenn mehrere Reihenhäuser auf einem einzigen Grundstück errichtet wurden und die dadurch entstehende Mehrhausanlage insgesamt von ähnlich vielen Menschen wie das Mehrfamilienhaus bewohnt wird.

Umgebung meint den räumlichen Bereich, auf den sich der Vergleich erstreckt. Der Entwurf stellt dafür weder auf die Grenzen der politischen Gemeinde, noch auf einen bestimmten Umkreis ab. Vielmehr ist der Bereich im Einzelfall so zu bestimmen, dass ein sachgerechter Vergleich möglich ist.

Üblich ist ein Zustand, wenn er in der klar überwiegenden Zahl der zu vergleichenden Anlagen vorzufinden ist. Ob dies der Fall ist, wird im Streitfall regelmäßig durch ein Gutachten zu ermitteln sein. Dabei ist zu beachten, dass es sich bei der Üblichkeit um einen normativen Begriff im Sinne eines Erfahrungssatzes handelt, dessen Inhalt der Richter von Amts wegen zu ermitteln hat (vergleiche etwa Rosenberg/Schwab/Gottwald, Zivilprozessrecht, 18. Auflage 2018, § 112 Randnummer 11).

Zu § 21 Absatz 2 Satz 1 Nummer 2

Der angemessene Zeitraum, innerhalb dessen sich die Kosten im Sinne des § 21 Absatz 2 Satz 1 Nummer 2 amortisieren müssen, wird nicht gesetzlich festgeschrieben. Die von der Rechtsprechung zur sogenannten modernisierenden Instandsetzung entwickelte Annahme, wonach der Zeitraum im Regelfall 10 Jahre betragen soll (BGH, Urteil vom 14. Dezember 2012 – V ZR 224/11 Randnummer 10), ist nicht statisch zu übertragen. Der Zeitraum kann in Abhängigkeit von der konkreten Maßnahme auch überschritten werden, etwa um sinnvolle Maßnahmen der energetischen Sanierung auf Kosten aller Wohnungseigentümer zu ermöglichen.

Maßgeblich ist in jedem Fall die ex-ante-Beurteilung zum Zeitpunkt der Beschlussfassung; ob die Amortisierung später tatsächlich eintritt, spielt dagegen keine Rolle.

Amortisieren müssen sich von vornherein nur die Aufwendungen, die andernfalls nicht anfallen würden. Tritt eine bauliche Veränderung an die Stelle einer sonst notwendigen Erhaltungsmaßnahme, müssen sich also nur die durch die bauliche Veränderung entstehenden Mehrkosten amortisieren. Dadurch fügen sich auch die Fälle der sogenannten modernisierenden Instandsetzung nahtlos in das System des Entwurfs ein. Eine modernisierende Instandsetzung setzt begrifflich voraus, dass sich die dafür notwendigen Kosten innerhalb eines angemessenen Zeitraums amortisieren. Eine modernisierende Instandsetzung kann demnach – wie jede bauliche Veränderung – mit einfacher Mehrheit beschlossen werden (vergleiche § 20 Absatz 1 WEG-E); ihre Kosten sind von allen Wohnungseigentümern zu tragen, wenn sich die Kosten innerhalb eines angemessenen Zeitraums amortisieren.

Zu § 21 Absatz 2 Satz 2

Für die Nutzungen ordnet § 21 Absatz 2 Satz 2 die entsprechende Anwendung von § 16 Absatz 1 an. Die Früchte stehen also ebenfalls allen Wohnungseigentümern im Verhältnis ihrer Miteigentumsanteile zu (§ 16 Absatz 1 Satz 1 und 2 WEG-E); sie sind zugleich zum Mitgebrauch berechtigt (§ 16 Absatz 1 Satz 3 WEG-E).

Zu § 21 Absatz 3

Auch bauliche Veränderungen, die nicht von § 21 Absatz 1 und 2 erfasst sind, können mehrheitlich beschlossen werden (vergleiche § 20 Absatz 1 WEG-E). Die Kosten solcher baulichen Veränderungen haben nach § 21 Absatz 3 aber nur diejenigen Wohnungseigentümer zu tragen, die die bauliche Veränderung beschlossen haben, also bei der Abstimmung mit »Ja« gestimmt haben. Die Kostenverteilung unter diesen Wohnungseigentümern erfolgt nach dem Verhältnis ihrer Miteigentumsanteile. Dies gilt für alle Kosten, die auf der baulichen Veränderung beruhen, also nicht nur für die Baukosten, sondern insbesondere auch für die Folgekosten für Gebrauch und Erhaltung.

Die Nutzungen sind entsprechend § 16 Absatz 1 WEG-E nach dem gleichen Verhältnis wie die Kosten zu verteilen. Die Früchte stehen also den zur Kostentragung verpflichteten Wohnungseigentümern im Verhältnis ihrer Miteigentumsanteile zu; nur diese Wohnungseigentümer sind zum Mitgebrauch berechtigt.

Zu § 21 Absatz 4

Nach § 21 Absatz 4 Satz 1 kann jeder Wohnungseigentümer verlangen, dass ihm nach billigem Ermessen gestattet wird, Nutzungen zu ziehen, die ihm nach den gesetzlichen

Vorschriften nicht gebühren. Das gilt unabhängig davon, ob der Wohnungseigentümer kraft Gesetzes (nach den Absätzen 1 oder 3) oder durch Beschluss (nach Absatz 5) von der Nutzungsziehung ausgeschlossen ist. Der Anspruch erlaubt es insbesondere einem Wohnungseigentümer, der einer baulichen Veränderung zunächst nicht zugestimmt hat, seine Meinung nachträglich zu ändern. Auf diese Weise können die Vorteile baulicher Veränderungen auch denjenigen Wohnungseigentümern oder ihren Rechtsnachfolgern zugute kommen, die zunächst, etwa aus finanziellen Gründen, gegen sie gestimmt haben.

Der Anspruch besteht jedoch nur unter der Einschränkung, dass eine Teilhabe an den Nutzungen, insbesondere dem Gebrauch, billigem Ermessen entspricht. Besondere Umstände des Einzelfalls können den Anspruch deshalb auch ausschließen. Dabei ist aber zu berücksichtigen, dass Kapazitätsprobleme für sich genommen dem Anspruch regelmäßig nicht entgegenstehen. Denn die Billigkeit verlangt eine Gleichbehandlung der Wohnungseigentümer. Diejenigen Wohnungseigentümer, die die bauliche Veränderung ursprünglich beschlossen haben, haben deshalb grundsätzlich kein besseres Recht als ein Nachzügler; denn ungeachtet der zeitlichen Abfolge geht es um den Gebrauch des gemeinschaftlichen Eigentums. Entstehen durch den nachträglichen Mitgebrauch eines Wohnungseigentümers Kapazitätsprobleme, müssen diese nach allgemeinen Regeln gelöst werden, etwa durch einen Beschluss, der regelt, wann welcher Wohnungseigentümer das veränderte gemeinschaftliche Eigentum gebrauchen darf.

Der Anspruch ist auf die Fassung eines Beschlusses gerichtet, der dem Wohnungseigentümer die Teilhabe an den Nutzungen gegen angemessenen Ausgleich gestattet. § 21 Absatz 4 Satz 1 enthält zugleich die dafür notwendige Beschlusskompetenz. Der Beschluss ist durch alle Wohnungseigentümer zu fassen, nicht etwa nur durch die Wohnungseigentümer, die schon nutzungsberechtigt sind, da er das gemeinschaftliche Eigentum betrifft. Prozessual kann der Anspruch im Wege einer Beschlussersetzungsklage verfolgt werden (§ 44 Absatz 1 Satz 2 WEG-E).

Wird ein Beschluss nach § 21 Absatz 4 Satz 1 gefasst, hat dies drei Rechtsfolgen:

Erstens ist der Wohnungseigentümer, zu dessen Gunsten der Beschluss gefasst wurde, berechtigt, an den Nutzungen teilzuhaben. § 21 Absatz 4 Satz 2 ordnet an, dass hinsichtlich des Umfangs § 21 Absatz 3 entsprechend gilt. Der Wohnungseigentümer ist folglich zum Mitgebrauch berechtigt (vergleiche § 21 Absatz 3 Satz 2, der auf § 16 Absatz 1 Satz 3 verweist). Ihm steht zudem ein seinem Miteigentumsanteil entsprechender Anteil der Früchte zu (vergleiche § 21 Absatz 3 Satz 2, der auf § 16 Absatz 1 Satz 1 und 2 verweist).

Zweitens ist der Wohnungseigentümer, zu dessen Gunsten der Beschluss gefasst wurde, verpflichtet, einen angemessenen Ausgleich zu leisten. Der Betrag des Ausgleichs ist in dem Beschluss festzusetzen. Auch die dafür notwendige Beschlusskompetenz enthält § 21 Absatz 4 Satz 1. Zeitlich bezieht sich der Ausgleich nur auf die bis zur Beschlussfassung angefallenen Kosten; für die zukunftsbezogenen Kosten gilt § 21 Absatz 3 Satz 1, der nach § 21 Absatz 4 Satz 2 entsprechend anwendbar ist. Im Ausgangspunkt bezieht sich der Ausgleich auf alle Kosten (vor allem Baukosten und bisherige Betriebs- und Erhaltungskosten). Der Maßstab der Angemessenheit gebietet es aber regelmäßig, den Wohnungseigentümer nur an solchen Kosten aus der Vergangenheit zu beteiligen, die sich zumindest mittelbar auch auf seine zukünftigen Nutzungen der baulichen Veränderung auswirken. Laufende Betriebskosten sind daher regelmäßig nicht auszugleichen. Aus demselben Grund sind auch zwischenzeitliche Verschlechterungen beim Ausgleich der angefallenen Herstellungskosten zu berücksichtigen. Auf nähere gesetzliche Bestimmungen wird aufgrund der Vielgestaltigkeit der denkbaren Fälle verzichtet. Der Ausgleich ist an die Gemeinschaft der Wohnungseigentümer zu zahlen. Er kommt im Rahmen der Jahresabrechnung den Einheiten derjenigen Wohnungseigentümer zugute, die die auszugleichenden Kosten ursprünglich zu tragen hatten.

Drittens muss sich der Wohnungseigentümer, dem die Nutzungsziehung gestattet wurde, an den Kosten beteiligen, die ab der Beschlussfassung anfallen. Dafür gilt nach § 21 Absatz 4 Satz 2 die Vorschrift des § 21 Absatz 3 Satz 1 entsprechend. Maßgeblich ist also das Verhältnis seines Anteils zu den Anteilen der übrigen kostentragungspflichtigen Wohnungseigentümer.

Ungeachtet dieser gesetzlichen Verteilung der Kosten und Nutzungen bleibt es den Wohnungseigentümern freilich unbenommen, auch im Falle des § 21 Absatz 4 eine abweichende Verteilung nach § 21 Absatz 5 zu beschließen und den Wohnungseigentümer, dem die Nutzungsziehung gestattet wurde, in diese Verteilung einzubeziehen.

§ 21 Absatz 4 ermöglicht es im Zusammenspiel mit § 21 Absatz 1 zugleich, die Probleme sachgerecht zu lösen, die dadurch entstehen, dass bauliche Veränderungen zeitlich gestaffelt durch unterschiedlich viele Wohnungseigentümer genutzt werden. So kann es etwa bei der Errichtung von Lademöglichkeiten für elektrisch betriebene Fahrzeuge vorkommen, dass die bestehende Kapazität der im gemeinschaftlichen Eigentum stehenden Elektroinstallationen die Errichtung einer bestimmten Zahl von Ladevorrichtungen mit geringem finanziellen Aufwand ermöglicht (zum Beispiel weil lediglich Leitungen verlegt und sogenannte Wallboxen angebracht werden müssen). Sobald diese Schwelle aber erreicht ist, kann die sachgerechte Nutzung einer weiteren Ladevorrichtung mit erheblichen Kosten verbunden sein, weil eine grundlegende Aufrüstung notwendig wird (zum Beispiel die Installation eines Lastmanagementsystems oder die Erweiterung der Hausanschlussleistung). Sobald die Aufrüstung erfolgt ist, ist die Errichtung einer bestimmten Zahl weiterer Ladevorrichtungen wiederum kostengünstig möglich, bis die Kapazitätsgrenze erneut erreicht ist, und so weiter. § 21 Absätze 1 und 4 stellen sicher, dass die Kosten in derartigen Fällen angemessen auf alle betroffenen Wohnungseigentümer verteilt werden: Die Kosten der Aufrüstung hat zunächst nach § 21 Absatz 1 die Gruppe der Wohnungseigentümer zu tragen, die diese Maßnahme verlangt. Diese Gruppe besteht neben dem Wohnungseigentümer, der die Schwelle überschreitet, aus allen Wohnungseigentümern, die ihre Ladevorrichtung weiternutzen möchten und deshalb gemeinsam mit diesem die Aufrüstung verlangen (vergleiche auch die Begründung zu § 20 Absatz 2 Satz 1 Nummer 2). Alle später hinzutretenden Wohnungseigentümer haben zwar einen Anspruch darauf, das verbesserte Gemeinschaftseigentum nutzen zu dürfen (§ 21 Absatz 4 Satz 1), müssen sich aber zugleich an den Kosten der Verbesserung beteiligen (§ 21 Absatz 4 Satz 2).

Zu § 21 Absatz 5

Die Wohnungseigentümer können nach § 21 Absatz 5 Satz 1 eine vom Gesetz abweichende Verteilung der Kosten und Nutzungen beschließen. Durch einen solchen Beschluss dürfen nach § 21 Absatz 5 Satz 2 aber keinem Wohnungseigentümer Kosten auferlegt werden, der nicht schon nach den gesetzlichen Vorschriften zur Kostentragung verpflichtet ist. Demgemäß dürfen die Kosten nur unter den ohnehin schon kostentragungspflichtigen Wohnungseigentümern nach einem anderen als dem gesetzlichen Schlüssel verteilt werden. Unerheblich ist dabei, ob die gesetzliche Kostentragungspflicht aus § 21 Absatz 1,

2, 3 oder 4 folgt. Ein Verstoß gegen § 21 Absatz 5 Satz 2 führt nicht zur Nichtigkeit des Beschlusses, sondern nur dazu, dass dieser auf eine Anfechtungsklage hin aufzuheben ist. Das verdeutlicht der Wortlaut durch die Verwendung des Wortes »dürfen«, wohingegen in Satz 1 zur Begründung der Beschlusskompetenz das Wort »können« verwendet wird (vergleiche auch die Begründungen zur § 20 Absatz 4 und § 26 Absatz 1 Satz 2 WEG-E).

Diese Beschlusskompetenz ermöglicht es den Wohnungseigentümern, Klarheit über die Verteilung der Kosten und Nutzungen einer baulichen Veränderung zu schaffen. Dafür besteht ein Bedürfnis insbesondere dann, wenn zwischen den Wohnungseigentümern umstritten ist, ob eine bestimmte bauliche Veränderung den Vorschriften des Absatzes 2 oder des Absatzes 3 unterfällt, ob also alle Wohnungseigentümer kostentragungspflichtig sind. Geht die Mehrheit der Wohnungseigentümer davon aus, dass § 21 Absatz 2 gilt, kann ein Beschluss gefasst werden, der die Kosten und Nutzungen unter allen Wohnungseigentümern verteilt. Die Wohnungseigentümer, die abweichend davon § 21 Absatz 3 für einschlägig halten, können den Beschluss anfechten und so gerichtlich überprüfen lassen, ob dies tatsächlich der Fall ist. Andernfalls wird der Beschluss bestandskräftig und schafft dadurch hinsichtlich der Verteilung der Kosten Rechtssicherheit.

Zu § 22

§ 22 enthält die inhaltlich unveränderte Vorschrift des bisherigen § 22 Absatz 4 zum Wiederaufbau.

Zu Nummer 22 (§ 23) Zu Buchstabe a (Absatz 1 Satz 2)

§ 23 Absatz 1 Satz 2 sieht eine Beschlusskompetenz zur Einführung der Online-Teilnahme an der Versammlung der Wohnungseigentümer vor. Auf dieser Grundlage kann beschlossen werden, dass Wohnungseigentümer im Wege elektronischer Kommunikation an der Versammlung teilnehmen und sämtliche oder einzelne ihrer Rechte ganz oder teilweise ausüben können. Die Beschlusskompetenz ermöglicht es aber nicht, die Präsenzversammlung insgesamt zugunsten einer reinen Online-Versammlung abzuschaffen. Das Recht jedes Wohnungseigentümers, physisch an der Versammlung teilzunehmen, steht damit nicht zur Disposition der Mehrheit.

Die Formulierung lehnt sich an § 118 Absatz 1 Satz 2 des Aktiengesetzes (AktG) an. Die konkrete, insbesondere technische Ausgestaltung der Online-Teilnahme regelt der Entwurf im Hinblick auf künftige technische Entwicklungen nicht. Über die Ausgestaltung ist deshalb zu beschließen, wobei sich die Rechtmäßigkeit des Beschlusses – wie stets – nach dem allgemeinen Grundsatz ordnungsmäßiger Verwaltung richtet.

Zu Buchstabe b (Absatz 3)

Bei Umlaufbeschlüssen tritt die Textform im Sinne des § 126b BGB an die Stelle der Schriftform. Das eröffnet die Möglichkeit, Umlaufbeschlüsse auch im Wege elektronischer Kommunikation zu fassen, zum Beispiel per E-Mail, über Internetplattformen oder Apps.

Zu Nummer 23 (§ 24) Zu Buchstabe a (Absatz 2)

Für das Einberufungsverlangen tritt nach § 24 Absatz 2 WEG-E die Textform im Sinne des § 126b BGB an die Stelle der Schriftform. Das eröffnet die Möglichkeit, ein solches Verlangen auch im Wege elektronischer Kommunikation zu stellen, zum Beispiel per E-Mail.

Zu Buchstabe b (Absatz 3)

Der geltende § 24 Absatz 3 sieht vor, dass der Vorsitzende des Verwaltungsbeirats und dessen Vertreter zur Einberufung einer Versammlung befugt ist, wenn ein Verwalter fehlt oder sich der Verwalter pflichtwidrig weigert, eine Versammlung einzuberufen. Bislang nicht gesetzlich geregelt ist, wie eine Versammlung einberufen werden kann, wenn auch ein Verwaltungsbeirat fehlt oder dessen Vorsitzender beziehungsweise Vertreter untätig bleiben.

Die Änderung in § 24 Absatz 3 schließt diese Lücke. Sie eröffnet die Möglichkeit, dass ein Wohnungseigentümer durch Beschluss ermächtigt wird, die Versammlung einzuberufen. Eine solche Einberufungsermächtigung können die Wohnungseigentümer jederzeit ohne konkreten Anlass beschließen. Das erscheint etwa in kleineren Gemeinschaften ohne Verwalter und Verwaltungsbeirat sinnvoll. Hier können die Wohnungseigentümer in Zukunft zum Beispiel auf der jährlichen Eigentümerversammlung entscheiden, wer von ihnen zur nächsten Eigentümerversammlung einladen soll.

Darüber ermöglicht die Vorschrift dem einzelnen Wohnungseigentümer aber auch, eine Versammlung zu erreichen, wenn die Einberufung im Einzelfall pflichtwidrig unterbleibt. Denn in diesen Fällen folgt aus dem Anspruch jedes Wohnungseigentümers auf ordnungsmäßige Verwaltung (§ 18 Absatz 1 Nummer 1 WEG-E), dass ein Ermächtigungsbeschluss nach § 24 Absatz 3 gefasst wird, um die Einberufung einer Versammlung zu ermöglichen. Dieser Anspruch kann im Wege der Beschlussersetzungsklage (§ 44 Absatz 1 Satz 2 WEG-E) durchgesetzt werden.

Zu Buchstabe c (Absatz 4 Satz 2)

Die Ladungsfrist wird von zwei auf vier Wochen verlängert. Dadurch wird die Möglichkeit der Wohnungseigentümer verbessert, sich auf die Versammlung vorzubereiten (zum Beispiel durch Einholung von Rechtsrat).

Zu Buchstabe d (Absatz 6) Zu Doppelbuchstabe aa (Satz 1)

Die Niederschrift ist unverzüglich nach Beendigung der Versammlung zu erstellen. Das entspricht der herrschenden Ansicht zum geltenden Recht (vergleiche etwa Häublein, in: Staudinger, WEG, 2018, § 24 Randnummer 241). Damit wird gewährleistet, dass insbesondere Wohnungseigentümer, die bei der Versammlung nicht anwesend waren, die Möglichkeit haben, sich rasch über die gefassten Beschlüsse zu informieren.

Zu Doppelbuchstabe bb (Satz 3 – alt –)

§ 18 Absatz 4 WEG-E gewährt ein allgemeines Einsichtsrecht, das auch Niederschriften umfasst. Der geltende § 24 Absatz 6 Satz 3 wird dadurch überflüssig und wird aufgehoben.

Zu Buchstabe e (Absätze 7 und 8 – alt –)

Die Beschlusssammlung regelt der Entwurf in § 25 Absatz 5 und nicht mehr in § 24. Denn § 24 betrifft die Versammlung der Wohnungseigentümer und die dort gefassten Beschlüsse, während in die Beschlusssammlung auch Umlaufbeschlüsse gemäß § 23 Absatz 3 und bestimmte Urteile aufzunehmen sind.

Zu Nummer 24 (§ 25) Zu Buchstabe a (Überschrift)

Die geänderte Überschrift macht deutlich, dass § 25 nur die Vorgaben für die Beschlussfassung regelt, nicht aber – wie die geltende Überschrift nahelegt – umfassend die

Voraussetzungen und Rechtsfolgen eines Beschlusses. Zudem weist sie auf die in Absatz 5 enthaltenen Vorgaben zur Beschlusssammlung hin.

Zu Buchstabe b (Absatz 1)

Der in sprachlicher Anlehnung an § 32 Absatz 1 Satz 3 BGB und § 47 Absatz 1 GmbHG neugefasste § 25 Absatz 1 stellt zweierlei klar: Zum einen genügt für die Beschlussfassung aufgrund der Vorschriften des WEG stets die einfache Mehrheit; erhöhte Quoren sind gesetzlich nicht mehr vorgesehen. Zum anderen kommt es bei der Berechnung der Mehrheit allein auf die abgegebenen Stimmen an. Das entspricht der allgemeinen Sichtweise zum geltenden Recht, ist bislang aber nicht gesetzlich geregelt (vergleiche Häublein, in: Staudinger, WEG, 2018, § 25 Randnummer 16).

Zu Buchstabe c (Absätze 3 und 4 – alt –; Absatz 3 – neu –)

Die geltenden Absätze 3 und 4 regeln die Beschlussfähigkeit der Versammlung. Diese Vorschriften werden aufgehoben. Nach dem Entwurf ist damit jede Versammlung beschlussfähig, unabhängig davon, wie viele Wohnungseigentümer an ihr teilnehmen. Dadurch wird die Funktionsfähigkeit der Verwaltung gestärkt (vergleiche den Abschlussbericht der Bund-Länder-Arbeitsgruppe zur Reform des Wohnungseigentumsgesetzes, ZWE 2019, 430, 450 f.).

Der neue § 25 Absatz 3 schreibt in Anlehnung an § 47 Absatz 3 GmbHG für Vollmachten die Textform im Sinne des § 126b BGB vor. Dadurch werden unnötige Unsicherheiten über die Vertretungsverhältnisse in der Versammlung beseitigt. Es ist dem einzelnen Wohnungseigentümer zumutbar, im Vertretungsfall eine Vollmacht in Textform zu erteilen; notfalls ist dies sogar noch während der Versammlung möglich (zum Beispiel per E-Mail oder anderer elektronischer Nachricht). Die Vorschrift verhindert zudem, dass die Stimme eines wirksam bevollmächtigten Vertreters nur deshalb unbeachtlich ist, weil sie nach § 174 Satz 1 BGB zurückgewiesen wurde. Denn § 25 Absatz 3 WEG-E geht § 174 Satz 1 BGB als Sondervorschrift vor, sodass eine in Textform vorgelegte Vollmacht nicht mehr nach dieser Vorschrift zurückgewiesen werden kann.

Ob eine Vollmacht, die nicht in Textform erteilt wurde, unwirksam ist oder nur zur Zurückweisung berechtigt, ist im Rahmen des § 47 Absatz 3 GmbHG umstritten (vergleiche zum Streitstand K. Schmidt, in: Scholz, GmbHG, 11. Auflage 2014, § 47 Randnummern 85 ff.). Im Interesse einer einheitlichen Rechtsentwicklung nimmt der Entwurf zu dieser Frage im Rahmen von § 25 Absatz 3 WEG-E keine Stellung; ihre Klärung bleibt der Rechtsprechung überlassen.

Zu Buchstabe d (Absatz 4)

Der geltende Absatz 5 wird Absatz 4. Sein Wortlaut wird an die geänderten Verfahrensvorschriften der §§ 43 ff. WEG-E angepasst. Diese sehen vor, dass an Rechtsstreitigkeiten in der Regel nicht mehr die einzelnen Wohnungseigentümer als Parteien beteiligt sind, sondern die Gemeinschaft der Wohnungseigentümer.

Zu Buchstabe e (Absatz 5)

Absatz 5 enthält Vorgaben für die Aufbewahrung von Niederschriften über Beschlüsse und von Urteilen in Beschlussklagen. Dadurch wird sichergestellt, dass die in der Gemeinschaft geltenden Regeln auf Dauer dokumentiert werden. Die den Vorgaben des

Absatzes 5 entsprechende Sammlung der Niederschriften und Urteile tritt an die Stelle der Beschlusssammlung nach § 24 Absatz 7 und 8 des geltenden Rechts. Konzeptionell sieht der Entwurf keine neben die Sammlung der Niederschriften und Urteile tretende, separate Beschlusssammlung mehr vor. Notwendig und ausreichend ist eine den Vorgaben des Absatzes 5 entsprechende Sammlung der Niederschriften und Urteile; diese Sammlung nennt der Entwurf, wie sich aus der Überschrift ergibt, Beschlusssammlung.

Satz 1 begründet die Pflicht, Niederschriften über Beschlüsse und bestimmte Urteile in Textform aufzubewahren. Diese Pflicht bezieht sich sowohl auf die Niederschriften über die in einer Versammlung gefassten Beschlüsse im Sinne des § 24 Absatz 6 als auch auf die Niederschriften über sogenannte Umlaufbeschlüsse im Sinne des § 23 Absatz 3 sowie Urteile in Verfahren über Anfechtungs-, Nichtigkeits- und Beschlussersetzungsklagen. Der Textform im Sinne des § 126b BGB genügt eine Aufbewahrung in Papierform. Ausreichend ist es aber auch, wenn die in der Form des § 24 Absatz 6 errichteten Niederschriften eingescannt und elektronisch aufbewahrt werden.

Satz 2 sieht vor, dass bestimmte Beschlüsse und Urteile hervorzuheben sind. Hierbei handelt es sich um Kostenbeschlüsse nach § 16 Absatz 2 Satz 2 und § 21 Absatz 5 Satz 1 WEG-E sowie Urteile, die solche Beschlüsse aufheben, ihre Nichtigkeit feststellen oder sie ersetzen. Denn solche Beschlüsse und Urteile sind für die Gemeinschaft typischerweise von besonderer Bedeutung, weil sie bei der Erstellung von Wirtschaftsplänen und Jahresabrechnungen berücksichtigt werden müssen. Hinsichtlich der Art und Weise der Hervorhebung macht der Entwurf keine Vorgaben. Die Hervorhebung muss geeignet sein, den Wohnungseigentümern rasch einen Überblick über den Bestand der relevanten Beschlüsse und Urteile zu verschaffen. Die Hervorhebung kann deshalb etwa durch farbliche Markierung, eine separat geführte Liste oder, bei elektronischer Aufbewahrung, durch eine technische Lösung erfolgen, die ein schnelles Auffinden ermöglicht.

Die Pflicht zur Führung der Beschlusssammlung trifft die Gemeinschaft der Wohnungseigentümer und ist durch den Verwalter zu erfüllen.

Zu Nummer 25 (§ 26 Absatz 1)

Zu Buchstabe a (Satz 1)

Der aufgrund der Neufassung von § 25 Absatz 1 überflüssige Hinweis auf die notwendige Stimmenmehrheit wird gestrichen.

Zu Buchstabe b (Satz 2)

Ein Verstoß gegen § 26 Absatz 1 Satz 2 führt nach herrschender Meinung zur zumindest teilweisen Nichtigkeit des Bestellungsbeschlusses, weil die Vorschrift die Beschlusskompetenz der Wohnungseigentümer begrenzt (etwa Jacoby, in: Staudinger, WEG, 2018, § 26 Randnummer 9). Dies wird im Wortlaut durch Verwendung des Wortes »kann« klargestellt (vergleiche auch die Begründungen zur § 20 Absatz 4 und § 21 Absatz 5 WEG-E).

Zu Buchstabe c (Sätze 3 und 4 – alt –)

Der geltende § 26 Absatz 1 Satz 3, der es erlaubt, die Abberufung des Verwalters auf das Vorliegen eines wichtigen Grundes zu beschränken, wird aufgehoben. Denn ein berechtigtes Interesse, die Abberufung des Verwalters als Organ der Gemeinschaft der Wohnungseigentümer zu beschränken, ist nicht ersichtlich. Vielmehr sollen die Wohnungseigentümer stets die Möglichkeit haben, sich von einem Verwalter zu trennen, wenn sie das Vertrauen in ihn verloren haben. Von der Abberufung als Organ unabhängig ist freilich der Vergütungsanspruch des Verwalters; er richtet sich nach den diesbezüglichen vertraglichen Vereinbarungen.

Als Folgeänderung wird auch der geltende § 26 Absatz 1 Satz 4 aufgehoben. Der Fiktion eines wichtigen Grundes bedarf es nicht mehr.

Zu Buchstabe d (Satz 3 – neu –)

Der Wortlaut des neuen § 26 Absatz 1 Satz 3 wird an die Aufhebung der geltenden Sätze 3 und 4 angepasst. § 26 Absatz 1 Satz 3 WEG-E steht damit jeglicher Beschränkung der Bestellung oder Abberufung des Verwalters entgegen. Demnach darf die Bestellung eines Verwalters erst Recht nicht generell ausgeschlossen sein. Einer zusätzlichen Vorschrift, die dies – wie der geltende § 20 Absatz 2 – besonders anordnet, bedarf es nicht.

Zu Nummer 26 (§§ 27 bis 29)

Die §§ 27 bis 29 werden neugefasst. Sie regeln wie bisher die Aufgaben und Befugnisse des Verwalters (§ 27), den Wirtschaftsplan und die Jahresabrechnung (§ 28) sowie den Verwaltungsbeirat (§ 29).

Zu § 27 allgemein

§ 27 regelt die grundlegenden Aufgaben und Befugnisse des Verwalters. Dabei geht es allein um die Entscheidungsbefugnisse und Handlungspflichten im Innenverhältnis. Die Vertretungsmacht des Verwalters wird abschließend durch § 9b WEG-E geregelt.

Anders als das geltende Recht verzichtet der Entwurf darauf, die einzelnen Aufgaben und Befugnisse des Verwalters in einem abschließenden Katalog aufzuzählen. Denn eine sachgerechte Beschreibung der Aufgaben und Befugnisse des Verwalters kann nicht losgelöst von der konkreten Wohnungseigentumsanlage erfolgen. Die in der Praxis zu beobachtende Vielgestaltigkeit der Anlagen und ihre unterschiedlichen Anforderungen an eine effiziente Verwaltung verlangen vielmehr eine gesetzliche Verteilung der Zuständigkeiten, die dem Einzelfall gerecht wird. Der Entwurf sieht deshalb anstelle eines Katalogs einzelner Aufgaben und Befugnisse vor, dass der Verwalter für die Maßnahmen, über die eine Beschlussfassung durch die Wohnungseigentümer nicht geboten ist (Absatz 1 Nummer 1), und für dringliche Maßnahmen (Absatz 1 Nummer 2) zuständig ist. Zugleich räumt er den Wohnungseigentümern die Befugnis ein, die Kompetenzen des Verwalters einzuschränken und zu erweitern (Absatz 2). Dieses System gewährleistet eine effiziente Verwaltung, die den Bedürfnissen der konkreten Anlage gerecht wird (vergleiche den Abschlussbericht der Bund-Länder-Arbeitsgruppe zur Reform des Wohnungseigentumsgesetzes, ZWE 2019, 430, 442).

Über Maßnahmen, die nicht nach § 27 Absatz 1 oder 2 dem Verwalter zugewiesen sind, entscheiden die Wohnungseigentümer durch Beschluss (vergleiche § 19 Absatz 1 WEG-E). Diese Beschlüsse hat der Verwalter zu vollziehen. Das ergibt sich bereits aus seiner Funktion als Vollzugsorgan der rechtsfähigen Gemeinschaft der Wohnungseigentümer. Einer ausdrücklichen gesetzlichen Erwähnung dieser Vollzugspflicht bedarf es daher nicht. Das zeigt sich auch daran, dass der Verwalter auch nach geltendem Recht verpflichtet ist, Vereinbarungen zu vollziehen (vergleiche Jacoby, in: Staudinger, WEG, 2018, § 27 Randnummer 27), obwohl dies nicht ausdrücklich angeordnet ist.

Zu § 27 Absatz 1

Nach § 27 Absatz 1 ist der Verwalter für Maßnahmen, über die eine Beschlussfassung durch die Wohnungseigentümer nicht geboten ist (Nummer 1), und für dringliche Maßnahmen (Nummer 2) zuständig.

Eine Beschlussfassung durch die Wohnungseigentümer ist nicht geboten im Sinne von Nummer 1, wenn aus Sicht eines durchschnittlichen Wohnungseigentümers eine Entscheidung durch die Versammlung aufgrund ihrer geringen Bedeutung für die Gemeinschaft nicht erforderlich ist. Maßstab ist dabei stets die konkrete Wohnungseigentumsanlage. Mit der Größe der Anlage wächst demnach in der Regel der Kreis der Maßnahmen, die der Verwalter eigenverantwortlich treffen kann und muss. In der Regel sind jedenfalls diejenigen Maßnahmen, deren Erledigung der geltende § 27 Absatz 1 Nummer 2, 4, 5 und 6 dem Verwalter zuweist, von Nummer 1 erfasst. Je nach Größe der Anlage und Art der regelmäßig anfallenden Maßnahmen kann aber etwa auch die Erledigung von Reparaturen oder der Abschluss von Versorgungs- oder Dienstleistungsverträgen zum Kreis der Maßnahmen nach Nummer 1 gehören. Das Gleiche gilt für die gerichtliche Durchsetzung von Hausgeldforderungen.

Nummer 2 erfasst die Maßnahmen, über die eine Beschlussfassung durch die Wohnungseigentümer zwar an sich geboten im Sinne von Nummer 1 ist, die aber eine rasche Entscheidung verlangen, um einen Nachteil zu verhindern. Der Nachteil kann ein rechtlicher oder ein tatsächlicher sein. Die Wahrung einer Frist ist nur deshalb genannt, weil es sich um den praktisch häufigsten Fall handelt, in dem ein Rechtsnachteil verhindert werden soll. Nummer 2 erfasst damit insbesondere auch die Führung eines Prozesses für die Gemeinschaft der Wohnungseigentümer, soweit eine Befassung der Versammlung der Wohnungseigentümer aufgrund der einzuhaltenden Fristen nicht möglich ist.

Zu § 27 Absatz 2

§ 27 Absatz 2 sieht die Möglichkeit vor, durch Beschluss Aufgaben und Befugnisse auf den Verwalter zu übertragen beziehungsweise seine gesetzlichen Aufgaben und Befugnisse nach Absatz 1 zu beschränken. Die Wohnungseigentümer haben damit die Möglichkeit, diejenigen Maßnahmen selbst zu definieren, deren Erledigung sie in die Verantwortung des Verwalters legen wollen. Dazu können sie etwa Wertgrenzen oder Maßnahmenkataloge aufstellen. Zugleich können sie dem Verwalter aber auch Maßnahmen im Einzelfall entziehen oder ihm zuweisen. Denkbar ist es auch, einzelne Handlungen des Verwalters (zum Beispiel Zahlungen ab einem bestimmten Betrag) von der Zustimmung eines Wohnungseigentümers oder eines Dritten abhängig zu machen.

Ein auf Grundlage von § 27 Absatz 2 gefasster Beschluss betrifft aber stets nur das Innenverhältnis; die Vertretungsmacht des Verwalters ist aus Gründen der Rechtssicherheit nach § 9b Absatz 1 Satz 3 WEG-E unbeschränkbar.

Zu § 28 allgemein

Mit der Neufassung der Vorschriften für den Wirtschaftsplan und die Jahresabrechnung in § 28 werden drei Ziele verfolgt (vergleiche den Abschlussbericht der Bund-Länder-Arbeitsgruppe zur Reform des Wohnungseigentumsgesetzes, ZWE 2019, 430, 456 ff.):

Erstens sollen die Vorschriften klarer gefasst werden, sodass die wesentlichen Inhalte von Wirtschaftsplan und Jahresabrechnung dem Wortlaut des Gesetzes entnommen werden können.

Zweitens soll die Zahl der in der Praxis häufigen Streitigkeiten über den Wirtschaftsplan und die Jahresabrechnung verringert werden. Dafür wird der Beschlussgegenstand jeweils auf die Zahlungspflichten reduziert. Für den Erfolg einer Anfechtungsklage genügt es deshalb nicht mehr, dass lediglich einzelne Teile des Wirtschaftsplans oder der Jahresabrechnung fehlerhaft sind, solange sich dieser Fehler nicht auf die Zahlungspflicht der Wohnungseigentümer auswirkt.

Drittens soll die Kenntnis der Wohnungseigentümer über die wirtschaftliche Lage der Gemeinschaft durch den neu geschaffenen Vermögensbericht gestärkt werden (vergleiche Absatz 3).

Regelungstechnisch sind Absatz 1 (Wirtschaftsplan) und Absatz 2 (Jahresabrechnung) parallel aufgebaut: Satz 1 regelt jeweils den Beschlussgegenstand und begrenzt diesen auf die Zahlungspflicht. Satz 2 schreibt vor, welche Informationen den Wohnungseigentümern im Rahmen der Beschlussvorbereitung zur Verfügung gestellt werden müssen. Durch dieses System wird klar zwischen Beschlussgegenstand (jeweils Satz 1) und Beschlussvorbereitung (jeweils Satz 2) unterschieden. Dadurch wird deutlich gemacht, dass nicht jeder Fehler in der Beschlussvorbereitung den Beschluss selbst fehlerhaft macht.

Zu § 28 Absatz 1

§ 28 Absatz 1 befasst sich mit dem Wirtschaftsplan.

Zu § 28 Absatz 1 Satz 1

§ 28 Absatz 1 Satz 1 regelt den Gegenstand des Beschlusses über den Wirtschaftsplan. Gegenstand dieses Beschlusses sind die Vorschüsse zur Kostentragung und zu den nach § 19 Absatz 2 Nummer 4 WEG-E oder durch Beschluss vorgesehenen Rücklagen; Beschlussgegenstand sind also nur die diesbezüglichen Zahlungspflichten. Das zugrundeliegende Zahlenwerk, aus dem der Betrag dieser Zahlungspflichten abgeleitet wird, ist dagegen nicht Gegenstand des Beschlusses, sondern dient nur seiner Vorbereitung (vergleiche § 28 Absatz 1 Satz 2 WEG-E).

Der Wortlaut nimmt keinen Bezug auf ein Kalenderjahr. Erfasst sind damit sowohl die regelmäßig fällig werdenden Zahlungspflichten auf den Wirtschaftsplan als auch Sonderumlagen, die als Nachtrag zum Wirtschaftsplan beschlossen werden. Der Wortlaut steht auch der Fassung von Beschlüssen nicht entgegen, die für mehrere Jahre oder bis zur Beschlussfassung über den nächsten Wirtschaftsplan fortgelten sollen. Ob sich ein konkreter Beschluss nur auf ein Kalenderjahr bezieht oder darüber hinaus fortgelten soll, ist – wie bisher (vergleiche Häublein, in: Staudinger, WEG, 2018, § 28 Randnummer 58) – im Wege der Auslegung zu ermitteln.

Die Bezugnahme auf durch Beschluss vorgesehene Rücklagen stellt klar, dass auch über weitere Rücklagen – neben der gesetzlich vorgesehenen Erhaltungsrücklage – beschlossen werden kann; die dafür notwendige Beschlusskompetenz ergibt sich bereits aus § 19 Absatz 1 WEG-E.

Zu § 28 Absatz 1 Satz 2

§ 28 Absatz 1 Satz 2 regelt die Pflicht zur Vorbereitung eines Beschlusses nach Satz 1. Der Verwalter hat dafür einen Wirtschaftsplan aufzustellen. Diese Pflicht ist ausdrücklich auf das Kalenderjahr bezogen. Sie besteht deshalb auch dann, wenn ein Beschluss nach Satz 1 für mehrere Jahre oder bis zur nächsten Beschlussfassung fortgelten soll. Denn der jährlich vorzulegende Wirtschaftsplan soll die Wohnungseigentümer gerade in die Lage versetzen, einen neuen Beschluss zu fassen beziehungsweise einen bereits gefassten Beschluss abzuändern.

Der Wirtschaftsplan muss zunächst die nach Satz 1 zu beschließenden Zahlungspflichten enthalten, also die jeweiligen Vorschüsse zur Kostentragung und zu den nach § 19 Absatz 2 Nummer 4 WEG-E oder durch Beschluss vorgesehenen Rücklagen. Darüber hinaus muss der Wirtschaftsplan die voraussichtlichen Einnahmen und Ausgaben enthalten.

Wird gegen die Beschlussvorbereitungspflicht aus Satz 2 verstoßen, beschließen die Wohnungseigentümer aber dennoch nach Satz 1 über die dort genannten Zahlungspflichten, macht allein dies den Beschluss nicht fehlerhaft.

Zu § 28 Absatz 2

§ 28 Absatz 2 befasst sich mit der Jahresabrechnung.

Zu § 28 Absatz 2 Satz 1

§ 28 Absatz 2 Satz 1 regelt den Gegenstand des Beschlusses über die Jahresabrechnung. Gegenstand dieses Beschlusses ist die Einforderung von Nachschüssen oder die Anpassung beschlossener Vorschüsse. Beschlussgegenstand sind also nur Zahlungspflichten, die zum Ausgleich einer Unter- oder Überdeckung aus dem Wirtschaftsplan erforderlich sind.

Damit wird zum einen klargestellt, dass das zugrundeliegende Zahlenwerk, aus dem der Betrag dieser Zahlungspflichten abgeleitet wird, nicht Gegenstand des Beschlusses ist, sondern nur seiner Vorbereitung dient (vergleiche § 28 Absatz 2 Satz 2).

Im Übrigen wird zwischen dem Fall der Unterdeckung (»Einforderung von Nachschüssen«) und dem Fall der Überdeckung (»Anpassung beschlossener Vorschüsse«) unterschieden:

Für den Fall der Unterdeckung stellt § 28 Absatz 2 Satz 1 im Einklang mit der Rechtsprechung des Bundesgerichtshofs klar, dass der Beschluss über die Jahresabrechnung anspruchsbegründend nur hinsichtlich des auf den einzelnen Wohnungseigentümer entfallenden Betrags ist, welcher die im Rahmen des Wirtschaftsplans beschlossenen Vorschüsse übersteigt (Urteil vom 1. Juni 2012 – V ZR 171/11 Randnummer 20). Dieser Betrag wird als Nachschuss bezeichnet.

Für den Fall der Überdeckung ist über die Anpassung der beschlossenen Vorschüsse und nicht etwa über davon losgelöste Rückzahlungen zu beschließen. Dem ist zu entnehmen, dass eine Rückzahlung ausscheidet, soweit Vorschüsse nicht erbracht wurden. Insbesondere im Fall der Veräußerung erwirbt der Erwerber deshalb keinen Rückzahlungsanspruch, wenn der Veräußerer die Vorschüsse nicht gezahlt hat (so bereits zum geltenden Recht Häublein, in: Staudinger, WEG, 2018, § 28 Randnummern 221 ff.).

Zu § 28 Absatz 2 Satz 2

§ 28 Absatz 2 Satz 2 regelt wiederum die Pflicht zur Vorbereitung eines Beschlusses nach Satz 1. Der Verwalter hat dafür eine Jahresabrechnung aufzustellen. Diese muss zunächst die nach Satz 1 zu beschließenden Zahlungspflichten enthalten, also die einzufordernden

Nachschüsse beziehungsweise die Anpassung der beschlossenen Vorschüsse. Darüber hinaus muss die Jahresabrechnung die Einnahmen und Ausgaben enthalten.

Wird gegen die Beschlussvorbereitungspflicht aus Satz 2 verstoßen, beschließen die Wohnungseigentümer aber dennoch nach Satz 1 über die dort genannten Zahlungspflichten, macht allein dies den Beschluss nicht fehlerhaft.

Zu § 28 Absatz 3

§ 28 Absatz 3 schafft einen Informationsanspruch eines jeden Wohnungseigentümers gegenüber der Gemeinschaft der Wohnungseigentümer, der durch den Verwalter zu erfüllen ist. Die Wohnungseigentümer sollen dadurch ein möglichst genaues Bild über die wirtschaftliche Lage der Gemeinschaft erhalten.

Der Vermögensbericht muss zum einen den Stand der Erhaltungsrücklage (§ 19 Absatz 2 Nummer 4 WEG-E) und etwaiger durch Beschluss vorgesehener Rücklagen enthalten. Anzugeben ist jeweils der Ist-Stand des tatsächlich vorhandenen Vermögens, das für die Erhaltung beziehungsweise andere Zwecke reserviert ist; offene Forderungen oder zur Liquiditätssicherung umgewidmete Mittel sind insoweit nicht anzugeben. Der Stand der Rücklagen ist ungeachtet seiner Höhe anzugeben. Hierin liegt auch der Grund, warum das Gesetz die Rücklagen ausdrücklich erwähnt, obwohl sie begrifflich bereits vom Gemeinschaftsvermögen erfasst werden.

Daneben muss der Vermögensbericht eine Aufstellung des wesentlichen Gemeinschaftsvermögens enthalten. Das wesentliche Vermögen umfasst insbesondere:
– alle Forderungen der Gemeinschaft der Wohnungseigentümer gegen einzelne Wohnungseigentümer und Dritte (insbesondere Hausgeldschulden einschließlich offener Forderungen zu Rücklagen);
– alle Verbindlichkeiten (vor allem Bankdarlehen);
– sonstige Vermögensgegenstände (etwa Brennstoffvorräte).

Stichtag ist jeweils der Ablauf des Kalenderjahres.

Das Vermögen ist dabei lediglich aufzustellen, also zu benennen. Die einzelnen Vermögensgegenstände müssen nicht bewertet werden; Geldforderungen und -verbindlichkeiten sind betragsmäßig anzugeben. In den Vermögensbericht müssen nur die wesentlichen Vermögensgegenstände aufgenommen werden. Unwesentlich sind Vermögensgegenstände, die für die wirtschaftliche Lage der Gemeinschaft unerheblich sind. Eine betragsmäßige Grenze sieht der Entwurf hierfür nicht vor; sie hängt insbesondere von der Größe der Gemeinschaft ab.

Der Vermögensbericht ist jedem Wohnungseigentümer zur Verfügung zu stellen. Wie das geschieht, schreibt der Entwurf nicht vor. Denkbar ist etwa eine Übersendung per Post oder E-Mail zusammen mit der Jahresabrechnung, aber auch die Einstellung auf eine Internetseite. Die Wohnungseigentümer können nach § 19 Absatz 1 WEG-E über die Art der Zurverfügungstellung beschließen.

Wird der Anspruch aus § 28 Absatz 3 gar nicht oder mangelhaft erfüllt, hat jeder Wohnungseigentümer einen Anspruch gegen die Gemeinschaft der Wohnungseigentümer, dass ihm der Vermögensbericht erstmals oder berichtigt zur Verfügung gestellt wird. Die Beschlüsse über den Wirtschaftsplan und die Jahresabrechnung werden dadurch aber nicht fehlerhaft.

Zu § 29 allgemein

§ 29 regelt den Verwaltungsbeirat. Die Änderungen dienen dazu, die Tätigkeit im Verwaltungsbeirat attraktiver zu machen, um dadurch mehr Wohnungseigentümer zur Übernahme dieser Tätigkeit zu bewegen.

Zu § 29 Absatz 1

Der geltende § 29 Absatz 1 Satz 2 schreibt vor, dass der Verwaltungsbeirat aus drei Wohnungseigentümern bestehen muss. Beschließen die Wohnungseigentümer eine hiervon abweichende Mitgliederzahl, ist der Beschluss nach der Rechtsprechung auf Anfechtungsklage hin aufzuheben (BGH, Urteil vom 5. Februar 2010 – V ZR 126/09). Diese Rechtslage wird dem Bedürfnis der Praxis nicht gerecht, die Zahl der Beiratsmitglieder flexibel durch Beschluss festlegen zu können (vergleiche den Abschlussbericht der Bund-Länder-Arbeitsgruppe zur Reform des Wohnungseigentumsgesetzes, ZWE 2019, 430, 454).

§ 29 Absatz 1 Satz 1 sieht daher vor, dass die Wohnungseigentümer über die Zahl der Mitglieder des Verwaltungsbeirats beschließen können. Es kann auch nur ein Wohnungseigentümer zum alleinigen Mitglied des Verwaltungsbeirats bestellt werden; er ist dann automatisch dessen Vorsitzender. Besteht der Verwaltungsbeirat aus mehreren Mitgliedern, ist nach Satz 2 ein Vorsitzender und ein Stellvertreter zu bestimmen. Wer dies bestimmt, ordnet der Entwurf bewusst nicht an. Die Wohnungseigentümer können durch Beschluss entscheiden; andernfalls erfolgt die Bestimmung durch die Mitglieder des Verwaltungsbeirats.

§ 29 Absatz 1 Satz 3, der die Einberufung des Verwaltungsbeirats regelt, entspricht dem geltenden § 29 Absatz 4.

Zu § 29 Absatz 2

§ 29 Absatz 2 Satz 1 bestimmt, dass der Verwaltungsbeirat den Verwalter bei der Durchführung seiner Aufgaben unterstützt; dies entspricht dem geltenden § 29 Absatz 2.

§ 29 Absatz 2 Satz 2 regelt, dass Wirtschaftsplan und Jahresabrechnung vor der Beschlussfassung vom Verwaltungsbeirat geprüft und mit einer Stellungnahme versehen werden sollen. Die Vorschrift entspricht insoweit dem geltenden § 29 Absatz 3, dessen Wortlaut aber an den geänderten § 28 angepasst wird. Nicht übernommen wird dagegen der geltende § 29 Absatz 3, soweit er sich auf Rechnungslegungen und Kostenanschläge bezieht. Soweit Rechnungen und Kostenanschläge als Grundlage für die Erstellung des Wirtschaftsplans oder der Jahresabrechnung dienen, sind sie unverändert Gegenstand der Prüfung durch den Verwaltungsbeirat. Eine darüber hinausgehende Prüfung dieser Zahlenwerke durch den Verwaltungsbeirat ist zum einen praktisch nicht von Relevanz; sie könnte zum anderen auch zu einer Überlastung des Verwaltungsbeirats mit der Konsequenz führen, interessierte Wohnungseigentümer von einer Mitgliedschaft im Beirat abzuschrecken. Die Informationsrechte des Verwaltungsbeirats werden dadurch nicht eingeschränkt. Jedes Mitglied hat, wie jeder Wohnungseigentümer auch, einen Anspruch auf Einsichtnahme in die Verwaltungsunterlagen nach § 18 Absatz 4 WEG-E.

Zu § 29 Absatz 3

§ 29 Absatz 3 sieht vor, dass die Mitglieder des Verwaltungsbeirats nur Vorsatz und grobe Fahrlässigkeit zu vertreten haben, wenn sie unentgeltlich tätig werden. Damit soll die

Bereitschaft gefördert werden, sich unentgeltlich als Mitglied des Verwaltungsbeirats zu engagieren (vergleiche den Abschlussbericht der Bund-Länder-Arbeitsgruppe zur Reform des Wohnungseigentumsgesetzes, ZWE 2019, 430, 456).

Zu Nummer 27 (Abschnitt 5)

Der geltende 4. Abschnitt wird Abschnitt 5.

Zu Nummer 28 (§ 30)

§ 30 hat bislang keine amtliche Überschrift und erhält deshalb die Überschrift »Wohnungserbbaurecht«.

Zu Nummer 29 (Teil 2)

Die Anpassung der Nummerierung ist aus rechtsförmlichen Gründen notwendig.

Zu Nummer 30 (§ 32 Absatz 2 Sätze 4 bis 7 – alt –)

§ 32 Absatz 2 Satz 4 bis 7 wird aus den gleichen Gründen wie § 7 Absatz 4 Satz 3 bis 6 aufgehoben.

Zu Nummer 31 (Teil 3 – §§ 43 bis 45)

Zu Teil 3 allgemein

Seit der WEG-Novelle 2007 gelten die allgemeinen Vorschriften des Zivilprozessrechts grundsätzlich auch für Verfahren in Wohnungseigentumssachen. Davon abweichende Vorschriften enthalten jedoch die geltenden §§ 43 ff. WEG, die zum großen Teil ihre Wurzeln im Verfahren der freiwilligen Gerichtsbarkeit haben, dem Wohnungseigentumssachen bis dahin unterlagen. Diese von den Grundsätzen des Zivilprozessrechts abweichenden Regelungen haben sich in weiten Teilen in der Praxis nicht bewährt und zudem schwierige rechtliche Fragen aufgeworfen (siehe etwa Jacoby, ZMR 2018, 393). Prozessrechtlicher Reformbedarf wird zudem durch § 18 Absatz 1 WEG-E ausgelöst, der die Verwaltung des gemeinschaftlichen Eigentums der Gemeinschaft der Wohnungseigentümer zuweist. Aus diesen Gründen werden die Verfahrensvorschriften vollständig neu gefasst. § 43 WEG-E enthält dabei wie bisher Vorschriften zur gerichtlichen Zuständigkeit. § 44 WEG-E befasst sich mit den Besonderheiten der Beschlussklagen im Allgemeinen, § 45 WEG-E mit den Fristen der Anfechtungsklage.

Folgende Vorschriften des geltenden Rechts wurden inhaltlich nicht übernommen:
– Die besonderen Vorschriften zur Bezeichnung der Wohnungseigentümer in der Klageschrift (§ 44 WEG) und zur Zustellung (§ 45 WEG) fallen ersatzlos weg. Diese Vorschriften dienen nach geltendem Recht der Verfahrensvereinfachung, wenn an dem Prozess mehrere Wohnungseigentümer als Parteien oder als Beigeladene zu beteiligen sind. Ihr Hauptanwendungsfall sind die Beschlussklagen. Beschlussklagen sind nach dem Entwurf aber gegen die Gemeinschaft der Wohnungseigentümer zu richten (vergleiche § 44 Absatz 2 Satz 1 WEG-E). Auch die Möglichkeit der Beiladung (§ 48 WEG) wird abgeschafft (dazu sogleich). Damit entfällt die Rechtfertigung für die Sonderregelungen der geltenden §§ 44 und 45 WEG. Ebenso entbehrlich ist die Vorschrift des geltenden § 47 Satz 2 WEG, da die Beschlussklagen nach dem Entwurf gegen die Gemeinschaft der Wohnungseigentümer zu richten sind.

- Abgeschafft wird die in dem geltenden § 48 Absatz 1 bis 3 WEG geregelte Beiladung. Die Beiladung hat den Zweck, den Beigeladenen an das Ergebnis eines aus seiner Sicht fremden Prozesses zu binden. Für Beschlussklagen, die nach dem Entwurf gegen die Gemeinschaft der Wohnungseigentümer zu richten sind (vergleiche § 44 Absatz 2 Satz 1 WEG-E), bedarf es der Beiladung nicht mehr. Im Übrigen sieht bereits das allgemeine Zivilprozessrecht mit der Streitverkündigung ein Instrument vor, Dritte an das Ergebnis eines Prozesses zu binden. Es besteht keine Rechtfertigung für eine davon abweichende Regelung nur für wohneigentumsrechtliche Streitigkeiten. Das gilt umso mehr, als nach § 9a Absatz 2 und § 14 Absatz 1 Nummer 1 WEG-E die gerichtliche Durchsetzung von Ansprüchen wegen Störungen des gemeinschaftlichen Eigentums und Pflichtverletzungen von Wohnungseigentümern weitgehend der Gemeinschaft der Wohnungseigentümer zugewiesen wird. Im Vergleich zum geltenden Recht wird dadurch die Gefahr deutlich verringert, dass sich ein Wohnungseigentümer in aufeinanderfolgenden Prozessen gleichgerichteten Klagen anderer Wohnungseigentümer ausgesetzt sieht.
- Nach dem geltenden § 48 Absatz 4 WEG kann, wenn eine Anfechtungsklage als unbegründet abgewiesen wurde, nicht mehr geltend gemacht werden, der Beschluss sei nichtig. Diese Regelung dient dazu, eine zum Beschlussanfechtungsrecht nach dem früheren Verfahren der freiwilligen Gerichtsbarkeit anerkannte Rechtsfolge in das zivilprozessrechtliche Verfahren zu übertragen (Bundestagsdrucksache 16/887, Seite 40). Diese Sonderregelung passt sich nicht reibungslos in die prozessrechtlichen Grundsätze der Urteilswirkung ein und wird daher nicht übernommen. Die Urteilswirkungen bestimmen sich in Zukunft nach dem an § 248 Absatz 1 AktG angelehnten § 44 Absatz 3 WEG-E sowie nach der allgemeinen Streitgegenstandslehre. Die Abschaffung von § 48 Absatz 4 WEG macht auch die Übernahme des diese Regelung flankierenden § 46 Absatz 2 WEG überflüssig.
- Der geltende § 49 Absatz 1 WEG, der eine kostenrechtliche Sondervorschrift für die Beschlussersetzungsklage enthält, fällt weg. Diese Sondervorschrift ist entbehrlich, da die Kostengrundentscheidung bei einer vom richterlichen Ermessen abhängigen Entscheidung schon nach der allgemeinen Vorschrift des § 92 Absatz 2 Nummer 2 ZPO sachgerecht getroffen werden kann. Zwar betrifft § 92 Absatz 2 Nummer 2 ZPO seinem Wortlaut nach nur die Festsetzung des Betrags einer Forderung durch richterliches Ermessen. Die Vorschrift wird ihrem Zweck entsprechend aber von der Rechtsprechung auch in anderen Fällen angewendet, in denen die Hauptsacheentscheidung von richterlichem Ermessen abhängt (vergleiche Brandenburgisches Oberlandesgericht, Urteil vom 13. Oktober 2004 – 4 U 68/04).
- Der Entwurf sieht nicht mehr vor, dass dem Verwalter unabhängig von seiner Parteistellung Prozesskosten auferlegt werden können. Denn die Anwendung des geltenden § 49 Absatz 2 WEG, der dies nach geltendem Recht vorsieht, zwingt das Gericht dazu, materiell-rechtliche Fragen im Rahmen der Entscheidung über die Verfahrenskosten abschließend zu prüfen. Das widerspricht dem kostenrechtlichen Vereinfachungsprinzip. Die Vorschrift ist zur Durchsetzung von Regressansprüchen gegen den Verwalter auch nicht erforderlich. Materiell-rechtliche Schadensersatzansprüche gegen den Verwalter können eigenständig im Klagewege verfolgt werden. Für eine im Vergleich zu anderen Ansprüchen privilegierte Durchsetzung im Wege einer prozessualen Nebenentscheidung besteht kein anzuerkennendes Bedürfnis.
- Schließlich wird die in § 50 WEG enthaltene Sonderregelung zur Erstattungsfähigkeit von Rechtsanwaltskosten der obsiegenden Partei nicht übernommen. Diese

Sonderregelung wurde eingeführt, um insbesondere in einem Beschlussanfechtungs-verfahren, bei dem nach geltendem Recht sämtliche Wohnungseigentümer zu ver-klagen sind, das Kostenrisiko des anfechtenden Wohnungseigentümers zu begrenzen (Bundestagsdrucksache 16/3843, Seite 28). Dieses Regelungsbedürfnis entfällt, da die Anfechtungsklage nach dem Entwurf gegen die Gemeinschaft der Wohnungseigentü-mer zu richten ist (vergleiche § 44 Absatz 2 Satz 1 WEG-E). Ein Kostenbegrenzungs-interesse besteht nach dem Entwurf vielmehr mit Blick auf etwaige Nebeninterventio-nen; dies wird durch § 44 Absatz 4 WEG-E berücksichtigt.

Zu § 43 allgemein

§ 43 enthält wie bislang Vorschriften zur Zuständigkeit. Absatz 1 regelt im Wesentlichen den allgemeinen Gerichtsstand der Gemeinschaft der Wohnungseigentümer; Absatz 2 ent-hält einen Katalog ausschließlicher Zuständigkeiten.

Zu § 43 Absatz 1

§ 43 Absatz 1 Satz 1 regelt den allgemeinen Gerichtsstand der Gemeinschaft der Woh-nungseigentümer.

Nach § 17 ZPO richtet sich der allgemeine Gerichtsstand juristischer Personen und rechts-fähiger Personengesellschaften nach dem Ort der Verwaltung, was bei einer Anwendung auf die Gemeinschaft der Wohnungseigentümer die Frage aufwerfen würde, ob der Ort der Verwaltung durch das Grundstück oder die Geschäftsräume des Verwalters bestimmt wird. Diese Unsicherheit wird durch § 43 Absatz 1 Satz 1 ausgeräumt, indem an die Be-legenheit des Grundstücks angeknüpft wird. Die Vorschrift tritt damit inhaltlich an die Stelle des geltenden § 43 Nummer 5 und 6, der die gleiche Zuständigkeit punktuell für Klagen Dritter gegen die Gemeinschaft der Wohnungseigentümer oder gegen Wohnungs-eigentümer sowie für Mahnverfahren, wenn die Gemeinschaft der Wohnungseigentümer Antragstellerin ist, vorsieht.

§ 43 Absatz 1 Satz 2 betrifft die Zuständigkeit für eine auf § 9a Absatz 4 Satz 1 WEG-E des Entwurfs gestützte Haftungsklage gegen einzelne Wohnungseigentümer. Die Vor-schrift ordnet an, dass diese Haftungsklage am Ort des Gerichtsstands der Gemeinschaft der Wohnungseigentümer erhoben werden kann, und begründet damit einen besonderen Gerichtsstand für diese Klagen. Dieser besondere Gerichtsstand ist aufgrund der Teilhaf-tung nach § 9a Absatz 4 Satz 1 WEG-E geboten. Denn ein Gläubiger der Gemeinschaft der Wohnungseigentümer, der seinen Haftungsanspruch in voller Höhe durchsetzen will, ist gezwungen, sämtliche Wohnungseigentümer zu verklagen. § 43 Absatz 1 Satz 2 ermög-licht es, eine einheitliche Klage gegen die Gemeinschaft der Wohnungseigentümer und sämtliche Wohnungseigentümer am Ort des Grundstücks zu erheben. Für eine ausschließ-liche örtliche Zuständigkeit besteht allerdings kein Bedürfnis, weshalb der Entwurf als Regelungsort nicht den Katalog des neuen Absatz 2 vorsieht. Nur insoweit besteht ein Unterschied zum geltenden Recht, das in § 43 Nummer 5 die gleiche Zuständigkeit wie der neue Satz 2 enthält.

Zu § 43 Absatz 2 allgemein

§ 43 Absatz 2 entspricht inhaltlich dem geltenden § 43 Nummer 1 bis 4 und wird im Wesentlichen nur redaktionell angepasst.

Nicht übernommen werden die Nummern 5 und 6 des geltenden § 43:

Soweit sich Nummer 5 auf Klagen Dritter gegen die Gemeinschaft der Wohnungseigentümer bezieht, bedarf es dieser Vorschrift nicht mehr, da der allgemeine Gerichtsstand der Gemeinschaft der Wohnungseigentümer in § 43 Absatz 1 Satz 1 geregelt wird. Das gleiche gilt, soweit Nummer 5 Haftungsklagen Dritter nach § 9a Absatz 4 Satz 1 WEG-E gegen Wohnungseigentümer betrifft, die von § 43 Absatz 1 Satz 2 erfasst werden. Nur für solche Haftungsklagen besteht das Bedürfnis nach einem besonderen Gerichtsstand (vergleiche auch die Begründung zu § 43 Absatz 1). Für andere Klagen Dritter gegen Wohnungseigentümer kann es dagegen bei den allgemeinen Vorschriften der ZPO verbleiben.

Eine der Nummer 6 entsprechende Vorschrift ist nicht mehr erforderlich, da der allgemeine Gerichtsstand der Gemeinschaft der Wohnungseigentümer, der nach § 689 Absatz 2 ZPO für das Mahnverfahren maßgeblich ist, nun durch § 43 Absatz 1 Satz 1 bestimmt wird.

Zu § 43 Absatz 2 Nummer 1

§ 43 Absatz 2 Nummer 1 entspricht im Wesentlichen dem geltenden § 43 Nummer 1. Nach dem Entwurf fallen aber auch Streitigkeiten zwischen den Wohnungseigentümern aus dem sogenannten sachenrechtlichen Grundverhältnis unter die Vorschrift, was von der herrschenden Meinung zum geltenden Recht abgelehnt wird (vergleiche BGH, Urteil vom 30. Juni 1995 – V ZR 118/94). Das ergibt sich daraus, dass die einschränkenden Wörter »sich aus der Gemeinschaft der Wohnungseigentümer und aus der Verwaltung des gemeinschaftlichen Eigentums ergebenden« nicht übernommen werden. Diese Erweiterung der ausschließlichen örtlichen Zuständigkeit ist aus zwei Gründen geboten: Zum einen spricht auch bei diesen Streitigkeiten der Gesichtspunkt der Prozessökonomie für eine Entscheidung durch den Richter am Ort der Belegenheit des Grundstücks. Zum anderen geht es auch bei diesen Streitigkeiten typischerweise um wohnungseigentumsrechtliche Rechtsfragen.

Die Anwendung von § 43 WEG-E auf Streitigkeiten aus dem sachenrechtlichen Grundverhältnis führt in der Berufungsinstanz dazu, dass diese durch die gemäß § 72 Absatz 2 des Gerichtsverfassungsgesetzes zuständigen Landgerichte entschieden werden.

Zu § 43 Absatz 2 Nummer 2

§ 43 Absatz 2 Nummer 2 entspricht ohne Änderung dem geltenden § 43 Nummer 2.

Zu § 43 Absatz 2 Nummer 3

§ 43 Absatz 2 Nummer 3 entspricht inhaltlich dem geltenden § 43 Nummer 3. Die Worte »bei der Verwaltung des gemeinschaftlichen Eigentums« werden lediglich zur sprachlichen Straffung nicht übernommen. Denn schon aus dem Tatbestandsmerkmal »Verwalter« folgt, dass die Vorschrift nur Streitigkeiten betrifft, die sich auf die Tätigkeit als Verwalter im Sinne des Wohnungseigentumsgesetzes beziehen.

Zu § 43 Absatz 2 Nummer 4

§ 43 Absatz 2 Nummer 4 entspricht inhaltlich dem bisherigen § 43 Nummer 4. Der Wortlaut knüpft an § 44 WEGE an, der sämtliche Beschlussklagen in einer Vorschrift beschreibt und bündelt. Damit erfasst die Vorschrift insbesondere auch Beschlussersetzungsklagen.

Zu § 44 allgemein

§ 44 enthält gemeinsame Regelungen für sämtliche Beschlussklagen. Beschlussklagen sind Anfechtungs-, Nichtigkeits- und Beschlussersetzungsklagen. Sie werden in Absatz 1 näher beschrieben. Absatz 2 regelt die Passivlegitimation, die Unterrichtung der Wohnungseigentümer und die Prozessverbindung, Absatz 3 die Wirkungen eines Urteils und Absatz 4 die Kosten einer Nebenintervention auf Seiten der Beklagten.

Zu § 44 Absatz 1

§ 44 Absatz 1 regelt in Satz 1 die Anfechtungs- und Nichtigkeitsklage und in Satz 2 die Beschlussersetzungsklage.

Zu § 44 Absatz 1 Satz 1

§ 44 Absatz 1 Satz 1 ordnet an, dass auf Klage eines Wohnungseigentümers das Gericht einen Beschluss für ungültig erklären oder dessen Nichtigkeit feststellen kann. Die Vorschrift enthält zugleich die Legaldefinitionen der Anfechtungs- und Nichtigkeitsklage. Inhaltliche Veränderungen zum geltenden Recht sind damit nicht verbunden. Das gilt auch im Hinblick darauf, dass der Entwurf – anders als der geltende § 46 Absatz 1 Satz 1 – nicht ausdrücklich von einem Beschluss »der Wohnungseigentümer« spricht. Diese Beschränkung folgt schon daraus, dass das WEG nur Beschlüsse der Wohnungseigentümer regelt. Es ist daher selbstverständlich, dass die Vorschrift auf andere Beschlüsse, etwa solche des Verwaltungsbeirats, nicht anwendbar ist.

Der Entwurf sieht anders als das geltende Recht aber keine Anfechtungsklage des Verwalters vor. Praktisch relevant ist die Anfechtung durch den Verwalter bislang, wenn seine Abberufung nur aus wichtigem Grund zulässig ist und die Abberufung aus seiner Sicht ohne einen solchen Grund beschlossen wurde. Nach dem Entwurf kann die Abberufung des Verwalters jedoch nicht mehr beschränkt werden (vergleiche § 26 Absatz 1 Satz 3 WEG-E). Insoweit entfällt auch das Bedürfnis, dem Verwalter ein Klagerecht einzuräumen. Eines Klagerechts bedarf der Verwalter auch nicht gegen Beschlüsse, durch deren Ausführung er eine strafbare Handlung oder eine Ordnungswidrigkeit begehen würde oder er sich ersatzpflichtig machen würde. Denn in diesen Fällen ist er schon aus materiell-rechtlichen Gründen nicht zur Beschlussausführung verpflichtet (vergleiche §§ 134, 242, 275 BGB).

Zu § 44 Absatz 1 Satz 2

§ 44 Absatz 1 Satz 2 regelt die Beschlussersetzungsklage. Diese Gestaltungsklage ergibt sich nach geltendem Recht aus § 21 Absatz 8.

Die Beschlussersetzungsklage ist statthaft, wenn der Kläger begehrt, dass das Gericht einen Beschluss anstelle der Wohnungseigentümer fasst. Sie ist begründet, wenn ein Anspruch auf den begehrten Beschluss besteht. Der Anspruch kann sich aus der allgemeinen Vorschrift des § 18 Absatz 2 WEG-E oder aus einer speziellen Vorschrift (zum Beispiel § 20 Absatz 2 oder 3 WEG-E) ergeben.

§ 44 Absatz 1 Satz 2 schreibt – anders als der geltende § 21 Absatz 8 – nicht vor, dass das Gericht nach billigem Ermessen entscheidet. Denn ob dem Gericht ein Ermessensspielraum zusteht, bestimmt sich nach materiellem Recht, nämlich danach, ob den Wohnungseigentümern bei der Beschlussfassung ein solches Ermessen zustünde. Ein solches Ermessen kann sich insbesondere aus § 18 Absatz 2 WEG-E für Beschlüsse über die ordnungsgemäße Verwaltung und Benutzung des gemeinschaftlichen Eigentums ergeben. Besteht hingegen ein Anspruch auf eine konkrete Beschlussfassung (zum Beispiel nach § 20 Absatz 3 WEG-E), hat auch das Gericht bei der Beschlussersetzung kein Ermessen.

Der Entwurf sieht nur die gerichtliche Ersetzung eines Beschlusses vor. Anders als nach geltendem Recht (vergleiche BGH, Urteil vom 8. April 2016 – V ZR 191/15) ist die Ersetzung einer Vereinbarung nicht vorgesehen. Denn die Beschlussersetzungsklage als besondere Form der Anspruchsdurchsetzung rechtfertigt sich gerade dadurch, dass die Verwaltung in aller Regel nicht durch vertragliche Vereinbarungen erfolgt, sondern durch mehrheitlich gefasste Beschlüsse (vergleiche § 19 Absatz 1 WEG-E). Die Beschlussersetzungsklage sichert dieses Konzept im Streitfall prozessual wirksam ab. Ein Anspruch auf Abschluss oder Änderung einer Vereinbarung (etwa nach § 10 Absatz 2 WEG-E) besteht dagegen nur in seltenen Fällen. Ein solcher Anspruch ist deshalb – genauso wie ein Anspruch auf Anpassung eines sonstigen Vertrags (etwa nach § 313 Absatz 1 BGB) – im Wege der Leistungsklage zu verfolgen.

Zu § 44 Absatz 2

§ 44 Absatz 2 regelt die Passivlegitimation (Satz 1), die Pflicht zur Information der Wohnungseigentümer (Satz 2) und die Prozessverbindung (Satz 3).

Zu § 44 Absatz 2 Satz 1

Nach § 44 Absatz 2 Satz 1 sind die Beschlussklagen nicht mehr gegen alle anderen Wohnungseigentümer, sondern gegen die Gemeinschaft der Wohnungseigentümer zu richten.

Der Entwurf reagiert damit zum einen auf die aus praktischer Sicht gegen das geltende Recht vorgebrachten Bedenken (vergleiche den Abschlussbericht der Bund-Länder-Arbeitsgruppe zur Reform des Wohnungseigentumsgesetzes, ZWE 2019, 430, 460). Denn das geltende Recht führt zu schwer handhabbaren Prozessen mit einer Vielzahl von Beteiligten. Auch führt es häufig zu Irritationen bei den Wohnungseigentümern, weil auch diejenigen Wohnungseigentümer verklagt werden müssen, die – wie in der Regel der Kläger – gegen den Beschluss gestimmt haben. Gerade bei großen Gemeinschaften, die von häufigen Eigentümerwechseln geprägt sind, besteht außerdem die Gefahr, falsche Personen zu verklagen.

Das Konzept des Entwurfs, Beschlussklagen gegen die rechtsfähige Gemeinschaft der Wohnungseigentümer zu richten, ist aber vor allem dogmatisch konsistent. Denn der Gemeinschaft der Wohnungseigentümer ist nach § 18 Absatz 1 WEG-E materiell-rechtlich die Verwaltung des gemeinschaftlichen Eigentums zugewiesen. Folgerichtig hat die Gemeinschaft der Wohnungseigentümer diese Aufgabe auch prozessual wahrzunehmen, indem sie die Streitigkeiten über Beschlüsse führt.

Zu § 44 Absatz 2 Satz 2

§ 44 Absatz 2 Satz 2 schreibt vor, dass der Verwalter den Wohnungseigentümern die Erhebung einer Beschlussklage unverzüglich bekannt zu machen hat. Dies ist geboten, weil die gerichtliche Entscheidung gegenüber allen Wohnungseigentümern wirkt (vergleiche § 44 Absatz 3). Die Wohnungseigentümer müssen deshalb die Möglichkeit erhalten, sich als Nebenintervenienten an dem Prozess zu beteiligen.

Der Entwurf schreibt kein spezielles Verfahren der Bekanntmachung vor. Der Verwalter erfüllt seine Pflicht, wenn er den Wohnungseigentümern die Möglichkeit eröffnet, von der Klageerhebung mit hinreichender Sicherheit Kenntnis zu nehmen, sodass sie von ihren prozessualen Rechten Gebrauch machen können. Ein individueller Zugang bei dem einzelnen Wohnungseigentümer ist dafür nicht erforderlich. Fehlt ein Verwalter, kann die

Informationspflicht, wie bei anderen verbandsrechtlichen Gestaltungsklagen auch, gegebenenfalls dem Gericht obliegen (vergleiche Bundesverfassungsgericht, Beschluss vom 9. Februar 1982 – 1 BvR 191/81).

Zu § 44 Absatz 2 Satz 3

§ 44 Absatz 2 Satz 3 entspricht im Wesentlichen dem geltenden § 47 Satz 1. Die Vorschrift ordnet die Verbindung mehrerer Verfahren über Beschlussklagen zur gleichzeitigen Verhandlung und Entscheidung an. Sie gilt nur für Verfahren über denselben Streitgegenstand. Während der geltende § 47 Satz 1 die zwingende Prozessverbindung nur für Anfechtungs- und Nichtigkeitsklagen vorsieht, gilt § 44 Absatz 2 Satz 3 auch für Beschlussersetzungsklagen, weil auch insoweit das Bedürfnis besteht, divergierende Entscheidungen über denselben Streitgegenstand zu vermeiden.

Zu § 44 Absatz 3

§ 44 Absatz 3 WEG-E erstreckt die subjektive Rechtskraft sowohl eines der Klage stattgebenden als auch diese abweisenden Urteils in Beschlussklageverfahren auf alle Wohnungseigentümer und damit auch auf deren Sondernachfolger. Dies dient der Rechtssicherheit und dem Rechtsfrieden in der Gemeinschaft. Diese Rechtskrafterstreckung gilt aber nur für Urteile in Beschlussklageverfahren. Urteile in anderen Verfahren wirken dagegen – anders als nach geltendem Recht (vergleiche § 48 Absatz 3 und § 10 Absatz 4 Satz 1 WEG) – nur nach den allgemeinen zivilprozessualen Regeln für und gegen nicht an dem Prozess beteiligte Dritte.

§ 10 Absatz 3 WEG-E bleibt von § 44 Absatz 3 WEG-E unberührt. Beschlüsse aufgrund einer Vereinbarung bedürfen deshalb zu ihrer Wirkung gegen Sondernachfolger auch dann der Eintragung in das Grundbuch, wenn sie durch das Gericht gefasst werden. Die Gestaltungswirkung des Urteils beschränkt sich nämlich auf den Eintritt der Gestaltung im Moment der Rechtskraft. Eine spätere Veränderung dieser Wirkung durch das materielle Recht wird dadurch nicht ausgeschlossen.

Zu § 44 Absatz 4

§ 44 Absatz 4 beschränkt bei Beschlussklagen den Kostenerstattungsanspruch im Falle der Nebenintervention.

Beschlussklagen sind nach § 44 Absatz 2 Satz 1 gegen die Gemeinschaft der Wohnungseigentümer zu richten. Die Wohnungseigentümer haben aber die Möglichkeit, als Nebenintervenienten dem Prozess auf Seiten der Gemeinschaft der Wohnungseigentümer beizutreten. Wird die Beschlussklage abgewiesen, wären die Kosten der Nebenintervention auf Seiten der beklagten Gemeinschaft der Wohnungseigentümer nach den allgemeinen Vorschriften der ZPO vom Kläger zu erstatten. Daraus ergäbe sich ein erhebliches Kostenrisiko für den Kläger, insbesondere in größeren Gemeinschaften. Dem begegnet § 44 Absatz 4. Er soll verhindern, dass das Kostenrisiko prohibitive Wirkungen entfaltet und einen Wohnungseigentümer von der Erhebung einer Beschlussklage abhält. Der Vorschrift verfolgt damit denselben Zweck wie der geltende § 50.

§ 44 Absatz 4 sieht vor, dass die Kosten einer Nebenintervention auf Beklagtenseite nur dann zu erstatten sind, wenn die Nebenintervention geboten war. Die Gebotenheit ist dabei wie nach dem geltenden § 50 zu verstehen. Geboten ist eine Nebenintervention auf

Beklagtenseite, wenn die Rechtsverteidigung aus Sicht eines verständigen Wohnungseigentümers nicht der Gemeinschaft der Wohnungseigentümer alleine überlassen werden kann.

Die Vorschrift betrifft nur die Nebenintervention auf Beklagtenseite, wie aus der Bezugnahme auf die Rechtsverteidigung folgt.

Zu § 45

§ 45 regelt die Fristen der Anfechtungsklage. Die Regelung entspricht dem geltenden § 46 Absatz 1 Satz 2 und 3.

Zu Nummer 32 (Teil 4)

Die Anpassung der Nummerierung ist aus rechtsförmlichen Gründen notwendig.

Zu Nummer 33 (§ 46)

Der geltende § 61 wird § 46 und erhält eine amtliche Überschrift.

Zu Nummer 34 (§§ 47 bis 49) Zu § 47

§ 47 soll sicherstellen, dass die geänderten Vorschriften des WEG in der Regel auch in den Gemeinschaften gelten, in denen Wohnungseigentum vor Inkrafttreten der Änderungen begründet worden ist. Die Vorschrift bewirkt, dass Vereinbarungen, die vor Inkrafttreten der Änderungen getroffen wurden, der Anwendung der geänderten Vorschriften nur dann entgegenstehen, wenn sich ein entsprechender Wille aus der Vereinbarung mit hinreichender Deutlichkeit ergibt.

Eine solche Vorschrift ist notwendig, da viele Gemeinschaftsordnungen den Wortlaut des bei ihrer Errichtung geltenden Gesetzes wiederholen. In der Regel wird damit nicht bezweckt, dass diese Vorschriften auch gegenüber späteren Gesetzesänderungen Vorrang genießen. Vielmehr soll die Wiederholung gesetzlicher Vorschriften in der Gemeinschaftsordnung in der Regel nur den Wohnungseigentümern und dem Verwalter die Lektüre des Gesetzes ersparen. Problematisch ist jedoch, dass es bei späteren Gesetzesänderungen zu einem zumindest formalen Widerspruch von Gemeinschaftsordnung und geändertem Gesetz kommen kann. Nach allgemeinen Grundsätzen müsste im Wege der Auslegung geklärt werden, ob eine abweichende Vereinbarung im Sinne des § 10 Absatz 1 Satz 2 WEG-E vorliegt. Den mit einer solchen Auslegung verbundenen Unsicherheiten begegnet § 47.

Eine abweichende Vereinbarung, die der Anwendung der geänderten Vorschriften entgegensteht, ist nach Satz 1 nur anzunehmen, wenn sich aus der Vereinbarung der Wille ergibt, dass die Vereinbarung auch gegenüber künftigen Gesetzesänderungen Vorrang genießen soll. Aufgrund der negativen Formulierung hat derjenige, der einen solchen Willen behauptet, diesen Willen zu beweisen. Der Wille muss sich dabei aus der Vereinbarung selbst ergeben. Nach Satz 2 ist das im Regelfall nicht anzunehmen. Im Einzelfall ist es aber nicht ausgeschlossen, dass sich ein solcher Wille aus einer Vereinbarung und ihrem Kontext mit hinreichender Deutlichkeit ergibt.

Funktional tritt § 47 an die Stelle der geltenden § 12 Absatz 4 Satz 2, § 16 Absatz 5 und § 22 Absatz 2 Satz 2. Diese Vorschriften ordnen die Unabdingbarkeit einzelner Vorschriften an, die nachträglich in das WEG eingefügt wurden. Auch dadurch wird sichergestellt, dass die neuen gesetzlichen Vorschriften Vorrang vor bereits bestehenden Vereinbarungen genießen. Allerdings wird durch die Anordnung der Unabdingbarkeit die im WEG grundsätzlich bestehende Gestaltungsfreiheit empfindlich eingeschränkt und zwar sowohl für die Vergangenheit als auch für die Zukunft. Dagegen lässt die in § 47 vorgesehene Vermutungsregel privatautonomen Entscheidungen hinreichenden Raum und ist deshalb vorzugswürdig. § 12 Absatz 4 Satz 2, § 16 Absatz 5 und § 22 Absatz 2 Satz 2 WEG haben im Entwurf daher keine Entsprechung mehr.

Zu § 48 allgemein

§ 48 enthält Übergangsvorschriften:

Zu § 48 Absatz 1

Nach § 5 Absatz 4 Satz 1 WEG-E können Beschlüsse, die aufgrund einer Vereinbarung gefasst werden, durch Eintragung im Grundbuch zum Inhalt des Sondereigentums gemacht werden. Nach § 10 Absatz 3 Satz 1 WEG-E ist die Eintragung notwendig, damit diese Beschlüsse gegen Sondernachfolger wirken.

§ 48 Absatz 1 Satz 1 ordnet an, dass für die Wirkung gegen Sondernachfolger grundsätzlich auch die Eintragung solcher Beschlüsse notwendig ist, die vor Inkrafttreten der Neuregelung gefasst oder durch gerichtliche Entscheidung ersetzt wurden (sogenannte Altbeschlüsse).

§ 48 Absatz 1 Satz 2 sieht jedoch eine Übergangsfrist bis zum 31. Dezember 2025 vor. Sie verhindert, dass Altbeschlüsse gegenüber Sondernachfolgern nicht wirken, weil die Sondernachfolge eintritt, bevor der Beschluss im Grundbuch eingetragen ist. Altbeschlüsse wirken deshalb nach dem geltenden § 10 Absatz 4 auch ohne Eintragung im Grundbuch gegen Sondernachfolger, wenn die Sondernachfolge bis zum 31. Dezember 2025 eintritt. Die Praxis erhält damit ausreichend Zeit, um die Eintragung von Altbeschlüssen in das Grundbuch zu bewirken.

Für das Eintragungsverfahren gilt die Vorschrift des § 7 Absatz 2 WEG-E. Demnach genügt eine Niederschrift über den Altbeschluss in der dort vorgeschriebenen Form. Für den Fall, dass die in § 24 Absatz 6 genannten Personen nicht mehr zur Verfügung stehen, sieht § 48 Absatz 1 Satz 3 eine weitere Erleichterung vor. Die Vorschrift gewährt jedem Wohnungseigentümer einen Anspruch darauf, dass ein nach § 48 Absatz 1 Satz 1 einzutragender Altbeschluss erneut gefasst wird. Der erneut gefasste Beschluss kann dann nach § 7 Absatz 2 WEG-E eingetragen werden. Der Anspruch setzt voraus, dass ein wirksamer Altbeschluss gefasst wurde. Erfüllen die Wohnungseigentümer diesen Anspruch nicht durch eine entsprechende Beschlussfassung, kann Beschlussersetzungsklage erhoben werden (§ 44 Absatz 1 Satz 2 WEG-E). Der Anspruch ist bis zum 31. Dezember 2025 befristet. Ist bei Fristablauf eine Beschlussersetzungsklage rechtshängig, besteht der Anspruch bis zum Abschluss des Verfahrens weiter, denn § 48 Absatz 1 Satz 2 Halbsatz 2 ordnet die entsprechende Anwendung von § 204 Absatz 1 Nummer 1 BGB an. Der Fortbestand des Anspruchs hat jedoch keine Auswirkungen auf Sondernachfolger, wenn die Sondernachfolge nach Ablauf der Frist eintritt; gegen sie wirkt der Altbeschluss nur bei Eintragung im Grundbuch.

Zu § 48 Absatz 2

Die Aufhebung des geltenden § 5 Absatz 4 Satz 3 bewirkt, dass bestimmte Vereinbarungen und Beschlüsse, die nach geltendem Recht keiner Zustimmung Dritter bedürfen, nach dem Entwurf einer solchen bedürfen. § 48 Absatz 2 verhindert, dass Vereinbarungen oder

Beschlüsse, die vor Inkrafttreten der Neuregelung bereits wirksam geworden sind, nachträglich wieder schwebend unwirksam werden. Er ordnet an, dass Vereinbarungen und Beschlüsse, die bis zum Inkrafttreten der Neuregelung getroffen oder gefasst wurden und zu denen alle Zustimmungen erteilt wurden, die nach den bis zu diesem Zeitpunkt geltenden Vorschriften erforderlich waren, durch die Neuregelung nicht berührt werden. Die geltende Fassung des § 5 Absatz 4 Satz 3 gilt für diese Vereinbarungen und Beschlüsse weiter.

Zu § 48 Absatz 3

§ 48 Absatz 3 betrifft Vereinbarungen über Veräußerungsbeschränkungen nach § 12 und über die Haftung von Sondernachfolgern für Geldschulden, die vor dem Inkrafttreten der Neuregelung getroffen wurden. Er gilt auch für Beschlüsse dieses Inhalts, die aufgrund einer Vereinbarung gefasst wurden.

Nach Satz 1 gilt § 7 Absatz 3 Satz 2 WEG-E auch für diese Vereinbarungen und Beschlüsse. Auch wenn sie bereits nach dem geltenden § 7 Absatz 3 unter Bezugnahme eingetragen wurden, sind sie nunmehr ausdrücklich in das Grundbuch einzutragen. Grundbuchrechtlich handelt es sich dabei um eine Richtigstellung, die nach Satz 2 aber nicht von Amts wegen, sondern nur auf Antrag eines Wohnungseigentümers oder der Gemeinschaft der Wohnungseigentümer, die dabei in der Regel durch den Verwalter vertreten wird (§ 9b Absatz 1 Satz 1 WEG-E), in allen Wohnungsgrundbüchern erfolgt; einer Bewilligung bedarf es nicht.

Satz 3 gewährt für nicht eingetragene Haftungsklauseln eine Übergangsfrist bis zum 31. Dezember 2025. Eine Haftungsklausel, die lediglich durch Bezugnahme nach dem geltenden § 7 Absatz 3 WEG, aber nicht ausdrücklich im Grundbuch eingetragen ist, wirkt demnach gegenüber Sondernachfolgern, wenn die Sondernachfolge bis zum Ablauf der Übergangsfrist eintritt.

Zu § 48 Absatz 4

Die in dem Entwurf vorgesehenen Änderungen des Verfahrensrechts sollen bereits anhängige Verfahren unberührt lassen. Verfahren, die bei Inkrafttreten der Neuregelung bereits bei Gericht anhängig sind, sind deshalb nach den bis zu diesem Zeitpunkt geltenden Vorschriften zu führen.

Zu § 49

§ 49 enthält die Vorschrift des geltenden § 63.

Zu Artikel 2 (Änderung des BGB)

Zu Nummer 1 und 2 (§§ 554, 554a)

Zu § 554 allgemein

§ 554 ist derzeit nicht belegt. Die neue Vorschrift regelt den Anspruch des Mieters, vom Vermieter die Erlaubnis für bestimmte bauliche Veränderungen der Mietsache zu verlangen. Der Anspruch umfasst Maßnahmen, die dem Gebrauch durch Menschen mit Behinderungen, dem Laden elektrisch betriebener Fahrzeuge oder dem Einbruchsschutz dienen.

§ 554 enthält eine Ausnahme von dem Grundsatz, nach dem der Mieter keinen Anspruch darauf hat, dass der Vermieter nach Abschluss des Mietvertrags den Umfang des Gebrauchsrechts erweitert, etwa indem er dem Mieter einen Umbau der Mietsache genehmigt. Eine solche Ausnahme gilt nach dem geltenden § 554a bereits für Umbauten, die für eine behindertengerechte Nutzung der Mietsache erforderlich sind. Der Entwurf sieht vor, § 554a aufzuheben und die Barrierefreiheit und den Anspruch auf Herstellung einer Lademöglichkeit für elektrisch betriebene Fahrzeuge sowie auf Herstellung von Einbruchsschutz in § 554 gemeinsam zu regeln. Dies dient der Übersichtlichkeit des Gesetzes sowie der Vermeidung von Doppelungen oder gar widersprüchlichen Regelungen. Die drei Sachverhalte, in denen das Gesetz einen Anspruch des Mieters auf Erlaubnis baulicher Veränderungen ausdrücklich anerkennt, werden auf diese Weise in einer Vorschrift zusammengefasst.

Die Regelung ist abgestimmt mit § 20 Absatz 2 Satz 1 Nummer 1 bis 3 WEG-E. Dadurch soll der Anspruch des Mieters auf Erlaubnis der in § 554 geregelten Maßnahmen bei Vermietung einer Eigentumswohnung mit den wohnungseigentumsrechtlichen Vorschriften über bauliche Veränderungen harmonisiert werden.

Absatz 1 Satz 1 stellt an die Entstehung des Anspruchs auf Erlaubnis einer baulichen Veränderung geringe Anforderungen. Deshalb ist die in Absatz 1 Satz 2 geregelte Möglichkeit des Ausschlusses des Anspruchs von besonderer Bedeutung. Danach ist durch eine umfassende Interessenabwägung zu ermitteln, ob der Anspruch im Einzelfall besteht oder nicht. Dadurch soll eine Rechtsanwendung ermöglicht werden, die den Anspruch des Mieters umfassend anhand der Umstände des Einzelfalls bewertet.

Nach Vertragsende ist der Mieter nach allgemeinen Grundsätzen zum Rückbau der baulichen Veränderung verpflichtet. Treuwidrige Rückbauverlangen des Vermieters scheitern aber an § 242 BGB (vergleiche etwa Oberlandesgericht Frankfurt, Urteil vom 19. Dezember 1991 – 6 U 108/90, Randnummer 181, zitiert nach juris). Dies kommt insbesondere im Hinblick auf vom Mieter installierte Elektroleitungen in Betracht, die nach dessen Auszug noch verwendet werden können.

Zu § 554 Absatz 1 Satz 1

§ 554 Absatz 1 Satz 1 ist die Grundlage des Mieteranspruchs und benennt dessen Voraussetzungen. Es handelt sich um einen Anspruch auf Zustimmung zu einer Vertragsänderung, weil das dem Mieter bisher, also nach dem noch nicht nach Absatz 1 Satz 1 modifizierten Vertrag, zustehende Gebrauchsrecht in seiner Ausprägung, die Mietsache baulich verändern zu dürfen, erweitert wird. Die Vorschrift enthält also nicht etwa ein gesetzliches Umbaurecht des Mieters. Will der Mieter die in der Vorschrift beschriebenen baulichen Maßnahmen durchführen, muss ihm der Vermieter vorher die Erlaubnis hierzu erteilen. Würde der Mieter ohne die Erlaubnis bauliche Veränderungen vornehmen, beginge er eine Pflichtverletzung. Eine Ausnahme gilt, wenn dem Mieter die Ausführung bestimmter Baumaßnahmen schon nach dem bisherigen Vertragsinhalt gestattet ist.

Die vom Mieter begehrte Vertragsänderung muss sich auf die Erlaubnis einer baulichen Veränderung beziehen. Bauliche Veränderung ist jede Modifikation der Substanz der Mietsache. Es ist unerheblich, ob das von der baulichen Veränderung betroffene Bauteil bereits Teil der vermieteten Wohnung ist oder es sich in einem dem Mieter nur zum Mitgebrauch überlassenen Bereich befindet. Absatz 1 Satz 1 ist daher etwa auch anwendbar, wenn der Mieter einen Treppenlift in das ihm zum Mitgebrauch vermietete Treppenhaus einbauen möchte.

Nicht unter die Vorschrift fallen hingegen räumliche Erweiterungen des Gebrauchsrechts des Mieters, da Absatz 1 Satz 1 auf die Vornahme baulicher Veränderungen beschränkt ist.

Der Mieter kann daher nicht verlangen, dass ihm der Vermieter bauliche Veränderungen in Bereichen des Gebäudes oder des Grundstücks erlaubt, auf die sich sein Gebrauchsrecht nicht erstreckt. Deshalb fällt etwa der Wunsch des Mieters, im Hof des Grundstücks, der ihm nicht zum Abstellen von Kraftfahrzeugen vermietet ist, eine sogenannte Wallbox zu installieren und dort in Zukunft sein Kraftfahrzeug aufzuladen, nicht unter § 554 Absatz 1 Satz 1. Ein solcher Anspruch auf räumliche Erweiterung des Gebrauchsrechts wäre ein zu weitgehender Eingriff in die Vertragsfreiheit des Vermieters.

Der Anspruch setzt weiter voraus, dass die begehrte Maßnahme der Nutzung der Mietsache durch Menschen mit Behinderungen, dem Laden elektrisch betriebener Fahrzeuge oder dem Einbruchsschutz dient.

Die erste Variante betrifft bauliche Veränderungen, die Menschen mit Behinderungen den Gebrauch der Mietsache erleichtern. Diese sind bislang in § 554a Absatz 1 Satz 1 geregelt. Die Definition der erfassten Maßnahmen aus dem geltenden § 554a Absatz 1 Satz 1 wird sprachlich gestrafft; eine Änderung des Anwendungsbereichs der Vorschrift ist damit nicht bezweckt.

Die zweite Variante betrifft bauliche Veränderungen, die dem Laden elektrisch betriebener Fahrzeuge dienen. Elektrisch betriebene Fahrzeuge sind insbesondere Fahrzeuge gemäß § 2 Nummer 1 des Elektromobilitätsgesetzes (EmoG). Erfasst sind daneben aber etwa auch elektrisch betriebene Zweiräder und spezielle Elektromobile für Gehbehinderte, die nicht in den Anwendungsbereich des EmoG fallen. Dem Laden dieser Fahrzeuge dienen alle baulichen Veränderungen, die es dem Mieter ermöglichen, Strom in Fahrzeuge einzuspeisen beziehungsweise aus diesen auszuspeisen. Erfasst wird damit vor allem die Installation einer Lademöglichkeit, etwa in Form der Verlegung erforderlicher Stromleitungen und des Einbaus eines Ladepunktes, zum Beispiel einer sogenannten Wallbox. Mit umfasst sind außerdem die zur Umsetzung von Vorgaben des Messstellenbetriebsgesetzes oder zur Teilnahme an einem Flexibilitätsmechanismus nach § 14a des Energiewirtschaftsgesetzes erforderlichen Maßnahmen; hierzu gelten die Ausführungen zu § 20 Absatz 2 Satz 1 Nummer 2 WEG entsprechend. Inhaltlich erstreckt sich der Anspruch des Mieters nicht nur auf die Ersteinrichtung einer solchen Ladeinfrastruktur, sondern auch auf Maßnahmen, die der Verbesserung oder Erhaltung einer bereits vorhandenen Lademöglichkeit dienen.

Die dritte Variante betrifft bauliche Veränderungen, die dem Einbruchsschutz dienen. Erfasst sind bauliche Veränderungen, die geeignet sind, den widerrechtlichen Zutritt zur Wohnung des Mieters zu verhindern, zu erschweren oder auch nur unwahrscheinlicher zu machen. Der Anspruch ist nicht auf bauliche Veränderungen in Bereichen beschränkt, die dem Mieter zum exklusiven Gebrauch zugewiesen sind, wie es etwa beim Einbau eines Wohnungstürspions der Fall ist. § 554 Absatz 1 Satz 1 kann vielmehr auch auf die Erlaubnis der Ausführung von Einbruchsschutzmaßnahmen in Bereichen des Grundstücks oder des Gebäudes gerichtet sein, die dem Mieter nur zum Mitgebrauch vermietet sind. Ein Beispiel ist etwa der Einbau eines einbruchshemmenden Schließsystems an der Hauseingangstür.

Soweit die Ausführung der baulichen Veränderung von Mitwirkungshandlungen des Vermieters abhängen, die über die bloße Erlaubnis hinausgehen, kann der Mieter deren Erfüllung nach § 241 Absatz 2 BGB verlangen. Denkbare Nebenpflichten sind etwa die Erteilung von Informationen, die der Mieter zur Planung der Baumaßnahme benötigt, wie zum Beispiel über die vorhandene Stromversorgung oder den Verlauf von Kabeln, aber auch die Abgabe von Gestattungserklärungen gegenüber Handwerkern. Hat der Mieter ein berechtigtes Interesse an der schriftlichen Erteilung der Erlaubnis, kann sich ein Anspruch hierauf ebenfalls aus § 241 Absatz 2 BGB ergeben.

Zu § 554 Absatz 1 Satz 2

§ 554 Absatz 1 Satz 2 regelt den Ausschluss des Anspruchs auf Erlaubnis einer unter Absatz 1 fallenden baulichen Veränderung. Die Vorschrift entspricht funktional anderen mietrechtlichen Regelungen, die Ansprüche oder andere Rechte einer Vertragspartei ausschließen, wie etwa § 553 Absatz 1 Satz 2 oder § 555d Absatz 2 Satz 1.

§ 554 Absatz 1 Satz 2 verlangt eine Abwägung der nachteiligen Folgen der baulichen Veränderung für den Vermieter mit dem Interesse des Mieters an der Ausführung der Baumaßnahme. Jede Partei trifft die Darlegungs- und Beweislast für die Umstände, die zu ihren Gunsten bei der Interessenabwägung zu berücksichtigen sind. Da der Vermieter stets sein Interesse entgegenhalten kann, dass die Mietsache baulich nicht verändert wird, ist in jedem Fall eine Interessenabwägung vorzunehmen. Der Vermieter kann im Streitfall den Mieter also dazu zwingen, sein Interesse an der baulichen Veränderung offenzulegen. Aus diesem Grund verzichtet der Entwurf darauf, bereits die Entstehung des Anspruchs von einem berechtigten Interesse des Mieters abhängig zu machen.

Auf Seiten des Vermieters ist zunächst sein Konservierungsinteresse zu berücksichtigen. Dieses besteht darin, dass nicht durch eine bauliche Veränderung in die Substanz der Mietsache eingegriffen wird. Dieses Interesse ist typischerweise umso gewichtiger, je umfangreicher der beabsichtigte Eingriff ist. Im Rahmen des Konservierungsinteresses ist auch zu berücksichtigen, ob durch die bauliche Veränderung ein gefahrträchtiger Zustand oder eine baurechtswidrige Situation geschaffen würde. Das Konservierungsinteresse des Vermieters gebietet es auch, dass der Mieter ihn hinreichend über die Einzelheiten der begehrten baulichen Veränderung informiert. Unterlässt der Mieter die notwendigen Informationen, wird sich das Interesse des Vermieters durchsetzen, die Erlaubnis zu verweigern.

Ebenfalls zu beachten ist das Interesse des Vermieters daran, dass die bauliche Veränderung keine negativen Auswirkungen auf seine Rechtsbeziehungen zu Dritten hat, etwa zu anderen Mietern oder seinem Grundstücksnachbar. Besteht die berechtigte Befürchtung, dass diese gegen den Vermieter wegen der baulichen Veränderung Rechte geltend machen könnten – etwa in Form einer Mietminderung, weil durch die bauliche Veränderung in das Gebrauchsrecht der übrigen Mieter eingegriffen wird –, so ist dies über das Vermieterinteresse bei der Interessenabwägung zu berücksichtigen (so schon zum geltenden § 554a: Rips, Barrierefreiheit gemäß § 554a, 2003, Seite 124). Daher sind die berechtigten Interessen anderer Mieter im Gebäude im Wortlaut des § 554 des Entwurfs – anders als im Wortlaut des geltenden § 554a Absatz 1 Satz 3 – nicht ausdrücklich genannt. Ist eine Eigentumswohnung vermietet, finden die Interessen anderer Eigentümer – und gegebenenfalls derer Mieter – ohnehin über die notwendige Beschlussfassung Berücksichtigung.

Zugunsten des Vermieters ist auch ein etwaiges Rückbaurisiko zu berücksichtigen. Zwar ist der Mieter nach allgemeinen Vorschriften bei Vertragsende zum Rückbau der baulichen Veränderung verpflichtet. Kommt der Mieter dem aber nicht nach und will der Vermieter die bauliche Veränderung zurückbauen, so muss er den Rückbau auf eigene Kosten ausführen und den Mieter auf Kostenersatz in Anspruch nehmen. Ist der Mieter zahlungsunfähig, träfen die Rückbaukosten den Vermieter. Bei umfangreichen baulichen Veränderungen ist es denkbar, dass dieses Risiko dem Vermieter nicht zumutbar ist mit der Folge, dass der Anspruch nach § 554 Absatz 1 Satz 1 nicht besteht. In diesem Fall hat der Mieter die Möglichkeit, eine besondere Kaution zu leisten (vergleiche § 554 Absatz 1 Satz 3). Auf diese Weise kann der Mieter den sich aus dem Rückbaurisiko ergebenden Nachteil des Vermieters beseitigen. Freilich kann der Vermieter seine Erlaubnis nicht von der Leistung einer der Höhe nach unangemessenen Kaution abhängig machen.

Auf Seiten des Mieters ist sein Interesse an der Ausführung der baulichen Veränderung zu berücksichtigen. Aus § 554 Absatz 1 Satz 1 folgt, dass das Veränderungsinteresse des Mieters aus gesamtgesellschaftlichen Gründen im Ausgangspunkt stets beachtenswert ist. Die auf ein spezifisches berechtigtes Interesse abstellende Formulierung des geltenden § 554a Absatz 1 Satz 1 wird daher nicht übernommen. Für den Abwägungsvorgang bedeutet dies, dass es nicht zulässig ist, den Anspruch des Mieters mit dem Argument zurückzuweisen, an der begehrten baulichen Veränderung bestehe schon grundsätzlich kein anerkennenswertes Interesse. Es ist hingegen Aufgabe des Abwägungsprozesses, das Gewicht des Veränderungsinteresses mit dem Gewicht der gegenläufigen Interessen des Vermieters zu vergleichen. Hierbei ist es nicht ausgeschlossen, bei der Bewertung des Veränderungsinteresses nach den verschiedenen Varianten in § 554 Absatz 1 Satz 1 zu differenzieren. Daher ist es etwa denkbar, bei einem im Einzelfall vergleichbaren Konservierungsinteresse des Vermieters das Bedürfnis eines gehbehinderten Mieters am Einbau eines Treppenliftes stärker zu gewichten als das eines Mieters am Einbau einer einbruchshemmenden Haustür. Geht es um die Nachrüstung mit einer Lademöglichkeit, sind beim Veränderungsinteresse auch die Belange des Klima- und Umweltschutzes angemessen zu berücksichtigen, etwa die Reduzierung von Treibhausgasen sowie der Schutz vor Luftschadstoffen und verkehrsbedingtem Lärm. Ein zügiger Markthochlauf von Elektrofahrzeugen ist vor allem aus Gründen des Klimaschutzes erforderlich. Das Bundes-Klimaschutzgesetz vom 12. Dezember 2019 (BGBl. I Seite 2513) sieht bis zum Jahr 2030 für den Verkehrssektor eine Reduktion der Treibhausgasemissionen in Höhe von 42 Prozent (gegenüber dem Jahr 1990) vor. Aktuell ist der Straßenverkehr für mehr als 95 Prozent der verkehrsbedingten Treibhausgasemissionen in der Bundesrepublik Deutschland verantwortlich.

Personenkraftwagen (PKW) verursachen zirka 60,6 Prozent dieser Emissionen (vergleiche Bundesministerium für Umwelt, Naturschutz und nukleare Sicherheit, Klimaschutz in Zahlen, 2018). Zur Zielerreichung hält es die Bundesregierung ausweislich des Klimaschutzprogramms 2030 für erforderlich, dass bis zum Jahr 2030 sieben bis zehn Millionen elektrisch betriebene Fahrzeuge in der Bundesrepublik Deutschland zugelassen sind. Derzeit findet ein Großteil der Ladevorgänge von Elektrofahrzeugen an privaten Ladepunkten statt. Es ist prognostiziert, dass dies auch in Zukunft der Fall sein wird. Bei der Barrierereduzierung ist im Rahmen des Veränderungsinteresses auch das allgemeine Interesse angemessen zu berücksichtigen, Benachteiligung von Menschen mit Behinderungen zu beseitigen sowie ihre gleichberechtigte Teilhabe am Leben in der Gesellschaft zu gewährleisten und ihnen eine selbstbestimmte Lebensführung zu ermöglichen.

Das Veränderungsinteresse des Mieters ist von seiner individuellen Situation und dem Ausstattungszustand der Mietsache abhängig. Verfügt der Mieter etwa bereits über eine Lademöglichkeit, so fällt zwar der Einbau einer neuen, technisch besseren Lademöglichkeit unter § 554 Absatz 1 Satz 1. Das Veränderungsinteresse des Mieters ist in dieser Situation aber deutlich geringer als in Fällen, in denen noch überhaupt keine Lademöglichkeit besteht. Aus diesem Grund kann der Vermieter auch auf das Veränderungsinteresse des Mieters einwirken. Dieses entfällt, wenn der Vermieter oder – bei einer vermieteten

Eigentumswohnung – die Gemeinschaft der Wohnungseigentümer die vom Mieter begehrte bauliche Veränderung ausführt. Ist die Baumaßnahme des Vermieters noch nicht abgeschlossen, besteht das Veränderungsinteresse des Mieters zwar fort. Hat der Vermieter aber die Ausführung der baulichen Veränderung innerhalb einer dem Mieter zumutbaren Frist zugesagt und bestehen keine berechtigten Zweifel, dass der Vermieter diese Zusage erfüllen wird, wird sich das Veränderungsinteresse des Mieters gegenüber dem Konservierungsinteresse des Vermieters regelmäßig nicht durchsetzen können. Auf diese Weise wird dem berechtigten Interesse des Vermieters Rechnung getragen, bauliche Veränderungen an der Mietsache selbst durchzuführen. In diesem Fall hat der Vermieter hinsichtlich der Kosten der baulichen Veränderung die Möglichkeit, nach § 555f Nummer 3 mit dem Mieter eine passgenaue Kostenübernahme zu vereinbaren. Anderenfalls kann der Vermieter regelmäßig wegen der baulichen Veränderung nach § 559 die Miete erhöhen. Bei einer vom Mieter begehrten baulichen Veränderung gemäß § 554 Absatz 1 Satz 1 handelt es sich nämlich in der Regel um eine Modernisierungsmaßnahme im Sinne des § 555b Nummer 4. Ein verbesserter Einbruchschutz, ein besserer Gebrauch der Mietsache durch Menschen mit Behinderungen oder eine Lademöglichkeit für elektrisch betriebene Fahrzeuge führen – auch nach der aktuellen Verkehrsanschauung – regelmäßig zu einer nachhaltigen Steigerung des Gebrauchswerts der Mietsache. Führt der Vermieter Maßnahmen durch, um mehreren Mietern die Installation von Lademöglichkeiten für Elektrofahrzeuge zu ermöglichen, etwa die Installation eines Lastmanagementsystems oder die Erweiterung des Netzanschlusses zur Vermeidung von Lastspitzen, richtet sich die Kostenverteilung nach § 559 Absatz 3.

Ist eine Eigentumswohnung vermietet, so ist eine bauliche Veränderung, sei es durch den Mieter oder den vermietenden Wohnungseigentümer, nach § 20 WEG-E erst nach einer entsprechenden Beschlussfassung der Wohnungseigentümer zulässig. Dies ist bei der Interessenabwägung zu berücksichtigen. Der mit einem Anspruch seines Mieters nach § 554 Absatz 1 Satz 1 konfrontierte Vermieter kann daher unter Hinweis hierauf die Erlaubnis zunächst zurückhalten. Die Erteilung der Erlaubnis ist ihm in diesem Stadium nämlich nicht zumutbar. Denn wenn die bauliche Veränderung am Widerstand in der Gemeinschaft scheitert, würden im Falle der bereits erteilten Erlaubnis Mängelrechte des Mieters ausgelöst. Wird dem vermietenden Wohnungseigentümer die vom Mieter begehrte bauliche Veränderung durch Beschluss der Wohnungseigentümer gestattet, entfällt dieser Einwand.

Verhält sich der Vermieter passiv, indem er sich nicht um eine für den Mieter günstige Beschlussfassung der Wohnungseigentümer bemüht, so kann dies dazu führen, dass die Interessenabwägung nach Satz 2 zugunsten des Mieters ausgeht. Erhält der Mieter in diesem Fall die Erlaubnis – gegebenenfalls im Klagewege –, berechtigt ihn diese zwar nicht zu einem Eingriff in das gemeinschaftliche Eigentum. Er kann den vermietenden Wohnungseigentümer aber auf Erfüllung in Anspruch nehmen; dieser ist dann verpflichtet, auf eine die bauliche Veränderung gestattende Beschlussfassung hinzuwirken (vergleiche BGH, Urteil vom 20. Juli 2005 – VIII ZR 342/03).

Wird die Ausführung der baulichen Veränderung durch die Gemeinschaft der Wohnungseigentümer auf Kosten des vermietenden Wohnungseigentümers beschlossen, so kann der Vermieter dies dem Anspruch des Mieters auf Selbstvornahme entgegenhalten. Auch in diesem Fall kommt eine Vereinbarung nach § 555f Nummer 3 oder eine Modernisierungsmieterhöhung nach § 559 in Betracht.

Zu § 554 Absatz 1 Satz 3

Die Vorschrift sieht vor, dass die Parteien im Zusammenhang mit einer baulichen Veränderung vereinbaren können, dass der Mieter eine besondere Sicherheit leistet. Damit soll insbesondere sichergestellt werden, dass die Parteien auf das Rückbaurisiko des Vermieters durch die Verpflichtung des Mieters reagieren können, den Vermieter durch eine Zusatzkaution abzusichern. Die Vorschrift ist erforderlich, weil anderenfalls zweifelhaft wäre, ob einer solchen Vereinbarung § 551 Absatz 4 entgegensteht. Haben die Parteien eine Zusatzkaution vereinbart, gilt für deren Anlage § 551 Absatz 3 entsprechend.

Zu § 554 Absatz 2

§ 554 Absatz 2 verbietet Vereinbarungen, die zu Lasten des Mieters von § 554 Absatz 1 abweichen. Unwirksam ist daher jede Vereinbarung, die den Anspruch des Mieters ausschließt oder beschränkt. Gegen § 554 Absatz 2 verstößt daher auch eine Regelung im Vertrag, die zu Lasten des Mieters die nach § 554 Absatz 1 Satz 2 vorgeschriebene Interessenabwägung einschränkt oder eine von § 551 Absatz 3 abweichende Anlage der Zusatzkaution vorsieht.

Zu Nummer 3 (§ 556a Absatz 3 und 4)

Die Umlage von Betriebskosten erfolgt gemäß dem geltenden § 556a Absatz 1 nach dem Anteil der Wohnfläche oder dem erfassten Verbrauch beziehungsweise der erfassten Verursachung, soweit nichts anderes vereinbart wurde. Nach wohl herrschender Meinung ist diese Vorschrift auch bei Vermietung einer Eigentumswohnung zu beachten. Der Vermieter muss daher für eine ordnungsgemäße Abrechnung die Gesamtbetriebskosten des Grundstücks ermitteln und diese regelmäßig nach dem Anteil der Wohnfläche auf den Mieter umlegen. Dieses Verfahren kann der Vermieter nur durchführen, wenn ihm die Wohnfläche auch der anderen, nicht in seinem Eigentum stehenden Wohnungen bekannt ist. Entspricht der wohnungseigentumsrechtliche Kostenverteilungsschlüssel nicht dem Wohnflächenanteil, führt die beschriebene Umlagemethode zudem dazu, dass die Betriebskostenabrechnung den Mieter entweder mit höheren oder mit niedrigeren Kosten belastet, als dem Vermieter entstanden sind. Das erscheint sachlich nicht gerechtfertigt. Vor diesem Hintergrund bestimmt § 556a Absatz 3, dass bei Vermietung einer Eigentumswohnung die Betriebskosten nach dem Maßstab auf den Mieter umzulegen sind, der zwischen den Wohnungseigentümern für die Verteilung der Betriebskosten der Gemeinschaft der Wohnungseigentümer gilt. Der nach § 556a Absatz 3 Satz 1 maßgebliche wohnungseigentumsrechtliche Verteilerschlüssel ergibt sich aus dem in der Gemeinschaft geltenden Regelwerk, also entweder einer Vereinbarung der Wohnungseigentümer, einem wirksamen Beschluss der Wohnungseigentümer oder aus dem Gesetz (vergleiche § 16 Absatz 2 und 3 WEG-E). Dabei ist zu beachten, dass wohnungseigentumsrechtlich je nach Betriebskostenposition unterschiedliche Verteilerschlüssel möglich sind.

Zum Schutz des Mieters vor einer unverhältnismäßigen Kostenbelastung enthält § 556a Absatz 3 Satz 2 eine Ausnahme von dem Grundsatz des Satzes 1. Danach gelten die in Absatz 1 bestimmten Umlagemaßstäbe, wenn die Umlage nach dem zwischen den Wohnungseigentümern geltenden Maßstab billigem Ermessen widerspricht. Ob ein Umlagemaßstab diesem Kriterium widerspricht, ist anhand der Interessenlage beider Vertragsteile, also von Mieter und Vermieter, zu ermitteln (vergleiche BGH, Urteil vom 20. Januar 1993 – VIII ZR 10/92). Es handelt sich um eine von der wohnungseigentumsrechtlichen Wirksamkeit des Verteilerschlüssels losgelöste Überprüfung. Diese ist unabhängig davon vorzunehmen, ob der

Umlagemaßstab wohnungseigentumsrechtlich auf einer Vereinbarung oder einem Beschluss beruht. Auch die aus § 16 Absatz 2 Satz 1 WEG-E folgende Verteilung von Betriebskosten nach dem Miteigentumsanteil des Vermieters unterliegt der Kontrolle nach § 556a Absatz 3 Satz 2. Widerspricht ein Umlagemaßstab billigem Ermessen, tritt an seine Stelle der in Absatz 1 bestimmte Maßstab. Die betroffenen Betriebskosten sind dann nach Verbrauch oder Verursachung, hilfsweise nach dem Anteil der Wohnfläche auf den Mieter umzulegen.

Zu Nummer 4 (§ 578)

Der Anwendungsbereich von § 554 wird auf Mietverhältnisse über Grundstücke und andere Räume als Wohnräume erstreckt. Denn die durch § 554 geschützten Interessen sind nicht wohnraumspezifischer Natur. Vielmehr haben auch die Mieter von Grundstücksflächen und anderen Räumen gleichermaßen ein schützenswertes Interesse, die von § 554 erfassten baulichen Veränderungen ausführen zu dürfen.

Zu Artikel 3 (Änderung des Justizaktenaufbewahrungsgesetzes)

Das Justizaktenaufbewahrungsgesetz (JAktAG) regelt die Aufbewahrung von Akten der Gerichte und Staatsanwaltschaften nach Beendigung des Verfahrens. § 2 Absatz 1 Satz 1 JAktAG sieht den Erlass einer Rechtsverordnung der Bundesregierung vor, die das Nähere über die Aufbewahrung und Speicherung und die hierbei zu beachtenden allgemeinen Aufbewahrungs- und Speicherungsfristen regelt. In Vorbereitung dieser Verordnung bedarf es einer Anpassung des JAktAG.

Zu Nummer 1 (§ 1)

Das Wort »Namensverzeichnisse« soll durch die Wörter »Namens- und sonstige Verzeichnisse« ersetzt werden, damit von den Aufbewahrungs- und Speicherungsvorschriften auch Verfahrenslisten und sonstige Listen und Verzeichnisse erfasst werden, die nach Beendigung des Verfahrens noch benötigt werden.

Zu Nummer 2 (§ 2)

Die Aufbewahrungs- und Speicherungsfristen der von der Bundesregierung zu erlassenden Schriftgutaufbewahrungsverordnung sollen grundsätzlich auch auf Akten Anwendung finden, die bereits vor dem Inkrafttreten der Verordnung weggelegt wurden. Die Länder sollen aber allgemein oder für einzelne Angelegenheiten bestimmen können, dass für bereits weggelegte Akten die bisherigen landesrechtlichen Aufbewahrungs- und Speicherungsfristen fortgelten sollen. Mit dieser Regelung wird dem Umstand Rechnung getragen, dass die Rahmenbedingungen für die Aktenaufbewahrung in den einzelnen Ländern teilweise sehr unterschiedlich sind. Gegenstand einer solchen Bestimmung können beispielsweise Sonderregelungen für zwischen dem 30. Januar 1933 und dem 2. Oktober 1990 angelegte oder fortgeführte Akten sein, wie sie in einzelnen Ländern bestehen.

Die Regelung zum Beginn der Aufbewahrungs- und Speicherungsfristen im bisherigen § 2 Absatz 3 JAktAG soll aus systematischen Gründen hier entfallen und künftig in die von der Bundesregierung nach § 2 Absatz 1 JAktAG zu erlassenden Rechtsverordnung aufgenommen werden.

Zu Artikel 4 (Änderung des Gerichtsverfassungsgesetzes)

Die Verweise in den §§ 23 und 72 des Gerichtsverfassungsgesetzes werden an den geänderten § 43 WEG angepasst.

Zu Artikel 5 (Änderung des Gesetzes über die Zwangsversteigerung und die Zwangsverwaltung)

Zu Nummer 1 (§ 10 Absatz 1 Nummer 2 Satz 1 und § 156 Absatz 1 Satz 2)

Die Verweise in § 10 Absatz 1 Nummer 2 Satz 1 und § 156 Absatz 1 Satz 2 werden an die geänderten Vorschriften des WEG angepasst.

Zu Nummer 2 (§ 10 Absatz 3)

Weil § 18 Absatz 2 Nummer 2 WEG aufgehoben wird, muss auch § 10 Absatz 3 Satz 1 aufgehoben werden. Die Vollstreckung mit dem Range nach § 10 Absatz 1 Nummer 2 ist ohne betragsmäßige Beschränkung möglich.

Wegen der Aufhebung des geltenden § 10 Absatz 3 Satz 1 muss der neue Satz 1 entsprechend ergänzt werden.

Zu Nummer 3 (§ 45 Absatz 3 Satz 1)

In § 45 Absatz 3 Satz 1 wird die Bezugnahme auf die Wohnungseigentümer gestrichen. Denn § 10 Absatz 1 Nummer 2 betrifft vor allem Ansprüche der rechtsfähigen Gemeinschaft der Wohnungseigentümer und nicht nur der Wohnungseigentümer.

Zu Artikel 6 (Änderung der Grundbuchverfügung)

Nach § 113 Absatz 1 Nummer 6 der Grundbuchverfügung gelten im Gebiet der früheren Deutschen Demokratischen Republik (DDR) gegenüber dem Grundbuchamt Erleichterungen für den Nachweis der Bewilligungsbefugnis bei beschränkten dinglichen Rechten sowie bestimmten anderen Lasten und Beschränkungen. Die Vorschrift bestimmt weiter, dass in den dort genannten Fällen § 39 der Grundbuchordnung nicht anzuwenden ist und es der Vorlage eines Grundpfandrechtsbriefs nicht bedarf. Die Geltungsdauer dieser Vorschrift ist nach § 113 Absatz 3 Satz 3 bis zum 31. Dezember 2020 befristet. Die Landesjustizverwaltungen der neuen Länder haben sich für eine Verlängerung der Geltungsdauer der Regelung ausgesprochen, da auch noch über das Jahr 2020 hinaus mit einer Vielzahl von Anwendungsfällen gerechnet werden müsse. Diese Einschätzung wird von der Kreditanstalt für Wiederaufbau geteilt, die als Rechtsnachfolgerin der Staatsbank der DDR Bewilligungsstelle im Sinne des § 113 Absatz 1 Nummer 6 Satz 2 ist. Auch die Bundesanstalt für Immobilienaufgaben (BImA) hält die Verlängerung der Geltungsdauer der Vorschrift für dringend erforderlich. Nach einem Erlass des Bundesministeriums der Finanzen vom 5. August 1996 hatte die Bundesvermögensverwaltung für die »alten Rechte« eine Auffangzuständigkeit. Diese Zuständigkeit ist auf die BImA als Eigentümerin sämtlicher Grundstücke, grundstücksgleicher Rechte und beschränkt dinglicher Rechte des Finanzvermögens übergegangen.

Die jährliche Anzahl der auf die Regelung gestützten Anträge auf Erteilung von Löschungsbewilligungen ist nach wie vor gleichbleibend hoch. Die Geltungsdauer der Vorschrift soll daher um zehn Jahre verlängert werden.

Die zugrundeliegende Verordnungsermächtigung ist in § 150 Absatz 5 der Grundbuchordnung enthalten.

Zu Artikel 7 (Änderung der Wohnungsgrundbuchverfügung)

Es handelt sich um Folgeänderungen zur Änderung von § 3 Absatz 2 und § 7 Absatz 3 WEG.

Zu Artikel 8 (Änderung des Gerichtskostengesetzes)

Zu Nummern 1 bis 3 (Inhaltsübersicht, § 49, § 49a – alt –)

Durch die Änderungen in Teil 3 des WEG werden die meisten prozessualen Besonderheiten bei Wohnungseigentumssachen beseitigt, insbesondere wird die Beiladung abgeschafft. Es besteht deshalb auch kein Bedürfnis mehr, den Streitwert in Wohnungseigentumssachen abweichend von den allgemeinen Vorschriften zu bestimmen. § 49a des Gerichtskostengesetzes (GKG) wird deshalb aufgehoben. Auch für Wohnungseigentumssachen gelten deshalb grundsätzlich über § 48 Absatz 1 Satz 1 GKG die Wertvorschriften der Zivilprozessordnung.

Eine kostenrechtliche Besonderheit besteht nur noch für Beschlussklagen, die in § 44 WEG-E geregelt werden. § 49 Satz 1 des Gerichtskostengesetzes in der Fassung des Entwurfs (GKG-E) sieht zunächst vor, dass der Streitwert grundsätzlich auf das Interesse aller Wohnungseigentümer an der Entscheidung festzusetzen ist. Das ist sachgerecht, da die Entscheidung gegenüber allen Wohnungseigentümern wirkt (vergleiche die Begründung zu § 44 Absatz 3 WEG-E). § 49 Satz 2 GKG-E sieht jedoch eine Wertobergrenze vor, die den Kläger vor einer zu hohen Kostenbelastung schützen soll. Dies gebietet die aus dem Rechtsstaatsprinzip folgende Justizgewährungspflicht (vergleiche Bundesverfassungsgericht, Beschluss vom 12. Februar 1992 – 1 BvL 1/89). Die Vorschrift entspricht insoweit dem geltenden § 49a Absatz 1 Satz 2 Alternative 2 und Satz 3 GKG.

Zu Nummer 4 (Kostenverzeichnis Nummer 9020)

Das Gerichtskostengesetz, das Gesetz über Gerichtskosten in Familiensachen, das Gerichts- und Notarkostengesetz sowie das Gerichtsvollzieherkostengesetz sollen jeweils um einen Auslagentatbestand ergänzt werden, der die Erhebung der Umsatzsteuer vorsieht, soweit eine solche anfällt. Eine Aussage darüber, ob und unter welchen Voraussetzungen Kosten, die nach den vorgenannten Gesetzen erhoben werden, der Umsatzsteuer unterfallen, ist damit nicht verbunden. Die Umsatzsteuerpflicht richtet sich ausschließlich nach den maßgeblichen steuerrechtlichen Vorschriften.

Zu Artikel 9 (Änderung des Gesetzes über Gerichtskosten in Familiensachen)

Es wird auf die Begründung zu Artikel 8 Nummer 4 verwiesen.

Zu Artikel 10 (Änderung des Gerichts- und Notarkostengesetzes)

Zu Nummer 1 (Nummer 14160)

Nach § 12 Absatz 4 Satz 1 WEG kann eine Veräußerungsbeschränkung durch Beschluss aufgehoben werden. Materiell-rechtlich existiert die Veräußerungsbeschränkung mit der Beschlussfassung nicht mehr, auch wenn sie noch im Bestandsverzeichnis des Grundbuchs eingetragen ist. Das Grundbuch kann auf Antrag berichtigt werden; dafür genügt als Nachweis eine beglaubigte Niederschrift des Aufhebungsbeschlusses (§ 12 Absatz 4 Satz 3, § 7 Absatz 2 WEG-E). Häufig unterbleibt diese Berichtigung aber aufgrund der zum Teil sehr erheblichen Eintragungskosten. Dadurch entstehen im Veräußerungsfall unnötige Probleme, die in der Regel mit erhöhtem Aufwand für das Grundbuchamt einhergehen. Um diese Probleme zu beseitigen, sollen die für die Grundbuchberichtigung anfallenden Gebühren – unabhängig von der Zahl der betroffenen Sondereigentumsrechte – auf 100 Euro begrenzt werden.

Zu Nummer 2 (Nummer 31017)

Es wird auf die Begründung zu Artikel 8 Nummer 4 verwiesen.

Zu Artikel 11 (Änderung des Gerichtsvollzieherkostengesetzes)

Es wird auf die Begründung zu Artikel 8 Nummer 4 verwiesen.

Zu Artikel 12 bis 15 (Änderung des Grunderwerbsteuergesetzes, des Gewerbesteuergesetzes, der Verordnung über Formblätter für die Gliederung des Jahresabschlusses von Wohnungsunternehmen und des Schornsteinfeger-Handwerksgesetzes)

Die in diesen Vorschriften enthaltenen Verweise auf Vorschriften des WEG werden an die Änderungen des WEG angepasst.

Zu Artikel 16 (Bekanntmachungserlaubnis)

Das Bundesministerium der Justiz und für Verbraucherschutz wird ermächtigt, den Wortlaut des WEG in der vom Inkrafttreten der Reform an geltender Fassung bekannt zu machen.

Zu Artikel 17 (Inkrafttreten)

Um eine zeitnahe Umsetzung der Reform zu ermöglichen, der Praxis zugleich aber auch einen angemessenen Zeitraum einzuräumen, sich auf die Neuregelung einzustellen, ist ein Inkrafttreten zu Beginn des zweiten auf die Verkündung folgenden Monats vorgesehen (Satz 1).

Die Änderungen des Justizaktenaufbewahrungsgesetzes sowie diejenigen Änderungen der Justizkostengesetze, die nicht in unmittelbarem Zusammenhang mit der Modernisierung des Wohnungseigentumsrechts stehen, sollen hingegen bereits am Tag nach der Verkündung in Kraft treten (Satz 2).

Anhang 4

Beschlussempfehlung und Bericht

des Ausschusses für Recht und Verbraucherschutz (6. Ausschuss)

a) zu dem Gesetzentwurf der Bundesregierung
   – Drucksachen 19/18791, 19/19369, 19/19655 Nr. 5 –
   Entwurf eines Gesetzes zur Förderung der Elektromobilität und zur Modernisierung des Wohnungseigentumsgesetzes und zur Änderung von kosten- und grundbuchrechtlichen Vorschriften
   (Wohnungseigentumsmodernisierungsgesetz – WEMoG)

b) zu dem Antrag der Abgeordneten Katharina Willkomm, Stephan Thomae, Grigorios Aggelidis, weiterer Abgeordneter und der Fraktion der FDP
   – Drucksache 19/18955 –
   Wohnungseigentum selbstbestimmt und praktikabel gestalten

A. Problem

Das Wohnungseigentumsgesetz (WEG), das im Jahr 1951 erlassen wurde, um den Wohnungsbau zu stärken und breiten Bevölkerungsschichteden Erwerb einer Eigentumswohnung zu ermöglichen, wird heute den umweltpolitischen Herausforderungen, dem demographischen Wandel und der Digitalisierung nach Ansicht von Bundesregierung und antragsstellender Fraktion nicht mehr gerecht.

B. Lösung

Zu Buchstabe a

Mit dem Gesetzentwurf der Bundesregierung soll das WEG grundlegend reformiert werden. So sollen insbesondere der Einbau von Lademöglichkeiten für Elektrofahrzeuge erleichtert, der barrierefreie Aus- und Umbau sowie energetische Sanierung gefördert und die Verwaltung des gemeinschaftlichen Eigentums effizienter gestaltet werden. Der Schwerpunkt der Reform besteht deshalb darin, die Beschlussfassung der Wohnungseigentümer zu erleichtern, die Online-Teilnahme an der Eigentümerversammlung zu ermöglichen, Kontrollmöglichkeiten mit Blick auf die Eigentumsverwaltung zu erweitern und Streitbeilegungsmechanismen effizienter zu gestalten. Der Gesetzentwurf beruht auf den Empfehlungen der Bund-Länder-Arbeitsgruppe, die auf Beschluss der Konferenz der Justizministerinnen und Justizminister der Länder eingesetzt wurde.

Annahme des Gesetzentwurfs auf Drucksachen 19/18791, 19/19369 in geänderter Fassung mit den Stimmen der Fraktionen CDU/CSU, SPD und BÜNDNIS 90/DIE GRÜNEN gegen die Stimmen der Fraktionen AfD und DIE LINKE. bei Stimmenthaltung der Fraktion der FDP.

Zu Buchstabe b

Die antragsstellende Fraktion der FDP fordert eine weitergehende Reform. Danach soll das WEG einen abschließenden Aufgaben- und Befugniskatalog für den Verwalter beinhalten, der sich an § 27 WEG orientiert. Darüber hinaus soll die Wirksamkeit der Verwalterbestellung in bestimmten Fällen vom Vorhandensein eines Sachkundenachweises abhängig gemacht, die Beschlussfindung der Wohnungseigentümer noch weitergehender erleichtert sowie eine verbindliche digitale Plattform für die Eigentümergemeinschaften eingeführt werden.

Ablehnung des Antrags auf Drucksache 19/18955 mit den Stimmen der Fraktionen CDU/CSU, SPD, AfD und DIE LINKE. gegen die Stimmen der Fraktion der FDP bei Stimmenthaltung der Fraktion BÜNDNIS 90/DIE GRÜNEN.

C. Alternativen

Keine.

D. Kosten

Wurden im Ausschuss nicht erörtert.

Beschlussempfehlung

Der Bundestag wolle beschließen,
a) den Gesetzentwurf auf Drucksachen 19/18791, 19/19369 in der aus der nachstehenden Zusammenstellung ersichtlichen Fassung anzunehmen,
b) den Antrag auf Drucksache 19/18955 abzulehnen.

Zusammenstellung

des Entwurfs eines Gesetzes zur Förderung der Elektromobilität und zur Modernisierung des Wohnungseigentumsgesetzes und zur Änderung von kosten- und grundbuchrechtlichen Vorschriften

(Wohnungseigentumsmodernisierungsgesetz – WEMoG)

– Drucksachen 19/18791, 19/19369 –

mit den Beschlüssen des Ausschusses für Recht und Verbraucherschutz (6. Ausschuss)

Entwurf	Beschlüsse des 6. Ausschusses
Entwurf eines Gesetzes zur Förderung der Elektromobilität und zur Modernisierung des Wohnungseigentumsgesetzes und zur Änderung von kosten- und grundbuchrechtlichen Vorschriften	Entwurf eines Gesetzes zur Förderung der Elektromobilität und zur Modernisierung des Wohnungseigentumsgesetzes und zur Änderung von kosten- und grundbuchrechtlichen Vorschriften
(Wohnungseigentumsmodernisierungsgesetz – WEMoG)	(Wohnungseigentumsmodernisierungsgesetz – WEMoG)
Vom …	Vom …
Der Bundestag hat das folgende Gesetz beschlossen:	Der Bundestag hat das folgende Gesetz beschlossen:
Artikel 1	**Artikel 1**
Änderungen des Wohnungseigentumsgesetzes	**Änderungen des Wohnungseigentumsgesetzes**
Das Wohnungseigentumsgesetz in der im Bundesgesetzblatt Teil III, Gliederungsnummer 403–1, veröffentlichten bereinigten Fassung, das zuletzt durch Artikel 4 des Gesetzes vom 5. Dezember 2014 (BGBl. I S. 1962) geändert worden ist, wird wie folgt geändert:	Das Wohnungseigentumsgesetz in der im Bundesgesetzblatt Teil III, Gliederungsnummer 403–1, veröffentlichten bereinigten Fassung, das zuletzt durch Artikel 4 des Gesetzes vom 5. Dezember 2014 (BGBl. I S. 1962) geändert worden ist, wird wie folgt geändert:
1. Die Überschrift wird wie folgt gefasst:	1. unverändert
»Gesetz über das Wohnungseigentum und das Dauerwohnrecht	
(Wohnungseigentumsgesetz – WEG)«.	
2. Die Überschrift des I. Teils wird durch die folgenden Überschriften ersetzt:	2. u n v e r ä n d e r t
»Teil 1	
Wohnungseigentum	
Abschnitt 1	
Begriffsbestimmungen«.	
3. § 1 Absatz 5 wird wie folgt gefasst:	3. u n v e r ä n d e r t
»(5) Gemeinschaftliches Eigentum im Sinne dieses Gesetzes sind das Grundstück und das Gebäude, soweit sie nicht im Sondereigentum oder im Eigentum eines Dritten stehen.«	

Entwurf	Beschlüsse des 6. Ausschusses
4. Der bisherige 1. Abschnitt wird Abschnitt 2.	4. u n v e r ä n d e r t
5. § 3 wird wie wird folgt geändert:	5. u n v e r ä n d e r t
a) Absatz 1 wird wie folgt geändert:	
aa) Das Wort »Sondereigentum« wird durch das Wort »Eigentum« ersetzt und nach dem Wort »Gebäude« wird die Angabe »(Sondereigentum)« eingefügt.	
bb)Folgender Satz wird angefügt:	
»Stellplätze gelten als Räume im Sinne des Satzes 1.«	
b) Nach Absatz 1 wird folgender Absatz 2 eingefügt:	
»(2) Das Sondereigentum kann auf einen außerhalb des Gebäudes liegenden Teil des Grundstücks erstreckt werden, es sei denn, die Wohnung oder die nicht zu Wohnzwecken dienenden Räume bleiben dadurch wirtschaftlich nicht die Hauptsache.«	
c) Der bisherige Absatz 2 wird Absatz 3 und wird wie folgt gefasst:	
»(3) Sondereigentum soll nur eingeräumt werden, wenn die Wohnungen oder sonstigen Räume in sich abgeschlossen sind und Stellplätze sowie außerhalb des Gebäudes liegende Teile des Grundstücks durch Maßangaben im Aufteilungsplan bestimmt sind.«	
6. § 5 wird wie folgt geändert:	6. u n v e r ä n d e r t
a) Absatz 1 wird wie folgt geändert:	
aa) Die Angabe »§ 3 Abs. 1« wird durch die Wörter »§ 3 Absatz 1 Satz 1« und die Wörter »nach § 14 zulässige« werden durch die Wörter »bei einem geordneten Zusammenleben unvermeidliche« ersetzt.	
bb)Folgender Satz wird angefügt:	

Entwurf	Beschlüsse des 6. Ausschusses
»Soweit sich das Sondereigentum auf außerhalb des Gebäudes liegende Teile des Grundstücks erstreckt, gilt § 94 des Bürgerlichen Gesetzbuchs entsprechend.«	
b) In Absatz 2 werden nach dem Wort »Räume« die Wörter »oder Teile des Grundstücks« eingefügt.	
c) Absatz 4 wird wie folgt geändert:	
aa) In Satz 1 werden nach dem Wort »untereinander« die Wörter »und Beschlüsse aufgrund einer solchen Vereinbarung« eingefügt und werden die Wörter »2. und 3. Abschnitts« durch die Angabe »Abschnitts 4« ersetzt.	
bb) In Satz 2 werden die Wörter »zu der Vereinbarung« gestrichen.	
cc) Satz 3 wird aufgehoben.	
7. § 7 wird wie folgt geändert:	7. u n v e r ä n d e r t
a) Absatz 2 wird wie folgt gefasst:	
»(2) Zur Eintragung eines Beschlusses im Sinne des § 5 Absatz 4 Satz 1 bedarf es der Bewilligungen der Wohnungseigentümer nicht, wenn der Beschluss durch eine Niederschrift, bei der die Unterschriften der in § 24 Absatz 6 bezeichneten Personen öffentlich beglaubigt sind, oder durch ein Urteil in einem Verfahren nach § 44 Absatz 1 Satz 2 nachgewiesen ist. Antragsberechtigt ist auch die Gemeinschaft der Wohnungseigentümer.«	
b) Absatz 3 wird wie folgt geändert:	
aa) Nach dem Wort »Eintragungsbewilligung« werden die Wörter »oder einen	

Entwurf	Beschlüsse des 6. Ausschusses
Nachweis gemäß Absatz 2 Satz 1« eingefügt.	
bb) Folgender Satz wird angefügt:	
»Veräußerungsbeschränkungen (§ 12) und die Haftung von Sondernachfolgern für Geldschulden sind jedoch ausdrücklich einzutragen.«	
c) Absatz 4 wird wie folgt geändert:	
aa) Satz 1 wird wie folgt geändert:	
aaa) Nummer 1 wird wie folgt gefasst:	
»1. eine von der Baubehörde mit Unterschrift und Siegel oder Stempel versehene Bauzeichnung, aus der die Aufteilung des Gebäudes und des Grundstücks sowie die Lage und Größe der im Sondereigentum und der im gemeinschaftlichen Eigentum stehenden Teile des Gebäudes und des Grundstücks ersichtlich ist (Aufteilungsplan); alle zu demselben Wohnungseigentum gehörenden Einzelräume und Teile des Grundstücks sind mit der jeweils gleichen Nummer zu kennzeichnen;«.	
bbb) In Nummer 2 wird die Angabe »§ 3 Abs. 2« durch die Angabe »§ 3 Absatz 3« ersetzt.	
bb) Die Sätze 3 bis 6 werden aufgehoben.	
8. § 8 wird wie folgt geändert:	8. u n v e r ä n d e r t

Entwurf	Beschlüsse des 6. Ausschusses
a) In Absatz 1 werden die Wörter »das Sondereigentum an einer bestimmten Wohnung oder an nicht zu Wohnzwecken dienenden bestimmten Räumen in einem auf dem Grundstück errichteten oder zu errichtenden Gebäude« durch das Wort »Sondereigentum« ersetzt.	
b) Absatz 2 wird wie folgt geändert:	
aa) In Satz 1 werden die Wörter »die Vorschriften des § 3 Abs. 2 und der §§ 5, 6, § 7 Abs. 1, 3 bis 5« durch die Wörter »§ 3 Absatz 1 Satz 2, Absatz 2 und 3, § 4 Absatz 2 Satz 2 sowie die §§ 5 bis 7« ersetzt.	
bb) Satz 2 wird aufgehoben.	
c) Folgender Absatz 3 wird angefügt:	
»(3) Wer einen Anspruch auf Übertragung von Wohnungseigentum gegen den teilenden Eigentümer hat, der durch Vormerkung im Grundbuch gesichert ist, gilt gegenüber der Gemeinschaft der Wohnungseigentümer und den anderen Wohnungseigentümern anstelle des teilenden Eigentümers als Wohnungseigentümer, sobald ihm der Besitz an den zum Sondereigentum gehörenden Räumen übergeben wurde.«	
9. § 9 Absatz 1 wird wie folgt geändert:	9. u n v e r ä n d e r t
a) Nummer 2 wird aufgehoben.	
b) Nummer 3 wird Nummer 2.	
10. Nach § 9 wird folgender Abschnitt 3 eingefügt:	10. Nach § 9 wird folgender Abschnitt 3 eingefügt:
»Abschnitt 3	»Abschnitt 3
Rechtsfähige Gemeinschaft der Wohnungseigentümer	Rechtsfähige Gemeinschaft der Wohnungseigentümer
§ 9a	§ 9a
Gemeinschaft der Wohnungseigentümer	u n v e r ä n d e r t

Entwurf	Beschlüsse des 6. Ausschusses
(1) Die Gemeinschaft der Wohnungseigentümer kann Rechte erwerben und Verbindlichkeiten eingehen, vor Gericht klagen und verklagt werden. Die Gemeinschaft der Wohnungseigentümer entsteht mit Anlegung der Wohnungsgrundbücher; dies gilt auch im Fall des § 8. Sie führt die Bezeichnung »Gemeinschaft der Wohnungseigentümer« oder »Wohnungseigentümergemeinschaft« gefolgt von der bestimmten Angabe des gemeinschaftlichen Grundstücks.	
(2) Die Gemeinschaft der Wohnungseigentümer übt die sich aus dem gemeinschaftlichen Eigentum ergebenden Rechte sowie solche Rechte der Wohnungseigentümer aus, die eine einheitliche Rechtsverfolgung erfordern, und nimmt die entsprechenden Pflichten der Wohnungseigentümer wahr.	
(3) Für das Vermögen der Gemeinschaft der Wohnungseigentümer (Gemeinschaftsvermögen) gelten § 18, § 19 Absatz 1 und § 27 entsprechend.	
(4) Jeder Wohnungseigentümer haftet einem Gläubiger nach dem Verhältnis seines Miteigentumsanteils (§ 16 Absatz 1 Satz 2) für Verbindlichkeiten der Gemeinschaft der Wohnungseigentümer, die während seiner Zugehörigkeit entstanden oder während dieses Zeitraums fällig geworden sind; für die Haftung nach Veräußerung des Wohnungseigentums ist § 160 des Handelsgesetzbuchs entsprechend anzuwenden. Er kann gegenüber einem Gläubiger neben den in seiner Person begründeten auch die der Gemeinschaft der Wohnungseigentümer zustehenden Einwendungen und Einreden geltend machen, nicht aber seine Einwendungen und Einreden gegenüber der Gemeinschaft der Wohnungseigentümer. Für die Einrede der Anfechtbarkeit und Aufrechenbarkeit ist § 770 des Bürgerlichen Gesetzbuchs entsprechend anzuwenden.	

Entwurf	Beschlüsse des 6. Ausschusses
(5) Ein Insolvenzverfahren über das Gemeinschaftsvermögen findet nicht statt.	
§ 9b	§ 9b
Vertretung	Vertretung
(1) Die Gemeinschaft der Wohnungseigentümer wird durch den Verwalter gerichtlich und außergerichtlich vertreten. Hat die Gemeinschaft der Wohnungseigentümer keinen Verwalter, wird sie durch die Wohnungseigentümer gemeinschaftlich vertreten. Eine Beschränkung des Umfangs der Vertretungsmacht ist Dritten gegenüber unwirksam.	(1) Die Gemeinschaft der Wohnungseigentümer wird durch den Verwalter gerichtlich und außergerichtlich vertreten, **beim Abschluss eines Grundstückskauf- oder Darlehensvertrags aber nur aufgrund eines Beschlusses der Wohnungseigentümer.** Hat die Gemeinschaft der Wohnungseigentümer keinen Verwalter, wird sie durch die Wohnungseigentümer gemeinschaftlich vertreten. Eine Beschränkung des Umfangs der Vertretungsmacht ist Dritten gegenüber unwirksam.
(2) *Die* Wohnungseigentümer *beschließen über* die *Vertretung der* Gemeinschaft der Wohnungseigentümer *gegenüber dem Verwalter.*«	(2) **Dem Verwalter gegenüber vertritt der Vorsitzende des Verwaltungsbeirats oder ein durch Beschluss dazu ermächtigter** Wohnungseigentümer die Gemeinschaft der Wohnungseigentümer.«
11. Der bisherige 2. Abschnitt wird Abschnitt 4 und die Überschrift wird wie folgt gefasst:	11. u n v e r ä n d e r t
»Abschnitt 4	
Rechtsverhältnis der Wohnungseigentümer untereinander und zur Gemeinschaft der Wohnungseigentümer«.	
12. § 10 wird wie folgt geändert:	12. u n v e r ä n d e r t
a) Absatz 1 wird aufgehoben.	
b) Absatz 2 wird Absatz 1 und wird wie folgt geändert:	

Entwurf	Beschlüsse des 6. Ausschusses
aa) In Satz 1 werden nach dem Wort »untereinander« die Wörter »und zur Gemeinschaft der Wohnungseigentümer« eingefügt.	
bb) Satz 3 wird aufgehoben.	
c) Nach Absatz 1 wird folgender Absatz 2 eingefügt:	
»(2) Jeder Wohnungseigentümer kann eine vom Gesetz abweichende Vereinbarung oder die Anpassung einer Vereinbarung verlangen, soweit ein Festhalten an der geltenden Regelung aus schwerwiegenden Gründen unter Berücksichtigung aller Umstände des Einzelfalles, insbesondere der Rechte und Interessen der anderen Wohnungseigentümer, unbillig erscheint.«	
d) Absatz 3 wird wie folgt geändert:	
aa) Die Wörter »sowie die Abänderung oder Aufhebung solcher Vereinbarungen« werden durch die Wörter »die Abänderung oder Aufhebung solcher Vereinbarungen sowie Beschlüsse, die aufgrund einer Vereinbarung gefasst werden,« ersetzt.	
bb) Folgender Satz wird angefügt:	
»Im Übrigen bedürfen Beschlüsse zu ihrer Wirksamkeit gegen den Sondernachfolger eines Wohnungseigentümers nicht der Eintragung in das Grundbuch.«	
e) Die Absätze 4 bis 8 werden aufgehoben.	
13. § 11 wird wie folgt geändert:	13. u n v e r ä n d e r t
a) In der Überschrift wird das Wort »Unauflöslichkeit« durch das Wort »Aufhebung« ersetzt.	
b) Absatz 3 wird wie folgt gefasst:	

Entwurf	Beschlüsse des 6. Ausschusses
»(3) Im Fall der Aufhebung der Gemeinschaft bestimmt sich der Anteil der Miteigentümer nach dem Verhältnis des Wertes ihrer Wohnungseigentumsrechte zur Zeit der Aufhebung der Gemeinschaft. Hat sich der Wert eines Miteigentumsanteils durch Maßnahmen verändert, deren Kosten der Wohnungseigentümer nicht getragen hat, so bleibt eine solche Veränderung bei der Berechnung des Wertes dieses Anteils außer Betracht.«	
14. § 12 Absatz 4 wird wie folgt geändert:	14. u n v e r ä n d e r t
a) In Satz 1 werden die Wörter »durch Stimmenmehrheit« gestrichen.	
b) Die Sätze 2, 4 und 5 werden aufgehoben.	
c) Folgender Satz wird angefügt:	
»§ 7 Absatz 2 gilt entsprechend.«	
15. Die §§ 13 bis 15 werden wie folgt gefasst:	15. u n v e r ä n d e r t
»§ 13	
Rechte des Wohnungseigentümers aus dem Sondereigentum	
(1) Jeder Wohnungseigentümer kann, soweit nicht das Gesetz entgegensteht, mit seinem Sondereigentum nach Belieben verfahren, insbesondere dieses bewohnen, vermieten, verpachten oder in sonstiger Weise nutzen, und andere von Einwirkungen ausschließen.	
(2) Für Maßnahmen, die über die ordnungsmäßige Instandhaltung und Instandsetzung (Erhaltung) des Sondereigentums hinausgehen,	
gilt § 20 mit der Maßgabe entsprechend, dass es keiner Gestattung bedarf, soweit keinem der anderen Wohnungseigentümer über das bei einem geordneten Zusammenleben unvermeidliche Maß hinaus ein Nachteil erwächst.	

Entwurf	Beschlüsse des 6. Ausschusses
§ 14	
Pflichten des Wohnungseigentümers	
(1) Jeder Wohnungseigentümer ist gegenüber der Gemeinschaft der Wohnungseigentümer verpflichtet,	
1. die gesetzlichen Regelungen, Vereinbarungen und Beschlüsse einzuhalten und	
2. das Betreten seines Sondereigentums und andere Einwirkungen auf dieses und das gemeinschaftliche Eigentum zu dulden, die den Vereinbarungen oder Beschlüssen entsprechen oder, wenn keine entsprechenden Vereinbarungen oder Beschlüsse bestehen, aus denen ihm über das bei einem geordneten Zusammenleben unvermeidliche Maß hinaus kein Nachteil erwächst.	
(2) Jeder Wohnungseigentümer ist gegenüber den übrigen Wohnungseigentümern verpflichtet,	
1. deren Sondereigentum nicht über das in Absatz 1 Nummer 2 bestimmte Maß hinaus zu beeinträchtigen und	
2. Einwirkungen nach Maßgabe des Absatz 1 Nummer 2 zu dulden.	
(3) Hat der Wohnungseigentümer eine Einwirkung zu dulden, die über das zumutbare Maß hinausgeht, kann er einen angemessenen Ausgleich in Geld verlangen.	
§ 15	
Pflichten Dritter	
Wer Wohnungseigentum gebraucht, ohne Wohnungseigentümer zu sein, hat gegenüber der Gemeinschaft der Wohnungseigentümer und anderen Wohnungseigentümern zu dulden:	
1. die Erhaltung des gemeinschaftlichen Eigentums und des Sondereigentums, die ihm rechtzeitig angekündigt wurde; § 555a Absatz 2 des Bürgerlichen Gesetzbuchs gilt entsprechend;	

Entwurf	Beschlüsse des 6. Ausschusses
2. Maßnahmen, die über die Erhaltung hinausgehen, die spätestens drei Monate vor ihrem Beginn in Textform angekündigt wurden; § 555c Absatz 1 Satz 2 Nummer 1 und 2, Absatz 2 bis 4 und § 555d Absatz 2 bis 5 des Bürgerlichen Gesetzbuchs gelten entsprechend.«	
16.§ 16 wird wie folgt geändert:	16.u n v e r ä n d e r t
a) Die Überschrift wird wie folgt gefasst:	
»§ 16 Nutzungen und Kosten«.	
b) Absatz 1 wird wie folgt geändert:	
aa) In Satz 1 werden die Wörter »Nutzungen des gemeinschaftlichen Eigentums« durch die Wörter »Früchte des gemeinschaftlichen Eigentums und des Gemeinschaftsvermögens« ersetzt.	
bb) Folgender Satz wird angefügt:	
»Jeder Wohnungseigentümer ist zum Mitgebrauch des gemeinschaftlichen Eigentums nach Maßgabe des § 14 berechtigt.«	
c) Absatz 2 wird wie folgt gefasst:	
»(2) Die Kosten der Gemeinschaft der Wohnungseigentümer, insbesondere der Verwaltung und des gemeinschaftlichen Gebrauchs des gemeinschaftlichen Eigentums, hat jeder Wohnungseigentümer nach dem Verhältnis seines Anteils (Absatz 1 Satz 2) zu tragen. Die Wohnungseigentümer können für einzelne Kosten oder bestimmte Arten von Kosten eine von Satz 1 oder von einer Vereinbarung abweichende Verteilung beschließen.«	
d) Die Absätze 3 bis 8 werden durch folgenden Absatz 3 ersetzt:	
»(3) Für die Kosten und Nutzungen bei baulichen Veränderungen gilt § 21.«	

Entwurf	Beschlüsse des 6. Ausschusses
17. § 17 wird aufgehoben.	17. u n v e r ä n d e r t
18. § 18 wird § 17 und wird wie folgt geändert:	18. u n v e r ä n d e r t
a) Absatz 1 wird wie folgt geändert:	
aa) In Satz 1 werden nach dem Wort »Wohnungseigentümern« die Wörter »oder der Gemeinschaft der Wohnungseigentümer« eingefügt und werden die Wörter »können die anderen Wohnungseigentümer« durch die Wörter »kann die Gemeinschaft der Wohnungseigentümer« ersetzt.	
bb) Satz 2 wird aufgehoben.	
b) Absatz 2 wird wie folgt gefasst:	
»(2) Die Voraussetzungen des Absatzes 1 liegen insbesondere vor, wenn der Wohnungseigentümer trotz Abmahnung wiederholt gröblich gegen die ihm nach § 14 Absatz 1 und 2 obliegenden Pflichten verstößt.«	
c) Absatz 3 wird aufgehoben.	
d) Absatz 4 wird Absatz 3.	
e) Folgender Absatz 4 wird angefügt:	
»(4) Das Urteil, durch das ein Wohnungseigentümer zur Veräußerung seines Wohnungseigentums verurteilt wird, berechtigt zur Zwangsvollstreckung entsprechend den Vorschriften des Ersten Abschnitts des Gesetzes über die Zwangsversteigerung und die Zwangsverwaltung. Das Gleiche gilt für Schuldtitel im Sinne des § 794 der Zivilprozessordnung, durch die sich der Wohnungseigentümer zur Veräußerung seines Wohnungseigentums verpflichtet.«	
19. Nach § 17 wird folgender § 18 eingefügt:	19. u n v e r ä n d e r t
»§ 18	
Verwaltung und Benutzung	

Entwurf	Beschlüsse des 6. Ausschusses
(1) Die Verwaltung des gemeinschaftlichen Eigentums obliegt der Gemeinschaft der Wohnungseigentümer.	
(2) Jeder Wohnungseigentümer kann von der Gemeinschaft der Wohnungseigentümer	
1. eine Verwaltung des gemeinschaftlichen Eigentums sowie	
2. eine Benutzung des gemeinschaftlichen Eigentums und des Sondereigentums	
verlangen, die dem Interesse der Gesamtheit der Wohnungseigentümer nach billigem Ermessen (ordnungsmäßige Verwaltung und Benutzung) und, soweit solche bestehen, den gesetzlichen Regelungen, Vereinbarungen und Beschlüssen entsprechen.	
(3) Jeder Wohnungseigentümer ist berechtigt, ohne Zustimmung der anderen Wohnungseigentümer die Maßnahmen zu treffen, die zur Abwendung eines dem gemeinschaftlichen Eigentum unmittelbar drohenden Schadens notwendig sind.	
(4) Jeder Wohnungseigentümer kann von der Gemeinschaft der Wohnungseigentümer Einsicht in die Verwaltungsunterlagen verlangen.«	
20. Die Überschrift des 3. Abschnitts wird gestrichen.	20. u n v e r ä n d e r t
21. Die §§ 19 bis 22 werden wie folgt gefasst:	21. Die §§ 19 bis 22 werden wie folgt gefasst:
»§ 19	»§ 19
Regelung der Verwaltung und Benutzung durch Beschluss	Regelung der Verwaltung und Benutzung durch Beschluss
(1) Soweit die Verwaltung des gemeinschaftlichen Eigentums und die Benutzung des gemeinschaftlichen Eigentums und des Sondereigentums nicht durch Vereinbarung der Wohnungseigentümer geregelt sind, beschließen die Wohnungseigentümer eine ordnungsmäßige Verwaltung und Benutzung.	(1) u n v e r ä n d e r t

Entwurf	Beschlüsse des 6. Ausschusses
(2) Zur ordnungsmäßigen Verwaltung und Benutzung gehören insbesondere	(2) Zur ordnungsmäßigen Verwaltung und Benutzung gehören insbesondere
1. die Aufstellung einer Hausordnung,	1. u n v e r ä n d e r t
2. die ordnungsmäßige Erhaltung des gemeinschaftlichen Eigentums,	2. u n v e r ä n d e r t
3. die angemessene Versicherung des gemeinschaftlichen Eigentums zum Neuwert sowie der Wohnungseigentümer gegen Haus- und Grundbesitzerhaftpflicht,	3. u n v e r ä n d e r t
4. die Ansammlung einer angemessenen Erhaltungsrücklage *sowie*	4. die Ansammlung einer angemessenen Erhaltungsrücklage,
5. die Festsetzung von Vorschüssen nach § 28 Absatz 1 Satz 1.	5. die Festsetzung von Vorschüssen nach § 28 Absatz 1 Satz 1 **sowie**
	6. die Bestellung eines zertifizierten Verwalters nach § 26a, es sei denn, es bestehen weniger als neun Sondereigentumsrechte, ein Wohnungseigentümer wurde zum Verwalter bestellt und weniger als ein Drittel der Wohnungseigentümer (§ 25 Absatz 2) verlangt die Bestellung eines zertifizierten Verwalters.
(3) Die Wohnungseigentümer können beschließen, wann Geldforderungen fällig werden und wie sie zu erfüllen sind. Sie können ferner Regelungen für den Fall beschließen, dass ein Wohnungseigentümer seine Pflichten verletzt.	(3) entfällt
§ 20	§ 20
Bauliche Veränderungen	u n v e r ä n d e r t
(1) Maßnahmen, die über die ordnungsmäßige Erhaltung des gemeinschaftlichen Eigentums hinausgehen (bauliche Veränderungen), können beschlossen oder einem Wohnungseigentümer durch Beschluss gestattet werden.	
(2) Jeder Wohnungseigentümer kann angemessene bauliche Veränderungen verlangen, die	

Entwurf	Beschlüsse des 6. Ausschusses
1. dem Gebrauch durch Menschen mit Behinderungen,	
2. dem Laden elektrisch betriebener Fahrzeuge,	
3. dem Einbruchsschutz und	
4. dem Anschluss an ein Telekommunikationsnetz mit sehr hoher Kapazität	
dienen. Über die Durchführung ist im Rahmen ordnungsmäßiger Verwaltung zu beschließen.	
(3) Unbeschadet des Absatzes 2 kann jeder Wohnungseigentümer verlangen, dass ihm eine bauliche Veränderung gestattet wird, wenn alle Wohnungseigentümer, deren Rechte durch die bauliche Veränderung über das bei einem geordneten Zusammenleben unvermeidliche Maß hinaus beeinträchtigt werden, einverstanden sind.	
(4) Bauliche Veränderungen, die die Wohnanlage grundlegend umgestalten oder einen Wohnungseigentümer ohne sein Einverständnis gegenüber anderen unbillig benachteiligen, dürfen nicht beschlossen und gestattet werden; sie können auch nicht verlangt werden.	
§ 21	§ 21
Nutzungen und Kosten bei baulichen Veränderungen	Nutzungen und Kosten bei baulichen Veränderungen
(1) Die Kosten einer baulichen Veränderung, die einem Wohnungseigentümer gestattet oder die auf sein Verlangen nach § 20 Absatz 2 durch die Gemeinschaft der Wohnungseigentümer durchgeführt wurde, hat dieser Wohnungseigentümer zu tragen. Nur ihm gebühren die Nutzungen.	(1) u n v e r ä n d e r t
(2) Vorbehaltlich des Absatzes 1 haben alle Wohnungseigentümer die Kosten einer baulichen Veränderung nach dem Verhältnis ihrer Anteile (§ 16 Absatz 1 Satz 2) zu tragen,	(2) Vorbehaltlich des Absatzes 1 haben alle Wohnungseigentümer die Kosten einer baulichen Veränderung nach dem Verhältnis ihrer Anteile (§ 16 Absatz 1 Satz 2) zu tragen,

Entwurf	Beschlüsse des 6. Ausschusses
1. die der *Anpassung an den Zustand dient, der bei Anlagen vergleichbarer Art in der Umgebung üblich* ist, oder	1. die **mit mehr als zwei Dritteln** der abgegebenen Stimmen und der Hälfte aller Miteigentumsanteile beschlossen wurde, es sei denn, die bauliche Veränderung ist mit unverhältnismäßigen Kosten verbunden, oder
2. deren Kosten sich innerhalb eines angemessenen Zeitraums amortisieren.	2. u n v e r ä n d e r t
Für die Nutzungen gilt § 16 Absatz 1.	Für die Nutzungen gilt § 16 Absatz 1.
(3) Die Kosten anderer als der in den Absätzen 1 und 2 bezeichneten baulichen Veränderungen haben die Wohnungseigentümer, die sie beschlossen haben, nach dem Verhältnis ihrer Anteile (§ 16 Absatz 1 Satz 2) zu tragen. Ihnen gebühren die Nutzungen entsprechend § 16 Absatz 1.	(3) u n v e r ä n d e r t
(4) Ein Wohnungseigentümer, der nicht berechtigt ist, Nutzungen zu ziehen, kann verlangen, dass ihm dies nach billigem Ermessen gegen angemessenen Ausgleich gestattet wird. Für seine Beteiligung an den Nutzungen und Kosten gilt Absatz 3 entsprechend.	(4) u n v e r ä n d e r t
(5) Die Wohnungseigentümer können eine abweichende Verteilung der Kosten und Nutzungen beschließen. Durch einen solchen Beschluss dürfen einem Wohnungseigentümer, der nach den vorstehenden Absätzen Kosten nicht zu tragen hat, keine Kosten auferlegt werden.	(5) u n v e r ä n d e r t
§ 22	§ 22
Wiederaufbau	u n v e r ä n d e r t
Ist das Gebäude zu mehr als der Hälfte seines Wertes zerstört und ist der Schaden nicht durch eine Versicherung oder in anderer Weise gedeckt, so kann der Wiederaufbau nicht beschlossen oder verlangt werden.«	
22. § 23 wird wie folgt geändert:	22. § 23 wird wie folgt geändert:
a) Dem Absatz 1 wird folgender Satz angefügt:	a) u n v e r ä n d e r t

Entwurf	Beschlüsse des 6. Ausschusses
»Die Wohnungseigentümer können beschließen, dass Wohnungseigentümer an der Versammlung auch ohne Anwesenheit an deren Ort teilnehmen und sämtliche oder einzelne ihrer Rechte ganz oder teilweise im Wege elektronischer Kommunikation ausüben können.«	
b) *In Absatz 3 wird das Wort »schriftlich« durch die Wörter »in Textform« ersetzt.*	b) Absatz 3 wird **wie folgt** geändert:
	aa) Das Wort »schriftlich« wird durch die Wörter »in Textform« ersetzt.
	bb) Folgender Satz wird angefügt:
	»Die Wohnungseigentümer können beschließen, dass für einen einzelnen Gegenstand die Mehrheit der abgegebenen Stimmen genügt.«
23. § 24 wird wie folgt geändert:	23. § 24 wird wie folgt geändert:
a) In Absatz 2 wird das Wort »schriftlich« durch die Wörter »in Textform« ersetzt.	a) u n v e r ä n d e r t
b) In Absatz 3 werden die Wörter »auch, falls ein Verwaltungsbeirat bestellt ist, von dessen Vorsitzenden oder seinem Vertreter« durch die Wörter »auch durch den Vorsitzenden des Verwaltungsbeirats, dessen Vertreter oder einen durch Beschluss ermächtigten Wohnungseigentümer« ersetzt.	b) u n v e r ä n d e r t
c) In Absatz 4 Satz 2 wird das Wort »zwei« durch das Wort »*vier*« ersetzt.	c) In Absatz 4 Satz 2 wird das Wort »zwei« durch das Wort »**drei**« ersetzt.
d) Absatz 6 wird wie folgt geändert:	d) u n v e r ä n d e r t
aa) In Satz 1 wird nach dem Wort »ist« das Wort »unverzüglich« eingefügt.	
bb) Satz 3 wird aufgehoben.	

Entwurf	Beschlüsse des 6. Ausschusses
e) *Die Absätze 7 und 8 werden aufgehoben.*	e) entfällt
24. § 25 wird wie folgt geändert:	24. § 25 wird wie folgt geändert:
a) Die Überschrift wird wie folgt gefasst:	a) Die Überschrift wird wie folgt gefasst:
»Beschlussfassung, *Beschlusssammlung*«.	»Beschlussfassung«.
b) Absatz 1 wird wie folgt gefasst:	b) u n v e r ä n d e r t
»(1) Bei der Beschlussfassung entscheidet die Mehrheit der abgegebenen Stimmen.«	
c) Die Absätze 3 und 4 werden durch folgenden Absatz 3 ersetzt:	c) u n v e r ä n d e r t
»(3) Vollmachten bedürfen zu ihrer Gültigkeit der Textform.«	
d) Absatz 5 wird Absatz 4 und wird wie folgt geändert:	d) u n v e r ä n d e r t
aa) Die Wörter »der anderen Wohnungseigentümer« werden gestrichen.	
bb) Die Angabe »§ 18« wird durch die Angabe »§ 17« ersetzt.	
e) *Folgender Absatz 5 wird angefügt:*	e) entfällt
»(5) Niederschriften über Beschlüsse und Urteile in Verfahren nach § 44 Absatz 1 sind in Textform aufzubewahren. Beschlüsse nach § 16 Absatz 2 Satz 2 und § 21 Absatz 5 Satz 1 sowie diesbezügliche Urteile sind hervorzuheben.«	
25. § 26 *Absatz 1 wird wie folgt geändert:*	25. § 26 wird wie folgt **gefasst**:
	»§ 26
	Bestellung und Abberufung des Verwalters
	(1) Über die Bestellung und Abberufung des Verwalters beschließen die Wohnungseigentümer.

Entwurf	Beschlüsse des 6. Ausschusses
	(2) Die Bestellung kann auf höchstens fünf Jahre vorgenommen werden, im Fall der ersten Bestellung nach der Begründung von Wohnungseigentum aber auf höchstens drei Jahre. Die wiederholte Bestellung ist zulässig; sie bedarf eines erneuten Beschlusses der Wohnungseigentümer, der frühestens ein Jahr vor Ablauf der Bestellungszeit gefasst werden kann.
	(3) Der Verwalter kann jederzeit abberufen werden. Ein Vertrag mit dem Verwalter endet spätestens sechs Monate nach dessen Abberufung.
	(4) Soweit die Verwaltereigenschaft durch eine öffentlich beglaubigte Urkunde nachgewiesen werden muss, genügt die Vorlage einer Niederschrift über den Bestellungsbeschluss, bei der die Unterschriften der in § 24 Absatz 6 bezeichneten Personen öffentlich beglaubigt sind.
	(5) Abweichungen von den Absätzen 1 bis 3 sind nicht zulässig.«
a) In Satz 1 werden die Wörter »mit Stimmenmehrheit« gestrichen.	a) entfällt
b) In Satz 2 wird das Wort »darf« durch das Wort »kann« ersetzt.	b) entfällt
c) Die Sätze 3 und 4 werden aufgehoben.	c) entfällt
d) In dem neuen Satz 3 wird das Wort »Andere« gestrichen.	d) entfällt
	26. Nach § 26 wird folgender § 26a eingefügt:
	»§ 26a
	Zertifizierter Verwalter

Entwurf	Beschlüsse des 6. Ausschusses
	(1) Als zertifizierter Verwalter darf sich bezeichnen, wer vor einer Industrie- und Handelskammer durch eine Prüfung nachgewiesen hat, dass er über die für die Tätigkeit als Verwalter notwendigen rechtlichen, kaufmännischen und technischen Kenntnisse verfügt.
	(2) Das Bundesministerium der Justiz und für Verbraucherschutz wird ermächtigt, durch Rechtsverordnung nähere Bestimmungen über die Prüfung zum zertifizierten Verwalter zu erlassen. In der Rechtsverordnung nach Satz 1 können insbesondere festgelegt werden:
	1. nähere Bestimmungen zu Inhalt und Verfahren der Prüfung;
	2. Bestimmungen über das zu erteilende Zertifikat;
	3. Voraussetzungen, unter denen sich juristische Personen und Personengesellschaften als zertifizierte Verwalter bezeichnen dürfen;
	4. Bestimmungen, wonach Personen aufgrund anderweitiger Qualifikationen von der Prüfung befreit sind, insbesondere weil sie die Befähigung zum Richteramt, einen Hochschulabschluss mit immobilienwirtschaftlichem Schwerpunkt, eine abgeschlossene Berufsausbildung zum Immobilienkaufmann oder zur Immobilienkauffrau oder einen vergleichbaren Berufsabschluss besitzen.«
26. Die §§ 27 bis 29 werden wie folgt gefasst:	27. Die §§ 27 bis 29 werden wie folgt gefasst:

Entwurf	Beschlüsse des 6. Ausschusses
»§ 27	»§ 27
Aufgaben und Befugnisse des Verwalters	Aufgaben und Befugnisse des Verwalters
(1) Der Verwalter ist gegenüber der Gemeinschaft der Wohnungseigentümer berechtigt und verpflichtet, die Maßnahmen ordnungsmäßiger Verwaltung zu treffen,	(1) Der Verwalter ist gegenüber der Gemeinschaft der Wohnungseigentümer berechtigt und verpflichtet, die Maßnahmen ordnungsmäßiger Verwaltung zu treffen, **die**
1. *über die eine Beschlussfassung durch die Wohnungseigentümer* nicht *geboten ist* oder	1. **untergeordnete Bedeutung haben und** nicht **zu erheblichen Verpflichtungen führen** oder
2. *die* zur Wahrung einer Frist oder zur Abwendung eines Nachteils erforderlich sind.	2. zur Wahrung einer Frist oder zur Abwendung eines Nachteils erforderlich sind.
(2) Die Wohnungseigentümer können die Rechte und Pflichten nach Absatz 1 durch Beschluss einschränken oder erweitern.	(2) u n v e r ä n d e r t
§ 28	§ 28
Wirtschaftsplan, Jahresabrechnung, Vermögensbericht	Wirtschaftsplan, Jahresabrechnung, Vermögensbericht
(1) Die Wohnungseigentümer beschließen über die Vorschüsse zur Kostentragung und zu den nach § 19 Absatz 2 Nummer 4 oder durch Beschluss vorgesehenen Rücklagen. Zu diesem Zweck hat der Verwalter jeweils für ein Kalenderjahr einen Wirtschaftsplan aufzustellen, der darüber hinaus die voraussichtlichen Einnahmen und Ausgaben enthält.	(1) u n v e r ä n d e r t
(2) Nach Ablauf des Kalenderjahres beschließen die Wohnungseigentümer über die Einforderung von Nachschüssen oder die Anpassung der beschlossenen Vorschüsse. Zu diesem Zweck hat der Verwalter eine Abrechnung über den Wirtschaftsplan (Jahresabrechnung) aufzustellen, die darüber hinaus die Einnahmen und Ausgaben enthält.	(2) u n v e r ä n d e r t
	(3) **Die Wohnungseigentümer können beschließen, wann Forderungen fällig werden und wie sie zu erfüllen sind.**

Entwurf	Beschlüsse des 6. Ausschusses
(3) Der Verwalter hat nach Ablauf eines Kalenderjahres einen Vermögensbericht zu erstellen, der den Stand der in Absatz 1 Satz 1 bezeichneten Rücklagen und eine Aufstellung des wesentlichen Gemeinschaftsvermögens enthält. Der Vermögensbericht ist jedem Wohnungseigentümer zur Verfügung zu stellen.	(4) u n v e r ä n d e r t
§ 29	§ 29
Verwaltungsbeirat	Verwaltungsbeirat
(1) Wohnungseigentümer können durch Beschluss zum Mitglied des Verwaltungsbeirats bestellt werden. Hat der Verwaltungsbeirat mehrere Mitglieder, ist ein Vorsitzender und ein Stellvertreter zu bestimmen. Der Verwaltungsbeirat wird von dem Vorsitzenden nach Bedarf einberufen.	(1) u n v e r ä n d e r t
(2) Der Verwaltungsbeirat unterstützt den Verwalter bei der Durchführung seiner Aufgaben. Der Wirtschaftsplan und die Jahresabrechnung sollen, bevor die Beschlüsse nach § 28 Absatz 1 Satz 1 und Absatz 2 Satz 1 gefasst werden, vom Verwaltungsbeirat geprüft und mit dessen Stellungnahme versehen werden.	(2) Der Verwaltungsbeirat unterstützt **und überwacht** den Verwalter bei der Durchführung seiner Aufgaben. Der Wirtschaftsplan und die Jahresabrechnung sollen, bevor die Beschlüsse nach § 28 Absatz 1 Satz 1 und Absatz 2 Satz 1 gefasst werden, vom Verwaltungsbeirat geprüft und mit dessen Stellungnahme versehen werden.
(3) Sind Mitglieder des Verwaltungsbeirats unentgeltlich tätig, haben sie nur Vorsatz und grobe Fahrlässigkeit zu vertreten.«	(3) u n v e r ä n d e r t
27. Der bisherige 4. Abschnitt wird Abschnitt 5.	28. u n v e r ä n d e r t
28. Die Überschrift des § 30 wird wie folgt gefasst:	29. u n v e r ä n d e r t
»§ 30	
Wohnungserbbaurecht«.	
29. Der II. Teil wird Teil 2.	30. u n v e r ä n d e r t
30. § 32 Absatz 2 Satz 4 bis 7 werden aufgehoben.	31. u n v e r ä n d e r t

Entwurf	Beschlüsse des 6. Ausschusses
31. Der III. Teil wird wie folgt gefasst:	**32.** Der III. Teil wird wie folgt gefasst:
»Teil 3	»Teil 3
Verfahrensvorschriften	Verfahrensvorschriften
§ 43	§ 43
Zuständigkeit	Zuständigkeit
(1) Die Gemeinschaft der Wohnungseigentümer hat ihren allgemeinen Gerichtsstand bei dem Gericht, in dessen Bezirk das Grundstück liegt. Bei diesem Gericht kann auch die Klage gegen Wohnungseigentümer im Fall des § 9a Absatz 4 Satz 1 erhoben werden.	(1) u n v e r ä n d e r t
(2) Das Gericht, in dessen Bezirk das Grundstück liegt, ist ausschließlich zuständig für	(2) Das Gericht, in dessen Bezirk das Grundstück liegt, ist ausschließlich zuständig für
1. Streitigkeiten über die Rechte und Pflichten der Wohnungseigentümer untereinander,	1. u n v e r ä n d e r t
2. Streitigkeiten über die Rechte und Pflichten zwischen der Gemeinschaft der Wohnungseigentümer und Wohnungseigentümern,	2. u n v e r ä n d e r t
3. Streitigkeiten über die Rechte und Pflichten des Verwalters sowie	3. Streitigkeiten über die Rechte und Pflichten des Verwalters **einschließlich solcher über Ansprüche eines Wohnungseigentümers gegen den Verwalter** sowie
4. Beschlussklagen gemäß § 44.	4. u n v e r ä n d e r t
§ 44	§ 44
Beschlussklagen	u n v e r ä n d e r t
(1) Das Gericht kann auf Klage eines Wohnungseigentümers einen Beschluss für ungültig erklären (Anfechtungsklage) oder seine Nichtigkeit feststellen (Nichtigkeitsklage). Unterbleibt eine notwendige Beschlussfassung, kann das Gericht auf Klage eines Wohnungseigentümers den Beschluss fassen (Beschlussersetzungsklage).	

Entwurf	Beschlüsse des 6. Ausschusses
(2) Die Klagen sind gegen die Gemeinschaft der Wohnungseigentümer zu richten. Der Verwalter hat den Wohnungseigentümern die Erhebung einer Klage unverzüglich bekannt zu machen. Mehrere Prozesse sind zur gleichzeitigen Verhandlung und Entscheidung zu verbinden.	
(3) Das Urteil wirkt für und gegen alle Wohnungseigentümer, auch wenn sie nicht Partei sind.	
(4) Die durch eine Nebenintervention verursachten Kosten gelten nur dann als notwendig zur zweckentsprechenden Rechtsverteidigung im Sinne des § 91 der Zivilprozessordnung, wenn die Nebenintervention geboten war.	
§ 45	§ 45
Fristen der Anfechtungsklage	u n v e r ä n d e r t
Die Anfechtungsklage muss innerhalb eines Monats nach der Beschlussfassung erhoben und innerhalb zweier Monate nach der Beschlussfassung begründet werden. Die §§ 233 bis 238 der Zivilprozessordnung gelten entsprechend.«	
32. Der IV. Teil wird Teil 4.	33. u n v e r ä n d e r t
33. § 61 wird § 46 und die Überschrift wird wie folgt gefasst:	34. u n v e r ä n d e r t
»§ 46	
Veräußerung ohne erforderliche Zustimmung«.	
34. Die §§ 62 bis 64 werden durch die folgenden §§ 47 bis 49 ersetzt:	35. Die §§ 62 bis 64 werden durch die folgenden §§ 47 bis 49 ersetzt:
»§ 47	»§ 47
Auslegung von Altvereinbarungen	Auslegung von Altvereinbarungen

Entwurf	Beschlüsse des 6. Ausschusses
Vereinbarungen, die vor dem ... [einsetzen: Datum des Inkrafttretens nach Artikel *17* Satz 1 dieses Gesetzes] getroffen wurden und die von solchen Vorschriften dieses Gesetzes abweichen, die durch das Wohnungseigentumsmodernisierungsgesetz vom ... [einsetzen: Datum und Fundstelle dieses Gesetzes] geändert wurden, stehen der Anwendung dieser Vorschriften in der vom ... [einsetzen: Datum des Inkrafttretens nach Artikel *17* Satz 1 dieses Gesetzes] an geltenden Fassung nicht entgegen, soweit sich aus der Vereinbarung nicht ein anderer Wille ergibt. Ein solcher Wille ist in der Regel nicht anzunehmen.	Vereinbarungen, die vor dem ... [einsetzen: Datum des Inkrafttretens nach Artikel *18* Satz 1 dieses Gesetzes] getroffen wurden und die von solchen Vorschriften dieses Gesetzes abweichen, die durch das Wohnungseigentumsmodernisierungsgesetz vom ... [einsetzen: Datum und Fundstelle dieses Gesetzes] geändert wurden, stehen der Anwendung dieser Vorschriften in der vom ... [einsetzen: Datum des Inkrafttretens nach Artikel *18* Satz 1 dieses Gesetzes] an geltenden Fassung nicht entgegen, soweit sich aus der Vereinbarung nicht ein anderer Wille ergibt. Ein solcher Wille ist in der Regel nicht anzunehmen.
§ 48	§ 48
Übergangsvorschriften	Übergangsvorschriften
(1) § 5 Absatz 4, § 7 Absatz 2 und § 10 Absatz 3 in der vom ... [einsetzen: Datum des Inkrafttretens nach Artikel *17* Satz 1 dieses Gesetzes] an geltenden Fassung gelten auch für solche Beschlüsse, die vor diesem Zeitpunkt gefasst oder durch gerichtliche Entscheidung ersetzt wurden. Abweichend davon bestimmt sich die Wirksamkeit eines Beschlusses im Sinne des Satzes 1 gegen den Sondernachfolger eines Wohnungseigentümers nach § 10 Absatz 4 in der vor dem ... [einsetzen: Datum des Inkrafttretens nach Artikel *17* Satz 1 dieses Gesetzes] geltenden Fassung, wenn die Sondernachfolge bis zum 31. Dezember 2025 eintritt. Jeder Wohnungseigentümer kann bis zum 31. Dezember 2025 verlangen, dass ein Beschluss im Sinne des Satzes 1 erneut gefasst wird; § 204 Absatz 1 Nummer 1 des Bürgerlichen Gesetzbuchs gilt entsprechend.	(1) § 5 Absatz 4, § 7 Absatz 2 und § 10 Absatz 3 in der vom ... [einsetzen: Datum des Inkrafttretens nach Artikel *18* Satz 1 dieses Gesetzes] an geltenden Fassung gelten auch für solche Beschlüsse, die vor diesem Zeitpunkt gefasst oder durch gerichtliche Entscheidung ersetzt wurden. Abweichend davon bestimmt sich die Wirksamkeit eines Beschlusses im Sinne des Satzes 1 gegen den Sondernachfolger eines Wohnungseigentümers nach § 10 Absatz 4 in der vor dem ... [einsetzen: Datum des Inkrafttretens nach Artikel *18* Satz 1 dieses Gesetzes] geltenden Fassung, wenn die Sondernachfolge bis zum 31. Dezember 2025 eintritt. Jeder Wohnungseigentümer kann bis zum 31. Dezember 2025 verlangen, dass ein Beschluss im Sinne des Satzes 1 erneut gefasst wird; § 204 Absatz 1 Nummer 1 des Bürgerlichen Gesetzbuchs gilt entsprechend.

Entwurf	Beschlüsse des 6. Ausschusses
(2) § 5 Absatz 4 Satz 3 gilt in der vor dem … [einsetzen: Datum des Inkrafttretens nach Artikel *17* Satz 1 dieses Gesetzes] geltenden Fassung weiter für Vereinbarungen und Beschlüsse, die vor diesem Zeitpunkt getroffen oder gefasst wurden, und zu denen vor dem … [einsetzen: Datum des Inkrafttretens nach Artikel *17* Satz 1 dieses Gesetzes] alle Zustimmungen erteilt wurden, die nach den vor diesem Zeitpunkt geltenden Vorschriften erforderlich waren.	(2) § 5 Absatz 4 Satz 3 gilt in der vor dem … [einsetzen: Datum des Inkrafttretens nach Artikel **18** Satz 1 dieses Gesetzes] geltenden Fassung weiter für Vereinbarungen und Beschlüsse, die vor diesem Zeitpunkt getroffen oder gefasst wurden, und zu denen vor dem … [einsetzen: Datum des Inkrafttretens nach Artikel **18** Satz 1 dieses Gesetzes] alle Zustimmungen erteilt wurden, die nach den vor diesem Zeitpunkt geltenden Vorschriften erforderlich waren.
(3) § 7 Absatz 3 Satz 2 gilt auch für Vereinbarungen und Beschlüsse, die vor dem … [einsetzen: Datum des Inkrafttretens nach Artikel *17* Satz 1 dieses Gesetzes] getroffen oder gefasst wurden. Ist eine Vereinbarung oder ein Beschluss im Sinne des Satzes 1 entgegen der Vorgabe des § 7 Absatz 3 Satz 2 nicht ausdrücklich im Grundbuch eingetragen, erfolgt die ausdrückliche Eintragung in allen Wohnungsgrundbüchern nur auf Antrag eines Wohnungseigentümers oder der Gemeinschaft der Wohnungseigentümer. Ist die Haftung von Sondernachfolgern für Geldschulden entgegen der Vorgabe des § 7 Absatz 3 Satz 2 nicht ausdrücklich im Grundbuch eingetragen, lässt dies die Wirkung gegen den Sondernachfolger eines Wohnungseigentümers unberührt, wenn die Sondernachfolge bis zum 31. Dezember 2025 eintritt.	(3) § 7 Absatz 3 Satz 2 gilt auch für Vereinbarungen und Beschlüsse, die vor dem … [einsetzen: Datum des Inkrafttretens nach Artikel **18** Satz 1 dieses Gesetzes] getroffen oder gefasst wurden. Ist eine Vereinbarung oder ein Beschluss im Sinne des Satzes 1 entgegen der Vorgabe des § 7 Absatz 3 Satz 2 nicht ausdrücklich im Grundbuch eingetragen, erfolgt die ausdrückliche Eintragung in allen Wohnungsgrundbüchern nur auf Antrag eines Wohnungseigentümers oder der Gemeinschaft der Wohnungseigentümer. Ist die Haftung von Sondernachfolgern für Geldschulden entgegen der Vorgabe des § 7 Absatz 3 Satz 2 nicht ausdrücklich im Grundbuch eingetragen, lässt dies die Wirkung gegen den Sondernachfolger eines Wohnungseigentümers unberührt, wenn die Sondernachfolge bis zum 31. Dezember 2025 eintritt.

Entwurf	Beschlüsse des 6. Ausschusses
	(4) § 19 Absatz 2 Nummer 6 ist ab dem … [einsetzen: Datum des ersten Tages des 26. auf die Verkündung folgenden Monats] anwendbar. Eine Person, die am … [einsetzen: Datum des Inkrafttretens dieses Gesetzes nach Artikel 18 Satz 1] Verwalter einer Gemeinschaft der Wohnungseigentümer war, gilt gegenüber den Wohnungseigentümern dieser Gemeinschaft der Wohnungseigentümer bis zum … [einsetzen: Datum des ersten Tages des 44. auf die Verkündung folgenden Monats] als zertifizierter Verwalter.
(4) Für die bereits vor dem … [einsetzen:	(5) Für die bereits vor dem … [einsetzen:
Datum des Inkrafttretens nach Artikel 17 Satz 1 dieses Gesetzes] bei Gericht anhängigen Verfahren sind die Vorschriften des dritten Teils dieses Gesetzes in ihrer bis dahin geltenden Fassung weiter anzuwenden.	Datum des Inkrafttretens nach Artikel 18 Satz 1 dieses Gesetzes] bei Gericht anhängigen Verfahrens sind die Vorschriften des dritten Teils dieses Gesetzes in ihrer bis dahin geltenden Fassung weiter anzuwenden.
§ 49	§ 49
Überleitung bestehender Rechtsverhältnisse	u n v e r ä n d e r t
(1) Werden Rechtsverhältnisse, mit denen ein Rechtserfolg bezweckt wird, der den durch dieses Gesetz geschaffenen Rechtsformen entspricht, in solche Rechtsformen umgewandelt, so ist als Geschäftswert für die Berechnung der hierdurch veranlassten Gebühren der Gerichte und Notare im Falle des Wohnungseigentums ein Fünfundzwanzigstel des Einheitswertes des Grundstückes, im Falle des Dauerwohnrechtes ein Fünfundzwanzigstel des Wertes des Rechtes anzunehmen.	
(2) Durch Landesgesetz können Vorschriften zur Überleitung bestehender, auf Landesrecht beruhender Rechtsverhältnisse in die durch dieses Gesetz geschaffenen Rechtsformen getroffen werden.«	

Entwurf	Beschlüsse des 6. Ausschusses
Artikel 2	Artikel 2
Änderung des Bürgerlichen Gesetzbuchs	Änderung des Bürgerlichen Gesetzbuchs
Das Bürgerliche Gesetzbuch in der Fassung der Bekanntmachung vom 2. Januar 2002 (BGBl. I S. 42, 2909; 2003 I S. 738), das zuletzt durch Artikel 1 des	Das Bürgerliche Gesetzbuch in der Fassung der Bekanntmachung vom 2. Januar 2002 (BGBl. I S. 42, 2909; 2003 I S. 738), das zuletzt durch Artikel 1 des
Gesetzes vom *21. Dezember 2019* (BGBl. I S. *2911*) geändert worden ist, wird wie folgt geändert:	Gesetzes vom **12. Juni 2020** (BGBl. I S. **1245**) geändert worden ist, wird wie folgt geändert:
1. § 554 wird wie folgt gefasst:	1. u n v e r ä n d e r t
»§ 554	
Barrierereduzierung, E-Mobilität und Einbruchschutz	
(1) Der Mieter kann verlangen, dass ihm der Vermieter bauliche Veränderungen der Mietsache erlaubt, die dem Gebrauch durch Menschen mit Behinderungen, dem Laden elektrisch betriebener Fahrzeuge oder dem Einbruchschutz dienen. Der Anspruch besteht nicht, wenn die bauliche Veränderung dem Vermieter auch unter Würdigung der Interessen des Mieters nicht zugemutet werden kann. Der Mieter kann sich im Zusammenhang mit der baulichen Veränderung zur Leistung einer besonderen Sicherheit verpflichten; § 551 Absatz 3 gilt entsprechend.	
(2) Eine zum Nachteil des Mieters abweichende Vereinbarung ist unwirksam.«	
2. § 554a wird aufgehoben.	2. u n v e r ä n d e r t
3. § 556a wird wie folgt geändert:	3. u n v e r ä n d e r t
a) Nach Absatz 2 wird folgender Absatz 3 eingefügt:	
»(3) Ist Wohnungseigentum vermietet und haben die Vertragsparteien nichts anderes vereinbart, sind die Betriebskosten abweichend von Absatz 1 nach dem für die Verteilung zwischen den Wohnungseigentümern jeweils geltenden Maßstab umzulegen. Widerspricht der Maßstab billigem Ermessen, ist nach Absatz 1 umzulegen.«	

Entwurf	Beschlüsse des 6. Ausschusses
b) Der bisherige Absatz 3 wird Absatz 4.	
4. In § 578 Absatz 1 wird die Angabe »§§ 550« durch die Angabe »§§ 550, 554« ersetzt.	4. u n v e r ä n d e r t
Artikel 3	**Artikel 3**
Änderung des Justizaktenaufbewahrungs-gesetzes	u n v e r ä n d e r t
Das Justizaktenaufbewahrungsgesetz vom 22. März 2005 (BGBl. I S. 837, 852), das durch Artikel 4 des Gesetzes vom 5. Juli 2017 (BGBl. I S. 2208) geändert worden ist, wird wie folgt geändert:	
1. In § 1 Satz 2 werden die Wörter »Namensverzeichnisse und« durch die Wörter »Namens- und sonstige Verzeichnisse sowie« ersetzt.	
2. § 2 Absatz 3 wird wie folgt gefasst:	
»(3) Die Länder können allgemein oder für einzelne Angelegenheiten bestimmen, dass für Akten, Aktenregister, Karteien, Namens- und sonstige Verzeichnisse, die bereits vor dem Inkrafttreten der Verordnung nach Absatz 1 weggelegt wurden, die bis dahin geltenden landesrechtlichen Aufbewahrungs- und Speicherungsfristen fortgelten.«	
Artikel 4	**Artikel 4**
Änderung des Gerichtsverfassungsgesetzes	Änderung des Gerichtsverfassungsgesetzes
In § 23 Nummer 2 Buchstabe c und § 72 Absatz 2 Satz 1 des Gerichtsverfassungsgesetzes in der Fassung der Bekanntmachung vom 9. Mai 1975 (BGBl. I S. 1077), das zuletzt durch Artikel *3* des Gesetzes vom *12. Dezember 2019* (BGBl. I S. *2633*) geändert worden ist, werden jeweils die Wörter »§ 43 Nr. 1 bis 4 und 6« durch die Angabe »§ 43 Absatz 2« ersetzt.	In § 23 Nummer 2 Buchstabe c und § 72 Absatz 2 Satz 1 des Gerichtsverfassungsgesetzes in der Fassung der Bekanntmachung vom 9. Mai 1975 (BGBl. I S. 1077), das zuletzt durch Artikel **2** des Gesetzes vom **10. Juli 2020** (BGBl. I S. **1648**) geändert worden ist, werden jeweils die Wörter »§ 43 Nr. 1 bis 4 und 6« durch die Angabe »§ 43 Absatz 2« ersetzt.

Entwurf	Beschlüsse des 6. Ausschusses
Artikel 5	Artikel 5
Änderung des Gesetzes über die Zwangs-versteigerung und die Zwangsverwaltung	u n v e r ä n d e r t
Das Gesetz über die Zwangsversteigerung und die Zwangsverwaltung in der im Bundesgesetzblatt Teil III, Gliederungs-nummer 310–14, veröffentlichten berei-nigten Fassung, das zuletzt durch Artikel 9 des Gesetzes vom 24. Mai 2016 (BGBl. I S. 1217) geändert worden ist, wird wie folgt geändert:	
1. In § 10 Absatz 1 Nummer 2 Satz 1 und § 156 Absatz 1 Satz 2 wird jeweils die Angabe »Abs. 2 und 5« durch die Wörter »Absatz 1 und 2« ersetzt.	
2. § 10 Absatz 3 wird wie folgt geändert:	
a) Satz 1 wird aufgehoben.	
b) In dem neuen Satz 1 werden nach den Wörtern »Für die Voll-streckung« die Wörter »mit dem Range nach Absatz 1 Nummer 2« eingefügt.	
3. In § 45 Absatz 3 Satz 1 werden die Wörter »der Wohnungseigentümer« gestrichen.	
	Artikel 6
	Änderung der Grundbuchordnung
	In § 150 Absatz 6 der Grundbuchord-nung in der Fassung der Bekanntmachung vom 26. Mai 1994 (BGBl. I S. 1114), die zuletzt durch Artikel 11 des Gesetzes vom 12. Dezember 2019 (BGBl. I S. 2602) geändert worden ist, wird die Angabe »2020« durch die Angabe »2024« ersetzt.

Entwurf	Beschlüsse des 6. Ausschusses
Artikel	Artikel 7
Änderung der Grundbuchverfügung	unverändert
In § 113 Absatz 3 Satz 3 der Grundbuchverfügung in der Fassung der Bekanntmachung vom 24. Januar 1995 (BGBl. I S. 114), die zuletzt durch Artikel 12 des Gesetzes vom 12. Dezember 2019 (BGBl. I S. 2602) geändert worden ist, wird die Angabe »31. Dezember 2020« durch die Angabe »31. Dezember 2030« ersetzt.	
Artikel	Artikel 8
Änderung der Wohnungsgrundbuchverfügung	unverändert
§ 3 der Wohnungsgrundbuchverfügung in der Fassung der Bekanntmachung vom 24. Januar 1995	
(BGBl. I S. 134), die durch Artikel 3 des Gesetzes vom 1. Oktober 2013 (BGBl. I S. 3719) geändert worden ist, wird wie folgt geändert:	
1. In Absatz 1 Buchstabe c werden die Wörter »an bestimmten Räumen« gestrichen.	
2. Absatz 2 wird wie folgt gefasst:	
»(2) Wegen des Gegenstandes und des Inhalts des Sondereigentums kann auf die Eintragungsbewilligung und einen Nachweis nach § 7 Absatz 2 Satz 1 des Wohnungseigentumsgesetzes Bezug genommen werden (§ 7 Absatz 3 Satz 1 des Wohnungseigentumsgesetzes); vereinbarte Veräußerungsbeschränkungen (§ 12 des Wohnungseigentumsgesetzes) und Vereinbarungen über die Haftung von Sondernachfolgern für Geldschulden sind jedoch ausdrücklich einzutragen (§ 7 Absatz 3 Satz 2 des Wohnungseigentumsgesetzes).«	

Entwurf	Beschlüsse des 6. Ausschusses
Artikel	Artikel 9
Änderung des Gerichtskostengesetzes	Änderung des Gerichtskostengesetzes
Das Gerichtskostengesetz in der Fassung der Bekanntmachung vom 27. Februar 2014 (BGBl. I S. 154), das zuletzt durch Artikel 4 des Gesetzes vom *9. Dezember 2019* (BGBl. I S. *2146*) geändert worden ist, wird wie folgt geändert:	Das Gerichtskostengesetz in der Fassung der Bekanntmachung vom 27. Februar 2014 (BGBl. I S. 154), das zuletzt durch Artikel 2 **Absatz 4** des Gesetzes vom **25. Juni 2020** (BGBl. I S. **1474**) geändert worden ist, wird wie folgt geändert:
1. In der Inhaltsübersicht werden die Angaben zu den §§ 49 und 49a durch folgende Angabe ersetzt:	1. u n v e r ä n d e r t
»§ 49 Beschlussklagen nach dem Wohnungseigentumsgesetz«.	
2. § 49 wird wie folgt gefasst:	2. § 49 wird wie folgt gefasst:
»§ 49	»§ 49
Beschlussklagen nach dem Wohnungseigentumsgesetz	Beschlussklagen nach dem Wohnungseigentumsgesetz
Der Streitwert in Verfahren nach § 44 Absatz 1 des Wohnungseigentumsgesetzes ist auf das Interesse aller Wohnungseigentümer an der Entscheidung festzusetzen. Er darf *das Fünffache des Wertes des* Interesses des Klägers und der auf	Der Streitwert in Verfahren nach § 44 Absatz 1 des Wohnungseigentumsgesetzes ist auf das Interesse aller Wohnungseigentümer an der Entscheidung festzusetzen. Er darf **den siebeneinhalbfachen Wert** des Interesses des Klägers und der auf seiner Seite Beigetretenen sowie den
seiner Seite Beigetretenen sowie den Verkehrswert ihres Wohnungseigentums nicht übersteigen.«	Verkehrswert ihres Wohnungseigentums nicht übersteigen.«
3. § 49a wird aufgehoben.	3. u n v e r ä n d e r t
4. Der Anlage 1 (Kostenverzeichnis) wird folgende Nummer 9020 angefügt:	4. Der Anlage 1 (Kostenverzeichnis) wird folgende Nummer 9020 angefügt:

Entwurf

Nr.	Auslagentatbestand	Höhe
»9020	Umsatzsteuer auf die Kosten .... Dies gilt nicht, wenn die Umsatzsteuer nach § 19 Abs. 1 UStG unerhoben bleibt.	in voller Höhe«.

Beschlüsse des Ausschusses für Recht und Verbraucherschutz

u n v e r ä n d e r t

Entwurf	Beschlüsse des 6. Ausschusses
Artikel 9	**Artikel 10**
Änderung des Gesetzes über Gerichtskosten in Familiensachen	**Änderung des Gesetzes über Gerichtskosten in Familiensachen**
Der Anlage 1 (Kostenverzeichnis) zum Gesetz über Gerichtskosten in Familiensachen vom 17. Dezember 2008 (BGBl. I S. 2586, 2666), das zuletzt durch Artikel 5 des Gesetzes vom 19. Juni 2019 (BGBl. I S. 840) geändert worden ist, wird folgende Nummer 2016 angefügt:	Der Anlage 1 (Kostenverzeichnis) zum Gesetz über Gerichtskosten in Familiensachen vom 17. Dezember 2008 (BGBl. I S. 2586, 2666), das zuletzt durch Artikel 5 des Gesetzes vom 19. Juni 2019 (BGBl. I S. 840) geändert worden ist, wird folgende Nummer 2016 angefügt:

Entwurf

Nr.	Auslagentatbestand	Höhe
»2016	Umsatzsteuer auf die Kosten .... Dies gilt nicht, wenn die Umsatzsteuer nach § 19 Abs. 1 UStG unerhoben bleibt.	in voller Höhe«.

Beschlüsse des Ausschusses für Recht und Verbraucherschutz

u n v e r ä n d e r t

Entwurf	Beschlüsse des 6. Ausschusses
Artikel 10	Artikel 11
Änderung des Gerichts- und Notarkostengesetzes	Änderung des Gerichts- und Notarkostengesetzes
Die Anlage 1 (Kostenverzeichnis) zum Gerichts- und Notarkostengesetz vom 23. Juli 2013 (BGBl. I S. 2586), das zuletzt durch Artikel 7 des Gesetzes vom 17. Dezember 2018 (BGBl. I S. 2573) geändert worden ist, wird wie folgt geändert:	Die Anlage 1 (Kostenverzeichnis) zum Gerichts- und Notarkostengesetz vom 23. Juli 2013 (BGBl. I S. 2586), das zuletzt durch Artikel 7 des Gesetzes vom 17. Dezember 2018 (BGBl. I S. 2573) geändert worden ist, wird wie folgt geändert:
1. *Der* Anmerkung zu Nummer 14160 *wird folgender Satz angefügt:*	1. **In Nummer 5 der** Anmerkung zu Nummer 14160 **werden vor dem Punkt am Ende ein Semikolon und die Wörter »im Fall der Löschung einer Veräußerungsbeschränkung nach § 12 des Wohnungseigentumsgesetzes beträgt die Summe der zu erhebenden Gebühren höchstens 100,00 €«** eingefügt.
»Im Fall der Löschung einer Veräußerungsbeschränkung nach § 12 des Wohnungseigentumsgesetzes beträgt die Summe der zu erhebenden Gebühren höchstens 100,00 €.«	entfällt
2. Nach Nummer 31016 wird folgende Nummer 31017 eingefügt:	2. Nach Nummer 31016 wird folgende Nummer 31017 eingefügt:

Entwurf

Nr.	Auslagentatbestand	Höhe
»31017	Umsatzsteuer auf die Kosten .... Dies gilt nicht, wenn die Umsatzsteuer nach § 19 Abs. 1 UStG unerhoben bleibt.	in voller Höhe«.

Beschlüsse des Ausschusses für Recht und Verbraucherschutz

u n v e r ä n d e r t

Entwurf	Beschlüsse des 6. Ausschusses
Artikel 11	Artikel 12
Änderung des Gerichtsvollzieherkosten-gesetzes	Änderung des Gerichtsvollzieherkosten-gesetzes
Der Anlage (Kostenverzeichnis) zum Gerichtsvollzieherkostengesetz vom 19. April 2001 (BGBl. I S. 623), das zuletzt durch Artikel 17 des Gesetzes vom 12. Dezember 2019 (BGBl. I S. 2652) geändert worden ist, wird folgende Nummer 717 angefügt:	Der Anlage (Kostenverzeichnis) zum Gerichtsvollzieherkostengesetz vom 19. April 2001 (BGBl. I S. 623), das zuletzt durch Artikel 17 des Gesetzes vom 12. Dezember 2019 (BGBl. I S. 2652) geändert worden ist, wird folgende Nummer 717 angefügt:

Entwurf

Nr.	Auslagentatbestand	Höhe
»717	Umsatzsteuer auf die Kosten .... Dies gilt nicht, wenn die Umsatzsteuer nach § 19 Abs. 1 UStG unerhoben bleibt.	in voller Höhe«.

Beschlüsse des Ausschusses für Recht und Verbraucherschutz

u n v e r ä n d e r t

Entwurf	Beschlüsse des 6. Ausschusses
Artikel 12	Artikel 13
Änderung des Grunderwerbsteuerge-setzes	Änderung des Grunderwerbsteuergesetzes
In § 2 Absatz 2 Nummer 3 des Grunderwerbsteuergesetzes in der Fassung der Bekanntmachung vom 26. Februar 1997 (BGBl. I S. 418, 1804), das zuletzt durch Artikel *6 des Gesetzes* vom *25. März 2019* (BGBl. I S. *357)* geändert worden ist, werden die Wörter »im Sinne des § 15« durch die Wörter »nach den Vorschriften« ersetzt.	In § 2 Absatz 2 Nummer 3 des Grunderwerbsteuergesetzes in der Fassung der Bekanntmachung vom 26. Februar 1997 (BGBl. I S. 418, 1804), das zuletzt durch Artikel **196 der Verordnung** vom **19. Juni 2020** (BGBl. I S. 1328) geändert worden ist, werden die Wörter »im Sinne des § 15« durch die Wörter »nach den Vorschriften« ersetzt.

Entwurf	Beschlüsse des 6. Ausschusses
Artikel 13	**Artikel 14**
Änderung des Gewerbesteuergesetzes	Änderung des Gewerbesteuergesetzes
In § 9 Nummer 1 Satz 2 des Gewerbesteuergesetzes in der Fassung der Bekanntmachung vom 15. Oktober 2002 (BGBl. I S. 4167), das zuletzt durch Artikel 9 des Gesetzes vom 12. Dezember 2019 (BGBl. I S. 2451)	In § 9 Nummer 1 Satz 2 des Gewerbesteuergesetzes in der Fassung der Bekanntmachung vom 15. Oktober 2002 (BGBl. I S. 4167), das zuletzt durch Artikel 5 des Gesetzes vom 29. Juni 2020 (BGBl. I S. 1512)
geändert worden ist, werden die Wörter »Eigentumswohnungen im Sinne des Ersten Teils des Wohnungseigentumsgesetzes in der im Bundesgesetzblatt Teil III, Gliederungsnummer 403–1, veröffentlichten bereinigten Fassung, zuletzt geändert durch Artikel 28 des Gesetzes vom 14. Dezember 1984 (BGBl. I S. 1493)« durch die Wörter »Eigentumswohnungen im Sinne des Wohnungseigentumsgesetzes in der jeweils geltenden Fassung« ersetzt.	geändert worden ist, werden die Wörter »Eigentumswohnungen im Sinne des Ersten Teils des Wohnungseigentumsgesetzes in der im Bundesgesetzblatt Teil III, Gliederungsnummer 403–1, veröffentlichten bereinigten Fassung, zuletzt geändert durch Artikel 28 des Gesetzes vom 14. Dezember 1984 (BGBl. I S. 1493)« durch die Wörter »Eigentumswohnungen im Sinne des Wohnungseigentumsgesetzes in der jeweils geltenden Fassung« ersetzt.
Artikel 14	**Artikel 15**
Änderung der Verordnung über Formblätter für die Gliederung des Jahresabschlusses von Wohnungsunternehmen	u n v e r ä n d e r t
In § 1 Absatz 3 der Verordnung über Formblätter für die Gliederung des Jahresabschlusses von Wohnungsunternehmen vom 22. September 1970 (BGBl. I S. 1334), die zuletzt durch Artikel 8 Absatz 12 des Gesetzes vom 17. Juli 2015 (BGBl. I S. 1245) geändert worden ist, werden die Wörter »im Sinne des Ersten Teils des Wohnungseigentumsgesetzes« durch die Wörter »im Sinne des Teil 1 des Wohnungseigentumsgesetzes« ersetzt.	

Entwurf	Beschlüsse des 6. Ausschusses
Artikel 15	**Artikel 16**
Änderung des Schornsteinfeger-Handwerksgesetzes	u n v e r ä n d e r t
In § 19 Absatz 1 Satz 1 Nummer 1 Buchstabe b und § 19a Satz 1 des Schornsteinfeger-Handwerksgesetzes vom 26. November 2008 (BGBl. I S. 2242), das zuletzt durch Artikel 57 Absatz 7 des Gesetzes vom 12. Dezember 2019 (BGBl. I S. 2652) geändert worden ist, wird jeweils die Angabe »nach § 20« durch die Wörter »im Sinne« ersetzt.	
Artikel 16	**Artikel 17**
Bekanntmachungserlaubnis	**Bekanntmachungserlaubnis**
Das Bundesministerium der Justiz und für Verbraucherschutz kann den Wortlaut des Wohnungseigentumsgesetzes in der vom … [einsetzen: Datum des	Das Bundesministerium der Justiz und für Verbraucherschutz kann den Wortlaut des Wohnungseigentumsgesetzes in der vom … [einsetzen: Datum des
Inkrafttretens nach Artikel *17* Satz 1 dieses Gesetzes] an geltenden Fassung im Bundesgesetzblatt bekannt machen.	Inkrafttretens nach Artikel *18* Satz 1 dieses Gesetzes] an geltenden Fassung im Bundesgesetzblatt bekannt machen.
Artikel 17	**Artikel 18**
Inkrafttreten	**Inkrafttreten**
Dieses Gesetz tritt vorbehaltlich des Satzes 2 am … [einsetzen: Datum des ersten Tages des zweiten auf die Verkündung folgenden Kalendermonats] in Kraft. Die Artikel 3 und *8* Nummer 4 sowie die Artikel *9* bis *11* treten am Tag nach der Verkündung in Kraft.	Dieses Gesetz tritt vorbehaltlich des Satzes 2 am … [einsetzen: Datum des ersten Tages des zweiten auf die Verkündung folgenden Kalendermonats] in Kraft. Die Artikel 3, *6* und *9* Nummer 4 sowie die Artikel *10* bis *12* treten am Tag nach der Verkündung in Kraft.

Anhang 5
Stellungnahmen

Bericht der Abgeordneten Sebastian Steineke, Michael Groß, Jens Maier, Katharina Willkomm, Friedrich Straetmanns und Canan Bayram

I. Überweisung

Zu Buchstabe a

Der Deutsche Bundestag hat die Vorlage auf **Drucksache 19/18791** in seiner 157. Sitzung am 6. Mai 2020 beraten und an den Ausschuss für Recht und Verbraucherschutz zur federführenden Beratung und an den Ausschuss für Wirtschaft und Energie, an den Ausschuss für Verkehr und digitale Infrastruktur, an den Ausschuss für Umwelt, Naturschutz und nukleare Sicherheit, an den Ausschuss Digitale Agenda sowie an den Ausschuss für Bau, Wohnen, Stadtentwicklung und Kommunen zur Mitberatung überwiesen.

Die Vorlage auf **Drucksache 19/19369** hat der Präsident mit Drucksache 19/19655 (Nr. 1.5) am 22. Mai 2020 an den Ausschuss für Recht und Verbraucherschutz zur federführenden Beratung und an den Ausschuss für Wirtschaft und Energie, an den Ausschuss für Verkehr und digitale Infrastruktur, an den Ausschuss für Umwelt, Naturschutz und nukleare Sicherheit, an den Ausschuss Digitale Agenda sowie an den Ausschuss für Bau, Wohnen, Stadtentwicklung und Kommunen zur Mitberatung überwiesen.

Zu Buchstabe b

Der Deutsche Bundestag hat die Vorlage auf **Drucksache 19/18955** in seiner 157. Sitzung am 6. Mai 2020 beraten und an den Ausschuss für Recht und Verbraucherschutz zur federführenden Beratung und an den Ausschuss Digitale Agenda und den Ausschuss für Bau, Wohnen, Stadtentwicklung und Kommunen zur Mitberatung überwiesen.

II. Stellungnahmen

Zu Buchstabe a

Der **Ausschuss für Wirtschaft und Energie** hat die Vorlage auf Drucksachen 19/18791, 19/19369 in seiner 85. Sitzung am 16. September 2020 beraten und empfiehlt die Annahme des Gesetzentwurfs in der geänderten Fassung mit den Stimmen der Fraktionen CDU/CSU, SPD und BÜNDNIS 90/DIE GRÜNEN gegen die Stimmen der Fraktionen AfD und DIE LINKE. bei Stimmenthaltung der Fraktion der FDP. Den Änderungsantrag der Fraktionen der CDU/CSU und SPD zum Gesetzentwurf hat der Ausschuss mit den Stimmen der Fraktionen CDU/CSU, SPD, DIE LINKE. und BÜNDNIS 90/DIE GRÜNEN gegen die Stimmen der Fraktion der AfD bei Stimmenthaltung der Fraktion der FDP angenommen. Den Änderungsantrag der Fraktion der AfD zum Gesetzentwurf hat der Ausschuss mit den Stimmen der Fraktionen CDU/CSU, SPD, FDP, DIE LINKE. und BÜNDNIS 90/DIE GRÜNEN gegen die Stimmen der Fraktion der AfD abgelehnt.

Der **Ausschuss für Verkehr und digitale Infrastruktur** hat die Vorlage auf Drucksachen 19/18791, 19/19369 in seiner 83. Sitzung am 16. September 2020 beraten und empfiehlt mit den Stimmen der Fraktionen CDU/CSU, SPD und BÜNDNIS 90/DIE GRÜNEN gegen die Stimmen der Fraktionen AfD und DIE LINKE. bei Stimmenthaltung der Fraktion der FDP den Gesetzentwurf anzunehmen.

Der **Ausschuss für Umwelt, Naturschutz und nukleare Sicherheit** hat die Vorlage auf Drucksachen 19/18791, 19/19369 in seiner 82. Sitzung am 16. September 2020 beraten und empfiehlt die Annahme des Gesetzentwurfs mit den Stimmen der Fraktionen CDU/CSU, SPD und BÜNDNIS 90/DIE GRÜNEN gegen die Stimmen der Fraktionen AfD und DIE LINKE. bei Stimmenthaltung der Fraktion der FDP den Gesetzentwurf in der geänderten Fassung anzunehmen. Den Änderungsantrag der Fraktionen der CDU/CSU und SPD zum Gesetzentwurf hat der Ausschuss mit den Stimmen der Fraktionen CDU/CSU, SPD und BÜNDNIS 90/DIE GRÜNEN gegen die Stimmen der Fraktion der AfD bei Stimmenthaltung der Fraktionen FDP und DIE LINKE. angenommen. Den Änderungsantrag der Fraktion der AfD hat der Ausschuss mit den Stimmen der Fraktionen CDU/CSU, SPD, FDP, DIE LINKE. und BÜNDNIS 90/DIE GRÜNEN gegen die Stimmen der Fraktion der AfD abgelehnt.

Der **Ausschuss Digitale Agenda** hat die Vorlage auf Drucksachen 19/18791, 19/19369 in seiner 60. Sitzung am 16. September 2020 beraten und empfiehlt mit den Stimmen der Fraktionen CDU/CSU, SPD, DIE LINKE. und BÜNDNIS 90/DIE GRÜNEN gegen die Stimmen der Fraktion der AfD bei Stimmenthaltung der Fraktion der FDP, den Gesetzentwurf in der geänderten Fassung anzunehmen. Den Änderungsantrag der Fraktionen der CDU/CSU und SPD zum Gesetzentwurf hat der Ausschuss mit den Stimmen der Fraktionen CDU/CSU, SPD und BÜNDNIS 90/DIE GRÜNEN gegen die Stimmen der Fraktionen AfD und DIE LINKE. bei Stimmenthaltung der Fraktion der FDP angenommen.

Der **Ausschuss für Bau, Wohnen, Stadtentwicklung und Kommunen** hat die Vorlage auf Drucksachen 19/18791, 19/19369 in seiner 55. Sitzung am 16. September 2020 beraten und empfiehlt die Annahme des Gesetzentwurfs mit den Stimmen der Fraktionen CDU/CSU, SPD und BÜNDNIS 90/DIE GRÜNEN gegen die Stimmen der Fraktionen AfD und DIE LINKE. bei Stimmenthaltung der Fraktion der FDP.

Der **Parlamentarische Beirat für nachhaltige Entwicklung** hat sich mit der Vorlage auf Drucksache 19/18791 am 13. Mai 2020 befasst und festgestellt, dass eine Nachhaltigkeitsrelevanz des Gesetzentwurfs gegeben sei. Der Bezug zur nationalen Nachhaltigkeitsstrategie ergebe sich hinsichtlich folgender Leitprinzipien einer nachhaltigen Entwicklung, Sustainable Development Goals (SDGs) und Indikatoren: Leitprinzip 1 – Nachhaltige Entwicklung als Leitprinzip konsequent in allen Bereichen und bei allen Entscheidungen anwenden, Leitprinzip 4 – Nachhaltiges Wirtschaften stärken, Leitprinzip 5 – Sozialen Zusammenhalt in einer offenen Gesellschaft wahren und verbessern, SDG 13 – Maßnahmen zum Klimaschutz sowie Indikator 13.1.a – Treibhausgasemissionen. Die Darstellung der

Nachhaltigkeitsprüfung sei plausibel. Durch die gesetzliche Normierung eines Anspruchs auf Errichtung einer Lademöglichkeit für elektrisch betriebene Fahrzeuge sowie durch Maßnahmen zur Erleichterung der energetischen Sanierung von Gebäuden würden grundlegende Klimaschutzmaßnahmen unterstützt. Eine Prüfbitte sei daher nicht erforderlich.

Zu Buchstabe b

Der **Ausschuss Digitale Agenda** hat die Vorlage auf Drucksache 19/18955 in seiner 60. Sitzung am 16. September 2020 beraten und empfiehlt mit den Stimmen der Fraktionen CDU/CSU, SPD, AfD und DIE LINKE. gegen die Stimmen der Fraktion der FDP bei Stimmenthaltung der Fraktion BÜNDNIS 90/DIE GRÜNEN, den Antrag abzulehnen.

Der **Ausschuss für Ausschuss für Bau, Wohnen, Stadtentwicklung und Kommunen** hat die Vorlage auf Drucksache 19/18955 in seiner 55. Sitzung am 16. September 2020 beraten und empfiehlt die Ablehnung des Antrags mit den Stimmen der Fraktionen CDU/CSU, SPD, AfD und DIE LINKE. gegen die Stimmen der Fraktion der FDP bei Stimmenthaltung der Fraktion BÜNDNIS 90/DIE GRÜNEN.

III. Beratungsverlauf und Beratungsergebnisse im federführenden Ausschuss

Der **Ausschuss für Recht und Verbraucherschutz** hat in seiner 90. Sitzung am 6. Mai 2020 beschlossen, zu den Vorlagen auf Drucksachen 19/18791, 19/19369 und 19/18955 eine öffentliche Anhörung durchzuführen. An der Anhörung am 27. Mai 2020 haben folgende Sachverständige teilgenommen:

Michael Drasdo	Deutscher Anwaltverein e. V., Berlin Vorsitzender des Ausschusses Miet- und Wohnrecht, Rechtsanwalt
Dr. Oliver Elzer	Richter am Kammergericht, Berlin
Gabriele Heinrich	Wohnen im Eigentum. Die Wohneigentümer e. V., Bonn Vorstand
Manfred Jost	Verband Wohneigentum e. V., Bonn Präsident
Martin Kaßler	Verband der Immobilienverwalter Deutschland e. V., Berlin Geschäftsführer
Roland Kempfle	Deutscher Richterbund, Bund der Richterinnen und Richter, Staatsanwältinnen und Staatsanwälte e. V., Berlin Mitglied des Präsidiums Richter am Landgericht München I
Christian Rietschel	Haus & Grund Dresden e. V. Vorsitzender
Prof. Dr. Johanna Schmidt-Räntsch	Richterin am Bundesgerichtshof, Karlsruhe
Dr. Kai H. Warnecke	Haus & Grund Deutschland e. V., Berlin Präsident

Hinsichtlich der Ergebnisse der öffentlichen Anhörung wird auf das Protokoll der 96. Sitzung vom 27. Mai 2020 mit den anliegenden Stellungnahmen der Sachverständigen verwiesen.

Zu dem Gesetzentwurf auf Drucksachen 19/18791, 19/19369 lagen dem Ausschuss für Recht und Verbraucherschutz mehrere Petitionen vor.

Zu Buchstabe a

Der Ausschuss für Recht und Verbraucherschutz hat die Vorlage auf **Drucksachen 19/18791, 19/19369** in seiner 104. Sitzung am 16. September 2020 abschließend beraten. Der **Ausschuss für Recht und Verbraucherschutz** empfiehlt mit den Stimmen der Fraktionen CDU/CSU, SPD und BÜNDNIS 90/DIE GRÜNEN gegen die Stimmen der Fraktionen AfD und DIE LINKE. bei Stimmenthaltung der Fraktion der FDP die Annahme des Gesetzentwurfs in der aus der Beschlussempfehlung ersichtlichen Fassung. Die Änderungen beruhen auf einem Änderungsantrag, der von den Fraktionen der CDU/CSU und SPD in den Ausschuss eingebracht wurde und der mit den Stimmen der Fraktionen CDU/CSU, SPD, DIE LINKE. und BÜNDNIS 90/DIE GRÜNEN gegen die Stimmen der Fraktion der AfD bei Stimmenthaltung der Fraktion der FDP angenommen worden ist.

Die **Fraktion der AfD** hat folgenden Änderungsantrag zu dem Gesetzentwurf auf Drucksachen 19/18791, 19/19369 in den Ausschuss für Recht und Verbraucherschutz eingebracht:

Zu Artikel 1 (Änderung des Wohnungseigentumsgesetzes)
1. Änderung von Nummer 10, Abschnitt 3, § 9b Absätze 1 und 2 (§ 9b Absatz 1, 2 und 3 WEG-E)

a) Artikel 1 Nummer 10 Abschnitt 3, § 9b Absatz 1 wird wie folgt gefasst:

»(1) Die Gemeinschaft der Wohnungseigentümer wird durch den Verwalter gerichtlich und außergerichtlich vertreten. Die zur Vertretung der Gemeinschaft der Wohnungseigentümer im Rechtsverkehr erforderliche Bevollmächtigung des Vertreters bedarf jeweils eines ausdrücklichen Beschlusses der Gemeinschaft der Wohnungseigentümer, wenn diese Gemeinschaft der Wohnungseigentümer aufgrund einer Willenserklärung des Vertreters verpflichtet werden soll, einen Geldbetrag zu zahlen, der die Summe von 500,00 Euro übersteigt. Eine Beschränkung oder Erweiterung dieser Wertgrenze bedarf einer vorherigen Beschlussfassung der Gemeinschaft der Wohnungseigentümer mit einem Quorum von mindestens 75 vom Hundert der stimmberechtigten Wohnungseigentümer und einer Mehrheit von 65 vom Hundert an Stimmen dafür.«

b) Artikel 1 Nummer 10 Abschnitt 3, § 9b Absatz 2 wird wie folgt gefasst:

»(2) Hat die Gemeinschaft der Wohnungseigentümer keinen Verwalter, wird sie durch die Wohnungseigentümer gemeinschaftlich vertreten. Eine Beschränkung des Umfangs der Vertretungsmacht der gemeinschaftlich handelnden Wohnungseigentümer für die Gemeinschaft der Wohnungseigentümer ist unwirksam.«

c) Artikel 1 Nummer 10 Abschnitt 3, § 9b Absatz 3 wird wie folgt gefasst:

»(3) Die Wohnungseigentümer beschließen über die Vertretung der Gemeinschaft der Wohnungseigentümer gegenüber dem Verwalter.«

2. Änderung von Nummer 20, § 21 (Einfügung von § 21 Absatz 1a WEG-E)

Artikel 1 Nummer 20, § 21 Absatz 1 wird folgender Absatz 1a angefügt:

»(1a) Soweit ein Wohnungseigentümer für die Ausführung baulicher Veränderungen, die auf sein Verlangen nach § 20 Absatz 2 durchgeführt wurden, Kosten erspart hat, weil er bautechnisch von den vorangegangenen baulichen Veränderungen eines anderen Wohnungseigentümers profitierte, so kann der Wohnungseigentümer, welcher zuerst eine bauliche Veränderung durchgeführt hat, von dem später bauliche Veränderungen ausführenden Wohnungseigentümer nach billigem Ermessen einen angemessenen Ausgleich verlangen.«

3. Änderung von Nummer 23 Ziffer c) (§ 25 Absatz 3 WEG-E)

Artikel 1 Nummer 23 Ziffer c) wird wie folgt gefasst:

»Die Absätze 3 und 4 werden durch folgenden Absatz 3 ersetzt:

»(3) Vollmachten bedürfen zu ihrer Gültigkeit der Textform. Die Versammlung ist nur fähig zum Beschluss über bauliche Veränderungen nach § 20 Absatz 1, wenn die bei der Abstimmung hierüber erschienenen stimmberechtigten Wohnungseigentümer mehr als die Hälfte aller stimmberechtigten Wohnungseigentümer darstellen.««

Begründung

Vorbemerkung

Der im Titel genannte Gesetzesentwurf der Bundesregierung (19/18791) bezeichnet sich selbst auf Seite 2 unter »C. Alternativen« als alternativlos. Hierin liegt eine unzulässige Vermischung zwischen dem Grund für ein gesetzgeberisches Tätigwerden und dem Inhalt genau dieses gesetzgeberischen Tätigwerdens. Die Bundestagsfraktion der Alternative für Deutschland ist sich ihrer Verantwortung als demokratischer Oppositionsfraktion bewusst und zeigt daher Alternativen zum Handeln der Regierung auf.

Zu Artikel 1 (Änderung des Wohnungseigentumsgesetzes)
1. Zu Nummer 1 (Änderung von § 9b WEG-E)
a) Zu Buchstabe a (neu)- Änderung von § 9b Absatz 1 WEG-E

Ausgangspunkt für § 9b Absatz 1 WEG-E der Bundesregierung ist die Absicht, die Anwendung von § 174 Satz 1 BGB gegenüber dem Verwalter zu umgehen. Nach dieser Norm und der herrschenden Meinung kann in der Tat ein vom Verwalter als Vertreter der Gemeinschaft der Wohnungseigentümer vorgenommenes einseitiges Rechtsgeschäft eines Bevollmächtigten zurückgewiesen werden, wenn der Verwalter eine entsprechende Vollmachtsurkunde nicht vorlegt und die Zurückweisung unverzüglich erfolgt. Dieser Umstand rechtfertigt es jedoch nicht, die Vertretungsmacht des Verwalters gegenüber Dritten ins Unermessliche zu steigern. Es besteht das reale Risiko, dass der Verwalter die ihm von der Wohnungseigentümergemeinschaft erteilte Innenvollmacht im alltäglichen Geschäft häufig oder in erheblichem Maße gegenüber Dritten überschreitet, ohne dass dieses geschlossene Rechtsgeschäft unmittelbar gegenüber dem Verwalter wirkt (wie es der Regelfall bei Anwendung der §§ 177, 179 BGB wäre, wenn die vertretene Wohnungseigentümergemeinschaft das Rechtsgeschäft nicht nachträglich genehmigt). Dies birgt ein erhebliches Missbrauchspotential. Zwar kann möglicherweise die Gemeinschaft der

Wohnungseigentümer von einem Verwalter, welcher die ihm erteilte Vollmacht gegenüber Drit-
ten überschritten hat, etwaigen Schadensersatz verlangen. Jedoch liegt es auf der Hand, dass
zumindest eine Forderung in Millionenhöhe, die zugunsten von Dritten gegenüber der Gemein-
schaft der Wohnungseigentümer entstanden ist, auf absehbare Zeit von kaum einem Verwalter
als titulierter Schadensersatz vollstreckt werden kann. Der Änderungsantrag zielt darauf ab,
den Schaden, den ein Verwalter gegenüber der Gemeinschaft der Wohnungseigentümer durch
den Abschluss von Verträgen im Namen der Gemeinschaft der Wohnungseigentümer anrichten
kann, im Einzelfall zu begrenzen. So ist ein Betrag von 500 Euro, bis zu dem der Verwalter
im täglichen Leben Rechtsgeschäfte ohne ausdrücklichen Beschluss der Wohnungseigentümerge-
meinschaft eingehen kann, vollkommen angemessen. Der Schutz der Wohnungseigentümer vor
Fahrlässigkeit und Missbrauch des Verwalters kann natürlich von der Wohnungseigentümer-
gemeinschaft abbedungen werden. Eine entsprechende Beschlussfassung über die Wertgrenze, bis
zu der der Verwalter ohne separat beschlossene Vertretungsmacht im Namen der Gemeinschaft
kontrahieren darf, lässt sich beschränken oder erweitern. Das qualifizierte Quorum für die Be-
schlussfähigkeit der Wohnungseigentümergemeinschaft und die qualifizierte Mehrheit für eine
wirksame Beschlussfassung dienen dazu, die Wertgrenze nicht ohne den tatsächlich überwiegen-
den Willen der Wohnungseigentümer zu verschieben.

b) Zu Buchstabe b (neu)- Änderung von § 9b Absatz 2 WEG-E

Es handelt sich um eine logische Folgeänderung. Wird die Wohnungseigentümergemeinschaft
durch die Wohnungseigentümer gemeinschaftlich vertreten, ist unter Berücksichtigung der
Privatautonomie der Wohnungseigentümer eine Beschränkung des Umfangs ihrer Vertretungs-
macht weder zielführend noch geboten.

c) Zu Buchstabe c (neu)- Änderung von § 9b Absatz 3 WEG-E

Es handelt sich um eine Folgeänderung.

2. Zu Nummer 2 (Einfügung von § 21 Absatz 1a WEG-E)

§ 20 Absatz 2 WEG-E (Regierungsentwurf, BT-Drucks. 19/18791) sieht vor, dass jeder Woh-
nungseigentümer angemessene bauliche Veränderungen verlangen kann, die dem Gebrauch des
gemeinschaftlichen Eigentums oder Wohnungseigentums durch Menschen mit Behinderung,
dem Laden elektrisch betriebener Fahrzeuge, dem Einbruchsschutz und dem Anschluss an ein
Telekommunikationsnetz mit sehr hoher Kapazität dienen. Die Kosten hierfür entfallen auf
den jeweiligen Wohnungseigentümer (§ 21 Abs. 1 Var. 2 WEG-E). Es sind jedoch Fälle denk-
bar, in denen ein Wohnungseigentümer neue Elektrik verlegen lässt, um eine Elektroladesäu-
le mit Strom zu versorgen oder einen Fahrstuhl samt Schacht bis in ein mittleres Stockwerk
an dem Außenmauerwerk anbringt. Soweit ein weiterer Wohnungseigentümer sich diese In-
frastruktur zunutze macht indem er eben diese verlegten Elektrokabel zur Versorgung einer
weiteren Elektroladesäule nutzt oder den Aufzugschacht insoweit vergrößert, als dass er mit
dem Fahrstuhl in eine höhere Etage fahren kann, profitiert er erheblich von den Vorleistungen
des anderen Wohnungseigentümers. Er erspart Kosten, die er für einen Totalausbau in völliger
Eigenleistung hätte erbringen müssen. Es erscheint jedoch unbillig, den Großteil der Baukosten
dem Wohnungseigentümer aufzuerlegen, welcher zuerst eine Bauausführung in Auftrag gibt.
Aus diesem Grund ist die Schaffung einer Anspruchsgrundlage notwendig. Diese ermöglicht es
dem zuerst bauenden Wohnungseigentümer, einen angemessenen Ausgleich seiner Baukosten

von denjenigen Wohnungseigentümern zu verlangen, welche aus eben diesen Bauvorleistungen einen Nutzen ziehen. Die Schaffung einer derartigen Anspruchsgrundlage ist auch notwendig. Die Regelungen des Regierungsentwurfs in § 21 Absatz 2 und 3 WEG-E beziehen sich nicht auf bauliche Veränderungen nach § 20 Absatz 2 WEG-E. § 21 Absatz 4 WEG-E regelt nur das Ziehen von Nutzungen aus baulichen Veränderungen durch einen Wohnungseigentümer, der diese baulichen Veränderungen nicht veranlasst hat, gegen einen Ausgleich. Insofern schließt der Änderungsantrag eine im Regierungsentwurf verbliebene Regelungslücke.

3. Zu Nummer 3 (Änderung von § 25 Absatz 3 WEG-E)

Nach dem Willen der Bundesregierung soll künftig jede Versammlung von Wohnungseigentümern beschlussfähig sein. Das heißt, dass es auf die an der Versammlung teilnehmenden Wohnungseigentümer nicht mehr ankommt. Damit soll die Funktionsfähigkeit der Verwaltung gestärkt werden (vgl. BT-Drucks. 19/18791 S. 71, Zu Nummer 23, Zu Buchstabe c). Der Beschluss über bauliche Veränderungen kann auch für die nicht an der Abstimmung teilnehmenden aber stimmberechtigten Wohnungseigentümer gravierende Folgen haben. Denn die Pflicht zum anteiligen Tragen der Kosten trifft auch diejenigen Wohnungseigentümer, die einer baulichen Veränderung nicht zugestimmt haben, wenn diese bauliche Veränderung die Anlage in einen zeitgemäßen Zustand versetzt oder sich die Kosten des Baus innerhalb eines gewissen Zeitraums amortisieren (§ 21 Abs. 2 S. 1 WEG-E). Diese Regelung kann weitreichende finanzielle Belastungen für die betroffenen Wohnungseigentümer mit sich bringen. Es steht zu befürchten, dass Wohnungseigentümer in kleinen Wohneigentumsanlagen mit wenigen Eigentümern, welche die Teilnahme an der Abstimmung versäumt haben, im Nachhinein mit Forderungen konfrontiert werden, welche ihre Leistungsfähigkeit übersteigen. Darum soll ein »Überrumpelungseffekt« einer derartigen Beschlussfassung durch die Notwendigkeit eines qualifizierten Quorums an stimmberechtigten Wohnungseigentümern verhindert werden.

Inkrafttretenszeitpunkt

Die Änderungen treten entsprechend der im Regierungsentwurf vorgesehenen Inkrafttretensregelung am Tag nach der Verkündung in Kraft.

Finanzielle Auswirkungen

Keine.

Erfüllungsaufwand

Kein zusätzlicher Aufwand.

Der Ausschuss für Recht und Verbraucherschutz hat den Änderungsantrag der Fraktion der AfD zum Gesetzentwurf mit den Stimmen der Fraktionen CDU/CSU, SPD, FDP, DIE LINKE. f BÜNDNIS 90/DIE GRÜNEN gegen die Stimmen der Fraktion der AfD abgelehnt.

Zu Buchstabe b

Der Ausschuss für Recht und Verbraucherschutz hat die Vorlage auf Drucksache 19/18955 in seiner 104. Sitzung am 16. September 2020 abschließend beraten. Der **Ausschuss für Recht und Verbraucherschutz** empfiehlt mit den Stimmen der Fraktionen CDU/CSU,

SPD, AfD und DIE LINKE gegen die Stimmen der Fraktion der FDP bei Stimmenthaltung der Fraktion BÜNDNIS 90/DIE GRÜNEN die Ablehnung des Antrags.

Zu den Buchstaben a und b

Die **Fraktion der CDU/CSU** äußerte sich zufrieden mit der nach langen Verhandlungen in der Koalition erreichten Einigung zu den Änderungen zum Entwurf des Wohnungseigentumsmodernisierungsgesetzes (WEMoG). Hinsichtlich der Neuregelung der Verwalterstellung sei eine ausgewogene Lösung, insbesondere hinsichtlich der Beschränkung der Verwaltervollmacht und der Regelung zur Kündigung von Verwalterverträgen gefunden worden. Darüber hinaus sei das Erfordernis eines Sachkundenachweises der Verwalter mit Wahlfreiheit der Eigentümer eingeführt worden, womit einerseits die Kompetenz der Hausverwaltung sichergestellt und andererseits schwarze Schafe vom Markt gedrängt würden. Ein weiteres wichtiges Ziel des Gesetzes sei es, die Wohnungseigentümergemeinschaft handlungsfähiger zu machen. Hierzu diene die Stärkung des Verwaltungsbeirates durch Überwachungskompetenz bei gleichzeitiger Absenkung des Haftungsumfanges. Eines der größten »Dickschiffe« der Verhandlungen sei jedoch die Frage der Kostentragung bei Baumaßnahmen gewesen. Einerseits gelte es zu verhindern, dass einzelne Eigentümer übervorteilt würden, andererseits müsse der allgemeine Modernisierungsstau bei der Bestandssanierung abgebaut werden. Mit der Einführung eines doppelten Quorums sei hier ein guter Mittelweg gefunden worden, um Sanierungsentscheidungen der Wohnungseigentümergemeinschaft zu erleichtern. Der Gesetzentwurf bringe die divergierenden Ziele der Beteiligten in Einklang, indem er größtmögliche Freiheit für die Eigentümer, und – mit einer ausgewogenen Quorenregelung – ein hohes Maß an Legitimation schaffe und zugleich den Modernisierungsstau abbaue.

Die **Fraktion der SPD** unterstrich die große Bedeutung des WEMoG angesichts von über neun Millionen Wohnungen, vier Millionen Eigentümern und dessen Einfluss auch auf den Mietmarkt. Auch die Fraktion der SPD begrüßte die erreichte Einigung und stellte zugleich heraus, dass zahlreiche der von der Fraktion der CDU/CSU genannten Regelungen von der Fraktion der SPD in den Koalitionsverhandlungen durchgesetzt worden seien. Hierzu gehörten der Sachkundenachweis, die Stärkung des Verwaltungsbeirates sowie die Absenkung der Abstimmungsquoren, die der Erleichterung von Modernisierungsmaßnahmen dienten. Ein großer Schritt nach vorne sei im Bereich der sog. qualifizierten Maßnahmen zugunsten energetischer Sanierung und Barrierefreiheit erreicht worden. Die Verkoppelung mit dem Aspekt der Amortisation schaffe einen guten Ausgleich, da energetische Sanierung immer auch die Gefahr unkalkulierbarer Kosten berge. Weitergehender Klimaschutz könne nicht über das Wohnungseigentumsgesetz, sondern müsse über staatliche Förderung erfolgen. Die Fraktion der SPD erinnerte daran, dass die Bundesregierung flankierend 2,5 Milliarden Euro zur Verfügung gestellt habe, um entsprechende Sanierungen zu fördern.

Die **Fraktion DIE LINKE.** begrüßte die Berücksichtigung einiger Ergebnisse der Anhörung im Gesetzentwurf. Sie lehnte den Gesetzentwurf dennoch ab, insbesondere wegen des unzureichenden Ausgleiches der Interessen von Mietern und Eigentümern. Sie kritisierte konkret die Regelung des Artikel 1, § 15 WEMoG (Pflichten Dritter), die eine Duldungspflicht der Mieterinnen und Mieter gegenüber der Gemeinschaft der Wohnungseigentümer

und anderen Wohnungseigentümern begründe, ohne dass ein unmittelbares Vertragsverhältnis bestünde. Darüber hinaus lehnte sie die Verteilung der Nebenkosten allein nach
dem jeweiligen Miteigentumsanteil, ohne dass berücksichtigt würde, wie viele Quadrat-
meter davon vermietet seien, ab. Insgesamt benachteilige der Gesetzentwurf weiterhin die
selbstnutzenden Eigentümer.

Die **Fraktion der FDP** begrüßte den Gesetzentwurf, insbesondere das Erfordernis eines
Sachkundenachweises für Verwalter und die Konkretisierung seiner Aufgaben. Sie kritisierte aber das komplizierte »Sammelsurium« an verschiedenen Quoren, das Konfliktpoten-
tial biete, sowie die unbestimmten Gesetzesbegriffe, wie »untergeordnete Bedeutung« und
»nicht erhebliche Verpflichtungen«, deren Auslegung den Gerichten auferlegt werde. Die
Fraktion der FDP bedauerte, dass ihr Vorschlag, einen abschließenden Katalog mit Verwalterpflichten in den Gesetzentwurf aufzunehmen, nicht berücksichtigt worden sei. Darüber hinaus komme insgesamt der Aspekt der Digitalisierung in den Gesetzesänderungen
zu kurz.

Die **Fraktion BÜNDNIS 90/DIE GRÜNEN** erkannte an, dass die Ergebnisse der Anhörung bei der Überarbeitung des Gesetzentwurfes an zahlreichen Stellen berücksichtigt worden seien; zu begrüßen sei insbesondere die Umsetzung der von der Fraktion BÜNDNIS
90/DIE GRÜNEN geforderten gesetzlichen Verpflichtung einer Verwalterzertifizierung.
Dennoch bestehe im Bereich der unbestimmten Rechtsbegriffe, bei der Beiratshaftung,
die dem Aufwuchs an Kontrollaufgaben nicht entspreche, oder hinsichtlich der unklaren
Quorenregelungen noch Verbesserungsbedarf. Insgesamt komme in dem Gesetzentwurf
der Aspekt des Klimaschutzes deutlich zu kurz. Sie sehe die Eigentümer hier stärker in der
Pflicht.

IV. Zur Begründung der Beschlussempfehlung

Zu Buchstabe a

Im Folgenden werden lediglich die vom Ausschuss für Recht und Verbraucherschutz empfohlenen Änderungen gegenüber der ursprünglichen Fassung des Gesetzentwurfs erläutert.
Soweit der Ausschuss die unveränderte Annahme des Gesetzentwurfs empfiehlt, wird auf
die Begründung auf **Drucksachen 19/18791, 19/19369** verwiesen.

Allgemeines

Erwogen hat der Rechtsausschuss eine Harmonisierung der wohnungseigentums- und
mietrechtlichen Gebrauchsvorschriften. Da die denkbaren Gebrauchskonflikte jedoch zu
vielfältig für eine abstrakt-generelle Regelung sind, folgt der Ausschuss der Empfehlung
aus dem Abschlussbericht der Bund-Länder-Arbeitsgruppe zur Reform des Wohnungseigentumsrechts und überlässt die Lösung dieses Problems der Rechtsprechung. Die wesentlichen Leitlinien ergeben sich bereits aus den Entscheidungen des Bundesgerichtshofs
(BGH) vom 25. Oktober 2019 und vom 24. Januar 2020. Demnach setzen sich die wohnungseigentumsrechtlichen Regelungen grundsätzlich gegenüber den mietrechtlichen Regelungen durch (vergleiche BGH, Urteile vom 25. Oktober 2019 – V ZR 271/18 sowie
vom 24. Januar 2020 – V ZR 295/16). Im Übrigen hat es der Vermieter grundsätzlich in

der Hand, beim Abschluss des Mietvertrags einen Änderungsvorbehalt aufzunehmen, um etwaige nachträgliche wohnungseigentumsrechtliche Gebrauchsbeschränkungen auf den Mieter überzuleiten.

Erwogen hat der Rechtsausschuss zudem, die Verbrauchereigenschaft der Ein-Personen-Gemeinschaft ausdrücklich in das Gesetz aufzunehmen. Er hat dies im Ergebnis jedoch nicht für notwendig erachtet. Denn dieses Ergebnis ergibt sich bereits aus § 13 BGB und der dazu ergangenen Rechtsprechung des BGH. Die Bundesregierung führt in der Begründung ihres Entwurfs dazu zutreffend aus (vergleiche Drucksache 19/18791, Seite 45): »Die Erwerber werden zudem dadurch geschützt, dass die Ein-Personen-Gemeinschaft in der Regel Verbraucherin im Sinne des § 13 BGB ist und die von ihr geschlossenen Verträge deshalb den verbraucherschützenden Vorschriften der §§ 305 ff. BGB genügen müssen.« Eine Ausnahme von diesem Grundsatz ist in Ansehung der genannten Rechtsprechung nur dann zu machen, wenn von vornherein klar ist, dass kein Verbraucher Mitglied der Gemeinschaft werden wird. Denn etwa beim Bau eines Einkaufszentrums wäre es widersinnig, die Ein-Personen-Gemeinschaft als Verbraucherin einzuordnen. Sobald jedoch mindestens eine Wohnung gebaut wird, kann der Erwerb durch einen Verbraucher nicht ausgeschlossen werden, sodass die Ein-Personen-Gemeinschaft in einem solchen Fall als Verbraucherin anzusehen ist.

Der Entwurf sieht in § 23 Absatz 1 Satz 2 vor, dass die Wohnungseigentümer die Online-Teilnahme an ihren Versammlungen beschließen können. Es wurde erwogen, eine entsprechende Regelung für die Zusammenkünfte des Verwaltungsbeirats zu schaffen. Eine solche wurde jedoch als entbehrlich angesehen. Denn bereits nach geltendem Recht können sich die Verwaltungsbeiräte online zu einer Versammlung treffen (statt aller Lehmann/Richter, in: Staudinger, WEG, 2018, § 29 Randnummer 29). Denn § 29 spricht – anders als die Regelung für die Wohnungseigentümerversammlung in § 23 – nicht von einer »Versammlung« der Verwaltungsbeiräte, die zwingend als Präsenzversammlung durchgeführt werden muss. Es obliegt deshalb den Verwaltungsbeiräten über die Form ihrer Zusammenkunft zu entscheiden; sie können sich insbesondere zu einer reinen Online-Konferenz treffen. Daran ändert der Entwurf bewusst nichts.

Erwogen wurde außerdem, den nach § 21 Absatz 2 Satz 1 Nummer 2 maßgeblichen Amortisationszeitraum gesetzlich zu präzisieren. Davon wurde abgesehen, um im Einzelfall zu sachgerechten Ergebnissen zu gelangen. Die diesbezüglichen Ausführungen in der Regierungsbegründung erscheinen dem Rechtsausschuss jedoch zu weitgehend. Der Zeitraum von 10 Jahren, auf den auch die Rechtsprechung abstellt (BGH, Urteil vom 14. Dezember 2012 – V ZR 224/11 Randnummer 10), soll aber in jedem Fall ein wichtiger Anhaltspunkt sein.

Der Rechtsausschuss hält es für erforderlich, darauf hinzuweisen, dass der Entwurf den Anspruch der Wohnungseigentümer auf einen korrekten Wirtschaftsplan und eine korrekte Jahresabrechnung nicht in Frage stellt. Jeder Wohnungseigentümer kann diesen Anspruch auch weiterhin gerichtlich durchsetzen, nämlich im Wege der Leistungsklage. Die durch die Neufassung des § 28 bewirkte Trennung zwischen den Zahlenwerken (vergleiche § 28 Absatz 1 Satz 2 und Absatz 2 Satz 2) und den Beschlüssen, die Zahlungspflichten begründen (vergleiche § 28 Absatz 1 Satz 1 und Absatz 2 Satz 1), zielt lediglich darauf, dass unnötige Anfechtungsstreitigkeiten vermieden werden und die Liquidität der Gemeinschaft nicht dadurch gefährdet wird, dass Zahlungspflichten aus formalen Gründen gerichtlich aufgehoben werden.

Zu den einzelnen Änderungen

Die vom Ausschuss empfohlenen Änderungen des Gesetzentwurfs werden im Einzelnen wie folgt begründet:

Zu Artikel 1 (Änderung des Wohnungseigentumsgesetzes) Zu Nummer 10 (Abschnitt 3 – §§ 9a und 9b) Zu § 9b Absatz 1 Satz 1

Die grundsätzlich umfassende Vertretungsmacht des Verwalters bedarf nach Ansicht des Ausschusses der Einschränkung. Sie besteht deshalb nicht beim Abschluss von Grundstückskauf- und Darlehensverträgen. Beim Abschluss eines solchen Vertrags kann der Verwalter die Gemeinschaft der Wohnungseigentümer nur dann vertreten, wenn er dazu durch einen Beschluss der Wohnungseigentümer ermächtigt ist. Die Wohnungseigentümer können Ermächtigungsbeschlüsse für einzelne zu schließende Verträge fassen, den Verwalter aber auch in bestimmten Grenzen oder umfassend zum Abschluss solcher Verträge ermächtigen, wenn sie hinreichendes Vertrauen zu ihm haben. Die Einschränkung der Vertretungsmacht gilt, wie sich aus dem Wortlaut ergibt, nur für den Abschluss der dort genannten Verträge, nicht aber für Erklärungen im Rahmen der Vertragsabwicklung; auch dingliche Rechtsgeschäfte sind von der Beschränkung nicht erfasst.

Zu § 9b Absatz 2

Die Gemeinschaft der Wohnungseigentümer wird gegenüber dem Verwalter durch den Vorsitzenden des Verwaltungsbeirats oder einen durch Beschluss dazu ermächtigten Wohnungseigentümer vertreten. Damit wird die Durchsetzung von Ansprüchen der Gemeinschaft der Wohnungseigentümer gegenüber dem Verwalter erleichtert.

Weil der Vorsitzende des Verwaltungsbeirats bereits kraft Gesetzes zur Vertretung befugt ist, ist eine gesonderte Beschlussfassung über die Vertretung, wie sie der Regierungsentwurf vorsah, nicht mehr zwingend erforderlich.

Zu Nummer 21 (§§ 19 bis 22) Zu § 19 Absatz 2 Nummer 6

Der Rechtsausschuss erkennt, dass sich mit den beabsichtigten Änderungen des Wohnungseigentumsrechts die Anforderungen an eine qualifizierte Verwaltung von Wohnungseigentumsanlagen erhöht. Der zunehmende Bedarf an einer fachkundigen Verwaltung resultiert aber auch aus den immer komplexer werdenden gesellschaftlichen und rechtlichen Zusammenhängen, die die Verwaltertätigkeit prägen. Der Rechtsausschuss hält es daher für erforderlich, den Wohnungseigentümern das rechtliche Instrumentarium dafür bereitzustellen, dass sie nach ihren Bedürfnissen und ihrem Ermessen die Verwaltung einer sach- und fachkundigen Person übertragen können.

Zur ordnungsmäßigen Verwaltung soll deshalb künftig die Bestellung eines zertifizierten Verwalters nach § 26a gehören. Damit soll jedem Wohnungseigentümer ein Anspruch darauf eingeräumt werden, dass ein solcher Verwalter bestellt wird. Das lässt die Möglichkeit unberührt, dass mit einem Verwalter, der nicht über ein Zertifikat verfügt, aber das Vertrauen aller Wohnungseigentümer besitzt, weiterhin zusammengearbeitet wird.

Eine Ausnahme besteht in kleineren Anlagen für Fälle der sogenannten Eigenverwaltung. Diese Ausnahme setzt voraus, dass die Anlage aus weniger als neun Sondereigentumsrechten besteht und ein Wohnungseigentümer zum Verwalter bestellt wurde. Denn in solchen Kleinanlagen nimmt der Verwaltungsaufwand typischerweise einen geringeren Umfang ein. Ein Anspruch auf Bestellung eines zertifizierten Verwalters besteht jedoch auch in solchen Anlagen, wenn mindestens ein Drittel der Wohnungseigentümer dies verlangt; dabei kommt es auf die Zahl der Wohnungseigentümer an, wie der Verweis auf § 25 Absatz 2 zeigt. Diese Voraussetzung stellt sicher, dass der als Verwalter tätige Wohnungseigentümer über hinreichenden Rückhalt in der Gemeinschaft verfügt.

§ 19 Absatz 2 Nummer 6 ist nach § 48 Absatz 4 Satz 1 erst zwei Jahre nach Inkrafttreten des Gesetzes anwendbar, um die Entwicklung und Umsetzung der notwendigen Zertifizierungsverfahren zu ermöglichen.

Zu § 19 Absatz 3

Die nach dem Entwurf in Satz 1 vorgesehene Beschlusskompetenz über die Fälligkeit von Geldforderungen und die Art und Weise ihrer Erfüllung wird in § 28 Absatz 3 geregelt, da sie im sachlichen Zusammenhang mit den Vorschriften zum Wirtschaftsplan und zur Jahresabrechnung steht.

Die nach dem Entwurf in Satz 2 vorgesehene Möglichkeit, Vertragsstrafen zu beschließen, wird gestrichen. Damit wird auch den Bedenken des Bundesrats (Drucksache 19/19369, Seite 3) Rechnung getragen. Anstelle der vom Bundesrat empfohlenen Einschränkung der Vorschrift erscheint allerdings deren Streichung sachgerecht.

Zu § 21 Absatz 2 Satz 1 Nummer 1

Gegen den Vorschlag aus dem Regierungsentwurf, wonach die Kosten einer baulichen Veränderung dann von allen Wohnungseigentümern zu tragen sind, wenn sie der Anpassung an den Zustand dient, der bei Anlagen vergleichbarer Art in der Umgebung üblich ist, hat der Rechtsausschuss Bedenken. Die Vorschrift könnte einerseits zu weitgehende Folgen haben (in einer Umgebung mit sehr hohem baulichen Standard), andererseits die Entwicklung der konkreten Wohnanlage behindern (in einer Umgebung mit sehr niedrigem baulichen Standard). Stattdessen schlägt der Ausschuss vor, dass die Kosten einer baulichen Veränderung nach § 21 Absatz 2 Satz 1 Nummer 1 grundsätzlich von allen Wohnungseigentümern zu tragen sein sollen, wenn die bauliche Veränderung mit zwei Dritteln der abgegebenen Stimmen und der Hälfte aller Miteigentumsanteile beschlossen wurde, also der Beschluss nach § 20 Absatz 1 eine solche Mehrheit erreicht hat.

Dieser Regelung liegt der Gedanke zugrunde, dass eine bauliche Veränderung, die von einem so großen Teil der Wohnungseigentümer befürwortet wird, typischerweise sinnvoll und angemessen ist und deshalb von allen Wohnungseigentümern bezahlt werden sollte. Diese Vermutung kann aber widerlegt werden. Ist die bauliche Veränderung mit unverhältnismäßigen Kosten verbunden, scheidet eine Kostentragung der überstimmten

Minderheit aus. Maßgeblich sind dabei nicht nur die zu erwartenden Baukosten, sondern auch die zu erwartenden Folgekosten für Gebrauch und Erhaltung. Diese Kosten sind in das Verhältnis zu den Vorteilen zu setzen, die die bauliche Veränderung verspricht. Dies verlangt eine wertende Betrachtung. Dabei ist ein objektiver, auf die konkrete Anlage bezogener Maßstab anzulegen.

Entscheidend sind deshalb nicht die Bedürfnisse und finanziellen Mittel des einzelnen überstimmten Wohnungseigentümers, sondern die der Gesamtheit der Wohnungseigentümer in der Anlage. Je nach Charakter der Anlage und der Alters- und Sozialstruktur der Wohnungseigentümer kann die Bewertung unterschiedlich ausfallen. Bei besonders hohen Kosten ist eine Unverhältnismäßigkeit auch dann nicht ausgeschlossen, wenn alle Wohnungseigentümer finanziell in der Lage sind, diese Kosten zu tragen.

Wie bei § 21 Absatz 2 Satz 1 Nummer 2 kommt es allein auf die ex-ante-Beurteilung zum Zeitpunkt der Beschlussfassung an, also auf die zu erwartenden Kosten; die sich erst später zeigenden tatsächlichen Kosten spielen dagegen keine Rolle.

Die negative Formulierung bringt zum Ausdruck, dass derjenige die Unverhältnismäßigkeit zu beweisen hat, der sie behauptet.

Der Rechtsausschuss verkennt nicht, dass diese Regelung dazu führen kann, dass die individuelle Kostentragungspflicht erst nach der Beschlussfassung feststeht, wenn nämlich im Vorfeld nicht abgeschätzt werden kann, ob das Quorum erreicht wird. Dieses Problem kann durch eine geeignete Gestaltung des Abstimmungsverfahrens gelöst werden. Insbesondere in kleineren Gemeinschaften kann es sinnvoll sein, die Abstimmung im Subtraktionsverfahren vorzunehmen. Dabei wird nicht nach den »Ja«-Stimmen, sondern nach den »Nein«-Stimmen gefragt. So kann jeder Wohnungseigentümer, wenn er sieht, dass die Zahl der »Nein«-Stimmen ein Drittel übersteigt, das Quorum also nicht erreicht werden kann, seine Hand auch noch heben. Daneben ist es auch möglich, den Beschluss über die bauliche Veränderung unter die Bedingung einer entsprechenden Kostentragung zu stellen. Jeder Wohnungseigentümer, der die Baumaßnahme befürwortet, sich aber höchstens entsprechend seinem Miteigentumsanteil an den Kosten beteiligen möchte, kann dann bedenkenlos mit »Ja« stimmen, denn wirksam wird der Beschluss eben nur dann, wenn es nach dem Stimmverhalten zu einer entsprechenden Kostentragung durch alle Wohnungseigentümer kommt.

Zu Nummer 22 Buchstabe b (§ 23 Absatz 3)

§ 23 Absatz 3 Satz 2 sieht eine weitere Erleichterung bei der Fassung eines sogenannten Umlaufbeschlusses vor. Die Wohnungseigentümer können beschließen, dass für einen einzelnen Gegenstand auch im Umlaufverfahren die Mehrheit der abgegebenen Stimmen genügt. In diesem Fall bedarf es abweichend von § 23 Absatz 3 Satz 1 also nicht der Zustimmung aller Wohnungseigentümer. Wenn sich die Wohnungseigentümer etwa in der Eigentümerversammlung mangels hinreichender Informationen nicht in der Lage sehen, abschließend einen Beschluss über einen bestimmten Gegenstand zu fassen, können sie beschließen, diesen Beschluss im Umlaufverfahren nachzuholen.

Zu Nummer 23 (§ 24) Zu § 24 Absatz 4 Satz 2

Die Ladungsfrist zur Eigentümerversammlung wird von zwei auf drei Wochen verlängert.

Zu § 24 Absatz 7 und 8

Nach Ansicht des Ausschusses hat sich die Beschluss-Sammlung in ihrer gegenwärtigen Form bewährt und soll deshalb beibehalten werden.

Zu Nummer 24 (§ 25)

Es handelt sich um Folgeänderungen zur Beibehaltung der Beschluss-Sammlung in ihrer gegenwärtigen Form.

Zu Nummer 25 (§ 26)

Die Neufassung des § 26 dient der Übersichtlichkeit dieser Vorschrift. Inhaltliche Änderungen im Vergleich zum geltenden Recht enthält lediglich Absatz 3.

Zu § 26 Absatz 1

§ 26 Absatz 1 regelt die Zuständigkeit für die Bestellung und Abberufung des Verwalters. Er entspricht dem geltenden § 26 Absatz 1 Satz 1, wobei der aufgrund der Neufassung von § 25 Absatz 1 überflüssige Hinweis auf die notwendige Stimmenmehrheit gestrichen wird.

Zu § 26 Absatz 2

§ 26 Absatz 2 regelt die Höchstfristen für die Bestellung und die Möglichkeit der erneuten Bestellung. Er entspricht dem geltenden § 26 Absatz 1 Satz 2 und Absatz 2. Im Wortlaut wird durch Verwendung des Wortes »kann« klargestellt, dass ein Verstoß gegen § 26 Absatz 2 Satz 1 zur zumindest teilweisen Unwirksamkeit des Bestellungsbeschlusses führt, weil die Vorschrift die Beschlusskompetenz der Wohnungseigentümer begrenzt; das entspricht der herrschenden Meinung zum geltenden Recht (etwa Jacoby, in: Staudinger, WEG, 2018, § 26 Randnummer 9).

Zu § 26 Absatz 3

Nach § 26 Absatz 3 Satz 1 kann der Verwalter jederzeit abberufen werden. Eine Beschränkung der Abberufungsmöglichkeit ist nach § 26 Absatz 5 nicht zulässig. Die Abberufung des Verwalters kann insbesondere nicht mehr auf das Vorliegen eines wichtigen Grundes beschränkt werden. Denn ein berechtigtes Interesse, die Abberufung des Verwalters als Organ der Gemeinschaft der Wohnungseigentümer zu beschränken, ist nicht ersichtlich. Vielmehr sollen die Wohnungseigentümer stets die Möglichkeit haben, sich von einem Verwalter zu trennen, wenn sie das Vertrauen in ihn verloren haben.

Von der Abberufung als Organ unabhängig ist grundsätzlich der Vergütungsanspruch des Verwalters, der sich aus den diesbezüglichen vertraglichen Vereinbarungen ergibt. Damit die Wohnungseigentümer nicht durch fortbestehende Vergütungsansprüche von der Abberufung eines Verwalters abgehalten werden, sieht § 26 Absatz 3 Satz 2 vor, dass der Verwaltervertrag spätestens sechs Monate nach der Abberufung endet. Diese Beendigung tritt kraft Gesetzes ein; einer Kündigung bedarf es nicht. Die Möglichkeit, den Verwaltervertrag mit kürzerer Frist zu kündigen, insbesondere aus wichtigem Grund oder aufgrund einer entsprechenden vertraglichen Vereinbarung, bleibt unberührt.

Zu § 26 Absatz 4

§ 26 Absatz 4 entspricht dem geltenden § 26 Absatz 3.

Zu § 26 Absatz 5

Nach § 26 Absatz 5 sind Abweichungen von den Vorschriften des § 26 Absatz 1 bis 3 unzulässig. Etwa die jederzeitige Abberufung kann nicht durch Vereinbarung, Beschluss oder Vertrag abbedungen oder erschwert werden.

Auch die Höchstbestellungszeit nach Absatz 2 Satz 1 kann nicht verlängert werden; dasselbe gilt für die Frist des Absatzes 3 Satz 2. Die Frist nach Absatz 2 Satz 2, nach deren Ablauf eine erneute Bestellung möglich ist, kann wiederum nicht verkürzt werden.

Zu Nummer 26 (§ 26a)

Nach § 19 Absatz 2 Nummer 6 gehört zur ordnungsmäßigen Verwaltung des gemeinschaftlichen Eigentums die Bestellung eines zertifizierten Verwalters. Der neue § 26a regelt die Voraussetzungen, unter denen sich eine Person als zertifizierter Verwalter bezeichnen darf. Nach Absatz 1 muss sie dafür vor einer Industrie- und Handelskammer durch eine Prüfung nachgewiesen haben, dass sie über die für die Tätigkeit als Verwalter notwendigen rechtlichen, kaufmännischen und technischen Kenntnisse verfügt.

§ 26a stellt keine gewerberechtlichen Anforderungen auf. Die Zertifizierung ist insbesondere keine Voraussetzung für die Erteilung der Erlaubnis nach § 34c der Gewerbeordnung. Die Tätigkeit als Verwalter ist deshalb auch dann gewerberechtlich zulässig, wenn der Verwalter über kein Zertifikat verfügt.

Das Bundesministerium der Justiz und für Verbraucherschutz wird durch Absatz 2 ermächtigt, nähere Bestimmungen über die Prüfung zum zertifizierten Verwalter zu erlassen. Durch Rechtsverordnung werden dabei insbesondere das Verfahren und die Schwerpunkte der Prüfungsinhalte festzulegen sein (Satz 2 Nummer 1). Nach Nummer 2 können die Anforderungen an das zu erteilende Zertifikat näher bestimmt werden. Außerdem kann bestimmt werden, unter welchen Voraussetzungen sich juristische Personen und Personengesellschaften als zertifizierte Verwalter bezeichnen dürfen (Nummer 3). Der Ausschuss geht davon aus, dass insoweit inhaltlich an die entsprechende Regelung zur Fortbildungspflicht in § 34c Absatz 2a Satz 1 der Gewerbeordnung angeknüpft werden kann. Diese Regelung stellt auf die Personen ab, die unmittelbar bei der Verwaltungstätigkeit mitwirken. Dementsprechend müssten sich Personen, die allein untergeordnete Tätigkeiten ausführen (etwa im Sekretariat oder als Hausmeister), keine Prüfung ablegen, damit die sich die juristische Person oder Personengesellschaft, bei der sie beschäftigt sind, als zertifizierter Verwalter bezeichnen darf. Schließlich wird festzulegen sein, welche Personen, die über anderweitige Berufsqualifikationen verfügen, von der Prüfung befreit sind, aber dennoch einem zertifizierten Verwalter gleichgestellt werden (Nummer 4).

Zu Nummer 27 (§§ 27 bis 29) Zu § 27 Absatz 1

Nach dem Entwurf der Bundesregierung soll der Verwalter solche Maßnahmen ordnungsgemäßer Verwaltung treffen können, »über die eine Beschlussfassung durch die Wohnungseigentümer nicht geboten ist«. Die Formulierung ist nach Ansicht des Rechtsausschusses
zu unbestimmt und bedarf der Präzisierung. Deshalb soll geregelt werden, dass der Verwalter ohne Beschluss der Wohnungseigentümer nur Maßnahmen von untergeordneter
Bedeutung treffen darf, mit denen keine erheblichen Verpflichtungen einhergehen.

Ob eine Verpflichtung erheblich ist, hängt von der Sichtweise eines durchschnittlichen
Wohnungseigentümers in der konkreten Anlage ab. Maßgeblich ist deshalb nicht etwa
die absolute Höhe der finanziellen Verpflichtung, sondern ob derjenige Teil der Verpflichtung, für den der einzelne Wohnungseigentümer nach § 9a Absatz 4 einstehen muss, so
bedeutsam ist, dass eine vorherige Beschlussfassung geboten ist. Wo diese Erheblichkeitsschwelle konkret liegt, hängt von den Umständen des Einzelfalls ab. Mit der Größe der
Anlage wächst in der Regel der Kreis der Maßnahmen, die der Verwalter eigenverantwortlich treffen kann und muss. Je nach Größe der Anlage und Art der regelmäßig anfallenden
Maßnahmen kann etwa die Erledigung von kleineren Reparaturen oder der Abschluss von
Versorgungs- oder Dienstleistungsverträgen in beschränktem Umfang zum Kreis der Maß-
nahmen nach Nummer 1 gehören. Das Gleiche gilt für die gerichtliche Durchsetzung von
Hausgeldforderungen.

Gegenüber dem geltenden Recht ändert sich im Hinblick auf die Aufgaben des Verwalters
im Übrigen nichts: Er hat die Beschlüsse und Vereinbarungen der Wohnungseigentümer
durchzuführen und für die Durchführung der Hausordnung zu sorgen. Weiterhin hat er
auch die für die ordnungsgemäße Instandsetzung erforderlichen Maßnahmen zu treffen.
Ob über die erforderlichen Maßnahmen zunächst eine Beschlussfassung der Wohnungseigentümer erforderlich ist, bestimmt sich – wie oben beschrieben – nach den Umständen
des Einzelfalls, zu denen jedenfalls die Größe der Anlage und der Umfang der Maßnahmen
zählen. In der Regel wird es beispielsweise für den Austausch defekter Leuchtelemente im
Bereich des Gemeinschaftseigentums oder für die Instandsetzung eines Fensterglases oder
die Graffitientfernung keiner Beschlussfassung bedürfen. Anders ist das bei kostenträchti-
gen Sanierungsmaßnahmen, für die stets ein Beschluss der Wohnungseigentümer notwendig ist. Der Verwalter hat auch unverändert in dringenden Fällen sonstige zur Erhaltung
des gemeinschaftlichen Eigentums erforderliche Maßnahmen zu treffen (vergleiche Nummer 2). Für diese Maßnahmen ist zwangsläufig eine vorherige Beschlussfassung durch die
Wohnungseigentümer nicht erforderlich, denn es liegt im Wesen der Notgeschäftsführung,
dass der Verwalter sofort handeln können muss. Ohne zusätzliche Beschlussfassung kann
auch die Aufgabe erfüllt werden, Kostenbeiträge in Empfang zu nehmen und Zahlungen
zu bewirken, die mit der laufenden Verwaltung des gemeinschaftlichen Eigentums zusammenhängen. Der Verwalter ist nämlich berechtigt und verpflichtet, die dem beschlossenen
Wirtschaftsplan entsprechenden Vorschüsse abzurufen. Darüber hinaus ergeben sich weitere Aufgaben, die der Verwalter zu erfüllen hat, ohne dass es dazu eines Beschlusses der
Wohnungseigentümer bedarf (zum Beispiel die Pflicht zur ordnungsmäßigen Verwaltung
eingenommener Gelder, die Pflicht zur Einberufung der Eigentümerversammlung, die
Pflicht zur Aufstellung des Wirtschaftsplans und der Jahresabrechnung).

Die hier keineswegs abschließende Auflistung von Aufgaben des Verwalters macht deutlich, dass eine generalisierende Einordnung in die Kategorien »untergeordnete Bedeutung« mit »nicht erheblichen Verpflichtungen« nicht möglich ist. Vielmehr ist eine Einzelfallbetrachtung erforderlich, die wiederum dann an Bedeutung verlieren kann, je konkreter die Wohnungseigentümer von der Möglichkeit Gebrauch machen, Rechte und Pflichten des Verwalters nach Absatz 2 durch Beschluss einzuschränken oder zu erweitern. Denn zu betonen ist, dass § 27 Absatz 1 Nummer 1 nur vorbehaltlich eines Beschlusses nach § 27 Absatz 2 gilt. Nach dieser Vorschrift haben die Wohnungseigentümer – etwa im Zusammenhang mit dem Abschluss des Verwaltervertrags – die Möglichkeit, diejenigen Maßnahmen selbst zu definieren, deren Erledigung sie in die Verantwortung des Verwalters legen wollen. Dazu können sie etwa Wertgrenzen oder Maßnahmenkataloge aufstellen. Möglich ist es auch, einzelne Handlungen des Verwalters (zum Beispiel Zahlungen ab einem bestimmten Betrag) von der Zustimmung eines Wohnungseigentümers, des Verwaltungsbeirats oder eines Dritten abhängig zu machen.

Die Rechte und Pflichten nach § 27 bestehen allein gegenüber der Gemeinschaft der Wohnungseigentümer. Die aus dem Verwaltervertrag fließenden Rechtsbeziehungen regelt § 27 dagegen nicht. Die Vorschrift steht deshalb auch der Einordnung des Verwaltervertrags als Vertrag mit Schutzwirkung zugunsten der Wohnungseigentümer nicht entgegen (vergleiche BGH, Urteil vom 8. Februar 2019 – V ZR 153/18, NJW 2019, 3446 Randnummer 9). Soweit die Voraussetzungen dieses Rechtsinstituts vorliegen, kann ein geschädigter Wohnungseigentümer daher vertraglichen Schadensersatz vom Verwalter verlangen.

Zu § 28 Absatz 3

Die in § 19 Absatz 3 Satz 1 des Entwurfs enthaltene Vorschrift, wonach die Wohnungseigentümer beschließen können, wann Forderungen fällig werden und wie sie zu erfüllen sind, wird aus systematischen Gründen in § 28 Absatz 3 übernommen.

Zu § 29 Absatz 2 Satz 1

Der Verwaltungsbeirat unterstützt den Verwalter bei der Durchführung seiner Aufgaben nicht nur, sondern überwacht ihn auch. Dadurch wird der gestiegenen Bedeutung der Rolle des Verwaltungsbeirats Rechnung getragen. Denn er hat nicht mehr nur die Aufgabe, anstelle des Verwalters eine Versammlung einzuberufen (§ 24 Absatz 3), den Wirtschaftsplan und die Jahresabrechnung zu prüfen (§ 29 Absatz 2 Satz 2) und die Niederschrift über die Versammlungen zu unterzeichnen (§ 24 Absatz 6 Satz 2). Künftig ist er auch dazu berufen, die Gemeinschaft der Wohnungseigentümer gegenüber dem Verwalter zu vertreten (§ 9b Absatz 2), insbesondere wenn es darum geht, Ansprüche gegen diesen durchzusetzen. § 29 Absatz 2 Satz 1 verleiht dem Beirat indes nicht das Recht, sich die Kompetenzen des Verwalters anzueignen.

Zu Nummer 32 (Teil 3 – §§ 43 bis 45)

Die Ergänzung in § 43 Absatz 2 Nummer 3 dient der Klarstellung. Die durch diese Vorschrift begründete gerichtliche Zuständigkeit gilt auch für Streitigkeiten über Ansprüche der Wohnungseigentümer gegen den Verwalter, insbesondere für Schadensersatzansprüche eines Wohnungseigentümers, der in den Schutzbereich des Verwaltervertrags einbezogen ist.

Zu Nummer 35 (§§ 47 bis 49) Zu § 47 und § 48 Absatz 1 bis 3 und 5

Es handelt sich jeweils um redaktionelle Anpassungen infolge der Ergänzung des Gesetzentwurfs.

Zu § 48 Absatz 4

§ 19 Absatz 2 Nummer 6, der den Anspruch auf Bestellung eines zertifizierten Verwalters begründet, ist nach § 48 Absatz 4 Satz 1 erst zwei Jahre nach Inkrafttreten des Gesetzes anwendbar, um die Entwicklung und Umsetzung der notwendigen Zertifizierungsverfahren zu ermöglichen.

§ 48 Absatz 4 Satz 2 sieht eine Übergangsfrist für Personen vor, die bei Inkrafttreten des Gesetzes bereits zum Verwalter einer Gemeinschaft der Wohnungseigentümer bestellt sind. Sie gelten gegenüber den Wohnungseigentümern dieser Gemeinschaft der Wohnungseigentümer noch für weitere dreieinhalb Jahre als zertifizierter Verwalter. Verwaltern, die bereits über praktische Erfahrung verfügen, soll damit etwas Zeit eingeräumt werden, die Prüfung abzulegen. Dies entlastet zugleich die Prüfungsstellen und lässt ihnen Kapazität für die noch jungen Verwalter.

Zu Artikel 6 (Änderung der Grundbuchordnung)

Mit dem »Gesetz zur Einführung eines Datenbankgrundbuchs (DaBaGG)« vom 1. Oktober 2013 (BGBl. I Seite 3719) wurden die rechtlichen Voraussetzungen für die Einführung eines bundeseinheitlichen Datenbankgrundbuchs geschaffen. Im Zuge der geplanten Einführung des Datenbankgrundbuchs wird der Inhalt von etwa 37 Millionen Grundbuchblättern in eine Datenbankstruktur zu überführen sein. Die Umwandlung dieser Daten in eine strukturierte Textform ist mit vertretbarem Aufwand nur möglich, wenn diese Migration durch ein automatisiertes Zeichenerkennungsverfahren wirkungsvoll unterstützt wird. Die Effektivität eines solchen Migrationsprogramms hängt maßgeblich davon ab, dass für dessen Entwicklung und Test Echtdaten aus den Grundbüchern zur Verfügung gestellt werden. In § 134a GBO wird die Übermittlung von Grundbuchdaten an den Entwickler des Migrationsprogramms zugelassen, der Zweck der Datennutzung definiert, die Auswahl der benötigten Daten beschrieben und die Dauer der Aufbewahrung der Daten festgelegt.

Im Jahr 2011 war man davon ausgegangen, dass die Entwicklung des Migrationsprogramms spätestens im Jahr 2020 abgeschlossen sein würde und hat deshalb die Geltungsdauer der Vorschrift bis zum 31. Dezember 2020 beschränkt (vergleiche § 150 Absatz 6 GBO). Die Arbeiten an dem Programm können jedoch nicht wie geplant abgeschlossen werden. Die fachliche Komplexität des Projekts führte in der Vergangenheit zu unvorhersehbaren Problemen und Verzögerungen. Nach derzeitiger Einschätzung muss davon ausgegangen werden, dass mit der Pilotierung nicht vor dem Jahr 2023 begonnen werden kann. Unter Berücksichtigung einer Pilotierungsdauer in den beiden Pilotländern von jeweils 6 Monaten werden Echtdaten damit auch noch im Jahr 2024 für entsprechende Programmtests benötigt.

Die Geltungsdauer von § 134a GBO muss deshalb verlängert werden; die Verlängerung soll bis zum 31. Dezember 2024 erfolgen.

Zu Artikel 9 (Änderung des Gerichtskostengesetzes)

Die Wertobergrenze für Beschlussklagen nach § 49 Satz 2 GKG wird auf den 7,5fachen Wert des Klägerinteresses und der auf seiner Seite Beigetretenen festgesetzt. Mit der Änderung soll der Wegfall der Mehrvertretungsgebühr für den Beklagtenvertreter kompensiert werden, der daraus resultiert, dass Beschlussklagen nach § 44 Absatz 2 Satz 1 WEG nunmehr gegen die Gemeinschaft der Wohnungseigentümer zu richten sind.

Zu Artikel 11 (Änderung des Gerichts- und Notarkostengesetzes)

Die Formulierung geht auf die Stellungnahme des Bundesrats zum Regierungsentwurf (Drucksache 19/19369, Seite 4) und die Gegenäußerung der Bundesregierung dazu (Drucksache 19/19369, Seite 8) zurück. Inhaltliche Änderungen gegenüber dem Entwurf sind damit nicht verbunden.

Zu den Artikeln 17 und 18 (Bekanntmachungserlaubnis, Inkrafttreten)

Es handelt sich jeweils um redaktionelle Anpassungen infolge der Ergänzung des Gesetzentwurfs.

Gesetz
zur Abmilderung der Folgen
der COVID-19-Pandemie im Zivil-, Insolvenz- und Strafverfahrensrecht
Vom 27. März 2020

-Auszug-

Artikel 2

Gesetz über Maßnahmen im Gesellschafts-,Genossenschafts-, Vereins-, Stiftungs- und Wohnungseigentumsrecht zur Bekämpfung der Auswirkungen der COVID-19-Pandemie

...

§ 6 Wohnungseigentümergemeinschaften

(1) Der zuletzt bestellte Verwalter im Sinne des Wohnungseigentumsgesetzes bleibt bis zu seiner Abberufung oder bis zur Bestellung eines neuen Verwalters im Amt.

(2) Der zuletzt von den Wohnungseigentümern beschlossene Wirtschaftsplan gilt bis zum Beschluss eines neuen Wirtschaftsplans fort.

...

Artikel 6 Inkrafttreten, Außerkrafttreten

...

(2) Artikel 2 tritt am Tag nach der Verkündung in Kraft und tritt mit Ablauf des 31. Dezember 2021 außer Kraft.

...

Stichwortverzeichnis

Die halbfett gedruckten Ziffern verweisen auf die Paragrafen im Buch, die normal gedruckten auf die entsprechenden Randnummern.